# Der Idiot

*Fyodor Dostoyevsky*

**PAGES PLANET PUBLISHING**

Published by

**PAGES PLANET PUBLISHING**

Email: pagesplanetpublishing@gmail.com



For details or inquiries, please reach out to the publisher at the email above.

First published by Pages Planet Publishing in 2024

# Zur Einführung.
## *Bemerkungen über russische Mystik*

Die russische Mystik ist ein Od, das den russischen Menschen umgibt. Die russische Mystik ist der Atem, der dem Leib und dem Leben des russischen Volkes entströmt. Die russische Mystik ist die Stimmung, die der russischen Erde entsteigt, dämmernd und dampfend, mit jeder Scholle, die umgeworfen wird, und die an der russischen Landschaft hängt wie Tau und Nebel, zwischen langen, langen Flußufern und weiten, weiten Flächen. Diese Sinnlichkeit kennzeichnet sie. Es ist spürbar die Mystik eines jungen, noch schwer sich bewegenden, noch tief in sich befangenen Volkes, das zu keinem Bewußtsein seiner Gefühle und kaum zu einer Ahnung dieses Bewußtseins gekommen ist. Mit Mystik setzt die Geistesentwicklung eines jeden innerlichen Menschenschlages ein. Mystik ist immer und überall der früheste Versuch des Menschen, sich an das Wesen der Dinge heranzutasten. Mystik ist das Auge, das sich aufschlägt und die Erscheinungen zum ersten Male staunend zu einem Erscheinungsganzen zusammenschaut. Mystik ist das Urdenken der Menschheit, wie Mythe ihre Urkunst ist. Je nachdem, ob die Mystik nun im Verlauf ihrer immer bewußteren Weiterentwicklung zur tiefen Innenethik wird wie im Buddhismus, oder zur hellen Offenbarungsreligion wie im Christentum, oder zu einer großen ästhetischen Philosophie oder philosophischen Ästhetik wie bei den Hellenen, oder zu einer echten Weltanschauung, Kampfgesinnung und Lebensweisheit wie bei den Germanen, unterscheiden sich dann die Völker und ihre Kulturen voneinander. Immer aber ging dieser Aufstieg zur klaren Anteilnahme des Menschen am Geiste der Welt und zur letzten Vergeistigung der Menschen selbst, als dem Höchsten, das wir erreichen können, von der Sinnlichkeit, von jener selben mystischen Sinnlichkeit aus, die heute aus allen Poren des Russentums dringt und Land und Volk wie mit einem dicken, weißen, wallenden, heiligen Nebel umgibt, und die immer so vor dem Geiste, vor Ethik und Religion, vor Philosophie und Metaphysik hergeht, wie eben das Gefühl dem Wissen, die Erfahrung der Erkenntnis, die Ahnung dem Bewußtsein vorhergeht. Mit dem Bewußtsein und seinen Geistessteigerungen sind wir an unserem Ziel angelangt. Mit der Mystik und ihren Ahnungszuständen dagegen, die noch wie trächtig ist von Empfindung, Glaube und Wahn, von Boden, Erde und Menschlichkeit und die den Übergang von dem Dunkel, aus dem wir kommen, zu der Helle, zu der wir hindrängen, noch unmittelbar mit sich schleppt, sind wir dem Ursprünglichen und schließlich auch Ewigen unserer Bild- und Denkvorstellungen näher. In der Mystik werden die großen Wahrheiten, man kann gewiß nicht sagen, am klarsten ausgesprochen, wohl aber am ursprünglichsten geoffenbart. Die Mystik ist gleichsam die große Weltnatur selbst, die sich in uns Menschen, zwar wie von ferne noch, aber dafür in allergewaltigsten Bewegungen, zum ersten Male denkend bewegt und in einem weiten, mächtigen, wenn auch noch verschwommenen Stimmungsungefähr durchbricht.

Auch die russische Mystik wird in irgendeiner Weise den Weg gehen, den die indische und christliche, die griechische und deutsche bereits gegangen ist. Wohin dieser Weg das Russentum führen wird, welche Taten und Erlöser auf diesem Wege liegen werden, das können wir heute natürlich nicht wissen, wie wir nie etwas Geschichtliches der Zukunft im einzelnen genau vorauswissen können. Nur das Wesen einer Erscheinung, um die es sich handelt, und damit freilich das Wichtigste, können wir frühzeitig erkennen. Und das ist hier die Sinnlichkeit der russischen Mystik, die dichter, körperlicher, man möchte sagen leibhaftiger ist, als die Sinnlichkeit einer jeden anderen Mystik war. Ganz gewiß war die Mystik namentlich der Hellenen und Germanen von Anfang an lichter, seherischer, bereits schärfer unterscheidend, war bei allem In-Eines-Sehen doch schon dualistisch trennend und nicht monistisch auflösend. So viel haftende, lastende, niederziehende Schwere wie auf den Slawen hat auf keiner anderen Rasse oder Nation geruht, und auch auf dem völkerchaotischen Notzustand nicht, in den Christus befreiend trat. Überall hatten schon bestimmte klare Ideen den Menschen eine Bahn aus sich heraus gebrochen. Es war noch ein Zustand der Mystik, in dem sie lebten, aber zugleich war in der Mystik schon der Wille wirksam, sich selbst zu überschreiten. Sogar die Mystik der Inder, die der Mystik der Slawen noch am nächsten steht und mit der sie gewissermaßen die geographische Angrenzung und damit die Anteilnahme an einer ähnlichen weltklimatischen Atmosphäre und psychischen Disposition teilt, war bei aller sinnlichen, fast künstlichen Verinnerlichung und Selbstbetrachtung, die sich mit ihr verband, doch eine äußerste Geistesanspannung. Nicht grundlos heißt Veda Wissen. Was die Veden enthalten, war die Summe des für den Inder Wissensmöglichen. Nicht durch Gefühl, sondern ausdrücklich „durch Denken läßt sich erschauen, was dauert und in Ewigkeit feststeht", weiß schon der Rigveda. Bei Christus trat dann freilich die persönliche Vermittlung „zum Vater" an die Stelle der gedanklichen. Und es war, schon weil sie, indem sie an die Sinne geknüpft war, an die Persönlichkeit geknüpft war, eine echt mystische Vermittlung. Aber gerade Christus führte dann doch als das verbindende Weltprinzip, an das er die Menschen im Himmel und auf Erden den Anschluß finden lehrte, den Geist ein, sprach ihn als den übergeordneten Dritten und den Binder der Dinge im Raum heilig und machte ihn zum obersten Bewohner, Ordner, Lenker des Weltbaus. Erst recht ideologisch war von Anfang an die Mystik der Griechen. In dem Urdenken der Orphiker lag die platonische Idee bereits vorgebildet. Diese selbst war, mit all ihrer Sinnenhaftigkeit und all ihrem Künstlertum, eine echt mystische Idee. Eine Metaphysik haben die Griechen eigentlich nie besessen. Zwischen Mystik und Dialektik schwankte ihr Denken. In ihrer bildlichen und baugewaltigen Vorstellung aber wurde die Weltmystik früh zur Weltarchitektur. Selbst der Vorstellung Plotins merkte man noch etwas von dem strahlenden Götterstaate Homers an. Und gerade Plotin, der bewußte Mystiker, der künstlich wieder das weiche Gefühl aufnahm, nachdem das Denken in aristotelischer Begrifflichkeit verhärtet war, sprach aus, daß die Erkenntnis der Wahrheit, „Selbstanschauung der Vernunft im Menschen" sei. Bei den Germanen aber verkündete Meister Eckehart: „So hat die erkennende Vernunft immer noch etwas über sich, was sie nicht zu begründen vermag; aber immerhin erkennt sie doch, *daß* da noch etwas Übergeordnetes ist." Und er verkündete damit im Grunde schon Kant und die Erkenntniskritik. Es war Mystik – aber es war Mystik als reinste Metaphysik. Von einer solchen erstaunlichen ideologischen Frühreife weiß natürlich die russische Mystik in ihrer Erd- und Sinnengebundenheit nichts. Überall schlägt bei ihr durch, daß sie ganz eine Mystik des Leibes und der ihm entströmenden Seele, aber noch gar nicht des Geistes ist. In gleicher Stärke ist noch keine Rasse und auch noch keine einzelne mystische Persönlichkeit in ihrem Körper zugleich mit Mysterium geladen und mit Fluidum behaftet gewesen. Die russische Mystik ist die angeborene Krankheit, zugleich aber auch die höchste Gesundheit, alles in allem die eigentliche Natur des Russentums. Mystisch-Kataleptisches und zugleich Mystisch-Katastrophisches sind seine stille Eigentümlichkeit. In der Ausentwicklung dieser Eigentümlichkeit wird die Weiterentwicklung seiner Mystik und seines Denkens liegen. Wie die Erscheinung, die ihr zugrunde liegt, wird auch die Erscheinung, die aus ihr folgt, eine ganz neue Erscheinung sein. Wie die unterschiedliche mystische Anlage der Rasse überall zu den anderen Äußerungen geführt hat, zu Ethik hier, zu Religion dort, zu bald mehr rationalistischer Philosophie in dem einen, zu bald mehr metaphysischer in dem anderen Kulturkreise, wie das Christentum nicht buchstäblich den Buddhismus, wie die Geistesgeschichte des Germanentums nicht die des Hellenentums wiederholt hat, wie vielmehr alle diese Welten grundverschiedene Welten gewesen sind, so wird auch die slawische Mystik ihren eigenen und nur ihr gehörigen geistigen Wert schaffen und den geistigen Kulturkreis, den die Menschheit wachsend gezogen hat, um eine neue Innenkultur bereichern. Aber noch einmal: wir können diesen Wert heute noch nicht kennen. Wir können nur ganz allgemein sagen, daß wir, nachdem wir die Ethik, die Religion und die Philosophie der Mystik schon bekommen haben, von Rußland aus, wo die sinnlich-mystischen

Dispositionen so dicht wie nirgendwo und nirgendwann über Land und Volk verteilt liegen, so etwas wie gesteigerte Mystik, vollendete Mystik, gewissermaßen eine Mystik der Mystik erhalten werden, für die uns Wort, Name, Begriff noch fehlt, in der jedoch, wenn ihr Wort einmal ausgesprochen sein wird, die Erlösung für den russischen Menschen liegen wird, und für jeden, der einen russischen Menschen in sich birgt.

Die russische Mystik, wie sie latent im russischen Volke liegt, ist jahrhundertelang von der Orthodoxie gleichsam abgelenkt, von der russischen Geistlichkeit klug und vorsichtig behandelt und, soweit sie sich bereits klarer und mit sich selbst beschäftigt, als geistiges Leben äußern wollte, wohl auch in den Klöstern und im Sektiererleben Rußlands aufgespeichert und befriedigt worden. Erst Tolstoi und Dostojewski haben die russische Mystik wirklich ausgedrückt und alles das, was latent war, endlich einmal persönlich sprechen lassen. Tolstoi tat es, indem er einfach schilderte: wir erfahren bei ihm die russische Mystik genau so, wie wir sie jederzeit erfahren können, wenn wir uns in das russische Leben mischen. Dostojewski dagegen hat die russische Mystik bekannt und hat um sie gerungen, wie man um Probleme ringt, von ihm ab wissen wir, was wir sonst höchstens aus manchen religiösen Begleiterscheinungen des Nihilismus wissen könnten: daß die russische Mystik bereits auf dem Wege von einem bloßen Zustande zu einem Bewußtsein und vom Gefühl und den Sinnen zum Geist und zu einer russischen Geistigkeit ist. Man braucht nur die Namen Schatoffs, Kiriloffs und der Brüder Karamasoff zu nennen – und sofort steigen lauter einzelne Weltanschauungen auf, die alle auf dem Grunde der russischen Mystik und Volklichkeit ruhen und bereits Teile einer künftigen allgemeinen und umfassenden russischen Weltanschauung sind. Doch gehören diese Gestalten erst Dostojewskis späterer Entwicklung an. Einmal jedoch, mehr am Anfang seines großen Lebenswerkes, das ein einziger großer Versuch ist, den russischen Ausdruck und Helden zu finden, den er dann von Figur zu Figur, von Typ zu Typ variierte, hat er der russischen Mystik einen zentralen Träger zu geben versucht: in der Gestalt des Fürsten Myschkin. Es wurde freilich – und hier schlug die einzige geschichtliche Verwurzelung durch, die die russische Mystik hat und deren einseitige, anthropologisch und geographisch abgesonderte Innen- und Sonderentwicklung sie ist – ein wesentlich christologischer, jesushafter Träger. Nachdem sich Dostojewski im Roman und in der Gestalt Rodion Raskolnikoffs mit dem mehr westeuropäischen Moralproblem der Schuld und des Jenseits von Gut und Böse auseinandergesetzt hatte, tat er im „Idioten" dasselbe mit dem Heilandsphänomen, indem er ihm einen russischen Träger unterlegte. Es war, wie das nicht anders möglich sein konnte, ein sinnlich-mystischer Träger. Alle die geheimnisvollen Auswirkungen des Fürsten auf andere Menschen gehen, wie Ausstrahlungen, unmittelbar von seiner Physis aus. In dieser Weise ist Mystik immer an die Persönlichkeit gebunden. Wer die Wunder Jesu verstehen will, der braucht nur die Auswirkungen Lew Myschkins zu verstehen. Der Gegenstand und auch die Stärke der Entladung ist verschieden, aber das elektrische Phänomen ist dasselbe. Der Rückgriff Dostojewskis auf Christus und Christlichkeit geschah dabei durchaus bewußt. In einem der wenigen visionär-klaren Augenblicke, die er dem Fürsten gegeben hat, läßt er ihn sagen: „Die Gegenwehr des Ostens gegen den Westen soll unser Christus sein, den wir in seiner wahren Gestalt in uns bewahrt haben." Diese Annäherung Lew Myschkins an Christus hinderte nicht, daß von Dostojewski aus – für den Christus allzeit das Heiligste war, das die Erde jemals getragen hat, und ein so Unantastbarer, daß er vielleicht nur aus innerer Scheu sein geplantes großes Werk über Christus niemals geschrieben – die Durchführung der Gestalt Lew Myschkins schließlich einer Unterwertung ihrer Christlichkeit gleichkam. Wenn wir die Summe des „Idioten" ziehen, so bleibt von seinem armen Helden am Ende wirklich nur die Pathologie übrig, und im besten Falle eine gewisse Samariterhaftigkeit. Von seinem wahren Verhältnis zu Christus aber kann man sagen, daß er sich zu ihm verhält wie eine Qualle zu Kristall: Christus und Lew Myschkin verstehen beide alles: Lew Myschkin verzeiht sofort und leidet noch für den Schuldigen; Christus dagegen verzeiht gleichfalls, aber hat noch die Kraft, nicht selbst für den Schuldigen zu leiden; Christus steht also über dem Leiden, während Lew Myschkin haltlos und in tiefstem Lebenssinne charakterlos, ohne einen Zaun um sein Ich zu haben, zwischen den Leuten und Leiden umhersteht. Sogar die Liebe wird ihm persönlich abgestritten, und einmal muß er den harten Vorwurf hinnehmen: „Was Sie sagen, das ist nichts als Wahrheit, und schon deshalb ist es ungerecht." Für Dostojewski war das Christliche und Heilandsmäßige eine Möglichkeit für das Russische. Doch nicht etwa einen russischen Jesus wollte er mit Lew Myschkin hinstellen, sondern nur eine menschliche Vorstufe zu einem solchen wollte er finden. Dostojewski wußte, daß auch das Russentum, wie ein jedes Volk und ein jeder Kulturkreis, sich auf eine persönliche Weise mit dem Christentum abfinden und dann einen persönlichen Wert aus ihm schaffen muß. Es geschah im „Idioten", seinem christlichen Werk und zugleich demjenigen, in dem er das Problem russisch überwand. Das Wichtige, Überdauernde, Unvergängliche an der Gestalt Lew Myschkins ist nicht, wie bei der großen Weltgestalt Christi, er selbst, sondern die Beeinflussung, die von ihm ausgeht. Einen großen Mittler nicht, wie Christus war, sondern nur einen Mittelmenschen kann man ihn nennen, der seinen Zweck gar nicht in sich trägt, nicht darin, daß er nun etwa als Religionsstifter weiterlebte, sondern darin, daß er ganz unvermerkt andere Menschen mit sich befruchtet. Einmal muß in dieser Weise auch das Christliche vom Russentum aufgenommen und einer russischen Umwertung zugeführt werden. Es strebt selbst und von sich aus Christlichem zu, und sicherlich wird es gar nichts Befruchtenderes für das Russentum geben, als gerade das Christentum. Diese Umwertung nun, die Dostojewski als erster auf sich genommen hat, bahnt in seinem Lebenswerk der „Idiot" an. Er steht in der Entwicklung Dostojewskis an derselben Stelle, an der in der Entwicklung Rußlands das Christliche steht: als ein Übergang und Vorstadium zu Neuem, Kommendem, Eigenem. Freilich auch hier wird man scheiden müssen. Es gibt zweierlei Russentum: ein leidendes und ein tätiges. Das erstere wird sich wohl immer mit dem Christlichen, in seiner Form des Orthodoxen und Kirchlichen und voller Geduld und Demut, zufrieden geben. Das andere Russentum dagegen, das Germanisch-Sibirische, wie man es genannt hat, wird dasjenige sein, welches die eigentlich russischen Werte schafft. Diesem zweiten Russentum hat Dostojewski die Schatoff- und selbst Raskolnikoffnaturen zu Helden gegeben, und im „Idioten" hat er, als seinen künftigen Träger, gegen Lew Myschkin die heiße, wilde, bebende Kraftgestalt Rogoshins gestellt.

Für uns ist der Träger der russischen Mystik in ihrem ganzen Umfang und in allen ihren Möglichkeiten Dostojewski selbst. Kein großer Ethiker, kein Philosoph, kein Religionsstifter ist aus der russischen Mystik seither hervorgegangen. Nur einen großen Leidenden, Kampfzeugen und Märtyrer haben wir bekommen: Dostojewski. Der Name eines Dichters deckt seine Gestalt nicht mehr. Er ist Genie schlechtweg und gehört zu den Mystikern, die die Gesetze der Welt fühlen und ahnungsvoll schauen, gehört zu den Metaphysikern, die sie ergründen und begreifen, zu den Visionären und Propheten, die aufstehen und sie uns deuten, zu den Heilanden, die geboren werden, um uns von ihnen zu erlösen, und schließlich zu den Fanatikern und Heroen, die für ihr Volk um sie kämpfen.

# Vorwort

Der „Idiot" ist als das zweite der fünf großen Roman-Epen, die Dostojewski geschrieben hat, im Jahre vollendet worden. Das Werk steht damit in der zeitlichen Folge in Abständen von je etwa zwei Jahren zwischen „Rodion Raskolnikoff" und den „Dämonen".

Zu der doppelten Schreibweise der in dem Werk vorkommenden Namen Ganjä, beziehungsweise Ganjka und Warjä, beziehungsweise Warjka sei bemerkt, daß die erweiterte Form Ganjka und Warjka wie Alexaschka und Ssenjka etwas burschikos Herabsetzendes hat.

E. K. R.

## Erster Teil

### I.

Es war zu Ende November, bei Tauwetter, als gegen neun Uhr morgens ein Zug der Petersburg–Warschauer Bahn sich fauchend mit vollem Dampf Petersburg näherte. Es war so feucht und neblig, daß es kaum erst zu tagen schien. Aus den Kupeefenstern konnte man nur mit Mühe erkennen, was zehn Schritt vom Bahndamm rechts und links vorüberflog. Unter den Reisenden befanden sich auch solche, die offenbar weit herkamen, aus dem Auslande zurückkehrten, doch am stärksten waren die Abteile der dritten Klasse besetzt, und zwar von geringerem Volk und kleinen Geschäftsleuten, die während der Nacht in Städten, die nicht allzufern von Petersburg lagen, eingestiegen waren. Alle waren sie müde und abgespannt, allen waren die Augen über Nacht schwer geworden, alle froren, und die Gesichter waren gelblich bleich, von der Farbe des Nebels draußen.

In einem der Waggons dritter Klasse saßen am Fenster zwei Reisende sich gegenüber: beide junge Leute, beide fast ohne Gepäck und nicht gerade elegant gekleidet, mit ziemlich auffallenden Gesichtern. Sie schienen schließlich beide das Bedürfnis zu empfinden, ein Gespräch anzuknüpfen. Wenn sie von sich gewußt hätten, wodurch sie beide gerade in diesem Augenblick auffallend waren, so würden sie sich natürlich darüber gewundert haben, daß der Zufall sie so sonderbar in ein und denselben Waggon dritter Klasse der Petersburg–Warschauer Bahn einander gegenübergesetzt hatte.

Der eine von ihnen war nicht groß von Wuchs, etwa siebenundzwanzig Jahre alt, hatte krauses, fast schwarzes Haar und kleine graue, doch feurige Augen. Seine Nase war breit und platt, die Kiefer und Backenknochen stark entwickelt. Seine schmalen Lippen verzogen sich beständig zu einem halb frechen, halb spöttischen oder sogar boshaften

Lächeln. Seine Stirn aber war hoch und wohlgeformt und verschönte die unedel entwickelte untere Hälfte seines Gesichts. Am auffallendsten war an diesem Gesicht die Leichenblässe, die der ganzen Physiognomie des jungen Mannes trotz seines festen Körperbaues etwas Entkräftetes, Krankhaftes verlieh und gleichzeitig etwas bis zur Qual Leidenschaftliches, das mit dem unverschämten, rohen Lächeln und seinem durchdringend scharfen, selbstzufriedenen Blick eigentlich gar nicht übereinstimmen wollte. Er war warm gekleidet, in einen weiten tuchüberzogenen Pelz von schwarzem Lammfell, und hatte es in der Nacht nicht kalt gehabt, während sein Reisegefährte gezwungen war, seinen Rücken von einer feuchtkalten russischen Novembernacht, auf die er sich offenbar nicht vorbereitet hatte, durchfrieren zu lassen. Er saß in einem weiten ärmellosen, zwar von dickem Stoff gefertigten, aber immerhin unwattierten Mantel mit einer sehr großen Kapuze, wie ihn Reisende im Winter dort irgendwo fern im Auslande, in der Schweiz oder in Oberitalien, zu tragen pflegen, natürlich ohne dabei auch mit solchen Abstechern rechnen zu müssen, wie von Eydtkuhnen nach Petersburg. Denn was in Italien vollkommen genügte, erwies sich natürlich in Rußland als wenig zweckmäßig. Der Besitzer dieses Kapuzenmantels war gleichfalls ein noch junger Mann von etwa sechs- oder siebenundzwanzig Jahren, etwas über mittelgroß, mit auffallend hellblondem, dichtem Haar, einem schmalen Gesicht, dessen Wangen eingefallen waren, und einem kleinen, fast weißblonden Spitzbart. Seine Augen waren groß und blau, und wenn er einen ansah, verwandte er nicht den Blick. Es lag eine eigentümliche Stille, gleichzeitig aber auch Schwere in diesem Blick: er war erfüllt von jenem eigenartigen Ausdruck, an dem manche Leute sofort den Fallsüchtigen erkennen. Übrigens war das Gesicht des jungen Mannes sehr angenehm, feingeschnitten und hager, nur etwas farblos, im Augenblick sogar ziemlich blaugefroren. An seiner Hand baumelte in einem alten verblichenen Kattunstoff ein armseliges Reisebündel, das wahrscheinlich seine ganze Habe enthielt. Seine Füße stecken in dicksohligen Schuhen, über die Gamaschen geknöpft waren – alles nicht nach russischer Art. Der Brünette im tuchüberzogenen Pelz hatte mittlerweile im dämmernden Morgenlicht schon alle diese Einzelheiten seines Gegenübers wahrgenommen und kritisch betrachtet, – zum Teil auch, weil er sonst nichts zu tun hatte – bis er dann schließlich mit jenem unzarten, gewissermaßen nachlässigen Spottlächeln, in dem sich mitunter so ungeniert das eigene Wohlbehagen beim Betrachten des Unglücks anderer ausdrückt, halb fragend bemerkte:

„Kalt. Nicht?"

Und er bewegte dabei die Schultern, als wenn ihn fröstelte.

„Sehr sogar," antwortete der andere mit auffallender Bereitwilligkeit, die Unterhaltung fortzusetzen. „Und dabei ist Tauwetter. Wenn wir noch Frost hätten! Ich dachte gar nicht, daß es bei uns so kalt sein würde. Jetzt bin ich daran nicht mehr gewöhnt."

„Sie kommen aus dem Auslande?"

„Ja, aus der Schweiz."

„Teufel! Seht mal an! ..."

Er lachte kurz auf und pfiff dann vor sich hin.

Die Fortsetzung des Gesprächs machte sich ganz von selbst; denn die Bereitwilligkeit des blonden jungen Mannes im Schweizermantel, auf alle Fragen seines schwarzhaarigen Reisegefährten zu antworten, war wirklich erstaunlich. Er schien auch nicht den geringsten Anstoß an der Unbekümmertheit zu nehmen, mit der der andere manch eine müßige Frage stellte. Unter anderem erzählte er auch, als Antwort auf eine dieser Fragen, daß er allerdings längere Zeit nicht in Rußland gewesen sei, mehr als vier Jahre nicht, und daß man ihn krankheitshalber – er sprach von einer sonderbaren Nervenkrankheit, ähnlich der Epilepsie oder dem Veitstanz, die in Krämpfen und Zitteranfällen auftrat – ins Ausland gebracht habe. Der Schwarzhaarige lächelte mehrmals auffallend spöttisch, während der andere erzählte, und er lachte laut auf, als jener auf seine Frage, ob er denn dort auch geheilt worden sei, ganz offen antwortete: „Nein, ich bin nicht geheilt worden."

„Haha! Das kann ich mir denken, daß Sie Ihr Geld umsonst fortgeworfen haben! Und wir hier sind so dumm und glauben immer noch an jene Kerls!" bemerkte er gehässig.

„Da haben Sie ein wahres Wort gesagt!" mischte sich ein schlecht gekleideter Herr ein, der neben ihm saß. Er mochte etwas von der Art eines im Amtsschreibertum verknöcherten Beamten sein, vierzig Jahre zählen, war dabei stark gebaut, hatte eine rote Nase und ein finniges Gesicht. „Ein wahres Wort! Sie ziehen nur das ganze russische Geld zu sich hinüber, und wir haben das Nachsehen!"

„Oh, was meinen Fall betrifft, so irren Sie sich sehr!" fiel ihm der in der Schweiz nicht geheilte Kranke mit seiner sympathischen, versöhnenden Stimme ins Wort. „Natürlich kann ich Ihnen nicht grundsätzlich widersprechen; denn so genau kenne ich die Verhältnisse nicht, um positiv etwas behaupten zu können. Mein Arzt jedoch hat mir von seinem letzten Gelde noch die Mittel zur Reise gegeben, und außerdem hat er mich dort fast zwei Jahre lang auf seine Rechnung unterhalten."

„Hatten Sie denn sonst keinen, der für Sie bezahlt hätte?“ fragte der Schwarzhaarige.

„Nein. Herr Pawlischtscheff, der mich anfangs dort unterhielt, starb vor zwei Jahren. Ich schrieb darauf hierher, an die Generalin Jepantschin, eine entfernte Verwandte von mir, erhielt aber keine Antwort. Und so bin ich denn hergekommen.“

„Zu wem wollen Sie denn hier?“

„Sie meinen, wo ich absteigen werde? ... Ja, das weiß ich noch nicht, wirklich ... ich ...“

„Sie haben also noch nicht die Wahl getroffen?“

Und beide Zuhörer brachen von neuem in Lachen aus.

„Und dieses Bündel enthält natürlich Ihr ganzes Hab und Gut?“ fragte der Brünette.

„Darauf könnte ich wetten!“ griff sofort mit äußerst zufriedenem Schmunzeln der rotnasige Beamte die Bemerkung auf. „Und auch darauf, daß keine weiteren Koffer im Gepäckwagen sind, noch, daß ihm sonst was gehört, obgleich Armut keine Schande ist, was man wiederum nicht mit Stillschweigen übergehen darf.“

Es stellte sich heraus, daß es sich auch tatsächlich so verhielt, wie jener annahm: der blonde junge Mann gestand es ohne weiteres mit auffallender Offenherzigkeit ein.

„Ihr Bündel hat aber immerhin noch eine gewisse Bedeutung,“ fuhr der Beamte fort, nachdem sie sich satt gelacht hatten. (Merkwürdigerweise stimmte auch der Besitzer des Bündels beim Anblick der beiden Lachenden schließlich in das Gelächter ein, was die Heiterkeit jener natürlich noch erhöhte.) „Und wenn man auch darauf wetten könnte, daß sich in demselben keine ausländischen Goldrollen mit Napoleondors und Friedrichsdors oder zum mindesten mit holländischen Goldgulden befinden, was man allein schon aus Ihren Gamaschen ersehen kann, so erhält doch Ihr Reisebündel, wenn man zu diesem Bündel eine solche angebliche Verwandte wie zum Beispiel die Generalin Jepantschin hinzufügt, eine ganz andere Bedeutung. Versteht sich, nur in dem Fall, wenn die Generalin Jepantschin auch wirklich Ihre Verwandte ist und Sie sich nicht etwa täuschen ... aus Zerstreutheit vielleicht ... was einem Menschen sehr wohl passieren kann, und wenn auch nur – nun, sagen wir, infolge übermäßig entwickelter Phantasie.“

„Oh, da haben Sie wieder die Wahrheit erraten,“ versetzte schnell der blonde junge Mann; „denn ich täusche mich ja auch in der Tat: sie ist eigentlich so gut wie gar nicht verwandt mit mir, so daß es mich damals auch durchaus nicht wunderte, von ihr keine Antwort zu erhalten. Ich hatte sie im Grunde nicht einmal erwartet."

„Da haben Sie nur das Geld für das Briefporto fortgeworfen. Hm! ... Sie sind wenigstens gutmütig und aufrichtig, das ist lobenswert! Hm! Den General Jepantschin kennen wir, vornehmlich, weil er allbekannt ist. Aber auch den seligen Herrn Pawlischtscheff, der für Sie in der Schweiz bezahlt hat, haben wir einstmals gekannt, wenn es nur Nikolai Andrejewitsch Pawlischtscheff war; denn es gab ihrer zwei Vettern. Der eine lebt heute noch in der Krim. Nikolai Andrejewitsch aber, der Verstorbene, war ein angesehener Mann, der gute Verbindungen hatte und seinerzeit viertausend Leibeigene besaß, jawohl ..."

„Ganz recht, er hieß Nikolai Andrejewitsch Pawlischtscheff."

Der junge Mann blickte, nachdem er geantwortet hatte, unbeweglich und forschend den allwissenden Herrn an.

Solche Leute, die alle Welt kennen und alles wissen, findet man zuweilen, oder vielmehr sehr oft sogar, in einer ganz bestimmten Gesellschaftsschicht. Sie wissen buchstäblich alles, der ganze unruhige Forschertrieb ihres Geistes ist unablenkbar nach dieser einen Seite gerichtet, selbstverständlich „in Ermangelung ernsterer Lebensinteressen", wie sich ein zeitgenössischer Denker ausdrücken würde. Übrigens beschränkt sich diese Allwissenheit nur auf ein ziemlich eng begrenztes Gebiet: welche Anstellung der und der hat, mit wem er bekannt, wie groß sein Vermögen, wo er Gouverneur gewesen, mit wem er verheiratet ist, wieviel er blank und bar mitgeheiratet hat, wer seine Verwandten, Tanten, Nichten, Neffen und Vettern im zweiten und im dritten Grade sind usw., in dieser Art. Größtenteils gehen diese Leute mit zerrissenen Ellenbogen umher und beziehen ein Monatsgehalt von etwa siebzehn Rubeln. Die Betreffenden, von denen sie alle diese Einzelheiten wissen, könnten es sich natürlich gar nicht erklären, aus welchen Gründen sie sich für diese Dinge interessieren; indes kann ich versichern, daß viele von ihnen mit diesen Kenntnissen, die einer ganzen Wissenschaft gleichkommen, sich vollkommen zufrieden geben, in ihrer Selbstachtung bedeutend steigen und mit der Zeit sogar eine höhere geistige Genugtuung darin finden. Und sie ist ja auch wirklich verführerisch, diese Wissenschaft! Ich habe Gelehrte, Literaten, Dichter und Staatsmänner gekannt, die in dieser Wissenschaft ihre höchste Befriedigung und ihren höchsten Lebenszweck fanden und einzig durch sie Karriere machten.

Während dieser ganzen Unterhaltung der beiden hatte der brünette junge Mann gegähnt, ziellos zum Fenster hinausgeschaut und voll

Ungeduld das Ende der Reise herbeigesehnt. Er war sichtlich zerstreut – geradezu seltsam zerstreut, fast aufgeregt. Sein ganzes Gebaren war etwas sonderbar: er hörte zu und hörte doch nicht zu, sah und sah doch nicht, und seinem Lachen hörte man es an, daß er selbst nicht wußte, worüber er lachte.

„Aber erlauben Sie, mit wem habe ich die Ehre," wandte sich plötzlich der Herr mit dem finnigen Gesicht an den blonden jungen Mann mit dem Bündel.

„Fürst Lew Nikolajewitsch Myschkin," stellte sich jener sofort mit voller Bereitwilligkeit vor.

„Fürst Myschkin? Lew Nikolajewitsch? Kenn' ich nicht. Nicht mal gehört," meinte der Beamte nachdenklich. „Das heißt, ich rede nicht vom Namen, – der Name ist historisch, in Karamsins Russischer Geschichte kann und muß man ihn finden. Ich rede vielmehr von Ihrer Person, und dann – man hat lange nichts mehr von irgendwelchen Fürsten dieses Namens gehört ... und es ist einem auch keiner mehr zu Gesicht gekommen ...“

„Oh, wie sollten sie auch!" äußerte sich der Fürst zu dieser Frage. „Außer mir gibt es jetzt überhaupt keine Fürsten Myschkin mehr; ich bin, glaube ich, der letzte. Und was meinen Vater und Großvater anbetrifft, so haben sie ganz zurückgezogen auf ihrem einzigen Gut gelebt. Mein Vater war übrigens Page und hat es in der Armee bloß bis zum Sekondeleutnant gebracht. Nur weiß ich nicht, wie die Generalin Jepantschin von den Fürsten Myschkin abstammt; jedenfalls ist auch sie die Letzte ihres Geschlechts ...“

„Hahaha! Die Letzte ihres Geschlechts! Haha! Nicht schlecht gesagt," lachte der Beamte.

Auch der Brünette lachte. Der Blonde aber wunderte sich, daß es ihm gelungen war, einen – übrigens recht schwachen – Witz zu machen.

„Ach so ... Ich habe es ganz gedankenlos gesagt," erklärte er schließlich noch immer etwas verwundert.

„I, versteht sich, versteht sich!" beruhigte ihn der Beamte oder richtiger der Herr mit der Physiognomie eines Beamten.

„Sagen Sie, Fürst, haben Sie dort auch Wissenschaften getrieben, dort bei Ihrem Professor?" erkundigte sich plötzlich der Brünette.

„Ja ... ich habe manches gelernt ...“

„Ich habe nie was gelernt.“

„Auch ich habe ja nur so einiges ...“ fügte der Fürst fast entschuldigend hinzu. „Infolge meiner Krankheit war es unmöglich, mich systematisch zu unterrichten.“

„Kennen Sie die Rogoshins?“ fragte plötzlich der Brünette.

„Nein, ich kenne sie nicht; die sind mir ganz unbekannt. Ich kenne ja nur sehr wenige Menschen in Rußland. So sind Sie ein Rogoshin?“

„Ja, ich bin ein Rogoshin. Parfen ...“

„Parfen?“ Der Beamte stutzte. „Aber doch nicht etwa von jenen selben Rogoshins ...“ begann er langsam.

„Na ja, gewiß von jenen selben, jenen selben,“ unterbrach ihn mit unhöflicher Gereiztheit der Brünette, der sich, nebenbei bemerkt, kein einziges Mal an den finnigen Beamten wandte, sondern von Anfang an nur zum Fürsten sprach.

„Ja ... wie denn das?“ wunderte sich der Beamte, dessen ganzes Gesicht sich sofort zu einem andächtigen und unterwürfigen, ja sogar aufrichtig erschrockenen Ausdruck zu verziehen begann. „Doch nicht etwa der Sohn desselben Ssemjon Parfenowitsch Rogoshin, des erblichen Ehrenbürgers, der vor einem Monat gestorben ist und ein Kapital von zwei Millionen fünfmalhunderttausend Rubeln hinterlassen hat?“

„So, woher weißt du denn, daß er ein Kapital von zwei Millionen fünfmalhunderttausend Rubeln hinterlassen hat?“ unterbrach ihn der Brünette, auch diesmal ohne ihn eines Blickes zu würdigen. „Da sieh einer den Kerl!“ fuhr er mit einem Kopfnicken nach dessen Seite fort, sich an den Fürsten wendend, „was sie nur davon haben mögen, daß sie sich einem sofort wie die Schwänze anhängen? Aber das stimmt, daß mein Vater gestorben ist und ich erst nach einem Monat aus Pskow beinah ohne Stiebel nach Hause fahre. Weder mein Bruder, der Schuft, noch meine Mutter, weder Geld noch Nachricht – nichts haben sie mir geschickt! Wie einen Hund haben sie mich behandelt! Hab’ dort in Pskow den ganzen Monat im Fieber gelegen.“

„Und jetzt heißt es, ein Milliönchen auf einen Ruck in Empfang zu nehmen! – zum allermindesten! Du lieber Gott!“ Der Beamte hob ganz überwältigt die Hände empor.

„Sagen Sie doch, bitte, was geht das *ihn* an?“ fragte Rogoshin ärgerlich mit demselben kurzen Kopfnicken nach dessen Seite hin. „Ich werde dir ja doch keine Kopeke davon geben, und wenn du auch mit den Beinen in der Luft auf den Händen vor mir gehen und bitten solltest.“

„Und ich werde, und ich werde gehen!“

„Da sieh einer! Aber ich werde dir ja doch nichts geben, werde dir keine Kopeke geben, tanze meinetwegen eine ganze Woche auf den Händen vor mir herum!“

„Und gib auch nicht! Geschieht mir recht: gib nicht! Ich aber werde tanzen. Werde mein Weib und meine kleinen Kinderchen verlassen und vor dir tanzen! – jawohl! – und vor dir tanzen!“

„Pfui Teufel!“ Der Brünette spie aus. „Vor fünf Wochen fuhr ich ganz wie Sie da,“ wandte er sich an den Fürsten, „nur mit einem Bündel nach Pskow, um mich vor meinem Vater in Sicherheit zu bringen. Fuhr zur Tante. Dort warf mich das Fieber nieder. Er aber starb in meiner Abwesenheit. Am Schlage. Ewiges Angedenken dem Seligen, nur hätte er mich damals sicherlich totgeschlagen. Werden Sie es mir glauben, Fürst: bei Gott! – wär’ ich nicht geflohen, er hätte mich ohne weiteres erschlagen.“

„Sie haben ihn wohl irgendwie geärgert?“ fragte der Fürst, der mit eigentümlichem Interesse den Millionär im Schafpelz betrachtete.

Aber wenn auch eine Million und deren Erbschaft immer beachtenswert zu sein pflegen, so war es doch etwas ganz anderes, das den Fürsten wunderte und interessierte. Auch Rogoshin selbst hatte aus irgendeinem Grunde ersichtlich gern mit dem Fürsten das Gespräch angeknüpft, obschon er eine Unterhaltung offenbar mehr mechanisch als aus innerem Bedürfnis suchte – gewissermaßen mehr aus Zerstreutheit als aus Offenherzigkeit, mehr infolge seiner Erregung und Aufregung ... vielleicht nur, um die Zunge bewegen zu können. Auch schienen seine Reden noch halbe Fieberphantasien zu sein, wenigstens sah man ihm an, daß er innerlich noch immer fieberte. Der Beamte aber wandte keinen Blick von ihm und wagte kaum, zu atmen. Er hing förmlich an seinen Lippen, von denen er jedes Wort gierig auffing und dann wägte, ganz als hätte er einen kostbaren Edelstein gesucht.

„Ja, geärgert – das hat er sich schon ... und es war vielleicht auch der Mühe wert,“ brummte Rogoshin. „Mich aber hat am meisten mein Bruder geärgert. Von meiner Mutter red’ ich nicht, ist eine alte Frau, liest die Heiligenlegenden, sitzt mit alten Weibern zusammen, und wie’s mein Bruder Ssenjka[] bestimmt, so muß alles geschehen. Warum aber hat er mich nicht zur rechten Zeit benachrichtigt? Na, wir verstehen schon! Es ist ja wahr, ich lag bewußtlos im Fieber, und ein Telegramm haben sie ja wohl auch abgesandt. Aber meine Tante ist grad die Richtige für Telegramme! Sie verbringt schon seit dreißig Jahren ihre Witwenschaft mit Trübsinnspinnen und hockt vom Morgen bis zum Abend mit Kirchenbettlern und Stadtverrückten zusammen. Nonne ist sie grad nicht, jedenfalls aber so was von der Art, nur noch schlimmer. Das Telegramm erschreckte sie natürlich fürchterlich, und da lief sie mit ihm, ohne es zu entsiegeln, geradeswegs aufs Polizeibureau, wo es heute noch liegt. Nur Konjeff, Wassilij Wassiljitsch, rettete mich: schrieb mir alles ganz genau. Von der Sargdecke des Vaters hat mein Bruder nachts heimlich die echt goldenen Quasten abgeschnitten – ‚sie kosteten doch ein Heidengeld'! Schon allein dafür kann er nach Sibirien wandern, wenn ich nur will; denn das ist doch Kirchendiebstahl. He, du da, alte Vogelscheuche!" wandte er sich plötzlich an den Beamten. „Wie ist's nach dem Gesetz: Kirchendiebstahl oder nicht?"

„Kirchendiebstahl! Gewiß Kirchendiebstahl!" bestätigte dieser sofort mit großem Eifer.

„Und dafür geht's nach Sibirien?"

„Nach Sibirien, nach Sibirien! Sofort nach Sibirien!"

„Sie glauben alle, daß ich noch todkrank sei," fuhr Rogoshin, zum Fürsten gewandt, fort, „ich aber bin heimlich, ohne ein Wort zu sagen, und allerdings noch halb krank, in den Zug gestiegen. Fuhr einfach los! Mach mal auf das Tor, mein bester Ssemjon Ssemjonytsch! Er hat mich bei meinem verstorbenen Vater angeschwärzt, das weiß ich. Daß ich aber mit der Nastassja Filippowna damals meinen Vater gereizt habe, das läßt sich nicht leugnen. Hier war es nun freilich ganz allein meine Schuld. Die Sünde hat's so gewollt."

„Mit Nastassja Filippowna? ..." flüsterte der Beamte ehrfurchtsvoll, als überlege er irgend etwas.

„Kennst sie ja doch nicht!" schnitt ihm Rogoshin gereizt und ärgerlich das Wort ab.

„Doch, ich kenne sie!" triumphierte der Beamte.

„Das fehlte noch! Als ob nur eine in der ganzen Welt Nastassja Filippowna hieße! Was du übrigens für ein freches Rindvieh bist! Merk dir das. Wußt' ich's doch, daß sich mir sogleich irgend so'n Geschmeiß anhängen würde!" Er sprach wieder nur zum Fürsten.

„Wer weiß, vielleicht kenne ich aber doch die Richtige!" Der Beamte ließ sich nicht abfertigen. „Lebedeff soll sie nicht kennen! Sie, Hochwohlgeborenster, geruhen mich zu tadeln, wie aber, wenn ich beweise, was ich sage? Das ist doch dieselbe Nastassja Filippowna, deretwegen Ihr Vater mittels eines Stockes Ihnen die Leviten zu lesen gedachte, und ihr Familienname ist Baraschkoff, also sozusagen sogar eine vornehme Dame und in ihrer Art auch eine Fürstin. Sie hat mit einem gewissen Tozkij, Afanassij Iwanowitsch, ein Verhältnis, aber nur mit ihm allein, einem Gutsbesitzer und Großkapitalisten, Mitglied verschiedener Handelsgesellschaften, und der dieserhalb mit dem General Jepantschin enge Freundschaft pflegt ...“

„Ah! Also solch ein Vogel bist du!“ Rogoshin wunderte sich denn doch. Er war aufrichtig überrascht. „Pfui Teufel, er scheint sie ja tatsächlich zu kennen.“

„Wen kennt er nicht? Lebedeff kennt alle und alles! Ich, müßt Ihr wissen, Hochwohlgeborenster, habe einmal mit Alexaschka[] Lichatschewitsch zwei Monate lang juchheit, gleichfalls nach dem Tode des Vaters, kenne daher alle Winkel und Sackgassen; denn schließlich ging er ohne Lebedeff keinen Schritt! Jetzt sitzt er im Schuldturm, damals aber hatte er Gelegenheit, sowohl die Armance und Coralie wie die Fürstin Pazkij und Nastassja Filippowna näher kennen zu lernen ... und noch so manches andere hatte er Gelegenheit, kennen zu lernen!“

„Nastassja Filippowna? Ja, hat sie denn mit Lichatschewitsch ...?“ Rogoshin blickte ihn wütend an. Seine Lippen erbleichten und bebten.

„Nichts, nichts, nichts! Absolut nichts!“ besann sich eilig der Beamte. „Er konnte mit allem Geld *n–n–nichts* bei ihr erreichen, *n–nicht das Geringste*! Nein, die war keine Armance! Nur Tozkij allein, wie gesagt. Und abends sitzt sie in der Großen Oper oder im Französischen Theater in ihrer eigenen Loge. Vieles, was die Offiziere so unter sich reden – na, aber auch sie können ihr nichts nachsagen. Nur so: ‚Sieh dort, das ist jene Nastassja Filippowna‘ – das ist alles, was sie sagen können; in betreff des Weiteren aber n–nichts! Denn es ist ja auch nichts zu sagen.“

„Das stimmt alles ganz genau,“ bestätigte Rogoshin düster und stirnrunzelnd. „Das hat mir auch Saljosheff gesagt ... Ich lief damals,“ fuhr er, zum Fürsten gewandt, fort, „in einem Pelzüberrock meines Vaters, den dieser schon vor drei Jahren abgelegt hatte, über den Newskij, da tritt sie aus einem teuren Laden und setzt sich in ihre Equipage. Ich war auf der Stelle wie – wie in Feuer getaucht. Darauf begegne ich Saljosheff – der paßt nicht zu mir, kleidet sich wie ein Friseurgehilfe, Pincenez auf der Nase, wir aber durften beim Seligen nur Schmierstiefel tragen und aßen nichts als Fastenkohl. ‚Nichts für dich,‘ sagt er, ‚die ist so gut wie eine Fürstin, Nastassja Filippowna heißt sie. Sie lebt mit einem gewissen Tozkij, der nicht weiß, wie er sie loswerden soll; denn da er jetzt reif zum Heiraten ist – fünfundfünfzig geworden – so will er eine der ersten Schönheiten Petersburgs ehelichen.‘ Gleichzeitig teilte er mir mit, daß ich sie noch am selben Abend in der Großen Oper sehen könne, sie würde in ihrer Parterreloge sitzen. Bei uns aber, zu Lebzeiten des Seligen, sollte jemand versuchen, ins Theater oder gar ins Ballett zu gehen! Kurzen Prozeß hätte er gemacht: einfach erschlagen. Ich aber machte mich dennoch einmal auf, ganz heimlich auf und davon – und es gelang mir auch wirklich, Nastassja Filippowna zu sehen. Die ganze Nacht schlief ich nicht. Am nächsten Morgen gibt mir der Selige zwei fünfprozentige Papiere, zu fünftausend Rubel jedes. ‚Geh,‘ sagte er, ‚verkauf sie: siebentausendfünfhundert bring zu Andrejeffs ins Kontor, bezahle dort, und den Rest von den zehntausend bring mir, ohne dich irgendwo aufzuhalten, unverzüglich zurück. Werde dich hier erwarten.‘ Die Papiere verkaufte ich, nahm das Geld, zu Andrejeffs aber ins Kontor ging ich nicht, sondern begab mich schnurstracks zum englischen Juwelier und kaufte dort fürs ganze Geld ein Paar Ohrringe, in jedem ein Brillant so ungefähr von der Größe einer Haselnuß, blieb noch vierhundert Rubel schuldig – nannte meinen Namen, da trauten sie mir. Mit den Ohrringen ging ich zu Saljosheff: soundso, gehen wir, Freund, zu Nastassja Filippowna. Wir gingen. Was damals unter meinen Füßen war, was vor mir, was neben mir – davon weiß ich nichts mehr, keine Ahnung. Wir traten ohne weiteres in ihren Salon ein, und sie erschien selbst. Ich, das heißt ... ich sagte damals nicht, wie ich heiße, sondern einfach: ‚von Parfen Rogoshin,‘ sagte Saljosheff, ‚zum Andenken an die gestrige Begegnung, wenn Sie es empfangen wollten.‘ Sie öffnete, sah den Schmuck, lächelte. ‚Überbringen Sie,‘ sagte sie, ‚Ihrem Freunde, Herrn Rogoshin, meinen Dank für seine liebenswürdige Aufmerksamkeit.‘ Nickte und ging. Warum ich damals nicht auf der Stelle starb, begreife ich nicht! Aber wenn ich auch fortging, so tat ich's doch nur, weil ich dachte: ‚Nun, gleichviel, lebendig kehrst du doch nicht zurück!‘ Am kränkendsten aber schien mir, daß diese Bestie Saljosheff alles gewissermaßen von sich aus gemacht hatte. Ich bin nicht groß von Wuchs, und gekleidet war ich wie 'n Knecht. Ich stehe, schweige, starre sie nur an – denn ich schämte mich doch –, er aber ist nach neuester Mode gekleidet, ist pomadisiert und frisiert, rotwangig, mit 'ner karierten Krawatte – zerfließt nur so, Kratzfuß hier und Bückling dort. Sicher hat sie ihn für den Parfen Rogoshin gehalten, während ich wie 'n Esel dabeistehe! ‚Nun,‘ sagte ich, als wir hinaustraten, ‚daß du mir jetzt nicht hier irgend etwas auch nur zu denken wagst, verstanden!‘ Er lachte. ‚Wie aber wirst du denn jetzt Ssemjon Parfenowitsch‘ – also meinem Vater – ‚Rechenschaft ablegen?‘ Ich muß gestehen, daß ich damals einfach ins Wasser wollte, ohne nach Hause zurückzukehren, dachte aber: ‚Jetzt ist doch alles gleich,‘ und ging wie ein Verfluchter heim.“

Der Beamte stöhnte überwältigt „Ach!“ und „Oh!“, verrenkte sein Gesicht und schüttelte sich, als wenn ihn Frostschauer durchrieselten.

„Und dabei müssen Sie bedenken, daß der Selige imstande war, einen –
von zehntausend ganz zu schweigen – schon wegen gewöhnlicher zehn
Rubel ins Jenseits zu befördern!“ teilte er dem Fürsten wichtig mit
mehrfachem Kopfnicken mit.

Interessiert betrachtete der Fürst Rogoshin, der in diesem Augenblick
noch bleicher erschien.

„Ins Jenseits zu befördern!“ äffte ihn Rogoshin ärgerlich nach. „Was
weißt du denn davon? ... Im Augenblick hatte er alles erfahren,“ erzählte
er dann dem Fürsten weiter; „denn Saljosheff hatte natürlich nichts
Besseres zu tun, als die ganze Geschichte jedem ersten besten auf die
Nase zu binden. Mein Vater führte mich ins Obergeschoß und schloß
mich dort in einem Zimmer ein, in dem er mich dann eine Stunde lang
belehrte. ‚Jetzt bereite ich dich nur vor,‘ sagte er, ‚am Abend aber werde
ich wiederkommen und in noch ganz anderer Weise mit dir reden.‘ Was
glauben Sie wohl? – Der Alte fährt zu Nastassja Filippowna, verneigt sich
vor ihr bis zur Erde, fleht und weint, bis sie ihm den Schmuck bringt und
hinwirft: ‚Da hast du deine Ohrringe, Alter,‘ sagt sie, ‚sie sind mir jetzt
zehnmal teurer, wenn er sie mit solchen Gefahren erstanden hat. Grüß
mir,‘ sagt sie, ‚grüß mir Parfen Ssemjonytsch und sag’ ihm meinen Dank.‘
Nun, ich aber hatte inzwischen mit meiner Mutter Segen von Sserjosha
Protuschin zwanzig Rubel geborgt und begab mich sofort per Bahn nach
Pskow, kam aber schon im Fieber dort an. Die alten Weiber begannen
mich mit dem Vorlesen ihrer Heiligengeschichten zu langweilen,
während ich halb betrunken dasaß. So ging ich denn und suchte für mein
Letztes die Schenken heim und lag dann bewußtlos die ganze Nacht auf
der Straße. Da hatte ich mich bis zum Morgen gründlich erkältet. Ein
Wunder, daß ich überhaupt noch zu mir kam.“

„Na! Na! Jetzt wird Nastassja Filippowna ein anderes Liedchen
singen!“ kicherte händereibend der Beamte. „Was Ohrringe! Jetzt werden
wir sie für deine Ohrringe schon entschädigen ...“

„Hör’, wenn du auch nur ein einziges Mal, gleichviel mit welchem
Wort, Nastassja Filippowna erwähnst, so werde ich dich, bei Gott, einfach
zu Brei schlagen, und wenn du auch hundertmal mit Lichatschewitsch
juchheit hast!“ rief knirschend Rogoshin, der plötzlich mit eisernem Griff
des anderen Handgelenk gepackt hatte.

„Nur zu! Schlägst du mich, so wirst du mich nicht fortjagen. Schlag
nur. Gerade damit erwirbst du dir meine Freundschaft. Hast du mich erst
einmal durchgehauen, so hast du mich damit auch erworben ... Ah, da sind
wir ja schon angekommen!“

Der Zug fuhr gerade in diesem Augenblick in den Bahnhof ein. Obgleich Rogoshin sich nach seinen Worten ganz heimlich aufgemacht hatte, wurde er doch von einer ganzen Schar Bekannter erwartet. Sobald sie ihn erblickt hatten, schrien sie ihm zu und schwenkten die Mützen.

„Sieh mal, auch Saljosheff ist hier!" brummte Rogoshin, indem er sie mit triumphierendem und gleichwohl boshaftem Lächeln musterte, und plötzlich wandte er sich an den Fürsten. „Ich weiß nicht, weshalb ich dich liebgewonnen hab', Fürst. Vielleicht, weil ich dich in einer solchen Stunde kennen gelernt habe, – aber ich habe ja auch diesen da kennen gelernt" (er wies auf Lebedeff), „ohne ihn dabei liebzugewinnen. Komm zu mir, Fürst. Diese Stiebletten wollen wir dir schon abziehen, werde dir einen Marderpelz kaufen, den schönsten, den es nur gibt, werde dir einen Frack machen lassen vom teuersten Stoff, dazu eine weiße Weste oder was du sonst willst, die Taschen stopfe ich dir voll mit Geld und – fahren wir dann zu Nastassja Filippowna! Kommst du?"

„So hören Sie doch, Fürst Lew Nikolajewitsch!" mischte sich Lebedeff eifrig dazwischen. „Greifen Sie zu, oh, greifen Sie zu! ..."

Fürst Myschkin erhob sich, bot Rogoshin höflich die Hand und sagte herzlich:

„Ich werde mit dem größten Vergnügen zu Ihnen kommen, und ich danke Ihnen dafür, daß Sie mich liebgewonnen haben. Vielleicht werde ich sogar heute schon kommen, wenn ich Zeit finde. Denn, ich sage es Ihnen aufrichtig, auch Sie haben mir sehr gefallen – namentlich, als Sie das von den Ohrringen erzählten. Ja sogar vor den Ohrringen gefielen Sie mir bereits, obschon Sie ein düsteres Gesicht haben. Auch danke ich Ihnen für die Kleider und den Pelz, die Sie mir schenken wollen, ich werde bald beides nötig haben. Geld jedoch habe ich im gegenwärtigen Augenblick fast keine Kopeke mehr, doch ..."

„Oh, Geld wirst du von mir bekommen, soviel du nur willst, zum Abend wird es schon da sein, komme nur zu mir!"

„Oh, Geld wird schon da sein," griff der Beamte sofort auf, „zum Abend, noch vor dem Abend wird es da sein!"

„Aber wie steht's mit den Frauen, Fürst? Sind Sie ein großer Liebhaber des weiblichen Geschlechts? – das müssen Sie mir im voraus sagen."

„Ich? N–n–nein. Ich bin ja ... Sie wissen vielleicht nicht, daß ich ... daß ich infolge meiner Krankheit die Frauen überhaupt noch nicht kenne."

„Nun, wenn's so ist ..." rief Rogoshin aus, „dann bist du ja, Fürst, ein ganz armer Heiliger! Solche, wie du, hat Gott lieb."

„Gewiß! Gerade solche hat Gott der Herr lieb!" echote der Beamte.

„Und du, Schmarotzer, schieb mir mal nach!" wandte sich Rogoshin an Lebedeff.

Sie verließen alle drei das Kupee.

Lebedeff hatte nun doch erreicht, was er wollte. Die lärmende Schar entfernte sich bald in der Richtung nach dem Wosnessenskij Prospekt. Der Fürst dagegen mußte den Weg zur Liteinaja einschlagen. Der Morgen war feucht und naßkalt. Fürst Myschkin erkundigte sich bei Vorübergehenden nach den Entfernungen: bis zu seinem Ziel waren noch etwa drei Werst, und so entschloß er sich, eine Droschke zu nehmen.

**II.**

General Jepantschin wohnte in seinem eigenen Hause, etwas abseits von der Liteinaja, in der Richtung zur Heiligen Verklärungskirche. Außer diesem äußerst stattlichen Hause, von dem fünf Sechstel vermietet waren, besaß der General noch ein riesiges Haus an der Ssadowaja, das ihm gleichfalls sehr viel eintrug. Ferner besaß er in der nächsten Nähe Petersburgs ein überaus rentables und durchaus nicht so kleines Gut und dann noch, gleichfalls im Petersburger Kreise, irgendeine Fabrik. In früheren Zeiten hatte sich der General, wie alle Welt wußte, an der Branntweinpacht beteiligt, jetzt jedoch war er Mitglied einiger solider Aktiengesellschaften, bei denen er eine einflußreiche Stimme im Aufsichtsrat besaß. Jedenfalls galt er als schwerreicher Mann mit Unternehmungsgeist und guten Verbindungen. An manchen Stellen, unter anderem auch in seinem Dienst, hatte er sich fast unentbehrlich zu machen gewußt. Indes wußte alle Welt, daß Iwan Fedorowitsch Jepantschin ein Mann ohne besondere Bildung war und aus einer Soldatenfamilie stammte. Letzteres konnte ihm zweifellos nur zur Ehre gereichen. Doch hatte der General, obgleich sonst gerade kein Dummer, auch seine kleinen, sehr verzeihlichen Schwächen, denen es zuzuschreiben war, daß er gewisse Anspielungen auf seine Herkunft nichts weniger als gern hörte. Im übrigen war er ein kluger und gewandter Mensch, der wußte, was sich gehörte, und der seine Prinzipien hatte. So zum Beispiel hatte er es sich zum Grundsatz gemacht, sich nie dort vorzudrängen, wo zurückzustehen ratsamer war. Im allgemeinen wurde er wegen seiner einfachen Natürlichkeit geschätzt, weil er sich nichts anmaßte, was ihm nicht zukam, und weil er immer seinen Platz kannte. Währenddessen aber – oh, wenn diese Leute nur geahnt hätten, was bisweilen in der Seele Iwan Fedorowitschs, der so gut seinen Platz kannte, vor sich ging! Doch wieviel Lebenserfahrung er auch besaß – und sogar einige recht bemerkenswerte Fähigkeiten ließen sich ihm nicht absprechen –: er zog es im allgemeinen durchaus vor, sich mehr als Vollstrecker fremder Ideen, denn als ein aus eigener Initiative Handelnder hinzustellen. Er war dabei aufrichtig, schmeichelte den Menschen nicht und – was erlebt man nicht alles in unserem Jahrhundert! – gab sich sogar als ganzer, echter, herzlicher Russe. In letzterer Beziehung sollen ihm sogar ein paar amüsante Geschichtchen passiert sein, doch der General verzagte nie, selbst angesichts der amüsantesten Geschichtchen nicht. Zudem hatte er Glück, selbst im Kartenspiel. Ja, er spielte sogar sehr hoch und bemühte sich nicht nur keineswegs, diese seine scheinbare kleine Schwäche – die ihm mitunter nicht wenig eintrug – zu verbergen, sondern kehrte sie noch absichtlich hervor. Sein Bekanntenkreis war ein etwas gemischter, doch – versteht sich – gehörten zu ihm immerhin nur reiche Leute. Aber es lag ja selbst alles noch vor ihm, jedes Ding hat seine Zeit, und so mußte einmal doch alles an die Reihe kommen. Auch was das Alter anbelangt, war der General sozusagen noch in den besten Jahren, nämlich genau sechsundfünfzig Jahre alt, nicht weniger und beileibe nicht mehr, was ja doch unter solchen Verhältnissen ein blühendes Alter zu nennen ist, ein Alter, in dem das wirkliche Leben so recht eigentlich erst beginnt. Gesundheit, frische Gesichtsfarbe, gute, wenn auch schon etwas schwarz angelaufene Zähne, eine breitschultrige, feste Gestalt, morgens im Dienst der ebenso besorgte und strenge, wie abends am Kartentisch Seiner Durchlaucht heitere Gesichtsausdruck – alles das trug zu den schon erreichten und noch bevorstehenden Erfolgen des Generals in nicht geringem Maße bei und streute auf den Lebenspfad Seiner Exzellenz duftende Rosen.

Der General besaß aber auch eine entsprechend blühende Familie. Freilich waren die Rosen, die ihm hier erblühten, nicht immer ganz ohne Dornen, doch dafür gab es wieder manches andere, auf Grund dessen sich die größten und liebsten Hoffnungen Seiner Exzellenz gerade auf seinen Nachwuchs konzentrierten. Welche Hoffnungen und Pläne könnten auch wichtiger und heiliger sein, als diejenigen liebender Eltern? An was soll man sich schließlich anklammern, wenn nicht an die Familie? Die Familie des Generals bestand aus seiner Gattin und drei erwachsenen Töchtern. Geheiratet hatte er schon vor sehr langer Zeit, als er noch Leutnant war; seine Braut war fast in gleichem Alter mit ihm, zeichnete sich weder durch besondere Schönheit noch durch Bildung aus, und als Mitgift bekam sie auch nur fünfzig Seelen – die allerdings zur Grundlage seines späteren Reichtums wurden. Der General jedoch äußerte in der Folge nie etwas, woraus man hätte schließen können, daß er seine frühe Heirat bereue. Er behandelte sie nie als übereilte Handlung der unüberlegten Jugend. Und seine Gemahlin achtete er so hoch und fürchtete sie bisweilen so sehr, daß man sogar sagen mußte: er liebte sie. Sie nun, die Generalin Jepantschin, stammte aus dem Hause der Fürsten Myschkin, einem nicht gerade sehr glänzenden, doch dafür sehr alten Geschlecht, und tat sich auf diese ihre Abkunft nicht wenig zugute. Eine zu jener Zeit einflußreiche Persönlichkeit (einer jener Protektoren, denen das Protegieren kein Geld kostet) hatte sich bereitgefunden, der jungen Fürstin einen Gatten zu verschaffen. Er öffnete dem jungen Offizier das Pförtchen zur Karriere und gab ihm den ersten Stoß, der ihn auf dieser Bahn in Gang brachte. Der junge Mann aber bedurfte nicht einmal einer so großen Hilfeleistung, es genügte ihm zunächst, wenn er nur mit einem Blick bemerkt und nicht ganz übersehen wurde. Die Ehegatten lebten, abgesehen von einzelnen wenigen Ausnahmen, bis zu ihrer Silberhochzeit in bester Eintracht. Bereits in jungen Jahren hatte die Generalin es verstanden – dank ihrer fürstlichen Abstammung und als Letzte ihres Stammes, vielleicht aber auch dank persönlicher Vorzüge – einzelne hochgestellte Gönnerinnen zu finden, und mit der Zeit war sie, dank ihrem Reichtum und der dienstlichen Stellung ihres Gemahls, im Kreise dieser hochgestellten Personen sogar ein wenig heimisch geworden.

In den letzten Jahren waren die drei Töchter des Generals, Alexandra, Adelaida und Aglaja, herangewachsen und lieblich erblüht. Freilich hießen sie alle drei nur Jepantschin, doch waren sie mütterlicherseits immerhin fürstlicher Abstammung, hatten keine geringe Mitgift zu erwarten und besaßen einen Vater, der für die Zukunft noch Aussicht auf einen vielleicht sogar sehr hohen Posten hatte. Außerdem waren sie alle drei – was gleichfalls von nicht geringer Bedeutung ist – auffallend schöne Mädchen, selbst die Älteste, Alexandra, die bereits das fünfundzwanzigste Jahr überschritten hatte, nicht ausgenommen. Die zweite war dreiundzwanzig Jahre alt und die Jüngste, Aglaja, kaum zwanzig. Diese Jüngste war sogar eine ausgesprochene Schönheit und lenkte denn auch in der Gesellschaft die allgemeine Aufmerksamkeit auf sich. Aber das war noch längst nicht alles Gute, was sich von ihnen sagen ließ: alle drei zeichneten sich nämlich auch durch Bildung, Verstand und Talente aus. Auch wußte man zu erzählen, daß sie einander sehr zugetan seien und in gutem Einvernehmen zusammenhielten. Ja, man sprach sogar von gewissen Opfern, die die beiden älteren Schwestern der Jüngsten, dem Abgott der ganzen Familie, zu bringen beabsichtigten. In der Gesellschaft drängten sie sich nicht vor, sondern zogen sich vielleicht sogar allzusehr zurück. Niemand konnte ihnen Hochmut oder Eigendünkel vorwerfen, obschon ein jeder wußte, daß sie stolz waren und ihren eigenen Wert kannten. Die Älteste war musikalisch, die Mittlere besaß ein auffallendes Zeichentalent, doch davon hatte viele Jahre kein

Mensch etwas geahnt: erst in der letzten Zeit hatte man es plötzlich entdeckt, und auch da nur ganz zufällig. Mit einem Wort, es wurde sehr viel Lobenswertes von ihnen erzählt. Nichtsdestoweniger gab es auch solche, die ihnen nicht gerade wohlwollten. So sprach man z. B. mit wahrem Entsetzen davon, wieviel Bücher sie schon gelesen hätten. Mit dem Heiraten hatten sie es nicht eilig. Vornehme Gesellschaft zogen sie natürlich vor, doch machten sie sich schließlich auch nicht viel aus ihr, was um so bemerkenswerter war, als jedermann den Charakter, die Wünsche und Hoffnungen ihres Vaters kannte.

Es war bereits elf Uhr, als der Fürst an der Wohnung des Generals die Klingel zog. Jepantschins wohnten im zweiten Stock, zwar möglichst wenig protzig, doch ihrer gesellschaftlichen Stellung durchaus entsprechend. Der Fürst, dem ein Diener in voller Livree öffnete, mußte ziemlich lange mit diesem Menschen reden, der ihn und sein Bündel zuerst recht kritisch musterte. Erst nach wiederholter und bestimmter Versicherung, daß der Besucher tatsächlich Fürst Myschkin sei und den General in einer wichtigen Angelegenheit zu sprechen wünsche, führte ihn der ungläubige Bediente in ein kleines Vorzimmer vor dem Empfangskabinett Seiner Exzellenz und übergab ihn dort gewissermaßen der Obhut eines anderen Dieners, der des Morgens in diesem Zimmer Dienst hatte und die zum Besuch erscheinenden Herren anmelden mußte. Dieser zweite Diener trug einen schwarzen Frack, mochte etwa vierzig Jahre zählen, zeigte eine sorgenvolle Miene und besaß als spezieller Anmeldediener des Generals Jepantschin ganz zweifellos höheren Wert.

„Warten Sie gefälligst im Empfangszimmer, das Bündel lassen Sie aber hier," sagte er jetzt, ohne sich zu beeilen, setzte sich darauf wichtig auf seinen Stuhl und betrachtete mit strenger Verwunderung den Fürsten, der, als wäre es ganz selbstverständlich, neben ihm auf einem anderen Stuhl Platz genommen hatte, während er das Bündel immer noch in der Hand trug.

„Wenn Sie erlauben," sagte der Fürst, „werde ich lieber hier bei Ihnen warten, was soll ich dort allein sitzen?"

„Im Vorzimmer ist nicht der richtige Platz für Sie; denn Sie sind ein Besucher, also sozusagen ein Gast. Wollen Sie den General selbst sprechen?"

Der Diener konnte sich offenbar nicht so schnell an den Gedanken, diesen Menschen anmelden zu müssen, gewöhnen und entschloß sich daher, vorsichtshalber nochmals zu fragen.

„Ja, ich habe die Absicht ..." sagte der Fürst.

„Ich frage Sie nicht nach Ihren Absichten, – ich habe Sie nur anzumelden. Aber ohne den Sekretär werde ich Sie doch nicht anmelden können.“

Das Mißtrauen dieses Menschen schien noch zu wachsen: der Fürst glich aber auch gar zu wenig den täglichen Besuchern, und wenn der General auch recht oft zu einer festgesetzten Stunde sogar sehr verschiedenartige Leute empfing – vornehmlich in geschäftlichen Angelegenheiten –, so war der Kammerdiener trotz aller Anweisungen diesmal doch sehr im Zweifel darüber, was er tun sollte. Jedenfalls erschien ihm die Mittlerschaft des Sekretärs mit jeder Minute notwendiger.

„Ja, aber sind Sie auch wirklich ... aus dem Auslande gekommen?“ fragte er schließlich ganz unwillkürlich und verstummte sogleich etwas betreten.

Er hatte wahrscheinlich fragen wollen: ‚Sind Sie auch wirklich Fürst Myschkin?‘

„Ja, ich komme direkt von der Bahn. Ich glaube jedoch, daß Sie mich fragen wollten, ob ich auch wirklich Fürst Myschkin bin – sprachen das aber aus Höflichkeit nicht aus.“

„Hm!“ brummte der verwunderte Lakai.

„Nun, ich versichere Sie, daß ich Ihnen nichts vorgelogen habe. Übrigens werden Sie für mich nicht einzustehen brauchen. Und daß ich in diesem Aufzuge und mit diesem Reisebündel erscheine, ist weiter nicht verwunderlich, da meine Verhältnisse im Augenblick nicht glänzend sind.“

„Hm! Sehen Sie, das ist es eigentlich nicht, was ich befürchte. Sie anzumelden, bin ich verpflichtet, und der Sekretär wird Sie empfangen, außer wenn ... das ist es eben, dieses außer wenn ... Sie wollen doch nicht, hm ... den General, wenn ich fragen darf, um eine Unterstützung bitten? – verzeihen Sie ...“

„O nein, in der Beziehung können Sie vollkommen ruhig sein. Ich habe ein anderes Anliegen.“

„Sie müssen mich entschuldigen, ich fragte nur so ... aus Ihrem Auftreten zu schließen ... Warten Sie, bis der Sekretär kommt. Der General selbst arbeitet jetzt mit dem Obersten, dann aber kommt auch der Sekretär.“

„Wenn ich lange warten muß, so möchte ich Sie um etwas bitten: könnte ich hier nicht irgendwo ein wenig rauchen? Tabak und eine Pfeife habe ich bei mir."

„Ra–au–chen?" Der Diener blickte ihn mit verächtlicher Verwunderung an, als traue er seinen Ohren nicht ganz. „Ra–au–chen? Nein, hier dürfen Sie nicht rauchen. Schämen Sie sich denn gar nicht, an so etwas auch nur zu denken? He! – das ist mal nett!"

„Oh, ich fragte ja nicht, ob ich hier in diesem Zimmer rauchen könnte. Ich weiß, daß das nicht geht. Ich wäre irgendwohin hinausgegangen, in ein Vorhaus oder einen Korridor, den Sie mir gezeigt hätten; denn ich bin sehr ans Rauchen gewöhnt, und heute habe ich seit ganzen drei Stunden nicht geraucht. Übrigens, wie Sie meinen. Es gibt ja auch ein Sprichwort: In ein fremdes Kloster kommt man nicht mit fremden Sitten ..."

„Wie soll ich Sie denn nun eigentlich anmelden?" brummte der Kammerdiener fast unwillkürlich. „Erstens schon, daß dies hier doch nicht der rechte Platz zum Warten für Sie ist! Sie müßten im Empfangszimmer sitzen; denn Sie sind doch sozusagen ein Besucher, also ebenso gut wie ein Gast, und mich wird man dann fragen ... oder haben Sie ... haben Sie die Absicht, ganz bei uns zu bleiben?" fragte er plötzlich mit einem neuen Seitenblick nach dem Bündel des Fürsten, das ihm offenbar keine Ruhe ließ.

„Nein, die Absicht habe ich nicht. Selbst wenn man mich hier dazu aufforderte, würde ich nicht bleiben. Ich bin einfach gekommen, um die Familie kennen zu lernen, weiter nichts."

„Was? Kennen zu lernen?" fragte der Kammerdiener verwundert mit doppeltem Mißtrauen. „Aber Sie sagten doch, Sie hätten ein Anliegen?"

„Oh, eigentlich habe ich kein Anliegen. Das heißt, wenn Sie wollen, habe ich allerdings ein Anliegen – ich wollte um einen Rat bitten – aber hauptsächlich bin ich doch gekommen, um mich vorzustellen; denn ich bin ein Fürst Myschkin, und auch die Generalin Jepantschin ist eine geborene Fürstin Myschkin – und außer uns beiden gibt es keine Myschkins mehr."

„Was, so sind Sie sogar ein Verwandter?" Der Kammerdiener stutzte erschrocken.

„Auch das eigentlich nicht. Oder wenn man durchaus will, sind wir auch Verwandte, aber immerhin in so entferntem Grade, daß man es im Grunde wohl kaum noch Verwandtschaft nennen kann. Ich habe bereits einmal aus der Schweiz an die Generalin geschrieben, doch sie hat mir nicht geantwortet. Dennoch halte ich es jetzt, nach meiner Rückkehr, für nötig, wenigstens den Versuch zu machen, Beziehungen anzuknüpfen. Und Ihnen erkläre ich das alles jetzt nur, damit Sie an meiner Identität nicht zweifeln; denn, wie ich sehe, beunruhige ich Sie immer noch. Also melden Sie getrost den Fürsten Myschkin an, der Grund meines Besuches wird schon aus dieser Anmeldung zu ersehen sein. Empfängt man mich – ist's gut. Empfängt man mich nicht – ist's vielleicht ebenso gut, vielleicht sogar besser. Nur können sie, glaube ich, keinen Grund haben, mich nicht zu empfangen. Die Generalin wird doch sicherlich den einzigen noch lebenden Träger ihres Namens kennen lernen wollen, um so mehr, als sie, wie ich gehört habe, auf ihre fürstliche Herkunft etwas geben soll."

Die Unterhaltung des Fürsten war scheinbar die allergewöhnlichste, doch je selbstverständlicher sie wurde, desto unverständlicher erschien sie dem erfahrenen Kammerdiener. Jedenfalls konnte er nicht umhin, herauszufühlen, daß doch manches, was sonst zwischen zwei Menschen sehr wohl möglich ist, zwischen einem Gast und einem Diener dagegen ganz unmöglich ist. Da nun die Dienstboten in der Regel viel klüger zu sein pflegen, als ihre Herrschaft es im allgemeinen von ihnen voraussetzt, so dachte auch der Diener Seiner Exzellenz, daß es sich hier nur um zwei Möglichkeiten handeln könne: entweder war der Fürst irgend so ein leichtsinniger Herumtreiber, der unfehlbar Seine Exzellenz anbetteln wollte, oder er war einfach ein Dummkopf, der kein Standesbewußtsein hatte, denn – ein kluger Fürst mit Standesbewußtsein würde doch nicht im Vorzimmer sitzen und mit einem Lakaien von seinen Privatverhältnissen reden!? Wenn dem nun aber so war – fiel dann nicht ihm als erfahrenen Kammerdiener die Verantwortung zu?

„Aber Sie werden sich nun doch ins Empfangszimmer bemühen müssen," bemerkte er schließlich in möglichst bestimmtem Ton.

„Wenn ich dort gesessen hätte, würde ich Ihnen nichts erzählt haben," meinte halb lachend der Fürst, „und folglich würde Sie der Anblick meines Mantels und Reisebündels immer noch ängstigen. So aber brauchen Sie den Sekretär jetzt vielleicht nicht mehr zu erwarten und können mich ohne fremde Mittlerschaft selbst anmelden?"

„Nein, einen Besuch wie Sie kann ich ohne den Sekretär nicht anmelden, und überdies hat Seine Exzellenz vorhin noch ausdrücklich befohlen, daß ich sie nicht stören soll, gleichviel wer da käme, solange der Oberst bei ihr ist. Nur Gawrila Ardalionytsch kann unangemeldet eintreten."

„Wer ist das – ein Beamter?"

„Gawrila Ardalionytsch? Nein. Er ist ein Angestellter der Handelsgesellschaft. Aber Ihr Bündel könnten Sie doch wenigstens dorthin stellen."

„Das war auch schon meine Absicht. Wenn Sie gestatten ... Übrigens – ich werde auch den Mantel ablegen, was meinen Sie dazu?"

„Natürlich, Sie können doch nicht im Mantel eintreten."

„Gewiß nicht."

Der Fürst erhob sich, zog eilig seinen Mantel aus und stand nun in einem zwar schon getragenen, jedenfalls aber noch sehr anständigen, kurzen Rock von gut sitzendem, elegantem Schnitt vor dem ihn kritisch musternden Diener. Über der Weste hing eine schlichte Stahlkette, an der er eine silberne Genfer Uhr trug.

Wenn nun der Fürst auch ein Dummkopf war – das hatte der Lakai bereits festgestellt –, so schien es dem Kammerdiener Seiner Exzellenz doch als unzulässig, daß er von sich aus das Gespräch mit dem Gast fortsetzte, obschon ihm der Fürst aus irgendeinem Grunde gefiel – in seiner Art, versteht sich. Trotzdem aber erregte er immer noch seinen aufrichtigen Unwillen.

„Wann empfängt die Generalin?" fragte der Fürst, nachdem er sich wieder auf denselben Platz gesetzt hatte.

„Das ist nicht mehr meine Sache. Sehr verschieden übrigens, je nach Wunsch. Die Modistin wird sogar schon um elf empfangen. Gawrila Ardalionytsch gleichfalls früher als die anderen, sogar schon zum ersten Frühstück."

„Hier ist es in den Zimmern an kalten Wintertagen bedeutend wärmer als im Auslande," bemerkte der Fürst, „dafür aber ist es dort in den Straßen wärmer als bei uns. Die Häuser sind dort im Winter dermaßen kalt, daß ein echter Russe anfangs gar nicht in ihnen wohnen kann."

„Heizt man denn dort nicht?"

„Das wohl, aber die Häuser sind anders gebaut, die Öfen und Fenster ..."

„Hm! Und wie lange beliebten Sie dort herumzureisen?"

„Ja so – vier Jahre. Übrigens habe ich die ganze Zeit fast nur an einem Ort gelebt, auf dem Lande."

„Sind wohl unser Leben nicht mehr gewöhnt?"

„Auch das ist wahr. Glauben Sie mir, es wundert mich wirklich, daß ich das Russische nicht verlernt habe. Da spreche ich nun mit Ihnen und denke dabei doch die ganze Zeit: ‚Aber ich spreche ja wirklich gutes Russisch!‘ Vielleicht ist das auch der Grund, weshalb ich soviel rede. Wirklich, seit dem gestrigen Tage würde ich am liebsten nur reden und reden.“

„Hm! Hm! Haben Sie früher schon in Petersburg gelebt?“ – Wie sehr sich der Diener auch beherrschen wollte, so weit konnte er sich doch nicht überwinden, daß er ein so freundlich und fast sogar zuvorkommend mit ihm geführtes Gespräch einfach einschlafen ließ.

„Ja Petersburg? So gut wie überhaupt nicht. Nur auf der Durchreise bin ich hier gewesen. Ich habe die Stadt auch früher nicht gekannt, und jetzt soll es ja hier, wie man hört, so viel Neues geben, daß selbst diejenigen, die die Stadt früher gekannt haben, sie schwerlich wiedererkennen könnten. Augenblicklich wird hier viel von der Reform unserer Gerichte gesprochen.“

„Hm! ... Unsere Gerichte. Ja ... Gerichte, das ist schon wahr, das sind eben Gerichte. Wie ist es dort: sind die Gerichte gerechter als bei uns?“

„Das weiß ich nicht. Ich habe aber gerade von unseren Gerichten viel Gutes gehört. Da hat man jetzt auch die Todesstrafe bei uns abgeschafft.“

„Wird man denn dort zum Tode verurteilt?“

„Ja. Ich habe einmal in Frankreich eine Hinrichtung gesehen. In Lyon. Mein Arzt, Professor Schneider, hatte mich dorthin mitgenommen.“

„Wird dort gehängt?“

„Nein, in Frankreich wird nur enthauptet.“

„Schreien sie sehr?“

„Wo denken Sie hin! Es geschieht ja in einem Augenblick. Der Mensch wird hingelegt, und dann fällt plötzlich von oben ein breites Messer auf seinen Hals, mittels einer Maschine – die Guillotine wird sie genannt – schwer, scharf, in einer Sekunde ... Der Kopf springt schneller vom Rumpf ab, als man mit dem Auge einmal zwinkern kann. Die Vorbereitungen aber nehmen viel Zeit in Anspruch. Zuerst wird dem Verbrecher das Todesurteil vorgelesen, dann wird er angekleidet, gebunden und aufs Schafott geführt – das alles muß schrecklich sein! Das Volk läuft von allen Seiten herzu, sogar Frauen, obschon man es dort sehr ungern sieht, daß Frauen der Hinrichtung beiwohnen.“

„Ist auch nicht ihre Sache.“

„Natürlich nicht! Diese Qual! ... Der Verbrecher war ein intelligenter, furchtloser, starker Mann, nicht mehr jung, Legros hieß er. Nun, glauben Sie es mir oder glauben Sie es nicht: als er das Schafott bestieg – weinte er, und sein Gesicht war so bleich, war so weiß wie Kalk. Wie ist so etwas nur möglich? Ist das nicht grauenvoll? Welcher Mensch weint denn vor Angst? Ich hätte nie gedacht, daß – nicht ein Kind, – aber ein erwachsener Mensch vor Angst weinen könnte, ein Mann von fünfundvierzig Jahren, der noch nie geweint hat! Was muß mit der Seele in diesem Augenblick geschehen, bis zu welchen Krämpfen wird sie gemartert? Eine Beschimpfung der Seele ist es, weiter nichts! Es heißt: ‚Du sollst nicht töten‘ – und nun soll man dafür, daß er getötet hat, wiederum ihn töten? Nein, das kann doch unmöglich richtig sein. Es ist schon über einen Monat her, daß ich es gesehen habe, und immer noch glaube ich, es lebendig vor mir zu sehen. Fünfmal hat mir davon geträumt.“

Der Fürst hatte sich geradezu in Eifer geredet: auf seinem blassen Gesicht erschien ein leises Rot, wenn auch seine Rede ruhig blieb, wie vorher. Der Kammerdiener hatte ihm mit großer Teilnahme und noch größerem Interesse zugehört und hing mit den Blicken an ihm, als könne er sich nicht von ihm losreißen. Vielleicht war dieser Bediente als Mensch nicht ohne Phantasie und Denkvermögen.

„Gut wenigstens, daß die Schmerzen nicht groß sind,“ meinte er, „hm, so ... wenn der Kopf abgehackt wird.“

„Wissen Sie was,“ griff der Fürst angeregt diesen Gedanken auf, „was Sie da soeben bemerkt haben, wird fast von allen ganz genau so hervorgehoben. Auch wird die Maschine, die Guillotine, heutzutage hauptsächlich deshalb benutzt. Mir aber kam damals etwas anderes in den Sinn: wie, wenn das sogar noch schlimmer ist? Ihnen erscheint meine Annahme vielleicht lächerlich, unmöglich, wenn man sich jedoch ein wenig in die Stimmung des Verurteilten zu versetzen sucht, so kommt einem ganz unwillkürlich der Gedanke an diese Möglichkeit. Denken Sie mal nach – nun, nehmen Sie zum Beispiel die Folter: da gibt es Schmerzen und Wunden und körperliche Qual, die aber lenkt einen doch von den seelischen Qualen ab, so daß einen bis zum Augenblick des Todes nur die Wunden quälen. Den größten, den quälendsten Schmerz aber verursachen vielleicht doch nicht die Wunden, sondern das Bewußtsein, daß, wie man *genau weiß*, nach einer Stunde, dann nur nach zehn Minuten, dann nach einer halben Minute, sogleich, noch in diesem Augenblick – die Seele den Körper verlassen wird, und daß du dann kein Mensch mehr sein wirst, und daß es doch unfehlbar geschehen muß. Das Entsetzlichste ist ja gerade dieses ‚*Unfehlbar*‘. Gerade wenn man den Kopf unter das Messer beugt und dann hört, wie es von oben klirrend herabglitscht – gerade diese

Viertelsekunden müssen die furchtbarsten sein! Dies ist nicht nur meine Ansicht, müssen Sie wissen, sondern sehr viele haben dieselbe geäußert. Ich bin aber so fest von der Richtigkeit meiner Annahme überzeugt, daß ich Ihnen offen sagen will, wie ich darüber denke: für einen Mord getötet zu werden ist eine unvergleichlich größere Strafe, als das begangene Verbrechen groß ist. Laut Urteil getötet zu werden ist unvergleichlich schrecklicher, als durch Räuberhand umzukommen. Wer von Räubern ermordet wird, nachts, im Walde, oder sonstwo, hat zweifellos noch bis zum letzten Augenblick die Hoffnung auf Rettung. Hat man doch Beispiele erlebt, daß dem Betreffenden schon die Kehle durchgeschnitten ist, er aber doch noch zu flehen oder zu entlaufen sucht. Hier aber wird auch diese letzte unwillkürliche Hoffnung, mit der zu sterben zehnmal leichter ist, unwiderruflich genommen; hier ist es das Todesurteil, dem man auf keine Weise entrinnen kann, hier ist es das Bewußtsein der unfehlbaren Vollstreckung desselben, was die größte Qual verursacht – eine größere Qual kann es in der Welt gar nicht geben. Führen Sie einen Soldaten in der Schlacht geradeswegs vor die Kanonen und lassen Sie auf ihn abfeuern, er wird doch immer noch hoffen, mit dem Leben davonzukommen; aber lesen Sie demselben Soldaten sein Todesurteil vor, das *unfehlbar* an ihm vollstreckt werden wird, so wird er entweder irrsinnig werden oder in Tränen ausbrechen. Wer hat es denn gesagt, daß die menschliche Natur fähig sei, diesen Tod ohne die geringste Geistesverwirrung zu ertragen? Und wozu diese überflüssige, unnütze, so unglaublich überflüssige Beschimpfung des Menschen? Vielleicht gibt es irgendwo einen Menschen, dem das Todesurteil verlesen worden ist, der diese Qualen bis zum letzten Augenblick durchgekostet, und dem man dann gesagt hat: ‚Geh hin, dir ist die Strafe erlassen.‘ Ja, solch einer könnte dann vielleicht erzählen. Von diesen Qualen und diesem Entsetzen hat auch Christus gesprochen. Nein, das darf man einem Menschen nicht antun!"

Der Diener hätte diesen Gedanken zwar nicht so auszudrücken vermocht, wie der Fürst, verstand aber dennoch die Hauptsache sehr wohl, was man allein schon aus seiner gerührten Miene ersehen konnte.

„Wenn Sie nun einmal so gern rauchen," brummte er, „so können Sie es schließlich auch tun, bloß dann etwas schnell. Denn wenn ich plötzlich gefragt werde und Sie nicht da sind –? Hier, sehen Sie, unter der Treppe ist eine kleine Tür. Da gehen Sie nur durch und dann rechts in die Kammer. Dort können Sie rauchen, nur müssen Sie das Klappfenster aufmachen, denn es ist doch immerhin nicht in der Ordnung ..."

Doch noch bevor der Fürst sich erheben konnte, trat ein junger Mann mit Papieren unterm Arm ganz plötzlich ins Vorzimmer. Der Diener half ihm sofort, sich des Pelzes zu entledigen. Währenddessen musterte der Eingetretene den Fürsten möglichst unauffällig.

„Dieser Herr, Gawrila Ardalionytsch, bittet, ihn als Fürst Myschkin und Verwandten bei der gnädigen Frau anzumelden. Er ist soeben mit der Bahn aus dem Auslande gekommen, auch sein Reisebündel hat er bei sich, nur ..."

Das Weitere vernahm der Fürst nicht, denn der Diener begann zu flüstern. Der mit Gawrila Ardalionytsch angeredete junge Mann hörte ihm aufmerksam zu und blickte dann mit unverhohlener Neugier den Fürsten an, bis er schließlich den Diener stehen ließ und sich ihm näherte.

„Sie sind Fürst Myschkin?" fragte er äußerst höflich und liebenswürdig.

Er war ein sehr gefälliger junger Mann, gleichfalls etwa achtundzwanzig Jahre alt, gut gewachsen, von mittlerer Größe, blond und mit einem kleinen Napoleonsbart. Sein Gesicht war klug und sehr hübsch. Nur sein Lächeln war bei aller Liebenswürdigkeit gewissermaßen allzu fein, die Zähne erschienen dabei von gar zu perlenartiger Gleichmäßigkeit, und sein Blick war trotz seiner ganzen heiteren, vielleicht etwas zur Schau getragenen Offenherzigkeit etwas gar zu aufmerksam und forschend.

„Wenn er allein ist, wird er vielleicht ganz anders blicken und vielleicht überhaupt nicht lachen," sagte sich der Fürst im stillen.

Fürst Myschkin wiederholte in kurzen Worten, was er bereits dem Diener und am Morgen im Kupee seinem Reisegefährten Rogoshin erzählt hatte. Gawrila Ardalionytsch schien sich inzwischen einer anderen Sache zu erinnern.

„Ach, dann waren Sie es vielleicht," unterbrach er ihn, „dann haben Sie vor etwa einem Jahre oder vor noch kürzerer Zeit einen Brief, – ich glaube, aus der Schweiz – an Jelisaweta Prokofjewna geschrieben?"

„Allerdings."

„Dann wird man Sie hier kennen und wird sich Ihrer entsinnen. Wollen Sie zu Seiner Exzellenz? Ich werde Sie sofort anmelden ... Er wird im Augenblick frei sein. Nur müßten Sie ... vielleicht halten Sie sich solange im Empfangszimmer auf ... Weshalb haben Sie den Fürsten nicht ins Empfangszimmer geführt?" wandte er sich in strengem Ton an den Diener.

„Ich sagte es doch, sie wollten selbst nicht ..."

In dem Augenblick öffnete sich plötzlich die Tür zum Kabinett Seiner Exzellenz, und ein Offizier trat mit einem Portefeuille unterm Arm, laut sprechend und zum Abschied die Hacken zusammenschlagend, heraus.

„Bist du es, Ganjä[]?" rief eine Stimme aus dem Kabinett. „Dann komm mal her."

Gawrila Ardalionytsch nickte dem Fürsten zu und trat ins Kabinett.

Nach zwei Minuten öffnete sich die Tür von neuem, und Gawrila Ardalionytschs wohltönende Stimme klang freundlich durch das Zimmer:

„Bitte Fürst, wenn Sie sich hierher bemühen wollten!"

### III.

Seine Exzellenz, General Iwan Fedorowitsch Jepantschin stand inmitten seines Kabinetts und musterte mit nicht geringer Neugier den eintretenden Fürsten, ja – er trat ihm sogar zwei Schritte entgegen. Der Fürst ging auf ihn zu und nannte seinen Namen.

„Freut mich, Sie kennen zu lernen," erwiderte der General. „Womit kann ich Ihnen dienen?"

„Ein unaufschiebbares Anliegen an Sie habe ich im Grunde genommen nicht. Der Zweck meines Besuches ist ausschließlich, Ihre Bekanntschaft zu machen. Ich will Sie jedoch, wenn Ihre Zeit knapp bemessen ist, nicht weiter aufhalten; doch da ich weder Ihren Empfangstag kenne, noch weiß, wann Sie zu sprechen sind – ich bin übrigens soeben erst hier in Petersburg eingetroffen, aus der Schweiz ..."

Der General wollte schon lächeln, besann sich aber noch rechtzeitig und blieb ernst; darauf überlegte er noch ein wenig, kniff die Augen zusammen, betrachtete seinen Gast nochmals von Kopf bis zu den Füßen, wies dann plötzlich auf einen Stuhl, setzte sich selbst schräg gegenüber und wandte dem Fürsten in ungeduldiger Erwartung sein Gesicht zu. Ganjä stand am Schreibtisch und sortierte die verschiedenen Papiere.

„Zu Bekanntschaften habe ich im allgemeinen wenig Zeit," sagte der General, „da Sie jedoch mit Ihrem Besuch zweifellos einen besonderen Zweck verfolgen, so ..."

„Ich habe es, offen gestanden, nicht anders erwartet, als daß Sie in meinem Besuch eine besondere Absicht vermuten würden. Aber – mein Ehrenwort – außer dem Vergnügen, Ihre Bekanntschaft zu machen, habe ich keinerlei besondere Nebenabsicht im Sinn."

„Das Vergnügen liegt natürlich ganz auf meiner Seite, aber man kann doch nicht immer nur ans Vergnügen denken. Mitunter, wissen Sie, gibt es auch ernste Sachen zu erledigen ... Zudem kann ich zwischen uns bis jetzt noch nichts Gemeinsames entdecken ... ich meine, gewisse Gründe, die–i–ie ...“

„Ganz recht, solche Gründe gibt es natürlich nicht, und Gemeinsames zwischen uns dürfte wahrscheinlich nur – wenig vorhanden sein. Denn wenn ich auch ein Fürst Myschkin bin und Ihre Frau Gemahlin aus demselben Hause stammt, so ist das wohl noch kein genügender Grund zu einem Besuch. Das sehe ich vollkommen ein. Dennoch ist es nun einmal der einzige Grund, weshalb ich Sie aufgesucht habe. Ich bin vier Jahre nicht in Rußland gewesen. Und als was verließ ich es: kaum war ich bei vollem Verstande! Damals kannte ich so gut wie niemanden, und heute kenne ich hier vielleicht noch weniger ... Mir tut Bekanntschaft mit guten Menschen not. Außerdem muß ich noch eine wichtige Angelegenheit erledigen, und ich weiß nicht einmal, an wen ich mich wenden soll, und wer mir mit seinem Rat beistehen könnte. Da dachte ich schon in Berlin an Sie: ‚Das sind doch fast Verwandte, ich werde mich zuerst an sie wenden; vielleicht können wir uns gegenseitig beistehen, ich ihnen, sie mir – wenn es gute Menschen sind.‘ Und ich habe gehört, Sie seien gute Menschen.“

„Sehr schmeichelhaft.“ Der General wunderte sich. „Erlauben Sie, wenn ich fragen darf: wo sind Sie abgestiegen?“

„Ich bin noch nirgendwo abgestiegen.“

„Also direkt aus dem Waggon zu mir? Und ... mit Ihrem ganzen Gepäck?“

„Mein Gepäck besteht nur aus einem Bündel, in dem ich meine Wäsche habe, und sonst nichts; ich trage es gewöhnlich in der Hand bei mir. Ein Zimmer aber – nun, ich werde ja wohl heute noch Zeit haben, eines zu mieten.“

„So haben Sie also die Absicht, ein Zimmer zu mieten?“

„O ja, gewiß, selbstverständlich.“

„Aus Ihren Worten glaubte ich eigentlich entnehmen zu können, daß Sie bei mir zu wohnen gedachten.“

„Daran hätte ich doch nur denken können, wenn ich von Ihnen dazu aufgefordert worden wäre. Ich muß aber gestehen, daß ich selbst auf eine Einladung hin nicht bei Ihnen bleiben würde – nicht etwa aus irgendwelchen besonderen Gründen, sondern so ... es ist nicht meine Art.“

„Nun, dann war es ganz richtig von mir, daß ich Sie nicht gleich dazu aufforderte und Sie auch jetzt nicht auffordere. Nur – wenn Sie gestatten, Fürst – um die Sache klarzulegen: da von einer Verwandtschaft zwischen uns, wie wir übereingekommen sind, nicht die Rede sein kann, obschon es mir, versteht sich, sehr schmeichelhaft wäre, so ...“

„So kann ich aufstehen und gehen, nicht wahr?“ Und der Fürst erhob sich mit einem geradezu heiteren Lachen im Gesicht, das sich zu seiner etwas peinlichen Lage seltsam genug ausnahm. „Werden Sie es mir glauben, Exzellenz, bei Gott, obschon ich weder mit den hiesigen Sitten, noch mit dem ganzen Leben hierzulande vertraut bin, war ich doch überzeugt, bevor ich herkam, daß mein Besuch unfehlbar so und nicht anders verlaufen würde, als wie er jetzt tatsächlich verlaufen ist. Doch wie! – vielleicht muß es gerade so sein ... Und überdies ist ja auch schon mein Brief unbeantwortet geblieben ... Also dann – leben Sie wohl und entschuldigen Sie, daß ich Sie belästigt habe.“

Doch der Blick, mit dem der Fürst bei diesen Worten den Hausherrn ansah, war so freundlich und sein Lächeln so ohne jegliche Spur von irgendeinem verborgenen unangenehmen Gefühl, daß der General plötzlich stutzte und seinen Gast auf einmal gleichsam mit ganz anderen Augen betrachtete. In einem Moment hatte er seine Meinung über den Fürsten geändert.

„Wissen Sie, Fürst,“ sagte er lebhaft und mit gänzlich veränderter Stimme, „ich habe Sie ja eigentlich noch gar nicht kennen gelernt, und es ist doch sehr gut möglich, daß auch Jelisaweta Prokofjewna ihren stammverwandten Namensvetter sehen will ... Vielleicht warten Sie einen Augenblick, wenn es Ihre Zeit erlaubt.“

„Oh, meine Zeit erlaubt es mir sehr leicht, sie gehört nur mir allein.“ Und der Fürst legte seinen runden, weichen Hut sofort auf den Tisch. „Offen gesagt, ich habe eigentlich auch daran gedacht, daß Jelisaweta Prokofjewna sich vielleicht meines Briefes an sie erinnern wird. Vorhin, als ich dort im Vorzimmer wartete, befürchtete Ihr Diener, daß ich Sie vielleicht anbetteln würde – jawohl: das war nicht schwer zu erraten – bei Ihnen aber muß es in der Beziehung strenge Vorschriften geben. Doch ich habe Sie wirklich nicht deshalb aufgesucht, es war mir wirklich nur darum zu tun, mit Menschen bekannt zu werden. Nur glaube ich, daß ich Sie aufgehalten habe, und das beunruhigt mich.“

„Nun denn, Fürst,“ sagte der General mit erfreutem Lächeln, „wenn Sie tatsächlich das sind, was Sie scheinen, so wird es wohl ein Vergnügen sein, Sie näher kennen zu lernen. Nur, sehen Sie, ich bin ein sehr in Anspruch genommener Mensch, ich muß mich sofort wieder an die Arbeit machen, dies und jenes durchsehen, unterschreiben, dann muß ich zu Seiner Durchlaucht, dann in den Dienst, kurzum – so gern ich auch geselligen Umgang mit Menschen pflegen würde, mit guten Menschen, das heißt, so, wie gesagt ... Überdies bin ich fest überzeugt, daß Sie eine so vorzügliche Erziehung genossen haben, daß ... Pardon, wie alt sind Sie, Fürst?"

„Sechsundzwanzig."

„Oh! Ich glaubte, Sie seien viel jünger."

„Ja, man sagt, daß ich jünger aussehe. Und was Ihren Zeitmangel anbetrifft, so werde ich bald lernen, Sie nicht lange aufzuhalten; denn es ist mir selbst sehr unangenehm, zu stören ... Und schließlich sind wir ja allem Anschein nach so verschiedenartige Leute ... aus verschiedenen Gründen –, daß es zwischen uns auch schwerlich viele Berührungspunkte geben wird. Das heißt, genau genommen bin ich selbst nicht der Meinung; es scheint nur zu oft, daß es keine Berührungspunkte gibt, und doch sind sogar sehr zahlreiche vorhanden. Das kommt nur von der Trägheit der Menschen, weil sie sich nur so nach dem äußeren Schein zusammenfinden, deshalb können sie auch nichts Gemeinsames entdecken ... Doch ich langweile Sie vielleicht? Ich glaube, Sie sind ..."

„Nur zwei Worte: besitzen Sie irgendwelches Vermögen? Oder beabsichtigen Sie, sich sonst irgendwie zu betätigen? Verzeihen Sie, daß ich so ..."

„Aber ich bitte Sie, ich verstehe Ihre Frage sehr wohl zu schätzen und begreife sie vollkommen. Ein Vermögen besitze ich im Augenblick nicht, und eine Beschäftigung habe ich ebensowenig, aber ich müßte mich eigentlich nach einer solchen umsehen. Hergereist bin ich mit fremdem Gelde, Professor Schneider, mein Arzt und Lehrer in der Schweiz, hat mir das Reisegeld gegeben, aber auch nur so viel, wie dazu nötig war, so daß ich im Augenblick nur noch ein paar Kopeken besitze. Allerdings habe ich hier eine Angelegenheit, in der ich Sie eigentlich um Rat bitten wollte, jedoch ..."

„Sagen Sie, wovon gedenken Sie dann vorläufig zu leben, und welches sind Ihre Absichten?" unterbrach ihn der General.

„Ich beabsichtige zu arbeiten."

„Oh, dann sind Sie ja ein ganzer Philosoph! Doch was ich sagen wollte ... glauben Sie irgendwelche Talente oder Fähigkeiten zu besitzen, das heißt – ich meine solche, durch die man sich sein tägliches Brot verdienen kann? Sie müssen nochmals entschuldigen ..."

„Oh, es bedarf durchaus keiner Entschuldigung. Nein, ich glaube, daß ich weder Talente noch besondere Fähigkeiten besitze. Hinzu kommt noch, daß ich ein kranker Mensch bin und keinen systematischen Unterricht genossen habe. Und in bezug auf meinen Lebensunterhalt glaube ich ...“

Wieder unterbrach ihn der General, der jetzt Verschiedenes zu fragen begann. Der Fürst erzählte alles, was er bereits im Kupee Rogoshin erzählt hatte. Es stellte sich heraus, daß der General den verstorbenen Pawlischtscheff sogar persönlich gekannt hatte. Aus welchem Grunde sich dieser Pawlischtscheff für ihn interessiert und für seine Erziehung gesorgt hatte, vermochte der Fürst übrigens selbst nicht zu erklären; vielleicht einfach nur aus alter Freundschaft für den verstorbenen Vater des Fürsten. Nach dem Tode seiner Eltern war der Fürst, damals noch ein kleines Kind, ganz allein in der Welt zurückgeblieben und hatte dann ausschließlich auf dem Lande gelebt, da die Landluft ihm bedeutend zuträglicher gewesen war. Pawlischtscheff hatte den kleinen Knaben zwei alten Gutsbesitzerinnen, mit denen er weitläufig verwandt war, anvertraut; zuerst hatte er eine Gouvernante gehabt, späterhin einen Erzieher. Der Fürst fügte auch noch hinzu, daß er sich zwar alles dessen entsinnen, doch vieles nicht ganz erklären könne, da er sich über manche Dinge damals nicht Rechenschaft gegeben habe. Die häufigen Krankheitsanfälle hätten aus ihm fast einen Idioten gemacht. (Der Fürst drückte sich tatsächlich so aus: ‚einen Idioten‘.) Zum Schluß erzählte er noch, daß Pawlischtscheff einmal in Berlin den Professor Schneider, einen Schweizer, kennen gelernt habe, der sich auch damals schon speziell mit derartigen Krankheiten abgab und im Kanton Wallis eine Heilanstalt besaß, in der er die Kranken nach seiner eigenen Methode (vornehmlich mit kaltem Wasser, Gymnastik und Ähnlichem) auch von Idiotie und Irrsinn heilte, gleichzeitig sie unterrichtete und sich überhaupt ihrer geistigen Entwicklung mit Erfolg annahm. Pawlischtscheff hatte darauf den jungen Fürsten vor etwa fünf Jahren zu ihm in die Heilanstalt geschickt und war dann selbst – vor etwa zwei Jahren – ganz plötzlich gestorben, ohne ein Testament zu hinterlassen. In diesen zwei Jahren hatte ihn Schneider auf eigene Kosten in der Anstalt behalten und behandelt. Zwar habe er ihn nicht völlig geheilt, aber ihm doch sehr geholfen, bis er ihn dann schließlich auf eigenen Wunsch und außerdem noch aus einem „anderen besonderen Grunde“ nach Rußland geschickt habe.

Der General wunderte sich nicht wenig.

„Und hier in Rußland haben Sie keinen einzigen, der Ihnen nahesteht, keinen einzigen Menschen?“ fragte er.

„Bis jetzt keinen ... aber ich hoffe ... außerdem habe ich einen Brief erhalten ...“

„Aber wenigstens haben Sie doch etwas gelernt,“ unterbrach ihn wieder der General, ohne die letzten Worte des Fürsten zu beachten, „und Ihre Krankheit wird Sie doch nicht hindern, einen, nun, sagen wir – nicht allzu schweren Posten zu bekleiden?“

„Oh, sicherlich nicht. Und ich würde sogar sehr gern eine Stelle annehmen; denn ich würde selbst gern wissen wollen, wozu ich fähig bin. In diesen vier Jahren habe ich ununterbrochen gelernt, allerdings nicht so, wie man in der Schule lernt, sondern nach Professor Schneiders Grundsatz, nämlich gewissermaßen frei und freiwillig. Ich hatte dort auch Gelegenheit, viele Bücher zu lesen.“

„Russische Bücher? Dann können Sie also auch schreiben und ... können Sie auch fehlerlos schreiben?“

„Oh, selbstverständlich!“

„Vortrefflich. – Und Ihre Handschrift?“

„Meine Handschrift ist tadellos. Hierin besitze ich, nun ja, Talent, und wenn man will, kann man mich vielleicht sogar einen Künstler nennen, was das Schreiben anbelangt. Geben Sie mir ein Blatt Papier, ich werde Ihnen etwas zur Probe schreiben,“ sagte der Fürst, ganz bei der Sache.

„Bitte. Das ist sogar von großer Wichtigkeit ... Und diese Ihre Bereitwilligkeit gefällt mir sehr, Fürst, Sie sind wirklich ein sehr lieber Mensch.“

„Was für wundervolle Schreibutensilien Sie hier haben, wieviel Bleistifte, wieviel Federn, welch ein dickes, schönes Papier ... Und überhaupt haben Sie ein prachtvolles Arbeitskabinett. Diese Landschaft hier kenne ich: sie ist – aus der Schweiz. Der Künstler hat sicher nach der Natur gemalt. Ich glaube sogar, diesen Ort gesehen zu haben – im Kanton Uri ...“

„Das ist leicht möglich, obschon das Gemälde hier gekauft ist. Ganjä, gib dem Fürsten ein Blatt Papier; hier sind Federn und Tinte, schreiben Sie hier auf dieser Unterlage, bitte. – Was ist das?“ wandte sich der General an Ganjä, der seinem Portefeuille eine Photographie in großem Format entnahm und dem General überreichte. „Ah! Nastassja Filippowna! Hat sie dir die selbst, wirklich selbst geschickt?“ fragte er lebhaft und mit großem Interesse.

„Soeben, als ich zur Gratulation bei ihr war, gab sie sie mir. Ich hatte sie schon vor längerer Zeit darum gebeten. Nur weiß ich nicht, ob das vielleicht nicht eine Anspielung sein soll, weil ich mit leeren Händen kam, ohne Geschenk – an einem solchen Tage?" fügte Ganjä mit einem unangenehmen Lächeln hinzu.

„Nein, nein," meinte der General überzeugt. „Wie bist du nur wieder auf diesen Gedanken gekommen? Sie sollte solche Anspielungen machen! Sie ist ja doch gar nicht eigennützig. Und dann: womit solltest du ihr Geschenke machen? Dazu braucht man doch Tausende! Es sei denn, daß du ihr dein Bild schenktest. Wie, hat sie dich denn noch nicht um deine Photographie gebeten?"

„Nein, bis jetzt noch nicht. Vielleicht wird sie es auch nie tun. Sie haben doch den heutigen Abend nicht vergessen, Iwan Fedorowitsch? Sie sind ja einer der ausdrücklich Geladenen."

„Gewiß, gewiß, weiß ich's und ich werde auch unfehlbar erscheinen. Das fehlte noch, an ihrem Geburtstage! – und noch dazu am fünfundzwanzigsten! ... Hm! Aber weißt du, Ganjä, ich werde dir – mag es denn so sein – etwas mitteilen. Bereite dich vor: sie hat Afanassij Iwanowitsch und mir versprochen, daß sie heute abend ihr letztes Wort sagen werde: Ja oder nein. So bereite dich jetzt mal darauf vor, vergiß es nicht!"

Ganjä geriet plötzlich dermaßen in Verwirrung, daß er sogar ein wenig erblaßte.

„Hat sie das wirklich gesagt?" fragte er, und seine Stimme war unsicher.

„Vorgestern. Sie gab uns schließlich ihr Wort. Wir bedrängten sie beide so lange, bis sie es endlich versprach. Nur bat sie uns, es dir bis zum letzten Augenblick nicht zu sagen."

Der General blickte Ganjä aufmerksam an: ihm schien dessen Verwirrung nicht zu gefallen.

„Vergessen Sie aber nicht, Iwan Fedorowitsch," sagte Ganjä erregt und mit unsicherer Stimme, „daß sie mir bis zu dem Augenblick, in dem sie sich entscheidet, volle Freiheit gegeben hat, und auch dann habe ich noch die Möglichkeit, mich nach meinem freien Willen zu entschließen."

„Ja, willst du denn ... so willst du also ..." stotterte der General erschrocken.

„Ich? – Nichts."

„Aber ich bitte dich, als was willst du uns denn hinstellen?"

„Ich habe ja nicht gesagt, daß ich mich weigern werde. Ich habe mich vielleicht nicht ganz richtig ausgedrückt ...“

„Das fehlte noch, daß du dich weigerst!“ rief der General ärgerlich aus, ohne seinen Ärger verbergen zu wollen. „Hier mein Freund, handelt es sich nicht mehr darum, daß du dich *nicht* weigerst, sondern hier handelt es sich um deine Bereitwilligkeit, um deine Freude, mit der du ihr Jawort vernimmst ... Wie steht’s bei dir zu Hause?“

„Wie soll es da stehn? Zu Hause geschieht alles nach meinem Willen, nur mein Vater kann natürlich seinen Blödsinn nicht lassen. Er ist ja jetzt schon ganz unmöglich geworden. Ich rede überhaupt nicht mehr mit ihm, halte ihn aber noch im Zaum. Wenn die Mutter nicht wäre, würde ich ihm einfach die Tür weisen. Meine Mutter weint natürlich, und meine Schwester ärgert sich. Ich habe ihnen aber jetzt endlich einmal offen gesagt, daß ich Herr meines Schicksals bin und in meinem Hause wünsche, daß man mir ... gehorcht. Meiner Schwester wenigstens habe ich es kurz und bündig auseinandergesetzt, und zwar in Gegenwart meiner Mutter.“

„Tja, Freund, ich begreife wahrhaftig nicht!“ sagte der General, indem er mit gehobenen Schultern die Hände ausbreitete und wieder sinken ließ. „Mit Nina Alexandrowna ist es ganz dasselbe – du weißt, als sie vorhin bei mir war, stöhnte und seufzte sie. ‚Was haben Sie denn gegen diese Heirat?‘ fragte ich. Da stellt es sich denn heraus, daß es für sie eine *Entehrung* sei. Aber erlaub’ mal, wer kann denn hier von Entehrung reden? Wer kann denn Nastassja Filippowna auch nur irgendeinen Vorwurf machen oder ihr etwas Schlechtes nachsagen? Doch nicht ewig das eine, daß sie zu Tozkij in Beziehung gestanden hat? Aber das ist doch nur lächerlich, namentlich wenn man gewisse Verhältnisse in Betracht zieht! ‚Sie werden sie doch nicht mit Ihren Töchtern verkehren lassen,‘ sagte sie. Da haben wir’s! Ich begreife Nina Alexandrowna einfach nicht! Wie kann man nur so wenig ... so wenig ...“

„So wenig seine Stellung begreifen?“ half Ganjä dem General. „Seien Sie ihr nicht böse: sie begreift ihre Stellung zu gut. Ich habe ihr damals sogleich tüchtig die Wahrheit gesagt, damit sie sich nicht mehr in fremde Angelegenheiten einmischt. Und doch ist das einzige, was das Haus bis jetzt zusammenhält, daß das letzte Wort noch nicht gesprochen ist. Das Gewitter aber zieht schon herauf. Wenn heute das letzte Wort gesagt wird, so wird auch alles übrige gesagt werden.“

Der Fürst hatte, während er am anderen Tisch seine Schriftprobe verfaßte, das ganze Gespräch der beiden mit angehört. Als er fertig war, trat er an den ersten Tisch und überreichte dem General das Blatt.

„Das also ist Nastassja Filippowna?" murmelte er halblaut vor sich hin, während er aufmerksam und neugierig die Photographie auf dem Schreibtisch betrachtete: „Wie wunderbar schön!" rief er gleich darauf ganz begeistert aus.

Die Photographie zeigte einen Frauenkopf von allerdings ungewöhnlicher Schönheit. Sie hatte sich in einem sehr schlichten, doch um so eindrucksvolleren schwarzen Seidenkleide photographieren lassen; ihr offenbar dunkelblondes Haar war sehr einfach aufgesteckt; die Augen waren dunkel, tief, die Stirn nachdenklich. Der Ausdruck des Gesichts verriet Leidenschaft und Hochmut. An sich war das Gesicht etwas hager, vielleicht auch bleich ...

Ganjä und der General blickten beide ganz erstaunt den Fürsten an.

„Wie, Nastassja Filippowna? Ja, kennen Sie denn Nastassja Filippowna?" fragte der General.

„Ja. Ich bin wohl noch nicht ganze vierundzwanzig Stunden in Rußland, diese Schönheit hier kenne ich aber schon."

Und der Fürst berichtete von seiner Begegnung mit Rogoshin und was dieser ihm erzählt hatte.

„Das sind mir mal Neuigkeiten!" bemerkte der General erregt, nachdem er dem Fürsten sehr aufmerksam zugehört hatte, worauf er forschend Ganjä anblickte.

„Wahrscheinlich hat er nichts als Unanständigkeiten im Sinn," brummte Ganjä, der gleichfalls etwas betroffen zu sein schien. „Kennt man ... ein Kaufmannssohn, der durchgehen will. Ich habe bereits einiges von ihm gehört."

„Auch ich, mein Lieber, habe von ihm gehört," griff der General auf. „Gleich damals nach der Geschichte mit den Ohrringen erzählte uns Nastassja Filippowna das ganze Erlebnis. Aber jetzt hat sich die Sachlage doch bedeutend geändert. Da steckt vielleicht wirklich eine Million und ... Leidenschaft. Gesetzt – eine unanständige Leidenschaft ... vielleicht ... aber es riecht jedenfalls nach Leidenschaft, und wozu diese Leute im Rausch fähig sind, das weiß man! ... Hm! ... Wenn nur keine Geschichte daraus entsteht!" schloß der General nachdenklich.

„Sie fürchten wohl die Million?" fragte Ganjä mit einem Lächeln, das seine Zähne entblößte.

„Und du natürlich nicht?"

„Was meinen Sie, Fürst?" wandte sich plötzlich Ganjä an diesen, „was für einen Eindruck hat er auf Sie gemacht? Ist es ein ernster Mensch oder nur so ein ... wüster Kerl? Ich möchte gern Ihre persönliche Meinung hören."

Es ging etwas Besonderes vor in Ganjä, als er diese Frage stellte. Es war, als wenn plötzlich eine neue Idee in seinem Hirn aufgeblitzt wäre und jetzt ungeduldig aus seinen Augen hervorleuchtete. Der General, der sich außerordentlich beunruhigt fühlte, blickte von der Seite gleichfalls auf den Fürsten, doch schien er nicht viel von seiner Antwort zu erwarten.

„Ich weiß nicht, wie ich es Ihnen sagen soll," antwortete der Fürst, „ich glaube, daß in ihm viel Leidenschaft steckt, sogar eine gewissermaßen kranke Leidenschaft. Und er scheint ja auch physisch noch ganz krank zu sein. Es ist leicht möglich, daß er sich schon nach den ersten Tagen in Petersburg wieder wird hinlegen müssen, namentlich, wenn er noch wüst daraufloslebt."

„So? Also diesen Eindruck hat er auf Sie gemacht?" Der General hielt sich offenbar gern an diese Auffassung.

„Ja, so scheint es mir."

„Und dennoch können Wendungen von dieser Art nicht erst nach einigen Tagen, sondern heute noch eintreten, vielleicht werden wir noch heute abend etwas erleben," sagte Ganjä zum General, wiederum mit einem Lächeln, das seine Zähne zeigte.

„Hm! ... Gewiß ... Dann kommt es eben nur darauf an, welch eine Laune ihr in den Kopf fährt," meinte der General.

„Und Sie wissen wohl noch nicht, wie sie mitunter sein kann?"

„Das heißt – wie sein kann?" fuhr der General auf, der sehr verstimmt und auch etwas verwirrt aussah. „Hör' mal, Ganjä, ich bitte dich, widersprich ihr heute nicht und bemühe dich, so, weißt du, nun so ... mit einem Wort: so nach ihrem Geschmack zu sein ... Hm! ... Weshalb verziehst du denn den Mund? Hör' mal, Gawrila Ardalionytsch, es ist Zeit, daß wir uns einmal klar werden über die Dinge, sogar höchste Zeit: für wen mühen wir uns denn? Du begreifst doch, daß ich mir in bezug auf meinen eigenen Vorteil keine Sorgen zu machen brauche: der ist vollkommen sichergestellt. Ob so oder so, jedenfalls werde ich die Sache zu meinem Vorteil zu wenden wissen. Tozkijs Entschluß ist unerschütterlich, folglich kann ich ruhig sein. Und deshalb merk' dir, mein Lieber, daß, wenn ich jetzt überhaupt was wünsche, dieses einzig dein Vorteil ist. Urteile doch selbst! Oder traust du mir etwa nicht? Aber du bist doch ein ... ein Mensch ... mit einem Wort, ein vernünftiger Mensch, und das ist doch in diesem Fall ... das ist doch ... ist doch ...“

„Die Hauptsache,“ half Ganjä wieder dem etwas in die Enge geratenen General, worauf er seine Lippen zum beißendsten Lächeln verzog, das er jetzt nicht einmal mehr zu verbergen suchte. Er sah mit flammendem Blick ganz offen dem General in die Augen, als wünsche er, daß jener in seinem Auge alle seine Gedanken lese. Der General wurde feuerrot und geriet in Zorn.

„Nun ja, Vernunft ist die Hauptsache!“ sagte er scharf, indem er Ganjä streng anblickte. „Du bist, weiß Gott, ein komischer Mensch, Gawrila! Wie ich sehe, freust du dich geradezu über das Auftauchen dieses Kaufmannssohnes wie über einen Ausweg für dich. Hier hat es sich doch von Anfang an gerade um deine Vernunft gehandelt; hier galt es doch vor allen Dingen, zu begreifen und ... beiderseits ehrlich und offen zu handeln oder ... sonst wenigstens beizeiten zu sprechen, um nicht andere bloßzustellen. Zeit war dazu doch genug vorhanden, und es ist sogar auch jetzt noch nicht zu spät,“ (der General zog bedeutsam die Brauen in die Höhe) „obschon uns nur noch ein paar Stunden geblieben sind ... Haben wir uns verstanden? Nun? so sag’ doch: willst du oder willst du nicht? ... Willst du nicht, so sprich es aus – es steht dir vollkommen frei. Niemand wird Sie, mein bester Gawrila Ardalionytsch, dazu bereden, niemand zieht Sie mit Gewalt in die Falle, vorausgesetzt, daß Sie eine Falle hierin sehen.“

„Ich will,“ sagte Ganjä halblaut, doch mit fester Stimme; er blickte zu Boden und verstummte finster.

Der General war zufriedengestellt. Er war in Hitze geraten, bereute es aber augenscheinlich schon, daß er sich so weit hatte fortreißen lassen. Plötzlich wandte er sich zum Fürsten, und auf seinem Gesicht drückte sich flüchtig der unruhige Gedanke aus, daß der Fürst ja zugegen gewesen war und folglich alles gehört hatte. Doch er beruhigte sich sofort: ein Blick auf den Fürsten genügte, um jede Befürchtung auszuschließen.

„Oho!“ rief der General erstaunt aus, als er die Schriftprobe erblickte, die der Fürst fertiggestellt hatte. „Aber das ist ja einfach Kalligraphie! Und sogar eine seltene! Ganz großartig! Sieh mal her, Ganjä, was sagst du zu diesem Talent?“

Auf einem Blatt dicken Velinpapiers hatte der Fürst in mittelalterlicher, russischer Schrift die Worte geschrieben:

„In Demut unterzeichnet dieses

Igumen Pafnutij.“

„Dieses hier," erklärte der Fürst bereitwilligst und mit sichtlichem Interesse an der Sache, „ist die eigenhändige Unterschrift des Abtes Pafnutius nach einem Faksimile aus dem vierzehnten Jahrhundert. Sie schrieben alle prächtig, unsere alten Äbte und Metropoliten, und mit soviel Geschmack und Sorgfalt! Haben Sie nicht die Popodinsche Ausgabe zur Hand, Exzellenz? ... Und hier habe ich in einer anderen Art geschrieben: das ist die runde, deutliche französische Schrift des vorigen Jahrhunderts, manche Buchstaben wurden sogar ganz anders geschrieben. Es ist eine offizielle Schrift, die Schrift der öffentlichen Schreiber, nach einer ihrer Vorlagen – ich hatte eine – und sie ist nicht ohne Vorzüge, das werden Sie zugeben. Betrachten Sie diese runden *o*, *e* und *a*. Ich habe den französischen Charakter der Schrift auf die russischen Buchstaben übertragen, was freilich durchaus nicht leicht ist – aber es ist mir doch gelungen. Und dann hier: gleichfalls eine schöne originelle Schrift, hier dieser Satz: ‚Energie kann alles überwinden‘. Das ist eine echt russische, die Handschrift eines russischen Schreibers, oder wenn Sie wollen, Militärschreibers. So wird in dienstlichen Angelegenheiten an hohe Vorgesetzte geschrieben. Der Charakter dieser Schrift ist gleichfalls rund, entzückend, eine *schwarze* Schrift, wie man sie nennt, viel Tinte, doch mit sehr viel Geschmack geschrieben. Ein Kalligraph würde diese Schnörkel, oder richtiger, diese Ansätze zu Schnörkeln, diese halben, unvollendeten Schwänzchen – sehen Sie, hier und hier – nicht zulassen, aber als Ganzes betrachtet, nicht wahr, machen sie doch gerade den Charakter aus. Und wirklich, in ihnen verrät sich die ganze militärisch gedrillte Schreiberseele: er würde so gern einen schwungvollen Schnörkel machen, das Talent will sich kundtun, aber es geht nicht – der Militärkragen ist eng zugeknöpft – die Disziplin erstreckt sich sogar bis auf die Handschrift – ganz wundervoll! Diese Probe fand ich vor nicht langer Zeit ganz zufällig, und noch dazu wo? – in der Schweiz! Sie frappierte mich geradezu. Nun, und dieses hier ist die gewöhnliche, sehr einfache, echt englische Schrift: weiter kann die Eleganz nicht gehen, hier ist alles vollendet! Wie aufgereihte Glasperlen sind die Buchstaben. Unübertrefflich. Doch hier eine Variation derselben, und wiederum eine französische, ich habe sie von einem französischen *Commis voyageur[]*: es ist fast dieselbe englische Schrift, nur sind die Grundstriche ein wenig, nur um ein Haar, schärfer und dicker – und sehen Sie: die ganze Proportion ist sofort aufgehoben! Und beachten Sie auch das Oval der Buchstaben: sie sind um ein Haar runder, auch hat er sich einen Schnörkel erlaubt, ein Schnörkel aber ist ein überaus gefährliches Ding. Ein Schnörkel verlangt einen seltenen Geschmack. Ist er aber wirklich gelungen, ist die richtige Proportion getroffen, so läßt sich diese Schrift mit keiner einzigen vergleichen, dann ist sie so schön, daß man sich einfach in sie verlieben kann."

„Oho! In was für Feinheiten Sie sich da vertiefen!" sagte der General lachend. „Sie scheinen ja durchaus kein gewöhnlicher Kalligraph, sondern ein ganzer Künstler in diesem Fach zu sein – habe ich nicht recht, Ganjä?"

„In der Tat," gab Ganjä mit vollem Bewußtsein seine Zustimmung, nur mit leise spöttischem Lächeln die Worte begleitend.

„Lach' nur, lach' nur, aber damit kann man doch Karriere machen!" sagte der General. „Wissen Sie auch, Fürst, an welche Persönlichkeit wir Sie unsere Eingaben werden schreiben lassen? Nein, Ihnen kann man ja von vornherein fünfunddreißig Rubel monatliches Gehalt zahlen. Oh! schon halb eins!" unterbrach er sich nach einem Blick auf die Uhr. „Zur Sache, Fürst, ich muß mich beeilen, und heute werden wir uns wohl nicht wiedersehen. Setzen Sie sich noch auf einen Augenblick. Wie ich Ihnen bereits gesagt habe, wird es mir nicht möglich sein, Sie oft zu empfangen, doch ein wenig helfen will ich Ihnen herzlich gern, ein wenig, wie gesagt, das heißt natürlich nur im ... im Allernotwendigsten, dann aber, fürs Weitere sozusagen, müssen Sie schon selbst Sorge tragen. Ich werde Ihnen eine kleine Anstellung in einer Kanzlei verschaffen, nichts besonders Schwieriges, nur verlangt so etwas innere Akkuratesse. Jetzt kommen wir auf das andere zu sprechen: im Hause, oder vielmehr in der Wohnung Gawrila Ardalionytsch Iwolgins, meines jungen Freundes hier, den ich Ihnen hiermit vorstelle, haben Mutter und Schwester desselben zwei oder drei möblierte Zimmer eingerichtet, die sie an gutempfohlene Mieter abgeben, versteht sich: mit Kost und Bedienung. Meine Empfehlung wird Nina Alexandrowna, denke ich, genügen. Für Sie aber, Fürst, dürfte das ein gefundener Schatz sein, erstens weil Sie dann nicht allein, sondern sozusagen im Schoße einer Familie leben werden, denn meiner Ansicht nach wäre es für Sie sehr unangenehm, in einer Großstadt wie Petersburg – besonders in der ersten Zeit – ganz allein zu sein. Nina Alexandrowna – die Mutter – und Warwara Ardalionowna – sind zwei Damen, die ich sehr hochschätze. Nina Alexandrowna ist die Gattin Ardalion Alexandrowitschs, eines verabschiedeten Generals, meines ehemaligen Regimentskameraden in jüngeren Jahren, mit dem ich aber aus gewissen Gründen den Verkehr abgebrochen habe, was mich jedoch nicht hindert, ihn in seiner Art zu achten. Alles dies erkläre ich Ihnen jetzt, Fürst, damit Sie sehen, daß ich Sie sozusagen persönlich empfehle und folglich für Sie gewissermaßen garantiere. Zu zahlen haben Sie für Kost und Logis einen sehr mäßigen Preis, doch wird, wie ich hoffe, Ihr Gehalt alsbald vollkommen dazu ausreichen. Es ist ja wahr, ein Mensch braucht auch etwas Taschengeld, wenn auch nur sehr wenig, aber – nehmen Sie es mir nicht übel, Fürst, wenn ich Ihnen rate, den Besitz von Taschengeld lieber zu vermeiden oder überhaupt zu vermeiden, Geld in der Tasche zu haben. Ich sage es nur so nach meiner Auffassung Ihres Charakters. Doch da Ihr Beutel im Augenblick ganz leer ist, so erlauben Sie mir, Ihnen jetzt – für den Anfang – hier diese fünfundzwanzig Rubel anzubieten. Wir können Sie ja dann später, natürlich, verrechnen: wenn Sie in der Tat ein so herzlicher und aufrichtiger Mensch sind, wie Sie zu sein scheinen, so wird es hierin zwischen uns niemals Schwierigkeiten geben. Wenn ich mich für Sie interessiere, so geschieht es, weil ich in bezug auf Sie bereits etwas im Sinne habe – was es ist, werden Sie später erfahren. Sie sehen, ich bin ganz offen zu Ihnen. Ich hoffe, Ganjä, daß du gegen die Aufnahme des Fürsten in deine Familie nichts einzuwenden hast."

„Oh, im Gegenteil! Meine Mutter wird sich sehr freuen ..." versicherte Ganjä höflich.

„Ihr habt doch, glaube ich, bis jetzt nur ein Zimmer vermietet? An diesen – na, wie heißt er doch gleich? – Ferd... Ferd..."

„Ferdyschtschenko."

„Nun ja. Weiß der Teufel, aber der Kerl gefällt mir nicht. Scheint mir irgend so ein schmieriger Patron zu sein. Und ich versteh auch nicht, warum Nastassja Filippowna ihn so protegiert? Ist er etwa wirklich mit ihr verwandt?"

„Oh, nein, das war doch nur ein Scherz! Keine Spur von Verwandtschaft!"

„Na, dann hol' ihn der Teufel! Und Sie, Fürst, sind Sie damit zufrieden oder nicht?"

„Ich danke Ihnen, Exzellenz, Sie sind ungemein gütig zu mir, um so mehr, als ich Sie nicht einmal um etwas gebeten habe. Ich sage das jetzt nicht etwa aus Stolz. Ich wußte zwar eigentlich selbst noch nicht, wohin ich heute mein Haupt legen sollte. Allerdings hat mich Rogoshin zu sich aufgefordert ..."

„Rogoshin? Nun nein, das geht denn doch nicht. Ich würde Ihnen väterlich, oder wenn Sie wollen, freundschaftlich raten, diesen Rogoshin ganz zu vergessen. Und überhaupt würde ich Ihnen raten, sich mehr der Familie anzuschließen, in die Sie eintreten."

„Da Sie nun einmal so gütig zu mir sind," wollte der Fürst von seiner besonderen Angelegenheit beginnen, „so erlauben Sie mir, bitte, Sie in einer für mich sehr wichtigen Angelegenheit um Rat zu fragen. Ich bin vor nicht langer Zeit durch einen Bevollmächtigten benachrichtigt worden ..."

„Nein, jetzt müssen Sie mich schon entschuldigen," unterbrach ihn der General, „ich habe keinen Augenblick mehr zu verlieren. Ich werde Sie noch bei Lisaweta Prokofjewna anmelden: wünscht sie, Sie sogleich zu empfangen – ich werde mich bemühen, Sie dementsprechend zu empfehlen –, so rate ich Ihnen, die Gelegenheit zu benutzen und ihr zu gefallen, denn Lisaweta Prokofjewna kann sehr viel für Sie tun. Und dazu sind Sie ja ihr – Namensvetter. Wünscht sie es dagegen nicht, so nehmen Sie es ihr nicht übel und sprechen Sie einmal zu einer anderen Stunde vor. Du, Ganjä, sieh mal inzwischen hier diese Rechnungen durch, wir konnten gestern, Fedossejeff und ich, nicht damit ins reine kommen. Die darf man nicht vergessen, auch noch hinzuzufügen ..."

Der General verließ bereits das Zimmer, und so kam denn der Fürst doch nicht dazu, mit ihm über die überaus wichtige Angelegenheit zu reden, von der er zu sprechen begonnen hatte. Ganjä zündete sich eine Zigarette an, worauf er auch dem Fürsten sein Etui reichte. Der Fürst nahm eine Zigarette, knüpfte aber, da er nicht stören wollte, kein Gespräch an, sondern begann, das Zimmer zu betrachten. Ganjä jedoch schenkte dem mit Zahlen bedeckten Blatt Papier, auf das ihn der General aufmerksam gemacht hatte, kaum einen Blick. Er war augenscheinlich sehr zerstreut: sein Lächeln, seine bei aller Nachdenklichkeit auffallende Zerfahrenheit erschienen dem Fürsten noch unangenehmer, seitdem sie beide allein zurückgeblieben waren. Plötzlich trat Ganjä an den Fürsten heran. Dieser stand wieder über die Photographie Nastassjas Filippownas gebeugt und betrachtete sie.

„Also Ihnen gefällt eine solche Frau, Fürst?" fragte er ganz unvermittelt, während er ihn durchdringend ansah, als hätte er irgendeine außergewöhnliche Absicht gehabt.

„Ein wunderbares Gesicht!" sagte der Fürst, „und ich bin überzeugt, daß ihr Schicksal kein gewöhnliches ist. Das Gesicht ist an sich fast heiter, aber sie muß doch unglaublich gelitten haben, nicht? Das sieht man den Augen an, sehen Sie diese beiden hervorstehenden Knochen bei den Augen, hier, wo die Wangen beginnen. Es ist ein stolzes Gesicht, unglaublich stolz, nur weiß ich nicht, ob sie auch gut ist. Ach, wenn sie es doch wäre! Dann wäre alles gerettet!"

„Würden Sie eine solche Frau heiraten?" fragte Ganjä plötzlich ganz unvermittelt, ohne seinen flammenden Blick von ihm abzuwenden.

„Ich kann niemals heiraten, ich bin nicht gesund," sagte der Fürst.

„Aber würde Rogoshin sie heiraten? Was meinen Sie?"

„Oh, heiraten würde der sie, glaube ich, wenn nicht heute, dann morgen. Er würde sie heiraten, jawohl, nach einer Woche aber – würde er sie ermorden."

Kaum hatte der Fürst das gesagt, als Ganjä plötzlich so heftig zusammenfuhr, daß der Fürst beinahe aufschrie vor Schreck.

„Was ist Ihnen?" fragte er entsetzt und ergriff seine Hand.

„Seine Exzellenz lassen Durchlaucht bitten, sich gefälligst zu Ihrer Exzellenz bemühen zu wollen," sagte der Diener, der in der Tür erschienen war.

Der Fürst folgte ihm zur Generalin.

<h2 style="text-align:center">IV.</h2>

Alle drei Töchter des Generals waren gesunde, blühende, gutgewachsene junge Damen mit wundervollen Schultern, straffer Büste und großen, fast könnte man sagen – Männerhänden. Infolge ihrer guten Gesundheit und frischen Jugend aßen sie sich gern tüchtig satt, wessen sie sich übrigens durchaus nicht schämten, und was sie daher auch vor Fremden gar nicht zu verbergen suchten. Zwar war ihre Mutter, die Generalin Lisaweta Prokofjewna, mitunter etwas ungehalten über diesen offen bekundeten, echten Jugendhunger; doch da gar manche ihrer Ansichten trotz aller äußeren Ehrerbietung, mit der die Töchter sie anhörten, im Grunde schon längst ihre anfängliche und unerschütterliche Autorität eingebüßt hatten – und das sogar in einem solchen Maße, daß die einstimmige Partei der drei jungen Mädchen fast immer recht behielt, so fand es die Generalin im Hinblick auf ihre persönliche Würde weit bequemer und ersprießlicher, nicht zu streiten, sondern nachzugeben. Freilich wollte sie auch nicht immer nachgeben und sich dem Willen der Töchter fügen. Lisaweta Prokofjewna wurde mit jedem Jahre launischer, ungeduldiger und unduldsamer, ja, sie konnte bisweilen sogar sehr sonderbar sein. Doch da sie immer einen ihr äußerst zugetanen und von ihr gut erzogenen Gatten bei der Hand hatte, so ergoß sich der Ärger, wenn sich ein solcher in ihrem Herzen angesammelt hatte, gewöhnlich über sein Haupt, worauf die Harmonie in der Familie wiederhergestellt war und alles von neuem im alten Gleise seinen gewohnten Gang nahm.

Übrigens besaß auch die Generalin selbst keinen gerade schlechten Appetit, und so nahm sie täglich um halb ein Uhr an einem sehr reichhaltigen Frühstück teil, das man jedoch ebensogut ein Mittagsmahl hätte nennen können. Eine Tasse Kaffee wurde von den jungen Damen bereits früher getrunken, um neun Uhr, und das geschah in der Regel noch im Bett. Daran hatten sie sich einmal gewöhnt und dabei blieb es. Um halb eins wurde dann im kleinen Speisesalon in der nächsten Nähe der Gemächer der Frau Mama der Frühstückstisch gedeckt. Zu diesem intimen Dejeuner im engsten Familienkreise erschien bisweilen auch der General, wenn seine Zeit es ihm erlaubte. Da gab es denn außer Kaffee, Tee, Käse, Honig, Butter, gewisse Löffelkuchen, die besonders von der Generalin sehr gern gegessen wurden, auch noch Kotteletts und sogar eine starke heiße Bouillon. An jenem Morgen, an dem unsere Erzählung beginnt, hatten sich Mutter und Töchter wie gewöhnlich an der Frühstückstafel versammelt und erwarteten den General, der versprochen hatte, um halb eins sich gleichfalls einzufinden. Hätte er nur eine Minute länger auf sich warten lassen, so würde sofort nach ihm geschickt worden sein. Doch er erschien pünktlich.

Als er an seine Gattin herantrat, um ihr einen „Guten Morgen" zu wünschen und die Hand zu küssen, bemerkte er in ihrem Gesicht einen ganz eigenartigen Ausdruck, und wenn er auch schon am Abend vorher nicht anders erwartet hatte, als daß es infolge einer gewissen „Geschichte" – wie er Ähnliches in Gedanken zu nennen pflegte – genau so kommen würde, und sich noch im Einschlafen darob Sorgen gemacht hatte, so wurde ihm jetzt doch trotz der Vorbereitung etwas bange. Die Töchter kamen alle drei zum Papa, um ihm den Morgenkuß zu geben; die hatten nun allerdings keinen Grund, ihm gram zu sein, aber auch aus ihren Mienen glaubte sein argwöhnisches Gewissen etwas Besonderes herauszulesen. Freilich war der General aus gewissen Gründen mehr als nötig mißtrauisch geworden, und da er bei alledem noch ein erfahrener und talentvoller Gatte und Vater war, so traf er schleunigst seine Vorkehrungen.

Doch, wie ich sehe, muß ich hier von meiner Erzählung abschweifen und zur Erläuterung der Situation noch einiges über die inneren Verhältnisse der Familie Jepantschin hinzufügen.

Der General war, wie bereits erwähnt, zwar kein sehr gebildeter Mann – er selbst nannte sich gern einen Autodidakten, doch das hinderte ihn nicht, als Gatte und Vater ein geschickter Stratege zu sein. Unter anderem befolgte er auch den Grundsatz, seine Töchter nicht zum Heiraten zu drängen, d. h. „gleich einem Damoklesschwert über ihnen zu hängen", und sie mit einer übergroßen väterlichen Besorgnis zu ihrem Glück zu drängen, wie es sonst fast ausnahmslos in allen Familien geschieht, in denen es erwachsene Töchter gibt. Ja, es war sogar ausschließlich dem Einfluß des Generals zuzuschreiben, daß auch Lisaweta Prokofjewna, seine Gattin, diesem Verfahren beitrat, obschon es für eine Frau doch recht schwer sein mußte – schwer, weil unnatürlich. Aber die Argumente des Generals waren zu überzeugend und stützten sich überdies noch auf handgreifliche Beweise. Mädchen, die sich vollkommen allein überlassen blieben, mußten sich doch mit der Zeit unwillkürlich selbst entschließen, Vernunft anzunehmen – und dann würde das Unternehmen ganz anders in Gang gesetzt werden: das lag doch auf der Hand! Sie würden sich dann mit ganz anderer Lust und wirklichem Eifer an die Sache machen und alle Launen und wählerisches Mäkeln hübsch beiseite lassen; die Eltern brauchten aber in solchem Fall nur darauf achtzugeben, daß die Töchter keine gar zu sonderbare Wahl trafen oder sonst eine unnatürliche Neigung an den Tag legten, um nur, wenn dann der wichtige Augenblick gekommen war, sofort mit aller Kraft nachzuhelfen und mit Ausnutzung jedes Einflusses die Angelegenheit ins richtige Gleis zu bringen. Hinzu kam noch, daß ihr Vermögen und ihr gesellschaftliches Ansehen mit jedem Jahre in geometrischem Verhältnis wuchs – folglich gewannen auch die Töchter, lediglich als „Partien“ betrachtet, mit jedem Jahr. Und zu dieser Tatsache war in jüngster Zeit noch eine andere wichtige Tatsache hinzugekommen: Die älteste Tochter, Alexandra, war plötzlich und ganz unerwartet – wie das gewöhnlich zu geschehen pflegt – fünfundzwanzig Jahre alt geworden. Fast um dieselbe Zeit hatte sich Afanassij Iwanowitsch Tozkij, ein Mann aus der besten Gesellschaft, der Beziehungen zu den angesehensten Persönlichkeiten hatte und außerordentlich reich war, wieder einmal zur Verwirklichung seines längst nicht mehr neuen Wunsches, sich zu verheiraten, fest entschlossen. Er war ein Mann von ungefähr fünfundfünfzig Jahren, von vornehmer Gesinnung und Gesittung, was man so nennt, und von einer seltenen Geschmacksfeinheit. Er wollte nicht „geschmacklos“ heiraten, denn er wußte Schönheit sehr zu schätzen, und da er mit dem General Jepantschin seit einiger Zeit innige Freundschaft pflegte, die namentlich durch gemeinsame Beteiligung an einzelnen finanziellen Unternehmungen herbeigeführt worden war, so stellte er denn an ihn die Frage, gewissermaßen in der Form einer Bitte um seinen freundlichen Rat und Beistand, ob es ginge oder nicht, daß er bei einer seiner Töchter anhielt.

Diese Frage verursachte im stillen, ruhig-schönen Lebenslauf der Familie Jepantschin einen sichtlichen Umschwung.

Die unbestrittene Schönheit in der Familie war, wie bereits erwähnt, Aglaja, die Jüngste. Aber selbst Tozkij, der sich sonst durch ganz außerordentliche Eigenliebe auszeichnete, begriff, daß sie nicht für ihn bestimmt sein konnte. Es ist möglich, daß die blinde Liebe und gar zu glühende Freundschaft der Schwestern die Sache etwas übertrieb, doch mußte Aglajas Leben ihrer festen Überzeugung nach nicht ein gewöhnliches Leben, sondern womöglich das verwirklichte Ideal eines irdischen Paradieses werden. Aglajas zukünftiger Mann sollte alle

Tugenden und Vollkommenheiten in sich vereinigen, vom Besitz irdischer Güter schon ganz zu schweigen. Die beiden Schwestern hatten sogar beschlossen – und zwar ohne viel Worte zu verlieren – falls es nötig sein sollte, nach Möglichkeit von ihrer Mitgift zugunsten Aglajas einen Teil abzutreten, denn Aglaja sollte, meinten sie, ein ganz kolossales Vermögen besitzen. Die Eltern wußten um diese Absicht, und deshalb zweifelten sie kaum, als Tozkij um ihren Rat bat, daß eine von ihren Töchtern seinen Wunsch erfüllen und seinen Antrag annehmen würde, um so weniger, als der reiche Freier in betreff der Mitgift nicht allzu peinlich sein würde. Der General hatte seinerseits den Antrag Tozkijs sofort mit der ihm eigenen Lebensweisheit sehr hoch einzuschätzen gewußt. Nun ging aber Tozkij aus gewissen besonderen Gründen nur mit äußerster Vorsicht in dieser Angelegenheit vor – sondierte einstweilen noch – und daher hatten auch die Eltern mit ihren Töchtern von der Sache nur wie von einer fernen Möglichkeit gesprochen. Als Antwort hatten sie von den Töchtern den gleichfalls noch ziemlich unbestimmt ausgedrückten Bescheid erhalten, daß Alexandra, die Älteste, ihm vielleicht keinen Korb geben würde. Alexandra war ein herzensgutes Mädchen, wenn auch nicht ohne gewisse Charakterfestigkeit, sehr verständig und äußerst verträglich. Einen Mann wie Tozkij hätte sie ohne Überwindung sogar ganz gern zu heiraten vermocht, und es war sicher, wenn sie einmal ihr Wort gegeben, dann würde sie treu und gewissenhaft ihre Pflicht erfüllen. Glanz liebte sie nicht, und es war von ihr keine Launenhaftigkeit samt den damit verbundenen Scherereien zu erwarten, sondern sie konnte möglicherweise das Leben eines Mannes sogar versüßen und ruhig und angenehm machen. Dabei war sie hübsch, sehr hübsch, wenn sie auch nicht gerade Aufsehen erregte. Was konnte Tozkij Besseres wünschen?

Einstweilen aber fuhr man fort, mit entschlossenerem Vorgehen immer noch zu zögern. Gemeinsam und freundschaftlich war von Tozkij und dem General beschlossen worden, vorderhand jeden formellen und unwiderruflichen Schritt zu vermeiden. Und so vermieden es auch die Eltern, offen mit den Töchtern zu reden. Und das war schließlich der Grund, weshalb sich in die bisherige Übereinstimmung unmerklich eine Mißstimmung eingeschlichen hatte. Die Generalin selbst war plötzlich unzufrieden, und schon das allein war von großer Bedeutung. Es gab da nämlich einen gewissen verwickelten und recht unangenehmen „Zwischenfall", der vielleicht sogar alle Heiratspläne zerschlagen und für immer unmöglich machen konnte.

Dieser verwickelte und unangenehme „Zwischenfall", wie sich Tozkij auszudrücken pflegte, hatte eine Vorgeschichte, die schon ziemlich weit zurücklag. In einem der mittleren Gouvernements des europäischen

Rußlands lebte einst auf einem kleinen Gütchen, das an eines der größten Güter Afanassij Iwanowitsch Tozkijs grenzte, in ärmlichen Verhältnissen ein gänzlich vermögensloser Krautjunker, der wegen seines sprichwörtlichen, überall und unermüdlich ihn verfolgenden Mißgeschicks eine wirklich bemerkenswerte Erscheinung war. Er stammte aus einer guten Adelsfamilie. In dieser Beziehung rangierte Filipp Alexandrowitsch Baraschkoff – so hieß der Betreffende – sogar noch vor Tozkij. Nachdem er als Offizier seinen Abschied genommen und lange Zeit bis über die Haare in Schulden gesteckt hatte, war es ihm endlich nach unermüdlicher, harter, geradezu sibirischer Arbeit gelungen, die Ertragsfähigkeit seines kleinen Gutes so weit in die Höhe zu bringen, daß er wenigstens sein Auskommen hatte. Da er bei allem Pech doch kein Pessimist geworden war, ermutigte ihn jeder noch so geringe Erfolg ganz außerordentlich. Als er nun nach langen Jahren wieder einmal neue Hoffnungen hegen durfte, begab er sich auf ein paar Tage in die nächste Kreisstadt, um daselbst mit einem seiner Hauptgläubiger zu sprechen und, wenn möglich, einen günstigen Vertrag abzuschließen. Am dritten Tage nach seiner Ankunft in der Stadt erschien aber plötzlich sein Dorfältester, reitend, mit verbrannter Wange und versengtem Bart, und meldete gehorsamst, daß am Tage vorher um die Mittagszeit sein „Erbgut“ niedergebrannt sei, „wobei auch die gnädige Frau zu verbrennen geruhten, die Kinderchen aber heil geblieben sind,“ wie er sich buchstäblich ausdrückte. Diesem Schicksalsschlage war jedoch selbst Baraschkoff, der an die Rippenstöße Fortunas so lange Gewöhnte, nicht gewachsen: er wurde irrsinnig und starb nach einem Monat. Das Gut mit dem niedergebrannten Gehöft wurde versteigert, und die Bauern waren bald ihrer Wege gegangen. Der beiden kleinen Mädchen aber, der Töchter Baraschkoffs, die damals sechs und sieben Jahre alt waren, nahm sich in seiner Großmut der Gutsnachbar Tozkij an.

Sie wurden zusammen mit den Kindern eines Verwalters der Tozkijschen Güter, eines Deutschen und ehemaligen Beamten, der eine zahlreiche Familie besaß, erzogen. Bald jedoch starb das eine Mädchen, die Jüngere, am Stickhusten, so daß nur noch die siebenjährige Nastjä von der ganzen Familie übrigblieb. Tozkij, der damals im Auslande lebte, hatte sie bald alle beide vergessen. Nach fünf Jahren fiel es ihm dann eines Tages ein, doch mal nachzusehen, wie es auf seinem Gute eigentlich aussah, und da entdeckte er denn zu seiner Überraschung in seinem alten Gutsgebäude unter den Kindern seines deutschen Verwalters ein entzückendes Mädchen von zwölf Jahren, ein ausgelassenes, reizendes, kluges Dingelchen, das einmal sehr schön zu werden versprach – in solchen Dingen war Tozkij ein guter Kenner. Er blieb nur ein paar Tage auf dem Gut, doch genügten sie ihm vollkommen, um einige Anordnungen zu treffen. Die Folge davon war, daß in der Erziehung der Kleinen eine bedeutsame Wendung eintrat. Es erschien alsbald eine ehrwürdige, ältere, sehr gebildete Gouvernante, eine Schweizerin, die sich im Erziehen höherer Töchter bereits gut bewährt hatte, und die außer in der französischen Sprache auch noch in verschiedenen wissenschaftlichen Fächern unterrichtete. Sie zog in das Gutsgebäude ein, und von nun an vergrößerte sich das Wissen der kleinen Nastassja mit jedem Jahre um ein bedeutendes. Nach vier Jahren war die Erziehung abgeschlossen: die Gouvernante fuhr wieder fort, und bald darauf erschien eine ältere Dame, eine Gutsnachbarin Tozkijs – doch aus einem anderen, fernen Gouvernement –, um Nastassja, wie die Instruktion und Bevollmächtigung Tozkijs lautete, auf ein anderes seiner zahlreichen Güter zu bringen. Auf diesem nicht großen Landstück war ein sehr nettes, wenn auch nur kleines Landhaus neu aufgebaut und sehr geschmackvoll eingerichtet worden. Das Gütchen trug wie absichtlich den Namen „Otradnoje".[] Die alte Dame brachte das Mädchen in dieses stille Haus, und da ihr eigenes Gut nur eine Werst von dort entfernt lag, so richtete sie sich zusammen mit Nastassja in Otradnoje ein. Im Hause lebten noch eine alte Haushälterin und eine junge, geschickte Zofe. Auch gab es dort Musikinstrumente, eine elegante Mädchenbibliothek, Bilder, Skizzen, Zeichenstifte, Farben, kurz, alle Malutensilien, ferner ein schönes sibirisches Windspiel. Nach zwei Wochen erschien auch Afanassij Iwanowitsch in Otradnoje ... Und seit der Zeit zeigte er dann eine ganz besondere Vorliebe für dieses entlegene kleine Steppengut, suchte es in jedem Jahre einmal auf, blieb dort zwei oder sogar drei Monate, und so vergingen etwa vier Jahre oder noch mehr, ruhige und glückliche Jahre vornehmen und geschmackvollen Lebens.

Da sollte es aber geschehen, daß einmal, zu Anfang des Winters, ungefähr vier Monate nach dem Sommerbesuch Tozkijs, der diesmal nur zwei Wochen geblieben war, in Otradnoje sich das Gerücht verbreitete und auch Nastassja Filippowna zu Ohren kam, daß Tozkij in Petersburg alsbald ein schönes, reiches und vornehmes Mädchen heiraten – kurz, eine solide und glänzende Partie machen werde. Später zeigte es sich, daß dieses Gerücht nicht in allen Punkten der Wahrheit entsprach. Die Heirat war nur erst ein Projekt, und überhaupt war alles noch sehr unbestimmt, doch in Nastassja Filippowna hatte sich aus diesem Anlaß bereits eine ungeheure Veränderung vollzogen. Sie bewies plötzlich eine ungewöhnliche Entschlossenheit und zeigte einen Charakter, den niemand in ihr vermutet hätte. Ohne sich lange zu bedenken, verließ sie das Landhaus und erschien plötzlich ganz allein in Petersburg, wo sie sich sofort zu Afanassij Iwanowitsch Tozkij begab. Dieser war zunächst sprachlos, sammelte sich aber doch so weit, daß er nach einer Weile mit ihr zu reden begann. Und nun stellte es sich zu seiner noch größeren Überraschung schon nach dem ersten Wort heraus, daß er in einem ganz anderen Ton mit ihr reden mußte, daß er Stil, Stimme, die Themen ihrer früheren so ästhetischen und so angenehmen Gespräche, die er bis jetzt so erfolgreich zu beherrschen gewußt, ja selbst die Logik, kurz – alles, alles, alles von Grund aus verändern mußte! Vor ihm saß ein ganz anderes, ihm vollkommen fremdes Weib, das mit jener Nastassja Filippowna, die er bis jetzt gekannt und erst im Juli in Otradnoje zurückgelassen hatte, nichts, aber auch nichts Gemeinsames hatte.

Diese neue Frau da vor ihm wußte und begriff unglaublich viel – so viel, daß man sich nur wundern konnte, woher sie dieses Wissen erlangt, wie sie so genaue Begriffe in sich hatte ausarbeiten können. Das stand doch nicht in den Büchern ihrer Mädchenbibliothek? Am erstaunlichsten jedoch war, daß sie sogar ausgesprochen juristische Kenntnisse besaß, und wenn ihr auch die Kenntnis der „Welt" fehlte, so schien sie doch ganz genau zu wissen, wie gewisse Dinge in der „Welt" zu verlaufen pflegen. Das war gar nicht mehr derselbe Charakter, den sie früher gehabt hatte – jene Zaghaftigkeit und Undefinierbarkeit des jungen Mädchens, das in seiner reizenden Unart und Naivität so bezaubernd sein konnte, mit seiner Lebhaftigkeit und Trauer und ernsten Nachdenklichkeit, seinem Staunen und Mißtrauen, mit seinen Tränen und mit seiner Unruhe.

Nein: hier lachte vor ihm und verletzte ihn mit den beißendsten Sarkasmen ein ganz ungewöhnliches, nie gesehenes Wesen, von dem ihm offen ins Gesicht gesagt wurde, daß es in seinem Herzen nie etwas anderes für ihn empfunden habe als tiefste Verachtung, eine Verachtung bis zum Ekel, die sogleich nach dem ersten Erstaunen eingetreten sei. Diese neue, unbekannte Frau da vor ihm erklärte ferner, daß es ihr im vollen Sinne des Wortes vollkommen gleichgültig sei, ob er heirate oder nicht heirate, und wen er erwählt habe, daß sie aber gekommen sei, um ihm diese Heirat zu verbieten, und zwar einzig aus Bosheit zu verbieten, einzig weil sie es so wollte und es genau so geschehen mußte, wie sie wollte, – „nun, und wenn auch nur, sagen wir, deshalb, um mich über dich totlachen zu können; denn jetzt will auch ich endlich einmal lachen."

Wenigstens drückte sie sich so aus. Und dabei war mit diesen Worten vielleicht noch lange nicht alles ausgesprochen, was sie im Sinne hatte. Doch während die neue Nastassja Filippowna lachte und sich über ihn lustig machte, überlegte sich Tozkij die neue Wendung der Dinge und suchte seine etwas verwirrten Gedanken nach Möglichkeit wieder in Ordnung zu bringen. Dieses Ordnen und Überlegen nahm nicht wenig Zeit in Anspruch: es dauerte etwa vierzehn Tage, bis er alles begriffen und endgültig bei sich beschlossen hatte, was wohl zu tun sei. Afanassij

Iwanowitsch Tozkij war zu jener Zeit nicht weniger als fünfzig Jahre alt und ein im höchsten Grade gesetzt und ehrbar gewordener Mann. Seine gesellschaftliche Stellung hatte sich auf den besten Grundlagen aufgebaut. Sein Ich, seine Ruhe und Bequemlichkeit liebte und schätzte er höher als alles andere auf der Welt, wie es sich ja auch für einen ehrenwerten Menschen gar nicht anders schickt. Nicht die geringste Verletzung oder Störung durfte in diesem Heiligtum zugelassen werden, das jetzt als „Krone des Lebens" eine so schöne Form angenommen hatte. Andererseits sagten ihm seine Erfahrung und seine Auffassung der Sachlage sehr bald und ausnehmend richtig, daß er es nun mit einem ganz anders gearteten Wesen zu tun habe, mit einem Wesen, das nicht nur drohte, sondern unfehlbar auch handeln würde, und das überdies vor nichts, absolut nichts zurückschreckte, weil ihm jetzt nichts mehr teuer war, so daß man es nicht einmal mehr – gleichviel womit – bestechen konnte. Nein, hier handelte es sich offenbar um etwas ganz anderes, um irgendein inneres, seelisches Chaos – um etwas wie eine romantische Entrüstung über Gott weiß wen und Gott weiß was, jedenfalls war es ein unersättliches Verachtungsbedürfnis, das jedes Maß übersteigt – mit einem Wort, etwas im höchsten Grade Lächerliches und in der guten Gesellschaft Unerlaubtes, dem im Leben zu begegnen für jeden anständigen Menschen eine wahre Strafe Gottes sein mußte. Versteht sich: wenn man solchen Reichtum und solche Verbindungen wie Tozkij besaß, konnte man sich ja doch mit Leichtigkeit und in kürzester Zeit durch eine kleine und vollkommen „harmlose" Schändlichkeit frei machen. Andererseits aber lag es doch auf der Hand, daß Nastassja Filippowna ihm, sagen wir z. B. im juristischen Sinne so gut wie überhaupt nichts anhaben konnte; nicht einmal einen großen Skandal vermochte sie zu machen, denn es wäre doch ein leichtes gewesen, sie im gegebenen Fall abzufinden. Das war ja nun alles ganz wunderschön und beruhigend, kam aber doch nur in dem Fall in Betracht, wenn Nastassja Filippowna zu solchen Dingen entschlossen gewesen wäre, wie sie in ähnlichen Fällen von Frauen ausgeübt werden, nämlich ohne daß dabei gar zu exzentrisch über den Zaun geschlagen wird. Hier aber kam Tozkij seine durch Erfahrung erworbene Menschenkenntnis sehr zustatten: er erriet, daß Nastassja Filippowna es selbst nur zu gut wußte, wie machtlos sie vom Standpunkt des Gesetzes aus war, und daß sie daher etwas ganz anderes im Sinne haben mußte, etwas, das nur ihre blitzenden Augen ahnen ließen. Da ihr nichts mehr teuer war, und am wenigsten sie sich selbst (es gehörte kein geringer Scharfblick dazu, um zu erraten, daß ihr eigenes Ich schon längst aufgehört hatte, ihr teuer zu sein, und um als Skeptiker und Zyniker an den Ernst dieses Gefühls zu glauben), so war sie imstande, sich selbst rettungslos und womöglich auf die entsetzlichste Art ins Verderben zu stürzen – denn was galt es ihr, unter sibirische

Sträflinge zu kommen! – wenn sie nur einmal diesen Menschen beschimpfen konnte, vor dem sie einen so unmenschlichen Ekel empfand! Tozkij hatte es niemals verleugnet, daß er ein wenig feige war oder, sagen wir, höchst – „konservativ". Wenn er gewußt hätte, daß er z. B. vor dem Traualtar erschlagen werden würde, oder daß ihn etwas Ähnliches erwartete, etwas ebenso Unästhetisches, Lächerliches und in der Gesellschaft Unzulässiges, so wäre er natürlich erschrocken – jedoch nicht so sehr deshalb, weil man ihm zugedacht, ihn zu verwunden oder ihm öffentlich ins Gesicht zu speien, als vielmehr deshalb, weil dieses in einer so unfeinen und gesellschaftlich unmöglichen Form mit ihm geschehen würde. Nastassja Filippowna aber schien gerade so etwas im Sinn zu haben, wenn sie vorläufig auch noch mit keinem Wort ihre Absicht angedeutet hatte. Er wußte, daß sie ihn bis ins kleinste hinein beobachtet hatte und dementsprechend kannte: daher mußte sie es auch wissen, wie und wo sie ihn am stärksten verletzen konnte. Und so beschloß denn Tozkij, da die Heirat noch nicht viel mehr als ein frommer Wunsch war, sich seinem Schicksal zu fügen und Nastassja Filippownas Willen zu tun.

Es gab aber noch einen anderen Grund, warum er sich dazu entschloß.

Nastassja Filippowna hatte sich auch im Gesicht stark verändert. Man konnte es kaum glauben, daß sie wirklich dieselbe Nastassja Filippowna war. Früher war sie ein hübsches Mädchen gewesen, jetzt aber ... Tozkij konnte es sich lange Zeit nicht verzeihen, daß er sie vier Jahre lang so oft betrachtet und doch eigentlich nie gesehen hatte. Allerdings mußte man nicht vergessen, daß auf beiden Seiten eine ungeheure Veränderung vor sich gegangen war. Übrigens entsann er sich, daß es auch früher bisweilen Minuten gegeben hatte, in denen ihm z. B. beim Anblick dieser Augen eigentümliche Gedanken gekommen waren: es war, als hätte sich hinter ihnen eine tiefe, geheimnisvolle Finsternis aufgetan. Wenn dieser Blick einen ansah, so war's, als gäbe er einem ein Rätsel auf. In den letzten zwei Jahren wunderte er sich oft über die Veränderung ihrer Gesichtsfarbe: Nastassja Filippowna wurde seltsam bleich, doch – sonderbar: sie wurde dadurch noch schöner. Tozkij, der anfangs wie alle Lebemänner nur mit Zynismus daran gedacht hatte, wie billig er diese Seele gekauft, die so gut wie überhaupt noch nicht gelebt hatte, begann mit der Zeit an der Richtigkeit seiner Annahme stark zu zweifeln. Doch ganz abgesehen davon, hatte er noch im letzten Frühling in Otradnoje beschlossen, Nastassja Filippowna bald mit irgendeinem verständigen und anständigen Herrn, dessen Arbeitsfeld am besten in einem anderen Gouvernement lag, zu verheiraten, natürlich nicht ohne reichliche Mitgift. (Oh, wie unheimlich und boshaft Nastassja Filippowna jetzt über diesen Plan lachte!) Doch nun dachte Tozkij – verlockt durch den Reiz der Neuheit –

sogar daran, daß er dieses Weib ja von neuem ausnutzen konnte. Er beschloß, sie in Petersburg unterzubringen und mit dem größten Luxus zu umgeben. Wenn er das eine nicht haben konnte, so konnte er doch wenigstens das andere haben: mit Nastassja Filippowna Aufsehen erregen und in einem gewissen Kreise sogar renommieren. Und Afanassij Iwanowitsch Tozkij schätzte seinen Ruhm gerade in diesem Kreise sehr hoch.

Inzwischen vergingen fünf Jahre nach ihrem ersten Erscheinen in Petersburg, und während dieser Zeit hatte sich manches offenbart. Tozkijs Lage war einfach trostlos; und das Dümmste an der Sache war, daß er, nachdem ihm einmal bange geworden war, nicht mehr Mut fassen und sich beruhigen konnte. Er fürchtete ... was? – das wußte er selbst nicht; fürchtete einfach Nastassja Filippowna. Eine Zeitlang – das war noch in den ersten zwei Jahren – begann er allmählich zu vermuten, daß sie ihn, Afanassij Tozkij, heiraten wolle, aus übertriebenem Stolz jedoch schweige und seinen Antrag erwarte. Das Verlangen wäre sonderbar gewesen, doch Tozkij wurde argwöhnisch: er runzelte zwar die Stirn und wollte nicht, aber er begann doch nachzudenken, schließlich wurde er sogar *sehr* nachdenklich ... bis er sich eines Tages zu seiner größten und (so ist das Menschenherz!) etwas unangenehmen Verwunderung überzeugte, daß er, falls er anhalten würde, ganz positiv einen Korb bekäme. Lange Zeit konnte er es gar nicht fassen. Nur eine einzige Erklärung schien ihm schließlich möglich: daß der Stolz dieser „beleidigten und phantastischen Frau" bereits so nahe an Verzweiflung grenzte, daß sie es vorzog, einmal ihre Verachtung für ihn in einer Absage ausdrücken zu können, als ihr Leben ein für allemal sicherzustellen und hinfort auf einer für sie sonst doch unerreichbar hohen Staffel zu stehen. Das schlimmste aber war, daß Nastassja Filippowna in geradezu beängstigender Weise die Oberhand gewann. Mit Geld war bei ihr gleichfalls nichts zu erreichen, gleichviel wie hohe Summen er ihr auch angeboten hätte. Zwar lebte sie in einer teuren Wohnung, die er für sie luxuriös eingerichtet hatte, doch führte sie daselbst ein sehr bescheidenes Leben und versuchte nicht einmal in den ganzen fünf Jahren, etwas beiseite zu schaffen. Da verfiel Tozkij auf ein sehr schlaues Mittel, um seine Ketten zu zerreißen: unmerklich und sehr geschickt versuchte er, sie mit den idealsten Mitteln zu verlocken; doch all die verkörperten Ideale in Gestalt von Fürsten, Husarenoffizieren, Gesandtschaftssekretären, Dichtern, Romanschriftstellern und sogar Sozialisten, die er ihr zuführte, machten alle nicht den geringsten Eindruck auf sie, ganz als hätte sie anstatt des Herzens einen Stein in der Brust gehabt, als wären alle ihre Gefühle eingetrocknet und für immer gestorben. Sie lebte eigentlich recht einsam, las, lernte sogar, liebte Musik. Bekannte, die sie besuchten, hatte sie nur sehr wenige, dabei durchaus keine vornehmen Leute: so verkehrte sie mit ein paar armen und lächerlichen Beamtenfrauen, kannte zwei sonst ganz unbekannte Schauspielerinnen, beide schon fast Greisinnen, liebte die zahlreiche Familie eines ehrsamen Lehrers, in dessen Hause auch sie gern gesehen war und sogar sehr geliebt wurde. Hin und wieder fanden sich bei ihr abends fünf bis sechs Bekannte ein, nicht mehr. Tozkij erschien sehr oft und pünktlich. In der letzten Zeit war es auch dem General Jepantschin gelungen (nicht ohne Mühe), Nastassja Filippownas Bekanntschaft zu machen. In derselben Zeit wurde auch ein junger Beamter, Ferdyschtschenko mit Namen, sehr schnell und ohne Mühe mit ihr bekannt. Es war das ein recht unanständiger und schmieriger Possenreißer, der dem Alkohol nicht abhold war und sich für einen geistreichen Humoristen hielt. Ferner war ein junger und recht eigentümlicher Mensch mit ihr bekannt, ein gewisser Ptizyn, ein bescheidener, stets pünktlicher und gesellschaftlich einigermaßen polierter Junge, der sich aus der größten Armut heraufgearbeitet hatte und jetzt Geld auf hohe Zinsen lieh. Schließlich wurde auch Gawrila Ardalionytsch Iwolgin mit ihr bekannt ... Es endete damit, daß Nastassja Filippowna eine seltsame Berühmtheit erlangte: ein jeder sprach von ihrer Schönheit, aber das war auch alles, wovon man sprechen konnte: niemand konnte sich mit etwas rühmen oder das Recht dazu einem anderen nachsagen. Dieser Ruf, ihre Bildung, ihr Auftreten, ihr Scharfsinn, ihr Geist – alles das zusammen bewirkte, daß Tozkij sich endgültig zur Ausführung seines erwähnten Planes entschloß. Und hier nun beginnt der Augenblick, von dem ab der General Jepantschin selbst so regen Anteil an dieser Angelegenheit nahm.

Als Tozkij sich liebenswürdig und freundschaftlich in betreff einer seiner drei Töchter an den General wandte, legte er ihm in der ausführlichsten und edelsten Weise ein volles Bekenntnis ab. Doch teilte er ihm gleichzeitig mit, daß er vor keinem einzigen Mittel zurückschrecken würde, um nur endlich seine Freiheit wiederzuerlangen: daß es ihn auch nicht beruhigen würde, wenn Nastassja Filippowna ihm versprechen sollte, ihn hinfort mit nichts zu bedrohen, weil er sich auf Worte allein nicht verlassen könne und folglich die sichersten Garantien wünsche und verlange. Sie berieten hin und her, bis sie dann zunächst einmal zu der Einsicht kamen, daß gemeinschaftlich vorzugehen am besten sei. Auch wurde ferner noch beschlossen, es zunächst mit den sanftesten Mitteln zu versuchen, oder wie man zu sagen pflegt: nur die edlen Saiten des Herzens zu berühren. Sie machten sich also beide auf und fuhren zu Nastassja Filippowna, und Tozkij begann hier sofort und ohne alle Vorreden und Umschweife damit, daß er ihr das Unerträgliche seiner Lage schilderte; die Schuld an allem maß er sich selbst zu; sagte ganz offen, daß er aber doch für das Unrecht, das er ihr zugefügt, nicht nachträglich büßen wolle, denn er sei ein eingefleischter Lüstling und seiner nicht mächtig, daß er aber jetzt zu heiraten beabsichtige und das ganze Schicksal dieser höchst ehrenhaften und angenehmen Verbindung in ihrer Hand liege; mit einem Wort, er erwarte alles von ihrem edlen Herzen. Darauf ergriff der General das Wort, in seiner Eigenschaft als Vater, sprach sehr vernünftig, vermied alles Rührende, erwähnte nur, daß er ihr Recht, über Tozkijs Schicksal zu bestimmen, vollkommen anerkenne, hob geschickt seine eigene Ergebung hervor, sowie daß das Schicksal seiner ältesten Tochter, vielleicht aber auch noch dasjenige der beiden jüngeren, im Augenblick nur von ihr abhinge. Auf Nastassja Filippownas Frage, was sie denn eigentlich von ihr verlangten, gestand Tozkij mit derselben nackten Offenheit, sie habe ihm vor fünf Jahren einen solchen Schrecken eingejagt, daß er sich auch jetzt noch nicht sicher fühle, es sei denn, daß Nastassja Filippowna selbst heirate. Er fügte übrigens sofort eilig hinzu, daß diese Bitte natürlich unsinnig wäre, wenn er nicht Ursache hätte, sie doch für nicht unsinnig zu halten. Er hätte nämlich sehr wohl bemerkt und außerdem noch aus sicherer Quelle erfahren, daß ein junger Mann aus sehr guter Familie, der hier in Petersburg lebe, und zwar Gawrila Ardalionytsch Iwolgin, den sie auch selbst kenne und bei sich empfange, sie mit der ganzen Glut der Leidenschaft liebe und – versteht sich – die Hälfte seines Lebens hingeben würde für die bloße Zustimmung, ihre Zuneigung erringen zu dürfen. Dieses Geständnis hätte er, Tozkij, selbst von Gawrila Ardalionytschs Lippen gehört, und zwar schon vor langer Zeit als Freund des jungen Mannes, der ihm einmal sein ganzes Herz ausgeschüttet, und daß um diese Liebe auch Seine Exzellenz Iwan Fedorowitsch Jepantschin, der den jungen Mann protegiere, schon lange wisse. Ferner, wenn er, Tozkij, sich nicht täusche, sei ja auch ihr selbst die Liebe des jungen Mannes kein Geheimnis mehr, und wie ihm, Tozkij, scheine, verhielte sie sich zu derselben nicht abweisend. Natürlich sei es ihm, Tozkij, schwerer als jedem anderen, davon zu sprechen; doch wenn sie ihm, Tozkij, außer Egoismus und dem Wunsch, sein eigenes Leben zu verschönen, nur ein wenig auch den Wunsch, ihr Gutes zu erweisen, zutraue, so würde sie begreifen, wie unangenehm und schwer es ihm falle, ihre Einsamkeit zu sehen. Er könne hieraus nur eins schließen: daß sie an eine Erneuerung ihres Lebens – das doch in der Liebe und im Familienglück so herrlich neu erstehen und somit einen Inhalt finden könnte – nicht glaube oder nicht einmal glauben wolle. Dieses Leben aber, das sie jetzt führe, sei einfach ein Vergraben und Abtöten ihrer glänzenden Fähigkeiten, und das bewußte Gefallenfinden an ihrem Unglück, ja sogar die gewisse Romantik, die ihrem jetzigen Leben anhafte, sei sowohl ihres gesunden Verstandes wie ihres edlen Herzens unwürdig. Nachdem er dann noch einmal wiederholt hatte, daß es ihm schwerer falle als jedem anderen, mit ihr darüber zu reden, kam er auf den zweiten Teil seines Planes zu sprechen. Er sagte, er könne sich nicht die Hoffnung versagen, daß sie ihm nicht mit Verachtung antworten werde, wenn er sie seines aufrichtigen Wunsches, ihre Zukunft sicherzustellen, versicherte und ihr die Summe von fünfundsiebzigtausend Rubeln anböte. Er fügte sogleich hinzu, daß diese Summe sowieso für sie in seinem Testament bestimmt sei; mit einem Wort, es handle sich hier nicht etwa um eine Abfindung ... und weshalb wolle sie denn den menschlichen Wunsch, wenigstens in irgendeiner Art sein Gewissen zu erleichtern, bei ihm nicht gelten lassen und entschuldigen usw. usw. – was in solchen Fällen gewöhnlich geredet wird. Tozkij sprach lange und beredt und flocht noch – gleichsam im Vorübergehen – die interessante Mitteilung ein, daß er von diesen fünfundsiebzigtausend Rubeln keinem Menschen ein Wort gesagt, daß selbst Iwan Fedorowitsch Jepantschin, der hier neben ihm sitze, bis jetzt nichts davon gewußt habe, kurzum – es wisse darum kein Mensch.

Die Antwort, die ihnen hierauf von Nastassja Filippowna zuteil wurde, setzte aber beide Freunde nicht wenig in Erstaunen: alles andere hätten sie eher erwartet!

Es war nicht nur keine Spur von ihrer früheren Spottlust und Feindseligkeit, ihrem früheren Haß und Lachen vorhanden, von diesem Lachen, bei dessen bloßer Vorstellung Tozkij ein Gruseln im Rücken fühlte, sondern es schien sie im Gegenteil sogar zu freuen, daß sie endlich offen und freundschaftlich mit jemand reden konnte. Sie gestand ohne weiteres, daß sie selbst schon lange um freundschaftlichen Rat habe bitten wollen, nur habe ihr Stolz sie davon abgehalten, daß jedoch jetzt, nachdem das Eis gebrochen, einer Aussprache nichts mehr im Wege stehe. Sie gestand anfangs mit einem traurigen Lächeln, bald aber ganz heiter und sogar lachend, daß vom früheren „Sturm im Wasserglase“ keine Rede mehr sein könne; daß sie Zeit genug gehabt habe, ihre Auffassung der Dinge zu ändern, und wenn sie in ihrem Herzen auch noch ganz dieselbe sei, so habe sie sich doch gezwungen gesehen, manches als vollendete Tatsache gelten zu lassen: was geschehen sei, sei geschehen, was vergangen, das sei vergangen, und es wundere sie nur, daß Afanassij Iwanowitsch immer noch fortfahre, so ängstlich zu sein und Befürchtungen zu hegen. Hierauf wandte sie sich an den General und versicherte ihm, daß sie die größte Hochachtung für seine Töchter empfände, von denen sie schon viel gehört habe, und es würde sie glücklich und stolz machen, wenn sie ihnen irgendwie einen Dienst erweisen könne. Es sei vollkommen wahr, daß sie sich bedrückt und einsam fühle, sehr einsam; Afanassij Iwanowitsch habe ihre Gedanken erraten: wie gern würde sie von ihrem jetzigen zu einem neuen Leben auferstehen wollen, wenn nicht durch die Liebe, so doch vielleicht in der Ehe, durch einen neuen Lebensinhalt. In bezug auf Gawrila Ardalionytsch jedoch könne sie noch nichts Bestimmtes sagen. Sie glaube allerdings auch bemerkt zu haben, daß er sie liebe, und glaube sogar, daß sie ihn mit der Zeit gleichfalls liebgewinnen würde, wenn sie nur an die Treue seiner Zuneigung glauben könne; doch wenn er auch aufrichtig wäre, so sei er doch noch sehr jung, und daher falle es ihr nicht leicht, einen Entschluß zu fassen. Was ihr übrigens am meisten an ihm gefiele, sei, daß er arbeite und ganz allein seine Mutter und seine Schwester ernähre. Sie habe gehört, daß er ein energischer, stolzer Mann sei, der sich durchkämpfen und Karriere machen wolle. Desgleichen habe sie gehört, daß Nina Alexandrowna Iwolgina, die Mutter Gawrila Ardalionytschs, eine vortreffliche und in jeder Beziehung schätzenswerte Dame sei; auch von seiner Schwester Warwara Ardalionowna habe ihr Ptizyn viel erzählt. Derselbe habe ihr auch erzählt, wie mutig sie ihr schweres Leben ertrügen. Sie würde gern ihre Bekanntschaft machen, nur frage es sich noch, ob sie auch umgekehrt sie gerne sehen und in ihre Familie aufnehmen würden. Kurzum, im allgemeinen würde sie gewiß nichts gegen die Möglichkeit dieser Verbindung sagen, doch wolle die Sache immerhin noch überlegt sein, und daher wünsche sie, daß man sie nicht zu einer übereilten Handlung dränge. Was jedoch die fünfundsiebzigtausend Rubel betreffe, so habe Afanassij Iwanowitsch ganz grundlose Befürchtungen gehegt. Sie kenne sehr wohl den Wert des Geldes und würde es natürlich annehmen. Sie danke ihm für sein Zartgefühl, daß er nicht nur Seiner Exzellenz, sondern auch Gawrila Ardalionytsch nichts davon gesagt, doch schließlich – weshalb sollte denn dieser es nicht im voraus erfahren? Sie habe doch gar keine Ursache, sich dieses Geldes zu schämen. Überdies werde sie sich vor keinem Menschen irgendwie schuldig fühlen, was man, das wünsche sie, sich merken solle. Jedenfalls würde sie den jungen Iwolgin nicht eher heiraten, als bis sie sich überzeugt habe, daß weder er noch seine Familie im geheimen irgendwie anders über sie dachten, als es den Anschein habe. Denn wie dem auch sei – sie fühle sich in keiner Beziehung schuldig, und es wäre doch besser, Iwolgin erführe sobald als möglich, in welchen Beziehungen zu Tozkij sie die vier Jahre in Otradnoje gestanden habe, ferner wie sie hier in Petersburg gelebt, und ob sie viel oder nichts erspart habe. Und wenn sie jetzt die fünfundsiebzigtausend Rubel annehme, so betrachte sie dieses Geld durchaus nicht etwa als Zahlung für ihre geraubte Mädchenehre, sondern einfach als Entschädigung für ihr zerbrochenes Leben.

Diese ganze Erklärung hatte sie – was übrigens nur natürlich war – in solche Erregung versetzt und so gereizt, daß der General sehr zufrieden war, als sie endete. Er hielt, als sie gegangen war, die Sache kurzum für erledigt. Tozkij jedoch, dem sie einmal so großen Schrecken eingejagt hatte, glaubte auch diesmal nicht bedingungslos und fürchtete immer noch, daß auch hier wieder die Schlange unter den Blumen liegen könnte. Trotzdem begannen alsbald die Unterhandlungen. Der heikle Punkt, um den herum sich die Manöver der beiden Freunde konzentrierten – in Nastassja Filippowna Liebe zu Iwolgin zu erwecken – schien allmählich erreicht zu werden, so daß selbst Tozkij bisweilen an die Möglichkeit eines Erfolges zu glauben wagte. Inzwischen sprach sich auch Nastassja Filippowna mit Iwolgin aus, d. h., es wurden nur sehr wenige Worte zwischen ihnen gewechselt, ganz als hätte ihr Schamgefühl darunter gelitten. Aber sie gestattete ihm doch, sie zu lieben, nur erklärte sie in sehr bestimmtem Tone, daß sie sich in keiner Beziehung binden wolle, sich vielmehr bis zur Stunde der Trauung – falls es so weit kommen sollte – das Recht, jederzeit „nein" zu sagen, vorbehalte und ganz dasselbe Recht auch ihm zuspreche. Bald darauf erfuhr Gawrila Ardalionytsch zufällig, daß der Widerstand, den seine ganze Familie dieser Heirat entgegensetzte, und die Antipathie, die sie für Nastassja Filippowna empfand – und die sich bei ihm zu Hause oft genug in erregten Szenen kundtat – ihr bereits zum größten Teil und mit allen ihren Einzelheiten kein Geheimnis mehr war. Es wunderte ihn nur, daß sie niemals ein Wort darüber fallen ließ, was er eigentlich täglich erwartete. So ließen sich noch manche Geschichten, Zwischenfälle und näheren Umstände erzählen, die man während dieser Verabredungen und Unterredungen erlebte oder sich offenbaren sah; doch ich habe ohnehin schon zuviel im voraus gesagt, um so mehr, als manche dieser verzwickten Umstände nur in Gestalt von vagen Gerüchten auftraten. So hatte z. B. Tozkij irgendwoher erfahren, daß Nastassja Filippowna in gewisse unerklärliche, und vor allen anderen geheimgehaltene Beziehungen zu den Töchtern des Generals getreten sei – ein doch ganz unglaubliches Gerücht! Dafür aber mußte er an ein anderes allen Ernstes glauben, an eines, das er bis zum blassen Schrecken fürchtete: wie ihm von durchaus glaubwürdiger Seite versichert wurde, wußte Nastassja Filippowna ganz genau, daß Ganjä Iwolgin sie nur des Geldes wegen heiraten wolle, daß er eine schwarze, habgierige, unduldsame und neidische Seele habe, die unendlich, bis zur Unglaublichkeit, selbstsüchtig war; daß Ganjä einmal allerdings leidenschaftlich in sie verliebt gewesen, doch daß er, seitdem von den beiden Freunden beschlossen war, diese Leidenschaft zum eigenen Vorteil auszunutzen und Ganjä für die legitime Ehe mit Nastassja Filippowna zu kaufen, sie wie seinen Fluch zu hassen begonnen hatte. Man sagte Tozkij, sie wisse ganz genau, daß in Ganjä Iwolgins Seele Haß und Leidenschaft in sonderbarer Weise gepaart seien, und daß er, wenn er auch schließlich nach qualvollem Schwanken eingewilligt, das

„ehrlose Weib" zu heiraten, sich in der Seele doch geschworen habe, sie dafür später bitter büßen zu lassen und sie *à la canaille[]* zu behandeln, wie er sich selbst ausgedrückt hätte. Alles das wüßte Nastassja Filippowna und bereite im stillen etwas Besonderes vor. Tozkij geriet hierob in so große Angst, daß er sogar dem General seine Besorgnisse zu verschweigen begann. Dennoch gab es Augenblicke, in denen er als schwacher Mensch, der er nun einmal war, von neuem Mut schöpfte und wieder auflebte. Dasselbe tat er auch, als Nastassja Filippowna den beiden Freunden im Ernst versprach, am Abend ihres Geburtstages das entscheidende Wort zu sagen. Dafür aber erwies sich ein überaus unglaubliches Gerücht, das sogar den hochverehrten General betraf, mit jedem Tage – leider! – als immer begründeter und richtiger. Auf den ersten Blick schien das Ganze nur eine infame Lüge zu sein. Wie sollte man es auch glauben, daß der General Jepantschin in seinen alten Tagen, bei seinem Verstande, bei seiner Lebensklugheit usw. sich in Nastassja Filippowna verliebt habe, und zwar dermaßen, daß diese plötzliche Schrulle fast eine Leidenschaft genannt werden mußte! Welche Hoffnungen er sich machte, war schwer sich vorzustellen. Vielleicht rechnete er sogar auf den Beistand Ganjäs, ihres zukünftigen Mannes. Wenigstens vermutete Tozkij etwas von der Art, vermutete eine vielleicht wortlose Übereinkunft zwischen dem alten General und dem jungen Ganjä, wie sie gegenseitiges Durchschauen sehr wohl herbeigeführt haben konnte. Übrigens ist es ja bekannt, daß ein Mensch, der sich gar zu sehr von einer Leidenschaft hinreißen läßt, und namentlich noch, wenn er dabei schon ein – wie man zu sagen pflegt – gesetzteres Alter erreicht hat, alsbald vollkommen mit Blindheit geschlagen und alsdann fähig ist, Hoffnungen sogar dort zu sehen, wo gar keine sein können, ja daß er dann sogar trotz einer Stirnhöhe von fünf Zoll wie ein dummes Kind handeln kann. Ferner war es Tozkij bekannt, daß der General ihr zum Geburtstage wundervolle Perlen, die eine riesige Summe gekostet hatten, zu schenken beabsichtige und wahrscheinlich viel von diesem Geschenk erwarte, obschon er wußte, daß Nastassja Filippowna weder habsüchtig noch eigennützig war. Am Vorabend des Geburtstages war er wie im Fieber, verstand sich aber verhältnismäßig gut zu beherrschen.

Die Kunde von diesen Perlen nun war auch der Generalin, Lisaweta Prokofjewna, zu Ohren gekommen. Sie hatte zwar schon seit längerer Zeit die Flatterhaftigkeit ihres Gemahls empfunden und zum Teil sich auch schon an sie gewöhnt – aber das ging denn doch nicht an, daß man eine solche Gelegenheit ungenutzt vorübergehen ließ! Wie gesagt, die Perlen beschäftigten sie ungemein, und – das hatte der General natürlich gemerkt: sie hatte am vorhergehenden Abend ein paar entsprechende Anspielungen gemacht, weshalb er denn jetzt eine noch ihm bevorstehende, weit umfangreichere Aussprache erwartete und fürchtete. Dies war auch der Grund, warum er sich an jenem Tage eigentlich sehr ungern zum Frühstück begab. Vor dem Besuch des Fürsten hatte er sogar die Absicht gehabt, Arbeit vorzuschützen und das Wiedersehen zu umgehen (das bedeutete für ihn gewöhnlich fortgehen); denn es war ihm eigentlich nur darum zu tun, diesen einen Tag, und hauptsächlich diesen einen Abend, ohne Unannehmlichkeiten verbringen zu können. Da kam ihm der Fürst denn wie gerufen! „Wie von Gott gesandt!" dachte der General, als er sich zu seiner Gemahlin begab.

## V.

Die Generalin war sehr stolz auf ihre Abstammung. Wie mußte ihr nun zumute sein, als ihr so offen und ohne Vorbereitungen mitgeteilt wurde, daß der letzte Träger ihres Namens nicht viel mehr als ein bedauernswerter Idiot, fast ganz mittellos sei und sogar Almosen annehme. Dem General war es um den denkbar größten Eindruck zu tun, um sogleich ihr Interesse zu erwecken, sie von anderen Gedanken abzulenken und hierdurch die Frage nach den Perlen in Vergessenheit zu bringen.

Die Generalin hatte die Angewohnheit, wenn etwas geschehen war, was ihr nicht behagte, mit weit offenen Augen und unbestimmtem Blick, den Oberkörper gewöhnlich etwas zurückgelegt, vor sich in die Luft zu starren und kein Wort zu sprechen. Sie war eine stattliche Frau, in gleichem Alter wie ihr Gatte, mit dunklem, schon stark graumeliertem, doch noch recht dichtem Haar, einer leicht gebogenen Nase, mit gelblichen, eingefallenen Wangen und dünnen Lippen. Ihre Stirn war hoch und schmal; ihre grauen, ziemlich großen Augen konnten bisweilen einen ganz unerwarteten Ausdruck annehmen. Sie hatte einmal die Schwäche gehabt, zu glauben, daß ihr Blick sehr ausdrucksvoll sei, und diese Überzeugung ließ sie sich auch jetzt noch nicht nehmen.

„Empfangen? Sie sagen, wir sollen ihn empfangen? Jetzt? Sogleich?"

Die Generalin sah ihren etwas unsicher geschäftigen Iwan Fedorowitsch mit besagten großen Augen an.

„Oh, was das betrifft, so braucht man bei dem nicht alle Etikettevorschriften und Zeremonien zu beobachten, vorausgesetzt, daß es dir, mein Freund" (der General redete seine Gattin gewöhnlich mit „mein Freund" an), „daß es dir nur zusagt, ihn zu empfangen," beeilte er sich erklärend hinzuzufügen. „Er ist ein vollständiges Kind und so ein armer Junge: hat da gewisse Anfälle, wie er sagt, von einer Krankheit wahrscheinlich; kommt soeben aus der Schweiz, direkt von der Bahn, ist etwas eigenartig gekleidet, so–o ... nach deutscher Art gewissermaßen, und hat zum Überfluß keine Kopeke in der Tasche, tatsächlich; er weinte beinahe. Ich habe ihm fünfundzwanzig Rubel geschenkt und will ihm in einer Kanzlei eine kleine Schreiberstelle zu verschaffen suchen. Und euch, *mesdames*, bitte ich, ihn gefälligst zu bewirten; denn er wird, glaube ich, auch hungrig sein ...“

„Ich verstehe Sie nicht,“ fuhr die Generalin im selben Ton und mit demselben Blick fort, „hungrig und hat Anfälle! Was für Anfälle?“

„Oh, die wiederholen sich nicht so oft, und dann – er ist ja fast noch ein großes Kind, übrigens nicht ungebildet. Und euch wollte ich bitten, *mesdames*,“ wandte er sich wieder an seine Töchter, „ihn ein wenig zu examinieren; denn es ist doch immer gut, wenn man weiß, was für Eigenschaften er hat.“

„Ex–a–mi–nie–ren?“ fragte die Generalin gedehnt und begann in größter Verwunderung bald ihre Töchter, bald wiederum ihren Gatten mit fragendem Blick anzusehen.

„Ach, mein Freund, das war natürlich nicht so gemeint, versteh mich nicht falsch ... übrigens, wie du willst. Ich hatte die Absicht, ihn gut zu behandeln und in unser Haus einzuführen; denn das wäre doch ein gutes Werk.“

„In unser Haus einzuführen? Aus der Schweiz?“

„Die Schweiz ist eine Sache für sich ... doch, übrigens, wie gesagt: ganz wie du willst. Ich meine ja nur, weil er doch auch ein Myschkin ist, und vielleicht sogar verwandt mit dir, und dann: er weiß nicht einmal, wo er sein Haupt hinlegen soll. Ich glaubte, daß es dich interessieren würde, ihn kennen zu lernen; denn er gehört doch gewissermaßen, nun ja, zur Familie.“

„Gewiß doch, *maman*, wenn man mit ihm nicht so zeremoniell zu sein braucht. Und nach der Reise wird er sicherlich Hunger haben, weshalb also soll man ihm nicht zu essen geben, wenn er hier sonst keine Menschenseele hat?“ sagte Alexandra, die älteste Tochter.

„Und dann ist er ja wie ein Kind, mit ihm kann man noch Blindekuh spielen.“

„Blindekuh spielen? Wie das?“

„Ach, *maman*, hören Sie doch auf, sich so zu verstellen, bitte!“ unterbrach Aglaja sie ärgerlich.

Die mittlere, Adelaida, konnte sich nicht bezwingen und brach in helles Lachen aus.

„Lassen Sie ihn nur herbitten, Papa, *maman* erlaubt es schon,“ entschied Aglaja.

Der General klingelte und ließ den Fürsten zur Generalin bitten.

„Aber nur unter der Bedingung, daß ihm eine Serviette um den Hals gebunden wird, sobald er sich an den Tisch setzt,“ sagte die Generalin. „Ruft Fedor – oder Mawra ... sie soll hinter seinem Stuhl stehen, wenn er ißt. Ist er wenigstens ruhig, wenn er seine Anfälle hat? Macht er nicht wilde Gesten?“

„Im Gegenteil, er ist sogar sehr nett erzogen, er hat vorzügliche Manieren. Mitunter ist er vielleicht etwas gar zu treuherzig ... Ah, da ist er ja selbst! Bitte, hier, stelle euch vor, meine Damen: Fürst Lew Nikolajewitsch Myschkin, der Letzte dieses Namens. Ein Namensvetter von dir, liebe Lisaweta Prokofjewna, und vielleicht sogar ein Verwandter. Bitte, sich seiner gefälligst anzunehmen. Sogleich wird das Frühstück aufgetragen, Sie erweisen uns doch die Ehre, Fürst ... Nun, ich aber, Verzeihung, ich habe mich schon verspätet, ich muß eilen ...“

„Wir wissen schon, wohin Sie eilen,“ sagte die Generalin bedeutsam.

„Ich eile, ich eile, mein Freund, habe mich nämlich schon verspätet! Gebt ihm übrigens eure Albums, *mesdames*, damit er euch irgend etwas einschreibt. Ihr ahnt gar nicht, was für ein Kalligraph er ist – einfach ein Phänomen! Angeborenes Talent! Dort bei mir hat er mit mittelalterlichen Buchstaben eine Unterschrift geschrieben: ,In Demut unterzeichnet dieses Igumen Pafnutij‘ – großartig! ... Nun, also auf Wiedersehen!“

„Pafnutij? Ein Abt? Warten Sie, aber so warten Sie doch, wohin gehen Sie denn, was ist das für ein Pafnutij?“ rief die Generalin mit ärgerlicher Gereiztheit und fast aufgebracht ihrem eilig sich entfernenden Gatten nach.

„Ja, ja, mein Freund, früher hat es einmal einen solchen Abt gegeben ... ich muß zum Grafen, er erwartet mich, schon lange, und die Hauptsache: er hat mich selbst bestellt ... Auf Wiedersehen, Fürst!“

Und Se. Exzellenz verschwand mit schnellen Schritten.

„Ich weiß schon, zu welchem Grafen er geht!“ bemerkte die Generalin scharf und wandte gereizt ihren Blick dem Fürsten zu. „Nun – was war's doch?“ begann sie gereizt, indem sie sich ärgerlich des vorhergehenden Gespräches zu erinnern suchte. „Wovon sprachen wir? Ach, richtig! – nun, was war das für ein Abt?“

„*Maman*," wollte Alexandra sich einmischen, und Aglaja klappte hörbar mit der Fußspitze auf den Boden.

„Unterbrechen Sie mich nicht, Alexandra Iwanowna," wandte sich die Generalin eisig an ihre Älteste. „Ich will es wissen, was es mit diesem Abt für eine Bewandtnis hat. Setzen Sie sich hierher, Fürst, hier auf diesen Sessel mir gegenüber, nein, nein, hierher, mehr ins Licht, rücken Sie der Sonne näher, damit ich Sie besser sehen kann. Nun, was ist das für ein Abt?"

„Der Abt Pafnutij," antwortete der Fürst mit aufmerksamem und ernstem Gesicht.

„Pafnutij? Das ist interessant. Nun, und was ist's mit ihm?"

Die Generalin stellte ihre Fragen ungeduldig, schnell, schroff, ohne den Blick vom Fürsten abzuwenden, und als dieser antwortete, nickte sie nach jedem Satz mit dem Kopfe.

„Igumen Pafnutij lebte im vierzehnten Jahrhundert," begann der Fürst, „und stand einem Kloster an der Wolga in unserem jetzigen Gouvernement Kostroma vor. Er war bekannt wegen seines gottesfürchtigen Lebens und seiner Reise ins Reich der Goldenen Horde[]. Ferner half er, Ordnung und Ruhe in unseren damaligen Fürstentümern wiederherzustellen. Das Faksimile seiner Unterschrift auf einer Urkunde kam mir zufällig in die Hände. Seine Schrift gefiel mir, und ich versuchte sie nachzuahmen. Als Ihr Herr Gemahl nun sehen wollte, wie ich schreibe, um mir vielleicht eine Anstellung zu verschaffen, schrieb ich einige Sätze auf ein Blatt Papier, unter anderem auch ‚In Demut unterzeichnet dieses Igumen Pafnutij', genau so, wie der Abt selbst geschrieben hat. Diese Schriftprobe gefiel Seiner Exzellenz, und deshalb hat er sie auch erwähnt."

„Aglaja," sagte die Generalin „merk dir: Pafnutij, oder notiere den Namen, denn sonst vergesse ich ihn. Ich glaubte, daß es interessanter wäre. Wo ist denn diese Schriftprobe?"

„Sie blieb, glaube ich, auf dem Tisch im Kabinett des Generals."

„Schickt Fedor hin und laßt sie sofort herholen!" wandte sich die Generalin an ihre Töchter.

„Aber ich kann es Ihnen ja nochmals aufschreiben, wenn Sie wollen."

—

„Gewiß, *maman*," sagte Alexandra, „jetzt aber täten wir besser, zu frühstücken; wir sind hungrig."

„Ja, das können wir," entschied die Generalin. „Gehen wir, Fürst! Bringen Sie auch einen großen Hunger mit?"

„Ja, im Augenblick ist er sogar recht groß. Ich danke Ihnen."

„Das gefällt mir, daß Sie höflich sind, und ich merke, Sie sind durchaus nicht so ein ... Sonderling, als den man Sie uns zu schildern beliebt hat. Nun, gehen wir ... Setzen Sie sich dorthin, mir gegenüber," sagte sie, geschäftig dem Fürsten einen Stuhl anweisend, als sie ins Frühstückszimmer traten, „ich will Sie sehen. Alexandra, Adelaida, sorgt dafür, daß der Fürst alles Nötige bekommt. Nicht wahr, er ist doch gar nicht so ... krank? Vielleicht ist's auch gar nicht nötig, ihm die Serviette ... Hat man Ihnen bei Tisch immer eine Serviette umgebunden, Fürst?"

„Früher, als ich etwa siebenjährig war, allerdings, wie ich mich zu erinnern glaube; jetzt jedoch lege ich die Serviette gewöhnlich auf die Knie, wenn ich esse."

„So macht man's auch. Aber Ihre Anfälle?"

„Anfälle?" wunderte sich der Fürst ein wenig. „Im allgemeinen habe ich meine Anfälle jetzt ziemlich selten. Übrigens, ich weiß nicht: man sagt, das hiesige Klima würde mir schädlich sein."

„Er spricht sehr gut," bemerkte die Generalin, sich an ihre Töchter wendend, nachdem sie wieder zu jedem Satz des Fürsten genickt hatte. „Ich hatte es gar nicht erwartet. Das ist wahrscheinlich alles nur Erfindung, wie gewöhnlich. Essen Sie, Fürst, und erzählen Sie, wo Sie geboren, wo Sie erzogen sind. Ich will alles wissen; Sie interessieren mich sehr."

Der Fürst dankte und begann, während er mit großem Appetit aß, zwischendurch alles das zu erzählen, was er an diesem Morgen schon zweimal über seine Person berichtet hatte. Die Generalin blickte ihn mit wachsender Zufriedenheit an. Die jungen Mädchen hörten gleichfalls recht aufmerksam zu. Man kam auf die Verwandtschaft zu sprechen; es zeigte sich, daß der Fürst seinen Stammbaum kannte, aber wie sehr sie sich auch mühten, es ließ sich doch so gut wie gar keine Verwandtschaft zwischen ihnen herstellen. Ihre Großväter und Großmütter hätten sich vielleicht noch als entfernte Verwandte betrachten können. Dieses verhältnismäßig trockene Thema gefiel der Generalin ausnehmend gut, da sie sonst nie Gelegenheit hatte, von ihrem Stammbaum zu sprechen, und so war sie sehr guter Laune, als sie sich von der Frühstückstafel erhob.

„So, jetzt wollen wir in unser Versammlungszimmer gehen," sagte sie, „der Kaffee kann dort gereicht werden. Wir haben, müssen Sie wissen, ein bestimmtes Zimmer, in dem wir uns regelmäßig zu versammeln pflegen, wenn wir allein sind," erzählte sie dem Fürsten, während sie sich mit ihm dorthin begab. „Es ist im Grunde nichts anderes, als mein kleiner Salon, in dem sich dann eine jede damit beschäftigt, wozu sie gerade Lust hat. Alexandra, das ist diese hier, meine älteste Tochter, spielt Klavier, oder sie liest oder näht. Adelaida malt Landschaften und Porträts – kann aber leider nichts beenden. Und Aglaja sitzt und tut nichts. Mir selbst fällt jede Arbeit aus den Händen: was ich auch beginne, es kommt doch nichts dabei heraus. Nun, da sind wir. Setzen Sie sich, Fürst, hier, an den Kamin, und erzählen Sie. Ich will wissen, wie Sie eine Sache zu erzählen verstehen. Jetzt werde ich mich selbst überzeugen ... Ich will Sie gut kennen lernen und wenn ich die alte Fürstin Bjelokonskaja wiedersehe, werde ich ihr von Ihnen erzählen. Ich will, daß Sie auch alle anderen interessieren. Nun, reden Sie jetzt."

„Aber, *maman*, so auf Kommando zu erzählen, ist doch sehr schwer," bemerkte Adelaida, die inzwischen ihre Staffelei zurechtgerückt hatte, jetzt Pinsel und Palette zur Hand nahm und sich anschickte, an der längst begonnenen Kopie einer Landschaft zu malen.

Alexandra und Aglaja setzten sich beide auf ein kleines Sofa und schienen mit müßig im Schoß ruhenden Händen nichts als zuhören zu wollen. Dem Fürsten fiel es auf, daß von allen Seiten mit ganz besonderer, aufmerksamer Erwartung die Blicke auf ihn gerichtet waren.

„Ich würde nichts erzählen, wenn man mir befehlen wollte," sagte Aglaja.

„Warum nicht? Was ist denn dabei so verwunderlich? Warum sollte er nicht erzählen? Er ist doch nicht stumm. Ich will wissen, wie er zu erzählen versteht. Nun, bitte, gleichviel wovon. Erzählen Sie, wie Ihnen die Schweiz gefallen hat, wie war der erste Eindruck? Ihr werdet sehen, er wird sogleich beginnen und wird sogar vorzüglich beginnen."

„Der Eindruck war groß ...," begann der Fürst, wurde jedoch sofort von der Generalin unterbrochen.

„Seht! Was hab' ich gesagt?" wandte sie sich äußerst befriedigt an ihre Töchter, „da hat er doch begonnen!"

„Aber so lassen Sie ihn doch wenigstens weitererzählen, *maman*," versuchte Alexandra sie aufzuhalten. „Dieser Fürst ist vielleicht sogar sehr gerieben und nichts weniger als ein Idiot," raunte sie unbemerkt Aglaja zu.

„Zweifellos, das habe ich schon längst bemerkt," flüsterte Aglaja ebenso zurück. „Wie dumm von ihm, sich zu verstellen und eine solche Rolle zu spielen. Glaubt er etwa, dadurch zu gewinnen?"

„Der erste Eindruck war ungeheuer groß," wiederholte der Fürst. „Als man mich aus Rußland fortbrachte und wir durch verschiedene deutsche Städte fuhren, sah ich nur schweigend, was an uns vorüberzog, und ich weiß noch, ich stellte keine einzige Frage. Es war das nach einer ganzen Reihe von sehr starken und qualvollen Anfällen meiner Krankheit. Und nach einer solchen Zeit, wenn meine Krankheit so heftig aufgetreten war und die Anfälle sich mehreremal wiederholt hatten, verfiel ich regelmäßig in vollkommene geistige Stumpfheit, verlor ganz und gar mein Gedächtnis, und wenn der Verstand auch noch arbeitete, so wurde doch die logische Entwicklung meiner Gedanken gleichsam immer abgeschnitten. Mehr als zwei oder drei Gedanken vermochte ich nicht nacheinander zu denken. So scheint es mir wenigstens jetzt. Ließen dagegen die Anfälle nach, so wurde ich wieder gesund und kräftig, ganz so wie ich jetzt bin. Ja, ich entsinne mich noch; es war eine unerträgliche Traurigkeit in mir; ich hätte weinen mögen. Ich wunderte mich nur und war sehr unruhig. Doch am entsetzlichsten wirkte auf mich, daß alles um mich herum mir so *fremd* war; das begriff ich. Diese Fremdheit vernichtete mich förmlich. Aus diesem Zustande, aus dieser Dunkelheit, dessen entsinne ich mich noch deutlich, erwachte ich eines Abends – es war in Basel, als wir in der Schweiz angelangt waren – und was mich erweckte, war der Schrei eines Esels auf dem Marktplatz. Dieser Esel frappierte mich ungeheuer: er gefiel mir aus irgendeinem Grunde über alle Maßen. Und im selben Augenblick wurde es gleichsam hell in mir und die Dunkelheit verschwand."

„Ein Esel? Das ist sonderbar," meinte die Generalin. „Aber übrigens; was soll denn Sonderbares dabei sein – manch eine verliebt sich in einen Esel," bemerkte sie mit zornigem Blick auf die lachenden Töchter. „Auch in der Mythologie gibt es etwas Ähnliches. Fahren Sie fort, Fürst."

„Seit der Zeit habe ich die Esel sehr lieb. Ich empfinde geradezu Sympathie für sie. Ich erkundigte mich sofort nach ihnen – es waren meine ersten Worte seit langer Zeit. Ich wollte Näheres über sie hören, denn ich hatte ja noch nie welche gesehn; und so überzeugte ich mich bald selbst, daß sie überaus nutzbare Tiere sind: arbeitsam, stark, geduldig, billig, ausdauernd. Durch diesen Esel aber begann mir von Stund' an die ganze Schweiz zu gefallen, und so verging meine frühere Traurigkeit."

„Das ist alles sehr eigentümlich, aber ich denke, vom Esel brauchen Sie uns jetzt nichts mehr zu erzählen. Gehen wir auf ein anderes Thema über. Worüber lachst du die ganze Zeit, Aglaja? Und du, Alexandra? Der

Fürst hat ganz vorzüglich vom Esel erzählt. Er hat ihn selbst gesehn, was aber hast du gesehn? Du bist noch nie im Auslande gewesen.“

„Ich habe aber doch schon einen Esel gesehn,“ sagte Adelaida.

„Und ich habe sogar einen gehört! Einen vierbeinigen!“ übertrumpfte sie Aglaja.

Da brachen sie alle drei in Lachen aus und der Fürst lachte mit.

„Das ist aber sehr häßlich von euch,“ bemerkte die Generalin, „Sie müssen sie schon entschuldigen, Fürst, sie sind im Grunde gute Mädchen. Ich muß sie ewig schelten, aber ich liebe sie doch. Sie sind flatterhaft, leichtsinnig und im Augenblick einfach unzurechnungsfähig.“

„Weshalb denn das?“ fragte der Fürst lachend. „Nur weil sie jetzt lachen? Oh, auch ich würde die Gelegenheit nicht versäumen. Doch trotzdem: ich habe den Esel in jeder Gestalt gern. Ein Esel ist immer ein guter und nützlicher Mensch.“

„Aber Sie selbst, Fürst, sind Sie gut? Ich frage aus Neugier,“ sagte die Generalin ganz harmlos.

Wieder brachen alle in Lachen aus.

„Ach, das war doch nicht so gemeint! Ihr habt wirklich nichts anderes als den Esel im Sinn!“ rief die Generalin unwillig aus. „Glauben Sie mir, Fürst, ich habe es nur so gesagt, ganz gedankenlos, ohne jede ...“

„Anspielung? Oh, ich glaube es Ihnen, zweifellos!“

Und der Fürst konnte gar nicht mehr aufhören zu lachen.

„Es ist nur gut, daß Sie lachen. Das gefällt mir sehr. Ich sehe, Sie sind ein guter Mensch,“ sagte die Generalin.

„Mitunter auch kein guter,“ antwortete der Fürst.

„Nun, ich bin immer gut,“ bemerkte die Generalin ganz unerwartet, „ich bin tatsächlich immer gut, und das ist mein einziger Fehler; denn man soll nicht immer gut sein. Ich ärgere mich sehr oft über diese drei hier, zum Beispiel, und über Iwan Fedorowitsch besonders, doch dumm ist nur, daß ich noch besonders gut bin, wenn ich mich ärgere. Vorhin, kurz bevor Sie kamen, ärgerte ich mich wieder und tat, als begriffe ich nichts, und als könnte ich auch nichts begreifen. Das kommt bei mir so vor, ganz als wäre ich ein Kind. Aglaja hat mir eine Lektion erteilt, hab’ Dank dafür, Aglaja. Übrigens, das ist ja doch alles Unsinn. Ich bin noch nicht so dumm, wie ich scheine und wie mich meine kleinen Töchter machen wollen. Ich habe Charakter und bin nicht zimperlich. Ich sage das jetzt nur so, nicht etwa, weil ich ihnen böse bin. Komm her, Aglaja, gib mir einen Kuß ... Nun, genug der Zärtlichkeit," sagte sie, als Aglaja ihr nach einem Kuß auf den Mund auch noch zärtlich die Hand küßte. „Fahren Sie fort, Fürst. Vielleicht fällt Ihnen noch etwas Interessanteres ein als das vom Esel."

„Ich begreife nicht, wie man so auf Kommando erzählen kann," wunderte sich Adelaida, „ich würde es wirklich nicht können."

„Der Fürst aber kann es, wie du siehst. Das kommt natürlich daher, weil er intelligent ist und mindestens zehnmal klüger als du, vielleicht sogar zwölfmal. Ich hoffe, daß du es bald selbst einsiehst. Beweisen Sie es ihnen, Fürst. Fahren Sie fort. Den Esel kann man, denke ich, auch in dieser Geschichte beiseite lassen. Nun was haben Sie denn außer dem Esel im Auslande gesehn?"

„Aber auch das, was der Fürst vom Esel sagte, war interessant," bemerkte Alexandra. „Der Fürst hat wirklich fesselnd seinen krankhaften Zustand geschildert und wie ihm dann alles, durch einen äußeren Stoß gleichsam, mit völlig unerwarteter Plötzlichkeit in einem ganz anderen Lichte erschien. Es hat mich immer zu wissen interessiert, wie es wohl sein mag, wenn man den Verstand verliert und dann später wieder gesund wird. Besonders wenn es ganz plötzlich geschieht."

„Nicht wahr? Nicht wahr?" fragte die Generalin lebhaft. „Ich sehe, auch du kannst mitunter klug sein. Nun, genug jetzt gescherzt. Sie blieben, glaube ich, bei der Schweizer Landschaft stehen, Fürst, – nun?"

„Wir kamen nach Luzern und man brachte mich über den See. Ich fühlte seine Schönheit, aber es war mir dabei unsäglich schwer zumute," erzählte der Fürst.

„Warum?" fragte Alexandra.

„Das weiß ich nicht. Beim ersten Anblick einer solchen Natur ist mir immer schwer zumute und eine gewisse Unruhe erfaßt mich; schön ist es und doch – beunruhigend. Aber das war ja alles noch während der Krankheit."

„Oh, ich möchte gern einmal die Schweiz sehen!" sagte Adelaida. „Wann werden wir endlich einmal ins Ausland reisen? Da sitze ich nun hier und kann seit zwei ganzen Jahren keinen Vorwurf zu einem Gemälde finden.

,Was in Westen und Süden wir lieben,

Ist schon längst und vielfach beschrieben'"

zitierte sie. „Suchen Sie mir ein Sujet, Fürst."

„Ich verstehe davon nichts. Ich denke: man schaut und malt."

„Ich verstehe aber nicht zu schauen ..."

„Von was für Rätseln redet ihr? – das soll ein Mensch verstehen! Kein Wort begreife ich!" unterbrach sie die Generalin. „Weshalb verstehst du denn nicht zu schauen? Du hast doch Augen, mach' sie auf und sieh. Verstehst du es hier nicht, so wirst du's auch dort im Auslande nicht lernen. Erzählen Sie lieber, was und wie Sie selbst geschaut haben, Fürst."

„Ja, das wird besser sein," meinte auch Adelaida. „Sie haben ja doch im Auslande das Schauen gelernt."

„Ich weiß nicht, ob ich es getan habe. Ich habe dort nur Heilung von meiner Krankheit gesucht. Ob ich aber zu schauen gelernt habe, das weiß ich wirklich nicht. Ich war die ganze Zeit dort sehr glücklich."

„Glücklich! Sie verstehen es, glücklich zu sein?" rief Aglaja aus. „Wie können Sie dann sagen, daß Sie nicht zu schauen gelernt hätten! Sie werden auch uns noch das Schauen lehren."

„Ach, bitte, lehren Sie's uns!" bat Adelaida lachend.

„Ich kann nichts lehren," gab auch der Fürst lachend zurück. „Fast die ganze Zeit, die ich im Auslande gewesen bin, habe ich dort in jenem Schweizerdorf verbracht; nur selten unternahm ich eine kurze Reise. Was vermag ich da zu lehren? Anfangs konnte ich nur sagen, daß ich mich nicht langweilte, dann aber – meine Gesundheit besserte sich schnell – dann wurde mir jeder Tag teuer, und je länger ich da war, desto teurer, so daß es mir selbst auffiel. Ich war so zufrieden, wenn ich zu Bett ging, und wenn ich aufstand, war ich geradezu glücklich. Weshalb aber das alles so war, ist ziemlich schwer zu erklären."

„So daß Sie sich nirgendwohin mehr fortsehnten, sich nirgendwohin mehr fortgerufen fühlten?" fragte Alexandra.

„Anfangs, ja, ganz zu Anfang – da rief es mich fort und mich überkam dann eine große Unruhe. Ich dachte immerwährend daran, wie ich einst leben würde. Ich wollte mein Schicksal erforschen und in manchen Augenblicken wurde die Unruhe fast unerträglich. Wissen Sie, es gibt solche Augenblicke, namentlich in der Einsamkeit. Wir hatten dort einen Wasserfall, keinen sehr großen; der fiel von einem hohen Berge. Wie ein schmales, dünnes Band sah er aus, und er fiel fast senkrecht, – weiß, rauschend, mit spritzendem, zerstäubendem Gischt. Er stürzte von hoch oben herab und schien dabei doch gar nicht so hoch zu sein, er war vielleicht eine halbe Werst entfernt, und es schien, als seien nur fünfzig Schritt bis zu ihm. Wenn ich nachts nicht schlafen konnte, lauschte ich seinem Rauschen; in solchen Minuten wuchs dann meine Unruhe und wurde beklemmend. Auch mitten am Tage, wenn man so zuweilen irgendwohin in die Berge ging – da blieb man plötzlich stehen: ringsum nichts als Fichten, alte, große, harzige Stämme; über einem auf dem Felsen die Ruinen eines mittelalterlichen Schlosses; unser Dorf weit unten, kaum noch sichtbar; die Sonne so grell, der Himmel blau, unheimlich wurde die Stille. Da scheint es einem denn, daß man irgendwohin gerufen wird, und ich dachte oft, wenn man immer geradeaus und lange, lange ginge, bis dorthin zu jenem Strich, wo sich Himmel und Erde vereinen – daß dort des Rätsels Lösung sei und man dort sogleich ein neues Leben sehen würde, ein tausendmal stärkeres und geräuschvolleres als bei uns. So dachte ich mir immer eine große Stadt, wie etwa Neapel, in der nur Paläste sind und Geräusch, und Lärm, und Leben ... Doch wer kann das alles erzählen, was man so zusammengedacht hat! Und dann schien mir wiederum, daß man auch im Gefängnis ein unermeßlich großes Leben finden kann."

„Diesen löblichen Gedanken habe ich schon in meiner Chrestomathie gelesen, als ich noch zwölf Jahre alt war," sagte Aglaja.

„Das ist alles Philosophie," meinte Adelaida, „Sie sind ein Philosoph, Fürst, und sind hergekommen, um uns zu belehren."

„Sie haben vielleicht recht," sagte der Fürst lächelnd, „ich bin ... ja, ich bin tatsächlich ein Philosoph und habe vielleicht auch wirklich die Absicht, zu lehren ... Das ist schon möglich ... sogar sehr möglich."

„Und Ihre Philosophie ist von genau derselben Art, wie die Jewlampia Nikolajewnas," griff wieder Aglaja auf. „Das ist eine Beamtenfrau – übrigens ist sie Witwe – sie besucht uns oft und sitzt dann stundenlang. Bei ihr liegt das ganze Lebensrätsel in der – Billigkeit. Nur wie man billiger leben könnte, nur von Kopeken spricht sie, und dabei nicht zu vergessen – sie *hat* Geld. Genau so ist auch Ihr großes Leben im Gefängnis, und vielleicht auch Ihr vierjähriges Glück im Dorf, für das Sie Ihre große Stadt Neapel verkauften und, wie mir scheint, noch mit Profit, wenn auch nur von Kopeken."

„Was das Leben im Gefängnis betrifft, so kann man auch anderer Meinung sein," sagte der Fürst. „Ich habe einmal gehört, wie ein Mensch, der zwölf Jahre im Gefängnis verbracht hatte, von diesem Leben erzählte. Es war das einer von den Patienten meines Professors. Er hatte Anfälle, war bisweilen sehr unruhig, weinte und wollte sich einmal sogar das Leben nehmen. Sein Leben im Gefängnis war ein sehr trauriges gewesen, dessen kann ich Sie versichern, doch sicherlich nicht nur von Kopekenwert. Seine ganzen Erlebnisse beschränkten sich auf eine Spinne und einen kleinen Baum, der unter dem Fenster herangewachsen war ... Doch ich werde Ihnen lieber von einem anderen Menschen erzählen, den ich im vorigen Jahre kennen lernte. Hier ist ein Umstand von besonderer Merkwürdigkeit – eben weil man einen solchen Menschen nur äußerst selten trifft: dieser Mensch war einmal zusammen mit anderen aufs Schafott geführt worden und hatte sein Todesurteil gehört: sie alle sollten wegen eines politischen Verbrechens erschossen werden. Nach etwa zwanzig Minuten wurde ihre Begnadigung verlesen, und sie wurden zu einer milderen Strafe verurteilt. Einstweilen aber, die Zeit zwischen den beiden Verlesungen, also etwa ganze zwanzig Minuten, hatte er natürlich in der festen Überzeugung verbracht, daß er nach wenigen Minuten jählings sterben würde. Ich wollte furchtbar gern einmal hören, wie er seine damaligen Eindrücke jetzt wohl wiedergeben mochte, und versuchte mehrmals, das Gespräch auf jenes Erlebnis zu bringen. Er entsann sich noch jeder Einzelheit ungewöhnlich deutlich und versicherte, daß er niemals auch nur das Geringste vergessen würde, was er in diesen Minuten gesehen oder gedacht. Zwanzig Schritte vom Schafott, das viel Volk und Soldaten umstanden, waren drei Pfähle eingerammt; denn der Verurteilten waren mehrere. Die ersten drei wurden zu den Pfählen geführt und angebunden; man zog ihnen das ‚Sterbekleid‘ an – lange weiße Kittel – und über die Augen wurden ihnen weiße Kapuzen gezogen, damit sie nicht sähen, wie auf sie gezielt wurde. Vor jedem Pfahl wurde ein Kommando Soldaten, bestehend aus einigen Mann, aufgestellt. Mein Bekannter war der Achte in der Reihe, folglich mußte er als einer der Letzten zu den Pfählen gehen. Der Geistliche trat an jeden heran und segnete ihn mit dem Kreuz. Es blieben ihm noch fünf Minuten auf Erden, nicht mehr. Doch diese fünf Minuten schienen ihm eine unendlich lange Frist, ein unschätzbarer Reichtum; es schien ihm, daß er in diesen fünf Minuten noch so viel Leben zu durchleben habe, daß er an den letzten Augenblick vorläufig noch gar nicht zu denken brauche, und er entwarf noch einen ganzen Plan für die Ausnutzung dieser kurzen Zeit: für den Abschied von den Kameraden bestimmte er zwei Minuten; weitere zwei Minuten bestimmte er dazu, um zum letztenmal noch einmal still für sich zu denken, und die letzte Minute, um noch einmal, zum letztenmal, rings um sich zu schauen. Er entsann sich dieser Zeiteinteilung noch bis auf jede Einzelheit, er wußte genau, welche Gedanken er gehabt, und daß er sich gerade diese Reihenfolge vorgenommen. Er war damals siebenundzwanzig Jahre alt, als er sterben sollte, gesund und kräftig. Als er von seinen Freunden Abschied nahm, stellte er, dessen entsann er sich noch deutlich, an einen von ihnen irgendeine nebensächliche Frage und vernahm sogar sehr interessiert dessen Antwort. Darauf, als er von ihnen Abschied genommen, begannen die zwei Minuten, die er dazu bestimmt hatte, um *still für sich zu denken.*

Er wußte, worüber er nachdenken würde: er wollte es sich immer einmal vorstellen, möglichst schnell und klar und grell, wie denn das eigentlich sei: soeben lebt er noch, er *ist*, nach drei Minuten aber *ist* er *nicht*, nach drei Minuten wird er ein *Irgend-etwas* sein – aber was denn, wo denn? Und alles das glaubte er in diesen zwei Minuten entscheiden zu können. Nicht weit von jenem Platz, auf dem sie erschossen werden sollten, war eine Kirche, und das vergoldete Dach des Turmes glänzte im hellen Sonnenschein. Er wußte noch, daß er unverwandt, daß er fast starr auf diesen goldenen Turm und die Strahlen, die von ihm ausgingen, gesehen hatte; er vermochte sich nicht loszureißen von diesen Strahlen: es schien ihm, daß sie seine neue Natur seien, daß er nach drei Minuten irgendwie mit ihnen ineinanderfluten würde ... Die Ungewißheit und der Ekel vor diesem Neuen, das unfehlbar sogleich eintreten mußte und dann ewig sein würde, waren für ihn auch in der Erinnerung noch grauenvoll. Doch trotzdem sei ihm in diesen Augenblicken nichts schwerer gewesen, erzählte er, als der unausgesetzte Gedanke: ‚Wie aber, wenn du nicht zu sterben brauchtest? Wenn man dir das Leben wiedergeben würde – welch eine Ewigkeit! Und all das gehörte dann mir! Oh, jede Minute würde ich in ein ganzes Jahrhundert verwandeln, nichts würde ich verlieren, jede Minute würde ich zählen, nichts, nichts würde ich verlieren, keinen Augenblick würde ich ungenützt vergeuden!‘ Er sagte, daß dieser Gedanke in ihm schließlich zu einem so brennenden Ingrimm geworden sei, daß er nur noch gewünscht habe, schneller erschossen zu werden.“

Der Fürst verstummte plötzlich. Alle erwarteten, daß er noch fortfahren und etwas Besonderes daraus folgern würde.

„Haben Sie beendet, was Sie erzählen wollten?“ fragte Aglaja.

„Was? Ach so – ja,“ sagte der Fürst, aus seiner Gedankenverlorenheit auffahrend.

„Wozu haben Sie uns denn das erzählt?“

„So ... es fiel mir gerade ein ... weil wir darauf zu sprechen kamen ...“

„Sie scheinen gern so plötzlich abzubrechen,“ bemerkte Alexandra, „Sie wollten damit gewiß sagen, daß mitunter fünf Minuten wertvoller als ein Schatz sein können. Das ist ja alles recht schön und gut, aber, erlauben Sie mal, – was tat denn dieser Ihr Bekannter, der Ihnen diese Marter geschildert hat: er wurde doch begnadigt, folglich erhielt er diese ‚Ewigkeit‘ geschenkt. Nun, und was tat er denn später mit diesem Reichtum? Lebte er wirklich so, daß er keinen Augenblick mehr ‚ungenützt vergeudete‘?“

„O nein, er hat mir selbst gesagt – auch ich stellte diese Frage an ihn – , daß er längst nicht so gelebt und viele, viele Augenblicke vergeudet und verloren habe ...“

„Nun, dann kann Ihnen ja dies sogleich als Beispiel dienen, und wie Sie daraus sehen, kann man doch nicht so leben, daß man keinen Augenblick ungenützt vergeudet. Aus irgendeinem Grunde ist es eben unmöglich.“

„Ja, aus irgendeinem Grunde ist es eben unmöglich,“ sprach der Fürst gedankenverloren nach, „mir selbst hat es auch so geschienen ... Aber dennoch – man will es gleichsam nicht glauben ...“

„Das heißt, Sie glauben klüger als alle anderen zu leben?“ fragte Aglaja.

„Ja, auch das habe ich mitunter geglaubt.“

„Und glauben es auch jetzt noch?“

„Und ... glaube es auch jetzt noch,“ antwortete der Fürst, der mit demselben stillen und nachdenklichen Lächeln Aglaja ansah. Alsbald jedoch lachte er wieder und sah sie heiter an.

„Sehr bescheiden!“ Aglaja ärgerte sich fast.

„Aber wie mutig Sie sind, Sie lachen ganz harmlos, während mich das alles so heftig traf und erschütterte, daß es mir noch lange nachher im Traum erschien; gerade diese fünf Minuten habe ich oft im Traum durchlebt ...“

Ernst und prüfend betrachtete er nochmals seine Zuhörerinnen.

„Sie ärgern sich doch nicht aus irgendeinem Grunde über mich?“ fragte er plötzlich, offenbar etwas verwirrt, doch blickte er dabei allen offen in die Augen.

„Weshalb?“ Alle drei Mädchen wunderten sich über seine plötzliche Frage.

„Nun, weil es doch so den Anschein hat, als wolle ich belehren ...“

Da brachen sie von neuem in Lachen aus.

„Wenn Sie mir böse sind, so ... tragen Sie es mir nicht nach,“ bat er. „Ich weiß es ja selbst, daß ich weniger als alle anderen gelebt habe und weniger als alle vom Leben verstehe. Ich spreche mitunter vielleicht sehr sonderbar ...“

Und der Fürst verstummte, nun wirklich verwirrt.

„Wenn Sie sagen, daß Sie glücklich gewesen sind, so haben Sie nicht weniger, sondern mehr gelebt – weshalb verstellen Sie sich dann und entschuldigen sich?" fragte Aglaja streng, fast händelsüchtig. „Und beunruhigen Sie sich nicht darüber, daß Sie uns belehren, hier kann von einem Triumph Ihrerseits gar nicht die Rede sein. Mit Ihrem Quietismus kann man auch ein Leben von hundert Jahren mit Glück ausfüllen. Ihnen kann man eine Hinrichtung zeigen oder einen kleinen Finger, Sie werden aus dem einen wie aus dem anderen einen gleich lobenswerten Schluß ziehen und überdies noch sehr zufrieden sein. So kann man schon leben."

„Weshalb ärgerst du dich wieder – das versteh' ich nicht!" unterbrach sie die Generalin, die schon längere Zeit verwundert die Gesichter der Sprechenden betrachtet hatte, „und wovon ihr redet, kann ich überhaupt nicht begreifen. Was soll dieser kleine Finger? – Und dieser ganze Unsinn? Der Fürst spricht vorzüglich, nur ein wenig traurig. Weshalb entmutigst du ihn? Als er zu erzählen begann, lachte er noch, jetzt aber hast du ihn ganz verwirrt gemacht."

„Tut nichts, *maman*. Schade, daß Sie keine Hinrichtung gesehen haben, Fürst, ich würde Sie sonst etwas gefragt haben."

„Ich habe eine Hinrichtung gesehen," antwortete der Fürst.

„Ja??" fragte Aglaja ganz überrascht. „Eigentlich hätte ich es mir denken können! Das ist nun das Letzte, das fehlte noch! Aber wenn Sie eine Hinrichtung gesehen haben, wie können Sie dann sagen, daß Sie die ganze Zeit glücklich gewesen sind? Nun, hab' ich nicht recht?"

„Wurde denn auch in Ihrem Dorf hingerichtet?" fragte Adelaida.

„Nein, ich habe in Lyon eine Hinrichtung gesehen. Ich war mit Professor Schneider hingefahren, er nahm mich mit. Als wir ankamen, gerieten wir gerade auf den Platz ..."

„Nun, und es gefiel Ihnen sehr? Es enthielt wohl viel Erbauliches, Nützliches?" fragte Aglaja.

„Es gefiel mir durchaus nicht und ich war nachher krank, aber ich muß gestehen, daß ich wie gebannt hinsah, ich konnte meinen Blick nicht losreißen."

„Auch ich hätte meinen Blick nicht losreißen können," sagte Aglaja.

„Dort sieht man es sehr ungern, wenn Frauen einer Hinrichtung beiwohnen, sogar in den Zeitungen wird dann dagegen geschrieben."

„Das heißt also, daß man es nicht für eine Frauensache hält, sondern nur für eine Männersache, und damit will man's rechtfertigen. Ich gratuliere zu dieser Logik. Und Sie sind natürlich derselben Ansicht."

„Erzählen Sie uns von jener Hinrichtung," unterbrach Adelaida die Schwester.

„Ich würde jetzt nichts weniger als gern davon erzählen ...," sagte der Fürst sehr ernst, und er runzelte ein wenig die Stirn, während es wie ein Schatten über sein Gesicht zog.

„Das sieht ja ganz aus, als sei es hier nicht der Mühe wert," stichelte Aglaja.

„Nein, ich sagte es nur, weil ich von dieser Hinrichtung vorhin schon erzählt habe."

„Wem haben Sie davon erzählt?"

„Ihrem Diener, als ich dort wartete ..."

„Welchem Diener?" ertönte es von allen Seiten.

„Nun, dem, der dort im Vorzimmer sitzt, mit dem graumelierten Haar und roten Gesicht. Ich wartete im Vorzimmer, bis Iwan Fedorowitsch mich empfing."

„Das ist sonderbar," meinte die Generalin.

„Der Fürst ist ein Demokrat," warf Aglaja kurz hin. „Freilich, wenn Sie es unserem Alexei erzählt haben, können Sie es uns nicht mehr erzählen."

„Ich will es aber unbedingt hören!" bestand Adelaida auf ihrem Wunsch.

„Vorhin," wandte sich der Fürst wieder etwas ermutigter an Adelaida (wie es schien, faßte er sehr schnell Mut und war dann überhaupt sehr zutraulich), „vorhin hatte ich allerdings einen Gedanken, als Sie um ein Sujet für ein Bild baten: zeichnen Sie das Gesicht eines zum Tode Verurteilten, wenn er auf dem Schafott steht, kurz bevor er den Kopf auf den Block gelegt hat, eine Minute vor dem Niederfallen des Beiles."

„Wie, das Gesicht? Nur das Gesicht?" fragte Adelaida. „Das ist doch ein etwas eigentümliches Sujet, und was wäre denn das für ein Bild?"

„Ich weiß nicht ... aber warum nicht?" fragte der Fürst, der mit Eifer bei der Sache war. „Ich habe in Basel vor nicht langer Zeit ein ähnliches Bild gesehen. Ich würde es Ihnen gern beschreiben ... nun, ein anderes Mal ... Es hat sich mir unvergeßlich eingeprägt."

„Oh, das Baseler Bild müssen Sie mir unbedingt einmal beschreiben; jetzt aber sagen Sie mir, wie Sie sich das Bild dieser Hinrichtung denken. Können Sie es so wiedergeben, wie Sie es sich selbst vorstellen? Wie soll ich denn das Gesicht malen? Nichts als ein Gesicht? Was muß denn das für ein Gesicht sein?"

„Das Gesicht eines zum Tode Verurteilten, eine Minute vor der Hinrichtung," begann der Fürst mit ersichtlicher Bereitwilligkeit. Es hatte den Anschein, als ließe er sich von der Erinnerung ganz gefangennehmen, und als hätte er alles übrige schon vollständig vergessen. „Das Gesicht in dem Augenblick, wenn er gerade die kleine Treppe emporgestiegen ist und sich nun plötzlich auf dem Schafott sieht ... Er blickte zufällig in die Richtung, in der ich stand: ich sah sein Gesicht und begriff alles ... Aber wie soll man das in Worten wiedergeben! Ich würde – ich weiß nicht was darum geben, wenn Sie oder sonst jemand dieses Gesicht zeichneten! Wenn Sie das könnten! Ich dachte schon damals, daß ein solches Bild von großem Nutzen sein würde. Wissen Sie, man müßte in diesem Gesicht alles wiedergeben, was vorhergegangen ist, alles, alles! Er hatte im Gefängnis gesessen und, wie ich später las, erst nach einer Woche die Hinrichtung erwartet. Er hatte auf Verzögerung gerechnet, darauf, daß die Papiere noch irgendwo eingereicht werden müßten und nicht vor einer Woche zurückkommen könnten. Und nun plötzlich hatten alle Formalitäten viel weniger Zeit in Anspruch genommen. Um fünf Uhr morgens schlief er noch. Es war Ende Oktober: da ist es um fünf Uhr kalt und dunkel. Der Gefängnisaufseher trat mit der Wache leise ein und berührte vorsichtig seine Schulter; jener erwachte, richtete sich auf, sah das Licht und die Wachen. ‚Was ist?‘ – ‚Um zehn Uhr findet die Hinrichtung statt.‘ Zuerst soll er es gar nicht geglaubt haben, es hieß, er habe sogar gestritten und behauptet, die Papiere könnten nicht vor einer Woche zurückkommen. Doch als er nach dem jähen Erwachen vollends zu sich kam, da hörte er auf zu widersprechen und verstummte – so wurde später erzählt. Darauf soll er noch gesagt haben: ‚Es ist doch schwer, so plötzlich ...‘ worauf er wieder verstummte. Die ersten drei oder vier Stunden vergehen über den Vorbereitungen: da kommt der Geistliche, dann das Frühstück, zu dem er Wein, Kaffee und Rindfleisch erhält – ist das nicht ein wahrer Spott und Hohn? Wenn man nur bedenkt, wie grausam das alles ist! Und doch, bei Gott, diese unschuldigen Leute sind in ihrer Herzenseinfalt vollkommen überzeugt, daß es ein Werk der Nächstenliebe sei! Darauf folgt das Ankleiden des Verurteilten – Sie wissen doch, worin das besteht? – nun, und dann wird er durch die Stadt zum Schafott geführt ... Ich glaube, auch hier muß es dem Betreffenden scheinen, daß noch ein unendlich langes Leben vor ihm liegt, während er hingeführt wird. Sicherlich denkt er unterwegs: ‚Oh, es ist ja noch weit, noch drei ganze Straßen weit habe ich zu leben; jetzt habe ich noch die erste vor mir, dann kommt erst die zweite und dann erst die dritte, wo rechts der Bäckerladen ist ... oh, bis wir erst zum Bäckerladen kommen!‘ Ringsum drängt sich das Volk, ringsum Geschrei und Lärm, zehntausend Gesichter, zehntausend Augenpaare – alles das muß er ertragen, doch das Schrecklichste ist der Gedanke: ‚Da sind ihrer zehntausend, und von ihnen wird keiner hingerichtet, nur ich allein werde hingerichtet!‘ Und das ist alles erst der Anfang! Eine kleine Treppe führt zum Schafott hinauf; vor dieser Treppe brach er plötzlich in Tränen aus und war doch dabei ein starker Mensch mit männlichem Charakter und ein großer Missetäter, wie man erzählte. Der Geistliche wich keinen Augenblick von seiner Seite, er fuhr auch im Verbrecherkarren mit ihm zum Richtplatz und sprach die ganze Zeit auf ihn ein, doch wird dieser ihm wohl kaum zugehört haben, – und wenn er auch hingehört haben sollte, so wird er ihn nach dem dritten Wort doch nicht mehr verstanden haben. So hat es unbedingt sein müssen. Endlich begann er die Treppe emporzusteigen. Die Füße waren ihm ja gefesselt, und so bewegte er sich nur mit kleinen Schritten vorwärts. Der Geistliche muß ein verständiger Mann gewesen sein: er hörte auf zu reden und hielt ihm immer nur das Kreuz zum Küssen hin. Vor der Treppe war er sehr bleich, als er aber oben anlangte und auf dem Schafott stand, da wurde er plötzlich weiß, buchstäblich so weiß wie Papier, vollkommen wie ein Blatt weißes Schreibpapier. Zweifellos wurden seine Füße schwach und steif, und es quälte ihn eine gewisse Übelkeit – als wenn ihn etwas auf die Kehle drücke und dort gewissermaßen ein Kitzeln erzeuge –, haben Sie noch nie diese Empfindung gehabt, nach einem großen Schreck vielleicht oder im Augenblick entsetzlicher Angst, wenn die Vernunft zwar noch in Ordnung bleibt, jedoch gar keine Macht mehr besitzt? Ich glaube, daß, wenn man zum Beispiel unabwendbarem Untergang preisgegeben ist, wenn etwa ein Haus auf einen niederstürzt oder etwas Ähnliches geschieht, daß man dann am liebsten sich hinsetzen und die Augen schließen möchte: laß kommen, was da kommen mag! ... Hier nun, als diese Schwäche bei ihm eintrat, hielt ihm der Geistliche mit einer schnellen Geste und ohne ein Wort zu sagen, das Kreuz zum Kuß hin, fast so nah, daß es die Lippen berührte – es war ein kleines silbernes Kreuz – und immer wieder hielt er es ihm hin, in jeder Minute. Und sobald nur das Kreuz seine Lippen berührte, öffnete der Verurteilte die Augen und belebte sich wieder für ein paar Sekunden ... und die Füße gingen wieder. Gierig küßte er das Kreuz, ja, er beeilte sich geradezu, es zu küssen, ganz wie man sich beeilt, irgend etwas als Vorrat für alle Fälle mitzunehmen; doch ist es nicht anzunehmen, daß er dabei irgendeinen religiösen Gedanken hatte oder sich einer religiösen Handlung bewußt war. Und so ging er bis zum Block ... Ist es nicht merkwürdig, daß in diesen letzten

Sekunden so selten ein Verurteilter in Ohnmacht fällt? Im Gegenteil, das Gehirn scheint ungemein tätig zu sein, es arbeitet rastlos, unermüdlich, ohne Unterlaß, wie eine Maschine in vollem Gang. Ich denke mir, daß es sehr verschiedene Gedanken sind, die einem dann durch den Sinn jagen, die man alle nicht zu Ende denkt, und vielleicht sind es sogar sehr lächerliche und ganz nebensächliche Gedanken, wie zum Beispiel: ‚Dieser lange Mensch dort hat eine Warze auf der Stirn – hier der untere Knopf am Kittel des Scharfrichters ist verrostet ...‘ Gleichzeitig aber kann er doch nichts vergessen, kann er nicht einmal in Ohnmacht fallen. Und um dieses eine Unvergeßliche dreht sich alles in seinem Hirn. Und das dauert bis zur letzten Viertelsekunde, wenn der Kopf bereits auf dem Block liegt und wartet und – *weiß* und dann plötzlich hört, wie das Eisen über ihm rutscht! Das muß man ja doch unbedingt noch hören! Ich würde, wenn mein Kopf auf dem Block läge, absichtlich hinhorchen und unfehlbar das Geräusch des Niederfallens hören. Es dauert das vielleicht nur ein Zehntel eines Augenblicks, aber man muß es doch unbedingt hören! Und denken Sie, bis jetzt noch streitet man darüber, ob nicht der Kopf, wenn er schon abgeschlagen ist, noch eine Sekunde lang weiß, daß er jetzt abgeschlagen ist und herunterfliegt – können Sie sich das vorstellen? Und wenn er es nun nicht nur eine Sekunde, sondern ganze fünf Sekunden lang weiß? ... Zeichnen Sie das Schafott so, daß man nur die oberste Stufe ganz deutlich und möglichst nah sieht. In der Mitte steht der Verurteilte, sein Gesicht ist weiß, vollkommen weiß, der Priester hält ihm das Kreuz hin, das jener gierig mit seinen blauen Lippen küssen will – er streckt schon die Lippen vor und sieht und sieht und – *weiß alles*. Das Kreuz und der Kopf – das ist die Hauptsache, das Gesicht des Priesters, der Henker, dessen zwei Gehilfen, und dann noch unten ein paar Köpfe und Augen, – das kommt alles erst in dritter Linie, als Beiwerk ... Das wäre das ganze Gemälde.“

Der Fürst verstummte und sah seine Zuhörerinnen an.

„Das sieht jedenfalls nicht nach Quietismus aus,“ sagte Alexandra halblaut vor sich hin.

„Nun, und jetzt erzählen Sie mal, wie Sie verliebt waren,“ bat Adelaida.

Der Fürst blickte sie verwundert an.

„Hören Sie,“ fuhr Adelaida schnell fort, als wolle sie sich mit der Begründung ihrer Bitte beeilen, „Sie sind mir noch die Beschreibung des Baseler Bildes schuldig, ich weiß, aber zuerst will ich hören, wie und wo und wann Sie verliebt gewesen sind. Leugnen Sie es nicht, Sie sind verliebt gewesen. Zudem hören Sie sogleich auf Philosoph zu sein, sobald Sie zu erzählen beginnen.“

„Wenn Sie etwas erzählt haben, scheinen Sie sich sogleich dessen zu schämen, was Sie erzählt haben. Weshalb das?“ fragte Aglaja.

„Pfui, das ist mir denn doch zu dumm!“ schnitt ihr die Generalin ungehalten das Wort ab.

„Ja, es ist nicht gerade klug,“ pflichtete ihr Alexandra bei.

„Achten Sie nicht auf sie, Fürst,“ wandte sich die Generalin an ihren Gast, „sie sagt es nur, um sich über Sie lustig zu machen. Sie ist gar nicht so schlecht erzogen. Denken Sie, bitte, nichts Schlechtes von ihnen, weil sie Ihnen so zusetzen; sie haben sich wohl wieder etwas in den Kopf gesetzt, aber ich sehe schon, daß sie Sie trotzdem liebhaben. Ich kenne ihre Gesichter.“

„Auch ich kenne ihre Gesichter,“ sagte der Fürst mit besonderem Nachdruck.

„Wie das?“ fragte Adelaida neugierig.

„Was wissen Sie von unseren Gesichtern?“ fragten wißbegierig auch die anderen.

Doch der Fürst schwieg und blieb ernst; alle warteten, was er wohl antworten würde.

„Ich werde es Ihnen später sagen,“ sagte er schließlich halblaut und mit ernstem Gesicht.

„Sie wollen ja durchaus unser Interesse erwecken,“ neckte Aglaja, „und dazu welche Feierlichkeit!“

„Nun gut,“ fiel wieder Adelaida in ihrer schnellen Redeweise lustig ein, „aber wenn Sie ein solcher Kenner der Menschengesichter sind, so sind Sie gewiß auch verliebt gewesen, folglich habe ich ganz richtig geraten. Erzählen Sie also!“

„Ich bin nicht verliebt gewesen,“ antwortete der Fürst ebenso leise und ernst, „ich bin anders glücklich gewesen.“

„Wie das? Auf welche Weise?“

„... Gut, ich werde es Ihnen erzählen,“ sagte der Fürst nach einer Weile, wie in Gedanken verloren.

# VI.

Da sehen Sie mich nun alle mit solcher Neugier an," begann der Fürst, „daß Sie mir womöglich böse sein werden, wenn ich Sie nicht ganz zufriedenstelle. Doch – das sagte ich ja nur zum Scherz," fügte er schnell mit einem Lächeln hinzu.

„Dort ... dort gab es viele Kinder, und ich habe meine ganze Zeit mit Kindern zugebracht, nur mit Kindern. Das waren die Dorfkinder, die die Schule besuchten, eine ganze Schar. Ich kann nicht sagen, daß ich sie gerade unterrichtet hätte, o nein; denn sie hatten ja einen Schulmeister, Jules Thibaut; ich aber, nun ja – wenn ich sie auch unterwies, so war ich eigentlich doch nur so mit ihnen zusammen, und in dieser Weise vergingen die ganzen vier Jahre. Ich wollte auch nichts anderes. Ich habe ihnen alles erzählt, nichts habe ich ihnen verheimlicht. Ihre Eltern und Verwandten waren nicht wenig ungehalten über mich, denn die Kinder konnten zu guter Letzt gar nicht mehr ohne mich auskommen und saßen den ganzen Tag bei mir. Der Schulmeister war bald mein erbittertster Feind. Überhaupt machte ich mir dort viele Feinde, und immer nur wegen der Kinder. Sogar Schneider machte mir Vorwürfe. Und weshalb nur, was befürchteten sie denn? Einem Kinde kann man doch alles sagen, alles! Es hat mich oft stutzig gemacht, wie schlecht Erwachsene Kinder verstehen, selbst Väter und Mütter ihre eigenen Kinder. Kindern sollte man nichts verheimlichen, wie man es gewöhnlich unter dem Vorwande tut, daß sie zu jung seien, und es für sie noch zu früh sei, etwas zu wissen. Was das doch für eine traurige und klägliche Auffassung ist! Und wie gut es die Kinder begreifen, daß die Eltern sie für zu klein und zu dumm zum Verstehen halten, während sie doch tatsächlich alles verstehen! Die Erwachsenen wissen nicht, daß ein Kind sogar in der schwierigsten Angelegenheit einen äußerst guten Rat zu geben vermag. Mein Gott! wenn so ein Kind mit seinen hellen Augen wie ein kleiner Vogel einen treuherzig und glücklich ansieht – da muß man sich doch schämen, es zu belügen! Ich nenne sie deshalb kleine Vögel, weil es etwas Reizenderes als kleine Vögel nicht gibt. Übrigens hatte mir ein ganz besonderer Fall die Feindschaft des Dorfes eingetragen ... Thibaut übrigens war einfach neidisch. Anfangs schüttelte er nur den Kopf und wunderte sich, wie es zugehen mochte, daß die Kinder bei mir alles begriffen, bei ihm aber so gut wie überhaupt nichts. Und dann machte er sich über mich lustig, als ich ihm sagte, daß wir beide sie in nichts unterrichten könnten, daß im Gegenteil sie uns unterrichteten. Wie konnte er mich nur beneiden und verleumden, wenn er doch selbst unter Kindern lebte! Durch Umgang mit Kindern gesundet die Seele ... Dort in der Anstalt war ein Kranker, den Professor Schneider behandelte, ein armer Unglücklicher. Sein Unglück war so groß, daß man es kaum für möglich zu halten vermag, wie ein

Mensch so etwas ertragen kann. Er sollte dort vom Irrsinn geheilt werden, doch meiner Ansicht nach war er nicht irrsinnig, sondern litt nur unsäglich – Leiden war seine ganze Krankheit. Wenn Sie wüßten, was diesem Menschen schließlich unsere Kinder wurden! ... Doch ich werde Ihnen lieber ein anderes Mal von diesem Kranken erzählen. Jetzt aber werde ich erzählen, wie das alles damals begann. Zu Anfang liebten mich die Kinder gar nicht. Ich war so lang und immer so unbeholfen; ich weiß, daß ich auch sonst häßlich bin ... und dann war ich auch noch ein Ausländer. Zuerst lachten sie nur über mich und begannen sogar, mit Steinen nach mir zu werfen, nachdem sie gesehen hatten, wie ich Marie küßte. Ich habe sie aber im ganzen nur ein einziges Mal geküßt ... Nein, lachen Sie nicht,“ unterbrach sich der Fürst, als er das Lächeln seiner Zuhörerinnen bemerkte, „ich küßte sie nicht, weil ich in sie etwa verliebt war. Wenn Sie wüßten, was für ein unglückliches Geschöpf sie war, Sie würden sie ebenso bemitleiden, wie ich es getan habe. Sie war ein Mädchen aus unserem Dorf. Ihre Mutter war eine alte, kranke Frau, die in ihrem kleinen, baufälligen Häuschen hinter dem einen der beiden kleinen Fenster mit Erlaubnis der Dorfobrigkeit einen Krämerladen eingerichtet hatte. Aus diesem Fenster verkaufte sie Stiefelschmiere, Garn, Tabak, Seife; lauter Kleinigkeiten, die wenig einbrachten, und von diesem kleinen Verdienst lebte sie. Sie war schon lange krank, ihre Füße waren geschwollen, so daß sie immer auf ein und demselben Fleck saß und sich nicht rühren konnte. Marie war ihre einzige Tochter, zwanzig Jahre alt, schwächlich und mager; sie war schon seit längerer Zeit schwindsüchtig, verrichtete aber trotzdem die schwerste Arbeit als Tagelöhnerin bei fremden Leuten: sie scheuerte die Fußböden, wusch Wäsche, fegte die Höfe rein, besorgte das Vieh. Nun geschah es, daß ein französischer Kommis auf der Durchreise ins Dorf kam, sie verführte und sie mit sich nahm. Er verließ sie jedoch schon nach einer Woche und fuhr heimlich davon. Sie machte sich zu Fuß auf den Heimweg, bettelte sich unterwegs das Notwendigste zusammen, bis sie dann endlich schmutzig und zerlumpt und mit zerrissenen Stiefeln wieder im Dorf ankam. Eine ganze Woche war sie gewandert; genächtigt hatte sie unter freiem Himmel und sich dabei natürlich erkältet. Ihre Füße und Hände waren wund und geschwollen. Sie war auch früher nicht hübsch gewesen, nur ihre Augen waren so still und gut und unschuldig. Auffallend an ihr war ihre Schweigsamkeit. Früher hatte sie einmal bei der Arbeit zu singen begonnen, und da hatten alle sie ganz erstaunt angesehen, bis sie in Lachen ausgebrochen waren: ‚Marie singt! Denkt doch, Marie singt!‘ Marie aber soll sehr verlegen gewesen sein, und seit dem Tage hat sie niemand mehr singen hören. Damals war man noch freundlich zu ihr gewesen; als sie nun aber krank und erschöpft zurückkehrte, da hatte kein einziger auch nur das geringste Mitleid für sie übrig! Wie grausam die

Menschen doch sind! Was für enge Begriffe sie haben! Ihre Mutter war die erste, die sie mit bösen Worten und offener Verachtung empfing. ‚Du hast mich jetzt entehrt,‘ sagte sie. Und die Mutter gab sie auch als erste der Schande und den Schmähungen der anderen preis. Als man im Dorf erfuhr, daß Marie zurückgekehrt war, lief alles hin, um sie zu sehen: fast das ganze Dorf versammelte sich in der Hütte der Alten – Greise, Kinder, Weiber, Mädchen, alle eilten neugierig herbei. Marie kniete zu Füßen der Mutter, hungrig und zerlumpt, und schluchzte. Als nun die Menschen sich so in die Stube drängten, um die Sünderin zu betrachten, verbarg Marie ihr Gesicht im aufgelösten Haar und warf sich in ihrer Verzweiflung auf den Fußboden, wo sie schluchzend liegen blieb. Alle, die sie rings umstanden, blickten auf sie herab, als wäre sie irgendein Geschmeiß gewesen. Die Männer verurteilten sie schonungslos, die jüngeren lachten und machten sich über sie lustig, am meisten aber schalten die Weiber, die sie wie eine scheußliche Spinne oder etwas noch Ekelhafteres behandelten. Und die Mutter ließ das zu, saß dabei, nickte mit dem Kopf und fand es ganz in der Ordnung. Die Alte war damals von den Ärzten bereits aufgegeben. Nach zwei Monaten starb sie denn auch. Sie wußte, daß ihre Tage gezählt waren, aber sie söhnte sich nicht mit der Tochter aus, ließ sie im kalten Vorhaus schlafen und gab ihr kaum etwas zu essen. Die kranken Füße der Alten mußten alle paar Stunden in warmes Wasser gesetzt werden, was Marie denn auch pünktlich und sorgsam tat. Sie wusch ihr die Füße und pflegte sie überhaupt aufopfernd. Die Alte aber nahm alle Dienste der Tochter als etwas Selbstverständliches hin und sagte ihr nicht einmal ein freundliches Wort. Marie ertrug alles, und wie ich später bei näherer Bekanntschaft sah, empfand sie diese Behandlung von seiten der Mutter als vollkommen gerecht und hielt sich selbst für die Verworfenste aller Verworfenen. Als man dann die Alte in ihren letzten Wochen zu Bett hatte legen müssen, kamen die Dorfweiber abwechselnd zu ihr, um sie zu pflegen, wie es dort Sitte ist. Nun bekam Marie überhaupt nichts mehr zu essen; im ganzen Dorf wurde sie verfolgt, und man wollte ihr nicht einmal Arbeit geben wie früher. Alle spien hinter ihr her, und die Männer betrachteten sie wohl überhaupt nicht mehr als ein Weib – solche Schändlichkeiten sagten sie ihr. Nur sehr selten, wenn sie sich betranken, Sonntags gewöhnlich, warfen sie ihr in der Trunkenheit zum Spott ein Kupferstück hin, so – einfach auf die Erde, und Marie hob es schweigend auf. Sie hustete damals bereits sehr stark und begann Blut zu speien. Schließlich hingen ihre Kleider nur noch wie Lumpen an ihrem Körper, so daß sie sich schämte, sich im Dorf zu zeigen. War sie doch seit ihrer Rückkehr immer nur barfuß gegangen! Da begannen denn besonders die Kinder – es waren ihrer dort eine ganze Schar, mindestens vierzig Schulrangen – ja, besonders die Kinder begannen, sie zu necken und ihr mit Straßenschmutz nachzuwerfen. Sie bat den Hirten, daß er ihr erlauben möge, seine Kühe zu hüten, aber der Hirt jagte sie davon. Sie jedoch nahm eine Gelegenheit wahr und zog ohne seine Erlaubnis mit der Herde hinaus und blieb den ganzen Tag fort, worauf der Hirt einsah, daß sie ihm großen Nutzen bringen konnte, und sie nicht mehr fortjagte und ihr bisweilen sogar die Überreste seiner Mahlzeit gab, etwas Käse und Brot. Das hielt er natürlich für eine große Gnade. Als ihre Mutter endlich gestorben war und beerdigt wurde, schämte sich der Pastor nicht, sie öffentlich zu schmähen, und er tat das noch dazu in der Kirche. Marie stand in ihren Lumpen hinter dem Sarge und weinte. Viel Volks hatte sich versammelt, um zu sehen, wie sie weinen und hinter dem Sarge hergehen würde. Da hub der Pastor an – er war ein noch junger Mensch, der den Ehrgeiz hatte, ein großer Redner zu werden – wandte sich an alle Anwesenden und wies auf Marie. ‚Seht, dort steht sie, die die Schuld am Tode dieser alten Frau trägt,‘ begann er – es war gar nicht wahr, denn die Alte war doch ganze zwei Jahre lang krank gewesen – ‚seht, da steht sie nun vor euch und wagt nicht, den Blick zu erheben; denn der Zorn des Herrn ruht auf ihr! Da steht sie barfuß und in Lumpen – ein Beispiel aus der Schar jener, die den Pfad der Tugend verlassen! Und wer ist sie? Wer ist sie, die diese fromme Frau ins Grab gebracht? Sie ist ihre – Tochter!‘ – und so weiter, immer in demselben Ton. Und können Sie sich so etwas denken: diese Gemeinheit gefiel allen! Doch ... da kam etwas anderes dazwischen: die Kinder traten für sie ein; denn damals waren sie bereits alle auf meiner Seite und hatten Marie gern. Das war folgendermaßen geschehen: Ich wollte etwas für Marie tun, man mußte ihr Geld verschaffen, denn sie hatte es sehr nötig. Ich besaß aber – dort, bei Schneider – nie Geld. Dafür hatte ich eine kleine Krawattennadel mit einem Brillanten, die verkaufte ich an einen Aufkäufer alter Sachen; es war dort gerade einer, der von Dorf zu Dorf fuhr und mit alten Kleidern handelte. Er gab mir acht Franken, während die Nadel wenigstens vierzig wert war. Darauf bemühte ich mich lange Zeit vergeblich, Marie einmal allein zu treffen. Endlich gelang es mir: wir begegneten uns hinter dem Dorf auf einem einsamen Fußsteig, der auf die Berge hinaufführte, gerade hinter einem Baum. Ich gab ihr die acht Franken und sagte ihr, daß sie sparsam mit ihnen umgehen müsse; denn mehr Geld hätte ich nicht, und dann küßte ich sie und sagte, sie solle nicht denken, daß ich irgendeine schlechte Absicht hätte, daß ich sie nicht deshalb geküßt, weil ich etwa in sie verliebt sei, sondern nur, weil sie mir sehr leid täte und ich sie niemals für schuldig, sondern nur für sehr unglücklich halten würde. Ich wollte sie gern noch etwas trösten und ihr klarmachen, daß sie sich doch nicht für so tief unter den anderen stehend zu halten brauche; aber ich sah es ihr an, daß sie mich nicht verstand, obschon sie kein Wort sagte, mit gesenktem Blick vor mir stand und sich entsetzlich schämte. Als ich geendet hatte, beugte sie sich plötzlich nieder und küßte mir die Hand, worauf ich sofort ihre Hand nahm, um sie gleichfalls zu küssen, doch sie zog sie erschrocken zurück. Da tauchten plötzlich die Kinder auf, eine ganze Schar. Wie ich später erfuhr, hatten sie mich beobachtet und waren mir sogar heimlich gefolgt. Kaum hatten sie uns erblickt, als sie auch schon in ein Hohngelächter ausbrachen, pfiffen, schrien und in die Hände klatschten. Marie lief natürlich fort, so schnell sie nur konnte. Ich wollte zu den Kindern reden, aber sie warfen mit Steinen nach mir. Noch am selben Abend wußte es das ganze Dorf, und Marie mußte dafür büßen: sie wurde noch mehr verfolgt und gehaßt. Wie ich hörte, wollte man sie sogar gerichtlich zu einer Strafe verurteilen lassen, doch zum Glück kam es nicht so weit. Dafür aber ließen die Kinder sie keinen Augenblick mehr in Ruhe: sie schalten sie mit häßlichen Worten, warfen ihr Schmutz nach, trieben sie fort, und sie mußte mit ihrer schwachen Brust laufen, keuchend, atemlos, die Kinder mit Geschrei hinter ihr her. Einmal trat ich der Schar entgegen und prügelte mich sogar mit den Jungen. Dann begann ich mit ihnen zu reden. Und so redete ich jeden Tag, wenn sich nur Gelegenheit dazu bot. Bisweilen blieben sie dann stehen und hörten zu, wenn sie auch das Schelten noch nicht ließen. Ich erzählte ihnen, wie unglücklich Marie sei, und bald hörten sie auf, sie zu verfolgen und gingen nur schweigend fort, wenn sie kam. Mit der Zeit begannen sie auch mit mir zu sprechen, und wir unterhielten uns; ich verheimlichte ihnen nichts, ich erzählte ihnen alles. Sie hörten mir sehr neugierig zu und bald empfanden auch sie Mitleid mit Marie. Einzelne von ihnen gingen sogar so weit, daß sie sie jetzt freundlich grüßten, wenn sie ihr begegneten. Es ist dort Sitte, daß einander Begegnende, gleichviel ob sie sich kennen oder nicht, ‚Grüß Gott‘ sagen. Ich kann mir denken, wie erstaunt Marie anfangs gewesen sein muß. Einmal hatten zwei kleine Mädchen sich irgendwoher Essen verschafft, und kamen dann zu mir, um es mir zu erzählen. Sie sagten, Marie habe angefangen zu weinen, und sie hätten sie jetzt sehr lieb. Es dauerte nicht lange, und sie wurde von allen geliebt, und durch sie gewannen die Kinder auch mich plötzlich lieb. Von der Zeit an kamen sie oft zu mir und baten mich, ihnen zu erzählen. Ich glaube, ich habe nicht schlecht erzählt, denn sie hörten mir sehr gern zu. Späterhin lernte und las ich nur zu dem Zweck, um ihnen dann das Gelesene erzählen zu können, und so habe ich ihnen ganze drei Jahre lang erzählt. Als mich dann später alle, selbst Schneider nicht ausgenommen, verurteilten, weil ich mit ihnen wie mit Erwachsenen redete und ihnen nichts verheimlichte, sagte ich, daß man sich schämen müßte, Kinder zu belügen, daß sie ja sowieso alles wüßten, wie sehr man es auch vor ihnen geheimhalten wollte. Wenn sie all das dann aber im Leben erfahren würden, dann würden sie es als etwas Schmutziges erfahren, von mir aber erführen sie es als etwas Reines. Es sollte, meinte ich, doch ein jeder nur daran denken, wie es gewesen war, als er selbst noch ein Kind war. Die Menschen waren aber anderer Meinung ... Daß ich Marie geküßt hatte, war ungefähr zwei Wochen vor dem Tode ihrer Mutter gewesen, so daß die Kinder, als der Pastor die Beerdigungsrede hielt, schon alle auf meiner Seite waren. Ich erklärte ihnen unverzüglich die ganze Schändlichkeit dieser Rede, und sie wurden alle böse auf ihn, einige sogar in dem Maße, daß sie mit Steinen seine Fensterscheiben einwarfen. Ich verbot es ihnen natürlich, denn das ging doch nicht an; aber im Dorf hatte man schon den ganzen Zusammenhang erfahren, und alle beschuldigten mich, daß ich die Kinder verderbe. Gleichzeitig erfuhren sie auch den Grund: daß die Kinder Marie liebten – und sie erschraken unsäglich. Marie aber war glücklich. Den Kindern wurde strengstens verboten, mit ihr zusammenzukommen. Da liefen sie denn heimlich fort und stahlen sich auf Umwegen zur Herde, die sie hütete. Es war ziemlich weit – eine gute halbe Werst vom Dorf. Und sie brachten ihr Leckerbissen, die sie sich selbst abgespart, oder sie liefen auch nur so hin, um sie zu grüßen und zu streicheln und ihr zu sagen: ‚Ich hab dich lieb, Marie‘. Und dann liefen sie blitzschnell wieder nach Hause. Marie war wie von Sinnen vor Glück: es kam so plötzlich, daß sie gar nicht wußte, wohin damit! So etwas hatte sie ja nie im Traume für möglich gehalten. Sie schämte sich und war doch selig. Die Kinder aber, namentlich die Mädchen, liefen gern zu ihr hin, um ihr zu sagen, daß ich sie liebe und ihnen sehr viel von ihr erzähle. Sie erzählten ihr sogar, daß ich ihnen alles gesagt hätte, und daß sie sie jetzt liebten und bemitleideten, und daß es immer so bleiben würde. Und von ihr kamen sie dann eilig zu mir gelaufen, um mir mit freudigen Gesichtchen und geschäftigen Mienen höchst wichtig mitzuteilen, daß sie soeben Marie gesehen und gesprochen hätten, und daß sie mich grüßen lasse. Am Abend ging ich dann zum Wasserfall: dort war eine rings von Pappeln umstandene, einsame Stelle, die man vom Dorfe aus nicht sehen konnte, und dorthin kamen sie dann zu mir gelaufen, viele nur ganz heimlich. Das war unser Versammlungsort. Ich glaube, meine Zuneigung zu Marie war für sie von ungeheurem Reiz, und so habe ich ihnen denn nur in dieser einen Beziehung nicht die Wahrheit gesagt: ich ließ sie in dem Glauben, daß ich Marie tatsächlich liebe, das heißt, daß ich in sie verliebt sei, während sie mir doch nur leid tat; ich ersah aus allem, daß es ihnen so besser gefiel, wie sie es sich selbst zurechtgelegt hatten; und deshalb schwieg ich und tat, als hätten sie das Geheimnis erraten. Und wie zartfühlend und zärtlich diese kleinen Herzen waren! Unter anderem schien es ihnen ganz ungehörig, daß Marie, die von ihrem guten Lew geliebt wurde, so schlecht gekleidet war und sogar barfuß ging. Und können Sie sich denken: sie verschafften ihr Schuhe und Strümpfe und Wäsche und sogar ein Kleid – wie sie das fertigbrachten, begreife ich heute noch nicht! Jedenfalls wird sich die ganze Schar zusammengetan und mit vereinten Kräften am großen Werk gearbeitet haben. Als ich sie fragte, wie sie das angestellt hätten, lachten sie nur fröhlich, und die kleinen Mädchen klatschten in die Hände und kamen zu mir gelaufen und küßten mich. Auch ich ging bisweilen zu Marie, aber gleichfalls nur heimlich. Sie wurde immer schwächer und konnte bald kaum noch gehen. Aber trotzdem schleppte sie sich an jedem Morgen hinaus und ging mit der Herde mit und saß dort im Freien, den ganzen Tag: sie setzte sich etwas abseits an einen steilen, fast senkrechten Abhang auf einen kleinen Vorsprung, dort lag am äußersten Rande ein großer Stein, ganz verborgen hinter Felsvorsprüngen. Und dort saß sie fast regungslos, vom Morgen bis zum Abend, bis zu dem Augenblick, wenn die Herde heimkehren mußte. Sie war von der Schwindsucht so entkräftet, daß sie gewöhnlich mit geschlossenen Augen saß, den Kopf an den Fels gelehnt, schwer atmend, und so verträumte sie halb schlummernd den ganzen Tag. Ihr Gesicht war so mager geworden, daß man glauben konnte, ein Skelett vor sich zu haben, und auf der Stirn und an den Schläfen trat immer Schweiß hervor. So traf ich sie regelmäßig an, wenn ich sie aufsuchte. Ich blieb nicht lange bei ihr, denn ich wollte nicht, daß man mich mit ihr zusammen sehen sollte. Kaum näherte ich mich ihr, so zuckte sie auch schon zusammen, schlug die Augen auf, und dann stürzte sie mir entgegen, um meine Hände zu küssen. Das verbot ich ihr nicht, denn sie war glücklich, wenn sie es tun konnte. Die ganze Zeit, solange ich bei ihr saß, zitterte und weinte sie. Sie begann allerdings ein paarmal zu sprechen, aber es war schwer, sie zu verstehen. Sie war dann wie von Sinnen, doch weiß ich nicht, ob es nur krankhafte Erregung war oder inneres Entzücken. Bisweilen kamen auch die Kinder mit mir zu ihr. Dann stellten sie sich gewöhnlich nicht weit von uns auf und bewachten und beschützten uns vor weiß Gott was oder wem, und dann waren sie sehr froh. Wenn wir fortgingen, blieb Marie wieder allein zurück, und saß wieder regungslos mit geschlossenen Augen, den Kopf an die Felswand gelehnt; vielleicht träumte sie von irgend etwas. Eines Morgens aber konnte sie nicht mehr mit der Herde mitgehen und blieb in ihrem alten, leeren Häuschen. Das hatten die Kinder bald erfahren, und sie besuchten sie fast alle an diesem Tage. Sie lag mutterseelenallein in ihrem armseligen Bett. Die ersten zwei Tage wurde sie nur von den Kindern gepflegt, die abwechselnd zu ihr liefen, so daß die einen die anderen ablösten, dann jedoch, als man im Dorfe erfuhr, daß Marie im Sterben liege, gingen auch die alten Dorfweiber zu ihr, um sie nicht ganz allein zu lassen und um sie zu pflegen. Wahrscheinlich begann man jetzt im Dorf, sie zu bemitleiden wenigstens hielt man die Kinder nicht mehr zurück, wenn sie zu ihr laufen wollten. Marie lag die ganze Zeit über wie im Halbschlummer, doch hatte sie keinen ruhigen Schlaf: sie hustete entsetzlich. Die alten Weiber ließen aber die Kinder nicht mehr in ihre Stube, und so liefen die Kleinen immer unter ihr Fenster, um ihr von draußen ‚Guten Tag, liebe, gute Marie' zuzurufen. Marie aber war, sobald sie wieder ein Kleines hinter dem Fenster erblickte oder nur hörte, sogleich wie neu belebt und mühte sich mit Aufbietung ihrer letzten Kräfte, ohne auf die alten Weiber zu hören, sich im Bett etwas aufzurichten, sich auf den Ellbogen zu stützen, und dann nickte sie ihnen mit dem Kopf zu und dankte. Die Kinder brachten ihr nach wie vor ihre kleinen Leckerbissen, aber sie aß fast nichts mehr. Sie können mir glauben, daß sie durch die Liebe der Kinder mit Glück im Herzen starb. Die Liebe der Kinder ließ sie ihr trostloses Elend vergessen, sie empfing von ihnen gleichsam die Vergebung ihrer Sünden; denn sie hielt sich bis zum Tode für eine große Verbrecherin. Sie kamen wie kleine Vögel an ihr Fenster geflogen und riefen ihr an jedem Morgen einen Gruß zu und sagten: ‚Wir haben dich lieb, Marie!‘ Sie starb sehr bald. Ich dachte bis zuletzt, daß sie noch länger leben würde. Am Abend vor ihrem Tode, kurz vor Sonnenuntergang, besuchte ich sie. Ich glaube, sie erkannte mich, und ich drückte ihr zum letztenmal die Hand. Wie abgezehrt diese Hand war! Und plötzlich am nächsten Morgen kamen sie und sagten, daß Marie gestorben sei. Da konnte man die Kinder nicht mehr zurückhalten: sie schmückten den ganzen Sarg mit Blumen und setzten ihr einen Kranz aufs Haar. Der Pastor sagte kein schlechtes Wort über die Tote in seiner Leichenrede. Es waren nur sehr wenige zugegen, nur so – aus Neugier waren einige gekommen; doch als man den Sarg hinaustragen wollte, stürzten alle Kinder herbei, um ihn selbst zu tragen. Natürlich waren sie zu schwach dazu, sie konnten beim Tragen höchstens etwas helfen, aber dennoch liefen sie alle mit und alle weinten herzbrechend. Maries Grab wurde von ihnen unermüdlich mit Blumen geschmückt, und ringsum wurden von ihnen kleine Rosenstöcke gepflanzt ... Seit dieser Beerdigung wurde ich vom ganzen Dorf der Kinder wegen verfolgt. Meine größten Feinde und die Hauptanstifter dieser Verfolgung waren der Pastor und der Schulmeister. Den Kindern wurde strengstens verboten, mit mir Umgang zu pflegen, und Schneider verpflichtete sich sogar, mich besser zu beaufsichtigen und Annäherungen zu verhindern. Aber wir kamen dennoch zusammen oder verständigten uns, wenn es nicht anders ging, von ferne durch verschiedene Zeichen, oder sie schickten mir heimlich ihre kleinen Briefe. Späterhin hörte das übrigens wieder auf, und wir brauchten nicht mehr heimlich zu verkehren. Aber es war doch hübsch so: ich trat ihnen gleichsam noch näher dadurch, daß ich verfolgt wurde. Im letzten Jahre kam es zwischen mir und meinen beiden Feinden, Thibaut und dem Pastor, sogar zu einer halben Aussöhnung. Schneider stritt oft mit mir über mein schädliches ‚System‘ zur Kindererziehung und redete viel darüber. Aber was hatte ich denn für ein System! Schließlich sagte er mir noch etwas sehr Sonderbares – einen Gedanken, den er über mich hatte ... und das war kurz vor meiner Abreise. Er sagte mir, er habe sich überzeugt, daß ich selbst ein vollständiges Kind sei, ein wirkliches Kind, daß ich nur dem Alter und dem Äußern nach einem Erwachsenen ähnlich sähe, in jeder geistigen Beziehung dagegen, in der ganzen psychischen Entwicklung, als Charakter, als Seele – und vielleicht sogar meinen Verstand nicht ausgenommen – sei ich kein Erwachsener, und so würde ich bleiben, wenn ich auch sechzig Jahre alt würde. Ich lachte nicht wenig, als er mir das gesagt hatte, natürlich hat er nicht recht, denn – nicht wahr – was bin ich denn für ein Kind? Nur eines ist wahr: ich bin tatsächlich nicht gern mit Erwachsenen zusammen, mit großen Menschen, daß habe ich selbst bemerkt, – nicht gern, weil ich es nicht verstehe, mit ihnen zusammen zu sein. Was sie auch reden, und wie gut sie auch zu mir sein mögen, ich fühle mich doch nicht wohl in ihrer Gesellschaft, es ist mir aus irgendeinem Grunde schwer zumute, und ich bin sehr froh, wenn ich zu meinen kleinen Freunden gehen kann, und das sind von jeher Kinder gewesen – nicht, weil ich selbst ein Kind bin, sondern ich fühle mich eben immer zu ihnen hingezogen. Als ich noch zu Anfang meines Aufenthaltes dort im Dorf umherstrich und die einsamen Berge aufsuchte, um allein zu sein, begegnete mir bisweilen um die Mittagszeit die ganze Schar der Dorfkinder, die aus der Schule mit Täschchen und Schiefertafeln schreiend, lachend, spielend und streitend nach Hause eilte, und meine ganze Seele strebte dann zu ihnen hin. Ganz plötzlich kam es. Ich weiß nicht, was es war, aber mich ergriff jedesmal ein großes Glücksempfinden, wenn ich ihnen begegnete. Ich blieb stehen und lachte vor Glück, wenn ich diese kleinen Beinchen sah, die so flink und unermüdlich durcheinanderliefen, diese kleinen Buben und Mädel, die in bunter Schar nach Hause eilten, dazu ihr Lachen und ihre Tränen – denn viele hatten unterwegs Zeit genug, sich zu balgen und zu weinen, sich zu versöhnen und von neuem zu spielen – und vergaß dann mein Leid. Und die ganzen drei folgenden Jahre konnte ich deshalb auch nicht begreifen, warum die Menschen sich grämen. Ich wollte den Kindern mein ganzes Leben widmen. Ich hatte es mir ja nicht träumen lassen, daß ich jemals das Dorf verlassen und gar nach Rußland zurückkehren würde. Es schien mir, daß ich ewig dort bleiben sollte, aber dann sah ich selbst ein, daß Schneider mich doch nicht ewig unterhalten konnte, und hinzu kam gerade noch eine Angelegenheit von so großer Wichtigkeit, daß Schneider selbst mir zur unverzüglichen Abreise riet und mir auch das nötige Reisegeld vorstreckte. Ich will nun sehen, was es damit eigentlich für eine Bewandtnis hat. Ich werde mich wohl zuerst an einen Rechtsanwalt wenden müssen, damit er mir wenigstens einen Rat erteilt; denn ich selbst habe keine Ahnung, wie man solche Sachen anfassen muß. Es ist möglich, daß meine Verhältnisse sich sehr bald ändern werden ... aber das ist ja nicht die Hauptsache! Wichtig ist vielmehr, daß sich mein ganzes Leben geändert hat. Ich habe viel dort zurückgelassen, gar zuviel. Alles Bekannte liegt jetzt weit zurück. Als ich im Waggon saß, dachte ich: ‚Jetzt gehe ich zu den erwachsenen Menschen; vielleicht weiß ich noch nichts von ihnen, vielleicht – jedenfalls beginnt jetzt ein neues Leben.' Ich beschloß, meine Aufgabe ehrlich und in Treue zu erfüllen. Ich werde es vielleicht schwer haben unter den Menschen und werde mich einsam fühlen. Ich will aber, so beschloß ich, gegen alle ehrlich und offen sein – mehr wird doch niemand von mir verlangen. Vielleicht wird man mich auch hier für ein Kind halten, – nun gut! Mich halten jetzt alle aus irgendeinem Grunde für einen Idioten ... ich war allerdings einmal so krank, daß ich fast einem Idioten glich. Aber wie kann ich denn jetzt ein Idiot sein, wenn ich doch selbst sehr wohl begreife, daß man mich für einen Idioten hält? Wenn ich irgendwo eintrete, denke ich: ,Da hält man mich nun für einen Idioten, aber ich bin ja doch bei vollem Verstande, und das errät man hier nicht einmal.' Diesen Gedanken habe ich sogar sehr oft. Als ich in Berlin die ersten kleinen Briefe meiner kleinen Freunde erhielt, begriff ich erst, wie sehr ich sie liebte. Es tut weh, wenn man einen ersten Brief erhält. Wie traurig sie waren, als wir Abschied nahmen! Schon einen ganzen Monat vor meiner Abreise fingen wir an, Abschied voneinander zu nehmen. ,Léon geht fort, Léon geht für immer fort!' sagten sie tieftraurig. Wir versammelten uns jeden Abend am Wasserfall, wie wir es auch früher getan hatten, und sprachen nur davon, wie wir uns trennen würden. Mitunter ging es ebenso heiter her wie früher; nur wenn wir bei Anbruch der Nacht auseinandergingen, umarmten sie mich geradezu krampfhaft, was sie früher nicht getan hatten. Einige von ihnen kamen ganz allein und heimlich, so daß niemand sie sah, zu mir gelaufen, nur um mich unter vier Augen umarmen und küssen zu können. Sie waren zu verschämt, um es in Gegenwart anderer zu tun. Und als ich dann endlich fortfuhr, begleitete mich die ganze Schar bis zur Station. Die war etwa eine Werst weit von unserem Dorf. Sie bezwangen sich, um nicht zu weinen, doch viele konnten die Tränen nicht unterdrücken und weinten laut, besonders die kleinen Mädchen. Wir mußten schnell gehen, um uns nicht zu verspäten; doch plötzlich warf sich bald dieses, bald jenes mitten auf dem Wege mir entgegen, umklammerte mich mit seinen kleinen Ärmchen und küßte mich – und hielt uns alle dadurch auf – die anderen Kinder aber blieben, obschon wir eilen mußten, jedesmal gleichfalls stehen und warteten so lange, als unsere Umarmung dauerte. Und als ich schon im Waggon saß und der Zug sich in Bewegung setzte, riefen sie alle ,Hurra!' und standen noch lange und sahen dem Zuge nach. Auch ich sah noch lange aus dem Fenster ... Wissen Sie, als ich vorhin hier eintrat und Ihre lieben Gesichter erblickte, – ich betrachte jetzt immer sehr aufmerksam die Gesichter der Menschen – und als ich Ihre Worte hörte, da wurde mir zum erstenmal wieder leicht ums Herz. Ich war auch sogleich bereit, mich für ein Glückskind zu halten: ich weiß ja, daß man Menschen, die man auf den ersten Blick liebgewinnt, nicht so leicht findet, Sie aber sind die ersten, die ich hier, kaum daß ich angekommen bin, kennen gelernt habe. Ich weiß sehr wohl, daß die Menschen im allgemeinen sich schämen, von ihren Gefühlen zu reden, Ihnen aber erzähle ich von meinen Gefühlen und schäme mich nicht. Ich bin menschenscheu und werde vielleicht lange Zeit nicht zu Ihnen kommen. Nur fassen Sie das, bitte, nicht falsch auf: ich sage es nicht, weil ich Sie nicht schätze, und denken Sie auch nicht, daß ich Ihnen irgend etwas übelgenommen habe. Sie fragten mich, inwiefern ich Sie durch Ihre Gesichter kenne, was ich aus ihnen herauszulesen weiß, – jetzt werde ich es Ihnen gern sagen. Sie, Adelaida Iwanowna, Sie haben ein glückliches Gesicht, das sympathischste von allen dreien. Ganz abgesehen davon, daß Sie sehr hübsch sind, denkt man, wenn man Sie ansieht: ‚Sie hat das Gesicht einer guten Schwester.‘ Sie kommen einem einfach und heiter entgegen, doch verstehen Sie auch, das Innere der Menschen zu erraten. Das wäre es, was mir aus Ihrem Gesicht zu sprechen scheint. Sie, Alexandra Iwanowna, haben gleichfalls ein schönes und ein sehr liebes Gesicht, aber Sie haben vielleicht irgendeinen geheimen Kummer; Sie sind zweifellos ein herzensguter Mensch, aber Sie sind nicht eigentlich fröhlich. Sie haben einen gewissen ... einen ganz besonderen Zug im Gesicht, ähnlich der Holbeinschen Madonna in Dresden. Nun, das wäre Ihr Gesicht. Habe ich das Richtige erraten? Sie sind ja doch der Meinung, daß ich es erraten könne. Und was nun Ihr Gesicht betrifft, Lisaweta Prokofjewna,“ wandte er sich plötzlich an die Generalin, „so scheint es mir nicht nur, sondern ich bin sogar fest überzeugt, daß Sie ein vollständiges Kind sind, in jedem, in jedem guten wie jedem schlechten Sinne, obschon Sie eine bejahrte Frau sind. Sie nehmen es mir doch nicht übel, daß ich so offen rede? Sie wissen doch, was ich für Kinder übrig habe, und wieviel ich von ihnen halte. Glauben Sie nicht, daß ich Ihnen alles das über Ihre Gesichter aus bloßer Einfalt so offen gesagt habe – o nein, durchaus nicht! Vielleicht habe auch ich meine Gedanken dabei gehabt.“


## VII.

Als der Fürst geendet hatte, blickten ihn alle mit heiteren Gesichtern an, selbst Aglaja nicht ausgenommen, doch vor allen Lisaweta Prokofjewna.

„Da habt ihr ihn jetzt examiniert!“ rief sie aus. „Nun, was, meine verehrten Damen, ihr dachtet wohl, daß ihr ihn noch protegieren würdet, so als armen Jungen – und dabei würdigt er euch nur gerade noch seiner Bekanntschaft, und auch das noch mit der Randbemerkung, daß er nur selten kommen werde. Wer sind jetzt die Dummen? Natürlich wir. Das freut mich. Aber am meisten ist’s doch Iwan Fedorowitsch. Bravo, Fürst, wir wurden vorhin beauftragt, Sie zu examinieren. Und was Sie da von meinem Gesicht sagten, ist vollkommen richtig: ich bin ein Kind, das weiß ich selbst. Das wußte ich schon vor Ihnen. Sie haben nur meinen Gedanken in einem einzigen Wort ausgedrückt. Ihren Charakter halte ich dem meinen für vollkommen ähnlich, und das freut mich sehr. Wie zwei Tropfen Wasser. Nur sind Sie ein Mann und ich bin eine Frau und bin nicht in der Schweiz gewesen; das ist der ganze Unterschied."

„Warten Sie noch ein wenig, Mama," rief Aglaja, „der Fürst sagt ja doch, daß er bei jedem seiner Bekenntnisse einen besonderen Gedanken gehabt und nicht nur aus Einfalt so gesprochen habe."

„Ja, ja!" lachten die anderen.

„Bitte, sich über andere nicht lustig zu machen; er ist vielleicht noch viel schlauer, als ihr alle drei zusammen genommen. Das werdet ihr sehen. Aber warum haben Sie nichts von Aglaja gesagt, Fürst. Sie wartet und ich warte."

„Augenblicklich kann ich nichts sagen; erst später."

„Warum später? Ich dächte, sie sieht nicht danach aus, daß man sie übersehen könnte."

„O nein, ganz im Gegenteil Sie sind eine außerordentliche Schönheit, Aglaja Iwanowna. Sie sind so schön, daß man fast Angst hat, Sie anzusehen."

„Und das ist alles? Aber ihre Eigenschaften?" wollte die Generalin wissen.

„Eine Schönheit ist schwer zu beurteilen. Ich habe mich nicht darauf vorbereitet. Schönheit ist ein Rätsel."

„Das heißt also, daß Sie das Rätsel von Aglaja selbst lösen lassen wollen," sagte Adelaida. „Dann versuch' es mal zu lösen, Aglaja. Aber ist sie nicht schön, Fürst, ist sie nicht schön?"

„Außerordentlich!" antwortete der Fürst, der Aglaja begeistert betrachtete. „Fast so schön, wie Nastassja Filippowna, obschon das Gesicht ein ganz anderes ist! ..."

Erstaunt blickten sich die Damen untereinander an.

„Wie we–e–er?" fragte die Generalin, als traue sie ihren Ohren nicht. „Wie Nastassja Filippowna? Wo haben Sie denn Nastassja Filippowna gesehen? Welch eine Nastassja Filippowna?"

„Vorhin zeigte Herr Iwolgin Ihrem Herrn Gemahl die Photographie ..."

„Was, er hat Iwan Fedorowitsch ihre Photographie gebracht?"

„Nein, nur gezeigt. Nastassja Filippowna hat heute Herrn Iwolgin ihr Bild geschenkt und Herr Iwolgin zeigte es vorhin Iwan Fedorowitsch."

„Ich will es sehen!" fuhr die Generalin auf. „Wo ist diese Photographie? Wenn sie sie ihm geschenkt hat, dann muß er sie noch bei sich haben und er ist gewiß noch im Arbeitszimmer. Mittwochs arbeitet er immer hier und geht dann niemals vor vier Uhr fort. Man muß ihn sofort herbitten lassen! Doch nein, ich brenne durchaus nicht so darauf, ihn selbst zu sehen. Ach, Fürst, seien Sie so gut, mein Lieber, gehen Sie ins Arbeitszimmer, erbitten Sie die Photographie von ihm und bringen Sie sie her! Sagen Sie ihm, ich wolle sie sehen! Bitte!"

„Nicht übel, aber doch ein wenig gar zu offen," sagte Adelaida, als der Fürst das Zimmer verlassen hatte.

„Ja, ein wenig gar zu sehr," pflichtete ihr Alexandra bei, „so daß es mitunter sogar ein wenig lächerlich wirkt."

Es war aber, als hätten beide nicht alles ausgesprochen, was sie bei sich dachten.

„Er hat sich übrigens mit unseren Gesichtern gut aus der Affäre gezogen," sagte Aglaja, „er hat allen geschmeichelt, selbst Mama nicht ausgenommen."

„Sei nicht so spitz, wenn ich bitten darf!" verwies die Generalin ihre Jüngste. „Nicht er hat geschmeichelt, sondern ich fühle mich geschmeichelt."

„Du glaubst, er habe sich auf diese Weise aus der Affäre ziehen wollen?" fragte Adelaida.

„Ich glaube, daß er durchaus nicht so – einfach ist."

„Ach geh!" ärgerte sich die Generalin. „Ich aber finde, daß ihr drei noch viel lächerlicher seid als er. Meinetwegen, mag er einfältig sein, dafür hat er aber auch besondere Einfälle – im besten Sinn ‚besondere‘. Ganz wie ich."

„Das ist natürlich dumm, daß ich von der Photographie etwas habe verlauten lassen," dachte der Fürst bei sich, während er sich ins Arbeitszimmer des Generals begab und so etwas wie leichte Gewissensbisse empfand. „Aber vielleicht ist es auch sehr gut, daß es nun so gekommen ist ..."

Ihm war plötzlich ein sonderbarer Gedanke gekommen, doch war er ihm selbst noch nicht so ganz klar.

Gawrila Ardalionytsch Iwolgin saß noch im Arbeitszimmer und hatte sich ganz in den Inhalt der verschiedenen Papiere vertieft. Selbstverständlich wurde er nicht umsonst von der Aktiengesellschaft honoriert!

Er schien sehr verlegen zu werden, als der Fürst ihn um das Bild bat und zur Erklärung noch ehrlich mitteilte, auf welche Weise die Damen von der Existenz desselben erfahren hatten.

„Verdammt! Was plagte Sie denn, davon zu schwatzen!" fuhr er geärgert auf. „Was wissen Sie überhaupt davon ... Idiot!" brummte er unwirsch vor sich hin.

„Verzeihen Sie mir. Ich habe es gesagt, ohne mir dabei etwas Schlimmes zu denken. Wir kamen zufällig auf die Schönheit zu sprechen. Ich sagte, daß Aglaja fast ebenso schön sei wie Nastassja Filippowna."

Ganjä bat ihn, ausführlicher zu erzählen, worauf der Fürst das vorhergegangene Gespräch in kurzen Worten wiedergab, während Ganjä ihn wiederum spöttisch von der Seite betrachtete.

„Diese ewige Nastassja Filippowna! Von anderem hört man hier überhaupt nichts ...," brummte er ärgerlich, brach jedoch plötzlich ab und wurde nachdenklich.

Er war sichtlich erregt. Der Fürst erinnerte ihn an das Bild.

„Hören Sie, Fürst," begann Ganjä plötzlich, als wäre ihm mit einemmal ein wichtiger Gedanke gekommen, „ich habe eine große Bitte an Sie ... Nur weiß ich nicht, in der Tat ..."

Er wurde wieder etwas verlegen und sprach seine Bitte nicht aus. Er schien innerlich zu kämpfen und sich nicht entschließen zu können. Der Fürst wartete schweigend. Ganjä sah ihn noch einmal mit forschendem, prüfendem Blick an.

„Fürst," begann er dann wieder, „dort ist man jetzt auf mich ... infolge eines besonderen Umstandes ... eines sehr lächerlichen Umstandes ... und an dem ich nicht schuld bin ... nun, mit einem Wort – doch das gehört nicht zur Sache ... Ich glaube, man ist dort ein wenig ungehalten über mich, so daß ich eine Zeitlang nicht ungerufen hingehen will. Nur, sehen Sie, muß ich jetzt unbedingt mit Aglaja Iwanowna sprechen. Ich habe hier ... ich habe hier für jeden Fall ein paar Worte geschrieben" (in seiner Hand befand sich plötzlich ein kleiner Brief), „nur weiß ich nicht, wie ich ihr diesen Zettel zustellen soll. Würden nicht Sie, Fürst, so freundlich sein, ihn Aglaja Iwanowna gleich zu übergeben, aber nur Aglaja Iwanowna allein, das heißt so, daß niemand es sieht, Sie verstehen doch? Es ist nicht

Gott weiß was für ein Geheimnis, es steht hierin nichts von der Art ... aber ... würden Sie ihn ihr übergeben?“

„Ihre Bitte ist mir nicht ganz angenehm,“ antwortete der Fürst.

„Ach, ich bitte Sie, Fürst, es ist wirklich von großer Wichtigkeit für mich,“ begann Ganjä beschwörend, „Sie wird mir vielleicht auch antworten ... Sie können mir glauben, daß ich mich an Sie wende, nur weil es wirklich das Äußerste ist ... Durch wen könnte ich ihr denn sonst den Brief schicken? Es ist unendlich wichtig für mich, von unendlicher Wichtigkeit ...“

Ganjä hatte große Angst, daß der Fürst sich nicht dazu herablassen würde, und blickte ihm mit ängstlicher Bitte in die Augen.

„Nun gut, ich werde ihn übergeben.“

„Aber nur so, daß es niemand bemerkt,“ bat Ganjä erfreut, „und dann, Fürst – nicht wahr – ich kann mich doch auf Ihre Diskretion verlassen, nicht?“

„Ich werde ihn keinem zeigen,“ sagte der Fürst.

„Der Brief ist nicht geschlossen, aber ...“ fuhr der erfreute Ganjä im Eifer fort, brach aber wieder plötzlich verwirrt ab.

„Oh, ich werde ihn nicht lesen,“ antwortete der Fürst ganz ruhig, nahm die Photographie und verließ das Kabinett.

Als Ganjä allein zurückblieb, griff er sich an den Kopf.

„Nur ein Wort von ihr und ich ... und ich, wirklich, ich breche vielleicht mit allem!“

Er war zu erregt, um sich wieder an die Arbeit zu machen, und so begann er, in gespannter Erwartung ruhelos im Zimmer hin und her zu gehen.

Der Fürst kehrte nachdenklich zu den Damen zurück: der übernommene Auftrag war ihm peinlich, und der Gedanke an irgendwelche Beziehungen zwischen Aglaja und Ganjä war ihm direkt unangenehm. Plötzlich blieb er stehen, als wenn ihm etwas einfiele; er blickte sich im Zimmer um: zwischen ihm und dem kleinen Salon lagen noch zwei Zimmer. Da trat er schnell ans Fenster und begann Nastassja Filippownas Bild zu betrachten.

Es war, als hätte er ein gewisses Etwas erraten wollen, das sich in diesem Gesicht verbarg und ihn vorhin ganz betroffen gemacht hatte. Fast die ganze Zeit hatte er die Wirkung dieses Eindrucks empfunden, und so beeilte er sich jetzt, sich gewissermaßen nochmals von der Richtigkeit des ersten Eindrucks zu überzeugen. Da war es ihm plötzlich, als mache dieses in seiner Schönheit und noch aus einem anderen unbestimmbaren Grunde außergewöhnliche Gesicht einen noch weit fesselnderen Eindruck auf ihn. Grenzenloser Stolz, Verachtung und Haß sprachen aus diesem Gesicht, und doch lag in ihm gleichzeitig etwas Vertrauendes, etwas erstaunlich Gutherziges; und diese Kontraste erweckten sogar so etwas wie Mitleid, wenn man diese Züge betrachtete. Seine blendende Schönheit war unerträglich, diese Schönheit des bleichen Gesichts mit den fast eingefallenen Wangen und den brennenden Augen. Eine eigenartige Schönheit war es! Der Fürst konnte den Blick nicht losreißen vom Bilde. Plötzlich jedoch zuckte er zusammen, sah sich um, führte dann schnell das Bild an die Lippen und küßte es. Als er nach einer Minute in den großen Salon trat, war sein Gesicht vollkommen ruhig.

Gerade im Begriff, ins Eßzimmer zu treten, prallte er in der Tür beinahe mit Aglaja zusammen. Sie war allein. Im Salon der Mutter konnte man nichts hören – es lag noch ein Zimmer dazwischen – und so entschloß sich der Fürst schnell.

„Gawrila Ardalionytsch hat mich gebeten, Ihnen dieses zu übergeben,“ sagte er und überreichte ihr den Brief.

Aglaja blieb stehen, nahm den Brief entgegen und blickte den Fürsten etwas sonderbar an. Nicht die geringste Verwirrung lag in ihrem Blick, höchstens Verwunderung hätte man aus ihm herauslesen können, doch auch diese schien sich nur auf den Fürsten zu beziehen. Ihr Blick verlangte gleichsam Rechenschaft von ihm darüber, wie er dazu kam, in dieser Angelegenheit Helfershelfer zu sein: und er verlangte sie ruhig und hochmütig. Sie standen sich ein paar Augenblicke lang stumm gegenüber. Endlich zuckte es kaum merklich wie leiser Spott in ihrem Gesicht, und mit einem flüchtigen Lächeln ging sie an ihm vorüber.

Die Generalin betrachtete eine Zeitlang schweigend und mit einer gewissen Nuance von Geringschätzung das Bild Nastassja Filippownas, das sie effektvoll auf Armeslänge von den Augen entfernt hielt.

„Ja, sie ist schön,“ sagte sie endlich, „sogar sehr. Ich habe sie zweimal gesehen, aber nur von weitem. Also eine solche Schönheit schätzen Sie?“ wandte sie sich an den Fürsten.

„Ja ... eine solche ...“ antwortete der Fürst mit einiger Gezwungenheit.

„Das heißt also, gerade eine solche Schönheit?“

„Ja, gerade eine solche.“

„Weshalb?“

„In diesem Gesicht ... ist viel Qual ...,“ sagte der Fürst unwillkürlich, doch gleichsam als spräche er nur zu sich selbst, und als antworte er gar nicht auf eine Frage.

„Sie phantasieren vielleicht nur,“ meinte die Generalin anmaßend und warf das Bild mit einer schroffen Bewegung auf den Tisch.

Alexandra nahm es auf, Adelaida trat hinter ihren Stuhl, und beide betrachteten es schweigend. Im selben Augenblick kehrte Aglaja in den Salon zurück.

„Welch eine Macht!“ rief plötzlich Adelaida aus, die über die Schulter der Schwester ganz entzückt das Bild betrachtete.

„Wo? Was für eine Macht?“ fragte die Generalin scharf.

„Eine solche Schönheit ist eine große Macht,“ sagte Adelaida begeistert, „mit einer solchen Schönheit könnte man die ganze Welt umdrehen!“

Nachdenklich ging sie zu ihrer Staffelei zurück. Aglaja blickte nur flüchtig auf die Photographie, kniff die Augen zusammen, schob die Unterlippe etwas vor und setzte sich dann abseits nieder, die Hände müßig im Schoße faltend.

Die Generalin klingelte.

„Ich lasse Gawrila Ardalionytsch herbitten, er ist im Kabinett,“ sagte sie zu dem eingetretenen Diener.

„Mama!“ warf Alexandra in bedeutsamem Tone ein.

„Ich will nur zwei Worte mit ihm reden, beruhige dich,“ schnitt ihr die Mutter schnell das Wort ab, um jedem weiteren Einwand zuvorzukommen.

Sie war ersichtlich gereizt.

„Bei uns, müssen Sie wissen, Fürst, bei uns gibt es jetzt nur Geheimnisse. Nichts als Geheimnisse! Heimlichkeiten scheinen jetzt hier ganz allgemein zu sein – etwas Dümmeres kann man sich nicht leicht denken. Und das noch in einer Angelegenheit, in der Offenheit, Klarheit und Ehrlichkeit die ersten Bedingungen sein sollten. Es soll jetzt mit Gewalt geheiratet werden – nein, diese Heiraten gefallen mir nicht ...“

„Mama, was soll das nur?“ beeilte sich wieder Alexandra, sie aufzuhalten.

„Was wünschst du, liebes Töchterchen? Gefallen sie denn dir? Und daß der Fürst es hört, das hat nichts zu sagen – wir sind Freunde. Wenigstens er und ich. Gott sucht Menschen, gute, versteht sich, böse und launische dagegen braucht er nicht, namentlich launische nicht, die heute so und morgen anders reden. Haben wir uns verstanden, Alexandra Iwanowna? Hier glauben sie alle, ich hätte nichts als Schrullen im Kopf; aber glauben Sie mir, Fürst, ich verstehe so manches sehr gut zu unterscheiden. Denn die Hauptsache ist und bleibt doch immer das Herz, das andere ist alles Unsinn. Verstand ist natürlich auch nötig ... vielleicht ist sogar der Verstand gerade die Hauptsache. Bitte, nicht zu lächeln, Aglaja, ich widerspreche mir durchaus nicht. Ein Weib mit Herz und ohne Verstand ist eine ebenso unglückliche Törin, wie ein Weib mit Verstand und ohne Herz. Das ist eine alte Wahrheit. Ich bin eine Törin mit Herz und ohne Verstand, und du bist eine Törin mit Verstand und ohne Herz. Und so sind wir beide unglücklich und müssen beide leiden.“

„Inwiefern sind Sie denn so unglücklich, Mama?“ Adelaida konnte sich die etwas ungezogene Frage nicht verbeißen. Sie war die einzige, die von allen vier ihre gute Laune stets beibehielt.

„Erstens durch meine gelehrten Töchter,“ antwortete die Generalin schlagfertig, „und da das allein schon vollkommen genügt, so brauche ich mich wohl über das andere nicht erst weitläufig zu verbreiten. Doch es ist genug geredet worden. Wollen wir abwarten, wie ihr beide, von Aglaja rede ich vorläufig nicht, wie ihr beide mit eurem Verstande und eurer Redekunst euch herausziehen werdet, ob unsere verehrte Alexandra Iwanowna sehr glücklich sein wird mit ihrem verehrten Gemahl ... Ah!“ rief sie plötzlich aus, als sie den eintretenden Ganjä erblickte. „Da kommt ja noch ein Heiratskandidat. Guten Tag,“ sagte sie auf Ganjäs Verbeugung und forderte ihn auf, Platz zu nehmen, „Sie werden heiraten?“

„Heiraten? ... Wie? ... Wieso heiraten?“ stotterte Ganjä, der aus den Wolken zu fallen schien.

Man sah es ihm deutlich an, wie verlegen und verwirrt er war.

„Werden Sie eine Ehe schließen, frage ich, wenn Ihnen diese Redewendung mehr zusagt?“

„N–ein ... ich ... n–ein,“ log Ganjä und heiße Schamröte stieg ihm ins Gesicht.

Er wagte es, flüchtig zu Aglaja hinüberzublicken, wandte jedoch den Blick sehr schnell von ihr ab. Aglaja betrachtete ihn kühl, ruhig, aufmerksam, ohne auch nur einen Blick von ihm abzuwenden, und beobachtete seine Verwirrung.

„Nein? Also nicht? Sie haben ‚Nein‘ gesagt?“ forschte Lisaweta Prokofjewna geradezu unerbittlich. „Nun gut, das werde ich mir merken. Denken Sie daran, daß Sie heute, am Mittwochvormittag, auf meine diesbezügliche Frage mit einem Nein geantwortet haben. Was haben wir heute? Mittwoch?“

„Ja, ich glaube, Mittwoch, Mama,“ antwortete Adelaida.

„Niemals wissen sie die Tage! – Welches Datum?“

„Den siebenundzwanzigsten,“ sagte Ganjä.

„Den siebenundzwanzigsten? Das ist nach einer gewissen Berechnung leicht zu behalten. Nun, auf Wiedersehen; Sie sind, glaube ich, sehr beschäftigt, und auch für mich ist es Zeit, mich anzuziehen und fortzufahren. Nehmen Sie Ihre Photographie. Grüßen Sie Ihre arme Mutter, Nina Alexandrowna, von mir. Auf Wiedersehen, Fürst. Sie können öfter herkommen. Ich fahre jetzt zur alten Fürstin Bjelokonskaja. Ich fahre absichtlich zu ihr, um ihr von Ihnen zu erzählen, mein Lieber. Und hören Sie, Fürst: ich glaube, daß Gott Sie direkt um meinetwillen aus der Schweiz hergeschickt hat. Vielleicht haben Sie auch noch andere Gründe vorzubringen, aber der Hauptgrund bin doch ich allein. Der liebe Gott hat es sicherlich mit Absicht so eingerichtet. Auf Wiedersehen, meine Lieben. Alexandra, mein Freund, komm mit mir in mein Zimmer.“

Die Generalin verließ den Salon.

Ganjä, der zuerst ganz sprachlos dagestanden, nahm plötzlich die Photographie vom Tisch und wandte sich mit einem verzerrten Lächeln, dem man sehr wohl seine Wut ansah, an den Fürsten.

„Fürst, ich gehe sogleich nach Hause. Wenn Sie Ihre Absicht, bei uns zu wohnen, nicht aufgegeben haben, so würde ich Sie heimbegleiten, Sie wissen ja noch nicht einmal die Adresse.“

„Noch einen Augenblick, Fürst,“ hielt ihn Aglaja auf und erhob sich schnell von ihrem Platz. „Sie müssen mir noch etwas ins Album schreiben. Papa sagte, Sie hätten eine schöne Handschrift. Ich werde es Ihnen sofort bringen.“

Sie verließ das Zimmer.

„Nun, auf Wiedersehen, Fürst, auch ich muß gehen,“ verabschiedete Adelaida sich von ihm.

Sie drückte dem Fürsten fest die Hand, lächelte ihm froh und freundlich zu und ging hinaus, ohne Ganjä zu beachten.

„Das haben Sie, natürlich Sie ausgeplaudert, daß ich heirate!" fiel Ganjä, kaum daß sie allein zurückgeblieben waren, in wutbebendem Flüsterton über den Fürsten her. Sein Gesicht war bleich, und aus seinen Augen blickte Haß. „Ein schamloser Schwätzer sind Sie!"

„Ich versichere Sie, daß Sie sich irren," antwortete der Fürst ruhig und höflich. „Ich habe nicht einmal gewußt, daß Sie heiraten."

„Wie denn nicht? Sie hörten doch vorhin, wie Iwan Fedorowitsch sagte, daß sich heute abend alles bei Nastassja Filippowna entscheiden würde, und das haben Sie hier erzählt! Sie lügen einfach! Woher hätte man es denn sonst erfahren? Wer, zum Teufel, hätte es ihnen denn erzählen können? Nur Sie! Haben Sie denn die Anspielungen der Alten nicht verstanden?"

„Das müssen Sie besser wissen als ich, wer es den Damen erzählt haben kann ... wenn Sie glauben, daß es eine Anspielung war. Ich jedenfalls habe kein Wort davon gesagt."

„Haben Sie den Brief übergeben? ... Die Antwort? ..." unterbrach ihn Ganjä, zitternd vor Ungeduld.

Doch in dem Augenblick kehrte Aglaja zurück und der Fürst konnte nichts mehr antworten.

„Hier, Fürst," sagte Aglaja, indem sie ihr Album auf einem Tisch aufschlug. „Suchen Sie sich eine Seite aus, und schreiben Sie mir etwas hinein. Hier ist eine Feder und noch dazu eine neue. Tut es nichts, daß es eine Stahlfeder ist? Kalligraphen, hab' ich gehört, sollen nie mit Stahlfedern schreiben."

Sie sprach und tat, als bemerke sie überhaupt nicht, daß Ganjä noch anwesend war. Während nun der Fürst die Feder nahm, eine Seite aussuchte und sich zu schreiben anschickte, trat Ganjä an den Kamin, wo Aglaja rechts vom Fenster in dessen nächster Nähe stand, und flüsterte ihr mit bebender, vor Erregung stockender Stimme ins Ohr:

„Nur ein Wort, nur ein einziges Wort von Ihnen – und ich bin gerettet!"

Der Fürst wandte sich hastig um und sah beide an. Aus Ganjäs Gesicht sprach fast Verzweiflung. Allem Anschein nach hatte er diese Worte völlig unüberlegt, vielleicht sogar halb besinnungslos gesprochen. Aglaja dagegen maß ihn ein paar Sekunden lang mit demselben ruhigen Erstaunen, mit dem sie kurz vorher den Fürsten angeblickt hatte, und dieses ihr ruhiges Erstaunen, dieses vollkommene Nichtverstehenkönnen dessen, was zu ihr gesprochen wurde, war für Ganjä in jenem Augenblick noch schrecklicher, als es die größte Verachtung gewesen wäre.

„Was soll ich schreiben?“ fragte der Fürst.

„Das werde ich Ihnen sogleich diktieren,“ sagte Aglaja, sich zu ihm wendend. „Sind Sie bereit? Dann schreiben Sie: ‚Ich lasse mich in keinen Handel ein.‘ Jetzt schreiben Sie noch das Datum und den Monat. Zeigen Sie.“

Der Fürst reichte ihr das Album.

„Vorzüglich! Sie haben es ausgezeichnet geschrieben! Sie haben die schönste Handschrift, die ich je gesehen! Ich danke Ihnen. Auf Wiedersehen, Fürst ... Warten Sie“ – ihr schien noch etwas einzufallen – „kommen Sie, ich will Ihnen etwas zum Andenken schenken.“

Der Fürst folgte ihr; im Speisezimmer blieb Aglaja plötzlich stehen.

„Lesen Sie dies,“ sagte sie, indem sie ihm Ganjäs Brief hinhielt.

Der Fürst nahm den Brief, blickte jedoch Aglaja verständnislos fragend an.

„Ich weiß es, daß Sie ihn nicht gelesen haben und auch nicht der Vertraute dieses Menschen sein können,“ sagte Aglaja. „Lesen Sie den Brief, ich will es, daß Sie ihn lesen.“

Der Brief war offenbar in aller Eile geschrieben:

„Heute wird sich mein Schicksal entscheiden. Sie wissen, auf welche Weise. Heute werde ich mein Wort geben müssen, und das soll unwiderruflich sein. Auf Ihr Mitleid habe ich kein Anrecht, und mir Hoffnungen zu machen, das wage ich nicht. Doch einmal haben Sie ein Wort fallen lassen, nur ein einziges Wort, und dieses Wort hat die ganze finstere Nacht meines Lebens erhellt und ist mir zur Leuchte geworden, die mir den richtigen Weg weist. Sagen Sie jetzt noch einmal ein solches Wort – und Sie werden mich erretten, mich vor dem Untergang bewahren. Sagen Sie mir nur: ‚Brich!‘ – und ich werde es heute noch tun, werde heute noch alles von mir werfen! Oh, was macht es Ihnen denn aus, dieses eine Wort zu sagen! Mit der Bitte um dieses eine Wort flehe ich Sie nur um ein Zeichen Ihrer Teilnahme, Ihres Mitleids an – nur, *nur* um Ihre Teilnahme! Und weiter nichts, *nichts*! Ich wage mich keinerlei Hoffnungen hinzugeben, denn ihrer Erfüllung wäre ich nicht wert. Doch sagen Sie nur das eine Wort, und ich werde von neuem meine Armut auf mich nehmen und freudig meine verzweifelte Lage ertragen. Ich werde den Kampf aufnehmen, werde mich freuen auf ihn und im Kampf mit neuen Kräften wiedergeboren werden! Senden Sie mir dieses eine Wort des Mitgefühls (*nur* des Mitgefühls, ich schwöre es Ihnen!) und tragen Sie diese Kühnheit dem Verzweifelten, dem Ertrinkenden nicht nach, der es wagt, eine letzte Anstrengung zu machen, um sich vor dem Untergang zu bewahren!

G. I."

„Dieser Mensch versichert," sagte Aglaja scharf, als der Fürst den Brief zu Ende gelesen hatte, „daß das verlangte Wort, er solle mit allem brechen, mich nicht kompromittieren und auch zu nichts verpflichten würde, wofür er mir noch, wie Sie sehen, in diesem Brief eine schriftliche Garantie gibt. Bitte, beachten Sie doch nur, wie naiv er sich beeilt hat, einzelne Wörtchen zu unterstreichen, und wie plump dabei doch sein geheimer Gedanke überall hervorschaut. Im übrigen weiß er sehr gut, daß ich, wenn er mit allem brechen würde – aber aus eigenem Antriebe, von sich aus, ohne mein Wort zu erwarten oder überhaupt mir etwas davon zu sagen, ohne jede Hoffnung auf mich – daß ich dann anders über ihn denken und vielleicht sogar sein Freund werden würde. Das weiß er selbst ganz genau! Aber er hat eine schmutzige Seele: er weiß es, und dennoch entschließt er sich nicht, sondern bittet um Garantien. Er ist unfähig, auf sein eigenes Risiko hin sich zu entscheiden; er will, daß ich ihm, als Ersatz für die dort aushängenden Hunderttausend, auf mich zu hoffen erlaube. Und was das früher einmal von mir ausgesprochene Wort betrifft, von dem er im Brief spricht, und das sein ganzes Leben erhellt haben soll, so lügt er einfach unverschämt. Ich habe ihn nur einmal flüchtig bedauert, und das ist alles. Ihm aber ist in seiner Frechheit sogleich der Gedanke an die Möglichkeit einer Hoffnung gekommen. Das merkte ich sehr bald. Seit der Zeit sucht er mich nun in die Falle zu locken. Und das tut er auch jetzt. Doch genug davon. Behalten Sie diesen Brief und geben Sie ihn ihm zurück, sogleich, das heißt natürlich, sobald Sie unser Haus verlassen haben, nicht früher."

„Und was soll ich ihm als Antwort sagen?"

„Nichts, versteht sich. Das ist die beste Antwort. Ach so, Sie wollen, glaube ich, bei ihm wohnen?"

„Iwan Fedorowitsch hat mir vorhin selbst diesen Rat gegeben," antwortete der Fürst.

„Dann seien Sie auf der Hut vor diesem Menschen, ich warne Sie, er wird es Ihnen nie verzeihen, daß Sie ihm diesen Brief zurückgeben."

Aglaja drückte dem Fürsten leicht die Hand und ging hinaus. Ihr Gesicht war ernst und verriet ihren Unmut; sie lächelte nicht einmal, als sie dem Fürsten zum Abschied zunickte.

108

„Sofort, ich hole nur noch mein Bündel," sagte der Fürst zu Ganjä, „dann gehen wir."

Ganjä stampfte vor Ungeduld mit dem Fuß auf. Sein Gesicht wurde ganz dunkel vor Wut. Endlich traten sie beide auf die Straße, der Fürst mit seinem Bündel in der Hand.

„Die Antwort, die Antwort?" drängte Ganjä wieder in größter Spannung. „Was hat sie Ihnen gesagt? Haben Sie ihr den Brief gegeben?"

Der Fürst reichte ihm schweigend den Brief. Ganjä erstarrte.

„Wie! Mein Brief!" schrie er. „Er hat ihn ihr überhaupt nicht gegeben! Haha, das hätte ich mir doch denken können! Oh, ver–r–rfl ... Natürlich konnte sie dann nichts verstehen vorhin! Aber wie denn, wie konnten Sie ihr denn meinen Brief nicht übergeben, o ver–r–rrfluch ..."

„Entschuldigen Sie, im Gegenteil: zufällig konnte ich ihr den Brief sogleich, nachdem ich ihn erhalten hatte, einhändigen, und zwar ganz so, wie Sie es wünschten. Ich bin nur jetzt wieder in seinen Besitz gekommen, weil Aglaja Iwanowna ihn mir zurückgegeben hat."

„Wann? Wann?"

„Nachdem ich in ihr Album eingeschrieben hatte und auf ihre Bitte ihr ins andere Zimmer folgte – Sie waren doch zugegen? Wir kamen ins Speisezimmer, sie reichte mir den Brief, wünschte ausdrücklich, daß ich ihn lese und dann – Ihnen zurückgebe."

„Daß Sie ihn l–e–esen?" schrie Ganjä fast aus vollem Halse, „l–e–esen? Und Sie lasen ihn?"

Ganjä blieb wie zu Stein erstarrt mitten auf dem Trottoir stehen und war dermaßen erstaunt, daß er sogar den Mund zu schließen vergaß.

„Ja, ich las ihn."

„Und sie selbst, sie selbst gab Ihnen den Brief zum Durchlesen? Sie selbst?"

„Ja, sie selbst, und Sie können mir glauben, daß ich ihn ohne ihre Aufforderung gewiß nicht gelesen hätte."

Ganjä schwieg eine Weile in qualvoll angestrengtem Nachdenken, doch plötzlich packte ihn wieder die Wut:

„Das kann nicht sein! Sie hat Ihnen den Brief unmöglich zum Durchlesen geben können! Sie lügen! Sie haben ihn eigenmächtig gelesen!"

„Ich habe Ihnen die Wahrheit gesagt," sagte der Fürst in demselben ruhigen Ton, „und ich versichere Sie, es tut mir sehr leid, daß diese Nachricht einen so unangenehmen Eindruck auf Sie macht."

„Aber, Sie Unglücksmensch, sie hat Ihnen bei der Gelegenheit doch wenigstens etwas gesagt! Irgend etwas muß sie doch geantwortet haben!"

„Ja gewiß ..."

„Aber dann tun Sie doch den Mund auf, reden Sie doch, sprechen Sie, zum Teufel! ..."

Und Ganjä stampfte vor Ungeduld und Wut mit dem rechten Fuß, der in der Galosche stak, zweimal aufs Trottoir.

„Als ich den Brief zu Ende gelesen hatte, sagte sie mir, daß Sie sie in eine Falle zu locken suchten; Sie möchten sie gern kompromittieren, um sich dann Hoffnungen, von denen sie nichts wissen wolle, hingeben zu können. Und auf Grund dieser Hoffnungen würden Sie dann ohne Verlust eine andere Hoffnung auf hunderttausend Rubel aufgeben. Ferner sagte sie, daß, wenn Sie dieses getan hätten, ohne mit ihr zu handeln – wenn Sie von sich aus mit dem Früheren gebrochen hätten, ohne von ihr im voraus Garantien für einen Ersatz zu erbitten – sie vielleicht Ihr Freund geworden wäre. Und das war alles, glaube ich. Richtig, noch eins: als ich sie dann fragte, welche Antwort ich Ihnen bringen solle, sagte sie, daß gar keine Antwort die beste Antwort sei – ich glaube, so war's. Verzeihen Sie, daß ich den genauen Wortlaut vergessen habe und Ihnen nur den Sinn mit meinen Worten so wiedergebe, wie ich ihn verstanden habe."

Ganjä erbleichte und seine ganze grenzenlose Wut schaffte sich in Worten Ausdruck.

„Ah! Also so!" knirschte er. „Also meine Briefe werden einfach fortgeworfen! Ah! Sie läßt sich in keinen Handel ein! Schön, dann werde ich mich in einen Handel einlassen! Wollen wir doch sehen! Mir steht noch vieles ... Wir werden schon sehen! Ich werde sie schon ins Bockshorn jagen!"

Er zitterte, erbleichte, schäumte vor Wut; er drohte sogar mit der Faust und machte wilde Bewegungen mit den Händen. So gingen sie ein paar Schritte. Der Fürst genierte ihn nicht im geringsten – ‚dieser Idiot'! Er benahm sich, als wäre er ganz allein in seinem Zimmer gewesen. Doch plötzlich stutzte er und besann sich.

„Ja, aber wie denn," wandte er sich an den Fürsten, „wie kommt es, daß Sie" (dieser Idiot! fügte er innerlich wieder hinzu) „daß Sie plötzlich dieses Vertrauen genießen, zwei Stunden nach der ersten Bekanntschaft? Wie ist das zu erklären?"

Zu all seinen Qualen kam jetzt noch der Neid hinzu – der hatte gerade noch gefehlt! Ganz plötzlich tauchte er auf und stach ihm ins Herz.

„Das vermag ich Ihnen freilich nicht zu erklären," antwortete der Fürst.

Ganjä sah ihn gehässig an.

„Sollte es nicht gar ihr *Vertrauen* sein, was sie Ihnen in dem anderen Zimmer schenken wollte? Sie sagte doch, bevor sie hinausging, daß sie Ihnen etwas schenken wolle!"

„Anders fasse ich es auch nicht auf, als gerade so."

„Ja, aber wofür denn, zum Teufel noch eins! Was haben Sie denn dort so Großes vollbracht? Womit haben Sie ihr Vertrauen errungen? Hören Sie," unterbrach er sich plötzlich in seiner sich überstürzenden Weise – alles in ihm war in diesem Augenblick gleichsam kopflos durcheinandergeworfen und kochte in wirrer Unordnung, so daß von einem Überlegen oder auch nur einem Zusammenhalten der Gedanken gar keine Rede sein konnte. „Hören Sie, können Sie sich denn nicht irgendwie noch entsinnen oder sich in einigermaßen richtiger Reihenfolge dessen erinnern, was Sie dort gesprochen haben, alles, alles, jedes Wort, ganz von Anfang an? Haben Sie vielleicht irgend so eine Bemerkung fallen lassen – können Sie sich denn gar nicht mehr Ihres Gesprächs entsinnen?"

„Oh, gewiß kann ich das," antwortete der Fürst. „Ganz zu Anfang, nachdem das Erste überstanden war, sprachen wir von der Schweiz."

„Nun, zum Teufel mit der Schweiz!"

„Dann sprachen wir von der Todesstrafe ..."

„Von der Todesstrafe?"

„Ja; es kam die Rede darauf ... Dann erzählte ich ihnen, wie ich die vier Jahre in der Schweiz verbracht habe, und ferner die Geschichte eines armen Dorfmädchens ..."

„Ach, zum Teufel alle armen Dorfmädchen! Weiter!" Ganjä raste innerlich vor Ungeduld.

„Darauf erzählte ich, wie Schneider mir seine Meinung über meinen Charakter gesagt und mich veranlaßte ..."

„Der Satan hole Ihren Schneider und seine Meinungen! Weiter!"

„Weiter – kamen wir auf Gesichter zu sprechen, auf den Ausdruck der Gesichter, und bei der Gelegenheit sagte ich, daß Aglaja Iwanowna fast ebenso schön sei, wie Nastassja Filippowna. Und da mußte ich denn auch sagen, daß ich ihre Photographie gesehen hatte ...“

„Aber Sie sagten doch nicht, Sie erzählten doch nicht, was Sie vorher im Kabinett gehört hatten? Nein? Nein?“

„Ich wiederhole es Ihnen – nein.“

„Ja, aber woher denn ... Teufel ... Ach, zum! ... Aber hat Aglaja den Brief nicht der Alten gezeigt?“

„Nein, sie hat ihn ihr nicht gezeigt. Dessen kann ich Sie vollkommen versichern. Ich war die ganze Zeit nachher zugegen, so daß ich es unfehlbar gesehen hätte.“

„Aber vielleicht haben Sie selbst irgend etwas bemerkt ... Oh, dieser ver-r-rdammte Idiot,“ knirschte er außer sich – diesmal ganz laut – „nicht einmal zu erzählen versteht er etwas!“

Ganjä, der einmal ins Schimpfen hineingekommen war, hatte allmählich, wie das oft mit solchen Menschen geschieht, jede Zurückhaltung verloren. Es fehlte vielleicht nicht mehr viel, und er hätte den Fürsten vor Wut angespien. Doch gerade diese Wut blendete ihn; denn sonst hätte er schon längst bemerkt, daß dieser „Idiot“, den er so beleidigend behandelte, sehr schnell und sehr feinfühlig alles begriff und es ungewöhnlich treffend wiederzugeben verstand. Doch da geschah mit einem Male etwas ganz Unerwartetes.

„Ich muß Ihnen sagen, Gawrila Ardalionytsch,“ sagte plötzlich der Fürst, „daß ich früher allerdings so krank war, daß man mich in der Tat fast als einen Idioten bezeichnen konnte. Jetzt aber bin ich schon lange geheilt, und daher ist es mir etwas unangenehm, wenn man mich so einfach, ins Gesicht, einen Idioten nennt. Zwar kann man Sie, in Anbetracht Ihrer Mißerfolge, noch entschuldigen, doch haben Sie mich in Ihrem Ärger zweimal beschimpft. Dem will ich mich nun in der Folge nicht mehr aussetzen; es ist mir, wie gesagt, sehr unangenehm, zumal es so bald geschehen ist, nachdem wir uns kaum kennen gelernt haben. Wäre es deshalb nicht besser – wir sind hier gerade an einer Straßenkreuzung – wenn wir jetzt auseinandergingen: Sie nach rechts, und ich nach links? Ich bin im Besitz von fünfundzwanzig Rubeln und werde sicher Unterkunft in irgendeinem *Hôtel garni* finden.“

Ganjä machte ein entsetzlich betretenes Gesicht und wurde dunkelrot vor Scham – die Zurechtweisung kam ihm gar zu unerwartet.

„Verzeihen Sie, Fürst," rief er glühend aus – sein soeben noch äußerst beleidigender Ton hatte sich schnell in einen äußerst höflichen verwandelt, „um Gottes willen, verzeihen Sie! Sie sehen, in welch einer Lage ich mich befinde! Und dabei wissen Sie noch nicht einmal alles; wenn Sie aber alles wüßten, würden Sie mich vielleicht ein wenig entschuldigen, obschon ich, versteht sich, nicht mehr zu entschuldigen bin ..."

„Oh, so große Entschuldigungen verlange ich ja gar nicht," unterbrach ihn der Fürst, „ich verstehe ja nur zu gut, wie unangenehm Ihnen das alles sein muß, nur deshalb fluchen und schimpfen Sie so. Nun, gehen wir also zu Ihnen. Es wird mir ein Vergnügen sein ..."

„Nein, so kann man ihn nicht fortgehen lassen," dachte Ganjä bei sich mit einem gehässigen Seitenblick auf den Fürsten. „Dieser Spitzbube hat als Idiot zuerst alles aus mir herausgeholt, um dann die Maske abzunehmen ... Das hat etwas zu bedeuten. Nun, wir werden ja sehen, jetzt muß sich alles entscheiden, alles, alles! Und noch heute!"

Inzwischen waren sie an dem Hause, in dem Ganjä wohnte, angelangt.


# VIII.

Ganjäs Wohnung lag im dritten Stock, zu dem eine äußerst saubere, helle und breite Treppe hinaufführte. Sie bestand aus sechs oder sieben größeren und kleineren Zimmern, die, wenn sie sich auch durch nichts Besonderes auszeichneten, für eine Beamtenfamilie, in der nur ein einziger verdiente, doch sicherlich zu teuer war, mochte dieser eine sich auch auf zweitausend Rubel jährlich stehen. Es hatte jedoch einen besonderen Grund, weshalb Iwolgins vor zwei Monaten in diese große Wohnung gezogen waren: Ganjäs Mutter und Schwester – Nina Alexandrowna und Warwara Ardalionowna – hatten, um die Einkünfte wenigstens etwas zu vergrößern, schon vor längerer Zeit beschlossen, einige Zimmer mit Kost und Bedienung zu vermieten, was ihnen denn auch nach langen Kämpfen von seiten Ganjäs schließlich erlaubt worden war. Doch trotz seiner Einwilligung ärgerte sich Ganjä nicht wenig darüber und nannte „diese ganze Vermieterei" einfach eine „Unanständigkeit"; er glaubte sich jetzt in der Gesellschaft, in der er bis dahin als junger, hoffnungsvoller Mann stets mit Selbstbewußtsein und als Gentleman aufgetreten war, seiner Familie geradezu schämen zu müssen. Jedenfalls hinterließen alle diese Dämpfer, die ihm das Schicksal zugedacht hatte, und die Erniedrigungen dieses „engen Lebens" die tiefsten Wunden in seiner Seele. Seit einiger Zeit konnte er sich über jede Kleinigkeit bis zur Maßlosigkeit aufregen, und wenn er auch beschlossen hatte, vorläufig noch nachzugeben und das Vermieten zu dulden, so tat er es doch nur, weil er sich geschworen hatte, in kürzester Frist diesem ganzen Zustande ein Ende zu machen und eine neue Ordnung und neue Verhältnisse zu schaffen. Nur sollte es sich leider bald zeigen, daß das Mittel, das er zur Ermöglichung einer solchen Veränderung gewählt hatte, an sich noch viel unangenehmer und schwieriger war, als alles Vorhergegangene.

Die Wohnung wurde durch einen Korridor, der sogleich am Eingang begann, in zwei Hälften geteilt. Auf der einen Seite des Korridors lagen die drei Zimmer, die für die „besonders empfohlenen" Mieter bestimmt waren, und dann noch ein viertes, kleines Zimmerchen neben der Küche, das dem Familienoberhaupt und verabschiedeten General, Ardalion Alexandrowitsch Iwolgin, zugewiesen war; er schlief dort auf einem breiten Diwan und mußte stets durch die Küche und über die Hintertreppe ein- und ausgehen. In demselben Zimmerchen lebte auch der fünfzehnjährige Bruder Gawrila Ardalionytschs, der Gymnasiast Koljä: der mußte sich gleichfalls hier aufhalten, auf einem anderen alten, schmalen und kurzen Diwan schlafen und vor allen Dingen „nach dem Vater sehen," was mit jedem Tage unerläßlicher wurde. Dem Fürsten wurde das mittlere von den drei Zimmern zugewiesen; im ersten Zimmer rechts wohnte Herr Ferdyschtschenko, und links das dritte, stand noch leer. Doch Ganjä führte den Fürsten zuerst in die Familienhälfte der Wohnung. Diese bestand aus einem „Salon", der zur Essenszeit in ein Speisezimmer verwandelt wurde, aus einem „Empfangszimmer", das aber nur tagsüber „Empfangszimmer" war und am Abend sich in Ganjäs Arbeits- und Schlafzimmer verwandelte, und dann noch aus einem kleinen, engen, stets verschlossenen Stübchen, in dem Nina Alexandrowna und Warwara Ardalionowna schliefen. Mit einem Wort, die ganze Familie hatte sich so eng wie möglich eingerichtet, worüber Ganjä vor Empörung „innerlich knirschte". Zwar bemühte er sich stets, ehrerbietig zu seiner Mutter zu sein, aber nichtsdestoweniger merkte man es doch sofort, daß er der große Despot in der Familie war.

Nina Alexandrowna und Warwara Ardalionowna saßen nicht allein im Empfangszimmer: sie unterhielten sich, beide mit irgendeiner Strickarbeit beschäftigt, mit ihrem Gast, Iwan Petrowitsch Ptizyn. Nina Alexandrowna mochte etwa fünfzig Jahre alt sein; sie hatte ein hageres, eingefallenes Gesicht und tiefe Schatten unter den Augen. Sie sah kränklich und vergrämt aus, doch machten ihr Gesicht und ihr Blick einen recht angenehmen Eindruck. Schon aus den ersten Worten sprach ein ernster, ehrbarer Charakter. Trotz ihres vergrämten Antlitzes sah man ihr sogleich ihre Festigkeit und sogar Entschlossenheit an. Gekleidet war sie sehr bescheiden, dunkel und altjüngferlich; doch ihre Bewegungen, ihre

Sprechweise, ihr ganzes Auftreten verrieten die Dame, die sich einst in besserer Gesellschaft bewegt hatte.

Warwara Ardalionowna war ein Mädchen von dreiundzwanzig Jahren, mittelgroß, ziemlich hager und mit einem Gesicht, das nicht gerade sehr schön war, dafür aber das Geheimnis in sich barg, ohne Schönheit zu gefallen und bis zur Leidenschaft anzuziehen. Sie war der Mutter sehr ähnlich, sogar in ihrer Kleidung; denn ihr Sinn stand nicht danach, sich zu putzen. Ihre grauen Augen konnten mitunter sehr heiter und freundlich blicken, doch waren sie gewöhnlich ernst und nachdenklich, ja in der letzten Zeit waren sie es fast allzuoft. Auch aus ihrem Gesicht sprach Festigkeit und Entschlossenheit, doch fühlte man, daß diese Entschlossenheit noch energischer sein konnte als die der Mutter. Warwara Ardalionowna konnte sehr heftig werden, und ihr Bruder schien diese Heftigkeit fast ein wenig zu fürchten. Dasselbe tat auch der Gast, der gerade jetzt bei ihnen saß, Iwan Petrowitsch Ptizyn. Es war das ein noch junger Mann, von annähernd dreißig Jahren, nicht auffallend, doch gut gekleidet, mit sympathischem, wenn auch vielleicht ein wenig gar zu ehrbarem Wesen. Sein kurzgeschnittener, dunkelblonder Bart kennzeichnete ihn als einen, der nicht im Staatsdienst stand. Er konnte sich sehr verständig und angenehm unterhalten, war aber sonst nicht gesprächig und zog es gewöhnlich vor, ganz zu schweigen. Der allgemeine Eindruck, den er machte, war ein angenehmer. Warwara Ardalionowna war ihm offenbar nicht gleichgültig, was er übrigens auch gar nicht zu verbergen suchte. Warwara Ardalionowna dagegen verhielt sich zwar freundschaftlich zu ihm, zögerte aber immer noch mit der Antwort auf eine Frage, von der sie ihn eigentlich auch nur ungern sprechen hörte, was Ptizyn jedoch durchaus nicht entmutigte. Nina Alexandrowna war freundlich gegen ihn, und in der letzten Zeit hatte sie sogar großes Zutrauen zu ihm gefaßt. Übrigens war es allen bekannt, wie er sich sein Geld verdiente, – daß er gegen mehr oder weniger sichere Garantien Geld zu hohen Prozenten lieh. Mit Ganjä stand er sich sehr gut.

Als der Fürst und Gawrila Ardalionytsch eintraten, grüßte dieser nur seine Mutter in sehr trockenem Tone, übersah die Schwester vollkommen, und nachdem er den Fürsten vorgestellt hatte, wandte er sich sofort an Ptizyn, mit dem er gleich darauf das Zimmer verließ. Nina Alexandrowna sagte dem Fürsten ein paar freundliche Worte und befahl Koljä, dessen Kopf sich gerade durch die Türspalte schob, den Fürsten ins mittlere Zimmer zu führen. Koljä war ein munterer Knabe mit einem netten Gesicht und zutraulichem, offenherzigem Benehmen.

„Wo ist denn Ihr Gepäck?" fragte er, als er den Fürsten in dessen Zimmer geführt hatte.

„Ich habe ein Bündel; es ist im Vorzimmer geblieben.“

„Ich werde es sofort herschaffen. Wir haben an Dienstboten nur die Köchin und Matrjona, so daß auch ich helfe. Warjä[] sieht nur nach allem nach und ärgert sich. Ganjä sagt, Sie seien soeben aus der Schweiz zurückgekehrt?“

„Ja.“

„Ist es schön in der Schweiz?“

„Sehr schön.“

„Alles Berge?“

„Ja.“

„Ich werde Ihnen sofort Ihre Bündel herbringen.“

Warwara Ardalionowna trat ins Zimmer.

„Matrjona wird Ihnen sogleich das Bett überziehen. Haben Sie einen Koffer?“

„Nein, nur ein Bündel. Ihr Bruder wollte es herbringen; es ist im Vorzimmer.“

„Dort ist überhaupt kein Bündel, außer diesem Bündelchen hier; wohin haben Sie es denn gelegt?“ fragte Koljä, der wieder zurückgekommen war.

„Ja, das ist auch alles, was ich habe,“ sagte der Fürst und nahm sein Bündel in Empfang.

„A–a!“ Koljä sperrte etwas erstaunt den Mund auf. „Und ich dachte schon, ob nicht Ferdyschtschenko es bereits expediert hat.“

„Schwatz nicht so dummes Zeug,“ verwies ihn Warjä streng, die auch mit dem Fürsten zwar nicht gerade unhöflich, doch sehr trocken sprach.

„Chére Bebette, mit mir kann man auch etwas zärtlicher umgehen, ich bin ja doch nicht Ptizyn.“

„Dich kann man noch durchhauen, Koljä, so dumm bist du trotz deiner fünfzehn Jahre. Wenn Sie sonst etwas brauchen, können Sie sich an Matrjona wenden. Um halb fünf speisen wir. Sie können gemeinschaftlich mit uns oder auch in Ihrem Zimmer essen, ganz wie Sie wünschen. Gehen wir, Koljä, du sollst nicht stören.“

„Gehen wir, Charaktermensch!“

In der Tür stießen sie auf Ganjä.

„Ist der Vater zu Hause?" fragte er Koljä, und als dieser bejahte, flüsterte er ihm etwas zu.

Koljä nickte mit dem Kopf und folgte der Schwester.

„Nur auf ein Wort, Fürst – ich habe es über diesen ... diesen Scherereien zu sagen vergessen. Ich will Sie um etwas bitten: seien Sie so gütig und sprechen Sie, wenn es Ihnen nicht gar so schwerfällt, weder hier davon, was ich mit Aglaja gehabt habe, noch dort davon, was Sie hier erleben; denn auch hier gibt es genug des Widerwärtigen. Zum Teufel, übrigens ... Versuchen Sie wenigstens, sich heute zu bezwingen."

„Ich versichere Sie, daß ich weit weniger gesagt habe, als Sie vermuten," sagte der Fürst einigermaßen gereizt.

Ihre Stellung zueinander wurde ersichtlich immer feindseliger.

„Nun, ich habe heute schon genug durch Sie auszuhalten gehabt. Also mit einem Wort, ich bitte Sie darum."

„Gestatten Sie mir die Frage, Gawrila Ardalionytsch, inwiefern ich denn vorhin gebunden war, und weshalb ich mit keinem Wort der Photographie hätte Erwähnung tun dürfen? Sie hatten mich doch weder darum gebeten, noch mich in die Verhältnisse eingeweiht."

„Pfui, was das für ein scheußliches Zimmer hier ist," lenkte Ganjä von diesem Gespräch ab, indem er sich mit angewiderter Miene im Zimmer umsah, „dunkel und die Fenster gehen auf den Hof. Sie sind in jeder Beziehung zur Unzeit zu uns gekommen ... Nun, aber das ist nicht mehr meine Sache, nicht ich vermiete hier Zimmer."

Ptizyn blickte zur Tür herein und rief Ganjä. Dieser verließ eilig den Fürsten und ging hinaus, obwohl er augenscheinlich noch etwas sagen wollte, doch schien er in der Verlegenheit nicht das richtige Wort finden zu können. Auch das Zimmer hatte er offenbar nur aus Verlegenheit kritisiert.

Der Fürst hatte sich kaum gewaschen und mit einiger Sorgfalt umgekleidet, als die Tür sich wieder öffnete und eine neue Gestalt erschien.

Es war das ein Herr von etwa dreißig Jahren, groß von Wuchs, breitschultrig und mit einem äußerst großen Kopf, der durch das rotblonde krause Haar noch größer erschien, als er an sich schon war. Sein Gesicht war fleischig und rosig, die Lippen dick, die Nase breit und platt und die kleinen Augen unter den dicken Lidern schienen fortwährend spöttisch zu blinzeln. Der Gesamteindruck war der eines ziemlich unverschämten Menschen. Seine Kleider ließen an Sauberkeit zu wünschen übrig.

Die Tür öffnete er anfangs nur so weit, daß er knapp den Kopf durchschieben konnte. Hierauf betrachtete der durchgeschobene Kopf das Zimmer etwa fünf Sekunden lang in unveränderter Stellung. Dann erst begann sich die Tür allmählich so weit aufzuschieben, daß man auch die Gestalt auf der Schwelle erblickte, doch trat der Herr immer noch nicht herein, sondern begann, von der Schwelle aus, blinzelnd den Fürsten zu betrachten. Endlich entschloß er sich zum ersten Schritt, schloß die Tür, trat näher, setzte sich auf einen Stuhl, faßte den Fürsten mit kräftigem Griff bei der Hand und drückte ihn schräg gegenüber auf das Sofa nieder.

„Ferdyschtschenko," stellte er sich vor und blickte aufmerksam und fragend dem Fürsten ins Gesicht.

„Nun, und?" fragte der Fürst, der kaum noch ernst blieb.

„’n Mieter," antwortete Ferdyschtschenko, mit dem Daumen über die Achsel nach rückwärts weisend, und blickte den Fürsten unverändert mit demselben Ausdruck an.

„Sie wollen sich wohl mit mir bekannt machen?"

„O–oh!" war die Antwort des Gastes, worauf er die Stirn in Längsfalten legte, während das Haar dabei gleichsam zu Berge stieg und er selbst in die entgegengesetzte Zimmerecke zu schauen begann. „Haben Sie Geld?" fragte er plötzlich, sich wieder dem Fürsten zuwendend.

„Nicht viel."

„Wieviel denn auf den Knopf?"

„Fünfundzwanzig Rubel."

„Zeigen Sie mal."

Der Fürst entnahm seiner Westentasche den Fünfundzwanzigrubelschein, den ihm der General Jepantschin gegeben hatte, und reichte ihn Ferdyschtschenko. Dieser faltete die Note auseinander, betrachtete sie zuerst von der einen, dann von der anderen Seite, drehte sie nochmals um und hielt sie dann gegen das Licht.

„Sonderbar," meinte er nachdenklich, „weshalb mögen sie nur so braun werden? Diese Fünfundzwanziger werden mitunter verteufelt braun, andere aber bleichen wiederum völlig aus. Nehmen Sie."

Der Fürst nahm sein Geld zurück. Ferdyschtschenko erhob sich vom Stuhl.

„Ich bin gekommen, um Sie zu warnen: erstens, mir niemals Geld zu pumpen; denn ich werde Sie unfehlbar darum bitten."

„Gut."

„Haben Sie die Absicht, hier zu bezahlen?"

„Gewiß."

„Ich nicht. Danke. Ich wohne hier rechts von Ihnen, die erste Tür – Sie wissen? Bemühen Sie sich, mich nicht allzuoft zu besuchen. Ich werde schon zu Ihnen kommen, seien Sie unbesorgt. Den General haben Sie schon gesehen?"

„Nein."

„Und auch nicht gehört?"

„Nein."

„Na, dann werden Sie ihn noch sehen und hören; der will ja sogar mich anpumpen! *Avis au lecteur.[]* Leben Sie wohl. Kann man denn leben mit dem Namen: Ferdyschtschenko? Hm?"

„Weshalb nicht?"

„Adieu."

Und er ging zur Tür. Wie der Fürst später erfuhr, hatte es sich dieser Herr gewissermaßen zur Pflicht gemacht, einen jeden durch Originalität und Heiterkeit in Erstaunen zu setzen, doch wollte ihm das nie so recht gelingen. Auf manche Leute machte er sogar einen direkt unangenehmen Eindruck, was ihm selbst aufrichtigen Kummer bereitete. Trotzdem konnte er es nicht über sein Herz bringen, auf den einmal erwählten Lebensberuf zu verzichten. In der Tür hatte er Gelegenheit, den Eindruck, den er auf den Fürsten gemacht hatte, seiner Meinung nach noch zu verbessern: im Begriff hinauszugehen, stieß er nämlich mit einem älteren Herrn zusammen, der gerade eintreten wollte; er trat vor diesem neuen, dem Fürsten gleichfalls unbekannten Gast zur Seite, und nachdem jener an ihm vorübergegangen war, machte er hinter seinem Rücken verschiedene warnende Zeichen, worauf er sich mit einem gewissen Siegesbewußtsein schneidig entfernte.

Der neue Gast war groß von Wuchs, etwa fünfundfünfzig Jahre alt oder noch älter, ziemlich wohlbeleibt, mit einem leuchtendroten, fleischigen, aufgedunsenen Gesicht, das von einem dichten grauen Backenbart umrahmt wurde, mit einem Schnurrbart und großen, hervortretenden Augen. Die Erscheinung wäre ziemlich imposant gewesen, wenn ihr nicht etwas Heruntergekommenes, Schäbiges, geradezu Schmieriges angehaftet hätte. Er trug einen alten Überrock, dessen Ellenbogen fast durchgerieben waren, und auch die Wäsche war nicht gerade sauber. In seiner Nähe roch es ein wenig nach Branntwein. Nichtsdestoweniger war sein Auftreten sehr effektvoll, ein wenig einstudiert vielleicht und augenscheinlich von dem Wunsch beseelt, unter allen Umständen Eindruck zu machen. Der Herr näherte sich dem Fürsten mit freundlichem Lächeln, doch ohne sich zu beeilen, ergriff schweigend seine Hand, und indem er sie in der seinen behielt, blickte er ihm eine Zeitlang ins Gesicht, als wolle er bekannte Züge wiedererkennen.

„Er! Er!" sagte er dann leise und feierlich. „Wie leibhaftig! Ich höre einen mir so bekannten und teuren Namen nennen und muß an die unwiederbringliche Vergangenheit denken ... Fürst Myschkin?"

„Ja."

„General Iwolgin, verabschiedet und unglücklich. Ihr Rufname und Patronym, wenn ich fragen darf?"

„Lew Nikolajewitsch."

„Ja, ja, ganz recht! Der Sohn meines Freundes und, ich kann wohl sagen, Spielkameraden, Nikolai Petrowitsch!"

„Mein Vater hieß Nikolai Lwowitsch."

„Lwowitsch," verbesserte sich der General, ohne sich zu beeilen, eben mit der vollkommenen Ruhe eines Menschen, der den Namen nicht im geringsten vergessen, sondern sich nur zufällig versprochen hat. Er setzte sich, und den Fürsten bei der Hand erfassend, zog er ihn neben sich auf das Sofa. „Ich habe Sie auf den Armen getragen."

„Wirklich?" fragte der Fürst überrascht. „Mein Vater ist schon vor zwanzig Jahren gestorben."

„Ja; vor zwanzig Jahren; vor zwanzig Jahren und drei Monaten. Wir haben zusammen die Schule besucht; ich kam dann zum Militär ..."

„Auch mein Vater war Offizier – Sekondeleutnant beim Wassilkoffskischen Regiment."

„Beim Bjelomirskischen. Die Nachricht von seiner Versetzung ins Bjelomirskische traf kurz vor seinem Tode ein. Ich war zugegen und drückte ihm die Augen zu. Ihre Mutter ..."

Der General hielt inne, wie um seine Ergriffenheit zu überwinden.

„Ja, auch sie starb nach einem halben Jahr an einer Erkältung," sagte der Fürst.

„Nicht an einer Erkältung! Nicht an einer Erkältung, glauben Sie einem alten Mann. Ich war zugegen, ich habe auch sie beerdigt. Sie starb aus

Kummer um ihren verlorenen Gatten, nicht aber an einer Erkältung. Ja, unvergeßlich ist mir diese Fürstin! O Jugend! Ihretwegen wurden wir beide, der Fürst und ich, wir zwei Jugendfreunde, fast zu gegenseitigen Mördern."

Der Fürst begann, etwas mißtrauischer zuzuhören.

„Ich hatte mich sterblich in Ihre Mutter verliebt, als sie noch Braut war – die Braut meines Freundes. Er aber merkte es! Kommt zu mir, frühmorgens um sieben Uhr, weckt mich. Ich – kleide mich ganz verwundert an ... Schweigen beiderseits. Ich begriff alles. Er nimmt aus der Tasche zwei Pistolen. Amerikanisches Duell, versteht sich. Ohne Zeugen. Wozu Zeugen, wenn wir uns nach fünf Minuten beide in die Ewigkeit befördern? Wir luden, breiteten das Taschentuch aus, nahmen jeder seine Stellung ein, setzten die Pistolenmündung einander auf die Brust und schauten uns an. Plötzlich bricht ein Strom von Tränen aus unseren Augen, die Hände sinken herab – bei beiden, bei beiden gleichzeitig! Nun, dann natürlich Umarmungen, und jeder kämpft mit seiner Großmut. Der Fürst sagt: ‚Nimm du sie!‘ Mit einem Wort ... mit einem Wort ... Sie wollen bei uns wohnen ... wirklich wohnen?"

„Ja, eine Zeitlang ... vielleicht," sagte der Fürst, gleichsam etwas stockend.

„Fürst, Mama läßt Sie zu sich bitten," rief plötzlich Koljä, der in der Tür erschien.

Der Fürst erhob sich, doch der General legte ihm seine Rechte auf die Schulter und drückte ihn wieder aufs Sofa.

„Als aufrichtiger und treuer Freund Ihres Vaters will ich Sie warnen," sagte der General. „Ich selbst bin, wie Sie sehen, durch eine tragische Katastrophe ins Unglück geraten. Doch ohne vor die Schranken, ohne vor die Schranken gekommen zu sein! Nina Alexandrowna ist eine seltene Frau! Warwara Ardalionowna, meine Tochter, ist ein seltenes Mädchen! Die Verhältnisse zwingen uns, Zimmer zu vermieten – eine unerhörte Erniedrigung! ... Und das mir, dem es bevorstand, Generalgouverneur zu werden! ... Doch Sie sind uns zu jeder Zeit willkommen. Aber jetzt, gerade jetzt spielt sich in meinem Hause eine Tragödie ab!"

Der Fürst blickte ihn fragend und interessiert an.

„Ein Ehe soll geschlossen werden, eine seltsame Ehe! Ein zweideutiges Frauenzimmer soll einen jungen Mann heiraten, der, wenn er wollte, Kammerjunker sein könnte. Und dieses Frauenzimmer soll in mein Haus eingeführt werden, in dem meine Frau und meine Tochter leben! Doch so lange, wie ich noch lebe, wird ihr Fuß nicht mein Haus betreten! Ich werde mich auf die Schwelle hinwerfen, mag sie dann über mich hinwegtreten! ... Mit Ganjä spreche ich jetzt fast überhaupt nicht mehr, vermeide es sogar, ihm zu begegnen. Ich warne Sie absichtlich. Wenn Sie bei uns leben werden, werden Sie ja ohnehin Zeuge sein ... Aber Sie sind der Sohn meines Freundes, und ich kann doch wohl hoffen ...“

„Verzeihung, Fürst. Bitte, seien Sie so freundlich und kommen Sie auf einen Augenblick zu mir ins Empfangszimmer,“ unterbrach ihn Nina Alexandrowna, die diesmal selbst gekommen war, um den Fürsten zu sich zu rufen.

„Denke dir nur, mein Schatz,“ rief ihr der General sofort zu, „es stellt sich heraus, daß ich den Fürsten als kleines Kind auf meinen Armen gewiegt habe!“

Nina Alexandrowna warf ihm einen vorwurfsvollen Blick zu und sah dann forschend den Fürsten an, sagte aber kein Wort. Der Fürst folgte ihr. Doch kaum waren sie im anderen Zimmer angelangt, kaum hatte Nina Alexandrowna halblaut etwas offenbar Peinliches mitzuteilen begonnen, als auch der General plötzlich wieder in der Tür erschien. Seine Frau verstummte sofort und beugte sich ersichtlich ärgerlich über ihre Strickarbeit. Der General bemerkte ihren Ärger sehr wohl, ließ sich aber dadurch nicht im geringsten seine gute Laune nehmen.

„Der Sohn meines Freundes!“ rief er begeistert aus, sich an Nina Alexandrowna wendend. „Und so unerwartet! Wie hätte ich das noch gestern erhoffen können! Aber, mein Schatz, entsinnst du dich denn wirklich nicht mehr des seligen Nikolai Lwowitsch? Du trafst ihn doch noch ... in Twerj?“

„Nein, ich entsinne mich Nikolai Lwowitschs nicht. Ist das Ihr Vater?“ fragte sie den Fürsten.

„Ja, aber er starb, glaube ich, nicht in Twerj, sondern in Jelissawetgrad,“ bemerkte der Fürst etwas verlegen. „Ich habe es von Pawlischtscheff gehört ...“

„In Twerj starb er,“ behauptete der General. „Kurz vor seinem Tode wurde er nach Twerj versetzt, vor dem Ausbruch der Krankheit. Sie waren damals viel zu klein, um sich jetzt noch der Versetzung oder der Reise entsinnen zu können, und Pawlischtscheff kann sich geirrt haben – er war ja doch auch nicht mehr als ein Mensch, wenn er auch sonst ein seltener Mensch war.“

„Sie kannten auch Pawlischtscheff?“

„Ein seltener Mensch war er, aber ich war ja doch Augenzeuge, ich habe ihm die Augen zugedrückt ...“

„Aber mein Vater starb doch, soviel ich weiß, als Untersuchungsgefangener,“ bemerkte wieder der Fürst, „obwohl ich niemals habe erfahren können, welches Vergehens er eigentlich beschuldigt worden ist. Er starb im Hospital.“

„Oh, das war doch die Geschichte mit dem Soldaten Kolpakoff – der Fürst wäre ganz zweifellos freigesprochen worden!“

„Ja? Sie wissen es genau?“ fragte der Fürst lebhaft interessiert.

„Das fehlte noch, daß ich's nicht wüßte!“ rief der General fast entrüstet aus. „Das Kriegsgericht löste sich auf, ohne auch nur das geringste Urteil zu fällen. Ein ganz unmöglicher Fall! Man kann sogar sagen – geradezu mysteriös! Eines Tages stirbt der Hauptmann Larionoff, unser Kompagniechef; dem Fürsten werden zeitweilig die Pflichten desselben übertragen; schön. Der gemeine Soldat Kolpakoff begeht darauf einen Diebstahl – er stiehlt einem Kameraden die Stiefel und vertrinkt sie; schön. Der Fürst – und vergessen Sie nicht, es geschah in Gegenwart des Feldwebels und Korporals – wäscht dem Kolpakoff tüchtig den Kopf und droht ihm mit Prügelstrafe. Sehr schön. Kolpakoff geht in die Kaserne, legt sich auf die Pritsche und nach einer Viertelstunde ist er tot. Vortrefflich. Aber wie dem auch sein mag, jedenfalls bleibt die Sache unerklärlich, geradezu unmöglich. Nun gut, Kolpakoff wird beerdigt; der Fürst rapportiert und Kolpakoff wird aus den Listen gestrichen. Die Sache ist erledigt, nicht wahr? Was kann man noch verlangen? Doch siehe da, genau nach einem halben Jahre steht bei einer Brigadebesichtigung der Soldat Kolpakoff, als wäre er nie gestorben, in der dritten Rotte des zweiten Bataillons des Nowosemljanskischen Infanterie-Regiments, in derselben Brigade und derselben Division!“

„Was!“ Der Fürst fiel natürlich aus den Wolken.

„Es verhält sich nicht so, das ist ein Irrtum!“ wandte sich plötzlich Nina Alexandrowna an den Fürsten, und ihr Blick bat ihn um Verzeihung. „*Mon mari se trompe*,“[] fügte sie leise hinzu.

„Aber, mein Schatz, *se trompe*,[] das ist leicht gesagt, aber urteile du über diesen Fall! Alles war natürlich baff! Ich hätte ja gern als erster gesagt, *qu'oun se trompe*![] Zum Unglück aber war ich Augenzeuge und selbst ein Mitglied der Untersuchungskommission. Sämtliche Konfrontationen ergaben immer nur das eine: daß es derselbe, vollkommen derselbe Kolpakoff war, den man vor einem halben Jahr unter Trommelwirbel begraben hatte. Der Fall war wirklich eine Seltenheit, etwas fast Unmögliches, das gebe ich vollkommen zu, aber ..."

„Papa, das Essen für Sie ist schon aufgetragen," meldete Warwara Ardalionowna, ins Zimmer tretend.

„Ah, schön, schön! Ich habe auch schon Hunger ... Aber der Fall war, man kann wohl sagen, sogar psy–cho–logisch ..."

„Die Suppe wird wieder kalt werden!" sagte Warjä ungeduldig.

„Ich geh' ja schon," murmelte der General, der sich bereits gehorsam auf den Weg zu seiner Suppe machte, – „... doch trotz aller Untersuchungen," hörte man noch vom Korridor her.

„Sie werden Ardalion Alexandrowitsch vieles nachsehen müssen, wenn Sie bei uns bleiben," sagte Nina Alexandrowna zum Fürsten. „Übrigens wird er Sie nicht gar zu oft belästigen. Er speist auch allein. Sie werden zugeben, daß ein jeder seine Mängel hat und seine ... besonderen Eigenschaften, der kleinen vielleicht noch mehr als der großen, auf die man gewöhnlich mit Fingern zeigt. Nur um eines wollte ich Sie sehr bitten: falls mein Mann sich einmal wegen des Kostgeldes an Sie wenden sollte, so sagen Sie, daß Sie es mir bereits bezahlt hätten. Selbstverständlich wird Ihnen auch das, was Sie eventuell Ardalion Alexandrowitsch geben, als Bezahlung der Pension angerechnet werden, ich bitte Sie aber nur um der Ordnung willen ... Was ist das, Warjä?"

Warwara Ardalionowna, die den Vater hinausgeleitet hatte, war wieder zurückgekehrt und reichte der Mutter Nastassja Filippownas Photographie. Nina Alexandrowna zuckte zusammen und starrte, anfangs erschrocken, dann jedoch mit einem erdrückend bitteren Ausdruck auf das Bild der schönen Frau. Endlich blickte sie auf und sah fragend ihre Tochter an.

„Sie hat es ihm heute selbst geschenkt," sagte Warjä, „und am Abend wird sich alles entscheiden."

„Heute abend!?" stieß Nina Alexandrowna wie in hoffnungsloser Verzweiflung leise hervor. „Nun, dann kann hierüber kein Zweifel mehr bestehen, dann lohnt es sich auch gar nicht mehr, noch zu hoffen: mit dem Geschenk des Bildes hat sie alles gesagt ... Hat er es dir selbst gezeigt?" fragte sie gleich darauf ganz verwundert.

„Sie wissen doch, daß wir schon über einen Monat kein Wort miteinander sprechen. Ptizyn hat mir alles erzählt, das Bild aber lag dort neben dem Tisch auf dem Fußboden. Ich hob es auf."

„Ich wollte Sie fragen, Fürst," wandte sich Nina Alexandrowna an ihn, „deshalb bat ich Sie auch her – ob Sie meinen Sohn schon lange kennen? Er sagte, wenn ich mich nicht irre, daß Sie heute erst irgendwoher angekommen seien."

Der Fürst gab ihr in kurzen Worten die nötigen Erklärungen. Mutter und Tochter hörten ihn ruhig an.

„Glauben Sie nicht, daß ich Sie über Gawrila Ardalionytsch ausforschen will, wenn ich Sie einiges frage," sagte Nina Alexandrowna. „O nein, das müssen Sie nicht von mir denken. Wenn es etwas gibt, was er mir nicht selbst sagen kann, so will ich sicher nicht hinter seinem Rücken danach forschen. Ich meine nur ... Ganjä sagte vorhin auf meine Frage, als Sie hinausgegangen waren: ‚Er weiß alles, vor ihm braucht man sich nicht zu genieren!' Was hat das nun zu bedeuten? Ich meine nur ... ich möchte gern wissen, inwiefern ..."

Ganjä und Ptizyn traten ins Zimmer. Nina Alexandrowna verstummte. Der Fürst blieb ruhig auf seinem Platz neben ihr sitzen, Warjä jedoch trat zur Seite. Nastassja Filippownas Bild lag, allen sichtbar, auf ihrem Nähtischchen. Ganjä bemerkte es sogleich, runzelte die Stirn, nahm es, ohne zu fragen, fort und warf es ärgerlich auf seinen Schreibtisch, der am anderen Ende des Zimmers stand.

„Was heute, Ganjä?" fragte plötzlich Nina Alexandrowna.

„Was heute?" fuhr Ganjä auf und zornig wandte er sich an den Fürsten. „Ah, ich verstehe, auch hier haben Sie! ... Ja, zum Teufel, ist das bei Ihnen eine *Krank–heit* oder was sonst für eine Manie? Können Sie denn wirklich nicht den Mund halten? So begreifen Sie doch wenigstens endlich, Fürst ..."

„Hier bin diesmal ich der Schuldige, Ganjä, und kein anderer," unterbrach ihn Ptizyn.

Ganjä sah ihn fragend an.

„Es ist schon besser so, Ganjä," fuhr Ptizyn fort, „um so mehr als es doch schon beschlossene Sache ist," brummte er halblaut, trat zur Seite, setzte sich am Tisch nieder und zog aus seiner Tasche ein mit Bleistift beschriebenes Blatt Papier hervor, das er aufmerksam zu studieren begann.

Ganjä blieb finster stehen und erwartete unruhig eine Familienszene. Sich beim Fürsten zu entschuldigen, fiel ihm gar nicht ein.

„Wenn alles beschlossen ist, so hat Iwan Petrowitsch natürlich recht," pflichtete Nina Alexandrowna Ptizyn bei. „Sei, bitte, nicht so böse und rege dich nicht auf, Ganjä, ich werde dich nicht danach fragen, wenn du es nicht selbst erzählen willst, und ich versichere dir, daß ich mich vollkommen ergeben habe. Also sei so gut und rege dich nicht mehr auf."

Sie sagte es, ohne von der Arbeit aufzublicken, und war auch allem Anschein nach tatsächlich ruhig. Ganjä war etwas erstaunt, schwieg jedoch vorsichtshalber und wartete, was sie weiter sagen würde. Diese Familienszenen kamen seinen Nerven etwas teuer zu stehen. Nina Alexandrowna bemerkte diese Vorsicht, und so fügte sie mit bitterem Lächeln hinzu:

„Du zweifelst wohl immer noch und glaubst mir nicht. Ich versichere dir, es wird weder Tränen noch Bitten geben wie früher, wenigstens nicht meinerseits. Alles, was ich wünsche, ist ja nur, dich glücklich zu sehen; das weißt du doch. Ich habe mich dem Schicksal ergeben. Mein Herz wird immer bei dir sein, gleichviel ob wir beisammenbleiben oder auseinandergehn. Selbstverständlich rede ich nur von mir, und du kannst nicht verlangen, daß auch deine Schwester ..."

„Ah, versteht sich! Wieder die Schwester!" rief Ganjä spöttisch aus, mit haßerfülltem Blick auf Warjä. „Mama! Ich schwöre Ihnen nochmals, worauf ich Ihnen schon mein Wort gegeben habe: solange ich hier bin, solange ich lebe, wird niemand Ihnen seine Achtung versagen dürfen. Gleichviel, wer es sei: wer über unsere Schwelle hereintritt, ist Ihnen die größte Ehrerbietung schuldig ..."

Ganjä war so erfreut, daß er fast zärtlich auf seine Mutter blickte.

„Für mich habe ich auch niemals etwas gefürchtet, Ganjä, ich habe mich nicht meinetwegen beunruhigt und gequält, das weißt du. Heute, sagt man, werde sich alles entscheiden – was wird sich denn entscheiden?"

„Sie hat versprochen, heute abend zu erklären, ob sie einverstanden ist oder nicht," antwortete Ganjä.

„Wir haben beinahe drei Wochen jedes Wort über diese Angelegenheit vermieden, und das war auch das Beste, was wir tun konnten. Jetzt, wo nichts mehr zu ändern ist, erlaube ich mir nur eines – dich zu fragen: wie hat sie denn deinen Antrag annehmen und dir sogar ihr Bild schenken können, wenn du sie doch nicht liebst? Hast du denn wirklich eine so ... eine so ..."

„Nun, eine so erfahrene, wie?"

„Ich wollte mich nicht so ausdrücken. Hast du ihr denn wirklich in solchem Maße ... Sand in die Augen zu streuen vermocht?"

Eine ungewöhnliche Gereiztheit klang plötzlich aus dieser Frage. Ganjä stand, dachte eine Weile nach und sagte dann mit unverhohlenem Spott:

„Sie haben sich hinreißen lassen, Mama, haben sich doch nicht bemeistern können. So haben ja alle diese Gespräche bei uns begonnen. Sie sagten, es würde weder Fragen noch Vorwürfe geben, und da haben wir nun beides! Wozu von neuem anfangen? Lassen wir es doch lieber, es ist wirklich besser. Wenigstens haben Sie die Absicht gehabt ... Ich werde meine Eltern und Geschwister niemals verlassen, unter keinen Umständen; ein anderer würde von einer solchen Schwester zum mindesten fortlaufen, – seht doch, wie sie mich fixiert! Doch beenden wir dieses Gespräch! Ich hatte mich schon so gefreut ... Woher wissen Sie denn, daß ich Nastassja Filippowna betrüge? Und was Warjä betrifft, so – nun, wie sie selbst will. Doch genug! ... Aber jetzt wirklich einmal Schluß damit!“

Ganjä wurde mit jedem Wort erregter und wanderte ziellos im Zimmer umher. Diese Gespräche waren der wunde Punkt der Familie.

„Ich habe gesagt, sobald sie hier eintritt, gehe ich von hier fort, und ich werde mein Wort halten,“ sagte Warjä.

„Aus Eigensinn! Natürlich!“ rief Ganjä wütend aus. „Aus Eigensinn will sie ja auch nicht heiraten! Was zuckst du mit der Schulter? Mir ist es wahrhaftig ganz egal, was Sie zu tun gedenken, gnädigste Warwara Ardalionowna! Ist es gefällig, dann – bitte: führen Sie Ihre Absicht ohne Aufschub aus. Weiß Gott, ich hab' Sie mehr als satt. Wie! Sie entschließen sich also endlich doch, uns allein zu lassen, Fürst?“ wandte er sich an diesen, als er bemerkte, daß der Fürst sich erhob.

Ganjäs Stimme verriet bereits jenen Grad von Gereiztheit, in dem der Mensch sich fast über dieselbe freut und sich rückhaltlos und womöglich mit wachsender Freude von ihr hinreißen läßt, gleichviel wohin sie ihn führen kann. Der Fürst wandte sich in der Tür zurück, um etwas zu entgegnen, doch als er an dem krankhaft verzerrten Gesicht seines Beleidigers sah, daß nur noch ein Tropfen zum Überfließen fehlte, trat er schweigend aus dem Zimmer und zog die Tür hinter sich zu. Kaum war er ein paar Schritte gegangen, als die Stimmen im Empfangszimmer noch bedeutend lauter und heftiger wurden.

Er ging durch den sogenannten „Salon“ – richtiger die „gute Stube“ – ins Vorzimmer, um von dort durch den Korridor in sein Zimmer zu gelangen, doch im Vorübergehen an der Eingangstür bemerkte er, daß draußen auf dem Treppenflur sich jemand vergeblich bemühte, die Klingel zu ziehen. Am Klingelzuge mußte aber irgend etwas nicht ganz in Ordnung sein, denn die Glocke zitterte nur, doch ein Ton war nicht zu hören. Der Fürst trat näher, schloß auf, öffnete die Tür und – trat zusammenzuckend erschrocken einen Schritt zurück: vor ihm stand Nastassja Filippowna. Er erkannte sie sofort. Ihre Augen blitzten vor Unwillen. Sie trat schnell ins Vorzimmer, wobei sie ihn mit der Schulter berührte, da er ihr im Wege stand und sagte zornig, indem sie den Pelz abwarf:

„Wenn ein Diener zu faul ist, den Klingelzug in Ordnung zu bringen, so sollte er doch wenigstens im Flur sitzen, damit man nicht stundenlang vergeblich zu klopfen braucht. Da hat er noch den Pelz fallen lassen, Tölpel!"

Der Pelz lag tatsächlich auf dem Fußboden. Nastassja Filippowna hatte, an Bedienung gewöhnt, den Pelz einfach abgeworfen, ohne sich umzusehen oder zu warten, bis der Fürst ihn ihr abgenommen hätte. Dieser aber versäumte es, ihn aufzufangen.

„Dich müßte man wahrlich entlassen. Geh, melde mich."

Der Fürst wollte zwar etwas sagen, war jedoch so verwirrt, daß er nichts hervorbrachte und mit dem Pelz, den er aufgehoben hatte, in das Empfangszimmer gehn wollte.

„Da! – er geht mitsamt dem Pelz! Wozu nimmst du denn den Pelz mit! Hahaha! Oder bist du total verrückt?"

Der Fürst kehrte zurück und starrte sie wie ein Götzenbild an. Erst nach ihrem Lachen kam etwas Leben in sein Gesicht: er lächelte, doch die Zunge konnte er immer noch nicht bewegen. Im ersten Augenblick, als er ihr die Tür geöffnet hatte, war er erbleicht, jetzt stieg plötzlich eine heiße Blutwelle in sein Gesicht.

„Ach, das ist ja ein Idiot!" rief Nastassja Filippowna aus. „Nun, wohin gehst du denn? So wart' doch! Nun, wen wirst du denn melden?"

„Nastassja Filippowna," murmelte der Fürst.

„Woher kennst du mich?" fragte sie erstaunt. „Ich habe dich nie gesehen! Geh jetzt, melde mich! Was ist das für ein Geschrei?"

„Sie streiten dort," antwortete der Fürst und begab sich ins Empfangszimmer.

Er erschien dort in einem recht gefährlichen Augenblick: Nina Alexandrowna war bereits im Begriff, gänzlich zu vergessen, daß sie sich „vollkommen ergeben" hatte. Ihre Tochter verteidigte sie. Ptizyn hatte sein mit Bleifeder beschriebenes Blatt Papier weggelegt und stand jetzt neben Warjä, die zwar selbst keine Angst hatte – doch wurden die Grobheiten ihres Bruders mit jedem Wort unerträglicher, und in solchen Fällen pflegte sie gewöhnlich zu verstummen und dann nur mit unsäglich spöttischem Blick den Bruder zu betrachten, ohne auch nur auf eine Sekunde die Augen von ihm abzuwenden. Dieses Verhalten aber konnte Ganjä, wie sie sehr wohl wußte, bis zum Äußersten bringen. In diesem Augenblick trat der Fürst ins Zimmer und meldete:

„Nastassja Filippowna."


## IX.

Alles verstummte. Alle blickten den Fürsten an, als könnten oder wollten sie ihn nicht verstehen. Ganjä war vor Schreck wie zu Stein erstarrt.

Nastassja Filippownas Besuch war für alle – und namentlich noch in diesem Augenblick – eine wahrhaft erschreckende Überraschung. Es war ihr erster Besuch in diesem Hause! Bis dahin hatte sie sich dermaßen hochmütig zu ihnen verhalten, daß in den Gesprächen mit Ganjä nicht einmal der Wunsch, seine Familie kennen zu lernen, von ihr geäußert worden war. In der letzten Zeit hatte sie seine Verwandten überhaupt nicht mehr erwähnt, ganz als gäbe es gar keine. Zwar war es Ganjä einesteils auch ganz angenehm gewesen, daß dieses für ihn so unangenehme Gespräch hinausgeschoben wurde, doch im Herzen trug er diesen Hochmut sofort in ihr Schuldbuch ein. Jedenfalls aber hatte er von ihr eher spitze Bemerkungen über seine Familie erwartet als einen Besuch. Er wußte ganz genau, daß ihr alles bekannt war, was bei ihm zu Hause infolge seiner Werbung um ihre Hand vorging, und welcher Meinung seine Familie über sie war. Ihr Besuch jedoch gerade an *diesem* Tage und in *diesem* Augenblick, nachdem sie ihm ihr Bild geschenkt und am Abend desselben Tages das letzte entscheidende Wort zu sagen versprochen hatte – war das nicht ebensogut wie dieses Wort selbst?

Die starre Verständnislosigkeit, mit der alle den Fürsten ansahen, dauerte nicht lange: Nastassja Filippowna erschien selbst in der Tür und stieß beim Eintritt wiederum den Fürsten leicht zur Seite.

„Endlich ist es mir gelungen, einzutreten ... Warum binden Sie denn die Glocke fest?" sagte sie fröhlich, indem sie Ganjä, der ihr sofort entgegenstürzte, die Hand reichte. „Warum machen Sie ein so verdutztes Gesicht? Stellen Sie mich doch vor, bitte ..."

Ganjä, der gänzlich den Kopf verloren hatte, stellte sie zuerst seiner Schwester vor, und beide Frauen maßen einander, bevor sie sich die Hand reichten, mit seltsamem Blick. Nastassja Filippowna lachte übrigens und markierte Fröhlichkeit, doch Warjä wollte sich nicht verstellen und sah sie finster und unverwandt an; nicht einmal der Schatten eines Lächelns erschien auf ihrem Gesicht. Ganjä erbleichte; sie bitten oder bereden war unmöglich, und so blickte er sie nur so drohend an, daß sie aus seinem Blick wohl begreifen mußte, was die Minute für sie bedeutete. Da entschloß sie sich denn, nachzugeben, und sie lächelte Nastassja Filippowna kaum merklich zu. Der schlechte Eindruck wurde etwas wieder gutgemacht durch Nina Alexandrowna, welcher Ganjä in seiner Verwirrung Nastassja Filippowna nach der Schwester vorstellte. Doch kaum begann Nina Alexandrowna etwas von ihrem „besonderen Vergnügen" zu sprechen, als Nastassja Filippowna, ohne sie bis zu Ende anzuhören, sich schon an Ganjä wandte, den sie, sich unaufgefordert auf ein kleines Sofa in der Ecke am Fenster setzend, lachend fragte:

„Wo ist denn Ihr Bureau? Und ... und wo sind denn die Pensionäre? Sie vermieten doch möblierte Zimmer mit Kost und Bedienung?"

Ganjä wurde feuerrot und wollte etwas erwidern, doch Nastassja Filippowna ließ ihn nicht zu Worte kommen:

„Aber wie können Sie denn hier Pensionäre halten? Sie haben ja nicht einmal ein Arbeitszimmer für sich! Bringt denn das auch viel ein?" wandte sie sich an Nina Alexandrowna.

„Es macht ein wenig Mühe," antwortete diese, „aber selbstverständlich muß es doch etwas einbringen. Wir haben übrigens erst ...."

Doch Nastassja Filippowna hörte ihr schon wieder nicht mehr zu: sie betrachtete Ganjä, lachte und fragte:

„Was machen Sie denn für ein Gesicht? Oh, mein Gott, sehen Sie doch nur, was für ein Gesicht er macht!"

Während sie noch lachte, ging in Ganjäs Gesicht eine große Veränderung vor sich: die Starrheit, die lächerliche, feige Fassungslosigkeit verließen ihn ganz plötzlich; er erbleichte unheimlich, seine Lippen verzogen sich wie in einem krampfartigen Zucken, und schweigend, unverwandt und ruhig sah er mit Böses verheißendem Blick seinem lachenden Gast in die Augen.

Es war aber noch ein Beobachter anwesend, dem, wenn er auch immer noch auf demselben Fleck an der Tür des Empfangszimmers stand, doch plötzlich die Blässe und die unheilverkündende Veränderung in Ganjäs Gesicht auffiel, und den sie erschrecken machte. Dieser Beobachter war der Fürst. Fast mechanisch trat er vor und näherte sich Ganjä:

„Trinken Sie Wasser ... und sehen Sie nicht so ..." stieß er leise hervor.

Man sah es ihm an, daß er es ohne jede Überlegung oder gar Berechnung sagte, sondern daß einfach sein Instinkt aus ihm sprach. Doch seine Worte machten einen entsetzlichen Eindruck. Wie es schien, wandte sich Ganjäs ganze Wut plötzlich gegen den Fürsten: er packte ihn an der Schulter und blickte ihn mit unsäglichem Haß an, mit einem Haß, der ihn kein Wort hervorbringen ließ. Alle fuhren zusammen. Nina Alexandrowna schrie sogar leise auf. Ptizyn näherte sich schnell. Koljä und Ferdyschtschenko, die in der offenen Tür erschienen, blieben verwundert stehen. Nur Warjä blickte unverändert unter der Stirn hervor und beobachtete aufmerksam. Sie setzte sich absichtlich nicht, sondern stand, die Arme über der Brust gekreuzt, etwas abseits neben dem Stuhl der Mutter.

Im übrigen besann sich Ganjä sofort, fast schon im nächsten Augenblick. Dann lachte er nervös auf. Da war er bereits ganz zur Besinnung gekommen!

„Ja, sind Sie denn ein Arzt, Fürst?" rief er aus, bemüht, möglichst heiter zu erscheinen. „Sie können einen ja wahrhaftig erschrecken! Nastassja Filippowna, gestatten Sie, Ihnen vorzustellen – ein kostbares Subjekt! Zwar kenne ich ihn selbst erst seit dem Morgen ..."

Nastassja Filippowna blickte erstaunt den Fürsten an.

„Fürst? Er ist ein Fürst? Denken Sie sich, ich hielt ihn, als ich eintrat, dort im Vorzimmer für den Diener und schickte ihn her, um mich anzumelden! Hahaha!"

„Kein Malheur, kein Malheur!" fiel Ferdyschtschenko sofort nähertretend ein, sichtlich erfreut darüber, daß man zu lachen begann: „Das hat nichts zu sagen: *se non è vero* ..."

„Und ich habe Sie ja fast gescholten, Fürst. Verzeihen Sie, bitte. Aber wie kommen Sie denn, Ferdyschtschenko, zu dieser Tageszeit hierher? Haben Sie heute Feiertag? Ich glaubte, daß ich zum mindesten Sie hier nicht antreffen würde. Was? Wer? Was für ein Fürst? Myschkin?" fragte sie Ganjä, der ihr inzwischen den Fürsten, den er immer noch an der Schulter hielt, vorgestellt hatte.

„Er wohnt bei uns," erläuterte Ganjä.

Augenscheinlich wurde der Fürst, (der als Retter aus der peinlichen Situation allen sehr gelegen kam) wie etwas Seltenes vorgestellt, ja, er wurde ihrer Aufmerksamkeit nahezu aufgedrängt. Der Fürst hörte sogar das Wort „Idiot" hinter seinem Rücken flüstern, das wahrscheinlich Ferdyschtschenko Nastassja Filippowna zur Erklärung zuraunte.

„Sagen Sie doch, warum klärten Sie mich vorhin nicht auf, als ich mich so unverzeihlich ... in Ihnen täuschte?" fragte Nastassja Filippowna, die den Fürsten in der ungeniertesten Weise vom Kopf bis zu den Füßen betrachtete.

Sie erwartete ungeduldig, was er sagen würde, ganz, als wäre sie von vornherein überzeugt gewesen, eine so dumme Antwort zu erhalten, daß alle in schallendes Gelächter ausbrechen müßten.

„Ich war zu überrascht, als ich Sie so plötzlich vor mir sah ..." begann der Fürst.

„Aber woher wußten Sie denn, wer ich bin? Wo haben Sie mich früher gesehen? Aber was ist das, wirklich, es scheint mir, daß ich Sie irgendwo gesehen habe ... Und erlauben Sie, – warum erstarrten Sie denn plötzlich, nachdem Sie mir die Tür aufgemacht hatten? Was ist denn an mir, das so erstarren machen kann?"

„Nun! na! los doch!" rief ihm Ferdyschtschenko Grimassen schneidend in aufmunternd sein sollendem Tone zu. „Na, schießen Sie doch los! Herrgott! was ich auf eine solche Frage reden würde! Aber so ... na! Ach, bist du aber ein Tölpel, Fürst!"

„Oh, an Ihrer Stelle würde auch ich zu reden verstehen," wandte sich der Fürst lächelnd an Ferdyschtschenko. „Mich hat heute Ihre Photographie frappiert," fuhr er zu Nastassja Filippowna fort, „dann habe ich mit Jepantschins von Ihnen gesprochen ... und früh am Morgen, noch bevor ich in Petersburg angekommen war, hat mir im Eisenbahnzuge Parfen Rogoshin viel von Ihnen erzählt. Und in jenem Augenblick, als ich Ihnen die Tür aufmachte, dachte ich auch wieder an Sie – und da standen Sie plötzlich vor mir."

„Aber wie haben Sie mich denn erkannt?"

„Nach der Photographie und ..."

„Und?"

„Und ... weil ich Sie mir gerade so vorstellte ... Ich glaube, Sie gleichfalls irgendwo gesehen zu haben."

„Wo? Wo?"

„Ich glaube Ihre Augen irgendwo gesehen zu haben ... aber das kann ja nicht sein! Das ist nur so ... Ich bin nie hier gewesen. Vielleicht im Traum."

„Eh–hee! Seht doch mal an!" rief Ferdyschtschenko laut dazwischen. „Nein, ich nehme mein *se non è vero* zurück! Doch ... doch übrigens – das hat er ja alles nur aus Unschuld gesagt!" fügte er mitleidig bedauernd hinzu.

Der Fürst hatte die wenigen Sätze mit einer unruhigen Stimme gesprochen, dazwischen in der Erregung oft Atem geschöpft oder kurz abgebrochen, weshalb seine Rede denn auch geradezu abgehackt klang. Nastassja Filippowna sah ihn interessiert an, doch hatte sie aufgehört zu lachen. Da ertönte plötzlich eine neue laute Stimme hinter der Gruppe, die Nastassja Filippowna umstand. Der Neueingetretene brach sich majestätisch Bahn und – vor Nastassja Filippowna verneigte sich das Oberhaupt der Familie in eigener Person. General Iwolgin war im Frack und in sauberem Vorhemd. Sein Schnurrbart war starr aufgewichst.

Doch das war zuviel für Ganjä:

Dieser selbstgefällige, bis zur Hypochondrie ehrgeizige Mensch, der in den ganzen zwei Monaten vergeblich nach einem Piedestal gesucht, auf dem er höher dastehen und sich edler ausnehmen könnte, mußte nun fühlen, daß er noch ein Neuling auf dem erwählten Wege war und vielleicht nicht einmal bis zum Ende aushalten würde; dieser Mensch, der sich dann in der Verzweiflung zur größten Gemeinheit entschlossen hatte, was er bei sich zu Hause, wo er als richtiger Despot herrschte, auch vollkommen eingestand, Nastassja Filippowna gegenüber jedoch – die geradezu unbarmherzig das Übergewicht behielt, was sie ihn auch fühlen ließ – nie und nimmer einzugestehen gewagt hätte; dieser „ungeduldige Bettler", wie sie ihn einmal genannt, was ihm bald darauf hinterbracht worden war, hatte sich mit allen Schwüren geschworen, sie in der Folge bitter dafür büßen zu lassen, während er gleichzeitig wie ein Kind davon träumen konnte, wie er alles gutmachen, alle Widersprüche vereinen und nichts als Glück schaffen würde; – dieser Mensch mußte jetzt den furchtbarsten Kelch leeren! Ihm war auch noch diese schreckliche, für einen ehrgeizigen Menschen allerschrecklichste Folter zugedacht: die Qual, für seine Angehörigen erröten zu müssen, und das dazu noch in seinem eigenen Hause!

„Aber ist denn schließlich der verheißene Lohn auch all dieser Qualen wert?" fuhr es ihm jetzt plötzlich durch den Kopf.

Und in eben diesem Augenblick geschah das, was in den letzten zwei Monaten wie ein Alpdruck auf ihm gelastet, ihn vor Entsetzen frösteln und vor Scham erglühen gemacht hatte: Nastassja Filippowna lernte seinen Vater kennen. Wenn er sich bisweilen selbst gereizt und gequält hatte, dann hatte er sich wohl den Vater während der Zeremonie der kirchlichen Trauung vorzustellen versucht, doch nie war er fähig gewesen, das peinigende Bild sich bis zu Ende vorzustellen, sondern hatte es immer schnell wieder verscheucht. Vielleicht sah er das Unglück viel zu schwarz – aber das pflegt ja bei ehrgeizigen Menschen immer der Fall zu sein! In diesen zwei Monaten hatte er sich die Sache mehrfach überlegt und dann doch beschlossen und sich das Wort gegeben, seinen Vater irgendwie „unschädlich" zu machen, ihn wenigstens für eine kurze Zeit, falls das möglich war, ganz aus Petersburg fortzuschaffen, gleichviel, ob seine Mutter es billigte oder nicht. Vor zehn Minuten, nach Nastassja Filippownas unerwartetem Erscheinen, war er so bestürzt, so betäubt gewesen, daß er an die Möglichkeit, sein Vater könne gleichfalls erscheinen, gar nicht gedacht hatte. Und nun stand der General hier vor allen feierlich und lächerlich in Frack und weißer Binde, und das in einem Augenblick, in dem Nastassja Filippowna „offenbar nur eine Gelegenheit suchte, ihn und seine Familie zu verspotten" – davon war Ganjä überzeugt. Denn in der Tat: was konnte dieser ihr Besuch anders bedeuten? War sie gekommen, um die Freundschaft seiner Mutter und Schwester zu suchen, oder um sie in ihren vier Wänden zu beleidigen? Ein Blick genügte, um zu erkennen, wie sich die beiden Parteien zueinander stellten, und dieser Blick schloß jeden Zweifel aus: seine Mutter und Schwester saßen abseits, wie erniedrigt und verhöhnt, während Nastassja Filippowna ganz vergessen zu haben schien, daß sie mit ihnen in ein und demselben Zimmer saß ... Wenn sie sich aber in dieser Weise aufführte, so mußte sie natürlich etwas Besonderes im Sinn haben.

Ferdyschtschenko sprang sofort herbei, um den General vorzustellen, doch dieser kam ihm zuvor.

„Ardalion Alexandrowitsch Iwolgin," sagte er pathetisch, sich verbeugend und lächelnd, „ein alter, unglücklicher Soldat und Vater einer Familie, die glücklich ist in der Hoffnung, in ihrem Schoß eine so bezaubernde ..."

Er sprach nicht zu Ende: Ferdyschtschenko schob ihm von hinten ganz unverhofft einen Stuhl unter, und zwar tat er das so schwungvoll, daß der General, der nach dem Essen gewöhnlich etwas schwach auf den Füßen war, bei diesem plötzlichen Stoß in die Kniekehlen wie ein Sack auf den Sitz plumpste, was ihn im übrigen durchaus nicht aus dem Konzept brachte. So saß er denn jetzt Nastassja Filippowna gegenüber, zog mit süßem Lächeln ihre Hand an die Lippen und küßte sie langsam und effektvoll. Überhaupt war es ziemlich schwer, den General aus der Fassung zu bringen. Sein Äußeres war, abgesehen von einer gewissen Nachlässigkeit in der Kleidung, immer noch ganz anständig, was er selbst wohl wußte. Er hatte früher nur in guter Gesellschaft verkehrt, von der er erst seit zwei oder drei Jahren endgültig ausgeschlossen war. Seit dieser Zeit hatte er sich auch erst angewöhnt, etwas gar zu zügellos gewissen Schwächen nachzugeben, doch die einmal erworbenen Manieren hatte er deshalb nicht eingebüßt. Nastassja Filippowna schien höchst erfreut über das Erscheinen Ardalion Alexandrowitschs zu sein, von dem sie natürlich schon viel gehört hatte.

„Ich habe gehört, daß mein Sohn ...“ begann Ardalion Alexandrowitsch.

„Ja, Ihr Sohn! Aber auch Sie sind mir mal einer! Warum sieht man Sie denn nie bei mir? Sie sind doch sein Vater? Verstecken Sie sich selbst oder werden Sie von Ihrem Sohn versteckt? Sie können doch wirklich zu mir kommen, ohne daß sich deshalb jemand kompromittiert zu glauben braucht.“

„Die Kinder des neunzehnten Jahrhunderts und deren Eltern ...“ wollte wieder der General beginnen.

„Nastassja Filippowna! Entschuldigen Sie, bitte, Ardalion Alexandrowitsch auf einen Augenblick, es wird nach ihm verlangt,“ unterbrach ihn plötzlich Nina Alexandrowna laut.

„Verlangt? Aber ich bitte Sie, ich habe soviel von ihm gehört und ihn schon lange einmal sehen wollen! Und was hat er denn so Unaufschiebbares vor? Er ist doch verabschiedet? Nicht wahr, Sie werden mich nicht verlassen, Ardalion Alexandrowitsch, Sie werden doch nicht fortgehen?“

„Ich verspreche Ihnen, daß er Sie selbst aufsuchen wird, doch jetzt bedarf er dringend der Ruhe.“

„Ardalion Alexandrowitsch, Sie sollen der Ruhe bedürfen!“ rief Nastassja Filippowna mit einer pikierten kleinen Grimasse aus, ganz wie ein leichtfertiges, dummes Gänschen, dem man ein Spielzeug fortnimmt.

Der General aber war im besten Zuge, sich wieder lächerlich zu machen.

„Aber mein Schatz! Du siehst doch!“ sagte er, sich feierlich an seine Gattin wendend, in vorwurfsvollem Tone und die Hand aufs Herz gepreßt.

„Werden Sie nicht von hier fortgehen, Mama?“ fragte Warjä laut.

„Nein, Warjä, ich bleibe bis zu Ende.“

Nastassja Filippowna konnte unmöglich diese Frage und Antwort nicht hören, doch ihre Fröhlichkeit schien nur noch zuzunehmen. Sie überschüttete den General mit Fragen, und binnen fünf Minuten war dieser in der siegesbewußtesten Stimmung und redete äußerst schwungvoll.

Koljä zupfte den Fürsten am Rockschoß.

„So bringen Sie ihn doch irgendwohin fort! Das geht doch nicht! Bitte!" Dem armen Jungen standen vor Unwillen Tränen in den Augen. „Oh, dieser verwünschte Ganjä!" fügte er bei sich noch hinzu.

„Mit Iwan Fedorowitsch Jepantschin war ich einstmals allerdings eng befreundet," erzählte der General in bester Laune auf eine Frage Nastassja Filippownas. „Ich, er und der verstorbene Fürst Lew Nikolajewitsch Myschkin, dessen Sohn ich heute nach zwanzigjähriger Trennung in meine Arme geschlossen habe, – wir drei waren eine sozusagen unzertrennliche Kavalkade: Athos, Portos und Aramis. Aber ach, der eine liegt im Grabe, gefällt von Kugeln und Verleumdungen, der andere sitzt vor Ihnen und kämpft noch mit Verleumdungen und Kugeln ..."

„Kugeln?" fragte Nastassja Filippowna, scheinbar sehr erstaunt.

„Hier in meiner Brust, beim Sturm auf Kars erhalten, und wenn das Wetter umschlägt, fühle ich jede einzeln. In allen anderen Beziehungen lebe ich als Philosoph, gehe spazieren, mache in meinem Café ein Spielchen, wie ein vom Geschäft zurückgezogener Bourgeois, und lese die Zeitung. Doch mit unserem Portos Jepantschin habe ich nach jener vor drei Jahren im Eisenbahncoupé passierten Geschichte mit dem Bologneserhündchen ein für allemal die Freundschaft gebrochen."

„Einem Bologneserhündchen? Was war denn das für eine Geschichte?" fragte Nastassja Filippowna mit ganz besonderem Interesse. „Mit einem Bologneserhündchen sagen Sie? Erlauben Sie, und im Eisenbahncoupé ..." sie schien in ihrem Gedächtnisse irgend etwas zu suchen.

„Oh, nichts Besonderes, eine dumme Geschichte, die zu wiederholen sich gar nicht lohnt: die Schuld an allem trug die Gouvernante der Fürstin Bjelokonskaja, eine Mrs. Smith, doch ... es lohnt sich nicht, sie zu erzählen."

„Aber unbedingt müssen Sie sie uns erzählen!" bestand Nastassja Filippowna fröhlich auf ihrem Wunsch. „Auch ich habe sie noch nie vernommen!" bemerkte Ferdyschtschenko. „C'est du nouveau!" []

„Ardalion Alexandrowitsch!" ertönte wieder beschwörend Nina Alexandrownas Stimme.

„Papa, jemand will Sie sprechen!" rief Koljä.

„Eine ganz dumme Geschichte, nur zwei Worte," begann der General mit großer Selbstzufriedenheit. „Vor zwei Jahren, ja fast vor zwei Jahren – auf der neuen Eisenbahnlinie Petersburg–Warschau mußte ich in einer für mich äußerst wichtigen Angelegenheit, die mit meinem Austritt aus dem Dienst in Zusammenhang stand – ich trug bereits Zivil – eine Reise unternehmen. Ich löse also ein Billett erster Klasse, steige ein, setze mich, rauche. Oder vielmehr, fahre fort zu rauchen; denn ich hatte mir die Zigarre schon früher angesteckt. Bin ganz allein im Coupé. Das Rauchen ist nicht verboten, ist aber auch nicht gerade gestattet, sondern so–o ... halb und halb, wie gewöhnlich, und natürlich – je nachdem. Das Fenster ist heruntergelassen. Plötzlich, kurz vor dem letzten Pfiff, steigen zwei Damen mit einem kleinen Bologneser ein und setzen sich mir *vis-à-vis*. Hatten sich etwas verspätet. Die eine pompös gekleidet, ganz in Hellblau; die andere etwas bescheidener in schwarzer Seide mit einer kleinen Pelerine. Beide, nicht gerade häßliche Frauenzimmer, scheinen nur im allgemeinen etwas sehr ‚von oben herab‘ zu sein, sprechen englisch. Ich natürlich verhalte mich ganz ruhig; rauche meine Zigarre. Das heißt, im ersten Augenblick dachte ich wohl so bei mir, aber schließlich – das Fenster war heruntergelassen, weshalb soll ich nicht zum Fenster hinausrauchen? Der kleine Bologneser ruht auf dem Schoß der Hellblauen so ’n kleines Tierchen, nicht größer als meine Faust, pechschwarz, weiße Pfötchen – eine Seltenheit zweifellos. Das Halsbändchen war aus Silber und mit einer Inschrift versehen. Nun, ich – merke nichts. Bemerke nur, daß die Damen sich über mich zu ärgern scheinen, natürlich wegen der Zigarre. Die eine betrachtet mich durchs Lorgnon – aus echtem Schildpatt, versteht sich. Ich jedoch – merke nichts. Weshalb sagen sie denn nichts? So sollen sie doch den Mund auftun! Hätten sie mich darauf aufmerksam gemacht, etwas gesagt, mich gebeten, sie waren doch nicht stumm! Aber so – wie soll ich’s denn wissen? ... Plötzlich – und zwar ohne die geringste Vorbereitung, ich sage Ihnen, ohne die allergeringste, als wäre sie übergeschnappt – reißt mir die Hellblaue, schwaps! die Zigarre aus der Hand und wirft sie zum Fenster hinaus. Na, die war gewesen, den Zug hält man nicht auf. Ich mache ein dummes Gesicht, staune sie an: ein wildes Weib, ich sage Ihnen, ein vollkommen wildes Weib! Stattlich, groß, üppig, blond, rosig – vielleicht etwas zu rosig – und die Augen blitzen mich nur so an. Ich – ohne ein Wort zu verlieren, strecke mit der größten Höflichkeit, mit der feinsten Höflichkeit langsam meine Hand nach dem Bologneser aus, fasse ihn delikat mit zwei Fingern am Schopf und – wups! werfe ihn gleichfalls zum Fenster hinaus, dorthin, wo die Zigarre lag! Er quiekte nur einmal, zum Kläffen kam er gar nicht. Na, der Bologneser war auch gewesen! Den Zug hält man nicht auf, der geht."

„Sie Ungeheuer!" rief Nastassja Filippowna köstlich amüsiert aus, klatschte Beifall und lachte wie ein kleines Mädchen über den gelungenen Streich.

„Bravo, bravo!" rief Ferdyschtschenko.

Auch Ptizyn lachte, obgleich ihm das Erscheinen des Generals nicht minder unangenehm war, und sogar Koljä lachte und rief seinem Vater ein Bravo zu.

„Und ich war doch im Recht, im Recht, doppelt und dreifach im Recht!" fuhr der triumphierende General fort; „denn wenn im Coupé das Rauchen verboten ist, so sind es Hunde erst recht!"

„Bravo, Papa!" rief Koljä begeistert aus, „das war großartig! Ich hätte es unbedingt ebenso gemacht!"

„Aber was tat denn die Dame?" fragte in ungeduldiger Neugier Nastassja Filippowna.

„Sie? Ja, hier erst beginnt das Unangenehme an der ganzen Geschichte," fuhr der General stirnrunzelnd fort. „Ohne ein Wort zu sagen und ohne die geringste Vorbereitung, gab sie mir eine schallende Ohrfeige! Ein wildes Weib, ein vollkommen, ein selten wildes Weib, sage ich Ihnen."

„Und Sie?"

Der General schlug die Augen nieder, zog die Brauen in die Höhe, preßte die Lippen zusammen, hob die Schultern, während er die Hände gleichsam entschuldigend auseinanderführte – es war eine Kunstpause – und sagte dann plötzlich nur kurz:

„Ließ mich hinreißen!"

„Oh! Und stark? Wirklich stark?"

„Bei Gott, durchaus nicht stark! Es kam zwar zu einem großen Skandal, aber ich hatte ja nur ein einziges Mal den Schlag zurückgegeben, eben nur – nun, um ihn zurückzugeben. Da kam aber der Teufel dazwischen und steckte seine Hand ins Spiel: die Hellblaue war, wie es sich herausstellte, die Gouvernante oder Engländerin oder gar Freundin der Fürstin Bjelokonskaja, die Dame in Schwarz aber war die älteste Tochter der Fürstin, ein älteres Mädchen von fünfunddreißig Jahren. Und wie die Generalin Jepantschin zum Hause Bjelokonskij steht, ist ja bekannt. Alle Damen fielen in Ohnmacht, Tränen, Trauer um den geliebten Schoßhund, Jammer und Geschrei aller sechs Töchter, und als siebente die Engländerin noch dazu – kurz, das Ende der Welt war nahe. Nun, versteht sich: ich wollte meine Entschuldigung machen, machte einen Besuch, um Verzeihung zu erbitten, schrieb sogar einen Brief, doch wurde weder ich, noch der Brief angenommen, und mit Jepantschin gab es Auseinandersetzungen, Kündigung der Freundschaft und darauf ewige Feindschaft!"

„Aber erlauben Sie, wie ist denn das?" begann plötzlich Nastassja Filippowna, „vor fünf oder sechs Tagen habe ich in der Zeitung genau dieselbe Geschichte gelesen! Es war auf ein Haar dieselbe! Sie hatte sich am Rhein in einem Eisenbahncoupé zwischen einem Franzosen und einer Engländerin zugetragen: genau so hatte sie ihm die Zigarre aus der Hand gerissen, genau so hatte er ihr Hündchen aus dem Fenster geworfen, und genau so hatte es auch zwischen ihnen geendet. Sogar das hellblaue Kleid stimmt mit dem Bericht der Zeitung überein!"

Der General wurde über und über rot, und auch Koljä errötete und bedeckte vor Scham das Gesicht mit den Händen. Ptizyn wandte sich schnell ab. Nur Ferdyschtschenko lachte. Ganjä aber stand und ertrug stumm seine unerträgliche Qual.

„Ich ... ich kann Sie versichern," stotterte der General, „daß auch mir genau dasselbe passiert ist ...“

„Papa hatte wirklich einmal eine Unannehmlichkeit mit Mrs. Smith, der Gouvernante von Bjelokonskijs," rief Koljä dazwischen, „ich entsinne mich dessen noch sehr gut."

„Wie! Ein und dieselbe Geschichte sollte an zwei verschiedenen Punkten Europas sich mit einer solchen Übereinstimmung aller Einzelheiten zutragen? Auch die Dame am Rhein hatte ein hellblaues Kleid!" fuhr Nastassja Filippowna erbarmungslos fort. „Aber ich werde Ihnen doch die Zeitung – zuschicken!"

„Vergessen Sie nur nicht," bemerkte der General, „daß die Geschichte mir zwei Jahre früher passiert ist!"

„Ah, so, richtig, das wäre dann doch wenigstens ein Unterschied!" Und Nastassja Filippowna lachte hellauf.

„Papa, ich bitte Sie, auf zwei Worte mit mir hinauszukommen," sagte jetzt mit zitternder, gequälter Stimme Ganjä, der den Vater mechanisch an der Schulter faßte.

In seinen Augen lag grenzenloser Haß.

Da ertönte plötzlich und jetzt erschreckend laut die Glocke im Vorzimmer. Ein Wunder, daß der Klingelzug nicht abgerissen wurde! Es mußte ein besonderer Besuch sein. Koljä eilte hinaus, um zu öffnen.

## X.

Im Vorzimmer wurde es sofort sehr geräuschvoll und lebendig; wie es den im Empfangszimmer Zurückgebliebenen schien, traten dort mehrere Menschen ein, denen noch andere auf der Treppe folgten. Mehrere Stimmen sprachen durcheinander, Ausrufe und Stimmen wurden auch im Treppenhaus laut, zu dem die Tür offenbar noch nicht wieder geschlossen worden war. Der Besuch mußte allerdings kein gewöhnlicher sein. Alle blicken einander fragend an. Ganjä besann sich als erster und eilte in den „Salon", doch trat ihm dort schon eine ganze Schar Menschen entgegen.

„Ah, da ist ja der Judas!" rief eine dem Fürsten bekannte Stimme aus. „Guten Tag, Ganjä, du Schuft!"

„Da, da ist er ja!" ertönte eine andere Stimme.

Jetzt konnte der Fürst nicht mehr zweifeln: das waren Rogoshin und Lebedeff.

Ganjä stand wie betäubt in der Tür zum Salon und sah stumm, ohne zu protestieren zu, wie etwa zehn bis zwölf Menschen Parfen Rogoshin ins Zimmer folgten. Die ganze Rotte bestand aus recht verschiedenartigen Leuten, doch zeichneten sie sich nicht nur durch ihre Verschiedenartigkeit, sondern noch viel mehr durch ihre Unanständigkeit aus. Einige traten im Mantel oder im Pelz ins Zimmer. Wirklich Betrunkene freilich gab es unter ihnen nicht, doch waren sie alle zum mindesten in „stark gehobener" Stimmung. Wie es schien, bedurfte ein jeder aller anderen, um einzutreten; denn als einzelner hatte niemand den Mut dazu, alle zusammen aber ermutigten sich gegenseitig und stießen und schoben sich durch die Tür. Selbst Rogoshin, der an der Spitze der Schar stand, trat nicht ganz sicher vor, doch sah man ihm an, daß er eine bestimmte Absicht hatte. Sein Gesicht war finster, gereizt und unruhig. Die anderen jedoch bildeten gewissermaßen nur den Chor, oder richtiger, eine Bande zu seiner Unterstützung. Außer Lebedeff befand sich unter ihnen noch der wie ein „Friseurgehilfe" geschniegelte und gekräuselte Saljosheff, der seinen Pelz im Vorzimmer abgeworfen hatte und als Stutzer selbstbewußt und mit übertriebener Liebenswürdigkeit eintrat; ferner zwei, drei andere Herren von derselben Art, augenscheinlich junge Kaufleute, Kommis; irgendeiner steckte in einem Uniformmantel; ferner war ein kleiner und auffallend dicker Mann darunter, der beständig lachte;

und dann ein Riese, der gleichfalls sehr dick war, dafür aber sehr finster und durchaus stumm schien, und der sich offenbar sehr auf seine Fäuste verließ. Außer diesen erschienen noch ein Student der Medizin und ein windiges, scharwenzelndes Polenkerlchen. Aus dem Treppenflur blickten noch zwei Damen ins Vorzimmer, doch wagten sie nicht recht, einzutreten. Koljä besann sich plötzlich, schlug ihnen die Tür vor der Nase zu und schob den Riegel vor.

„Guten Tag, Ganjä, du Schuft! Was, hast wohl Parfen Rogoshin nicht erwartet?" fragte Rogoshin, der in der Tür des Empfangszimmers vor Ganjä stehen geblieben war.

Da erblickte er plötzlich sich gegenüber auf dem Sofa in der anderen Zimmerecke – Nastassja Filippowna. Sicherlich hatte er alles andere eher erwartet, als *sie* hier anzutreffen; denn der Schreck lähmte ihn geradezu: er erbleichte dermaßen, daß selbst seine Lippen weiß wurden.

„Dann ... dann ist es also wahr!" brachte er leise, halb wie zu sich selbst hervor, und der Blick seiner Augen war wie verloren. „Alles aus! ... Nun ... Wart', das sollst du mir jetzt büßen!" knirschte er plötzlich in unbändiger Wut, zu Ganjä gewandt. „Nun ..." stieß er wieder kurz und rauh hervor. „Oh," und seine Nägel preßten sich in die Handflächen.

Er schien nach Atem zu ringen, nur mit Mühe stieß er die Worte hervor. Mechanisch trat er näher, doch kaum hatte er einen Schritt getan, als er plötzlich Nina Alexandrowna und Warjä erblickte, und verwirrt blieb er stehen, trotz seiner ganzen, ungeheuren Erregung. Nach ihm trat sofort Lebedeff ins Zimmer; er folgte ihm wie sein Schatten und war wohl der am stärksten berauschte. Dann folgten der Student, der Riese mit den Fäusten, Saljosheff, der nach links und rechts seine Bücklinge machte, und schließlich preßte sich auch noch der kleine Dicke durch das Gedränge an der Tür und trat etwas vor. Die Anwesenheit von Damen hielt sie alle noch zurück, war ihnen sichtlich unangenehm, störte sie in ihrem Vorhaben. Doch selbstverständlich konnte das nur anfangs vorhalten, nur bis zur ersten Veranlassung, loszuschreien und zu – *beginnen* ... Dann hätten sie wohl alle Damen der Welt nicht mehr aufzuhalten vermocht.

„Wie? Auch du bist hier, Fürst?" sagte Rogoshin zerstreut, wenn auch offenbar verwundert über dieses Wiedersehen. „Und immer noch in diesen Gamaschen ... a–ach!" seufzte er gequält, indem er den Blick wieder Nastassja Filippowna zuwandte und sich immer näher zu ihr, die ihn wie ein Magnet anzog, vorbeugte.

Nastassja Filippowna betrachtete die Eingetretenen gleichfalls mit unruhiger Neugier.

Endlich kam Ganjä zur Besinnung.

„Aber erlauben Sie, was hat denn das zu bedeuten?" begann er laut, sich vornehmlich an Rogoshin wendend, während er mit strengem Blick die Eingetretenen maß. „Ich dächte, Sie sind nicht in einen Stall eingetreten, hier sind meine Mutter und Schwester!"

„Das sehen wir, daß hier Mutter und Schwester sind," preßte Rogoshin durch die Zähne hervor.

„Das sehen wir doch, daß hier Mutter und Schwester sind!" wiederholte wie ein Echo Lebedeff, um den Worten Rogoshins mehr Nachdruck zu verleihen.

Der Mann mit den Fäusten glaubte wahrscheinlich, daß der Augenblick gekommen sei, und brummte irgend etwas.

„Aber, was soll denn das?" Ganz plötzlich erhob Ganjä die Stimme, wie aus der Pistole geschossen, und diese Plötzlichkeit machte einen unangenehmen Eindruck, wie etwas, das nicht am Platz ist. „Erstens bitte ich Sie, von hier fortzugehen und in den Salon einzutreten ... Und dann bitte ich Sie, mich wissen zu lassen, mit wem ..."

„Seht doch, er erkennt uns nicht!" sagte Rogoshin mit boshaftem Spottlächeln, ohne sich von der Stelle zu rühren. „Hast du denn Rogoshin nicht erkannt?"

„Ich–ch, allerdings, ich glaube mit Ihnen irgendwo einmal zusammengekommen zu sein, aber ..."

„Seht doch, irgendwo zusammengekommen zu sein! Ich habe an dich ja doch noch vor drei Monaten zweihundert Rubel von meines Vaters Geld verspielt, der Alte ist darüber gestorben, ohne was davon zu erfahren. Du hattest mich doch selbst hingeschleppt! Fix zog er mir dann das Fell über die Ohren mit seiner Falschspielerei! Erkennst mich nicht? Ptizyn war Zeuge! Ich brauch' dir ja nur drei Rubel zu zeigen, hier aus der Tasche zu nehmen und dir zu zeigen, und du wirst auf allen vieren bis zum Wassiljewskij Prospekt ihnen nachkriechen, – sieh, so einer bist du! Wer deine Seele nicht kennt! Ich bin jetzt auch gekommen, um dich für Geld zu kaufen, Leib und Seele kaufe ich dir ab; du sieh nicht darauf, daß ich mit solchen Stiefeln hereingekommen bin, ich hab' jetzt viel Geld, Bruder, kaufe dich mitsamt deinem ganzen Leben ... wenn ich will, kauf' ich euch alle! Kaufe alles!" phantasierte Rogoshin, der plötzlich wie trunken erschien. „A–ach!" seufzte er dann laut, „Nastassja Filippowna! Jagen Sie mich nicht fort, sagen Sie nur ein einziges Wort: lassen Sie sich mit ihm trauen oder nicht?"

Rogoshin stellte seine Frage wie in Verzweiflung, wie an eine Gottheit, gleichzeitig jedoch mit dem Stolz eines zum Tode Verurteilten, der nichts mehr zu verlieren hat. Und mit diesem Todesgefühl erwartete er die Antwort.

Nastassja Filippowna maß ihn mit einem spöttischen und hochmütigen Blick, doch dann blickte sie auf Warjä und Nina Alexandrowna, blickte auf Ganjä – und plötzlich veränderte sie ihren Ton.

„Durchaus nicht, wie kommen Sie darauf? Und wie kommen Sie dazu, diese Frage an mich zu stellen?" fragte sie leise und ernst und scheinbar mit einer gewissen Verwunderung.

„Nein? Nein!!" schrie Rogoshin fast rasend vor Freude. „Also doch nicht?! Und mir sagte man ... Ach! Nu! ... Nastassja Filippowna! Alle sagten, Sie hätten sich mit Ganjka verlobt! Mit dem da? Ist denn das überhaupt möglich? – Ich hab's denen doch gleich gesagt! – Ich kaufe ihn ja doch mit Leib und Seele, so wie er da ist, für hundert Rubel! Gebe ihm tausend, nun, er wird noch am Tage vor der Hochzeit fortlaufen und die Braut mir überlassen. Was, hab' ich nicht recht, Ganjka, Schuft? Würdest doch dreitausend mit Freuden nehmen! Hier sind sie, hier, sieh! Darum bin ich ja gekommen, um's von dir schriftlich zu haben! Hab' gesagt: ich kauf' ihn, – ich kauf' ihn mir!"

„Mach', daß du fortkommst, hinaus! Besoffen bist du!" schrie ihn Ganjä an, der abwechselnd bleich und rot wurde. Doch kaum war seine Stimme verhallt, als plötzlich durch die ganze Rotte Rogoshins eine Bewegung ging und mehrere Stimmen laut wurden. Lebedeff flüsterte eilig und eifrig Rogoshin etwas ins Ohr.

„Du hast recht, Alter!" sagte Rogoshin auf sein Geflüster, „hast recht, betrunkene Seele! Ach, wer wagt, gewinnt! Nastassja Filippowna!" rief er wie ein Halbwahnsinniger aus, offenbar mit Furcht im Herzen, doch plötzlich sich bis zur Frechheit erkühnend, „– hier sind achtzehn Tausend!" Und er warf gleichzeitig ein in weißes Papier eingewickeltes und kreuzweise mit einer Schnur umbundenes Päckchen vor sie hin auf den Tisch. „Da! Und ... und es wird noch mehr geben!"

Doch wagte er nicht auszusprechen, was er von ihr wollte ...

„Nich-nich-nicht!" flüsterte ihm erschrocken Lebedeff zu, mit wahrhaft entsetztem Gesicht.

Es war leicht zu erraten, daß ihn die Höhe der gebotenen Summe erschreckte und er zureden wollte, zu Anfang viel weniger zu bieten.

„Nein, davon verstehst du nichts, Bruder, darin bist du dumm, weißt nicht, mit wem du es zu tun hast ... aber auch ich bin ebenso dumm wie du!" besann sich Rogoshin plötzlich, unter Nastassja Filippownas aufblitzendem Blick zusammenzuckend. „Ach! Nein, ich hab' nur gefaselt! – daß ich auf dich auch hören mußte! ..." fügte er in heißer Scham hinzu.

Als Nastassja Filippowna Rogoshins betretene Miene sah, lachte sie plötzlich auf.

„Achtzehntausend mir? Da zeigt sich doch gleich der Bauer!" sagte sie plötzlich mit frecher Familiarität und erhob sich vom Sofa, als wollte sie fortgehen.

Ganjä verfolgte klopfenden Herzens die ganze Szene.

„Vierzigtausend, vierzig, vierzig, nicht achtzehn!" rief Rogoshin zitternd. „Wanjkä Ptizyn und Biskup haben mir versprochen, bis sieben Uhr abends vierzigtausend zur Stelle zu schaffen. Vierzigtausend Rubel! Alle blank und bar auf den Tisch!"

Die Szene wurde immer gemeiner. Doch Nastassja Filippowna fuhr fort zu lachen und ging auch nicht weg, als hätte sie sie mit Absicht in die Länge ziehen wollen. Nina Alexandrowna und Warjä erhoben sich gleichfalls von ihren Plätzen und warteten erschrocken und stillschweigend in qualvoller Spannung, womit das endlich enden würde. Warjäs Augen glühten, doch Nina Alexandrowna zitterte und sah aus, als würde sie im nächsten Augenblick in Ohnmacht fallen.

„Ah, nu ... wenn's so ist, dann – hundert! Heute noch bringe ich hunderttausend Rubel! Ptizyn, hilf mir, kannst dir die Hände dabei wärmen!"

„Du bist wohl wahnsinnig!" raunte ihm Ptizyn, der plötzlich neben ihm stand und ihn am Handgelenk packte, ungehalten zu. „Du bist betrunken, man wird nach der Polizei schicken. Besinn dich, weißt du auch, wo du bist!"

„Er phantasiert ja nur so in der Trunkenheit," sagte Nastassja Filippowna verächtlich. Wie es schien, wollte sie ihn damit nur aufstacheln.

„Aber nein doch! ich lüge nicht, ich bringe sie, bringe sie noch vor dem Abend! ... Ptizyn, hilf, Prozentmensch, nimm, was du willst, mach Hunderttausend flüssig bis zum Abend! – Ich werde beweisen, daß ich Wort halte!" rief bis zur Begeisterung hingerissen Rogoshin aus.

„Aber! Einstweilen! Was hat das zu bedeuten?" mischte sich da ganz unerwartet Ardalion Alexandrowitsch in drohendem Tone ein und näherte sich Rogoshin.

Die Plötzlichkeit, mit der sich der bis dahin vollkommen vergessene, zurückgedrängte Alte einmischte, hatte etwas überaus Komisches. Aus der Rotte ertönte Gelächter.

„Was ist denn das noch für einer?" fragte Rogoshin lachend. „Komm mit, Alter, wirst betrunken sein!"

„Das ist aber doch eine Gemeinheit!" rief Koljä empört aus, fast weinend vor Ärger und Schande.

„Findet sich denn wirklich kein einziger unter euch, der diese Unverschämte hinausweist?" rief plötzlich, zitternd vor Zorn, Warwara Ardalionowna.

„Wie, ich werde hier eine Unverschämte genannt!" wehrte sich Nastassja Filippowna mit nachlässiger Heiterkeit gegen die Beleidigung. „Und ich bin wie ein Gänschen hergekommen, um sie zu heute abend zu mir einzuladen! Sehen Sie doch, wie Ihre liebe Schwester mich behandelt, Gawrila Ardalionytsch!"

Ganjä stand ein paar Sekunden nach dem Ausfall der Schwester wie vom Blitz getroffen. Als er aber dann plötzlich sah, daß Nastassja Filippowna tatsächlich fortgehen wollte, stürzte er wie ein Irrsinniger auf Warjä, deren Hand er in der Wut wie mit Klammern erfaßte.

„Was hast du getan?" schrie er mit einem Blick, der sie auf der Stelle vernichten zu wollen schien.

Er hatte entschieden die Besinnung verloren.

„Was ich getan habe? Wohin zerrst du mich? Doch nicht zu jener, damit ich sie um Verzeihung bitte, weil sie deine Mutter beleidigt, und weil sie hergekommen ist, um dein Haus zu beschimpfen, du gemeiner Mensch!" schrie Warjä, die den Bruder empört und herausfordernd ansah.

Eine Weile standen sie sich gegenüber. Ganjä hielt noch immer ihr Handgelenk umklammert. Warjä wollte sich losreißen, einmal, noch einmal aus aller Kraft, doch es gelang ihr nicht, und plötzlich, außer sich, spie sie den Bruder an.

„Das ist mir mal ein Mädchen!" rief Nastassja Filippowna aus. „Bravo, Ptizyn, ich gratuliere!"

Ganjä wurde es schwarz vor den Augen, und er holte besinnungslos zu einem Schlage aus, der die Schwester mitten ins Gesicht getroffen hätte.

Doch da wurde seine Hand von einer anderen Hand aufgehalten: zwischen ihm und der Schwester stand der Fürst.

„Lassen Sie, lassen Sie es gut sein!" stieß er mit fester Stimme hervor, doch zitterte er am ganzen Körper.

„Wirst du mir denn ewig in den Weg treten?" brüllte ihn Ganjä an, und Warjäs Hand fahren lassend, holte er in rasender Wut aus und schlug dem Fürsten ins Gesicht.

„Ach!" schrie Koljä entsetzt auf. „Ach Gott!"

Von allen Seiten wurden Ausrufe laut.

Der Fürst erbleichte. Mit seltsamem, vorwurfsvollem Blick sah er Ganjä unverwandt in die Augen: seine Lippen zitterten und schienen sich vergeblich zu bemühen, etwas hervorzubringen – ein seltsames Lächeln, das gar nicht zur Situation paßte, zitterte auf ihnen.

„Nun, mag das ... mir zufallen ... aber sie ... das lasse ich nicht zu! ..." sagte er endlich leise.

Doch plötzlich hielt er es doch nicht aus, wandte sich von ihm ab, bedeckte das Gesicht mit den Händen, ging in die nächste Ecke, stützte die Stirn an die Wand und brachte mit stockender Stimme hervor:

„Oh, wie werden Sie das bereuen!"

Ganjä stand allerdings wie vernichtet da. Koljä stürzte zum Fürsten, den er heiß umarmte und küßte; nach ihm drängten sich Rogoshin, Warjä, Ptizyn, Nina Alexandrowna, kurz – alle, sogar der alte Ardalion Alexandrowitsch, zum Fürsten, der sich ihnen nun wieder zuwandte und sie mit demselben rätselhaften Lächeln beruhigte:

„Nichts, nichts, es ist wirklich nichts!"

„Und er wird's auch bereuen!" rief Rogoshin ärgerlich. „Wirst dich schämen, Ganjka, daß du ein solches ... Lamm (er konnte kein anderes Wort finden) beleidigt hast! Fürst, du meine Seele, laß sie laufen! Speie sie an – und gehen wir! Komm, sollst erfahren, wie Rogoshin liebt!"

Nastassja Filippowna war gleichfalls durch Ganjäs Tat und die Antwort des Fürsten erschüttert. Ihr stets bleiches Gesicht, das so wenig mit ihrem gezwungen heiteren Lachen übereinstimmte, war jetzt augenscheinlich durch ein neues Gefühl erregt; dennoch schien sie es nicht zeigen und sich zwingen zu wollen, das spöttische Lächeln beizubehalten.

„Nein, wirklich, irgendwo habe ich dieses Gesicht doch schon gesehen?" wiederholte sie mit einemmal ganz ernst, sich wieder ihrer Frage entsinnend.

„Und Sie schämen sich nicht! Sind Sie denn so, wie Sie sich hier gezeigt haben? Ist denn das möglich!" rief ihr plötzlich der Fürst mit erschütterndem Vorwurf zu.

Nastassja Filippowna stutzte, lächelte spöttisch – doch schien sie hinter diesem Lächeln etwas verbergen zu wollen, wenigstens sah man ihm ihre Verwirrung an – blickte sich dann nach Ganjä um und verließ das Zimmer. Doch noch war sie nicht bis ins Vorzimmer gekommen, als sie plötzlich zurückkehrte, eilig auf Nina Alexandrowna zutrat, ihre Hand ergriff und an die Lippen führte.

„Ich bin ja wirklich nicht so, er hat es erraten," flüsterte sie schnell und erregt, während ihr das Blut heiß ins Gesicht stieg, doch schon hatte sie sich abgewandt und verließ diesmal so schnell das Zimmer, daß niemand begriff, weshalb sie zurückgekommen war. Man hatte nur gesehen, daß sie Nina Alexandrowna etwas zugeflüstert und ihr die Hand geküßt hatte. Deren Blick folgte erstaunt Nastassja Filippowna.

Ganjä besann sich und eilte ihr nach, doch sie war bereits auf der Treppe.

„Begleiten Sie mich nicht!" rief sie ihm zu. „Auf Wiedersehen am Abend! Kommen Sie unbedingt, hören Sie!"

Er kehrte verwirrt und nachdenklich zurück; ein schweres Rätsel lag ihm auf der Seele, ein noch schwereres als das frühere. Auch an den Fürsten dachte er flüchtig ... Über seinen Gedanken vergaß er alles andere, so daß er es kaum bemerkte, wie die ganze Rogoshinsche Rotte sich an ihm vorüberwälzte und ihn in der Tür beiseite schob, um nur schneller die Wohnung zu verlassen. Alle sprachen laut und schienen über etwas zu streiten. Rogoshin selbst ging mit Ptizyn hinaus, auf den er in sehr bestimmtem Tone einredete. Offenbar handelte es sich für ihn um etwas äußerst Wichtiges und Unaufschiebbares.

„Hast verspielt, Ganjka!" rief er diesem im Vorübergehen zu.

Erregt blickte ihm Ganjä nach.

## XI

Der Fürst zog sich gleichfalls zurück und schloß sich in seinem Zimmer ein. Doch es dauerte nicht lange und Koljä klopfte an die Tür. Der arme Knabe konnte sich gar nicht mehr von ihm trennen und wollte ihn jetzt wenigstens trösten.

„Das war gut von Ihnen, daß Sie fortgingen," sagte er, „dort wird jetzt der Skandal noch heftiger losgehen als vorher. So geht es jetzt bei uns tagaus, tagein, und alles das hat uns nur diese Nastassja Filippowna eingebrockt!"

„Hier gibt es viel Krankes, das sich mit der Zeit aufgespeichert hat, Koljä," bemerkte der Fürst.

„Ja, viel Krankes. Aber von uns lohnt es sich gar nicht zu reden. Es ist unsere eigene Schuld. Ich habe einen kranken Freund, der ist noch viel unglücklicher. Wollen Sie, so werde ich Sie mit ihm bekannt machen?"

„Sehr gern. Es ist Ihr Schulkamerad?"

„Ja, so gut wie mein Schulkamerad. Ich werde Ihnen das später erzählen ... Aber ist Nastassja Filippowna nicht schön, was meinen Sie? Ich hatte sie ja bis jetzt noch nie gesehen, obschon ich mich sehr darum bemühte. Sie war wie ein Glanz! Ich würde Ganjka alles verzeihen, wenn er es aus Liebe täte; aber weshalb nimmt er Geld, das ist das Unglück!"

„Ja, Ihr Bruder gefällt mir nicht sehr."

„Nun, das fehlte noch, daß er Ihnen gefiele! Ihnen, nachdem er ... Aber wissen Sie, ich kann alle diese verschiedenen Ansichten nicht ausstehen! Irgendein Verrückter oder Esel oder Räuber in verrücktem Zustande gibt eine Ohrfeige, und der Mensch ist dann für sein Leben lang entehrt und kann die Schmach nicht anders abwaschen als mit Blut, oder es sei denn, daß er kniend um Verzeihung gebeten wird. Meiner Meinung nach ist das einfach Unsinn! Darauf ist auch Lermontoffs Drama ‚Die Maskerade‘ aufgebaut, und deshalb ist es auch – dumm, meiner Meinung nach, vielmehr ... ich will damit nur sagen – es ist nicht natürlich. Aber er hat es ja fast noch in seiner Kindheit geschrieben."

„Ihre Schwester gefällt mir sehr."

„Wie sie Ganjka anspie, was? Bravo, Warjka! Sie hätten nicht gespien, aber nicht etwa aus Mangel an Mut, davon bin ich überzeugt. Ah, da ist sie ja selbst, hat es nicht vergessen. Ich wußte, daß sie kommen würde: sie ist edelmütig, wenn sie auch sonst ihre Mängel hat."

„Du hast hier nichts zu suchen, Koljä," wandte sich Warjä zuerst an ihn. „Geh zum Vater. Langweilt er Sie nicht, Fürst?"

„Durchaus nicht, im Gegenteil."

„Da hörst du es, Warjä! Sehen Sie, das ist das Schändlichstes an ihr: daß sie mich behandelt, als ob ich ein Baby wäre! Übrigens – ich dachte, daß der Vater bestimmt mit Rogoshin weggehen würde. Bereut jetzt wahrscheinlich. Nein, wirklich, man muß doch sehen, was er jetzt tut," meinte Koljä und ging hinaus.

„Gott sei Dank, Mama hat sich hingelegt und es ist zu keiner neuen Szene gekommen. Ganjä ist verwirrt und scheint ganz nachdenklich geworden zu sein. Hat auch allen Grund dazu. Die Lehre war nicht schlecht! ... Ich bin gekommen, um Ihnen zu danken, Fürst. Und dann wollte ich Sie noch eines fragen: Haben Sie Nastassja Filippowna bisher wirklich nicht gekannt?"

„Nein, ich habe sie nicht gekannt."

„Wie kamen Sie dann darauf, ihr ins Gesicht zu sagen, daß sie nicht ‚so‘ sei? Und Sie haben auch, glaube ich, die Wahrheit erraten. Es zeigte sich, daß sie vielleicht wirklich nicht ‚so‘ ist. Übrigens werde ich aus ihr nicht klug. Natürlich hatte sie die Absicht, uns zu beleidigen, das ist klar! Ich habe auch früher schon viel Sonderbares von ihr gehört. Aber wenn sie wirklich gekommen war, uns einzuladen, wie konnte sie dann Mama so beleidigend behandeln? Ptizyn kennt sie sehr gut, auch er sagt, er habe vorhin nicht aus ihr klug werden können. Aber das mit Rogoshin? Wenn man sich selbst achtet, kann man so nicht reden im Hause seines ... Mama beunruhigt sich Ihretwegen sehr."

„Ach, nichts!" Der Fürst winkte abwehrend mit der Hand.

„Aber wie sie Ihnen gehorchte ..."

„Inwiefern gehorchte?"

„Sie sagten, sie solle sich schämen, und da war sie plötzlich ganz verändert. Sie haben einen Einfluß auf sie, Fürst," fügte Warjä mit kaum merklichem Lächeln hinzu.

Die Tür öffnete sich und ganz unerwartet erschien Ganjä.

Er trat nicht zurück, als er Warjä erblickte, stand eine Weile auf der Schwelle, und plötzlich näherte er sich entschlossen dem Fürsten.

„Fürst, ich habe schlecht gehandelt, verzeihen Sie es mir, lieber Mensch," sagte er mit tiefem Gefühl. Seine Züge drückten Schmerz aus. Der Fürst blickte ihn verwundert an und antwortete nicht sogleich.

„Nun, verzeihen Sie, nun, verzeihen Sie mir doch!" drängte Ganjä ungeduldig. „Wenn Sie wollen, küsse ich Ihnen sofort die Hand!"

Der Fürst war ganz betroffen und traute seinen Ohren nicht. Doch besann er sich, und schweigend umarmte er ihn. Sie küßten sich herzlich.

„Ich hätte nie, nie gedacht, daß Sie dazu imstande wären," sagte endlich der Fürst erregt. „Ich glaubte, Sie wären unfähig ..."

„Um Verzeihung zu bitten? ... Wie ich vorhin nur darauf gekommen bin, Sie für einen Idioten zu halten! Sie bemerken Dinge, die andere nie bemerken. Mit Ihnen könnte man reden ... doch lieber nicht!"

„Hier ist noch jemand, den Sie um Verzeihung bitten müssen," sagte der Fürst, auf Warjä weisend.

„Nein, die gehört zu meinen Feinden. Glauben Sie mir, Fürst, es hat der Versuche nachgerade genug gegeben. Hier wird nicht aufrichtig verziehen!" stieß Ganjä heftig hervor und wandte sich von seiner Schwester ab.

„Doch! ich werde verzeihen!" sagte Warjä plötzlich ganz unerwartet.

„Und wirst heute auch zu Nastassja Filippowna kommen?"

„Ich werde kommen, wenn du es befiehlst, nur – sage selbst: besteht denn jetzt auch nur noch irgendeine Möglichkeit, daß ich zu ihr gehe?"

„Sie ist ja doch nicht so! Du siehst doch, was für Rätsel sie aufgibt! Launen, weiter nichts!"

Und Ganjä lachte böse.

„Das weiß ich selbst, daß sie nicht ,so' ist und Launen hat, aber was für Launen?! Und dann noch eins, Ganjä, sieh: wofür hält sie dich selbst? Gut, sie hat Mama die Hand geküßt, mag das auch wiederum eine Laune sein, aber sie hat sich doch über dich lustig gemacht! Das aber, bei Gott, wiegen die Fünfundsiebzigtausend nicht auf, Bruder! Du bist noch edler Gefühle fähig, das weiß ich, deshalb rede ich auch noch. Hör' auf mich, fahr' auch selbst nicht zu ihr! Sei vorsichtig, nimm dich in acht, Bruder! Das kann kein gutes Ende nehmen."

Erregt wandte sich Warjä schnell von ihm ab und verließ das Zimmer.

„So sind sie alle!" sagte Ganjä mit ironischem Lächeln. „Ich möchte bloß wissen, ob sie wirklich glauben, daß ich es nicht selbst weiß? Ich weiß es ja noch hundertmal besser als sie."

Ganjä setzte sich auf das Sofa, augenscheinlich in der Absicht, seinen Besuch noch länger auszudehnen.

„Wenn Sie es selbst wissen," begann der Fürst etwas unsicher, „wie haben Sie dann eine solche Qual auf sich nehmen können? Dann müssen Sie doch auch wissen, daß die Fünfundsiebzigtausend diese Qual nicht aufwiegen?"

Ganjä wandte sich mit einer hastigen Bewegung zum Fürsten.

„Ich rede nicht davon," brummte Ganjä. „Doch übrigens, sagen Sie mir Ihre Meinung, ich will gerade Ihre Meinung wissen: wiegen fünfundsiebzigtausend Rubel diese Qual auf oder nicht?"

„Meiner Meinung nach – nicht."

„Nun, das konnt' ich mir denken. Und so zu heiraten, ist beschämend?"

„Sehr beschämend."

„Nun, so hören Sie denn, daß ich sie heiraten werde, und zwar jetzt unbedingt. Vorhin war ich noch unschlüssig, jetzt aber bin ich's nicht mehr! Sagen Sie nichts! Ich weiß, was Sie sagen wollen ..."

„Ich werde nicht von dem sprechen, was Sie meinen, mich wundert nur Ihre feste Überzeugung ..."

„Überzeugung? Was für eine Überzeugung?"

„Ihre Überzeugung, daß Nastassja Filippowna Ihren Antrag so unfehlbar annehmen wird, was Sie ja geradezu für bereits entschieden und unterschrieben zu halten scheinen. Und zweitens, daß Sie glauben, die fünfundsiebzigtausend Rubel, selbst wenn sie Sie heiraten sollte, würden dann in Ihren alleinigen Besitz gelangen, und Sie würden sich das Geld sofort in die Tasche stecken können ... Im übrigen kenne ich die Verhältnisse nicht so genau ..."

„Natürlich wissen Sie nicht alles," sagte er, „weshalb sollte ich mir denn wohl diese ganze Bürde aufladen?"

„Ich glaube, daß es bei solchen Heiraten immer auf eins hinauskommt: das Geld wird geheiratet, doch die Besitzerin des Geldes bleibt die Frau."

„N–nein, bei uns wird es nicht so sein ... Hier ... hier gibt es besondere Umstände ..." brummte Ganjä, erregt seinen Gedanken nachhängend. „Und was ihre Antwort betrifft, so kann doch wohl darüber kein Zweifel mehr bestehen," fügte er schnell hinzu. „Oder woraus schließen Sie, daß Nastassja Filippowna mir einen Korb geben wird?"

„Oh, ich weiß nichts außer dem, was ich gesehen habe; aber auch Warwara Ardalionowna sagte ja ..."

„Ach! Das sagen sie alle nur so, wissen selbst nicht, was sie reden. Und über Rogoshin hat sie sich einfach nur lustig gemacht, das können Sie mir glauben, ich habe sie durchschaut. Das war ja ganz klar! Vorhin bekam ich allerdings einen Schrecken, aber jetzt weiß ich, woran ich bin. Oder schließen Sie es etwa daraus, wie sie meine Mutter und meinen Vater und Warjä behandelt hat?"

„Und Sie?"

„Nun, auch mich. Doch das ist ja nur Weiberart. Sie ist ein entsetzlich reizbares, argwöhnisches und selbstgefälliges Weib. Wie ein bei der Beförderung übergangener Beamter. Sie wollte sich selbst zeigen und die ganze Geringschätzung äußern, die sie für meine Familie empfindet ... nun, und, versteht sich auch für mich! Das ist wahr, ich will es nicht leugnen ... Doch ganz abgesehen davon, – heiraten wird sie mich! Sie ahnen gar nicht, zu welchen Stückchen die menschliche Eigenliebe fähig ist: da hält sie mich nun für einen Schuft, weil ich sie, die Geliebte eines anderen, so offenkundig um des Geldes willen nehme, und sagt sich nicht einmal, daß ein anderer sie noch viel gemeiner betrügen würde, – ihr den Hof machen und verschiedenes, liberal-fortschrittliches Zeug vorschwatzen würde, sämtliche Frauenfragen aufrollen und in diesem gewissen Sinne beleuchten, bis er sie schließlich wie einen Faden durchs Nadelöhr zieht. Er würde der selbstgefälligen Närrin versichern – nichts leichter als das! – daß er sie einzig wegen ihres ‚edlen Herzens‘ und ‚Unglücks‘ nehme. In Wirklichkeit aber will er nur ihr Geld haben. Ich gefalle ihr nicht, weil ich nicht schmeicheln will – das wäre aber nötig. Und aus welchem Grunde heiratet sie mich? Ist das bei ihr nicht ganz dieselbe Sache? Also mit welchem Recht darf sie mich dann verachten? Und weshalb spielt sie alle diese Stückchen? Doch nur, weil ich mich nicht unterwerfe und meinen Stolz zeige. Nun, wir werden ja sehen!"

„Haben Sie sie wirklich einmal geliebt?"

„Anfangs, ja, da habe ich sie geliebt. Doch genug davon ... Es gibt Weiber, die nur zu Geliebten taugen und zu nichts weiter. Ich will damit nicht sagen, daß sie meine Geliebte gewesen sei. Wenn sie vernünftig leben will, werde auch ich vernünftig leben. Fällt es ihr aber ein, rebellisch zu werden, so verlasse ich sie sofort und ziehe mit dem Gelde los. Ich will mich nicht lächerlich machen lassen – das vor allen Dingen nicht."

„Es will mir immerhin scheinen," begann der Fürst vorsichtig, „daß Nastassja Filippowna klug ist. Weshalb sollte sie dann, wenn sie doch diese Qualen voraussieht, in die Falle gehen? Sie könnte ja ebensogut einen anderen heiraten. Das ist es, was mich wundert."

„Aber da liegt doch gerade die Berechnung! Sie wissen nicht alles, Fürst ... hier ... und außerdem ist sie überzeugt, daß ich sie bis zum Wahnsinn liebe, das schwöre ich Ihnen, und wissen Sie, ich vermute stark, daß auch sie mich liebt, auf ihre Art, versteht sich, etwa nach dem Sprichwort: ‚Wen ich liebe, den schlage ich.‘ Sie wird mich ihr Leben lang für einen dummen Jungen halten – das ist ja aber vielleicht gerade das, was sie haben will! – und mich dabei doch auf ihre Art lieben; wenigstens bereitet sie sich dazu vor, das ist nun einmal ihr Charakter. Sie ist eine echt russische Frau, das können Sie mir glauben. Nun, ich aber habe auch schon meine Überraschung für sie in Bereitschaft. Diese Szene vorhin mit Warjä kam ganz unerwartet, doch kann sie für mich nur vorteilhaft sein: jetzt hat sie selbst gesehen und sich überzeugt, daß ich zu ihr halte und um ihretwillen mit allem zu brechen bereit bin. Ja, ja, auch wir sind nicht ganz so dumm, wie es vielleicht den Anschein hat, ich versichere Sie. Oder glauben Sie am Ende gar, daß ich nichts als ein leerer Schwätzer bin? Lieber Fürst, es ist vielleicht tatsächlich dumm von mir, daß ich mich Ihnen anvertraue. Ich tue es ja nur, weil Sie der erste edle Mensch sind, der mir begegnet ist, deshalb habe ich mich nun sofort auf Sie gestürzt ... das heißt, das sollte keine Anspielung sein. Sie sind mir doch wegen des Vorgefallenen nicht mehr böse, wie? Ich spreche vielleicht jetzt nach zwei Jahren wieder zum erstenmal frei vom Herzen. Hier gibt es furchtbar wenig ehrliche Menschen; Ptizyn ist noch der ehrlichste unter ihnen. Wie, Sie lachen, scheint es, oder nicht? Schufte haben immer ehrliche Menschen gern – wußten Sie das noch nicht? Ich aber bin doch ... Übrigens, inwiefern bin ich denn ein Schuft, sagen Sie mir das doch auf Ehre und Gewissen? Weshalb nennen mich alle, nachdem *sie’s* einmal getan hat, einen Schuft? Und wissen Sie, weil sie es gesagt hat und die anderen es nachschwätzen, nenne auch ich mich so! Sehen Sie, das ist gemein von mir, – das ist so scheußlich gemein!“

„Ich werde Sie jetzt nie mehr so beurteilen,“ sagte der Fürst. „Vorhin hielt ich Sie bereits für einen ausgesprochenen Verbrecher ... Doch da kamen Sie und bereiteten mir diese Freude. Das war eine gute Lehre: Nicht urteilen, ohne geprüft zu haben. Jetzt sehe ich, daß man Sie nicht nur nicht für einen Verbrecher, sondern nicht einmal für einen allzu verdorbenen Menschen halten kann. Sie sind meiner Ansicht nach einfach der gewöhnlichste Mensch, den es nur geben kann, abgesehen höchstens von dem einen, daß Sie so ungemein schwach sind und so gar nicht originell.“

Ganjä lächelte spöttisch in sich hinein, schwieg aber. Als der Fürst sah, daß seine Äußerung ihre Wirkung verfehlt hatte, blickte er verwirrt zu Boden und schwieg gleichfalls.

„Hat mein Vater Sie schon um Geld gebeten?" fragte plötzlich Ganjä.

„Nein."

„Dann wird er Sie noch bitten, geben Sie ihm aber nichts. Und doch war er einmal ein anständiger Mensch, ich weiß, ich entsinne mich. Er verkehrte mit angesehenen Leuten. Wie schnell doch diese Leute alle verschwinden! Kaum hatten sich die Verhältnisse geändert, und aus war es mit ihnen, wie wenn Pulver verbrennt! Früher log er nicht so wie jetzt, ich versichere Sie. Früher war er nur ein begeisterungsfähiger Mensch, jetzt aber – Sie sehen, was aus ihm geworden ist. Natürlich hat auch der Wein seine Schuld daran. Wissen Sie schon, daß er eine Geliebte hier unterhält? O ja, er ist nicht nur so ein unschuldiger kleiner Lügner. Ich kann bloß die Langmut meiner Mutter nicht begreifen. Hat er Ihnen von der Belagerung der Festung Kars erzählt?" Ganjä lachte. „Oder wie sein Schimmel das Maul auftat und sprach? Bisweilen kommt es sogar so weit!" Und Ganjä hielt sich beinahe die Seiten vor Lachen.

„Weshalb sehen Sie mich so an?" fragte er den Fürsten nach einer Weile verwundert.

„Ich wundere mich nur, daß Sie so aufrichtig lachen können. Sie haben ja noch ein ganz harmloses Kinderlachen. Als Sie mich um Verzeihung baten, sagten Sie: ‚Wenn Sie wollen, werde ich Ihnen die Hand küssen‘ – ganz wie kleine Kinder sagen, wenn sie um Verzeihung bitten. So sind Sie also doch noch fähig zu solchen Worten und Regungen! Und dann plötzlich beginnen Sie einen ganzen Vortrag über die Finsternis in Ihrer Seele und jene fünfundsiebzigtausend Rubel – wirklich, alles das hat etwas so Ungereimtes an sich und Unmögliches, das kann ja gar nicht sein!"

„Was wollen Sie damit sagen?"

„Ob Sie nicht doch gar zu leichtsinnig handeln, und es nicht besser wäre, wenn Sie sich die Sache vorher noch etwas überlegen würden? Warwara Ardalionowna hat vielleicht so unrecht nicht."

„Ah, die Moral! Daß ich noch ein ganzer Knabe bin, weiß ich selbst," fiel Ganjä lebhaft ein, „und wenn auch nur deshalb, weil ich mit Ihnen ein solches Gespräch angeknüpft habe. Ich, sehen Sie, Fürst, ich trete nicht aus Berechnung in die Ehe," fuhr er fort, wie ein in seiner Eigenliebe verletzter junger Mann. „Wenn ich es aus Berechnung täte, würde ich mich unfehlbar verrechnet haben, denn ich bin vorläufig weder als Charakter noch als Mensch im allgemeinen genügend gefestigt. Ich tue es jedoch aus Leidenschaft, aus innerem Triebe, denn ich habe ein großes Ziel im Auge. Sie denken, daß ich, wenn ich die fünfundsiebzigtausend erhalte, mir dann sofort eine eigene Kutsche zulegen werde? Nein, lieber Fürst, dann werde ich meinen ältesten, vor drei Jahren getragenen Rock hervorholen und ihn so lange tragen, wie er nur noch hält, und mit meinen Klubbekanntschaften ist es dann aus. Bei uns gibt es nur wenige Leute, die durchzuhalten verstehen, wenn sie auch alle Wucherer sind, ich aber will durchhalten. Hier ist die Hauptsache, daß man durchführt, was man beginnt – das ist das ganze Problem! Ptizyn hat mit siebzehn Jahren auf der Straße geschlafen und mit Federmessern gehandelt: er hat mit Kopeken angefangen. Jetzt besitzt er sechzigtausend Rubel, aber bedenken Sie, nach welch einer ... sagen wir Gymnastik! Nun, und ebendiese Gymnastik werde ich dann überspringen und gleich mit dem Kapital beginnen. Nach fünfzehn Jahren wird man sagen: ‚Sieh da, das ist Iwolgin, der Krösus!‘ Sie sagen mir, ich sei kein origineller Mensch. Merken Sie sich, lieber Fürst, daß es für einen Menschen unserer Zeit und unseres Volkes nichts Beleidigenderes gibt, als wenn man zu ihm sagt, daß er nicht originell, nicht talentvoll, kurzum ein Dutzendmensch sei. Sie haben mich nicht einmal für einen gutmütigen Schuft zu halten geruht und wissen Sie, dafür hätte ich Sie vorhin töten mögen! Sie haben mich noch mehr beleidigt als Jepantschin, der mich für fähig hält – und zwar ohne viel Gerede, ohne Versuche, einfach in seiner Herzenseinfalt, merken Sie sich das – ja, für fähig hält, ihm für Geld meine Frau zu verkaufen! Das bringt mich schon lange aus der Haut. Geld will ich haben, Geld! Wenn ich erst Geld habe, wissen Sie, werde ich sofort im höchsten Grade originell sein. Das ist ja das Gemeinste und Verächtlichste am Gelde, daß es sogar Talente schafft! Und es wird sie schaffen, wird Talente schaffen, solange die Welt steht! Sie werden vielleicht sagen, daß alles das kindisch von mir sei, poetisch-sentimental womöglich, – nun gut, was ficht's mich an, mir soll's um so amüsanter sein; denn die Sache wird gemacht, da seien Sie unbesorgt! Ich werde sie durchführen! Wer zuletzt lacht, lacht am besten! Weshalb beleidigt mich denn Jepantschin so in aller Harmlosigkeit? Aus Bosheit etwa? Nicht die Spur! Einfach, weil ich gesellschaftlich gar zu unbedeutend bin. Nun, dann aber ... Doch genug davon, und es ist auch Zeit. Koljä hat schon zweimal seine Nase hereingesteckt. Das bedeutet, daß er Sie zum Essen rufen will. Ich gehe fort. Ich werde hin und wieder bei Ihnen vorsprechen. Sie werden es bei uns nicht schlecht haben – man wird Sie jetzt mit offenen Armen in die Familie aufnehmen. Nur sehen Sie sich vor, daß Sie nichts ausplaudern. Ich glaube, wir zwei werden entweder sehr gute Freunde oder – bittere Feinde werden. Aber was meinen Sie, Fürst, wenn ich Ihnen vorhin die Hand geküßt hätte – wäre ich deshalb nachher Ihr Feind geworden?“

„Zweifellos, nur nicht für immer, lange würden Sie es doch nicht ausgehalten haben, und dann hätten Sie verziehen," entschied der Fürst nach einer Weile und er lachte.

„Oho! Mit Ihnen muß man ja wahrhaftig vorsichtig sein. Weiß der Teufel, Sie haben auch hier Gift hineingeträufelt. Wer weiß, vielleicht sind Sie auch mein Feind? Übrigens, haha! – ich vergaß ganz zu fragen: habe ich recht gesehen, wenn mir scheint, daß Nastassja Filippowna auch Ihnen – gefällt, wie?"

„Ja ... sie gefällt mir."

„Verliebt?"

„N–nein."

„Und dabei ist er feuerrot geworden und leidet! Nun tut nichts, tut nichts, ich werde nicht lachen, – auf Wiedersehen. Aber wissen Sie, sie ist ja doch ein tugendhaftes Weib – können Sie das glauben? Sie denken vielleicht, daß sie mit Tozkij lebt? Denkt nicht daran! Schon lange nicht mehr! Aber haben Sie bemerkt, daß sie selbst sehr leicht verlegen wird? Vorhin war sie in manchen Augenblicken ganz betreten! Nein wirklich. Gerade solche lieben dann das Herrschen. Nun, leben Sie wohl."

Ganetschka verließ das Zimmer weit aufgeräumter, als er es betreten hatte. Er war sogar sehr guter Laune. Der Fürst blieb lange Zeit regungslos und in Gedanken versunken sitzen.

Koljä steckte wieder den Kopf durch die Türspalte.

„Ich will nicht essen, Koljä, ich habe bei Jepantschins gut gefrühstückt."

Da trat Koljä ins Zimmer und reichte dem Fürsten einen zusammengefalteten versiegelten Zettel. Man sah es dem Gesicht des Knaben an, wie peinlich es ihm war, den Brief zu übergeben. Der Fürst las ihn, erhob sich und nahm seinen Hut.

„Es ist nur zwei Schritte von hier," sagte Koljä verwirrt. „Er sitzt jetzt bei der Flasche. Ich kann nur nicht begreifen, wie er sich dort Kredit verschafft hat! Aber lieber, guter Fürst, sagen Sie es dann nur nicht hier den anderen, daß ich Ihnen den Brief überbracht habe! Ich habe tausendmal geschworen, daß ich seine Briefe nicht mehr überbringen würde, aber er tut mir leid! Nur, wissen Sie, machen Sie keine Umstände mit ihm, geben Sie ihm irgendeine Kleinigkeit und damit abgemacht."

„Ich hatte selbst die Absicht, ihn aufzusuchen, Koljä. Ich muß Ihren Vater sprechen ... in einer gewissen Angelegenheit ... also gehen wir."

# XII.

Koljä führte den Fürsten nicht weit: nur bis zur Liteinaja, in ein Café-Billard, das zu ebener Erde lag und seinen besonderen Eingang von der Straße hatte. Hier hatte sich Ardalion Alexandrowitsch in der Ecke eines kleinen Raumes als alter Stammgast niedergelassen, vor sich auf dem Tisch eine Flasche und in der Hand seine Zeitung. Er erwartete den Fürsten. Kaum hatte er ihn erblickt, als er die Zeitung auch schon beiseite legte und eine wortreiche Erklärung begann, von der der Fürst so gut wie nichts begriff; denn der General befand sich bereits in „vorgerücktem Stadium".

„Zehn Rubel habe ich nicht," unterbrach ihn der Fürst, „doch hier sind fünfundzwanzig. Wechseln Sie das Geld und geben Sie mir fünfzehn zurück; denn sonst bleibe ich selbst ohne eine Kopeke."

„Oh, sofort, sofort, sofort! Seien Sie überzeugt, daß ich sogleich ..."

„Ich bin mit einer Bitte zu Ihnen gekommen, General. Sind Sie niemals bei Nastassja Filippowna gewesen?"

„Ich? Ich nicht bei ihr gewesen? Fragen Sie das mich? Unzähligemal, unzähligemal, mein Lieber!" rief der General wie in einem Anfall mit selbstzufriedener und stolzer Miene aus. „Doch habe ich schließlich selbst diese Beziehungen abgebrochen; denn ich will diese unanständige Verbindung nun einmal nicht zulassen. Sie haben doch selbst gesehen, Sie waren doch Zeuge heute: ich tat alles, was ein Vater tun konnte, und nicht wahr, ein guter und nachsichtiger Vater! Jetzt jedoch wird ein ganz anderer Vater auf die Szene treten, und dann – wollen wir sehen, ob dann der verdienstvolle alte Soldat die Intrige zerstören oder ob eine schamlose Kamelie in die vornehmste Familie eindringen wird!"

„Ich wollte Sie gerade bitten, ob Sie mich nicht, als Bekannter, bei Nastassja Filippowna heute abend einführen könnten? Es muß unbedingt noch heute geschehen, und ich weiß keine andere Möglichkeit, hinzugelangen. Ich wurde ihr heute zwar vorgestellt, doch hat sie mich nicht aufgefordert, und heute abend empfängt sie nur geladene Gäste. Ich würde sogar bereit sein, mich über gewisse gesellschaftliche Formen hinwegzusetzen, selbst wenn man sich auch über mich lustig machen sollte. Wenn ich nur nicht abgewiesen werde!"

„Ich habe genau, genau denselben Gedanken gehabt, mein junger Freund!" rief der General begeistert aus. „Ich habe Sie nicht etwa dieses lumpigen Geldes wegen gerufen," fuhr er fort, indem er das Geld in die Tasche steckte, „sondern ich wollte Sie gerade zu diesem Gang zu Nastassja Filippowna auffordern, oder besser gesagt, zu diesem Feldzuge.

General Iwolgin und Fürst Myschkin! Wie das klingt! Wird es ihr nicht imponieren? Und ich werde dann in aller Liebenswürdigkeit an ihrem Geburtsfest endlich meinen Willen aussprechen, – durch die Blume, versteht sich, nicht geradeaus ... aber es wird doch ebensogut wie geradeaus sein. Mag dann Ganjä selbst entscheiden, zu wem er halten will: zum alten verdienstvollen Vater und ... sozusagen ... und so weiter, oder ... Doch wir werden ja sehen. Ihr Einfall ist im höchsten Grade fruchtbar. Um neun Uhr brechen wir auf; bis dahin haben wir noch Zeit.“

„Wo wohnt sie?“

„Ziemlich weit von hier: neben dem Großen Theater, im Hause der Mytowzowa in der Beletage, gleich am Platz ... Es werden nicht viele Gäste bei ihr sein, – obschon sie heute ihren Geburtstag feiert, – und auch die werden früh aufbrechen.“

Inzwischen wurde es Abend. Der Fürst saß immer noch, hörte zu und wartete, daß der General sich endlich erheben würde. Dieser jedoch war ins Erzählen hineingekommen und gab alle seine Geschichten zum besten, von denen er immer wieder eine neue begann, ohne die vorhergehende beendet zu haben. Als der Fürst gekommen war, hatte der General eine neue Flasche bestellt und im Verlauf einer Stunde ausgetrunken; dann bestellte er noch eine, die er gleichfalls allein leerte. Man hätte denken können, daß der General in dieser Zeit so ungefähr sein ganzes Leben erzählte. Endlich riß dem Fürsten die Geduld: er erhob sich und erklärte, daß er nicht länger warten könne. Der General trank noch den letzten Rest aus, erhob sich dann gleichfalls und schritt äußerst unsicher aus dem Zimmer. Der Fürst war der Verzweiflung nahe, als er ihn gehen sah. Er konnte es sich nicht verzeihen, daß er sich auf den alten Trinker verlassen und sich ihm anvertraut hatte. (Im Grunde vertraute er sich nie einem Menschen an.) Er bedurfte des Generals ja nur, um an diesem Abend zu Nastassja Filippowna gelangen zu können, wenn es auch einen kleinen Skandal kostete! Immerhin hatte er nicht mit einem so unvermeidlichen und so großen Skandal gerechnet. Was sollte er tun? Der General war vollkommen betrunken und von einer Redseligkeit, die ihn ohne Unterbrechung mit Gefühl und „Tränen in der Seele“ sprechen ließ. Es drehte sich zumeist darum, daß durch die schlechte Aufführung seiner Familie – er selbst war natürlich nicht darunter gemeint – alles zugrunde gehe, und daß er nun endlich eingreifen müsse.

Sie traten auf die Liteinaja hinaus. Das Tauwetter hielt noch immer an; ein wehmütiger, warmer, modriger Wind pfiff durch die Straßen, die Gummireifen der Equipagen klatschten im Straßenschmutz, und die Hufe der Traber und Droschkengäule klangen hier und da hell auf einem Pflasterstein auf. Die Fußgänger schoben sich in freudloser, durchnäßter

Masse auf den Trottoirs durcheinander. Hin und wieder sah man einen Betrunkenen.

„Sehen Sie dort diese erleuchteten Beletagen," fuhr der General unermüdlich fort, „hier leben alle meine Freunde, ich aber, der ich dem Vaterlande am meisten gedient und für dasselbe gelitten habe, ich irre zu Fuß zum Großen Theater und begebe mich in die Wohnung eines zweideutigen Weibes! Ein Mensch, der dreizehn Kugeln in der Brust hat ... Sie glauben mir nicht? Mein Herr, einzig meinetwegen hat Pirogoff[] nach Paris telegraphiert und das belagerte Sebastopol zeitweilig im Stich gelassen. Nélaton, dem Pariser Hofarzt, wirkte er im Namen der Wissenschaft freie Durchfahrt aus, worauf dieser persönlich im belagerten Sebastopol erschien, um mich zu untersuchen. Oh, selbst den höchsten Vorgesetzten war es bekannt. ‚Ah, das ist der Iwolgin mit den dreizehn Kugeln in der Brust! ...‘ hieß es allgemein. Sehen Sie, Fürst, dort jenes Haus? Dort wohnt in der Beletage mein alter Freund General Ssokolowitsch, mit seiner edlen und zahlreichen Familie. Diese Familie hier, drei, die am Newskij wohnen, und zwei in der Großen Morskaja – das ist mein ganzer Verkehr; denn Nina Alexandrowna hat sich schon längst den Verhältnissen gefügt, während ich noch fortfahre, mich ... sozusagen zu erholen im Kreise meiner früheren Bekannten, Freunde und Untergebenen, die auch jetzt noch nicht aufgehört haben, mich zu vergöttern. Dieser General Ssokolowitsch – eigentlich habe ich ihn lange nicht mehr besucht und auch Anna Fedorowna nicht gesehen ... Wissen Sie, lieber Fürst, wenn man selbst nicht empfängt, so gibt man es ganz unwillkürlich auf, andere zu besuchen. Indes ... hm! ... Sie, scheint es, glauben mir nicht ... Doch – da fällt mir eben ein! – weshalb soll ich nicht den Sohn meines besten Freundes und Jugendgespielen in diese bezaubernd liebenswürdige Familie einführen? General Iwolgin und Fürst Myschkin! Sie werden ein entzückendes, junges Mädchen kennen lernen, nein, nicht nur eines, sondern zwei, sogar drei! Eine schöner als die andere! Sie sind die Zierde der Residenz und der Gesellschaft. Schönheit, Bildung, Erziehung ... Frauenfrage, Poesie – alles das hat sich in ihnen zu einem tadellosen Ganzen glücklich vereinigt, ganz abgesehen von den achtzigtausend Rubeln Mitgift, die eine jede erhält – was ja doch kein Fehler und niemals überflüssig ist, weder bei sozialen noch bei Frauenfragen ... Mit einem Wort, ich muß Sie unbedingt, unbedingt dort einführen; es ist sogar meine Pflicht, Sie mit ihnen bekannt zu machen! General Iwolgin und Fürst Myschkin! Mit einem Wort ... Tableau!"

„Wie, doch nicht jetzt? Heute? Sie vergessen ..." begann der Fürst.

„Nichts, nichts vergesse ich, gehen wir! Hier, diese prachtvolle Treppe geht's hinauf. Ich wundere mich nur, daß der Schweizer[] nicht zu sehen ist ... Richtig, es ist ja heut Feiertag, da kann auch er sich einmal fortbegeben haben. Er ist übrigens ein alter Trinker, den man eigentlich schon längst hätte vor die Tür setzen müssen. Dieser Ssokolowitsch verdankt sein ganzes Lebensglück und seine ganze Karriere einzig mir, mir allein und keinem anderen, aber ... doch da sind wir ja schon."

Der Fürst versuchte nichts mehr dagegen einzuwenden und folgte ergeben dem General, um ihn nicht zu reizen. Er war fest überzeugt, daß der General Ssokolowitsch mit seiner ganzen Familie alsbald wie eine Fata morgana verschwinden und sich als nie dagewesen erweisen werde, und daß ihnen somit nichts Schlimmes begegnen könne; und dann würden sie die Treppe wieder hinuntersteigen. Doch zu seinem Entsetzen mußte er diese Überzeugung bald aufgeben; denn der General stieg die Treppen mit einer Sicherheit hinauf, als habe er tatsächlich alte Bekannte in diesem Hause, und zwischendurch erzählte er noch die verschiedensten biographischen und topographischen Einzelheiten mit wahrhaft erdrückender, nahezu mathematischer Genauigkeit. Als sie dann schließlich im ersten Stock anlangten und der General bereits an der Tür einer hochvornehmen Wohnung die Hand nach dem Klingelzuge ausstreckte, beschloß der Fürst, sogleich zurückzugehen ... doch da fiel ihm plötzlich etwas auf:

„Sie haben sich geirrt, General," sagte er schnell, „hier an der Tür steht Kulakoff, und Sie wollen doch zu Ssokolowitsch!"

„Kulakoff ... Kulakoff beweist noch nichts. Die Wohnung hat Ssokolowitsch inne, und ich klingle bei Ssokolowitsch, zum Teufel mit Kulakoff ... Da kommt man schon!"

Die Tür wurde von einem Diener geöffnet, der sie fragend ansah und dann meldete, daß die Herrschaft nicht zu Hause sei.

„Wie schade, oh, wie schade, das ist ja wie vorherbestimmt!" wiederholte Ardalion Alexandrowitsch mehrmals mit tiefstem Bedauern. „Dann melden Sie, daß General Iwolgin und Fürst Myschkin ihre Aufwartung zu machen wünschten und unendlich, unendlich bedauerten ..."

Durch die offene Zimmertür blickte plötzlich das Gesicht einer Haushälterin oder Gouvernante, eines etwa vierzigjährigen Frauenzimmers in einem dunklen Kleide. Neugierig und doch mißtrauisch näherte sie sich, als sie die Namen General Iwolgin und Fürst Myschkin hörte.

„Marja Alexandrowna ist nicht zu Hause,“ sagte sie mit kritischem Blick auf den General, „sie ist mit dem Fräulein, mit Alexandra Michailowna, zur Großmutter gefahren.“

„So ist auch Alexandra Michailowna nicht zu sprechen? O Gott, welches Pech! Und das passiert mir wirklich jedesmal! Haben Sie die Güte, meinen ergebensten Gruß zu bestellen, und Alexandra Michailowna sagen Sie, daß sie nicht vergessen soll ... mit einem Wort, sagen Sie ihr, daß ich ihr von Herzen die Erfüllung dessen wünsche, was sie sich Donnerstag abend bei den Klängen der Chopinschen Ballade gewünscht hat. Sie wird es schon selbst wissen ... Also meinen herzlichsten Gruß! General Iwolgin und Fürst Myschkin!“

„Schön, ich werde es ausrichten,“ sagte die Person, die etwas Zutrauen gefaßt hatte, mit einer leichten Verbeugung.

Als sie die Treppe hinunterstiegen, bedauerte der General noch aufs lebhafteste, daß sie die Familie nicht angetroffen und der Fürst nun die Bekanntschaft so entzückender Menschen nicht hatte machen können.

„Wissen Sie, mein Lieber, ich bin im Grunde dichterisch veranlagt, ist Ihnen das noch nicht aufgefallen? Doch übrigens ... übrigens ... übrigens sind wir, wie mir scheint, nicht ganz richtig gegangen,“ schloß er plötzlich selbst völlig überrascht. „Ssokolowitschs wohnen – jetzt fällt’s mir ein! – in einem ganz anderen Hause, ich glaube sogar in ... Moskau. Ja, ich habe mich ein wenig versehen, doch ... doch das hat nichts zu sagen.“

„Ich würde jetzt nur eines wissen wollen,“ bemerkte der Fürst resigniert, „ob ich mich überhaupt noch auf Sie verlassen kann, oder ob ich besser tue, wenn ich allein zu ihr gehe?“

„Allein? Zu ihr? Ohne mich? Aber weshalb denn das, wenn es doch für mich ein großes Unternehmen ist, von dem soviel für mich und meine ganze Familie abhängt? Nein, mein junger Freund, dann kennen Sie Iwolgin schlecht! Wer ‚Iwolgin‘ sagt, der sagt so viel wie ‚Mauer‘. ‚Verlaß dich auf Iwolgin wie auf eine Mauer!‘ – sehen Sie, so sagte man schon in der Schwadron, bei der ich einst meinen Dienst begann. Ich muß jetzt nur hier auf einen Augenblick in ein Haus eintreten, wo meine Seele von den Aufregungen und Schicksalsschlägen nun schon seit mehreren Jahren Erholung findet ...“

„Wie, Sie wollen nach Hause gehen?“

„Nein! Ich will ... zu Frau Terentjewa, der Witwe des Hauptmanns Terentjeff, meines ehemaligen Untergebenen ... und sogar Freundes ... Hier bei dieser Kapitanscha[] lebt meine Seele wieder auf, und hierher trage ich mein Lebens- und Familienunglück und lasse mich von meinem

Kummer erlösen ... Und da ich heute gerade soviel auf dem Herzen habe, will ich die große Last ...“

„Ich sehe, daß ich eine ungeheure Dummheit begangen habe,“ brummte der Fürst, „als ich Sie vorhin mit meiner Bitte belästigte. Zudem sind Sie ja jetzt ... Leben Sie wohl.“

„Aber ich kann, ich kann Sie nicht von mir fortlassen, mein junger Freund!“ rief der General beschwörend aus und hielt ihn krampfhaft fest. „Sie ist Witwe, Mutter einer Familie! Nur sie allein versteht, in ihrem Herzen jene Saiten anzuschlagen, die in dem meinen einen Widerhall finden. Der Besuch bei ihr wird nur fünf Minuten dauern. In diesem Hause kann ich ganz ohne Formalitäten ein- und ausgehen, ich lebe ja hier so gut wie ganz, wasche mich, kleide mich an ... und dann fahren wir sofort zum Großen Theater. Glauben Sie mir, ich kann Sie den ganzen Abend nicht entbehren ... Hier in diesem Hause ... wir sind schon da ... Ah, Koljä, du bist auch schon hier? Ist Marfa Borissowna zu Hause? Oder bist du selbst erst im Augenblick gekommen?“

„Oh, nein,“ sagte Koljä, der gleichzeitig mit ihnen an der Tür angelangt war. „Ich bin schon lange hier bei Hippolyt. Er fühlt sich schlecht, liegt seit dem Morgen zu Bett. Ich war soeben nur in den Krämerladen gegangen und habe ein Spiel Karten gekauft. Marfa Borissowna erwartet Sie, Papa. Nur ... ach Gott, Papa, wie haben Sie sich ...“ rief Koljä vorwurfsvoll und erschrocken aus, indem er prüfend die Haltung des Generals betrachtete. „Ach nun, gehen wir, gleichviel!“

Die Begegnung mit Koljä bewog den Fürsten, den General zu Marfa Borissowna zu begleiten, doch wollte er dort nur eine Minute bleiben. Er mußte mit Koljä sprechen. Den General beschloß er unbedingt zu verlassen. Er konnte es sich nicht verzeihen, daß er sich ihm überhaupt anvertraut hatte. Langsam stiegen sie auf der Hintertreppe bis zum vierten Stockwerk empor.

„Wollen Sie den Fürsten mit ihr bekannt machen?“ fragte Koljä.

„Jawohl, mein Freund, gewiß bekannt machen. General Iwolgin und Fürst Myschkin! Aber wie ... was sagt ... Marfa Borissowna?“

„Wissen Sie, Papa, es wäre besser, Sie gingen jetzt nicht zu ihr! Sie wird Sie zerreißen vor Wut! Sie haben sich drei Tage lang nicht gezeigt, sie aber wartet auf Geld. Weshalb haben Sie ihr denn wieder Geld versprochen? Das tun Sie immer wieder. Sehen Sie jetzt zu, wie Sie sich herausreden.“

Im vierten Stockwerk angelangt, machten sie vor einer niedrigen Tür halt. Dem General wurde ersichtlich bange, und er schob den Fürsten vor.

„Ich werde mich hier verstecken," flüsterte er, „um sie dann zu überraschen ..."

Koljä trat als erster ins Vorzimmer. Eine stark geschminkte und gepuderte Dame von etwa vierzig Jahren, in Pantoffeln und einer alten Hausjacke, die Haare in dünne Zöpfchen geflochten, blickte aus dem Zimmer durch die Türspalte und – die Überraschung des Generals fiel ins Wasser. Kaum hatte sie ihn erblickt, als sie auch schon ein großes Geschrei erhob.

„Da ist er, da ist er, dieser niedrige, dieser gemeine Mensch, das ahnte mein Herz!"

„Treten wir ein, das ist nur so," flüsterte der General noch harmlos lächelnd dem Fürsten zu.

Doch er täuschte sich sehr. Die Hausfrau ließ ihnen kaum Zeit, durch das dunkle, niedrige Vorzimmer in die „bessere Stube" einzutreten – ein schmales Zimmer, in dem ein halbes Dutzend Rohrstühle und zwei einfache Tische standen –, als sie auch schon von neuem mit ihrer gleichsam eingeübt weinerlichen und ordinär klingenden Stimme fortfuhr:

„Und du schämst dich nicht, du schämst dich gar nicht, du Barbar und Tyrann meiner Familie, du Barbar und Heide! Bestohlen hast du mich bis aufs Letzte, all meine Säfte hast du mir ausgesogen, und immer hast du noch nicht genug! Wie lange werde ich dich noch ertragen, du schamloser, du ehrloser Mensch?"

„Marfa Borissowna, Marfa Borissowna! Das ... hier ist Fürst Myschkin. General Iwolgin und Fürst Myschkin ..." stotterte der zitternde und ganz kleinlaut gewordene General.

„Werden Sie es mir glauben," wandte sich die Kapitanscha sogleich an den Fürsten, „werden Sie es mir glauben, daß dieser schamlose Mensch nicht einmal meine verwaisten Kinderchen verschont hat? Alles hat er uns geraubt, alles hat er fortgeschleppt, alles hat er verkauft und verpfändet, nichts hat er uns gelassen! Was soll ich denn mit deinen Schuldverschreibungen anfangen, du schlauer, du gerissener Mensch? So antworte doch wenigstens, du Betrüger, antworte mir doch, du nimmersatter, gemeiner Mensch! Sag' mir doch, womit soll ich, womit soll ich jetzt meine verwaisten Kinderchen ernähren? Da kommt er nun betrunken angetorkelt, kann kaum auf den Beinen stehen ... Womit ich wohl den Zorn Gottes erregt haben mag, daß er mich so bitter straft! – So antworte, du schändlicher, du schamloser Mensch, so antworte doch wenigstens!"

Der General jedoch war nicht gerade aufgelegt zum Antworten, er hatte anderes im Sinn.

„Hier, Marfa Borissowna, hier sind fünfundzwanzig Rubel ... alles, was ich dank der Großmut meines Freundes Ihnen geben kann. Fürst! Ich habe mich grausam geirrt! So ... ist das Leben ... Jetzt aber ... Verzeihung, ich bin schwach," fuhr der General, der mitten im Zimmer stand, sich nach allen Seiten verbeugend, mit schwacher Stimme fort. „Ich ... bin schwach, verzeiht! Lenotschka! ein Kissen ... Kleine!"

Lenotschka, das achtjährige Töchterchen der Witwe, lief flink nach einem Kissen, das sie dann auf das harte, zerrissene Wachstuchsofa legte. Der General setzte sich darauf nieder, mit der Absicht, noch vieles zu sagen, doch kaum saß er, als sein Haupt auch schon aufs Kissen sank und er – einschlief.

Marfa Borissowna sah kummervoll den Fürsten an, deutete zeremoniell auf einen Stuhl am Tisch, setzte sich selbst ihm gegenüber, stützte das Kinn in die rechte Hand und begann den Gast, nur ab und zu aufseufzend, stumm zu betrachten. Ihre drei kleinen Kinder (zwei Mädchen und ein Knabe), von denen Lenotschka das ältere war, traten auch an den Tisch heran, legten alle drei die Händchen auf die Tischkante und begannen gleichfalls alle drei stumm und aufmerksam den Fürsten anzusehen. Da erschien Koljä in der Tür.

„Koljä! Es freut mich sehr, daß ich Sie hier angetroffen habe," wandte sich der Fürst an ihn, „vielleicht können Sie mir helfen. Ich muß unbedingt heute noch zu Nastassja Filippowna. Ich hatte Ardalion Alexandrowitsch gebeten, mich hinzuführen, und er wollte mir auch den Dienst erweisen, aber nun ist er mir, wie Sie sehen, eingeschlafen. Würden Sie mich hinbegleiten; denn ich kenne hier weder die Straßen, noch den Weg zu ihr. Zum Glück habe ich durch ihn wenigstens ihre Adresse erfahren: am Großen Theater, im Hause der Mytowzowa."

„Nastassja Filippowna? Aber die hat doch nie im Leben dort gewohnt, und mein Vater ist niemals bei ihr gewesen, wenn Sie's wissen wollen. Mich wundert nur, daß Sie ihm überhaupt ein Wort geglaubt haben. Nastassja Filippowna wohnt nicht weit von den ‚Fünf Ecken‘, in der Gegend der Wladimirskaja, das ist viel näher von hier. Wollen Sie jetzt gleich hin? Es ist halb zehn. Schön, ich werde Sie hinbegleiten."

Der Fürst und Koljä machten sich sofort auf den Weg. Der Fürst hatte kein Geld mehr, um eine Droschke zu bezahlen. So mußten sie zu Fuß gehen.

„Ich wollte Sie gerade mit Hippolyt bekannt machen," sagte Koljä, als sie auf die Straße traten, „das ist der älteste Sohn dieser Kapitanscha mit den Rattenschwänzen auf dem Kopf. Er wohnt hinten, im anderen Zimmer. Heute hat er den ganzen Tag gelegen, er fühlte sich bedeutend schlechter. Er ist aber so sonderbar, ist entsetzlich empfindlich. Ich glaube, er würde sich vor Ihnen schämen, weil Sie in einem solchen Augenblick gekommen sind ... Mir ist es doch immerhin weniger peinlich als ihm; denn bei mir ist es ja nur der Vater, bei ihm aber die Mutter, das ist doch noch ein Unterschied! Männern geht so etwas nicht gleich an die Ehre. Doch ist das vielleicht nur ein Vorurteil, das sich aus dem Vorrecht des männlichen Geschlechts entwickelt haben mag. Hippolyt ist ein famoser Junge, bloß in manchen Dingen ist er einfach Sklave seiner Vorurteile."

„Sie sagten, er sei schwindsüchtig?"

„Ja, wahrscheinlich. Es wäre besser, er stürbe bald. Ich würde an seiner Stelle unbedingt sterben wollen. Ihm tun aber die kleinen Geschwister leid, die drei Gören, – Sie haben sie ja gesehen. Wenn es nur ginge, wenn wir nur das Geld dazu hätten, würden wir uns eine eigene Wohnung mieten und uns von unseren Verwandten einfach lossagen. Das ist unser Ideal! Aber wissen Sie, als ich ihm vorhin von Ihrer Szene erzählte, wurde er in seiner Reizbarkeit ganz wild und behauptete, daß jeder, der eine Ohrfeige erhält und seinen Beleidiger nicht fordert, einfach ein Lump sei. Er war aber in sehr gereizter Stimmung, daher wollte ich auch weiter nicht mit ihm streiten. Also Nastassja Filippowna hat Sie denn auch richtig gleich eingeladen zu sich?"

„Das ist es ja, daß sie mich nicht eingeladen hat."

„Wie? Aber wie können Sie dann zu ihr gehen?" fragte Koljä fast erschrocken und blieb vor Verwunderung mitten auf dem Trottoir stehen. „Und ... und in diesem Anzuge? Dort ist doch geladener Besuch!"

„Bei Gott, ich weiß es selbst nicht, wie ich eintreten werde. Werde ich empfangen – gut, wenn nicht – dann nicht: dann ist eben nichts daraus geworden. Und was den Anzug betrifft – ja, was ist da zu machen?"

„Ah so, Sie haben wohl einen ernsten Grund, hinzugehen? Oder gehen Sie nur, *pour passer le temps[]* in ‚gute Gesellschaft'?"

„Nein, im Grunde ... ja, doch, ich habe ... das läßt sich schwer erklären, Koljä ..."

„Nun, gleichviel was das für ein Grund ist, das ist Ihre Sache. Ich meine nur, – Sie wollen sich doch nicht dieser Gesellschaft aufdrängen, den Kameliendamen, Generälen und Wucherern ... Wenn das der Fall wäre – verzeihen Sie, Fürst – dann müßte ich Sie auslachen und verachten! Hier gibt es nur sehr wenige Menschen, die ehrenwert sind, wirklich, es gibt hier keinen, den man achten kann. Da blickt man unwillkürlich auf sie herab, wenn sie auch alle geachtet sein wollen. Warjä ist die erste, die's tut. Und ist es Ihnen nicht aufgefallen, Fürst, daß in unserem Jahrhundert alle Abenteurer sind! Und namentlich noch bei uns in Rußland, in unserem lieben Vaterlande. Woher das nur alles kommen mag – wirklich, ich begreife es nicht. Man sollte meinen, daß alles fest stand – aber jetzt? Das sagen und schreiben alle Menschen. Bei uns wollen alle ‚alles entlarven‘! Die Eltern sind die ersten, die sich ihrer früheren ‚alten‘ Moral schämen. In Moskau zum Beispiel hat ein Vater seinen Sohn gelehrt, vor *nichts* zurückzuschrecken, wenn es sich um Gelderwerb handelt – tatsächlich! Es stand in der Zeitung. Und nehmen Sie doch zum Beispiel meinen General. Was ist aus ihm geworden? Aber wissen Sie was, ich glaube, daß mein General ein ehrlicher Mensch ist. Bei Gott, er ist es. Das ist ja alles nur die Unordnung und der Alkohol. Bei Gott! Er kann einem sogar leid tun. Ich will es nur nicht jedem sagen; denn sie würden mich ja alle auslachen. Aber er tut mir wirklich leid, glauben Sie mir. Und was ist denn schließlich an den anderen dran? – an diesen sogenannten Klugen? Alle sind sie Wucherer, alle, vom ersten bis zum letzten. Hippolyt verteidigt die Wucherer, er sagt, so müsse es sein, es wäre ökonomische Umwälzung, Ebbe und Flut, oder so etwas Gutes, hol's der Teufel. Mich ärgert es scheußlich, daß *er* so etwas sagt. Aber was, er ist ja doch krank und verbittert. Stellen Sie sich vor, seine Mutter, die Kapitanscha, erhält von meinem Vater Geld, und dieses Geld borgt sie ihm dann gegen Wucherzinsen! Ist das nicht eine Gemeinheit? Aber wissen Sie, Mama, das heißt, meine Mama, Nina Alexandrowna, hilft Hippolyt mit Geld, Kleidern, Wäsche und was sonst noch nötig ist, und sogar den drei Kleinen hilft sie, durch Hippolyt; denn die Kapitanscha vernachlässigt sie ganz und gar. Auch Warjä hilft ihnen.“

„Nun sehen Sie, Sie sagen, es gäbe keine ehrenwerten und starken Menschen, alle seien Wucherer. Da haben Sie doch Ihre Mutter und Warjä. Ist denn das kein Beweis sittlicher Kraft, wenn sie hier unter solchen Umständen helfen?“

„Warjä tut es nur aus Eigenliebe, bei ihr ist es Prahlerei, sie will der Mutter nicht nachstehen. Aber Mama allerdings ... ich muß sagen, da hat man alle Hochachtung. Jawohl, das achte ich an ihr und diese Achtung ist gerechtfertigt. Selbst Hippolyt fühlt es, aber er ist ja schon ganz verbittert. Anfangs lachte er darüber und nannte es von seiten meiner Mutter eine Gemeinheit. Aber jetzt fängt er schon an, zu fühlen, daß ... Also Sie nennen so etwas Kraft? Das werde ich mir merken. Ganjä weiß nichts davon, sonst würde er es unnütze Verwöhnung nennen.“

„Ganjä weiß es nicht? Ich glaube, Ganjä weiß noch sehr vieles nicht,“ kam es dem nachdenklichen Fürsten unwillkürlich über die Lippen.

„Wissen Sie Fürst, Sie gefallen mir sehr. Ich kann es noch immer nicht vergessen, wie Sie sich da vorhin verhielten.“

„Auch Sie gefallen mir sehr, Koljä.“

„Hören Sie, wie beabsichtigen Sie hier zu leben? Ich werde mir irgendeine Beschäftigung suchen und Geld verdienen – wollen wir dann alle drei zusammen, Sie, Hippolyt und ich, eine Wohnung mieten?! – und der General kann uns dann besuchen!“

„Mit dem größten Vergnügen. Doch wir werden ja übrigens noch sehen ... Ich bin sehr ... sehr zerstreut. Was? Wir sind schon da? In diesem Hause? ... Was für eine prächtige Vorfahrt! Der Schweizer öffnet schon ... Nun, Koljä, ich weiß nicht, was daraus werden wird ...“

Der Fürst stand wie verloren vor der Tür.

„Nun, morgen werden Sie mir alles erzählen! Lassen Sie den Mut nicht sinken. Gott gebe Ihnen guten Erfolg. Ich bin in allem ganz Ihrer Meinung. Leben Sie wohl. Ich kehre wieder dorthin zurück und werde Hippolyt alles erzählen. Daß Sie empfangen werden, ist bombensicher, eine Abweisung brauchen Sie bestimmt nicht zu fürchten! Sie ist unglaublich originell. Hier, diese Treppe geht’s hinauf, im ersten Stock, der Schweizer wird Ihnen schon Bescheid sagen.“

## XIII.

Der Fürst suchte, als er die Treppe hinaufstieg, mit aller Gewalt seiner Aufregung Herr zu werden. „Das Schlimmste, was mir begegnen kann,“ dachte er, „ist, daß man mich empfängt und etwas Schlechtes von mir denkt ... oder schließlich empfängt man mich auch, um dann über mich zu lachen? ... Ach, mögen sie doch!“ Was ihn aber am meisten schreckte, war der Gedanke oder die Frage, was er denn dort eigentlich zu tun beabsichtige, und weshalb er überhaupt hinging, – eine Frage, auf die er entschieden keine zufriedenstellende und beruhigende Antwort zu finden vermochte. Selbst wenn sich ihm dort die Gelegenheit böte, Nastassja Filippowna unbemerkt zu sagen: Heiraten Sie diesen Menschen *nicht*, stürzen Sie sich nicht ins Verderben, er liebt nicht Sie, sondern Ihr Geld, das hat er mir selbst gesagt, und auch Aglaja Jepantschina hat es mir gesagt, ich aber bin gekommen, um es Ihnen zu hinterbringen, – so war damit wohl kaum in jeder Beziehung das Richtige getan. Ferner gab es da noch eine andere schwierige Frage, und zwar eine von solcher

Wichtigkeit, daß der Fürst nicht einmal an sie zu denken wagte, geschweige denn, sie bewußt als vorhandene Tatsache anerkannte; ja, er hätte sie kaum zu formulieren verstanden, und er errötete und zitterte, sobald seine Gedanken nur in diese Richtung kamen. Doch wie dem auch war, jedenfalls endete es damit, daß er trotz aller Zweifel und Befürchtungen die Glocke zog, eintrat und sich bei der Dame des Hauses anmelden ließ.

Nastassja Filippowna hatte eine nicht sehr große, doch luxuriös eingerichtete Wohnung inne. Zu Anfang dieser fünf Jahre, die sie nun schon in Petersburg lebte, hatte Afanassij Iwanowitsch Tozkij ganz besonders viel Geld für sie verschwendet. Damals hatte er noch auf ihre Liebe gerechnet und geglaubt, sie mit Luxus und Geld betören zu können, mit Dingen, die, wie er wußte, bald unentbehrlich werden, wenn man sich einmal an sie gewöhnt hat. Tozkij blieb eben seinen guten alten Anschauungen treu, ohne von ihnen auch nur das Geringste aufzugeben. So hoch schätzte er die „unbezwingliche Macht" seiner sinnlichen Einwirkungen ein! Nastassja Filippowna wies die prunkvolle Ausstattung nicht zurück, ja, sie gefiel ihr sogar. Nichtsdestoweniger aber – und das war doch sehr sonderbar – ließ sie sich durch dieselbe nicht im geringsten bestechen. Es war, als hätte sie jeglichen Komfort mit Leichtigkeit entbehren können. Ja, sie äußerte sich sogar hin und wieder in diesem Sinne – was Afanassij Iwanowitsch Tozkij recht unangenehm überraschte. Übrigens gab es da noch so manches an ihr, das ihm im Laufe der Zeit peinliche Überraschungen bereitete. Ganz abgesehen von der (gelinde gesagt) Unvornehmheit der Menschensorte, mit der sie verkehrte – und das hieß doch so viel, daß sie sich zu den Betreffenden hingezogen fühlte – legte sie noch andere äußerst seltsame Neigungen an den Tag. Es war eine geradezu barbarische Mischung zweier Geschmacksrichtungen in ihr: sie war fähig, sich mit Dingen abzugeben und an Dingen Gefallen zu finden, deren bloßes Dasein ein feingebildeter, ästhetisch empfindender Mensch, wie man meinen sollte, überhaupt nicht für möglich halten konnte. Dagegen: hätte Nastassja Filippowna z. B. eine liebe kleine Unwissenheit verraten, wie etwa die, daß Bauernmädchen ebensolche Batistwäsche tragen wie sie, so hätte das Afanassij Iwanowitsch aus unbestimmten Gründen sehr angenehm berührt. Hätte doch nach Tozkijs Erziehungsprogramm Nastassja Filippownas wissenschaftlich-literarisch-ästhetische Bildung unfehlbar zu diesen Resultaten führen müssen – und er hielt sich für durchaus kompetent in solchen Fragen. Doch leider waren die Resultate, wie es sich in der Praxis erwies, ganz anderer und zum mindesten sehr seltsamer Art. Trotzdem aber war und blieb in Nastassja Filippowna ein „Etwas", das sogar Tozkij durch seine ungewöhnliche und anziehende Originalität, durch seine gewisse Kraft stutzig machte und ihn auch jetzt noch mitunter bestrickte, obschon doch alle seine Hoffnungen auf Luftschlösser schon längst, längst eingestürzt waren.

Dem Fürsten öffnete eine Zofe die Tür (Nastassja Filippowna hatte grundsätzlich nur weibliche Bedienung), und diese vernahm zu seiner Verwunderung ohne das geringste Erstaunen die Bitte, ihn anzumelden. Weder seine schmutzigen Stiefel, noch sein breitrandiger Filzhut, weder sein ärmelloser Kapuzenmantel noch seine verwirrte Miene erregten Bedenken in ihr. Sie half ihm, sich des Mantels zu entledigen, bat ihn höflich, im Empfangssalon zu warten, und ging dann ohne weiteres, um ihrer Herrin den Besuch zu melden.

Die Gesellschaft, die Nastassja Filippowna eingeladen hatte, bestand nur aus ihren alten Bekannten. Es waren diesmal bedeutend weniger Gäste versammelt als an ihren früheren Geburtstagsfesten. In erster Reihe waren Afanassij Iwanowitsch Tozkij und Exzellenz Iwan Fedorowitsch Jepantschin anwesend; beide bemühten sich, liebenswürdig zu sein; doch sah man beiden an, daß die bevorstehende Entscheidung Nastassja Filippownas sie nicht wenig beunruhigte. Außer ihnen war natürlich auch Ganjä anwesend – finster, nachdenklich und, fast kann man sagen, das Gegenteil von liebenswürdig. Er stand etwas abseits und schwieg. Warjä mitzubringen, hatte er doch nicht für ratsam gehalten, aber Nastassja Filippowna fragte auch mit keinem Wort nach ihr. Dafür jedoch hatte sie ihn sogleich nach seiner Begrüßung an jenen Zwischenfall mit dem Fürsten erinnert. Der General, der noch nichts davon gehört, erkundigte sich interessiert, was denn vorgefallen sei, worauf Ganjä in knappen Worten sehr sachlich, doch vollkommen wahrheitsgetreu alles erzählte und auch ausdrücklich erwähnte, daß er den Fürsten bereits um Verzeihung gebeten habe. Zum Schluß äußerte er noch in etwas lebhafterem Tone seine Meinung: daß der Fürst seltsamerweise – Gott weiß weshalb – ein „Idiot“ genannt werde, daß er, Ganjä, sich aber vom vollkommenen Gegenteil überzeugt habe; denn „dieser Mensch hat sicher seinen Kopf für sich,“ wie er hinzufügte. Nastassja Filippowna hörte dieser Meinungsäußerung sehr aufmerksam zu und blickte Ganjä neugierig an; doch das Gespräch ging sogleich auf Rogoshin über, der ja bei Iwolgins eine so große Rolle gespielt hatte, und diesem Gespräch folgten Tozkij und Jepantschin mit größter Aufmerksamkeit. Ptizyn, der sich bis neun Uhr abends für Rogoshin in geschäftlichen Angelegenheiten gemüht hatte, wußte noch einzelne Neuigkeiten über ihn zu berichten. Wie er erzählte, setzte Rogoshin alle Hebel in Bewegung, um noch vor der Nacht hunderttausend Rubel in barem Gelde zusammenzubringen. „Allerdings scheint er betrunken zu sein,“ fügte Ptizyn hinzu, „doch wird er wahrscheinlich sein Wort halten; denn wenn es auch schwer ist, hunderttausend an einem Tag flüssig zu machen, so helfen ihm doch viele: Trepaloff, Kinder und Biskup ... Nur weiß ich nicht, ob es ihnen gerade heute noch gelingen wird ... Auf die Höhe der Prozente kommt es ihm gar nicht an, er zahlt alles – natürlich in der Trunkenheit, im ersten Rausch ..." schloß Ptizyn. Alle diese Mitteilungen wurden von den Anwesenden mit zum Teil finsterem Interesse vernommen. Nastassja Filippowna schwieg, wahrscheinlich mit einer besonderen Absicht. Ganjä schwieg gleichfalls. General Jepantschin beunruhigte sich innerlich vielleicht am meisten von allen: sein kostbares Geschenk war von ihr mit etwas gar zu kühler Freundlichkeit empfangen worden; ja, vielleicht täuschte er sich nicht einmal, wenn er sogar so etwas wie leisen Spott in ihrem Blick und Lächeln bemerkt zu haben glaubte. Nur Ferdyschtschenko befand sich als einziger von allen Gästen in gehobener, feiertäglicher Stimmung und lachte laut, ohne selbst zu wissen weshalb – vielleicht nur, weil er sich selbst die Rolle des Narren auferlegt hatte. Tozkij, den die Fama als eleganten und geistreichen Erzähler pries, und der an solchen Abenden gewöhnlich die ganze Unterhaltung beherrscht hatte, war diesmal offenbar nicht dazu aufgelegt. Man merkte ihm sogar eine gewisse, an ihm ganz fremde Betretenheit an. Die übrigen Gäste – ein armer, alter Lehrer, der Gott weiß weshalb eingeladen worden war, irgendein unbekannter und sehr junger Mann, der entsetzlich schüchtern zu sein schien und den Mund überhaupt nicht auftat, eine lebhafte ältere Dame von etwa vierzig Jahren, die einstmals Schauspielerin gewesen war, und dann noch eine auffallend hübsche, reich gekleidete junge Dame, die gleichfalls so gut wie gar nichts sprach – sie alle konnten das Gespräch nicht nur nicht beleben, sondern wußten mitunter nicht einmal, was sie antworten oder wovon sie überhaupt sprechen sollten.

So war es denn begreiflich, daß das Erscheinen des Fürsten allen Anwesenden sehr gelegen kam. Übrigens rief seine Anmeldung doch gewisses Erstaunen und auf manchen Gesichtern sogar ein gewisses Lächeln hervor, namentlich als man aus Nastassja Filippownas überraschter Miene erriet, daß sie gar nicht daran gedacht hatte, ihn einzuladen. Doch schon im nächsten Augenblick verriet ihr Gesicht so viel aufrichtige Freude über seinen Besuch, daß die Mehrzahl der Gäste sich sofort gleichfalls anschickte, den ungebetenen Gast mit Vergnügen zu empfangen.

„Nun ja, wenn das auch wieder nur ein Ausdruck seiner Unschuld ist," meinte General Jepantschin, „und solche – hm! – Neigungen zu begünstigen ziemlich gefährlich sein kann, so ist es doch im Augenblick nicht übel, daß er das Geburtstagskind mit seinem Besuch bedacht hat, zumal er es noch in einer so originellen Weise tut. Aller Voraussicht nach wird er uns sogar erheitern, wenigstens ... soviel ich über ihn – urteilen kann."

„Oh, das steht um so mehr zu erwarten, als er uneingeladen kommt!" rief sofort Ferdyschtschenko aus.

„Sie meinen?" fragte ihn der General trocken. Er konnte diesen Menschen nicht ertragen.

„Nun, ich meine, daß er für den Eintritt zahlen muß," erklärte jener.

„Mir scheint, daß ein Fürst Myschkin nicht gerade ein Ferdyschtschenko ist," konnte der General sich nicht enthalten zu bemerken. Es fiel ihm ehrlich schwer, sich an den Gedanken zu gewöhnen, daß er, General Jepantschin, sich mit einem Ferdyschtschenko in ein und derselben Gesellschaft befand, ganz als wären sie gleichstehende Persönlichkeiten.

„Ei, Exzellenz, mit Ferdyschtschenko müssen Sie Nachsicht haben," antwortete jener lachend, „ich bin doch hier mit ganz besonderen Rechten ausgestattet!"

„Was sind denn das für Rechte, wenn man fragen darf?"

„Das auseinanderzusetzen hatte ich bereits das vorigemal die Ehre, doch für Eure Exzellenz will ich es nochmals wiederholen. Also, ich bitte um Ihre Aufmerksamkeit, Exzellenz: alle Menschen sind geistreich, nur ich allein bin es nicht. Als Schadenersatz habe ich dafür die Erlaubnis erhalten, die Wahrheit zu sagen, da doch bekanntlich nur jene die Wahrheit sagen, die nicht gerade – nun, wie gesagt, geistreich sind. Zudem bin ich ein äußerst rachsüchtiger Mensch, und das natürlich gleichfalls nur aus Mangel an Geist. Ich nehme jede Beleidigung ruhig hin, doch – wohlgemerkt! – nur bis zum ersten Mißerfolge des Beleidigers. Bei seiner ersten Niederlage entsinne ich mich unverzüglich alles dessen, was er auf dem Kerbholz hat, und zahle es ihm prompt auf irgendeine Weise heim – schlage mit den Hinterbeinen aus, wie Iwan Petrowitsch Ptizyn es nennt, der, versteht sich, selbst niemals hinten ausschlägt. Kennen Eure Exzellenz vielleicht Kryloffs Fabel vom Löwen und vom Esel? Nun, sehen Sie, die ist wie auf uns gedichtet, tatsächlich, das sind Sie und ich."

„Sie scheinen ja wieder mal in Ihr unleidliches Faseln hineingekommen zu sein, Ferdyschtschenko," entgegnete der General gereizt und grob.

„Aber was haben Sie denn dagegen einzuwenden, Exzellenz?" griff Ferdyschtschenko schnell auf, ganz als hätte er nur auf diesen Einwand gewartet. „Beunruhigen Sie sich nicht, Exzellenz, ich kenne sehr wohl den Platz, der mir zukommt: der Löwe sind natürlich Sie, Exzellenz:

– Der grimme Leu, des Waldes Schrecken,

Ward mit den Jahren altersschwach –

Und ich, Exzellenz, bin selbstverständlich der Esel ...“

„Mit letzterem bin ich vollkommen einverstanden,“ platzte der General unvorsichtig genug heraus.

Diese ganze Plänkelei wurde natürlich mit Absicht von Ferdyschtschenko in die Länge gezogen: obwohl er nicht geistreich zu sein verstand, wurde ihm doch vieles erlaubt, da er nun einmal offiziell den Narren spielte.

„Aber ich werde ja doch nur deshalb hier empfangen, damit ich gerade in diesem Genre zur allgemeinen Heiterkeit beitrage!“ hatte Ferdyschtschenko einmal lachend erklärt. „Wie wäre es denn sonst möglich, mich zu empfangen? – Das begreife ich doch selbst! Aber ja doch! Wie könnte man mich denn im Ernst, mich, Ferdyschtschenko, neben einen so ästhetisch-delikaten Gentleman wie Afanassij Iwanowitsch Tozkij setzen? Da bleibt einem doch nur die eine Erklärung übrig: eben weil es unmöglich ist, wird es getan!“

Ferdyschtschenko konnte in seinen Späßen sehr plump, bisweilen aber auch sehr bissig sein, und bisweilen sogar noch mehr als bissig. Das aber war es gerade, was Nastassja Filippowna zu gefallen schien. Daher mußte auch ein jeder, der mit ihr verkehren wollte, Ferdyschtschenkos Anwesenheit in den Kauf nehmen. Er traf vielleicht den Nagel auf den Kopf, wenn er sich sagte, daß er nur deshalb empfangen wurde, weil er gleich bei seinem ersten Besuch für Tozkij „unmöglich“ geworden war. Auch Ganjä mußte unendliche Qualen von ihm erdulden; und in der Beziehung kam Ferdyschtschenko Nastassja Filippowna sogar sehr zustatten.

„Der Fürst aber wird bei uns damit beginnen müssen, daß er eine moderne Arie zum besten gibt,“ schloß Ferdyschtschenko mit einem Seitenblick auf Nastassja Filippowna.

„Das glaube ich nicht, Ferdyschtschenko, und bitte, geben Sie sich keine Mühe, es wäre überflüssig,“ sagte diese kurz.

„A–ah! Nun, wenn er unter so besonderer Protektion steht, so werde natürlich auch ich mich danach richten.“

Doch Nastassja Filippowna hatte sich schon erhoben und ging, ohne ihn anzuhören, dem Fürsten entgegen.

„Es tut mir leid," sagte sie, als sie plötzlich vor ihm stand, „daß ich Sie vorhin in der Eile zu mir einzuladen vergaß. Um so mehr freut es mich, daß Sie mir jetzt selbst Gelegenheit geben, Ihnen zu danken und Sie zu versichern, daß ich Ihre Entschlossenheit und die Art, wie Sie eingriffen, bewundert habe."

Bei diesen Worten blickte sie ihn forschend an, bemüht, wenn auch nur halbwegs eine Erklärung für sein seltsames Erscheinen zu finden.

Der Fürst war durch ihre Erscheinung so geblendet und erregt, daß er kein Wort hervorzubringen vermochte. Nastassja Filippowna bemerkte es und lächelte: es war ihr angenehm. Wie sie so in der kostbaren Abendtoilette vor ihm stand, war sie allerdings berückend schön. Und das sah sie auch an dem Eindruck, den sie auf ihn machte. Sie reichte ihm die Hand und führte ihn dann zu ihren Gästen. Doch dicht vor der Tür zum Salon blieb der Fürst plötzlich stehen und flüsterte ihr in ungewöhnlicher Erregung schnell, fast atemlos zu:

„An Ihnen ist alles vollendet ... selbst das, daß Sie mager und bleich sind, ist schön ... Man will Sie sich gar nicht anders denken ... Ich wollte um jeden Preis zu Ihnen kommen ... ich ... verzeihen Sie ..."

„Bitten Sie nicht um Verzeihung," unterbrach ihn Nastassja Filippowna lächelnd, „damit würden Sie die ganze Seltsamkeit und Originalität Ihres Erscheinens zerstören. Man hat wohl ganz recht, wenn man Sie einen sonderbaren Menschen nennt. Halten Sie mich also wirklich für vollendet, ja?"

„Ja."

„Wenn Sie auch sonst ein Meister im Erraten sind, so täuschen Sie sich diesmal doch arg. Ich werde Sie heute noch daran erinnern ..."

Sie stellte ihn darauf ihren Gästen vor, von denen jedoch die meisten ihn bereits kannten. Tozkij sagte ihm sogleich eine Liebenswürdigkeit. Alle schienen sich zu beleben, alle begannen plötzlich zu sprechen und zu lachen. Nastassja Filippowna ließ den Fürsten neben sich Platz nehmen.

„Aber was ist denn am Erscheinen des Fürsten so Erstaunliches?" übertönte Ferdyschtschenkos Kraftorgan alle anderen Stimmen. „Die Sache liegt doch auf der Hand, sie spricht ja für sich selbst!"

„Ja, sie spricht nur zu deutlich für sich selbst," brach plötzlich Ganjä sein Schweigen. „Ich habe den Fürsten heute fast ununterbrochen beobachtet, von dem Augenblick an, als er am Vormittage zum erstenmal

Nastassja Filippownas Bild erblickte auf dem Schreibtisch Iwan Fedorowitschs. Ich entsinne mich noch sehr gut, daß ich mir schon damals dasselbe dachte, wovon ich jetzt vollkommen überzeugt bin, und was mir der Fürst, nebenbei bemerkt, auch selbst gestanden hat."

Ganjä hatte mit sehr ernster, fast sogar finsterer Miene ohne den geringsten Scherzton gesprochen, was eigentlich etwas sonderbar war.

„Ich habe Ihnen keine Geständnisse gemacht," entgegnete der Fürst, der bei Ganjäs Worten rot geworden war, „ich habe nur auf Ihre Frage geantwortet."

„Bravo, bravo!" schrie Ferdyschtschenko laut. „Das nenne ich wenigstens aufrichtig! Und zwar ist es ebenso aufrichtig wie schlau!"

Alles lachte.

„Schreien Sie doch nicht so, Ferdyschtschenko," sagte Ptizyn halblaut mit angewiderter Miene.

„Ich hätte solche Heldentaten gar nicht von Ihnen erwartet, Fürst," bemerkte Iwan Fedorowitsch Jepantschin. „Aber wissen Sie auch, wem das sehr zustatten kommt? ... Und ich habe Sie für einen Philosophen gehalten! Ja, ja, die Bescheidenen!"

„Und danach zu urteilen, daß der Fürst bei diesem harmlosen Scherz wie ein unschuldiges, junges Mädchen errötet, muß er ja – wenigstens glaube ich, das annehmen zu dürfen – als edler Jüngling nur die edelsten Absichten in seinem Herzen hegen," sagte, oder richtiger, kaute mit seinem zahnlosen Munde der bis dahin stumme siebzigjährige kleine Lehrer, von dem ein jeder alles andere eher erwartet hätte, als daß er an diesem Abend überhaupt ein Wort hervorbringen würde.

Die Bemerkung des Greises rief noch größere Heiterkeit hervor, und er selbst begann in dem Glauben, daß sein Witz die Ursache des Gelächters sei, noch lauter als die anderen zu lachen – bis er einen so heftigen Hustenanfall bekam, daß Nastassja Filippowna, die für alte Originale, Greise und sogar Schwachsinnige eine besondere Vorliebe besaß, den Alten zu streicheln begann, ihn küßte und ihm Tee bringen ließ. Von der eintretenden Zofe ließ sie sich einen Schal bringen, in den sie sich dann fröstelnd einhüllte. Darauf mußte das Mädchen noch Holzscheite in den Kamin legen. Auf ihre Frage, wieviel Uhr es sei, antwortete das Mädchen, daß es schon halb elf geschlagen habe.

„Meine Herren, wollen Sie nicht Champagner trinken?" fragte plötzlich Nastassja Filippowna. „Er ist bereits kalt gestellt. Vielleicht wird es dann lustiger werden. Also ganz ohne Zeremonien, wenn ich bitten darf."

Diese Aufforderung, zu trinken, die noch dazu so naiv ausgesprochen wurde, erschien den Anwesenden sehr sonderbar von Nastassja Filippowna. Und überhaupt wurde der Abend diesmal noch ungezwungener, als es die Gäste sonst bei ihr gewöhnt waren. Doch gegen den Champagner hatte niemand etwas einzuwenden, wenigstens was den General, die lebhafte Dame, den alten Lehrer und Ferdyschtschenko betraf. Und ihrem Beispiel folgten auch die anderen. Tozkij nahm gleichfalls einen der Kelche und bemühte sich, dem neueingeführten Ton nach Möglichkeit den Charakter eines unbefangenen Scherzens zu geben. Nur Ganjä trank nicht. Nastassja Filippowna dagegen erklärte, daß sie mindestens drei Glas trinken würde. Es war sehr schwer, aus ihrem oft grundlosen, verlorenen Lachen, das bald ernster Nachdenklichkeit und finsterem Schweigen wich, um dann von neuem in nervöser Heiterkeit hervorzubrechen, klug zu werden oder gar aus ihm zu erraten, was sie für Absichten hegte. Es fiel mit der Zeit auf, daß sie gleichsam etwas erwartete, häufig nach der Uhr sah, immer ungeduldiger wurde und sehr zerstreut war.

„Bei Ihnen scheint ja eine richtige kleine Influenza im Anzuge zu sein, meine Liebe?" fragte die lebhafte Dame.

„Oh, eine sehr große sogar, nicht nur eine kleine," entgegnete, den Schal fester um die Schultern ziehend, Nastassja Filippowna, die merklich bleicher wurde und zuweilen sich krampfhaft zusammenzunehmen schien, damit die anderen nicht merkten, wie der Schüttelfrost sie zittern machte.

Alle wurden unruhig und sahen einander fragend an; es ging eine Bewegung durch die ganze Versammlung.

„Oder sollten wir Nastassja Filippowna nicht Ruhe gönnen?" fragte Tozkij mit einem Blick auf Jepantschin.

„Oh, nein, nein! auf keinen Fall! Ich bitte Sie alle, bei mir zu bleiben," rief sie lebhaft. „Ihre Anwesenheit ist mir heute unentbehrlich," fügte sie plötzlich noch eigensinniger und recht vielsagend hinzu.

Da nun fast alle Gäste wußten, daß an diesem Abend eine wichtige Entscheidung bevorstand, so fielen diese ihre Worte schwer ins Gewicht. Der General und Tozkij tauschten nochmals einen bedeutsamen Blick aus. Ganjä machte eine hastige Bewegung.

„Wie wär's, wenn wir ein *Petit-jeu[]* spielten?" schlug die lebhafte Dame vor.

„Ach, ich weiß ein famoses *Petit-jeu*!" rief Ferdyschtschenko lebhaft aus. „Wenigstens ist es eines, das nur ein einziges Mal in der Welt gespielt worden ist, und selbst da gelang es nicht!"

„Was ist denn das für ein Spiel?" fragte die lebhafte Dame.

„Na, es hatte sich mal von uns 'ne ganze Gesellschaft zusammengefunden, nun, es war getrunken worden, das läßt sich nicht leugnen, und da machte plötzlich jemand den Vorschlag, daß jeder von uns etwas aus seinem Leben erzählen solle, ganz einfach, so wie wir da alle um den Tisch herumsaßen, doch dieses Etwas – jetzt kommt der Haken! – mußte unbedingt gerade das sein, was der Erzähler auf Ehr' und Gewissen für die schlechteste Tat hielt, die er je im Laufe seines ganzen Lebens begangen, und zwar nur unter dieser einen Bedingung, daß er nicht log, sondern aufrichtig, ganz aufrichtig, nur der Wahrheit gemäß die Sache – wiedergab."

„Hm, ein etwas sonderbarer Einfall," meinte der General.

„Aber erlauben Sie, Exzellenz, Sonderbarkeit ist doch nur ein Vorzug!"

„Ich finde den Einfall lächerlich," äußerte Tozkij, „doch ist er im Grunde verständlich: Prahlerei besonderer Art."

„Aber das war's ja vielleicht gerade, was man wollte, Afanassij Iwanowitsch."

„Ach, gehen Sie! Ein solches *Petit-jeu* bringt einen eher zum Weinen als zum Lachen!" sagte die lebhafte Dame geringschätzig.

„Ich halte solche Spiele für reinen Unsinn. Und sie sind ja auch ganz unmöglich," meinte Ptizyn.

„Aber gelang es denn auch, Ferdyschtschenko?" erkundigte sich Nastassja Filippowna.

„Das ist es ja eben, daß es nicht gelang, oder wenn Sie wollen, gelang es, aber es wurde gemein. Allerdings weigerte sich niemand, zu erzählen, viele erzählten auch wahrheitsgetreu – und denken Sie sich nur: es erzählte gar manch einer mit aufrichtigem Vergnügen und Wohlgefallen! Dann aber schämte sich doch ein jeder. Hielten's nicht aus. Im allgemeinen aber war es übrigens durchaus erheiternd, – in seiner Art, versteht sich ..."

„Vorzüglich! Das ist ja wie geschaffen für uns!" fiel ihm Nastassja Filippowna ins Wort; sie war wie neu belebt. „Nein wirklich, das müssen wir doch versuchen, meine Herren! Es ist heute gar nicht lustig bei mir.

Wenn nun ein jeder von uns bereit wäre, etwas zu erzählen ... irgend etwas in dieser Art – nicht? ... Natürlich nur, wenn er aus freien Stücken einwilligt – was meinen Sie? Vielleicht werden wir es aushalten? Wenigstens ist es furchtbar originell!"

„Oh, gewiß, es ist eine geniale Idee!" begeisterte sich Ferdyschtschenko. „Die Damen brauchen übrigens nicht mitzuwirken, die Herren fangen an. Die Reihenfolge wird durch das Los bestimmt – so machten wir es auch damals. Unbedingt, unbedingt! Wer nun aber *gar nicht* will, der kann dann natürlich den Mund halten, nur ist es gerade keine Liebenswürdigkeit. Also, meine Herren, ein jeder gebe ein Pfand, irgendeinen x-beliebigen Gegenstand – hier ... hier ist ein Hut – also hier hinein, meine Herren, der Fürst wird dann die Pfänder herausnehmen. Die ganze Aufgabe ist ja so einfach, wie man sie sich einfacher gar nicht denken kann: die häßlichste Tat von allen im Laufe des Lebens begangenen ... wie gesagt: die Einfachheit selbst. Sie werden ja sehen, meine Herren. Und falls jemand sein schlechtes Gedächtnis vorschützen sollte, so werde ich dem schon nachzuhelfen wissen!"

Der Einfall war allerdings sehr eigenartig. Doch gefiel er keinem der Gäste. Einige waren verstimmt, andere lächelten verschmitzt, und wieder andere versuchten dies und jenes einzuwenden, doch taten sie es nur mit Vorsicht, so z. B. der General, der Nastassja Filippowna nie recht zu widersprechen wagte. Er hatte sogleich bemerkt, daß ihr dieser Einfall sehr zusagte – vielleicht nur weil er nichts weniger als alltäglich und eigentlich doch unerhört war. Nastassja Filippowna war aber in ihren Wünschen unberechenbar und rücksichtslos, wenn sie sie einmal offen zeigte, gleichviel, ob es auch die kindischsten und für sie selbst nutzlosesten Wünsche waren. Sie war jetzt wie im Fieber, konnte kaum ruhig sitzen. Das Lachen überkam sie wie ein Anfall, um dann ebenso plötzlich abzubrechen. Sie amüsierte sich köstlich über Tozkijs beleidigte und besorgte Miene. Ihre dunklen Augen glänzten. Auf ihren bleichen Wangen erschienen zwei rote Flecke. Der Schatten unbehaglichen Mißvergnügens in den Gesichtern einiger ihrer Gäste reizte noch mehr ihren Spott und ihre Heiterkeit. Vielleicht gefiel ihr am meisten an dem ganzen Einfall gerade der Zynismus und die Grausamkeit. Einzelne waren überzeugt, daß sie damit etwas ganz Besonderes bezweckte. Jedenfalls war man neugierig, wie es werden würde, und diese Neugier zog sogar sehr. Ferdyschtschenko war ganz Feuer und Flamme.

„Aber wenn es irgend etwas ist, das man nicht erzählen kann ... in Gegenwart von Damen?" fragte schüchtern der schweigsame Jüngling.

„Dann erzählt man es eben nicht," versetzte Ferdyschtschenko. „Als ob Sie nur eine einzige Schändlichkeit begangen hätten! Ach, Sie – Jüngling!"

„Und ich weiß nicht einmal, welches gerade die schlechteste Tat ist, die ich begangen habe," seufzte die lebhafte Dame.

„Die Damen sind nicht verpflichtet, zu erzählen," wiederholte Ferdyschtschenko, „aber auch nur das: nicht verpflichtet! Inspiration aus eigener Initiative wird mit Anerkennung zugelassen. Die Herren dagegen werden nur dann der Pflicht enthoben, wenn sie nun mal ganz und *gar* nicht wollen."

„Aber, wie wird man denn wissen, ob ich nicht lüge?" fragte Ganjä. „Wenn ich aber lüge, ist doch der ganze Sinn des Spieles verdorben. Und wer wird nicht lügen? Das ist doch selbstverständlich, daß bei einer solchen Gelegenheit ein jeder lügt."

„Aber so ist doch schon allein das interessant, *wie* ein jeder lügt," versetzte Ferdyschtschenko. „Du aber Ganetschka, brauchst dir darob, daß du lügen könntest, keine besonderen Sorgen zu machen, da doch deine schmählichste Tat ohnehin schon allen bekannt ist. Bedenken Sie doch nur, meine Herrschaften," rief er plötzlich geradezu begeistert aus, „mit welchen Augen wir dann einander ansehen werden, morgen zum Beispiel, nach den Erzählungen, was?!"

„Wie, soll es denn wirklich? ... Ist es denn wirklich Ihr Ernst, Nastassja Filippowna?" fragte Tozkij würdevoll.

„Wer den Wolf fürchtet, soll nicht in den Wald gehen!" war ihre spöttisch lächelnde Antwort.

„Aber erlauben Sie, Herr Ferdyschtschenko, ist denn das ein Gesellschaftsspiel?" fuhr Tozkij, immer erregter, fort. „Ich versichere Sie, solche Späße gelingen nie. Sie sagten ja auch selbst, daß es bereits einmal nicht gelungen sei."

„Wieso, wieso nicht gelungen? Habe ich nicht das vorigemal erzählt, wie ich einmal drei Rubel gestohlen habe? Da tat ich's doch einfach und erzählte!"

„Nun ja. Aber es war doch von vornherein jede Möglichkeit ausgeschlossen, die Sache so zu erzählen, daß sie glaubhaft erschien. Und Gawrila Ardalionytsch hat ganz richtig bemerkt, daß das ganze Spiel sofort seine Pointe verliert, sobald man auch nur im geringsten von der Wahrheit abweicht. Die strikte Beobachtung der Wahrheit wäre in diesem

Fall doch nur bei einer gewissen Prahlsucht schlechten Tones möglich, und dieser Ton ist hier doch ganz undenkbar, denke ich."

„Herrgott, sind Sie mir mal ein delikater Mensch, Afanassij Iwanowitsch, Sie vernichten mich ja geradezu!" lachte Ferdyschtschenko. „Mit dieser Bemerkung, meine Damen und Herren, hat ja Afanassij Iwanowitsch in der delikatesten Weise angedeutet, daß ich ganz unmöglich hätte stehlen können – was direkt zu sagen, wohl direkt unvornehm wäre – wenn er auch bei sich, versteht sich, vollkommen überzeugt ist, daß Ferdyschtschenko sehr wohl stehlen könnte! Doch zur Sache, meine Herren, die Lose sind vollzählig – und auch Sie, Afanassij Iwanowitsch, haben ja von sich einen Gegenstand in den Hut gelegt; folglich willigen Sie also ein, etwas zum besten zu geben. Bitte, Fürst, greifen Sie hinein."

Der Fürst senkte schweigend die Hand in den Hut: der erste Gegenstand, den er hervorholte, war von Ferdyschtschenko hineingelegt worden, der zweite von Ptizyn, der dritte vom General, der vierte von Tozkij, der fünfte von ihm selbst, der sechste von Ganjä usw. Die Damen hatten es vorgezogen, sich nicht zu beteiligen.

„O Gott, welches Pech!" jammerte Ferdyschtschenko. „Und ich glaubte, als erster würde der Fürst daran glauben müssen und als zweiter Seine Exzellenz! Doch zum Glück folgt Iwan Petrowitsch Ptizyn sogleich hinter mir, und das soll meine Entschädigung sein! Nun, dann – los, meine Herrschaften, ich muß mit gutem Beispiel vorangehen! Doch da tut es mir im Augenblick unsäglich leid, daß ich so gering bin und mich durch nichts auszeichne, nicht einmal durch einen Titel. Wie kann es da von Interesse sein, wie und wann und ob überhaupt ein Ferdyschtschenko mal was Gemeines begangen hat? Und schließlich: welches ist nun meine größte Schandtat? Hier gerät man ja förmlich in einen *embarras de richesse*![] Es sei denn, daß ich wieder den Diebstahl der drei Rubel erzähle, um unseren verehrten Afanassij Iwanowitsch zu überzeugen, daß man sehr wohl stehlen kann, ohne dabei ein Dieb zu sein."

„Sie überzeugen mich sogar davon, daß gewisse Leute tatsächlich ein Vergnügen bis zum Hochgenuß daran finden können, von ihren schmutzigen Taten zu erzählen, selbst dann, wenn niemand sie darum bittet. ... Doch übrigens ... Verzeihen Sie, Herr Ferdyschtschenko."

„Fangen Sie an, Ferdyschtschenko, Sie schwatzen viel zu viel Überflüssiges und können nie zu einem Schluß kommen," sagte Nastassja Filippowna gereizt und ungeduldig in zurechtweisendem Tone.

Es fiel allen auf, daß sie nach ihren Lachanfällen plötzlich fast finster geworden war. Nichtsdestoweniger bestand sie eigensinnig und herrisch auf der Durchführung ihrer Laune. Tozkijs ästhetisches Empfinden litt unsäglich. Auch der General ärgerte ihn nicht wenig: der saß vor seinem Champagner, „als wäre nichts passiert", und schien sogar die Absicht zu haben, gleichfalls etwas zum besten zu geben, wenn die Reihe an ihn kommen würde.

<br>

## XIV.

Ich habe ja doch gesagt, Nastassja Filippowna: da mir jeder Geist fehlt, schwatze ich dummes Zeug!" begann Ferdyschtschenko, der als erster erzählen mußte. „Hätte ich dagegen *tant d'esprit[]* wie zum Beispiel Afanassij Iwanowitsch oder so viel Scharfsinn wie Iwan Petrowitsch Ptizyn, so würde ich heute ganz wie Afanassij Iwanowitsch und Iwan Petrowitsch dasitzen und den Mund halten. Fürst, erlauben Sie, daß ich Sie eines frage: Was meinen Sie – es will mir immer scheinen, daß es in der Welt mehr Diebe gibt als Nichtdiebe, und daß es selbst unter den ehrlichsten Menschen keinen gibt, der nicht wenigstens einmal in seinem Leben gestohlen hat. Das ist so eine Privatanschauung von mir, aus der ich jedoch noch längst nicht schließe, daß alle ohne Ausnahme Diebe seien, obschon man, weiß Gott, mitunter verteufelt gern auch dieses daraus folgern möchte. Nun, was meinen Sie dazu, Fürst?"

„Pfui, wie dumm Sie erzählen," ärgerte sich die lebhafte Dame. „Und welch ein Unsinn: jeder Mensch soll etwas gestohlen haben! Ich habe noch nie etwas gestohlen."

„Ich glaub's Ihnen gern, Darja Alexejewna, daß Sie noch nie etwas gestohlen haben, aber hören wir doch zu, was der Fürst, der plötzlich sogar errötet ist, wie ich sehe, dazu sagen wird."

„Ich glaube, daß Sie recht haben, nur übertreiben Sie sehr," sagte der Fürst, der tatsächlich errötet war.

„Und Sie selbst, Fürst, haben Sie nie etwas gestohlen?"

„Pfui, Sie machen sich ja lächerlich, kommen Sie doch zur Besinnung, Herr Ferdyschtschenko," unterbrach ihn der General.

„Ach, jetzt, wo es erzählen heißt, schämen Sie sich der Geschichte," warf Darja Alexejewna ein, „und deshalb wollen Sie die Aufmerksamkeit auf den Fürsten ablenken."

„Ferdyschtschenko: entweder Sie erzählen oder Sie schweigen! Sie bringen einen ja um den letzten Rest Geduld!" sagte Nastassja Filippowna ärgerlich.

„Im Augenblick, Nastassja Filippowna! Aber wenn schon der Fürst es gestanden hat – denn ich behaupte, daß er es so gut wie tatsächlich gestanden hat –: was würde dann noch irgendein anderer gestehen müssen – ich rede ganz objektiv, ohne dabei an einen der Anwesenden speziell zu denken –, wenn er es sich einmal einfallen ließe, die Wahrheit zu sagen? Was nun mich betrifft, meine Damen und Herren, so lohnt es sich weiter gar nicht, zu erzählen: 's ist sehr einfach, sehr dumm und sehr häßlich. Aber ich versichere Ihnen, ich bin kein Dieb. Gestohlen habe ich, ohne selbst zu wissen, wie. Es war das vor etwa drei Jahren, auf der Datsche⎕ Ssemjon Iwanowitsch Ischtschenkos, an einem Sonntage. Es waren mehrere Gäste zu Tisch. Nach dem Essen blieben die Herren noch beim Wein sitzen. Da fiel es mir ein, Marja Ssemjonowna, die Tochter des Hausherrn, um einen musikalischen Genuß zu bitten, d. h. ich wollte sie bitten, uns etwas auf dem Flügel vorzuspielen. Wie ich nun gehe, um sie zu suchen, komme ich auch ins Eckzimmer, und da sehe ich: – auf dem Nähtischchen Marja Iwanownas liegt ein grünes Papier: ein Dreirubelschein. Sie hatte ihn kurz vorher herausgenommen, da sie das Geld in der Wirtschaft brauchte. Kein Mensch im Zimmer. Ich nahm den Schein und schob ihn in die Westentasche. Weshalb? – Das weiß ich selbst nicht. Ich begreife wirklich nicht, was mir in dem Augenblick einfiel. Nur drückte ich mich schleunigst und setzte mich wieder an den Tisch zu den Gästen. Ich saß und wartete die ganze Zeit in nicht geringer Erregung, schwatzte aber ohne Unterlaß, erzählte Anekdoten, lachte, ging dann zu den Damen hinüber, setzte mich zu ihnen. Nach einer halben Stunde ungefähr – bemerkte man den Diebstahl und begann die Dienstboten auszufragen. Der Verdacht fiel auf das Stubenmädchen Darja. Ich zeigte eine ungeheure Neugier und Teilnahme, und als Darja ganz konfus wurde, redete ich ihr zu, ihre Schuld doch einzugestehen, und bürgte mit meinem Kopf dafür, daß die gnädige Frau ihr verzeihen würde, und zwar redete ich laut, so daß alle es hörten! Alle sahen sie an, ich aber empfand ein ganz besonderes Vergnügen bei dem Gedanken, daß ich großartig Moral predigte, während der Schein in meiner Tasche steckte. Ich vertrank diese drei Rubel noch am selben Tag im Restaurant. Ich ging hinein und verlangte eine Flasche Lafitte. Niemals hatte ich so ohne Imbiß Wein verlangt und eine Flasche solo ausgetrunken, und noch dazu Lafitte. Ich wollte nur schnell das Geld loswerden. Besondere Gewissensbisse habe ich weder damals noch später empfunden. Ein zweites Mal würde ich's bestimmt nicht tun. Das können Sie mir nun glauben oder nicht glauben, ganz wie es Ihnen beliebt, das interessiert mich nicht. Nun, das wäre also meine Geschichte."

„Nur ist das selbstverständlich nicht Ihre schlechteste Tat," sagte Darja Alexejewna angewidert.

„Das ist ein psychologischer Fall, aber keine Tat," bemerkte Tozkij.

„Und das Mädchen?" fragte Nastassja Filippowna, ohne ihren Ekel zu verbergen.

„Das Mädchen wurde am nächsten Tage fortgejagt. Es war ein strenges Haus."

„Und Sie ließen das zu?"

„Na, hören Sie mal! Das wäre doch schön, wenn ich dann noch hingegangen wäre, um mich als Dieb vorzustellen?" Und Ferdyschtschenko lachte, jedoch nicht allzu laut; denn er war doch etwas verdutzt über den so auffallend unangenehmen Eindruck, den seine Erzählung auf alle Anwesenden gemacht hatte.

„Wie schmutzig das ist!" rief Nastassja Filippowna aus.

„Bah! Sie wollen von einem Menschen seine gemeinste Handlung hören und verlangen dabei eine glänzende Heldentat! Gemeine Handlungen sind immer schmutzig, Nastassja Filippowna, das werden wir ja auch sogleich von Iwan Petrowitsch Ptizyn hören. Und was erscheint nicht alles von außen glänzend und tugendhaft, bloß weil es in eigener Equipage fährt! Als ob wenige in eigenen Equipagen fahren! Wie aber diese ..."

Kurzum, Ferdyschtschenko hielt es doch nicht aus und wurde plötzlich so wütend, daß er sich gänzlich vergaß. Selbst sein Gesicht verzerrte sich. Wie sonderbar es auch klingen mag, aber es war doch sehr möglich, daß er eine ganz andere Wirkung erwartet hatte. Solche „Fauxpas besonderer Art" und diese „Prahlsucht schlechten Tones", wie Tozkij es nannte, lagen ganz in seinem Charakter.

Nastassja Filippowna war bei seinem geschmacklosen Ausfall zusammengezuckt und sah ihn zornig mit durchbohrendem Blick an. Ferdyschtschenko erschrak und verstummte sofort. Es überlief ihn kalt. Er sah ein, daß er doch zu weit gegangen war.

„Sollte man das Spiel nicht lieber aufgeben?" fragte Tozkij scheinbar harmlos.

„Die Reihe ist jetzt an mir, doch ich habe ja das Recht, nicht zu erzählen, wenn ich nicht will, und so werde ich von diesem Recht Gebrauch machen," sagte Ptizyn entschlossen.

„Sie wollen nicht erzählen?"

„Ich kann nicht, Nastassja Filippowna. Und überdies halte ich ein solches Gesellschaftsspiel für ganz unmöglich."

„Exzellenz, dann ist jetzt die Reihe an Ihnen, glaube ich," wandte sich Nastassja Filippowna an diesen. „Wenn auch Sie nicht wollen, so wird nichts daraus, dann werden auch die anderen nicht wollen. Das würde mir aber leid tun; denn ich beabsichtigte, auch etwas aus meinem eigenen Leben zu erzählen. Doch nur nach Ihnen und Afanassij Iwanowitsch. Sie müssen mich erst noch dazu ermutigen," schloß sie lächelnd.

„Oh, wenn auch Sie etwas zu erzählen versprechen, so bin ich bereit, Ihnen mein ganzes Leben zu erzählen," beteuerte der General mit galantem Eifer. „Ich will aber gleich gestehen, daß ich mir meine Geschichte bereits zurechtgelegt habe ..."

„Und schon aus der Miene Seiner Exzellenz kann man erraten, mit welch hohem literarischem Verständnis diese Geschichte bearbeitet sein wird," wagte Ferdyschtschenko ironisch lächelnd zu bemerken.

Nastassja Filippowna blickte flüchtig auf den General, und auch sie konnte nur mit Mühe ein Lächeln verbergen. Trotzdem sah man es ihr an, daß ihre Stimmung sich bedeutend verschlechtert hatte. Tozkij wurde bleich vor Schreck, als er von ihrer Absicht, gleichfalls etwas zu erzählen, hörte.

„Es ist mir, meine Damen und Herren, im Laufe meines Lebens, wie jedem Menschen, bisweilen passiert, daß ich etwas getan habe, was man nicht gerade schön nennen kann," hub der General seine Rede an. „Doch am seltsamsten ist bei alledem, daß ich eine ganz gewöhnliche und ganz kurze kleine Geschichte, die ich Ihnen sogleich erzählen werde, für die häßlichste, für die schändlichste je von mir verübte Tat halte. Es sind jetzt inzwischen fünfunddreißig Jahre darüber vergangen; doch dessenungeachtet empfinde ich noch jedesmal, wenn ich daran denke, so etwas wie ein nagendes Gefühl im Herzen. Die ganze Episode ist übrigens nichtssagend. Ich war damals erst Fähnrich und hatte schweren Dienst. Nun, man weiß ja, wie das ist: Fähnrich, heißes Blut, und der Beutel namentlich für den Haushalt klein. Mein Bursche, Nikifor mit Namen, war der treueste und ehrlichste Mensch: er sparte für mich, nähte, wusch, säuberte, ja, er stibitzte sogar, wo er etwas erwischen konnte, nur um unseren Besitz zu vermehren. Ich war natürlich streng, doch gerecht. Einmal lagen wir in einer kleinen Stadt in Quartier. Mir wurde in der Vorstadt bei einer alten Unteroffizierswitwe eine kleine Wohnung angewiesen. Sie war ein altes Mütterchen von achtzig Jahren oder so um die Achtzig herum. Ihr kleines Haus, natürlich nur ein Holzgebäude, war alt und nichts mehr wert, und dort lebte sie in ihrer Armut ganz allein, ohne Magd oder Aufwärterin. Sie hatte einst eine überaus zahlreiche Familie gehabt und eine ganze Schar von Verwandten; doch mit der Zeit waren die einen gestorben, die anderen in die Welt hinausgezogen, und die übrigen hatten sie vergessen. Ihren Mann hatte sie aber schon vor fünfundvierzig Jahren beerdigt. Ein paar Jahre lang hatte eine Nichte bei ihr gelebt, eine verwachsene alte Jungfer; die soll aber, wie man dort erzählte, eine richtige Hexe gewesen sein, ja einmal soll sie im Streit die Alte sogar in den Finger gebissen haben. Aber auch die war gestorben, und nun lebte die Alte schon seit drei Jahren wieder mutterseelenallein in ihrem Häuschen. Gott, ich hatte es langweilig bei ihr, und sie war auch solch ein leeres Frauenzimmer, nichts konnte man aus ihr herausbringen. Schließlich stahl sie mir einen Hahn. Die Sache hat sich bis heute noch nicht aufgeklärt, doch außer ihr hätte ihn niemand stehlen können. Wegen dieses Hahnes gerieten wir in Streit, und sogar in sehr heftigen. Und da wurde mir auch gerade – ich hatte schon früher darum gebeten – ein anderes Quartier angewiesen, am entgegengesetzten Ende des Städtchens, im Hause eines Kaufmanns. Dieser hatte eine zahlreiche Familie und einen riesengroßen Bart – ich sehe ihn noch wie leibhaftig vor mir. Ich zog also ohne weiteres mit meinem Nikifor hinüber – beide waren wir guter Laune –, meine Alte aber ließen wir höchst geärgert zurück. Es vergingen drei Tage, am dritten kehre ich mittags aus dem Dienst zurück, da sagt mir mein Nikifor, er wisse nicht, wie er mir eigentlich die Suppe auf den Tisch bringen solle, und es wäre doch gar nicht nötig gewesen, unsere Terrine bei der Alten zu lassen. Ich war natürlich ganz betroffen. ‚Wieso, weshalb ist denn unsere Terrine bei der Alten geblieben?‘ Nikifor wundert sich über mich und meldet gehorsamst, daß die Alte, als er meine Siebensachen einpackte, die Terrine nicht herausgegeben habe, und zwar aus dem Grunde nicht, weil ich ihren irdenen Topf zerschlagen und zum Ersatz für diesen meine Suppenterrine angeboten hätte. Eine solche Niedertracht ihrerseits brachte mich ganz aus dem Häuschen. Mein Fähnrichsblut brauste auf, ich nahm meine Mütze und fort ging's. Bis ich bei ihr anlangte, hatte ich mich glücklich in die größte Wut hineingeredet. Wie ich eintrete, sehe ich, sie sitzt im Flur, in einer Ecke, wie vor der Sonne verkrochen und stützt den Kopf in die Hand. Ich, wissen Sie, fange ohne weiteres mit meinem Donnerwetter an und sage ihr so auf echt russisch die Wahrheit, aber gründlich! Nur fällt mir plötzlich etwas auf: sonderbar, sie sitzt, hat das Gesicht mir zugewandt, die Augen quellen hervor, sie spricht aber kein Wort, sie sieht mich nur eigentümlich an, so, wissen Sie, ich weiß selbst nicht wie, und der Oberkörper scheint zu schwanken. Ich – was sollt' ich tun? – ich verstumme schließlich, rufe sie beim Namen – keine Antwort! Ich stand, stand: ich konnte mich zu nichts entschließen. Die Fliegen summten, die Sonne ging unter, es war so still. Ganz verwirrt ging ich schließlich fort. Noch bevor ich zu Hause ankam, holte mich eine Ordonnanz ein, die mich zum Major rief, von dort mußte ich mich noch zur Kompagnie begeben, so daß ich erst am Abend wieder zurückkehrte. Das erste, was ich von Nikifor höre, ist: ‚Wissen Euer

Gnaden schon, daß unsere Alte gestorben ist?' – ,Wann das?' – ,Heute, vor etwa anderthalb Stunden.' Das hieß aber, daß sie dann gestorben war, als ich auf sie loswetterte. Glauben Sie mir, ich war so betroffen, daß ich anfangs gar nicht recht zur Besinnung kommen konnte. Und wissen Sie, der Gedanke an den Tod der Alten verfolgte mich geradezu, selbst in der Nacht hat mir von ihr geträumt. Ich bin natürlich ganz vorurteilsfrei, aber am dritten Tage ging ich doch in die Kirche zum Totenamt. Mit einem Wort: je mehr Zeit drüber verging, um so öfter mußte ich daran zurückdenken. Ich will nicht sagen, daß ... aber wenn man es sich mitunter so vergegenwärtigt, kann einem wirklich unbehaglich zumute werden. Die Hauptsache ist natürlich, wie ich mir die Sache nachher selbst zurechtgelegt habe. Erstens, nun ja, es war eine alte Frau, sozusagen eben ein menschliches Wesen. Sie hatte gelebt, lange gelebt, bis sie dann endlich – starb. Sie hatte einst einen Mann, Kinder, eine Familie, Verwandte gehabt, um sie herum war, wie man sagt, volles Leben gewesen, hier ein Kind, dort ein Kind, lachende Gesichter. Und plötzlich – ist alles weg, wie vom Winde fortgeblasen, sie ist allein wie ... irgendeine Fliege, die den Fluch der Zeit trägt. Und schließlich, eines schönen Tages ruft Gott der Herr sie zu sich. Bei Sonnenuntergang, an einem schönen stillen Sommerabend schwebt meine Alte zu ihm empor. Doch hier beginnt nun das erzieherische Prinzip: in dem Augenblick, in dem sie ihren Geist aufgibt, steht anstatt eines mitleidigen Menschen, der ihr eine Träne nachweint, ein junger grüner Fähnrich mit in die Seite gestemmten Armen vor ihr und begleitet ihr Hinscheiden mit den charakteristischsten russischen Schimpfwörtern, weil – weil sie seine Suppenterrine behalten hat! Natürlich bin ich als der Schuldige zu verurteilen! Aber wenn ich auch jetzt nach so langen Jahren und infolge der Veränderung, die seitdem mit mir vorgegangen ist, diese ganze Tat gewissermaßen als von einem fremden Menschen begangen betrachte, so reut sie mich doch nichtsdestoweniger tief ... So tief, daß es mir sogar, ich wiederhole es, selbst seltsam erscheint, um so mehr als die Schuld doch schließlich nicht mich allein trifft: weshalb mußte sie denn ausgerechnet diesen Augenblick zum Sterben wählen? Selbstverständlich ist hier eine Rechtfertigung möglich: die Tat ist doch in ihrer Art psychologisch zu verstehen! Doch trotzdem konnte ich mich nicht eher darüber beruhigen, als bis ich – vor etwa fünfzehn Jahren – auf den Gedanken kam, in einem Armenhause zeit meines Lebens für zwei alte kranke Frauen den Unterhalt zu zahlen, um ihnen auf diese Weise ihre letzten Tage hier auf Erden etwas zu erleichtern. Jetzt beabsichtige ich, diesem Armenhause ein Kapital zu vermachen, dessen jährliche Zinsen auch weiterhin zum Unterhalt zweier Frauen ausreichen. Nun, und das wäre alles. Wie gesagt, vielleicht habe ich in meinem Leben noch sehr viel Schlechtes getan, doch halte ich – auf Ehrenwort! – diese Handlung für die schlechteste von allen, die ich auf dem Gewissen habe."

„Und doch haben Euer Exzellenz statt der schlechtesten wahrscheinlich die beste erzählt und somit Ferdyschtschenko betrogen!" sagte Ferdyschtschenko scheinbar ärgerlich.

„In der Tat, ich hätte nicht gedacht, daß Sie ein so gutes Herz haben; wirklich schade," sagte Nastassja Filippowna.

„Schade? Weshalb denn das?" fragte der General mit liebenswürdigem Lachen im Gesicht und trank darauf nicht ohne Selbstzufriedenheit einen Schluck Champagner. Doch Nastassja Filippowna hatte sich schon von ihm abgewandt.

Jetzt kam die Reihe an Tozkij, der sich inzwischen gleichfalls seine Erzählung zurechtgelegt hatte. Alle fühlten bereits, daß er nicht wie Ptizyn Schweigen vorziehen würde, und aus gewissen Gründen sah man seiner Erzählung nicht ohne Spannung entgegen, während man gleichzeitig auch zu Nastassja Filippowna hinüberblickte. Und so begann denn Tozkij mit der gewohnten Selbstachtung, die seinem gepflegten Äußern vollkommen entsprach, und mit seiner nicht lauten, liebenswürdigen Stimme eine seiner beliebten Geschichten. Bei der Gelegenheit sei hier noch etwas über seine äußere Erscheinung gesagt: er war groß von Wuchs, ganz stattlich, kann man sagen, war ein wenig kahlköpfig, auch ein wenig grau schon – aber nur ein wenig –, ziemlich wohlgenährt, mit frischer Gesichtsfarbe, weichen, etwas hängenden Wangen und mit falschen Zähnen. Gekleidet war er stets sehr elegant, und namentlich seine Wäsche war von wunderbarer Feinheit. Seine Hände waren weiß und wohlgepflegt. Auf dem Zeigefinger der rechten Hand trug er einen kostbaren Brillantring.

Nastassja Filippowna betrachtete während der ganzen Zeit seiner Erzählung unverwandt das Spitzenmuster an ihrem rechten Ärmel, indem sie mit den Fingern der linken Hand die Spitze glatt strich und kein einziges Mal zu dem Erzähler aufschaute.

„Was mir meine Aufgabe vor allem sehr erleichtert," begann er langsam, „ist die strikte Vorschrift, unbedingt die häßlichste Tat meines ganzen Lebens wiederzugeben. In solchem Fall kann es, versteht sich, kein Schwanken geben: das Gewissen, das Gedächtnis und das Herz sagen einem von selbst das einzig Richtige. Ich muß zu meinen Kummer gestehen, daß es unter den vielleicht zahllosen leichtsinnigen und ... leichtfertigen Handlungen meines Lebens eine gibt, deren Eindruck sich vielleicht sogar etwas allzu tief meinem Gedächtnisse eingeprägt hat. Es wird nun wohl so an die zwanzig Jahre her sein, als ich einmal zu Platon

Ordynzeff fuhr, um ihn auf seinem Gut zu besuchen. Er war kurz zuvor einstimmig zum Adelsmarschall erwählt worden, worauf er sich mit seiner jungen Frau für einige Zeit auf sein Gut zurückzog, um daselbst die Weihnachtsfeiertage zu verbringen. In diese Zeit fiel nun auch das Geburtstagsfest Anfissa Alexejewnas – so hieß seine Frau – und es sollten zwei Bälle gegeben werden. Damals war gerade ,*La dame aux camélias*' [] in der höheren Gesellschaft sehr *en vogue,* [] dieses wundervolle Werk des ausgezeichneten Dumas *fils,* [] sein *chef-d'oeuvre,* [] das meiner Ansicht nach nie unmodern werden wird. In der Provinz waren alle Damen ganz begeistert für die *Dame aux camélias*, oder wenn auch, versteht sich, nicht alle, so doch wenigstens diejenigen, die das Drama gelesen hatten. Der abgerundete Stil der Sprache, die originelle Darstellung der Hauptperson, dieses ganze interessante Milieu, das mit unsäglicher Feinheit wiedergegeben ist, alle diese berückenden Einzelheiten, die man auf jeder Seite findet – wie zum Beispiel die Begründung, weshalb sie abwechselnd weiße und rosa Kamelien wählt – kurz, alle diese glänzenden Details und der Zusammenhang des Ganzen hatten einen nahezu erschütternden Eindruck auf die Damenwelt gemacht, und Kamelien waren die beliebtesten und gesuchtesten Blumen. Es war modern, nur Kamelien zu tragen. Nun frage ich Sie: wieviel Kamelien lassen sich wohl in der Provinz auftreiben, wenn alle Damen zu Bällen nichts anderes wünschen, als Kamelien und Kamelien, selbst wenn es auch nur wenige Bälle gibt? Petjä Worchowskoj, der Arme, hatte sich gerade sterblich in Anfissa Alexejewna verliebt. Wirklich, ich weiß es nicht, ob zwischen ihnen irgend etwas ... das heißt, ich will nur sagen, daß ich nicht weiß, ob Petjä sich auch nur die geringsten ernsteren Hoffnungen machen durfte. Doch wie dem auch war, jedenfalls wollte sich der Arme schier zerreißen, um seiner Angebeteten zum Ball Kamelien zu verschaffen. Die Gräfin Ssozkaja, die aus Petersburg eingetroffen war und als Gast bei der Gouverneurin weilte, sowie Ssofja Bespalowa würden, wie verlautete, unfehlbar mit weißen Kamelien erscheinen. Deshalb wünschte nun Anfissa Alexejewna, um abzustechen, dunkelrote Kamelien. Der arme Platon wurde fast zu Tode gehetzt; versteht sich – er war Gatte. Er schwört unter allen Eiden, er werde ihr den gewünschten Strauß bestimmt verschaffen, doch was geschieht? Katherina Alexandrowna Mytischtschewa, die größte Konkurrentin und Feindin Anfissa Alexejewnas, kauft kurz vorher alle Blumen auf! Die Folge waren Weinkrämpfe und Ohnmachtsanfälle im Hause meines Platon. Er ist an allem schuld, ist verhaßt und verfemt! Versteht sich: hätte mein Petjä irgendwo einen Strauß auftreiben können, so wären seine Aussichten bedeutend gestiegen. Die Dankbarkeit einer Frau ist ja in solchen Fällen grenzenlos. Er jagt wie gehetzt von einem zum anderen, aber es war nichts zu wollen: Kamelien gab es nicht mehr. Da begegne ich ihm zufällig noch um elf Uhr abends – der Ball bei Maria Petrowna Subkowa, einer Gutsnachbarin Ordynzeffs, sollte am nächsten Tage stattfinden – und was sehe ich: mein Petjä strahlt! – ‚Was ist denn los?‘ frage ich. – ‚Heureka! Ich habe Kamelien gefunden!‘ – ‚Was du sagst! Wo?‘ – ‚In Jekschaisk (es war dort solch ein Städtchen, kaum zwanzig Werst entfernt, doch gehörte es nicht zu unserem Kreise) lebt ein gewisser Kaufmann Trepaloff, ein alter bärtiger, schwerreicher Mann, lebt ganz einsam mit seiner alten Frau, und da sie keine Kinder haben, haben sie sich Kanarienvögel und Blumen angelegt: der hat rote Kamelien.‘ – ‚Aber deshalb hast du sie doch noch nicht! Wenn er sie dir nun nicht geben will?‘ – ‚Dann werde ich vor ihm niederknien,‘ sagt Petjä, ‚und so lange knien, bis er sie mir gibt. Fahre einfach nicht früher fort.‘ – ‚Wann fährst du hin?‘ – ‚Morgen in aller Frühe um fünf Uhr.‘ – ‚Nun, dann glückliche Reise.‘ Und ich freute mich noch für ihn. Darauf kehre ich zu Ordynzeffs zurück; es ist mittlerweile schon zwei Uhr geworden, ich bin gerade im Begriff, zu Bett zu gehen, da plötzlich – ein großartiger Gedanke! Ich begebe mich unverzüglich nach der Küche, von dort in die Kutscherstube, wecke den Ssawelj – ‚Hier sind fünfzehn Rubel, in einer halben Stunde mußt du die Pferde angeschirrt haben!‘ Nach einer halben Stunde fährt also der Schlitten vor. Anfissa Alexejewna, höre ich, hat Migräne, Fieber, Schmerzen, deliriert! Ich fahre wie der Wind. Um fünf Uhr bin ich in Jekschaisk, warte im Gasthof, bis es tagt, aber auch nur so lange: um sieben bin ich bei Trepaloff. ‚So und so – haben Sie Kamelien?‘ frage ich, ‚Väterchen, dann helfen Sie, retten Sie, werde Ihnen die Hände küssen!‘ Der Alte, sehe ich, ist groß, grau, strenges Gesicht – unerbittlich! ‚Nein, auf keinen Fall,‘ sagt er, ‚ich tue es nicht.‘ Ich, plumps, falle vor ihm auf die Knie nieder. So wie ich stand, ohne weiteres. ‚Was tun Sie, was tun Sie?‘ rief er ganz erschrocken aus, ‚das geht doch nicht!‘ – ‚Aber es handelt sich doch um ein Menschenleben!‘ rufe ich. – ‚Aber so nehmen Sie sie, nehmen Sie sie in Gottes Namen!‘ Er war tatsächlich ganz erschrocken. Ich ließ es mir nicht zweimal sagen und schnitt mir alle Blüten ab. Wundervoll waren sie, eine ganze kleine Orangerie besaß er. Der Alte seufzte nur so. Da zog ich mein Portefeuille hervor und überreichte ihm einen Hundertrubelschein. ‚Nein, mein Bester, das geht nicht, Sie wollen mich doch damit nicht kränken,‘ sagte er. ‚Nun, dann bitte ich Sie, diese hundert Rubel dem hiesigen Hospital zur Verbesserung der Kost zu übergeben.‘ – ‚Ja das, Väterchen, ist eine andere Sache,‘ sagte er, ‚das ist eine gute und edle und Gott wohlgefällige Tat. Ich werde das Geld in Ihrem Namen übergeben.‘ Er gefiel mir sehr, dieser russische alte Mann, dieser autochthone Russe, *de la vraie souche,[]* wie man zu sagen pflegt. In der Freude über den gelungenen Streich machte ich mich unverzüglich auf den Rückweg, doch fuhren wir diesmal auf Umwegen, um Petjä nicht zu begegnen. Kaum war ich angelangt, da übersandte ich das Bukett auch schon Anfissa Alexejewna, damit sie es beim Erwachen vorfände. Nun, Sie können sich diese Überraschung, diese Freude, diese Dankbarkeit vorstellen! Platon, der tags zuvor noch ganz zerschlagene, verzweifelte, vernichtete Platon schluchzt an meiner Brust: Tja! So sind nun einmal alle Männer seit der Schöpfung ... der Ehe. Ich wage nichts mehr hinzuzufügen ... Der arme Petjä aber verlor nach dieser Episode seine letzten Aussichten. Ich befürchtete anfangs, daß er sich mit einem Messer auf mich stürzen würde, und ich traf bereits einige Maßregeln für den Fall, daß ich ihm begegnen sollte. Doch nein, es kam ganz anders – und diese Wendung der Dinge hatte ich nicht vorausgesehen und ich wollte es kaum glauben: er fiel in Ohnmacht! Am Abend phantasierte er bereits, am nächsten Morgen hatte er hohes Fieber, weinte wie ein kleines Kind, wand sich fast in Krämpfen. Nach einem Monat, kaum aus dem Bett, bat er um seine Versetzung nach dem Kaukasus – und die Sache endete damit, daß er schließlich in der Krim fiel. Sein Bruder, Stepan Worchowskoj, zeichnete sich damals im Krimkriege als Oberst ganz besonders aus. Offen gestanden, mich haben nachher oft genug Gewissensbisse gemartert: weshalb hatte ich ihm das angetan? Ich will nicht sagen, wenn ich selbst in sie verliebt gewesen wäre, aber so! Es sollte nur ein Scherz sein, *pour faire la cour,[]* und weiter nichts. Hätte ich dagegen nicht vor ihm die Kamelien dem Alten fortgenommen, so würde der Mensch noch heute leben, wäre glücklich, hätte es weit gebracht, und es wäre ihm nie in den Sinn gekommen, sich türkischen Kugeln auszusetzen.“

Tozkij verstummte mit derselben soliden Würde, mit der er seine Erzählung begonnen hatte. Die Gäste bemerkten nur, daß Nastassja Filippownas Augen ganz besonders dunkel wurden und blitzten, und ihre Lippen sogar ein wenig zuckten, als Tozkij geendet hatte. Neugierig blickte man sie beide an.

„Nein, das ist wiederum Betrug! Sie haben gleichfalls Ferdyschtschenko betrogen! Ganz mordsmäßig haben Sie mich betrogen!“ beteuerte Ferdyschtschenko und spielte den Gekränkten; denn er fühlte, daß man doch etwas sagen mußte.

„Wer hat Sie geplagt, sich dem auszusetzen? Behalten Sie jetzt die Lehre, die Ihnen Klügere erteilt haben, und seien Sie ein anderes Mal selbst klüger,“ schnitt ihm fast triumphierend Darja Alexejewna das Wort ab. Sie hielt von jeher treu zu Tozkij, dem sie sehr zugetan war.

„Sie hatten recht, Afanassij Iwanowitsch, das Spiel ist sehr langweilig, wir wollen es abbrechen,“ sagte Nastassja Filippowna in wegwerfendem Tone. „Ich werde nur noch erzählen, was ich versprochen habe, und dann können wir gehen und Karten spielen ...“

„Aber zuerst unbedingt das Versprochene!" sagte der General galant.

„Fürst," wandte sich plötzlich und ganz unerwartet Nastassja Filippowna schroff an Myschkin, „meine beiden alten Freunde da, der General und Afanassij Iwanowitsch, wollen mich durchaus verheiraten. Sagen Sie mir nun, was Sie für richtiger halten: soll ich heiraten oder soll ich nicht heiraten? Was Sie sagen, das werde ich tun."

Tozkij erbleichte und die Miene des Generals erstarrte. Alle rissen die Augen auf und hoben die Köpfe. Ganjä wurde es eiskalt.

„Wen ... wen heiraten?" fragte der Fürst mit stockender Stimme.

„Gawrila Ardalionytsch Iwolgin," antwortete Nastassja Filippowna schroff und fest – jede Silbe war deutlich zu vernehmen.

Alles schwieg. Der Fürst schien wie unter einer erdrückenden Last nach Worten zu ringen.

„N–nein! ... heiraten Sie nicht!" stieß er endlich mit Mühe leise hervor, und er atmete tief.

„Schön, dabei bleibt es jetzt! Gawrila Ardalionytsch!" wandte sie sich herrisch und gleichsam erhaben an Ganjä. „Sie haben die Entscheidung des Fürsten gehört? Nun, damit haben Sie auch meine Antwort. Und, bitte, jetzt die Angelegenheit ein für allemal als abgetan zu betrachten!"

„Nastassja Filippowna!" stieß Tozkij mit zitternder Stimme hervor.

„Nastassja Filippowna!" sagte in beschwörendem, doch erregtem Tone der General.

Alles geriet in Aufregung und eine unruhige Bewegung ging durch die ganze Gesellschaft.

„Aber was wollen Sie denn, meine Herrschaften?" wunderte sie sich gleichsam, mit fragendem Blick die Anwesenden messend. „Weshalb regen Sie sich denn so auf? Und was für Gesichter Sie machen!"

„Aber ... bedenken Sie doch, Nastassja Filippowna," stotterte Tozkij, „Sie vergessen, daß Sie uns versprochen haben ... und zwar ganz freiwillig, und ... Sie müssen doch auch etwas Rücksicht nehmen ... Ich ... ich weiß nicht, wie ich mich ausdrücken soll ... ich bin ganz verwirrt, aber ... Kurzum, heute abend, in einem solchen Augenblick und ... und in Gegenwart fremder Menschen ... und mit einem solchen *Petit-jeu* eine so ernste Sache zu erledigen, eine Ehren- und Herzenssache ... von der so viel abhängt ..."

„Ich verstehe Sie nicht, Afanassij Iwanowitsch, Sie scheinen allerdings ganz verwirrt zu sein. Was wollen Sie damit sagen ‚in Gegenwart fremder Menschen‘? Befinden wir uns denn nicht in bester, intimer Gesellschaft? Und was haben Sie an dem ‚*Petit-jeu*‘ auszusetzen? Ich wollte doch gleichfalls etwas zum besten geben – ist es mir denn nicht erlaubt? Und warum sagen Sie, daß es nicht ernst sei? Ist denn das kein Ernst? Sie haben doch gehört, wie ich zum Fürsten sagte: ‚Was Sie sagen, das werde ich tun‘. Hätte er ja gesagt, so würde ich sofort dieselbe Antwort auch Gawrila Ardalionytsch gegeben haben; er aber sagte nein, und folglich sagte ich ab. Ist denn das kein Ernst? Hier hing doch mein ganzes Leben an einem Haar, was kann es denn noch Ernsteres geben?“

„Aber der Fürst! – was hat denn der Fürst damit zu tun? Und was ist denn schließlich dieser Fürst?“ fiel der General ärgerlich ein, fast schon außerstande, seinen Unwillen über diese ihn kränkende plötzliche Autorität des Fürsten zu verbergen.

„Der Fürst? Er ist der erste mir wirklich zugetane Mensch, dem ich in meinem Leben begegnet bin. Er hat auf den ersten Blick an mich geglaubt, und so glaube ich auch an ihn.“

„Ich habe dann nur noch Nastassja Filippowna meinen Dank auszusprechen, für das außerordentliche Zartgefühl, mit dem sie ... mich behandelt hat,“ sagte endlich mit unsicherer Stimme und verzerrt lächelnden Lippen Ganjä, der wächsern bleich war. „Das hat selbstverständlich alles so kommen müssen, es ist ja nicht mehr wie recht und billig ... Doch ... der Fürst ... ist in dieser Angelegenheit ...“

„Nicht ganz unparteiisch und hat es wohl auf die Fünfundsiebzigtausend abgesehen, wie?“ unterbrach ihn Nastassja Filippowna. „Das war’s doch wohl, was Sie sagen wollten? Leugnen Sie es nicht, ich weiß, daß Sie gerade das anzudeuten beabsichtigen, Afanassij Iwanowitsch! Ich habe ganz vergessen, Ihnen noch eines zu sagen: diese fünfundsiebzigtausend Rubel behalten Sie in aller Ruhe und vernehmen Sie, daß ich Sie unentgeltlich freigebe. So, und jetzt Schluß damit! Auch Sie muß man doch einmal aufatmen lassen! Neun Jahre und drei Monate! Morgen – beginnt mein neues Leben, heute aber bin ich noch das Geburtstagskind und gehöre mir selbst – zum erstenmal in meinem Leben! Iwan Fedorowitsch!“ wandte sie sich an den General, „auch Sie, nehmen Sie Ihre Perlen zurück, schenken Sie sie Ihrer Frau Gemahlin. Und morgen ziehe ich aus, ich verlasse diese Wohnung. Abendversammlungen wird es nicht mehr bei mir geben, meine Herren!“

Und sie erhob sich plötzlich, als wollte sie fortgehen.

„Nastassja Filippowna! Nastassja Filippowna!" ertönte es von allen Seiten.

Alle erhoben sich von ihren Plätzen und umdrängten sie erschrocken durch ihre erregten, nervösen, wie im Fieber wirr phantasierten Worte. Ein jeder empfand, daß etwas nicht ganz in Ordnung war, und doch vermochte niemand zu verstehen, was diese ihre Stimmung zu bedeuten hatte.

Da ertönte plötzlich schrill und laut die Glocke im Vorzimmer. Es mußte mit aller Kraft am Klingelzuge gezogen worden sein.

„A–a–ah! Da ist die Lösung! Endlich! Halb zwölf!" rief Nastassja Filippowna. „Ich bitte Sie, Platz zu nehmen, meine Herren, jetzt kommt die Lösung!"

Sie kehrte zu ihrem Platz zurück und setzte sich selbst als erste. Ein eigentümliches Lächeln zitterte auf ihren Lippen. In fieberhafter Erregung saß sie regungslos und sah auf den zugezogenen Vorhang der Tür.

„Rogoshin mit den Hunderttausend, zweifellos," brummte Ptizyn.

**XV.**

Ganz erschrocken trat die Zofe ins Zimmer.

„Dort sind weiß Gott wer, Nastassja Filippowna, eine ganze Bande ist eingedrungen, und alle sind betrunken, und sie wollen hierher kommen! Sie sagen, es sei Rogoshin, und Sie wüßten schon selbst ..."

„Ich weiß, Katjä, laß sie sogleich alle herein."

„Aber ... wie, alle, Nastassja Filippowna? Sie sind doch so unanständig! Ganz schrecklich!"

„Ja, laß alle herein, Katjä, du brauchst dich nicht zu fürchten, alle ohne Ausnahme, sonst werden sie auch ohne dich eintreten. Da, wie sie schon lärmen, ganz wie vorhin! Meine Herren, wird es Sie nicht kränken, daß ich diese ganze Schar in Ihrer Gegenwart empfange? Das täte mir sehr leid. Ich bitte Sie um Entschuldigung, aber es muß sein, und ich würde es sehr gern sehen, wenn Sie einwilligten, Zeugen dieses entscheidenden Augenblicks zu sein ... Doch übrigens, ganz wie Sie wollen ..."

Die Gäste wußten vor Überraschung nicht, was sie tun sollten: sie sahen sich gegenseitig fragend an, wunderten sich, hier und da wurden wohl auch schnell und besorgt ein paar Worte geflüstert, – doch klar war nur eines: daß Nastassja Filippowna diesen Besuch vorausgesehen hatte,

192

und daß, von Sinnen wie sie war, niemand sie mehr von der Ausführung ihres Vorhabens ablenken konnte. Hinzu kam, daß alle von unsäglicher Neugier erfaßt wurden. Und schließlich war ja nicht viel zu befürchten. Von Damen befanden sich nur zwei unter den Gästen: die lebhafte Darja Alexejewna, die als Schauspielerin schon so manches erlebt hatte und deshalb auch schwer einzuschüchtern war; und dann die schöne, doch schweigsame Unbekannte – diese begriff jedoch kaum etwas von dem, was um sie herum vorging: sie war eine zugereiste Deutsche und verstand kein Wort Russisch. Außerdem war sie allem Anscheine nach ebenso dumm wie hübsch. Es war nun einmal zur Gewohnheit geworden, sie als Dekorationsstück einzuladen. Was aber die Herren betraf, so war Ptizyn z. B. ein guter Bekannter von Rogoshin, und Ferdyschtschenko gar, der fühlte sich in dieser Gesellschaft wie ein Fisch im Wasser. Ganetschka war immer noch wie betäubt, empfand aber, wenn auch halb unbewußt, so doch um so unbezwingbarer das heiße Verlangen, bis zum Ende an seinem Pranger stehen zu bleiben. Der alte Lehrer, der ebenfalls begriff, um was es sich handelte, war dem Weinen nahe und zitterte buchstäblich vor Angst, da ihn die allgemeine Erregung und der ungewohnte Zustand Nastassja Filippownas, die er wie seine Enkeltochter vergötterte, aufrichtig erschreckte. Nein, der wäre eher gestorben, als daß er sie in einem solchen Augenblick verlassen hätte. Tozkij dagegen hätte sich sonst nie und nimmer so kompromittiert, daß er mit dieser „Kohorte" unter einem Dach verweilte, nur war er leider gar zu sehr bei der Sache interessiert: Nastassja Filippowna hatte da einige Worte fallen lassen, nach denen er unmöglich so einfach wegfahren konnte, ohne sich vorher in der ganzen Sache Klarheit verschafft zu haben. Er beschloß also, gleichfalls bis zum Ende auszuharren, wenn auch, wie er sich vornahm, nur als völlig stummer Beobachter, was er der Wahrung seiner Würde durchaus schuldig zu sein glaubte. Nur Jepantschin, den Nastassja Filippowna noch vor einem Augenblick durch die so unzeremonielle und lächerliche Rückgabe seines Geschenks beleidigt hatte, fühlte sich durch diese neue Exzentrizität, den Empfang Rogoshins, gar zu sehr gekränkt. Überdies hatte er sich für sein Empfinden ja ohnehin schon dadurch unglaublich erniedrigt, daß er neben einem Ptizyn und einem Ferdyschtschenko gesessen. Doch was die Macht der Leidenschaft verschuldet hatte, das mußte jetzt schleunigst das Pflichtgefühl, wollte er sich seines Ranges und seiner gesellschaftlichen Stellung nicht unwürdig zeigen, gutmachen; denn sonst hätte er seine ganze Selbstachtung eingebüßt. Nein, Rogoshin und dessen Kohorte waren mit der Anwesenheit Seiner Exzellenz unvereinbar!

„Ach, Exzellenz," besann sich auch sogleich Nastassja Filippowna, kaum daß er einen Schritt auf sie zugetreten war, „verzeihen Sie meine

Vergeßlichkeit! Sie können mir glauben, daß ich es nicht anders erwartet habe. Wenn es Ihnen so entwürdigend erscheint, so werde ich Sie nicht zurückhalten, obschon ich gerade Sie jetzt sehr gern bei mir sehen würde. Nun, jedenfalls danke ich Ihnen sehr für Ihre freundlichen Besuche und die schmeichelhafte Aufmerksamkeit ... doch wenn Sie fürchten ...“

„Erlauben Sie, Nastassja Filippowna,“ unterbrach sie der General mit galanten Eifer in einem Anfall ritterlicher Großmut, „zu wem sagen Sie das? Ich werde jetzt unbedingt bei Ihnen bleiben, schon allein zum Beweis meiner Ergebenheit, und zudem, falls Ihnen eine Gefahr drohen sollte ... Ich bin sogar außerordentlich gespannt ... Im Gegenteil, ich meinte nur, ich wollte Sie nur darauf aufmerksam machen, daß diese Leute doch nur die Teppiche ruinieren und dies oder jenes zerschlagen könnten ... Wirklich, Nastassja Filippowna, tun Sie es lieber nicht, empfangen Sie sie lieber nicht – ich rate Ihnen gut! Wozu auch?“

„Da! Rogoshin selbst!“ rief Ferdyschtschenko.

„Was meinen Sie, Afanassij Iwanowitsch,“ flüsterte der General noch schnell seinem Freunde Tozkij zu, „sollte sie nicht irrsinnig geworden sein? ich meine es ohne jede Symbolik – ganz realiter irrsinnig? was meinen Sie?“

„Ich habe Ihnen doch gesagt, daß sie von jeher dazu disponiert gewesen ist,“ flüsterte Tozkij ironisch zurück.

„Und jetzt noch die Influenza ...“

Rogoshins Rotte bestand fast aus denselben zweifelhaften Individuen, mit denen er schon bei Ganjä eingedrungen war. Hinzugekommen waren nur noch zwei: ein heruntergekommener Alter, der seinerzeit Redakteur gewesen war – Herausgeber irgendeines kleinen skandalösen Lokalblattes, das ausschließlich polemische Artikel brachte – und von dem man sich erzählte, daß er seine ganze Habe und sogar sein falsches Gebiß vertrunken habe; und dann noch irgendein verabschiedeter Unterleutnant, der in jeder Beziehung, sowohl dem Gewerbe, wie der Bestimmung nach, ein Gegner und Konkurrent des Riesen mit den Fäusten zu sein schien, und den kein einziger der Rogoshinschen Rotte kannte. Er hatte sich ihnen auf dem Newskij angeschlossen, wo er täglich auf der Sonnenseite die Vorübergehenden in hochtrabenden Reden um eine „Unterstützung“ anging, und zwar gewöhnlich mit der Begründung, daß er einst selbst Bettlern „an die fünfzehn Rubel“ gegeben habe. Beide Konkurrenten verhielten sich sofort feindlich zueinander, ja, der Herr mit den Fäusten fühlte sich durch die Aufnahme des „Bettlers“ in die „Kompagnie“ direkt beleidigt, und da er von Geburt schweigsam war, brummte er nur wie ein Bär und blickte mit tiefster Verachtung auf die

Einschmeichelungsversuche des andern herab, der ziemlich weltgewandt und diplomatisch veranlagt zu sein schien. Dem Äußern nach zu urteilen, hätte der Unterleutnant, wenn es zu einem Kampf zwischen ihnen gekommen wäre, es mehr mit Gewandtheit und Geschick als mit Kraft versuchen müssen, so viel kleiner als der Faustmensch war er von Wuchs. Vorsichtig, ohne sich in offenen Streit einzulassen, und dabei doch unendlich selbstbewußt, hatte er schon ein paarmal die Vorzüge des englischen Faustkampfes angedeutet, und daß er selbst ein Meister in der „Boxkunst" sei. Kurzum, er schien sich als waschechten Westeuropäer aufspielen zu wollen. Der Faustmensch dagegen hatte bei dem Worte „Boxkunst" nur ein verächtliches Lächeln für den Gegner übrig gehabt und seinerseits, gleichfalls offenen Widerspruch vermeidend, schweigend und halb wie aus Versehen ein äußerst nationales Attribut – eine riesige, sehnige, förmlich verknotete und mit rötlichem Flaum bedeckte Faust – hin und wieder vorgeschoben. Allen ward es denn auch ohne weiteres klar, daß, wenn diese ultranationale Keule gutgezielt auf einen Gegenstand herabsauste, nur noch ein nasser Fleck von diesem übrigbleiben würde.

„Fertige", in des Wortes buchstäblicher Bedeutung, gab es wiederum keinen einzigen unter ihnen; denn Rogoshin hatte selbst die ganze Zeit über streng darauf achtgegeben, daß sie sich nicht betranken. Mußte er doch, was es auch kosten mochte, noch vor Mitternacht mit hunderttausend Rubeln bei Nastassja Filippowna erscheinen! Er selbst war inzwischen vollkommen nüchtern geworden, doch dafür war er jetzt wie betäubt von all den Aufregungen dieses Tages, dem an Wildheit kein einziger seines früheren Lebens gleichkam. Nur ein einziger Gedanke lebte in seinem glühenden Hirn, seinem klopfenden Herzen, seinem ganzen rasenden Wesen, und der verließ ihn keine Minute, keinen Augenblick. Nur für dieses *eine* quälte er sich, sprach, dachte, arbeitete er rastlos von fünf Uhr nachmittags bis elf Uhr nachts in verzehrendem Verlangen und zitternder Aufregung, während er mit Biskup und Konsorten, die sich im Eifer für ihn fast zerrissen, das Geld zusammenscharrte. Und er hatte seinen Willen durchgesetzt: noch vor elf Uhr nachts hatte er hunderttausend Rubel in barem Gelde aufgetrieben – für Prozente, von deren Höhe selbst Biskup aus Schamgefühl nur flüsternd mit seinen Genossen sprach.

Wieder war es Rogoshin, der als erster eintrat, und dem sich dann die anderen nachschoben, was sie trotz des vollen Bewußtseins ihrer Macht doch etwas schüchtern taten. Am meisten fürchteten sie sich vor Nastassja Filippowna. Viele waren sogar fest überzeugt, daß sie allesamt die Treppe hinunterbefördert werden würden. Dieser Meinung war unter anderen auch der Stutzer und Herzensbesieger Saljosheff. Die anderen jedoch, und zu denen gehörte vor allen der Faustmensch, empfanden, wenn sie es auch nicht in ihren Worten äußerten, in ihrem Herzen nur tiefste Verachtung und sogar Haß für Nastassja Filippowna und gingen zu ihr, wie man zu einem Werk der Zerstörung zieht. Doch siehe, die kostbare Ausstattung der ersten zwei Zimmer, die vielen nie gesehenen, ihnen ganz märchenhaft erscheinenden Dinge, die Gemälde an den Wänden, die Portieren, die weiße Mamorstatue der Venus von Milo – alles das machte einen niederdrückenden Eindruck auf die Schar und flößte ihnen beinahe Furcht ein. Aber das hinderte sie natürlich nicht, sich allmählich immer weiterzuschieben und trotz aller Furchtsamkeit mit frecher Neugier sich hinter Rogoshin auch in den Salon hineinzudrängen. Als sie jedoch plötzlich unter den Gästen den General erblickten, durchfuhr sie wiederum ein unbehagliches Gefühl, und einige von ihnen, voran der Faustmensch und der Boxkünstler, begannen eingeschüchtert ins andere Zimmer zurückzudrängen. Nur Lebedeff, der am meisten seiner Stimmung „nachgeholfen" hatte, hielt sich dicht neben Rogoshin; denn er wußte, was es heißt, ein Kapital von einer Million vierhunderttausend Rubeln zu besitzen und hunderttausend bar in der Hand zu halten. Übrigens waren sie alle – selbst der Kenner Lebedeff nicht ausgeschlossen – etwas unsicher in der Beurteilung ihrer Macht: und ob ihnen denn jetzt auch wirklich alles oder nur manches erlaubt war? Lebedeff war in manchem Augenblick zum heiligsten Schwur bereit, daß ihnen alles, entschieden alles erlaubt sei; doch empfand er in anderen Augenblicken wiederum das beunruhigende Bedürfnis, sich auf alle Fälle einzelne vornehmlich beruhigende Paragraphen des Zivilgesetzes zu vergegenwärtigen.

Auf Rogoshin selbst machte die kostbare Einrichtung der Wohnung Nastassja Filippownas einen ganz anderen Eindruck als auf seine Begleiter: sie bewirkte bei ihm gerade das Gegenteil. Kaum hatte er die Portieren zurückgeschlagen und Nastassja Filippowna erblickt, als alles andere für ihn zu existieren aufhörte, ganz wie auch schon vorher in der Wohnung Ganjäs, nur daß es diesmal noch erschütternder geschah. Er erbleichte und blieb stehen, und man erriet, daß sein Herz unerträglich schlug. Scheu und wie geistesabwesend sah er Nastassja Filippowna ein paar Sekunden lang an, ohne den Blick von ihr loszureißen. Plötzlich – es war, als hätte er die Besinnung verloren – schritt er fast wankend näher zum Tisch ... unterwegs stieß er an Ptizyns Stuhl und trat der hübschen Deutschen mit seinen schmutzigen, derben Stiefeln auf die spitzenbesetzte Schleppe ihrer kostbaren, hellblauen Abendtoilette ... weder entschuldigte er sich, noch schien er es bemerkt zu haben. Vor dem Tisch blieb er stehen und legte einen Gegenstand auf ihn hin, den er schon beim Eintritt in den Händen gehalten hatte – vor sich in beiden Händen.

Es war ein Paket von etwa drei Zoll Höhe und vier Zoll Länge, in ein Blatt der Börsenzeitung fest eingewickelt und mehrmals kreuzweise mit einer Schnur fest umbunden, einer Schnur, von der Art, wie sie um Zuckerhüte gebunden zu sein pflegt. Und nachdem er das Paket hingelegt hatte, trat er mechanisch wieder einen Schritt zurück, seine Hände sanken herab und stumm blieb er stehen, als erwarte er sein Urteil. Er war in denselben Kleidern wie vorhin, nur um den Hals hatte er ein ganz neues seidenes Halstuch – grün mit Rot – das vorn mit einer großen Brillantnadel, die einen Käfer darstellte, festgesteckt war; und an dem schmutzigen Finger seiner rechten Hand trug er einen massiv goldenen Ring, gleichfalls mit einem großen Brillanten. Lebedeff war drei Schritte vom Tisch stehen geblieben. Von den übrigen hatten sich nur wenige in den Salon gewagt. Katjä und Pascha, Nastassja Filippownas Zofen, sahen erschrocken und erstaunt hinter der Portiere einer anderen Tür hervor.

„Was ist das?" fragte Nastassja Filippowna, nachdem sie aufmerksam und lebhaft Rogoshin betrachtet hatte, mit dem Blick auf das Paket in Zeitungspapier weisend.

„Hunderttausend!" antwortete jener fast flüsternd.

„Ah, er hat sein Wort gehalten, nicht übel! Bitte, – nehmen Sie Platz, dort auf jenem Stuhl. Ich werde Ihnen später etwas sagen. Wer ist dort noch? Die ganze Gesellschaft vom Nachmittag? Nun, mögen sie hereinkommen und sich setzen. Dort auf dem Sofa ist noch Platz, und auch dort auf jener Chaiselongue. Dort sind noch zwei Sessel ... wie, Sie wollen nicht?"

In der Tat waren einige der Menschen verlegen geworden und zogen sich immer mehr ins andere Zimmer zurück, um dort den Verlauf der Dinge abzuwarten. Andere jedoch blieben im Salon und nahmen nach der Aufforderung auch wirklich Platz, nur taten sie es möglichst fern vom Tisch und bevorzugten namentlich die dunkleren Ecken. Einige hätten sich immer noch lieber gedrückt. Einzelne wiederum gewannen erstaunlich schnell ihren Mut zurück, der dann zusehends wuchs. Rogoshin hatte sich gleichfalls auf dem ihm angewiesenen Stuhle niedergelassen; doch erhob er sich bald wieder, um sich dann nicht mehr zu setzen. Allmählich begann er auch die Gäste, gleichsam jetzt erst, zu bemerken. Als er Ganjä erblickte, lächelte er höhnisch und sagte nur halblaut ein spöttisches „Seht doch!" Den General und Tozkij sah er ohne jede Verwirrung und sogar ohne jedes besondere Interesse an. Als er jedoch neben Nastassja Filippowna den Fürsten erblickte, konnte er vor Erstaunen lange den Blick nicht von ihm abwenden, ganz als wäre er nicht imstande gewesen, sich über diese Begegnung Rechenschaft abzulegen. Man konnte glauben, daß er, wenigstens in manchen Augenblicken, ganz benommen war, wie ein wachend Träumender; denn abgesehen von allen Erschütterungen dieses Tages, hatte er die letzte Nacht auf der Reise zugebracht und nun wohl schon zwei Nächte nicht geschlafen.

„Das hier, meine Herren, sind hunderttausend Rubel," sagte Nastassja Filippowna, sich mit einer geradezu fieberhaft ungeduldigen Herausforderung an die Anwesenden wendend, „hier in diesem schmutzigen Zeitungspapier. Vorhin bei Ganetschka rief er plötzlich wie ein Irrsinniger aus, daß er mir noch heute abend hunderttausend Rubel bringen werde, und ich habe ihn hier die ganze Zeit erwartet. Er wollte mich nämlich kaufen: zuerst bot er mir achtzehntausend, dann sprang er plötzlich auf vierzig, und dann – auf die hundert hier. Er hat also sein Wort gehalten! Pfui, wie bleich er geworden ist! ... Das geschah vorhin bei Ganetschka: ich war zu ihm hingefahren, um seiner Mutter einen Besuch zu machen und meine zukünftigen Verwandten kennen zu lernen; doch seine Schwester schrie mir ins Gesicht: ‚Ist denn niemand hier, der diese Unverschämte hinausweist!‘ worauf sie ihrem Brüderchen Ganetschka ins Gesicht spie. Ja, ein charaktervolles Mädchen ist sie, das muß man ihr lassen!"

„Nastassja Filippowna!" sagte der General vorwurfsvoll. Er begann zu begreifen, was hier vor sich ging – allerdings nur auf seine Art.

„Wie beliebt? Unanständig, was? Ach, Exzellenz, lassen wir doch die Maske fallen! Daß ich im französischen Theater wie eine unnahbare Beletagentugend saß und alle, die sich fünf Jahre lang um mich bewarben, wie eine Wilde floh und dabei die Miene einer stolzen Unschuld aufsetzte, – das waren ja doch alles nur Albernheiten! Da, da steht jetzt vor Ihnen einer, der hunderttausend auf den Tisch geworfen hat, nach fünf Jahren Unschuld! – und sicher hat er schon seine Troiken bereit, die nur auf mich warten. Auf hunderttausend hat er mich geschätzt! Ganetschka, ich sehe, du bist mir immer noch böse? Ja, wolltest du mich denn wirklich in deine Familie einführen? Mich, die so eine für einen Rogoshin ist!? Was sagte doch der Fürst vorhin?"

„Ich habe nicht gesagt, daß Sie ... so eine seien, denn Sie sind es nicht!" sagte der Fürst mit bebender Stimme.

„Nastassja Filippowna, laß gut sein, Täubchen, hör', was ich sage, Täubchen," mischte sich plötzlich Darja Alexejewna ein, die sich nicht mehr bezwingen konnte, „wenn sie dich so ärgern, wozu läßt du sie dann hier sitzen? Willst du denn wirklich mit solch einem gehen, und wenn auch für hunderttausend! Nun ja, hunderttausend – sieh mal an! Ach was! – nimm die hunderttausend und ihn setz' vor die Tür! Siehst du, so springt man mit solchen Leuten um! Weiß Gott, ich an deiner Stelle würde sie alle ... nein wirklich, was soll denn das!"

Darja Alexejewna ärgerte sich aufrichtig. Sie war eine gute und eindrucksfähige Seele.

„Aber so ärgere dich doch nicht, Darja Alexejewna," beruhigte Nastassja Filippowna sie lächelnd. „Ich habe ihm damit doch nichts Böses sagen wollen. Habe ich ihm denn Vorwürfe gemacht? Ich kann wirklich nicht verstehen, wie ich auf diesen albernen Einfall gekommen bin, in eine anständige Familie einzudringen. Ich habe auch seine Mutter gesehen und ihr die Hand geküßt. Daß ich mich aber so bei dir aufführte, Ganetschka, das tat ich ja nur, um einmal zu sehen, wozu du fähig bist. Nun, du hast mich in Erstaunen gesetzt, das muß ich sagen! Auf vieles war ich gefaßt, auf das aber doch nicht! Hättest du mich denn wirklich genommen, nachdem du gesehen, daß der General mir ein so kostbares Geschenk macht und ich es fast am Tage vor der Trauung mit dir annehme? Und dann noch Rogoshin! Der hat doch in deinem Hause in Gegenwart deiner Mutter und Schwester mich zu kaufen versucht, du aber bist trotzdem als Bewerber gekommen und hast beinahe noch deine Schwester mitgebracht! Ist es denn wirklich wahr, was Rogoshin von dir sagt, daß du für drei Rubel auf allen vieren bis zum Wassiljewskij Prospekt kriechst?"

„Sicher!" sagte plötzlich Rogoshin halblaut vor sich hin, doch in einem Tone, aus dem felsenfeste Überzeugung sprach.

„Ich würde nichts sagen, wenn du dem Hungertode nahe wärst, aber du bekommst doch, soviel ich weiß, ein gutes Gehalt! Und obendrein, außer der Schande, hättest du ja dann eine verhaßte Frau in dein Haus einführen müssen! – denn du haßt mich doch, das weiß ich. Nein, jetzt glaube ich es, daß so einer wie du für Geld Menschen erdrosselt! Hat sie doch heutzutage alle eine solche Geldgier ergriffen, daß sie förmlich von Sinnen zu sein scheinen – so werden sie von der Habsucht beherrscht. Unreife Jungen wollen Wucherer sein! Oder sie umwickeln die Rasiermesserachse mit einem dicken Seidenfaden, damit das Messer feststeht, und schleichen dann hinterrücks an den Freund heran und schlachten ihn wie einen Hammel, wie ich vor kurzem noch gelesen habe. Ein Schamloser bist du, Ganjä! Auch ich bin eine Schamlose, du aber bist es noch hundertmal mehr. Von diesem Blumenbesorger da will ich schon gar nicht reden ..."

„Sind Sie das, Nastassja Filippowna, sind denn Sie das!" rief der General aus, in aufrichtigem Staunen die Hände erhebend. „Sie, die Sie so zartfühlend sind, so vornehm denken, – und nun! Welch eine Sprache! Was für Worte!"

„Ich bin jetzt im Rausch, Exzellenz!" lachte plötzlich Nastassja Filippowna auf, „ich will durchgehen! Heute ist mein Tag, mein Jahrestag, mein Schaltjahr! Ich habe lange genug darauf gewartet! Darja Alexejewna, siehst du den Buketttherrn dort, jenen *Monsieur aux camélias,*[] da sitzt er und lacht über uns ..."

„Ich lache nicht, Nastassja Filippowna, ich höre nur mit größter Aufmerksamkeit zu," versetzte Tozkij würdevoll.

„Nun, sag' doch, wozu habe ich ihn wohl ganze fünf Jahre lang gequält und nicht von mir fortgelassen? War er denn das wert? Er ist doch nur so, wie er sein muß ... Er kann ja schließlich noch schuldige Dankbarkeit von mir verlangen: er hat mich doch erziehen lassen, hat mich wie eine Gräfin ausgestattet und Geld, – Gott! – wieviel Geld er für mich ausgegeben hat! Schon dort hat er für mich einen ehrenwerten Mann gesucht und hier schließlich Ganetschka gefunden. Und was glaubst du wohl: ich habe in diesen fünf Jahren nicht mit ihm gelebt und dabei doch Geld von ihm angenommen und noch obendrein geglaubt, ich hätte ein Recht dazu! Ich hatte mich ja selbst ganz irre gemacht. Du sagst, nimm die hunderttausend und jage ihn fort, wenn es dich anekelt. Es ist wahr, es ekelt mich an ... Ich hätte ja schon längst heiraten können, und noch ganz andere als Ganetschka, aber es war doch zu ekelhaft. Und wozu habe ich nun meine fünf Jahre verloren! Aber wirst du's mir glauben, vor etwa vier Jahren dachte ich eine Zeitlang daran, ob ich nicht schließlich wirklich noch meinen Afanassij Iwanowitsch heiraten sollte! Aus Haß dachte ich daran – als ob ich wenig Einfälle gehabt hätte! Und glaub' mir, ich hätte es auch durchgesetzt! Er hat sich mir ja selbst angetragen, kannst du dir das vorstellen? Freilich tat er es nicht aus Liebe, aber er war doch gar zu erpicht, konnte es nicht aushalten. Da überlegte ich es mir aber noch zum Glück und dachte: Ist er denn solcher Bosheit überhaupt wert, lohnt es sich denn? Und da wurde er mir plötzlich so ekelhaft, daß ich ihn, selbst wenn er allen Ernstes um mich angehalten hätte, für keinen Preis genommen haben würde. Und so habe ich es die ganzen fünf Jahre getrieben! Nein, lieber auf die Straße, wohin ich ja doch sowieso gehöre! Entweder mit Rogoshin in Saus und Braus, oder ich werde morgen noch Wäscherin! Denn ich habe ja doch nichts, mir gehört ja nichts! Wenn ich fortgehe, werfe ich ihm alles hin, alles, alles, auch den letzten Lappen; ohne alles aber wird mich ja doch niemand nehmen, frag mal Ganjä! Nicht einmal Ferdyschtschenko würde mich nehmen!"

„Ferdyschtschenko würde Sie vielleicht auch nicht nehmen, Nastassja Filippowna, ich bin ein aufrichtiger Mensch," unterbrach sie

Ferdyschtschenko, „dafür aber würde der Fürst Sie nehmen! Da sitzen Sie und klagen, aber schauen Sie doch nur auf den Fürsten! Ich beobachte ihn schon lange ...“

Nastassja Filippowna wandte sich neugierig brüsk zum Fürsten und sah ihn an.

„Ist das wahr?“ fragte sie.

„Ja,“ sagte der Fürst.

„Sie würden mich so nehmen, wie ich bin, ohne alles?“

„Ich würde Sie so nehmen, Nastassja Filippowna ...“

„Da haben wir die Geschichte!“ stieß der General hervor. „Doch ... das war vorauszusehen!“

Der Fürst, den Nastassja Filippowna immer noch betrachtete, sah sie mit strengem und durchdringendem Blick an, in dem aber unsäglich viel Leid lag.

„Da hat sich noch einer gefunden!“ sagte Nastassja Filippowna, sich wieder Darja Alexejewna zuwendend. „Und doch wirklich nur aus gutem Herzen, ich kenne ihn. Da habe ich jetzt einen Wohltäter! Übrigens – vielleicht ist es wahr, was man von ihm sagt, daß er ... nun, *jenes* ... Wovon wirst du denn leben, wenn du schon so verliebt bist, daß du eine Rogoshinsche nimmst, du, Fürst Myschkin? ...“

„Ich nehme Sie als ehrbares Weib, Nastassja Filippowna, und nicht als was Sie sich da bezeichnen,“ sagte der Fürst.

„Was, ich soll ein ehrbares Weib sein?“

„Ja, Sie.“

„Nun, das ist ... Romanphantasie. Das sind alte Ammenmärchen, lieber Fürst, heutzutage ist man klüger und beurteilt so etwas auch ganz richtig als Faselei. Und wie kannst du denn heiraten, du brauchst ja selbst noch eine Wärterin!“

Da erhob sich der Fürst und begann mit scheuer, unsicherer Stimme, doch mit der Miene eines tief überzeugten Menschen:

„Ich weiß nichts, Nastassja Filippowna, ich habe nichts gesehen, Sie haben recht, aber ich ... ich fasse es so auf, daß Sie mir eine Ehre erweisen würden, nicht ich Ihnen. Ich bin nichts, Sie aber haben gelitten und sind aus dieser Hölle rein hervorgegangen, das aber ist viel. Weshalb schämen Sie sich und weshalb wollen Sie zu Rogoshin gehen? Das ist ja alles nur Fieber ... Sie haben Herrn Tozkij die Fünfundsiebzigtausend zurückgegeben und sagen, daß Sie alles, was hier ist, ihm gleichfalls zurückgeben; das aber würde keiner tun, keiner von allen, die hier sind. Ich habe Sie ... Nastassja Filippowna ... lieb. Ich liebe Sie, ich werde für Sie sterben, Nastassja Filippowna. Ich werde niemandem erlauben, ein schlechtes Wort über Sie zu sagen, Nastassja Filippowna. Wenn wir arm sind, werde ich arbeiten, Nastassja Filippowna ...“

Bei diesen Worten hörte man ein leises Kichern von Ferdyschtschenko und Lebedeff, und selbst der General krächzte einmal ganz absonderlich, was er sogleich mit einem ernsten Räuspern zu verdecken suchte. Ptizyn und Tozkij konnten nur mit Mühe ein Lächeln verbergen. Die übrigen begriffen vor Erstaunen vorläufig überhaupt noch nichts.

„... Doch vielleicht werden wir nicht arm sein, sondern sogar sehr reich, Nastassja Filippowna,“ fuhr der Fürst mit derselben scheuen Stimme fort. „Ich weiß es nicht genau und ich bedaure es, daß ich heute den ganzen Tag noch nichts Bestimmtes darüber habe erfahren können: ich habe, als ich noch in der Schweiz war, von einem gewissen Herrn Ssalaskin aus Moskau einen Brief erhalten, in dem er mir mitteilt, daß mir eine sehr große Erbschaft zufallen solle. Ich habe ihn bei mir, den Brief, hier ist er ...“

Und der Fürst zog tatsächlich aus der Brusttasche seines Rockes einen Brief hervor.

„Sollte er nicht schon verrückt sein?“ fragte sich der General. „Das ist ja hier die reine Irrenanstalt!“

Für einen Augenblick trat allgemeines Schweigen ein.

„Sie sagten, Fürst, wenn ich mich nicht täusche, daß Sie den Brief von einem gewissen Ssalaskin erhalten hätten?“ fragte Ptizyn. „Ssalaskin ist in seiner Sphäre eine sehr bekannte Persönlichkeit, und wenn er Sie von einer Ihnen zugefallenen Erbschaft benachrichtigt, so können Sie ihm aufs Wort glauben. Ich kenne zufällig seine Handschrift, ich habe vor einiger Zeit geschäftlich mit ihm zu tun gehabt – wenn Sie mir den Brief zeigen wollten, könnte ich Ihnen wenigstens sagen, ob es derselbe Ssalaskin ist.“

„Wa–as? Was soll denn das bedeuten?“ fuhr nun der General auf, indem er verständnislos von einem zum andern sah. „Doch nicht tatsächlich eine Erbschaft?“

Alles blickte auf Ptizyn, der den Brief las. Die allgemeine Neugier hatte auf einmal eine neue Richtung bekommen. Ferdyschtschenko konnte nicht mehr stillsitzen: er sprang auf. Rogoshin schaute maßlos bestürzt bald auf den Fürsten, bald auf Ptizyn. Darja Alexejewna saß in der Erwartung wie auf Nadeln. Auch Lebedeff hielt es nicht aus und schlüpfte, gleichsam krumm und lahm geschlagen, herbei, um über Ptizyns Schulter wenigstens einen Blick auf den Brief werfen zu können, sah aber dabei ganz so aus, wie ein Mensch, der in jedem Augenblick einen Rippenstoß oder einen Schlag auf den Kopf erwartet.

## XVI.

Die Sache hat ihre Richtigkeit," erklärte endlich Ptizyn, indem er den Brief zusammenfaltete und dem Fürsten zurückgab. „Sie bekommen ohne alle Scherereien nach dem unantastbaren Testament Ihrer Tante ein sehr großes Vermögen."

„Nicht möglich!" rief der General wie aus der Pistole geschossen aus.

Die meisten vergaßen den Mund zu schließen.

Hierauf erzählte Ptizyn, sich vornehmlich an den General wendend, was Ssalaskin dem Fürsten im Brief mitgeteilt hatte. Der Inhalt war kurz folgender:

„Vor fünf Monaten war die Tante des Fürsten Lew Nikolajewitsch Myschkin, die ältere Schwester seiner Mutter gestorben. Sie war die Tochter des Moskauer Kaufmanns dritter Gilde, Papuschin, der nach einem Bankerott, wie es hieß, in Armut gestorben war. (Der Fürst hatte beide nie gekannt.) Doch der ältere leibliche Bruder dieses Papuschin war ein bekannter, sehr reicher Kaufmann. Vor etwa einem Jahre hatte er ganz plötzlich – in ein und demselben Monat – seine beiden Söhne verloren, worauf der Alte aus Gram ebenfalls erkrankt und gestorben war. Seine einzige noch lebende Verwandte und Erbin, jene Tochter seines armen Bruders, die zu der Zeit auch schon von den Ärzten aufgegeben war (sie starb bald darauf an der Wassersucht), hatte sogleich nach dem Fürsten zu forschen begonnen, hatte ihr Testament gemacht und Ssalaskin die Erledigung der Angelegenheit übertragen. Nach dem Empfang dieses Briefes von Ssalaskin hatte sich der Fürst dann entschlossen, selbst nach Rußland zurückzukehren ..."

„Ich kann Ihnen einstweilen nur sagen," schloß Ptizyn, sich an den Fürsten wendend, „daß Sie alles, was Ssalaskin Ihnen von der Unantastbarkeit Ihrer Erbschaft schreibt, ohne weiteres als bare Münze annehmen können. Dieser Brief ist ebensogut wie bares Geld in der Tasche. Ich gratuliere, Fürst! Vielleicht erben Sie auch so an anderthalb Millionen, vielleicht aber auch noch mehr. Papuschin war ein sehr reicher Kaufmann."

„Teufel noch eins! Na, er lebe hoch, der letzte Fürst aus dem Geschlecht der Myschkin!" gröhlte Ferdyschtschenko, der als erster die Fassung wiedergewann.

„Hurra!" brüllte mit lauter Stimme Lebedeff – er hatte am meisten getrunken.

„Und ich habe dem armen Jungen noch mit fünfundzwanzig Rubel unter die Arme gegriffen, hahaha! Wie nennt man das! Umgekehrte Welt!" rief der noch ganz erstarrte General lachend aus. „Nun, mein Lieber, ich gratuliere, ich gratuliere!"

Und sich vom Platz erhebend, ging er auf den Fürsten zu und umarmte ihn. Nach ihm erhoben sich auch die anderen, um dem Erben Glück zu wünschen. Selbst die Zaghafteren, die sich zuvor in das andere Zimmer zurückgezogen hatten, begannen im Salon zu erscheinen. Alles sprach durcheinander, es war kein Wort zu verstehen, Ausrufe wurden laut, man verlangte Champagner – alles geriet in Bewegung. Ja, im ersten Augenblick vergaß man sogar Nastassja Filippowna und daß sie doch immerhin die Dame des Hauses war. Allmählich aber erinnerte man sich ihrer wieder, erinnerte sich ebenfalls, daß der Fürst ihr doch kurz zuvor einen Heiratsantrag gemacht hatte, was die ganze Situation jetzt noch dreimal unerhörter machte. Tozkij konnte vor Verwunderung nur noch die Schultern hochziehen. Von den Herren war er der einzige, der noch saß, während die anderen alle sich in einem dichten Haufen um den Tisch drängten. Später wurde von den meisten behauptet, daß erst in diesem Augenblick Nastassja Filippowna den Verstand verloren hätte. Sie saß immer noch auf ihrem Platz und betrachtete eine Weile alle mit einem seltsamen, gewissermaßen erstaunten Blick, als begriffe sie gar nicht, was hier vorging, und als strenge sie sich an, etwas Unverständliches zu erfassen. Dann wandte sie sich plötzlich dem Fürsten zu und sah ihn, die Brauen drohend zusammengezogen, scharf und feindselig an – doch das dauerte nur einen Augenblick. Vielleicht schien es ihr, daß es nur ein Scherz sein könne, daß er sich über sie lustig mache. Doch der Blick des Fürsten schloß jeden Zweifel aus. Sie sann einen Augenblick nach und dann lächelte sie – es war ein Lächeln, das sie selbst nicht zu bemerken schien ...

„Also wirklich Fürstin!" murmelte sie gleichsam etwas spöttisch vor sich hin, und als ihr Blick zufällig auf Darja Alexejewna fiel, lachte sie hellauf. „Eine etwas unverhoffte Lösung ... ich ... ich ... hatte das nicht erwartet ... Aber, meine Herren, was stehen Sie denn, bitte, setzen Sie sich doch und gratulieren Sie uns! Jemand hat, glaube ich, Champagner verlangt – Ferdyschtschenko, gehen Sie, bitte, bestellen Sie. Katjä, Pascha!" – sie erblickte plötzlich ihre Mädchen in der Tür – „kommt her, ich heirate, habt ihr es schon gehört? Den Fürsten dort, er hat anderthalb Millionen, ist ein Fürst Myschkin und nimmt mich!"

„Mit Gott, Mütterchen, es ist auch Zeit! Sonst verscherzt du sie ja alle!" warf Darja Alexejewna ein, die durch das Erlebte geradezu erschüttert war.

„Aber so setzen Sie sich doch her zu mir, Fürst," fuhr Nastassja Filippowna lebhaft fort, „so, und dort kommt ja auch schon der Champagner, also, bitte, zu gratulieren, meine Herren!"

„Hurra!" ertönte es von mehreren Seiten.

„Hoch! Hurra! Wir gratulieren!"

Viele drängten zum Champagnerkübel, darunter fast alle Begleiter Rogoshins. Aber wenn auch vornehmlich sie es gewesen waren, die das Hoch ausbrachten, so waren doch viele von ihnen noch immer schüchtern und erwarteten mißtrauisch die weitere Entwicklung der Dinge. Sie fühlten, daß die Sache eine andere Wendung genommen hatte. Viele wieder flüsterten miteinander, daß es ja doch nichts Außergewöhnliches sei, daß doch so manche Fürsten noch ganz andere Weiber geheiratet hätten, sogar Zigeunerinnen aus dem Steppenlager!

Rogoshin selbst stand und blickte mit einem starren, verständnislosen Lächeln drein.

„Fürst, lieber Junge, besinn' dich!" flüsterte der General ganz entsetzt dem Fürsten zu, indem er ihn, leise an ihn herantretend, am Ärmel zupfte.

Nastassja Filippowna hörte es und lachte hellauf.

„Nein, Exzellenz! Jetzt bin auch ich Fürstin, und Sie haben doch gehört, daß der Fürst mich nicht beleidigen lassen wird! Afanassij Iwanowitsch, so wünschen Sie mir doch Glück! Ich werde ja jetzt neben Ihrer Frau Gemahlin sitzen. Was meinen Sie, ist es nicht vorteilhaft, einen solchen Mann zu haben? Anderthalb Millionen und dazu noch Fürst, und dann noch, wie man sagt, ein Idiot, was will man mehr? Jetzt erst beginnt das wirkliche Leben! Rogoshin, du bist zu spät gekommen! Nimm dein schmutziges Geldpaket, ich heirate einen Fürsten und bin jetzt selbst reicher als du!"

Da begriff Rogoshin endlich, was geschehen war. Sein Gesicht verzerrte sich in unsäglichem Schmerz. Er hob die Arme und ein Stöhnen entrang sich seiner Brust.

„Tritt zurück!" schrie er dem Fürsten zu.

Ringsum erscholl Gelächter.

„Damit du an seine Stelle treten kannst?“ fiel Darja Alexejewna siegesstolz ein. „Pfui so einer! Wie er das Geld auf den Tisch wirft, da sieht man gleich den Bauer. Der Fürst heiratet sie, du aber willst sie nur zur Schande haben!“

„Auch ich heirate sie! Auf der Stelle heirate ich sie, sogleich! Alles gebe ich hin! ...“

„Hört doch! Du bist ja wie ein Betrunkener in der Schenke. Vor die Tür setzen sollte man dich!“ sagte Darja Alexejewna unwillig.

Das Gelächter wurde noch lauter.

„Hörst du es, Fürst,“ wandte sich Nastassja Filippowna an ihn, „wie ein Bauer deine Braut kaufen will?“

„Er ist betrunken,“ sagte der Fürst, „er liebt Sie sehr.“

„Aber wirst du dich später nicht dessen schämen, daß deine Braut beinahe mit einem Rogoshin davongefahren wäre?“

„Das wollten Sie nur im Fieber, Sie sind auch jetzt noch im Fieber.“

„Und du wirst dich auch nicht schämen, wenn man dir später sagt, daß deine Frau Tozkijs Mätresse gewesen ist?“

„Nein, ich werde mich nicht schämen. Sie waren nicht aus freiem Willen bei Tozkij.“

„Und wirst es mir nie vorwerfen?“

„Nein, niemals.“

„Nun, sieh dich vor, versprich nicht fürs ganze Leben!“

„Nastassja Filippowna,“ sagte der Fürst leise und wie voll tiefen Mitleids, „ich sagte Ihnen vorhin, daß ich Ihre Einwilligung als Ehre auffassen werde, daß Sie mir eine Ehre erweisen, und nicht ich Ihnen. Sie lächelten über diese Worte und ringsum, das sah ich, wurde gleichfalls gelächelt. Ich habe mich vielleicht sehr lächerlich ausgedrückt und bin vielleicht auch selbst lächerlich gewesen, aber es will mir immer scheinen, daß ich ... sehr wohl begreife, was Ehre ist – und ich bin überzeugt, daß ich die Wahrheit gesagt habe. Sie wollten sich soeben ins Verderben stürzen, unwiderruflich, für immer, denn Sie hätten sich das nie verziehen. Aber Sie sind ja doch völlig unschuldig. Es kann doch nicht sein, daß Ihr Leben schon zugrunde gerichtet sei! Was will denn das sagen, daß Rogoshin zu Ihnen gekommen ist und Gawrila Ardalionytsch Sie betrügen wollte? Weshalb kommen Sie immer wieder gerade darauf zurück? Das, was Sie getan haben – dazu wären nur wenige fähig, das sage ich Ihnen. Daß Sie aber mit Rogoshin fortfahren wollten, das wollten Sie ja nur im Augenblick eines krankhaften Anfalls. Sie sind auch jetzt noch krank, solche Anfälle gehen nicht so schnell vorüber. Es wäre besser, Sie gingen zu Bett. Sie würden morgen Wäscherin geworden sein, denn bei Rogoshin wären Sie ja doch nicht geblieben. Sie sind stolz, Nastassja Filippowna; vielleicht aber sind Sie schon dermaßen unglücklich, daß Sie sich selbst tatsächlich für schuldig halten. Sie müssen behutsam gepflegt werden, Nastassja Filippowna. Ich werde Sie pflegen. Als ich heute Ihr Bild erblickte, war es mir, als hätte ich ein bekanntes Gesicht wiedererkannt. Und es schien mir sogleich, als riefen Sie mich! ... Ich ... ich werde Sie mein ganzes Leben lang hochachten, Nastassja Filippowna ..." brach plötzlich der Fürst kurz ab und er errötete. Es war ihm mit einemmal zum Bewußtsein gekommen, vor welchen Menschen er redete.

Ptizyn senkte vor lauter Schamgefühl den Kopf und blickte zu Boden. Tozkij dachte bei sich: „Zwar ein Idiot, weiß aber doch, daß man mit Schmeichelei am besten fängt. Instinkt." Der Fürst fühlte und sah auch Ganjäs brennenden Blick auf sich ruhen, mit dem jener ihn gleichsam versengen zu wollen schien. Ganjä stand in der entferntesten Ecke.

„Endlich sieht man einmal einen guten Menschen!" sagte Darja Alexejewna ganz gerührt.

„Ein gebildeter Mensch, doch ein verlorener!" brummte der General für sich.

Tozkij schickte sich an, aufzustehen. Er sah sich nur noch nach dem General um und verständigte sich mit ihm durch einen Blick: sie wollten sich beide entfernen.

„Ich danke Ihnen, Fürst. Bis jetzt hat noch niemand so zu mir gesprochen," sagte Nastassja Filippowna. „Man hat mich immer nur kaufen wollen, doch heiraten wollte mich noch kein einziger Ehrenmann. Haben Sie gehört, Afanassij Iwanowitsch? Wie gefiel Ihnen das, was der Fürst sagte? Es war ja doch beinahe unschicklich ... Rogoshin!" unterbrach sie sich, „du, wart' mal noch mit dem Fortgehen. Aber du gehst ja auch noch gar nicht fort, wie ich sehe. Vielleicht werde ich noch mit dir gehen. Wohin wolltest du mich bringen?"

„Nach Jekateringoff!" berichtete sofort Lebedeff, Rogoshin aber zuckte nur zusammen und starrte sie an, als könnte er nicht glauben, was er gehört hatte. Er schien völlig stumpf geworden zu sein, wie von einem entsetzlichen Schlage auf den Kopf.

„Was, was redest du, was fällt dir ein, Täubchen? Laß das doch jetzt, diese Albernheiten! Bist du denn ganz von Sinnen?" fuhr die erschrockene Darja Alexejewna auf.

„Ja, hast du denn im Ernst daran geglaubt?" Nastassja Filippowna sprang lachend auf. „Diesen jungen Knaben da sollte ich zugrunde richten? Das wäre ja ganz nach Afanassij Iwanowitschs Geschmack, der liebt ja namentlich halbwüchsige Kinder! Fahren wir, Rogoshin! Halte dein Geldpaket bereit! Das hat nichts zu sagen, daß du mich heiraten willst, das Geld mußt du mir trotzdem geben. Ich nehme dich vielleicht noch gar nicht. Du glaubst wohl, wenn du mich heiratest, behältst du das Geld? Unsinn! Ich bin selbst eine Schamlose! Ich bin doch Tozkijs Geliebte gewesen ... Fürst! Du brauchst jetzt Aglaja Jepantschina, aber nicht mich, denn sonst – Ferdyschtschenko würde doch mit dem Finger auf mich zeigen. Du fürchtest dich nicht, ich aber würde mich fürchten, daß ich dich zugrunde gerichtet habe und du es mir später vorwerfen wirst! Und was du da redest, daß ich dir eine Ehre erweise, nun, so weiß doch Tozkij, wie es sich damit verhält. Du aber, Ganetschka, hast Aglaja Jepantschina schon verspielt – weißt du das auch? Hättest du nicht mit ihr geschachert, so würde sie dich ja unbedingt genommen haben! Aber so seid ihr ja alle: entweder mit entehrten oder mit ehrbaren Frauen leben – das ist die Wahl! Denn sonst verwirrt man sich unfehlbar ... Da sieht mich der General an und kann den Mund nicht mehr schließen ..."

„D–D–Das ist ja Sodom! Sodom!!" stieß der General hervor, die Schultern vor Entrüstung in die Höhe ziehend, und erhob sich schleunigst. Alles war wieder auf den Beinen. Nastassja Filippowna gebärdete sich wie eine Rasende.

„Ist es denn möglich!" stöhnte der Fürst, und seine Hände krampften sich zusammen.

„Du glaubst wohl – nicht? Ich bin vielleicht noch stolzer, als ihr glaubt, und wenn ich auch tausendmal eine Verworfene bin! Du sagtest vorhin, an mir sei alles vollendet – eine schöne Vollendung das, wenn sie einzig dazu dient, um nachher damit prahlen zu können, daß ich eine Million und die Fürstenkrone unter die Füße getreten und in die Spelunke gehe! Was bin ich denn für eine Frau für dich? Afanassij Iwanowitsch, hören Sie! Ich habe doch tatsächlich eine Million zum Fenster hinausgeworfen! Und Sie glaubten wohl, ich würde es für ein Glück ansehen, wenn ich mit Ihren Fünfundsiebzigtausend Ihren Ganetschka bekäme? Die Fünfundsiebzigtausend kannst du behalten, Afanassij Iwanowitsch – nicht einmal bis zu Hundert hat er sich emporgeschwungen, da ist doch Rogoshin nobler als er! – Ganetschka aber werde ich selbst trösten, ich habe schon einen Gedanken. Jetzt aber will ich leben! leben! leben! wild und wüst! ich bin ja doch eine Straßendirne! Zehn Jahre lang hab' ich im Gefängnis gesessen, jetzt kommt mein Glück! Was stehst du, Rogoshin? Komm, fahren wir!"

„Fahren wir!" jubelte Rogoshin, ganz außer sich vor Entzücken. „He, ihr alle! ... kommt! Wein her! Wein!"

„Sorge nur für Wein, ich werde trinken. Wird dort auch Musik sein?"

„Alles, alles wird sein! – Komm nicht zu nah!" schrie Rogoshin in seiner Raserei, als er sah, daß Darja Alexejewna sich Nastassja Filippowna nähern wollte. „Sie gehört mir! Alles gehört mir! Königin! Nun komme, was will!"

Der Atem stockte ihm vor Herzklopfen; er ging immer nur um Nastassja Filippowna herum und schrie jedem zu: „Komm nicht zu nah!" Inzwischen hatten sich schon alle seine Begleiter im Salon versammelt, selbst die schüchternsten hatten sich hervorgewagt. Die einen tranken, die anderen schrien und lachten, alle waren sie in der lebhaftesten und ungezwungensten Stimmung. Ferdyschtschenko versuchte bereits, sich freundschaftlich ihnen anzuschließen, um dann gleichfalls mit nach Jekateringoff fahren zu können. Der General und Tozkij machten wieder eine Bewegung zur Tür hin, um schnell zu verschwinden. Ganjä hatte gleichfalls schon seinen Hut in der Hand; doch schien er sich von dem Bilde, das sich hier vor seinen Augen aufrollte, noch nicht losreißen zu können.

„Komm nicht zu nah!" schrie wieder Rogoshin.

„Was gröhlst du denn so!" lachte ihn Nastassja Filippowna aus. „Ich bin doch hier noch die Herrin im Hause, wenn ich will, lasse ich dich hinauswerfen. Ich habe von dir noch kein Geld genommen, da liegt es ja noch auf dem Tisch! Gib es her, das ganze Paket! Und hier in diesem Paket sind hunderttausend Rubel? Pfui, welch eine Abscheulichkeit! Was hast du nur, Darja Alexejewna? Soll ich ihn denn wirklich zugrunde richten?" (Sie wies auf den Fürsten.) „Wo kann er denn ans Heiraten denken, er braucht ja selbst noch eine Wärterin! Da, der General, der wird seine Wärterin sein – seht doch, wie er um ihn scharwenzelt. Sieh, Fürst, deine Braut hat das Geld hier genommen, denn sie ist ja doch eine Dirne – und du wolltest sie heiraten! Aber warum weinst du denn? Bitter ist das, was? Du lach' doch, ich finde, du hast Grund, froh zu sein," fuhr Nastassja Filippowna fort, in deren eigenen Augen große Tränen standen. „Vertraue der Zeit – alles wird vergehen! Es ist besser, sich jetzt zu besinnen, als nachher, wenn's zu spät ist ... Aber warum weint ihr denn alle – da, auch Katjä weint! Katjä, was hast du, mein liebes Ding? Ich hinterlasse dir und Pascha viele Sachen, es ist schon alles vorgesehen ... Jetzt aber lebt wohl!

Ich habe dich, ein ehrsames Mädchen, mich Dirne bedienen lassen ... Es ist besser so, Fürst, wirklich besser, du würdest mich später doch verachten und wir wären beide unglücklich. Schwöre nicht, ich glaube ja doch nicht! Und es wäre ja auch so dumm! ... Nein, glaub' mir, es ist besser so, wir scheiden als Freunde. Auch ich bin ja eine Schwärmerin, was käme dabei heraus? Habe ich denn nicht selbst schon von dir geträumt? Du hast recht, schon lange habe ich von dir geträumt, schon dort in Otradnoje, wo er mich fünf Jahre in der Einsamkeit sitzen ließ! Da denkt man denn bisweilen und denkt und spinnt Träume und Träume – da habe ich mir denn immer solch einen wie du vorgestellt, einen wahren und ehrlichen und guten und mutigen Menschen, und der auch ebenso dumm ist wie du, so dumm, daß er plötzlich zu mir kommt und sagt: ‚Sie sind unschuldig, Nastassja Filippowna, und ich vergöttere Sie!‘ Und so spinnt man die Träume weiter und weiter, bis man wahnsinnig zu werden meint ... Und dann kommt wieder jener da angefahren: weilt zwei Monate im Jahr, entehrt, beschmutzt, entfacht, verdirbt und fährt fort, – oh, tausendmal schon wollte ich mich im Teich ertränken, war aber zu feig dazu, der Mut langte nicht! – nun, und jetzt ... Rogoshin, bist du bereit?“

„Fahren wir! Komm nicht zu nah!“

„Fahren wir!“ ertönten mehrere Stimmen.

„Die Troiken warten! Mit Schellen am Kummetholz!“

Nastassja Filippowna ergriff das Geldpaket.

„Ganjä, ich habe einen guten Einfall: ich will dich entschädigen, denn warum sollst du alles verlieren? Rogoshin, wird er für drei Rubel bis auf den Wassiljewskij kriechen?“

„Sicher!“

„Nun, dann höre mich, Ganjä, ich will deine Seele zum letztenmal bewundern: du hast mich selbst drei Monate lang gequält, jetzt ist die Reihe an mir. Siehst du hier dieses Paket in Zeitungspapier: das sind hunderttausend Rubel. Nun sieh, ich werde es sogleich in den Kamin werfen, ins Feuer, hier in Gegenwart aller Anwesenden, alle sind Zeugen! Sobald dann das Feuer das Papier erfaßt hat – kriech' in den Kamin, aber ohne Handschuhe, mit bloßen Händen, nur die Ärmel kannst du aufkrempeln, – und hol' das Paket aus dem Feuer! Holst du es heraus – so gehört es dir, die ganzen Hunderttausend gehören dir! Wirst dir höchstens die zarten Fingerchen ein bißchen verbrennen, aber dafür sind es doch Hunderttausend, bedenk bloß! Wie lange zieht man sie denn aus dem Feuer! Es ist ja nur ein Augenblick! Ich aber will mich an deiner Seele ergötzen, ich habe meine Freude dran, daß du nach meinem Gelde ins Feuer kriechst! Hier sind alle Zeugen: das ganze Paket gehört dir! Ziehst du es nicht heraus, so verbrennt es, ich werde es keinen anderen herausnehmen lassen. Fort da vom Kamin! Alle fort! Das Geld gehört mir! Ich hab's für eine Nacht von Rogoshin bekommen. Ist's mein Geld, Rogoshin?"

„Deines, meine Freude! Deines, Königin!"

„Nun, dann alle fort von dort! was ich will, das tue ich! Seht! Ruhe! Mischt euch nicht ein! Ferdyschtschenko, schüren Sie das Feuer!"

„Nastassja Filippowna, die Hände gehorchen mir nicht!" stammelte Ferdyschtschenko wie betäubt.

„A–ach!" rief Nastassja Filippowna unwillig, ergriff selbst die Feuerzange, schob die zwei glimmenden Holzscheite zurecht, und wie das Feuer aufschlug, warf sie das Geldpaket darauf.

Ein Schrei entfuhr den Anwesenden. Viele bekreuzigten sich unwillkürlich.

„Sie ist verrückt geworden! Sie ist wahnsinnig!"

„Soll ... soll ... soll man sie nicht binden?" flüsterte der General Ptizyn zu; „oder ... oder nach dem Arzt schicken ... Sie ist ja doch wahnsinnig, wahnsinnig, das ist sie doch!"

„N–nein, das ist vielleicht doch nicht gerade Wahnsinn," murmelte Ptizyn. Er war erbleicht und zitterte und vermochte seinen Blick von dem bereits glimmenden Zeitungspapier nicht abzuwenden.

„Sie ist doch wahnsinnig, absolut wahnsinnig, sehen Sie denn das nicht?" wandte sich der General an Tozkij.

„Ich habe Ihnen ja gesagt, daß sie ein Weib mit Kolorit ist," flüsterte der gleichfalls etwas erbleichte Tozkij zurück.

„Aber, ich bitte Sie! – es sind doch Hun–dert–tau–send!" ...

„Großer Gott, großer Gott, heiliger Vater im Himmel!" ertönte es ringsum. Alles drängte zum Kamin, alle wollten sehen, wie das Geld brannte, alles rief und schrie durcheinander ... Einige sprangen sogar auf die Stühle, um über die Köpfe der anderen hinweg zu sehen. Darja Alexejewna eilte in höchster Angst zur Tür und tuschelte dort entsetzt mit Katjä und Pascha. Die schöne Deutsche lief fort.

„Mütterchen! Königin! Allmächtige!" schrie Lebedeff, der vor Nastassja Filippowna auf den Knien umherrutschte und immer wieder verzweifelt mit beiden Armen auf den Kamin wies. „Hunderttausend!

Hunderttausend! Habe ich selbst gesehen, vor meinen Augen wurden sie eingepackt! Mütterchen! Barmherzige! Laß mich in den Kamin kriechen! Ich krieche dir mit allen vieren hinein, den ganzen grauen Kopf steck' ich ins Feuer! ... Eine kranke Frau ohne Beine, dreizehn Stück Kinder – alles Waisen, der Vater vor einer Woche beerdigt, sie haben nichts zu beißen und zu nagen! Erbarmen, Erbarmen, Nastassja Filippowna!"

Und noch mit dem letzten Schrei auf den Lippen, kroch er schon zum Kamin.

„Fort! Nicht! Weg da!" schrie ihn Nastassja Filippowna an und stieß ihn fort. „Tretet zur Seite, alle, alle! Ganjä, was stehst du denn da? Schäm' dich doch nicht! Kriech los! Dein Glück ist's!"

Doch Ganjä hatte an diesem Tage und Abend schon gar zuviel ausgehalten. Auf diese letzte, unerwartete Folter war er nicht vorbereitet. Das Gedränge teilte sich vor ihm in zwei Hälften, es bildete sich eine Gasse zwischen ihnen, und Ganjä stand drei Schritte von Nastassja Filippowna, Auge in Auge ihr gegenüber. Sie stand am Kamin und wartete und sah ihn mit flammendem, unverwandtem Blick an. Ganjä stand schweigend mit gekreuzten Armen, im Frack, den Hut und die Handschuhe in der Hand, vor ihr, ohne sich zu rühren, und sah starr ins Feuer. Ein sinnloses, irres Lächeln huschte über sein Gesicht, das so bleich war wie eine weißgetünchte Wand. Zwar konnte er den Blick nicht losreißen von dem glimmenden Päckchen, doch schien sich plötzlich etwas Neues in seiner Seele erhoben zu haben: es war, als hätte er sich geschworen, die Folter auszuhalten. Er rührte sich nicht: nach ein paar Augenblicken wurde es allen klar, daß er nicht nach dem Geldpaket greifen würde, daß er es *nicht wollte*!!!

„Ei, sie verbrennen, die Hunderttausend!" schrie ihm Nastassja Filippowna zu. „Du wirst dich ja später erhängen, wenn du sie nicht nimmst! Ich scherze nicht!"

Das Feuer war zuerst zwischen den zwei glimmenden Holzscheiten fast erloschen, als das Geldpaket darauf niedergefallen war. Nur ein kleines blaues Flämmchen züngelte noch am unteren Rande des einen Holzscheits. Allmählich kroch es weiter, bis es die eine Ecke des Päckchens zu belecken begann; das Feuer blieb haften und schlängelte sich dann als schmale, dünne Zunge von der Ecke hinauf, lief von der oberen Ecke wieder am Rande weiter und plötzlich umschlang es das ganze Paket, und eine helle Flamme schlug flackernd nach oben, zugleich einen Feuerschein ins Zimmer werfend.

„Mütterchen!" schrie Lebedeff und wieder wollte er auf den Knien zum Kamin kriechen, doch da zog ihn Rogoshin fort und stieß ihn zur

Seite. Rogoshin selbst war nichts als ein einziges glühendes Augenpaar, sein ganzes Ich lag in seinem Blick, der wie gebannt immer wieder zu Nastassja Filippowna zurückkehrte, – er war berauscht, war trunken, war über der Erde!

„Das, ja, das ist eine Königin!" rief er begeistert aus, sich an alle und an jeden wendend, gleichviel an wen. „Das, das ist nach unserer Art!" stieß er wie besinnungslos hervor. „Nun, wer von euch, ihr Gauner allesamt, brächte so was fertig! was?!"

Der Fürst war der einzige, der schweigend beobachtete. Sein Gesicht war ernst und in seinen Augen lag Trauer.

„Ich zieh' es mit den Zähnen heraus, auch nur für einen einzigen grauen Lappen!" erbot sich Ferdyschtschenko.

„Ich auch!" knirschte im Hintergrunde der Faustmensch, wahrscheinlich in einem Anfall entschiedener Verzweiflung. „T–teufel noch eins! Es brennt, alles brennt!" schrie er laut auf, als er die Flamme emporschlagen sah.

„Es brennt, es brennt!" schrien alle wie aus einem Munde, und ein wildes Drängen zum Kamin hub an.

„Ganjä, zier' dich nicht, ich sage es zum letztenmal!"

„So geh doch, geh!" brüllte Ferdyschtschenko außer sich und er stürzte sich auf Ganjä, um ihn am Ärmel mit Gewalt zum Kamin zu zerren. „So kriech doch in den Kamin, du Prahlhans! Es verbrennt! Oh, verrr–dammter!"

Doch Ganjä stieß plötzlich mit aller Kraft Ferdyschtschenko zurück, wandte sich um und ging zur Tür. Er hatte aber noch keine zwei Schritte gemacht, als er plötzlich wankte und krachend zu Boden schlug.

„Ohnmacht! Eine Ohnmacht!" schrien mehrere Stimmen.

„Mütterchen! Allbarmherzige! Sie verbrennen!" schrie Lebedeff.

„Sie verbrennen umsonst!" brüllte es von allen Seiten.

„Katjä, Pascha, bringt ihm Wasser, Essig, Essenz!" rief Nastassja Filippowna erregt ihren Mägden zu, ergriff dann selbst die Feuerzange und zog das Paket aus den Flammen hervor.

Die ganze Umhüllung war schon verbrannt und fiel in verkohlenden Blätterschichten ab, doch sah man sofort, daß der Inhalt unversehrt war. Rogoshin hatte das Geld in dreifaches Zeitungspapier eingepackt. Alles atmete erleichtert auf.

„Nur ein einziges kleines Tausendchen ist angebrannt, die anderen sind alle ganz!" berichtete Lebedeff mit noch zitternder Stimme. Er weinte fast vor Rührung.

„Alle gehören ihm! Das ganze Paket gehört ihm! Sie hören es, meine Herren!" rief Nastassja Filippowna laut und sie legte das Geldpaket neben den ohnmächtigen Ganjä hin. „Er ist doch nicht gegangen, hat es doch ausgehalten! Seine Eigenliebe ist doch noch größer als seine Geldgier! Tut nichts, er wird zu sich kommen! Er hätte womöglich ermordet ... Da, er kommt schon zu sich! General, Ptizyn, Darja Alexejewna, Katjä, Pascha, Rogoshin, habt ihr's gehört? Das ganze Geld gehört Ganjä! Ich gebe es ihm als sein Eigentum, als Entschädigung, als Belohnung ... nun, da, gleichviel wofür! Sagt es ihm. Mag es hier neben ihm liegen. Rogoshin, marsch! Leb' wohl, Fürst, ich habe zum erstenmal einen Menschen gesehen! Leben Sie wohl, Afanassij Iwanowitsch, *merci*!"

Die ganze Rotte Rogoshins drängte mit Geräusch und Geschrei dem Ausgang zu, wohin Nastassja Filippowna und Rogoshin bereits vorausgegangen waren. Im Saal brachten ihr die Mädchen den Pelz. Auch die Köchin Marfa kam aus der Küche herbeigelaufen. Nastassja Filippowna küßte sie alle zum Abschied.

„Mütterchen, ist es denn wirklich wahr, daß Sie uns für immer verlassen? Wohin wollen Sie denn gehen? Und noch dazu am Geburtstage, an einem solchen Fest!" jammerten die weinenden Mädchen, die ihr die Hände küßten.

„Auf die Straße gehe ich jetzt, Katjä, du hast es doch schon gehört, dort ist mein Platz, oder am Waschtroge! Genug von Afanassij Iwanowitsch! Grüßt ihn mir und gedenkt meiner nicht im Bösen ..."

Der Fürst eilte, so schnell er konnte, zur Auffahrt, wo sich die ganze Gesellschaft bereits in die vier Troiken gesetzt hatte. Der General holte ihn nur noch mit Mühe auf der Treppe ein.

„Fürst Lew Nikolajewitsch, komm zur Besinnung!" rief er, ihn am Arm packend, um ihn zurückzuhalten. „Laß sie doch! Du siehst doch, was für eine sie ist! Wie ein Vater rate ich dir ..."

Der Fürst sah ihn an, doch ohne ein Wort zu sagen, riß er sich los und eilte hinaus.

Als der General auf die Straße trat, waren die Troiken schon fort und er sah nur noch, wie der Fürst dem nächsten Droschkenkutscher zurief: „Nach Jekateringoff, hinter den Troiken her!"

Der Schweißfuchs des Generals fuhr vor und brachte seinen Herrn in schlankem Trabe heim, mit neuen Hoffnungen und Berechnungen und auch mit den kostbaren Perlen, die Seine Exzellenz schließlich doch nicht vergessen hatte, mitzunehmen. Und zwischen den Gedanken und Hoffnungen des Generals tauchte auch wieder Nastassja Filippownas Bild vor ihm auf in seiner ganzen verführerischen Schönheit. Der General seufzte:

„Schade! Wirklich schade! Ein verlorenes Weib! Ein verrücktes Weib! ... Nun, aber der Fürst braucht jetzt etwas anderes als eine Nastassja Filippowna. Schließlich ist es noch ganz gut, daß es so gekommen ist ...“

Fast in derselben Art wurden auch noch von zwei anderen Gästen Nastassja Filippownas, die ein Stück Weges zu Fuß zu gehen beschlossen hatten, einige lehrreiche Ansichten ausgetauscht.

„Wissen Sie, Afanassij Iwanowitsch, das ist ungefähr ebenso wie bei den Japanern,“ sagte Iwan Petrowitsch Ptizyn zu Tozkij. „Der Beleidigte geht dort zu seinem Beleidiger und sagt: ‚Du hast mich beleidigt, und dafür schlitze ich mir vor deinen Augen den Bauch auf‘, und bei diesen Worten schlitzt er sich auch in der Tat den Bauch auf und fühlt dabei wahrscheinlich eine außerordentliche Genugtuung, ganz als hätte er sich nun wirklich an jenem gerächt. Es gibt sehr seltsame Charaktere in der Welt, Afanassij Iwanowitsch!“

„Sie meinen, daß auch hier etwas Ähnliches getan worden sei?“ fragte Tozkij mit einem Lächeln. „Hm! Nicht übel ... Sie haben einen sehr scharfsinnigen Vergleich angeführt. Aber Sie haben doch selbst gesehen, mein bester Iwan Petrowitsch, daß ich alles getan habe, was ich nur tun konnte: mehr als das kann ein Mensch nicht, das müssen Sie mir doch selbst zugeben? Und andererseits, wenn man bedenkt – es läßt sich doch nicht leugnen, daß diese Frau kolossale Vorzüge hat ... wirklich glänzende Gaben! Ich wollte ihr vorhin schon zurufen – wenn ich mir das in diesem Sodom hätte gestatten können – daß sie selbst meine beste Rechtfertigung gegen alle ihre Beschuldigungen ist. Nun, sagen Sie doch selbst, wer hätte sich nicht an diesem Weibe berauscht, bis zum Vergessen alles ... anderen? Sie sehen, dieser Bauer, dieser Rogoshin – er hat doch hunderttausend Rubel für sie herangeschleppt! Mag auch alles, was dort geschehen ist, sagen wir grotesk, romantisch, unschicklich sein, so hat es dafür doch Kolorit, es ist originell! – das müssen Sie mir zugeben! Gott, was könnte sie nicht sein: bei diesem Charakter und dieser Schönheit! Aber trotz aller Bemühungen, trotz aller Mittel, selbst ungeachtet ihrer Erziehung und Ausbildung – ist doch alles verloren! Ein ungeschliffener Diamant – das habe ich schon mehr als einmal gesagt ...“

Und Afanassij Iwanowitsch seufzte tief.

# Zweiter Teil

## I.

Am zweiten Tage nach den sonderbaren Vorgängen in der Wohnung Nastassja Filippownas reiste Fürst Myschkin nach Moskau, um dort alles Nötige in seiner Erbschaftsangelegenheit persönlich zu erledigen. Es wurde damals davon gesprochen, daß er auch noch aus anderen Gründen seine Abreise so beschleunigt hätte; doch können wir sowohl darüber, wie auch über alle weiteren Erlebnisse des Fürsten in Moskau oder überhaupt während seiner Abwesenheit aus Petersburg nicht sehr viel Näheres berichten. Der Fürst war ganze sechs Monate von Petersburg abwesend, und in dieser Zeit konnten selbst diejenigen, die Ursache hatten, sich für sein Schicksal zu interessieren, fast nichts über seinen Verbleib oder sein Tun und Treiben erfahren. Freilich drangen diesem und jenem bisweilen Gerüchte zu Ohren, doch waren dieselben größtenteils recht seltsamer Art und widersprachen sich außerdem in der Regel sehr. Das größte Interesse hatte man für den Fürsten im Hause des Generals Jepantschin, wo der Fürst, nebenbei bemerkt, nicht einmal seinen Abschiedsbesuch gemacht hatte. Der General war mit ihm allerdings noch zwei- oder dreimal zusammengekommen, und sie hatten beide sogar sehr ernst miteinander gesprochen, doch hatte der General in der Familie kein Wort davon verlauten lassen. Und überhaupt wurde bei Jepantschins in der ersten Zeit, d. h. fast einen ganzen Monat nach der Abreise des Fürsten, nicht von diesem gesprochen. Nur die Generalin Lisaweta Prokofjewna äußerte ganz zu Anfang, daß sie sich im Fürsten „grausam getäuscht" habe. Einige Tage später bemerkte sie, doch jetzt ohne den Fürsten zu nennen, sondern nur so im allgemeinen, ihr „auffallendster Charakterzug" sei, daß sie sich beständig in den Menschen täusche. Und schließlich, nach Verlauf weiterer zehn Tage, schloß sie, durch die Töchter aus irgendeinem Anlaß in gereizte Stimmung versetzt, bereits in Form einer Sentenz: „Genug der Täuschungen! Jetzt werden keine mehr vorkommen." Das war ihr letztes Wort. Doch auch ganz abgesehen davon, herrschte in ihrem Hause, was hier nicht verschwiegen werden darf, ziemlich lange eine recht unangenehme Stimmung: es lag eine gewisse Spannung, eine Unzufriedenheit in der Luft, alle waren mißvergnügt und gereizt. Der General hatte namentlich im Dienst viel zu tun; er war vom Morgen bis zum Abend beschäftigt, so daß ihn seine Angehörigen kaum zu Gesicht bekamen. Was aber die drei Mädchen betrifft, so ließ keine von ihnen in Gegenwart der Eltern ein Wort über den Fürsten fallen, und vielleicht hatten sie auch unter sich nur wenig über ihn gesprochen – vielleicht aber auch nicht einmal das. Sie waren stolze, hochmütige Mädchen, die auch dann, wenn sie unter sich waren, nicht ihre innersten Gefühle aussprachen.

Jedenfalls hätte aus oben Erwähntem ein Beobachter, falls ein solcher vorhanden gewesen wäre, mit ziemlicher Sicherheit das Richtige erraten können: daß der Fürst doch einen gewissen Eindruck im Hause des Generals hinterlassen hatte, obschon er nur ein einziges Mal und auch dann nur kurze Zeit dort gewesen war. Möglicherweise war dieser Eindruck nur durch die etwas seltsamen Erlebnisse des Fürsten zu erklären ... Doch wie dem auch sein mochte, jedenfalls hatte er Eindruck gemacht.

Die Gerüchte, die sich anfänglich über ihn in der Stadt verbreitet hatten, gerieten alsbald in Vergessenheit. Es war eine Zeitlang in gewissen Kreisen von irgendeinem recht beschränkten jungen Fürsten – den Namen wußte niemand genau – gesprochen worden, von einem, man kann wohl sagen, halben Idioten, der ein großes Vermögen geerbt und eine zugereiste Französin, eine bekannte Kankantänzerin aus dem Château des Fleurs zu Paris, geheiratet habe. Dann hatte es eine Zeitlang geheißen, das Vermögen hätte ein gewisser General geerbt, und die Französin habe ein ungeheuer reicher russischer Kaufmann geheiratet, der auf seiner Hochzeit einzig aus Prahlsucht für runde siebenhunderttausend Rubel Lotterielose an einer Stearinkerze verbrannt hätte, natürlich in der Trunkenheit. Doch alle diese Gerüchte verstummten sehr bald infolge der Veränderung der Verhältnisse selbst. So war zum Beispiel die ganze Rotte Rogoshins mit diesem selbst an der Spitze nach Moskau gereist – eine Woche nach der Orgie in Jekateringoff, an der auch Nastassja Filippowna teilgenommen hatte –, und somit waren gerade diejenigen, die am ehesten etwas hätten erzählen können, nicht mehr in Petersburg. Nur einige wenige, die wirklich Grund hatten, sich für die Angelegenheit zu interessieren, erfuhren dann später, daß Nastassja Filippowna schon am nächsten Tage nach jener Orgie geflüchtet und verschwunden und daß man ihr jetzt endlich auf die Spur gekommen sei: wie verlautet, hatte sie sich nach Moskau begeben, und als nun Rogoshin gleichfalls nach Moskau fuhr, brachte man den Zweck seiner Reise unwillkürlich mit Nastassja Filippowna in Zusammenhang.

Desgleichen wurde auch über Gawrila Ardalionytsch Iwolgin, der in seinem Kreise durchaus nicht so unbekannt war, gar mancherlei gesprochen; doch auch hier trat bald ein Umstand ein, der alle für ihn nachteiligen Gerüchte vergessen ließ: er erkrankte und konnte daher nicht nur nicht in der Gesellschaft erscheinen, sondern auch nicht einmal die Arbeit, die er als Angestellter der Aktiengesellschaft zu verrichten hatte, fortsetzen. Nachdem er einen Monat das Bett gehütet, setzte er seine Bekannten dadurch in Erstaunen, daß er diese Anstellung aufgab, worauf seinen Posten ein anderer erhielt. Auch beim General Jepantschin erschien er nicht mehr, so daß ihn auch dort ein anderer ersetzen mußte.

Seine Feinde hätten nun annehmen können, daß er sich schäme, sich auch nur auf der Straße zu zeigen, doch das war nicht der Fall. Er fühlte sich in der Tat nicht wohl, war fast zum Hypochonder geworden, war nachdenklich und sehr reizbar. Warwara Ardalionowna verheiratete sich noch im Laufe des Winters mit Iwan Petrowitsch Ptizyn. Alle Bekannten der Familie behaupteten, daß sie ihn einzig deshalb genommen habe, weil Ganjä seine frühere Arbeit nicht wieder aufnehmen wollte und daher auch die Familie nicht mehr unterstützen konnte; ja, er bedurfte sogar selbst der Unterstützung und wollte gepflegt sein.

Bei der Gelegenheit sei noch nebenbei bemerkt, daß im Hause des Generals Jepantschin auch Gawrila Ardalionytschs mit keinem Wort Erwähnung getan wurde, ganz als hätte es nie einen solchen Menschen in der Welt gegeben. Und doch hatten dort alle Damen bald etwas sehr Bedeutsames über ihn erfahren. Es war das folgendes: Als er in jener Nacht von Nastassja Filippowna zurückgekehrt war, hatte er sich nicht schlafen gelegt, sondern in fieberhafter Ungeduld die Rückkehr des Fürsten erwartet. Der Fürst nun war aus Jekateringoff erst um sechs Uhr morgens zurückgekehrt. Da war Ganjä zu ihm ins Zimmer gegangen und hatte das Geldpaket – die ihm, als er ohnmächtig auf dem Boden lag, von Nastassja Filippowna geschenkten hunderttausend Rubel – vor dem Fürsten auf den Tisch gelegt und ihn mit allem Nachdruck gebeten, bei nächster Gelegenheit dieses Geschenk Nastassja Filippowna zurückzugeben. Als Ganjä beim Fürsten eintrat, war er in feindseliger und verzweifelter Stimmung gewesen, doch, hieß es, waren dann zwischen ihm und dem Fürsten einige Worte gefallen, woran Ganjä noch ganze zwei Stunden bei jenem geblieben war und die ganze Zeit bitterlich geschluchzt hatte. Geschieden waren sie freundlich voneinander.

Und diese Nachricht beruhte auch vollkommen auf Wahrheit. Unverständlich war nur, daß Nachrichten dieser Art sich so schnell verbreiten konnten; so war zum Beispiel der Verlauf der ganzen Abendgesellschaft bei Nastassja Filippowna fast schon am nächsten Tage im Hause des Generals bekannt geworden, und sogar noch mit ziemlich genauen Einzelheiten. Man hätte annehmen können, daß Warwara Ardalionowna, die zum größten Erstaunen Lisaweta Prokofjewnas ganz plötzlich mit den drei jungen Mädchen enge Freundschaft pflegte, diesen alles Nähere erzählt habe. Doch wenn es Warwara Ardalionowna aus irgendeinem Grunde auch nötig erschienen war, mit Jepantschins Freundschaft zu schließen, so würde sie doch niemals ungebeten von ihrem Bruder erzählt haben. Sie war gleichfalls stolz, allerdings in ihrer Art – und obwohl sie jetzt Freundschaft dort anknüpfte, wo ihrem Bruder der Verkehr so gut wie abgesagt worden war. Sie war freilich schon früher mit den Schwestern bekannt gewesen, doch hatte sie dieselben nur wenige

Male besucht. Übrigens zeigte sie sich auch jetzt nur selten in ihrem Empfangssalon, und gewöhnlich kam sie über die Hintertreppe, um dann nur eine kurze Zeit bei den jungen Mädchen zu verweilen. Die Generalin war ihr niemals besonders gewogen gewesen, obschon sie Warjäs Mutter sehr achtete. Über Warjäs Besuche ärgerte sie sich und schrieb diese neue Freundschaft ihrer Töchter den Launen „dieser Mädchen" zu, die „selbst nicht mehr wüßten, was sie ihr noch zum Trotz antun sollten". Doch ungeachtet ihres Ärgers setzte Warwara Ardalionowna auch nach ihrer Verheiratung mit Ptizyn die Besuche bei den Generalstöchtern fort.

Da erhielt die Generalin eines Tages – es war ungefähr ein Monat nach der Abreise des Fürsten vergangen – von der alten Fürstin Bjelokonskaja, die vor etwa zwei Wochen nach Moskau zu ihrer ältesten, verheirateten Tochter gefahren war, einen Brief, und dieser Brief machte auf die Generalin Jepantschin offenbar einen nicht geringen Eindruck. Zwar teilte sie von seinem Inhalt weder ihren Töchtern, noch ihrem Gemahl Iwan Fedorowitsch etwas mit; doch konnte man aus untrüglichen Anzeichen schließen, daß sie sich durch ihn in merkwürdig gehobener Stimmung befand. Sie knüpfte mit den Töchtern Gespräche über die seltsamsten Dinge an, über Dinge, die, wie man meinen sollte, ganz fern lagen. Allem Anscheine nach hatte sie etwas auf dem Herzen, das sie jedoch vorläufig noch für sich behalten wollte. Am ersten Tage nach dem Empfang des Briefes war sie sogar sehr lieb zu ihren Töchtern, küßte Aglaja und Adelaida und erklärte sich in irgend etwas für schuldig vor ihnen – doch worin gerade, das konnten beide nicht verstehen. Selbst gegen Iwan Fedorowitsch, der jetzt einen Monat in Acht und Bann war, ward sie plötzlich gnädig gestimmt. Versteht sich: schon am nächsten Tage ärgerte sie sich wieder unsäglich über ihre „Sentimentalität" und fand bereits vor Tisch Zeit und Gelegenheit, sich mit allen von neuem zu überwerfen, doch zum Abend klärte sich der Horizont wieder auf. Diese freundlichere Stimmung hielt sogar eine ganze Woche an, was man eigentlich lange nicht mehr erlebt hatte.

Es vergingen acht Tage, und die Generalin erhielt einen zweiten Brief von der Bjelokonskaja, worauf sie sich dann doch entschloß, ihr Schweigen zu brechen. Nicht ohne eine gewisse Feierlichkeit hub sie ihre Mitteilung an: daß die „alte Bjelokonskaja" – sie nannte sie nie Fürstin, wenn sie mit anderen von ihr sprach – ihr äußerst beruhigende Dinge über diesen ... „nun, diesen da, diesen Sonderling, den Fürsten" mitgeteilt habe. Die alte Dame hatte in Moskau Erkundigungen über ihn eingezogen und, wie sie schrieb, etwas sehr Gutes über ihn erfahren. Schließlich sei auch der Fürst selbst bei ihr erschienen und habe einen fast ungeheuren Eindruck auf sie gemacht. Ferner habe sie ihn eingeladen, sie täglich zwischen eins und zwei zu besuchen, „und jener schleppt sich auch täglich zu ihr hin und ist ihr bis jetzt noch nicht langweilig geworden,“ schloß die Generalin, worauf sie noch kurz hinzufügte, daß der Fürst dank der „alten Bjelokonskaja“ auch in zwei oder drei anderen sehr angesehenen Familien empfangen worden sei. – „Gut wenigstens, daß er nicht nur in seinen vier Wänden hockt und sich nicht wie ein Tölpel vor den Menschen fürchtet.“

Den jungen Mädchen fiel es nach diesen Mitteilungen sogleich auf, daß die Mutter ihnen lange nicht alles gesagt hatte, was die Briefe enthielten. Vielleicht hatten sie bereits viel mehr von anderer Seite erfahren, etwa von Warwara Ardalionowna, die ja doch alles wissen konnte, was Ptizyn wußte. Ptizyn aber wußte höchstwahrscheinlich mehr als alle anderen, und wenn er auch als Geschäftsmann einem jeden gegenüber sehr verschwiegen war, so machte er doch in der Beziehung mit Warjä eine Ausnahme, weshalb sich denn auch die Generalin nicht wenig über deren Besuche ärgerte.

Doch wie dem nun auch sein mochte, jedenfalls war das Eis gebrochen, und in der Familie konnte man wieder von dem Fürsten sprechen: und da zeigte es sich denn nur zu deutlich, einen wie großen Eindruck der Fürst im Hause des Generals hinterlassen hatte. Die Generalin wunderte sich auch nicht wenig über den Eindruck, den ihre Moskauer Nachrichten auf die drei Mädchen machten, und diese wiederum wunderten sich ebenfalls nicht wenig über ihre Mutter, die doch so feierlich erklärt hatte, daß ihr „auffallendster Charakterzug“ das ewige Sichtäuschen in Menschen sei, und die dabei gleichzeitig den Fürsten der Aufmerksamkeit der „allmächtigen“ Fürstin empfahl – wobei nicht zu vergessen war, daß man deren Aufmerksamkeit mit endlosen Reden erkaufen mußte, denn die alte Dame war etwas schwer von Begriff. Doch da nun, wie gesagt, das Eis gebrochen war und ein neuer Wind in der Familie wehte, entschloß sich auch der General, seine Meinung zu äußern, und so zeigte es sich, daß auch er sich in ganz erstaunlicher Weise für den Fürsten interessierte. Was er mitteilte, bezog sich übrigens nur auf die „geschäftliche Seite“ der Angelegenheit. Zur nicht geringen Verwunderung der Gattin und Töchter hatte der General zwei zuverlässige und in ihrer Art einflußreiche Herren in Moskau beauftragt, über den Fürsten und namentlich über Ssalaskin, seinen Rechtsbeistand, Erkundigungen einzuziehen und ihn auch gewissenhaft zu überwachen. Die Erbschaft, „das heißt die Tatsache der Erbschaft“, habe ihre Richtigkeit, doch das Vermögen sei schließlich gar nicht so groß, wie man zuerst angenommen hatte; die Hälfte desselben liege fest; da seien Schulden; da seien weiß Gott was für Prätendenten; und der Fürst selbst verführe trotz aller Ratgeber und Beiräte in einer Weise mit dem Kapital, die bei jedem Geschäftsmann nur ein Kopfschütteln hervorrufen könne. „Ich wünsche ihm selbstverständlich nur das Beste," sagte der General, und da jetzt der Bann aufgehoben war, konnte er es sogar „von ganzem Herzen wünschen"; denn „wenn der Junge auch so ... nun ja ... etwas *so* ist, so ist er es doch wert, daß man ihm Gutes wünscht". Kurz und gut, der Junge habe aber bei dieser Gelegenheit doch eine große Dummheit begangen: es seien da verschiedene Gläubiger des alten Kaufmanns gekommen, mit ganz ungenügenden Dokumenten, mit Dokumenten, deren Ungültigkeit auf der Hand lag, und manche, die von dem fürstlichen Erben Wind bekommen hatten, seien sogar ohne Dokumente gekommen, und was war geschehen? – der Fürst hatte ihre Forderungen beglichen, trotz aller Vorhaltungen seiner Freunde, die ihm vergeblich versicherten, daß alle diese Leutchen ganz rechtlos wären. Und zwar hätte er ihnen nur deshalb gezahlt, weil einige von ihnen andernfalls ihr tatsächlich geliehnes Geld verloren oder sonstwie „durch Papuschin" gelitten hätten.

Die Generalin bemerkte hierauf, daß auch die Bjelokonskaja ihr in diesem Sinne schriebe, und das sei natürlich „sehr dumm von ihm, sehr dumm, aber einen Dummen kann man nicht klug machen," fügte sie schroff hinzu; doch ihrem Gesicht sah man es an, wie sehr ihr die Handlungsweise dieses „Dummen" innerlich gefiel. Jedenfalls fiel es dem General plötzlich auf, daß seine Lisaweta Prokofjewna „für diesen Fürsten eine Teilnahme übrighabe, als wäre er ihr leiblicher Sohn", und daß sie zu Aglaja doch etwas auffallend zärtlich war. Nach Beendigung dieses Gedankenganges und einem nochmaligen prüfenden Blick auf seine Gattin beschloß der General, zeitweilig die Haltung eines vielbeschäftigten Mannes anzunehmen.

Doch diese gute Stimmung sollte wiederum nicht lange dauern. Es vergingen nur kurze zwei Wochen, und plötzlich „schlug das Wetter wieder um", wie der General bei sich sagte: die Generalin war wieder schlechter Laune und er selbst mußte sich, nachdem er ein paarmal die Schultern in die Höhe gezogen, schließlich doch drein fügen, daß über gewisse Vorgänge und Personen fortan eisiges Schweigen herrschte. Vor zwei Wochen hatte er die kurze und deshalb etwas unklare, doch nichtsdestoweniger glaubwürdige Nachricht erhalten, daß Nastassja Filippowna, die anfangs in Moskau gelebt, und die Rogoshin nach langem Suchen endlich dort gefunden, wieder geflohen und wieder von Rogoshin aufgesucht worden war, zu guter Letzt doch eingewilligt habe, diesen zu heiraten. Das war die erste Nachricht. Und nun, nach kaum vierzehn Tagen, hatte Seine Exzellenz wieder eine Nachricht erhalten, die ihn nicht weniger erregte: Nastassja Filippowna war zum drittenmal geflohen, fast vom Altare fort, und diesmal sollte sie irgendwo in einer Provinz verschwunden sein. Nun aber war plötzlich auch Fürst Myschkin aus Moskau verschwunden, nachdem er alle seine Erbschaftsangelegenheiten

Ssalaskin übertragen hatte; „ob nun mit ihr zusammen oder hinter ihr her, das weiß man nicht, doch steht seine Abreise zweifellos mit ihrer Flucht in Zusammenhang," schloß der General. Auch die Generalin hatte unangenehme Nachrichten erhalten. So kam es, daß man nach zwei Monaten in Petersburg nichts mehr vom Fürsten wußte, und im Hause des Generals Jepantschin wurde „das Eis des Schweigens" hinfort nicht mehr gebrochen. Doch Warwara Ardalionowna besuchte immer noch ab und zu die drei jungen Mädchen ...

Um nun mit all diesen Gerüchten, Nachrichten und Stimmungen abzuschließen, sei hier noch erwähnt, daß sich bei Jepantschins zum Frühling hin sehr vieles veränderte, so daß es schließlich nur natürlich war, wenn man den Fürsten, der nichts von sich hören ließ und vielleicht auch sogar selbst vergessen sein wollte, mit der Zeit tatsächlich ganz vergaß. Im Laufe des Winters hatte man sich allmählich entschlossen, im Sommer eine Reise ins Ausland zu machen, das heißt, nur Lisaweta Prokofjewna und die drei Töchter. Der General dagegen hatte keine Zeit für „nutzlose Zerstreuungen". Der Beschluß war gefaßt worden, weil die drei jungen Mädchen sich eingeredet hatten, daß die Eltern sie nur deshalb nicht ins Ausland bringen wollten, weil sie sie sobald als möglich an den Mann zu bringen wünschten. Vielleicht waren nun die Eltern zur Überzeugung gekommen, daß es ja auch im Auslande Männer gab, und die Reise ins Ausland nicht nur nichts „verderben", sondern sogar sehr „zustatten" kommen könnte. Hier muß noch erwähnt werden, daß die einstmals projektierte Heirat zwischen Afanassij Iwanowitsch Tozkij und Alexandra Jepantschin ganz ins Wasser gefallen und es zu einem formellen Antrag seinerseits gar nicht gekommen war. Es hatte sich das ganz von selbst gemacht, ohne viele Worte oder gar Familienszenen. Seit der Abreise des Fürsten war von beiden Seiten nicht mehr davon gesprochen worden, aber wenn die Generalin auch damals schon gesagt hatte, daß es sie nur freue und sie mit beiden Händen ein Kreuz schlage, so war das doch den Winter über mit ein Grund der schlechten Stimmung gewesen, in der sich die Familie befunden. Der General fühlte zwar, daß er selbst daran schuld war, spielte aber trotzdem oder vielmehr gerade deshalb den Stolzen. Ihm tat nur Freund Tozkij leid – „wenn man bedenkt: ein solches Vermögen und dazu ein so gewandter Mensch!" Doch es dauerte nicht lange, und der General erfuhr, daß „Freund Tozkij" sich von den Reizen einer vor kurzem in Petersburg eingetroffenen Französin hatte bestricken lassen, einer Marquise und Legitimistin, und daß Freund Tozkij sie baldigst heiraten würde, worauf sie mit ihm nach Paris und von dort nach der Bretagne zu fahren gedächte. „Nun, wenn du dich schon mit Französinnen einläßt, ist es aus mit dir, Freund!" dachte der General bei sich.

Und so stand es denn fest, daß Jepantschins im Sommer verreisen würden. Doch siehe, plötzlich kam wieder etwas dazwischen, das abermals alle Pläne umwarf und die Reise zur größten Freude des Generals und der Generalin hinausschob.

Vor nicht langer Zeit war in Petersburg ein gewisser Fürst Sch. eingetroffen, ein Moskauer Aristokrat, der sich eines sehr, sehr guten Rufes erfreute. Er war einer jener Leute oder man kann sogar sagen Tatmenschen der „neuen Zeit", die ehrlich und bescheiden sind, die sich niemals vordrängen, die aufrichtig und bewußt das Nützliche wollen und durchführen, immer arbeiten und sich auch noch durch die seltene und glückliche Eigenschaft auszeichnen, daß sie immer Arbeit finden. Ohne sich um die Zwietracht und die Händel der großredenden Parteien zu kümmern, ohne sich zu überheben oder zu den Ersten zählen zu wollen, faßte der Fürst doch vieles von dem jüngst Geschehenen oder sich noch Vollziehenden in höchst verständiger Weise auf. Er hatte zuerst im Staatsdienst gestanden und sich dann mit den Agrarfragen zu beschäftigen begonnen. Außerdem war er ein geschätzter Mitarbeiter mehrerer gelehrter Verbände. In Gemeinschaft mit einem bekannten Techniker hatte er auf Grund eingehender Untersuchungen einer gerade projektierten, sehr wichtigen Eisenbahnlinie die Baukommission derselben auf verschiedene Fehler im Projekt aufmerksam gemacht und gleichzeitig das Projekt einer mit Rücksicht auf die Ortsverhältnisse weit zweckmäßigeren Linie eingereicht. Er war fünfunddreißig Jahre alt, gehörte zur vornehmsten Gesellschaft und besaß ein „gutes, sicheres Vermögen", wie der General verlauten ließ, der den Fürsten in einer ziemlich schwierigen Sache beim Grafen, seinem Vorgesetzten, kennen gelernt hatte. Der Fürst machte seinerseits wiederum sehr gern die Bekanntschaft von russischen „Tatmenschen". Kurzum, der Fürst wurde mit der Familie des Generals bekannt und Adelaida Iwanowna, die mittlere der drei Schwestern, machte einen so großen Eindruck auf ihn, daß er zu Ende des Winters bei den Eltern um ihre Hand anhielt. Und da er sowohl Adelaida Iwanowna wie auch der Generalin sehr gefiel, wurde die Hochzeit auf das Frühjahr festgesetzt. Der General freute sich von Herzen und war in sehr gehobener Stimmung. Selbstverständlich mußte nun die Reise ins Ausland vorläufig aufgeschoben werden.

Freilich hätte die Generalin deshalb immer noch im Sommer oder zu Ende des Sommers auf ein bis zwei Monate mit Alexandra und Aglaja reisen können, allein schon um der Zerstreuung willen: nach der Trauer um den Verlust Adelaidas! Doch da kam wieder etwas dazwischen: gegen Ende des Frühlings führte Fürst Sch. – die Hochzeit war auf die Mitte des Sommers verschoben worden – seinen entfernten Verwandten Jewgenij Pawlowitsch Radomskij bei Jepantschins ein. Es war das ein noch junger

Offizier, Flügeladjutant des Zaren, eine auffallend schöne Erscheinung, vornehmer Herkunft, geistreich, glänzend, „modern in jeder Beziehung und unerhört gebildet", wie es hieß, und zum Überfluß noch enorm reich. In betreff dieses letzten Punktes pflegte der General stets etwas skeptisch zu sein. Er zog Erkundigungen ein, aber das Ergebnis derselben war zufriedenstellend: „Es scheint tatsächlich etwas Wahres daran zu sein, doch, wie gesagt, man muß sich noch vergewissern", äußerte sich der General. Dieser junge Offizier, dem eine „glänzende Zukunft" bevorstand, war von der alten Bjelokonskaja in einem Brief aus Moskau in den siebenten Himmel gehoben worden. Nur ein einziger Punkt war dabei etwas kitzliger Art: man sprach von gewissen Verbindungen, von gewissen Siegen und Eroberungen und von unglücklichen Herzen. Nachdem er aber Aglaja erblickt und kennen gelernt hatte, wurde er auffallend seßhaft im Hause Jepantschin. Es war allerdings noch von nichts gesprochen worden, selbst Andeutungen hatte noch niemand gehört, doch den Eltern wurde es trotzdem klar, daß man in diesem Sommer an eine Reise ins Ausland wirklich nicht denken konnte. Aglaja selbst war vielleicht die einzige, die anders dachte.

Alles das geschah kurz vor der abermaligen Ankunft unseres Helden in Petersburg, zu einer Zeit, als dem Anscheine nach bereits alle den armen Fürsten Myschkin vergessen hatten. Wäre er jetzt plötzlich unter seinen Bekannten aufgetaucht, so hätten sie ihn wie einen vom Himmel Herabgefallenen überrascht und verwundert angestarrt. Indes – es muß doch noch eines Faktums Erwähnung getan werden, bevor wir die Einleitung abschließen.

Koljä Iwolgin setzte nach der Abreise des Fürsten sein früheres Leben unverändert fort, d. h. er besuchte das Gymnasium, besuchte seinen Freund Hippolyt, beaufsichtigte den General und half Warjä in der Wirtschaft, indem er gewissermaßen als Laufbursche in ihren Diensten stand. Mit den Mietern war es übrigens bald zu Ende. Ferdyschtschenko verschwand am dritten Tage nach der Orgie in Jekateringoff, und bald war er ganz verschollen; anfangs hatte es noch geheißen, er „trinke dort irgendwo", aber Genaueres wußte niemand von ihm. Fürst Myschkin fuhr, wie gesagt, nach Moskau, und weitere Pensionäre hatten sie nicht gehabt. Späterhin, als Warjä heiratete, zogen mit ihr auch Nina Alexandrowna und Ganjä zu Ptizyn, der in dem Stadtteil Ismailowskij Polk lebte. Was jedoch den alten verabschiedeten General Iwolgin betrifft, so war ihm etwas sehr Seltsames zugestoßen: er kam nämlich in das Schuldgefängnis. Hineingebracht hatte ihn seine ehemalige „Seelenfreundin", die Kapitanscha, auf Grund seiner ihr zu verschiedenen Zeiten ausgestellten Schuldverschreibungen, alle zusammen in der Höhe von zirka zweitausend Rubeln. Diese Einforderung der Schuld kam für den armen General vollkommen unerwartet, er war „entschieden das Opfer seines unbeschränkten Glaubens an den Edelmut des Menschenherzens, im allgemeinen gesprochen", wie er sich ausdrückte. Es war ihm zur beruhigenden Gewohnheit geworden, Pfandbriefe und Wechsel zu unterzeichnen, da er nicht einmal an die Möglichkeit, daß die verschriebenen Summen eingefordert werden könnten, dachte, sondern vielmehr überzeugt war, daß das alles „*nur so*" sei. „Traue jetzt noch den Menschen, bekunde jetzt noch Zutrauen!" rief er pathetisch im Kreise seiner neuen Freunde im Gefängnis aus und erzählte ihnen dann bei einer Flasche Rotspon die Belagerung von Kars und die Geschichte vom auferstandenen Soldaten. Übrigens hatte er sich dort sehr schnell und vorzüglich eingelebt. Ptizyn und Warjä sagten, daß diese Unterkunft für ihn wie geschaffen sei, und Ganjä war ungefähr derselben Ansicht. Nur die arme Nina Alexandrowna weinte im stillen bitterlich – was ihre Angehörigen eigentlich recht wunderte –, und obschon sie kränkelte, machte sie sich doch immer wieder auf und ging zu ihrem Mann ins Schuldgefängnis.

Seit dieser „Generalüberraschung", wie Ganjä sie nannte, und der Verheiratung Warjäs hatte sich Koljä immer mehr von der Familie losgemacht und in der letzten Zeit brachte er es sogar so weit, daß er selbst zur Nacht nicht nach Hause kam, sondern es vorzog, bei seinen Freunden zu schlafen. Wie man hörte, hatte er viele neue Freundschaften angeknüpft und war auch im Schuldgefängnis ein fast täglicher Besucher geworden. Nina Alexandrowna konnte dort gar nicht ohne ihn auskommen, zu Hause aber wurde er nicht einmal mit Neugier belästigt, obschon eine solche bei seinem Treiben doch ganz verständlich gewesen wäre. Selbst Warjä, die früher so strenge Warjä, nahm ihn jetzt nie ob seiner Lebensweise ins Verhör. Und auch Ganjä begann, zur größten Verwunderung der Familie, ganz freundschaftlich mit ihm zu reden und umzugehen – trotz seiner Hypochondrie –, was gegen sein früheres Verhältnis zum Bruder sehr abstach. Hatte doch der siebenundzwanzigjährige Ganjä den fünfzehnjährigen Koljä nicht der geringsten freundschaftlichen Beachtung gewürdigt, ihn „einfach grob" behandelt, von allen anderen wie auch von sich selbst nur Strenge ihm gegenüber verlangt und ewig gedroht, „einmal noch mit seinen Ohren in nähere Berührung zu kommen," was dann Koljä „aus den letzten Grenzen menschlicher Geduld" brachte. Man konnte sogar glauben, daß der jüngere Bruder Ganjä gewisse Dienste leistete und diesem daher unentbehrlich wurde. Koljä war sehr erstaunt darüber gewesen, daß Ganjä das Geld zurückgegeben hatte, und war deshalb bereit, ihm vieles zu verzeihen.

Etwa im dritten Monat nach der Abreise des Fürsten erfuhr man in der Familie Iwolgin, daß Koljä inzwischen auch mit Jepantschins bekannt geworden war und von den jungen Mädchen sehr nett behandelt wurde. Das hatte Warjä bald in Erfahrung gebracht. Übrigens war Koljä nicht durch Warjä bekannt geworden, sondern „von sich aus", wie er sagte. Allmählich gewannen ihn Jepantschins sehr gern. Die Generalin war ihm anfänglich nicht sehr geneigt gewesen. Doch bald wurde er fast ihr Liebling, „weil er aufrichtig ist und nicht schmeichelt," wie sie behauptete. Daß Koljä nicht schmeichelte, war richtig: er hatte es verstanden, als gesellschaftlich vollkommen gleichstehender, unabhängiger junger Mann aufzutreten, und dabei blieb es auch, selbst wenn er der Generalin Zeitungen oder Bücher vorlas – er war eben gern gefällig. Zweimal hatte er sich aufs heftigste mit Lisaweta Prokofjewna überworfen, hatte ihr erklärt, daß sie eine Despotin sei und er seinen Fuß nicht mehr in ihr Haus setzen werde. Das erstemal war der Grund des Streites die Frauenfrage gewesen und das zweitemal die Frage, welche Jahreszeit zum Zeisigfang die beste sei. Wie unwahrscheinlich es nun auch scheinen mag, so ist es doch Tatsache, daß Lisaweta Prokofjewna ihm am dritten Tage nach dem Zerwürfnis mit dem Diener einen Brief sandte, in dem sie ihn bat, unbedingt zu ihr zu kommen, worauf Koljä sich nicht lange zierte und ohne Aufschub hinging. Nur Aglaja allein schien ihm nicht ganz wohlgeneigt zu sein und behandelte ihn von oben herab. Gerade sie aber sollte er einmal in Erstaunen setzen.

Eines Tages, es war in der Osterwoche, benutzte Koljä, als sie einmal allein im Zimmer waren, die Gelegenheit, um ihr einen Brief zu überreichen. Er sagte nur, es sei ihm aufgetragen, den Brief zu übergeben. Aglaja maß den „eingebildeten Bengel" mit zornigem Blick vom Kopf bis zu den Füßen, doch Koljä kümmerte sich weiter nicht um sie und ging hinaus. Aglaja entfaltete den Brief und las:

„Eines Tages würdigten Sie mich Ihres Vertrauens. Doch vielleicht haben Sie mich jetzt schon ganz vergessen? Wie komme ich nun darauf, an Sie zu schreiben? Ich weiß es nicht; aber ich habe plötzlich ein unbezwingbares Verlangen, Sie, gerade Sie an mich zu erinnern. Wie oft habe ich mich nach Ihrer aller Gegenwart gesehnt, doch von allen dreien sah ich immer nur Sie vor mir stehen. Ich bedarf Ihrer, ich bedarf Ihrer unsäglich. Von mir habe ich Ihnen nichts zu schreiben, nichts zu erzählen. Nicht deshalb schreibe ich an Sie; ich würde nur unendlich gern Sie glücklich wissen. Sind Sie glücklich? Das ist alles, was ich Sie fragen wollte.

Ihr Bruder Fürst Lew Myschkin."

Als Aglaja diesen kurzen und eigentlich recht sinnlosen Brief zu Ende gelesen hatte, wurde sie plötzlich dunkelrot, biß sich dann auf die Lippe und wurde nachdenklich. Ihren Gedankengang wiederzugeben, würde nicht leicht fallen. Unter anderem fragte sie sich auch, ob sie den Brief jemandem zeigen solle. Es war ihr doch ein wenig so zumute, als schämte sie sich. Schließlich warf sie den Brief mit einem spöttischen und seltsamen Lächeln in das Schubfach ihres Tischchens. Am nächsten Tage jedoch nahm sie ihn von dort heraus und legte ihn in ein dickes, in Leder eingebundenes Buch, wie sie es mit allen ihren Papieren tat, um sie „schneller zu finden“, wenn sie sie suchte. Erst nach einer Woche sah sie zufällig auf das Titelblatt des Buches: es stand darauf in dicken Lettern: „*Don Quijote de la Mancha*“. Aglaja lachte hellauf – der Grund ihres Lachens blieb aber unaufgeklärt. Auch wäre es schwer, festzustellen, ob sie den Brief jemals den Schwestern gezeigt hat. Während sie ihn aber noch las, kam ihr plötzlich ein Gedanke: sollte dieser eingebildete Bengel vom Fürsten zum Vertrauensmann erkoren sein, und war er vielleicht gar sein einziger Korrespondenzvermittler? Sie beschloß, Koljä auf den Zahn zu fühlen. Sie setzte eine möglichst geringschätzige Miene auf und fragte ihn wie von ungefähr, wie er denn zu diesem Brief gekommen sei. Doch der sonst stets empfindliche „Bengel“ übersah diesmal ihre Geringschätzung und erklärte, allerdings ziemlich kurz und trocken, daß er dem Fürsten vor dessen Abreise zwar seine ständige Adresse mitgeteilt und seine Dienste angeboten habe, doch sei dies der erste Auftrag, der ihm vom Fürsten zuteil geworden, worauf er als Beweis den Brief hervorzog, den der Fürst an ihn persönlich gerichtet hatte. Aglaja wollte den Brief zuerst nicht lesen, nahm ihn dann aber doch und las folgendes:

„Lieber Koljä, seien Sie so freundlich und übergeben Sie das beigefügte Schreiben Aglaja Iwanowna. Ich wünsche Ihnen das Beste.

Ihr Sie liebender Fürst L. Myschkin.“

„Es ist aber doch lächerlich, sich einem so kleinen Bengel anzuvertrauen,“ sagte Aglaja, indem sie Koljä den Brief zurückgab, in beleidigendem Tone und ging mit verächtlicher Miene an ihm vorüber.

Das aber war denn doch zu empörend für Koljä! Er hatte sich noch absichtlich zu diesem Nachmittage von Ganjä dessen neue Krawatte ausgebeten, ohne einen Grund anzugeben, und nun wurde er so behandelt! Er fühlte sich tief und grausam beleidigt.

## II.

Es war in den ersten Tagen des Juni und das Wetter war in Petersburg
schon seit einer ganzen Woche selten schön. Jepantschins besaßen eine
prächtige eigene Villa in Pawlowsk[]. Eines schönen Tages bekam die
Generalin Sehnsucht nach dem frischen Grün des Parks dort draußen, und
in zwei Tagen war die Familie übergesiedelt.

Zwei oder drei Tage darauf traf mit dem Frühzug aus Moskau Fürst
Lew Nikolajewitsch Myschkin in Petersburg ein. Ihn erwartete niemand;
doch als er das Kupee verließ, schien es ihm plötzlich, daß ein seltsamer,
glühender Blick zweier Augen aus der Menge, die sich auf dem Bahnsteig
drängte, starr auf ihn gerichtet wäre. Er sah genauer hin, doch es war
nichts mehr zu sehen. Natürlich war es ihm nur so vorgekommen, wie
man zuweilen etwas vor den Augen flimmern sieht; doch
nichtsdestoweniger blieb in ihm eine unangenehme Empfindung zurück,
die ihn in seiner traurigen, nachdenklichen Stimmung noch mehr
bedrückte. Der Fürst sah unruhig und besorgt aus.

Er nahm eine Droschke und sagte dem Kutscher, er solle ihn zu einem
Hotel fahren. In der Nähe der Liteinaja hielt der Kutscher vor einem
mittelmäßigen Gasthof. Der Fürst ließ sich zwei Zimmer anweisen, schien
es kaum zu bemerken, daß sie klein, dunkel und schlecht möbliert waren,
wusch sich, kleidete sich um, verlangte sonst nichts und ging eilig wieder
fort, als hätte er gefürchtet, unnütz seine kostbare Zeit zu verlieren oder
irgend jemand nicht zu Hause anzutreffen.

Hätte ihn jetzt jemand von seinen früheren Bekannten gesehen, die ihn
vor sechs Monaten in Petersburg kennen gelernt, so würden sie ihn auf
den ersten Blick sehr verändert gefunden haben, und zwar zum Besseren
verändert. Doch im Grunde genommen war es wohl kaum der Fall. Nur
die Kleidung war allerdings ganz anderer Art: sie war in Moskau
gearbeitet, und man sah ihr sofort den guten Schneider an; aber
schließlich wäre auch an ihr etwas auszusetzen gewesen: es war alles zu
sehr nach der Mode gefertigt, wie es eben alle guten Schneider machen,
und das paßte nicht zu einem Menschen, der sich dafür nicht im
geringsten interessierte, so daß Lachlustige bei näherem Betrachten des
Fürsten vielleicht Grund zu einem Lächeln gefunden hätten ... Doch
worüber lächeln diese Leute schließlich nicht?

Der Fürst nahm wieder eine Droschke und fuhr nach Peski. In der
Roshdestwenskijstraße fand er alsbald ohne Mühe die Hausnummer, die
er suchte. Zu seiner Verwunderung war es ein sehr hübsches, wenn auch
nicht großes hölzernes Häuschen, das offenbar sauber und in guter
Ordnung gehalten wurde, und an der Straße davor lag sogar ein kleines

Gärtchen, in dem Sonnenblumen blühten. Die Fenster zur Straße waren geöffnet, und man hörte eine laute Stimme fast schreiend reden, und zwar redete sie so ununterbrochen, daß man glauben konnte, es werde etwas laut vorgelesen oder eine Rede gehalten, die nur hin und wieder von schallendem Gelächter heller, jugendlicher Stimmen übertönt wurde. Der Fürst trat auf den Hof, stieg eine kleine Treppe zum Flur hinauf und fragte nach Herrn Lebedeff.

„Da ist er ja, hören Sie ihn denn nicht!" sagte die Küchenmagd, die mit aufgekrempelten Ärmeln erschienen war, um ihm die Tür zu öffnen – und ärgerlich wies sie mit dem Finger auf die Zimmertür.

Dem Fürsten blieb nichts anderes übrig, als durch die bezeichnete Tür einzutreten. Das Besuchszimmer Lebedeffs war sehr sauber und sogar mit einer gewissen Prätention auf Komfort eingerichtet, d. h. in dem nicht hell-, aber auch nicht gerade dunkelblau tapezierten Zimmer befanden sich ein Sofa, ein runder Tisch, eine Stutzuhr unter einer Glasglocke, zwischen den Fenstern ein Stehspiegel, und an dem Ampelhaken in der Mitte der Decke hing an einer Bronzekette ein alter, kleiner Kronleuchter mit Glasprismen. Herr Lebedeff, der mit dem Rücken zur Tür stand, durch die der Fürst eingetreten war, befand sich wegen der Sommerhitze nur in Hemdsärmeln und Weste – der Rock war im Zimmer nicht zu sehen – und redete unter überzeugungsvollen Faustschlägen gegen die eigene Brust ohne Punkt und Komma in hinreißender Begeisterung. Seine Zuhörer waren: ein etwa fünfzehnjähriger Knabe mit einem lustigen und nicht dummen Gesicht und einem Buch in der Hand, ein zwanzigjähriges Mädchen in Trauerkleidern mit einem kleinen Kinde im Steckkissen auf den Armen, ein dreizehnjähriges Mädchen, gleichfalls in Trauer, das beim Lachen den Mund erschreckend weit aufriß, und ferner noch ein äußerst seltsamer Zuhörer, der sich auf dem Sofa ausgestreckt hatte, ein junger Mann von etwa zwanzig Jahren, mit einem recht hübschen Gesicht, mit dichtem, dunklem, ziemlich langem Haar, großen dunklen Augen und einem kleinen Ansatz zu jenem kurz geschnittenen Backenbart, der kaum bis zur halben Wange reichte, wie man ihn zu Anfang des Jahrhunderts trug. Allem Anscheine nach unterbrach dieser Zuhörer mitunter den unaufhaltsam redenden Lebedeff, und wahrscheinlich waren es seine Fragen, die das übrige Publikum zu schallendem Gelächter reizten.

„Lukjan Timofejewitsch, he, Lukjan Timofejewitsch! Ob der hört, wenn man ihn ruft! So seht doch her! ..."

Und die Küchenmagd entfernte sich wütend, indem sie nur – zum Ausdruck, daß Reden doch vergeblich sei – mit der Hand abwinkte und vor Ärger ganz rot wurde.

Lebedeff sah sich aber doch um und – erstarrte. Der Anblick des Fürsten überraschte ihn wie ein Blitzschlag aus heiterem Himmel. Dann fuhr er sich an den Kopf und stürzte dem Fürsten entgegen, doch auf halbem Wege blieb er wie angewurzelt stehen, bis er sich so weit faßte, daß er mit untertänigem Lächeln stottern konnte:

„Du–Du–Du–Durchlauchtigster Fürst!"

Doch plötzlich, immer noch ohne Fassungskraft, besann er sich eines anderen, wandte sich zurück und stürzte sich auf das junge Mädchen in Trauer mit dem Säugling auf den Armen, so daß diese ob der Plötzlichkeit zurückschreckte. Aber Lebedeff ließ sie bereits im Stich und stürzte sich auf das dreizehnjährige Mädchen, das in der Tür zum nächsten Zimmer sich noch die Seiten von der Anstrengung der letzten Lachsalve hielt, und dessen Gesicht die Lachfalten noch nicht aufgegeben hatte. Sie zuckte erschrocken zusammen, als der Vater sie so anfuhr, und stürzte davon, in die Küche, während Lebedeff hinterdrein wie in Berserkerwut mit den Beinen trampelte und drohend die Faust hob. Doch da begegnete er zufällig dem Blick des Fürsten, der ihn ganz verlegen ansah, und er beeilte sich, seine Handlungsweise zu rechtfertigen:

„Um–um–um Ehrerbietung beizubringen, he–he–he ..."

„Aber wozu ..." wollte der Fürst beginnen, doch schon unterbrach ihn Lebedeff.

„Sofort, sofort, sofort ... wie 'n Wirbelwind bin ich wieder da!"

Und er verschwand im Handumdrehen aus dem Zimmer. Der Fürst blickte verwundert das junge Mädchen, den Knaben und den jungen Mann auf dem Sofa an: alle lachten. Da mußte auch der Fürst lächeln.

„Er will sich nur den Rock anziehen," sagte der Knabe.

„Wie fatal, daß er ..." sagte der Fürst, „ich wollte mich ihm ... Sagen Sie, ist er ..."

„Betrunken, meinen Sie?" rief der junge Mann vom Sofa. „Keine Spur! Nur so seine drei, vier Gläschen wird er gekippt haben, nun, sagen wir fünf, höchstens, aber das ist doch nur der Disziplin halber, um in der Übung zu bleiben."

Der Fürst wollte sich der Stimme auf dem Sofa zuwenden, doch da begann das junge Mädchen mit dem aufrichtigsten Ausdruck in ihrem lieblichen, sympathischen Gesicht zu sprechen.

„Morgens trinkt er niemals viel; wenn Sie mit ihm etwas Geschäftliches zu besprechen haben, so reden Sie nur; jetzt ist die beste

Zeit dazu. Nur des Abends, wenn er nach Hause kommt, ist er etwas ... aber dann weint er gewöhnlich und liest uns bis in die Nacht hinein aus der Bibel vor. Unsere Mutter ist vor fünf Wochen gestorben."

„Hören Sie, er ist ja nur fortgelaufen, weil er noch nicht genau weiß, was er Ihnen antworten soll!" lachte der junge Mann auf dem Sofa. „Ich könnte wetten, daß er Ihnen ein X für ein U vormachen will und sich gerade jetzt den Verfahrungsmodus überlegt."

„Fünf Wochen! Vor genau fünf Wochen!" griff Lebedeff, der schon wieder zurückkehrte, die letzten Worte seiner Tochter auf und blinzelte betrübt mit den Augen, während er aus der Rocktasche das Schnupftuch hervorzog, um seine Tränen abzuwischen. „Waisen sind wir! Ganz verwaist!"

„Aber, Papa, weshalb haben Sie denn diesen alten Rock angezogen? Der hat ja Löcher!" sagte das junge Mädchen, „hier hinter der Tür hängt doch Ihr neuer Rock, haben Sie ihn denn nicht gesehen?"

„Schweig, Heuschrecke!" schrie Lebedeff sie an. „Uh, du!" und wieder stampfte er mit den Beinen.

Doch diesmal lachten alle schallend auf.

„Was erschrecken Sie mich, ich bin doch nicht Tanjä, daß ich fortlaufe! So können Sie noch Ljubotschka aufwecken und die kann noch Krämpfe bekommen ... was schreien Sie denn!"

„Pst-pst-pst! Pfeffer auf deine Zunge!" flüsterte Lebedeff ganz entsetzt, schlich auf den Fußspitzen zum jungen Mädchen, das das Kind hielt, und bekreuzte das kleine Ding mehrmals mit ängstlicher Miene. „Gott behüte uns davor! Gott behüte! Das ist ja doch mein eigener Säugling, müssen Sie wissen, meine Tochter Ljubow," wandte er sich an den Fürsten, „geboren in der gesetzmäßigsten Ehe von meiner jüngst verschiedenen Gattin Helena, die bei der Geburt das Leben ließ. Und diese Kiebitzin hier ist meine Tochter Wjera, in Trauer, wie Sie sehen ... dieser aber, dieser dort, oh, dieser ..."

„Na was, kommst mit Worten zu kurz?" rief der junge Mann lachend dazwischen. „Fahr nur fort, genier' dich nicht."

„Euer Durchlaucht!" rief Lebedeff plötzlich wie aus der Pistole geschossen aus und mit einer Stimme, die fast überklappte. „Haben Sie von der Ermordung der Familie Shemarin in den Zeitungen zu lesen geruht?"

„J...ja," sagte der Fürst etwas verwundert.

„Nun, dann sehen Sie hier: das ist der leibhaftige Mörder der Familie Shemarin, er selbst, er selbst!“

„Was! Was reden Sie!“ Der Fürst war ganz verdutzt.

„Das heißt, allegorisch gesprochen, ein zukünftiger zweiter Mörder einer zukünftigen zweiten Familie Shemarin, wenn sich eine solche nochmals irgendwo finden sollte. Dazu bereitet er sich vor ...“

Alle lachten. Dem Fürsten kam es in den Sinn, daß Lebedeff vielleicht tatsächlich nur deshalb so viel sprach und schrie, weil er seine Fragen voraussah und nun Zeit gewinnen wollte, um sich seine Antworten zu überlegen.

„Er revoltiert! Ein Empörer! – ein Verschwörer ist er!“ schrie Lebedeff, als befände er sich in einer Wut, die jede Selbstbeherrschung ausschloß. „Nun, wie kann ich denn, nun, habe ich denn überhaupt das Recht, ein solches Lästermaul, einen solchen, man kann schon sagen – Wüstling und Auswurf des Menschengeschlechts, eine solche *Kreatur* als meinen leiblichen Neffen, als den einzigen Sohn meiner Schwester Anissja, der Seligen, anzuerkennen?“

„Na, weißt du, jetzt kannst aber auch aufhören, Alter! Werden Sie es glauben, Fürst, jetzt ist es ihm eingefallen, sich mit der Advokatur zu befassen: er spielt den Verteidiger vor Gericht, und so redet er auch zu Hause mit seinen Kindern nur noch im Deklamatorenstil. Vor fünf Tagen hat er vor dem Friedensrichter plädiert, und was glauben Sie wohl, wessen Verteidigung er übernommen hatte? Nicht die des alten Weibes, das ihn hier angefleht und das ein alter Wucherer kahl gestohlen hat – fünfhundert Rubel, ihr ganzes Vermögen, hat sich der Kerl eingesackt – o nein, sondern die des Wucherers, Saidler mit Namen, irgend so ein Judenvieh, weil der Kerl ihm fünfzig Rubel zu geben versprochen hat ...“

„Fünfzig Rubel, wenn ich gewinne, und nur fünf, wenn ich verliere,“ erklärte Lebedeff plötzlich mit einer ganz anderen Stimme, als er bisher gesprochen, mit einer so zahmen, als hätte er nie geschrien.

„Na, natürlich ist er durchgefallen, es ist ja doch nicht mehr die gute alte Zeit, man hat sich nur krank gelacht über ihn. Aber er ist doch ungeheuer zufrieden mit sich selbst und seiner Leistung. ‚Bedenken Sie,‘ hat er gesagt, ‚bedenken Sie, meine hochverehrten Herren Richter, ohne Ansehen der Person, wollte sagen, ganz unparteiisch, daß dieser armselige Greis, dem die Füße schon den Dienst versagen, und der von ehrlicher Arbeit lebt, daß er somit sein letztes Stück Brot verlieren würde! Gedenket der weisen Worte des Gebers aller Gesetze: Es walte die Milde im Gericht!‘ – Und was glauben Sie, diese Rede hält er an jedem Morgen, den Gott werden läßt, vor der versammelten Familie, Wort für Wort, wie er sie dort gehalten hat. Heute war's schon das fünftemal; kurz bevor Sie kamen, redete er wieder, dermaßen hat er sich in sie verliebt. Leckt sich die Lippen ab vor lauter Gefallen an sich selbst. Und nun bereitet er sich vor, wieder irgend jemand zu verteidigen ... Sie sind, glaube ich, Fürst Myschkin? Koljä hat mir schon von Ihnen erzählt; einen klügeren Menschen als Sie habe er noch nie angetroffen, und es gäbe einen solchen auch wohl in der ganzen Welt nicht ..."

„Stimmt! Stimmt! gibt 's auch nicht!" mußte Lebedeff sofort bestätigen ...

„Na, was dieser sagt, das brauchen Sie nicht zu glauben, der lügt jedes Wort. Der eine liebt Sie und dieser will Ihnen bloß schmeicheln. Was nun mich betrifft, so habe ich durchaus nicht die Absicht, Ihnen Schmeicheleien zu sagen, das sei vorausgeschickt. Aber Sie sind doch immerhin ein vernünftig denkender Mensch, – seien Sie jetzt mal unser Richter und schlichten Sie unseren Streit. Na, du, willst du, der Fürst soll unser Richter sein?" wandte er sich an den Onkel. „Ich bin sogar sehr froh darüber, daß Sie uns in den Weg gelaufen sind, Fürst."

„Abgemacht! Ich will's auch!" rief Lebedeff entschlossen aus und sah sich unwillkürlich nach dem Publikum um, das wieder heranzurücken begann.

„Was haben Sie denn hier zu schlichten?" fragte der Fürst stirnrunzelnd.

Sein Kopf tat ihm weh, und zudem fühlte er mit jedem Augenblick deutlicher, daß Lebedeff ihn betrog und sehr froh darüber war, daß er die Aussprache hinausschieben konnte.

„Also, die Sache verhält sich so: Ich bin sein Neffe, das hat er seltsamerweise nicht gelogen, wenn er auch sonst alles lügt. Ich bin Student, habe aber das Studium nicht beendet, doch will und werde ich es unfehlbar beenden, denn ich habe Charakter. Vorläufig aber nehme ich, um meine Existenz fortzusetzen, eine Anstellung an der Eisenbahn für fünfundzwanzig Rubel monatlich an. Ich gestehe freiwillig und gebe zu, daß er mir zwei- oder dreimal bereits geholfen hat. Nun besaß ich zwanzig Rubel und die habe ich jetzt verspielt. Werden Sie es glauben, Fürst, ich war tatsächlich so gemein, so unendlich dumm, daß ich sie verspielte? ..."

„Und noch an einen Schurken, an einen Schurken, den er gar nicht hätte bezahlen dürfen!" schrie Lebedeff.

„Ja, an einen Schurken, den man jedoch nichtsdestoweniger bezahlen muß," fuhr der junge Mann fort. „Daß er aber ein Schurke ist, kann auch ich bezeugen, und zwar nicht etwa deshalb, weil er dich mal gerupft hat. Das ist nämlich, müssen Sie wissen, ein heruntergekommener ehemaliger Offizier, ein verabschiedeter Unterleutnant aus Rogoshins Bande, der jetzt Unterricht im Faustkampf erteilt und sich einen meisterhaften Boxer nennt. Jetzt, nachdem Rogoshin die Kerle zum Deubel gejagt hat, treiben sie sich brotlos in der Stadt umher. Doch was das dümmste dabei ist: das ist, daß ich schon ohnehin wußte, wer er war, – nämlich ein Schurke und Spitzbube und Taschendieb – und mich dennoch hinsetzte und mit ihm zu spielen begann, und daß ich, als ich den letzten Rubel verspielte – wir spielten ein Hasardspiel – bei mir dachte: Verliere ich ihn, so gehe ich zu Onkel Lukjan, mache ihm meinen Bückling – er wird schon geben. Sehen Sie, das war eben die Gemeinheit, ja, das war wirklich eine Gemeinheit, das gebe ich zu. Das war schon ganz bewußte Niedertracht!"

„Jawohl, das war schon ganz bewußte Niedertracht!" bestätigte Lebedeff.

„Na, triumphier' nur nicht, wart' noch ein bißchen damit!" rief der Neffe gekränkt dem Onkel zu. „Er freut sich noch! Ich kam also zu ihm, Fürst, hierher in dieses Haus und gestand ihm alles: Sie sehen, ich handelte edel, denn ich habe mich selbst nicht geschont; ich beschimpfte mich vor ihm, wie ich nur konnte – hier sind die Zeugen. Um nun die Stelle bei der Eisenbahn antreten zu können, muß ich mich vorher doch einigermaßen equipieren, ich bin ja doch ganz zerlumpt. Da, sehen Sie nur die Stiebel! So kann ich mich doch nicht dort einfinden, das geht doch nicht – finde ich mich aber nicht ein, nun, so erhält die Stelle eben ein anderer, und ich sitze dann wieder auf dem Äquator und kann warten, bis ich eine neue Stelle finde. Jetzt bitte ich ihn im ganzen nur um fünfzehn Rubel und verspreche ihm hoch und heilig, daß ich fernerhin niemals mehr einen Pumpversuch bei ihm machen und zweitens innerhalb der drei ersten Monate ihm die ganze Schuld bezahlen werde –, ich aber pflege mein Wort zu halten! Was verlangt also der Mensch eigentlich? Ich kriege es schon fertig, ganze Monate nur von Brot und Kwaß zu leben, denn, wie gesagt, ich habe Charakter. Für drei Monate Dienst erhalte ich fünfundsiebzig Rubel. Mit dem Früheren zusammen schulde ich ihm summa summarum nur fünfunddreißig Rubel, folglich kann ich ihm die Schuld bezahlen, ich habe dann was, womit! Na, und wenn er Prozente haben will, so zahle ich sie ihm auch, hol's der Deubel! Kennt er mich denn etwa noch nicht? Bin ich ihm denn ein Fremder? Fragen Sie ihn doch, Fürst, ob ich nicht alles ehrlich bezahlt habe, was er mir früher gepumpt hat? Weshalb will er mir denn jetzt nichts mehr pumpen? Es ärgert ihn, daß ich dem Leutnant die Spielschuld bezahlt habe, das ist der ganze Grund, einen anderen gibt es nicht! Sehen Sie, so ist dieser Mensch, – weder sich noch anderen!"

„Und er geht nicht fort!" rief Lebedeff aus, klagend und empört zugleich. „Hat sich hier festgesetzt und geht nicht fort!"

„Ich habe dir doch gleich gesagt: ich gehe nicht eher fort, als bis du gibst. Sie scheinen zu lächeln, Fürst? Sie finden wohl, daß ich im Unrecht bin?"

„Ich lächle nicht, doch meiner Meinung nach sind Sie allerdings ein wenig im Unrecht," sagte der Fürst zögernd. Dieses ganze Gespräch behagte ihm sehr wenig.

„Na, sprechen Sie es doch ruhig aus, daß ich ganz und gar im Unrecht bin, Winkelzüge sind hier nicht angebracht: was heißt das – ‚ein wenig'!"

„Nun, ja, wenn Sie wollen: Sie sind ganz und gar im Unrecht."

„Wenn ich will! Das ist mal nett! Aber glauben Sie denn wirklich, ich wüßte nicht, daß es kitzlig ist, so vorzugehen, das Geld gehört doch ihm, sein freier Wille gleichfalls; meinerseits aber läuft es schließlich auf einen Vergewaltigungsversuch hinaus. Aber Sie, Fürst ... kennen Sie das Leben nicht! Wenn man diese Leute nicht belehrt, kommt nichts Gescheites aus ihnen heraus. Man muß sie belehren, sie zwingen. Mein Gewissen ist doch rein; nach meinem Gewissen bringe ich ihm keinen Schaden, sondern gebe ihm noch die Prozente zu verdienen. Eine moralische Genugtuung hat er gleichfalls durch mich gehabt: er hat meine Erniedrigung gesehen. Was verlangt er also noch? Wozu wird er denn überhaupt taugen, wenn er nicht wenigstens in dieser Weise der Menschheit Nutzen bringt? Und erlauben Sie mal, wie treibt er's denn selbst? Fragen Sie mal, was er mit anderen Leuten tut, wie er denen das Fell über die Ohren zieht! Wie ist er denn zu diesem Hause hier gekommen? Und ich gebe meinen Kopf darauf, daß er auch Sie bereits betrogen und sich auch schon überlegt hat, wie er Sie noch mehr betrügen kann! Sie lächeln – Sie glauben mir nicht?"

„Ich glaube, daß das nicht ganz zur Sache gehört," bemerkte der Fürst.

„Ich liege hier schon den dritten Tag, und was habe ich hier nicht schon alles gesehen!" rief der junge Mann lachend aus, ohne die Bemerkung des Fürsten weiter zu beachten. „Denken Sie sich nur, Fürst, er verdächtigt diesen Engel, dieses reizende junge Mädchen dort, meine leibliche Kusine und seine leibliche Tochter – unerlaubter Beziehungen und vermutet in jeder Nacht liebe Freunde in ihrem Zimmer! Überall schnüffelt er nach Liebhabern herum, selbst hierher zu mir schleicht er sich des Nachts und sucht sogar unter dem Sofa nach einem Eindringling. Er ist verrückt geworden, vor lauter Mißtrauen, in jeder Ecke glaubt er Diebe zu sehen. In der Nacht springt er alle fünf Minuten aus dem Bett, um bald die

Fenster, bald die Türen zu untersuchen, ob auch alles hübsch fest ist, sogar in den Ofen steckt er den Kopf hinein, und das wiederholt sich ungefähr siebenmal in einer Nacht. Vor Gericht verteidigt er Spitzbuben, um dann in der Nacht den Himmel um Hilfe vor ihnen anzuflehen; dann kniet er hier in diesem Zimmer nieder, schlägt mit der Stirn auf den Fußboden und betet und bittet. Herr des Himmels, wenn Sie wüßten, für wen alles er hier betet! Natürlich unter der Einwirkung des Alkohols. Sogar für die Seele der Gräfin Dubarry! – ich hab's mit meinen eigenen Ohren gehört, glauben Sie mir! Koljä hat es gleichfalls gehört. Er ist ja doch total übergeschnappt, glauben Sie mir!"

„Sehen Sie, hören Sie, wie er mich verleumdet, Fürst!" schrie Lebedeff, ganz rot im Gesicht und entschieden aus der Fassung gebracht. „Ob er aber auch das erzählt, wie ich Trunkenbold und Herumtreiber, ich Räuber und Missetäter dieses Lästermaul als Säugling in Windeln gewickelt, in der kleinen Kinderwanne gebadet, wie ich bei meiner verwitweten Schwester Anissja, die ebenso arm war wie ich, ganze Nächte aufgesessen habe, ohne auch nur ein Auge zuzudrücken, wie ich sie beide gepflegt habe – denn beide waren sie krank –, wie ich beim Hausknecht Holz gestohlen, wie ich ihm Wiegenlieder gesungen und zu seiner Erheiterung mit den Fingern geschnippt habe, alles mit leerem Magen – ob er das wohl auch erzählt? Da habe ich jetzt den Dank dafür, daß ich seine Amme gewesen bin, da sitzt jetzt das Produkt und lacht mich alten Mann noch aus! Was kümmert's dich, wenn ich wirklich einmal für die Gräfin Dubarry ein Kreuz schlage? Ich werde Ihnen sagen, Fürst, vor vier Tagen las ich zum erstenmal die Biographie der Dubarry im Lexikon. Weißt du auch überhaupt, wer sie war, diese Dubarry? Sprich, weißt du's oder weißt du's nicht?"

„Na, du hältst dich wohl für den einzigen, der's weiß?" brummte der junge Mann spöttisch und unwillig.

„Das war eine solche Gräfin, daß sie, als sie erst aus dem Straßenschmutz heraus war, an Stelle einer Königin regierte, und die eine große Kaiserin in einem eigenhändigen Schreiben mit ‚*ma cousine*[]‘ anredete. Jawohl, ja! Und der Kardinal, der päpstliche Nuntius erbot sich beim *lever-du-roi*[] (weißt du auch, was das ist ‚*lever-du-roi*‘?) die seidenen Strümpfchen über ihre bloßen Füßchen zu ziehen, eigenhändig, er, der päpstliche Nuntius und Kardinal – so ein großes Tier! – und er rechnete sich das noch zur Ehre an! Wußtest du das? Ich sehe es ja schon an deinem Gesicht, daß du davon keinen Schimmer hattest! Nun, und wie ist sie gestorben? Antworte, wenn du's weißt!"

„Ach, hör' auf!"

„Gestorben aber ist sie so, daß sie, diese Herrscherin, nach aller Macht und allem Glanz und allen Ehren, daß sie, die schließlich doch nichts verbrochen hatte, zur Freude der Pariser Marktweiber von dem Henker auf die Guillotine geschleppt wurde und selbst vor Angst überhaupt nicht begriff, was mit ihr geschah. Sie sieht nur, daß er ihren Kopf unter das Messer drückt und ihr noch Püffe und Stöße versetzt, jene aber lachen. Und da schreit sie in ihrer Todesangst: ‚*Encore un moment, monsieur le bourreau, encore un moment!*‘ das heißt soviel, wenn du's wissen willst, wie: ‚Noch einen Augenblick, Herr Henker, noch einen Augenblick!‘ Und für diesen einen Augenblick wird ihr Gott der Herr vielleicht auch noch alles vergeben, denn eine größere *misère[]* der Menschenseele kann man sich kaum vorstellen. Weißt du überhaupt, was dieses Wort ‚*misère*‘ bedeutet? Nun sieh, jetzt habe ich dir erläutert, was es bedeutet? Ich sage dir, als ich von diesem einen *moment[]* las, war mir's, als hätte man mir das Herz mit einer Kneifzange festgeklemmt. Und was kümmert das dich, du Wurm, daß ich auch sie, die große Sünderin, in mein Gebet eingeschlossen habe? Vielleicht habe ich es nur deshalb getan, weil seit ihrem Hinscheiden noch niemand auf dem ganzen Erdenrund für sie gebetet hat oder auch nur daran gedacht hat, für sie zu beten. Wird es ihr doch in jener Welt sicher angenehm sein, zu hören, daß sich ein ebenso großer Sünder wie sie gefunden, der wenigstens einmal auf Erden für sie betet. Was lachst du? Du glaubst mir nicht, Atheist! Was kannst du wissen? Und dabei hast du mich noch falsch verstanden, obschon du gewissenlos genug gewesen bist, mich zu belauschen: ich habe nicht nur für die Gräfin Dubarry gebetet, sondern wortwörtlich so, wie folgt: ‚Erbarme dich, Vater, der Seele der Gräfin Dubarry, der großen Sünderin, wie der Seelen aller ihresgleichen!‘ – das aber ist etwas ganz anderes! Denn solcher Sünderinnen und Beispiele der Veränderungssucht Fortunas, solcher Menschen, die viel gelitten haben, hat es in der Welt allerorten unzählige gegeben, und sie alle winden sich jetzt in der Höllenpein und stöhnen und warten! Aber damit habe ich ja doch auch für dich und deinesgleichen Gott den Herrn um Gnade angefleht, für ganz genau solche unverschämte Lästermäuler und unverfrorene Frechlinge, wie du einer bist, das schreib dir hinter die Ohren, wenn du dich schon mal so weit verirrt hast, daß du mich belauschen willst, wenn ich bete ...“

„Na, aber jetzt hör' auf, Schluß! Bet' für wen du willst, hol' dich der Deubel!“ unterbrach ihn der Neffe ärgerlich. „Er ist ja doch ein belesener Mann, wußten Sie das schon, Fürst?“ sagte er dann plötzlich mit einem gewissermaßen betretenen Lächeln. „Er ist ja jetzt ohne irgend so ein Memoirenbüchelchen gar nicht mehr denkbar.“

„Ihr Onkel ist jedenfalls ... kein herzloser Mensch," bemerkte halb wider Willen der Fürst, dem der junge Mann auf dem Sofa durchaus nicht gefiel.

„Oh, ihn zu loben ist gefährlich! Mit solchen Bemerkungen können Sie ihn ja noch ganz verrückt machen! Sehen Sie, da hat er schon wieder die Hand aufs Herz gepreßt und den Mund zum ‚O‘ geformt. Ist in Geschmack gekommen. Herzlos ist er gerade nicht, dafür aber gerieben, das ist der Jammer. Zudem ist er jetzt noch dem Alkohol ergeben, da hat er denn so ein paar Schrauben verloren, wie es schließlich jedem passiert, der jahrelang keinen nüchternen Tag sieht. Seine Kinder liebt er, das muß man ihm lassen, seine Frau hat er sehr geachtet ... Sogar mich hat er gern, und was glauben Sie, er hat mich sogar im Testament bedacht, bei Gott, er will auch mir etwas hinterlassen!"

„N–nichts hinterlasse ich dir!" schrie Lebedeff in ingrimmiger Erbitterung.

„Hören Sie, Lebedeff," wandte sich der Fürst fest und entschlossen an ihn, indem er dem jungen Mann den Rücken zukehrte, „ich weiß aus eigener Erfahrung, daß Sie ein guter Geschäftsmann sind, wenn Sie es sein wollen ... Ich habe sehr wenig Zeit, und wenn Sie jetzt ... Verzeihung, wie ist Ihr Vorname und Ihr Vatername? Ich habe es im Augenblick ..."

„Ti–ti–Timofej."

„Und?"

„Lukjanowitsch."

Alle Anwesenden brachen in schallendes Gelächter aus.

„Er lügt ja!" schrie der Neffe. „Auch das muß er lügen! Er heißt ja gar nicht Timofej Lukjanowitsch, Fürst, sondern Lukjan Timofejewitsch! Na, sag' doch, weshalb hast du denn wieder gelogen? Kann es dir denn nicht ganz egal sein, ob du Lukjan oder ob du Timofej heißt, und was macht sich schließlich der Fürst daraus? Glauben Sie mir, Fürst, ihm ist das Lügen so zur Gewohnheit geworden, daß er überhaupt kein wahres Wort mehr reden kann, ich versichere Sie!"

„Ist es wahr?" fragte der Fürst ungeduldig.

„Lukjan Timofejewitsch, allerdings," bestätigte der verlegen gewordene Lebedeff, indem er schuldbewußt die Augen niederschlug und die Hand auf das Herz preßte.

„Ja, warum tun Sie denn das, ach Gott!"

„Aus ... zur Selbsterniedrigung," flüsterte Lebedeff, der immer schuldbewußter den Kopf hängen ließ.

„Wo ist denn hier Selbsterniedrigung! Wenn ich nur wüßte, wo ich jetzt Koljä finden könnte!" sagte der Fürst stirnrunzelnd und wandte sich zur Tür, um fortzugehen.

„Ich werde es Ihnen sagen, wo Koljä ist," rief der junge Mann.

„Ni–ni–nicht doch!" fuhr Lebedeff entsetzt dazwischen.

„Koljä hat hier übernachtet, und am Morgen begab er sich auf die Suche nach seinem General, den Sie, Fürst, aus dem Schuldgefängnis ausgekauft haben, wozu und weshalb, mag Gott wissen. Der General aber versprach gestern noch, zur Nacht herzukommen, ist aber bis jetzt noch nicht erschienen. Es ist anzunehmen, daß er im Gasthaus ‚Zur Wage' die Nacht verbracht hat. Koljä wird also entweder dort sein – das ist hier in nächster Nähe – oder in Pawlowsk bei Jepantschins. Geld hatte er und hinfahren wollte er schon gestern. Also entweder in der ‚Wage' oder in Pawlowsk."

„In Pawlowsk, in Pawlowsk, versteht sich! ... Wir aber, wir aber wollen ins Gärtchen gehen, hier, hier, wenn ich bitten darf, und ... ein Täßchen Kaffee zu uns nehmen ..."

Lebedeff hatte den Fürsten schon am Ärmel gefaßt und zog ihn fort. Sie traten aus dem Hause, gingen über den kleinen Hof und gelangten zu einem Gartenpförtchen, das Lebedeff aufschloß. Vor ihnen lag ein sehr netter, wenn auch nur sehr kleiner Garten, dessen Bäume dank dem warmen Wetter schon hellgrüne Blätter hatten. Lebedeff führte den Fürsten zu einer grünen Bank, vor der auf einem eingerammten Pfosten ein gleichfalls grün angestrichener Tisch stand. Er bat den Fürsten, Platz zu nehmen, und setzte sich selbst ihm gegenüber. Eine Minute später wurde auch schon der Kaffee gebracht. Der Fürst lehnte nicht ab. Lebedeff fuhr fort, ihn mit ergebenen, doch gierig-neugierigen Blicken zu betrachten.

„Ich wußte es gar nicht, daß Sie ein hübsches Grundstück besitzen," sagte der Fürst in dem Tone eines Menschen, der an etwas ganz anderes denkt, nicht aber an das, was er spricht.

„W–waisen ..." stotterte Lebedeff erschrocken, brachte aber nichts mehr hervor, als das eine Wort, da ihm Schweigen ratsamer erschien.

Der Fürst blickte zerstreut vor sich hin und hatte seine Frage natürlich schon längst vergessen. Das Schweigen dauerte eine ganze Weile. Lebedeff beobachtete ihn und wartete.

„Nun, was?" sagte der Fürst, gleichsam erwachend. „Ach so! Ja, Sie wissen es doch selbst, Lebedeff, um was es sich handelt. Ich bin auf Ihren Brief hin gekommen. Also reden Sie."

Lebedeff senkte ganz verwirrt den Blick, wollte etwas sagen, schloß aber wieder den Mund, ohne eine Silbe hervorgebracht zu haben. Der Fürst wartete und ein trauriges Lächeln glitt über sein Gesicht.

„Ich glaube Sie sehr gut zu verstehen, Lukjan Timofejewitsch: Sie haben mich ganz einfach nicht erwartet. Sie dachten wohl nicht, daß ich mich auf Ihre erste Benachrichtigung hin aufmachen und meine Einöde verlassen würde, und so schrieben Sie nur zur Beruhigung Ihres Gewissens. Und da bin ich nun plötzlich hier eingetroffen. Doch nun genug, hören Sie jetzt auf mit dem Betrügen. Zweien Herren kann man nicht zu gleicher Zeit dienen. Rogoshin ist schon seit drei Wochen hier, ich weiß alles. Haben Sie inzwischen Zeit gehabt, sie ihm wieder zu verkaufen, wie damals? Sagen Sie die Wahrheit."

„Das Ungeheuer hat ja doch von selbst alles erfahren, ganz von selbst!"

„Schelten Sie ihn nicht. Er hat Sie freilich nicht gut behandelt ..."

„Verprügelt hat er mich, verprügelt hat er mich!" fiel Lebedeff aufgeregt dazwischen. „Und in Moskau hat er mir noch einen Hund auf den Hals gehetzt, mitten auf der Straße, einen tollen Hund, eine wütende Bestie!"

„Sie scheinen mich für ein kleines Kind zu halten, Lebedeff. Sagen Sie im Ernst: Hat sie ihn wirklich verlassen, jetzt, in Moskau?"

„Im Ernst, im Ernst, und wieder fast vom Altar fort. Jener zählte schon die Minuten, sie aber entfloh hierher, direkt zu mir. ,Rette mich, beschütze mich, Lukjan, und auch dem Fürsten sag' kein Wort' ... Sie fürchtet Sie jetzt noch mehr als ihn, Fürst, und darin liegt − hohe Weisheit!"

Und Lebedeff tippte sich bedeutsam mit dem Finger vor die Stirn.

„Und jetzt haben Sie sie wieder zusammengeführt?"

„Durchlauchtigster Fürst, wie hätte ich ... wie hätte ich das nicht zulassen können!"

„Nun, genug, ich werde schon selbst alles erfahren. Sagen Sie nur − wo ist sie jetzt? Bei ihm?"

„O nein! Denkt nicht dran! Gehört sich noch ganz allein, sich selbst! ,Ich bin vollkommen frei', sagt sie, und wissen Sie, Fürst, darauf besteht sie! ,Ich bin', sagt sie, ,noch vollkommen frei!' Sie wohnt jetzt immer noch auf der Petersburger Seite im Hause meiner Schwägerin, wie ich Ihnen schrieb.“

„Und ist sie auch jetzt dort?“

„Auch jetzt, wenn sie bei dem schönen Wetter nicht nach Pawlowsk gefahren ist, zu Darja Alexejewna, die dort eine Villa besitzt! ‚Ich bin noch vollkommen frei, noch vollkommen frei‘, sagt sie. Noch gestern hat sie Nikolai Ardalionytsch, dem Koljä, viel von ihrer Freiheit erzählt. Brüstet sich sogar. ’n schlechtes Zeichen!“

Und Lebedeff lächelte.

„Ist Koljä oft bei ihr?“

„Oh, der ist leichtsinnig und unvernünftig und obendrein noch nicht einmal verschwiegen!“ lenkte Lebedeff ab.

„Sind Sie oft bei ihr gewesen?“

„Jeden Tag, jeden Tag.“

„Also auch gestern.“

„N–nein, vor vier Tagen zum letztenmal.“

„Wie schade, daß Sie heute etwas zuviel getrunken haben, Lebedeff! Ich hätte Sie sonst etwas gefragt ...“

„Ni–ni–nicht die Spur, nicht die Spur!“

Lebedeff war ganz Ohr.

„Sagen Sie, wie haben Sie sie verlassen?“

„S–su–suchend ...“

„Suchend?“

„Ja, so als würde sie immer etwas suchen, als hätte sie etwas verloren. Von der Heirat darf man überhaupt nicht reden, sie faßt es als Beleidigung auf. Selbst der Gedanke daran ist ihr ekelhaft geworden. An *ihn* denkt sie nicht mehr – und nicht *mehr* jedenfalls als etwa an ein Apfelsinenschalenstückchen, das heißt selbstverständlich – bedeutend mehr, sogar mit Furcht und Entsetzen, verbietet strengstens, von ihm auch nur zu sprechen, und sie sehen sich auch nur dann, wenn es durchaus nötig ist ... und er empfindet das sogar sehr! Doch was! – was geschehen soll, wird geschehen! ... Unruhig ist sie, spöttisch, doppelzüngig, zänkisch ...“

„Doppelzüngig, zänkisch??“

„Jawohl. Viel fehlte nicht, und sie wäre mir das letztemal, als ich dort war, in die Haare gefahren, wegen eines Gespräches. Das zog ich mir durch die Apokalypse zu."

„Was? Wie?" fragte der Fürst, der sich verhört zu haben glaubte.

„Sie ist nun einmal eine Dame mit unruhigem Geist. Jawohl, ja! Und wie ich beobachtet habe, gar zu geneigt zu ernsten, wenn auch nebensächlichen Gesprächen. Ja, das hat sie gern, nein wirklich! Ohne Spaß. Ich aber bin nun in der Auslegung der Apokalypse eine Kompetenz und befasse mich damit schon seit fünfzehn Jahren. Sie war sogar ganz meiner Meinung, daß wir jetzt beim dritten Rosse stehen, bei dem braunen, und bei dem Reiter mit dem Maß in der Hand, da doch heutzutage alles nach Maß und Vertrag geht und jeder Mensch nur sein eigenes Recht sucht: ‚ein Maß Weizen für einen Denar und drei Maß Gerste für einen Denar', wie es in der Heiligen Schrift geschrieben steht ... und dabei wollen sie noch freien Geist und reines Herz und gesunden Körper und alle guten Gaben Gottes behalten und bewahren. Das aber können und werden sie nicht, wenn sie das Recht so auffassen, und hierauf folgt das ‚bleiche Roß' und der, dessen Name ist Tod, und dann folgt schon die Hölle ... Darüber disputieren wir nun, wenn wir zusammenkommen und – es hat stark gewirkt."

„Ist das Ihr eigener Glaube?" fragte der Fürst und betrachtete Lebedeff mit seltsamem Blick.

„Jawohl. Also glaube ich und also lege ich es aus; denn ich bin arm und nackend und nur ein Atom im Kreislauf der Menschen. Wer wird einen Lebedeff achten? Ein jeder hat ihm etwas am Zeuge zu flicken und versetzt ihm wenn nichts anderes, dann wenigstens einen Rippenstoß. Hier aber, in der Auslegung der Apokalypse, bin ich jedem Würdenträger ebenbürtig. Das macht der Verstand! Und hat doch schon einmal ein Würdenträger vor mir gezittert ... auf seinem Fauteuil, als ihm das Licht aufging. Seine erhabene Exzellenz Nil Alexejewitsch ließen mich vor drei Jahren – es war kurz vor dem Osterfest und ich hatte damals noch in ihrem Departement eine Anstellung – durch Pjotr Sacharytsch in ihr Kabinett rufen und fragten mich also unter vier Augen: ‚Ist es wahr, daß du ein Professor des Antichrist bist?' Und ich verschwieg's auch nicht: ‚Ich bin's', sprach ich, und ich begann meine Auslegung und stellte es dar und verminderte auch den Schrecken nicht im geringsten, sondern vergrößerte ihn noch, indem ich die ganze Allegorie aufrollte und mathematische Zahlen anführte. Anfangs hatten sie noch gelächelt, bei den Zahlen aber und den Gleichnissen begannen sie zu zittern und baten, das Buch zu schließen und fortzugehen, und zu Ostern versprachen sie mir noch eine

Gratifikation, doch zu St. Thomas gaben Seine Exzellenz bereits den Geist auf."

„Was reden Sie, was ist in Sie gefahren, Lebedeff?"

„Tatsache! Nach dem Mittagessen geruhten Seine Exzellenz aus dem Wagen zu fallen ... an einer Straßenecke mit dem Oberschädel senkrecht auf einen Prellstein, und wie ein Kindchen, wie ein kleines Kindchen geruhten sie sogleich die Seele auszuhauchen. Dreiundsiebzig Jahre alt, nach dem Taufschein gerechnet. Ein rosa-graues Herrchen in einer Wolke von Parfüm und ewig mit einem Lächeln im Gesicht, ewig lächelnd, auf ein Haar wie ein kleines Kindlein. Da sagte noch Pjotr Sacharytsch zu mir: ‚Das hast du ihm vorausgesagt!' sagte er."

Der Fürst erhob sich. Lebedeff wunderte sich darüber und sah ihn ganz verblüfft an.

„Sie sind mir aber doch mal etwas zu gleichmütig geworden, he–he ..." wagte er mit unterwürfigem Blick zu bemerken.

„Ich ... ich fühle mich nicht ganz wohl, der Kopf ist mir schwer, von der Reise natürlich," antwortete der Fürst stirnrunzelnd.

„Sie müßten aufs Land, müßten sich eine Datsche mieten," bemerkte Lebedeff vorsichtig.

Der Fürst stand in Gedanken versunken vor ihm.

„Auch ich werde so in drei Tagen mit Kind und Kegel auf die Datsche ziehen, um das neugeborene Würmchen zu erhalten und inzwischen hier das Haus renovieren zu lassen. Ich gehe gleichfalls nach Pawlowsk."

„Und auch Sie gehen nach Pawlowsk?" fragte der Fürst überrascht. „Was ist denn das, hier zieht ja wirklich alle Welt nach Pawlowsk? Und Sie haben, sagen Sie, eine eigene Datsche?"

„Oh, nach Pawlowsk zieht durchaus nicht alle Welt. Mir aber hat Iwan Petrowitsch Ptizyn eine der Datschen, die ihm sehr billig zugefallen sind, ebenso billig abgetreten. Es ist dort sehr schön und vornehm und grün und billig und musikalisch, und deshalb zieht auch alle Welt für den Sommer nach Pawlowsk. Ich, das heißt, ich wohne selbst nur im Nebengebäude, die eigentliche Villa aber ..."

„Haben Sie vermietet?"

„N–n–nein. N–n–noch nicht ganz."

„Überlassen Sie sie mir, ich will sie mieten!" schlug der Fürst plötzlich vor.

Lebedeff schien nur darauf gewartet zu haben. Erst vor einem Augenblick war der Gedanke in ihm aufgetaucht, und sofort übersah er die ganze „neue Wendung der Dinge“, die ihm sehr fruchtbar erschien. Zwar hatte sich ein Villenmieter bereits bei ihm gemeldet, der, wie Lebedeff wußte, die Villa bestimmt nehmen würde; doch da jener beim Fortgehen sich mit „Vielleicht“ und „Wahrscheinlich“ verabschiedet hatte, so fühlte sich Lebedeff nicht gebunden. Auf den Vorschlag des Fürsten ging er dagegen mit Begeisterung ein, so daß er selbst auf die Frage nach dem Preise nur mit der Hand abwinkte.

„Nun, gleichviel, Sie sollen das Ihrige nicht verlieren,“ sagte der Fürst.

Sie gingen bereits zum Pförtchen.

„Ich würde Ihnen ... ich würde Ihnen ... wenn Sie nur wollten, könnte ich Ihnen etwas Hochinteressantes mitteilen, sehr geehrter Fürst, könnte Ihnen etwas mitteilen, das sich gleichfalls darauf bezieht,“ flüsterte Lebedeff, der vor Freude fast zappelnd neben dem Fürsten einherlief.

Der Fürst blieb stehen und sah ihn fragend an.

„Darja Alexejewna hat in Pawlowsk gleichfalls ein Datschchen.“

„Nun, und?“

„Und die gewisse Dame ist mit ihr befreundet und beabsichtigt allem Anschein nach, sie oft in Pawlowsk zu besuchen. Und – zu einem gewissen Zweck!“

„Und?“

„Und Aglaja Iwanowna ...“

„Ach, genug, hören Sie auf, Lebedeff!“ unterbrach ihn der Fürst mit einem unangenehmen Gefühl, ganz als sei eine wunde Stelle in seinem Innern berührt worden. „Alles das ... ist doch nicht so. Sagen Sie mir lieber, wann Sie übersiedeln, mir wäre es – je früher – desto angenehmer; denn ich bin in einem Hotel abgestiegen, das ...“

Sie traten durch das Pförtchen und gingen über den Hof zur Straße.

„Aber da ist es doch das beste,“ fiel Lebedeff ein, „Sie ziehen sogleich zu mir herüber und leben so lange hier, bis wir dann übermorgen alle zusammen nach Pawlowsk auswandern!“

„Ich werde sehen,“ sagte der Fürst nachdenklich und trat aus dem Hof auf die Straße.

Lebedeff sah ihm verwundert nach. Ihn machte diese plötzliche Zerstreutheit des Fürsten stutzig: beim Fortgehen hatte er nicht einmal

Adieu gesagt, nicht einmal mit dem Kopf genickt, das aber schien ihm mit der ihm bekannten Höflichkeit und Korrektheit des Fürsten ganz unvereinbar.

## III.

Es war bereits zwölf Uhr. Der Fürst wußte, daß er bei Jepantschins in ihrer Stadtwohnung jetzt nur den General antreffen würde, und vielleicht nicht einmal diesen. Außerdem stand zu befürchten, daß der General ihn sogleich nach Pawlowsk würde mitnehmen wollen, er aber wollte vorher noch unbedingt einen bestimmten Menschen aufsuchen. Und so entschloß er sich, selbst auf die Gefahr hin, den General nicht mehr anzutreffen und die Fahrt nach Pawlowsk auf den nächsten Tag hinausschieben zu müssen, zuerst jenes Haus aufzusuchen, zu dem es ihn geradezu gewaltsam hinzog.

Dieser Besuch hatte indessen etwas Gewagtes für ihn. Er wußte eigentlich noch nicht, ob er gehen oder nicht gehen sollte. Die Adresse kannte er nicht genau; er wußte nur, daß das Haus in der Gorochowaja, nicht weit von der Ssadowaja lag, und so ging er in dieser Richtung weiter, während er sich innerlich beruhigte, daß er ja bis dahin noch Zeit genug haben würde, sich endgültig zu entscheiden.

Als er an die Kreuzung der beiden Straßen kam, wunderte er sich selbst über seine ungewöhnliche Aufregung: er hatte nicht gedacht, daß sein Herz so heftig schlagen würde. Ein Haus in der Gorochowaja zog, wahrscheinlich durch seine besondere Bauart, schon von weitem die Aufmerksamkeit des Fürsten auf sich, und er sagte sich: ‚Bestimmt ist es dieses Haus!‘ Mit fast schmerzhafter Neugier näherte er sich ihm, um sich zu überzeugen, ob seine Ahnung ihn nicht betrog; er fühlte, daß es ihm aus irgendeinem Grunde ganz besonders unangenehm sein würde, wenn er es erraten hätte. Es war ein großes, düsteres Haus von drei Stockwerken, ohne jeden architektonischen Schmuck, von dunkler, schmutziggrüner Farbe. Einige, übrigens nur sehr wenige Häuser dieser Art, die aus dem Ende des vorigen Jahrhunderts stammen, haben sich noch hier und da unverändert erhalten, selbst hier in diesen Straßen Petersburgs, wo sich sonst doch alles so schnell verändert. Sie sind sehr dauerhaft gebaut, mit dicken Mauern und verhältnismäßig nur wenigen Fenstern, die in der unteren Etage bisweilen noch mit einem starken Eisengitter versehen sind. Im Erdgeschoß befindet sich gewöhnlich eine Wechselbank, und der Besitzer, ein Sektierer (in der Regel ist es einer von der Skopzensekte), hat seine Wohnung in einem der oberen Stockwerke. Von außen wie von innen scheinen diese Häuser in gewisser Weise ungastlich zu sein, dunkel und ernst, alles scheint sich gleichsam zurückziehen und verbergen zu wollen, hinter allem scheint ein Geheimnis zu stecken, weshalb das aber so scheint, nur aus der Physiognomie des Hauses heraus so scheint – das wäre schwer zu erklären. Die architektonischen Linien und Umrisse haben natürlich ihr eigenes Geheimnis. In solchen Häusern leben, wie gesagt, fast ausschließlich Kaufleute. Als der Fürst an den Eingang des Hauses kam, blickte er auf das Schild über der großen Tür und las: „Haus des erblichen Ehrenbürgers Rogoshin.“

Der Fürst hatte sich entschlossen. Er öffnete die Glastür, die geräuschvoll hinter ihm zuschlug, als er eingetreten war und auf der steinernen Treppe zum zweiten Stockwerk emporzusteigen begann. Das ganze Treppenhaus war dunkel, massiv aus Stein gebaut, ohne jeden Schmuck, und die Wände waren dunkelrot angestrichen. Er wußte, daß Parfen Rogoshin mit seiner Mutter und seinem Bruder Ssemjon das ganze zweite Stockwerk dieses düsteren Hauses bewohnte. Der Bediente, der dem Fürsten öffnete, führte ihn sogleich, ohne ihn vorher anzumelden, durch mehrere große und kleine Räume: zuerst gingen sie durch einen großen Saal, dessen Wände nach altem Stil marmorartig bemalt waren, mit kostbarem Eichenparkett und den schweren geradlinigen Möbeln aus den zwanziger Jahren; dann folgten kleinere Räume, einzelne fast wie Käfige so klein, doch der Diener führte ihn immer noch weiter, im Zickzack bald nach rechts, bald nach links; zu manchen Zimmern stiegen sie zwei oder drei Stufen hinauf, um dann bald wieder ebensoviel Stufen hinabzusteigen, bis der Bediente endlich vor einer Tür stehen blieb und anklopfte.

Man hörte Schritte und die Tür wurde geöffnet – von Parfen Rogoshin. Als er den Fürsten erblickte, wich alles Blut aus seinem Gesicht, und er blieb wie zu Stein erstarrt stehen und sah ihn mit seinem unbeweglichen, fragend erschrockenen Blick an, während sein Mund plötzlich zuckte, als wolle er sich zu einem Lächeln verziehen, und dann lächelte er auch wirklich, wie in höchster Verwunderung. Es war, als hätte Rogoshin den Besuch des Fürsten für etwas ganz Unmögliches, für ein tatsächliches Wunder gehalten. Der Fürst hatte zwar etwas Derartiges erwartet, mußte sich nun aber doch selber darüber wundern.

„Parfen ... vielleicht komme ich dir nicht gelegen – dann will ich dich nicht stören,“ sagte er schließlich verwirrt.

„Doch! Doch!“ besann sich plötzlich Rogoshin, „bitte, tritt nur ein!“

Sie standen beide auf du und du. In Moskau waren sie oft und stundenlang zusammen gewesen, und es hatte in ihrem Zusammensein

Augenblicke gegeben, die sich leider zu tief ins Herz geprägt hatten, um jemals von ihnen vergessen werden zu können. Jetzt hatten sie sich seit mehr als drei Monaten nicht gesehen.

Rogoshin war immer noch bleich, und von Zeit zu Zeit lief es wie ein plötzliches, kaum merkliches Zucken über sein Gesicht. Er hatte den Fürsten wohl aufgefordert, näher zu treten, doch seine ungewöhnliche Erregung und Verwirrung waren noch nicht vergangen. Während er den Fürsten zu einem der großen Lehnstühle am Tisch führte, blickte sich jener wie zufällig nach ihm um und blieb regungslos unter dem seltsamen Eindruck seines unbestimmbaren, schweren Blickes stehen. Es war dem Fürsten, als hätte ihn etwas durchbohrt, und gleichzeitig fühlte er sich an etwas erinnert – etwas Schweres, Finsteres, Düsteres ... vor ein paar Stunden Geschehenes. Regungslos, ohne sich zu setzen, blickte er Rogoshin unverwandt in die Augen; die waren im ersten Augenblick gleichsam noch mehr erglüht. Endlich lachte Rogoshin kurz und leise auf; doch aus diesem kurzen, fast lautlosen Lachen tönte eine gewisse Verwirrung hervor, lag etwas wie Verlorenes.

„Was siehst du mich so aufmerksam an?" brummte er dann mit halblauter Stimme. „Setz dich!"

Der Fürst setzte sich.

„Parfen," sagte er, „sage mir aufrichtig: Wußtest du, daß ich heute in Petersburg eintreffen würde?"

„Daß du kommen würdest, das hab' ich mir gedacht, und da hab' ich mich, wie du siehst, auch nicht geirrt," sagte jener mit ironischem Lächeln. „Aber wie sollte ich wissen, daß du gerade heute kommen würdest!"

Die gewisse schroffe Heftigkeit und seltsame Gereiztheit der Frage, die seine Antwort in sich schloß, machten den Fürsten noch stutziger.

„Und wenn du auch gewußt hast, daß ich *heute* kommen würde, weshalb braucht man sich denn da zu ärgern?" fragte der Fürst leise und augenscheinlich verwirrt.

„Wozu stellst du denn diese Frage?"

„Als ich heute morgen aus dem Kupee stieg, sah ich ein Augenpaar, das genau so aussah und so blickte wie deine Augen, als du soeben hinter meinem Rücken auf mich sahst."

„Sieh mal an! Wessen Augen waren denn das?" fragte Rogoshin mißtrauisch.

Dem Fürsten schien es, als sei er zusammengezuckt.

„Ich weiß nicht, in der Menge irgendwo ... Es will mir sogar scheinen, daß es mir nur so vorgekommen ist – ich fange jetzt wieder an, alles mögliche zu sehen. Und überhaupt, weißt du, fühle ich mich fast ebenso wie damals vor fünf Jahren, als ich noch meine epileptischen Anfälle hatte."

„Nu was, vielleicht hat es dir auch nur so geschienen; ich weiß nicht ..." brummte Parfen, und er versuchte, freundlich zu lächeln, doch dieses Lächeln paßte in diesem Augenblick nicht zu ihm, es war, als hätte er gewaltsam etwas unterdrücken wollen, und das gelang ihm nicht, wie sehr er sich auch dazu zwang.

„Was, nun geht's wieder ins Ausland?" fragte er, und plötzlich lachte er: „Aber weißt du noch, wie wir im Waggon dritter Klasse damals im Herbst aus Pskow kamen, ich hierher, und du ... in dem Kapuzenmantel, weißt du noch, und den Gamaschen?"

Und Rogoshin lachte, doch tat er es diesmal mit unverhohlenem Ingrimm, und ganz als hätte es ihn gefreut, daß er diesen Ingrimm wenigstens in irgendeiner Weise ausdrücken konnte.

„Lebst du jetzt ganz hier?" fragte der Fürst, indem er sich im Kabinett umsah.

„Ja, ich bin hier zu Hause. Wo sollte ich denn sonst sein?"

„Wir haben uns lange nicht gesehen. Ich habe von dir Dinge gehört, die ich dir gar nicht zugetraut hätte."

„Als ob wenig erzählt werden kann," bemerkte Rogoshin trocken.

„Aber du hast doch die ganze Bande fortgejagt; selbst sitzt du zu Hause und machst keine Geniestreiche mehr. Ich dachte – das ist gut. Gehört das Haus dir oder euch gemeinsam?"

„Das Haus gehört der Mutter. Zu ihr geht man hier durch den Korridor."

„Und wo wohnt dein Bruder?"

„Mein Bruder Ssemjon Ssemjonytsch wohnt im Seitenflügel."

„Ist er verheiratet?"

„Witwer. Wozu fragst du das?"

Der Fürst sah ihn an, ohne zu antworten. Er war plötzlich wie in Gedanken versunken und hörte die Frage nicht. Rogoshin bestand nicht auf der Antwort, er wartete. Beide schwiegen.

„Ich habe dieses Haus, als ich herkam, schon auf hundert Schritt als das deinige erkannt," sagte der Fürst.

„Woran denn das?"

„Das weiß ich selbst nicht. Dein Haus hat die Physiognomie eurer ganzen Familie und eures ganzen Rogoshinschen Lebens; wenn du aber fragen wolltest, woraus ich das schließe, so könnte ich es dir mit nichts erklären. Wahn, natürlich. Es ängstigt mich sogar, daß mich das so beunruhigt. Ich hätte früher nie gedacht, daß du in solch einem Hause wohnst; als ich es jedoch erblickte, kam mir sogleich der Gedanke: ‚Aber genau so muß ja doch sein Haus sein, es kann ja gar nicht anders sein!'"

„Sieh mal!" sagte Rogoshin unbestimmt, das Gesicht kurz zu einem Lächeln verziehend. Er hatte den unklaren Gedanken des Fürsten nicht ganz verstanden. „Dieses Haus hat noch mein Großvater gebaut," bemerkte er. „Hier haben beständig Sektierer gewohnt, Skopzen, eine Familie Chludjäkoff. Und auch jetzt noch leben sie hier zur Miete."

„Wie düster es hier ist! Im Düstern sitzt du," sagte der Fürst, sich im Kabinett umschauend.

Es war das ein großes Zimmer mit hoher, dunkler Decke, und auch alles übrige war ziemlich dunkel gehalten. Das ganze Zimmer war voll von allerhand Möbelstücken: da waren große Arbeitstische, ein Pult und an den Wänden große Schränke, in denen verschiedene Geschäftspapiere und noch andere Papiere aufgestapelt lagen. Ein großes, breites Kanapee, das mit rotem Saffianleder überzogen war, diente Rogoshin augenscheinlich als Schlafstelle. Der Fürst bemerkte auf dem Tisch, an dem sie beide saßen, ein paar Bücher. Eines von denen, die Russische Geschichte Ssolowjoffs, war aufgeschlagen und mit einem Lesezeichen versehen. An den Wänden hingen in einstmals vergoldeten, doch nun matt und braun gewordenen Rahmen einige stark nachgedunkelte Ölgemälde, auf denen man nur schwer noch etwas unterscheiden konnte. Dagegen zog ein lebensgroßes Männerporträt sofort die Aufmerksamkeit des Fürsten auf sich: es stellte einen etwa fünfzigjährigen Mann dar in einem langschößigen Rock, der jedoch deutschen Schnitt verriet, mit zwei Medaillen auf der Brust, einem sehr spärlichen, kurzen, grauen Bart, runzligem und gelbem Gesicht und einem argwöhnischen, verschlossenen und leidenden Blick.

„Ist das nicht gar dein Vater?" fragte der Fürst.

„Er selbst," antwortete Rogoshin mit einem unangenehmen einmaligen
Auflachen, ganz, als hätte er sich im nächsten Augenblick irgendeinen
unzeremoniellen Scherz über seinen verstorbenen Vater erlauben wollen.

„Er war doch kein Altgläubiger?"

„Nein, er ging in die Kirche; aber es ist schon wahr, er sagte, daß der
alte Glaube richtiger sei. Die Skopzen hat er auch immer sehr geachtet.
Das hier war ja sein Kabinett. Wozu hast du das gefragt, das von der
Altgläubigkeit?"

„Wirst du die Hochzeit hier feiern?"

„Hi–ier," antwortete Rogoshin langsam, doch war er bei der
unerwarteten Frage kaum merklich zusammengezuckt.

„Bald?"

„Du weißt doch selbst: hängt es denn von mir ab?"

„Parfen, ich bin nicht dein Feind und will dich an nichts verhindern.
Ich sage es dir jetzt nochmals, wie ich es dir schon früher einmal gesagt
habe, in einer ähnlichen Stunde. Als in Moskau deine Trauung vollzogen
werden sollte, bin ich nicht dazwischengetreten, das weißt du. Das
erstemal kam *sie* von selbst zu mir gestürzt, fast vom Altare fort, und
flehte mich an, sie vor dir zu ‚retten'. Ich wiederhole nur ihre eigenen
Worte. Dann lief sie auch von mir fort. Du suchtest sie wieder auf und
brachtest sie wieder zum Altar, und da, sagt man mir, sei sie wieder von
dir fortgelaufen und habe sich hierher geflüchtet. Ist das wahr? So hat es
mir Lebedeff geschrieben, und deshalb bin ich auch hergekommen. Daß
ihr euch aber hier wieder halbwegs ausgesöhnt habt, habe ich erst gestern
im Eisenbahnkupee von einem deiner früheren Freunde erfahren, von
Saljosheff, wenn es dich interessiert. Hergereist aber bin ich mit einer
ganz bestimmten Absicht: ich will *sie* bereden, ins Ausland zu fahren, um
dort für ihre Gesundheit etwas zu tun; denn sie ist sowohl geistig wie
körperlich sehr der Pflege bedürftig ... namentlich macht mir ihr
seelischer Zustand Sorge. Ich selbst wollte sie nicht ins Ausland
begleiten, sondern beabsichtigte, es irgendwie ohne mich zu arrangieren,
mich selbst dabei ganz aus dem Spiel zu lassen. Ich sage dir die volle
Wahrheit. Wenn es aber wahr ist, daß ihr wieder einig seid, so werde ich
mich überhaupt nicht mehr zeigen und auch zu dir werde ich dann nie
mehr kommen. Du weißt, daß ich dich nicht betrügen werde; denn ich bin
ja auch früher immer offen und ehrlich gegen dich gewesen. Ich habe dir
auch meine Überzeugung nicht verschwiegen, daß die Heirat mit dir
– *ihr* unbedingtes Verderben sein würde. Auch dein Verderben ...
vielleicht sogar noch mehr als ihres. Wenn ihr wieder auseinandergehen

solltet, wird es mich sehr beruhigen; doch habe ich deshalb noch nicht die Absicht, euch zu entzweien oder zwischen euch zu treten. Sei also in der Beziehung ganz ruhig und verdächtige mich nicht. Doch du weißt es ja selbst – bin ich denn jemals im Ernst dein Nebenbuhler gewesen, selbst damals, als sie von dir zu mir flüchtete? Da lachst du nun wieder dein kurzes Lachen! Ich weiß, weshalb du so kurz aufgelacht hast. Wir haben dort ganz getrennt gelebt, sogar in verschiedenen Städten, und das weißt du ja selbst ganz genau. Ich habe dir ja schon früher einmal erklärt, daß ich sie nicht ‚aus Liebe‘, sondern ‚aus Mitleid‘ liebe. Ich glaube es so ganz richtig zu bezeichnen. Du sagtest damals, daß du diese meine Worte begriffen hättest. Ist das nun wahr? Hast du sie wirklich begriffen? Du, weshalb siehst du mich jetzt so haßerfüllt an? Ich bin doch nur gekommen, weil auch du mir teuer bist. Ich liebe dich, Parfen. Ich werde jetzt fortgehen und niemals wiederkommen. Leb’ wohl.“

Der Fürst erhob sich.

„Bleib noch ein wenig bei mir,“ sagte Parfen leise, den Kopf in die rechte Hand gestützt, ohne sich zu erheben. „Ich habe dich lange nicht gesehen.“

Der Fürst setzte sich wieder. Beide schwiegen sie.

„Ich ... wenn ich dich nicht vor mir sehe, fühle ich gleich Haß gegen dich, Lew Nikolajewitsch. In diesen drei Monaten, da ich dich nicht gesehen habe, bin ich dir immerwährend, in jeder Minute böse gewesen, bei Gott. Ich hätte dich so genommen und erwürgt vor lauter Wut, sieh so! Und jetzt sitzt du noch keine Viertelstunde bei mir, und schon ist meine ganze Wut vergangen, und ich hab’ dich wieder so lieb wie früher. Bleib noch ein wenig bei mir ...“

„Wenn ich bei dir bin, dann glaubst du mir, und wenn ich nicht mehr da bin, dann hörst du sogleich auf mir zu glauben und verdächtigst mich wieder. Du bist wie dein Vater!“ sagte der Fürst mit freundschaftlichem Lächeln, bemüht, das Gefühl, das aus seinen Worten sprach, zu verbergen.

„Ich glaube deiner Stimme, wenn du bei mir bist. Ich begreife doch, daß man uns beide nicht vergleichen kann, dich und mich ...“

„Weshalb sagst du gerade das? Da bist du nun wieder gereizt,“ sagte der Fürst.

„Ach, hier, Freund, wird nicht nach unserer Meinung gefragt,“ entgegnete jener, „das ist schon ohne uns so bestimmt worden. Auch lieben tun wir ja beide ganz verschieden ... Ich will damit sagen, in allem ist eben ein Unterschied,“ fuhr er nach kurzem Schweigen leise fort. „Du liebst sie, sagst du, nur aus Mitleid. Ich aber empfinde nichts von Mitleid in mir, so was fühle ich gar nicht für sie. Und sie haßt mich ja auch nur, haßt mich mehr als alles andere. Jede Nacht träumt mir jetzt, daß sie mit einem anderen über mich lacht. Und so ist es auch, Freund. Sie wird mit mir zum Altar gehen; aber an mich auch nur dabei denken, das tut sie nicht, selbst das wird sie vergessen – es ist einfach so, wie wenn sie Schuhe wechselte. Glaubst du mir, ich habe sie schon seit fünf Tagen nicht gesehen; denn ich wage nicht hinzugehen: wenn sie nun fragt: ‚Wozu hast du dich herbemüht?‘ Hat sie mir denn wenig Schimpf angetan ..."

„Was – wieso Schimpf angetan? Was sagst du?"

„Als ob du's selbst nicht weißt! Hast doch noch selbst vorhin ausgesprochen, daß sie ‚vom Altar‘ weg zu dir gelaufen ist."

„Aber, du glaubst doch selbst nicht, daß ..."

„Und das mit dem Offizier, dem Semtjushnikoff in Moskau – war denn das kein Schimpf? Ich weiß es ganz genau, daß sie mir die Schande, die Schmach angetan hat, und das noch, nachdem sie schon selbst den Tag der Trauung bestimmt hatte."

„Nicht möglich!" rief der Fürst aus.

„Ich weiß es ganz genau," wiederholte Rogoshin in fester Überzeugung. „Was ‚keine solche‘, meinst du? Darüber, Bruder, darüber lohnt es sich gar nicht zu reden, daß sie keine solche ist. Mit dir wird sie keine solche sein und vielleicht wird sie vor diesen Sachen sogar Entsetzen empfinden, mit mir aber ist sie, siehst du, gerade eine solche. Das ist schon so. Sie hält mich für den letzten Pöbelkerl: als gehörte ich zum Gesindel. Mit Keller, mit diesem Leutnant, dem Boxer – hat sie, das weiß ich ganz genau, nur um über mich zu spotten angefangen ... Du weißt noch gar nicht alles, was sie in Moskau angestellt hat! Und wieviel Geld habe ich fortgeworfen ..."

„Ja, aber ... wie wirst du sie denn jetzt heiraten! ... Wie wird denn das später werden?" fragte der Fürst ganz entsetzt.

Rogoshin sah ihm mit schwerem, furchtbarem Blick in die Augen und antwortete nichts.

„Jetzt bin ich schon fünf Tage nicht bei ihr gewesen," fuhr er nach einer Weile fort, als hätte er sein Schweigen vergessen. „Ich fürchte immer, daß sie mich hinausjagt. Ich bin immer noch meine eigene Herrin, sagt sie; wenn ich will, jage ich dich ganz von mir fort und fahre ins Ausland. – Das hat auch sie mir schon gesagt, daß sie ins Ausland fahren würde," fügte er plötzlich, wie zur Ergänzung noch hinzu, während er dabei dem Fürsten mit einem ganz besonderen Blick in die Augen sah.

„Manches Mal wiederum will sie mich nur erschrecken, immer bin ich ihr lächerlich. Ein anderes Mal aber verdüstert sich ihr Gesicht, sie runzelt die Stirn und spricht kein Wort mit mir. Das aber fürchte ich am meisten. Neuerdings dachte ich: ich werde von jetzt ab nicht mehr mit leeren Händen hinfahren, – da machte sie sich wieder nur lustig über mich und schließlich wurde sie sogar böse. Ihrer Kammerzofe, der Katjka, schenkte sie meinen Schal, den ich ihr als Geschenk mitgebracht hatte; aber wenn sie früher auch üppig gelebt und teure Sachen getragen hat, einen solchen Schal hatte sie vielleicht doch noch nie gesehen! Und davon, wann denn die Trauung sein soll, davon darf man überhaupt nicht zu sprechen anfangen. Was ist denn das für ein Bräutigam, der sich fürchtet, sie auch nur zu besuchen? So sitze ich denn hier, und wenn es unerträglich wird, dann gehe ich heimlich, schleichend an ihrem Hause vorüber, auf der Straße, oder ich verberge mich hinter einer Hausecke. Vor kurzem noch habe ich so eine ganze Nacht bis zum Morgen an ihrer Hofpforte Wache gestanden, – mir hatte damals so etwas geschienen ... Sie aber muß mich wohl aus dem Fenster beobachtet haben. ‚Was hättest du denn,‘ fragte sie später, ‚was hättest du denn mit mir getan, wenn du einem Betrug auf die Spur gekommen wärst?‘ Da hielt ich's nicht aus und sagte: ‚Das weißt du selbst.‘“

„Was weiß sie denn?“

„Ja, wie soll ich's denn wissen!“ lachte Rogoshin boshaft. „In Moskau hab' ich sie damals mit keinem überraschen können, obschon ich ihr lange genug auflauerte. Da ging ich einmal zu ihr hin und sagte: ‚Du hast dein Wort gegeben, daß du dich mit mir trauen lassen wirst, du kommst in eine ehrenwerte Familie; weißt du aber auch, was für eine du jetzt bist? Sieh, solch eine bist du!‘ sagte ich.“

„Das sagtest du ihr ins Gesicht?“

„Ja.“

„Und?“

„‚Ich werde dich,‘ antwortete sie, ‚ich werde dich jetzt vielleicht noch nicht einmal als Diener zu mir nehmen, geschweige denn dich heiraten!‘ – ‚Und du glaubst, daß ich fortgehe?‘ fragte ich. – ‚Dann werde ich sofort Keller rufen,‘ sagte sie, ‚und ihm befehlen, dich hinauszuwerfen.‘ Da packte ich sie und schlug sie, bis sie blaue Flecken hatte.“

„Nicht möglich! Das kann nicht sein!“ stieß der Fürst atemlos hervor.

„Ich sage: es war so," sagte leise, doch mit blitzenden Augen
Rogoshin. „Zwei Tage aß ich nicht, trank nicht, schlief nicht, ging nicht
aus dem Zimmer hinaus, kniete vor ihr nieder. ‚Ich sterbe, aber ich gehe
nicht eher fort,' sagte ich, ‚ich gehe nicht eher fort, als bis du mir
verziehen hast; läßt du mich aber hinauswerfen, so ertränke ich mich,
denn – was bin ich jetzt noch ohne dich?' Wie eine Wahnsinnige war sie
den ganzen Tag: bald weinte sie, bald wollte sie mich mit dem Messer
erstechen, bald drohte sie mit der Faust und begann mich wie eine
Rasende zu beschimpfen, – jawohl, zu beschimpfen. Saljosheff, Keller,
Semtjushnikoff, alle, alle rief sie zusammen, zeigte dann auf mich und
begann mich wieder zu schmähen. ‚Gehen wir, meine Herren,' sagte sie
dann, ‚gehen wir jetzt alle ins Theater, mag er hier allein sitzen, wenn er
nicht fortgehen will, ich bin für ihn nicht angebunden. Ihnen aber, Parfen
Ssemjonytsch, wird man hier in meiner Abwesenheit Tee bringen, Sie
müssen ja ganz hungrig sein.' Aus dem Theater kehrte sie allein zurück.
‚Alle sind sie Feiglinge und Lumpen,' sagte sie, ‚alle haben sie Angst vor
dir und da wollen sie natürlich auch mir Angst einflößen: sie behaupten,
du würdest so nicht fortgehen, sondern mich vorher noch unbedingt
ermorden. Ich aber werde, sieh, wenn ich dorthin in mein Schlafzimmer
gegangen bin, die Tür nicht hinter mir zuschließen, sieh, so wenig fürchte
ich dich! Damit du das ein für allemal weißt und siehst! Hast du Tee
getrunken?' – ‚Nein,' sagte ich, ‚und ich werde es auch nicht.' – ‚Wenn
das dir Ehre einlegen würde, wäre es etwas anderes, aber so – wenn du
wüßtest, wie wenig das zu dir paßt.' Und wie sie gesagt hatte, so tat sie's
auch: die Tür zu ihrem Schlafzimmer blieb offen. Am nächsten Morgen
kam sie – lachte. ‚Bist du denn ganz von Sinnen, sag' doch? So wirst du
ja noch vor Hunger sterben.' – ‚Vergib,' sagte ich. ‚Ich will nicht, und
heiraten will ich dich erst recht nicht; es bleibt dabei, was ich gesagt habe.
Hast du denn die ganze Nacht in diesem Lehnstuhl gesessen und nicht
geschlafen?' – ‚Nein, ich habe nicht geschlafen,' sagte ich. – ‚Ach, wie
klug! Und Tee trinken und essen wirst du wieder nicht?' – ‚Ich habe doch
gesagt: Vergib!' – ‚Wenn du wüßtest, wie schlecht das zu dir paßt, wie
ein Sattel zu einer Kuh! Oder ist es dir etwa in den Sinn gekommen, mich
schrecken zu wollen? Daraus mache ich mir gerade viel, und daß du hier
hungrig sitzt, ach, wie entsetzlich du mich damit einschüchterst!' Dann
wurde sie böse, aber nicht auf lange, und dann begann sie wieder zu
spotten und zu sticheln. Da wunderte ich mich über sie, daß doch
eigentlich keine Bosheit in ihr war. Sonst vergißt sie doch Böses nicht so
leicht, vergißt es lange nicht! Und da kam es mir in den Sinn, daß sie mich
wohl für so niedrig hält, daß sie nicht einmal große Wut über mich
empfinden kann. Und das ist wahr. ‚Weißt du auch, wer das ist: der
römische Papst?' fragte sie. – ‚Ja, ich habe gehört, wer das ist,' sage ich.
‚Du, Parfen Ssemjonytsch, hast ja von der allgemeinen Geschichte nicht

viel gelernt!' sagt sie. – ,Ich habe überhaupt nichts gelernt,' sage ich. –
,Dann werde ich dir etwas zu lesen geben, oder hör' zu: Es war einmal
ein Papst, und der wurde auf einen Kaiser böse, und dieser Kaiser lag drei
Tage ohne Essen und Trinken barfuß auf den Knien vor dem Schloß des
Papstes, bis dieser ihm verzieh. Was meinst du – was hat wohl der Kaiser
in diesen drei Tagen, als er so barfuß dort kniete, bei sich gedacht und
welche Rache dem Papst geschworen? ... Doch warte, ich werde es dir
selbst vorlesen!' sagte sie und stand auf und brachte das Buch. ,Es sind
Verse,' sagte sie, und dann las sie mir vor, wie dieser Kaiser in diesen drei
Tagen geschworen, sich an dem Papst zu rächen. ,Gefällt dir das nicht,
Parfen Ssemjonytsch?' fragte sie. – ,Das stimmt alles, was du da gelesen
hast,' sage ich. – ,Aha,' rief sie aus, ,du gibst also selbst zu, daß es stimmt,
dann schwörst auch du jetzt Rache und sagst dir: Wenn sie mich erst
geheiratet hat, dann werde ich ihr schon alles heimzahlen, dann werde ich
mich dafür entschädigen!' – ,Ich weiß nicht,' sag' ich, ,vielleicht denk'
auch ich so!' – ,Wie, weißt du das denn nicht?' – ,Ach,' sag' ich ,ich weiß
es nicht, nicht daran denke ich jetzt.' – ,Woran denkst du denn jetzt?' –
,Wenn du aufstehst vom Stuhl, gehst du an mir vorüber, und ich sehe auf
dich und folge dir mit dem Blick; dein Kleid wird rauschen und mir wird
das Herz stillstehen, und wenn du hinausgegangen bist aus dem Zimmer,
denke ich an jedes einzelne deiner Worte, was und wie und mit welch
einer Stimme du es gesagt hast; diese ganze Nacht habe ich an nichts
anderes gedacht, ich habe nur gehorcht, wie du im Schlafe atmetest und
dich zweimal bewegtest ...' – ,Ja, dann denkst du ja vielleicht,' lachte sie,
,dann denkst du ja vielleicht auch daran gar nicht mehr, daß du mich
geschlagen hast?' – ,Vielleicht,' sag' ich, ,vielleicht denke ich auch daran
nicht mehr, ich weiß nicht.' – ,Wenn ich dir aber nicht verzeihe und dich
nicht heirate?' – ,Ich habe gesagt, ich ertränke mich.' – ,Schlägst mich
aber vorher wahrscheinlich noch tot ...' Sagte es und wurde nachdenklich.
Dann wurde sie böse und ging aus dem Zimmer. Nach einer Stunde
kommt sie wieder zu mir zurück, ernst, düster. ,Ich werde dich heiraten,
Parfen Ssemjonytsch,' sagt sie, ,doch nicht deshalb, weil ich dich etwa
fürchte, sondern weil es doch auf eins herauskommt, wo man umkommt.
Wo ist's denn besser? Setz' dich,' sagt sie, ,man wird dir gleich zu essen
bringen. Wenn ich dich aber heirate,' fügte sie hinzu, ,werde ich dir ein
treues Weib sein, daran brauchst du nicht zu zweifeln, kannst ruhig sein.'
Dann schwieg sie eine Weile und dann sagte sie noch: ,Du bist doch kein
Lakai – ich dachte früher, du seist ein echter, ein ganzer Lakai.' Und nun
bestimmte sie selbst den Tag, an dem die Trauung stattfinden sollte; nach
einer Woche aber lief sie von mir fort und flüchtete sich hierher zu
Lebedeff. Als ich dann herkam, sagte sie: ,Ich habe mich durchaus nicht
von dir losgesagt, ich will es nur noch aufschieben, solange es mir paßt;
denn ich bin ja doch noch ganz Herrin meiner selbst. Warte auch du, wenn

du willst.' Siehst du, so stehen wir jetzt miteinander ... Was meinst du zu alledem, Lew Nikolajewitsch?"

„Wie denkst du selbst darüber?" fragte der Fürst mit traurigem Blick auf Rogoshin.

„Denk' ich denn überhaupt!" entfuhr es diesem ganz unwillkürlich.

Er wollte noch etwas hinzufügen, doch dann senkte er den Blick und schwieg.

Der Fürst erhob sich von neuem, um fortzugehen.

„Trotzdem werde ich dir nicht in den Weg treten," sagte er leise, fast wie in Gedanken versunken, und es war, als hätte er auf einen eigenen inneren Gedanken geantwortet.

„Weißt du, was ich dir sagen werde?" wandte sich plötzlich Rogoshin erregt an ihn, und seine Augen blitzten auf. „Wie kannst du sie mir nur so abtreten, das verstehe ich nicht! Oder hast du schon ganz aufgehört, sie zu lieben? Früher warst du doch immerhin noch traurig, ich weiß es, ich habe es doch gesehen. Wozu bist du denn jetzt so Hals über Kopf hergereist? Aus Mitleid?" (Sein Gesicht verzog sich in boshaftem Spott) „He–he!"

„Du glaubst, daß ich dich betrüge?" fragte der Fürst.

„Nein, ich glaube dir, nur verstehe ich davon nichts. Am wahrscheinlichsten ist wohl, daß dein Mitleid noch größer ist als meine Liebe!"

Etwas Böses, das gleichsam herausdrängte, das sich unbedingt sogleich äußern wollte, war in seinem Gesicht aufgeflammt.

„Deine Liebe kann man vom Haß kaum unterscheiden," lächelte der Fürst, „und wenn sie vergeht, Bruder, wird das Unglück vielleicht noch größer sein. Ich sage dir nur das eine, Parfen ..."

„Daß ich sie ermorden werde?"

Der Fürst zuckte zusammen.

„Du wirst sie um dieser Liebe, dieser Qual willen, mit der du dich jetzt quälst, gar zu sehr hassen. Am meisten wundert mich aber, wie sie überhaupt wieder zu dir zurückkehren kann. Als ich es gestern hörte, wollte ich es kaum glauben, so schwer wurde es mir ... Zweimal ist sie schon von dir fortgelaufen, fast vom Altar weg, also muß sie doch eine Vorahnung haben! ... Weshalb will sie dich denn jetzt noch nehmen? Doch nicht deines Geldes wegen? Das ist ja doch Unsinn! Und von deinem Gelde hast du ja auch schon so viel vergeudet. Und doch auch nicht, um nur einen Mann zu bekommen? Denn du bist doch nicht der einzige, den sie heiraten könnte! Da wäre doch jeder andere besser als du, denn du wirst sie ja vielleicht wirklich ermorden, und das begreift sie doch selbst nur zu gut! Oder weil du sie so leidenschaftlich liebst? Ja, es sei denn dieses eine ... Ich habe gehört, daß es welche geben soll, die gerade eine solche Liebe suchen ... nur ...“

Der Fürst hielt nachdenklich inne.

„Was lächelst du wieder über meines Vaters Bild?“ fragte Rogoshin, der seinen Blick nicht vom Gesicht des Fürsten abwandte und aufmerksam jede Veränderung im Gesicht, jeden Blick des Fürsten verfolgte.

„Weshalb ich soeben lächelte? Es kam mir in den Sinn, daß du, wenn dir nicht dieses Unglück zugestoßen, wenn nicht diese Liebe über dich gekommen wäre, daß du dann auf ein Haar wie dein Vater geworden wärst, und das sogar in sehr kurzer Zeit. Du würdest dich schweigend hier in diesem Hause niederlassen mit deiner Frau, einem gehorsamen, verschüchterten Wesen, würdest nur wenig und jedes Wort in strengem Tone sprechen, würdest keinem Menschen trauen, keines Menschen Vertrauen brauchen und nur schweigend und finster dein Geld aufhäufen. Viel wäre es, wenn du einmal die alten Bücher loben und dich für das Bekreuzen mit zwei Fingern aussprechen würdest,[] aber auch das höchstens im Alter ...“

„Spotte nur. Genau dasselbe hat auch sie mir vor nicht langer Zeit gesagt, gleichfalls als sie dieses Porträt betrachtete. Das ist doch wunderlich, wie jetzt bei euch alles übereinstimmt ...“

„Ja, ist sie denn schon einmal bei dir gewesen?“ fragte der Fürst überrascht.

„Einmal. Das Porträt betrachtete sie lange, fragte mich über den Verstorbenen aus. ‚Du würdest genau so sein,‘ sagte sie dann lachend, ‚du hast mächtige Leidenschaften, Parfen Ssemjonytsch,‘ sagte sie, ‚solche Leidenschaften, daß du unentgeltlich nach Sibirien mit ihnen kämst, wenn du nicht – wenn du nicht deinen Verstand hättest, und du hast einen großen Verstand,‘ sagte sie – geradeso sagte sie’s, wirst du’s mir glauben! Zum erstenmal hörte ich von ihr ein solches Wort! – ‚Du würdest diesen ganzen Unsinn bald lassen. Und da du ein ganz ungebildeter Mensch bist, so würdest du dich einfach aufs Geldverdienen verlegen und würdest dich ganz wie dein Vater in diesem Hause hier festsetzen, mit deinen Skopzen natürlich. Vielleicht würdest du zum Schluß auch noch zu ihrem Glauben übertreten. Das Geld aber, das würdest du so liebgewinnen, daß du nicht nur zwei Millionen, sondern vielleicht ganze zehn Millionen zusammenscharrtest, um dann auf deinen Goldsäcken am Ende Hungers zu sterben; denn du bist in allem leidenschaftlich, ja, bei dir wird alles, was du beginnst, zur Leidenschaft.' Genau so sagte sie, mit denselben Worten. Niemals noch hatte sie so zu mir gesprochen! Denn sonst hat sie nur Albernheiten mit mir geredet oder über mich gespottet. Auch hier hatte sie lachend begonnen, dann aber wurde sie plötzlich sehr ernst. Durch das ganze Haus ging sie, alles besah sie, ganz als fürchte sie sich immer vor etwas. ‚Ich werde das alles hier verändern,‘ sage ich, ‚alles verschönern oder auch zur Hochzeit ein neues Haus kaufen.‘ Da war sie ganz erschrocken: ‚Nein, nein, um Gottes willen nicht!‘ sagte sie; ‚alles muß so bleiben, wie es ist, gerade so wollen wir hier leben. Ich will neben deiner Mutter leben,‘ sagte sie, ‚wenn ich deine Frau sein werde.‘

Dann führte ich sie zu meiner Mutter – sie war ehrerbietig gegen sie wie eine leibliche Tochter. Meine Mutter ist nun schon seit zwei Jahren nicht ganz bei vollem Verstande – krank ist sie – und nun seit dem Tode des Vaters ist sie ganz wie ein Kind geworden, spricht gar nicht mehr, kann nicht mehr gehen, die Füße tragen sie nicht, und so sitzt sie und grüßt nur vom Platz aus einen jeden, den sie sieht. Wenn man ihr nicht zu essen geben wollte, würde sie es drei Tage lang nicht merken, so steht's mit ihr. Ich nahm die rechte Hand meiner Mutter, legte die drei Finger zum Segen zusammen und sagte: ‚Mütterchen, segnet sie, sie geht mit mir zum Altar,‘ und da küßte sie meiner Mutter die Hand, aber nicht nur so, sondern wirklich innig. ‚Viel Leid,‘ sagte sie, ‚muß deine Mutter erduldet haben.‘ Dieses Buch hier sah sie: ‚Was ist das,‘ fragte sie, ‚fängst du an, russische Geschichte zu lesen?‘ Sie selbst hatte mir einmal in Moskau gesagt: ‚Wenn du dich doch wenigstens etwas bilden würdest, lies doch wenigstens Ssolowjoffs Russische Geschichte, du weißt ja doch gar nichts;‘ ja, das hatte sie mir schon in Moskau gesagt. ‚Das ist gut,‘ sagte sie jetzt, ‚lies nur weiter. Ich werde dir ein kleines Verzeichnis aufschreiben von Büchern, die du ganz zuerst lesen mußt. Willst du, soll ich?‘ Nie, nie hatte sie vorher so mit mir gesprochen, ich war ganz erstaunt; zum erstenmal atmete ich auf, wie ein lebendiger Mensch.“

„Das freut mich, das freut mich sehr, Parfen,“ sagte der Fürst warm, „ich bin sehr froh darüber. Wer weiß, vielleicht hat Gott euch doch noch zu einem gemeinsamen Leben bestimmt.“

„Nein, das ist unmöglich!“ rief Rogoshin heftig aus.

„Höre, Parfen, wenn du sie so liebst – willst du dann nicht ihre Achtung erwerben? Und wenn du es willst – weshalb willst du dann nicht auch hoffen? Ich sagte vorhin, daß es für mich unbegreiflich sei: weshalb sie dich überhaupt noch heiraten will? Doch wenn ich es mir auch jetzt noch nicht ganz erklären kann, so sehe ich doch eines ein: daß sie dazu einen genügenden Grund, einen vernünftigen Grund haben muß. Von deiner Liebe ist sie überzeugt, doch ganz gewiß ist sie es auch von deinen Vorzügen, wenigstens von einigen. Anders kann es ja gar nicht sein! Und was du soeben erzähltest, bestätigt meine Annahme vollkommen. Du sagst doch selbst, daß es ihr möglich gewesen ist, in einer ganz anderen Weise mit dir zu reden, als sie früher getan. Du bist argwöhnisch und eifersüchtig, deshalb vergrößerst du auch alles, was du Schlechtes von ihr erfahren hast. Es liegt doch auf der Hand, daß sie lange nicht so schlecht von dir denkt, wie du erzählst; denn sonst müßte man ja doch von ihr sagen, daß sie mit vollem Bewußtsein ins Wasser geht oder unter das Messer, wenn sie dich heiratet. Ist denn das möglich? Wer geht denn bewußt aufs Messer los?“

Mit bitterem Spottlächeln hörte Rogoshin den Fürsten an. Seine Überzeugung schien schon unerschütterlich festzustehen.

„Wie schwer dein Blick ist, mit dem du mich ansiehst, Parfen!“ stieß plötzlich der Fürst unter einem erdrückenden Gefühl hervor.

„Ins Wasser oder unter das Messer!“ sprach Rogoshin endlich langsam nach. „He–he! Ja, einzig deshalb nimmt sie mich doch, weil sie überzeugt ist, daß sie bei mir der Dolch erwartet! Solltest du denn bis jetzt wahrhaftig noch nicht erraten haben, Fürst, um was es sich hier handelt?“

„Ich verstehe dich nicht.“

„Was, vielleicht begreift er’s auch wahrhaftig nicht, he–he! Sagt man doch von dir, daß du ... nun, *jenes*! ... Einen anderen liebt sie! – begreifst du’s jetzt? Ganz so, wie ich sie jetzt liebe, genau so liebt sie jetzt einen anderen. Und dieser andere ist – weißt du, wer? Das bist *du*! Was, wußtest du das noch nicht?“

„Ich?“

„Ja, *du*. Sie hat sich gleich damals, damals an ihrem Geburtstage in dich verliebt – und seit der Stunde liebt sie dich. Nur glaubt sie jetzt, daß sie dich nicht heiraten darf, weil sie dir damit eine Schande antun und dein Leben verderben würde. ,Man weiß ja doch, was für eine ich bin,‘ sagte sie. Und davon ist sie nicht abzubringen. Alles das hat sie mir selbst ins Gesicht gesagt. Dich zu verderben und dir Schande anzutun – das fürchtet sie, mich aber, siehst du, mich kann man heiraten, bei mir macht’s nichts aus – sieh, so hoch schätzt sie mich ein! – das kannst du dir gleichfalls merken!“

„Aber wie ist sie denn ... wie ist sie denn von dir zu mir und ... von mir wieder ...“

„Von dir wieder zu mir zurückgekehrt! Haha! Als ob ihr wenig in den Kopf kommt! Sie ist ja doch jetzt ganz wie im Fieber, wie im Delirium. Bald schreit sie mir zu: ‚Dich heiraten oder ins Wasser – ist eins! Die Hochzeit so schnell wie möglich!‘ sie drängt selbst, bestimmt den Tag, rückt aber die Zeit heran, dann – erschrickt sie, oder es kommen ihr andere Gedanken. Gott weiß – du hast sie doch gesehen: weint, lacht, gebärdet sich wie in Raserei. Was Wunder, wenn sie da auch von dir wieder fortgelaufen ist? Sie ist ja doch nur deshalb von dir fortgelaufen, weil es ihr plötzlich zum Bewußtsein kam, wie sehr sie dich liebt. Sie hielt bei dir ihre eigene Liebe zu dir nicht mehr aus. Du sagtest, ich hätte sie damals in Moskau aufgesucht. Das ist ja gar nicht wahr – sie selbst kam von dir zu mir gelaufen. ‚Bestimme den Tag,‘ sagte sie, ‚ich bin bereit! Gib Champagner her! Fahren wir zu den Zigeunerinnen!‘ schrie sie ... Wäre ich nicht gewesen, so hätte sie sich schon längst ertränkt. Glaube mir! Nur deshalb tut sie es nicht, weil ich vielleicht noch furchtbarer bin als der Tod im Wasser. Nur aus Bosheit will sie mich heiraten ... Wenn sie mich heiratet, so kannst du sicher sein, daß sie es nur aus Bosheit tut.“

„Ja, aber wie kannst du dann ... wie kannst du dann! ...“ rief der Fürst ganz bestürzt aus, doch sprach er nicht zu Ende, was er sagen wollte.

Ganz entsetzt sah er Rogoshin an.

„Warum sprichst du’s denn nicht aus?“ fragte jener spöttisch, und man sah seine Zähne zwischen den Lippen. „Willst du, so werde ich dir sagen, was du in diesem Augenblick bei dir denkst? – ‚Nun, wie kann sie dann jetzt noch zu ihm gehen? Wie kann man das zulassen?‘ Ich weiß schon, was du denkst.“

„Ich bin nicht deshalb hergekommen, Parfen, ich schwöre es dir, glaub’ mir, ich hatte nicht das im Sinn ...“

„Schon möglich, daß du nicht deshalb gekommen bist, und daß du nicht das im Sinn hattest; nur ist es jetzt schon ganz sicher geworden, daß du doch deshalb gekommen bist, he–he! ... Nun, genug! Was bist du so bestürzt? Wußtest du es denn wahrhaftig nicht? Du wunderst mich!“

„Das ist alles nur deine Eifersucht, Parfen, deine Krankheit, du vergrößerst alles unendlich, du übertreibst ...“ stotterte der Fürst in unbeschreiblicher Erregung. „Was willst du?“

„Laß!“ sagte Rogoshin herrisch, indem er dem Fürsten das Messer aus der Hand riß, das jener vom Tisch genommen hatte. Rogoshin legte es neben das Buch auf dieselbe Stelle zurück, wo es gelegen.

„Es ist mir, als hätte ich es bei der Einfahrt in Petersburg schon gewußt, als hätte ich es vorausgefühlt ...“ fuhr der Fürst fort. „Ich wollte nicht herfahren! Ich wollte alles das hier vergessen, aus dem Herzen herausreißen! Nun, aber jetzt leb' wohl ... Was hast du?"

In seiner Zerstreutheit hatte der Fürst beim Sprechen wieder das Messer in die Hand genommen, und wieder riß es ihm Rogoshin aus der Hand, um es auf den Tisch zurückzuwerfen. Es war das ein ganz einfaches Messer, nicht zusammenlegbar, mit einem Griff aus Hirschhorn und einer etwa dreieinhalb Zoll langen und dementsprechend breiten Klinge.

Als Rogoshin sah, daß der Fürst stutzig wurde – denn das Messer mußte ihm doch auffallen, wenn es ihm zweimal in dieser Weise aus der Hand gerissen wurde –, nahm er es sichtlich ärgerlich und legte es ins Buch, das er mit einer kurzen Bewegung auf den anderen Tisch schleuderte.

„Schneidest du damit die Blätter auf?" fragte der Fürst, doch war seine Frage immer noch wie in Zerstreutheit gestellt, als wäre er nach wie vor noch in seine Gedanken versunken.

„Ja, die Blätter ...“

„Das ist doch ein Gartenmesser?“

„Ja, ein Gartenmesser. Darf man denn mit einem Gartenmesser keine Blätter aufschneiden?“

„Ja, aber ... es ist ganz neu.“

„Was ist denn dabei, daß es neu ist? Darf ich mir denn nicht, wenn ich will, ein neues Messer kaufen?“ schrie Rogoshin schließlich wütend heraus, jedes Wort hatte ihn immer mehr gereizt und aufgebracht.

Der Fürst fuhr zusammen und blickte ihm aufmerksam ins Gesicht.

„Ach, wir sind aber auch!" lachte er dann auf, plötzlich zur Besinnung gekommen. „Verzeih mir, Bruder, mein Kopf ist mir jetzt so schwer, und diese Krankheit ... ich bin jetzt immer so zerstreut und lächerlich. Ich wollte das ja gar nicht fragen ... ich weiß nicht mehr, was es war. Leb' wohl!“

„Nicht durch diese Tür,“ sagte Rogoshin.

„Ich – ...“

„Hier, hier, komm, ich werde dir den Weg zeigen.“

# IV.

Sie gingen durch dieselben Zimmer, durch die der Fürst bereits
gekommen war. Rogoshin ging voran und der Fürst folgte ihm. Sie kamen
in den großen Saal. Hier hingen an den Wänden mehrere Gemälde,
meistens waren es Porträts von Bischöfen und stark nachgedunkelte
Landschaften, deren Einzelheiten kaum noch zu erkennen waren. Über
der Tür zum folgenden Zimmer hing ein Bild von sehr sonderbarem
Format: es war ungefähr zwei Meter lang und nicht mehr als sechs Zoll
hoch. Es war die Darstellung einer Kreuzabnahme. Der Fürst blickte
flüchtig darauf hin, und es war ihm, als entsänne er sich eines ähnlichen
oder auch desselben Bildes, blieb aber weiter nicht davor stehen, sondern
wollte durch die Tür hinaustreten. Es war ihm sehr schwer zumute, und
er wollte schnell aus diesem Hause hinaus. Da blieb plötzlich Rogoshin
in der Tür stehen und trat wieder einen Schritt zurück.

„Alle diese Bilder hier," sagte er, „alle sind sie für einen oder für zwei
Rubel von meinem Vater auf Auktionen erstanden, er liebte Bilder sehr.
Ein Kenner hat sie sich hier einmal alle angesehen; taugen nichts, sagte
er, dieses aber, sagte er, dieses hier über der Tür, das gleichfalls für zwei
Rubel erstanden ist – dieses, sagte er, sei von großem Wert. Schon damals
fand sich einer, der für das Bild dreihundertfünfzig Rubel bot, Ssaweljeff
aber, Iwan Dmitritsch – das ist ein Kaufmann, ein großer Bilderliebhaber
– der bot dem Verstorbenen vierhundert, und in der vorigen Woche hat er
meinem Bruder Ssemjon Ssemjonytsch sogar fünfhundert geboten. Ich
hab's für mich behalten."

„Das ist ... das ist die Kopie einer Kreuzabnahme von Hans Holbein,"
sagte der Fürst, das Bild jetzt aufmerksamer betrachtend. „Ich bin zwar
kein großer Kenner, aber wie mir scheint, ist es eine vorzügliche Kopie.
Ich habe das Original im Auslande gesehen, und seitdem kann ich dieses
Bild nicht mehr vergessen. Aber ... was hast du ..."

Rogoshin hatte sich plötzlich wieder abgewandt und ging bereits durch
die Tür, um den Fürsten dem Ausgang zuzuführen. Freilich konnten seine
Zerstreutheit und seine seltsam gereizte Stimmung diese Plötzlichkeit
sehr wohl erklären; doch trotzdem wunderte es den Fürsten, daß Rogoshin
so schnell das Gespräch abgebrochen, das er doch selbst begonnen hatte,
und seine Bemerkung nicht zu beachten schien.

„Aber wie nun, Lew Nikolajewitsch, ich wollte dich schon lange
fragen, glaubst du an Gott?" fragte plötzlich Rogoshin, nachdem sie ein
paar Schritte gegangen waren.

„Wie sonderbar du fragst und ... mich ansiehst!" sagte der Fürst
unwillkürlich.

„Auf dieses Bild da liebe ich zu sehen," sagte Rogoshin nach kurzem Schweigen, als hätte er seine Frage vergessen.

„Auf dieses Bild!" rief der Fürst unter dem Eindruck eines plötzlichen Gedankens ganz erschrocken aus, „auf dieses Bild! Aber vor diesem Bilde kann einem ja doch nur noch jeder Glaube vergehen!"

„Der vergeht auch ohnedem," sagte Rogoshin ganz unerwartet.

Sie waren an der Tür zum Treppenhaus angelangt.

„Was?" Der Fürst blieb vor Überraschung stehen. „Was sagst du! Ich habe ja doch nur gescherzt, du aber sagst es so ernst! Weshalb fragtest du mich, ob ich an Gott glaube oder nicht?"

„Nichts, nur so. Ich wollte es dich eigentlich schon immer fragen. Aber wie nun, ist es wahr – du hast doch im Auslande gelebt –, mir sagte einmal einer in der Betrunkenheit, daß es bei uns in Rußland mehr als in allen anderen Ländern solche geben soll, die an Gott nicht glauben. Uns, sagte er, falle das leichter als ihnen, denn wir seien darin fortgeschrittener ..."

Rogoshin lachte kurz und leise auf. Es lag etwas Beißendes in seinem Lachen. Er öffnete die Tür und wartete, den Türgriff in der Hand, bis der Fürst hinaustrat.

Der Fürst wunderte sich darüber, trat aber doch hinaus. Rogoshin folgte ihm auf den Treppenflur und zog die Tür hinter sich zu. Beide standen sie sich gegenüber, und wie es schien, hatten sie beide vergessen, wohin sie gekommen waren, und was sie hier tun wollten.

„Nun, so leb' denn wohl," sagte der Fürst sich besinnend und reichte Rogoshin die Hand.

„Leb' wohl," sagte Rogoshin, indem er fest, doch ganz mechanisch die ihm entgegengestreckte Hand drückte.

Der Fürst trat eine Stufe hinunter, wandte sich dann aber nochmals zurück.

„Und was den Glauben anbetrifft," sagte er lächelnd – offenbar wollte er den anderen nicht so verlassen, und wahrscheinlich war ihm plötzlich etwas in den Sinn gekommen – „so hatte ich an zwei Tagen der letzten Woche vier verschiedene Begegnungen. Am Morgen des einen Tages fuhr ich auf einer neuen Eisenbahnstrecke und unterhielt mich vier Stunden lang mit einem gewissen S., mit dem ich im Kupee zusammensaß. Ich hatte schon früher von ihm gehört, unter anderem auch, daß er ein Atheist sei. Er war ein allerdings sehr gelehrter Mann, und es freute mich, daß ich mit einem solchen über dieses Thema sprechen konnte. Außerdem war er vorzüglich erzogen, so daß er mit mir sprach, als wäre ich ihm an Gelehrsamkeit vollkommen gleich. An Gott glaubt er nicht. Nur machte mich eines stutzig: daß er die ganze Zeit gar nicht *davon* sprach, und zwar machte mich das gerade deshalb stutzig, weil es mir auch früher aufgefallen ist, so oft ich mit Atheisten zusammengekommen bin oder Schriften von ihnen gelesen habe, daß sie gar nicht *davon* gesprochen oder geschrieben haben, wenn es auch hundertmal diesen Anschein hat. Ich sagte ihm, daß ich diese Beobachtung gemacht hätte, doch muß ich mich wohl nicht ganz verständlich ausgedrückt haben, denn er begriff nicht, was ich damit sagen wollte ... Am Abend desselben Tages mußte ich im Gasthof einer kleinen Kreisstadt absteigen, um zu übernachten. Dort hatte sich in der vorhergehenden Nacht ein Mord zugetragen, und so wurde natürlich, als ich eintraf, nur davon gesprochen. Zwei vollkommen nüchterne und bejahrte Bauern, zwei alte Bekannte, oder man kann sogar sagen, zwei gute Freunde, hatten am Abend Tee getrunken und wollten in einem kleinen Stübchen die Nacht verbringen. Der eine aber hatte in den zwei Tagen, die sie schon in der Stadt waren, bemerkt, daß der andere eine silberne Uhr an einer Glasperlenkette trug, die er früher nicht an ihm gesehen hatte. Dieser Mann war durchaus kein Dieb, er war sogar ein ehrlicher Kerl und als einfacher Bauer durchaus nicht arm. Die Taschenuhr gefiel ihm aber in solchem Maße, und ihr Besitz erschien ihm so verlockend, daß er sein Messer nahm und, als der Freund sich abwandte, leise hinterrücks an ihn heranschlich, die Augen zum Himmel aufschlug, sich fromm bekreuzte und inbrünstig betete: ‚Gott, verzeihe mir um Christi willen!‘ – um darauf den Freund mit einem einzigen Stoß niederzustechen wie einen Hammel und ihm die Uhr aus der Tasche zu nehmen.“

Rogoshin brach in ein schallendes Gelächter aus. Er lachte ungläubig, lachte, als hätte er einen Lachkrampf. Und dieses plötzliche konvulsive Lachen erschien um so sonderbarer, als er noch vor einem Augenblick ernst, ja sogar finster gewesen war.

„Das gefällt mir! Nein, das ist aber doch unübertrefflich!“ stieß er zwischendurch hervor. „Der eine glaubt überhaupt nicht an Gott, der andere aber glaubt schon so sehr, daß er, zu ihm betend, sogar Menschen ermordet! Nein, das, Bruder, das ist zu wundervoll, so etwas kann man nur erleben, das kann man sich nicht ausdenken, Fürst, Freund! Ha–ha– ha–ha–ha! Nein, das ist unübertrefflich! ...“

„Am folgenden Morgen machte ich einen Spaziergang durch die Stadt,“ fuhr der Fürst fort, sobald Rogoshin sich ein wenig beruhigt hatte, wenn auch sein Mund immer noch krampfhaft zuckte und das Lachen aus seinem Gesicht nicht verschwinden wollte. „Da sehe ich, vor mir auf dem Trottoir kommt mir im Zickzack ein betrunkener Soldat entgegen, zerzaust, unordentlich und schmutzig. Wie er sich mir nähert, sagt er plötzlich: ‚Kauf‘, Herr, ein silbernes Kreuz, gebe es dir für zwanzig Kopeken; ein echt silbernes!‘ Ich sehe, er hat in der Hand ein Kreuz, das er offenbar soeben erst vom Halse genommen, an einem hellblauen, nur schon sehr abgetragenen Bande, doch ist es ein schweres Bleikreuz, das sieht man auf den ersten Blick, ziemlich groß, achtendig, mit echt byzantinischem Muster. Ich gab ihm ein Zwanzigkopekenstück und legte mir sogleich das Kreuz um den Hals. Man sah seinem Gesicht an, wie zufrieden er darüber war und wie es ihn freute, daß er den dummen Herrn so geschickt hatte betrügen können, worauf er sich zweifellos in die nächste Schenke begab, um das Geld für sein Kreuz zu vertrinken. Weißt du, Freund, ich war damals noch so unter dem Einfluß all der Eindrücke, die hier in Rußland auf mich eingestürmt waren, daß ich mitunter glaubte, sie würden mich erdrücken. Hatte ich doch früher nichts von unserem Vaterlande begriffen, war ich doch wie ein Taubstummer aufgewachsen, und nur phantastisch entsann ich mich in diesen fünf Jahren im Auslande des einen oder des anderen. Ich ging weiter und dachte bei mir: Nein, ich werde doch damit warten, diesen Christusverkäufer zu verurteilen. Kann doch nur Gott allein wissen, was diese trunkenen, schwachen Herzen in sich bergen. Nach einer Stunde, als ich zum Gasthof zurückkehrte, begegnete ich einem jungen Weibe, das ein kleines Kindchen auf den Armen trug. Es war ein noch junges Weib, und das Kleine wird so sechs Wochen alt gewesen sein. Da sehe ich, wie sie sich plötzlich so fromm bekreuzt, so inbrünstig geradezu. ‚Weshalb bekreuzt du dich, junge Mutter?‘ fragte ich sie – ich frage doch nach allem auf Schritt und Tritt. Da sagte sie: ‚Ebenso groß, wie die Freude der Mutter ist, wenn sie das erste Lächeln ihres Kindes erblickt, ist auch die Freude Gottes jedesmal, wenn er sieht, wie ein Sünder vor ihm zum Gebet niederkniet.‘ Fast mit denselben Worten sagte es mir das Weib, und damit sprach sie einen so tiefen, so feinen und wahrhaft religiösen Gedanken aus, einen Gedanken, in dem sich das ganze Wesen des Christentums ausdrückt, das heißt, der ganze Begriff von Gott, als von unserem leiblichen Vater, und von der Freude Gottes am Menschen, als von der Freude eines Vater an seinem leiblichen Kinde – das aber ist ja doch der Grundgedanke Christi! Es war ein ganz einfaches junges Bauernweib! Freilich, sie war Mutter ... Und wer weiß, vielleicht war sie das Weib jenes Soldaten. Höre, Parfen, ich will dir noch auf deine Frage antworten: Das Wesen des religiösen Gefühls steht außerhalb aller Verbrechen und atheistischen Lehrsätze; wenn man von ihm sprechen will, wird man immer irgendwie *nicht davon* sprechen, und so wird es ewig sein; es ist hierin etwas, von dem alle Atheismen abgleiten, und ich sage dir, man kann gar nicht *davon*, sondern nur von etwas ganz anderem sprechen. Doch die Hauptsache ist, daß man dies am klarsten und schnellsten am russischen Herzen bemerkt, – davon bin ich überzeugt! Es ist das eine meiner ersten Überzeugungen, die ich hier in unserem Rußland gewonnen habe. Es gibt hier etwas zu tun, Parfen! Es gibt vieles zu tun, hier in unserer russischen Welt, glaub' es mir! Denk' daran, wie wir in Moskau zusammenkamen und sprachen ... Nein, ich wollte gar nicht mehr hierher zurückkehren! ... Und daß wir so, daß wir in dieser Weise uns wiedersehen würden, hätte ich niemals, niemals erwartet! Doch was! ... Leb' wohl, auf Wiedersehen! ... Möge Gott dich behüten!"

Er wandte sich um und stieg die Treppe hinab.

„Lew Nikolajewitsch!" rief plötzlich Parfen von oben, als der Fürst beim ersten Treppenabsatz angelangt war, „das Kreuz, das du dem Soldaten abgekauft hast – hast du das bei dir?"

„Ja, bei mir."

Und der Fürst blieb stehen.

„Zeig' mal her."

Wieder eine neue Seltsamkeit. Der Fürst dachte einen Augenblick nach, dann entschloß er sich und stieg die Treppe wieder hinauf, zog das Kreuz hervor und zeigte es Rogoshin, ohne es jedoch abzunehmen.

„Gib's mir," sagte Rogoshin.

„Weshalb? Willst du denn ..."

Der Fürst wollte sich nicht gern von diesem Kreuz trennen.

„Ich werde es tragen und mein Kreuz dir geben, trag du es."

„Du willst mit mir die Kreuze tauschen?[] Wenn du das willst, Parfen, wird es mich freuen – seien wir Brüder!"

Der Fürst nahm sein bleiernes Kreuz ab und Parfen sein goldenes, und sie tauschten die Kreuze. Parfen schwieg. Es fiel dem Fürsten auf und berührte ihn unangenehm, daß das frühere Mißtrauen, das frühere bittere und fast spöttische Lächeln immer noch im Gesicht seines „Bruders" zu zucken schien, wenigstens trat es für Augenblicke sichtbar hervor. Schweigend nahm schließlich Rogoshin die Hand des Fürsten und behielt sie eine Weile gleichsam unentschlossen in der seinen; plötzlich zog er ihn dann nach sich, indem er kaum hörbar ein „Komm!" brummte. Sie gingen über den Treppenflur, und Rogoshin klingelte an der zweiten Tür, die jener, aus der sie herausgetreten waren, gegenüberlag. Es wurde ihnen bald geöffnet. Ein altes, kleines Frauchen in einem schwarzen Kleide, mit gekrümmtem Rücken und einem kleinen, um die Haare gebundenen Tuch verbeugte sich schweigend und tief vor Rogoshin. Dieser stellte flüchtig irgendeine Frage an sie, zog jedoch, ohne stehen zu bleiben oder ihre Antwort abzuwarten, den Fürsten weiter durch die folgenden Zimmer. Auch hier waren es dunkle, hohe Räume, in denen eine ganz besondere Sauberkeit herrschte, und kalt und streng wirkten auch die altertümlichen Möbel in den weißen, sauberen Überzügen. Ohne Anmeldung führte Rogoshin den Fürsten in ein nicht großes Zimmer, das etwa als Gastzimmer eingerichtet zu sein schien, doch wurde ein Teil vom Raume durch eine glänzend polierte Mahagoniholzwand, in der rechts und links eine Tür war, abgeteilt, und dieser Teil diente wahrscheinlich als Schlafzimmer.

In der einen Ecke des Gastzimmers saß dicht am Ofen in einem großen Lehnstuhl eine kleine, alte Frau. Übrigens war sie vielleicht noch gar nicht so sehr alt; ihr angenehmes, rundes Gesicht hatte noch eine ziemlich gesunde Farbe, doch ihr Haar war schon ganz silbergrau, und auf den ersten Blick konnte man erkennen, daß sie bereits vollkommen kindisch geworden war. Sie trug ein schwarzes Wollenkleid, um die Schultern ein weiches, schwarzes Tuch und auf dem Kopf eine saubere, weiße Haube, die unter dem Kinn nach alter Art festgebunden war. Die Füße stützte sie auf ein kleines Fußbänkchen. Neben ihr saß ein anderes, ebenso sauberes Frauchen, vielleicht etwas älter an Jahren, gleichfalls in einem Trauerkleide und einer weißen Haube – offenbar eine arme, alte Bekannte, die im Hause lebte und von Rogoshins ernährt wurde. Sie strickte schweigend an einem Strumpf. Augenscheinlich hatten sie beide die ganze Zeit geschwiegen. Als die ältere, fremde Frau Rogoshin und den Fürsten erblickte, lächelte sie freundlich und nickte mehrmals zum Zeichen ihrer Freude mit dem Kopf.

„Mütterchen," sagte Rogoshin, nachdem er seiner alten Mutter die Hand geküßt hatte, „hier ist mein Freund, Fürst Lew Nikolajewitsch Myschkin; wir haben beide die Kreuze getauscht; er war eine Zeitlang in Moskau wie ein leiblicher Bruder zu mir, er hat viel für mich getan. Segne du ihn, Mütterchen, wie du deinen leiblichen Sohn segnen würdest. Wart, Mütterchen, gib her, ich werde dir die Hand zum Segnen zurechtlegen ..."

Doch noch bevor Parfen ihre Hand ergreifen konnte, hatte sein Mütterchen schon ihre rechte Hand erhoben, die drei Finger zusammengelegt und andächtig dreimal das Kreuz über den Fürsten geschlagen. Es war ein fast zärtlicher Ausdruck in ihrem Gesicht, als sie ihm darauf freundlich mit dem Kopfe zunickte.

„Nun, gehen wir, Lew Nikolajewitsch," sagte Parfen, „ich habe dich nur deshalb hierhergeführt ..."

Als sie wieder auf den Treppenflur hinaustraten, fügte er noch hinzu:

„Sie versteht doch sonst nichts, was man zu ihr sagt, und auch meine Worte hat sie nicht verstanden, und doch segnete sie dich; sie muß es selbst gewollt haben ... Nun leb' wohl, es ist Zeit für uns beide, für dich wie für mich."

Und er öffnete die Tür, die zu seiner Wohnung führte.

„Aber so laß mich dich doch zum Abschied wenigstens umarmen, du sonderbarer Mensch!" rief der Fürst aus, indem er ihn mit liebevollem Vorwurf anblickte, und er näherte sich ihm.

Doch Parfen hatte kaum die Hände erhoben, als er sie auch schon wieder sinken ließ. Er konnte sich nicht entschließen, er wandte sich von ihm ab, um ihn nicht ansehen zu müssen. Er wollte ihn nicht umarmen.

„Hab' keine Angst! Ich habe wohl von dir dein Kreuz genommen, aber wegen einer Taschenuhr werde ich dich doch nicht ermorden!" brummte er undeutlich und lachte dann ganz eigentümlich auf.

Doch plötzlich veränderte sich sein ganzes Gesicht: er erbleichte unheimlich, seine Lippen erzitterten und seine Augen wurden dunkel und flammten auf. Er erhob die Arme, umarmte den Fürsten krampfhaft und stieß, vor Erregung ganz atemlos, hervor:

„So *nimm* sie denn, wenn's das Schicksal so will! Sie sei dein! Ich lasse sie dir! ... Gedenke Rogoshins!"

Und hastig verließ er den Fürsten, ohne ihn anzusehen, und trat durch die Tür, die er krachend hinter sich zuschlug.

**V.**

Es war schon ziemlich spät, fast halb drei Uhr nachmittags, und so traf der Fürst den General nicht mehr in seiner Stadtwohnung an. Er hinterließ seine Visitenkarte und begab sich hierauf in den Gasthof „Zur Wage", um dort mit Koljä zu sprechen oder, falls er auch ihn nicht antreffen sollte, ein paar Worte an ihn zu schreiben, die er dann bei seiner Rückkunft vorfinden würde. Im Gasthof wurde ihm aber auf seine Frage mitgeteilt, daß Nikolai Ardalionytsch Iwolgin bereits am Morgen ausgegangen sei; doch habe er vor dem Fortgehen hinterlassen, für den Fall, daß jemand nach ihm fragen sollte, daß er um drei Uhr vielleicht zurückkehren werde; wenn er aber bis halb vier noch nicht erschienen sein sollte, so bedeute das, daß er mit der Bahn nach Pawlowsk gefahren sei, und dann würde er auch wohl bis zum Abend dort bleiben. Der Fürst beschloß, bis halb vier zu warten, und ließ sich die Speisekarte geben, um inzwischen zu Mittag zu speisen.

Die Uhr schlug halb vier und schlug vier, doch Koljä kam nicht. Der Fürst trat auf die Straße hinaus und ging mechanisch weiter. Es gibt bisweilen zu Anfang des Sommers wundervolle Tage in Petersburg, die Luft ist dann so hell, warm und still. Ein solcher Tag war es gerade jetzt. Der Fürst schlenderte eine gute Weile ziellos umher. Die Stadt war ihm wenig bekannt. An den Straßenkreuzungen, vor einzelnen Häusern, auf Plätzen und Brücken blieb er stehen; einmal setzte er sich in eine Konditorei, um etwas auszuruhen. Hin und wieder begann er auch mit großem Interesse die Vorübergehenden zu betrachten; doch am häufigsten sah er weder diese, noch bemerkte er überhaupt, wo er sich befand. Er fühlte sich in qualvoll gespannter und unruhiger Stimmung, und gleichzeitig empfand er ein unbezwingbares Bedürfnis nach Einsamkeit. Er wollte allein sein, um sich dieser ganzen, quälenden Stimmung völlig passiv hingeben zu können, ohne auch nur den geringsten Ausweg aus ihr zu suchen. Ihn ekelte vor all diesen Fragen, die plötzlich seine Seele und sein Herz bestürmten. „Wie denn, bin ich denn schuld an alledem?" murmelte er halb unbewußt vor sich hin.

Es war bereits gegen sechs, als er plötzlich gleichsam erwachte und sich auf dem Bahnhof der Zarskoje-Sselo-Bahn sah. Die Einsamkeit auf dem Bahnsteig wurde ihm bald unerträglich; ein neues Gefühl erfaßte ihn heiß und erhellte für einen Augenblick grell das Dunkel, in dem seine Seele rang. Er löste ein Billett nach Pawlowsk, und es drängte ihn, so schnell wie nur möglich fortzufahren. Doch offenbar verfolgte ihn etwas, und was ihn verfolgte, war nicht irgendein Wahn seiner Phantasie, wie er vielleicht zu glauben geneigt war, sondern Wirklichkeit. Kaum hatte er sich ins Kupee gesetzt, als er mit einemmal das soeben gelöste Billett hinwarf, auf den Bahnsteig hinabsprang und zerstreut und wie in Gedanken versunken den Bahnhof verließ. Nach einer Weile, bereits auf der Straße, kam ihm dann plötzlich eine Vorstellung ganz besonderer Art, die ihm zum Bewußtsein brachte, was ihn schon lange beunruhigt hatte. Er ertappte sich nun mit einem Male bei einer sehr sonderbaren Empfindungsäußerung, die schon ziemlich lange andauerte, die er jedoch erst jetzt bemerkte: schon seit mehreren Stunden, sogar schon in der „Wage", vielleicht aber auch schon vorher, kamen ihm immer wieder Augenblicke, in denen er plötzlich mit den Blicken ringsum irgend etwas zu suchen begann, bis er es dann plötzlich wieder vergaß – und sogar auf lange Zeit, auf ganze halbe Stunden –, um sich dann ebenso plötzlich wieder umzusehen und wieder unruhig mit den Augen zu suchen und zu suchen.

Doch kaum waren ein paar Minuten vergangen, nachdem er diesen krankhaften und bisher vollkommen unbewußten Vorgang bemerkt hatte, als plötzlich auch noch eine andere Erinnerung in ihm auftauchte, die sogleich ein ganz besonderes Interesse in ihm erweckte: er entsann sich, daß er in dem Augenblick, als er sich seines immer wiederkehrenden Suchens bewußt wurde, gerade auf dem Trottoir vor einem Schaufenster gestanden und mit großem Interesse die ausgestellte Ware betrachtet hatte. Nun wollte er sich unbedingt überzeugen, ob er tatsächlich vor vielleicht fünf Minuten auf seinem Wege an einem solchen Fenster vorbeigekommen war, oder ob er es sich nur einbildete, vor einem solchen Fenster gestanden zu haben. Hatte er nicht irgend etwas verwechselt? Gab es wirklich ein solches Schaufenster mit dieser Ware? Fühlte er sich doch heute eigentümlich krank, unruhig, unbehaglich, fast in derselben Stimmung, die früher seinen epileptischen Anfällen vorausgegangen zwar. Er wußte, daß er in den Stunden vor einem Anfall stets ungewöhnlich zerstreut gewesen war und häufig sogar Gegenstände und Personen verwechselt hatte, wenn er sie nicht gerade mit angespannter Aufmerksamkeit ansah. Doch es gab da noch einen besonderen Grund, weshalb er sich unbedingt vergewissern wollte, ob er in dem Augenblick tatsächlich vor einem Schaufenster gestanden: unter den zur Schau gestellten Gegenständen war ein Gegenstand gewesen, den er unverwandt angesehen, und den er sogar auf sechzig Silberkopeken geschätzt hatte, – dessen entsann er sich noch genau, trotz seiner ganzen Zerstreutheit und Erregung. Wenn nun dieses Schaufenster existierte und dieser Gegenstand sich wirklich unter den übrigen fand, so war er nur wegen dieses Gegenstandes stehen geblieben; folglich aber mußte dieser doch von so großem Interesse für ihn sein, daß er seine Aufmerksamkeit auf sich gelenkt hatte, und das noch dazu in einem Augenblick so bedrückender Zerstreutheit, nachdem er kaum aus dem Bahnhof herausgetreten war! Der Fürst ging denselben Weg zurück, den er gekommen, und blickte fast angstvoll auf die Schaufensterreihe, während sein Herz in ungeduldiger Erwartung laut schlug. Endlich, da war das Fenster! Er war also schon an fünfhundert Schritt an ihm vorübergegangen. Und da war auch jener Gegenstand, den er auf sechzig Kopeken geschätzt hatte. „Natürlich, sechzig Kopeken, nicht mehr und nicht weniger!" dachte er bei sich und lachte. Doch dieses Lachen war nervös, es wurde ihm unsäglich schwer zumute. Und auf einmal entsann er sich, daß er gerade hier, als er vor diesem Fenster gestanden, sich plötzlich umgewandt hatte, ganz wie vorhin bei Rogoshin, als er dessen Blick auf sich ruhen gefühlt. Nachdem er sich überzeugt, daß er sich im Schaufenster nicht getäuscht hatte – wovon er übrigens auch schon vor der Rückkehr zum Fenster eigentlich überzeugt gewesen war – wandte er sich wieder um und ging schnell fort. Über alles das hieß es jetzt nachdenken, um möglichst bald mit sich selbst ins reine zu kommen. Jetzt war es ja klar, daß auch am Morgen bei seiner Ankunft etwas unbedingt Wirkliches auf ihm gelastet hatte, das zweifellos mit dieser seiner früheren Unruhe zusammenhing. Er wollte über alles nachdenken ... doch da stieg in ihm ein gewisser, unbezwinglicher Ekel auf und erstickte alles übrige; er mochte nicht nachdenken, er wollte nicht daran denken, ... seine Gedanken hingen an etwas ganz anderem.

Er dachte unter anderem auch daran, daß in seinem früheren epileptischen Zustande kurz vor jedem Anfall – wenn der Anfall nicht in der Nacht, nicht gerade im Schlafe kam – ganz plötzlich mitten in der Trauer, in der inneren Dunkelheit – wie er es nannte – des Bedrücktseins und der Qual, sein Gehirn sich für Augenblicke gleichsam blitzartig erhellte und alle seine Lebenskräfte sich mit einem Schlage krampfhaft anspannten. Die Empfindungen des Lebens, des Seins verzehnfachten sich in diesen Augenblicken, und wenn sie vergangen waren, war alles nur wie ein Blitz gewesen. Der Verstand und das Herz waren plötzlich von ungewöhnlichem Licht erfüllt; alle Aufregung, alle Zweifel, alle Unruhe löste sich gleichsam in eine höhere Ruhe auf, in eine Ruhe voll klarer, harmonischer Freude und Hoffnung. Doch diese Augenblicke, diese Lichtblicke waren erst nur eine Vorahnung jener einen Sekunde, in der dann der Anfall eintrat – länger als eine Sekunde währte es nie. Diese Sekunde aber war unerträglich. Wenn er später in bereits gesundem Zustande über diese Sekunde nachgedacht, hatte er sich sagen müssen, daß doch all diese Lichterscheinungen und Augenblicke eines höheren Bewußtseins und einer höheren Empfindung seines Ich, und folglich auch eines „höheren Seins", schließlich nichts anderes waren als eine Unterbrechung des normalen Zustandes, als eben seine Krankheit; war aber das der Fall, so konnte man es doch durchaus nicht als „höheres" Sein, sondern im Gegenteil nur als ein sehr niedriges betrachten. Doch dessenungeachtet kam er zu guter Letzt zu einer überaus paradoxen Schlußfolgerung: „Nun, was tut denn das, daß es Krankheit und unnormal ist?" entschied er schließlich, „Was geht das mich an, ob es normal oder nicht normal ist, wenn das Resultat, wenn die Empfindung des Augenblicks in der Erinnerung an sie in gesundem Zustande mir als höchste Harmonie und Schönheit erscheint, in mir bis dahin ungeahnte Gefühle erweckt, Größe, Fülle und Ewigkeit mich fühlen läßt und mich mit allem aussöhnt, wie in einem begeisterten, gottschauenden Zusammenfließen mit der höchsten Synthese des Lebens?" Diese nebelhaften Ausdrücke für seine Gefühle erschienen ihm selbst sehr verständlich, nur fand er sie noch viel zu schwach. Daß es aber tatsächlich „Schönheit und Gottschauen" und „die höchste Synthese des Lebens" war – daran zweifelte er nicht, er hätte es überhaupt nicht vermocht, einen

Zweifel auch nur zuzulassen. Waren es doch keine Visionen von der Art, wie man sie nach dem Genuß von Haschisch, Opium oder Wein träumt, die die Vernunft vernichten und die Seele verzerren, die unnormal und künstlich sind. Darüber konnte er in gesundem Zustande ganz objektiv urteilen. Diese Augenblicke waren schließlich nichts anderes als eine unendliche Ausspannung des Sichselbstempfindens – wenn man diesen Zustand in einem Wort ausdrücken soll – oder der Erkenntnis, des Bewußtseins eines im höchsten Grade unmittelbaren Selbstgefühls. Wenn er in dem Augenblick, d. h. in jener letzten bewußten Sekunde vor dem Anfall, sich noch deutlich und bewußt sagen konnte: „Ja, für diese Sekunde kann man das ganze Leben hingeben!" so mußte diese Sekunde selbstverständlich auch das ganze Leben wert sein. Übrigens – für die Richtigkeit der Dialektik seiner Schlußfolgerung stand er nicht ein: die geistige Stumpfheit, die seelische Dunkelheit, der Idiotismus standen als Folgen dieser „höchsten" Sekunde nur zu deutlich in seiner Erinnerung, und so hätte er natürlich nicht versucht, seine Auffassung im Ernst zu verteidigen. Es mußte also in seiner Folgerung, in seiner Einschätzung dieses Augenblicks doch irgendwo ein Fehler sein, ein Versehen vielleicht, aber die Wirklichkeit der Empfindung war nun einmal Tatsache, und ihren Eindruck konnte und wollte er nicht herabsetzen. „In diesem Augenblick glaube ich jenes ungeheuere Wort zu verstehen, daß ‚die Zeit nicht mehr sein wird‘," hatte er einmal in Moskau zu Rogoshin gesagt. Und lächelnd hatte er noch hinzugefügt: „Wahrscheinlich ist es dieselbe Sekunde, in der der bis zum Rande mit Wasser gefüllte Krug des Epileptikers Mohammed umstürzte und doch nicht Zeit hatte, überzufließen, während Mohammed in derselben Sekunde alle Gärten Allahs überschaute." Ja, in Moskau war er oft mit Rogoshin zusammengekommen, und dann hatten sie fast nur davon gesprochen.

„Rogoshin sagte vorhin, daß ich damals sein Bruder gewesen sei ... Das hat er heute zum erstenmal gesagt," dachte der Fürst bei sich.

Als er daran dachte, saß er auf einer Bank, unter einem Baume im „Sommergarten"[]. Es war gegen sieben Uhr und der Garten schon ganz menschenleer; etwas Dunkles schob sich für einen Augenblick vor die untergehende Sonne. Es war schwül; ... in der Ferne zog ein Gewitter herauf. Der Fürst befand sich in einer Stimmung, die seine Gedanken immer wieder auf einen gewissen Weg zu locken schien, und deshalb heftete er instinktmäßig sein Denken an jeden äußeren Gegenstand, der ihm auffiel oder im Laufe des Tages aufgefallen war, und dieses Spiel gefiel ihm. Es war ihm, als wollte er etwas vergessen, etwas Gegenwärtiges, Drohendes, – doch schon beim ersten Blick ringsum erkannte er in sich wieder seinen dunklen Gedanken, diesen Gedanken, den er doch um jeden Preis loswerden wollte. Er zwang sich, daran zu denken, was er in der „Wage" mit dem Oberkellner über einen sehr seltsamen Mord, der in letzter Zeit viel von sich reden gemacht, eigentlich gesprochen hatte. Doch kaum begann er daran zu denken, als plötzlich schon wieder etwas Sonderbares mit ihm geschah: ein allmächtiger, unbezwingbarer Wunsch, der fast wie eine teuflische Versuchung war, umkrallte plötzlich seinen ganzen Willen. Er erhob sich von der Bank und ging aus dem Garten geradeswegs zur „Petersburger Seite"[]. Als er vorhin am Newakai gestanden, hatte er sich von einem Vorübergehenden den Weg dorthin zeigen lassen, doch war er damals nicht hingegangen. Es wäre ja auch ganz zwecklos gewesen, hinzugehen, das wußte er. Die Adresse war ihm bekannt, und das Haus der Verwandten Lebedeffs hätte er bald gefunden; doch was half das, wenn er fast genau wußte, daß er sie nicht zu Hause antreffen würde?

„Bestimmt ist sie nach Pawlowsk gefahren, sonst hätte Koljä nach der Verabredung eine Nachricht in der ‚Wage' hinterlassen." Wenn er aber jetzt dennoch hinging, so tat er es natürlich nicht, um sie zu sehen. Eine andere dunkle und quälende Neugier lockte ihn dahin. Es war ihm plötzlich ein neuer Gedanke gekommen ...

Vorläufig genügte es ihm vollkommen, daß er ging und daß er wußte, wohin er ging. Doch kaum war eine Minute verstrichen, und er wußte nicht mehr, wohin er ging; er empfand es überhaupt nicht, daß er sich weiterbewegte. An seinen neuen Gedanken zu denken, ekelte ihn und wurde ihm ganz unmöglich. Mit qualvoll angespannter Aufmerksamkeit begann er alles zu betrachten, was ihm in den Weg kam, oder er betrachtete den Himmel, die Newa. Ein kleines Kind, das ihm begegnete, redete er an. Vielleicht war es nur die epileptische Spannung, die immer größer in ihm wurde.

Das Gewitter schien in der Tat, wenn auch nur langsam, heraufzuziehen. In der Ferne hörte man bisweilen ein dumpfes Grollen. Es war unerträglich schwül ...

Aus irgendeinem Grunde mußte er jetzt fortwährend an den Neffen Lebedeffs denken, den er am Vormittage gesehen hatte – wie einen bisweilen ein dummes, musikalisches Motiv verfolgt, das man auf keine Weise loswerden kann, auch wenn es einem schon bis zur Übelkeit langweilig geworden ist. Das Sonderbarste daran war aber, daß dieser Neffe ihm immer als jener Mörder erschien, als den Lebedeff ihn vorgestellt hatte. Von diesem Mörder hatte er noch vor ein paar Tagen gelesen. Überhaupt hatte er viel von derartigen Geschehnissen gelesen, seitdem er wieder in Rußland war; er verfolgte alle diese Dinge sehr gespannt. Und in der „Wage" hatte er mit dem Oberkellner sehr interessiert über die Ermordung der Familie Shemarin gesprochen. Der

Oberkellner war ganz seiner Meinung gewesen, dessen entsann er sich. Er dachte an den Eindruck, den dieser Oberkellner auf ihn gemacht hatte: es war das ein nicht dummer Bursche, solide und vorsichtig, – „übrigens ... Gott weiß, was er sein kann ... es ist schwer in einem neuen Lande neue Menschen zu durchschauen." An die russische Seele begann er übrigens leidenschaftlich zu glauben. Oh, viel, viel für ihn ganz Neues, Ungeahntes, Unerhörtes, Unerwartetes hatte er in diesen sechs Monaten ertragen! Doch eine fremde Seele bleibt stets ein Rätsel, und auch die russische Seele ist ein Rätsel, für viele ein Rätsel. Da war er nun lange Zeit so oft mit Rogoshin zusammengekommen, wie „Brüder" waren sie zueinander gewesen, und dennoch – kannte er Rogoshin? – „Was ist das hier alles für ein Chaos, welch ein Durcheinander, welch eine Unordnung! Was doch dieser Neffe Lebedeffs für ein unsympathischer und selbstzufriedener Bengel ist! Übrigens, was fällt mir ein!" fuhr der Fürst in seinem Gedankengang fort, „er hat doch nicht diese Familie ermordet, die sechs Menschen? Ich glaube, ich verwechsele alles ... wie sonderbar das ist! Ich glaube, mein Kopf ist ganz wirr, es dreht sich alles in ihm ... Was für ein reizendes, sympathisches Gesicht doch die älteste Tochter Lebedeffs hat, die dort mit dem Kinde stand, welch ein unschuldiger, fast kindlicher Ausdruck in ihren Augen lag und dazu dieses kindlich-heitere Lachen!" Seltsam, daß er dieses Gesicht fast ganz vergessen hatte und es erst jetzt in seiner Erinnerung auftauchte. Und Lebedeff, der sie mit den Füßen trampelnd anschreit, vergöttert höchstwahrscheinlich alle seine Kinder. Und was sogar noch wahrscheinlicher, was sogar ganz zweifellos Tatsache ist, das ist – daß Lebedeff auch seinen Neffen vergöttert!

„Übrigens, wie kommt er darauf, über sie alle ein endgültiges Urteil fällen zu wollen, er, der erst heute hier eingetroffen ist? Nehmen wir selbst diesen Lebedeff – der hat ihm doch vorhin einfach ein Rätsel aufgegeben: hätte er denn früher jemals einen solchen Lebedeff für möglich gehalten? Lebedeff und die Dubarry – Heiliger Vater! Wenn Rogoshin mordet, so wird er wenigstens nicht so unanständig morden. Es wird nicht dieses Chaos sein. Eine nach eigener Zeichnung bestellte Mordwaffe und sechs Menschen, alle sechs vorher in bewußtlosem Zustande! Hat denn Rogoshin eine nach eigener Zeichnung bestellte Mordwaffe ... er hat ... aber ... steht es denn fest, daß Rogoshin morden wird?!" fragte sich der Fürst, plötzlich zusammenzuckend. „Ist es nicht ein Verbrechen, eine Schändlichkeit, eine Niedertracht meinerseits, so zynisch offen eine solche Annahme auch nur in Gedanken zuzulassen?" rief er innerlich, und die Röte der Scham stieg ihm jäh ins Gesicht. Wie von einem Schlage getroffen blieb er stehen, und mit einem Schlage stand auch deutlich vor seinem geistigen Auge der Bahnhof der Zarskoje-Sselo-Bahn, von wo aus er nach Pawlowsk hatte fahren wollen, dann der

Nikolaibahnhof am Morgen bei der Ankunft und die direkte Frage an Rogoshin in betreff der „Augen" und dann das Kreuz Rogoshins, das er jetzt auf seiner Brust trug und der Segen der alten Mutter Rogoshins, zu der ihn jener selbst geführt hatte, und dann die letzte krampfhafte Umarmung und plötzlich der Verzicht Rogoshins, vorhin, auf der Treppe – und nach alledem mußte er sich nun immerwährend darauf ertappen, daß er irgend etwas in seiner Umgebung gleichsam suchte, – und dann jenes Schaufenster und jener eine Gegenstand ... welch eine Gemeinheit von ihm! Und nach alledem geht er jetzt mit einer „besonderen Absicht" und einem besonderen „plötzlichen Gedanken" dorthin. Verzweiflung und Qual erfaßte seine ganze Seele. Er wollte sofort umkehren und in sein Hotel zurückgehen; er wandte sich auch schon um und ging, doch nach einer Minute blieb er stehen, dachte nach, wandte sich wieder um und setzte seinen früheren Weg fort.

Da sah er, daß er bereits auf der „Petersburger Seite" war, und daß es zu dem Hause der Verwandten Lebedeffs nicht mehr weit sein konnte. Ging er doch jetzt nicht mehr mit der früheren Absicht hin, nicht mehr mit seinem „besonderen Gedanken"! Wie ging das zu? Ja, seine Krankheit kehrt wieder, daran kann er nicht mehr zweifeln; vielleicht wird er heute noch einen Anfall haben? Deshalb auch diese ganze Dunkelheit innerlich, deshalb auch dieser plötzliche Gedanke, diese neue Idee! Jetzt ist das Dunkel zerstreut, der Dämon vertrieben, alle Zweifel sind aufgehoben, in seinem Herzen ist Freude! Und – er hat *sie* so lange nicht gesehen, er muß sie schnell sehen und ... ja, er möchte jetzt Rogoshin treffen, er würde ihn bei der Hand nehmen, und sie würden beide zusammen gehen ... Sein Herz ist rein. Ist er denn Rogoshins Nebenbuhler? Morgen wird er zu Rogoshin gehen und ihm sagen, daß er bei ihr gewesen; war er doch herbeigeeilt, wie Rogoshin vorhin sagte, nur um sie zu sehen! Vielleicht wird er sie doch antreffen; es steht ja noch gar nicht fest, daß sie nach Pawlowsk gefahren ist!

Ja, es muß jetzt vor allen Dingen Klarheit geschaffen werden, damit sich alle über alle klar seien, damit es in der Leidenschaft nicht wieder zu solchen erschreckenden Verzichten kommt, wie heute, als Rogoshin auf sie verzichtete und sie ihm abtrat ... Ja, es muß das alles frei geschehen, frei und ... licht. Ist denn Rogoshin unfähig zu einem Leben im Lichten? Er sagt, er liebe sie nicht so, empfinde kein Mitleid wie ich. Allerdings fügte er dann noch hinzu: „Dein Mitleid ist vielleicht noch größer als meine Liebe," – aber er verleumdet sich ja doch nur. Hm! ... Rogoshin liest Bücher, – ist denn das nicht „Mitleid", nicht der Anfang des „Mitleids"? Beweist denn nicht schon dieses eine Buch auf seinem Tisch, daß er sein Verhältnis zu *ihr* vollkommen begreift? Und was er vorhin erzählte? Nein, das ist tiefer als bloße Leidenschaft. Und kann denn ihr Gesicht nur Leidenschaft allein erwecken? Und noch dazu jetzt, so wie es jetzt ist? Mitleid erweckt es, die ganze Seele nimmt es gefangen, es ... Brennende, quälende Erinnerung durchzuckte plötzlich das Herz des Fürsten.

Ja, quälend war die Erinnerung. Er mußte daran denken, wie er sich überzeugt hatte, daß sie ja doch ganz von Sinnen war. Er war damals der Verzweiflung nahe gewesen. Und wie hatte er sie damals verlassen können, als sie von ihm zu Rogoshin gelaufen war? Seine Pflicht wäre es gewesen, ihr nachzueilen, nicht aber, auf Nachrichten zu warten. Aber ... sollte Rogoshin noch immer nicht bemerkt haben, daß sie von Sinnen ist? Hm! ... Rogoshin vermutet in allem andere Ursachen, in allem vermutet er Leidenschaft. Und was das doch für eine sinnlose Eifersucht ist! Was wollte er vorhin mit seiner Annahme sagen? (Der Fürst errötete plötzlich, und es war ihm, als ob etwas in seinem Herzen erzitterte.)

Doch wozu daran denken? Sowohl Rogoshin wie sie – beide waren sie wahnsinnig. Daß aber er, der Fürst, diese Frau leidenschaftlich lieben sollte – das war ja ganz undenkbar, das wäre ja fast eine Grausamkeit, eine Unmenschlichkeit gewesen. Ja, ja! Nein, Rogoshin verleumdet sich selbst: er hat ein großes, ein so großes Herz, ein Herz, das leiden und auch Mitleid zu empfinden vermag. Wenn er erst die ganze Wahrheit erfahren wird, wenn er erst sehen wird, was für ein armes Geschöpf dieses beschimpfte und erniedrigte, halb wahnsinnige Weib ist, – wird er ihr dann nicht alles verzeihen, alle Qualen, die er durch sie gelitten? Wird er dann nicht ihr Diener, ihr Bruder, ihr Freund, ihre Vorsehung werden? Das Mitleid wird ihn lehren und lenken. Das Mitleid ist ja doch das erste und vielleicht auch einzige Daseinsgesetz der ganzen Menschheit. Oh, wie unverzeihlich und unehrenhaft seine Schuld Rogoshin gegenüber war! Nein, nicht die russische Seele ist ein Rätsel, sondern seine eigene Seele mußte ein Rätsel sein, wenn er einen so schändlichen, so entsetzlichen Verdacht hegen konnte. Für ein paar warme herzliche Worte, die er in Moskau zu ihm gesprochen, nennt ihn Rogoshin bereits seinen Bruder, er aber ... Doch das ist ja alles nur Krankheit, nur Fieber! Es wird sich ja alles bald entscheiden! ... Wie finster doch Rogoshin vorhin gesagt hatte, daß sein Glaube „vergehe"! Nein, dieser Mensch muß sich unsäglich quälen. Er sagt, er „liebe es, dieses Bild zu betrachten"; das heißt, er liebt es nicht, aber er empfindet das Bedürfnis, es zu betrachten. Rogoshin ist nicht nur ein Leidenschaftsmensch, er ist – ein Kämpfer! Ja, ein Kämpfer ist er: wenn nicht anders, dann mit Gewalt den verlorenen Glauben wiedergewinnen, das will er. Und den Glauben, nach dem verlangt es ihn jetzt bis zur Pein ... Ja, an etwas glauben! An jemand glauben! Aber wie sonderbar doch diese Holbeinsche Kreuzabnahme ist

... Ah, da ist die Straße! Da ist auch wahrscheinlich schon das Haus ... Richtig: Nr. . „Haus der Kollegien-Sekretärin Filissoff". Das ist es!

Der Fürst zog die Klingel und fragte nach Nastassja Filippowna.

Die Hausbesitzerin, die ihm selbst geöffnet hatte, teilte ihm mit, daß Nastassja Filippowna bereits am Morgen nach Pawlowsk zu Darja Alexejewna gefahren sei – „und es ist möglich, daß sie etliche Tage daselbst verbleibt," fügte sie mitteilsam hinzu.

Die Filissowa war ein mageres, spitzes Dämchen von etwa vierzig Jahren, mit spitzem Gesicht und scharfen Augen, die den Fürsten listig und aufmerksam musterten. Auf ihre Frage, „mit wem sie denn die Ehre habe" – sie hatte gleichsam mit Absicht so gefragt, als handle es sich um ein großes Geheimnis – wollte der Fürst eigentlich nicht gern antworten, und er wandte sich bereits zum Fortgehen; doch besann er sich sogleich, nannte seinen Namen und bat sie, Nastassja Filippowna von seinem Besuch in Kenntnis zu setzen. Die Filissowa horchte auf und machte ein höchst geheimnisvolles Gesicht, als hätte sie damit sagen wollen: „I, ich verstehe schon, seien Sie unbesorgt!" Der Name des Fürsten hatte offenbar großen Eindruck auf sie gemacht. Der Fürst blickte sie nur zerstreut an, wandte sich dann um und kehrte auf die Straße zurück. Doch als er das Haus verließ, sah er anders aus als beim Eintritt in dasselbe. Es war in ihm wieder eine Veränderung vor sich gegangen, und wieder war es in einer einzigen Sekunde geschehen: wieder war er bleich, müde, gequält und erregt; seine Knie zitterten und ein unstetes, trübes Lächeln ließ seine blau gewordenen Lippen hin und wieder zucken: sein „plötzlicher Gedanke" hatte sich plötzlich bestätigt, es hatte also seine Richtigkeit damit, und – wieder glaubte er an seinen Dämon!

Aber hatte er sich auch wirklich bestätigt? Hatte es wirklich seine Richtigkeit damit? Weshalb zitterte er denn jetzt wieder? Woher kam dieser kalte Schweiß auf der Stirn, diese Dunkelheit und Kälte in der Seele? Weil er soeben wieder jene *Augen* gesehen? Aber er war ja doch nur deshalb aus dem Sommergarten hergekommen, um sie zu sehen! Das war ja doch sein ganzer „plötzlicher Gedanke" gewesen. Er hatte unbedingt, unbedingt „jene Augen" sehen wollen, um sich endgültig zu überzeugen, daß er sie unfehlbar „*dort*, bei jenem Hause" sehen würde. Dieser krampfhafte Wunsch hatte ihn hergeführt, – weshalb ist er denn jetzt so zermalmt, nachdem er sie nun auch wirklich gesehen? Ganz als hätte er es nicht erwartet! Ja, es waren *dieselben* Augen – daß es tatsächlich *dieselben* waren, darüber konnte kein Zweifel bestehen! – *dieselben*, die in der drängenden Volksmenge plötzlich aufblitzend starr ihn angesehen hatten, als er aus dem Kupee gestiegen war; *dieselben* (genau, genau dieselben!), deren Blick er vorhin auf sich ruhen gefühlt, die Augen dicht hinter seinen Schultern, als er bei Rogoshin im Begriff gewesen war, sich zu setzen. Rogoshin hatte geleugnet, hatte nur mit ironischem, eisigem Lächeln gefragt: „Wessen Augen waren's denn?" Und der Fürst hatte noch vor kurzem – als er sich auf dem Bahnhof der Zarskoje-Sselo-Bahn ins Kupee gesetzt, um zu Aglaja zu fahren, und plötzlich wieder diese Augen sah, bereits zum drittenmal an diesem Tage – auf Rogoshin zugehen und *ihm* sagen wollen, „wessen Augen es waren"! Statt dessen war er aus dem Bahnhof hinausgeeilt und erst vor dem Schaufenster jener Messerhandlung halbwegs zur Besinnung gekommen, als er dort stehen geblieben war und halb unbewußt einen Gegenstand mit einem Hirschhorngriff auf sechzig Kopeken geschätzt hatte. Der seltsame, grauenvolle Dämon heftete sich endgültig an ihn und wollte ihn nicht mehr verlassen. Dieser Dämon hatte ihm im Sommergarten, als er gedankenverloren unter der Linde gesessen, plötzlich zugeflüstert, daß Rogoshin, wenn er es für nötig fand, ihn seit dem Morgen zu verfolgen, sich gleichsam an seine Fersen zu heften, dann doch sicherlich nach der Feststellung, daß der Fürst nicht nach Pawlowsk fuhr (was für Rogoshin natürlich von verhängnisvoller Bedeutung war), ganz zweifellos *dorthin* gehen würde, zu jenem Hause auf der Petersburger Seite, um dort den Fürsten zu erwarten, der ihm doch noch am Vormittage sein Ehrenwort gegeben, daß er sie „nicht sehen" werde und „nicht deshalb nach Petersburg gekommen sei". Und dennoch – wie im Krampf war er zu jenem Hause gestrebt. Und was ist denn dabei, daß er dort tatsächlich Rogoshin antraf? Er hatte doch nur einen unglücklichen Menschen gesehen, dessen Seelenzustand dunkel und düster, doch nichtsdestoweniger nur zu verständlich war. Dieser unglückliche Mensch hatte sich jetzt nicht einmal mehr versteckt. Ja, Rogoshin hatte, als er ihn nach jenen Augen gefragt, geschwiegen und nicht die Wahrheit gesagt, doch auf dem Bahnsteig der Zarskoje-Sselo-Bahn hatte er, fast ohne sich verbergen zu wollen, dagestanden; eher war sogar er es gewesen, der Fürst, der sich verborgen hatte, nicht aber Rogoshin. Jetzt aber, bei jenem Hause, hatte er auf der anderen Seite der Straße gestanden, vielleicht fünfzig Schritt entfernt, schräg gegenüber dem Hause; auf dem Trottoir hatte er gestanden, die Arme über der Brust verschränkt, und gewartet. Hier hatte er frei gestanden, allen sichtbar, und offenbar hatte er mit Absicht gewollt, daß der Fürst ihn sähe. Wie ein Ankläger und Richter hatte er dort gestanden und nicht wie ... Nicht wie wer?

Aber weshalb war er, der Fürst, denn nicht auf ihn zugegangen? Weshalb hatte er sich von ihm abgewandt, als hätte er ihn nicht bemerkt, obschon ihre Blicke sich begegnet waren? (Ja, ihre Blicke waren sich begegnet, und sie hatten einander in die Augen gesehen.) Hatte er doch noch vor kurzem selbst den Wunsch gehabt, Rogoshin bei der Hand zu nehmen und mit ihm zusammen *dorthin* zu gehen? Hatte er doch selbst morgen zu ihm gehen und ihm sagen wollen, daß er bei ihr gewesen war? Hatte er sich doch selbst von seinem Dämon losgesagt, noch auf dem halben Wege dorthin, als plötzlich Freude seine ganze Seele erfüllt hatte. Oder war in Rogoshin tatsächlich irgend etwas gewesen, in der ganzen *heutigen* Erscheinung dieses Menschen, in der Gesamtheit seiner Worte, Bewegungen, Handlungen, Blicke, das die entsetzlichen Vorahnungen des Fürsten und die furchtbaren Einflüsterungen seines Dämons rechtfertigen konnte? Irgend etwas, das man vielleicht ganz unbewußt, ganz von selbst sieht, das sich aber schwer analysieren oder in Worten ausdrücken läßt, und das, wenn man es auch tausendmal nicht begründen kann, dennoch einen vollkommen in sich abgeschlossenen und unwiderstehlichen Eindruck macht, der ganz unwillkürlich zur vollen Überzeugung auswächst? ...

Überzeugung? – Zu was für einer Überzeugung? (Oh, wie die Ungeheuerlichkeit dieser „erniedrigenden" Überzeugung, „dieser niedrigen Vorahnung" den Fürsten quälte, und wie bittere Vorwürfe er sich ihretwegen machte!) „So sag' es doch, wenn du es wagst, was das für eine Überzeugung ist?" sagte er immer wieder herausfordernd zu sich selbst, „formuliere, wage es doch, deinen ganzen Gedanken klar, treffend, ohne zu zögern, auszusprechen! Oh, ein Ehrloser bin ich!" rief er verzweifelt aus, und die Röte der Scham stieg ihm ins Gesicht. „Mit welchen Augen werde ich jetzt mein Leben lang auf diesen Menschen sehen! Was ist das heute für ein Tag! Gott, welch ein Alpdruck!"

Während der Fürst den langen Weg von der Petersburger Seite bis zu seinem Gasthof zurücklegte, überkam ihn in einem Augenblick plötzlich der unbezwingbare Wunsch, sogleich zu Rogoshin zu gehen, ihn zu erwarten, beschämt und unter Tränen zu umarmen und ihm alles zu sagen, alles, alles. Doch da war er bereits bei seinem Gasthof angelangt. Das ganze Haus, die Korridore, seine Nummer hatten ihm schon auf den ersten Blick unsäglich mißfallen, und im Laufe des Tages hatte er mehr als einmal mit ganz besonderem Widerwillen daran gedacht, daß er ja doch noch hierher würde zurückkehren müssen ... „Aber was ist heute mit mir, ich fange ja wahrhaftig an, wie eine kranke Frau an jedes Vorgefühl zu glauben!" dachte er mit gereiztem Spott und blieb vor dem Haustor stehen: ihm fiel plötzlich ein heute gesehener Gegenstand ein, doch dachte er „kalt", mit vollem Bewußtsein an ihn, nicht wie unter einem Alpdruck: er entsann sich plötzlich des Messers auf Rogoshins Tisch. „Nein, aber weshalb darf denn Rogoshin nicht so viele Messer auf dem Tisch haben, wie er will?" dachte er verwundert über sich selbst, und im selben Augenblick fühlte er, wie er erstarrte: ihm war sein Stehenbleiben vor dem Schaufenster der Messerhandlung eingefallen. „Aber was hat denn das damit zu tun ..." rief er aus, doch plötzlich brach er ab. Wie eine jeden Widerstand verschlingende Welle überkam ihn von neuem das Schamgefühl, das diesmal fast an Verzweiflung grenzte, und bannte ihn an den Fleck, wo er stand – als er gerade im Begriff war, durch das Haustor einzutreten. Er stand eine Weile wie erstarrt. So pflegt es bisweilen Leuten zu ergehen: plötzliche, überwältigende Erinnerungen, namentlich wenn diese noch ein heißes Schamgefühl in ihnen erwecken, machen sie für einen Augenblick gleichsam erstarren. „Ja, ich bin ein herzloser Mensch und ein Feigling!" sagte der Fürst düster zu sich selbst und machte eine hastige Bewegung, wie um weiterzugehen, doch ... Da blieb er plötzlich wieder wie gebannt stehen.

In dem Torweg, wo es sonst ohnehin schon dunkel war, wurde es in diesem Augenblick ganz finster: die mittlerweile heraufgezogene Gewitterwolke hatte den letzten Abendschein verdunkelt, und, als der Fürst in den Torweg trat, fielen die ersten großen Tropfen, denen sofort ein strömender Gewitterregen folgte. Doch in derselben Sekunde, in der er nach seinem momentanen Stehenbleiben hastig einen Schritt vortrat – er befand sich noch am Eingang auf der Straße und trat erst durchs Tor – , sah er plötzlich im dunklen Hintergrunde des Torwegs, dort wo die Treppe begann, einen Menschen. Dieser Mensch schien auf irgend etwas gewartet zu haben, doch als der Fürst im Tor erschien, bewegte er sich schnell zur Seite und verschwand. Der Fürst hatte ihn kaum gesehen und hätte natürlich nicht sagen können, wer es gewesen war – zudem war das hier ein Gasthof, und es gingen doch fortwährend Menschen ein und aus –, aber nichtsdestoweniger war er plötzlich fest überzeugt, daß er diesen Menschen erkannt habe, und daß dieser Mensch kein anderer als Rogoshin war. In demselben Augenblick stürzte der Fürst ihm nach auf die Treppe. Das Herz stand ihm still. „Sogleich wird sich alles entscheiden!" dachte er bei sich in seltsamer Überzeugung.

Die Treppe, die der Fürst hinaufeilte, und die zu den Korridoren des ersten und zweiten Stockwerkes führte, war wie in fast allen alten Petersburger Häusern eine schmale, dunkle, steinerne Wendeltreppe, die sich um einen dicken, steinernen Pfeiler wand. Auf dem ersten Treppenabsatz befand sich in diesem breiten, steinernen Pfeiler eine Art Nische; sie war etwa einen Schritt breit und einen halben Schritt tief – jedenfalls hätte ein Mensch sich hier verbergen können. Wie dunkel es auch war, so konnte der Fürst doch sofort, als er den Treppenabsatz erreicht hatte, erkennen, daß der Mensch sich hier in der Nische aus irgendeinem Grunde verbarg. Der Fürst wollte zuerst vorübergehen, ohne nach rechts zu sehen, er machte bereits einen Schritt weiter – doch da hielt er es plötzlich nicht aus und wandte sich zurück zur Nische.

Zwei Augen, *dieselben* Augen, die ihn den ganzen Tag verfolgt hatten, begegneten seinem Blick. Der Mensch, der sich in der Nische verborgen hatte, war gleichfalls schon einen Schritt vorgetreten. Eine Sekunde lang standen sie sich dicht gegenüber. Plötzlich packte der Fürst ihn an den Schultern und kehrte ihn zurück zur Treppe, zum Licht: er wollte das Gesicht sehen.

Rogoshins Augen funkelten ihn an, und ein irrsinniges Lächeln verzerrte seine Lippen. Seine rechte Hand erhob sich, und es blitzte etwas in ihr; der Fürst dachte nicht daran, die Hand aufzuhalten. In der Erinnerung schien es ihm später, daß er ausgerufen habe:

„Parfen, ich glaub's nicht! ..."

Dann war es ihm plötzlich, als täte sich etwas vor ihm auf: unbeschreibliches, nie dagewesenes Licht erstrahlte in seinem Innern und erhellte seine Seele. Das dauerte im ganzen vielleicht nur eine halbe Sekunde, doch entsann er sich später noch deutlich und bewußt des Anfangs, des ersten Tones jenes entsetzlichen Schreis, der sich plötzlich ganz von selbst seiner Brust entrungen hatte, und den er mit keiner Gewalt hätte aufzuhalten, zu unterdrücken oder abzubrechen vermocht. Dann schwand ihm momentan das Bewußtsein und tiefe Finsternis trat ein.

Es war ein epileptischer Anfall, wie er ihn lange nicht mehr gehabt. Bekanntlich kommen solche Anfälle ganz plötzlich, das Gesicht verzerrt sich, namentlich der Blick ist entstellt, Krämpfe und Zuckungen erfassen den ganzen Körper und alle Gesichtszüge zucken. Ein entsetzlicher, mit nichts vergleichbarer Schrei, der vielleicht entfernt an das Brüllen eines Tieres gemahnt, entringt sich der Brust; in diesem Schrei verschwindet gleichsam alles Menschliche, und einem Beobachter ist es ganz unmöglich, sich vorzustellen, daß es wirklich ein Mensch ist, der da schreit. Es scheint vielmehr, daß jemand anderes es tut, einer, der sich im Innern dieses Menschen befindet. Wenigstens haben viele mit diesen Worten ihren Eindruck geschildert; in vielen ruft der Anblick eines Menschen im epileptischen Anfall entschieden unerträgliches Entsetzen hervor, ein Entsetzen, dem sogar etwas Mystisches anhaftet. Es ist anzunehmen, daß der unheimliche Schrei des Fürsten und das durch ihn hervorgerufene plötzliche Entsetzen Rogoshin im Augenblick erstarren machte, und das war's, was den Fürsten vor dem Messer bewahrte, das der andere bereits über ihm erhoben hatte. Dann aber, als Rogoshin sah, daß der Fürst plötzlich zurücktaumelte, rücklings die Treppe hinunterfiel und sein Kopf krachend auf die steinernen Stufen schlug, da zuckte er zusammen und stürzte, ohne zu erraten, daß es ein Anfall war, fast besinnungslos die Treppe hinab, am Gefallenen vorüber, hinaus auf die Straße.

Von den krampfartigen Zuckungen und dem Umsichschlagen rutschte der Körper des Kranken immer weiter die Treppe hinab, von Stufe zu Stufe, von denen es bis zum Flur noch ganze fünfzehn waren. Sehr bald, schon nach wenigen Minuten, bemerkte man den Liegenden, und in kürzester Zeit umstand ihn eine Menge Menschen. Die Blutlache, in der der Kopf lag, flößte Schrecken ein: „Hat sich der Mensch selbst beschädigt, oder ist ein Verbrechen geschehen?" fragte man sich. Alsbald jedoch erkannten einige an gewissen Anzeichen den epileptischen Anfall. Einer von den Hotelgästen erinnerte sich, den Liegenden am Morgen im Korridor gesehen zu haben. Der Unbekannte mußte also hier abgestiegen sein. Durch einen Zufall klärte sich die Ungewißheit sehr schnell auf.

Koljä Iwolgin, der versprochen hatte, bis halb vier Uhr in der „Wage" zu sein, statt dessen aber nach Pawlowsk gefahren war, hatte aus irgendeinem Grunde dort abgelehnt, zu Tisch zu bleiben, und war nach Petersburg zurückgekehrt, wo er um sieben Uhr in der „Wage" eintraf. Der Fürst hatte an ihn einen Zettel mit seiner Adresse hinterlassen, und so war Koljä sogleich in jenen Gasthof geeilt, wo ihm gesagt worden war, daß der Fürst noch nicht zurückgekehrt sei. Darauf hatte sich Koljä in das Büfettzimmer begeben, um dort bei einer Tasse Tee und den Klängen eines Polyphons auf den Fürsten zu warten. Als er dann zufällig von einem „epileptischen Anfall" reden hörte, den soeben jemand von den im Gasthof Abgestiegenen gehabt habe, eilte er, von einer gewissen Vorahnung getrieben, schnell hinaus und erkannte in dem Liegenden den Fürsten. Nun wurden sogleich Vorkehrungen getroffen, und vorsichtig trug man den Fürsten hinauf in sein Zimmer. Er erwachte schon recht bald; doch dauerte es noch ziemlich lange, bis er das volle Bewußtsein wiedererlangte. Der Arzt, der den verletzten Kopf untersuchte, hatte bereits Wundwatte mitgebracht und empfahl kalte Kompressen, erklärte aber die Verletzung für durchaus ungefährlich. Als der Fürst ungefähr nach einer Stunde seine Umgebung langsam zu erkennen begann, brachte ihn Koljä in einem Wagen zu Lebedeff. Dieser empfing den Kranken mit seinem ganzen Diensteifer, gerührt und freudig zugleich. Seinetwegen beschleunigte er auch die Übersiedelung nach Pawlowsk: schon am dritten Tage waren sie alle auf der Datsche.

## VI.

Lebedeffs Landhaus war nicht groß, dafür aber hübsch, und sogar sehr bequem gebaut. Namentlich jener Teil des Hauses, der zum Vermieten bestimmt war, zeichnete sich durch besonderen Schmuck aus. Auf der recht geräumigen Terrasse, über die man von den nicht weit vorüberführenden Parkwegen in die Wohnräume gelangte, standen in großen grünen Kübeln mehrere Pomeranzen-, Zitronen- und Jasminbäume, die nach Lebedeffs Meinung den Gesamteindruck der Villa zu einem geradezu verführerischen machten. Diese Bäume hatte er zum Teil mit dem Landhaus zusammen erstanden, und da sie ihm so ungemein gefielen, hatte er sich entschlossen, auf einer Auktion noch etliche solcher Bäumchen zur Erhöhung des wundervollen Effektes in gleichfalls grünen Kübeln zu billigem Preise hinzuzukaufen. Als dann endlich alle Bäumchen auf der Datsche angelangt und symmetrisch auf der Terrasse aufgestellt waren, lief Lebedeff an jenem Tage alle fünf Minuten die paar Stufen der Terrasse hinunter, um sich von der Straße aus am Anblick seines Besitzes zu erfreuen, wobei er jedesmal in Gedanken die Summe erhöhte, die er von seinem künftigen Datschenmieter verlangen würde. Dem Fürsten, der sich nach dem Anfall müde, geschwächt, bedrückt und körperlich wie zerschlagen fühlte, gefiel die Villa sehr. Übrigens hatte der Fürst am Tage der Übersiedelung nach Pawlowsk äußerlich bereits das Aussehen eines fast völlig Gesunden, wenn er sich auch innerlich immer noch sehr angegriffen fühlte. Es war ihm in diesen drei Tagen besonders angenehm gewesen, Menschen um sich zu haben: er freute sich über Koljäs Anwesenheit, der fast ununterbrochen bei ihm saß, freute sich über die ganze Familie Lebedeff – ohne den Neffen, der irgendwohin verschwunden war – und empfing sogar mit Vergnügen den alten General Iwolgin, der ihm schon am zweiten Tage seine Aufwartung machte. Am Tage der Übersiedelung versammelte sich um ihn auf der Terrasse eine ganze Schar von Bekannten, die sich alle nach seinem Befinden erkundigen wollten! Zuerst kam Ganjä, der sich so verändert hatte und so abgemagert war, daß der Fürst ihn kaum wiedererkannte. Darauf erschienen Warjä und Ptizyn, die gleichfalls in Pawlowsk ihr eigenes Landhaus besaßen. General Iwolgin dagegen schien sich bei Lebedeff ganz und gar einquartiert zu haben, ja, er hatte sogar allem Anschein nach nur zu dem Zweck Petersburg verlassen. Lebedeff bemühte sich freilich aus allen Kräften, ihn vom Fürsten fernzuhalten, ging aber sonst ganz freundschaftlich mit ihm um, offenbar waren sie schon lange mit einander bekannt. In den letzten drei Tagen hatte der Fürst bemerkt, daß sie mitunter lange Gespräche führten, nicht selten im Eifer des Disputs sogar schrien und zeterten, und zwar schien es sich dann gewöhnlich um wissenschaftliche

Probleme zu handeln, die Lebedeff offenbar mit besonderem Vergnügen erörterte. Ja, man konnte sogar glauben, daß ihm der General zu dieser dialektischen Gymnastik einfach unentbehrlich war.

Leider erstreckte Lebedeff seine Vorsichtsmaßregeln auf Grund der Schonungsbedürftigkeit des Fürsten auch auf alle anderen Hausbewohner, auf seine Kinder sowohl, wie auf jeden Gast. Sobald sich erstere in der Nähe der Terrasse zeigten, stürzte Lebedeff sofort wutschnaubend auf sie los – selbst mit Wjera, die stets das kleine Schwesterchen trug, machte er keine Ausnahme – und schrie sie trampelnd an, daß sie auf der Terrasse, wo sich der Fürst gewöhnlich aufhielt, nichts zu suchen hätten, obschon ihn dieser immer wieder bat, keinen Menschen von ihm fernhalten zu wollen.

„Erstens tu' ich es deshalb, weil sonst jede Ehrerbietung aufhörte, wenn man sie so 'rumlaufen ließe; und zweitens schickt es sich für sie auch gar nicht ..." erklärte er schließlich auf die direkte Frage des Fürsten, weshalb er sie nicht zu ihm ließ.

„Aber warum denn nicht?" wunderte sich der Fürst. „Ich versichere Sie, daß Sie mich mit diesem Aufpassen und Bewachen nur quälen. Ich habe Ihnen doch gesagt, daß ich mich oft langweile, wenn ich hier allein im Freien sitze, Sie selbst aber fallen mir mit Ihren ewigen lebhaften Gesten und dem Umherschleichen auf den Fußspitzen weit mehr auf die Nerven."

Der Fürst wollte ihm zu verstehen geben, daß er ihn nur quäle: er, der alle anderen unter dem Vorwande der Ruhebedürftigkeit des Kranken davonjagte, selbst dagegen fast alle Viertelstunden einmal zum Fürsten kam, wobei er jedesmal dasselbe Manöver wiederholte, das er von Ferdyschtschenko gelernt haben mußte: hatte er die Tür aufgemacht, so steckte er zuerst nur den Kopf durch die Spalte, betrachtete das Zimmer und den Fürsten – ganz als hätte er Angst gehabt, der Kranke könne am Ende gar fortgelaufen sein, und als wolle er sich daher nur von seiner Anwesenheit überzeugen – und dann erst trat er vorsichtig auf den Fußspitzen herein, um sich geradezu schleichend dem Fürsten zu nähern, so daß er diesen oftmals wirklich erschreckte. Ewig erkundigte er sich nach seinen Wünschen, und als der Fürst ihn endlich bat, ihn doch nicht immer zu belästigen, da machte er sofort gehorsam kehrt, schlich wieder auf den Fußspitzen zur Tür, wobei er die ganze Zeit ängstlich abwehrend die Hände bewegte (was etwas an das Flügelschlagen einer Krähe erinnerte), als hätte er damit sagen wollen, daß er ja kein Wort mehr rede, er gehe ja schon und werde nicht mehr stören, um Gottes willen nie mehr stören. Nach zehn Minuten aber – oder spätestens einer Viertelstunde – öffnete sich wieder die Tür und Lebedeff steckte von neuem den Kopf ins

Zimmer. Daß Koljä zu jeder Zeit beim Fürsten eintreten durfte, rief in Lebedeff tiefen Kummer und sogar gekränkten Unwillen hervor. Alsbald jedoch bemerkte Koljä, daß Lebedeff bisweilen eine halbe Stunde lang hinter der Tür stand und horchte, was im Zimmer gesprochen wurde. Natürlich teilte er seine Entdeckung sofort dem Fürsten mit.

„Sie scheinen mich ja förmlich als Ihren Privatbesitz zu betrachten und hinter Schloß und Riegel halten zu wollen," protestierte der Fürst. „Ich bitte Sie, doch wenigstens hier in der Sommerfrische Ihr Verhalten zu ändern, und im übrigen versichere ich Sie, daß ich hier jeden Menschen, wenn es mir paßt, empfangen und zu jeder Zeit ganz nach meinem Gutdünken ausgehen werde."

„Aber ohne den allermindesten, den allerleisesten Zweifel!" pflichtete Lebedeff sogleich mit beschwichtigendem Handwinken bei.

Der Fürst musterte ihn aufmerksam vom Kopf bis zu den Füßen.

„Sagen Sie mal, Lukjan Timofejewitsch, haben Sie Ihr Schränkchen, das Sie in Ihrer Petersburger Wohnung über dem Bett hatten, bereits hergeschafft?"

„Nein, das ist dort geblieben."

„Was Sie sagen? Ist's möglich?"

„'s geht nicht: man müßte es aus der Wand herausbrechen ... zu fest, zu fest."

„Aber vielleicht haben Sie hier auch so ein Schränkchen?"

„Sogar noch ein besseres, ein noch viel besseres, hab's mitsamt der Datsche gekauft."

„A–h! ... Wer war's, den Sie vorhin nicht zu mir hereinlassen wollten? Vor etwa einer Stunde."

„Das ... das war sozusagen der General. Allerdings: ich ließ ihn nicht zu Ihnen, das stimmt, und es ist auch besser so – es schickt sich nicht. Wissen Sie, Fürst, ich achte diesen Menschen sehr hoch, jawohl, er ist ... ist sozusagen ein durch und durch großartiger Mensch. Sie glauben mir nicht? Nun, Sie werden selbst sehen, aber wie gesagt, trotzdem – besser ist besser, und ich sage Ihnen: es ist besser, durchlauchtigster Fürst, Sie empfangen ihn nicht bei sich."

„So, und weshalb denn das, wenn man fragen darf? Und weshalb stehen Sie jetzt wieder die ganze Zeit auf den Fußspitzen, Lebedeff, und weshalb nähern Sie sich mir jedesmal, als wollten Sie mir ein ungeheures Geheimnis mitteilen?"

„Gemein, gemein bin ich, ich fühl's ja selbst," war Lebedeffs unerwartete Antwort, und reuig schlug er sich vor die Brust. „Wird aber der General nicht allzu gastfreundlich für Sie sein?"

„Allzu gastfreundlich?"

„Jawohl ja. Erstens: wie ich merke, schickt er sich bereits an, sich bei mir häuslich niederzulassen. Na, das mag noch hingehen. Zweitens ist er seinen Mitmenschen überaus zugetan, und das sogar in solchem Übermaße, daß er sich sofort jedem als Verwandten vorstellt. Wir beide haben uns schon mehrmals klipp und klar bewiesen, daß wir unbedingt verwandt sein müssen, und wie er nun herausgetüftelt hat, sind wir auch über diese und jene und noch eine dritte hinweg verschwägert. Also bon, mir soll's recht sein. Aber auch Sie, Durchlauchtigster Fürst, sind, wie er mir ausführlich erklärt hat, mütterlicherseits der Neffe seiner Nichte – hat's mir noch gestern mathematisch bewiesen. Sind Sie aber mit ihm verwandt, so sind Sie es ja durch ihn auch mit mir, nach der neuen Verfassung sozusagen. Aber was, das mag noch hingehen – 'ne kleine Schwäche, wie gesagt, und weiter nichts. Aber soeben hat er mir versichert, daß er während seines ganzen Lebens, angefangen von seiner Fähnrichszeit bis zum elften Juni vorigen Jahres, täglich niemals weniger als zweihundert Personen zu Tisch gehabt habe. Schließlich ging's sogar so weit, daß sie überhaupt nicht mehr von den Stühlen aufstanden, so daß sie zirka dreißig Jahre lang täglich mindestens fünfzehn Stunden zum Frühstück, zu Mittag und zu Abend bei ihm speisten und zwischendurch noch Tee tranken! Und das wohlgemerkt! ohne die geringste Unterbrechung, kaum daß sie Zeit ließen, die Tischtücher zu wechseln: der eine steht auf, geht fort, der andere kommt, setzt sich – und an Fest- und Feiertagen gab es sogar *drei*hundert Menschen, und am Tage der Feier des tausendjährigen Bestehens des Russischen Reiches zählte er mir sogar *sieben*hundert vor! Das ist doch schauderhaft! So etwas, bei Licht betrachtet, ist doch 'n schlimmes Zeichen! Und solche Menschen bei sich zu empfangen, deren Gastfreundschaft mit einem so endlosen Maßstabe gemessen werden muß – da–da–das ist doch mehr als riskant! Nun, sehen Sie wohl, und deshalb dachte ich denn auch so bei mir, ob er für Sie vielleicht nicht gar zu gastfreundlich sein würde?"

„Aber Sie selbst stehen sich doch mit ihm, wir mir scheint, sehr gut?"

„Wie Brüder! Aber ich faß's ja auch nur als Scherz auf. Nun gut, wir sind also verschwägert – bon, mir soll's recht sein. Gereicht mir ja nur zur Ehre. Und im übrigen erkenne ich auch trotz der zweihundert Personen und der Jahrtausendfeier unseres Vaterlandes einen außergewöhnlichen Menschen in ihm. Jawohl ja – ich bin die Aufrichtigkeit selbst. Sie, Fürst, beliebten vorhin ein Wort über Geheimnisse fallen zu lassen, und zwar in dem Sinne, daß ich mich Ihnen jedesmal so nähere, als hätte ich ein ungeheures Geheimnis mitzuteilen. Damit haben Sie diesmal den Nagel auf den Kopf getroffen: ich bin nämlich soeben tatsächlich mit einem Geheimnis hergekommen. Die gewisse Dame hat mich soeben wissen lassen, daß sie mit Ihnen unbedingt ein heimliches Zusammentreffen wünscht.“

„Weshalb denn ein heimliches? Das ist durchaus nicht nötig. Ich werde selbst zu ihr hingehen, meinetwegen heute noch.“

„Um–um–um Gottes willen!“ winkte Lebedeff mit beiden Händen ab. „Und sie fürchtet ja gar nicht das, was Sie vielleicht denken! Übrigens: das Ungeheuer kommt jeden Tag, um sich nach Ihrer Gesundheit zu erkundigen – wußten Sie das schon?“

„Sie nennen ihn etwas gar zu oft ein Ungeheuer, das kommt mir sehr verdächtig vor.“

„Aber ich bitte Sie, hier kann doch von Verdacht gar nicht die Rede sein ... und im übrigen wollte ich ja nur erklären,“ lenkte Lebedeff schnell ab, „daß die betreffende Dame nicht ihn, sondern einen ganz anderen Menschen fürchtet, jawohl ...“

„Nun, wen denn? So sagen Sie doch endlich alles, was Sie zu sagen haben,“ drängte der Fürst ungeduldig, da ihn die Geheimnistuerei Lebedeffs aufrichtig ärgerte.

„... Das ist aber eben das Geheimnis.“

Und Lebedeff lächelte vielsagend.

„Wessen Geheimnis?“

„Ihres, natürlich doch! Durchlauchtigster Fürst, Sie werden sich doch wohl dessen entsinnen, daß Sie selbst mir verboten haben, auch nur mit einem Wort davon zu sprechen,“ sagte Lebedeff wichtigtuend, und nachdem er sich an der krankhaften Ungeduld des anderen genugsam geweidet hatte, schloß er plötzlich ganz unerwartet: „Sie fürchtet Aglaja Iwanowna.“

Der Fürst runzelte die Stirn und schwieg eine Weile.

„Bei Gott, Lebedeff, ich verlasse Ihre Villa,“ stieß er mit einemmal hervor. „Wo sind Gawrila Ardalionytsch und Ptizyns? Bei Ihnen? Die wollen Sie wohl gleichfalls von mir fernhalten?“

„Sie kommen ja, sie kommen schon! Und sogar der General kommt mit ihnen. Ich werde alle Türen aufreißen, alle meine Töchter herrufen, alle, alle, sofort, sofort!“ flüsterte Lebedeff erschrocken, wieder mit den

Händen beschwichtigend, und geschäftig stürzte er zur Tür, besann sich aber, lief zur anderen Tür, zögerte jedoch auch dort und kehrte dann wieder zur ersten zurück.

In dem Augenblick erschien Koljä auf dem Parkwege, sprang eilig die Stufen zur Terrasse empor und meldete, daß ihm auf dem Fuße Gäste folgten – Lisaweta Prokofjewna mit ihren drei Töchtern.

„Soll ich Ptizyns und Gawrila Ardalionytsch hereinlassen? Ja oder nein? Und den General?" fragte geschwind Lebedeff, den diese Nachricht in höchste Aufregung versetzt hatte.

„Aber natürlich, weshalb denn nicht? Alle, wer nur zu mir kommen will. Ich versichere Sie nochmals, Lebedeff, daß Sie sich in Ihrer Auffassung meiner Beziehungen zu meinen Bekannten arg täuschen; Sie fassen alles immer ganz anders auf. Ich habe nicht die geringste Ursache, mich vor irgend jemand, sei es, wer es wolle, zu verbergen," sagte der Fürst lachend, und im Augenblick verzog auch Lebedeff sein Gesicht zu einem Schmunzeln; denn trotz seiner ganzen Aufregung war er doch ersichtlich äußerst zufrieden mit der Entwickelung der Dinge.

Koljäs Meldung erwies sich als richtig: er war den Damen nur ein paar Schritte vorausgeeilt, so daß nun plötzlich von beiden Seiten Gäste erschienen: aus dem Park näherten sich der Terrasse Jepantschins, und durch die Zimmertür traten Ptizyns, Ganjä und General Iwolgin.

Jepantschins hatten von der Erkrankung des Fürsten und seiner Anwesenheit in Pawlowsk soeben erst durch Koljä erfahren. Der General hatte ihnen zwar schon vor drei Tagen von der in ihrer Stadtwohnung vorgefundenen Visitenkarte des Fürsten erzählt und damit in seiner Gemahlin die feste Überzeugung erweckt, daß der Fürst sogleich in eigener Person auch in ihrer Villa erscheinen würde. Vergeblich wandten die Töchter ein, daß ein Mensch, der ein halbes Jahr nicht geschrieben, es wohl auch mit dem Besuch nicht so eilig haben werde, und außerdem könne ihn ja noch viel Wichtigeres in Petersburg zurückhalten. Die Generalin ärgerten diese Bemerkungen nicht wenig; sie hätte wetten mögen, daß der Fürst unfehlbar am nächsten Tage erscheinen würde, „obschon auch das noch unverzeihlich spät wäre". Und so erwartete sie ihn am nächsten Tage den ganzen Vormittag, doch leider vergeblich; nachdem sie um eins ihr Frühstück ohne den Fürsten eingenommen hatten, begann sie ihn zum Diner zu erwarten; da er jedoch auch zum Diner nicht erschien, erwartete sie ihn zum Abend; doch als es gar zu dunkeln begann, ohne daß der Fürst erschienen wäre, da ärgerte sie sich dermaßen, daß sie in kürzester Zeit mit allen in Streit geriet und sich aufs ärgste mit ihren Töchtern und ihrem Gatten verfeindete.

Selbstverständlich ward dabei ihrerseits mit keinem Wort des Fürsten Erwähnung getan. Als aber Aglaja am dritten Tage bei Tisch plötzlich die Bemerkung fallen ließ, daß *maman* sich ja nur deshalb so ärgere, weil der Fürst noch immer nicht käme (worauf der General sogleich vorbeugend feststellte, daß er, der General, doch nichts dafür könne, das sei doch nicht seine Schuld) – da erhob sich Lisaweta Prokofjewna in hellem Zorn und verließ, ohne ein Wort zu sagen, das Zimmer. Endlich bereits am Abend, erschien Koljä und erzählte, daß der Fürst einen epileptischen Anfall gehabt. Das Ergebnis dieser Mitteilung war, daß Lisaweta Prokofjewna triumphierte, doch vorher bekam noch Koljä seinen Teil.

„Sonst sitzt er hier tagelang und ist nicht loszuwerden, diesmal aber ist er nicht einmal auf den Gedanken gekommen, uns wenigstens zu benachrichtigen, wenn er nicht selbst kommen konnte!"

Koljä wollte sich zwar sogleich wegen des „Nichtloszuwerden" gekränkt fühlen, schob es aber noch auf; wenn nicht das Wort an sich gar so beleidigend gewesen wäre, hätte er die Bemerkung sogar ganz verziehen, dermaßen freuten ihn die Aufregung und Unruhe Lisaweta Prokofjewnas nach der Mitteilung von der Krankheit des Fürsten. Sie bestand sofort mit allem Nachdruck auf der Notwendigkeit, einen Diener nach Petersburg zu senden, um eine der größten medizinischen Berühmtheiten zur Konsultation zu bitten; doch die Töchter rieten davon ab. Doch wollten sie ihrer Mutter nicht nachstehen, als diese sich sogleich aufmachte, um den Kranken zu besuchen.

„Er liegt im Sterben, und da sollen wir nun Zeremonien beobachten!" rief sie erregt. „Ist er ein Freund unseres Hauses oder nicht?"

„Nur finde ich es nicht ratsam, sich anderen Menschen aufzudrängen," wagte zwar Aglaja einzuwenden, doch die Mutter bemerkte hierauf nur scharf:

„Dann geh nicht mit. Und du tust sogar sehr gut daran: Jewgenij Pawlowitsch wird kommen, und da wäre sonst niemand hier, der ihn empfangen könnte."

Nach diesen Worten folgte Aglaja natürlich sofort den anderen, was sie übrigens sowieso zu tun beabsichtigt hatte. Fürst Sch., der sich mit Adelaida unterhielt, war auf deren Bitte sogleich bereit, die Damen zu begleiten. Er interessierte sich sehr für den Fürsten, nachdem ihm so manches von diesem erzählt worden war. Übrigens war er mit ihm auch persönlich bekannt: sie hatten beide vor etwa drei Monaten in einem Provinzstädtchen fast ganze zwei Wochen in ein und demselben Gasthof gelebt. Er hatte auch seinerseits Jepantschins vom Fürsten erzählt, und zwar äußerte er sich sehr sympathisch über ihn, weshalb er denn jetzt gern seinen alten Bekannten besuchen wollte. Der General war nicht zu Hause, und auch Jewgenij Pawlowitsch war noch nicht aus Petersburg eingetroffen.

Lebedeffs Landhaus war von der Villa Jepantschin nicht mehr als dreihundert Schritte entfernt. Die erste unangenehme Überraschung war dort für Lisaweta Prokofjewna – so viele Gäste anzutreffen (ganz abgesehen davon, daß zwei oder drei von diesen ihr entschieden verhaßt waren), und die zweite – statt des auf dem Sterbebett geglaubten, einen anscheinend vollkommen gesunden, elegant gekleideten, lachenden jungen Mann zu erblicken, der sofort die Stufen der Terrasse hinunterstieg und sie sichtlich erfreut begrüßte. Sie blieb sogar stehen vor Verwunderung – zum größten Gaudium Koljäs, der sie natürlich sehr gut über das augenblickliche Befinden des Fürsten hätte aufklären können, als sie noch nicht zum Besuch aufgebrochen war. Er hatte es jedoch absichtlich unterlassen, um sich an ihrem Zorn ergötzen zu können, wenn sie, die dem Fürsten von Herzen das Beste wünschte, diesen bei guter Gesundheit antraf. Ja, Koljä war sogar so taktlos, daß er seinen Gedanken laut aussprach, was er wiederum nur deshalb tat, um Lisaweta Prokofjewna zu necken. Solche Neckereien waren trotz der sie verbindenden Freundschaft gang und gäbe zwischen ihnen.

„Wart' noch ein wenig, mein Lieber, beeile dich nicht allzusehr, verdirb nicht deinen Triumph!“ versetzte Lisaweta Prokofjewna, indem sie sich auf den vom Fürsten ihr hingeschobenen Sessel niederließ.

Lebedeff, Ptizyn und der alte General Iwolgin beeilten sich, sogleich den jungen Damen Stühle zu bringen. Der General brachte seinen Stuhl Aglaja. Lebedeff eilte auch zum Fürsten Sch. mit einem Stuhl und bot ihn mit einer so tiefen Verbeugung an, als hätte er durch die Krümmung seines Rückgrates die Tiefe seiner Ergebenheit ausdrücken wollen. Warjä begrüßte die jungen Mädchen wie gewöhnlich, mit ihnen flüsternd und ganz begeistert.

„Es ist wahr, Fürst, ich glaubte wirklich, dich womöglich im Bett vorzufinden; denn als ich von deiner Erkrankung hörte, mußte ich in der Angst natürlich gleich übertreiben. Aber lügen werde ich deshalb um keinen Preis, und so hör' du es nur ruhig, daß ich mich über dein glückliches Gesicht furchtbar ärgerte; aber, ich schwöre dir, das tat ich nur einen Augenblick, bis ich den richtigen Gedanken erfaßt hatte. Wenn ich eine Sache erst erfaßt habe, handle und rede ich immer viel klüger; ich glaube, du auch. Jetzt aber kann ich dir sagen, daß ich mich über die Genesung meines leiblichen Sohnes, wenn ich einen hätte, vielleicht weniger freuen würde, als über die deine; wenn du mir das nicht glaubst, so hast du dich zu schämen und nicht ich. Dieser boshafte Bengel aber erlaubt sich mir gegenüber doch etwas zu weitgehende Scherze. Du protegierst ihn, glaube ich? Nun, dann sage ich dir im voraus, daß ich eines schönen Tages auf das Vergnügen seiner weiteren Bekanntschaft verzichten werde."

„Ja, aber was habe ich denn verbrochen?" fragte Koljä lachend. „Selbst wenn ich Ihnen auch noch so überzeugend versichert hätte, daß der Fürst fast schon gesund sei, Sie hätten es mir doch nicht glauben wollen; denn ihn sich als Sterbenden vorzustellen, war doch unvergleichlich interessanter."

„Wirst du lange hierbleiben?" wandte sich Lisaweta Prokofjewna brüsk an den Fürsten.

„Den ganzen Sommer und vielleicht noch länger."

„Du bist doch allein? Nicht verheiratet?"

„Nein, nicht verheiratet," antwortete der Fürst, lächelnd über die Naivität dieses Stiches.

„Da ist nichts zu lächeln; das kommt vor. Ich rede von der Datsche, – weshalb bist du nicht zu uns gekommen? Bei uns steht ein ganzer Seitenflügel leer. Übrigens, wie du willst. Wohnst du bei diesem? Bei dem da?" fragte sie halblaut, mit einem Kopfnicken auf Lebedeff weisend. „Was fehlt ihm, weshalb kann er nicht ruhig stehen?"

In dem Augenblick trat Wjera aus dem Zimmer auf die Terrasse; wie gewöhnlich trug sie das Kindchen auf den Armen. Lebedeff, der sich zwischen den Stühlen der Gäste hin und her wand und entschieden nicht wußte, wo er sich lassen sollte – jedenfalls aber um alles in der Welt nicht die Terrasse verlassen wollte – stürzte sich plötzlich, wie besessen mit den Armen fuchtelnd, seiner Tochter entgegen, um sie nur ja fortzutreiben, und in der Hitze vergaß er sich sogar so weit, daß er mit den Füßen trampelte.

„Was fehlt ihm, ist er wahnsinnig?" fragte die Generalin erschrocken.

„Nein, er ist ..."

„Betrunken vielleicht? Nein, dein Umgangskreis ist nicht nach meinem Geschmack, offen gesagt, mein Lieber," meinte sie schroff, während ihr Blick auch die anderen Gäste streifte. „Aber wer war dieses reizende Mädchen?"

„Das war Wjera Lukjanowna, die Tochter dieses Lebedeff."

„Ah! ... Wirklich reizend. Ich möchte sie kennen lernen."

Kaum hatte Lebedeff die lobenden Worte der Generalin aufgefangen, als er seine Tochter auch schon mit Gewalt herbeizog, um sie untertänigst vorzustellen.

„Waisen, Waisenkinder!" erläuterte er zerschmelzend. „Und dieses Kindchen im Steckkissen – ist gleichfalls eine Waise, ihr Schwesterchen und meine Tochter, Ljubow mit Namen, und geboren in gesetzmäßigst geschlossener Ehe, von meiner jüngst verstorbenen Gattin Helena, die vor sechs Wochen im Kindbett, wie gesagt, gestorben ist, nach Gottes Ratschluß ... jawohl. Und sie vertritt jetzt Mutterstelle an der Kleinen, obwohl sie nur ihre Schwester ist, nicht mehr und nicht weniger, als ihre Schwester, glauben Sie mir ..."

„Und du, Väterchen, bist nicht mehr und nicht weniger als ein Dummkopf, verzeih mir, aber das kannst du mir gleichfalls glauben. Nun, genug, du wirst mich schon richtig verstehen, denke ich," schnitt ihm Lisaweta Prokofjewna ungehalten das Wort ab.

„Stimmt! Mir aus der Seele gesprochen!" sagte Lebedeff, sich ehrfurchtsvoll und tief vor ihr verneigend.

„Hören Sie, Herr Lebedeff, ist es wahr, daß Sie die Apokalypse auslegen?" fragte Aglaja.

„Jawohl! Die reinste Wahrheit ... seit fünfzehn Jahren."

„Ich habe davon gehört. Es ist von Ihnen auch in den Zeitungen geschrieben worden, glaube ich, nicht?"

„Nein, nicht von mir, aber von einem anderen, jawohl, einem anderen, aber der ist jetzt tot, und nun bin ich an seiner Stelle," berichtete Lebedeff ganz außer sich vor Freude.

„Oh, dann seien Sie so gut und erklären Sie sie mir einmal gelegentlich, als unser nunmehriger Nachbar! Ich verstehe so gut wie nichts von der ganzen Apokalypse."

„Ich kann leider nicht umhin, Aglaja Iwanowna, Sie darauf aufmerksam zu machen, daß diese ganze Auslegung seinerseits nichts als Scharlatanerie ist, ich versichere Sie," mischte sich plötzlich General Iwolgin ein, der neben Aglaja wie auf Nadeln saß und in größter Ungeduld eine Gelegenheit erwartete, gleichfalls etwas sagen zu können. „Ich verstehe ja, Nachbarschaft zieht gewisse Privilegien nach sich," fuhr er in demselben Tone fort, „verknüpft mit Pflichten und Vorrechten, und der Empfang eines solchen Scharlatans um der Auslegung der Apokalypse willen ist zwar ein Einfall wie jeder andere oder vielmehr ein Einfall, der durch das Niveau seiner geistigen Höhe sogar bemerkenswert ist, doch ich ... Sie sehen mich, wie ich bemerke, etwas erstaunt an? General Iwolgin – habe die Ehre, mich vorzustellen. Ich habe Sie auf den Armen getragen, Aglaja Iwanowna."

„Freut mich sehr. Ich bin mit Warwara Ardalionowna und Nina Alexandrowna bekannt," murmelte Aglaja, sich auf die Lippen beißend, um nicht aufzulachen. Doch Lisaweta Prokofjewna wurde rot vor Unwillen. Es hatte sich in ihrem Herzen so manches angesammelt, das nun mit Gewalt zum Ausbruch drängte. Sie konnte den General Iwolgin, mit dem sie einmal vor langen, langen Jahren bekannt gewesen war, nicht ausstehen.

„Das lügst du natürlich wieder, wie gewöhnlich, niemals hast du sie auf den Armen getragen!" fuhr sie ihn zornig an.

„Doch, *maman*, er hat mich tatsächlich auf den Armen getragen, in Twerj war's," bestätigte plötzlich Aglaja.

„Wir lebten damals in Twerj. Ich war vielleicht sechs Jahre alt, oh, ich entsinne mich dessen noch ganz genau! Er machte mir auch einen Bogen und Pfeile und lehrte mich, damit zu schießen, und ich traf auch eine Taube. Erinnern Sie sich dessen, wie wir beide auf die Taube schossen?"

„Und mir schenkten Sie einen Helm aus Goldpappe und einen hölzernen Säbel!" rief lustig Adelaida dazwischen.

„Ja, auch ich entsinne mich dessen," bestätigte nun auch Alexandra. „Du und Adelaida, ihr gerietet beide wegen der verwundeten Taube in Streit und wurdet jede in einen Winkel gestellt; und Adelaida stand noch mit ihrem Helm und Säbel im Winkel – ein guter Soldat das!"

Der General hatte Aglaja wie gewöhnlich „*nur so*" erzählt, daß er sie auf den Händen getragen habe, – zum Teil, um ein Gespräch anzuknüpfen, und zum Teil, weil er mit jedem jüngeren Menschen auf diese Weise das Gespräch begann, wenn er einmal die Bekanntschaft eines solchen machte. Diesmal aber hatte er ganz zufällig die Wahrheit gesagt, und gerade die Wahrheit hatte er natürlich vergessen. Als ihn nun aber Aglaja so unerwartet daran erinnerte, wie sie beide die Taube geschossen hatten, entsann er sich plötzlich des ganzen Vorfalls, entsann sich seiner mit allen Einzelheiten! So pflegt es nicht selten alten Leuten mit alten Erinnerungen zu ergehen. Freilich ist es schwer, festzustellen, was gerade an dieser Erinnerung so erschütternd auf den armen alten, auch jetzt längst nicht nüchternen General wirken konnte: er war aber tatsächlich ganz ergriffen.

„O ja, jetzt fällt es mir ein, ja! ich entsinne mich!" rief er vor Freude ganz begeistert aus. „Ich war damals noch Hauptmann! Und Sie waren so

ein kleines, reizendes Ding! Nina Alexandrowna ... Ganjä ... Ich wurde
bei Ihnen empfangen ... Iwan Fedorowitsch ...“

„Und nun sieh, wie weit du es jetzt gebracht hast!“ fiel ihm plötzlich
die Generalin ins Wort. „Aber es scheint, daß du deine edleren Gefühle
doch noch nicht gänzlich vertrunken hast, wenn alte Erinnerungen noch
einen so starken Eindruck auf dich machen können! Deine Frau aber hast
du doch zu Tode gequält. Anstatt deine Kinder zu erziehen, sitzt du im
Schuldgefängnis. Geh mal, Väterchen, geh mal fort von hier, geh in einen
Winkel und wein’ ein bißchen, denk’ an das Vergangene, und wie schön
es war, vielleicht wird dir Gott dann verzeihen. Geh mal, geh, ich rate dir
gut. Wenn man sich bessern will, ist das Beste, was man tun kann – reuig
an Vergangenes zu denken. Ich sage es dir im Ernst.“

Doch die Versicherung, daß sie es im Ernst sagte, war eigentlich
überflüssig: der General war, wie alle Trinker, im Grunde genommen
ungeheuer zartfühlend und verwand es nur schwer, wenn man ihn an seine
bessere Vergangenheit erinnerte. Er erhob sich und schritt gehorsam zur
Tür, so daß er Lisaweta Prokofjewna sofort leid tat.

„Ardalion Alexandrowitsch! Väterchen!“ rief sie ihm schnell nach.
„Wart’ noch einen Augenblick – wir sind ja allesamt Sünder! Wenn du
fühlst, daß das Gewissen dich weniger drückt, dann komm zu mir auf
ein Stündchen, laß uns von den alten Zeiten plaudern. Ich habe ja
vielleicht noch fünfzigmal mehr gesündigt als du – aber jetzt geh nur,
adieu, adieu, geh nur jetzt, was sollst du hier ...“ drängte sie ihn
erschrocken fort, als er Miene machte, zurückzukehren.

„Gehen Sie ihm vorläufig noch nicht nach!“ hielt der Fürst Koljä auf,
der dem Vater folgen wollte. „Er würde sich nach einer Minute ärgern,
und damit wäre die ganze Stimmung verdorben.“

„Das ist wahr, laß ihn jetzt in Ruh’; nach einer halben Stunde kannst
du gehen,“ entschied Lisaweta Prokofjewna.

„Da sieht man, was das heißt, einmal im Leben die Wahrheit zu hören
– hat doch bis zu Tränen auf ihn gewirkt!“ wagte Lebedeff zu bemerken.

„Nun, Väterchen, auch du mußt gut sein, wenn es wahr ist, was ich von
dir gehört habe!“ setzte ihm die Generalin sofort einen Dämpfer auf.

Die Stellungnahme der Gäste zueinander sprach sich allmählich
deutlicher aus. Der Fürst, der die ganze Größe der Anteilnahme Lisaweta
Prokofjewnas und ihrer Töchter durchaus zu schätzen wußte, fühlte sich
verpflichtet, der Generalin zu sagen, daß es seine feste Absicht gewesen,
sie spätestens morgen, wenn nicht noch an diesem Abend trotz der späten
Stunde und seiner angegriffenen Gesundheit zu besuchen.

Lisaweta Prokofjewna meinte hierauf – nach einem Blick auf seine Gäste –, daß er es ja doch sogleich tun könne, worauf Ptizyn, als höflicher und stets verträglicher Mensch, sich sogleich erhob und sich zu Lebedeffs zurückzog. Beim Hinausgehen machte er noch den Versuch, auch Lebedeff mitzuziehen; doch dieser machte sich mit einem „Sofort, sofort, werde mich sofort hier losmachen" von – Ptizyn los und blieb natürlich. Warjä hatte inzwischen mit den jungen Mädchen ein Gespräch angeknüpft. Sie und Ganjä atmeten erleichtert auf, als ihr Vater hinausgegangen war. Ganjä folgte jedoch bald Ptizyns Beispiel. In der kurzen Zeit, die er auf der Terrasse verbracht, hatte er sich bescheiden und doch würdig gehalten und sich durch die strengen Blicke Lisaweta Prokofjewnas nicht im geringsten einschüchtern lassen. Er hatte sich im Vergleich zu früher allerdings sehr verändert, was Aglaja überaus gefiel.

„Das war doch Gawrila Ardalionytsch, der soeben hinausging?" fragte sie plötzlich, wie sie es gewöhnlich zu tun pflegte, laut, schroff, ohne sich an jemand persönlich zu wenden oder sich darum zu kümmern, daß sie mit ihrer Frage das Gespräch der anderen unterbrach.

„Allerdings," antwortete der Fürst.

„Ich habe ihn kaum wiedererkannt. Er hat sich auffallend verändert, und zwar ... bedeutend zu seinem Vorteil."

„Das freut mich sehr für ihn," sagte der Fürst.

„Er war sehr krank," bemerkte Warjä mit erfreutem Mitleid.

„Inwiefern zu seinem Vorteil verändert?" fragte fast zornig und erschrocken die Generalin. „Wie kommst du darauf? Ich finde nichts Besseres. Was scheint dir denn jetzt an ihm besser?"

„Etwas Besseres als den ‚armen Ritter' gibt es überhaupt nicht!" rief plötzlich Koljä, der die ganze Zeit hinter dem Stuhl Lisaweta Prokofjewnas gestanden hatte, pathetisch aus.

„Der Meinung bin auch ich," sagte Fürst Sch. lachend.

„Und ich gleichfalls," erklärte Adelaida.

„Was ist das für ein ‚armer Ritter'?" fragte die Generalin verständnislos und blickte ärgerlich die Sprechenden an. Als sie aber sah, daß Aglaja plötzlich rot wurde, fuhr sie ungehalten auf: „Welch ein Unsinn! Was ist denn das für ein ‚armer Ritter'?"

„Ach, hat denn dieser Bengel, Ihr Liebling Nikolai Ardalionytsch, noch nicht genug Worte verdreht!" lenkte Aglaja mit hochmütigem Unwillen ab.

Wenn Aglaja sich ärgerte – und das tat sie ziemlich oft – blickte durch ihren scheinbaren Ernst und abweisenden Stolz so viel Kindliches, daß es mitunter ganz unmöglich war, bei ihrem Anblick ernst zu bleiben (was übrigens Aglaja zu noch größerem Ärger reizte, da sie es gar nicht begreifen konnte, „wie man *überhaupt wagen durfte*, über sie zu lachen!"). So brachen denn auch diesmal die Schwestern in Lachen aus, auch Fürst Sch. lachte, und selbst Fürst Lew Nikolajewitsch, der plötzlich aus irgendeinem Grunde gleichfalls ganz rot geworden war, mußte lächeln. Koljä triumphierte darüber und amüsierte sich köstlich. Aglaja aber ärgerte sich über alle Maßen, und das stand ihr vorzüglich: sie wurde noch reizender durch ihre Verwirrung und den Ärger über diese ihre Verwirrung.

„... Oder haben Sie schon vergessen, *maman*, wie oft er den Sinn Ihrer eigenen Worte entstellt hat?" fragte sie verletzt.

„Aber wieso, ich wiederhole doch ganz wortgetreu Ihren eigenen Ausruf!" verteidigte sich Koljä eifrig. „Vor einem Monat blätterten Sie im ‚Don Quijote' und plötzlich riefen Sie buchstäblich aus, etwas Besseres als den ‚armen Ritter' gäbe es überhaupt nicht. Leider weiß ich nicht, von wem die Rede war: von Don Quijote oder Jewgenij Pawlowitsch oder vielleicht von irgendeinem Dritten; nur konnte ich konstatieren, daß jedenfalls von einer bestimmten Persönlichkeit gesprochen worden war, und zwar offenbar schon recht lange ..."

„Mein lieber Junge, ich sehe, du erlaubst dir mitunter doch etwas zuviel mit deinen Voraussetzungen," unterbrach ihn die Generalin ärgerlich.

„Aber was habe ich denn getan?" wunderte sich der nicht zum Schweigen zu bringende Koljä. „Ich habe doch meines Wissens durchaus keine Indiskretion begangen: alle sprachen damals davon, und das tun sie ja auch jetzt: soeben sprachen doch noch Fürst Sch. und Adelaida von ihm, und alle sagten damals, daß sie für den ‚armen Ritter' ständen! Folglich muß es doch diesen ‚armen Ritter' nicht nur in der Literatur, sondern wirklich und leibhaftig geben, und meiner Meinung nach ist es nur die Schuld Adelaida Iwanownas, daß wir ihn noch nicht näher kennen."

„Meine Schuld? Um Gottes willen, was habe ich denn verbrochen?" fragte Adelaida lachend.

„Ganz einfach das, daß Sie nicht sein Porträt gemalt haben! Aglaja Iwanowna bat Sie damals, den ‚armen Ritter' zu malen, und wird Ihnen wohl auch ganz genau beschrieben haben, wie sie sich das Bild dachte, Sie aber ..."

„Aber was hätte ich denn malen sollen? Von dem Sujet heißt es doch:

,Und niemals sah man ihn schlagen

Zurück das feste Visier.'

Also was? – einen Harnisch? – ein Visier?"

„Ich verstehe kein Wort! Harnisch! Visier! – Was soll das heißen, wovon redet ihr?" fragte die Generalin aufrichtig geärgert; denn sie begann bereits zu erraten, wer mit dem „armen Ritter" gemeint war und offenbar schon seit langer Zeit nach gemeinsamer, stillschweigender Verabredung so genannt wurde.

Da bemerkte sie, daß auch Fürst Lew Nikolajewitsch ganz verwirrt aussah und schließlich wie ein zehnjähriger Knabe verlegen wurde – und da war sie empört.

„Aber so sagt mir doch endlich, was diese ganze Dummheit zu bedeuten hat! Nun ... wird's bald? Was hat es für eine Bewandtnis mit dem ,armen Ritter'? Oder ist es denn ein so furchtbares Geheimnis, daß man überhaupt nicht daran rühren darf?"

Doch die anderen fuhren nur fort zu lachen.

„Es gibt ein russisches Gedicht, ein Fragment," nahm es schließlich Fürst Sch. auf sich, den Sachverhalt zu erklären, um dem Gespräch dann eine andere Wendung geben zu können, „ein Fragment vom ,armen Ritter', das weder einen richtigen Anfang noch ein richtiges Ende hat. Vor etwa einem Monat scherzten wir einmal alle nach Tisch und schlugen wie gewöhnlich Sujets zu dem zukünftigen großen Gemälde Adelaida Iwanownas vor. Sie wissen doch, daß es die wichtigste Aufgabe der ganzen Familie ist, für Adelaida Iwanowna ein passendes Sujet zu ersinnen! Und da schlug dann jemand den ,armen Ritter' vor, – wer es zuerst getan, dessen entsinne ich mich nicht mehr ..."

„Aglaja Iwanowna!" verriet Koljä lachend.

„Vielleicht, es ist möglich, nur entsinne ich mich dessen nicht mehr," fuhr Fürst Sch. fort. „Die einen lachten über diesen Vorschlag, die anderen wiederum meinten, es gäbe sicher nichts Edleres, Erhabeneres; doch, um den ,armen Ritter' zu malen, müsse man vor allen Dingen ein Gesicht malen, und dazu brauche man ein Modell. Da begannen wir denn, alle Bekannten der Reihe nach durchzunehmen; doch das Resultat der Prüfung war, daß uns kein einziges Gesicht als dazu passend erschien, und dabei blieb es. Tja, und das war alles. Ich verstehe nur nicht, weshalb Nikolai Ardalionytsch jetzt darauf zu sprechen gekommen ist? Was damals scherzhaft und *bien à propos[]* war, ist doch jetzt von durchaus keinem Interesse."

„Wahrscheinlich weil wieder eine Dummheit damit beabsichtigt wird, irgendeine neue verletzende Taktlosigkeit," versetzte die Generalin scharf.

„Durchaus keine Taktlosigkeit oder Dummheit, sondern nur der Ausdruck der größten Hochachtung, wenigstens meinerseits," sagte plötzlich ganz unerwartet Aglaja, die sich inzwischen gefaßt und ihre Verlegenheit vollkommen überwunden hatte. Ja, man konnte sogar glauben, es freue sie jetzt, daß sie den Scherz so weit getrieben hatte und die Erklärung nun notwendigerweise folgen mußte. Und diese ganze Veränderung war in dem einen Augenblick vor sich gegangen, als sie plötzlich die ganz erstaunliche Verlegenheit und Verwirrung des Fürsten Lew Nikolajewitsch bemerkt hatte.

„Da werd' einer klug draus! Zuerst lachen sie wie die Wahnsinnigen und dann empfinden sie plötzlich die größte Hochachtung! Sag' sofort, weshalb du jetzt mir nichts dir nichts die größte Hochachtung empfindest?"

„Ganz einfach deshalb," antwortete Aglaja ebenso ernst und – man kann sagen – feierlich auf die fast zornige Frage der Mutter, „weil uns in diesem Gedicht ein Mensch geschildert wird, der, nachdem er sich einmal ein Ideal auserkoren und an dasselbe zu glauben begonnen – ganz abgesehen davon, daß er überhaupt dazu fähig ist –, diesem Ideal sein ganzes Leben weiht. So etwas hört man jetzt nicht alle Tage. Leider ist in dem Gedicht nicht direkt gesagt, worin denn eigentlich dieses Ideal des ‚armen Ritters' bestand; aber es geht doch wenigstens aus ihm hervor, daß es etwas so ‚Lichtes' gewesen, daß der verliebte Ritter sogar auf den Schmuck der seidenen Schärpe verzichtet und statt dessen stets den Rosenkranz zum Gebet bei sich trug. Allerdings gibt es dann noch eine leise Anspielung im Gedicht, eine etwas unverständliche Devise, die Buchstaben N. F. B., die er auf seinen Schild gemalt ..."

„A. M. D.!" korrigierte Koljä.

„Ich aber sage N. F. B.!" unterbrach ihn Aglaja ärgerlich. „Doch gleichviel – jedenfalls ist es klar, daß dem ‚armen Ritter' der wahre Wert seiner Dame oder ihr Tun und Treiben mit der Zeit ganz gleichgültig wird: er hat sie einmal zu seinem Ideal erwählt und ihrer ‚Erscheinung so licht' Glauben geschenkt, das Weitere geht ihn nichts mehr an. Doch das ist eben das Große, daß er auch dann, wenn sie zur Diebin würde, dennoch an sie glauben und für ihre reine Schönheit Lanzen brechen müßte. Der Dichter hat in der Gestalt des ‚armen Ritters' offenbar die ganze Größe der mittelalterlichen platonischen Liebe irgendeines reinen und hochstehenden Edelmannes darstellen wollen. Natürlich war das alles nichts als Idealismus. Und im ‚armen Ritter‘ geht dieser Idealismus bis zur letzten Grenze, so daß er schon Asketismus wird. Man muß aber doch zugeben, daß die Fähigkeit zu einem solchen Idealismus eine große und tiefe Bedeutung hat und an sich sogar sehr lobenswert ist. Der ‚arme Ritter‘ ist auch ein Don Quijote, nur ein ernster und kein lächerlicher. Zu Anfang begriff ich diesen armen Ritter nicht und lachte über ihn, doch jetzt liebe ich ihn sehr und habe Hochachtung vor ihm.“

Als Aglaja geendet hatte, wußte keiner von den Anwesenden, ob sie im Ernst oder nur im Scherz gesprochen.

„Nun, das muß wohl irgendein Dummkopf gewesen sein, ebenso dumm wie sein ganzes großes Ideal!“ entschied die Generalin. „Aber auch du, meine Liebe, hast viel dummes Zeug zusammengeredet. Das war wirklich ganz unpassend von dir. Was ist das für ein Gedicht? Sage es auf, du kannst es doch gewiß auswendig. Ich will es unbedingt hören. Mein Lebtag habe ich keine Gedichte ausstehen können, als hätte ich’s vorausgeahnt! Und da haben wir’s nun! Um Gottes willen, lieber Fürst, dulde noch ein wenig, wir sind beide, scheint es, zu gemeinsamem Dulden verurteilt,“ wandte sie sich an den Fürsten Lew Nikolajewitsch.

Sie ärgerte sich aufrichtig über Aglaja.

Fürst Lew Nikolajewitsch wollte zwar etwas sagen, brachte aber in seiner Verwirrung kein Wort hervor. Nur Aglaja, die sich soviel herausgenommen hatte, war die einzige von allen Anwesenden, die sich nicht im geringsten geniert fühlte; ja, sie schien sich sogar darüber zu freuen, daß es so weit gekommen war. Sie erhob sich sogleich, und es hatte fast den Anschein, als hätte sie sich darauf vorbereitet und jetzt nur auf die erste Aufforderung gewartet: sie trat vor und blieb mitten auf der Terrasse, gegenüber dem im Lehnstuhl sitzenden Fürsten stehen. Alle sahen sie im ersten Augenblick erstaunt an, und fast alle, wenigstens die Mutter, die Schwestern und Fürst Sch. erschraken ein wenig; denn sie fürchteten, daß diese neue Unart vielleicht doch gar zu weit gehen könnte. Aus der Art und Weise, wie Aglaja vortrat und sich aufstellte, ersah man, daß sie an diesem ganzen affektierten Vortrag des Gedichts Gefallen fand. Es fehlte nicht viel, und Lisaweta Prokofjewna hätte sie mit einem strengen Verweis auf ihren Platz zurückgeschickt. Doch kaum hatte Aglaja die bekannte Ballade begonnen, als sich plötzlich zwei neue Gäste laut sprechend auf dem Parkwege der Terrasse näherten. Es waren das General Iwan Fedorowitsch Jepantschin und ein unbekannter junger Mann. Auf der Terrasse ging eine kleine Bewegung durch die Anwesenden.

# VII.

Der junge Mann, in dessen Begleitung der General erschien, war eine große und schlanke Erscheinung mit einem klugen Gesicht und dunklen Augen, deren Blick sofort Scharfsinn und Spottlust verriet. Er zählte etwa achtundzwanzig Jahre. Aglaja blickte sich nicht einmal nach ihm um, sondern fuhr unbehelligt in ihrem Vortrag fort, und zwar wandte sie sich ausschließlich an den Fürsten Myschkin, der nun seinerseits begriff, daß sie mit diesem scheinbaren Scherz eine ganz bestimmte Absicht verfolgte. Zum Glück half ihm das Erscheinen der neuen Gäste ein wenig aus seiner unangenehmen Lage: er erhob sich sogleich, als er sie erblickte, nickte dem General von weitem zu und bat ihn durch einen Wink, den Vortrag nicht zu stören, worauf er hinter seinen Stuhl trat und, den linken Ellenbogen auf die Lehne stützend, die Ballade in gewissermaßen freierer Haltung zu Ende hören konnte. Lisaweta Prokofjewna hatte ihrerseits sogleich durch eine befehlende Handbewegung ihrem Gatten und dem fremden Herrn zu verstehen gegeben, daß sie dort stehen bleiben sollten, wo sie waren. Fürst Lew Nikolajewitsch interessierte sich übrigens ungeheuer für den neuen Gast, den ihm der General da zuführte: er erriet sofort, daß der junge Mann kein anderer sein konnte als Jewgenij Pawlowitsch Radomskij, von dem er so viel gehört, und an den er oft gedacht hatte. Nur eines machte ihn stutzig: der junge Mann trug Zivilkleider, während doch Jewgenij Pawlowitsch, soviel er wußte, Offizier war und eine glänzende Uniform trug. Während des ganzen Vortrages der Ballade zuckte ein spöttisches Lächeln um den Mund des jungen Mannes, als wäre in seiner Gegenwart schon des öfteren vom ‚armen Ritter‘ die Rede gewesen.

„Vielleicht stammt sogar der ganze Einfall nur von ihm,“ dachte der Fürst bei sich.

Doch währenddem war mit Aglaja eine vollkommene Veränderung vor sich gegangen. Die affektierte Feierlichkeit, mit der sie begonnen hatte, war alsbald einem tiefen Ernst gewichen, und sie sprach jedes Wort so einfach und doch mit so innigem Verständnis aus, daß sie zum Schluß nicht nur die allgemeine Aufmerksamkeit gefesselt, sondern auch die anfangs affektiert erschienene Feierlichkeit, mit der sie vorgetreten war, gleichsam gerechtfertigt hatte. Wenigstens konnte man jene Feierlichkeit nur noch als Ausdruck der Größe und, nun ja, auch Naivität ihrer Hochachtung auffassen, die sie für den ‚armen Ritter‘ hegte. Ihre Augen glänzten, und zweimal glitt kaum merklich ein leises Beben der Begeisterung über ihr entzückendes Gesicht, als sie die Ballade vortrug.

Wenn der Fürst später an Aglajas Vortrag dieser Ballade zurückdachte, peinigte ihn stets etwas für ihn ganz Unbegreifliches, und das war: wie sie einen so innigen, schönen Vortrag, der doch von ihrer Begeisterung für den Sinn der Ballade sprach, mit einer so boshaften Absicht, deren Spott doch auf der Hand lag, hatte vereinigen können? Daß sie ihn aber hatte verspotten wollen, daran zweifelte er keinen Augenblick. Den Spott hatte er sogleich herausgemerkt, und zwar aus folgendem: Aglaja hatte statt der drei Buchstaben A. M. D. drei andere Buchstaben, N. F. B., genannt. Daß sie es nicht aus Zerstreutheit oder sonstwie unbeabsichtigt getan, davon war er fest überzeugt – und mit Recht, wie sich später herausstellte. Jedenfalls war aber dann Aglajas, sagen wir, Scherz ein beabsichtigter. Und doch mußte er sich sagen, daß sie diese Buchstaben nicht nur ohne jeden Hohn oder Spott oder auch nur die leiseste Scherzhaftigkeit ausgesprochen hatte, sondern im Gegenteil mit so unverändertem Ernst, mit so unschuldiger und naiver Einfachheit, daß man sehr wohl hätte glauben können, vom Dichter seien in der Ballade gerade diese Buchstaben und keine anderen angegeben. Es war dem Fürsten bei diesen Gedanken zumute, als bohre sich etwas Schweres und Unangenehmes in ihn hinein. Lisaweta Prokofjewna war die Veränderung überhaupt nicht aufgefallen, und ihr Gatte, der General, begriff nur, daß „Verse“ deklamiert wurden – das genügte ihm. Allen übrigen dagegen war Aglajas Ausfall sogleich aufgefallen, und sie wunderten sich nicht wenig über sie; doch bemühte man sich, so zu tun, als wäre nichts vorgefallen, um so über die Sache hinwegzukommen. Nur Jewgenij Pawlowitsch hatte nicht bloß begriffen, sondern – darauf hätte der Fürst wetten mögen – schien auch zeigen zu wollen, wie gut er es begriffen hatte: so spöttisch lächelte er.

„Wundervoll! Ein prächtiges Gedicht!“ rief die Generalin aufrichtig entzückt aus, als Aglaja geendet hatte. „Von wem ist es?“

„Von Puschkin, *maman*, beschämen Sie uns nicht, das muß man doch wissen!“ sagte Adelaida lachend.

„Ach, wenn man mit euch zusammenlebt, kann man noch viel dümmer werden!“ meinte Lisaweta Prokofjewna nicht ohne Bitterkeit. „Freilich ist es eine Schande, Puschkin nicht zu kennen! Wenn wir nach Hause kommen, müßt ihr mir sofort den Puschkin geben.“

„Ich glaube, wir besitzen gar keinen Puschkin.“

„Doch, zwei alte, halb zerrissene Bände liegen dort irgendwo seit undenklichen Zeiten herum,“ sagte Alexandra.

„Dann müssen wir sogleich in die Stadt schicken, Fedor oder Alexei, mit dem nächsten Zug – besser Alexei, damit er die Gesamtausgabe kauft. Aglaja, komm her! Gib mir einen Kuß, du hast es vorzüglich vorgetragen, aber – wenn du es aufrichtig getan hast,“ fuhr sie fast flüsternd fort, „so tust du mir leid; hast du's aber getan, um ihn zu verspotten, so heiß' ich deine Gefühle nicht gut, so daß es dann jedenfalls besser gewesen wäre, du hättest geschwiegen. Verstehst du? So, und jetzt gehen Sie, mein Fräulein, ich werde noch später mit dir reden, wir aber sind hier doch etwas zu lange sitzen geblieben."

Inzwischen hatte der Fürst den General begrüßt, worauf ihm dieser den mitgebrachten Gast als Jewgenij Pawlowitsch Radomskij vorstellte.

„Unterwegs griff ich ihn auf, er war gerade mit dem letzten Zuge aus Petersburg gekommen. Als er erfuhr, daß ich mich hierherbegebe und auch die Meinigen alle hier sind ...“

„Als ich erfuhr, daß auch Sie hier sind,“ unterbrach ihn Jewgenij Pawlowitsch, „beschloß ich, da ich mir fest vorgenommen hatte, nicht nur Ihre Bekanntschaft zu machen, sondern mich auch um Ihre Freundschaft zu bewerben, weiter keine Zeit zu verlieren und die Gelegenheit zu benutzen. Sie sind krank gewesen, wie ich höre ...“

„Gewesen, jetzt jedoch bin ich wieder ganz gesund, und es freut mich sehr, Sie kennen zu lernen. Ich habe durch Fürst Sch. viel von Ihnen gehört und sogar viel mit ihm über Sie gesprochen,“ sagte Fürst Lew Nikolajewitsch, indem er ihm die Hand reichte.

Die Begrüßungsworte waren ausgetauscht, sie drückten einander die Hand und blickten sich eine Sekunde lang prüfend in die Augen. Die Unterhaltung wurde im Handumdrehen allgemein. Der Fürst bemerkte übrigens (er bemerkte jetzt sehr vieles und sehr schnell, vielleicht aber auch manches, was gar nicht der Fall war), daß die Zivilkleidung Jewgenij Pawlowitschs ganz ungewöhnliches Aufsehen erregte und die Anwesenden so in Erstaunen setzte, daß im Augenblick alle übrigen Eindrücke vergessen wurden. Daher war es auch nur natürlich, wenn der Fürst in dieser Veränderung einen Umstand von besonderer Bedeutung und großer Wichtigkeit vermutete. Adelaida und Alexandra begannen Jewgenij Pawlowitsch erstaunt auszufragen, und Fürst Sch., der mit ihm verwandt war, schien sogar sehr beunruhigt zu sein. Der General war geradezu aufgeregt. Nur Aglaja betrachtete den jungen Mann mit vollkommener Ruhe, ganz als hätte sie nur feststellen wollen, was ihm wohl besser stand, die Uniform oder der Zivilanzug; doch kaum hatte sie ihn einmal von oben bis unten betrachtet, als sie sich auch schon abwandte, um ihn dann überhaupt nicht mehr zu beachten. Auch die Generalin stellte keine einzige Frage an ihn, obschon auch sie sich vielleicht beunruhigt fühlte. Dem Fürsten wollte es scheinen, daß Jewgenij Pawlowitsch bei ihr zurzeit in Ungnade stand.

„Ich fiel aus den Wolken! Ich traute meinen Augen nicht!" war des Generals Antwort auf die Fragen der Damen. „Ich wollte es einfach nicht glauben, als ich ihm vorhin in Petersburg begegnete! Und weshalb so plötzlich, das ist das Problem! Sonst ist er doch der erste, der anderen den Rat gibt, nicht übereilt zu handeln."

Wie aber aus dem folgenden Gespräch hervorging, hatte Jewgenij Pawlowitsch schon vor langer Zeit mitgeteilt, daß er den Abschied nehmen würde; doch hatte er es stets in einem so unernsten Tone gesagt, daß es ihm von niemand geglaubt worden war. Übrigens war es seine Eigenart, von allen ernsten Sachen unernst oder fast scherzend zu sprechen, so daß es wirklich schwer war, herauszufühlen, wie er es nun in Wirklichkeit meinte, namentlich, wenn er selbst wollte, daß die anderen es nicht herausbekämen.

„Aber ich werde ja doch nur kurze Zeit, nur ein paar Monate, höchstens ein Jahr in der Reserve bleiben," sagte er lachend.

„Aber wozu das, das ist doch ganz überflüssig, wenigstens soweit ich Ihre Verhältnisse kenne!" konnte sich der General noch immer nicht beruhigen.

„Um meine Güter zu inspizieren. Dazu haben Sie mir doch selbst geraten; und zudem will ich auch mal ins Ausland ..."

Das Gespräch ging auf einen anderen Gegenstand über, doch die eigentümliche andauernde Unruhe bestärkte den Fürsten Lew Nikolajewitsch unwillkürlich in der Vermutung, daß es sich hier um etwas Besonderes handelte.

„Also der ‚arme Ritter' ist wieder in Szene gegangen?" fragte Jewgenij Pawlowitsch, an Aglaja herantretend.

Doch diese maß ihn zur größten Verwunderung des Fürsten nur mit erstaunt fragendem Blick, als wolle sie sagen, daß zwischen ihnen doch wohl nie vom ‚armen Ritter' die Rede gewesen sein könne und sie seine Frage überhaupt nicht verstehe.

„Aber es ist doch zu spät, jetzt ist es doch viel zu spät, noch in die Stadt zu schicken, um den Puschkin zu kaufen!" bemühte sich Koljä, die Generalin, mit der er sich wieder stritt, von ihrem Vorhaben abzubringen. „Glauben Sie mir doch endlich, ich sage es Ihnen zum dreitausendstenmal: es ist heute viel zu spät dazu!"

„Ja, heute ist es allerdings zu spät, noch in die Stadt zu schicken," pflichtete ihm Jewgenij Pawlowitsch, der sich von Aglaja möglichst schnell abwandte, bei. „Auch, glaube ich, dürften die Läden in Petersburg schon geschlossen sein, die Uhr geht bereits auf neun," sagte er nach einem Blick auf seine Taschenuhr.

„Und in der vornehmen Welt ist's ja auch gar nicht Sitte, sich so lebhaft für Literatur zu interessieren! Fragen Sie mal Jewgenij Pawlowitsch. Das fashionabelste ist heutzutage, in einem gelben Char-à-bancs mit roten Rädern spazieren zu fahren."

„Schon wieder ein Zitat, Koljä!" seufzte Adelaida in komischer Verzweiflung.

„Aber ich bitt' Sie, er spricht ja doch nie anders als in Zitaten," versetzte Jewgenij Pawlowitsch. „Mitunter kann man ganze Phrasen der ‚Kritischen Rundschau' von ihm wiederhören. Ich habe schon lange das Vergnügen, Nikolai Ardalionytschs Redeweise zu kennen; doch diesmal war es kein Zitat, sondern eine nicht mißzuverstehende Anspielung auf meinen gelben Char-à-bancs mit roten Rädern. Nur haben Sie sich damit leider ein wenig verspätet, denn ich habe meinen Wagen bereits umgetauscht."

Der Fürst hörte Radomskij mit großem Interesse zu. Er fand, daß Jewgenij Pawlowitsch sich ganz vorzüglich hielt, und namentlich gefiel ihm außer seiner Bescheidenheit und Scherzhaftigkeit, daß er so freundschaftlich mit Koljä sprach, wie mit einem völlig Gleichstehenden, und obgleich dieser ihn doch offenbar hatte foppen wollen.

„Was ist das?" fragte Lisaweta Prokofjewna erstaunt, als plötzlich Wjera Lebedewa mit mehreren ganz neuen, prächtig eingebundenen Büchern großen Formats vor ihr erschien und ihr eines derselben reichte.

„Puschkin," sagte Wjera. „Unser Puschkin. Papa befahl mir, Ihnen unseren Puschkin zu bringen."

„Wie das? Wie ist das möglich?" wunderte sich die Generalin.

„Nicht als Geschenk, nicht als Geschenk! Wie dürfte ich das wagen!" beteuerte sofort Lebedeff, der im Augenblick neben seiner Tochter auftauchte. „Zum selben Preise, für den ich ihn gekauft! Das ist mein eigener, sozusagen unser Familien-Puschkin, die Gesamtausgabe Annenkoffs, die jetzt nirgends mehr zu haben ist – zu demselben Preise, wie gesagt. Ich biete Ihnen die ganze Ausgabe untertänigst zum Kaufe an, um die edle Ungeduld des literarischen Wissensdranges Eurer Exzellenz zu befriedigen."

„Ach so, du willst deinen Puschkin verkaufen, – besten Dank. Sollst nichts verlieren, hab' keine Angst; nur krümme dich, bitte, nicht so viel, Väterchen. Ich habe von dir gehört: du sollst ja ungeheuer belesen sein, sagt man. Dann können wir einmal diskutieren. Wirst du selbst deinen Puschkin zu mir bringen?"

„Gewiß mit der größten Ehrfurcht und ... Ehrerbietung!" – Lebedeff, der die Bücher seiner Tochter bereits aus den Händen gerissen, zerschmolz förmlich vor Seligkeit.

„Verlier' sie nur nicht bis dahin, bring sie meinetwegen auch ohne Ehrerbietung, doch mit der einen Bedingung," fügte sie langsam, ihn kritisch betrachtend, hinzu, „nur bis zur Schwelle; denn heute werde ich dich nicht empfangen. Deine Tochter Wjera dagegen laß mal ruhig sogleich zu uns kommen, die gefällt mir sehr."

„Warum sagen Sie denn nichts von jenen, Papa?" wandte sich Wjera ungeduldig an ihren Vater. „So werden sie ja schließlich noch unaufgefordert eintreten, sie sind ja doch nicht mehr zu halten. Lew Nikolajewitsch," wandte sie sich an den Fürsten, der nach seinem Hut gegriffen hatte, um Jepantschins, die bereits aufbrechen wollten, zu begleiten; „es sind dort welche, die mit Ihnen sprechen wollen, vier junge Leute, sie warten bei uns und sind wütend, weil Papa sie nicht zu Ihnen lassen will."

„Was wollen sie von mir?" fragte der Fürst.

„Es sei eine geschäftliche Angelegenheit, sagen sie; aber sie sind jetzt so weit, daß sie, wenn man sie nicht empfängt, schließlich noch einen großen Skandal machen werden. Sie können Sie im Park aufhalten. Ich denke, es ist besser, Lew Nikolajewitsch, Sie empfangen sie jetzt schnell und schicken sie dann fort – dann sind Sie sie los. Gawrila Ardalionytsch und Ptizyn reden dort mit ihnen und wollen sie beruhigen, aber sie wollen sich nicht fortschicken lassen."

„Pawlischtscheffs Sohn, Pawlischtscheffs Sohn ist's! Lohnt sich nicht, nicht der Mühe wert!" beteuerte Lebedeff, mit beiden Händen abwinkend. „Es lohnt sich wahrhaftig nicht, sie überhaupt anzuhören! Und sich von solchen Leutchen auch nur aufhalten zu lassen, wäre ganz unter Ihrer Würde, durchlauchtigster Fürst. Jawohl, das ist meine Meinung. Es lohnt sich wahrhaftig nicht ..."

„Pawlischtscheffs Sohn! Großer Gott!" entfuhr es dem Fürsten in der ersten Bestürzung. „Ich weiß ... aber ich habe doch ... ich habe doch diese ganze Angelegenheit Gawrila Ardalionytsch übergeben! Und Gawrila Ardalionytsch sagte mir vor einer Stunde ..."

In dem Augenblick trat Gawrila Ardalionytsch aus dem Zimmer auf die Terrasse und ihm folgte Ptizyn. Im nächsten Zimmer hörte man Lärm und wüstes Stimmengewirr, aus dem nur die laute Stimme des alten

Iwolgin zu unterscheiden war, da dieser offenbar die anderen überschreien wollte. Koljä eilte sofort hin.

„Das ist ja sehr interessant,“ bemerkte plötzlich Jewgenij Pawlowitsch laut, so daß es alle hörten.

„Ah, also er weiß etwas davon!“ dachte der Fürst bei sich.

„Was? Ein Sohn von Pawlischtscheff? Aber ... was kann denn das für ein Sohn von Pawlischtscheff sein?“ wunderte sich General Jepantschin und blickte fragend vom einen zum anderen. Zu seinem Erstaunen bemerkte er, daß alle etwas zu wissen schienen, wovon nur er allein keine Ahnung hatte.

Allerdings wäre die allgemeine Erwartung und das offenkundige Interesse der Anwesenden selbst einem Unbefangenen aufgefallen; den Fürsten aber wunderte es unsäglich, daß eine Angelegenheit, die nur ihn persönlich etwas anging, so vielen bereits bekannt war, und daß so viele auch nur das geringste Interesse daran haben konnten.

„Das ist sehr gut, daß Sie diese ganze Angelegenheit hier sogleich *selbst* erledigen werden,“ sagte Aglaja, die plötzlich an den Fürsten herangetreten war, mit auffallendem Ernst, „und ich hoffe, daß Sie uns allen erlauben, Ihre Zeugen zu sein. Man will Sie herabziehen, Fürst, deshalb müssen Sie sich stolz verteidigen. Ich freue mich schon im voraus für Sie.“

„Ja, auch ich wünsche es, daß diese empörende Prätention endlich einmal energisch zurückgewiesen wird!“ sagte die Generalin laut. „Lieber Fürst, schone sie nicht, gib’s ihnen ordentlich! Mir gellen schon die Ohren von dieser Skandalgeschichte, weiß Gott, sie hat viel böses Blut in mir gemacht. Deinetwegen, Fürst. Und es wird auch nicht uninteressant sein, diese Menschensorte einmal kennen zu lernen. Ruf’ sie nur herein, wir setzen uns inzwischen. Das war sehr richtig von dir, Aglaja, was du da sagtest. Haben Sie schon davon gehört, Fürst?“ wandte sie sich an den Fürsten Sch.

„Oh, gewiß; in Ihrem Hause. Doch was mich besonders interessiert, ist – jene jungen Leute mit eigenen Augen zu sehen,“ antwortete Fürst Sch.

„Das sind jetzt also Nihilisten, nicht wahr?“

„Nein, nicht gerade Nihilisten,“ griff sofort Lebedeff, der vor Aufregung nicht wußte, wo er sich lassen sollte, einen Schritt nähertretend, das Wort auf; „sie gehören zu einer anderen, einer ganz besonderen Kategorie. Mein Neffe sagt, sie gingen viel weiter als die Nihilisten. Eure Exzellenz glauben vielleicht, sie durch Eurer Exzellenz

Anwesenheit einzuschüchtern; das wäre aber ein großer Irrtum Eurer Exzellenz: die pfeifen drauf! Nihilisten sind mitunter auch verständige Leute, sogar gelehrte Leute, diese aber sind weitergegangen, sie sind vor allem Geschäftsleute und beginnen sogleich mit der Tat. Diese Sorte Menschen ist eigentlich nur eine gewisse Folge des Nihilismus, doch wiederum auch keine direkte Folge, sondern sozusagen eine indirekte, halb nur nach dem Hörensagen, und ihre Meinung äußern sie nicht etwa wie jene in Zeitungsartikelchen, sondern direkt in Taten, sehen Sie! Und nicht nur um die, nun, zum Beispiel, Sinnlosigkeit Puschkins, oder, zum Beispiel, um die Notwendigkeit des Zerfalls des Russischen Reiches handelt es sich bei ihnen! – nein, sie erklären einfach, ein jeder habe das Recht, wenn er nach irgend etwas Verlangen trägt, vor keinem Hindernis mehr zurückzuschrecken oder sich von moralischen Bedenken abhalten zu lassen, und wenn es auch heißt, bei der Gelegenheit acht lebendige Menschen um einen Kopf kürzer zu machen. Deshalb würde ich Ihnen, durchlauchtigster Fürst, aufrichtig abraten ...“

Doch der Fürst schritt bereits zur Tür, um sie den ungebetenen Gästen zu öffnen.

„Sie verleumden sie, Lebedeff,“ sagte er lächelnd, „Ihr Neffe hat Sie gar zu sehr betrübt. Glauben Sie ihm nicht, Lisaweta Prokofjewna. Ich versichere Sie, die Gorskys und Daniloffs[] sind nur einzelne Fälle, diese hier aber ... irren sich nur ... Nur würde ich nicht gern hier in Gegenwart aller ... Verzeihen Sie, Lisaweta Prokofjewna, wenn ich die jungen Leute nur auf einen Augenblick hierherbitte, damit Sie sie sehen können, und sie dann wieder fortführe. – Bitte, meine Herren!“

Ihn beunruhigte weniger die bevorstehende Aussprache, als ein gerader qualvoller Gedanke: wie nun, wenn dieses Zusammentreffen, gerade an diesem Tage und zu dieser Stunde, von irgend jemand absichtlich herbeigeführt worden war, um gerade diesen Zeugen nicht etwa seinen Sieg, sondern seine Niederlage zu zeigen? Doch das Quälendste waren die Vorwürfe, die er sich selbst wegen seines „schändlichen, schamlosen Argwohns“ machte. Er wäre gestorben vor Scham, wenn jemand um seine geheimen Gedanken gewußt hätte, und als die neuen Gäste auf die Terrasse hinaustraten, war er aufrichtig bereit, sich unter allen Anwesenden in sittlicher Beziehung für den Letzten der Letzten zu halten.

Auf die Terrasse traten im ganzen fünf Mann, vier neue Gäste und hinter diesen der alte General Iwolgin – höchst ereifert und aufgebracht und, wie gewöhnlich in solchen Fällen, von überströmender Redelust. „Der wenigstens wird zu mir halten!“ dachte der Fürst lächelnd. Mit Hippolyt war gleichzeitig auch Koljä wieder auf die Terrasse zurückgekehrt – Hippolyt war einer von den vieren. Koljä redete eifrig auf ihn ein, doch jener lächelte nur boshaft.

Der Fürst bat die Neueingetretenen, Platz zu nehmen. Sie waren aber alle noch so unausgewachsene Jungen, daß man sich über sie, ihr Vorhaben und die Umstände, die man mit ihnen machen mußte, nur wundern konnte. Iwan Fedorowitsch Jepantschin zum Beispiel, der von dieser ganzen „neuen Geschichte" nichts wußte und nichts begriff, ärgerte sich sogleich über ihre Jugend und hätte sicherlich irgendwie gegen eine weitere Verhandlung protestiert, wenn ihn nicht dies unerklärliche Interesse seiner Gemahlin für die Privatangelegenheit des Fürsten stutzig gemacht hätte. Übrigens blieb er zum Teil auch aus Neugier und zum Teil aus Gutmütigkeit, in der Hoffnung, vielleicht auch helfen, doch jedenfalls durch seine Autorität von Nutzen sein zu können. Da aber wagte es der alte General Iwolgin, ihn von weitem zu grüßen, was Seine Exzellenz sogleich wieder so empörte, daß er beschloß, „finster und schweigend auszuharren".

Übrigens war einer von den vier doch nicht mehr so ganz jung – so an die Dreißig; das war jener Unterleutnant aus der Rogoshinschen Rotte, „der Boxer" genannt, der „einst selbst an die fünfzehn Rubel den Bettlern gegeben". Er begleitete die übrigen drei als aufrichtiger Freund zur Unterstützung ihres Mutes und, falls erforderlich, auch ihrer Muskeln. Unter den übrigen drei spielte die erste Rolle natürlich derjenige, der von sich behauptete, Pawlischtscheffs Sohn zu sein; doch stellte er sich dessenungeachtet als Antip Burdowskij vor. Er war ein langer, magerer, blonder, junger Mann von etwa zweiundzwanzig Jahren, in ärmlicher Kleidung, die sich noch durch Unordentlichkeit, Schmierigkeit und fast spiegelblanke Ellenbogen auszeichnete; die Weste hatte er bis zum Halse zugeknöpft, die Wäsche war Gott weiß wo geblieben, die Krawatte war bis zur Unglaublichkeit fettig und fast zur Schnur zusammengerollt; die Hände waren ungewaschen, das Gesicht sehr finnig, und der Blick war, wenn man sich so ausdrücken kann, unschuldig-frech. Dennoch lag in seinem Gesicht keine Spur von Ironie oder Berechnung, sondern nur ein stumpfes Berauschtsein von seinem „Recht" und gleichzeitig ein seltsames Etwas, das sein unersättliches Bedürfnis, beständig beleidigt zu sein oder sich beleidigt zu fühlen, mit ziemlicher Deutlichkeit verriet. Er sprach aufgeregt und schnell, blieb jedoch nach jeden drei Worten im Satz stecken, als wäre ihm das Stottern angeboren oder als wäre er ein Ausländer.

Ihn begleiteten der Neffe Lebedeffs, der den Lesern bereits bekannt ist, und Hippolyt. Diesen sah der Fürst zum erstenmal. Er war noch sehr jung, – siebzehn, höchstens achtzehn Jahre mochte er zählen; sein Gesicht hatte einen klugen, doch stets gereizten Ausdruck und zeigte deutlich die furchtbaren Anzeichen seiner Krankheit. Mager war er wie ein Skelett, seine Augen glänzten, und auf den eingefallenen Wangen von gelblich-bleicher Farbe zeichneten sich zwei rote Flecke ab. Er hustete sehr stark und sein Atmen hatte etwas Pfeifendes. Man sah es ihm sofort an, daß er im höchsten Grade schwindsüchtig war – zwei bis drei Wochen konnte er vielleicht noch leben. Er war erschöpft und ließ sich als erster auf einen Stuhl nieder. Die anderen waren im ersten Augenblick etwas zeremoniell und fast sogar schüchtern geworden, blickten indes doch noch möglichst wichtig drein und waren offenbar sehr darauf bedacht, sich nicht irgendwie eine gesellschaftliche Blöße zu geben, was mit ihrer Reputation, grundsätzliche Gegner aller unnützen gesellschaftlichen Formen, aller Vorurteile und fast alles übrigen außer der Wahrnehmung ihrer eigenen Interessen zu sein, sehr sonderbar harmonierte.

„Antip Burdowskij," stellte sich eilig und doch stotternd der sogenannte „Sohn Pawlischtscheffs" vor.

„Wladimir Doktorenko," sagte klar und deutlich und als wolle er sich damit brüsten, daß er ein Doktorenko war, der Neffe Lebedeffs.

„Keller!" brummte kurz und nicht sehr laut der verabschiedete Unterleutnant.

„Hippolyt Terentjeff," meldete sich als letzter mit ganz unerwartet kreischender Stimme der Schwindsüchtige. Alle setzten sich in einer Reihe auf die Stühle, gegenüber dem Fürsten; alle machten sie, nachdem sie ihre Namen genannt, finstere Gesichter und nahmen, gleichsam um sich zu ermutigen, die Mützen aus der einen Hand in die andere; alle bereiteten sich vor, zu sprechen, doch keiner machte den Anfang, und so schwiegen sie und erwarteten mit herausfordernden Mienen, was nun kommen werde, während ihre Blicke selbstbewußt zu sagen schienen: „Nein, Verehrtester, uns führt man nicht hinters Licht!" Man fühlte gleichsam, daß sie, falls nur einer von ihnen den Mund auftun und mit einem Wort beginnen würde, sogleich alle Mann ihm in die Rede fallen und dann kreuz und quer durcheinander reden würden.


## VIII.

Ich habe keinen von Ihnen erwartet, meine Herren," begann der Fürst, „denn ich war bis heute krank. Doch Ihre Angelegenheit," wandte er sich an Burdowskij, „habe ich bereits vor einem Monat Herrn Gawrila Ardalionytsch Iwolgin anvertraut, wovon Sie durch mich noch an demselben Tage in Kenntnis gesetzt worden sind. Übrigens habe ich auch gegen eine persönliche Aussprache nichts einzuwenden, nur werden Sie doch wohl selbst einsehen, daß ... zu einer so späten Stunde ... Ich mache Ihnen den Vorschlag, wir ziehen uns in eines meiner Zimmer zurück, wenn es voraussichtlich nicht allzulange dauern wird ... Ich habe hier augenblicklich Besuch ...“

„Besuch ... das geht uns nichts an, aber Sie werden mir doch die Bemerkung gestatten,“ unterbrach ihn der Neffe Lebedeffs in äußerst belehrendem Ton, wenn auch nicht mit allzu erhobener Stimme, „die Bemerkung gestatten, daß Sie uns auch etwas höflicher behandeln könnten und uns nicht zwei Stunden lang in Ihrer Dienerstube warten lassen ...“

„Und natürlich ... auch ich ... das ist natürlich nach Fürstenart! Und das ... Sie sind also ein General! Ich bin aber nicht Ihr Diener! Auch ich ... ich ...“ begann plötzlich in unbeschreiblicher Erregung Antip Burdowskij zu stottern; seine Lippen und seine Stimme bebten, und bei jedem Wort spritzte Speichel aus seinem Munde, als wäre er im Begriff vor Wut zu bersten; doch ebenso plötzlich, wie er begonnen, hörte er auch wieder auf; was er aber hatte sagen wollen, das begriff kein einziger.

„Das war echt fürstlich!“ lachte höhnisch mit heiserer, gleichsam kreischender Stimme Hippolyt.

„Wenn man sich das mir gegenüber erlaubt hätte,“ brummte der Boxer, „ich meine, direkt mir gegenüber, so hätte ich als Mann von Ehre an Burdowskijs Stelle ... ich ... khm“ – er räusperte sich.

„Aber, auf Ehrenwort, meine Herren, ich habe es erst vor zwei Minuten erfahren, daß Sie da sind,“ versicherte der Fürst.

„Wir haben keine Furcht vor Ihren Freunden, Fürst, wer diese Freunde auch immer sein mögen, denn wir sind in unserem Recht,“ erklärte Lebedeffs Neffe.

„Was für ein Recht aber haben Sie? Erlauben Sie, daß ich Sie das frage,“ schrie wieder Hippolyt mit seiner heiseren Stimme, „was für ein Recht haben Sie, Burdowskijs Privatangelegenheit dem Urteil Ihrer Freunde zu unterbreiten? Woher wissen Sie, ob wir das Urteil Ihrer Freunde überhaupt hören wollen? Man kann sich ja denken, was das für ein Urteil sein wird!“

„Aber wenn Sie, Herr Burdowskij, die Sache nicht in Gegenwart Unbeteiligter erörtern wollen,“ gelang es dem Fürsten, den dieser Anfang ganz betroffen gemacht hatte, einzuwenden, „so bin ich ja doch, wie gesagt, sogleich bereit, mich mit Ihnen allen in ein Zimmer zurückzuziehen, und ich bitte Sie, mir nur glauben zu wollen, daß ich erst vor zwei Minuten ..."

„Aber Sie haben kein Recht, Sie haben kein Recht, Sie haben nicht das Recht dazu! ... Ihre Freunde ... besagen gar nichts!" ... ereiferte sich wieder der stotternde Burdowskij mit wildem und doch scheuem Blick auf all die fremden Menschen ringsum. Je mehr er seiner Umgebung mißtraute und je unsicherer er sich in ihr fühlte, um so aufgebrachter wurde er. „Und Sie haben kein Recht! Ganz einfach!"

Und nachdem er das hervorgestoßen, verstummte er wieder so plötzlich wie vorher und starrte, indem er seine kurzsichtigen, auffallend gewölbten Augen, deren Äderchen sehr dick und sehr rot waren, unheimlich aufriß, mit fragendem Blick den Fürsten an, wobei er seinen ganzen Oberkörper weit vorbeugte. Diesmal aber war der Fürst so verblüfft, daß auch er verstummte und ihn gleichfalls wortlos fragend ansah.

„Lew Nikolajewitsch!" rief ihn plötzlich Lisaweta Prokofjewna zu sich, „hier, lies das, dieses hier, und bitte laut; lies es sofort, es bezieht sich direkt auf diese Angelegenheit."

Sie hielt ihm mit einer befehlenden Handbewegung eines unserer humoristischen Wochenblätter hin und deutete mit dem Finger auf den Titel des Leitartikels. Lebedeff, der sich eifrig um die Gunst Lisaweta Prokofjewnas bewarb, war beim Eintritt der Gäste sogleich hinter ihren Stuhl geschlüpft, hatte aus der Seitentasche seines Rockes das Blatt hervorgezogen und es ihr vor die Augen gehalten, mit dem Zeigefinger eifrig auf die erste angestrichene Spalte weisend. Sie überflog den Anfang des Artikels, und was sie da las, empörte sie sichtlich tief.

„Wäre es nicht besser, wenn man es nicht laut lesen würde," wagte der Fürst, nicht wenig verwirrt, einzuwenden, „ich kann es ja auch später lesen, wenn ich allein bin ..."

„Ach, dann lies lieber du es, sofort, laut! So daß es alle hören!" wandte sich Lisaweta Prokofjewna an Koljä in einem Tone, der keinen Widerspruch duldete, und gereizt nahm sie dem Fürsten das Blatt, das er kaum genommen hatte, wieder aus der Hand, um es Koljä zu geben. „Lies es laut vor, laut, hörst du, so daß alle es hören, hier, dies hier!"

Lisaweta Prokofjewna war eine heißblütige Dame, die sich leicht hinreißen ließ. Es kam oft vor, daß sie plötzlich ganz unbedacht alle Anker lichtete und ins offene Meer hinausfuhr, ohne dabei vorher nach dem Wetter zu fragen. Iwan Fedorowitsch bewegte sich unruhig. Doch alle waren noch so überrascht und verwundert, daß niemand daran dachte, gegen das laute Vorlesen Einspruch zu erheben, und so begann denn Koljä, dem Lebedeff sogleich eifrig zeigte, von wo er anfangen sollte, mit lauter Stimme den Artikel vorzulesen, der folgendermaßen lautete:

*„Proletarier und Aristokraten!* Ein Beispiel unserer alltäglichen Diebstähle! *Fortschritt! Reform! Gerechtigkeit!"*

„Seltsame Dinge ereignen sich in unserem sogenannten heiligen Rußland, in unserem Jahrhundert der Reformen und handelspolitischen Initiativen, des erwachenden Nationalbewußtseins und der jährlichen Ausfuhr von mehreren Hundertmillionen ins Ausland, im Jahrhundert der Handels- und Industriebegünstigung und der Ohnmacht des Arbeiters usw. usw., – alles läßt sich gar nicht aufzählen, meine Herrschaften, und deshalb zur Sache.

„Er war ein Sproß unsrer einst so allmächtig *gewesenen (de profundis!)* Aristokratie, einer von jenen, deren Großväter bereits ihr ganzes Vermögen im Auslande auf grünen Tischen verzettelt, deren Väter dann ihr Leben als Junker und Leutnants fristen mußten und in der Regel wegen eines harmlosen Kassendefizits im Untersuchungsgefängnis starben, und deren Kinder jetzt entweder als Idioten vegetieren, gleich dem Helden unserer Erzählung, oder sich in Kriminalprozesse verwickeln, wofür sie übrigens – wohl infolge der neuen Erziehungs- und Besserungsprinzipien – von den Geschworenen freigesprochen werden; oder die schließlich für Unterhaltungsstoff sorgen, indem sie Stückchen losschießen, die das Publikum in Erstaunen setzen und unseren ohnehin schon beschämenden Zeitgeist zu einem noch beschämenderen machen.

„Vor etwa einem halben Jahre kehrte unser Adelssproß in ausländischen Stiefeletten und zitternd vor Kälte in einem ungefütterten Kapuzenmantel mitten im Winter nach Rußland zurück, und zwar kam er damals direkt aus der Schweiz, wo er sich längere Zeit aufhielt, um sich zu heilen; denn er war krank, und seine Krankheit war – die Idiotie. *(Sic!)* Man muß gestehen, daß ihm das Glück nicht abhold gewesen ist; denn von Idiotie geheilt zu werden, dürfte mehr Glück sein, als Fortuna je einem Sterblichen vergönnt hat. Man bedenke: von Idiotie! Und diese Gunst Fortunas läßt sich in seinem ganzen Leben nachweisen: als Säugling allein auf Erden zurückgeblieben – nach dem Tode eines Vaters, der infolge des Verlustes der Regimentskasse – im Kartenspiel, versteht sich – in Untersuchungshaft gestorben, vielleicht aber auch infolge einer für Untergebene in Menschengestalt zu reichlich bemessenen Prügelstrafe (Sie entsinnen sich wohl noch der alten Zeiten, meine Herrschaften?), war unser Adelssproß von einem äußerst reichen Gutsbesitzers aus Gnade und Mitleid erzogen worden. Dieser russische Gutsbesitzer – nennen wir ihn der Kürze halber Herrn P. – besaß in der alten goldenen Zeit seine viertausend Leibeigene (Leibeigene! Begreifen Sie diesen Ausdruck, meine Herrschaften? Ich nicht. Ich werde im Konversationslexikon nachschlagen: – ‚Jung ist die Sage, und doch kaum glaublich‘[] kann man mit Gribojedoff sagen) und gehörte offenbar zu jenen Russen, die ewig auf der Bärenhaut liegen und ihre müßige Zeit im Auslande verbringen, im Sommer in Kurorten und im Winter in Paris, und dort gewöhnlich in einem Château des Fleurs, wo sie seinerzeit unermeßliche Summen zurückgelassen haben. Man kann ja doch fast positiv behaupten, daß wenigstens ein Drittel des ganzen zur Zeit der Leibeigenschaft in Rußland gezahlten Pachtzinses in die Hände der Besitzer des Pariser Château des Fleurs geflossen ist. (Muß das ein glücklicher Mensch gewesen sein!). Doch wie dem auch sei, jedenfalls ließ der sorglose Herr P. seinen Pflegling fürstlich erziehen, engagierte für ihn Erzieher und Gouvernanten (zweifellos recht hübsche), die er natürlich nicht vergaß, aus Paris selbst mitzubringen. Doch leider erwies sich der Sproß, der Letzte seines Stammes, als Idiot. Da half auch die ganze Kunst der Pariser Gouvernanten nichts, und bis zum zwanzigsten Lebensjahre erlernte ihr Zögling überhaupt keine Sprache, die russische nicht ausgenommen. Letzteres dürfte übrigens verzeihlich sein. Eines schönen Tages aber beglückte das ruhende Gehirn des Herrn P. der wundervolle Gedanke, daß man dem Idioten in der Schweiz ganz sicherlich zu gesundem Verstande verhelfen könne – ein Gedanke, der unter diesen Verhältnissen von einwandfreier Logik war: wie sollte ein Mensch seines Schlages nicht der Meinung sein, daß man für Geld selbst Verstand auf dem Markte kaufen könne, und noch dazu in der Schweiz! Für seinen Zögling folgten also fünf Jahre lang kalte Duschen in der Schweiz unter Aufsicht eines berühmten Professors, wie es sich von selbst versteht, und Geld ward für ihn ausgegeben zu Tausenden. Aus dem Idioten wurde natürlich kein Philosoph; aber immerhin entwickelte sich in ihm ein Quantum Verstand, das vorläufig genügte, um ihn wenigstens einen Menschen nennen zu können, allerdings nur mit knapper Not. Da aber stirbt Herr P. ganz unvorhergesehen. Ein Testament hinterläßt er selbstverständlich nicht, und selbstverständlich herrscht in seinen Vermögensverhältnissen die größte Unordnung; Erben aber gibt es mehr als genug, Erben, denen um die Heilung erblicher Idioten in der Schweiz nicht das allermindeste zu tun ist. Der Idiot war zwar ein Idiot, wußte aber dennoch so klug zu sein, daß er seinen Professor geschickt betrog und sich jahrelang umsonst von ihm behandeln ließ, indem er ihm den Tod P.’s verschwieg. Doch auch der Professor war nicht auf den Kopf gefallen: der völlige Geldmangel erschien ihm schließlich doch etwas bedenklich, und da der zunehmende Appetit seines fünfundzwanzigjährigen Zöglings die Sache für ihn noch bedenklicher machte, so entschloß er sich, seinen Patienten abzuschütteln, schenkte ihm seine alten Stiefeletten, desgleichen seinen alten Kapuzenmantel und expedierte ihn nach Rußland, indem er auch noch die Reise dritter Klasse aus seiner Tasche bezahlte. Nun sollte man meinen, Fortuna habe dem Jüngling fortan nur noch ihre Rückseite gezeigt, doch nein, – mitnichten! Sie, die ganze Gouvernements Hungers sterben läßt, schüttet plötzlich das Füllhorn ihrer Gaben über dem Haupte des aristokratischen Idioten aus, gleich der ‚Wolke‘ in Kryloffs berühmter Fabel, die über das dürre Feld zieht, ohne einen Tropfen Wassers zu spenden, und über dem Ozean einen ganzen Gewitterregen niedergehen läßt. Also geschah es auch hier: fast an demselben Tage, an dem der junge Mann in Petersburg eintrifft, stirbt in Moskau ein Verwandter seiner Mutter (der natürlich nur ein Kaufmann war), ein alter, kinderloser, griesgrämiger Altgläubiger mit einem langen Bart, und hinterläßt ein Kapital von mehreren Millionen, und dieses ganze unantastbare, bare Geld (wenn wir es doch hätten!) – alles das fällt unserem Idioten, der fürwahr mehr Glück als Verstand hat, ohne die geringsten Scherereien in den Schoß! Da zog natürlich alle Welt sogleich ganz andere Saiten auf: unser Baron in den alten Stiefeletten, der sich sofort in eine berühmte Schönheit und ebenso berühmte Mätresse verliebte, war in kürzester Frist von einer Schar von Freunden umgeben, es fanden sich sogar Verwandte ein, und bald ward er von einem ganzen Heer hochwohlgeborener junger Mädchen belagert, die nur noch eine Sehnsucht kannten: von ihm zum Altar geführt zu werden; denn er ist doch das Ideal eines Gatten: Aristokrat, Millionär und Idiot – was will man mehr? – alle guten Eigenschaften in einer Person! Einen solchen Mann kann man ja mit der Laterne suchen, ohne ihn zu finden, und selbst auf Bestellung könnte einem keiner einen zweiten solchen liefern! ...“

„Das ... das ist aber doch empörend!“ rief Iwan Fedorowitsch Jepantschin in höchster Entrüstung aus.

„Hören Sie auf, Koljä!“ rief ihm der Fürst beschwörend zu.

Von allen Seiten wurden Ausrufe laut.

„Lesen! Um jeden Preis weiterlesen!“ befahl Lisaweta Prokofjewna kurz und bündig. Man sah es ihr an, daß sie nur noch mit Mühe an sich hielt. „Fürst!“ wandte sie sich an diesen, „wenn du ihn nicht weiterlesen läßt – sind wir Feinde!“

Es war also nichts zu machen, und Koljä, der vor Scham errötet war, fuhr mit erregter Stimme in der Lektüre fort.

„Doch während unser junger Millionär sozusagen im Überflusse schwelgt, geschieht etwas ganz Nebensächliches. Eines schönen Morgens erscheint bei ihm ein Herr mit einem ruhigen, strengen Gesicht, tadellos, doch unauffällig gekleidet, mit höflicher, würdiger und rechtschaffener

Rede und mit augenscheinlich liberalen Ansichten. In zwei Worten erklärt er ihm den Grund seines Erscheinens: er ist ein bekannter Advokat, der von einem jungen Mann, in dessen Namen er erschienen ist, einen gewissen Auftrag erhalten hat, und jener ist nichts mehr und nichts weniger als der natürliche Sohn des verstorbenen Herrn P., wenn er auch einen anderen Namen trägt. Der alte Lüstling P. hatte ein ehrsames, armes Mädchen von seinem Gutsgesinde, das jedoch europäische Erziehung genossen, mit Hilfe seiner Gutsherrnrechte verführt und dann, als sich die Folgen seines Leichtsinns bemerkbar machten, schnell mit einem anderen verheiratet, mit einem Kaufmann oder, wie man sagt, sogar Beamten, der dieses Mädchen seit langem liebte. Zu Anfang der Ehe half er hin und wieder den Neuvermählten; doch bald wurde seine Hilfe von dem edelgesinnten Gatten der jungen Frau zurückgewiesen, und mit der Zeit vergaß Herr P. nicht nur die beiden Eheleute, sondern auch den Sohn, den sein ehemaliges Gutsmädchen bald nach ihrer Verheiratung ihrem – Gatten geboren hatte. Und dann kam, wie gesagt, ein Tag, an dem Herr P. unvorhergesehen starb, ohne ein Testament gemacht zu haben. Inzwischen war der Sohn, den der edeldenkende Gatte seiner Mutter wie seinen leiblichen Sohn erzogen hatte, nachdem er auch diesen seinen Pflegevater, dessen bürgerlichen Namen er trug, durch einen plötzlichen Tod verloren, ganz allein auf sich und seine Kraft angewiesen und mußte nicht nur für sich, sondern auch für seine alte, kranke, halbgelähmte Mutter sorgen. So zog er denn allein nach Petersburg, um durch Erteilung von Privatunterricht in Kaufmannsfamilien zuerst ein Gymnasium besuchen und nachher für ihn nützliche Lektionen nehmen zu können, da er als strebsamer, junger Mann höhere Ziele im Auge hatte. Doch wie weit kommt man mit Privatunterricht zu fünfzig Kopeken die Stunde, wenn man außer sich selbst auch noch eine kranke Mutter ernähren muß? Deshalb wäre auch der Tod seiner im Sterben liegenden Mutter keine besondere Erleichterung für ihn. Jetzt ist die Frage aufzuwerfen: Was hätte unser Adelssproß in diesem Falle tun sollen? Sie, meine verehrten Herren Leser, werden natürlich der Meinung sein, daß er folgendes bei sich gedacht habe: ‚Ich habe mein ganzes Leben lang von P. alles Gute erfahren; für meine Erziehung, meine Gouvernanten und meine Heilung von der Idiotie hat er Zehntausende ausgegeben. Jetzt besitze ich Millionen, der natürliche Sohn P.s jedoch muß bei seinem edlen Charakter durch Unterricht kümmerlich sein Leben fristen und unschuldig für die Sünden seines leichtsinnigen, vergeßlichen Vaters büßen. Alles, was er für mich ausgegeben hat, hätte er von Rechts wegen für ihn, seinen Sohn, ausgeben müssen. Diese riesigen, für mich ausgegebenen Summen hatte ich ja gar nicht verdient, das war ein blinder Irrtum der blinden Fortuna oder meines phantastischen Wohltäters. Wenn ich wirklich dankbar, zartfühlend und gerecht sein will, so muß ich jetzt

seinem Sohne die Hälfte meiner gegenwärtigen Millionen geben. Da ich
aber in allen Dingen ein berechnender Mensch bin und nur zu gut
begreife, daß er gesetzlich nichts von mir verlangen kann, so werde ich
ihm die Hälfte meiner Millionen nicht geben; da aber *nichts* geben doch
gar zu gemein wäre, so muß ich ihm jetzt zum mindesten doch jene
Zehntausende zurückgeben, die sein Vater für meine Heilung von der
Idiotie ausgegeben hat. Damit tue ich nach meinem Gewissen und der
Gerechtigkeit nur meine Pflicht und Schuldigkeit. Denn was wäre
schließlich aus mir geworden, wenn sich P. nicht meiner, sondern seines
natürlichen Sohnes erbarmt hätte?'

Doch nein, meine verehrten Leser! Unsere Adelssprößlinge denken
anders! Wie beredt auch der Advokat, der einzig aus Freundschaft und
fast gegen den Willen des Jünglings die Sache übernommen hatte, dem
gegenwärtigen Millionär und ehemaligen Idioten diese Pflicht der Ehre
und Gerechtigkeit und sogar der logischen Berechnung vorhält, der in der
Schweiz geschulte Idiot bleibt unerbittlich – und was tut er? Ja, was er
tut, das läßt sich nicht mehr mit interessanten Krankheiten entschuldigen,
das ist und bleibt unverzeihlich: dieser Millionär, der kaum aus den
Stiefeletten seines Professors heraus ist, begreift nicht einmal, daß der
edelgesinnte Sohn seines Wohltäters, der sich mit Privatunterricht
abquält, nicht um eine gnädige Unterstützung bittet, sondern nur um das,
was ihm von Rechts wegen zukommt, und nicht einmal selbst bittet,
sondern daß nur von seinen Freunden für ihn gebeten wird. In
aufgeblasenem Hochmut und berauscht von der Macht seiner Millionen,
die es ihm jetzt erlauben, ungestraft die Machtlosen unter die Füße zu
treten, zieht unser Adelssproß eine fünfzigrublige Banknote aus seinem
Portemonnaie und schickt sie frech als Almosen dem edlen jungen Manne
zu. Sie wollen es nicht glauben, meine verehrten Leser? Sie sind empört,
beleidigt, Sie finden keine Worte – und dennoch: er hat es getan!
Selbstverständlich ist ihm das Geld sogleich zurückgesandt, sozusagen
ins Gesicht geworfen worden. Doch welch eine Lösung ist wohl jetzt, wie
die Verhältnisse liegen, zu erwarten? Juridisch ist ihm nicht
beizukommen, nach dem geschriebenen Gesetz kann man ihm nichts
anhaben; es bleibt also nichts anderes übrig, als die Sache der
Öffentlichkeit zu übergeben. So unterbreiten wir sie denn dem Urteil des
Publikums, das wir zum Schluß noch der Wahrheit jedes geschriebenen
Wortes versichern. Es heißt, daß einer unserer bekanntesten Humoristen,
dem dieser Fall gleichfalls zu Ohren gekommen ist, ein köstliches
Epigramm darauf verfaßt hat, das durchaus wert ist, selbst in
Residenzblättern veröffentlicht zu werden, weshalb wir es denn hier auch
noch anführen wollen:

Seit fünf Jahren schon trug Ljowa[]

– Also hieß der Adelssproß –

Ein paar enge Stiefeletten

Seines Schweizer Professors.

Als er dann im fünften Jahre

Noch Millionen erben tat,

Wollt' er nimmer das berappen,

Was man ihm gepumpt einst hat."

Als Koljä zu Ende gelesen hatte, warf er das Blatt angeekelt auf den Tisch und eilte, das Gesicht mit den Händen bedeckend, in den nächsten Winkel, wo er die Stirn fest an die Wand preßte. Er schämte sich bis in sein Innerstes hinein, und seine kindlich reine Seele, die sich an solchen Schmutz noch nicht gewöhnt hatte, litt unsäglich. Es schien ihm, daß etwas Entsetzliches geschehen war, etwas, das alles Schöne und Gute zerstört hatte, und daß er selbst womöglich die Ursache dessen gewesen war, allein schon dadurch, daß er dieses Schändliche laut vorgelesen hatte.

Doch auch die anderen schienen fast alle Ähnliches zu empfinden.

Den jungen Mädchen war die Situation mehr als peinlich. Die Generalin bezwang mit aller Gewalt ihren Zorn und bereute vielleicht bitter, daß sie sich in diese Angelegenheit überhaupt hineingemischt hatte; jetzt schwieg sie. Der Fürst aber schämte sich, wie das mit zartfühlenden Menschen oft geschieht, dermaßen für die Verfasser dieses Artikels, daß er seine Gäste gar nicht anzusehen wagte. Ptizyn, Warjä, Ganjä und sogar Lebedeff schauten alle etwas verwirrt und betreten drein. Doch am sonderbarsten war wohl, daß auch Hippolyt und Burdowskij, der „Sohn Pawlischtscheffs", erstaunt und gleichsam etwas erschrocken aussahen; und selbst der Neffe Lebedeffs schien offenbar mit irgend etwas unzufrieden zu sein. Nur der „Boxer" saß wichtig und ruhig auf seinem Stuhl und drehte seinen Schnurrbart, den Blick ein wenig gesenkt – jedoch nicht etwa aus Verlegenheit gesenkt, sondern gleichsam aus Bescheidenheit infolge gar zu offenkundigen Triumphes. Jedenfalls war aus allem zu ersehen, daß der Artikel ihm sehr gefallen hatte.

„Der Teufel mag wissen, was das sein soll!" brummte Iwan Fedorowitsch halblaut, „das ist ja, wie wenn fünfzig Lakaien sich zusammengetan und dann auch glücklich die größte Gemeinheit zustande gebracht hätten!"

„Erla–auben Sie, mein Herr, wie dürfen Sie uns mit solchen Vermutungen beleidigen?" empörte sich, am ganzen Körper zitternd, Hippolyt.

„Das, das, das ist für einen Mann von Ehre ... das werden Sie doch selbst zugeben, Exzellenz, daß für einen, einen Mann von Ehre so etwas beleidigend sein muß!" brummte diesmal etwas lauter der Boxer, der sich gleichfalls aus irgendeinem Grunde verletzt zu fühlen schien, und mit gekränkter Miene fuhr er fort, seine Schnurrbartspitzen zu zwirbeln, während er dazu bald mit dieser, bald mit jener Schulter zuckte.

„Ich bin für Sie nicht ‚mein Herr‘, und im übrigen habe ich nicht die Absicht, Ihnen irgendwelche Erklärungen zu geben!" antwortete mit verhaltener Wut Iwan Fedorowitsch. Er erhob sich und ging ohne ein weiteres Wort zu den Stufen der Terrasse, wo er auf der obersten Stufe, den Rücken der Gesellschaft zugekehrt, stehen blieb. Er ärgerte sich unbeschreiblich über Lisaweta Prokofjewna, die sich auch jetzt noch nicht von ihrem Platz rührte.

„Meine Herren, ich bitte Sie, meine Herren, lassen Sie uns doch so sprechen, daß wir einander verstehen!" kam der Fürst, in dessen Gesicht sich seine ganze Qual und Erregung widerspiegelte, endlich zu Wort. „Der Artikel – nun, was ... vergessen wir ihn. Ich meine ja nur – es ist doch alles unwahr, was dort geschrieben steht, und das sage ich Ihnen jetzt, weil Sie das doch selbst wissen. Es würde mich doch wirklich nur wundern, wenn das jemand von Ihnen verfaßt haben sollte."

„Ich habe von diesem ganzen Artikel bis jetzt nichts gewußt," erklärte Hippolyt. „Ich billige ihn nicht."

„Ich habe zwar gewußt, daß er geschrieben war, aber ... von einer Veröffentlichung hätte ich entschieden abgeraten; denn dazu ist es noch zu früh," sagte Wladimir Doktorenko, Lebedeffs Neffe.

„Ich habe gewußt, aber ich habe das Recht ... ich ..." stotterte der „Sohn Pawlischtscheffs".

„Was! Sie haben das selbst geschrieben?" fragte der Fürst fast erschrocken, und erstaunt blickte er Burdowskij an. „Das kann doch nicht sein!"

„Man könnte Ihnen übrigens das Recht zu solchen Fragen auch absprechen," trat Doktorenko für seinen Freund ein.

„Ich wunderte mich ja nur, daß es Herrn Burdowskij gelungen ist ... doch ... wenn Sie die Sache bereits an die Öffentlichkeit gebracht haben, weshalb waren Sie dann vorhin so beleidigt, als ich in Gegenwart meiner Freunde davon zu sprechen begann?"

„Endlich!" stieß Lisaweta Prokofjewna halblaut hervor, indem sie gleichzeitig mit der Fußspitze aufschlug.

„Und dabei geruhen Sie noch, Fürst, mit Stillschweigen darüber hinwegzugehen," warf Lebedeff, der sich wie im Fieber hinter den Stühlen der anderen herumwand, diensteifrig ein, „jawohl, darüber hinwegzugehen, daß es einzig und allein Ihr guter und freier Wille und die unvergleichliche Güte Ihres Herzens war, diese Herren zu empfangen und anzuhören, und sie infolgedessen überhaupt kein Recht haben, von Ihnen eine Unterredung zu verlangen, um so weniger, als Sie, durchlauchtigster Fürst, bereits Gawrila Ardalionytsch mit der Führung dieser Sache betraut haben. Deshalb, durchlauchtigster Fürst, wird es Ihro Gnaden niemand verargen dürfen, wenn Ihro Gnaden jetzt den Wunsch aussprechen, diese Herren die Stufen hinunterbefördert zu sehen, was ich in meiner Eigenschaft als Hausbesitzer sogar mit ganz besonderem Vergnügen ..."

„Gewiß, das einzig Richtige!" dröhnte plötzlich aus dem Hintergrunde die Stimme des alten Iwolgin.

„Genug, Lebedeff, hören Sie auf ..." wollte der Fürst beginnen, doch ein ganzer Sturm von Ausrufen verschlang seine Worte.

„Nein, verzeihen Sie, Fürst, verzeihen Sie, jetzt ist's mit einem ‚hören Sie auf' nicht abgetan!" überschrie Lebedeffs Neffe alle anderen. „Vor allem tut jetzt not, daß man die Sache klar und deutlich hinstellt; denn offenbar versteht sie hier keiner richtig. Wie ich sehe, will man uns mit juristischen Winkelzügen einschüchtern, und man droht uns sogar, uns hinauszuwerfen! Aber halten Sie uns denn, Fürst, wirklich für zu dumm, um zu begreifen, daß wir, wenn wir juridisch gegen Sie vorgehen wollten, keinen Rubel von Ihnen zu verlangen das Recht hätten! Doch andererseits verstehen wir nur zu gut, daß es hier, wenn von juridischem Recht keine Rede sein kann, ein um so größeres menschliches, natürliches Recht gibt, das Recht der gesunden Vernunft und der Stimme unseres Gewissens, und wenn dieses Recht auch nicht in alten vermoderten Kodexen steht, so ist doch ein edler und ehrlicher Mensch, das heißt soviel wie ein Mensch mit gesunder Vernunft, dennoch verpflichtet, auch in solchen Punkten, die in keinem Kodex stehen, eben ein ehrlicher und edler Mensch zu sein und dementsprechend zu handeln. Deshalb sind wir auch hergekommen, ohne zu fürchten, daß man uns hinauswerfen wird – wie Sie soeben gedroht haben –, weil wir *nicht bitten*, sondern *fordern* ... und weil unser Besuch etwas spät ausgefallen ist – was jedoch mehr Ihre als unsere Schuld ist, denn Sie haben uns zwei Stunden lang in Ihrer Dienerstube warten lassen. Deshalb, wie gesagt, sind wir ohne Furcht zu Ihnen gekommen, weil wir Sie für einen Menschen mit gesunder Vernunft hielten, das heißt soviel wie für einen Mann von Ehre und Gewissen. Es ist wahr, wir sind nicht de- und wehmütig, nicht wie Bettler hier eingetreten, sondern erhobenen Hauptes, als freie Menschen, die wir sind, und durchaus nicht mit untertänigen Bitten, sondern mit einer freien und stolzen Forderung, ja, Forderung und *nicht* Bitte – merken Sie sich das! Und jetzt stellen wir ohne alle Winkelzüge frei und offen die Frage an Sie: Glauben Sie in dieser Angelegenheit im Recht oder im Unrecht zu sein? Geben Sie es zu oder geben Sie es *nicht* zu, daß Pawlischtscheff Ihr Wohltäter gewesen ist und Sie vielleicht vom Tode errettet hat? Wenn Sie das zugeben – und das tun Sie doch offenbar – so fragen wir Sie, ob Sie die Absicht haben, oder ob Sie es vor Ihrem Gewissen für gerecht oder *un*gerecht halten, wenn wir von Ihnen, nachdem Sie Millionen geerbt haben, einfach fordern, daß Sie dem natürlichen, doch darbenden Sohne Ihres Wohltäters das zurückzahlen, was Sie von seinem Vater ungerechterweise geschenkt erhalten haben? *Ja* oder *nein*? Wenn *ja*, das heißt mit anderen Worten: wenn Sie auch nur einen Funken von dem in sich haben, was Sie in Ihrer Sprache Ehre und Gewissen nennen, und was wir noch treffender mit gesunder Vernunft bezeichnen, so befriedigen Sie uns – und die Sache ist erledigt. Befriedigen Sie uns, ohne dabei auf Bitten und Dankbarkeit unsererseits zu rechnen, erwarten Sie sie nicht; denn Sie tun es ja doch nicht für uns, sondern für sich, weil die Gerechtigkeit es von Ihnen verlangt. Wollen Sie uns jedoch *nicht* befriedigen, das heißt: wenn Sie auf unsere Frage mit einem *Nein* antworten, so werden wir uns sofort zurückziehen und die Sache ist gleichfalls abgetan; doch werden Sie uns dann wohl gestatten, daß wir in Gegenwart all Ihrer Freunde und Zeugen Ihnen ins Gesicht sagen, daß Sie ein Mensch mit rohem Verstande sind und jedenfalls auf einer sehr niedrigen Entwicklungsstufe stehen, und daß Sie hinfort nicht mehr das Recht haben, sich einen Mann von Ehre und Gewissen zu nennen, da Sie sich dieses Recht denn doch gar zu billig kaufen wollen. So, ich habe geendet. Die Frage ist gestellt! Lassen Sie uns doch jetzt hinauswerfen, wenn Sie es wagen. Sie haben ja die Macht dazu. Aber vergessen Sie nicht, daß wir dennoch fordern und nicht bitten!"

„Ja, fordern, fordern, fordern, und nicht bitten! ..." stotterte Burdowskij, der vor Aufregung so rot geworden war wie ein Krebs.

Nach dieser Rede, die Lebedeffs Neffe mit viel Temperament gehalten hatte, ging eine allgemeine Bewegung durch die Gesellschaft: Ausrufe wurden laut, hier und da wurde getuschelt, geflüstert, obschon es alle außer Lebedeff sichtlich vermieden, sich in die Sache laut einzumischen.

Lebedeff dagegen war wie im Fieber, und seltsam: obschon er bedingungslos zum Fürsten hielt, empfand er jetzt doch so etwas wie Familienstolz nach der Rede Doktorenkos und blickte sich im Kreise um, als wolle er sagen: „Und seht, das ist mein Neffe!"

„Meiner Ansicht nach," begann der Fürst, ziemlich leise, „meiner Ansicht nach haben Sie, Herr Doktorenko, in dem, was Sie soeben gesagt, zum Teil recht, sogar zum weit größeren Teil, und ich wäre mit Ihnen vollkommen einverstanden, wenn Sie in Ihrer Rede nicht etwas ganz aus dem Auge gelassen hätten. Was es freilich ist, was Sie übersehen haben, vermag ich nicht genau auszudrücken ... Doch kommen wir lieber zur Sache, meine Herren. Weshalb haben Sie diesen Artikel veröffentlicht? Jedes Wort in diesem Artikel ist doch eine Verleumdung. Ich finde, daß diese Veröffentlichung Ihrerseits eine Schändlichkeit ist."

„Erlauben Sie! ..."

„Mein Herr! ..."

„Das ... das ... das ..." hörte man gleichzeitig von den aufgeregten Gästen.

„Was diesen Artikel betrifft," griff Hippolyt mit seiner heiseren Stimme auf, „was diesen Artikel betrifft, so habe ich Ihnen bereits gesagt, daß sowohl ich wie auch die anderen ihn nicht billigen. Geschrieben aber hat ihn dieser hier." (Er wies auf den neben ihm sitzenden Boxer.) „Ich gebe zu, daß er ihn unanständig und in einem Stil geschrieben hat, der allen Verabschiedeten seines Schlages eigen ist. Er ist dumm und obendrein noch käuflich, das gebe ich zu – ich sage es ihm ja jeden Tag ins Gesicht –, aber halbwegs ist er doch in seinem Recht: da ein jeder das Recht zur Veröffentlichung hat, kann auch er davon Gebrauch machen. Seinen Stil jedoch und seine Dummheit mag er selbst verantworten. Und was das betrifft, daß ich vorhin im Namen aller gegen die Anwesenheit Ihrer Freunde protestierte, so erkläre ich jetzt einfach, daß ich einzig deshalb protestiert habe, um unser Recht zu behaupten, im Grunde aber sind uns Zeugen sogar erwünscht, und darin sind wir bereits früher, noch bevor wir hier eintraten, übereinkommen. Also gleichviel, wer die Zeugen sind, und wenn wir Ihre Freunde vor uns haben – um so besser; denn daß sie einsehen werden, daß Burdowskij vollkommen in seinem Recht ist – das liegt ja doch auf der Hand! das ist ja mathematisch klar! – Nun, und so wird eben der Sieg der Wahrheit ein um so größerer sein."

„Das ist wahr, wir waren übereingekommen, daß ..." wollte Lebedeffs Neffe Hippolyts Mitteilung bestätigen.

„Aber weshalb erhoben Sie denn vorhin ein solches Geschrei, wenn Ihnen Zeugen sogar erwünscht waren?“ wunderte sich der Fürst.

„In betreff des Artikels, Fürst,“ bemerkte eilig der Boxer, der furchtbar gern auch zu Wort kommen wollte und sich nun, als es ihm endlich gelang, in angenehmer Selbstzufriedenheit immer mehr belebte (es war unschwer zu erraten, daß die Anwesenheit von Damen einen starken Einfluß auf ihn ausübte), „in betreff des Artikels muß ich allerdings gestehen, daß ich der Verfasser bin, obschon mein kranker Freund, dem ich um seiner Krankheit willen zu verzeihen geneigt bin, sich soeben sehr absprechend über diesen meinen Artikel geäußert hat. Ich habe ihn aber in dem Blatt meines anderen Freundes gewissermaßen nur als eingesandten Brief veröffentlicht. Nur das Gedicht zum Schluß stammt allerdings nicht von mir, sondern von einem Bekannten, und man kann sogar sagen, berühmten Humoristen. Vorgelesen habe ich ihn nur meinem Freunde Burdowskij, doch auch ihm nicht alles; ich erhielt aber von ihm sogleich die Erlaubnis, meinen Artikel zu veröffentlichen, was ich schließlich auch ohne seine Erlaubnis hätte tun können, das werden Sie doch zugeben. Das Recht der Veröffentlichung ist ein allgemeines, ein edles und nützliches. Ich hoffe, auch Sie, Fürst, sind so weit fortgeschritten, daß Sie das nicht in Abrede stellen werden ...“

„Das nicht, aber Sie sehen doch wohl selbst ein, daß Ihr Artikel ...“

„Etwas scharf ist, wollen Sie vielleicht sagen? Aber hier handelt es sich doch, das müssen Sie nicht vergessen, um den allgemeinen Nutzen, und dann – wie hätte man eine solche Gelegenheit unbenutzt vorübergehen lassen können? Der Nutzen der Allgemeinheit geht stets voran. Und was die einzelnen Ungenauigkeiten betrifft – man kann sie eigentlich nur Hyperbeln nennen – so sind doch diese nicht von Belang, die Hauptsache bleibt doch die Initiative, der Zweck und die Absicht sozusagen. Von Wichtigkeit ist das Beispiel, die Privatfragen kommen erst später in Betracht. Und dann ist's doch eine vortreffliche Gelegenheit, den Stil zu entwickeln, es ist ja förmlich eine humoristische Aufgabe, und – alle schreiben doch so! Ha–ha!“

„Aber das ist doch ein ganz falscher Weg! Ich versichere Sie, meine Herren,“ rief der Fürst, „Sie haben den Artikel in dem Glauben geschrieben, daß ich unter keiner Bedingung einwilligen würde, Herrn Burdowskijs Ansprüche zu befriedigen, und so haben Sie mich in dieser Weise schrecken und sich an mir rächen wollen. Woher aber wissen Sie, was ich zu tun beschlossen habe? Ich sage Ihnen jetzt offen in Gegenwart aller, daß ich seine Ansprüche bedingungslos befriedigen werde ...“

„Ah, das ist doch endlich ein kluges und edles Wort eines klug- und edeldenkenden Menschen!" rief der Boxer begeistert aus.

„Großer Gott!" stieß Lisaweta Prokofjewna hervor.

„Das ist ja unerträglich!" brummte der General empört.

„Erlauben Sie, meine Herren, erlauben Sie, daß ich Ihnen die Sache auseinandersetze," bat der Fürst. „Vor etwa fünf Wochen erschien bei mir in S. Ihr Bevollmächtigter, Herr Burdowskij, ein gewisser Herr Tschebaroff. Sie haben ihn aber doch etwas gar zu schmeichelhaft geschildert, Herr Keller, das muß ich sagen!" wandte sich der Fürst plötzlich an den Boxer. „Mir dagegen gefiel dieser Herr durchaus nicht. Ich begriff sogleich, daß die ganze Geschichte nur von diesem Tschebaroff ausging und er vielleicht sogar Sie, Herr Burdowskij, dazu bewogen hat, diesen Anspruch zu erheben, indem er geschickt Ihre Unwissenheit und Vertrauensseligkeit auszunutzen verstanden hat, wenn ich offen sein soll."

„Sie haben kein Recht dazu ... ich ... ich bin nicht unwissend ... das ..." stotterte Burdowskij sehr erregt.

„Sie haben durchaus kein Recht dazu, solche Vermutungen zu äußern," belehrte ihn Lebedeffs Neffe.

„Das ist im höchsten Grade beleidigend!" krähte Hippolyt mit seiner heiseren Stimme. „Beleidigend, unwahr und gehört nicht zur Sache."

„Verzeihung, Verzeihung, meine Herren," beeilte sich der Fürst einzuwenden, „verzeihen Sie mir, bitte. Ich sagte es ja nur, weil ich glaubte, wir täten besser, vollkommen offen miteinander zu reden. Doch wie Sie wollen. Ich sagte Herrn Tschebaroff, daß ich, da ich nicht selbst nach Petersburg fahren konnte, meinen Freund sogleich mit der Untersuchung der Angelegenheit betrauen und Sie, Herr Burdowskij, unverzüglich davon in Kenntnis setzen würde. Ich sage Ihnen ganz offen, meine Herren, daß mir dieses ganze Ansinnen als niederträchtige Spitzbüberei erschien, und zwar gerade deshalb, weil Tschebaroff ... Oh, um Gottes willen, seien Sie doch nicht wieder beleidigt! Ich bitte Sie, meine Herren!" unterbrach sich der Fürst schnell, als er in Burdowskijs Miene die Unruhe des Gekränkten und in denen der Freunde Protest und Empörung bemerkte. „Das kann Sie doch unmöglich kränken, wenn ich sage, daß ich die Sache für eine Spitzbüberei, für einen schändlichen Betrug gehalten habe! Ich kannte doch damals noch keinen einzigen von Ihnen, nicht einmal Ihre Namen waren mir bekannt! Ich konnte doch nur nach dem Eindruck urteilen, den Tschebaroff auf mich gemacht hatte ...

und ich sage es ja nur so im allgemeinen; denn ... wenn Sie wüßten, wie ich betrogen worden bin, seitdem ich die Erbschaft gemacht habe!"

„Sie sind unglaublich naiv, Fürst," meinte Lebedeffs Neffe spöttisch.

„Und dabei – Fürst und Millionär! Doch ungeachtet Ihres vielleicht guten Herzens, können Sie sich immerhin nicht dem allgemeinen Gesetz entziehen," erklärte Hippolyt.

„Möglich, sehr möglich, meine Herren," beeilte sich wieder der Fürst zu erwidern, „das heißt wenn ich auch nicht verstehe, von welch einem allgemeinen Gesetz Sie reden ... doch ich fahre fort. Nur bitte ich Sie, sich nicht sogleich gekränkt zu fühlen; ich versichere Sie, mir liegt nichts so fern als die Absicht, Ihnen irgendwie zu nahezutreten. Aber was ist das, wirklich, meine Herren: man kann kaum zwei Worte offen zu Ihnen reden, da fühlen Sie sich schon gekränkt! ... Vor allem überraschte es mich ungeheuer, daß ein natürlicher Sohn von Pawlischtscheff lebte und das noch dazu in solchen Verhältnissen, wie sie Tschebaroff mir schilderte. Pawlischtscheff war mein Wohltäter und der Freund meines Vaters. Ach, weshalb haben Sie so schändliche Unwahrheiten über meinen Vater geschrieben, Herr Keller? Daß er die Regimentskasse verspielt oder einen Soldaten geprügelt habe – das ist doch nicht wahr, davon bin ich ja fest überzeugt! Wie hat Ihre Hand nur eine solche Verleumdung schreiben können? Doch das, was Sie über Pawlischtscheff geschrieben haben, ist einfach unerträglich! Sie nennen diesen durch und durch edelmütigen Menschen so dreist und überzeugt einen alten Lüstling, als würden Sie damit die unantastbarste Wahrheit sagen! Pawlischtscheff war sicherlich einer der sittenstrengsten Männer, die es je gegeben hat! Er war sogar ein großer Gelehrter und hat in seinem Leben viel Geld für die Wissenschaft ausgegeben. Was Sie aber über sein gutes Herz und seine Güte gegen mich geschrieben haben, ist vollkommen zutreffend. Ich war damals wirklich fast ein Idiot und konnte nur wenig begreifen – aber Russisch sprach ich doch fehlerfrei – und Sie können mir glauben, daß ich sehr wohl zu schätzen weiß, was und wieviel er für mich getan hat ...“

„Erlauben Sie," krächzte Hippolyt, „wird das nicht gar zu gefühlvoll werden? Wir sind keine Kinder. Sie wollten doch zur Sache kommen, die Uhr geht auf zehn, vergessen Sie das nicht.“

„Gewiß, gewiß, meine Herren," willigte der Fürst sogleich ein. „Nach dem ersten Mißtrauen sagte ich mir denn auch, daß ich mich täuschen und daß Pawlischtscheff vielleicht wirklich einen natürlichen Sohn haben könne. Mich wunderte nur sehr, daß dieser Sohn so leichtfertig, das heißt, Verzeihung, ich will sagen: so öffentlich das Geheimnis seiner Herkunft aufdeckt und vor allem seine Mutter nicht schont. Denn Tschebaroff drohte mir schon damals mit der Veröffentlichung ..."

„Welch eine Dummheit!" rief Lebedeffs Neffe ärgerlich aus.

„Sie haben nicht das Recht ... haben nicht das Recht!" stotterte fast schreiend Burdowskij.

„Der Sohn ist für die Handlungen seines Vaters nicht verantwortlich und die Mutter ist in diesem Fall unschuldig," erklärte Hippolyt.

„Um so mehr, denke ich, hätte er sie schonen sollen ..." bemerkte der Fürst fast schüchtern.

„Sie sind nicht nur furchtbar naiv, Fürst, sondern sind noch etwas mehr," meinte Lebedeffs Neffe mit boshaftem Lachen.

„Und welches Recht hatten Sie? ..." krächzte wieder mit seiner unnatürlichen Stimme Hippolyt.

„Überhaupt keines, überhaupt keines!" kam ihm der Fürst eilig zuvor. „Darin haben Sie recht, das sehe ich vollkommen ein! Ich habe mir auch schon in demselben Augenblick, als ich es aussprach, gesagt, daß meine persönlichen Gefühle mit der Sache selbst nichts zu tun haben dürfen; denn wenn ich es einmal als meine Pflicht ansehe, Herrn Burdowskijs Forderung auf Grund meiner Pawlischtscheff schuldigen Dankbarkeit zu befriedigen, so muß ich es in jedem Fall tun, also gleichviel, ob ich Herrn Burdowskij achte oder nicht achte. Ich kam jetzt, meine Herren, nur deshalb darauf zu sprechen, weil es mir doch gar zu unnatürlich schien, daß der Sohn das Geheimnis seiner Mutter der Öffentlichkeit preisgibt ... Mit einem Wort, gerade daraus glaubte ich zu ersehen, daß Tschebaroff eine Kanaille sein müsse und er allein Herrn Burdowskij zu einer solchen Niedertracht bewogen haben könne."

„Aber das ist ja nicht mehr zum Aushalten!" ertönte es von den jungen Leuten, von denen drei sogar von ihren Plätzen aufsprangen.

„Meine Herren! Nur deshalb kam ich zu der Überzeugung, daß der unglückliche Herr Burdowskij ein treuherziger, schutzloser, einfacher Mensch sein muß, der leicht das Opfer jedes geschickten Spitzbuben werden kann! Folglich aber war es meine Pflicht, ihm als ‚Sohn Pawlischtscheffs' zu helfen, und zwar, indem ich vor allem *gegen* Herrn Tschebaroff auftrat und ihm als treuer Freund mit Rat und Tat behilflich sein wollte, und ihm ferner zehntausend Rubel auszuzahlen bestimmte, also dieselbe Summe, die Pawlischtscheff nach meiner Berechnung für mich ausgegeben hat ..."

„Was! Nur zehntausend!" kreischte Hippolyt.

„Nein, Fürst, Sie sind doch in der Arithmetik sehr schwach! ... oder vielleicht sehr stark, wenn Sie sich auch als noch so harmlosen Menschen hinstellen wollen!" rief der Neffe Lebedeffs höhnisch aus.

„Mit zehntausend bin ich nicht einverstanden!" erklärte Burdowskij, zum erstenmal nicht stotternd.

„Antip, sei kein Esel!" flüsterte ihm schnell und deutlich vernehmbar der Boxer zu, indem er sich über Hippolyts Stuhllehne zu Burdowskij beugte. „Greif zu, später kann man ja dann immer noch sehen!"

„Hören Sie, Herr Myschkin," ereiferte sich Hippolyt und seine Stimme klang noch heiserer, „begreifen Sie doch endlich, daß Sie nicht dumme Jungen vor sich haben, wie hier alle Ihre Gäste von uns zu glauben scheinen, und namentlich diese Damen, die jetzt so empört über uns sind und so spöttisch lächeln, und auch jener hochwohlgeborene Herr dort (er wies auf Jewgenij Pawlowitsch), den zu kennen ich freilich nicht die Ehre habe, doch von dem mir, wenn ich mich nicht täusche, schon manches zu Ohren gekommen ist ..."

„Erlauben Sie, erlauben Sie, meine Herren, Sie haben mich ja wieder nicht verstanden!" wandte sich der Fürst erregt an seine Gäste. „Sie, Herr Keller, haben in Ihrem Artikel mein Vermögen sehr falsch taxiert: ich habe ja gar keine Millionen geerbt, ich besitze vielleicht den achten oder zehnten Teil von dem, was Sie glauben. Und dann: Zehntausende sind für mich bestimmt nicht verausgabt worden. Professor Schneider erhielt nicht mehr als sechshundert Rubel jährlich, und auch die hat er nur in den ersten drei Jahren erhalten. Hübsche Gouvernanten aber hat Pawlischtscheff niemals aus Paris mitgebracht, – das ist wiederum eine Verleumdung. Ich bin überzeugt, daß Pawlischtscheff alles in allem bedeutend weniger als zehntausend Rubel für mich ausgegeben hat, doch ich habe nun einmal die Summe nach oben abgerundet, und dabei bleibt es. Mehr aber als das, was ich empfangen habe, kann ich doch Herrn Burdowskij nicht anbieten, selbst wenn ich ihn auch noch so liebgewonnen hätte, denn sonst würde ich doch sein Zartgefühl verletzen; was von mir verlangt wird, ist: eine Schuld zu bezahlen, nicht ein Almosen zu geben! Ich begreife nicht, meine Herren, wie Sie das nicht einsehen! Ich aber wollte ihm dafür noch meine Freundschaft schenken, ich wollte ihm in jeder Beziehung behilflich sein und ihm beistehen; denn er wird doch offenbar von allen und jedem betrogen! Anders ist es ja gar nicht möglich, denn wie hätte er sich sonst zu einer solchen ... solchen Gemeinheit verstehen können, wie zum Beispiel der Veröffentlichung jener Sätze in Herrn Kellers Artikel über seine Mutter ... Aber weshalb regen Sie sich denn wieder auf, meine Herren? Man kann ja mit Ihnen keine zwei Worte reden! So werden wir uns ja bald überhaupt nicht mehr verstehen! Und ich habe mich ja auch nicht getäuscht in meinen Voraussetzungen, davon habe ich mich jetzt mit eigenen Augen überzeugen können," versicherte der Fürst, bemüht, die aufgeregten Geister zu beruhigen, ohne dabei zu bemerken, daß er sie nur noch mehr aufregte.

„Was? Wovon haben Sie sich überzeugt?" drangen sie geradezu zornig auf ihn ein.

„Aber ich bitte Sie, meine Herren, erstens habe ich Herrn Burdowskij sehr gut verstanden, ich sehe doch, was er ist ... Er ist ein unschuldiger Mensch ... und deshalb muß ich ihn in Schutz nehmen. Und zweitens hat Gawrila Ardalionytsch, – von dem ich lange keine Nachrichten über den Stand der Dinge erhalten, da ich fast die ganze Zeit gereist und dann hier in Petersburg drei Tage krank gewesen bin – hat mir Gawrila Ardalionytsch erst heute vor etwa einer Stunde mitgeteilt, als wir uns zum erstenmal wiedersahen, daß er die Absichten Tschebaroffs sehr wohl durchschaue, und daß Tschebaroff genau das sei, für was ich ihn gehalten habe. Ich weiß es, meine Herren, daß mich viele für einen Idioten halten, und auch Tschebaroff nur deshalb, weil ich diesen Ruf habe, und in dem Glauben, daß man mit Leichtigkeit von mir Geld erhalten könne, mich eben betrügen wollte, indem er schlau meine Gefühle für Pawlischtscheff auszunutzen gedachte. Aber die Hauptsache, – so hören Sie doch, meine Herren, lassen Sie mich doch zu Ende sprechen! –: wie sich jetzt herausstellt, ist ja Herr Burdowskij gar nicht Pawlischtscheffs Sohn! Vor einer Stunde hat mir Gawrila Ardalionytsch mitgeteilt, daß er unantastbare Beweise dafür habe! Nun, in welch einem Licht erscheint Ihnen jetzt die Sache? Es ist ja doch überhaupt nicht zu glauben, nach allem, was Sie bereits angestiftet haben! Und Sie hören: unantastbare Beweise! Ich glaube es noch nicht, ich glaube es selbst noch nicht, ich versichere Sie! Ich zweifle auch jetzt noch, denn Gawrila Ardalionytsch hatte heute keine Zeit, mir alles ausführlich zu erklären. Daß aber Tschebaroff eine Kanaille ist, daran zweifle ich keinen Augenblick mehr! Er allein ist es, der den armen Herrn Burdowskij und auch Sie alle, meine Herren, die Sie Ihrem Freunde beistehen – da er des Beistandes offenbar bedarf, das begreife ich doch! – ja, der Sie alle betrogen hat; denn diese ganzen Ansprüche sind doch im Grunde nichts als Betrug und gemeine Spitzbüberei!"

„Wie! Was! Spitzbüberei! ... Nicht Pawlischtscheffs Sohn!? ... Wie ist das möglich!?" ertönten empörte und erschrockene Ausrufe durcheinander.

Die ganze Kompagnie Burdowskijs war außer sich vor Entrüstung.

„Gewiß Spitzbüberei! Wie wollen Sie denn die Ansprüche Herrn Burdowskijs anders nennen, wenn er mit Pawlischtscheff überhaupt nicht verwandt ist? Das heißt: selbstverständlich hat er das nicht gewußt! Aber das ist es ja, weshalb ich immer wieder sage, daß er das Opfer eines Betruges ist – ich will ihn doch rechtfertigen! Deshalb sage ich auch, daß man ihn bemitleiden muß, daß er in seiner Treuherzigkeit unbedingt des Beistandes bedarf, denn andernfalls würde er doch jetzt als Spitzbube dastehen. Ich bin überzeugt, daß er nichts davon ahnt! Ich bin ja doch selbst in einem solchen Zustande gewesen wie er, bevor ich in die Schweiz fuhr, ich stammelte gleichfalls zusammenhanglose Worte, – man will alles, alles sagen und kann kein einziges Wort finden ... Ich weiß, ich weiß, wie das ist, ich kann es ihm nachfühlen; denn ich selbst bin ja fast ebenso, deshalb kann er es mir nicht übelnehmen, wenn ich es sage. Aber ich werde dennoch – ganz abgesehen davon, daß es einen ‚Sohn Pawlischtscheffs‘ nicht mehr gibt, und das Ganze sich als Mystifikation erweist – ich werde dennoch meinen Entschluß nicht ändern, und ich bin trotzdem bereit, Herrn Burdowskij zehntausend Rubel anzuweisen. Ich hatte früher die Absicht, sie zu einer Schule zu verwenden, im Namen Pawlischtscheffs, aber ich kann sie ja ebensogut Herrn Burdowskij zusprechen; denn wenn er auch nicht tatsächlich Pawlischtscheffs Sohn ist, so ... ist er doch so gut wie sein Sohn: er ist doch selbst so schändlich betrogen worden. Er selbst ist doch überzeugt, daß er der Sohn Pawlischtscheffs sei! Ich bitte Sie, meine Herren, Gawrila Ardalionytsch anzuhören, damit dann die Sache endlich einmal abgetan ist. Regen Sie sich nicht auf und seien Sie mir nicht böse. Bitte, setzen Sie sich wieder. Gawrila Ardalionytsch wird Ihnen sogleich alles erklären, und, offen gestanden, auch ich bin sehr gespannt darauf, alle Einzelheiten zu erfahren. Er reiste sogar nach Pskow und hat mit Ihrer Frau Mutter gesprochen, Herr Burdowskij. Nur hat er sie durchaus nicht sterbend vorgefunden, wie es in jenem Artikel heißt ... Setzen Sie sich, meine Herren, bitte, nehmen Sie Platz!"

Der Fürst setzte sich, und seinem Beispiel folgten auch die jungen Leute. In den letzten zehn oder zwanzig Minuten hatte der Fürst laut, ungeduldig und schnell gesprochen und in dem Bestreben, sich überhaupt Gehör zu verschaffen und womöglich alle zu überzeugen, sich in immer größeren Eifer hineingeredet, so daß er jetzt, kaum zur Ruhe gekommen, manches Ausgesprochene bitter zu bereuen begann. Hätte er sich nicht so ereifert, so würde er seine Mutmaßungen nicht ausgesprochen und alles Überflüssige vermieden haben. Doch kaum hatte er sich wieder hingesetzt, als ihn auch schon brennende Reue erfaßte und bis zur Pein quälte. Nicht nur, daß er Burdowskij „beleidigt" hatte mit der Annahme, daß er mit derselben Krankheit behaftet sei, von der er, der Fürst, in der

Schweiz geheilt worden war, er hatte ihn auch noch tief gekränkt; denn das Angebot, die zehntausend Rubel ihm statt einer Schule zu geben, war seiner Meinung nach in einer verletzenden Weise geschehen, da er es in Gegenwart anderer, also gewissermaßen öffentlich getan hatte.

„Ich hätte damit warten sollen, ich hätte es ihm morgen unter vier Augen anbieten sollen," dachte der Fürst gequält, „und das läßt sich jetzt nicht mehr gutmachen! Ja, ich bin ein Idiot, ich bin wirklich ein Idiot!" sagte er sich in einem Anfall unerträglicher Scham und Selbstbeschuldigung.

Gawrila Ardalionytsch, der bis dahin abseits gestanden und vorsätzlich geschwiegen hatte, trat auf die Aufforderung des Fürsten hin neben seinen Stuhl und schickte sich ruhig an, den Sachverhalt der Angelegenheit, die zu untersuchen er vom Fürsten beauftragt worden war, auseinanderzusetzen. Alles verstummte sogleich, und neugierig und in erwartungsvollem Interesse richteten sich aller Augen auf ihn.

## IX.

Sie werden es gewiß nicht in Abrede stellen wollen, Herr Burdowskij," begann Gawrila Ardalionytsch, sich direkt an den ‚Sohn Pawlischtscheffs‘ wendend, der ihm mit auffallend glotzendem Blick und ebenso großer Verwunderung wie Verwirrung zuhörte, „daß Sie genau zwei Jahre nach der Verheiratung Ihrer achtbaren Mutter mit dem Herrn Kollegiensekretär Burdowskij, Ihrem Vater, geboren sind. Der Tag Ihrer Geburt ist an der Hand von Dokumenten gar zu leicht und genau nachzuweisen, und deshalb wollen wir, um Sie und Ihre Mutter nicht zu verletzen, die Entstellung der Tatsache in jenem Artikel mit einer Verwirrung der zweifellos blühenden Phantasie Herrn Kellers erklären, der mit diesen ... Hyperbeln Ihnen und Ihren Interessen offenbar zu dienen gemeint hat. Herr Keller sagte, daß er Ihnen seinen Artikel nur zum Teil vorgelesen habe; daher können wir annehmen, daß er es nur bis zu dieser Stelle getan ...“

„Allerdings nur bis dahin," unterbrach ihn der Boxer, „aber die Fakta waren mir von einer durchaus glaubwürdigen Person mitgeteilt, und ich ...“

„Erlauben Sie, Herr Keller, daß ich jetzt rede," unterbrach ihn Gawrila Ardalionytsch. „Sobald ich auf Ihren Artikel zu sprechen komme, können Sie Ihre Erklärungen vorbringen; jetzt aber wollen wir zuerst sachgemäß fortfahren. Zufällig gelangte ich durch die Freundin meiner Schwester, einer gewissen Wjera Alexejewna Subkowa, einer Witwe und

Gutsbesitzerin, in den Besitz eines Briefes, den der verstorbene Nikolai Andrejewitsch Pawlischtscheff vor vierundzwanzig Jahren aus dem Auslande an sie geschrieben hat. Auf meine Bitte um nähere Auskunft erteilte mir Wjera Alexejewna den Rat, mich an den Obersten a. D. Timofej Fedorowitsch Wjäsowkin zu wenden, an einen entfernten Verwandten und einstmaligen großen Freund des Herrn Pawlischtscheff. Von diesem erhielt ich dann noch weitere zwei Briefe Pawlischtscheffs an ihn, die gleichfalls aus dem Auslande geschrieben sind. Der Inhalt dieser drei Briefe schließt jeden Zweifel daran, ob Herr Pawlischtscheff auch wirklich damals, anderthalb Jahre vor Ihrer Geburt, ins Ausland gefahren ist, wo er dann drei Jahre verblieb, von vornherein völlig aus. Ihre Mutter aber hat, wie Sie wissen, Rußland nie verlassen. Ich will mir augenblicklich nicht die Zeit nehmen, die drei Briefe vorzulesen; es ist heute etwas spät geworden, deshalb begnüge ich mich mit der bloßen Mitteilung der Tatsachen. Doch wenn Sie wünschen, Herr Burdowskij, können Sie morgen vormittag, sagen wir, um zehn oder um elf – wann es Ihnen genehm ist, – mit Ihren Zeugen und Experten zu mir kommen, um die Authentizität der Briefe festzustellen; denn ich zweifle keinen Augenblick daran, daß Sie sich von der Wahrheit überzeugen lassen werden, und wenn Sie sich überzeugt haben, so dürfte die Sache damit abgetan sein, denke ich.“

Wieder folgte diesen Worten eine allgemeine Bewegung und Aufregung. Doch plötzlich erhob sich Burdowskij.

„Wenn es so ist, dann bin ich betrogen worden, betrogen ... jedoch nicht von Tschebaroff, sondern schon vor langer Zeit; ich will keine Experten ... ich will nichts feststellen, ich glaube es ... ich ... ich verzichte ... Die Zehntausend will ich nicht ... adieu ...“

Er nahm seine Mütze, schob den Stuhl zurück und wollte fortgehen.

„Verzeihung, Herr Burdowskij,“ hielt ihn Gawrila Ardalionytsch mit leiser, süßlich klingender Stimme zurück, „könnten Sie nicht noch fünf Minuten verzögern? Es haben sich in dieser Angelegenheit noch einige äußerst wichtige Tatsachen herausgestellt, namentlich für Sie wichtige, für uns dagegen nur interessante. Meiner Meinung nach dürften Sie es sich nicht entgehen lassen, mit ihnen bekannt zu werden, und es wird Ihnen gewiß eine Erleichterung sein, wenn der ganze Sachverhalt ein für allemal aufgeklärt und damit abgetan ist ...“

Antip Burdowskij setzte sich schweigend, den Kopf ein wenig gesenkt, wie in Gedanken versunken. Seinem Beispiel folgte auch Lebedeffs Neffe, der sich gleichfalls erhoben hatte, um mit ihm fortzugehen; dieser schien zwar den Kopf und die Dreistigkeit noch nicht verloren zu haben, schaute aber doch sehr befremdet drein. Hippolyt sah finster, traurig und sehr erstaunt aus. In diesem Augenblick hatte er übrigens einen so starken Hustenanfall, daß auf dem Taschentuch, das er vor den Mund preßte, Blutflecken erschienen. Der Boxer war unglaublich erschrocken.

„Ach, Antip!" rief er plötzlich kummervoll aus, „hab' ich's dir damals nicht gleich gesagt, vor drei Tagen schon, daß du vielleicht wirklich gar nicht Pawlischtscheffs Sohn bist!"

Verhaltenes Lachen ertönte, zwei oder drei lachten lauter.

„Was Sie da soeben mitteilen, Herr Keller," griff Gawrila Ardalionytsch schnell auf, „ist als Faktum von unschätzbarer Bedeutung. Nichtsdestoweniger kann ich auf Grund der sichersten Beweise behaupten, daß Herr Burdowskij, dem die Zeit seiner Geburt sehr wohl bekannt war, von jenem Aufenthalt Herrn Pawlischtscheffs im Auslande jedoch völlig ununterrichtet gewesen ist. Bekanntlich hat Herr Pawlischtscheff den größten Teil seines Lebens im Auslande verbracht und ist immer nur auf kurze Zeit nach Rußland zurückgekehrt. Außerdem ist seine Abreise anderthalb Jahre vor Ihrer Geburt, Herr Burdowskij, an sich so wenig aufsehenerregend gewesen, daß es nur zu begreiflich ist, wenn sich ihrer nach vierundzwanzig Jahren selbst seine Verwandten und Freunde nicht mehr erinnern. Deshalb wären auch alle meine Nachforschungen ergebnislos gewesen, wenn der Zufall mir nicht ganz unvermutet diese Briefe in die Hände gespielt hätte. Und deshalb wären auch für Herrn Burdowskij und sogar für Tschebaroff solche Nachforschungen fast unmöglich gewesen, selbst wenn sie welche hätten vornehmen wollen ..."

„Erlauben Sie, Herr Iwolgin," unterbrach ihn plötzlich Hippolyt gereizt, „wozu halten Sie diese ganze Rede, wenn ich fragen darf? Die Hauptsache ist doch erklärt, und wir haben eingewilligt, an die Richtigkeit zu glauben; wozu also noch breittreten, was ohnehin schon schwer und verletzend ist? Oder wollen Sie vielleicht Ihre Geschicklichkeit als Nachforscher, als Detektiv zeigen? Oder beabsichtigen Sie gar, eine Verteidigungsrede für Burdowskij zu halten, weil er das alles nur aus Unwissenheit getan hat? Das wäre denn doch zu verletzend, mein Herr! Burdowskij bedarf weder Ihrer Rechtfertigungen noch Entschuldigungen! Es kränkt ihn nur, er ist ohnehin in einer peinlichen Situation, das hätten Sie erraten, begreifen sollen ..."

„Pardon, Herr Terentjeff, erlauben Sie, daß ich fortfahre," unterbrach ihn Gawrila Ardalionytsch, „beruhigen Sie sich, Sie regen sich ganz unnütz auf. Sie sind, glaube ich, sehr krank. Ich kann Ihnen durchaus nachfühlen ... In dem Falle habe ich, wenn Sie wollen, alles gesagt oder vielmehr bin ich gezwungen, nur noch in aller Kürze jene Fakta mitzuteilen, die zu erfahren meiner Meinung nach nicht überflüssig sein dürfte," lenkte er ein, als er eine gewisse allgemeine Bewegung bemerkte, die bereits Ungeduld zu verraten schien. „Ich habe Ihnen mitzuteilen, Herr Burdowskij, daß Herr Pawlischtscheff nur deshalb Ihrer Mutter gutgesinnt gewesen ist und ihr so oft geholfen hat, weil sie die leibliche Schwester jenes Hofmädchens ist, in die sich Herr Pawlischtscheff in seiner Jugend so verliebt hatte, daß er sie unfehlbar geheiratet hätte, wenn sie nicht gestorben wäre. Ich habe Beweise, daß dieser Jugendroman nur sehr wenigen bekannt gewesen und von diesen alsbald sogar ganz vergessen worden ist. Ferner kann ich Ihnen mitteilen, daß Herr Pawlischtscheff Ihre Mutter seit ihrem zehnten Jahre hat erziehen lassen und ihr eine gute Mitgift gegeben hat, und gerade diese seine Anteilnahme hat unter seinen Verwandten und Bekannten eine gewisse Besorgnis erregt und zu verschiedenen Gerüchten Anlaß gegeben; eine Zeitlang hat es sogar geheißen, daß er seinen Pflegling heiraten würde. Doch es endete damit, daß sie im Alter von zwanzig Jahren aus Liebe, wofür ich gleichfalls Beweise habe, den Feldmessungsbeamten Burdowskij heiratete. Ferner habe ich die sichersten Beweise dafür, daß Ihr Vater, Herr Burdowskij, nach Empfang der Mitgift Ihrer Mutter, die sich auf fünfzehntausend Rubel belief, seinen Dienst aufgab, sich an verschiedenen kommerziellen Spekulationen beteiligte, betrogen wurde, das ganze Kapital verlor und vor Kummer zu trinken begann, worauf er bald erkrankte und starb, im achten Jahr seiner Ehe mit Ihrer Mutter. Ihre Mutter blieb hierauf, wie sie mir selbst erzählt hat, in der größten Armut zurück und wäre elend zugrunde gegangen, wenn nicht Herr Pawlischtscheff ihr großmütig immer wieder geholfen hätte. Er hat ihr bis zu sechshundert Rubel im Jahr gegeben. Ferner gibt es unzählige Beweise dafür, daß Pawlischtscheff Sie als Kind sehr liebgewonnen hatte. Aus diesen Beweisen und nicht zum mindesten aus den Aussagen Ihrer Mutter geht hervor, daß er Sie hauptsächlich deshalb so liebgewonnen, weil Sie ein schwächliches, stotterndes, armseliges Kindchen gewesen sind. Pawlischtscheff aber hat bekanntlich sein Leben lang eine ganz besondere, fast zärtliche Liebe für alles Behaftete empfunden, für alles ‚von der Natur Gekränkte‘, wie das Volk sagt, namentlich aber für solche Kinder. Diese Tatsache, für die ich gleichfalls mehrere Beweise habe, ist für uns in diesem Falle von besonderer Wichtigkeit. Und schließlich kann ich mich noch rühmen, auch das erklären zu können, wie diese auffallende Liebe Pawlischtscheffs – dank dessen Hilfe Sie das Gymnasium besucht und unter besonderer Aufsicht gelernt haben – mit der Zeit unter seinen Verwandten den Glauben erweckt hat, daß Sie sein Sohn seien. Doch dieser Glaube ist erst in den letzten Lebensjahren Pawlischtscheffs, als man sich seines Testaments wegen Sorgen zu machen begann, in seinen

Verwandten zur Überzeugung geworden, also erst dann, als die alten Fakta vergessen waren und Nachforschungen immer unmöglicher wurden. Zweifellos ist dieses Gerücht auch Ihnen zu Ohren gekommen und hat dann auch einen entsprechenden Eindruck auf Sie gemacht. Ihre Mutter, die persönlich kennen zu lernen ich das Vergnügen gehabt habe, hat zwar von diesen Gerüchten gehört, weiß aber bis jetzt noch nicht – auch ich verschwieg es natürlich –, daß auch Sie, ihr Sohn, sich von ihnen haben beeinflussen lassen. Ihre Mutter fand ich in Pskow krank und in großer Armut vor, da sie mit Pawlischtscheffs Tod nicht nur den Freund und Gönner, sondern auch die Unterstützung verloren hatte. Unter Tränen der Dankbarkeit teilte sie mir mit, daß sie nur noch dank Ihrer Hilfe lebe; sie erwartet große Dinge von Ihnen und glaubt felsenfest an Ihre zukünftigen, großen Erfolge ...“

„Das ist aber jetzt doch nicht mehr zu ertragen!“ erklärte plötzlich laut in größter Ungeduld Lebedeffs Neffe. „Was bezwecken Sie mit der Wiedergabe dieses ganzen Romans?“

„Ekelhaft! Einfach unanständig!“ stieß Hippolyt mit einer gereizten Bewegung hervor.

Burdowskij jedoch bemerkte nichts und rührte sich nicht einmal.

„Was ich damit bezwecke?“ wunderte sich Gawrila Ardalionytsch, sich mit verschlagenem Lächeln zu seiner Schlußfolgerung vorbereitend. „Erstens wird Herr Burdowskij jetzt überzeugt sein, daß Herr Pawlischtscheff ihn nicht als leiblichen Sohn, sondern nur aus Mitleid geliebt hat. Das aber dürfte für Herrn Burdowskij, der die Handlungsweise Herrn Kellers vorhin nach der Vorlesung des Artikels guthieß, jedenfalls wissenswert sein. Ich sage das nur deshalb, weil ich Sie für einen guten Menschen halte, Herr Burdowskij. Ferner stellt es sich jetzt heraus, daß selbst von seiten Tschebaroffs durchaus keine bewußte Spitzbüberei vorliegt, das aber ist auch für mich von Wichtigkeit; denn der Fürst äußerte sich vorhin im Eifer des Gesprächs ungefähr in dem Sinne, daß auch ich in dieser Beziehung seiner Meinung sei. Im Gegenteil, hier handelte es sich bei allem um eine feste Überzeugung, und wenn auch Tschebaroff vielleicht in der Tat ein großer Spitzbube ist, so ist er wenigstens in dieser Sache nur ein echter Winkeladvokat. Er hat offenbar gehofft, bei der Gelegenheit viel Geld verdienen zu können, und seine Berechnung ist durchaus nicht so dumm gewesen: er rechnete auf die Leichtigkeit, mit der man vom Fürsten Geld erhalten kann, sowie auf dessen Gefühle für den verstorbenen Pawlischtscheff; vor allem jedoch – was am wichtigsten ist – auf gewisse ritterliche Ansichten des Fürsten bezüglich Ehren- und Gewissenspflichten. Von Herrn Burdowskij aber kann man sagen, daß er, der sich infolge einiger seiner Ansichten von

Tschebaroff und seinem Freundeskreise offenbar leicht beeinflussen läßt, seine Ansprüche anfangs eigentlich gar nicht aus materiellem Interesse erhoben hat, sondern fast nur infolge seiner Überzeugung, daß er damit der Wahrheit, dem Fortschritt und der ganzen Menschheit diene. Jetzt, nachdem ich alle Fakta mitgeteilt und die Beweggründe auseinandergesetzt habe, hoffe ich, daß alle in Herrn Burdowskij einen ehrenwerten Menschen sehen werden und der Fürst ihm jetzt leichteren Herzens seine Freundschaft und auch jene Hilfe anbieten kann, deren er vorhin Erwähnung tat, als er von der in Pawlischtscheffs Namen einer Schule zugedachten Summe sprach ...“

„Um Gottes willen, hören Sie auf, Gawrila Ardalionytsch, hören Sie auf!“ unterbrach ihn der Fürst wahrhaft entsetzt, doch es war schon zu spät.

„Ich habe gesagt, ich habe schon dreimal gesagt,“ rief Burdowskij gereizt, „ich will das Geld nicht! Ich werde es nicht annehmen ... weshalb nicht ... ich will es nicht ... so! ...“

Und kaum hatte er das hervorgestoßen, als er sich schnell dem Ausgang zuwandte und die Stufen hinunterlief. Doch Lebedeffs Neffe eilte ihm nach, ergriff ihn am Arm und flüsterte ihm etwas zu, worauf Burdowskij ebenso plötzlich zurückkehrte, aus der inneren Rocktasche ein offenes Kuvert großen Formats hervorzog und auf den kleinen Tisch neben dem Fürsten hinwarf.

„Da! das Geld! ... Sie durften nicht ... durften nicht ... durften nicht! ... Das Geld! ...!“ stieß er erregt hervor.

„Das sind die zweihundertundfünfzig Rubel, die Sie gewagt haben, ihm wie ein Almosen durch Tschebaroff zu übersenden,“ erklärte Doktorenko.

„Im Artikel ist gesagt, daß er ihm nur fünfzig Rubel zugesandt habe!“ rief Koljä dazwischen.

„Ich bitte Sie, mir zu verzeihen,“ sagte der Fürst, auf Burdowskij zutretend, „ich habe Ihnen ein großes Unrecht abzubitten, Herr Burdowskij. Dieses Geld aber habe ich Ihnen nicht wie ein Almosen zugesandt, das bitte ich Sie, mir zu glauben. Es ist ein anderes Unrecht, das ich meine – eines, das ich vorhin begangen habe.“ (Der Fürst sah sehr angegriffen, müde und schwach aus, und seine Worte waren fast zusammenhanglos.) „Ich sprach von einer Spitzbüberei ... doch das bezog sich nicht auf Sie, ich habe mich falsch ausgedrückt. Ich sagte, daß Sie ... ebenso seien wie ich, ebenso krank. Doch Sie sind nicht ebenso wie ich, Sie ... erteilen Unterricht, Sie ... ernähren Ihre Mutter. Ich sagte, Sie hätten

Ihre Mutter nicht geschont, doch Sie lieben sie; sie sagt es selbst ... ich wußte das nicht ... Gawrila Ardalionytsch hatte mir vorher nicht alles erzählt ... ich bitte Sie, mir zu verzeihen. Ich habe es gewagt, Ihnen zehntausend Rubel anzubieten, verzeihen Sie es mir, ich hätte sie nicht so anbieten sollen, jetzt aber ... geht es nicht, denn Sie müssen mich verachten."

„Das ist ja, um wahnsinnig zu werden! Oder *sind* wir hier in einer Irrenanstalt?" konnte sich Lisaweta Prokofjewna nicht mehr beherrschen.

„Wußten Sie das noch nicht, Mama?" fragte Aglaja schroff, denn auch ihr riß die Geduld.

Doch ihre Worte hörte fast niemand in dem Lärm, der sich erhoben hatte. Alle sprachen durcheinander, die einen stritten, andere redeten laut und gescheit und erteilten guten Rat, einige lachten. Iwan Fedorowitsch Jepantschin war im höchsten Grade empört und wartete mit der Miene gekränkter Würde nur auf den Augenblick, in dem sich seine Gattin endlich erheben würde.

„Ja, Fürst, das muß man Ihnen lassen," ergriff Lebedeffs Neffe noch einmal das Wort, „Sie verstehen es großartig, aus Ihrer ... nun, sagen wir, um uns höflicher auszudrücken – Krankheit Kapital zu schlagen. Sie haben Ihre Freundschaft und das Geld in einer so geschickten Form anzubieten gewußt, daß ein Mann von Ehre sie in keinem Fall annehmen kann. Das war Ihrerseits entweder gar zu naiv oder vielleicht ungeheuer geschickt ... Das werden Sie übrigens selbst am besten wissen."

„Verzeihung, meine Herren," rief plötzlich Gawrila Ardalionytsch, der mittlerweile das Kuvert untersucht hatte, „hier sind im ganzen nur hundert Rubel und nicht zweihundertfünfzig. Ich mache Sie jetzt nur darauf aufmerksam, Fürst, damit es später nicht zu irgendwelchen Mißverständnissen kommt."

„Lassen Sie, lassen Sie!" winkte der Fürst schnell Gawrila Ardalionytsch ab.

„Nein, ,lassen Sie' es durchaus nicht!" griff sofort Doktorenko auf. „Ihr ,lassen Sie', Fürst, ist für uns äußerst beleidigend. Wir wollen nichts verheimlichen, wir gehen offen und ehrlich vor: ja, dieses Kuvert enthält nur hundert und nicht zweihundertundfünfzig Rubel, aber ist denn das nicht ganz gleich ...“

„N–nein, ich dächte nicht," unterbrach ihn Gawrila Ardalionytsch mit naiver Verwunderung.

„Unterbrechen Sie mich nicht; wir sind nicht so dumm, wie Sie glauben, mein Herr Advokat," bemerkte Doktorenko ärgerlich. „Selbstverständlich sind hundert Rubel nicht zweihundertundfünfzig Rubel; ich will nur sagen, daß es nicht auf die Vollzähligkeit der Summe ankommt, sondern auf das Prinzip. Die Hauptsache ist hier die Initiative, der fehlende Rest ist – Privatsache! Wichtig ist, daß Burdowskij Ihr Almosen nicht empfängt, Durchlaucht, daß er es Ihnen ins Gesicht wirft, und in diesem Sinne ist es ganz gleich, ob es hundert oder zweihundertundfünfzig sind. Burdowskij hat die Zehntausend nicht angenommen, das haben Sie gesehen; und er würde auch die hundert Rubel nicht zurückgebracht haben, wenn er das wäre, für was Sie ihn halten: ein Ehrloser! Die hier fehlenden hundertfünfzig Rubel sind für Tschebaroffs Unkosten, seine Reise zu Ihnen, usw. draufgegangen. Wenn Sie lachen wollen, dann lachen Sie über unser Unvermögen, eine Sache richtig anzufassen, über unsere Unkenntnis in solchen Dingen – Sie haben sich ja so redlich drum bemüht, uns lächerlich zu machen! – aber wagen Sie es nicht, uns zu sagen, daß wir keine Ehre hätten. Diese hundertfünfzig Rubel werden wir alle, mein Herr, dem Fürsten zurückzahlen, und wenn wir die Summe auch nur rubelweise zusammenbringen sollten – wenn Sie wollen, auch noch mit Prozenten. Burdowskij ist arm, er besitzt keine Millionen, Tschebaroff aber präsentierte nach der Reise seine Rechnung. Wir hofften zu gewinnen ... Wer hätte an seiner Stelle anders gehandelt?"

„Wer??" mischte sich Fürst Sch. hinein.

„Ich werde hier wahnsinnig!" rief Lisaweta Prokofjewna aus.

„Das erinnert ja auffallend," begann lachend Jewgenij Pawlowitsch, der die ganze Zeit geschwiegen und sie alle beobachtet hatte, „ganz auffallend an eine vor kurzer Zeit gehaltene berühmte Rede eines Advokaten, der, nachdem er als Entschuldigungsgrund die Armut seines Klienten hervorgehoben, – sein Klient hatte sechs Menschen in einer Nacht ermordet und beraubt – plötzlich mit den Worten schloß: ‚Selbstverständlich ist dem Angeklagten nur infolge seiner Armut der Gedanke in den Kopf gekommen, diesen Mord an sechs Menschen zu begehen; aber wem wäre denn an seiner Stelle dieser Gedanke nicht in den Kopf gekommen?' – Oder ungefähr mit diesen Worten. Jedenfalls war's etwas überaus Seltsames."

„Genug jetzt!" erklärte plötzlich bebend vor Zorn Lisaweta Prokofjewna. „Es ist Zeit, daß man diesem Unsinn endlich ein Ende macht! ..." Sie kochte innerlich vor Wut, doch äußerlich trat sie geradezu majestätisch auf: fast drohend hatte sie den Kopf in den Nacken geworfen und mit stolzer, hochmütiger Herausforderung ließ sie ihren Blick über die ganze Gesellschaft schweifen, offenbar ohne im Augenblick die Freunde von den Feinden zu unterscheiden. Sie war bei jenem Punkt angelangt, über den hinaus ihr Zorn sich nicht mehr eindämmen ließ, sondern rücksichtslos zum Ausbruch, zum offenen Kampfe drängte. Alle, die sie näher kannten, fühlten sofort, daß diesmal ein ganz besonderer Ausbruch bevorstand. Am nächsten Tage sagte Iwan Fedorowitsch zum Fürsten Sch.: „Ja, das kommt bei ihr vor, aber mit einer solchen Wucht, wie gestern, doch nur sehr selten, höchstens alle drei Jahr einmal. Wie gesagt, höchstens einmal in drei Jahren, nicht öfter, nein, nicht öfter, höchstens einmal!" schärfte er ihm noch nachdrücklich ein.

„Lassen Sie mich, Iwan Fedorowitsch!" herrschte Lisaweta Prokofjewna ihren Mann an, der auf sie zutrat und ihr den Arm bot, um sie fortzuführen. „Was soll ich jetzt noch mit Ihrem Arm! Wenn es Ihnen als Mann und Familienvater nicht früher eingefallen ist, mich von hier fortzuführen – jetzt ist es zu spät. Am Ohr hätten Sie mich fortziehen sollen, wenn ich nicht freiwillig gegangen wäre. Wenn Sie sich doch wenigstens um Ihre Töchter bekümmern würden! Jetzt aber werden wir auch ohne Sie den Weg finden ... die Schmach reicht für ein ganzes Jahr ... Warten Sie noch einen Augenblick, ich will mich nur noch bei dem Fürsten bedanken! ... Ich danke dir, Fürst, für die Vorstellung! ... Und ich hatte mich hier hingesetzt, um unsere Jugend zu hören! ... Das ist ja eine Niedertracht, eine Niederträchtigkeit! Das ist ja ein Chaos, so etwas kann man sich ja nicht einmal träumen lassen! Gibt es denn wirklich noch viele solche? ... Schweig, Aglaja! Sei still, Alexandra! Ihr habt euch nicht hineinzumischen! ... So lassen Sie mich doch, Jewgenij Pawlowitsch, ich habe Ihre Bücklinge wirklich satt! ... Also du, mein Junge, bittest sie noch um Verzeihung," wandte sie sich an den Fürsten, „,verzeiht mir, daß ich euch ein Kapital anzubieten gewagt habe!' – ganz allerliebst! ... Was lachst du, du dummer Bengel!" fuhr sie empört Lebedeffs Neffen an, der zu lächeln gewagt hatte, „also ,wir bitten nicht, wir fordern, wir werfen ihm das Geld ins Gesicht!' Reizend! Wirklich reizend! Und dabei tut er noch, als wüßte er nicht, daß dieser Idiot sich spätestens morgen zu ihnen hinschleppen wird, um wieder seine Freundschaft und sein Geld anzubieten! Hab' ich nicht recht? Du wirst doch gehen! Du wirst doch gehen? Wirst du gehen oder nicht?"

„Ich werde gehen," antwortete der Fürst leise und ruhig.

„Habt ihr's gehört! Und darauf rechnest du ja nur," wandte sie sich wieder an Doktorenko, „das Geld hast du ja jetzt schon so gut wie in der Tasche, deshalb prahlst du ja auch so unverfroren, um uns noch vorher zu imponieren ... Nein, mein Täubchen, da müßt ihr euch andere Dumme suchen, denn ich durchschaue euch mehr, als ihr ahnt ... euer ganzes Spiel durchschaue ich!"

„Lisaweta Prokofjewna!" rief der Fürst.

„Gehen wir, Lisaweta Prokofjewna, es ist Zeit, und den Fürsten fordern wir auf, sich uns anzuschließen," sagte möglichst ruhig und möglichst harmlos lächelnd Fürst Sch.

Die jungen Mädchen standen fast erschrocken etwas abseits, der General aber schien förmlich erstarrt zu sein. Übrigens waren alle zum mindesten erstaunt. Einige, die etwas weiter ab standen, lächelten verstohlen oder flüsterten sich ein paar Worte zu. Lebedeff war geradezu in Ekstase.

„Niederträchtigkeit und Chaos, gnädige Frau, findet man überall," sagte bedeutsam Lebedeffs Neffe, der übrigens gleichfalls etwas verblüfft war.

„Aber nicht solche! Nicht solche, Väterchen, wie jetzt bei euch, nicht solche Niedertracht, das kannst du mir glauben!" fiel ihm Lisaweta Prokofjewna mit schmerzlicher und zorniger Schadenfreude ins Wort. „Ach, werdet ihr mich denn nicht endlich in Ruhe lassen!" fuhr sie die anderen an, die sie beschwichtigen wollten. „Nein, wenn sogar die Verteidiger vor Gericht es ganz natürlich finden, daß man sechs Menschen umbringt, bloß weil man arm ist, so kann ja wahrhaftig das Ende der Welt nicht mehr weit sein. So etwas habe ich denn doch noch nicht gehört! Jetzt ist mir alles klar geworden! Würde denn dieser Stotterer, dieser dort" (sie wies auf Burdowskij, der sie vor Verwunderung ganz sprachlos anstarrte), „würde denn der nicht ermorden? Ich könnte wetten, daß er's fertigbringt! Dein Geld, die zehntausend Rubel wird er vielleicht nicht nehmen, das ist wahr, wird sie aus Gewissenhaftigkeit nicht nehmen; aber in der Nacht hingehen und ermorden, um sie aus der Schatulle herauszunehmen – das wird er bestimmt tun und wird es noch dazu ruhig auf sein Gewissen nehmen! – *Das* wird dann vor seinem Gewissen *nicht* ehrlos sein! Das nennt man jetzt ‚Ausbruch edler Verzweiflung' oder ‚Negation der alten Moral', oder weiß der Himmel wie noch ... Pfui! Alles ist jetzt verkehrt, alle stellen sich auf den Kopf und strampeln mit den Beinen in der Luft! Wird da ein junges Mädchen von ehrsamen Eltern im Hause erzogen – plötzlich springt sie mitten auf der Straße in einen Wagen und fährt davon: ‚Mamachen, ich habe mich vor ein paar Tagen mit einem Karlytsch oder Iwanytsch verheiratet, adieu!' Und das ist Ihrer Meinung nach sehr richtig, nicht wahr? Aller Achtung wert? Durchaus natürlich? Frauenfrage? ... Sogar dieser Bengel hier" (sie wies auf Koljä) „wollte noch vor kurzem mit mir streiten, behauptete, gerade das sei ja der ganze Kern der ‚Frauenfrage‘. Wenn auch die Mutter dumm gewesen ist, so sei du doch immerhin wie ein Mensch zu ihr! ... Weshalb hoben Sie die Nasen so hoch, als Sie hier eintraten? Es war ja, als hätten Sie sagen wollen: ‚Platz da, wir kommen! Uns gebt alle Rechte, ihr aber dürft euch kein einziges anmaßen! Uns müßt ihr alle Ehren erweisen, sogar solche, die es überhaupt noch nicht gegeben hat, und zum Dank dafür werden wir euch wie die letzten Kanaillen behandeln‘! Das sagte da jede eurer Nasenspitzen! Ihr sagt: ‚Wir suchen die Wahrheit‘ und ‚wir bestehen auf unserem Recht‘ – was wißt ihr von Recht und Wahrheit, wenn ihr in eurem Artikel wie die Straßenräuber über einen Unschuldigen herfallt und Lügen über Lügen schreibt! ‚Wir bitten nicht, wir fordern, und erwarten Sie von uns keine Dankbarkeit; denn Sie tun es nur zur Beruhigung Ihres Gewissens!‘ Das ist mir mal eine Moral. Wenn du im voraus sagst, daß du ihm nicht dankbar sein wirst, so kann dir doch der Fürst gleichfalls sagen, daß auch er für Pawlischtscheff keine Spur von Dankbarkeit empfindet, denn dieser habe das Gute auch nur zur Beruhigung des eigenen Gewissens getan. Auf was aber hast du denn gerechnet, wenn nicht auf die Dankbarkeit, die er für Pawlischtscheff empfindet? *Du* hast ihm doch nicht das Geld gegeben, er schuldet es doch nicht *dir*, auf was hast du denn sonst gerechnet, wenn nicht auf seine Dankbarkeit? Wie kannst du dich dann aber selbst von jeder Dankbarkeit lossagen? Verrückt seid ihr! Ihr behauptet, die Gesellschaft sei roh und unmenschlich, weil sie ein verführtes Mädchen ausstößt. Aber wenn du deshalb die Gesellschaft für roh und unmenschlich erklärst, so gibst du doch damit zu, daß diese Handlungsweise der Gesellschaft dem Mädchen weh tut. Wenn du aber das zugibst, wie kannst du dann von ihr verlangen, daß ihr das nicht weh tun soll? Verrückt seid ihr! Eure Ruhmsucht hat euch alle verrückt gemacht! Ihr glaubt weder an Gott noch an Christus. Ihr seid ja von eurer Ruhmsucht und eurem Stolz so geschwollen, daß ihr euch zum Schluß noch gegenseitig auffressen werdet, das prophezeie ich euch! Und das soll kein Chaos sein, das soll keine Schändlichkeit sein? Und nach alledem geht dieser Schamlose noch hin und bittet sie noch um Verzeihung! Sagt, gibt es viele solche wie ihr seid? Was lacht ihr? Weil ich mich so erniedrige, daß ich überhaupt mit euch rede? Jetzt ist es zu spät, was geschehen ist, ist geschehen, da ist nichts zu machen ... Du aber hast hier nichts zu lachen, du ungezogener Bengel!“ fuhr sie plötzlich empört Hippolyt an. „Er selber kann kaum noch atmen, verdirbt aber noch andere! Du hast mir diesen Bengel da“ (sie wies wieder auf Koljä) „den hast du mir auch verdorben, er phantasiert ja überhaupt nur noch von dir, du hast ihn zum Atheismus bekehrt, du glaubst nicht an Gott, hast aber selbst noch Prügel verdient, ja wohl, denen bist du noch nicht entwachsen, mein Junge! ... Also du wirst morgen zu ihnen gehen, Fürst Lew Nikolajewitsch?" fragte sie plötzlich fast atemlos den Fürsten.

„Ich werde gehen."

„Dann kenne ich dich von Stund' an nicht mehr!" – Sie wandte sich hastig zur Treppe, um fortzugehen, doch plötzlich kehrte sie wieder zurück. „Und auch zu diesem Atheisten wirst du gehen?" fragte sie, auf Hippolyt weisend, – „aber was lachst du denn wieder über mich, du unverschämter Bengel!" schrie sie plötzlich wie rasend und packte ihn an der Hand – sein beißendes Lächeln hatte sie um den letzten Rest von Selbstbeherrschung gebracht.

„Lisaweta Prokofjewna! Lisaweta Prokofjewna! Lisaweta Prokofjewna!" ertönte es von allen Seiten.

„*Maman*, das ist eine Schande!" rief Aglaja laut.

„Beunruhigen Sie sich nicht, Aglaja Iwanowna," antwortete Hippolyt ruhig, obgleich die Generalin immer noch krampfhaft seine Hand festhielt und ihn mit ihrem glühenden Blick förmlich durchbohren zu wollen schien, „beunruhigen Sie sich nicht, Ihre *maman* wird einsehen, daß man sich an einem Sterbenden nicht vergreifen darf ... Ich bin gern bereit zu erklären, weshalb ich gelacht habe ... es wird mir eine Freude sein, wenn man es mir erlaubt ..."

Ein plötzlicher Hustenanfall, der eine ganze Minute andauerte, erstickte seine Worte.

Lisaweta Prokofjewna ließ erschrocken seine Hand fahren und sah mit Entsetzen, wie er sich das Blut von den Lippen wischte.

„Mein Gott, er stirbt ja doch schon und will noch reden! Du darfst kein Wort mehr sprechen, hörst du! Du mußt einfach gehen und dich hinlegen ..."

„Das werde ich auch tun," sagte heiser, leise, fast flüsternd Hippolyt. „Sobald ich heute zurückkehre, werde ich mich sogleich hinlegen ... nach zwei Wochen bin ich tot ... Das hat mir schon in der vorigen Woche B–n gesagt ... Wenn Sie erlauben, werde ich Ihnen noch zwei Worte zum Abschied sagen."

„Bist du von Sinnen? Unsinn! Kurieren mußt du dich, was willst du denn jetzt reden? Geh, leg dich ins Bett! ..." Lisaweta Prokofjewna war wirklich ganz erschrocken.

„Wenn ich mich hinlege, so werde ich ja doch nicht mehr aufstehen, bis man mich aus dem Bett in den Sarg legt," meinte Hippolyt lächelnd.

„Ich wollte mich eigentlich schon gestern so hinlegen ... um dann nie mehr aufzustehen ... bis zum Tode ... aber dann beschloß ich, es bis morgen aufzuschieben, solange ich mich noch auf den Füßen halten kann ... um heute mit ihnen hierherzukommen ... Nur müde bin ich jetzt ...“

„Aber so setz dich doch, setz dich, was stehst du denn! Hier hast du einen Stuhl!“ und Lisaweta Prokofjewna schob ihm selbst schnell einen Stuhl hin. Hippolyt setzte sich – es war wie ein Zusammenbrechen.

„Ich danke Ihnen,“ fuhr er leise fort, „aber Sie müssen sich mir gegenübersetzen, und dann lassen Sie uns miteinander reden ... wir werden unbedingt miteinander reden, Lisaweta Prokofjewna, jetzt bestehe ich darauf ...“ lächelte er ihr wieder zu. „Bedenken Sie doch nur, daß ich heute zum letztenmal im Freien bin, in frischer Luft und unter Menschen, nach zwei Wochen aber bin ich in der Erde. Das wird also jetzt so etwas wie mein Abschied von den Menschen und von der Natur werden. Ich bin zwar nicht besonders sentimental, aber stellen Sie sich vor, es freut mich doch sehr, daß alles das hier draußen in Pawlowsk geschehen ist: so habe ich doch wenigstens noch Bäume mit grünen Blättern gesehen ...“

„Was sprichst du da, sei still, du hast ja doch Fieber!“ unterbrach ihn Lisaweta Prokofjewna in wachsender Angst. „Vorhin schriest du und sprachst du so viel, jetzt aber kannst du kaum noch Atem schöpfen!“

„Ich werde mich sogleich erholen. Weshalb wollen Sie mir nicht meine letzte Bitte gewähren? ... Wissen Sie auch, daß ich schon lange davon geträumt habe, wie ich einmal mit Ihnen zusammenkommen würde, Lisaweta Prokofjewna? ... Ich habe viel von Ihnen gehört. – Koljä hat mir von Ihnen erzählt; er ist ja fast der einzige, der mich nicht verläßt ... Sie sind eine originelle Frau, das habe ich jetzt selbst gesehen ... wissen Sie auch, daß ich Sie sogar ein wenig geliebt habe? ...“

„Gott, und ich hätte ihn doch beinah geschlagen!“

„Aglaja Iwanowna hat Sie daran verhindert; ich irre mich doch nicht? Das ist doch Ihre Tochter Aglaja Iwanowna? Sie ist so schön, daß ich vorhin auf den ersten Blick erriet, sie müsse es sein, obgleich ich sie vorher nie gesehen habe. Lassen Sie mich noch zum letztenmal im Leben eine Schönheit sehen,“ bat er mit einem seltsam schüchternen und doch gleichsam sich verzerrenden Lächeln. „Auch der Fürst ist hier und Ihr Mann und der ganze Bekanntenkreis. Weshalb wollen Sie meinen letzten Wunsch nicht erfüllen?“

„Einen Stuhl!“ rief Lisaweta Prokofjewna, ergriff jedoch schnell selbst einen und setzte sich Hippolyt gegenüber. „Koljä,“ rief sie diesem zu, „du wirst mit ihm unverzüglich aufbrechen, begleit ihn nach Hause, morgen aber werde ich unbedingt selbst ...“

„Wenn Sie erlauben, würde ich den Fürsten um ein Glas Tee bitten ... Ich bin sehr müde ... Wissen Sie was, Lisaweta Prokofjewna, Sie wollten, glaube ich, den Fürsten zu sich zum Tee mitnehmen: bleiben Sie hier, verbringen wir die Zeit zusammen, und der Fürst wird bestimmt so freundlich sein, uns mit Tee zu bewirten. Verzeihen Sie, daß ich so ... ungefragt Anordnungen treffe ... Aber ich kenne Sie doch, Sie haben ein gutes Herz, der Fürst auch ... wir sind ja alle bis zur Lächerlichkeit herzensgute Menschen ...“

Der Fürst bestellte sogleich den Tee, Lebedeff stürzte hinaus, als stünde sein Haus in Flammen, und ihm folgte auf dem Fuße Wjera.

„Nun gut,“ entschied die Generalin, „sprich also, nur sprich leiser und rege dich nicht auf. Du tust mir so leid, mein Junge ... Fürst! Du bist es eigentlich nicht wert, daß ich bei dir Tee trinke, aber mag es denn so sein, ich bleibe. Doch bitte ich, nicht etwa zu glauben, daß ich hier jemanden um Verzeihung bitten werde! Unsinn! Übrigens – wenn ich dich gescholten habe, Fürst, so verzeihe es mir, – das heißt: wenn du willst. Ich will hier niemand zurückhalten,“ wandte sie sich plötzlich in geradezu hochmütigem Zorn an ihren Gemahl und ihre Töchter, als hätten diese ihr – und nicht sie ihnen – ein furchtbares Unrecht angetan. „Ich werde auch allein den Weg nach Hause finden ...“

Doch man ließ sie nicht zu Ende sprechen: sogleich traten alle bereitwilligst näher und umringten sie und Hippolyt. Stühle wurden herbeigerückt, man setzte sich. Der Fürst forderte alle zum Tee auf und entschuldigte sich, daß er nicht früher selbst darauf verfallen war. Sogar der General wurde liebenswürdig, brummte etwas Beruhigendes und fragte ritterlich besorgt seine Gemahlin, ob es ihr nicht vielleicht etwas zu kühl auf der Terrasse werde. Es fehlte nicht viel, und er hätte Hippolyt gefragt: „Wie lange sind Sie schon auf der Universität?“ – unterließ es aber noch im letzten Augenblick. Jewgenij Pawlowitsch und Fürst Sch. wurden plötzlich ungeheuer liebenswürdig und waren ersichtlich sehr aufgeräumt; Alexandra und Adelaida sah man es trotz ihrer noch immer andauernden Verwunderung an, daß sie gern blieben. Kurz, alle waren erfreut, daß Lisaweta Prokofjewna sich besänftigt hatte. Nur Aglaja setzte sich finster und schweigend etwas abseits nieder. Auch Burdowskij und seine Freunde blieben, keiner wollte fortgehen, auch der alte General Iwolgin blieb, doch Lebedeff flüsterte ihm im Vorübergehen etwas zu – augenscheinlich etwas nicht ganz Angenehmes – und da zog er sich mehr in den Hintergrund zurück. Doktorenko entgegnete auf die Aufforderung des Fürsten, als dieser an ihn und seine Freunde herantrat, daß sie auf

Hippolyt warten würden, und hierauf setzten sie sich in der entferntesten Ecke der Terrasse wieder alle in einer Reihe hin. Der Ssamowar mußte bei Lebedeff schon aufgestellt gewesen sein, denn er wurde im Augenblick hereingetragen. Die Uhr schlug elf.

## X.

Hippolyt trank nur einen Schluck Tee aus dem Täßchen, das ihm Wjera Lebedewa gereicht hatte, kaum aber hatte er die Lippen benetzt, da stellte er auch schon die Tasse wieder auf den Tisch und blickte sich verwirrt und beschämt im Kreise um.

„Sehen Sie doch diese Täßchen, Lisaweta Prokofjewna," lenkte er schnell ihre Aufmerksamkeit von sich ab, und überhaupt sprach er jetzt gleichsam sich überhastend, „das sind ja Porzellantassen, und wie's scheint, ist es sogar vorzügliches Porzellan ... die stehen ja bei ihm sonst immer im Schmuckschränkchen unter Glas verriegelt und verschlossen, niemals gibt er sie her ... sie gehören noch zur Aussteuer seiner Frau ... heute aber hat er sie hergegeben, Ihnen zu Ehren, versteht sich, dermaßen hat ihn Ihr Besuch erfreut ..."

Er wollte noch weitersprechen, fand aber in der Verwirrung keine Worte.

„Glücklich verlegen geworden, das dachte ich mir," raunte plötzlich Jewgenij Pawlowitsch unbemerkt dem Fürsten zu. „So etwas ist gefährlich, nicht? Das sicherste Zeichen, daß er jetzt aus Ärger darüber irgend etwas so Exzentrisches losschießen wird, daß Lisaweta Prokofjewna es vielleicht wirklich nicht mehr verzeihen kann."

Der Fürst sah ihn fragend an.

„Fürchten Sie das nicht?" fragte Jewgenij Pawlowitsch, etwas erstaunt über den fragenden Blick des anderen. „Ich sehe es jedenfalls kommen, und ich wünsche sogar, daß es so käme: mir ist dabei nur darum zu tun, daß unsere liebe Lisaweta Prokofjewna bestraft wird, und zwar unbedingt heute noch, sogleich, vorher werde ich nicht fortgehen. Aber Sie scheinen ja ganz krank zu sein."

„Später, stören Sie nicht. Ja, ich bin nicht ganz gesund," antwortete der Fürst zerstreut und sogar etwas ungeduldig.

Er hörte seinen Namen nennen, Hippolyt sprach von ihm.

„Sie glauben es mir nicht?" fragte Hippolyt hysterisch auflachend. „Das dachte ich mir, der Fürst aber wird es sofort glauben und sich nicht im geringsten wundern."

„Hörst du, Fürst?" wandte sich Lisaweta Prokofjewna an ihn, „hast du gehört?"

Die meisten lachten. Lebedeff trat geschäftig vor und drehte und wand und verbeugte sich wiederholt vor der Generalin.

„Er sagt, daß dieser hier, dieser verkörperte Bückling, dein Hauswirt, jenem Herrn dort den Artikel korrigiert habe, der vorhin hier laut vorgelesen wurde."

Der Fürst sah mit erstauntem Blick Lebedeff an.

„Was schweigst du denn, so sag' doch!" sagte Lisaweta Prokofjewna ärgerlich und schlug wieder mit der Fußspitze auf den Boden.

„Was soll ich denn noch sagen," murmelte der Fürst halblaut, ohne den Blick von Lebedeff abzuwenden, „ich sehe doch schon, daß er ihn korrigiert hat."

„Ist es wahr?" wandte sich Lisaweta Prokofjewna hastig an Lebedeff.

„Unantastbar, Exzellenz!" bestätigte Lebedeff mit unerschütterlicher Miene, indem er die Hand aufs Herz preßte.

„Und das sagst du noch, als wenn du stolz darauf wärst?" fuhr ihn Lisaweta Prokofjewna, fast vom Stuhle aufspringend, an.

„Gemein, gemein bin ich!" erklärte Lebedeff in tiefer Selbsterkenntnis, schlug sich vor die Brust und senkte das Haupt immer tiefer.

„Was hab' ich davon, daß du dich jetzt ‚gemein' nennst! Er glaubt, daß er, wenn er sich selbst ‚gemein' nennt, damit alles wieder gutgemacht habe! Und du schämst dich nicht, Fürst, dich mit solchen Leuten abzugeben? Das werde ich dir niemals verzeihen!"

„Mir wird der Fürst verzeihen!" sagte Lebedeff überzeugt und gerührt zugleich.

„Einzig aus Anständigkeit, Gnädigste," fiel plötzlich mit lauter Stimme der aufspringende Boxer ein, „einzig aus Anständigkeit und um meinen Freund nicht zu kompromittieren, habe ich vorhin kein Wort über diese Korrektur verlauten lassen, sogar ungeachtet dessen, daß er sich erboten hatte, uns die Treppe hinunterzubefördern, wie Sie selbst gehört haben. Doch um die Wahrheit nicht zu entstellen, muß ich gestehen, daß ich mich allerdings an ihn gewandt und seine Hilfe für sechs Rubel in

Anspruch genommen habe, nur wohlgemerkt, nicht zur Verbesserung des Stils, sondern einzig um die Fakta von ihm zu erfahren, die mir zum größten Teil völlig unbekannt waren, also wie gesagt, weil mir seine Kompetenz fehlte. Die Stiefeletten, der zunehmende Appetit beim Schweizer Professor, die fünfzig Rubel anstatt der zweihundertfünfzig, mit einem Wort, diese ganze Gruppierung des Materials stammt von ihm, für sechs Rubel, wie gesagt, den Stil aber hat er nicht korrigiert.“

„Ich muß bemerken, daß ich nur die erste Hälfte des Artikels korrigiert habe,“ unterbrach ihn Lebedeff mit geradezu fieberhafter Ungeduld, „jawohl, nur die erste Hälfte; denn da wir in der Mitte wegen eines Gedankens in Streit gerieten, habe ich die zweite Hälfte nicht mehr korrigiert, daher ist auch alles grammatisch Unzulässige in dieser Hälfte – und von Fehlern wimmelt es dort nur so! – nicht mir zuzuschreiben ...“

„Also das ist deine größte Sorge!“ fuhr Lisaweta Prokofjewna empört auf.

„Gestatten Sie die Frage,“ wandte sich Jewgenij Pawlowitsch an Keller, „wann haben Sie den Artikel korrigiert?“

„Gestern morgen,“ rapportierte Keller gehorsamst. „Wir hatten eine Zusammenkunft verabredet und uns gegenseitig ehrenwörtlich verpflichtet, das Geheimnis beiderseits zu wahren.“

„Also zur selben Zeit, als er vor dir seine Bücklinge gemacht und dich seiner Ergebenheit versichert hat! ‚Er trägt dich ja seit drei Tagen auf den Händen‘, wie Koljä sagt! Das sind mir mal Menschen! Ich brauche deinen Puschkin nicht und deine Tochter hat nichts bei mir zu suchen!“

Lisaweta Prokofjewna wollte sich bereits erheben, doch da bemerkte sie, daß Hippolyt lachte, und gereizt wandte sie sich an ihn:

„Was, mein Lieber, wolltest du dich hier etwa über mich lustig machen?“

„Gott behüte!“ versetzte Hippolyt mit verzerrtem Lächeln, „mich wundert nur, daß Sie wirklich so exzentrisch sind, Lisaweta Prokofjewna. Ich will’s gestehen, daß ich mit Absicht diese Sache zur Sprache gebracht habe: ich wußte, wie das auf Sie wirken würde, auf Sie allein; denn der Fürst wird ihm bestimmt verzeihen, er hat ihm schon verziehen und sucht bereits offenbar nach einer Entschuldigung für ihn. Nicht wahr, Fürst, hab’ ich nicht recht?“

Er atmete schnell und seine seltsame Aufregung wuchs mit jedem Wort.

„Nun!" ... sagte Lisaweta Prokofjewna kurz und ungehalten, denn der Ton, den er jetzt anschlug, wunderte sie. „Nun?"

„Ich habe viel von Ihnen gehört ... vieles von dieser Art ... es hat mich furchtbar gefreut ... und ich habe Sie achten gelernt ..." fuhr Hippolyt fort.

Es war, als hätte er gar nicht das sagen wollen, was er sprach, sondern etwas ganz anderes; etwas, das er mit keinem Wort andeutete. Er sprach mit einem leisen Schimmer von Spott, regte sich aber dabei ganz unbegreiflich auf, blickte sich mißtrauisch im Kreise um, schien sehr verwirrt zu sein und verlor beständig den Faden, so daß er durch dieses sonderbare Wesen, einen eigentümlich flackernden, an Wahnsinn gemahnenden Blick in dem hageren Gesicht, auf dessen Wangen zwei rote Flecke brannten, unwillkürlich die Aufmerksamkeit der Anwesenden fesselte.

„Ich hätte mich eigentlich darüber wundern müssen, obgleich ich doch die Welt und die Gesellschaft fast gar nicht kenne – ich gebe das selbst zu –, daß Sie nicht nur selbst in unserer, für Sie so unanständigen Gesellschaft geblieben sind, sondern auch diesen ... jungen Mädchen erlaubt haben, diese skandalöse Geschichte anzuhören, wenn den Damen auch aus ... Romanen schon längst alles bekannt ist. Übrigens, ich ... vielleicht ... ich weiß nicht ... ich habe es nicht so sagen wollen ... doch jedenfalls – wer wäre denn sonst geblieben ... auf die Bitte eines Knaben ... nun, ja, Knaben – ich geb' es wieder selbst zu – mit ihm einen Abend zu verbringen und ... Anteil zu nehmen ... an allem ... um sich dann am nächsten Tage dessen zu schämen ... Ich gebe übrigens selbst zu, daß ich mich nicht richtig ausdrücke. Ich kann das alles nur loben ... und Hochachtung dafür empfinden ... obschon ich an der Miene Seiner Exzellenz, Ihres Gatten, deutlich ersehe, wie wenig das gesellschaftlich *comme il faut[]* für ihn ist ... Hihi!" kicherte er, da er in eine aussichtslose Sackgasse geraten war; doch plötzlich bekam er einen heftigen Hustenanfall, daß er erst nach zwei Minuten wieder sprechen konnte.

„Da hat man's!" meinte kühl und schroff Lisaweta Prokofjewna, indem sie ihn mit strengem Blick musterte. „Nun, mein lieber Junge, genug, es ist Zeit."

„Gestatten Sie auch mir, mein Herr, die Bemerkung," begann plötzlich gereizt Iwan Fedorowitsch, der allmählich seine Geduld verloren hatte, „daß meine Gemahlin sich hier beim Fürsten Lew Nikolajewitsch befindet, unserem Freunde und Nachbarn, und daß es in jedem Fall nicht Ihnen, junger Mann, zusteht, die Handlungen Lisaweta Prokofjewnas zu kritisieren, ebensowenig mir ins Gesicht zu sagen, was mein Gesicht ausdrückt. Und wenn meine Gemahlin hier geblieben ist," fuhr er, mit jedem Wort gereizter werdend, fort, „so hat sie es, mein Herr, nur aus Verwunderung getan und aus der sehr verständlichen Neugier, einmal Repräsentanten der heutigen Jugend kennen zu lernen. Auch ich bin hier geblieben, wie man eben bisweilen auch wohl auf der Straße stehen bleibt, wenn man eben etwas ... etwas ... etwas ...“

„Etwas Seltsames erblickt," half Jewgenij Pawlowitsch.

„Ganz recht, sehr richtig und treffend, gerade etwas Seltsames," fuhr Seine Exzellenz erfreut fort, nachdem man ihm über den schwierigen Vergleich hinweggeholfen hatte. „Doch ganz abgesehen davon, wundert es mich sehr und betrübt mich sogar, daß Sie, junger Mann, nicht einmal begriffen haben, daß meine Gemahlin nur deshalb bei Ihnen geblieben ist, weil Sie krank sind, – ich nehme an, daß Sie es auch wirklich sind – das heißt also, daß sie nur aus Mitleid geblieben ist, weil Sie ihr sozusagen leid tun, junger Mann, und vielleicht merken Sie es sich, gefälligst, daß sowohl dem Namen, wie den Eigenschaften und der Bedeutung meiner Gemahlin unter keinen Umständen sich etwas Schmutziges anheften kann ... Lisaweta Prokofjewna!" wandte sich der im Eifer rot gewordene General an seine Gattin, „wenn du jetzt aufbrechen willst, so können wir uns von unserem lieben Fürsten verabschieden und ...“

„Ich danke Ihnen für die Lehre, General," unterbrach ihn ganz unerwartet mit ernstem Gesicht Hippolyt, und nachdenklich sah er ihn an.

„Gehen wir, *maman*, wie lange soll das denn noch dauern!" sagte Aglaja ungeduldig und geärgert, und sie erhob sich von ihrem Platz.

„Nur noch einen Augenblick, lieber Iwan Fedorowitsch, wenn du erlaubst," wandte sich Lisaweta Prokofjewna an ihren Gemahl, im Tone, in der Haltung und Miene durchaus *grande Dame*. „Ich glaube, er hat hohes Fieber und phantasiert einfach; ich sehe es an seinen glänzenden Augen; so darf man ihn nicht fortlassen. Lew Nikolajewitsch! Könnte er nicht hier bei dir übernachten, damit man ihn heute nicht noch nach Petersburg zurückzubringen braucht? *Cher prince,[]* Sie langweilen sich doch nicht?" wandte sie sich aus irgendeinem Grunde an den Fürsten Sch. „Komm her, Alexandra, du mußt dir die Haare ein wenig ordnen, meine Liebe."

Und sie ordnete ihr das Haar, an dem übrigens nichts zu ordnen war, und gab ihr einen Kuß; nur deshalb hatte sie sie zu sich gerufen.

„Ich glaubte, Sie seien entwicklungsfähig ...“ begann wieder Hippolyt, aus seiner Versunkenheit auffahrend. „Ja! richtig, was ich sagen wollte," rief er erfreut aus, als wenn ihm plötzlich etwas eingefallen wäre. „Da haben wir Burdowskij, der aufrichtig seine Mutter verteidigen will, nicht wahr? Und dabei kommt es so heraus, daß gerade er sie beleidigt und herabzieht. Da will nun der Fürst Burdowskij helfen, bietet ihm ohne Arg und Falsch einfach aus Herzensgüte seine Freundschaft und sein Geld an und ist vielleicht der einzige von uns allen, der sich nicht von ihm angeekelt fühlt, und gerade sie stehen sich beide als echte Feinde gegenüber ... Ha–ha–ha! Sie alle hassen Burdowskij, weil er sich ihrer Meinung nach häßlich und unfein seiner Mutter gegenüber benommen hat, das ist es doch? Nicht wahr? Nicht? Sie lieben doch alle unbeschreiblich Schönheit und elegante Form, nur für die allein leben Sie doch, hab' ich nicht recht? (Das habe ich ja schon längst gemutmaßt, daß Sie alle nur dafür leben!) Nun, dann hören Sie jetzt, daß vielleicht kein einziger von Ihnen seine Mutter so geliebt hat, wie Burdowskij! Sie, Fürst, ich weiß, Sie haben durch Ganetschka heimlich der Mutter Burdowskijs Geld zugesandt, und da könnt' ich nun wetten – hihihi!" lachte er hysterisch, „könnte wetten, daß gerade dieser Burdowskij Ihnen jetzt Unzartheit und Mißachtung seiner Mutter gegenüber vorwerfen wird, bei Gott, er wird's tun, hahaha!"

Wieder unterbrach ihn ein Hustenanfall.

„Nun, ist das jetzt alles? Hast du alles gesagt, was du sagen wolltest? Nun, dann geh jetzt schlafen, du hast dich erkältet, du fieberst ja doch," unterbrach ihn ungeduldig Lisaweta Prokofjewna, die ihren besorgten Blick nicht von ihm abwandte. „Ach, Gott! Da fängt er schon wieder an!"

„Sie lachen, wie es scheint? Weshalb lachen Sie über mich? Ich habe es gesehen, daß Sie die ganze Zeit über mich lachen!" wandte sich Hippolyt plötzlich unruhig und gereizt an Jewgenij Pawlowitsch.

Dieser lächelte in der Tat.

„Ich wollte Sie nur fragen, Herr ... Hippolyt ... pardon, ich habe Ihren werten Namen vergessen ..."

„Herr Terentjeff," sagte der Fürst.

„Richtig, Terentjeff, ich danke Ihnen, Fürst; vorhin hörte ich ihn zwar, doch momentan war er mir entfallen ... Ich wollte Sie fragen, Herr Terentjeff, ob es wahr ist, was ich gehört habe: Sie sollen, sagte man mir, der Meinung sein, daß Sie nur eine Viertelstunde lang aus dem Fenster zum Volk zu sprechen brauchten und dasselbe würde sogleich in allem Ihrer Ansicht sein und sogleich Ihnen folgen ..."

„Sehr möglich, daß ich das gesagt habe ..." antwortete Hippolyt, indem er sich gleichsam dessen zu entsinnen suchte. „Bestimmt hab' ich's gesagt!" bestätigte er dann plötzlich, wieder lebhafter werdend, und mit festem Blick sah er Jewgenij Pawlowitsch an. „Nun, und?"

„Nichts weiter; ich fragte nur zur Kenntnisnahme, nur so, um das Bild zu vervollständigen ..."

Jewgenij Pawlowitsch verstummte, doch Hippolyt sah ihn immer noch in ungeduldiger Erwartung an.

„Nun, ist das alles, hast du alles gefragt?" wandte sich Lisaweta Prokofjewna an Jewgenij Pawlowitsch. „Komm schneller zum Schluß, Väterchen, er muß schlafen gehen. Oder verstehst du das nicht?"

Sie ärgerte sich entsetzlich.

„Oh, ich bin gern bereit, fortzufahren," sagte Jewgenij Pawlowitsch lächelnd. „Alles, was ich hier von Ihren Kameraden gehört habe, Herr Terentjeff, und was Sie soeben selbst mit unstreitigem Beobachtungstalent vorgebracht haben, ist meiner Meinung nach im Resultat nichts anderes, als in erster Linie und ganz abgesehen von allem anderen und sogar mit Ausschluß alles anderen die Theorie des Triumphes dessen, was Sie ,Recht' nennen, und das vielleicht sogar ohne jede nähere Untersuchung, worin denn dieses Recht überhaupt besteht. Oder irre ich mich vielleicht?"

„Natürlich irren Sie sich, ich verstehe Sie sogar nicht einmal ... weiter?"

Im Hintergrund hörte man Lebedeffs Neffen halblaut irgend etwas sprechen.

„Weiter? – oh, so gut wie nichts," fuhr Jewgenij Pawlowitsch fort, „ich will nur bemerken, daß man von diesem Standpunkt sehr leicht auf den des Rechtes der Kraft überhaupt überspringen kann, ich meine, auf das Recht der einzelnen Faust und des jeweiligen willkürlichen Wunsches des einzelnen, womit es ja übrigens auch stets in der Welt geendet hat. Ist doch auch Proudhon zur Theorie des Rechtes der Kraft gelangt. Und zur Zeit der Negerbefreiung in Amerika haben sich ja sogar viele der angesehensten Liberalen für die Plantagenbesitzer erklärt, mit der Begründung, daß die Neger eben Neger seien und niedriger als die Menschen der weißen Rasse ständen, und folglich hätten die Weißen das Recht, die Neger als Sklaven zu behandeln ..."

„Nun?"

„Sie haben also gegen das Recht der Kraft nichts einzuwenden, Sie haben nichts dawider?"

„Weiter?"

„Sie sind mir mal konsequent! Ich wollte nur bemerken, daß es von dem Recht der Kraft bis zum Recht der Tiger und Krokodile und sogar dem der Gorsky und Daniloffs nicht weit ist."

„Ich weiß nicht, weiter?"

Hippolyt hörte kaum darauf, was Jewgenij Pawlowitsch sprach, und auch das „nun" und „weiter" schien er nicht aus Interesse für das Weitere zu sagen, sondern einfach, weil es ihm zur Gewohnheit geworden war, einen jeden, der ihm von der Welt draußen an seinem Krankenlager erzählte, mit „nun" und „weiter" zum Weitererzählen zu drängen.

„Tja, weiter ist nichts ... das war alles."

„Ich bin Ihnen übrigens nicht böse," sagte Hippolyt plötzlich ganz unvermittelt und streckte, vielleicht ohne sich selbst dessen bewußt zu sein, Jewgenij Pawlowitsch die Hand entgegen und lächelte sogar dazu.

Jewgenij Pawlowitsch wunderte sich zuerst, berührte dann aber doch mit dem ernstesten Gesicht die ihm entgegengestreckte Hand, als empfinge er wirklich Hippolyts Verzeihung.

„Ich kann nicht umhin, Ihnen meinen Dank auszusprechen für die Aufmerksamkeit, mit der Sie mich angehört haben," sagte er in demselben zweideutig-höflichen Tone, „denn nach meinen unzähligen Beobachtungen ist unser Liberaler nie imstande, einem anderen Menschen eine andere Überzeugung zu gestatten und seinem Opponenten nicht sogleich mit Geschimpf zu antworten oder mit noch Schlimmerem ..."

„Das haben Sie sehr richtig bemerkt," versetzte General Iwan Fedorowitsch, worauf er, die Hände auf dem Rücken, mit der gelangweiltesten Miene wieder an die Treppe der Terrasse trat, wo er vor Ärger heimlich gähnte.

„Nun, jetzt haben wir aber genug von dir," erklärte Lisaweta Prokofjewna, zu Jewgenij Pawlowitsch gewandt. „Ihr werdet mir langweilig ..."

„Es ist Zeit!" erhob sich sofort Hippolyt besorgt und fast erschrocken und blickte sich verwirrt im Kreise um. „Ich habe Sie aufgehalten ... ich wollte Ihnen alles sagen ... ich glaubte, daß alle ... das war nur eine phantastische Idee ..."

Man sah es ihm an, daß er sich nur vorübergehend belebte, daß er aus seinen Fieberdelirien ganz plötzlich nur auf kurze Zeit zu sich kam und mit vollem Bewußtsein dachte und sprach. Letzteres meistenteils nur in abgerissenen Sätzen, die er vielleicht alle schon vorher gedacht – in den langen endlosen Stunden auf seinem Krankenlager, wenn er schlaflos in seiner Einsamkeit lag.

„Nun, leben Sie wohl!" sagte er plötzlich schroff. „Sie glauben, daß es mir leicht ist, Ihnen ‚Leben Sie wohl' zu sagen? Na – ha!" lachte er kurz auf, ärgerlich über seine ungeschickte Frage, und plötzlich, gewissermaßen aus Ärger darüber, daß er nichts von dem gesagt hatte und nichts aussprechen konnte, sagte er laut und gereizt: „Exzellenz! ich habe die Ehre, Sie zu meiner Beerdigung aufzufordern, vorausgesetzt, daß Sie mich dieser Ehre würdigen, ... und nach Seiner Exzellenz auch alle anderen!"

Wieder lachte er auf; doch diesmal klang es wie das Lachen eines Irrsinnigen. Lisaweta Prokofjewna näherte sich ihm erschrocken und erfaßte seine Hand. Hippolyt sah sie, mit demselben Lachen im Gesicht, forschend und unbeweglich an; doch er lachte nicht mehr hörbar, das Lachen war nur als solches gleichsam in seinem Gesicht erstarrt.

„Wissen Sie auch, daß ich eigentlich nur deshalb hergekommen bin, um Bäume zu sehen? Diese hier ..." (er wies auf die Bäume des Parks) „ist das nicht lächerlich, was? Aber hierbei ist doch nichts Lächerliches?" fragte er ernst Lisaweta Prokofjewna und versank plötzlich in Gedanken; nach einem Augenblick hob er aber wieder den Kopf und begann neugierig in der Schar der Anwesenden jemanden mit den Augen zu suchen. Er suchte Jewgenij Pawlowitsch, der sich rechts von ihm ganz in seiner Nähe auf demselben Platz wie vorhin befand, doch Hippolyt mußte schon vergessen haben, wo er gestanden hatte. „Ah, da sind Sie, Sie sind nicht fortgegangen!" rief er erfreut aus, als er ihn endlich entdeckte. „Sie lachten darüber, daß ich nur eine Viertelstunde aus dem Fenster sprechen wollte ... Aber wissen Sie auch, daß ich gar nicht achtzehn Jahr alt bin? Ich habe so lange auf diesem Kopfkissen gelegen, ich habe so lange durch dieses Fenster geschaut, ich habe so endlos nachgedacht ... über alle ... so daß ... Ein Toter steht außerhalb jedes Alters, das wissen Sie doch. Noch in der vorigen Woche dachte ich, als ich in der Nacht erwachte ... Aber wissen Sie auch, was Sie am meisten fürchten? Unsere Aufrichtigkeit fürchten Sie am meisten, wenn Sie uns auch verachten! Das habe ich gleichfalls damals, in jener Nacht, auf meinem Kopfkissen gedacht ... Sie glauben, daß ich mich vorhin über Sie lustig machen wollte, Lisaweta Prokofjewna? Nein, ich habe mich nicht über Sie lustig gemacht, ich wollte nur sagen, daß alles gut ist ... Koljä hat mir gesagt, der Fürst habe Sie ein Kind genannt ... das ist gut ... Aber was wollt' ich doch ... ich wollte doch noch etwas sagen ..." Er bedeckte das Gesicht mit den Händen und dachte krampfhaft nach. „Richtig, das war's! – als Sie sich vorhin schon verabschieden wollten, dachte ich plötzlich: hier sind jetzt Menschen, und nie mehr wirst du sie wiedersehen, und nie mehr wird das alles so sein, niemals! Und auch die Bäume nicht, – nur die Backsteinmauer wird vor mir sein, die rote von Meyers Mietkaserne ... die Brandmauer vor meinem Fenster ... nun, so sag' ihnen doch jetzt alles das ... versuch' es doch, sage es; da" – er wies auf Aglaja – „eine Schönheit! ... du bist so gut wie ein Toter, stell' dich ihnen als Toter vor, sag' ihnen: ‚ein Toter kann alles sagen' ... und daß die Fürstin Maria Alexejewna nicht schelten wird[], ha–ha! ... Sie lachen nicht über mich?" Er blickte sich mißtrauisch im Kreise um. „Aber wissen Sie, auf diesem Kopfkissen sind mir viele Gedanken gekommen ...: wissen Sie, ich habe eingesehen, daß die Natur sehr spottlustig ist ... Sie sagten, ich sei ein Atheist, aber wissen Sie auch, daß diese Natur ... Weshalb lachen Sie wieder? Sie sind furchtbar grausam!" unterbrach er sich traurig und unwillig, indem er sich wieder mißtrauisch umblickte. „Ich habe Koljä nicht verdorben," schloß er plötzlich in einem ganz anderen Tone, ernst und überzeugt, als wäre ihm plötzlich wieder ein anderer Gedanke gekommen ...

„Niemand, niemand lacht hier über dich, beruhige dich!" bat ihn Lisaweta Prokofjewna fast gequält. „Morgen wird dich ein anderer Arzt untersuchen, deiner hat sich geirrt; aber so setz dich doch, was stehst du denn, du kannst dich ja kaum auf den Füßen halten! Du fieberst und phantasierst ... Ach, was soll man jetzt mit ihm anfangen!" sorgte sie sich um ihn und bemühte sich ängstlich, ihn wieder zum Niedersitzen zu bewegen, damit er nur ja nicht mehr stehe.

Eine Träne erglänzte auf ihrer Wange.

Hippolyt blieb ganz betroffen stehen, hob die Hand, die er ängstlich vorstreckte, und berührte zaghaft diese Träne.

Er lächelte, es war ein eigentümliches, kindliches Lächeln.

„Ich ... ich ... habe Sie ..." begann er selig, „Sie wissen nicht, wie ich Sie ... er hat mir immer mit einer solchen Begeisterung von Ihnen erzählt, er da, Koljä ... ich liebe seine Begeisterung ... Ich habe ihn nicht verdorben! Nur ihn allein lasse ich zurück ... ich wollte alle zurücklassen, alle, – aber es war niemand da, niemand war da ... Ich wollte ein großer Tatmensch sein, ich hatte das Recht ... oh, wieviel ich gewollt habe! Jetzt will ich nichts, ich will nichts mehr wollen, ich habe mir das Wort gegeben, daß ich nichts mehr wollen werde; mögen sie ohne mich die Wahrheit suchen, mögen sie doch! Ja, die Natur ist spottlustig! Weshalb erschuf sie mich," brach es in zitternder Leidenschaft aus ihm hervor,

„weshalb erschafft sie die besten Geschöpfe, um dann später ihren Spott mit ihnen zu treiben? Hat sie es doch auch zugelassen, daß das einzige Wesen, das auf Erden als vollkommen anerkannt wurde ... hat sie es doch so gemacht, daß gerade dieses Wesen *das* aussprechen mußte, um dessenwillen so viel Blut geflossen ist, daß die Menschen, wenn es auf einmal geflossen wäre, im Blute hätten ertrinken müssen!

Oh, es ist gut, daß ich sterbe! Ich würde ja vielleicht auch irgendeine furchtbare Lüge sagen, die Natur würde es schon so einrichten! ... Ich habe niemanden verdorben ... Ich wollte zum Glücke aller Menschen leben, um die Wahrheit zu ergründen und zu verkünden ... Ich sah durch mein Fenster auf Meyers Backsteinmauer und glaubte, eine Viertelstunde würde mir genügen, um alle, alle zu überzeugen, und da bin ich nun einmal im Leben zusammen ... mit Ihnen, wenn auch nicht mit den Menschen! – und was ist nun herausgekommen? Nichts! Es ist das herausgekommen, daß Sie mich verachten! Folglich bin ich ein Dummkopf, folglich bin ich überhaupt nicht nötig, folglich ist es Zeit! Und nicht die geringste Erinnerung habe ich zu hinterlassen verstanden! Keinen Laut, keine Spur, nicht eine einzige Tat, keine einzige Überzeugung habe ich verbreitet! Lachen Sie nicht über den Dummen! Vergessen Sie ihn! Vergessen Sie alles ... vergessen Sie, ich bitte Sie darum, seien Sie nicht so grausam! Wissen Sie auch, daß ich, wenn nicht diese Schwindsucht gekommen wäre, mich selbst umgebracht hätte ...“

Er wollte offenbar noch mehr sagen, sprach es aber nicht aus, sondern fiel plötzlich auf seinen Sessel nieder, bedeckte das Gesicht mit den Händen und schluchzte wie ein kleines Kind.

„Da! Er weint! Mein Gott, was soll man jetzt mit ihm tun!“ rief Lisaweta Prokofjewna aufs äußerste erschrocken aus; sie trat schnell an seinen Sessel, nahm seinen Kopf zwischen ihre Hände und drückte ihn fest, fest an ihre Brust. Er schluchzte wie im Krampf.

„Nu – nu – nu! Nu, wein' doch nicht, nu, genug, du bist ein guter Junge, Gott wird dir alles verzeihen, wegen deiner Unwissenheit; nu, genug, sei ein ganzer Mann ... Und du wirst dich ja doch später schämen ...“

„Ich habe dort,“ begann Hippolyt stockend, und er bemühte sich, den Kopf zu erheben, „ich habe einen Bruder und zwei Schwestern, Kinder, kleine Kinder, arme, unschuldige ... *Sie* wird sie verderben! Entreißen Sie sie ihr ... Sie – sind eine Heilige, Sie ... Sie sind selbst ein Kind, – retten Sie sie! Retten Sie sie vor dieser ... sie ... wird sie der Schande ... Oh, helfen Sie ihnen, erbarmen Sie sich ihrer, Gott wird es Ihnen hundertfach vergelten, um Christi willen! ...“

„So sagen Sie doch endlich, Iwan Fedorowitsch, was soll man jetzt tun!" rief Lisaweta Prokofjewna gereizt ihren Mann um Rat an. „Haben Sie doch die Güte und brechen Sie endlich Ihr erhabenes Schweigen! Wenn Sie sich zu nichts entscheiden, werde ich selbst hier nächtigen, damit Sie's nur wissen; Sie haben mich zur Genüge mit Ihrer Herrschsucht tyrannisiert!"

Lisaweta Prokofjewna war zu jedem Opfer bereit, was sie äußerlich in ihrem Zorn verriet, und erwartete eine sofortige Antwort. Leider pflegen in solchen Fällen die Anwesenden, selbst wenn ihrer viele sind, mit Schweigen und passiver Neugier zu antworten, um nur ja nichts auf sich zu nehmen. Ihre Gedanken aber äußern sie gewöhnlich erst lange nachher. Hier nun gab es unter den Anwesenden sogar solche, die womöglich die ganze Nacht bis zum nächsten Morgen gesessen hätten, ohne auch nur ein Wort zu sagen – zum Beispiel Warwara Ardalionowna Ptizyn, die die ganze Zeit schweigend dagesessen und nur mit ungeheurem Interesse zugehört hatte, – vielleicht nicht ohne ihre besonderen Gründe zu diesem Interesse zu haben.

„Meine Liebe," versetzte der General, „meine Meinung wäre die, daß hier jetzt eher eine Krankenpflegerin am Platze wäre als unsere Aufregung ... oder für diese Nacht zum mindesten ein nüchterner, zuverlässiger Mensch. Jedenfalls müssen wir aber den Fürsten bitten und ... diesem hier unverzüglich Ruhe gönnen. Morgen kann man sich ja dann wieder nach ihm erkundigen."

„Es ist sogleich zwölf, wir fahren. Wird er mit uns kommen oder bleibt er bei Ihnen?" wandte sich Doktorenko gereizt und geärgert an den Fürsten.

„Wenn Sie wollen, so bleiben Sie doch auch hier bei ihm," forderte ihn der Fürst auf, „Platz habe ich genug."

„Exzellenz," wandte sich ganz unerwartet und förmlich begeistert Herr Keller an den General, „wenn ein zuverlässiger Mensch für die Nacht verlangt wird, so bin ich gern bereit, meinem Freunde das Opfer zu bringen ... er ist ein seltener Mensch, wenn Sie wüßten, was für eine Seele er hat! Ich halte ihn schon längst für ein Genie, Exzellenz! Ich habe gewißlich, sowohl in meiner Bildung wie in meiner Karriere, Pech gehabt und Exzellenz werden das verstehen ... aber wenn er kritisiert, das kann auch ich beurteilen, dann streut er ja nur so Perlen aus dem Ärmel, Perlen, sag' ich Ihnen! ..."

Mit Verzweiflung im Gesicht wandte ihm der General den Rücken.

„Es wird mich sehr freuen, wenn er hier bleibt; es würde ihm natürlich sehr schwer fallen, jetzt noch zu fahren," sagte der Fürst auf die gereizte Frage Lisaweta Prokofjewnas.

„Ja, schläfst du denn? Wenn du nicht willst, Väterchen, werde ich ihn zu mir bringen! Gott, du hältst dich ja selbst kaum auf den Füßen! Bist du krank? Was fehlt dir?"

Als Lisaweta Prokofjewna den Fürsten nicht sterbend vorgefunden, hatte sie ihn nach seinem Aussehen für viel gesunder gehalten, als er war. In Wirklichkeit aber hatten der Anfall, die schweren Erinnerungen, die sich an ihn knüpften, die physische Müdigkeit in den Gliedern und der ermüdende Abendbesuch, ferner dieser ganze Vorfall mit dem „Sohn Pawlischtscheffs" und nun auch noch der mit Hippolyt – alles das hatte auf die krankhafte Empfindsamkeit des Fürsten geradezu fieberhaft eingewirkt. Außerdem verrieten jetzt seine Augen noch irgendeine besondere Sorge oder sogar Angst: fast furchtsam blickte er auf Hippolyt, ganz als befürchte er von diesem irgend etwas.

Da erhob sich plötzlich Hippolyt, unheimlich bleich, mit einem Ausdruck unerträglicher, an Verzweiflung grenzender Scham in seinem verzerrten Gesicht. Diese Scham drückte sich vor allem in seinem Blick aus, der haßerfüllt und doch angstvoll über die Anwesenden huschte, und in dem verlorenen, verzogenen und gleichsam sich windenden Spottlächeln auf seinen zuckenden Lippen. Übrigens senkte er den Blick sogleich zu Boden und wankte mit unsicheren Schritten, immer noch dasselbe Lächeln auf den Lippen, zu Burdowskij und Doktorenko, die bereits an der Treppe standen: er fuhr mit ihnen.

„Das ... das fürchtete ich ja!" rief der Fürst aus. „So mußte es ja kommen!"

Hippolyt wandte sich brüsk nach ihm um, und rasende Wut sprach aus seinem Gesicht, in dem jeder Nerv zu zittern und zu sprechen schien.

„Ah, also das haben Sie befürchtet! ‚So mußte es ja kommen' Ihrer Meinung nach? So hören Sie denn, daß ich, wenn ich hier jemanden hasse – und ich hasse Sie hier alle!" – schrie er heiser, kreischend, bei jedem Satz spritzte der Speichel von seinen Lippen und an seinen Mundwinkeln hatte sich Schaum gebildet, – „daß ich Sie, Sie Jesuit, Sie Idiot, Sie tugendreicher Millionär und Wohltäter, daß ich Sie mehr als alles auf der Welt hasse! Ich habe Sie längst durchschaut und zu hassen begonnen, schon damals, als ich Sie nur vom Hörensagen kannte, haßte ich Sie mit dem ganzen Haß meiner Seele ... Das haben Sie jetzt so herbeigeführt! Sie haben mich zu diesem Anfall gebracht! Sie haben mich, den Sterbenden, dieser Schmach ausgesetzt, Sie, Sie, Sie allein sind schuld an meiner erbärmlichen Verzagtheit! Ich würde Sie totschlagen, wenn ich am Leben bliebe! Ich brauche Ihre Wohltaten nicht, ich nehme von keinem welche an, hören Sie, von keinem, nichts! Ich fieberte ... ich habe nur phantasiert, Sie dürfen es nicht wagen, zu triumphieren! Ich verfluche Sie alle ein für allemal!"

Seine Stimme brach ab, er war atemlos.

„Schämt sich seiner Tränen!" flüsterte Lebedeff Lisaweta Prokofjewna zu. „Da haben wir das ,So mußte es kommen!' Ja, der Fürst! Hat ihm wieder bis ins Innerste geschaut ...“

Doch Lisaweta Prokofjewna würdigte ihn nicht einmal eines Blickes. Sie stand, stolz aufgerichtet, den Kopf in den Nacken geworfen, und betrachtete mit verächtlichem Blick „diese Leutchen". Als Hippolyt atemlos verstummt war, hatte der General nur die Schultern mit entsprechender Mundbewegung in die Höhe gezogen, woraufhin ihn seine Gattin jetzt zornig vom Kopf bis zu den Füßen maß, als verlange sie Rechenschaft über diese seine Bewegung; doch dann wandte sie sich, ohne ein Wort zu sagen, an den Fürsten.

„Ich danke Ihnen, Fürst – unserem exzentrischen Freunde, der Sie sind – für den angenehmen Abend, den Sie uns allen bereitet haben. Sie können sich ja jetzt von Herzen freuen, daß es Ihnen doch gelungen ist, auch uns in Ihre Dummheiten zu verwickeln ... Genug jetzt, lieber Freund, ich danke Ihnen, daß Sie uns dabei wenigstens Gelegenheit geboten haben, Sie einmal gut zu durchschauen! ...“

Und unwillig begann sie ihre Mantille zurechtzuziehen, da sie erst abwarten wollte, bis „jene" sich fortbegeben hatten. Doktorenko hatte bereits vor einer Viertelstunde Lebedeffs Sohn, den Gymnasiasten, nach einer Droschke geschickt, mit der dieser nun gerade vorgefahren war. Dem Beispiel seiner Gattin folgend, wandte sich auch der General an den Fürsten.

„In der Tat, ich hätte es nicht erwartet ... nach allem ... nach allen freundschaftlichen Beziehungen ... und schließlich – Lisaweta Prokofjewna ...“

„Nein, pfui, nein, wie kann man nur so!" rief Adelaida im Unwillen über ihre Eltern aus, trat schnell auf den Fürsten zu und reichte ihm die Hand.

Mit müdem, verlorenem Blick lächelte der Fürst sie an, vielleicht ohne sie zu sehen. Plötzlich drang ein heißes, schnelles Geflüster an sein Ohr.

„Wenn Sie diese erbärmlichen Menschen nicht sogleich hinauswerfen lassen, werde ich mein ganzes Leben, mein ganzes Leben lang nur Sie allein hassen!"

Es war Aglaja; sie war wie rasend, wie außer sich; doch noch bevor der Fürst sie ansehen konnte, hatte sie sich schon von ihm abgewandt. Übrigens gab es niemanden mehr hinauszuwerfen: Hippolyt war von seinen Freunden inzwischen in den Wagen gehoben worden – in diesem Augenblick fuhren sie bereits davon.

„Nun, gedenken Sie sich noch lange hier aufzuhalten, Iwan Fedorowitsch? Was meinen Sie?" fragte Lisaweta Prokofjewna.

„Tja, ich, mein Freund ... ich-ch ... bin selbstverständlich sofort bereit ... Lieber Fürst ..."

Der General streckte doch noch seine Hand aus, um sich vom Fürsten zu verabschieden, wartete aber nicht, bis der Fürst, der ihn nur zerstreut ansah, ihm gleichfalls die Hand reichte, sondern eilte seiner Gemahlin nach, die soeben zornig und rauschend die Treppe hinunterstieg. Adelaida, deren Bräutigam und Alexandra verabschiedeten sich herzlich vom Fürsten, desgleichen Jewgenij Pawlowitsch, der als einziger seine heitere Stimmung bewahrt hatte.

„Sehn Sie, da habe ich doch recht gehabt! Schade nur, daß auch Sie Ärmster jetzt darunter zu leiden haben!" sagte er halblaut mit dem gewinnendsten Lächeln zum Fürsten gewandt – vielleicht aber lag dennoch ein wenig Spott in diesem Lächeln.

Aglaja ging fort, ohne sich zu verabschieden.

Doch die Überraschungen dieses Abends waren damit noch nicht zu Ende.

Lisaweta Prokofjewna war kaum von der Treppe auf den Fahrweg getreten, der sich durch den Park schlängelte, als plötzlich ein entzückendes Gespann, eine offene Kalesche, vor der zwei prächtige Schimmel elegant ausgriffen, in schnellem Tempo an der Villa des Fürsten vorüberfuhr. Im Fond des Wagens saßen zwei reich gekleidete Damen. Doch plötzlich, kaum waren sie zehn Schritte an der Terrasse vorübergefahren, hielt der Wagen; die eine der Damen wandte sich hastig zurück, als hätte sie einen Bekannten erblickt, mit dem sie unbedingt ein paar Worte wechseln mußte.

„Jewgenij Pawlowitsch! Bist du's?" ertönte plötzlich eine helle, wundervolle Stimme, die den Fürsten zusammenzucken machte, und vielleicht nicht nur den Fürsten allein. „Nein, bin ich froh, daß ich dich endlich gefunden habe! Ich habe doch einen Boten zu dir in die Stadt geschickt; zwei! Den ganzen Tag wirst du gesucht!“

Jewgenij Pawlowitsch stand wie vom Schlage gerührt auf der Treppenstufe. Auch Lisaweta Prokofjewna war stehen geblieben, doch nicht vor Schreck und Verwunderung wie Jewgenij Pawlowitsch: sie blickte die geputzte Dame mit derselben kalten Verachtung an, mit der sie vor fünf Minuten die „Leutchen“ betrachtet hatte.

„Freue dich!“ fuhr die helle Stimme fort. „Rogoshin hat deine Wechsel aufgekauft, von Kupfer, für dreißigtausend, ich habe ihn darum gebeten. Jetzt kannst du noch drei Monate lang ruhig sein! Und mit Biskup und dem ganzen anderen Wuchererpack werden wir es auch noch arrangieren, aus alter Bekanntschaft! Na, wie du siehst, alles geht gut! Kannst dich freuen! Auf Wiedersehen morgen!“

Die Pferde zogen an und griffen aus, der Wagen verschwand ebenso schnell, wie er aufgetaucht war.

„Ist sie wahnsinnig!“ stieß endlich Jewgenij Pawlowitsch hervor, bis über die Stirn errötend vor Unwillen, und verständnislos blickte er sich im Kreise um. „Ich habe keine Ahnung von dem, was sie da sprach! Was sind das für Wechsel? Wer ist sie überhaupt?“

Doch Lisaweta Prokofjewna sah ihn immer noch unbeweglich an: zwei Sekunden lang ruhten ihre Blicke ineinander; dann wandte sie sich plötzlich stolz ab und begab sich zu ihrer Villa. Die anderen folgten ihr.

Nach einer Minute kehrte Jewgenij Pawlowitsch in höchster Erregung zum Fürsten auf die Terrasse zurück.

„Fürst, sagen Sie mir die Wahrheit, wissen Sie nicht, was das zu bedeuten hat?“

„Ich habe keine Ahnung!“ antwortete der Fürst, der sich gleichfalls in krankhafter Spannung und Erregung befand.

„Wirklich nicht?“

„Sie können es mir glauben.“

„Tja, auch ich weiß es nicht,“ lachte plötzlich Jewgenij Pawlowitsch. „Bei Gott, ich habe keinen Schimmer von irgendwelchen Wechseln, Sie können es mir wahrhaftig glauben, ich versichere Sie auf mein Ehrenwort! ... Aber was ist mit Ihnen, Sie werden doch nicht ohnmächtig?“

„Oh, nein, nein, gewiß nicht, nein ...“

## XI

Erst am dritten Tage wurde dem Fürsten von Jepantschins verziehen. Zwar sprach der Fürst, wie gewöhnlich, sich allein die ganze Schuld zu und erwartete daher mit Gewißheit seine Strafe; trotzdem war er innerlich von Anfang an überzeugt, daß Lisaweta Prokofjewna ihm nicht ernstlich böse sein könne, sondern sich aller Wahrscheinlichkeit nach mehr über sich selbst ärgere. Deshalb fühlte er sich denn auch am dritten Tage, als ihm noch immer nicht Verzeihung gewährt worden war, moralisch ganz niedergedrückt. Außerdem kamen noch andere Dinge hinzu, die ihn quälten, namentlich etwas, das sich im Laufe der drei Tage dank dem zunehmenden Mißtrauen des Fürsten progressiv vergrößerte und immer beängstigender wurde. (Er machte sich seit einiger Zeit heftige Vorwürfe wegen seines „sinnlosen, zudringlichen" Vertrauens und seines „finsteren, niedrigen" Mißtrauens.) Kurz und gut – bis zum Abend des dritten Tages hatte der Zwischenfall mit der exzentrischen Dame, die aus dem Wagen zu Jewgenij Pawlowitsch gesprochen, in seinen Gedanken bereits eine wahrhaft rätselhafte Bedeutung von nahezu erschreckendem Umfang angenommen. Die unheimlichste Frage war für ihn – ganz abgesehen von allen anderen unangenehmen Seiten des Vorfalls – ob nun wiederum er allein an dieser neuen „Ungeheuerlichkeit" schuld sei, oder nur ... Doch er sprach es nicht aus, wen er meinte. Was jedoch die Umänderung der Buchstaben A. M. D. in N. F. B. anlangte, so glaubte er jetzt nur einen harmlosen Scherz darin erblicken zu dürfen, eine kindliche Unart, so daß ihm selbst längeres Nachdenken darüber beschämend und in einer Beziehung sogar unehrenhaft erschien.

Übrigens hatte der Fürst am nächsten Tage nach jenem „scheußlichen Abend" das Vergnügen gehabt, den Fürsten Sch. und Adelaida bei sich zu empfangen: sie waren „*hauptsächlich* deshalb gekommen, um sich nach seiner Gesundheit zu erkundigen". Adelaida hatte im Park einen „entzückenden alten Baum" entdeckt, eine Trauerbirke mit langen hängenden Ästen in frischem jungen Grün; unterwegs – sie waren beide „nur so" spazieren gegangen – hatte Adelaida beschlossen, „unbedingt, unbedingt diesen Baum zu malen". Und von diesem Baum war fast die ganze Zeit gesprochen worden, mindestens eine halbe Stunde lang. Fürst Sch. war so liebenswürdig und aufmerksam gewesen, wie er es immer war, hatte den Fürsten nach diesem und jenem gefragt, hatte ihn an ihre erste Begegnung in der kleinen Provinzstadt erinnert, so daß des vorhergegangenen Abends mit keinem Wort Erwähnung getan wurde. Schließlich hatte es Adelaida doch nicht ausgehalten: sie hatte zu lachen begonnen und gestanden, daß sie beide gewissermaßen „inkognito" zu ihm gekommen seien. Doch das war auch alles, was sie verriet, – nicht viel, aber auch gewiß nicht wenig, denn aus diesem „inkognito" konnte man mit Leichtigkeit die Stimmung ihrer Eltern erraten. Doch weder über ihre Mutter, noch über Aglaja und nicht einmal über Iwan Fedorowitsch ließ Adelaida ein Wort fallen, und als sie aufbrachen, um ihren Spaziergang wieder fortzusetzen, forderten sie den Fürsten nicht auf, sich ihnen anzuschließen, – von „sie zu besuchen" war erst recht keine Rede! Ja, in der Beziehung verriet ein kurzes Gespräch sogar noch viel mehr: als Adelaida von ihrer letzten Aquarellmalerei erzählte, wünschte sie plötzlich sehr, daß der Fürst sie kritisiere. „Aber wie soll ich sie Ihnen zeigen?" stutzte sie auf einmal. „Warten Sie! Ich werde Koljä bitten, wenn er heute zu uns kommt ... oder nein, ich werde sie Ihnen morgen selbst bringen, wenn ich mit dem Fürsten wieder spazieren gehe!" entschied sie schnell, sehr erfreut über die gefundene Lösung des Problems.

Sie verabschiedeten sich bereits, als Fürst Sch. sich scheinbar erst jetzt ganz plötzlich einer Sache zu entsinnen schien.

„Ach, *à propos*," wandte er sich an den Fürsten, „wissen Sie nicht wenigstens, bester Lew Nikolajewitsch, wer diese Dame war, die gestern Jewgenij Pawlowitsch diese rätselhaften Worte zurief?"

„Das war Nastassja Filippowna," sagte der Fürst. „Sollten Sie es noch nicht erfahren haben, daß sie es war? ..."

„Doch, doch, ich weiß, ich hab's gehört!" unterbrach ihn Fürst Sch. eilig. „Aber was bedeutete das, was sie ihm da zurief? Das ist, ich muß gestehen, ein solches Rätsel ... für mich, wie auch für alle anderen ..."

Fürst Sch. sprach ersichtlich in größter Verwunderung.

„Sie sprach von irgendwelchen Wechseln Jewgenij Pawlowitschs," antwortete der Fürst sehr einfach, „die Rogoshin von einem Wucherer gekauft hat, auf ihre Bitte hin, und daß Rogoshin auf die Einlösung derselben noch warten werde."

„Ich weiß, ich weiß, mein bester Fürst, aber das ist ja doch ein Ding der Unmöglichkeit! Jewgenij Pawlowitsch hat überhaupt keine Wechsel ausgestellt, wozu hätte er das nötigt – bei seinem Vermögen! ... Es ist ja wahr, er hat ja früher mitunter aus Leichtsinn welche ausgestellt, und sogar ich habe ihn manchesmal aus der Patsche gezogen ... Aber bei einem solchen Vermögen einem Wucherer Wechsel auszustellen und sich dann ihretwillen noch Sorgen zu machen – das ist doch ausgeschlossen, ganz ausgeschlossen! Und ebenso kann er sich doch mit Nastassja Filippowna unmöglich auf du und du stehen – das ist mir noch das Rätselhafteste! Er schwört, daß er kein Wort von der ganzen Sache verstehe, und ich glaube es ihm gern. Die Sache ist nur die, bester Fürst, – ich wollte Sie fragen, ob *Sie* nicht vielleicht irgend etwas wissen? Das heißt, ich meine ja nur – vielleicht ist Ihnen durch irgendeinen Zufall etwas zu Ohren gekommen?“

„Nein, ich weiß nichts, und ich versichere Sie, daß ich daran nicht beteiligt gewesen bin.“

„Aber lieber Fürst, wer denkt denn daran! Wie Sie wirklich sind! Ich erkenne Sie heute kaum wieder. Hätte ich denn jemals so etwas auch nur vermuten können? – *Sie*, beteiligt an einer *solchen* Intrige? ... Doch Sie sind heute nervös.“

Er umarmte und küßte ihn herzlich.

„Das heißt – an welch einer ‚*solchen*‘ Intrige beteiligt? Ich kann hier keinerlei ‚*solche*‘ Intrige sehen.“

„Nun, zweifellos hat doch die betreffende Person Jewgenij Pawlowitsch an irgend etwas verhindern wollen, indem sie ihm in den Augen der Anwesenden Eigenschaften beilegte, die er nicht hat und auch gar nicht haben kann,“ antwortete Fürst Sch. ziemlich trocken.

Den Fürsten Lew Nikolajewitsch schien diese Antwort nicht wenig zu verwirren, doch blickte er trotzdem unverwandt Fürst Sch. an; jener verstummte aber plötzlich.

„Sollten es nicht doch einfach Wechsel sein? Ist es nicht buchstäblich so, wie sie gestern sagte?“ stieß der Fürst plötzlich in nervöser Ungeduld hervor, man hörte jedoch heraus, daß er unsicher war.

„Aber so urteilen Sie doch selbst, was kann es denn Gemeinsames geben zwischen Jewgenij Pawlowitsch und ... ihr und außerdem noch Rogoshin? Glauben Sie mir, er besitzt tatsächlich ein großes Vermögen, ich weiß es ganz positiv. Und ein zweites großes Vermögen wird ihm vielleicht bald noch von seinem Oheim zufallen. Einfach, Nastassja Filippowna ...“

Wieder verstummte Fürst Sch. ganz plötzlich; offenbar wollte er dem anderen gegenüber nicht mit seinen Gedanken über Nastassja Filippowna herausrücken.

„Aber dann ist sie doch jedenfalls mit ihm bekannt?“ fragte der Fürst nach kurzem Schweigen.

„Das allerdings – ja. Doch übrigens, wenn er auch mit ihr bekannt gewesen ist, so ist das immerhin schon lange her, so ... sagen wir, – zwei bis drei Jahre. Er war ja doch mit Tozkij gut bekannt. Jetzt aber kann von einer näheren Bekanntschaft oder gar einer Freundschaft auf du und du überhaupt nicht die Rede sein! So intim ist er mit ihr nie gewesen, nie!

Und Sie wissen doch selbst sehr gut, daß sie lange Zeit gar nicht in Petersburg gelebt hat. Und die meisten wissen es überhaupt noch nicht, daß sie wieder hier aufgetaucht ist. Diesen Wagen und die Pferde habe ich erst vor etwa drei Tagen zum erstenmal hier gesehen."

„Ein entzückendes Gespann!" bemerkte Adelaida.

„Ja, das Gespann ist allerdings tadellos."

Übrigens verließen sie den Fürsten in der freundschaftlichsten Stimmung, fast kann man sogar sagen, daß sie sich wie Geschwister von ihm verabschiedeten.

Für den Fürsten Lew Nikolajewitsch war aber dieser Besuch von ganz ungeheuerer Bedeutung. Nun ja, er hatte ja selbst vieles vermutet, bereits seit der gestrigen Nacht (vielleicht aber auch schon früher); doch hatte er bis zu ihrem Besuch immer noch nicht gewagt, seine Befürchtungen vor sich selbst zu rechtfertigen. Jetzt aber war wenigstens so viel klar, daß Fürst Sch., der natürlich das Ganze an sich falsch auffaßte, immerhin der Wahrheit auf der Spur war, wenn er hier eine *Intrige* vermutete.

„Übrigens ..." dachte der Fürst bei sich, „vielleicht faßt er es im geheimen ganz richtig auf, will es aber nur nicht anderen aufdecken und legt die Sache deshalb absichtlich falsch aus."

Jedenfalls stand jetzt eines fest: daß Adelaida und Fürst Sch. (namentlich Fürst Sch.) in der Hoffnung zu ihm gekommen waren, von ihm etwas Näheres erfahren zu können; war aber das der Fall, so mußte man ihn doch unbedingt für beteiligt an der Intrige halten. Und außerdem: wenn der ganze Vorfall wirklich von solch einer Wichtigkeit war, dann mußte *sie* doch irgend etwas Furchtbares im Sinne haben, – was aber konnte das sein? ... Wie diese Gedanken quälten!

„Und wie könnte man *sie* von etwas abbringen, das sie sich einmal in den Kopf gesetzt hat? Das ist ja doch ganz unmöglich, ganz ausgeschlossen, wenn sie sich von der Notwendigkeit der Durchführung ihrer Absicht überzeugt hat!" Das wußte der Fürst aus Erfahrung nur zu gut. „Sie ist ja doch wahnsinnig! ... wahnsinnig! ..."

Doch der quälenden Probleme gab es für ihn an diesem Morgen gar zu viele; alle tauchten sie jetzt auf einmal auf, und über alle mußte er nachdenken, lange nachdenken, und alle wollten schnell gelöst sein. So kam es, daß der Fürst sehr ernst und niedergedrückt war. Ein wenig Zerstreuung brachte ihm Wjera Lebedewa, die mit ihrem kleinen Schwesterchen Ljubotschka zu ihm kam und lachend irgend etwas erzählte. Bald darauf erschien auch ihre andere Schwester, die, welche beim Sprechen und beim Lachen den Mund immer so unheimlich weit auftat, und dieser folgte Lebedeffs Sohn, der Gymnasiast, der sich dann gleichfalls an der Zerstreuung des Fürsten beteiligte und lebhaft versicherte, daß der Stern in der Apokalypse, der „auf die Quellen der Gewässer" fiel, nach der Auslegung seines Vaters nichts anderes als das Eisenbahnnetz bedeute, das sich jetzt über Europa auszubreiten beginne. Der Fürst wollte es nicht glauben, daß Lebedeff den Stern so deute, worauf dann beschlossen wurde, ihn selbst bei nächster Gelegenheit danach zu fragen. Von Wjera Lebedewa erfuhr der Fürst ferner, daß Herr Keller sich bei ihnen gestern heimisch niedergelassen hatte und aller Voraussicht nach nicht sobald wieder fortziehen werde, zumal er in dem alten General Iwolgin einen Kompagnon und guten Freund gefunden hätte; übrigens habe er erklärt, daß er einzig „zur Komplettierung seiner Bildung" bei ihnen bliebe. Überhaupt begannen die Kinder Lebedeffs, dem Fürsten mit jedem Tage mehr zu gefallen.

Koljä erschien den ganzen Tag nicht: er war am Morgen nach Petersburg gefahren (Lebedeff hatte sich bereits in aller Frühe dorthin begeben – in Geschäften, wie es hieß), und so erwartete der Fürst mit Ungeduld den Besuch Gawrila Ardalionytschs, den ihm dieser am Abend vorher beim Abschied zugesagt hatte.

Um sieben Uhr abends erschien er denn auch richtig – sogleich nach dem Essen[]. Beim ersten Blick auf ihn glaubte der Fürst zu erraten, daß ihm alles, was an dem Abend passiert war, bis aufs Letzte bekannt sei. Wie sollte es auch anders sein, wenn er solche Helfershelfer wie seine Schwester Warjä und seinen Schwager Ptizyn hatte! Zwischen Ganjä und dem Fürsten bestand ein etwas eigentümliches Verhältnis. Der Fürst hatte ihm zum Beispiel die Führung der ganzen Angelegenheit mit Burdowskij anvertraut und ihn noch ganz besonders gebeten, die Sache zu übernehmen; doch ungeachtet dieses Vertrauens und noch so mancher anderen Bande, die sie verknüpften, blieben gewisse Punkte zwischen ihnen bestehen, die von ihnen gleichsam nach gemeinsamer Verabredung mit keinem Wort berührt wurden. Dem Fürsten hatte allerdings geschienen, daß Ganjä ihm gegenüber vielleicht vollkommen und freundschaftlich aufrichtig zu sein wünschte, und so dachte er auch jetzt, daß Ganjä, als er eintrat, im höchsten Grade überzeugt sei, daß nun der Augenblick gekommen wäre, in dem das Eis an diesen gewissen Punkten von beiden Seiten gebrochen werden könnte. Nur hatte Ganjä diesmal leider nicht viel Zeit: seine Schwester wartete auf ihn bei Lebedeffs, und sie hatten beide noch etwas Eiliges vor.

Doch wenn Ganjä vielleicht tatsächlich eine ganze Reihe ungeduldiger Fragen, unwillkürlicher Äußerungen oder gar freundschaftlicher Mitteilungen und Herzensergüsse erwartet hatte, so harrte seiner allerdings eine große Enttäuschung. Während der ganzen Zeit seines Besuches war der Fürst fast wie geistesabwesend, wenigstens sehr wortkarg und sehr zerstreut.

Die ganze Reihe Fragen, oder vielmehr die eine Frage, die Ganjä erwartet hatte, wurde vom Fürsten nicht an ihn gerichtet. Da beschloß auch Ganjä, zurückhaltender zu sein. Nichtsdestoweniger erzählte er ohne Unterlaß die ganze Zeit, lachte, scherzte, – kurzum, unterhielt den Fürsten während der zwanzig Minuten, die er bei ihm war, in der liebenswürdigsten Weise, doch die Hauptsache berührte er mit keinem Wort.

Unter anderem erzählte er, daß Nastassja Filippowna sich erst seit etwa vier Tagen in Pawlowsk aufhalte und doch bereits die allgemeine Aufmerksamkeit auf sich gelenkt habe. Sie wohne in einem kleinen, unscheinbaren Hause bei Darja Alexejewna, irgendwo in einer „Matrosenstraße", wenn er sich nicht irre, ihre Equipage aber sei die schönste in Pawlowsk. Es habe sich auch bereits eine ganze Schar von alten und jungen Verehrern um sie versammelt, von denen sie auf ihren Spazierfahrten mitunter hoch zu Roß begleitet werde. Zwar sei sie immer noch sehr wählerisch in ihrem Verkehr mit Herren, doch stände ihr trotzdem ein ganzes Korps zur Verfügung, falls sie irgendwie desselben bedürfen sollte. Ein erklärter Bräutigam, einer der Pawlowsker Datschenbesitzer, habe sich bereits ihretwegen mit seiner Braut entlobt, und ein alter General habe ihretwegen seinen Sohn fast verflucht. Gewöhnlich fahre sie mit einem sehr schönen jungen Mädchen, einer Verwandten Darja Alexejewnas aus; dieses junge, etwa sechzehnjährige Mädchen habe eine wundervolle Stimme und singe des Abends so schön, daß das unansehnliche Haus Darja Alexejewnas die Aufmerksamkeit von ganz Pawlowsk auf sich lenke. Übrigens führe sich Nastassja Filippowna überall tadellos auf, kleide sich nicht auffallend, doch stets so elegant, daß alle Damen sie wegen ihres Geschmacks, ihrer Schönheit und ihrer prachtvollen Equipage beneideten.

„Ihr exzentrischer Ausfall von gestern abend," verschnappte sich Ganjä schließlich doch einmal, „ist natürlich auf eine besondere Absicht zurückzuführen und zählt daher nicht mit. Um ihr etwas anhaben zu können, müßte man es direkt darauf absehen oder sie einfach verleumden, was übrigens das schnellste und sicherste Mittel wäre," schloß er in der Erwartung, daß der Fürst jetzt unbedingt fragen werde, weshalb er ihrem Ausfall eine „besondere Absicht" zugrunde lege und weshalb er „Verleumdung das schnellste und sicherste Mittel" nenne.

Doch der Fürst sagte nichts.

Da begann Ganjä auch von Jewgenij Pawlowitsch ohne besondere Aufforderung des Fürsten zu sprechen, was um so seltsamer war, als er ganz unvermittelt begann. Seiner Meinung nach war Jewgenij Pawlowitsch früher nicht mit Nastassja Filippowna bekannt gewesen und kannte sie auch jetzt kaum, da er ihr erst vor vier Tagen auf dem Spaziergang vorgestellt worden sei; und daß er sie mit den anderen zusammen in ihrem Hause besucht habe, sei wiederum aus gewissen Gründen nicht anzunehmen. Was jedoch die Wechselgeschichte betreffe, so könne sehr wohl etwas Wahres daran sein (das wurde von Ganjä mit auffallender Sicherheit behauptet, – offenbar hatte er etwas Näheres hierüber von Ptizyn erfahren). Jewgenij Pawlowitschs Vermögen sei allerdings sehr groß, „doch zum Teil sind seine Vermögensverhältnisse ziemlich im unklaren," fügte er kurz hinzu und damit brach er plötzlich ab. Auch über Nastassja Filippowna sprach er weiter kein Wort. Endlich kam Warjä, um den Bruder abzuholen, setzte sich aber doch noch auf einen Augenblick und erzählte – gleichfalls ungebeten –, daß Jewgenij Pawlowitsch „heute den ganzen Tag und vielleicht auch noch morgen" in Petersburg bleiben werde, und daß auch ihr Mann, Iwan Petrowitsch Ptizyn, in Petersburg sei. Ja, fast kam es so heraus, als weile ihr Mann nur wegen einer Geldangelegenheit Jewgenij Pawlowitschs in der Stadt. Bereits im Fortgehen begriffen, sagte sie dann noch, daß Lisaweta Prokofjewna sich in entsetzlicher Stimmung befinde, doch am meisten befremde es sie, Warjä, daß Aglaja sich mit der ganzen Familie, nicht nur dem Vater und der Mutter, sondern auch mit den beiden Schwestern ernstlich entzweit habe, – „und sogar wirklich im Ernst". Und nachdem sie anscheinend ganz gleichmütig diese Nachrichten – die für den Fürsten von so großer Wichtigkeit waren! – mitgeteilt hatte, entfernten sich Bruder und Schwester.

Der Fürst blieb allein zurück. Auch Burdowskijs hatte Ganjä mit keinem Wort Erwähnung getan, vielleicht aus falschem Zartgefühl, um den Fürsten nicht an Unangenehmes zu erinnern; doch der Fürst ließ es sich trotzdem nicht entgehen, ihm für seine Mühe zu danken.

Es freute ihn sehr, daß er endlich allein war. Langsam stieg er die Stufen der Terrasse hinunter und ging über den Fahrweg in den Park. Er wollte sich einen entscheidenden Schritt, den er fast im Begriff war zu tun, reiflich überlegen. Doch dieser „Schritt" war gerade einer von denen, die man sich nicht überlegt, sondern zu denen man sich einfach kurz entschließt; er wollte plötzlich unsäglich gern wieder dorthin zurückkehren, woher er gekommen, nur irgendwohin, weit, weit fort, in den Wald, in die einsamste Gegend, und alles hier so zurücklassen, wie es war, nicht einmal sich von jemandem verabschieden! Eine fast drohende Ahnung sagte ihm, daß er, wenn er auch nur noch wenige Tage hier blieb, sich rettungslos in diese Welt würde hineinziehen lassen, und diese Welt, die würde dann sein Schicksal sein! Doch er hatte noch keine zehn Minuten den Plan dieser Flucht erwogen, als er auch schon entschied, daß es „ganz unmöglich" für ihn sei, so zu flüchten, daß es von ihm „kleinmütig" wäre, daß er jetzt vor großen Aufgaben stände, die er unbedingt lösen müsse, oder wenn auch nicht das, so habe er jetzt doch überhaupt nicht mehr das Recht, fortzufahren, sondern müsse zum mindesten alle seine Kräfte anspannen zu ihrer Lösung. Mit diesem Gedanken kehrte er zur Villa zurück, nachdem er kaum eine Viertelstunde im Park gewesen war. Er fühlte sich entsetzlich unglücklich in diesem Augenblick.

Lebedeff war noch immer nicht aus der Stadt zurückgekehrt, und so gelang es am Abend dem verabschiedeten Leutnant Keller, ungehindert beim Fürsten einzutreten. Er war nicht gerade betrunken, aber jedenfalls auch nicht gerade nüchtern; denn seine Redseligkeit war auffallend und seine geradezu verblüffende Offenherzigkeit mehr als verdächtig. Er begann sogleich damit, daß er den Grund seines Erscheinens erklärte: er sei gekommen, um dem Fürsten seine ganze Lebensgeschichte zu erzählen, und nur zu dem Zweck sei er in Pawlowsk geblieben. Es war nicht die geringste Hoffnung vorhanden, ihn loszuwerden; selbst wenn man ihm die Tür gewiesen hätte, wäre er doch nicht gegangen. Er setzte sich fest und schickte sich an, lange und ziemlich ungereimt zu reden; doch siehe da, fast schon nach den ersten Worten sprang er ganz plötzlich auf den Schluß über und erklärte, mit der Zeit sei ihm jeder Schimmer von Sittlichkeit „abhanden gekommen" – und das einzig infolge seines Unglaubens an den Höchsten –, so daß er sogar gestohlen habe.

„Können Sie sich das vorstellen!"

„Hören Sie, Keller, ich würde an Ihrer Stelle doch nicht so unnützerweise solche Dinge gestehen," wandte der Fürst ein. „Doch – vielleicht wollen Sie sich mit Absicht anschwärzen? Wozu sagen Sie das alles?"

„Nur Ihnen auf Gottes ganzem Erdboden, einzig und allein Ihnen sage ich es, und zwar nur deshalb, um damit meine Entwicklung zu fördern! Sonst keinem eine Silbe! Keinem einzigen! Wenn ich sterbe, soll mein Geheimnis mit mir in die Grube fahren und von dort dann meinetwegen aufwärts gen Himmel! Aber, Fürst, wenn Sie nur wüßten, wenn Sie nur wüßten, wie schwer es heutzutage ist, irgendwo Geld zu bekommen! Wo soll man es denn hernehmen, wenn Sie mir das doch wenigstens gefälligst sagen könnten? Die einzige Antwort ist: ‚Bring Gold und Brillanten, dann kriegst du welches', – mit anderen Worten, also gerade das, was ich nicht habe. – Können Sie sich das vorstellen? Ich – wurde schließlich wütend, stand, stand: – ‚Aber für Smaragden‘, fragte ich, ‚geben Sie dafür auch welches?‘ – ‚Gewiß, auch für Smaragden geben wir welches.‘ – ‚Na, bon,‘ sagte ich, nahm meinen Hut und ging. Der Teufel hol’ sie samt und sonders, ’s ist ’ne Gaunerbande, bei Gott!“

„Hatten Sie denn Smaragden?“

„Wie sollt’ ich wohl Smaragden haben? Oh, Fürst, wie ahnungslos und unschuldig, wie rosig und, man kann wohl sagen – schäferhaft Sie noch auf das Leben blicken!“

Dem Fürsten tat er schließlich ... nicht gerade leid, aber der Fürst glaubte plötzlich, sich schämen zu müssen. Ihm kam sogar der Gedanke: „Könnte man nicht noch etwas aus diesem Menschen machen? – wenn er unter einen guten Einfluß käme?“ Seinen eigenen Einfluß hielt er aus gewissen Gründen für absolut untauglich dazu, und das nicht etwa aus falscher Bescheidenheit oder falscher Beobachtung, sondern eigentlich nur infolge seiner nunmehrigen Auffassung verschiedener Dinge und Verhältnisse. Allmählich aber kamen sie beide so ins Sprechen hinein, daß sie ans Aufhören gar nicht mehr dachten. Keller bekannte mit ungewöhnlicher Bereitwilligkeit, sogar an solchen Dingen schuldig zu sein, von denen auch nur zu sprechen man wohl nie und nimmer für möglich halten würde. Vor Beginn jeder neuen Erzählung versicherte er nachdrücklich, daß er es bereue und „inwendig voll Tränen“ sei, worauf er aber dann jedesmal so erzählte, als wenn er auf seine Tat noch ganz besonders stolz gewesen wäre, und dabei wußte er noch alles so amüsant wiederzugeben, daß schließlich beide, sowohl er selbst wie auch der Fürst, sich die Seiten vor Lachen hielten.

„Die Hauptsache ist, daß Sie noch eine gewissermaßen kindliche Zutraulichkeit und eine wirklich seltene Wahrheitsliebe besitzen,“ sagte schließlich der Fürst. „Wissen Sie auch, daß Sie schon allein damit sehr vieles wieder gutmachen?“

„Edel bin ich, edel, ritterlich edel!“ bestätigte Keller sofort gerührt. „Aber wissen Sie, Fürst, das beschränkt sich alles leider immer nur auf die Träume, auf die Gedankenwelt, und tritt sozusagen immer nur in meiner Courage so etwas wie zutage, in der Wirklichkeit aber kommt’s nie eigentlich heraus! Und weshalb ist es so? Ich begreif’s wahrhaftig nicht!“

„Verzagen Sie deshalb nicht. Sie haben mir jetzt alles bis aufs Letzte erzählt; wenigstens können Sie doch an Häßlichem und Schlechtem nichts mehr hinzufügen, denke ich ...“

„Nichts mehr hinzufügen?!" rief Keller in einem geradezu mitleidigen Tone aus. „Jesus, Fürst, bis zu welch einem Grade Sie die Menschen doch immer noch sozusagen schweizerisch auffassen!"

„Gibt es denn wirklich noch etwas ...?" fragte mit zaghafter Verwunderung der Fürst. „Aber was haben Sie denn von mir erwartet, Keller, sagen Sie mir das doch, bitte, weshalb sind Sie denn mit Ihrer Beichte zu mir gekommen?"

„Von Ihnen? Was ich von Ihnen erwartet habe? Erstens ist es so angenehm, Ihre Herzenseinfalt zu sehen; es ist ein wahrhaft herzerquickendes Gefühl, bei Ihnen zu sitzen und zu schwatzen; wenigstens weiß ich dann, daß der tugendhafteste Mensch vor mir sitzt; und zweitens ... zweitens ... khm ..."

Er stockte, räusperte sich und wußte nicht recht, wie weiter.

„Sie wollten vielleicht Geld von mir leihen?" half ihm der Fürst vollkommen ernst und sehr einfach, sogar ein wenig schüchtern.

Keller sprang fast vom Stuhl auf; er blickte dem Fürsten ganz starr vor Verwunderung in die Augen ... und plötzlich schlug er mit der Faust auf den Tisch.

„Das ist es ja, weiß der Teufel, womit Sie einen total aus dem Konzept bringen! Erbarmen Sie sich, Fürst: bald sind Sie die leibhaftige Verkörperung einer solchen Unschuld, einer solchen Herzenseinfalt, wie sie selbst im goldenen Zeitalter unerhört gewesen sein muß, und bald wiederum oder vielmehr gleichzeitig durchschauen Sie einen mit den tiefsten psychologischen Beobachtungen, die einem wie Pfeile durch Mark und Bein gehen! Erlauben Sie, Fürst, das verlangt noch Erklärungen, denn ich ... ich bin einfach auf den Kopf getroffen! Selbstverständlich war zu guter Letzt Zweck und Ziel meines Besuches – von Ihnen Geld zu leihen. Sie aber fragen mich das plötzlich von vornherein und noch dazu in einem Tone, als würden Sie nicht den geringsten Anstoß daran nehmen, als ob es gerade so sein müßte!"

„Ja ... von Ihnen mußte es auch so sein."

„Und Sie sind nicht empört?"

„Weshalb denn?"

„Hören Sie, Fürst, ich muß Ihnen alles von Anfang an sagen: ich blieb gestern abend in erster Linie aus besonderer Hochachtung für den französischen Erzbischof Bourdaloue hier – wir entkorkten bei Lebedeff bis drei Uhr morgens Flaschen –, und in zweiter Linie und hauptsächlich – ich schlage mir alle Kreuze vor die Stirn, Sie können es mir also aufs

Wort glauben! – hauptsächlich deshalb, weil ich die Absicht hatte, Ihnen, Fürst, einmal mein ganzes Herz auszuschütten, um durch diese sozusagen von Herzen kommende Ohrenbeichte meiner eigenen moralischen Entwicklung etwas auf die Beine zu helfen; mit diesem Gedanken schlief ich denn auch so gegen vier Uhr morgens unter fließenden Tränen ein. Und jetzt glauben Sie mir: in demselben Augenblick, als ich im Begriff war, einzuschlummern – ich war schon halbwegs weg – (und dabei war ich doch so voll aufrichtiger innerer Tränen, daß sie sozusagen sogar überflossen; denn zu guter Letzt weinte ich tatsächlich, dessen entsinne ich mich noch ganz genau!) in demselben Augenblick kam mir plötzlich ein teuflischer Gedanke: ‚Aber was,‘ dachte ich bei mir, ‚sollte man nicht ganz zum Schluß, nach der Beichte, einen Pumpversuch bei ihm machen?‘ Und so bereitete ich mich denn unter Tränen einerseits zu meiner Beichte vor, die ich gleichfalls unter Tränen vortragen wollte, um andererseits mit diesen Tränen den Weg zu finden oder Ihr Herz zu erweichen, damit Sie dann zum Schluß, von Mitleid bewegt, mir hundertundfünfzig Rubel einhändigten. Ist das nun nicht eine Gemeinheit, was meinen Sie?“

„Aber das ist doch bestimmt nicht so gewesen, das eine ist nur ganz zufällig zum anderen gekommen, zwei Gedanken sind sich begegnet, wie das sehr oft geschieht. Bei mir geschieht das fortwährend. Übrigens glaube ich, daß das nicht gut ist, und offen gestanden, gerade wegen dieser Doppelgedanken mache ich mir die größten Vorwürfe. Es ist mir fast, als hätten Sie mir von mir selbst erzählt. Ich habe sogar mitunter gedacht,“ fuhr der Fürst sehr ernst und aufrichtig interessiert fort, „daß alle Menschen so seien, so daß ich schließlich aufhörte, mich deshalb zu quälen; denn es ist sehr schwer, gegen diese Doppelgedanken anzukämpfen; ich weiß es ... Gott weiß, woher sie kommen, wie sie entstehen ... Da kommen Sie aber jetzt und nennen es doch einfach eine Gemeinheit! Nun fange auch ich wieder an, diese Gedanken zu fürchten. Jedenfalls kann ich nicht Ihr Richter sein. Aber immerhin finde ich, daß man es doch nicht so ohne weiteres eine Gemeinheit nennen kann, was meinen Sie? Sie haben auf schlaue Weise durch Tränen Geld herauslocken wollen; aber Sie schwören doch selbst, daß Ihre Beichte für Sie auch einen anderen Zweck hatte, einen geistigen, edlen, und nicht nur materiellen. Und was das Geld betrifft, so brauchen Sie es doch zum Verzechen, nicht wahr? Das aber ist freilich nach solch einer Beichte zum mindesten kleinmütig. Aber andererseits: wie soll man so plötzlich von seinen bisherigen Gewohnheiten lassen? Das geht doch nicht. Also was tun? Am besten ist, man überläßt das Ihrem eigenen Gewissen, was meinen Sie?“

Der Fürst blickte Keller mit ungeheurem Interesse an. Das Problem der „Doppelgedanken" hätte ihn offenbar schon lange beschäftigt.

„Jetzt sagen Sie mir nur gefälligst, weshalb man Sie nach alledem noch einen Idioten nennt! – das verstehe ich nicht! – da hört doch alles auf!" rief Keller ganz begeistert aus.

Der Fürst errötete ein wenig.

„Selbst der gerechte Mann Gottes, Bourdaloue, hätte einen Menschen nicht so geschont wie Sie! Und Sie haben mich noch menschlich mir selbst näher gebracht! Nun gut, um mich zu bestrafen und zu beweisen, daß ich gerührt bin, will ich jetzt nicht mehr hundertundfünfzig Rubel – geben Sie mir nur fünfundzwanzig, und damit basta! Das ist alles, was ich brauche, wenigstens für zwei Wochen. Vor zwei Wochen werde ich bestimmt nicht wiederkommen mit dieser Bitte. Ich wollte mal meine Agaschka etwas verwöhnen, aber was! – sie ist es ja doch nicht wert! O nein, gütigster Fürst, ich danke Ihnen, Gott segne Sie dafür!"

Lebedeff, der soeben aus der Stadt zurückgekehrt war und gerade eintrat, machte, als er Keller die Banknote von fünfundzwanzig Rubeln in Empfang nehmen sah, ein finsteres Gesicht; doch Keller drückte sich schleunigst. Da begann Lebedeff sofort über ihn herzuziehen.

„Sie sind ungerecht," bemerkte schließlich der Fürst, „er hat tatsächlich aufrichtig bereut."

„Ja, aber was will das sagen! Das ist ja doch ebenso wie ich gestern: ,gemein, gemein bin ich' – wunderschön, aber das sind doch alles nur kurze Worte!"

„So waren es also nur Worte von Ihnen? Und ich dachte bereits ..."

„Na, ich will Ihnen, aber auch nur Ihnen allein, die Wahrheit sagen; denn Sie durchschauen ja doch jeden Menschen: leere Worte und Aufrichtigkeit, Lüge und Wahrheit – alles zusammen war's, und jedes war echt, war wirklich echt! ,Wahrheit und Aufrichtigkeit' bestehen bei mir in der aufrichtigen Reue – glauben Sie es oder glauben Sie es nicht, ich schwöre es jedenfalls – ,leere Worte und Lüge' bestehen in dem teuflischen und immer gegenwärtigen Gedanken, wie ich auch hier den Menschen übers Ohr hauen, wie ich auch hier aus den Tränen der Reue Vorteil ziehen könnte! Bei Gott, so ist es! Einem anderen würde ich es nicht sagen – er würde mich auslachen; Sie aber Fürst, Sie denken menschlich."

„Nun, sehen Sie: genau dasselbe, fast mit denselben Worten, hat mir auch Keller soeben gesagt, – und beide scheinen Sie sich damit gleichsam brüsten zu wollen! Sie setzen mich sogar damit wirklich in Erstaunen ... nur hat er aufrichtiger gesprochen als Sie; denn bei Ihnen ist es schon entschieden zu einer Art Handwerk geworden. Nun, genug, reden wir nicht davon, und machen Sie schnell ein anderes Gesicht, Lebedeff, und pressen Sie doch nicht immer so die Hand aufs Herz! Haben Sie mir nicht etwas zu sagen? Sie pflegen doch nie grundlos zu mir zu kommen ...“

Lebedeff begann sich zu krümmen, zu wenden und zu drehen und hinterm Ohr zu kratzen, sagte aber kein Wort.

„Ich habe Sie den ganzen Tag erwartet, um eine Frage an Sie stellen zu können; antworten Sie mir jetzt und sagen Sie mir doch wenigstens einmal im Leben sogleich die Wahrheit: Sind Sie an dem Vorfall mit dem Wagen gestern abend beteiligt oder nicht?“

Lebedeff begann sich wieder zu winden, fuhr sich mit dem Finger in den Kragen und zweimal unter der Gurgel hin und her, räusperte sich, kicherte, räusperte sich wieder, rieb sich die Hände, nieste sogar; doch zu sprechen entschloß er sich noch immer nicht.

„Ich sehe schon, daß Sie mitgewirkt haben.“

„Aber indirekt, einzig nur indirekt! Ich sage die reinste Wahrheit! Nur insoweit mitgewirkt, als ich die gewisse Dame rechtzeitig benachrichtigt habe, daß bei ... bei mir sich so eine Gesellschaft versammelt habe, und daß auch gewisse Personen darunter seien.“

„Ich weiß, daß Sie Ihren Sohn *dorthin* geschickt haben, er hat es mir vorhin selbst gesagt; aber was soll denn diese Intrige wieder bedeuten!“ rief der Fürst ungeduldig aus.

„Das ist nicht meine Intrige, nicht meine Intrige, bei Gott nicht!“ wehrte Lebedeff mit beiden Händen ab. „Hier handelte es sich um andere, ganz andere, und das Ganze ist mehr ein phantastischer Einfall, als eine Intrige zu nennen.“

„Aber um *was* handelt es sich denn, so erklären Sie mir doch wenigstens *das*, um Christi willen! Begreifen Sie denn nicht, daß mich das diesmal direkt angeht? Hier wird doch Jewgenij Pawlowitsch angeschwärzt!“

„Fürst! Durchlauchtigster Fürst!“ begann Lebedeff wieder sich zu verneigen und dabei die Hand aufs Herz zu pressen, „Sie erlauben mir doch nicht, die ganze Wahrheit zu sagen! Ich habe doch schon oft davon angefangen, nicht nur einmal, Sie aber haben mir immer sofort verboten, weiterzusprechen ...“

Der Fürst schwieg eine Weile und dachte nach.

„Nun gut; sprechen Sie die Wahrheit," sagte er endlich gepreßt, augenscheinlich nach einem schweren Kampfe.

„Aglaja Iwanowna ..." begann Lebedeff sofort bereitwillig.

„Schweigen Sie, schweigen Sie!" schrie ihn der Fürst sogleich beschwörend an, und er wurde rot vor Unwillen, – vielleicht auch vor Scham. „Das ist doch unmöglich, das kann doch nie und nimmer sein, das ist doch Unsinn! Sie haben sich das alles selbst ausgedacht, oder ebenso Wahnsinnige wie Sie! Und hören Sie: daß ich nie mehr auch nur ein Wort davon aus Ihrem Munde vernehme!"

Spät am Abend, bereits gegen elf Uhr, erschien endlich Koljä mit einem ganzen Sack voll Neuigkeiten. Zuerst erzählte er schnell in ein paar Worten das Wichtigste aus der Stadt, das sich hauptsächlich auf Hippolyt und den vorhergegangenen Abend bezog, und ging dann, um später wieder darauf zurückzukommen, schnell zu den Pawlowsker Neuigkeiten über.

Vor etwa drei Stunden war er aus Petersburg zurückgekehrt und, ohne beim Fürsten vorzusprechen, direkt zu Jepantschins gegangen. „Dort ist einfach alles auf den Kopf gestellt! Natürlich steht in erster Linie und obenan der Vorfall mit dem Wagen," berichtete Koljä; doch müsse unbedingt noch etwas geschehen sein, was ihm und dem Fürsten noch unbekannt war.

„Ich wollte natürlich nicht spionieren oder ausforschen. Übrigens wurde ich sehr gut empfangen, sogar so gut, wie ich es gar nicht erwartet hatte; doch von Ihnen, Fürst, – kein Wort!"

Die Hauptsache und das interessanteste jedoch sei, daß Aglaja sich mit allen anderen Ganjäs wegen „verrissen" habe. „Wie und weshalb – das weiß ich nicht, nur ist es tatsächlich Ganjäs wegen geschehen – können Sie sich das denken? Und nicht etwa im Scherz, sondern vollkommen ernst, also muß es doch etwas Wichtiges sein." Der General sei erst spät aus der Stadt ziemlich „brummig" heimgekehrt, zusammen mit Jewgenij Pawlowitsch, der gleichfalls vorzüglich empfangen worden sei. Jewgenij Pawlowitsch sei selbst erstaunlich guter Laune, heiter und liebenswürdig gewesen. Die kapitalste Nachricht war aber die, daß die Generalin Lisaweta Prokofjewna ohne viel Wesens und Aufsehen Warwara Ardalionowna, Koljäs Schwester, die bei den jungen Mädchen gesessen, zu sich gerufen und sie ein für allemal ersucht habe, ihr Haus fernerhin nicht mehr zu betreten – „übrigens in der höflichsten Weise – Warjä selbst hat's mir erzählt," fügte Koljä hinzu. Als Warjä dann noch zu den jungen Mädchen gegangen war, um sich von ihnen zu verabschieden, hatten diese ihr alle ganz unbefangen die Hand gereicht und offenbar keine

Ahnung davon gehabt, daß die Mutter der Freundin die Tür gewiesen hatte und diese sich nun zum letztenmal von ihnen verabschiedete.

„Aber Warwara Ardalionowna – war noch um sieben Uhr bei mir,“ bemerkte der Fürst verwundert, „und ...“

„Und hinausgeworfen worden ist sie erst um acht oder kurz vor acht! Warjä tut mir sehr leid und ebenso Ganjä ... Sie haben natürlich immer etwas vor, ewig spinnen sie ihre Intrigen, ohne die können sie, wie's scheint, nicht auskommen. Was sie aber eigentlich wollen, was sie im Schilde führen, was sie beabsichtigen – das habe ich nie begreifen können ... und will's auch nicht. Aber ich versichere Ihnen, lieber, guter Fürst, Ganjä hat wirklich Herz! Er ist in vielen Dingen natürlich ein verlorener Mensch, aber in anderen Dingen hat er doch gewisse Züge, die zu entdecken sich wirklich lohnt, und ich werde es mir nie verzeihen, daß ich ihn früher nicht begriffen habe ... Ich weiß nicht, soll ich dort noch weiter verkehren, nach der Geschichte mit Warjä? Ich habe mich ja wohl von Anfang an ganz unabhängig gestellt, aber man muß es sich doch noch überlegen.“

„Sie haben keine Ursache, Ihren Bruder zu bedauern,“ bemerkte der Fürst. „Wenn es schon dazu gekommen ist, daß Lisaweta Prokofjewna Ihrer Schwester den Verkehr mit ihren Töchtern verboten hat, so muß Gawrila Ardalionytsch in ihren Augen gefährlich geworden sein; folglich aber müssen sich doch einzelne seiner Hoffnungen bestätigen.“

„Wie, was für Hoffnungen?“ fragte Koljä erstaunt. „Oder glauben Sie etwa, daß Aglaja Iwanowna ... das ist doch unmöglich!“

Der Fürst schwieg eine Weile.

„Sie sind ein furchtbarer Skeptiker, Fürst,“ sagte Koljä endlich, nach vielleicht ganzen zwei Minuten. „Es fällt mir auf, daß Sie seit einiger Zeit immer skeptischer werden; Sie fangen an, an nichts mehr zu glauben und alles zu vermuten ... Habe ich in diesem Fall das Wort ‚Skeptiker‘ nicht richtig gebraucht?“

„Ich glaube, daß es richtig ist, doch übrigens – weiß ich es selbst nicht genau.“

„Nein, nein! – ich sage mich selbst vom ‚Skeptiker‘ los; denn ich habe eine andere Erklärung gefunden!“ rief plötzlich Koljä laut auflachend, „Sie sind nicht skeptisch, sondern einfach eifersüchtig! Sie sind wegen eines gewissen stolzen Mädchens höllisch eifersüchtig auf Ganjä!“

Koljä sprang auf und lachte, lachte, – lachte, wie er vielleicht noch nie im Leben gelacht hatte. Und als er sah, daß der Fürst plötzlich ganz rot geworden war, lachte er noch unbändiger. Ihm gefiel der Gedanke, daß der Fürst Aglajas wegen auf Ganjä eifersüchtig sei „ganz furchtbar!" Doch kaum bemerkte er, daß der Fürst aufrichtig darunter litt, als er auch sofort zu lachen aufhörte. Dann sprachen sie noch eine oder anderthalb Stunden sehr ernst und besorgt miteinander.

Am nächsten Tage mußte der Fürst in einer unaufschiebbaren Angelegenheit nach Petersburg fahren, wo er den ganzen Vormittag verblieb. Als er gegen fünf Uhr auf den Bahnhof kam, um nach Pawlowsk zurückzufahren, stieß er dort mit General Jepantschin zusammen. Dieser erschrak zuerst, ergriff dann schnell seine Hand, und nachdem er sich fast ängstlich umgeblickt, zog er ihn schnell mit sich in ein Coupé erster Klasse, um mit ihm zusammen zurückzufahren. Er brannte vor Verlangen, mit ihm über alle die wichtigen Ereignisse zu reden.

„Vor allen Dingen, mein lieber Fürst, sei mir nicht böse, und wenn meinerseits etwas nicht so war, wie es hätte sein sollen – so vergiß es. Ich wäre selbst gestern zu dir gekommen, ich war aber nicht sicher, wie Lisaweta Prokofjewna es ... Bei mir zu Hause ist einfach ... die Hölle los! Eine rätselhafte Sphinx hat sich dort niedergelassen, und ich gehe umher und verstehe nichts. Was dich betrifft, so bist du meiner Meinung nach von uns allen am wenigsten an der Sache schuld, wenn auch nur durch dich allein fast alles gekommen ist. Sieh, mein lieber Fürst, Philanthrop zu sein, ist angenehm, aber an sich sehr schwer. Wirst vielleicht auch schon selbst in die Früchte gebissen haben. Ich, versteht sich, ich liebe Güte und achte Lisaweta Prokofjewna, aber ..."

Der General sprach noch lange in dieser Art, doch seine Sätze waren seltsam unzusammenhängend. Jedenfalls sah man es ihm an, daß er durch etwas für ihn absolut Unbegreifliches vor den Kopf gestoßen und verwirrt, wenn nicht erschüttert war.

„Ich zweifle keinen Augenblick daran, daß du an diesem ganzen Zwischenfall nicht im geringsten beteiligt bist," sprach er sich endlich etwas deutlicher aus; „aber ich bitte dich als Freund von ganzem Herzen: besuch' uns vorläufig nicht, warte ab, bis sich der Wind gedreht hat. Und was Jewgenij Pawlowitsch betrifft," fuhr er mit ungewöhnlichem Eifer fort, „so war das die sinnloseste Verleumdung, die man sich nur denken kann! Es liegt doch auf der Hand, daß einfach eine Intrige dahintersteckt! Die Absicht, uns mit ihm zu entzweien, schaut doch nur zu deutlich hervor! Sieh, Fürst, ich werde dir etwas ins Ohr sagen: zwischen uns und Jewgenij Pawlowitsch ist noch kein Wort gefallen, du weißt – du verstehst doch? Wir sind noch durch nichts gebunden, – aber dieses Wort kann vielleicht bald gesprochen werden, vielleicht sogar sehr bald! Also galt es, das zu verhindern! Weshalb aber das, wozu, warum – das mag ein anderer wissen! Sie ist ja doch ein un–be–*rechen*–bares Frauenzimmer! Ich fürchte sie so, daß ich kaum noch schlafen kann. Und was für Pferde sie hat, was für einen Wagen! Das ist doch einfach schick, genau das, was der Franzose unter schick versteht! Und wer hat ihr das geschenkt? Bei Gott, ich habe gesündigt, noch vorgestern verdächtigte ich Jewgenij Pawlowitsch. Jetzt aber hat es sich herausgestellt, daß das ganz ausgeschlossen ist ... Wenn es aber ausgeschlossen ist, was will sie dann eigentlich, weshalb kommt sie uns dann in den Weg, weshalb will sie dann die Sache aus dem Leim bringen? *Das, das* ist ja das Rätsel! Um Jewgenij Pawlowitsch zu behalten? Aber ich versichere dir, und hier hast du ein Kreuz, daß er mit ihr überhaupt nicht bekannt und die Wechselgeschichte nichts als ihre eigene Erfindung ist! Und mit welch einer Frechheit sie ihn noch öffentlich mit ‚du' anredet! Das ist ja eine reine Verschwörung! Es ist doch klar, daß man das Ganze nur mit Verachtung zurückweisen kann und die Hochachtung für Jewgenij Pawlowitsch verdoppeln muß. Das habe ich auch Lisaweta Prokofjewna gesagt. Doch jetzt werde ich dir meinen intimsten Gedanken mitteilen – was ich so bei mir selbst denke: ich bin *fest überzeugt*, daß sie das nur deshalb getan hat, um sich an mir persönlich zu rächen; du weißt doch, für das Frühere, obgleich ich mir doch ihr gegenüber nie etwas habe zuschulden kommen lassen! Ich erröte wirklich schon bei der bloßen Erinnerung daran. Jetzt, sieh, ist sie wieder aufgetaucht, und ich glaubte bereits, sie sei für immer verschwunden. Wo sitzt denn dieser Rogoshin eigentlich, sag' mir das doch wenigstens! Ich glaubte, sie sei schon längst Madame Rogoshina!"

Mit einem Wort, man sah es dem Manne an, daß er tatsächlich durch dieses Ereignis wie vor den Kopf gestoßen war. Während der ganzen Fahrt sprach fast nur er allein; er stellte Fragen, die er selbst beantwortete, drückte dem Fürsten die Hand, und wenn er diesen von etwas schließlich überzeugt hatte, so war es nur das, daß er, der General, in bezug auf ihn, den Fürsten, nicht den geringsten Verdacht in irgendeiner, gleichviel welch einer Beziehung, ja nicht einmal ein leises Ahnen von einem möglichen Verdacht hegte. Das aber war für den Fürsten von außerordentlicher Wichtigkeit. Zum Schluß erzählte er noch von einem leiblichen Onkel Jewgenij Pawlowitschs, der in irgendeiner Kanzlei so etwas wie ein Präsident war – „jedenfalls ein großes Tier, stark in den Siebzigern, *viveur*,[] Gastronom, überhaupt, wie gesagt, ein verlockender Greis ... haha! Wie ich weiß, hat er sich auch um Nastassja Filippownas Gunst bemüht. Ich war heute zu ihm hingefahren; leider ist er krank, empfängt nicht. Aber reich ist er, schwer reich, nicht ohne Einfluß und ... gebe Gott ihm langes Leben, aber wenn er stirbt, fällt sein ganzes Vermögen wiederum Jewgenij Pawlowitsch zu ... Ja, ja ... aber ich habe

doch Angst! Ich weiß selbst nicht, was ich fürchte, aber ich fürchte mich
... Es muß etwas in der Luft sein, etwas Dunkles, wie eine Fledermaus ...
irgendein Unheil ist in der Luft ... Ich fürchte mich, weiß Gott, ich fürchte
mich wirklich! ...“

Und erst am dritten Tage, wie bereits oben erwähnt, erfolgte
schließlich die formelle Aussöhnung der ganzen Familie Jepantschin mit
dem Fürsten Lew Nikolajewitsch.


## XII.

Es war sieben Uhr nachmittags; der Fürst schickte sich an, in den Park zu
gehen. Plötzlich erschien Lisaweta Prokofjewna ganz allein bei ihm auf
der Terrasse.

„*Erstens*: Daß du mir nicht zu denken wagst,“ begann sie, „ich sei
hergekommen, um dich um Verzeihung zu bitten. Unsinn! Du allein bist
der Schuldige.“

Der Fürst schwieg.

„Bist du der Schuldige oder nicht?“

„In demselben Maße wie auch Sie. Übrigens bin weder ich es, noch
sind Sie es. Wir sind beide in nichts bewußt die Schuldigen. Vor drei
Tagen hielt ich mich allerdings für schuldig, doch jetzt habe ich
nachgedacht und eingesehen, daß das nicht richtig ist.“

„Also *so* bist du! Nun gut; jetzt höre und setz’ dich, denn ich habe nicht
die Absicht, noch lange so zu stehen.“

Sie setzten sich.

„*Zweitens*: Kein Wort über die Bengel. Ich werde hier sitzen und zehn
Minuten mit dir sprechen; ich bin gekommen, um mich bei dir nach etwas
zu erkundigen (du dachtest wohl schon weiß Gott was?), aber wenn du
auch nur mit einer Silbe die frechen Bengel erwähnst, stehe ich auf und
gehe, und dann ist es ein für allemal aus zwischen uns, damit du’s weißt.“

„Gut, ich werde sie nicht erwähnen,“ sagte der Fürst.

„Jetzt erlaube die Frage: Hast du vor zwei oder zweieinhalb Monaten,
so um Ostern herum, an Aglaja einen Brief zu schreiben versucht?“

„J–j–ja.“

„Zu welchem Zweck? Was stand im Brief? Zeig’ ihn mir!“

Lisaweta Prokofjewnas Augen glühten, sie zitterte beinahe vor Ungeduld.

„Ich habe den Brief nicht," sagte der Fürst verwundert, und ihm ward entsetzlich angst und bange zumute; „wenn er noch existiert und ganz ist, so befindet er sich im Besitze Aglaja Iwanownas."

„Mach' keine Flausen! Was hast du in diesem Brief geschrieben?"

„Ich mache durchaus keine Flausen und ich brauche mich vor nichts zu fürchten. Nur kann ich durchaus keinen Grund sehen, weshalb ich nicht hätte schreiben sollen ..."

„Schweig! Später kannst du reden. Was stand in dem Brief? Weshalb bist du rot geworden?"

Der Fürst dachte eine Weile nach.

„Ich kenne Ihre Gedanken nicht, Lisaweta Prokofjewna. Ich sehe nur, daß dieser Brief Ihnen sehr mißfällt. Sie werden aber doch einsehen, daß ich mich sehr wohl weigern könnte, auf diese Frage zu antworten. Doch um Ihnen zu beweisen, daß ich nichts fürchte und durchaus nicht bereue, den Brief geschrieben zu haben, und auch keineswegs deshalb erröte," – der Fürst wurde fast noch einmal so rot – „werde ich Ihnen Wort für Wort den ganzen Brief hersagen, – ich glaube, daß ich den Inhalt behalten habe."

Und der Fürst sagte tatsächlich aus dem Gedächtnis den ganzen Wortlaut des Briefes her.

„Solch ein Blödsinn! Was soll denn das alles bedeuten, deiner Meinung nach?" fragte Lisaweta Prokofjewna schroff, nachdem sie ungeheuer aufmerksam die Wiedergabe des Briefes angehört hatte.

„Das weiß ich selbst nicht genau; ich weiß nur, daß ich gerade das empfand, was ich schrieb. Ich hatte dort bisweilen Augenblicke, in denen ich so voll Leben und voll ungeheurer Hoffnungen war ..."

„Was waren denn das für Hoffnungen?"

„Das ist schwer zu erklären, jedenfalls aber nicht eine solche, wie Sie jetzt vielleicht annehmen. Eine Hoffnung ... nun, mit einem Wort, Hoffnung auf die Zukunft und Freude darüber, daß ich in Rußland vielleicht kein Fremder bin, kein Ausländer. Es gefiel mir plötzlich ganz unsäglich im Vaterland. Und an einem sonnigen Morgen setzte ich mich hin und schrieb an sie diesen Brief; weshalb gerade an sie – das weiß ich nicht. Mitunter sehnt man sich doch nach einem Freunde ... so werde ich mich damals wohl auch nach einem Freunde gesehnt haben ..." fügte der Fürst nach kurzem Schweigen hinzu.

„Sag' mal: bist du etwa in sie verliebt?"

„N–nein. Ich ... ich habe an sie wie meine Schwester geschrieben; ich unterschrieb mich ja auch ‚Ihr Bruder'."

„Hmhm! absichtlich; ich verstehe."

„Es fällt mir sehr schwer, Ihnen auf diese Fragen zu antworten, Lisaweta Prokofjewna."

„Ich weiß, daß es dir schwerfällt, aber was geht das mich an, ob es dir schwerfällt. Höre, sag' mir die Wahrheit, antworte mir wie deinem Gott: lügst du mir da was vor oder lügst du nicht?"

„Ich lüge nicht."

„Ist es wirklich wahr, daß du nicht verliebt bist?"

„Ich ... ich glaube, daß es wahr ist."

„Sieh mal an! – ‚ich glaube'! Der Bengel hat ihn übergeben?"

„Ich hatte Nikolai Ardalionytsch gebeten ..."

„Der Bengel! Der Bengel!" unterbrach ihn Lisaweta Prokofjewna zornig. „Einen Nikolai Ardalionytsch kenne ich überhaupt nicht! Der Bengel heißt er!"

„Nikolai Ardalionytsch ..."

„Der Bengel, sag' ich dir!"

„Nein, er heißt nicht der Bengel, sondern Nikolai Ardalionytsch," widersprach fest, wenn auch ziemlich leise, der Fürst.

„Nun gut, mein Täubchen, gut! Das werde ich dir nicht vergessen!"

Sie kämpfte ihre Erregung nieder und erholte sich ein Weilchen.

„Aber was ist das mit dem ‚armen Ritter'?"

„Das weiß ich nicht; davon habe ich keine Ahnung; wohl ein Scherz, denke ich."

„Sehr angenehm, das plötzlich zu erfahren! Sollte sie es wirklich fertiggebracht haben, sich für dich zu interessieren? Hat dich doch selbst noch einen ‚Narren' und ‚Idioten' genannt."

„Das hätten Sie mir auch nicht zu sagen brauchen," bemerkte der Fürst vorwurfsvoll, wenn auch sehr leise.

„Sei nicht bös. Sie ist ein eigenwilliges, verrücktes, verzogenes Mädchen, – liebt sie, so wird sie unbedingt vor den anderen über ihn herziehen und ihn verspotten; ich war genau so. Nur, bitte, triumphier' deshalb noch nicht, mein Täubchen, noch ist sie nicht dein! Niemals werde ich das glauben! Ich sage es dir, damit du jetzt gleich deine Maßregeln ergreifen kannst. Hör' mal, schwöre mir, daß du nicht mit *jener* verheiratet bist."

„Lisaweta Prokofjewna! Was fällt Ihnen ein? Erbarmen Sie sich!" Der Fürst sprang fast vom Stuhl auf.

„Aber fast hättest du sie doch geheiratet?"

„Fast hätte ich sie geheiratet," murmelte der Fürst, zu Boden blickend, und er senkte den Kopf tiefer.

„Was, bist du dann etwa in *sie* verliebt, wenn es so ist? Bist du jetzt *ihretwegen* hergekommen? Wegen *jener*?"

„Ich bin nicht deshalb hergekommen, um zu heiraten," antwortete der Fürst.

„Gibt es für dich etwas in der Welt, was dir heilig ist?"

„Ja."

„Schwöre mir, daß du nicht deshalb gekommen bist, um *jene* zu heiraten."

„Ich schwöre es!"

„Ich glaube dir; komm, gib mir einen Kuß. So, endlich kann man freier aufatmen. Doch wisse: Aglaja liebt dich nicht, richte dich danach, und solange ich lebe, wird sie nicht die Deine werden! Hast du gehört?"

„Ich habe gehört."

Der Fürst errötete dermaßen, daß er Lisaweta Prokofjewna überhaupt nicht anzusehen wagte.

„Merk' dir's. Ich habe dich wie die Vorsehung selbst erwartet – bist es natürlich nicht wert gewesen! Ich habe mein Kissen in jeder Nacht mit Tränen benetzt – nicht deinetwegen, mein Täubchen, beunruhige dich nicht, ich habe noch ein ganz anderes, mein eigenes Leid, ewig ein und dasselbe. Nein, da gab es einen anderen Grund, weshalb ich dich mit einer solchen Ungeduld erwartete: ich glaube immer noch, daß dich Gott der Herr selbst zu mir gesandt hat, als Freund und leiblichen Bruder. Ich habe doch keine Menschenseele außer der alten Bjelokonskaja, aber auch die ist jetzt fortgeflogen, und außerdem ist sie vor Alter auch noch dumm geworden. Jetzt antworte mir einfach *ja* oder nein: Weißt du, weshalb *sie* an jenem Abend Jewgenij Pawlowitsch das zurief?“

„Ich gebe Ihnen mein Ehrenwort, daß ich weder daran irgendwie beteiligt bin, noch sonst etwas von ihren Beweggründen weiß.“

„Genug, ich glaube es dir. Jetzt denke ich auch anders darüber, aber gestern noch, gestern morgen noch beschuldigte ich in allem Jewgenij Pawlowitsch. Die ganzen ersten vierundzwanzig Stunden bis gestern morgen, den Morgen noch mitgerechnet. Jetzt muß ich den anderen natürlich beistimmen: es liegt ja doch auf der Hand, daß man ihn hier aus irgendeinem Grunde und zu irgendeinem Zweck zum Narren gehabt hat. Das allein ist schon verdächtig! – und kann auch nichts Gutes verheißen! Aber Aglaja bekommt er doch nicht, das sage ich dir! Mag er hundertmal ein guter Mensch sein, aber dabei bleibt es. Früher war ich noch unschlüssig, aber jetzt steht es fest: ,Legt mich zuerst in den Sarg und begrabt mich, dann könnt ihr sie verheiraten!‘ – sieh, das habe ich heute in kurzen Worten Iwan Fedorowitsch erklärt. Siehst du jetzt, daß ich dir vertraue, siehst du es?“

„Ich sehe es und verstehe es.“

Lisaweta Prokofjewna blickte den Fürsten durchdringend an: vielleicht wollte sie gar zu gern erfahren, welch einen Eindruck diese Mitteilung betreffs Jewgenij Pawlowitsch auf ihn gemacht hatte.

„Von Gawrila Iwolgin weißt du nichts?“

„Doch ... ich weiß sehr vieles.“

„Weißt du oder weißt du es noch nicht, daß er mit Aglaja korrespondiert?“

„Nein, davon wußte ich noch nichts!“ Der Fürst war im ersten Augenblick sogar ein wenig zusammengezuckt. „Wie, Sie sagen, Gawrila Ardalionytsch korrespondiere mit Aglaja Iwanowna? Unmöglich!“

„Erst seit kurzem. Hier hat die Schwester ihm den ganzen Winter den Weg gebahnt, wie eine Ratte hat sie gearbeitet und genagt.“

„Ich glaube es nicht,“ sagte der Fürst überzeugt nach kurzem Nachdenken, und seine Aufregung legte sich. „Wenn es wahr wäre, würde ich es bestimmt gewußt haben.“

„Du glaubst wohl, daß er dann zu dir gekommen wäre, um an deiner Brust unter Tränen sein Herz auszuschütten! Du bist mir mal eine heilige Unschuld! Alle betrügen dich doch wie ... wie ... Und du schämst dich gar nicht, ihm dein Vertrauen zu schenken? Siehst du denn wirklich nicht, daß er dich wie einen dummen Jungen betrogen hat?"

„Ich weiß es, daß er mich bisweilen betrügt," gab der Fürst wider Willen halblaut zu, „und er weiß, daß ich es weiß ..." fügte er noch hinzu.

„Wissen, daß man betrogen wird, und dabei doch vertrauen! Das fehlte gerade noch! Übrigens, von dir war auch nichts anderes zu erwarten. Worüber wundere ich mich noch? Großer Gott! Hat man jemals solch einen Menschen gesehen! Pfui! Aber weißt du auch, daß dieser Ganjka oder diese Warjka sie mit Nastassja Filippowna in Beziehungen gebracht haben?"

„Wen?!" stieß der Fürst entsetzt hervor.

„Aglaja."

„Das glaube ich nicht! Das kann nicht sein! Zu welchem Zweck denn eigentlich?"

Er sprang vom Stuhle auf.

„Auch ich glaube nicht daran, obwohl es Beweise dafür gibt. Sie ist doch ein eigenwilliges Mädchen, ein phantastisches Mädchen, ein verrücktes Mädchen! Und böse, böse, böse ist sie! Tausend Jahre werde ich behaupten, daß sie böse ist! Alle sind sie jetzt bei mir so, selbst diese Alexandra, dieses begossene Huhn, – doch die ist mir schon entwachsen. Aber auch ich glaube noch nicht daran! Vielleicht weil ich nicht glauben will," fügte sie wie zu sich selbst hinzu. „Weshalb bist du nicht gekommen?" wandte sie sich plötzlich wieder an den Fürsten. „Weshalb bist du in diesen drei Tagen nicht zu uns gekommen?" wiederholte sie in höchster Ungeduld ihre Frage.

Der Fürst begann seine Gründe aufzuzählen, doch sie unterbrach ihn wieder.

„Alle halten sie dich für dumm und betrügen dich, daß man es nicht mit ansehen kann! Du bist gestern in der Stadt gewesen, – ich könnte wetten, daß du diesen Spitzbuben auf den Knien gebeten hast, die zehntausend Rubel anzunehmen!"

„Durchaus nicht, ich habe nicht einmal daran gedacht. Ich habe ihn überhaupt nicht gesehen ... und außerdem ist er kein Spitzbube. Ich habe von ihm einen Brief erhalten."

„Zeig' ihn her!"

Der Fürst zog seine Brieftasche hervor, entnahm ihr den Brief und reichte ihn ihr. Lisaweta Prokofjewna las folgendes:

„Sehr geehrter Herr!

Ich habe natürlich in den Augen der Leute nicht das geringste Recht, Eigenliebe zu besitzen. Nach ihrer Meinung bin ich viel zu gering dazu. Doch das ist die Meinung der Leute, nicht Ihre Meinung. Ich habe mich überzeugt, daß Sie, geehrter Herr, vielleicht besser sind als alle anderen. Ich bin nicht mehr mit Doktorenko einverstanden, in diesem Punkt sind unsere Ansichten jetzt ganz verschieden. Ich werde niemals auch nur eine Kopeke von Ihnen annehmen, doch Sie haben meiner Mutter geholfen, und so muß ich Ihnen dankbar sein, wenn auch nur aus Schwäche. Ich beurteile Sie jetzt anders und habe es für nötig befunden, Sie davon zu benachrichtigen. Ich nehme an, daß es zwischen uns nach dem Vorgefallenen keinerlei Beziehungen mehr geben kann.

Antip Burdowskij.

P. S. Die an den zweihundertfünfzig Rubeln fehlende Summe wird Ihnen mit der Zeit sicher zurückgezahlt werden."

„Solch ein Blödsinn!" sagte Lisaweta Prokofjewna verächtlich und warf den Brief auf den Tisch. „Nicht der Mühe wert, daß man's liest. Was lachst du?"

„Gestehen Sie es doch nur, daß es Ihnen sehr lieb war, diesen Brief zu lesen."

„Was! Diesen von Eitelkeit durchtränkten Blödsinn? Ja, siehst du denn nicht, daß sie vor Stolz, Ehrgeiz und Ruhmsucht alle einfach den Verstand verloren haben?"

„Ja, aber er hat doch gewissermaßen um Entschuldigung gebeten, und das ist ihm um so schwerer gefallen, je größer sein Stolz und sein Ehrgeiz sind. Oh, was für ein kleines Kind Sie sind, Lisaweta Prokofjewna!"

„Wa... du willst wohl eine Ohrfeige von mir haben?!"

„Nein, das will ich durchaus nicht. Ich sage es deshalb, weil Sie sich über den Brief freuen und Ihre Freude doch nicht eingestehen wollen. Weshalb schämen Sie sich Ihrer Gefühle? Und das ist doch bei Ihnen in allem so."

„Daß du deinen Fuß jetzt nicht mehr über meine Schwelle setzt!" Lisaweta Prokofjewna fuhr, bleich vor Zorn, vom Stuhle auf. „Daß du mir nie im Leben mehr unter die Augen kommst!"

„Aber nach drei Tagen werden Sie doch selbst kommen und mich zu sich auffordern ... Nun, schämen Sie sich denn nicht? Das sind doch Ihre besten Gefühle, weshalb verleugnen Sie sie? Damit quälen Sie sich doch nur selbst."

„Ich sterbe eher – als daß ich zu dir komme! Auch deinen Namen werde ich vergessen!! Hab' es schon!!!"

Und fast rasend vor Zorn wandte sie sich zur Treppe.

„Mir ist ja ohnehin verboten, Ihr Haus zu besuchen!" rief ihr der Fürst nach.

„Wa–as? Wer hat's dir verboten?"

Wie mit der Nadel gestochen, fuhr sie zusammen und im Augenblick kehrte sie sich zurück.

Der Fürst war etwas unschlüssig: er fühlte, daß er sich unbedacht verraten hatte.

„Wer hat es dir verboten?" fuhr ihn Lisaweta Prokofjewna in höchster Empörung an.

„Aglaja Iwanowna ..."

„Wann? So sprich doch!!!"

„Heute morgen schickte sie mir einen Zettel; ich dürfe es nicht mehr wagen, bei Ihnen zu erscheinen."

Lisaweta Prokofjewna stand wie erstarrt vor ihm, doch ihre Gedanken arbeiteten.

„Was hat sie geschickt? Durch wen? Den Bengel? Mündlich?" fuhr sie plötzlich wieder auf.

„Ich habe einen Zettel erhalten," sagte der Fürst.

„Wie? Gib ihn her! Sofort!"

Der Fürst dachte einen Augenblick nach, zog aber dann doch aus seiner Westentasche ein gewöhnliches Stück Papier hervor, auf dem geschrieben stand:

„Fürst Lew Nikolajewitsch!

Wenn Sie nach allem, was geschehen ist, mich noch durch den Besuch unserer Villa in Erstaunen setzen sollten, so werden Sie mich, dessen können Sie sicher sein, nicht unter der Zahl der Erfreuten finden.

Aglaja Jepantschina."

Lisaweta Prokofjewna überlegte eine Weile. Plötzlich faßte sie den Fürsten bei der Hand und zog ihn mit sich fort.

„Sofort! Du kommst jetzt sofort! Unverzüglich!" befahl sie in ungewöhnlicher Aufregung und Ungeduld.

„Aber Sie setzen mich doch den größten ..."

„Was? Wem setze ich dich aus? Du unschuldige Einfalt! Gott, das soll ein Mann sein! Nun werde ich selbst alles sehen, mit eigenen Augen ..."

„Aber meinen Hut lassen Sie mich doch wenigstens nehmen ..."

„Hier hast du deinen elenden Hut, gehen wir! Nicht mal eine Fasson hast du dir mit Geschmack aussuchen können! ... Das hat sie ... Das hat sie nach jenem Auftritt ... das hat sie in der ersten Wut ..." murmelte Lisaweta Prokofjewna, den Fürsten, dessen Hand sie keinen Augenblick losließ, hinter sich herziehend. „Vorhin trat ich für dich ein, sagte laut, daß du ein Esel seist, weil du nicht kämst ... sonst hätte sie nicht diesen Zettel –! Wie sie als wohlerzogenes, kluges Mädchen überhaupt so etwas fertiggebracht hat! ... Hm!" fuhr sie in ihrem Gedankengang fort, „oder ... vielleicht ... vielleicht hat sie sich selbst darüber geärgert, daß er nicht kam, nur hat sie vergessen, daß man an einen Idioten so nicht schreiben darf; denn der nimmt es ja doch wörtlich, wie er es nun auch getan hat. Was horchst du?" fuhr sie plötzlich zusammen, als sie gewahr wurde, daß sie ihre Gedanken immerhin hörbar ausgesprochen hatte. „Einen Narren braucht sie, gerade solch einen wie du einer bist, hat dich lange nicht gesehen, deshalb schreibt sie! Aber mich freut es, mich freut es, daß sie dich jetzt durch die Hechel ziehen wird, das freut mich! Gerade das hast du verdient! Geschieht dir recht. Und sie versteht es, oh, sie versteht es, das kannst du mir glauben!"

# Dritter Teil

## I.

Es wird bei uns so oft geklagt, daß wir keine praktischen Leute hätten; Staatsmänner zum Beispiel gäbe es unzählige, Generäle nicht minder; Beamte und alle möglichen Räte könne man sogleich in beliebiger Anzahl zur Stelle schaffen – aber praktische Leute gäbe es bei uns trotzdem nicht. Wenigstens klagen alle, daß es sie nicht gäbe. Nicht einmal ein anständiges Eisenbahnpersonal hätten wir auf manchen Strecken aufzuweisen, und die Administration irgendeiner Dampfschiffahrtsgesellschaft zustande zu bringen, sei, wenn man sich eine auch nur einigermaßen erträgliche wünsche, bei uns in Rußland ganz unmöglich. Dort, hört man, sind zwei Eisenbahnzüge zusammengestoßen, oder auf einer neueröffneten Strecke ist eine ganze Brücke mitsamt einigen Waggons eingestürzt; hier, heißt es, hat ein Zug auf offenem Felde fast überwintert: die Fahrt sollte nur ein paar Stunden dauern, man blieb aber ganze fünf Tage im Schnee stecken. Dort, wird erzählt, faulen mehrere Tausend Pud Fracht in den Waggons auf ein und derselben Station und warten drei Monate vergeblich auf Weiterbeförderung, und als ein Kaufmann – es klingt fast unglaublich! – einem der „Administratoren" oder Oberaufseher mit den Bitten um Zustellung der Waren seines Lieferanten lästig geworden war, da hat ihm dieser statt der lagernden Ware eine administrative Ohrfeige verabfolgt und seine Handlungsweise nachher noch damit zu rechtfertigen gesucht, daß er es „im Eifer" getan habe. Man sollte meinen, daß wir doch nachgerade genügend Amts-, Rats-, Gerichts- und noch andere Personen im Staatsdienst haben – in Wirklichkeit kann einem geradezu angst und bange werden vor ihrer unabsehbaren Anzahl! – alle haben im Staatsdienst gestanden, alle stehen darin, und alle haben die Absicht, in Staatsdienste zu treten –, wie sollte man da aus einem solchen Material nicht eine gute Administration zustande bringen, selbst wenn es sich nur um eine Dampfschiffahrtsgesellschaft handelt?!

Auf diese Frage wird uns aber eine so einfache Antwort zuteil, eine so einfache, daß man dieser Antwort überhaupt nicht glauben will.

Freilich, heißt es, freilich stehen bei uns alle im Staatsdienst, oder wenn sie im Augenblick nicht darin stehen, dann haben sie darin gestanden oder werden sie darin stehen, und das geht bei uns schon so seit zweihundert Jahren nach dem schönsten deutschen Vorbild von den Urgroßvätern bis zu den Ururenkeln, – aber gerade die Staatsbeamten, gerade die sind die unpraktischsten Leute der Welt, und es ist ja bei uns sogar so weit gekommen, daß die „Abstraktheit", wenn man sich so ausdrücken darf, und die Mangelhaftigkeit des praktischen Wissens unter den

Staatsdienern selbst noch vor kurzem fast als größte Tugend und beste Empfehlung betrachtet wurden. Übrigens sind wir da vom Thema etwas abgekommen, wir wollten ja nur von den „praktischen" Leuten reden. Was nun diese betrifft, so wird wohl niemand leugnen wollen, daß Zaghaftigkeit und der absoluteste Mangel an eigener Initiative bei uns stets für das sicherste und beste Anzeichen eines praktischen Menschen gehalten worden sind, – und sogar jetzt noch gehalten werden. Doch weshalb immer nur sich selbst beschuldigen und sich Vorwürfe machen ... das heißt, wenn diese Ansicht überhaupt einen Vorwurf in sich schließt? Der Mangel an Originalität wird doch von jeher in der ganzen Welt für die beste Eigenschaft und beste Empfehlung eines tüchtigen, brauchbaren und praktischen Menschen gehalten, und wenigstens neunundneunzig Prozent der ganzen Menschheit – es ist das sogar noch sehr niedrig gegriffen – sind immer dieser Ansicht gewesen, und höchstens einer vom Hundert hat beständig anders geurteilt, und urteilt auch jetzt noch anders.

Die größten Erfinder und Genies sind fast immer zu Beginn ihrer Laufbahn – sehr oft aber auch noch zu Ende derselben – von der Gesellschaft für nichts weniger als ausgesprochene Dummköpfe gehalten worden: dazu bedarf es keiner Beweise. Wenn nun im Laufe von mehreren Jahrzehnten alle Welt ihr Geld auf die Bank schleppte und Milliarden dort zu vier Prozent zusammensparte, so mußte, versteht sich, als es mit der Bank schließlich einmal ein Ende nahm und die guten Leute sich wieder auf ihre eigene Initiative angewiesen sahen, die Mehrzahl dieser Millionen im Aktionärfieber oder in den Händen von Betrügern verloren gehen –, und da hatte man denn, was Anstand und Sittlichkeit verlangen! Gerade die Sittlichkeit: denn, wenn die „sittliche" Zaghaftigkeit und der „anständige" Mangel an Originalität bei uns bis jetzt nach allgemeiner Überzeugung die notwendigsten Eigenschaften eines tüchtigen und brauchbaren Menschen sind, so wäre es doch gar zu unanständig und unsittlich, seine Überzeugung plötzlich zu verändern! Welche zärtlich liebende Mutter wird nicht erschrecken und vor Angst womöglich erkranken, wenn ihr Sohn oder ihre Tochter auch nur ein wenig aus dem Gleise gerät? „Nein, mag es lieber glücklich sein und ohne Originalität in Zufriedenheit und Wohlstand leben," denkt eine jede Mutter, wenn sie ihr Kind wiegt. Und unsere Ammen singen doch mit Vorliebe Wiegenlieder, in denen sie die Zukunft des Kindes so schön wie nur möglich ausmalen: „Wirst noch goldene Kleider tragen, wirst einst ein großer General sein!" Wenn aber unseren Kinderfrauen das General-sein als höchstes russisches Glück erscheint, so muß das doch das populärste nationale Ideal ruhiger, ungetrübter Seligkeit sein! Und in der Tat: wer konnte bei uns, wenn er vorschriftsmäßig die Examina bestanden und fünfunddreißig Jahre abgedient hatte, schließlich nicht General werden und sich auf der Bank eine gewisse Summe zusammensparen? So hat sich denn der Russe fast ohne jede Anstrengung seinerseits schließlich den Ruf eines praktischen Menschen erworben. Genau genommen konnte ja bei uns nur der originelle d. h. der unruhige Mensch nicht General werden ... Vielleicht hat sich hier ein kleines Mißverständnis eingeschlichen, im allgemeinen jedoch scheint es mit der Wahrheit übereinzustimmen, und somit kann man unserer Gesellschaft wegen ihres Ideals eines praktischen Menschen keinen Vorwurf machen.

Nichtsdestoweniger haben wir hier viel Überflüssiges gesagt, denn im Grunde sollten es nur ein paar erklärende Worte über die uns bekannte Familie Jepantschin werden. Diese Familie, oder wenigstens die am meisten denkenden Angehörigen derselben, litten beständig unter einem ihnen fast allen mehr oder weniger eigenen Familienfehler, der ungefähr das gerade Gegenteil jener Tugenden war, über die wir soeben philosophiert haben. Ohne die Gründe davon vollkommen zu begreifen – und das war auch nicht so leicht – wurden sie von der Empfindung gepeinigt, daß in ihrer Familie alles ganz anders sei, als bei anderen Menschen und in deren Familien. Bei allen ging es glatt, nur bei ihnen ging es holprig; alle anderen fuhren hübsch im Gleise, nur sie entgleisten jeden Augenblick. Alle waren zaghaft, nur sie waren es nicht. Freilich ängstigte sich Lisaweta Prokofjewna mitunter sogar sehr, aber es war bei ihr doch nie jene sittsame Zaghaftigkeit, die Jepantschins so wertvoll fanden. Übrigens war es eigentlich auch nur Lisaweta Prokofjewna, die sich deshalb so beunruhigt fühlte: die Mädchen waren noch zu jung dazu – wenn auch gewiß nicht zu unintelligent. Der General aber pflegte, wenn er auch manches begriff – was übrigens nicht immer ohne Mühe ging – in allen schwierigen Fällen nur „Hm!" zu sagen oder „Gewiß, gewiß, mein Freund!" worauf er dann doch das weitere seiner Lisaweta Prokofjewna überließ. Damit lag dann auf ihr allein die ganze Verantwortung. Und doch sprang diese Familie durchaus nicht etwa aus bewußtem Hang zur Originalität aus dem Gleise, was allerdings höchst unanständig gewesen wäre, o nein! Davon konnte überhaupt nicht die Rede sein, ich meine, von einem mit Bewußtsein gesetzten Ziel! Aber wie dem auch sein mochte, jedenfalls war das Resultat: daß die Familie Jepantschin, wenn sie auch noch so achtbar erscheinen mußte, doch irgendwie nicht so war, wie sonst alle ehrenwerten Familien zu sein pflegen. In der letzten Zeit hatte nun Lisaweta Prokofjewna begonnen, die Schuld daran nur sich allein oder vielmehr nur ihrem „unseligen" Charakter zuzuschreiben, weshalb sich denn auch ihre Gewissensqualen um ein Beträchtliches vergrößerten. Sie nannte sich selbst täglich dumm und hypochondrisch, quälte sich mit ihrem Mißtrauen, fand oft in den einfachsten Dingen keinen Ausweg und hielt jedes Unglück für größer als es war.

Wie bereits früher erwähnt, waren Jepantschins eine überall sehr geachtete Familie. Wenn der General auch nicht vornehmer Herkunft und auch sicherlich nicht sehr geistreich war, so war er doch ein reicher und „durch und durch anständiger" Mann, der als General „durchaus nicht zu den Letzten" zählte. Übrigens scheint eine gewisse geistige Stumpfheit fast ein unvermeidliches Attribut jedes Tatmenschen zu sein. Die Hauptsache war, daß Iwan Fedorowitsch gute Protektion hatte. Im übrigen war wenigstens Lisaweta Prokofjewna eine geborene Fürstin Myschkin, und das war immerhin nicht zu verachten, obschon man bei uns auf vornehme Herkunft nicht viel gibt, wenn die Herkunft nicht von Protektion unterstützt wird. Lisaweta Prokofjewna aber war schließlich von so hochstehenden Personen liebgewonnen worden, daß deren ganzer Bekanntenkreis sie gleichfalls zu achten und hochzuschätzen begonnen hatte. Selbstverständlich quälte sie sich ihres Mannes und ihrer Töchter wegen ganz grundlos; die kleinsten Dinge konnte sie bis zur Lächerlichkeit vergrößern. Doch das ist ja gewöhnlich so: hat man eine Warze auf der Stirn oder auf der Nase, so scheint es einem unwillkürlich, daß alle Menschen nichts weiter in der Welt zu tun haben, als diese Warze anzusehen, über sie zu lachen und einen ihretwegen zu verachten, selbst wenn man dabei Amerika entdeckt hätte. Zweifellos wurde Lisaweta Prokofjewna auch in der Gesellschaft als etwas wunderliche Dame betrachtet, doch, wie gesagt, nichtsdestoweniger sehr geachtet. Das Unglück war nur, daß Lisaweta Prokofjewna schließlich an diese Achtung nicht mehr glauben wollte. Und wenn sie ihre Töchter ansah, quälte sie sich mit der Angst, daß sie deren Lebenslauf verderbe, weil ihr Charakter „lächerlich, unanständig und unerträglich" sei, was sie wiederum täglich diesen ihren Töchtern und ihrem treuen Gatten Iwan Fedorowitsch zum Vorwurf machte, oder weshalb sie tagelang mit ihnen stritt, während sie sie gleichzeitig doch bis zur völligen Selbstverleugnung, wenn nicht bis zur Leidenschaft, liebte.

Am meisten quälte sie die Angst, daß ihre Töchter ebenso werden könnten, wie sie, ihre Mutter, und daß es solche jungen Mädchen, wie ihre drei, in der ganzen Welt nicht gäbe und auch gar nicht geben könne. „Nihilistinnen sind sie, weiter nichts!" Dieser traurige Gedanke, der sie schon ein ganzes Jahr gefoltert hatte, ließ ihr namentlich in der letzten Zeit keine Ruhe mehr. „Erstens: weshalb heiraten sie nicht?" fragte sie sich fortwährend. „Um ihre Mutter zu quälen, – darin sehen sie doch alle drei ihren Lebenszweck, und das kommt natürlich nur daher, weil sie sich alle diese neuen Ideen in den Kopf gesetzt haben! Schuld ist nichts anderes, als diese verwünschte Frauenfrage! Fiel es denn Aglaja nicht vor einem halben Jahre ein, sich ihr wundervolles Haar abzuschneiden? Großer Gott, selbst ich habe zu meiner Zeit nicht solches Haar gehabt! – Hatte sie doch die Schere schon in der Hand, mußte ich sie doch auf den Knien anflehen, um sie davon abzubringen! ... Nun, Aglaja tat es natürlich nur aus Bosheit, um ihre Mutter zu martern, denn sie ist böse, eigensinnig, verwöhnt und vor allem böse, böse, böse! Aber wollte denn diese Alexandra es ihr nicht schon nachmachen? Die aber wollte es sicher nicht aus Bosheit; nicht aus Launenhaftigkeit, sondern in aufrichtiger Einfalt, wie eine dumme Gans, die sich von Aglaja einreden läßt, daß sie mit kurzem Haar besser werde schlafen können und daß der Kopf ihr nicht mehr weh tun würde? Und wie oft, wie oft, wie oft, – nun schon seit fünf Jahren –, wie oft hätten sie heiraten können! Und es waren doch alles wirklich tadellose Partien, und einzelne doch wirklich reizende Menschen! Worauf warten sie denn, wenn sie nicht heiraten? Was wollen sie eigentlich? Warum wollen sie nicht heiraten? Nur um ihre Mutter zu ärgern – einen anderen Grund haben sie doch nicht! Das ist es! Nur das ist es!"

Endlich aber sollte auch ihr Mutterherz eine Freude erleben: Adelaida verlobte sich. „Gott sei Dank, wenigstens eine vom Halse!" sagte Lisaweta Prokofjewna, wenn sie sich laut über dieses Ereignis äußerte. (Im Herzen drückte sie sich unvergleichlich zärtlicher aus.) Und wie gut, wie tadellos sich das alles abgewickelt hatte! Auch in der Gesellschaft war man des Lobes voll: eine bekannte Persönlichkeit, ein Fürst, reich, ein guter Charakter, und außerdem war noch von beiden Seiten Liebe vorhanden. Was wollte man mehr? Doch um Adelaida hatte sie sich stets am wenigsten gesorgt, wenn auch deren künstlerische Neigungen oft genug ihr stets Unheil fürchtendes Herz beunruhigt hatten. „Dafür hat sie ein heiteres Gemüt und ist nicht so unvernünftig wie die anderen, – die wird nicht untergehen," beruhigte sie sich schließlich. Am meisten jedoch ängstigte sie sich um Aglaja. Was sie aber von der ältesten, Alexandra, denken sollte, wußte sie selbst nicht: sollte sie sich auch um diese ängstigen oder war das überflüssig? Mitunter schien es ihr, daß sie „schon ganz verloren" sei, – „fünfundzwanzig Jahre alt – natürlich bleibt sie unverheiratet! Und das bei ihrer Schönheit!" Lisaweta Prokofjewna weinte sogar ihretwegen nachts, während Alexandra Iwanowna in denselben Nächten den ruhigsten und sorglosesten Schlaf schlief. „Was ist sie eigentlich – Nihilistin, oder ist sie einfach dumm?" Daß sie in Wirklichkeit *nicht* dumm war, daran zweifelte Lisaweta Prokofjewna selbst keinen Augenblick: sie schätzte selbst Alexandras Urteil sehr und fragte sie gern um Rat. Doch ebensowenig zweifelte sie daran, daß „diese Alexandra" einfach „jedes Temperamentes entbehrte". „Sie ist so ruhig, daß man sie überhaupt nicht in Bewegung bringen kann! Ich weiß wirklich nicht, was ich mit ihnen allen anfangen soll!" Lisaweta Prokofjewna empfand für ihre Älteste eine ganz unerklärliche Sympathie, in der vielleicht das Mitleid keine so geringe Rolle spielte, und fühlte sich zu ihr fast noch mehr hingezogen, als zu Aglaja, ihrem Abgott. Doch alle ihre bissigen Bemerkungen – in denen sich ihre ganze mütterliche Sorge und Sympathie äußerte – erheiterten nur Alexandra; konnten doch mitunter die nichtigsten Dinge Lisaweta Prokofjewna „einfach rasend machen"! So liebte es z. B. Alexandra Iwanowna sehr, lange zu schlafen, und gewöhnlich hatte sie in der Nacht viele Träume; diese Träume jedoch zeichneten sich alle durch ganz besondere Sinnlosigkeit aus und waren von einer Unschuld und Naivität, daß man sie für Träume eines siebenjährigen Kindes hätte halten können. Diese Naivität der Träume ihrer Ältesten nun begann aber Lisaweta Prokofjewna aus irgendeinem Grunde geradezu zu empören. Einmal hatte Alexandra neun Hühner im Traume gesehen, und das Resultat war, daß die Mutter sich mit ihr ernstlich entzweite, – weshalb? – das ließe sich schwer erklären. Nur ein einziges Mal gelang es ihr, „etwas Originelles" im Traum zu sehen, einen Mönch in einer dunklen Zelle, in die einzutreten sie sich gefürchtet hatte. Der Traum ward sogleich von den zwei jüngeren Schwestern lachend und triumphierend der Mutter erzählt, doch diese ärgerte sich wieder und nannte sie alle beide dumm. „Hm!" dachte sie dann später bei sich, „Temperament hat sie nicht, und in Bewegung bringen kann man sie auch nicht, aber es ist doch eine Trauer in ihr, weiß Gott, mitunter hat sie ganz traurige Augen! Was mag sie nur haben, was?" Bald darauf stellte sie diese Frage auch an ihren Gatten Iwan Fedorowitsch, was sie wie gewöhnlich schroff, ungeduldig und beinah wie drohend tat, in offenkundiger Erwartung einer sofortigen entscheidenden Antwort. Iwan Fedorowitsch sagte etliche Male „Hm!" und legte die Stirn in nachdenkliche Falten, bis er dann schließlich die Schultern in die Höhe zog, die Hände auseinanderspreizte und ein etwas lakonisches Urteil sprach:

„Muß heiraten!"

„Nur gebe ihr Gott nicht einen solchen Mann, wie Sie sind, Iwan Fedorowitsch!" platzte Lisaweta Prokofjewna zornig heraus; „nicht einen so unfähigen Menschen, der nicht einmal ein Urteil zu fällen versteht, nicht einen so rohen Grobian wie Sie, Iwan Fedorowitsch ..."

Iwan Fedorowitsch brachte sich schleunigst in Sicherheit, indem er mit durch Übung erlangter Geschicklichkeit einen glänzenden Rückzug ausführte, und Lisaweta Prokofjewna beruhigte sich nach dem Ausbruch wieder sehr schnell. Selbstverständlich wurde sie noch bis zum Abend desselben Tages äußerst aufmerksam, still, freundlich und liebenswürdig zu Iwan Fedorowitsch, zu ihrem „rohen Grobian" Iwan Fedorowitsch, zu ihrem guten und lieben, ihrem vergötterten Iwan Fedorowitsch, denn sie liebte ihn nicht nur ihr ganzes Leben lang, sie war sogar direkt verliebt in ihren Iwan Fedorowitsch, was Iwan Fedorowitsch selbst sehr wohl wußte und wofür er seine Lisaweta Prokofjewna um keinen Deut weniger liebte und weniger hoch hielt.

Doch die größten Sorgen bereitete ihr von jeher Aglaja.

„Ganz, ganz wie ich, mein Ebenbild in jeder Beziehung!" sagte sich Lisaweta Prokofjewna, „ein eigensinniges, schlechtes, vom Teufel besessenes Ding! Eine Nihilistin, sonderbar in allem, was sie tut – ganz wie ich! – und böse, böse, böse! O, Gott, wie unglücklich sie sein wird!"

Da sollte sie die Freude erleben, daß Adelaida sich verlobte, und fast einen ganzen Monat verbrachte sie ohne Sorgen. Nach der Verlobung Adelaidas hatte man in der Gesellschaft auch mehr über Aglaja zu sprechen begonnen, doch Aglaja hatte sich überall so vortrefflich aufgeführt, so gleichmäßig und klug, so sicher und ... ein wenig stolz vielleicht, aber das stand ihr doch so vorzüglich! Und zur Mutter war sie den ganzen Monat über so nett und lieb gewesen! („Nein, diesen Jewgenij Pawlowitsch muß man sich doch noch genauer ansehn ... übrigens scheint ihm Aglaja noch gar nicht so besonders gewogen zu sein.") Jedenfalls war sie eine ganz prächtige Tochter gewesen – „und wie schön sie dabei ist, Gott, wie schön sie ist, und mit jedem Tage wird sie noch schöner! Und nun plötzlich ..."

Kaum war nämlich dieser Fürst, dieser „jammervolle Idiot" aufgetaucht, als plötzlich wieder alles im Hause auf dem Kopf stand!

Aber was war denn geschehen?

Nach der Überzeugung aller Unbefangenen war sicher nichts geschehen. Doch dadurch gerade zeichnete sich ja Lisaweta Prokofjewna aus, daß sie infolge ihrer inneren Unruhe auch in den gewöhnlichsten Dingen ein Etwas zu entdecken vermochte, das sie mit der argwöhnischsten, der unerklärlichsten, und das heißt soviel wie furchtbarsten Angst erfüllte. Wie mußte ihr aber nun zumute sein, als sie plötzlich in dem Wirrwarr vollkommen unbegründeter Befürchtungen etwas erblickte, das tatsächlich wichtig zu sein schien und tatsächlich ihrer Zweifel, ihres Mißtrauens und der Beängstigungen wert war?

„Nein, wie hat man sich nur unterstehen können, diesen gemeinen anonymen Brief an mich zu schreiben? – daß jenes Geschöpf mit Aglaja in Beziehung stehe!" dachte Lisaweta Prokofjewna ununterbrochen, während sie den Fürsten an der Hand zu ihrer Villa zog und dort auf einen der Stühle am runden Tisch, um den sich die ganze Familie versammelt hatte, Platz zu nehmen nötigte. „Wie hat man daran überhaupt nur zu denken gewagt? Ich müßte ja sterben vor Scham, wenn ich auch nur ein Wort geglaubt und den Brief Aglaja gezeigt hätte! Und so etwas erlaubt man sich uns gegenüber! An allem, allem ist doch nur Iwan Fedorowitsch schuld! Ach, warum sind wir in diesem Sommer nicht nach Jelagin gezogen! Ich wollte doch unbedingt dorthin und nicht hierher nach Pawlowsk! Diesen Brief kann vielleicht die Warjka geschrieben haben, oder vielleicht ... nein, an allem, an allem ist doch nur Iwan Fedorowitsch schuld! Nur um ihn zum besten zu haben, hat uns dieses Geschöpf das eingebrockt! – zum Andenken an ihre frühere Bekanntschaft, als er ihr noch Perlen schenkte ... Aber genau genommen sind wir doch alle hineingezogen, mein bester Iwan Fedorowitsch, sowohl Sie wie Ihre Gattin und Töchter, – junge Damen der besten Gesellschaft, Bräute! – und sie standen keine zehn Schritt vom Wagen, alles haben sie gehört, und auch jene schmutzige Geschichte haben sie mit angehört! Sie können sich jetzt freuen, Iwan Fedorowitsch! Niemals, niemals werde ich das diesem elenden Fürsten verzeihen, niemals! Weshalb ist Aglaja seit drei Tagen hysterisch, weshalb hat sie sich mit beiden Schwestern verzankt, sogar mit Alexandra, der sie doch sonst immer die Hand küßte – so hat sie sie geachtet! Weshalb gibt sie uns seit drei Tagen ein Rätsel nach dem anderen auf? Was hat das mit Gawrila Iwolgin zu bedeuten? Weshalb hat sie ihn gestern und heute so auffallend gelobt, um dann wiederum in Tränen auszubrechen? Weshalb ist auch in dem anonymen Brief von diesem verwünschten ‚armen Ritter‘ die Rede? Sie aber hat den Brief des Fürsten nicht einmal ihren Schwestern gezeigt! Und weshalb ... mein Gott, weshalb, weshalb bin ich jetzt zu ihm gelaufen, und weshalb habe ich ihn jetzt wieder zu mir geschleppt? Mein Gott, was habe ich getan, bin ich nicht von Sinnen? Mit einem jungen Herrn über die Geheimnisse der eigenen Tochter zu reden, und noch dazu ... über solche Geheimnisse, die womöglich ihn selbst angehen! Gott, ein Glück noch, daß er ein Idiot ist und ... und ... ein Freund unseres Hauses! Nur ... sollte sich Aglaja denn wirklich in diesen Kranken verliebt haben? Gott, was ist mit mir heute! Pfui! Originale sind wir ... Unter Glas müßte man uns setzen, mich als erste, auf einer Ausstellung, für zehn Kopeken Entree ... Nein, das verzeihe ich Ihnen niemals, Iwan Fedorowitsch, niemals werde ich Ihnen das verzeihen! Weshalb zieht sie ihn jetzt nicht durch die Hechel, wie sie's versprochen? Was versprach sie's denn, wenn sie jetzt ihr Wort nicht hält? – Da! wie sie ihn ansieht! Weshalb geht sie denn nicht fort, wenn sie ihm selbst verboten hat, herzukommen? Jetzt steht sie, schweigt und sieht ihn an ... Und er ist auch ganz bleich geworden ... O, dieser verwünschte Schwätzer Jewgenij Pawlowitsch – hat sich des ganzen

Gesprächs bemächtigt! Er läßt einen ja überhaupt nicht zu Wort kommen! Ich würde sofort alles erfahren, wenn ich nur endlich sprechen könnte ..."

Der Fürst saß allerdings ganz bleich am Tisch, und wie es schien war er in großer Erregung; doch gleichzeitig befand er sich wie in einem ihm selbst unerklärlichen, fast atemraubenden Rausch des Entzückens. O, wie fürchtete er sich, in jenen Winkel zu schauen, von wo aus ein Paar bekannter dunkler Augen auf ihn gerichtet waren, deren aufmerksamen, forschenden, prüfenden Blick er fast körperlich zu fühlen meinte. Und wie selig war er doch darüber, daß er jetzt wieder hier unter ihnen sitzen konnte, daß er wieder ihre Stimme hören würde, – selbst nach dem, was sie an ihn geschrieben. „Was wird sie nur jetzt sagen, was wird sie sagen!" Er selbst hatte noch kein Wort gesprochen und bemühte sich krampfhaft, den unaufhaltsam redenden Jewgenij Pawlowitsch zu verstehen, der sich wohl nur selten in einer so zufriedenen und angeregten Stimmung befunden haben mochte, wie an diesem Abend. Der Fürst hörte ihm lange zu, ohne auch nur ein Wort zu begreifen. Außer dem Familienoberhaupt Iwan Fedorowitsch, der noch in der Stadt weilte, waren alle versammelt. Auch Fürst Sch. war zugegen. Wie es schien, hatte man die Absicht, nach einer Weile zu einem Spaziergang aufzubrechen, da am Abend die Militärkapelle spielen sollte. Das Gespräch, in dem man sich befand, mußte bereits vor dem Erscheinen des Fürsten begonnen worden sein. Plötzlich erschien auch noch Koljä auf der Veranda. „Nun, dann hat man ihn hier wieder gut empfangen," dachte der Fürst bei sich.

Die Villa Jepantschin war im Schweizerstil erbaut, machte einen wohlhabenden Eindruck und war von einem wundervollen, zwar nicht sehr großen, doch dafür um so schöneren Blumengarten umgeben. Man saß auf der verandenartigen Terrasse, die ähnlich der Terrasse der Villa Lebedeffs gebaut war, nur, versteht sich, größer und eleganter.

Das Thema des Gesprächs schien nicht allen sonderlich zuzusagen, doch Jewgenij Pawlowitsch, den ein heftiger Disput mit Fürst Sch. auf dieses Thema gebracht hatte, kümmerte sich nicht um die Wünsche der übrigen, die wohl lieber von etwas anderem gesprochen hätten, sondern fuhr in seinen Widerlegungen fort, wozu ihn das Erscheinen des Fürsten noch mehr anzuregen schien. Lisaweta Prokofjewna ärgerte sich über ihn und seine Reden, wenn sie auch kaum ein Wort von dem ganzen Gespräch verstand. Aglaja, die sich etwas abseits hingesetzt hatte, in einen Winkel, blieb dort, hörte zu und schwieg.

„... Erlauben Sie," widersprach Jewgenij Pawlowitsch eifrig, „ich habe gegen den Liberalismus nichts einzuwenden. Liberalismus ist keine Sünde, sondern ein notwendiger Teil des Ganzen, das ohne ihn zerfallen oder absterben würde; der Liberalismus hat dieselbe

Existenzberechtigung wie der wohlgesittetste Konservatismus; ich greife aber doch nur den russischen Liberalismus an, und, ich wiederhole, greife ihn nur deshalb an, weil der russische Liberale nicht ein *russischer* Liberaler, sondern eben ein *nichtrussischer* Liberaler ist. Geben Sie mir einen wirklich russischen Liberalen und ich werde ihm in Ihrer aller Gegenwart sogleich einen Kuß geben."

„Vorausgesetzt, daß er sich von Ihnen küssen läßt," versetzte Alexandra Iwanowna, die ungewöhnlich angeregt zu sein schien. Sogar ihre Wangen hatten sich gerötet.

„Seht doch mal!" dachte Lisaweta Prokofjewna bei sich, „sonst versteht sie nur zu schlafen und zu essen, und jetzt plötzlich tut sie auch zum Sprechen den Mund auf!"

Der Fürst bemerkte flüchtig, daß Alexandra Iwanowna Jewgenij Pawlowitschs Heiterkeit, mit der er über ein so ernstes Thema sprach, sehr zu mißfallen schien, denn wenn sich dieser auch scheinbar ereiferte, so konnte man andererseits doch fast glauben, daß er nur scherze.

„Ich behauptete soeben – kurz bevor Sie kamen, Fürst –" fuhr Jewgenij Pawlowitsch fort, „daß wir bis jetzt nur Liberale aus zwei Gesellschaftsklassen gehabt haben: aus dem Kreise der Intellektuellen, aus dem Stande der ehemaligen Gutsbesitzer und der Klasse der Seminaristen, Popensöhne, Lehrer. Da sich aber nun jeder dieser Stände mit der Zeit zu einer richtigen Kaste ausgebildet hat, zu etwas von der übrigen Nation ganz Abgesondertem, und dieser Zustand sich von Generation zu Generation noch verschärft, so ist folglich auch alles das, was sie getan haben oder noch tun, im höchsten Grade *nicht* national ..."

„Was? Alles, was getan worden ist, alles das – sei nicht russisch?" unterbrach ihn Fürst Sch.

„Nicht national; wenn es auch russisch ist, so ist es doch nicht national; die Liberalen sind bei uns nicht russisch und auch die Konservativen sind bei uns nicht russisch. Und Sie können überzeugt sein, daß die Nation nichts von dem anerkennt, was von den Gutsbesitzern und Seminaristen getan worden ist, – weder tut sie es jetzt, noch wird sie es später tun ..."

„Das ist mal gut! Wie kannst du ein solches Paradox behaupten? wenn du es im Ernst tust! Ich kann solche Angriffe auf den russischen Gutsbesitzer nicht zulassen; du bist doch selbst ein russischer Gutsbesitzer," widersprach ihm Fürst Sch. eifrig.

„Aber ich rede ja doch nicht in dem Sinne vom russischen Gutsbesitzer, wie du es auffaßt. Es ist ein überaus ehrenwerter Stand, und wenn auch nur, sagen wir, deshalb, weil ich zu ihm gehöre; namentlich jetzt, nachdem er aufgehört hat, Kaste zu sein ...“

„Sollte denn wirklich auch in der Literatur nichts Nationales geschaffen worden sein?“ unterbrach ihn Alexandra Iwanowna.

„Ich bin in der Literatur nicht sehr bewandert, aber meiner Meinung nach ist auch unsere ganze Literatur nicht russisch, ausgenommen höchstens Lomonossoff, Puschkin und Gogol.“

„Erstens war das nicht wenig, und zweitens war der eine aus dem Volk und die zwei anderen waren – Gutsbesitzer!“ bemerkte Adelaida lachend.

„Ganz recht, doch triumphieren Sie nicht zu früh. Da es nur diesen dreien von allen russischen Schriftstellern gelungen ist, etwas tatsächlich *Eigenes*, ihr Eigenstes zu sagen, etwas, das sie von keinem anderen entlehnt haben, so sind diese drei sogleich auch national geworden; wer von uns Russen etwas Eigenes, etwas unanfechtbar Eigenes, von keinem Entlehntes sagt, wird unfehlbar sogleich national, und wenn er auch nur schlechtes Russisch spräche. Das ist für mich ein Axiom. Doch wir wollten ja nicht von der Literatur sprechen, wir sprachen von den Sozialisten. Und so behaupte ich denn nochmals, daß wir keinen einzigen russischen Sozialisten haben; weder jetzt noch früher, denn alle unsere sogenannten Sozialisten sind ausnahmslos aus den Gutsbesitzern und Intellektuellen hervorgegangen. Selbst unsere überzeugtesten, verschriensten Sozialisten, sowohl die hiesigen wie die im Auslande lebenden, sind nichts anderes, als liberale Gutsbesitzer aus der Zeit der Leibeigenschaft. Weshalb lachen Sie? Geben Sie mir ihre Bücher, geben Sie mir ihre Theorien, geben Sie mir alle ihre Memoiren, und ich werde, ohne Literaturkritiker zu sein, die überzeugendste literarische Kritik schreiben, in der ich sonnenklar beweisen werde, daß jede Seite ihrer Bücher, Broschüren und Memoiren in erster Linie von dem ehemaligen russischen Gutsbesitzer geschrieben ist. Ihr Unwille, ihre Wut, ihr Esprit – alles ist gutsbesitzerhaft; ihr Entzücken, ihre Ekstase, ihre Tränen, ihre vielleicht sogar aufrichtigen Tränen – sind gutsbesitzerhaft! Oder seminaristenhaft ... Sie lachen wieder, und auch Sie lachen, Fürst? Sie sind gleichfalls nicht damit einverstanden?“

Da alle lachten, hatte auch der Fürst gelächelt.

„Das kann ich so direkt noch nicht sagen, ob ich einverstanden bin oder nicht,“ sagte der Fürst, indem er sogleich ernst wurde – er war sogar wie ein ertappter Schüler zusammengezuckt, als sich Jewgenij Pawlowitsch plötzlich an ihn gewandt hatte – „aber ich versichere, daß ich Ihnen sehr gespannt zuhöre ...“ brachte er fast atemlos hervor, und kalter Schweiß trat ihm auf die Stirn. Es waren das die ersten Worte, die er hier sprach, und instinktiv wollte er sich umschauen, doch wagte er es nicht. Jewgenij Pawlowitsch erriet es und lächelte.

„Ich werde Ihnen, meine Damen und Herren, eine Tatsache mitteilen,“ fuhr er im selben Ton fort, so, als wäre er mit ungeheurem Eifer bei der Sache und mache doch dabei gleichzeitig sich fast lustig, lache womöglich über seine eigenen Worte, „eine Tatsache, deren Beobachtung und sogar Entdeckung ich die Ehre habe, mir, und zwar mir ganz allein, zuschreiben zu dürfen; wenigstens ist davon noch niemals gesprochen oder geschrieben worden. In dieser Tatsache drückt sich das ganze Wesen jenes Liberalismus, jener Art von Liberalismus aus, von der ich rede. Erstens: was ist denn der Liberalismus anderes, im allgemeinen gesprochen, als ein Herfallen – ob ein vernünftiges oder unvernünftiges ist eine andere Frage –, ein Herfallen über die bestehende Ordnung der Dinge? So ist es doch? Nun, diese meine Beobachtung besteht aber darin, daß der russische Liberalismus kein Herfallen über die bestehende Ordnung der Dinge ist, sondern ein Herfallen über das Wesen unserer Dinge, über die Dinge selbst – nicht nur über deren Ordnung, nicht über die russischen ‚Ordnungen‘, wenn man sich so ausdrücken darf, sondern über Rußland. Unser Liberaler ist schließlich so weit gekommen, daß er Rußland selbst verneint, also seine eigene Mutter haßt und schlägt; jede mißglückte russische Tat erweckt in ihm Gelächter, wenn nicht gar Entzücken. Er haßt die Volksbräuche, die russische Geschichte, alles. Wenn es eine Rechtfertigung für ihn gibt, so kann es höchstens die sein, daß er selbst nicht weiß, was er tut, und seinen Haß für den fruchtbarsten Liberalismus hält. O, Sie können bei uns oft einen Liberalen sehn, dem die übrigen begeistert Beifall spenden, und der vielleicht im Grunde genommen der unsinnigste, stumpfste und gefährlichste Konservative ist, ohne es selbst auch nur zu ahnen! Dieser Haß auf Rußland wurde vor noch nicht allzu langer Zeit von manchen unserer Liberalen fast für die wirkliche Liebe zum Vaterlande gehalten, und sie taten noch groß damit, daß sie besser sähen, als die anderen, worin diese Liebe bestehen müsse; jetzt jedoch sind sie bereits aufrichtiger geworden, jetzt schämen sie sich des Wortes ‚Vaterlandsliebe‘, ja, sie wollen sogar den Begriff desselben als schädlich und dumm ausrotten und aus der Welt schaffen; diese Tatsache ist an sich vollkommen richtig, dafür komme ich auf und, einmal wenigstens muß man doch die Wahrheit ganz aussprechen, einfach und offen. Gleichzeitig ist aber diese Tatsache in keinem anderen Jahrhundert und bei keinem anderen Volke zu finden, folglich ist sie eine zufällige und vorübergehende, ich gebe es zu. Kann es doch in keinem Lande einen Liberalen geben, der sein eigenes Vaterland haßt. Womit nun läßt sich das bei uns erklären? Ich denke, nur damit, worauf ich bereits vorhin hinwies:

daß der russische Liberale vorläufig noch gar kein russischer Liberaler ist. Und zwar ist das die einzige Erklärung, meine ich."

„Ich fasse alles, was du da gesagt hast, als Scherz auf, Jewgenij Pawlowitsch," bemerkte der Fürst Sch. sehr ernst.

„Ich habe nicht alle Liberalen gesehen und kann daher auch nicht urteilen," sagte Alexandra Iwanowna, „aber ich habe mit Unwillen Ihre Auffassung angehört: Sie haben einen einzelnen Fall zur allgemeinen Regel erhoben, folglich haben Sie verleumdet."

„Einen einzelnen Fall? A–a! Weil das Wort jetzt ausgesprochen ist!" griff sogleich Jewgenij Pawlowitsch auf. „Fürst, wie denken Sie darüber, ist es ein einzelner Fall oder nicht?"

„Ich muß zwar gleichfalls sagen, daß ich wenig ... Liberale gesehen und auch nur wenig mit solchen gesprochen habe," sagte der Fürst, „doch will es mir trotzdem scheinen, daß Sie vielleicht in gewissem Sinne recht haben ... daß jener russische Liberalismus, von dem Sie sprechen, allerdings geneigt ist, Rußland selbst zu hassen, und nicht nur etwa die staatliche Ordnung der Dinge bei uns. Natürlich ist das nur zum Teil wahr ... selbstverständlich kann man das nicht von allen sagen ...."

Er stockte und verstummte, ohne seinen Gedanken ganz auszusprechen. Man sah es ihm jedoch an, daß das Gespräch sein Interesse in hohem Maße erweckt hatte, ungeachtet seiner sonstigen inneren Erregung. Die ungewöhnliche Naivität der Aufmerksamkeit, mit der der Fürst allem zuhörte, was ihn auch nur einigermaßen interessierte, und mit der er dann auch seine Antworten gab, wenn man sich an ihn wandte, machte mitunter einen ganz eigentümlichen Eindruck. Diese Naivität, dieses blinde Vertrauen, das von Spott und Scherz nichts zu ahnen schien, drückte sich nicht nur in seinem Gesicht, sondern auch in seiner ganzen Körperhaltung aus.

Jewgenij Pawlowitsch hatte sich noch nie anders als mit einem feinen, ganz feinen Spottlächeln an ihn gewandt, doch jetzt, nachdem ihm diese Antwort zuteil geworden, blickte er ihn zum erstenmal mit völlig ernstem Gesicht an, ganz als hätte er nie und nimmer eine solche Antwort von ihm erwartet.

„Also ... wie Sie das doch sonderbar ...." begann er verwundert, „.... Und Sie haben mir wirklich im Ernst geantwortet, Fürst?"

„Ja, haben Sie denn nicht auch im Ernst gefragt?" versetzte der Fürst erstaunt.

Alle lachten.

„Glauben Sie das doch nicht," Adelaida lachte, „Jewgenij Pawlowitsch treibt mit allem und allen nur seinen Spott! Wenn Sie erst wüßten, von was für Dingen er bisweilen wie von etwas durchaus Ernstzunehmendem redet!"

„Ich finde, daß man mit so ernsten Dingen nicht scherzen sollte, lassen wir daher dieses Gespräch," versetzte Alexandra unwillig. „Wir wollten doch spazieren gehen."

„Gewiß, gehen wir, der Abend ist wundervoll!" rief Jewgenij Pawlowitsch lebhaft aus. „Doch um Ihnen zu beweisen, daß ich diesmal im Ernst gesprochen habe, um es vor allem Ihnen zu beweisen, Fürst – Sie haben mich in der Tat außerordentlich zu interessieren gewußt, Fürst, und ich versichere Sie, daß ich denn doch noch nicht ein so leerer Mensch bin, wie es den Anschein haben muß ... obschon ich in der Tat ein leerer Mensch bin! – und ... wenn Sie erlauben, meine Damen und Herren, werde ich nur noch eine, meine letzte Frage an den Fürsten stellen, nur aus besonderem Interesse, und damit wollen wir dann die Sache beenden. Diese Frage ist mir erst vor etwa zwei Stunden in den Sinn gekommen – wie Sie sehen, Fürst, denke ich bisweilen auch über ernste Dinge nach; ich selbst habe mir meine Frage bereits beantwortet, doch wollen wir sehen, was nun der Fürst zu ihr sagen wird. Soeben ist hier von einem ‚einzelnen Fall‘ gesprochen worden. Dieses Wort ist bei uns sehr bedeutungsvoll, man hört es gar zu oft. Vor nicht langer Zeit wurde so viel geschrieben und gesprochen von diesem entsetzlichen Morde der sechs Menschen ... den ein ganz junger Mann begangen hatte, und von der wunderlichen Rede des Verteidigers, in der dieser es *ganz natürlich* fand, daß dem Angeklagten infolge seiner Armut der Gedanke gekommen war, diese sechs Menschen zu ermorden. Er hat es zwar nicht so kurz und mit diesen Worten gesagt, doch der Sinn seiner Rede war kein anderer. Meiner persönlichen Ansicht nach ist der Verteidiger, als er diesen so seltsamen Gedanken ausgesprochen, fest überzeugt gewesen, daß er das Liberalste, Humanste und Fortgeschrittenste gesagt habe, das man in unserer Zeit überhaupt sagen könnte. Nun, was aber meinen Sie, welches wäre Ihre Meinung: ist diese Entstellung unserer bisherigen Begriffe und Überzeugungen, die Möglichkeit einer so schiefen Auffassung der Sache ein einzelner Fall oder ein allgemeiner Ausdruck?"

Wieder lachten alle.

„Ein einzelner, selbstverständlich ein einzelner!" sagten Alexandra und Adelaida lachend.

„Erlaube mir, zu bemerken, Jewgenij Pawlowitsch," wandte Fürst Sch. ein, „daß dieser Prozeßscherz schon mehr als alt ist ..."

„Was meinen Sie, Fürst?" fragte Jewgenij Pawlowitsch, ohne den anderen anzuhören, als er den neugierigen ernsten Blick des Fürsten Lew Nikolajewitsch auffing, mit dem ihn dieser ansah. „Wie scheint es Ihnen: ist es ein einzelner, sozusagen ein Privatfall, oder ein typischer? Ich habe, offen gestanden, nur für Sie diese Frage ausgedacht."

„Nein, kein einzelner Fall," sagte leise, doch fest der Fürst.

„Aber ich bitte Sie, Lew Nikolajewitsch!" rief fast unwillig Fürst Sch. aus, „sehen Sie denn nicht, daß er Ihnen nur Fallen stellt! Er treibt doch nur Scherz und will Sie fangen."

„Ich dachte, Jewgenij Pawlowitsch habe im Ernst gesprochen," entschuldigte sich der Fürst; das Blut stieg ihm heiß ins Gesicht, und er senkte den Blick zu Boden.

„Mein lieber Fürst," fuhr Fürst Sch. fort, „entsinnen Sie sich noch dessen, was wir einmal vor drei Monaten sprachen? Wir sprachen gerade über unser Rechtswesen und meinten, daß wir unter unseren Juristen eine ganze Reihe von wirklich bemerkenswerten und talentvollen Verteidigern hätten, und auf wie viele, wie viele im höchsten Grade bemerkenswerte Urteile der Geschworenen könne man nicht bereits hinweisen! Und wie Sie sich darüber freuten, und wie ich mich über Ihre Freude freute! ... Wir sagten noch, daß wir stolz sein könnten ... Diese ungeschickte Verteidigungsrede aber ist selbstverständlich ein Ausnahmefall, eine Eins unter Tausenden ..."

Fürst Lew Nikolajewitsch dachte nach und antwortete dann offenbar fest überzeugt, wenn er auch nur leise und fast schüchtern sprach:

„Ich wollte nur sagen, daß die Entstellung der Ideen und Begriffe, wie sich Jewgenij Pawlowitsch ausdrückte, sehr oft vorkommt und weit mehr ein typischer als ein einzelner Fall ist, leider. Und das sogar in dem Maße, daß es vielleicht, wenn diese Entstellung nicht so allgemein wäre, vielleicht auch weniger solche unmöglichen Verbrechen geben würde, wie jetzt."

„Unmögliche Verbrechen? Aber ich versichere Sie, daß es genau solche Verbrechen und noch viel schrecklichere auch früher gegeben hat, und nicht nur bei uns, sondern überall, und meiner Ansicht nach werden sie sich auch noch sehr lange fortsetzen und wiederholen. Der Unterschied besteht nur darin, daß sie früher weniger bekannt wurden, während jetzt alle Zeitungen spaltenlange Berichte von jeder neuen Mordtat bringen, und deshalb scheint es dann, daß diese Verbrechen erst jetzt aufgetaucht sind. Sehen Sie, das ist Ihr ganzer Irrtum, lieber Fürst, ein sehr naiver Irrtum, kann man sagen," schloß mit etwas spöttischem Lächeln Fürst Sch.

„Ich weiß es selbst, daß es auch früher sehr viele Verbrechen gegeben hat," entgegnete Lew Nikolajewitsch, „und zwar ebenso entsetzliche wie jetzt. Ich bin noch vor kurzem in Gefängnissen gewesen und es ist mir sogar gelungen, mit einzelnen Verbrechern und Angeklagten näher bekannt zu werden. Es gibt sogar noch viel entsetzlichere Mörder als diese hier, Verbrecher, die ganze zehn Menschen ermordet haben und ihre Tat nicht im geringsten bereuen. Aber es ist mir bei der Gelegenheit doch eines aufgefallen: daß selbst der eingefleischteste und kälteste Mörder, der nicht die geringste Reue empfindet, dennoch weiß, daß er ein *Verbrecher* ist, vor seinem Gewissen weiß, daß er schlecht gehandelt hat, wenn er dabei vielleicht auch keine Reue empfindet. Und so ist ein jeder von ihnen. Diese aber, von denen Jewgenij Pawlowitsch spricht, wollen sich nicht für Verbrecher halten und sind innerlich fest überzeugt, daß sie das Recht dazu gehabt und sogar etwas sehr Gutes getan haben oder doch fast etwas Gutes. Und darin besteht eben, meiner Ansicht nach, der ganze furchtbare Unterschied. Und nicht zu vergessen, daß diese Verbrecher noch alle sehr jung sind, sich gewöhnlich in einem Alter befinden, in dem man am leichtesten und wehrlosesten den Entstellungen gewisser Ideen gegenübersteht."

Fürst Sch. hatte aufgehört zu lachen und hörte verwundert dem Fürsten zu. Alexandra Iwanowna, die noch etwas hatte bemerken wollen, sagte nichts mehr, als hätte sie ein besonderer Gedanke davon zurückgehalten. Jewgenij Pawlowitsch sah aber den Fürsten ganz verblüfft an, und diesmal war tatsächlich keine Spur von einem Lächeln in seinem Gesicht zu bemerken.

„Nun, warum sind Sie denn so erstaunt, mein Herr?" trat ganz plötzlich Lisaweta Prokofjewna für den Fürsten ein. „Meinten Sie, daß er zu dumm sei, um ebenso wie Sie denken zu können?"

„N–nein, das nicht," brachte Jewgenij Pawlowitsch etwas verwirrt hervor, „nur ... wie haben Sie denn, Fürst – verzeihen Sie meine Frage – wenn Sie das selbst sehen und bemerken, wie haben Sie dann, Verzeihung, in dieser sonderbaren Angelegenheit ... die da vor ein paar Tagen ... Burdowskij hieß der Mann, wenn ich nicht irre ... wie haben Sie dann in dieser Affäre dieselbe Entstellung der Ideen und sittlichen Überzeugungen nicht gesehen? Das war doch ganz genau dasselbe! Es schien mir damals, daß Sie es überhaupt nicht bemerkt hätten."

„Hören Sie mal, mein Lieber," wandte sich Lisaweta Prokofjewna mit geröteten Wangen an Jewgenij Pawlowitsch, „wir hier haben es alle bemerkt und sitzen jetzt und tun groß vor ihm, er aber hat heute einen Brief von dem Hauptanführer erhalten, von dem finnigen, entsinnst du dich, Alexandra? In diesem Brief bittet er ihn um Verzeihung, wenn auch auf seine Art, und teilt mit, daß er mit jenem Freunde gebrochen habe, der ihn da aufhetzte, – entsinnst du dich, Alexandra? Und daß er dem Fürsten jetzt mehr Glauben schenkt als ihnen. Nun, wir aber haben einen solchen Brief noch nicht erhalten, und da ist es vielleicht etwas wenig am Platz, wenn wir hier vor ihm unsere Nasen hochheben."

„Und Hippolyt ist soeben gleichfalls beim Fürsten eingetroffen!" rief Koljä.

„Wie? Ist er schon hier?" fuhr der Fürst fast erschrocken auf.

„Ja, Sie waren gerade mit Lisaweta Prokofjewna fortgegangen; ich brachte ihn."

„Da haben wir's!" fuhr Lisaweta Prokofjewna sogleich empört auf, ohne daran zu denken, daß sie soeben erst den Fürsten gelobt hatte. „Ich wette, daß er gestern in seine Dachstube geklettert ist und ihn auf den Knien um Verzeihung gebeten hat, damit diese giftige Fliege sich dazu herabließe, hierherzukommen und bei ihm zu wohnen! Du bist doch gestern bei ihm gewesen? Du hast es doch vorhin schon gestanden! Ja oder nein? Hast du vor ihm auf den Knien gelegen, sprich!"

„Durchaus nicht!" rief Koljä ebenso empört wie Lisaweta Prokofjewna. „Ganz im Gegenteil: Hippolyt hat seine Hand erfaßt und sie zweimal geküßt, ich habe es selbst gesehen, und damit endete die ganze Unterredung! Der Fürst hatte ihm nur gesagt, daß er es hier in Pawlowsk leichter haben würde, und Hippolyt war sofort einverstanden, herüberzufahren, sobald er sich nur etwas besser fühle ..."

„Das haben Sie ganz unnötigerweise gesagt, Koljä" ... murmelte der Fürst betreten, indem er nach seinem Hut griff, „weshalb erzählen Sie das, ich ..."

„Wohin?" hielt ihn Lisaweta Prokofjewna auf.

„Lassen Sie sich nicht stören, Fürst," fuhr Koljä fort, „gehen Sie jetzt nicht zu ihm, es würde ihn nur aufregen, die Fahrt hat ihn sowieso schon so angegriffen, daß er sogleich eingeschlafen ist. Er ist sehr froh. Und wissen Sie, Fürst, ich glaube, es ist viel besser so, daß er Sie nicht sogleich sieht, schieben Sie es noch bis morgen auf, sonst würde er sich ja doch unbedingt wieder so tief vor Ihnen schämen. Heute morgen sagte er, daß er sich lange nicht so gut und so leicht gefühlt habe, und er hustete auch viel weniger."

Der Fürst bemerkte, daß Aglaja sich plötzlich erhob und an den Tisch trat. Er wagte nicht, hinzusehen, aber er fühlte mit jeder Fiber, daß sie ihn ansah, vielleicht sogar zornig ansah, mit einem deutlichen Unwillen in ihrem dunklen Blick, und mit gerötetem Gesicht.

„Mir will es aber scheinen, daß Sie ihn ganz unnütz hierhergebracht haben, Nikolai Ardalionowitsch, wenn Sie nur von demselben schwindsüchtigen Knaben sprechen, der damals auf der Terrasse zu weinen begann und uns alle zu seiner Beerdigung einlud," bemerkte Jewgenij Pawlowitsch. „Er sprach damals so schön von der Brandmauer des Nachbarhauses, daß er sich bald nach ihr zurücksehnen wird, dessen können Sie sicher sein."

„Natürlich! – er wird launisch werden, wird mit dir streiten, ihr werdet euch in die Haare geraten und dann fährt er fort und läßt dich sitzen – da hast du's dann!"

Und Lisaweta Prokofjewna zog würdevoll ihr Handarbeitstäschchen zu sich heran, ohne daran zu denken, daß sich alle bereits zum Spaziergang erhoben hatten.

„Soviel mir erinnerlich ist, prahlte er sogar sehr mit dieser Wand," bemerkte wieder Jewgenij Pawlowitsch. „Ohne diese Wand wird er nicht ‚schön' sterben können, er aber will doch vor allen Dingen gerade ‚schön' sterben."

„Nun, was ist denn dabei?" murmelte der Fürst. „Wenn Sie ihm nicht vergeben wollen, so wird er doch auch ohne Ihre Vergebung sterben ... Jetzt ist er wegen der Bäume hergekommen."

„O, was mich betrifft, so bin ich gern bereit, ihm alles zu vergeben, dessen können Sie ihn versichern."

„Nein, das ist nicht so zu verstehen," sagte leise und gleichsam widerstrebend der Fürst, indem er fortfuhr, unbeweglich auf einen Punkt des Fußbodens zu sehen, ohne den Blick zu erheben, „sondern so, daß auch Sie bereit waren, von ihm die Vergebung zu empfangen."

„Ich? Wozu denn das? Was habe ich denn verbrochen?"

„Wenn Sie das nicht verstehen, so ... aber Sie verstehen es doch. Er wollte damals ... Sie alle segnen und auch von Ihnen Segen empfangen, und das war alles ..."

„Lieber Fürst," unterbrach ihn Fürst Sch. etwas furchtsam, wie es schien, als wolle er schnell vorbeugen, nachdem er mit jemand einen Blick ausgetauscht hatte, „das Paradies ist auf Erden nicht so leicht zu erwerben, Sie aber rechnen doch auch ein wenig auf ein irdisches Glück.

Nein, das Paradies ist eine schwere Sache, lieber Fürst, viel schwerer, als es Ihrem prächtigen Herzen scheint. Doch brechen wir ab, sonst geraten wir wieder in eine Debatte und dann ..."

„Gehen wir, wir wollten doch die Musik anhören," sagte Lisaweta Prokofjewna schroff und erhob sich ärgerlich.

Ihrem Beispiel folgten auch die anderen.

## II.

Plötzlich trat der Fürst auf Jewgenij Pawlowitsch zu.

„Jewgenij Pawlowitsch," sagte er in seltsamer Erregung und er streckte ihm die Hand entgegen, „seien Sie überzeugt, daß ich Sie für den edelsten und besten Menschen halte, trotz allem; seien Sie davon überzeugt ..."

Jewgenij Pawlowitsch trat sogar einen Schritt zurück vor Erstaunen. Einen Augenblick lang mußte er sich Gewalt antun, um nicht hell aufzulachen, doch nachdem er etwas aufmerksam den Fürsten angesehen, bemerkte er, daß dieser sich in einem ganz eigentümlichen Zustande befand: er war wie außer sich.

„Ich bin überzeugt," rief er aus, „daß Sie, Fürst, gar nicht das sagen wollten und vielleicht sogar auch gar nicht zu mir das sagen wollten ... Aber was ist Ihnen? Ist Ihnen schlecht?"

„Vielleicht, ja, es ist sogar sehr möglich, daß ich gar nicht, das ... Sie haben das sehr fein bemerkt, daß ich vielleicht gar nicht auf Sie zutreten wollte!"

Und nachdem er das gesagt, lächelte er sehr sonderbar, lächelte er fast lächerlich. Doch plötzlich ging ein Zusammenzucken über seine Gestalt, er rief laut aus:

„Erinnern Sie mich nicht daran, was ich damals tat, vor drei Tagen! Ich habe mich diese ganzen drei Tage unsäglich geschämt ... Ich weiß, daß ich schuldig bin ..."

„Ja ... ja aber, was haben Sie denn so Furchtbares begangen?"

„Ich sehe, daß Sie sich vielleicht am meisten für mich schämen, Jewgenij Pawlowitsch. Sie erröten, das ist das Zeichen eines guten Herzens. Ich werde sogleich fortgehen, seien Sie überzeugt."

„Aber was hat er nur!" wandte sich Lisaweta Prokofjewna ganz erschrocken an Koljä. „Fangen etwa seine Anfälle so an?"

„Beunruhigen Sie sich nicht, Lisaweta Prokofjewna, ich habe keinen Anfall, ich werde sogleich gehen. Ich weiß, daß ich ... von der Natur zurückgesetzt bin. Ich war vierundzwanzig Jahre lang krank, jawohl, bis zu meinem vierundzwanzigsten Lebensjahr. So ... müssen Sie mich auch jetzt als Kranken beurteilen. Ich werde sogleich fortgehen, sogleich, ich versichere Sie. Ich erröte nicht – denn es wäre doch sonderbar, deshalb zu erröten, nicht wahr? – aber in der Gesellschaft bin ich überflüssig ... Ich sage das nicht aus gekränkter Eigenliebe ... Ich habe in diesen drei Tagen nachgedacht und bin zu der Einsicht gekommen, daß ich, wenn ich mich jetzt ganz zurückziehe, Sie darüber bei der ersten Gelegenheit aufklären muß. Es gibt Ideen, es gibt hohe Ideen, von denen zu reden ich gar nicht anfangen darf, denn ich würde doch nur alle erheitern; Fürst Sch. hat mich soeben daran erinnert ... Ich habe kein Benehmen, ich kenne kein Maßhalten; meine Worte entsprechen nicht meinen Gedanken – das aber ist eine Erniedrigung dieser Gedanken. Und deshalb habe ich kein Recht ... Zudem bin ich noch mißtrauisch, ich ... ich bin überzeugt, daß mich in diesem Hause niemand kränken will und man mich mehr liebt, als ich es wert bin, aber ich weiß, ich weiß ja doch ganz genau, daß von einer vierundzwanzigjährigen Krankheit unbedingt etwas nachgeblieben sein muß, so daß man bisweilen ... unwillkürlich über mich lachen muß ... nicht wahr, so ist's doch?“

Er schien eine Antwort, eine Entscheidung zu erwarten, indem er sich fragend im Kreise umsah. Doch alle standen noch ganz überrascht und verwundert unter dem Eindruck dieses unerwarteten, krankhaften, und wie man meinen sollte, in jedem Falle grundlosen Ausfalls, und niemand sagte ein Wort.

„Weshalb sagen Sie das hier?“ stieß plötzlich Aglaja zitternd hervor. „Weshalb sagen Sie das ihnen? ihnen! ihnen!“

Sie schien außer sich zu sein. Ihre Augen glühten. Ihr Blick blitzte. Der Fürst sah sie sprachlos an ... und plötzlich erbleichte er.

„Hier gibt es keinen einzigen, der dieser Worte wert wäre!“ fuhr Aglaja wie rasend fort. „Alle diese hier, alle, alle, sind nicht einmal Ihres kleinen Fingers wert, geschweige denn Ihres Verstandes oder Herzens! Sie sind ehrlicher als alle, Sie sind edler als alle, Sie sind besser, Sie sind reiner, Sie sind klüger als alle! Kein einziger von ihnen ist wert, dieses Taschentuch da, das Sie haben fallen lassen, aufzuheben ... Weshalb erniedrigen Sie sich, weshalb stellen Sie sich niedriger als alle anderen? Weshalb haben Sie das alles hier vorgebracht, weshalb haben Sie so gar keinen Stolz?“

„Großer Gott, wer hätte das je ahnen können!" rief Lisaweta Prokofjewna, die Hände zusammenschlagend, aus.

„Der arme Ritter! Hurra!" schrie Koljä begeistert.

„Schweigen Sie! ... Wie darf man es wagen, mich hier in Ihrem Hause zu beleidigen!" brachte Aglaja zornbebend hervor und stürzte zur Mutter. Sie befand sich bereits in jenem hysterischen Zustande, in dem man alle Grenzen vergißt. „Alle, alle, alle quälen mich! Und weshalb? Fürst, weshalb werde ich die ganze Zeit, ganze drei Tage schon, Ihretwegen gequält? Unter keiner Bedingung werde ich Sie heiraten! Hören Sie? Unter keiner Bedingung, nie, niemals! Damit Sie es nur wissen! Kann man denn einen so lächerlichen Menschen wie Sie überhaupt lieben? So blicken Sie doch nur einmal in den Spiegel, sehen Sie doch, wie Sie dastehen und wie Sie jetzt aussehen! Weshalb, weshalb necken mich alle, weshalb ziehen sie mich immer damit auf, daß ich Sie heiraten würde? Sie müssen es wissen! Sie sind gleichfalls mit ihnen im Bunde, alle haben sie sich gegen mich verschworen!"

„Niemand hat sie aufgezogen, was redet sie!" stotterte Adelaida aufrichtig erschrocken.

„Es ist uns überhaupt nicht in den Sinn gekommen, auch nur ein Wort davon zu sagen!" versicherte Alexandra Iwanowna sichtlich bestürzt.

„Wer hat sie aufgezogen? Wann denn? Wer hat ihr so etwas sagen können? Phantasierst du, bist du krank?" brachte Lisaweta Prokofjewna zitternd vor Empörung hervor.

„Alle, alle haben mich aufgezogen, diese ganzen drei Tage! Niemals, niemals werde ich ihn heiraten!" raste Aglaja, und plötzlich brach sie in bittere Tränen aus, preßte ihr Taschentuch vor das Gesicht und sank auf einen Stuhl.

„Ja aber ... er hat dich ja noch gar nicht darum geb..."

„Ich habe Sie gar nicht darum gebeten, Aglaja Iwanowna," entfuhr es plötzlich ganz unwillkürlich dem Fürsten.

„Wa–as?" fragte erstaunt und fast entsetzt Lisaweta Prokofjewna. „Wa–as war das?"

Sie traute ihren Ohren nicht.

„Ich wollte sagen ... ich wollte nur sagen," stammelte der Fürst zitternd, „ich wollte Aglaja Iwanowna nur erklären ... die Ehre haben, ihr zu erklären, daß ich durchaus nicht die Absicht gehabt habe ... die Ehre gehabt habe, um Ihre Hand anzuhalten ... Ich bin hier wirklich, bei Gott, ganz unschuldig, Aglaja Iwanowna! Ich habe es niemals gewollt, es ist mir nie in den Sinn gekommen, und ich werde es auch niemals wollen, Sie werden sehen, Sie können vollkommen ruhig sein, ich versichere Sie! Es muß mich hier ein mir übelwollender Mensch verleumdet haben! Sie können wirklich ganz ruhig sein!"

Während er das sprach, hatte er sich Aglaja genähert. Plötzlich nahm sie das Taschentuch vom Gesicht, blickte ihn schnell an, dachte einen Augenblick nach und – brach in helles Gelächter aus, in ein so fröhliches, unbezwingbares, ansteckendes Lachen, daß Adelaida als erste nicht widerstehen konnte, namentlich nach einem Blick auf den Fürsten, schnell zur Schwester lief, sie umarmte und in ein ebenso unbezwingbares Lachen ausbrach wie diese. Beim Anblick der beiden, wie die Schulrangen lachenden Schwestern mußte plötzlich auch der Fürst lächeln, und erleichtert, froh und glücklich sagte er:

„Gott sei Dank, nun, Gott sei Dank!"

Da hielt es auch Alexandra nicht aus und begann gleichfalls von ganzem Herzen zu lachen. Das Gelächter der drei schien gar kein Ende mehr nehmen zu wollen.

„Verrückt seid ihr!" brummte Lisaweta Prokofjewna. „Zuerst erschreckt ihr einen – ich weiß nicht wie, und dann ..."

Da lachte auch schon Fürst Sch., und lachten Jewgenij Pawlowitsch und Koljä, und beim Anblick so vieler Lachenden mußte schließlich auch der Fürst lachen.

„Gehen wir spazieren, gehen wir spazieren!" rief Adelaida. „Alle, alle, auch der Fürst muß mitkommen! Nein, Sie dürfen jetzt nicht fortgehen, Sie lieber Mensch, Sie! Nein, wie reizend er doch ist, Aglaja! Nicht wahr, *maman*? Nein, ich muß ihm jetzt unbedingt, unbedingt einen Kuß dafür geben, für ... für den Korb, den er Aglaja gegeben hat! *Maman*, liebe, gute, Sie erlauben mir doch, ihn zu küssen? Aglaja, erlaubst du, daß ich *deinen* Fürsten küsse?" rief die Unartige in ihrem Übermut, lief schnell zum Fürsten und küßte ihn auch tatsächlich auf die Stirn.

Fürst Lew Nikolajewitsch ergriff ihre beiden Hände, preßte sie so fest zusammen, daß Adelaida fast aufschreien wollte, blickte sie mit unendlicher Freude an, und plötzlich führte er schnell ihre Hand an seine Lippen und küßte sie dreimal.

„Gehen wir!" rief Aglaja. „Fürst, Sie werden mit mir gehen. Darf ich, *maman*? Er hat mir doch einen Korb gegeben! Sie haben sich doch auf ewig von mir losgesagt, Fürst? Aber doch nicht so, doch nicht so reicht man einer Dame den Arm! Wissen Sie denn noch nicht, wie man einer Dame den Arm reicht? So, sehen Sie, so macht man das. Nun, gehen wir jetzt, gehen wir! Und wir sind das erste Paar, wir wollen vorausgehen! Wollen Sie so mit mir gehen – *tête-à-tête?*"

Sie sprach ohne Unterlaß, und immer noch konnte sie ihr Lachen nicht ganz bezwingen.

„Gott sei Dank! Nun, Gott sei Dank!" atmete Lisaweta Prokofjewna wie erlöst auf, ohne selbst so recht zu wissen, worüber sie sich eigentlich freute und wofür sie dankte.

„Sonderbare Menschen!" dachte Fürst Sch., vielleicht zum hundertsten Male schon, seit er sie kennen gelernt hatte ... sie gefielen ihm, diese sonderbaren Menschen. Nur der Fürst gefiel ihm bedeutend weniger. Fürst Sch. fühlte sich sehr beunruhigt, als sie alle zusammen den Spaziergang antraten.

Jewgenij Pawlowitsch war scheinbar in der heitersten Laune. Auf dem ganzen Wege bis zum Kurhaus scherzte er mit Alexandra und Adelaida, die ihrerseits mit so auffallender Bereitwilligkeit auf seine Späße eingingen, daß er den Verdacht schöpfte, sie könnten ihm überhaupt nicht zuhören. Bei diesem Gedanken lachte er dann plötzlich, ohne einen Grund anzugeben, laut auf, und zwar aufrichtig, von ganzem Herzen, – das war schon so sein Charakter! Die Schwestern befanden sich beide in gehobener Stimmung, ununterbrochen beobachteten sie Aglaja und den Fürsten, die ihnen vorangingen; augenscheinlich kam ihnen ihre jüngste Schwester sehr rätselhaft vor. Fürst Sch. wiederum gab sich Mühe, Lisaweta Prokofjewna mit nebensächlichen Dingen zu unterhalten, vielleicht um sie von gewissen anderen Dingen abzulenken, und langweilte und ärgerte sie schrecklich damit. Sie schien sehr niedergeschlagen zu sein, antwortete zerstreut und manchmal überhaupt nicht. Doch das rätselhafte Benehmen Aglaja Iwanownas sollte an diesem Abend noch nicht sein Ende finden. Als man sich ungefähr hundert Schritt von der Datsche entfernt hatte, flüsterte Aglaja halblaut ihrem schweigsamen Begleiter zu:

„Sehen Sie nach rechts."

Der Fürst blickte hin.

„Sehen Sie diese Bank im Park, dort wo die drei großen Bäume stehen ... die grüne Bank?"

Der Fürst bejahte.

„Gefällt Ihnen dieser Platz? Dorthin gehe ich bisweilen des Morgens gegen sieben Uhr, allein, wenn die anderen noch schlafen."

Der Fürst antwortete verwirrt, daß der Platz in der Tat sehr schön sei.

„Doch jetzt gehen Sie fort von mir, ich will nicht mehr mit Ihnen Arm in Arm gehen. Oder bleiben Sie, doch sprechen Sie mit mir kein Wort. Ich will mich mit meinen eigenen Gedanken beschäftigen ...“

Diese Aufforderung war jedenfalls sehr überflüssig; der Fürst hätte sicher auch ohne diesen Befehl auf dem ganzen Wege zu ihr nicht ein einziges Wort gesprochen. Sein Herz klopfte so heftig, als sie ihm die Bank zeigte, doch beruhigte er sich bald darauf wieder und wies die dummen Gedanken, die ihm kamen, mit Entrüstung von sich.

Bei den Pawlowsker Kurhauskonzerten[] ist das Publikum bekanntlich an Wochentagen ein besseres und gewähltteres, als an den Sonn- und Feiertagen, an denen alle Welt aus Petersburg dorthin kommt. Die Toiletten sind nicht so auffallend, doch eleganter, und es gehört zum guten Ton, dorthin zur Musik zu gehen. Das Orchester ist in der Tat das beste von allen unseren Sommerorchestern und setzt immer die neuesten Kompositionen auf das Programm. Der gesellschaftliche Ton ist vorzüglich, der Besuch des Publikums trägt einen intimeren Charakter. Die Datschenbewohner geben sich hier ihr Rendezvous. Viele finden sich mit Vergnügen nur um des Rendezvous' willen hier ein; doch gibt es auch andere, die wirklich der Musik wegen kommen. Skandalgeschichten ereignen sich an diesen Tagen äußerst selten, doch pflegen auch sie manchmal vorzukommen. Ganz ohne Skandal scheint es denn doch einmal in der Welt nicht abzugehen.

Der Abend war diesmal wunderschön, und es hatte sich viel Publikum versammelt. Um das Orchester herum waren alle Plätze besetzt. Unsere Gesellschaft nahm auf einigen Stühlen am linken Ausgange des Saales Platz. Das Wogen der Menge und die Musik belebte Lisaweta Prokofjewna und erheiterte auch die jungen Damen; sie nickten freundlich Bekannten zu, die sie erblickten, kritisierten die Toiletten und machten sich über manche auffallende Einzelheiten an ihnen lustig. Auch Jewgenij Pawlowitsch grüßte des öfteren. Aglaja und der Fürst, die immer noch zusammen waren, lenkten die Aufmerksamkeit der Anwesenden ersichtlich auf sich. Bald kamen bekannte junge Leute zu ihnen, meistenteils Leutnants und Freunde Jewgenij Pawlowitschs, die bei der Mutter und den jungen Damen ihre Aufwartung machten. Unter diesen befand sich auch ein junger, sehr schöner, sehr lustiger und unterhaltender Offizier: er bemühte sich, die Aufmerksamkeit Aglajas auf sich zu lenken und sie in ein Gespräch zu ziehen. Aglaja war sehr liebenswürdig und heiter zu ihm. Jewgenij Pawlowitsch stellte seinen Freund auch dem Fürsten vor.

Der Fürst begriff kaum, was um ihn vorging, er reichte fast unbewußt dem Leutnant seine Hand. Der Freund Jewgenij Pawlowitschs richtete an ihn eine Frage, doch der Fürst beantwortete sie nicht oder murmelte etwas Unverständliches vor sich hin, so daß der Leutnant ihn befremdet musterte, darauf Jewgenij Pawlowitsch ansah und sofort begriff, warum der sie miteinander bekannt gemacht hatte. Lächelnd wandte er sich dann wieder Aglaja zu. Nur Jewgenij Pawlowitsch war es aufgefallen, daß Aglaja plötzlich darüber errötete.

Der Fürst bemerkte es nicht einmal, daß andere sich um die Gunst Aglajas bewarben, ja, er vergaß sogar minutenlang, daß er neben ihr saß. Am liebsten wäre er irgendwohin entflohen, an einen düsteren, öden Ort, nur um mit seinen Gedanken allein sein zu können, und so, daß niemand wußte, wo er sich befand. Oder, wäre er wenigstens bei sich allein zu Hause auf der Terrasse gewesen, ohne Lebedeff, ohne die Kinder, könnte er wenigstens allein in seinem Zimmer sich auf seinem Diwan ausstrecken, sein Gesicht in die Kissen drücken und so liegen Tag und Nacht und noch einen Tag! Für Augenblicke sehnte er sich nach den Bergen und dachte an seinen Lieblingsplatz an der Trift: wohin er, als er dort lebte, immer zu gehen pflegte, um von ihm aus hinunter ins Dorf sehen zu können, auf den nebligen weißen Strich des Wasserfalls, auf die weißen Wolken und die alte Schloßruine. Oh, wie gerne wäre er jetzt dort, um nur an das eine zu denken, – oh, sein ganzes Leben lang nur daran –, und auf tausend Jahre hätte es gereicht! Und möge man, möge man ihn hier ganz vergessen. Oh, es müßte sogar so sein, und es wäre besser, wenn sie ihn überhaupt nicht gekannt hätten und wenn alles, was er hier erlebt, nur ein Traum gewesen wäre. Aber ist es denn nicht einerlei, ob Traum, ob Wirklichkeit! Plötzlich starrte er Aglaja an und wandte ganze fünf Minuten lang seinen Blick von ihrem Gesicht nicht ab. Doch sonderbar war dieser Blick von ihm: es schien, als sehe er auf sie wie einen Gegenstand, der sich weit, weit von ihm befände, oder wie auf ihre Photographie, und nicht auf sie selbst.

„Weshalb sehen Sie mich so an, Fürst?“ fragte sie ihn plötzlich, das Gespräch mit ihrer Umgebung abbrechend. „Ich fürchte mich vor Ihnen; mir scheint es, als wollten Sie Ihre Hand ausstrecken, um mit einem Finger mein Gesicht zu berühren. Genau so sieht er mich an, nicht wahr, Jewgenij Pawlowitsch?“

Der Fürst hörte sie an und schien ganz verwundert, daß sie sich an ihn gewandt hatte, auch verstand er sie gar nicht, denn er antwortete nichts darauf. Als er aber sah, daß sie und alle lachten, da verzog auch er seinen Mund zu einem Lächeln. Das Gelächter um ihn herum verstärkte sich; der

Leutnant, offenbar ein sehr lachlustiger Mensch, platzte vor Lachen. Aglaja murmelte plötzlich wütend vor sich hin:

„Idiot!"

„Großer Gott, könnte sie denn wirklich solch einen ... hat sie wirklich ganz ihren Verstand verloren!" murmelte knirschend vor Wut Lisaweta Prokofjewna.

„Das ist nur Scherz, wie das mit dem armen Ritter," flüsterte ihr Alexandra ins Ohr, „und nichts mehr! Sie hat ihn wieder aufs Korn genommen. Doch dieser Spaß geht wirklich zu weit, *maman*, man muß dem ein Ende machen. Vorhin am Abend gebärdete sie sich ja wie eine Schauspielerin, hat uns nur erschrecken wollen ..."

„Es ist doch gut, daß sie auf einen solchen Idioten gestoßen ist," antwortete ihr leise Lisaweta Prokofjewna.

Der Fürst hatte es gehört, daß man ihn einen Idioten nannte und zuckte zusammen – doch nicht eigentlich, weil man ihn so genannt hatte. Das Wort „Idiot" vergaß er sofort. Aber im Gedränge, nicht weit davon entfernt, wo er saß – er hätte nicht sagen können, an welcher Stelle –, tauchte plötzlich wieder ein Gesicht auf, ein bleiches Gesicht mit dunklen lockigen Haaren, mit dem bekannten, nur zu bekannten Lächeln und dem Blick, – tauchte auf und verschwand. Vielleicht hatte ihm alles das nur so geschienen. Von der ganzen Erscheinung blieben ihm nur die Augen, das Lächeln und das hellgrüne Halstuch haften, das die vor ihm auftauchende Erscheinung getragen. Verlor sich dieser Mensch in der Menge? oder war er zum Saal hinausgegangen? Das konnte der Fürst nicht sagen.

Eine Minute nachher sprang er plötzlich auf und blickte unruhig um sich; wie wenn die erste Erscheinung der Vorläufer einer zweiten wäre? So mußte es sicher kommen. Hatte er wirklich die Möglichkeit einer Begegnung so ganz vergessen, daß er hierher gekommen war? Wirklich, als er hierher gekommen war, hatte er überhaupt nicht gewußt, wohin er ging, in einem solchen Zustande befand er sich. Wenn er nur etwas aufmerksamer gewesen wäre, so hätte er noch vor einer Viertelstunde bemerken können, mit welcher Unruhe und Erwartung Aglaja um sich geblickt hatte, als ob sie jemanden suchte, erwartete. Jetzt, als sie seine Unruhe bemerkte, wuchs auch ihre Aufregung, und als er sich umblickte, folgte auch sie seinen Blicken. Die Katastrophe sollte nicht ausbleiben.

In demselben Eingange, in dessen Nähe Jepantschins sich niedergelassen hatten, erschien plötzlich ein Schwarm von etwa zehn Menschen. Ihnen voran gingen drei Damen, zwei von ihnen waren von ungewöhnlicher Schönheit, so daß es weiter nicht wunderlich schien, wenn ihnen so viele Verehrer folgten. Doch sie selbst wie ihr Gefolge waren etwas außergewöhnlicher Art und in Haltung und Auftreten gar nicht dem sonst anwesenden Publikum ähnlich. Alle bemerkten sie sofort, doch der größte Teil des Publikums bemühte sich auch sogleich, sie nicht zu beachten, und nur einige jüngere Herren schauten ihnen lächelnd nach oder sprachen miteinander halblaut über sie. Die Neuangekommenen überhaupt nicht zu bemerken, war eigentlich unmöglich, da sie sich laut benahmen und lachten. Einige aus dieser sonderbaren Gesellschaft schienen schon recht angeheitert zu sein, obgleich die meisten von ihnen elegant und stutzerhaft gekleidet waren. Doch befanden sich unter ihnen auch Leute von zweifelhaftem Aussehen und zweifelhafter Kleidung und mit hochgeröteten Gesichtern. Auch etliche niedere Militärpersonen waren dabei und Gentlemen in älteren Jahren, mit schwarzen, glänzenden Perücken, mit prächtigen Backenbärten, goldenen Ringen und kostbaren Busennadeln, eine Sorte von Menschen, deren Bekanntschaft Leute aus guter Gesellschaft wie die Pest scheuen.

Um vom Kurhaus auf den freien Platz zu gelangen, wo die Musikhalle sich befand, mußte man einige Stufen hinabsteigen. Bei diesen Stufen jedoch blieb die Gesellschaft stehen; offenbar wagte man sich nicht recht vor, nur eine von den Damen ging weiter, gefolgt von zwei Herren aus ihrer Gesellschaft. Der eine von ihnen war ein Mann in mittleren Jahren, von bescheidenem, anständigem Äußeren. Doch machte er den Eindruck eines Menschen, der niemand kennt und von niemandem gekannt wird. Der andere dagegen, der ihr folgte, machte in jedem Sinne einen gänzlich zerlumpten Eindruck. Sonst folgte keiner der exzentrischen Dame, doch schien ihr das vollständig gleichgültig zu sein, denn als sie die Treppe hinabstieg, sah sie sich nicht einmal nach den anderen um. Sie lachte und unterhielt sich mit lauter Stimme wie vorher; gekleidet war sie kostbar und geschmackvoll, wenn auch etwas auffallender, als es sich schickte. Sie ging die Estrade entlang auf die andere Seite hinüber, wo vor dem Ausgang eine Equipage auf sie zu warten schien.

Der Fürst hatte *sie* bereits drei Monate nicht mehr gesehen. Alle diese Tage, seit seiner Ankunft in Petersburg, hatte er zu ihr gehen wollen, doch ein geheimes Vorgefühl hielt ihn immer wieder davon zurück. Wenigstens konnte er sich ein Wiedersehen mit ihr gar nicht vorstellen, und vor dem Eindruck, den diese Begegnung auf ihn machen würde, hatte er gezittert. Eines war ihm klar – diese Begegnung, wenn sie stattfand, würde eine verhängnisvolle sein. Wie oft dachte er in diesen sechs Wochen an den ersten Eindruck, den das Gesicht dieser Frau auf ihn gemacht hatte, damals, als er es auf der Photographie gesehen: es war ein schwerer, ein quälender Eindruck gewesen. Und dieser Monat, den er mit ihr in der Provinz verlebt, wo er sie jeden Tag gesehen hatte, war für ihn eine so quälende Erinnerung, daß er an diese jüngste Vergangenheit gar nicht zu denken wagte. Das Gesicht dieser Frau machte ihn leiden. Er hatte diese Empfindung Rogoshin gegenüber Mitleid genannt, endloses Mitleid, und so war es auch: schon das Gesicht auf der Photographie hatte in seinem Herzen eine Qual von Mitleid entzündet, und diese qualvolle Mitleidenschaft würde ihn nie mehr verlassen und verließ ihn auch jetzt nicht, das wußte er. O, es hatte sogar noch zugenommen! Doch jetzt, in diesem Augenblick, als sie so plötzlich erschien, begriff er oder vielmehr fühlte er unbewußt, daß auch diese Erklärung seines Gefühls Rogoshin gegenüber allein nicht ausreichte. Denn es fehlten ihm die Worte, dieses Entsetzen, ja, dieses Entsetzen, diese Angst auszudrücken! Jetzt, in dieser Minute fühlte er es wieder, ja, er war überzeugt, vollständig überzeugt, aus seinen eigenen besonderen Gründen überzeugt, daß diese Frau – wahnsinnig sei! Er empfand dasselbe, wie jemand, der eine Frau über alles in der Welt liebt oder die Möglichkeit einer solchen Liebe versteht – und plötzlich diese Frau angekettet hinter Eisengittern und unter dem Stock des Aufsehers sieht.

„Was ist Ihnen?" flüsterte Aglaja erschrocken und berührte naiv seine Hand.

Er wandte den Kopf nach ihr um, sah sie an, blickte in ihre schwarzen, für ihn unverständlich blitzenden Augen und versuchte zu lächeln. Doch in demselben Augenblick vergaß er sie schon wieder, und wieder schweiften seine Augen nach rechts und suchten diese außergewöhnliche Erscheinung. Nastassja Filippowna ging in diesem Augenblick gerade an den Stühlen der jungen Damen vorüber, in deren Gesellschaft Jewgenij Pawlowitsch lachte und scherzte. Der Fürst erinnerte sich noch, wie Aglaja plötzlich halblaut ausrief: „Welche ..."

Sie sprach das Wort nicht aus, doch hatte es genügt. Nastassja Filippowna, die tat, als ob sie bis dahin niemand bemerkt hätte, wandte sich plötzlich nach ihnen um, und, als ob sie jetzt erst Jewgenij Pawlowitsch sähe, rief sie aus:

„Bah, da ist er ja!" zugleich blieb sie stehen. „Sonst kann man ihn vergeblich suchen, kein Bote erreicht ihn. Da sitzt er jetzt, wo man ihn am wenigsten vermutet ... Ich dächte, du solltest dort sein bei ihm ... bei deinem Onkel."

Jewgenij Pawlowitsch fuhr jäh auf und blickte Nastassja Filippowna wütend an, doch wandte er ihr sogleich wieder den Rücken zu.

„Wie? Weißt du es denn noch nicht? Stellt euch doch nur vor, er weiß es noch nicht! Er hat sich ja erschossen! Heute morgen hat dein Onkel sich erschossen! Heute um zwei Uhr habe ich es erfahren, die halbe Stadt weiß es bereits – dreihundertfünfzigtausend Rubel fehlen in der Kronskasse, andere sagen: fünfhunderttausend. Und ich rechnete darauf, daß du noch mal erben würdest, – alles hat er durchgebracht. Der allerverkommenste Lebemann war dein Alter ... Nun, leb wohl, *bonne chance![]* Willst du denn wirklich nicht hinfahren? Hast also zur rechten Zeit deinen Abschied genommen, du Schlaukopf! Doch Unsinn, er wußte es sicher schon früher; vielleicht schon gestern ...“

Mit der falschen Vorspiegelung einer intimen Bekanntschaft, die gar nicht existierte, schien Nastassja Filippowna sicher eine besondere Absicht zu verfolgen, das wußte Jewgenij Pawlowitsch, und er hatte daher zuerst versucht, sich so zu stellen, als ob er sie überhaupt nicht bemerkte. Doch ihre Worte trafen ihn wie Keulenschläge; als er vom Tode des Onkels hörte, wurde sein Gesicht so weiß wie ein Tuch, und er wandte sich unwillkürlich zu der Sprechenden. In dem Augenblick erhob sich auch Lisaweta Prokofjewna von ihrem Stuhl, forderte die anderen auf, ihr zu folgen, und verließ so schnell als möglich den Saal. Nur der Fürst Lew Nikolajewitsch blieb unentschlossen stehen, als besänne er sich noch eine Sekunde, und auch Jewgenij Pawlowitsch stand noch immer wie besinnungslos da. Doch hatten sich Jepantschins kaum auf zwanzig Schritt entfernt, als es zu einem schrecklichen Skandal kam.

Der Leutnant und Freund Jewgenij Pawlowitschs, der sich mit Aglaja unterhalten hatte, geriet plötzlich außer sich.

„Hier ist einfach eine Peitsche nötig, sonst wird man dieses Geschöpf nicht los werden!“ rief er laut. Wie es schien, mußte auch er schon vorher ein Vertrauter Jewgenij Pawlowitschs gewesen sein.

Nastassja Filippowna wandte sich blitzschnell nach ihm um. Ihre Augen flammten. Sie stürzte sich auf den ersten jungen ihr gänzlich unbekannten Mann, der zwei Schritte von ihr entfernt stand und in der Hand ein dünnes geflochtenes Rohrstöckchen hielt, riß es ihm aus der Hand und schlug damit ihrem Beleidiger quer übers Gesicht. Das alles geschah in einem Augenblick ... Der Leutnant, außer sich, stürzte sich auf sie. Nastassja Filippowna stand ganz allein da, ihr Gefolge hatte sie verlassen. Auch der anständige Herr in den mittleren Jahren war nicht mehr zu sehen. In einer Minute freilich wäre die Polizei erschienen, aber diese eine Minute würde Nastassja Filippowna gefährlich geworden sein, wenn ihr nicht unerwartet Hilfe gekommen wäre. Der Fürst, einige Schritte nur vom Leutnant entfernt, packte diesen hinterrücks an beiden Armen. Der Leutnant riß sich jedoch sofort los und stieß den Fürsten so heftig vor die Brust, daß er in einer Entfernung von drei Schritt auf einen Stuhl fiel. Unterdessen hatte aber Nastassja Filippowna andere Hilfe erhalten: vor dem Leutnant stand plötzlich der Boxer und Autor des Zeitungsartikels, einstiger Genosse der früheren Rogoshinschen Rotte.

„Mein Name ist Keller, Leutnant a. D.," stellte sich dieser vor. „Wenn Sie einen Faustkampf wünschen, Herr Hauptmann, so stehe ich, in Vertretung der Dame, Ihnen zu Diensten. Verstehe mich vortrefflich auf die englische Boxkunst. Beruhigen Sie sich, Herr Hauptmann! Ich bedaure sehr, daß man Sie so beleidigt hat, doch kann ich es nicht erlauben, daß Sie einer Dame gegenüber, noch dazu vor den Augen des Publikums, von Ihrem Faustrecht Gebrauch machen wollen. Wenn Sie sonst auf andere, anständigere Weise von mir Rechenschaft zu fordern wünschen, so werde ich selbstverständlich, Herr Hauptmann ..."

Doch der Hauptmann-Leutnant war schon wieder zu sich gekommen und hörte ihn gar nicht mehr an. In diesem Augenblick tauchte plötzlich Rogoshin aus der Menge auf, reichte Nastassja Filippowna den Arm und führte sie fort. Er war blaß vor Erregung und zitterte. Doch konnte er sich nicht enthalten, im Vorübergehen dem Leutnant ins Gesicht zu lachen und höhnisch-triumphierend zu rufen:

„Das hat gezogen! Das ganze Gesicht blutunterlaufen! Ha!"

Dem Leutnant kam zum Bewußtsein, mit wem er es zu tun hatte, er bedeckte sein Gesicht mit dem Taschentuch und wandte sich höflich an den Fürsten:

„Fürst Myschkin, ich hatte die Ehre, mit Ihnen bekannt zu sein?"

„Sie ist wahnsinnig! wahnsinnig! Ich versichere es Ihnen," antwortete ihm der Fürst mit bebender Stimme und streckte ihm seine zitternden Hände entgegen.

„Ich kann mir freilich mit solchen Kenntnissen nicht schmeicheln; Ihren Namen jedoch muß ich wissen."

Er verneigte sich leicht und ging davon. Die Polizei erschien genau fünf Sekunden nachher, als die letzten Beteiligten des Skandals verschwunden waren. Übrigens dauerte das Ganze nur fünf Minuten. Ein Teil des Publikums hatte sich von seinen Stühlen erhoben und verließ das Konzert; ein anderer wieder wechselte nur die Plätze; ein dritter freute sich über den Skandal, und alle sprachen interessiert und lebhaft darüber. Mit einem Wort, es endete wie gewöhnlich. Das Orchester spielte wieder. Der Fürst war bereits Jepantschins gefolgt. Hätte er sich während des Vorfalles umgesehen, so hätte er bemerkt, wie Aglaja, zwanzig Schritt von ihm entfernt, der Szene zuschaute, ohne auf die Zurufe ihrer Mutter und ihrer Schwestern zu achten, die weitergingen. Fürst Sch. kehrte zu ihr zurück und bat sie, ihm zu folgen. Lisaweta Prokofjewna fiel es auf, daß

Aglaja, als sie in höchster Erregung zu ihnen zurückkehrte, ihre Vorwürfe überhaupt nicht beachtete. Doch nach zwei Minuten, als die Gesellschaft in den Park trat, sagte sie bereits mit der allergleichgültigsten und launenhaftesten Stimme:

„Ich wollte nur sehen, wie die Komödie enden würde."

### III.

Der Vorfall hatte der Generalin und ihren Töchtern einen furchtbaren Schrecken verursacht. In der Erregung legte Lisaweta Prokofjewna den Weg nach Hause fast laufend zurück. Nach ihren Begriffen hatte sich bei diesem Vorfall so vieles entschleiert, daß in ihrem Kopfe, ungeachtet ihrer Aufregung und ihres Schreckens, große Entschlüsse reiften. Doch auch die anderen begriffen, daß etwas ganz Besonderes vorgefallen und daß vielleicht zum Glück ein Geheimnis aufgedeckt worden war. Ungeachtet der früheren Versicherungen und Erklärungen des Fürsten Sch. schien Jewgenij Pawlowitsch jetzt in der Tat entlarvt und seiner Beziehungen zu diesem Geschöpf überführt zu sein. So dachte Lisaweta Prokofjewna, und so schien es auch den beiden älteren Töchtern. Das Ergebnis dieser Annahme war, daß die Sache noch verwickelter, noch rätselhafter wurde. Die Töchter, die im Grunde vielleicht über ihren Schrecken und die Flucht ihrer Mutter ungehalten waren, wagten es doch nicht, sie mit Fragen zu belästigen und zu beunruhigen. Außerdem schien es ihnen aus irgendeinem Grunde, daß ihre Schwester, Aglaja Iwanowna, vielleicht mehr von dieser Sache wußte, als sie alle drei, ihre Mutter einbezogen. Fürst Sch. war finster wie die Nacht und schwieg. Lisaweta Prokofjewna sprach zu ihm während des ganzen Weges kein Wort, er aber schien es nicht einmal zu bemerken. Adelaida versuchte, ihn zu fragen: von welchem Onkel da die Rede gewesen und was in Petersburg sich ereignet hatte? Doch er murmelte ihr mit saurer Miene etwas ganz Unverständliches zur Antwort: von Untersuchungen usw., und daß das alles Unsinn wäre. „Darüber besteht kein Zweifel," stimmte ihm Adelaida bei und verstummte. Aglaja war ungewöhnlich ruhig und meinte nur, daß man zu schnell gehe. Einmal wandte sie sich um und bemerkte den Fürsten, der ihnen nacheilte. Über seine Bemühungen, sie einzuholen, lachte sie spöttisch, doch beachtete sie ihn weiter nicht mehr.

Kurz vor der Datsche begegnete ihnen Iwan Fedorowitsch, der soeben aus Petersburg zurückkehrte. Seine erste Frage war nach Jewgenij Pawlowitsch. Doch seine Gemahlin ging mit drohender Miene an ihm vorüber, ohne ihm zu antworten, ja, ohne ihn überhaupt anzusehen. An den Gesichtern der Töchter und des Fürsten Sch. erriet er sofort, daß ein

Gewitter zum mindesten im Anzuge war. Auf seinem Gesicht lag sowieso schon eine außergewöhnliche Erregtheit. Er ergriff den Fürsten Sch. am Arm und hielt ihn am Eingang des Hauses zurück, um im Flüsterton einige Erkundigungen von ihm einzuziehen. An ihren erregten Gesichtern, als sie auf die Terrasse traten und Lisaweta Prokofjewna in die Zimmer folgten, konnte man sehen, daß sie beide etwas Außergewöhnliches erfahren hatten. Auch die anderen folgten Lisaweta Prokofjewna nach oben, und auf der Terrasse blieb Fürst Myschkin ganz allein zurück. Er setzte sich in einen Winkel, als erwartete er dort irgend jemanden, übrigens wußte er selbst nicht, warum er das tat; ihm kam es gar nicht in den Sinn, fortzugehen, obgleich ihn niemand bei der allgemeinen Aufregung vermißt hätte. Er schien alles um sich herum vergessen zu haben und wäre bereit gewesen, so in Gedanken versunken jahrelang dazusitzen. Von Zeit zu Zeit hörte er von oben Stimmen von einer erregten Unterhaltung. Der Fürst wußte nicht, wie lang er schon so gesessen hatte, es wurde spät und begann zu dunkeln. Plötzlich trat Aglaja auf die Terrasse, dem Aussehen nach war sie ruhig, nur ein wenig bleich. Als sie den Fürsten erblickte, den sie augenscheinlich hier nicht erwartet hatte, lächelte sie unwillig.

„Was machen Sie hier?“ fragte sie und trat an ihn heran.

Der Fürst stand verwirrt vom Stuhle auf, doch Aglaja setzte sich sofort neben ihn, und so setzte auch er sich wieder hin. Sie betrachtete ihn plötzlich sehr aufmerksam und sah darauf zum Fenster hinaus, ganz gedankenlos in die Ferne starrend, und dann sah sie wieder ihn an. „Vielleicht will sie sich über mich lustig machen,“ dachte der Fürst, „doch würde sie mich dann wohl einfach auslachen.“

„Vielleicht wollen Sie Tee,“ sagte sie plötzlich nach längerem Schweigen.

„Nein. Ich wüßte nicht ...“

„Wie kann man das nicht wissen! Ach Sie, hören Sie: wenn jemand Sie zum Duell forderte, was würden Sie dann machen? Ich wollte Sie schon neulich fragen.“

„Ja ... wer denn ... wer würde mich denn zum Duell fordern?“

„Wenn man Sie aber forderte? Würden Sie sich dann sehr fürchten?“

„Ich glaube, daß ich mich ... sehr fürchten würde.“

„Wirklich? So sind Sie also ein Feigling?“

„N–ein; vielleicht auch nicht. Ein Feigling ist der, welcher sich fürchtet und davonläuft; doch wer sich fürchtet und nicht davonläuft, der ist kein Feigling," sagte der Fürst und lächelte nachdenklich.

„Also, Sie würden nicht fortlaufen?"

„Vielleicht würde ich nicht fortlaufen," lachte er endlich über ihre Frage laut auf.

„Ich bin zwar nur eine Frau, aber ich würde um nichts in der Welt fortlaufen," bemerkte sie in fast beleidigendem Tone. „Übrigens, scheint es, daß Sie wie gewöhnlich über mich lachen, um selbst überlegen zu erscheinen. Sagen Sie doch, bitte, meist schießt man sich auf zwölf Schritt, einige auf zehn – folglich wird man dabei erschossen oder verwundet?"

„Im Duell, scheint es, wird selten jemand erschossen."

„Wieso, selten? Puschkin wurde doch getötet."

„Das war vielleicht zufällig."

„Durchaus nicht zufällig: es war eben ein Duell auf Leben und Tod."

„Die Kugel traf ihn so niedrig, daß man annehmen muß, Dantès habe höher gezielt, etwa nach der Brust oder nach dem Kopfe. Dahin, wo er getroffen wurde, zielt kein Mensch, also war der Tod Puschkins doch mehr ein Zufall. Das haben mir sachverständige Leute gesagt."

„Und mir hat ein Soldat, mit dem ich einmal darüber gesprochen habe, gesagt, sie hätten beim Militär ausdrücklich Befehl, wenn sie Übungen machen, gerade in die Mitte des Menschen zu zielen, in die ‚untere Hälfte des Menschen', wie sie sich ausdrücken. Also in die Brust und nicht in den Kopf, vielmehr gerade in die Mitte des Menschen ist ihnen befohlen zu schießen. Ich fragte darauf einen Leutnant, und er bestätigte es mir."

„Das ist wahr, doch nur der großen Entfernung wegen."

„Und Sie, können Sie schießen?"

„Ich habe noch niemals geschossen."

„Können Sie wirklich nicht einmal eine Pistole laden?"

„Nein, ich kann es nicht. Das heißt, ich weiß, wie man es macht, doch habe ich es noch niemals versucht."

„Das heißt soviel, daß Sie es nicht können, denn dazu gehört Übung! Hören Sie, lernen Sie es: zuerst kaufen Sie sich gutes Pulver, nicht feuchtes etwa, sondern sehr trockenes ist nötig – ganz feines Pulver, sagen

Sie nur Pistolenpulver, und nicht etwa solches, womit man Kanonen lädt. Die Kugel, sagt man, gießt man sich selbst. Haben Sie denn Pistolen?"

„Nein, ich brauche keine," lachte der Fürst laut auf.

„Ach, was für ein Unsinn! Kaufen Sie sich sofort eine Pistole, eine gute französische oder englische, das sollen die besten sein. Dann nehmen Sie einen Fingerhut voll Pulver, vielleicht auch zwei, und schütten es hinein. Besser, Sie nehmen etwas mehr. Dann stopfen Sie Filz hinein, man sagt, daß durchaus Filz nötig sei, den können Sie ja irgendwoher, aus einer Matratze oder aus einer Türpolsterung nehmen. Wenn der Filz drin ist, dann stecken Sie die Kugel hinein, hören Sie: das Pulver zuerst und die Kugel darauf, sonst geht's nicht los. Warum lachen Sie? Ich möchte, daß Sie jetzt jeden Tag Schießübungen machten, und sogar mehrmals am Tage, damit Sie gut ins Ziel schießen können. Werden Sie es tun?"

Der Fürst schüttelte sich vor Lachen; Aglaja war wütend und stampfte mit dem Fuße zornig auf. Ihre ernste Miene, mit der sie diesen Gegenstand erörterte, verwunderte den Fürsten zuletzt. Zum Teil fühlte er, daß er hier über irgend etwas nicht unterrichtet war, wonach er hätte fragen müssen – und daß es sicher was Ernsteres war, als ein bloßes Gespräch. All das ging ihm durch den Kopf, doch hatte er nur dafür Gefühl, daß sie neben ihm saß, daß er sie ansah, während das, was sie sprach, ihm in diesem Augenblick völlig gleichgültig war.

Auf die Terrasse trat plötzlich Iwan Fedorowitsch. Er schien einen wichtigen Gang vor sich zu haben, in seiner besorgten Miene lag feste Entschlossenheit.

„Ah, Lew Nikolajewitsch, du hier ... Wohin gehst du?" fragte er ihn, obwohl Lew Nikolajewitsch auch nicht einmal daran gedacht hatte, sich von seinem Platze zu erheben. „Komm her, ich habe dir ein Wörtchen zu sagen."

„Auf Wiedersehen," sagte Aglaja und reichte ihm ihre Hand.

Auf der Terrasse war es schon ganz dunkel geworden, der Fürst konnte ihr Gesicht in diesem Augenblick nicht deutlich erkennen. Nach einer Minute, als er mit dem General die Datsche verlassen hatte, errötete er plötzlich über und über und preßte seine rechte Hand fest zusammen und an sich.

Offenbar hatten sie beide denselben Weg. Ungeachtet der späten Stunde wollte Iwan Fedorowitsch wohl noch irgendwohin gehen, um sich mit irgend jemand über den Vorfall auszusprechen. Er sprach unzusammenhängende Worte zum Fürsten, erregt, schnell, und erwähnte des öfteren Lisaweta Prokofjewna. Wenn der Fürst in diesem Augenblick etwas aufmerksam gewesen wäre, so hätte er vielleicht bemerkt und erraten, daß Iwan Fedorowitsch ihn unter anderem gern über etwas ausgefragt hätte, oder besser gesagt, eine offene und gerade Frage an ihn gestellt hätte, aber nicht wagte, an den betreffenden Punkt zu rühren, der dabei die Hauptsache war. Der Fürst war aber so zerstreut, daß er anfangs überhaupt nicht zugehört und gar nicht verstanden hatte, was der General zu ihm gesprochen, und als dieser ihm schließlich eine Frage stellte, mußte er zu seiner Schande gestehen, daß er diese Frage nicht beantworten konnte, weil er sie nicht begriff.

Der General zuckte die Achseln.

„Sonderbare Menschen seid ihr doch alle, ich sage dir, daß ich die Ideen und die Aufregung Lisaweta Prokofjewnas überhaupt nicht verstehen kann. Sie ist außer sich, weint und behauptet, daß man uns beleidigt und beschimpft habe. Wer? Wie? Womit? Wann und warum? Ich gebe zu, daß ich an vielem schuld bin ... doch die Ausfälle ... dieses teuflischen Weibes, das sich dazu noch unschicklich beträgt, gehen wirklich etwas zu weit und müssen von der Polizei ... Ich habe die Absicht, mit einer maßgebenden Persönlichkeit darüber Rücksprache zu nehmen. Man könnte alles im Guten, ruhig und liebenswürdig ohne jeglichen Skandal abmachen. Ich selbst bin auch durchaus der Meinung, daß die Zukunft noch viele Ereignisse in ihrem Schoße birgt, und daß noch vieles unaufgeklärt ist. Oh, da steckt noch eine Intrige dahinter, und wenn man hier *nichts* davon versteht, so versteht man dort noch weniger. Niemand weiß etwas, niemand hat was gehört; du hast nichts gehört, der hat nichts gehört, der fünfte hat auch noch nichts gehört, ja, so bitte ich dich, wer hat denn eigentlich was gehört? Wie soll man da nicht den Verstand verlieren, zur Hälfte scheinen es Halluzinationen, etwas, was überhaupt nicht vorhanden ist ...“

„Sie ist wahnsinnig,“ murmelte der Fürst schmerzlich, sich der Vorgänge erinnernd.

„Wenn du davon redest ... Diese Idee hatte ich auch zuerst und beruhigte mich dabei. Doch jetzt sehe ich, daß die anderen recht haben und glaube nicht an ihren Wahnsinn. Nehmen wir an, sie sei wirklich eine irre Frau, so ist sie doch auch wieder sehr schlau und durchaus nicht wahnsinnig. Die Geschichte mit Hauptmann Alexejewitsch beweist das. Ihrerseits steckt da eine sehr jesuitische Absicht dahinter.“

„Was für ein Hauptmann Alexejewitsch?“

„Ach, mein Gott, Lew Nikolajewitsch, du hast wieder nichts gehört! Davon habe ich dir doch gleich zu Anfang erzählt, von Hauptmann Alexejewitsch. Deshalb bin ich doch heute so lange in der Stadt geblieben, zittere noch jetzt an Händen und Füßen. Hauptmann a. D. Alexejewitsch Radomskij, der Onkel von Jewgenij Pawlowitsch ...“

„Nun, was ist mit ihm?“ rief der Fürst.

„Hat sich erschossen, heute morgen um sieben Uhr. Ein angesehener Mann von fünfundsiebzig Jahren, Epikuräer, – und ganz so, wie sie es gesagt hat – Kronsgelder sind verschwunden, eine bedeutende Summe!“

„Woher hat sie denn ...“

„Gewußt? Ha, ha! Sie hat ja einen ganzen Stab um sich, kaum daß sie sich hier gezeigt hat. Du weißt, was für Leute sie besuchen und ‚die Ehre ihrer Bekanntschaft‘ anstreben. So konnte sie doch sofort von dem Unglück gehört haben, denn ganz Petersburg weiß es schon und hier halb oder ganz Pawlowsk. Und was für eine feine Anspielung sie Jewgenij Pawlowitsch wegen seiner Zivilkleidung gemacht haben soll, wie man mir erzählte! Was für eine teuflische Bemerkung! Nein, das kann keine Wahnsinnige tun. Ich bestreite es natürlich durchaus, daß Jewgenij Pawlowitsch von der Katastrophe etwas gewußt hat, das heißt, daß er Zeit und Stunde genau gewußt hat. Doch hat er es vielleicht kommen sehen, vorausgefühlt. Wir aber, ich und auch Fürst Sch., rechneten darauf, daß er ihn beerben würde! Schrecklich! Schrecklich! Verstehe mich recht, natürlich beschuldige ich ja Jewgenij Pawlowitsch in keiner Weise und beeile mich, dir das ausdrücklich zu erklären, doch immerhin ist es verdächtig ... Fürst Sch. ist ganz außerordentlich betroffen. Alles das hat ihn so erschüttert.“

„Im Betragen Jewgenij Pawlowitschs liegt doch nichts Verdächtiges?“

„Nichts, nein! Er hat sich sehr anständig verhalten. Ich habe auch auf nichts anspielen wollen. Sein eigenes Vermögen ist, glaube ich, unangerührt. Lisaweta Prokofjewna will nichts davon hören ... Aber die Hauptsache – alle diese Familienkatastrophen, oder besser gesagt – Reibereien oder wie man’s nennen soll ... dir kann man’s ja sagen, du bist ein Freund des Hauses, Lew Nikolajewitsch, stelle dir doch nur vor, erst jetzt erweist es sich, – wenn ich mir auch darüber noch gar nicht klar bin –, daß Jewgenij Pawlowitsch schon vor einem Monat Aglaja einen Antrag gemacht hat und von ihr eine formelle Absage erhalten haben soll.“

„Das kann nicht sein!“ rief der Fürst, ganz Feuer und Flamme.

„Ja, weißt du denn etwas davon? Siehst du, mein Teurer,“ – der General blieb wie festgewurzelt an der Stelle stehen – „ich habe es dir doch nur gesagt, weil du ... weil du ... man kann wohl sagen, ein solcher Mensch bist. Vielleicht weißt du was Näheres darüber?“

„Ich weiß nichts ... ich weiß durchaus nichts von Jewgenij Pawlowitsch," murmelte der Fürst.

„Und auch ich habe keine Ahnung! Mich, scheint es, will man wirklich schon in die Erde stecken, und keiner will zugeben, daß es für mich unerträglich ist, von alledem nichts zu erfahren. Soeben hatten wir eine Szene, die schrecklich war! Ich erzähle sie dir nur, weil du wie mein leiblicher Sohn bist. Hauptsächlich macht sich Aglaja über die Mutter lustig. Von der Geschichte mit Jewgenij Pawlowitsch haben die Schwestern erzählt. Sie ist ja doch ein so eigenwilliges und phantastisches Geschöpf, daß man schon gar nicht weiß, was man mit ihr anfangen soll! Sie hat großzügige und glänzende Eigenschaften, hat Herz und Verstand – das ist wahr, doch launenhaft, spottlustig ist sie, mit einem Wort, ein unbändiger Charakter, und dabei voll Phantasie. Sie lacht der Mutter ins Gesicht; den Schwestern desgleichen; Fürst Sch. lacht sie aus; über mich macht sie sich beständig lustig, davon lohnt es sich überhaupt gar nicht zu sprechen. Doch ich, ich liebe sie, liebe sie fast, weil sie mich auslacht – und mir scheint es, daß sie mich darum auch besonders lieb hat, mehr als die anderen, ja, so scheint es mir. Ich möchte wetten, daß sie auch schon über dich gelacht hat. Soeben traf ich sie mit dir im Gespräch an, sie saß da bei dir nach diesem Skandal, ganz, als ob nichts geschehen wäre."

Der Fürst errötete und preßte wieder seine rechte Hand an sich, doch schwieg er.

„Mein lieber, guter Lew Nikolajewitsch! Ich ... und selbst Lisaweta Prokofjewna – die dich übrigens wieder achtet, und mit dir zusammen auch mich, ich weiß nicht warum – wir lieben dich wirklich, lieben dich aufrichtig und achten dich trotz aller dieser Vorfälle. Ach, lieber Freund, gib es doch zu, daß solche Rätsel unerträglich sind, die dieser kleine kaltblütige Satan uns da aufgibt – sie stand da vor der Mutter mit dem Ausdruck größter Verachtung für alle unsere Fragen, und zwar besonders für mich, weil ich, der Teufel hol's, so dumm war und ihr mit Strenge zu imponieren versuchte, als Haupt der Familie, versteht sich, o dumm, dumm war ich – als dieser kaltblütige kleine Teufel uns plötzlich erklärt, daß diese ‚Wahnsinnige' (so drückte sie sich aus, mit denselben Worten wie du), ‚daß diese Wahnsinnige sich in den Kopf gesetzt habe, sie mit Lew Nikolajewitsch zu verheiraten und Jewgenij Pawlowitsch deshalb in unserem Hause unmöglich zu machen ...' Das war alles, auf weitere Erklärungen ließ sie sich nicht ein, lachte nur, wir rissen die Mäuler auf, und sie geht einfach hinaus und schlägt die Tür hinter sich zu. Darauf erzählte man mir von dem Vorfall mit ihr ... ich meine – deinem ... und ... und – höre, lieber Fürst, du bist doch ein vernünftiger Mensch und kein empfindlicher Mensch, ich würde dir gerne etwas sagen ... doch ärgere dich nicht: bei Gott, sie hält auch dich zum Narren. Wie ein Kind lacht sie über dich, sei du ihr deshalb nicht böse, aber es ist so. Denke dir nichts dabei, sie spottet über dich und über uns alle, aus purer Langeweile. Nun, leb wohl! Du kennst unsere Gefühle für dich? Unsere aufrichtige Liebe zu dir? Wir bleiben dir unveränderlich treu, doch ... jetzt muß ich fort, auf Wiedersehen! Niemals habe ich so in der Klemme gesessen, wie gerade jetzt ... Ach, diese Sommerfrischen!"

Er ließ den Fürsten allein an einer Straßenkreuzung. Der Fürst blickte um sich und schritt dann rasch über die Straße, an das erleuchtete Fenster einer Datsche, entfaltete einen kleinen Zettel, den er die ganze Zeit während des Gespräches mit Iwan Fedorowitsch in der rechten Hand gehalten hatte und las beim matten Schein des erleuchteten Fensters:

„Morgen, sieben Uhr früh, werde ich auf der grünen Bank im Park auf Sie warten. Ich habe mich entschlossen, über eine sehr wichtige Angelegenheit, die Sie nahe angeht, mit Ihnen zu reden."

„P. S. Ich hoffe, Sie werden diesen Zettel niemandem zeigen. Obwohl ich mich schäme, Ihnen das ausdrücklich zu sagen, so halte ich es doch für nötig – und ich erröte beim Gedanken an Ihren lächerlichen Charakter."

„P. S. Es ist dieselbe grüne Bank, die ich Ihnen vorhin gezeigt habe. Schämen Sie sich. Auch das muß ich noch hinzufügen."

Das Zettelchen war in aller Eile geschrieben und irgendwie zusammengefaltet worden, wahrscheinlich kurz bevor Aglaja auf die Terrasse hinausgetreten war. Eine unbeschreibliche Erregung, eine an Schrecken grenzende Erregung ergriff den Fürsten. Er preßte seinen Zettel wieder in die Hand und sprang wie ein aufgescheuchter Dieb vom Fenster hinweg. Dabei stieß er mit einem Menschen zusammen, der nicht weit von ihm gestanden haben mußte.

„Ich suchte Sie, Fürst!" sagte der Herr.

„Was? Sie sind es, Keller?" rief Lew Nikolajewitsch erstaunt aus.

„Ich suchte Sie, Fürst, ich wartete auf Sie an der Datsche bei Jepantschins und folgte Ihnen, als Sie mit dem General gingen. Ich stehe zu Ihren Diensten, Fürst, verfügen Sie über Keller. Ich bin bereit, mich für Sie zu opfern, und wenn es sein muß, zu sterben."

„Aber ... weshalb denn?"

„Nun, es wird doch sicher eine Forderung zum Duell erfolgen. Ich kenne diesen stolzen Leutnant – nicht persönlich etwa ... –, er erträgt eine

Beleidigung nicht. Unsereinen, mich zum Beispiel und Rogoshin, hält er für nichts, und vielleicht nicht mit Unrecht, darum kommen Sie allein für ihn in Frage. Die Rechnung werden Sie bezahlen müssen, Fürst. Er hat sich nach Ihnen erkundigt, ich hörte es, und sicher schickt er Ihnen schon morgen seinen Sekundanten, oder, vielleicht wartet der schon jetzt auf Sie. Wenn Sie mich der Ehre für würdig halten, so wählen Sie mich, bitte, zu Ihrem Sekundanten, ich bin bereit, mit Ihnen bis aufs Schafott zu gehen. Deshalb suchte ich Sie, Fürst.“

„Also auch Sie reden von einem Duell!“ lachte plötzlich der Fürst laut auf, zu Kellers größter Verwunderung, und hörte gar nicht auf zu lachen, so daß Keller, der die ganze Zeit über wie auf Nadeln gestanden, sich fast beleidigt fühlte, als er dieses herzliche Lachen des Fürsten hörte.

„Sie haben ihn doch, Fürst, vorhin an den Armen gepackt, öffentlich vor allem Publikum. Ein Mann von Ehre wird sich das nicht gefallen lassen.“

„Und er hat mich vor die Brust gestoßen!“ rief der Fürst lachend. „Warum sollen wir uns denn schlagen? Ich werde ihn um Entschuldigung bitten, das ist alles. Nun, und wenn wir uns schon schießen sollen, meinetwegen! Möge er schießen, ich werde auch schießen. Ha, ha! Ich verstehe jetzt einen Revolver zu laden! Wissen Sie, man hat es mir gesagt, wie man eine Pistole lädt! Verstehen Sie, eine Pistole zu laden, Keller? Zuerst muß man Pulver kaufen, Pistolenpulver, nicht zu feucht und nicht zu grob – nicht etwa Pulver, womit man Kanonen lädt. Man muß zuerst das Pulver hineinschütten, dann stopft man Filz von einer Türpolsterung in die Mündung und dann steckt man die Kugel hinein – nicht etwa die Kugel vor dem Pulver, sonst geht's nicht los! Ha, ha! Ist das nicht eine prächtige Regel, lieber Keller? Ach, Keller, wissen Sie, daß ich Sie sofort umarmen und abküssen werde. Ha, ha, ha! Woher sind Sie eigentlich vorhin so plötzlich aufgetaucht? Kommen Sie nächstens zu mir: Champagner trinken! Wir wollen uns alle betrinken! Wissen Sie, daß ich zwölf Flaschen Champagner besitze? Lebedeff hat sie im Keller, er verkaufte sie mir ‚zufällig‘ vor drei Tagen. Ich will die ganze Gesellschaft dazu einladen! Werden Sie heute nacht schlafen gehen?“

„Natürlich, wie immer, Fürst.“

„Nun, dann, träumen Sie süß! Ha, ha!“

Der Fürst ging über die Straße in den Park hinein. Keller blieb ganz verdutzt und nachdenklich stehen. Er hatte den Fürsten noch nie in einer so sonderbaren Stimmung angetroffen und hätte sie niemals bei ihm für möglich gehalten.

„Er hat wohl Fieber, auf einen nervösen Menschen muß das alles auch sehr stark einwirken, freilich! Angst scheint er nicht zu haben. Sieh mal an, solche haben also keine Angst, bei Gott!" dachte Keller bei sich. „Hm! Champagner! Eine bemerkenswerte Aufforderung, wirklich. Zwölf Flaschen, ein ganzes Dutzend; eine anständige Batterie. Doch, ich möchte wetten, daß Lebedeff diesen Champagner irgendwie unter der Hand gekauft hat. Hm! ... er ist eigentlich sehr nett, dieser Fürst; wirklich, ich liebe solche ... doch da ist jetzt keine Zeit zu verlieren und ... wenn schon Champagner, dann ..."

Daß der Fürst wie im Fieber war, darin hatte Keller recht.

Lange, traumverloren, irrte der Fürst im dunklen Park umher, bis er plötzlich wahrnahm, daß er sich in einer Allee befand. Er konnte sich nicht entsinnen, wenn er es auch gewollt hätte, was er diese ganze Stunde im Park gedacht hatte. Doch ertappte er sich jetzt auf einem Gedanken, über den er plötzlich laut auflachen mußte, obgleich eigentlich gar kein Grund dazu vorhanden war. Es kam ihm in den Sinn, daß der Gedanke an das Duell nicht nur im Kopfe Kellers entsprungen war, sondern auch in ihrem Kopfe, und daß sie die ganze Pistolengeschichte durchaus nicht zufällig erzählt hatte. „Bah!" Plötzlich kam ihm eine andere Idee. „Vorhin, als sie auf die Terrasse trat und ich dort in der Ecke saß, tat sie furchtbar verwundert, mich dort anzutreffen, und ... lachte – und sprach von Tee. In derselben Zeit hatte sie aber schon das Zettelchen in der Hand gehabt: also wußte sie doch, daß ich auf der Terrasse war! Warum war sie denn so verwundert darüber? Ha, ha, ha!"

Er zog das Zettelchen aus seiner Tasche und preßte es an seine Lippen, doch verstummte er plötzlich und wurde nachdenklich.

„Wie ist das sonderbar! Wie ist das sonderbar!" sagte er voll tiefer Traurigkeit vor sich hin. In Momenten freudiger Erregung überkam ihn immer eine tiefe Traurigkeit, er wußte selbst nicht warum. Er schaute sich aufmerksam um und wunderte sich, daß er sich hier befand. Er fühlte sich plötzlich sehr müde, ging auf eine Bank zu und setzte sich hin. Rings um ihn herrschte ungewöhnliche Stille. Die Musik am Kurhaus war verstummt. Im Parke selbst befand sich vielleicht kein Mensch, es war ja auch schon halb zwölf geworden. Die Nacht war still, warm und hell – eine Petersburger Nacht im Anfang Juni, doch in dem dichten schattigen Park und in der Allee war es vollständig dunkel.

Wenn ihm jemand in dieser Minute gesagt hätte, daß er verliebt, leidenschaftlich verliebt sei, so würde er diese Bemerkung mit Erstaunen, ja, vielleicht mit Unwillen aufgenommen haben. Wenn aber der Betreffende noch hinzugefügt hätte, daß Aglajas Brief ein Liebesbrief, eine Aufforderung zum Stelldichein sei, so wäre er vor Scham rot geworden und hätte diesen Menschen vielleicht selbst zum Duell gefordert. Es wäre das wirklich von ihm aufrichtig empfunden gewesen, denn nie wäre es ihm in den Sinn gekommen, nie hätte er an die Möglichkeit einer Liebe dieses Mädchenherzens zu ihm geglaubt, oder gar einer Liebe seinerseits zu diesem Mädchen. Bei einem solchen Gedanken hätte er sich geschämt: an die Möglichkeit einer Liebe zu ihm, zu „einem solchen Menschen wie er" hätte er nie geglaubt oder er hätte sie für ein Wunder gehalten. Wenn er an etwas dachte, so dachte er an nichts weiter als an einen mutwilligen Streich ihrerseits. Doch diesem Streich gegenüber verhielt er sich vollständig gleichgültig und fand ihn durchaus in der Ordnung. Er selbst war mit etwas ganz anderem beschäftigt. An die Richtigkeit der Bemerkung, die vorhin dem erregten General entschlüpft war – daß sie sich über alle nur lustig mache, über ihn aber, den Fürsten, am meisten und noch ganz besonders –, glaubte er bedingungslos. Und dabei fühlte er sich nicht im geringsten gekränkt, seiner Meinung nach mußte es sogar gerade so sein. Alles konzentrierte sich jetzt für ihn in dem einen Gedanken: daß er sie morgen wiedersehen, morgen in aller Frühe neben ihr auf der grünen Bank sitzen, die Erklärung des Pistolenladens anhören und sie ansehen würde! Das genügte ihm vollkommen. Zwar tauchte ein- oder zweimal die Frage in ihm auf, was sie ihm denn nur eigentlich zu sagen habe und was das wohl für eine so wichtige Angelegenheit sein könne – dazu noch eine, die unmittelbar ihn angehen sollte! –, doch trotzdem empfand er nicht einmal das Verlangen, nachzudenken oder zu erraten, was sie damit wohl gemeint haben könnte; daß sie jedoch tatsächlich vorhanden war, diese wichtige Angelegenheit, daran zweifelte er keinen Augenblick.

Das Knirschen leiser Schritte auf dem Kies der Allee ließ ihn aufblicken. Ein Mensch, dessen Gesicht in der Dunkelheit nicht zu erkennen war, näherte sich der Bank und setzte sich auf sie nieder. Der Fürst rückte schnell näher, fast bis dicht an ihn heran, und erkannte das bleiche Gesicht Rogoshins.

„Konnt mir ja denken, daß du hier irgendwo herumbummelst, hab dich auch nicht lange zu suchen gebraucht," brummte Rogoshin zwischen den Zähnen.

Sie sahen sich zum erstenmal nach jener Begegnung auf der Treppe des Hotels. Es dauerte eine Weile, bis der Fürst nach dem ersten Schreck über das plötzliche Auftauchen Rogoshins seine Gedanken gesammelt hatte. Und schon fühlte er, daß ein bekanntes, quälendes Gefühl in seinem Herzen wieder auferstanden war. Rogoshin begriff offenbar, welch eine Empfindung er im Fürsten hervorgerufen hatte; und wenn er auch selbst zu Anfang ein wenig verwirrt zu sein schien und mit einer gleichsam gewollten Unbefangenheit sprach, so sah doch der Fürst bald ein, daß in Rogoshins Wesen nichts bewußt Gewolltes und auch keinerlei besondere Verwirrung lag. Wenn sich aber in seinen Gesten und seinem Gespräch vielleicht dennoch eine gewisse Befangenheit bemerkbar machte, so war das höchstens etwas Äußerliches. In der Seele konnte sich dieser Mensch nie verändern.

„Wie ... wie hast du mich hier gefunden?" fragte der Fürst, um etwas zu sagen.

„Keller sagte es mir – ich war zu dir gegangen – ‚ist in den Park gegangen', sagte er; da dachte ich, nun, dann ist ja alles richtig!"

„Wieso, was ist ‚richtig'?" griff der Fürst erregt das Wort auf.

Rogoshin lachte kurz, gab aber keine Antwort.

„Ich habe deinen Brief erhalten, Lew Nikolajewitsch; du hast das ganz unnütz geschrieben ... was du nur davon hast! ... Jetzt aber bin ich von *ihr* zu dir gekommen: sie befahl, dich unbedingt zu rufen ... muß dir dringend etwas sagen ... Heute noch, bat sie zu kommen."

„Ich werde morgen kommen. Jetzt gehe ich nach Haus; du ... kommst du zu mir?"

„Wozu? Ich hab dir alles gesagt; leb wohl."

„So kommst du nicht?" fragte der Fürst leise.

„Ein seltsamer Mensch bist du, Lew Nikolajewitsch, man kann sich wirklich nur über dich wundern."

Rogoshin lachte wieder kurz und gehässig auf.

„Weshalb hegst du jetzt solchen Groll gegen mich?" fragte der Fürst traurig und doch mit verhaltener Leidenschaft. „Du weißt doch jetzt selbst, daß alles, was du früher dachtest, nicht richtig war. Übrigens habe ich es selbst nicht anders erwartet, als daß dein Haß auch jetzt noch nicht vergehen würde, und weißt du, weshalb? Nicht deshalb, weil nicht ich dir nach dem Leben getrachtet habe, sondern weil du mir nach dem Leben getrachtet hast, deshalb vergeht dein Haß noch nicht. Aber ich sage dir: ich kenne nur jenen Parfen Rogoshin, mit dem ich an jenem Tage die Kreuze getauscht habe und der mir zum Bruder geworden ist, das habe ich dir auch gestern in meinem Brief geschrieben, damit du diesen ganzen Fiebertraum vergißt und überhaupt nicht mehr an ihn denkst und auch nie mehr darauf zu sprechen kommst. Weshalb wendest du dich von mir ab? Weshalb verbirgst du deine Hand? Ich sage dir doch, daß ich alles, was damals war, für nichts anderes als einen Fiebertraum halte: ich kenne dich jetzt, weiß, wie du damals warst, weiß es so gut, als wäre ich es selbst gewesen. Das, was du damals glaubtest, das gab es gar nicht und konnte es auch gar nicht geben. Weshalb aber soll dann dieser Haß zwischen uns sein?"

„Du und Haß!" lachte wieder Rogoshin in seiner gehässigen Weise als Antwort auf die glühende Rede des Fürsten.

Er stand halb von ihm abgewandt, nachdem er noch zwei Schritte zur Seite getreten war, und verbarg allerdings seine Hand.

„Jetzt steht es mir nicht mehr zu, überhaupt noch zu dir zu kommen, Lew Nikolajewitsch," fügte er langsam und bedeutungsvoll nach einer Weile hinzu.

„So groß ist also dein Haß, wie?"

„Ich liebe dich nicht, Lew Nikolajewitsch, weshalb sollte ich also zu dir kommen? Weiß Gott, Fürst, du bist ganz wie so 'n kleines Kind! Willst du ein Spielzeug haben – da nimm's aus der Tasche und leg's hin. Begreifst doch nicht, um was es sich handelt. Das hast du auch alles genau so in deinem Brief niedergeschrieben, ganz wie du's jetzt sagst, aber was – glaube ich dir denn etwa nicht? Ich glaube dir doch jedes Wort und weiß, daß du mich niemals betrogen hast und auch hinfort nie betrügen wirst, aber – ich liebe dich trotzdem nicht. Da schreibst du nun, daß du alles vergessen hast, daß du dich nur deines Bruders Rogoshin erinnerst, der mit dir sein Kreuz getauscht hat, und nicht jenes Rogoshin, der sein Messer gegen dich erhob. Aber woher kennst du denn meine Gefühle?" Rogoshin lachte wieder kurz auf. „Ich habe doch seither vielleicht noch kein einziges Mal das Geschehene bereut, du aber hast mir schon deine brüderliche Verzeihung zugesandt. Vielleicht hab ich schon an jenem Abend an ganz was andres gedacht, daran aber –"

„Hast du überhaupt nicht gedacht!" fiel ihm der Fürst ins Wort. „Aber was hat denn das auf sich? Ich wette meinen Kopf darauf, daß du damals mit der Bahn hierher nach Pawlowsk gefahren bist, um sie dort in der Menschenmenge ganz so wie heute zu beobachten und zu verfolgen! Nein, da hast du mich nicht in Erstaunen gesetzt! Weiß ich doch, daß du, wenn du damals nicht in einem Zustande gewesen wärst, in dem du überhaupt nur an eins zu denken vermochtest, auch das Messer nicht gegen mich erhoben hättest. Ich hatte ja damals schon seit dem Morgen ein solches Vorgefühl, sobald ich dich nur ansah. Weißt du auch, wie du damals warst? Gerade als wir die Kreuze tauschten, da muß sich in mir der Gedanke geregt haben. Weshalb führtest du mich zu deiner alten Mutter? Glaubtest du, damit deine Hand aufzuhalten? Doch was rede ich, das kann ja gar nicht sein, daß du damals daran gedacht hättest, du hast es vielleicht nur so gefühlt, ganz wie auch ich ... Wir fühlten es damals in ein und demselben Augenblick. Und wenn du dann später deine Hand – die Gott abgelenkt hat – nicht erhoben hättest: als was würde ich dann jetzt vor dir dastehen? Ich habe dich doch sowieso dessen verdächtigt, also ist es nur unsere gemeinsame Sünde! Wir dachten es doch beide zugleich! (So mach doch kein so finsteres Gesicht! Nun? und weshalb lachst du jetzt?) ‚Nicht bereut‘! Ja, aber du hättest es doch vielleicht überhaupt nicht zu bereuen vermocht, selbst wenn du gewollt hättest, denn du liebst mich ja noch nicht einmal! Und wenn ich auch so unschuldig wie ein Engel vor dir dastände, du würdest mich doch hassen, so lange du glaubst, daß sie nicht dich, sondern mich liebt. Das ist doch nichts als Eifersucht! Nur höre jetzt, was ich in dieser Woche gedacht habe, Parfen, ich will es dir sagen: weißt du auch, daß sie dich jetzt vielleicht mehr als alle anderen liebt, und sogar um so mehr liebt, je mehr sie dich quält? Dir wird sie das nicht sagen, aber man muß es zu sehen verstehen. Weshalb will sie dich denn sonst schließlich trotz allem heiraten? Einmal wird sie es dir selbst sagen. Manche Frauen wollen gerade so geliebt werden und sie – sie ist von dieser Art. Dein Charakter und deine Liebe müssen sie doch stutzig machen! Weißt du auch, daß eine Frau fähig ist, einen Mann mit Grausamkeiten und Spott zu Tode zu martern, ohne auch nur ein einziges Mal Gewissensbisse zu empfinden, denn jedesmal wird sie bei sich denken, wenn sie ihn ansieht: ‚jetzt quäle ich ihn, wie aber werde ich ihn dafür lieben, wie mit meiner Liebe die Qual wieder gut machen ...‘“

Rogoshin begann zu lachen, nachdem er bis dahin den Fürsten wortlos angehört hatte.

„Was, Fürst, du bist jetzt wohl auch selbst einer solchen in die Finger geraten? Ich hab so was gehört, wenn’s wahr ist?“

„Was, wieso, was kannst du gehört haben?“ fuhr der Fürst erschrocken auf und stockte plötzlich wieder maßlos verwirrt.

Rogoshin fuhr fort zu lachen. Er hatte nicht ohne Neugier und vielleicht auch nicht ohne Freude dem Fürsten zugehört; die freudige Beredsamkeit desselben wunderte ihn und flößte ihm Mut ein.

„Nicht nur gehört, jetzt seh ich’s ja selbst, daß es wahr ist,“ sagte er. „Wann hättest du wohl sonst so gesprochen wie jetzt? Solch ein Gespräch ist doch wie gar nicht von dir. Hätt ich aber nicht so was von dir gehört, so wär ich auch nicht hergekommen – und noch dazu in den Park um Mitternacht.“

„Ich verstehe dich nicht, Parfen Ssemjonytsch.“

„Sie hat mir schon lange von dir das gesagt, jetzt aber habe ich selbst
gesehen, wie du dort während der Musik mit jener saßest. Sie hat mir
geschworen, hat mir gestern und heute geschworen, daß du in Aglaja
Jepantschina wie ein Kater verliebt seiest. Mir ist das aber, Fürst, an sich
ganz gleich, und das ist auch nicht meine Sache: wenn du aufgehört hast,
sie zu lieben, so hat sie deswegen noch nicht aufgehört, dich zu lieben.
Du weißt doch, daß sie dich unbedingt mit jener verheiraten will, hat es
sich geschworen, hehe! ‚Anders heirate ich dich nicht,‘ sagte sie zu mir,
‚erst wenn sie zum Altar gehen, gehen auch wir zum Altar.‘ Was das von
ihr aus bedeutet, kann ich nicht verstehen und hab’s auch noch nicht
verstanden: entweder liebt sie dich bis zur Sinnlosigkeit – oder aber
... wenn sie dich liebt, warum will sie dich dann mit einer anderen
verheiraten? ‚Ich will ihn glücklich sehen‘, sagt sie, also liebt sie dich
doch.“

„Ich habe dir gesagt und geschrieben, daß sie ... von Sinnen ist,“
brachte der Fürst, dem Rogoshins Worte schwere Qualen bereiteten,
stockend hervor.

„Weiß Gott! Du hast dich vielleicht auch getäuscht ... sie hat doch
heute schon den Tag bestimmt, jawohl heute, als ich sie nach der Musik
nach Hause brachte: nach drei Wochen, vielleicht aber auch noch früher,
sagte sie, lassen wir uns trauen; hat geschworen, nahm das Heiligenbild,
küßte es. Jetzt hängt also alles nur von dir ab, Fürst, hehe!“

„Das ... das ist doch Wahnsinn! Das, was du da sagst, kann doch nie
und nimmer geschehen! Morgen werde ich zu euch kommen ...“

„Weshalb soll sie denn wahnsinnig sein?“ fragte Rogoshin. „Weshalb
ist sie denn für alle anderen nicht wahnsinnig? Wie kann sie denn Briefe
dorthin schreiben? Wenn sie wahnsinnig wäre, würde man es doch auch
dort aus den Briefen herausmerken.“

„Was für Briefe?“ fragte der Fürst erschrocken.

„Sie schreibt doch dorthin, an *jene*, und jene liest die Briefe. Oder
weißt du das noch nicht? Nun, dann wirst du’s noch erfahren. Sie wird
bestimmt sie dir schon selbst zeigen.“

„Das ... das kann ich nicht glauben!“ rief der Fürst.

„E–e! Dann mußt du, Lew Nikolajewitsch, noch wenig auf solchen
Wegen gegangen sein, soviel ich sehe, dann fängst du ja erst an. Aber
wart noch ein bißchen: wirst auch noch deine eigene Polizei unterhalten,
selbst Tag und Nacht auf der Lauer liegen und jeden Schritt von dort
wissen, wenn du nur ...“

„Hör auf! und sprich nie wieder davon!" unterbrach ihn der Fürst.
„Höre, Parfen, vorhin ging ich hier herum, bevor du kamst, und plötzlich
mußte ich lachen, worüber – das weiß ich selbst nicht, nur war mir gerade
eingefallen, daß morgen – mein Geburtstag ist. Es wird bald zwölf sein.
Gehen wir, erwarten wir den Tag! Ich habe Wein zu Hause, trinken wir!
Du wünsch mir, was ich mir selbst jetzt nicht zu wünschen weiß, und
gerade *du* sollst es mir wünschen, und ich werde dir dafür dein volles
Glück wünschen. Oder sonst gib das Kreuz zurück! Hast es mir doch nicht
am anderen Tage zurückgesandt! Du hast es doch auch jetzt auf der Brust?
Du trägst es doch?"

„Ich trage es," sagte Rogoshin.

„Nun, dann gehen wir. Ich will nicht ohne dich mein neues Leben
beginnen, denn jetzt – jetzt beginnt mein neues Leben! Weißt du's noch
nicht, Parfen, daß heute mein neues Leben begonnen hat?"

„Jetzt sehe und weiß ich's selbst, daß es begonnen hat; so werd ich's
auch *ihr* sagen. Du bist nicht mehr der alte, Lew Nikolajewitsch!"


## IV.

Als der Fürst sich mit Rogoshin seiner Villa näherte, bemerkte er zu
seiner nicht geringen Verwunderung, daß sich auf der hellerleuchteten
Terrasse eine zahlreiche und geräuschvolle Gesellschaft versammelt
hatte. Lachen und lautes Stimmengewirr drang hinaus in den dunklen
Park. Jedenfalls sah man auf den ersten Blick, daß der Gesellschaft die
Zeit nicht lang wurde: man war in freudiger Stimmung und disputierte
fast schreiend laut. Freilich war das nur zu erklärlich: als der Fürst die
Stufen der Treppe hinanstieg, sah er, daß alle tranken, und zwar
Champagner tranken, und das offenbar schon seit einiger Zeit, denn viele
schienen bereits nicht mehr ganz nüchtern zu sein. Sämtliche Gäste waren
dem Fürsten bekannt, doch wunderte es ihn nichtsdestoweniger, daß sie
sich alle gleichzeitig versammelt hatten, als wären sie gerufen worden,
obschon der Fürst keinen einzigen aufgefordert und er sich selbst seines
Geburtstages erst soeben ganz zufällig erinnert hatte.

„Mußt wohl jemandem gesagt haben, daß du Champagner auffährst,"
brummte Rogoshin, als er hinter dem Fürsten zur Terrasse hinaufstieg.

„Das kennt man; da braucht man nur zu pfeifen ..." fügte er fast
haßerfüllt hinzu, natürlich in Gedanken an seine eigene jüngste
Vergangenheit.

Mit Freudengeschrei und Glückwünschen wurde der Fürst empfangen und sogleich von allen umringt. Einzelne benahmen sich recht geräuschvoll, andere wiederum viel ruhiger, doch alle beeilten sich, ihm Glück zu wünschen, da sie von seinem Geburtstage gehört hätten. Ein jeder wartete ungeduldig, bis er an die Reihe kam. Die Anwesenheit einiger überraschte den Fürsten besonders; so hätte er z. B. Burdowskij sicherlich nicht vorzufinden erwartet; doch am meisten setzte ihn in Erstaunen, inmitten dieser Schar plötzlich Jewgenij Pawlowitsch Radomskij zu entdecken: er wollte zuerst kaum seinen Augen trauen und erschrak fast, als er ihn erblickte.

Inzwischen war Lebedeff mit seinen Erklärungen glücklich zu Wort gekommen; er war rot und begeistert und in nicht geringem Maße das, was man „fertig“ nennt. Aus seinem Geschwätz ging hervor, daß sich alle ganz zufällig eingefunden hatten. Ganz zuerst, noch vor Abend, war Hippolyt gekommen, und da er sich so wohl gefühlt, habe er gewünscht, den Fürsten auf der Terrasse zu erwarten. Er hatte sich also dort auf dem Diwan niedergelassen. Darauf hatte sich Lebedeff zu ihm gesellt, und diesem war seine ganze Familie gefolgt, d. h. seine Töchter und der alte General Iwolgin. Burdowskij war mit Hippolyt und Koljä gekommen, sozusagen als Begleiter des Kranken. Ganjä und Ptizyn waren erst vor kurzer Zeit, beim Vorübergehen, eingetreten – ihr Erscheinen fiel zusammen mit dem Ereignis vor dem Kurhaus –; bald darauf war auch Keller erschienen, hatte mitgeteilt, daß am nächsten Tage des Fürsten Geburtstag sei, und mit dieser Begründung Champagner verlangt. Jewgenij Pawlowitsch war erst vor knapp einer halben Stunde gekommen. Auf der Bewirtung mit Champagner und der Feier des Geburtstages hatte namentlich Koljä mit allem Nachdruck bestanden, worauf Lebedeff denn auch mit Gläsern und dem nötigen Stoff bereitwillig herausgerückt war.

„Aber es ist mein eigener, mein eigener!“ flüsterte er in lächelnder Seligkeit dem Fürsten zu, „auf meine Kosten, um den Geburtstag zu feiern und um zu gratulieren ... es wird auch einen Imbiß, einen Imbiß geben, meine Tochter sorgt schon dafür ... Aber, Fürst, wenn Sie wüßten, was für ein Thema sie jetzt vorhaben. Entsinnen Sie sich – im ‚Hamlet‘: ‚Sein oder Nichtsein?‘ Ein aktuelles Thema, ein höchst aktuelles Thema. Fragen und Antworten ... Und Herr Terentjeff will auf keinen Fall ... zu Bett gehn! Vom Champagner aber hat er nur einen Schluck, nur ’n Schlückchen geschlürft, das schad’t nichts ... Treten Sie näher, Fürst, und entscheiden Sie! Alle haben Sie erwartet, nur auf Ihren scharfsinnigen Verstand gewartet ...“

Der Fürst bemerkte den lieben, freundlichen Blick Wjera Lebedeffs, die sich gleichfalls bemühte, an ihn heranzukommen. Über alle hinweg reichte er ihr zuerst die Hand; sie wurde ganz rot vor Freude und wünschte ihm „*von diesem Tage* an ein glückliches Leben". Darauf lief sie eilig in die Küche, um dort den Imbiß vorzubereiten, doch so oft sie nur auf eine Minute Zeit fand, erschien sie wieder auf der Terrasse, um dem leidenschaftlichen Gespräch über die abstraktesten und für sie seltsamsten Dinge, das unter den Gästen niemals verstummte, zuzuhören. So hatte sie es schon vor dem Erscheinen des Fürsten getan. Ihre jüngere Schwester, die, welche immer so weit den Mund aufriß, war im Nebenzimmer, auf einem Koffer sitzend, eingeschlafen. Ihr Bruder, der Sohn Lebedeffs, stand dagegen zwischen Koljä und Hippolyt und allein der Ausdruck seines lebhaften Gesichts verriet es, daß er bereit war, auf demselben Platz stehend, noch ganze zehn Stunden zuzuhören.

„Ich habe Sie ganz besonders erwartet und bin sehr froh, daß Sie so glücklich sind," sagte Hippolyt zum Fürsten, als dieser gleich nach Wjera ihm die Hand reichte.

„Woher wissen Sie, daß ich ‚so glücklich' bin?"

„Man sieht es Ihrem Gesicht an. Begrüßen Sie sich mit den Herren und kommen Sie schnell und setzen Sie sich hierher zu mir. Ich habe sehr auf Sie gewartet," fügte er hinzu und betonte es besonders, daß er gewartet habe. Auf die Bemerkung des Fürsten: ob ihm das späte Aufsein nicht schade, antwortete er, daß er sich selbst wundere – er, der noch vor drei Tagen zu sterben glaubte – wie wohl er sich an diesem Abend fühle.

Burdowskij sprang von seinem Platz auf und brummte, daß er „nur so" gekommen ... daß er Hippolyt „begleitet" und daß auch er sehr froh sei ... Im Briefe habe er nur „Unsinn" geschrieben, jetzt aber sei er „einfach froh ..." Er beendete seinen Satz nicht, drückte nur kräftig dem Fürsten die Hand und setzte sich auf seinen Stuhl.

Ganz zuletzt ging der Fürst auf Jewgenij Pawlowitsch zu. Dieser nahm ihn einfach unter den Arm.

„Ich habe Ihnen ein paar Worte zu sagen," sagte er halblaut – „und in einer sehr wichtigen Angelegenheit; kommen Sie, auf eine Minute."

„Ein paar Worte," flüsterte eine andere Stimme dem Fürsten ins andere Ohr und eine andere Hand packte den Fürsten an der anderen Seite am Arm.

Der Fürst bemerkte zu seiner Verwunderung ein vom Wein gerötetes, lachendes Gesicht, das er sofort als das Ferdyschtschenkos erkannte. Gott weiß, woher der sich eingefunden hatte.

„Erinnern Sie sich noch Ferdyschtschenkos?“ fragte ihn dieser.

„Woher sind Sie denn gekommen?“ rief der Fürst aus.

„Er hatte sich versteckt!“ sagte hinzutretend Keller. „Er hatte sich versteckt und wollte sich nicht zeigen, dort in der Ecke hatte er sich versteckt, er bereut es, Fürst, er fühlt sich vor Ihnen schuldig.“

„Ja, worin denn, worin?“

„Ich begegnete ihm, Fürst, soeben begegnete ich ihm und habe ihn hierhergebracht; er ist der beste meiner Freunde, – doch bereut er sehr ...“

„Ich freue mich sehr, meine Herren, doch setzen Sie sich, bitte, dahin zu den anderen, ich werde gleich wiederkommen.“ Der Fürst machte sich von ihnen los und beeilte sich, Jewgenij Pawlowitsch einzuholen.

„Hier bei Ihnen ist es sehr interessant,“ bemerkte dieser, „ich habe mit vielem Vergnügen eine halbe Stunde auf Sie gewartet. Wissen Sie, mein bester Lew Nikolajewitsch, ich habe mit Kurmyschoff alles geordnet, ich bin gekommen, um Sie zu beruhigen. Machen Sie sich keine Sorgen, er hat die Sache sehr vernünftig aufgefaßt, um so mehr, da er meiner Meinung nach selbst schuld daran war ...“

„Was für ein Kurmyschoff?“

„Dieser da, den Sie vorhin an den Armen packten. Er war so außer sich, daß er Ihnen morgen seine Forderung schicken wollte.“

„Aber ich bitte Sie, welch ein Unsinn!“

„Versteht sich, Unsinn, und mit einem Unsinn hätte es auch geendet, doch ...“

„Sie sind, vielleicht, doch noch aus einem anderen Grunde gekommen, Jewgenij Pawlowitsch?“

„Oh, versteht sich, noch aus einem anderen Grunde,“ lachte dieser. „Ich, lieber Fürst, fahre noch morgen, bevor es tagt, nach Petersburg, wegen der unseligen Geschichte mit meinem Onkel. Stellen Sie sich vor, alles ist wahr und alle wissen es, nur ich wußte es nicht. Mich hat das alles so erschüttert, daß ich noch nicht dazu gekommen bin, *dahin* zu gehen, zu Jepantschins, meine ich. Morgen werde ich auch nicht hingehen, denn ich werde ja in Petersburg sein, verstehen Sie mich? Vielleicht werde ich zwei, drei Tage dort bleiben, mit einem Wort, meine Sache ist verloren. Ich habe mich darum entschlossen, mich mit Ihnen offen auszusprechen, ohne Zeit zu verlieren, noch vor meiner Abfahrt. Ich werde hier sitzen und werde warten, bis die ganze Gesellschaft sich verabschiedet, sonst weiß ich nicht, wo ich bleiben soll, ich bin so aufgeregt und schlafen kann ich nicht. Freilich ist es gewissenlos, einen Menschen so zu belästigen, doch ich werde Ihnen aufrichtig sagen: ich bin gekommen, um mit Ihnen, mein lieber Fürst, Freundschaft zu schließen. Sie sind ein unvergleichlicher Mensch, das heißt, Sie sind aufrichtig, Sie lügen niemals, vielleicht überhaupt nicht und ich habe in einer Sache einen Freund und Ratgeber nötig, denn ich gehöre jetzt zu den Unglücklichen ... jawohl!"

Er lachte.

„Schade nur, daß Sie warten wollen, bis die da fortgehen," meinte nachdenklich der Fürst, „weiß Gott, wann das sein wird. Wäre es nicht besser, wenn wir jetzt in den Park gingen? Die da können wirklich warten. Ich werde mich entschuldigen."

„Nein, nein, ich habe meine Gründe, jedem Verdacht ihrerseits zuvorzukommen, denn unter ihnen gibt es Leute, die sich sehr für unsere Beziehungen interessieren. Sie wissen das nicht, Fürst. Und es ist viel besser, daß sie nichts Auffälliges in unseren Beziehungen bemerken — verstehen Sie? Sie werden in zwei Stunden fortgehen, ich werde Sie dann nur zwanzig Minuten, vielleicht eine halbe Stunde in Anspruch nehmen."

„Wie Sie wünschen, bitte; ich werde sehr froh darüber sein, und für Ihre guten Worte und für Ihre Freundschaftsversicherung danke ich Ihnen noch besonders. Entschuldigen Sie, daß ich heute zerstreut bin, ich kann in diesem Moment nicht so aufmerksam sein, wie –"

„Ich sehe, ich sehe es," lächelte Jewgenij Pawlowitsch etwas ironisch. Er war überhaupt recht lachlustig diesen Abend.

„Was sehen Sie?" beeilte sich der Fürst zu fragen.

„Und Sie ahnen gar nicht, lieber Fürst," versetzte immer noch lachend Jewgenij Pawlowitsch, ohne direkt auf die Frage des Fürsten zu antworten, „Sie ahnen gar nicht, daß ich einfach gekommen bin, um Sie zu betrügen und alles über Sie zu erfahren, ah?"

„Daß Sie gekommen sind, um mich auszuforschen, nun, darüber besteht kein Zweifel," scherzte jetzt auch der Fürst, „und vielleicht haben Sie sich sogar vorgenommen, mich zum besten zu halten. Doch was tut's, ich fürchte Sie nicht, überdies ist mir das jetzt ganz gleichgültig, glauben Sie es mir? Und ... und ... und da ich vor allem überzeugt bin, daß Sie doch ein außergewöhnlicher Mensch sind, so wird es damit enden, daß wir uns sehr anfreunden werden. Sie haben mir sehr gefallen, Jewgenij Pawlowitsch, Sie ... sind, meiner Meinung nach, ein sehr, sehr anständiger Mensch!"

„Nun, mit Ihnen ist es wenigstens sehr angenehm, etwas zu tun zu haben, was es auch sei," schloß Jewgenij Pawlowitsch. „Kommen Sie, ich werde auf Ihre Gesundheit ein Glas leeren, ich bin sehr zufrieden, daß ich zu Ihnen gekommen bin. Ah!" brach er plötzlich ab. „Dieser Herr Hippolyt wird jetzt bei Ihnen leben?"

„Ja."

„Er wird nicht so bald sterben, denke ich?"

„Und, was weiter?"

„Weiter nichts; ich war hier mit ihm eine halbe Stunde zusammen ...‟

Hippolyt wartete die ganze Zeit über auf den Fürsten und sah ununterbrochen nach ihm und Jewgenij Pawlowitsch hin, als diese miteinander sprachen. Er belebte sich fieberhaft, als sie an den Tisch traten. Er war unruhig und aufgeregt, Schweiß trat auf seine Stirn. An seinen blitzenden Augen bemerkte man eine große Unruhe und eine unerklärliche Ungeduld; sein Blick schweifte ziellos von einem Gegenstand zum andern, von einem Gesicht zum andern. Obgleich er am allgemeinen, lebhaften Gespräch teilnahm, so war seine Lebhaftigkeit doch nur eine kranke, unnatürliche. Dem Gespräche selbst folgte er nur zerstreut, stritt sich ganz sinnlos mit den anderen herum, spottete über alles und äußerte nur Paradoxes. Er sprach nicht zu Ende, was er soeben mit großem Feuer begonnen. Der Fürst sollte mit Verwunderung und Bedauern erfahren, daß man ihm heute zwei Glas Champagner zu trinken erlaubt hatte, und daß das gefüllte Glas vor ihm schon das dritte war. Doch das erfuhr er erst später, in diesem Augenblick war er zunächst selbst unaufmerksam und zerstreut.

„Wissen Sie auch, daß ich sehr froh bin, daß gerade heute Ihr Geburtstag ist!" rief Hippolyt aus.

„Warum?"

„Sie werden es sehen; setzen Sie sich nur schnell! Erstens schon darum, weil hier so viel Menschen sind. Darauf hatte ich gerechnet, daß alle hier sein würden. Zum erstenmal in meinem Leben stimmt meine Rechnung! Schade, daß ich nichts von Ihrem Geburtstag wußte, sonst wäre ich mit einem Geschenk gekommen ... Ha, ha! Ja, vielleicht wäre ich mit einem Geschenk gekommen! Was kann nicht alles in der Welt passieren?"

„Es sind nur noch zwei Stunden bis Sonnenaufgang," bemerkte Ptizyn und sah nach der Uhr.

„Was will denn das jetzt sagen, wo es draußen so hell ist, daß man lesen kann?" äußerte jemand.

„Ich möchte nur den Rand der Sonne sehen, man kann dann auf Ihre Gesundheit trinken, was meinen Sie, Fürst?"

Hippolyt wandte sich damit an alle, er tat es ohne jegliche Zeremonie, aber in einem Tone, als kommandiere er, doch ohne es selbst zu bemerken.

„Schön, trinken wir auf die Sonne, nur werden Sie ruhiger, Hippolyt."

„Sie reden immer vom Schlafen, Sie sind meine Njänjä,[] Fürst! Wenn nur die Sonne erscheint und es ‚erklingt‘ am Himmel (wer hat es doch in einem Gedicht gesagt: ‚am Himmel erklang die Sonne?‘ Sinnlos, aber schön) – so gehen wir schlafen. Lebedeff! Was bedeuten die Quellen des Lebens in der Apokalypse? Haben Sie von dem Stern gehört, Fürst?"

„Ich habe gehört, daß Lebedeff unter dem ‚Stern‘ das Eisenbahnnetz versteht, das sich über ganz Europa ausbreiten wird."

„Nein, erlauben Sie, das geht nicht an!" schrie Lebedeff, sprang vom Stuhl und fuchtelte und zappelte mit Händen und Füßen, als wollte er das Gelächter aller verstummen machen. „Erlauben Sie doch! Mit diesen Herren ... alle diese Herren," wandte er sich plötzlich an den Fürsten, „sind in gewissen Punkten, ich weiß nicht was ..." und er schlug ganz unzeremoniell mit den Fäusten auf den Tisch, so daß sich das allgemeine Gelächter noch verstärkte.

Lebedeff war, wenn auch in seinem „gewöhnlichen", „allabendlichen" Zustande, diesmal doch ganz besonders aufgeregt und durch den langen vorausgegangenen „wissenschaftlichen" Disput obendrein gereizt. Bei solcher Gelegenheit hatte er für seine Opponenten nur eine unendliche, im höchsten Grade offenherzige Verachtung übrig.

„Das geht nicht an! Wir haben, Fürst, vor einer halben Stunde beschlossen, niemanden zu unterbrechen, nicht zu lachen, während einer spricht, damit er alles frei heraussagen kann, was er sich denkt. Mögen die Atheisten, wenn sie wollen, erwidern! Wir haben den General zum Präsidenten erwählt, sehen Sie's. Denn sonst? Kann man jeden an seiner hohen Idee, an seiner tiefen Idee, verhindern ..."

„Reden Sie nur, reden Sie nur, niemand wird Sie verhindern!" ließen sich verschiedene Stimmen hören.

„Reden Sie doch, machen Sie keine Umstände."

„Was ist das für ein ‚Stern‘?" erkundigte sich jemand.

„Habe keine Ahnung!" antwortete General Iwolgin, mit wichtiger Miene seine Stelle „eines Präsidenten" vertretend.

„Ich liebe außerordentlich solche Dispute und Auseinandersetzungen, Fürst, natürlich nur wissenschaftliche ..." murmelte währenddessen Keller, der vor Entzücken und Ungeduld auf seinem Stuhle hin und her rückte, „wissenschaftliche, und natürlich politische," wandte er sich plötzlich ganz unerwartet an Jewgenij Pawlowitsch, der fast mit ihm in einer Reihe saß. „Wissen Sie, ich liebe furchtbar in den Zeitungen vom englischen Parlament zu lesen, d. h. nicht eigentlich um zu erfahren, um was es sich da handelt (ich, wissen Sie, bin kein Politiker), sondern wie sie sich aufführen, wie sie miteinander verhandeln als Politiker, die äußere Form: der ehrenwerte Herr Viscount von der Gegenseite, der ehrenwerte Herr Graf, der meine Ansicht teilt, mein ehrenwerter Opponent, der ganz Europa mit seinem Vorschlag in Erstaunen gesetzt hat, d. h. alle diese Ausdrücke, dieser ganze Parlamentarismus eines freien Volkes, das ist es, was unsereinem verlockend erscheint! Ich bin entzückt davon, Fürst. Ich war immer im Grunde meiner Seele ein Künstler, Jewgenij Pawlowitsch."

„Und was ergibt sich denn daraus?" ereiferte sich in einer anderen Ecke Ganjä. „Ihrer Meinung nach sind die Eisenbahnen ein Fluch, das Verderben der Menschheit, eine Pest, die auf die Erde gefallen ist, um die ,Quellen des Lebens' zu trüben."

Gawrila Ardalionytsch war an diesem Abend ganz besonders guter Laune, in einer ausgelassenen, fast triumphierenden Stimmung, wie es dem Fürsten schien. Mit Lebedeff scherzte er natürlich, um ihn anzufeuern, geriet aber selbst dabei in Feuer.

„Nein, nicht die Eisenbahn!" ereiferte sich wieder Lebedeff, außer sich geratend und ganz berauscht von Entzücken. „Die Eisenbahnen allein trüben nicht die Quellen des Lebens, aber alles das zusammen ist verflucht, die ganze Richtung unserer letzten Jahrhunderte in Wissenschaft und Praxis ist, wie mir scheint, verflucht."

„Ob wirklich verflucht, oder nur für unser Empfinden: Das wäre in diesem Falle sehr wichtig zu wissen," bemerkte Jewgenij Pawlowitsch.

„Verflucht, verflucht, wirklich verflucht!" beteuerte Lebedeff bombensicher.

„Überstürzen Sie sich nicht, Lebedeff, Sie sind am anderen Morgen immer viel vorsichtiger," bemerkte lächelnd Ptizyn.

„Dafür bin ich aber am Abend um so aufrichtiger! Am Abend bin ich seelenvoller und aufrichtiger!" wandte sich Lebedeff feurig an ihn.

„Aufrichtiger und bestimmter, ehrenhafter und ehrenwerter, damit würde ich Ihnen schon ein Bein stellen, doch ich spucke drauf: ich fordere euch jetzt alle heraus, euch Atheisten alle: womit errettet ihr die Welt und worin habt ihr dieser Welt einen Weg gewiesen, ihr Männer der Wissenschaft und des Handels, der Verbände und der Nationalökonomie? Womit? Mit dem Kredit etwa? Was ist das: Kredit? Wozu führt euch der Kredit?“

„Sehen Sie doch, wie der neugierig ist!“ bemerkte Jewgenij Pawlowitsch.

„Meiner Meinung nach ist einer, der sich nicht für diese Fragen interessiert, nur ein Geck und Salonheld!“ schrie Lebedeff.

„Kredit führt zur allgemeinen Solidarität und zur Statik der Interessen,“ bemerkte Ptizyn.

„Und nur das, nur das! Ohne jegliche sittliche Grundlage nur zur Befriedigung des persönlichen Egoismus und der materiellen Notwendigkeiten? Das ganze All, das allgemeine Glück nur – materielle Notwendigkeit? So ist’s, wenn ich Sie zu fragen wage, wenn ich Sie verstanden habe, mein werter Herr?“

„Nun ja, die allgemeine Notwendigkeit zu leben, zu trinken und zu essen und die volle wissenschaftliche Überzeugung, daß man diese Notwendigkeit ohne eine allgemeine Assoziation und die Solidarität der Interessen nicht befriedigen kann, – das, scheint mir, ist eine Idee, groß genug, und Grundlage, fest genug für die kommenden Jahrhunderte, um der Menschheit als ‚Quelle des Lebens‘ zu dienen,“ bemerkte Ganjä diesmal in vollem Ernst.

„Die Notwendigkeit zu trinken und zu essen, also nur das Gefühl der Selbsterhaltung ...“

„Ja, ist denn das etwa zu wenig? Das Gefühl der Selbsterhaltung ist doch das Grundgesetz der Menschheit ...“

„Wer hat Ihnen das gesagt?“ rief plötzlich Jewgenij Pawlowitsch aus. „Ein Gesetz – das mag sein, aber nicht weniger ist es das Gesetz der Zerstörung, und meinetwegen auch der Selbstzerstörung. Liegt denn in der Selbsterhaltung wirklich das ganze Grundgesetz der Menschheit?“

„Aha!“ rief Hippolyt, wandte sich schnell nach Jewgenij Pawlowitsch um und betrachtete ihn mit wilder Neugier. Als er aber sah, daß dieser lachte, da lachte er selbst auch, stieß den neben ihm stehenden Koljä an und fragte ihn wieder, wieviel Uhr es sei, er zog sogar selbst Koljä die silberne Uhr aus der Tasche und sah nach dem Zeiger. Darauf blickte er ganz verloren um sich, streckte sich auf dem Diwan aus, legte die Hände unter den Kopf und starrte zur Decke. Nach einer halben Minute setzte er sich schon wieder an den Tisch, hielt sich stramm aufrecht und hörte dem Gespräch Lebedeffs zu, der jetzt glücklich bis zum äußersten erregt war.

„Ein hinterlistiger, ein spitzfindiger Gedanke," griff Lebedeff mit wahrer Gier das Paradox Jewgenij Pawlowitschs auf. „Ein Gedanke, der nur ausgesprochen wurde, um die Gegner aufeinander zu hetzen – aber welch ein wahrer Gedanke! Sie sind ein Spötter und Weltverächter, wenn auch nicht ohne Fähigkeiten! Doch wissen Sie selbst nicht, bis zu welchem Grade Ihr Gedanke tief und wahr ist. Ja–a. Das Gesetz der Selbsterhaltung und das Gesetz der Selbstzerstörung, sie sind beide gleich stark im Menschen! Der Teufel beherrscht noch immer die Menschheit, und er wird sie beherrschen bis zu einer Zeit, die uns unbekannt ist. Sie lachen? Sie glauben nicht an den Teufel? Der Unglaube an den Teufel ist ein französischer Gedanke, ist ein leichtsinniger Gedanke. Wissen Sie denn auch, wer der Teufel ist? Kennen Sie denn seinen Namen? Und ohne seinen Namen zu kennen, lachen Sie über seine Form, nach dem Beispiel Voltaires, über seinen Huf, seinen Schwanz und seine Hörner, wie man ihn euch geschildert hat. Denn der unreine Geist ist ein großer, ein furchtbarer Geist, aber Hörner und Hufe hat er nicht. Doch nicht davon ist jetzt die Rede."

„Woher wissen Sie, daß jetzt nicht davon die Rede ist?" lachte Hippolyt laut auf wie in einem Krampfanfall.

„Eine sehr feine und geschickte Anspielung!" lobte ihn Lebedeff. „Und doch ist die Rede nicht davon. Die Frage bei uns war vielmehr die, ob die ‚Quellen des Lebens‘ nicht versiegen infolge ..."

„Der Eisenbahnen?!" rief Koljä.

„Nicht der Eisenbahnen, junger, aber kühner Mann, doch infolge der ganzen Richtung, der auch die Eisenbahnen dienen, sozusagen als Bild, als künstlerischer Ausdruck. Sie rasen, sie hämmern, sie dröhnen für das Glück der Menschheit, wie man sagt. ‚Zu lärmend, zu tätig wird die Menschheit, wenig geistige, seelische Ruhe hat sie‘, beklagte sich bereits ein einsamer Denker. ‚Möglich, doch das Dröhnen der Wagen, die der hungernden Menschheit Brot bringen, ist vielleicht wertvoller als die Ruhe des Geistes‘, antwortete ihm ein anderer triumphierend, einer, der überall herumfährt. Ich glaube es ihnen nicht, ich erbärmlicher Kerl Lebedeff: die Wagen, die der Menschheit Brot bringen sollen! Denn die Wagen, die ohne sittliche Grundlagen der Menschheit Brot bringen, könnten ebensogut kaltblütig einen bedeutenden Teil der Menschheit von dem Genuß des Brotes ausschließen, was ja auch schon vorgekommen ist ..."

„Diese Wagen können kaltblütig jemand ausschließen?" griff jemand auf.

„Was auch schon vorgekommen ist," bestätigte Lebedeff, ohne weiter dem Frager Beachtung zu schenken, „wir hatten schon einen Malthus, einen Freund der Menschheit. Doch dieser Freund der Menschheit ist mit seinen wankenden sittlichen Grundlagen in Wahrheit ein Menschenfresser der Menschheit, ganz zu schweigen von seiner Eitelkeit. Denn beleidigen Sie die Eitelkeit eines dieser zahllosen Freunde der Menschheit und er ist sofort bereit, aus kleinlicher Rachsucht die Welt an ihren vier Enden anzuzünden, – übrigens genau so, wie es jeder von uns auch tun würde, und, der Gerechtigkeit die Ehre, genau wie ich, der allererbärmlichste von allen, der vielleicht als erster das Holz dazu herbeischleppen, selbst aber davonlaufen würde. Doch nicht davon ist die Rede!"

„Ja, wovon denn eigentlich?"

„Wirklich langweilig!"

„Es handelt sich um eine Anekdote aus dem vergangenen Jahrhundert. In unserer Zeit, in unserem Vaterlande, das Sie, meine Herren, hoffe ich, ebenso lieben wie ich, denn ich bin meinerseits bereit, mein Blut für das Vaterland zu vergießen ..."

„Weiter, weiter!"

„In unserem Vaterlande, wie in Europa, pflegen schreckliche, verheerende Hungersnöte – jetzt, in unserer Zeit – die Menschheit nur einmal im Vierteljahrhundert heimzusuchen, wenn ich mich nicht irre und so weit ich mich entsinnen kann, mit anderen Worten, alle fünfundzwanzig Jahre. Ich will mich ja nicht auf die genaue Zahl versteifen. Nur, meine ich, ist es verhältnismäßig sehr selten –"

„Im Vergleich womit?"

„Im Vergleich zum zwölften Jahrhundert mit seinen Ausläufern nach vorne und nach hinten. Denn damals herrschte, wie die Schriftsteller jener Zeit behaupten, die Hungersnot einmal in zwei Jahren, jedenfalls einmal in drei Jahren, so daß unter solchen Umständen die Menschen schon zur Menschenfresserei ihre Zuflucht nahmen, wenn auch nur heimlich. Einer dieser Menschenfresser, als er sich seinem Ende näherte, hat selbst und ohne Zwang eingestanden, daß er im Laufe seines langen, mühevollen Lebens im geheimen sechzig Mönche und einige weltliche Jünglinge selbst getötet und sie aufgegessen habe. Im ganzen nur sechs weltliche Jünglinge, das ist wenig im Vergleich mit der Anzahl Geistlicher, die er verspeist hat. Erwachsene weltliche Leute hat er, wie es scheint, zu diesem Zwecke überhaupt nicht verwendet.“

„Das ist einfach unmöglich!“ rief hier der „Präsident“ in fast beleidigtem Tone. „Ich habe mich des öfteren, meine Herren, mit ihm darüber gestritten, und immer über dieselben Dinge. Er redet solch unglaubliches Zeug, daß einem die Ohren davon welk werden. Nicht für einen Groschen Wahrheit!“

„General! Denken Sie an die Belagerung von Kars, und Sie, meine Herren, Sie wissen, daß meine Anekdote die – volle Wahrheit ist. Ich bemerke nur von mir aus, daß die Wirklichkeit, die durchaus ihre unleugbaren Gesetze hat, uns immer als unwahrscheinlich und unwahr erscheint, und je wirklicher sie ist, um so unwahrscheinlicher erscheint sie uns.“

„Ja, kann man denn sechzig Mönche aufessen?“ lachte alles ringsum.

„Daß er sie nicht auf einmal gegessen hat, das ist doch selbstverständlich, aber in fünfzehn bis zwanzig Jahren ist es ganz verständlich und natürlich ...“

„Und natürlich?“

„Und natürlich!“ verteidigte sich Lebedeff eigensinnig. „Und außerdem ist der katholische Mensch schon von Natur aus neugierig und zutraulich, und man kann ihn nur zu leicht in den Wald locken oder an irgendeinen verborgenen Ort und mit ihm in erwähnter Weise verfahren. Doch bestreite ich durchaus nicht, daß die Anzahl der verspeisten Menschen ungeheuerlich erscheint, bis zum ...“

„Vielleicht hat er recht, meine Herren,“ bemerkte plötzlich der Fürst.

Er hatte bisher den Streitenden schweigend zugehört und sich nicht am Gespräch beteiligt, nur oft von ganzem Herzen gelacht, sobald auch die anderen lachten. Er war offenbar sehr froh darüber, daß alle so heiter, so lärmend waren; sogar darüber, daß sie alle soviel tranken. Vielleicht hätte er den ganzen Abend kein Wort gesprochen. Doch plötzlich fiel es ihm ein, zu reden. Er sprach sogar mit außergewöhnlichem Ernst, so daß sich alle mit Neugier ihm zuwandten.

„Ich, meine Herren, rede davon, daß damals die Hungersnöte wirklich sehr häufig waren. Davon habe auch ich gehört, obgleich ich die Geschichte wenig kenne. Doch scheint es mir, daß es wohl gar nicht anders hätte sein können. Als ich in die Schweizer Berge kam, war ich sehr erstaunt über die Ruinen alter Ritterburgen, die an den Abhängen der Berge erbaut waren, auf steilen Felsen, oft von einer halben Werst Höhe, was dann auf schmalen Fußpfaden etliche Werst ausmacht. Das Schloß selbst ist ja, wie bekannt, ein ganzer Berg von Stein. Eine schreckliche, fast unmögliche Arbeit! Und diese Arbeit wurde natürlich von den armen Leuten, den Fronleuten der Ritter, verrichtet. Außerdem mußten sie Steuern zahlen und die Geistlichkeit erhalten. Wie konnten sie sich da selbst ernähren und ihre Erde bebauen! Die Bevölkerung war damals nicht zahlreich und viele müssen vor Hunger gestorben sein, denn zu essen gab es vielleicht wirklich buchstäblich nichts. Ich habe manchmal darüber nachgedacht, wie es doch nur möglich war, daß das Volk nicht ganz zugrunde ging, und wie es alledem Widerstand leisten konnte? Daß es Menschenfresser gegeben hat, und sogar sehr häufig, darin hat Lebedeff zweifellos recht; nur weiß ich nicht, warum er gerade die Mönche herbeigezogen hat, und was er damit sagen will?"

„Wahrscheinlich ist er der Meinung, daß im zwölften Jahrhundert nur die Mönche sich zum Verzehren eigneten, da nur sie fett waren," bemerkte Gawrila Ardalionytsch.

„Ein prächtiger Gedanke," schrie Lebedeff voll Begeisterung. „Denn die Weltlichen hat er ja überhaupt nicht angerührt. Nicht ein einziges weltliches Exemplar, im Verhältnis zu sechzig Geistlichen. Es ist ein welthistorischer Gedanke, ein statistischer Gedanke! Aus solchen Fakten ergeben sich für den Fachmann die überraschendsten geschichtlichen Schlüsse; denn mit zahlenmäßiger Genauigkeit ist dadurch nachgewiesen, daß die Geistlichkeit damals wenigstens sechzigmal glücklicher und freier lebte, als die ganze übrige Menschheit."

„Übertreibung, Übertreibung, Lebedeff!" Man lachte ringsum.

„Ich bin damit einverstanden, daß es ein welthistorischer Gedanke ist, doch was wollen Sie daraus schließen?" stellte der Fürst eine weitere Frage an Lebedeff, über den alle lachten, und zwar tat er es mit solchem Ernst, ohne jeglichen Spott, daß sein Ton bei der heiteren Stimmung der ganzen Gesellschaft unwillkürlich gleichfalls komisch wirkte. Es fehlte nicht viel, und man hätte auch über ihn gelacht. Doch bemerkte er das gar nicht.

„Sehen Sie denn nicht, Fürst, daß der Mann verrückt ist?" Jewgenij Pawlowitsch beugte sich vor und wandte sich an den Fürsten. „Man sagte mir neulich, er habe sich in den Kopf gesetzt, Advokat zu werden, und seine Reden seien ihm zu Kopf gestiegen. Er soll ein Examen machen wollen. Nun, ich erwarte eine famose Parodie."

„Ich werde einen grandiosen Schluß daraus ziehen," rief Lebedeff unterdessen mit Donnerstimme. „Doch analysieren wir zuerst den psychologischen und den juridischen Zustand des Verbrechers. Wir sehen, daß der Verbrecher, oder sozusagen mein Klient, ungeachtet dessen und obschon es ihm unmöglich war, andere Nahrungsmittel aufzutreiben, des öfteren während seiner interessanten Karriere den Wunsch empfand, sich zu bessern und von der Geistlichkeit abzulassen. Wir ersehen es aus verschiedenen Tatsachen: wir erinnern uns, daß er wenigstens fünf bis sechs Jünglinge weltlichen Standes verzehrt hat, eine verhältnismäßig geringe Anzahl, dafür aber bemerkenswert in anderer Beziehung. Offenbar von schrecklichen Gewissensbissen gequält (denn mein Klient ist ein religiöser und gewissenhafter Mensch, was ich Ihnen gleich beweisen werde) und um nach Möglichkeit seine Schuld zu verringern, ersetzte er, wenigstens zur Probe, sechsmal seine mönchische Nahrung durch eine weltliche. Unzweifelhaft zur Probe, denn wenn er es nur um der gastronomischen Abwechslung getan hätte, so würde die Zahl sechs viel zu gering sein: warum denn nur sechsmal, warum nicht dreißigmal? (Ich nehme nur die Hälfte, die Hälfte von der Hälfte.) Doch wenn es etwa nur zur Probe geschehen wäre, und aus Verzweiflung und Angst vor dem Verbrechen der Kirchenschändung, dann wird die Zahl sechs um so verständlicher; denn sechs Proben genügen doch wohl zur Beruhigung der Gewissensbisse, da die Proben ja nicht von Erfolg begleitet waren. Erstens waren meiner Meinung nach die Knaben viel zu klein, d. h. nicht dick und groß genug, so daß er der weltlichen Knaben wenigstens um das Doppelte, um das Fünffache bedurft hätte, als der Geistlichen. Wenn die Sünde sich also einerseits auch verringert hätte, so hätte sie sich andererseits nur vergrößert, wenn nicht qualitativ, so doch quantitativ. Wenn ich die Sache so beurteile, meine Herren, so versetze ich mich natürlich in die Seele eines Verbrechers des zwölften Jahrhunderts. Was mich nun betrifft, als Mensch des neunzehnten Jahrhunderts, so würde ich ganz anders urteilen, was ich hier Ihnen gegenüber betone, damit Sie durchaus nicht das Recht haben, meine Herren, mir die Zähne zu zeigen, wie es denn von Ihnen, Herr General, direkt unanständig ist. Zweitens, meiner persönlichen Ansicht nach, ist ein Knabe auch nicht genügend nahrhaft, zu süß und widerlich im Geschmack, ohne die Bedürfnisse zu befriedigen, verursacht er nur Gewissensbisse. Und jetzt der Schluß, das Finale, meine Herren, das Finale, in dem die Antwort aller damaligen und heutigen großen Fragen enthalten ist. Der Verbrecher endet damit, daß er hingeht und sich selbst der Geistlichkeit und der Gerechtigkeit ausliefert. Man stelle sich vor, welche Qualen ihn in jener Zeit erwarteten, welche Folter, Räder und Scheiterhaufen? Wer hat ihn dazu getrieben, sich selbst anzuzeigen? Warum nicht einfach bei der Zahl sechzig verbleiben, das Geheimnis bewahren bis zum letzten Atemzuge? Warum nicht einfach von den Mönchen ablassen und als Einsiedler der Reue leben? Warum ist er denn schließlich nicht selbst Mönch geworden? Sehen Sie, da steckt das Rätsel! Also muß da doch etwas gewesen sein, das stärker war als Flammen und Scheiterhaufen, und selbst stärker als eine zwanzigjährige Gewohnheit! Also gab es eine Idee, die stärker war als alles Unglück wie Mißernten, Foltern, Pestilenzen, diese ganze Hölle, die die Menschheit nicht hätte ertragen können, ohne eine das Herz beherrschende und die Lebensquelle befruchtende Idee! Zeigen Sie mir, bitte, doch irgend etwas, das eine derartige Kraft in unserem Jahrhundert der Laster und Eisenbahnen besitzt ... das heißt, man müßte sagen, in unserem Zeitalter der Dampfschiffe und Eisenbahnen, doch ich sage: in unserem Zeitalter der Laster und Eisenbahnen – wenn ich auch betrunken bin, so bin ich doch gerecht! Zeigen Sie mir eine Idee, die uns auch nur mit der Hälfte der Kraft beherrschte, wie die jener Jahrhunderte. Und wagen Sie es noch zu behaupten, daß die ,Quellen des Lebens‘ unter diesem ,Sterne‘, unter diesem Netze, worin die Menschheit sich verstrickt hat, nicht versiegt und getrübt worden sind! Und widerlegen Sie mir das nicht durch Hinweise auf unseren Wohlstand, unseren Reichtum, durch die Seltenheit der Hungersnöte und die Geschwindigkeit unserer Verkehrsmittel! Der Reichtum ist größer, aber die Kraft ist geringer, die einigende Idee fehlt uns; alles ist wie Gummi; alles ist nüchtern, und die Menschen sind auch nüchtern geworden! Alle, alle, alle sind wir nüchtern! ... Doch genug: Nicht davon ist die Rede, sondern davon, ob wir jetzt nicht, ehrenwerter Fürst, unsere Gäste zu einem kleinen Imbiß einladen wollen?“

Lebedeff, der einige seiner Zuhörer schon bis zur äußersten Ungeduld gebracht hatte, versöhnte aber alle seine Gegner mit dem unerwarteten Schluß seiner Rede. Er selbst nannte einen solchen Schluß „einen sehr geschickten Advokatenkniff‘, die Gäste belebten sich, fröhliches Lachen ertönte wieder, alle erhoben sich, um ihre Glieder zu strecken und sich auf der Terrasse zu ergehen. Nur Keller war mit Lebedeffs Rede sehr unzufrieden und benahm sich ungewöhnlich erregt.

„Er ist gegen die Aufklärung, er predigt den Aberglauben des zwölften Jahrhunderts, er will sich zeigen, von Unschuld des Herzens weiß er nichts: womit hat er sich ein Haus erworben, wenn man fragen darf?“ tief er laut und hielt die Gäste zurück.

„Ich habe einen ganz anderen Interpreten der Apokalypse gekannt,“ wandte sich der General in der anderen Ecke an andere Zuhörer und insbesondere zu Ptizyn, den er am Knopf festhielt –, „den verstorbenen Grigorij Ssemjonowitsch Burmistroff, der verstand es, die Herzen zu entzünden. Erstens, setzte er sich die Brille auf, schlug ein großes schwarzes Buch in schwarzem Ledereinband auf, dabei hatte er einen weißen Bart und zwei Rettungsmedaillen auf der Brust. Er legte sie streng und ernst aus. Vor ihm beugten sich Generäle, Damen fielen in Ohnmacht, aber dieser da – endet mit einer Einladung zum Imbiß! Das ist unerhört!"

Ptizyn hörte dem General lächelnd zu und griff nach seinem Hut, um fortzugehen, doch schien er sich dann doch nicht dazu entschließen zu können oder vergaß wenigstens immer wieder seine Absicht. Ganjä hatte schon vorhin, als man sich vom Tisch erhob, seinen Pokal von sich gestoßen: ein finsterer Ausdruck lag auf seinem Gesicht. Als man vom Tische aufstand, ging er zu Rogoshin und setzte sich zu ihm. Man hätte denken können, daß die beiden in den freundschaftlichsten Beziehungen zueinander stünden. Auch Rogoshin, der sich zu Anfang ein paarmal anschickte, leise fortzugehen, saß jetzt unbeweglich da wie in Gedanken versunken, als hätte er ganz vergessen, wo er war. Den ganzen Abend über hatte er keinen Tropfen Wein getrunken und war sehr nachdenklich. Hin und wieder hob er seinen Blick und betrachtete alle und jeden. Es schien, als ob er hier etwas erwartete, etwas für ihn außerordentlich Wichtiges.

Der Fürst hatte im ganzen zwei oder drei Glas getrunken und war nur einfach heiter. Als er sich vom Tisch erhob, begegnete er dem Blick Jewgenij Pawlowitschs, erinnerte sich der ihnen beiden bevorstehenden Aussprache und lächelte entgegenkommend. Jewgenij Pawlowitsch winkte ihm zu und zeigte auf Hippolyt, den er soeben aufmerksam betrachtet hatte. Hippolyt lag auf dem Diwan ausgestreckt und schlief.

„Weshalb hat dieses Bürschchen sich so an Sie gehängt, Fürst?" sagte er plötzlich mit ersichtlichem Ärger, so daß der Fürst erstaunte. „Ich wollte wetten, Fürst, er hat nichts Gutes im Sinne!"

„Ich habe bemerkt," erwiderte der Fürst, „oder es scheint mir wenigstens so, daß er Sie, Jewgenij Pawlowitsch, heute ganz besonders interessiert; ist das wahr?"

„Denken Sie sich, ich wundere mich selbst darüber. Während ich Grund genug hätte, über meine eigene Lage nachzudenken, beschäftige ich mich den ganzen Abend mit ihm und kann meinen Blick von diesem widerwärtigen Gesicht gar nicht losreißen."

„Sein Gesicht ist doch hübsch ..."

„Da, da, sehen Sie nur!" rief Jewgenij Pawlowitsch und packte die Hand des Fürsten. „Da ...!"

Der Fürst betrachtete Jewgenij Pawlowitsch nochmals mit Erstaunen.

## V

Hippolyt, der gegen Ende des Lebedeffschen Vortrags auf dem Diwan eingeschlafen war, erwachte plötzlich: ganz als ob ihn jemand in die Seite gestoßen hätte, fuhr zusammen, erhob sich, sah sich um und erbleichte. Mit einem Ausdruck des Schreckens ließ er seine Augen durchs Zimmer schweifen und eine furchtbare Angst lag in seinen Gesichtszügen, als er sich wieder zu besinnen schien.

„Wie, sie gehen fort? Ist alles aus? Alles schon zu Ende? Ist die Sonne schon aufgegangen?" fragte er erregt, indem er die Hand des Fürsten erfaßte. „Wieviel ist die Uhr, um Gottes willen, die Uhr? Ich habe mich verschlafen. Habe ich lange geschlafen?" fügte er verzweifelt hinzu, als hätte er etwas verschlafen, wovon sein ganzes Schicksal abhing.

„Sie haben im ganzen sieben oder acht Minuten geschlafen," antwortete Jewgenij Pawlowitsch.

Hippolyt sah ihn starr an und dachte einen Augenblick nach.

„Nur! Also habe ich nichts verloren ..."

Und er atmete auf, als ob eine unendlich schwere Last von ihm genommen wäre. Er begriff endlich, daß „nichts verloren" war, daß die Sonne noch nicht aufgegangen, daß die Gäste nur ihre Stühle verließen, um einen Imbiß einzunehmen, und daß lediglich das Geschwätz Lebedeffs zu Ende war. Er lächelte und ein schwindsüchtiges Rot in Gestalt zweier Flecke erschien auf seinen Wangen.

„Sie haben also die Minuten gezählt, während ich schlief, Jewgenij Pawlowitsch," griff er spöttisch auf. „Sie haben sich den ganzen Abend nicht von mir losreißen können, ich habe es gesehen ... Ah! Rogoshin! Ich habe ihn soeben im Traume gesehen," flüsterte er dem Fürsten zu und sah stirnrunzelnd zu Rogoshin hinüber. „Ach, ja, wo ist denn der Redner geblieben," sprang er wieder auf etwas anderes über, „wo ist Lebedeff? Lebedeff hat also seine Rede beendet? Wovon sprach er? Ist es wahr, Fürst, daß Sie einmal gesagt haben, die Welt wird durch die Schönheit erlöst werden? Meine Herren," wandte er sich mit lauter Stimme an alle, „der Fürst behauptet, daß Schönheit die Welt erlösen werde! Doch ich behaupte, daß er nur deshalb so sonderbare Gedanken hat, weil er verliebt ist. Meine Herren, der Fürst ist verliebt. Vorhin, als er eintrat, habe ich mich davon überzeugt. Erröten Sie nicht, Fürst, sonst muß ich Sie bedauern. Welche Schönheit wird die Welt erlösen? Mir hat es Koljä gesagt ... Sie sind ein eifriger Christ? Koljä sagt, daß Sie sich selbst einen Christen genannt haben."

Der Fürst sah ihn durchdringend an und antwortete ihm nicht.

„Sie antworten mir nicht? Sie denken vielleicht, daß ich Sie sehr liebe,“ fügte plötzlich Hippolyt wie abgebrochen hinzu.

„Nein, das denke ich nicht. Ich weiß, daß Sie mich nicht lieben.“

„Wie, auch nicht nach dem gestrigen Vorfall? Gestern war ich doch aufrichtig gegen Sie?“

„Ich wußte auch gestern, daß Sie mich nicht lieben.“

„Das heißt, weil ich Sie beneide, beneide? Sie dachten es schon immer und denken es auch jetzt, doch ... doch warum sage ich Ihnen das? Ich möchte noch Champagner trinken, schenken Sie mir ein, Keller.“

„Sie dürfen nicht mehr trinken, Hippolyt, ich gebe Ihnen keinen.“

Und der Fürst nahm ihm das Glas fort.

„Nun, meinetwegen ...“ willigte Hippolyt sofort ein, wie in Gedanken versunken. „Sie werden noch alle sagen ... doch, den Teufel auch! was geht’s mich an, was sie sagen werden! Nicht wahr, nicht wahr? Mögen sie nachher sagen, was sie wollen, nicht, Fürst? Und was geht es uns alle an, was *dann* sein wird! ... Ich glaube, ich bin noch verschlafen. Was für einen furchtbaren Traum ich hatte – jetzt erst erinnere ich mich ... Ich wünsche Ihnen solche Träume nicht, Fürst, obgleich ich Sie vielleicht wirklich nicht liebe. Übrigens, wenn man einen Menschen auch nicht liebt, warum soll man ihm Schlechtes wünschen, nicht wahr? Doch was frage ich Sie denn, immer frage ich Sie! Geben Sie mir Ihre Hand, ich werde Sie Ihnen kräftig drücken, so ... Sie haben mir also gleich Ihre Hand gegeben! Also müssen Sie wissen, daß ich sie aufrichtig drücke? ... Übrigens, ich werde nicht mehr trinken. Wieviel ist die Uhr? Nein, es ist nicht nötig, ich weiß, wieviel die Uhr ist. Es ist Zeit! Die Stunde ist gekommen. Was, dort in der Ecke wird der Imbiß eingenommen? Also wird dieser Tisch hier frei? Vorzüglich! Meine Herren, ich ... doch alle diese Herren hören ja gar nicht ... ich bin bereit, Ihnen etwas vorzulesen, Fürst; der Imbiß ist natürlich interessanter, aber ...“

Und plötzlich zog er ganz unerwartet aus seiner Seitentasche ein großes rotversiegeltes Paket hervor und legte es vor sich hin auf den Tisch.

Das Unerwartete der Sache brachte einen großen Effekt in der Gesellschaft hervor. Auf so etwas war man gar nicht vorbereitet. Jewgenij Pawlowitsch sprang sogar von seinem Stuhl auf. Ganjä kam schnell an den Tisch heran. Rogoshin auch, doch mit geringschätziger, ärgerlicher Miene, als ob er wüßte, um was es sich handelte. Lebedeff, der in der

Nähe beschäftigt war, kam auch herbei und betrachtete das Paket mit neugierigen Augen, als wollte er erraten, wovon es handelte.

„Was haben Sie denn da?" fragte beunruhigt der Fürst.

„Sobald der äußerste Rand der Sonne am Horizont erscheint, werde ich zur Ruhe gehen, Fürst, ich habe es gesagt; mein Ehrenwort: Sie werden es sehen!" rief Hippolyt. „Doch ... doch ... glauben Sie wirklich, daß ich nicht imstande sein werde, dieses Paket zu öffnen?" fügte er hinzu, als forderte er sie alle heraus, und als wandte er sich ausnahmslos an alle.

Der Fürst bemerkte, daß er am ganzen Körper zitterte.

„Niemand von uns glaubt es," antwortete der Fürst für alle, „und warum glauben Sie, daß jemand von uns einen solchen Gedanken haben könne ... aber was ... was für eine sonderbare Idee von Ihnen, uns vorlesen zu wollen? Was ist Ihnen denn, Hippolyt?"

„Was fehlt ihm? Was ist wieder mit ihm passiert?" fragte man ringsum.

Alle kamen herbei, einige aßen noch, doch das Paket mit dem roten Siegel zog alle wie ein Magnet an.

„Das habe ich gestern selbst geschrieben, gleich nachdem ich Ihnen das Wort gegeben, daß ich zu Ihnen übersiedeln würde, Fürst. Ich habe gestern den ganzen Tag daran geschrieben, die Nacht darauf, und beendet habe ich es heute morgen – in der Nacht gegen Morgen hatte ich einen Traum ..."

„Würde es nicht besser sein, wenn Sie es morgen ..." unterbrach ihn schüchtern der Fürst.

„Morgen ,wird keine Zeit mehr sein'!" lachte Hippolyt hysterisch auf. „Übrigens, beunruhigen Sie sich nicht, ich lese es in vierzig Minuten, vielleicht – in einer Stunde ... Und sehen Sie, wie sich alle dafür interessieren, alle sind gekommen, alle sehen nach meinem Paket. Ich glaube, wenn es nicht so versiegelt wäre, so hätte es gar keinen Effekt gemacht! Ha–ha! Sehen Sie, was ein Geheimnis bedeutet! Soll ich es öffnen, meine Herren, oder nicht?" rief er mit eigentümlichem Lächeln und mit blitzenden Augen. „Ein Geheimnis! Ein Geheimnis! Doch entsinnen Sie sich, Fürst, wer hat es gesagt, daß ,keine Zeit mehr sein wird'? Das verkündet der große und mächtige Engel in der Apokalypse."

„Lassen Sie bitte das Lesen!" rief plötzlich Jewgenij Pawlowitsch, von solcher Unruhe ergriffen, daß es vielen sonderbar erschien.

„Lesen Sie nicht!" rief auch der Fürst aus und legte die Hand aufs Paket.

„Warum lesen? Jetzt essen wir,“ bemerkte jemand.

„Einen Artikel? Aus der Zeitung, wie?“ erkundigte sich ein anderer.

„Vielleicht ist es langweilig?“ fügte ein dritter hinzu.

„Was ist denn eigentlich los?“ erkundigten sich die übrigen.

Die erschrockene Bewegung des Fürsten machte auf Hippolyt einen starken Eindruck.

„Also ... nicht lesen?“ stammelte er mit einem verzerrten Lächeln auf seinen blutleeren Lippen. „Nicht lesen?“ wandte er sich an alle, an das ganze Publikum und blickte jedem einzeln ins Gesicht. „Sie fürchten sich?“ wandte er sich wieder an den Fürsten.

„Weshalb?“ fragte dieser ganz verwundert.

„Hat jemand ein Zwanzigkopekenstück?“ Hippolyt sprang plötzlich vom Stuhle auf, als hätte er einen Stoß bekommen, „oder irgendeine Münze?“

„Hier!“ Lebedeff reichte ihm sofort eine. Ihm kam der Gedanke, daß der kranke Hippolyt den Verstand verloren habe.

„Wjera Lukjanowna!“ wandte sich Hippolyt hastig an das junge Mädchen, „nehmen Sie, werfen Sie es auf den Tisch: Adler oder Aufschrift? Adler – heißt lesen!“

Wjera sah erschrocken auf die Münze, auf Hippolyt und auf ihren Vater. Darauf warf sie das Geldstück auf den Tisch mit der Überzeugung, daß sie es gar nicht zu sehen brauchte. Der Adler lag oben.

„Lesen!“ flüsterte Hippolyt, als hätte wirklich das Schicksal gesprochen. Er hätte nicht stärker erblassen können, selbst wenn ihm das Todesurteil vorgelesen worden wäre. „Übrigens,“ fuhr er auf, nach einer halben Minute Schweigen. „Was soll das? Habe ich nicht soeben mein Los geworfen?“ wandte er sich von neuem an seine Umgebung, mit derselben fragenden Aufrichtigkeit. „Das ist ja wirklich ein sonderbarer, ein psychologischer Zug!“ rief er plötzlich und wandte sich mit aufrichtiger Verwunderung diesmal wieder an den Fürsten. „Das ist ... das ist ja ein ganz unfaßbares Moment, Fürst!“ bestätigte er sich den Gedanken selbst, und als käme er jetzt wieder ganz zu sich. „Das schreiben Sie sich auf, Fürst, denken Sie daran, Sie sammeln doch Material bezüglich der Todesstrafe ... man sagte es mir, ha, ha! O mein Gott, welch eine sinnlose Dummheit!“ Er fiel auf den Diwan zurück, stützte seine beiden Ellenbogen auf den Tisch und legte seinen Kopf in beide Hände. „Das ist ja geradezu schandbar! ... Zum Teufel, was geht es mich an, wenn es schandbar ist!" er erhob sofort wieder seinen Kopf. „Meine Herren! meine Herren, ich öffne jetzt das Paket!" entschied er mit plötzlicher Entschlossenheit. „Ich ... ich zwinge übrigens niemanden, zuzuhören! ..."

Mit vor Erregung zitternden Händen entsiegelte er das Paket, zog einige engbeschriebene Blätter Postpapier aus ihm heraus, legte sie vor sich hin und glättete sie.

„Was soll das? Was ist denn los? Was will er lesen?" murmelten einige. Andere schwiegen.

Doch alle setzten sich und sahen ihm mit Neugierde zu. Vielleicht erwarteten sie wirklich etwas Außergewöhnliches. Wjera klammerte sich an den Stuhl ihres Vaters und hätte vor Angst beinahe zu weinen angefangen. Fast ebenso erschrocken war Koljä. Lebedeff, der sich soeben hingesetzt, erhob sich wieder, ergriff einen Leuchter und stellte ihn vor Hippolyt hin, damit er es heller zum Lesen hätte.

„Meine Herren, das ... das werden Sie gleich sehen, was das bedeutet," bemerkte Hippolyt aus irgendeinem Grunde und fing zu lesen an: „Eine notwendige Erklärung! Motto: *Après moi le déluge[]* ... Pfui, zum Teufel!" fuhr er plötzlich auf, als hätte er sich verbrannt. „Wie konnte ich denn im Ernst ein so dummes Motto wählen? ... Hören Sie, meine Herren! ... ich versichere Sie, es sind vielleicht zum Schluß nichts als Albernheiten! Nur einige meiner Ideen sind darin ... Wenn Sie vielleicht glauben, daß es ... irgend etwas Geheimnisvolles oder ... Verbotenes ist ... mit einem Wort ..."

„Wenn Sie doch ohne Vorreden lesen wollten," unterbrach ihn Ganjä.

„Er dreht und windet sich!" fügte jemand hinzu.

„Viel zu viel Gerede!" äußerte sich plötzlich Rogoshin, der die ganze Zeit über geschwiegen hatte.

Hippolyt wandte sich zu ihm, und als ihre Blicke sich trafen, lächelte Rogoshin bitter und sprach langsam die sonderbaren Worte:

„Nicht so muß man die Sache anfassen, junger Mann, nicht so ..."

Was Rogoshin damit sagen wollte, begriff natürlich niemand, doch seine Worte machten trotzdem einen sonderbaren Eindruck auf alle. In einem jeden berührten sie eine ihnen allen gemeinsame Ahnung. Auf Hippolyt selbst machten die Worte einen geradezu schrecklichen Eindruck: er wankte so stark, daß der Fürst seine Hand nach ihm ausstreckte, um ihn zu halten, und er hätte aufgeschrien, wenn ihm nicht plötzlich die Stimme abgebrochen wäre. Eine ganze Minute konnte er kein Wort hervorbringen, er atmete schwer und sah unverwandt Rogoshin an. Endlich atmete er tief auf und sagte mit großer Anstrengung:

„Also das waren Sie ... Sie waren es ... Sie?"

„Wer war? Wo war?" fragte sehr erstaunt Rogoshin.

Doch Hippolyt schrie plötzlich wie besessen auf:

„Sie waren bei mir in der vergangenen Woche, in der Nacht, um zwei Uhr, an dem Tage, als ich morgens zu Ihnen kam, Sie!!! Geben Sie es zu, Sie?"

„Vergangene Woche, in der Nacht? Du schliefst wohl und bist jetzt von Sinnen, junger Mann?"

Der junge Mann schwieg wieder eine Minute lang, legte seinen Finger an die Stirn und dachte nach, und in seinem bleichen, vor Furcht verzerrtem Lächeln tauchte etwas Schlaues, Triumphierendes auf.

„Das waren Sie!" wiederholte er kaum hörbar, doch mit fester Überzeugung. „Sie kamen zu mir und saßen schweigend bei mir auf dem Stuhl, am Fenster, eine ganze Stunde und noch länger; um ein oder zwei Uhr nachts; Sie standen dann auf und gingen um drei Uhr fort ... Das waren Sie, Sie! Warum haben Sie mich erschreckt, Sie kamen, um mich zu quälen, – ich verstehe es nicht, doch das waren Sie!"

Und in seinen Augen blitzte ein grenzenloser Haß auf, obgleich noch Angst und Schrecken in ihnen lagen.

„Sie werden sofort, meine Herren, alles erfahren, ich ... ich ... hören Sie ..."

Er griff wieder, sich jetzt schrecklich beeilend, nach seinen Blättern, sie waren durcheinander gekommen, er suchte sie wieder zusammen; sie zitterten in seinen schwachen Händen, er konnte lange nicht mit ihnen in Ordnung kommen.

„Er ist wahnsinnig, oder er phantasiert!" murmelte kaum hörbar Rogoshin.

Endlich begann er doch vorzulesen. Zu Anfang, in den ersten fünf Minuten rang der Autor der Abhandlung nach Atem und las ungleich und abgebrochen; doch wurde seine Stimme immer fester und gleichmäßiger, so daß er die niedergeschriebenen Gedanken vollkommen ausdrücken konnte. Hin und wieder unterbrach ihn nur ein heftiger Husten und in der Mitte der Vorlesung wurde er vollständig heiser. Er belebte sich aber während des Lesens immer mehr und mehr und war zum Schluß so mitgerissen, daß er einen schmerzlichen, krampfhaften Eindruck bei den Zuhörern hervorrief.

Hier folgt die „Abhandlung" in ihrem ganzen Umfange:

„Meine notwendige Erklärung."

*„Après moi le déluge!"* []

„Gestern früh war der Fürst bei mir; unter anderem beredete er mich, zu ihm auf die Datsche zu ziehen. Ich wußte es und war überzeugt, daß er darauf bestehen würde, mit der Begründung, daß für mich ‚unter Menschen und Bäumen leichter zu sterben wäre‘, wie er sich ausdrückt. Doch heute sagte er nicht *sterben*, sondern er sagte ‚leichter zu leben‘, was für mich und in meiner Lage ungefähr dasselbe ist. Ich fragte ihn, was er denn mit seinen ‚Bäumen‘ eigentlich wolle und warum er immer von den ‚Bäumen‘ erzähle, – und da hörte ich denn zu meinem nicht geringen Erstaunen, daß ich selbst an dem Abend in Pawlowsk geäußert hätte, ich sei gekommen, um zum letzten Mal Bäume zu sehen. Als ich darauf die Bemerkung machte, daß es doch ganz gleichgültig wäre, ob ich unter Bäumen sterbe oder hier durch das Fenster auf meine Backsteinmauer sehe, und daß es sich wegen dieser zwei Wochen nicht weiter lohne, gab er mir das sofort zu. Doch würde das frische Grün und die reine Luft auf mich physisch sehr gut wirken, meinte er, ich würde ruhiger werden und schwere Träume würden mich nicht mehr quälen. Ich bemerkte ihm wieder lachend, daß er ein Materialist sei. Da er niemals spottet, so mußten seine Worte etwas bedeuten. Sein Lächeln war so gütig, ich betrachtete ihn jetzt aufmerksamer. Ich weiß nicht, ob ich ihn liebe, doch darüber nachzudenken, habe ich jetzt keine Zeit mehr. Mein fünfmonatlicher Haß auf ihn, ich muß es gestehen, hatte sich im letzten Monat vollständig beruhigt. Wer kann's wissen, vielleicht fuhr ich nur nach Pawlowsk, um hauptsächlich ihn zu sehen. Doch ... warum hatte ich nur damals mein Zimmer verlassen?! Ein zum Tode Verurteilter muß seinen Winkel nicht verlassen; und wenn ich mich jetzt nicht endgültig zu etwas entschlossen hätte, statt auf meine letzte Stunde zu warten, so hätte ich freilich mein Zimmer niemals verlassen und wäre nicht hierher übergesiedelt, um zu sterben. Ich muß mich beeilen, um mit dieser ganzen ‚Erklärung‘ bis morgen fertig zu werden. Wahrscheinlich werde ich keine Zeit haben, sie durchzulesen und zu korrigieren. Ich werde sie morgen dem Fürsten und zwei bis drei Personen, die ich dort anzutreffen gedenke, vorlesen. Da ich keine einzige Lüge schreiben werde, sondern nur die Wahrheit, die letzte, feierliche Wahrheit, so bin ich neugierig, welchen Eindruck dieses Schriftstück in der Stunde und Minute, da ich es vorlesen werde, auf mich selbst machen wird? Übrigens habe ich unnütz die Worte ‚letzte und feierliche Wahrheit‘ geschrieben. Wegen zweier Wochen lohnt es sich sowieso nicht, zu lügen, weil es sich auch zwei Wochen zu leben nicht lohnt; der Beweis dafür ist ja, daß ich nur die Wahrheit schreibe. (NB. Vergesse ich nicht am Ende meine Gedanken? Bin ich nicht vielleicht wahnsinnig in dieser Minute, d. h. minutenlang wahnsinnig? Man hat es mir bestätigt, daß Schwindsüchtige im letzten Stadium ihrer Krankheit zeitweise den Verstand verlieren. Ich werde mich morgen davon beim Eindruck auf die Zuhörer überzeugen. Dieser Frage muß mit der größten Genauigkeit nachgespürt werden, sonst kann man zu keiner Überzeugung kommen.)

Mir scheint es, daß ich soeben eine furchtbare Dummheit geschrieben habe, doch sie zu verbessern, habe ich keine Zeit, außerdem habe ich mir das Wort gegeben, in diesem Handschreiben keine einzige Zeile zu verbessern, selbst wenn ich bemerken sollte, daß ich mir auf jeder fünften Zeile widerspreche. Ich möchte mich ja gerade morgen beim Lesen von dem richtigen logischen Fluß meiner Gedanken überzeugen; und ob ich meine Fehler bemerke und ob es möglich ist, daß alles, was ich in diesen sechs Monaten in diesem Zimmer gedacht habe, nur Fieberphantasien sind?

Wenn ich vor zwei Monaten, wie jetzt, mein Zimmer hätte verlassen und von der Meyerschen Wand mich verabschieden müssen, so, ich muß es gestehen, so wäre es mir sehr schwer gefallen. Jetzt empfinde ich nichts mehr, und verlasse doch dieses Zimmer und diese Wand auf ewig! Also muß meine Überzeugung, daß es sich für zwei Wochen nicht mehr lohnt, diese Gefühle aufkommen zu lassen, meine ganze Natur beherrschen. Verhält es sich nun wirklich so? Ist meine Natur wirklich vollständig besiegt? Wenn man mich jetzt auf die Folter spannte, so würde ich doch sicher schreien, und würde nicht sagen, daß es sich nicht lohnte, zu schreien oder Schmerz zu empfinden, nur weil zwei Wochen schon nichts mehr bedeuten.

Sind es denn wirklich nur vierzehn Tage, die mir zum Leben verblieben sind, und nicht mehr? Damals in Pawlowsk hatte ich gelogen: B–n hatte mir nichts gesagt und hat mich überhaupt nicht gesehen. Doch vor acht Tagen besuchte mich ein Student Kißlorodoff; nach seiner Überzeugung ist er Materialist, Atheist und Nihilist, und das war es, warum ich ihn rufen ließ. Ich hatte einen Menschen nötig, der mir endlich die nackte Wahrheit sagen konnte, ohne alle Rücksichten und Umstände. Das tat er denn auch, und nicht nur aus Gefälligkeit und ohne Umstände, sondern mit sichtlichem Vergnügen (was ich meinerseits schon überflüssig fand). Er sagte mir auch gerade ins Gesicht, daß ich noch ungefähr einen Monat leben könnte; vielleicht auch etwas länger, wenn die Umstände günstig seien, doch vielleicht auch noch nicht einmal so lange. Seiner Meinung nach könnte ich auch ganz plötzlich sterben, zum Beispiel morgen; solche Fälle habe es oft gegeben und erst vorgestern sei eine junge Frau in Kolomna, deren Zustand dem meinen ganz gleich gewesen, gestorben. Sie habe auf den Markt gehen wollen, plötzlich sich schlecht gefühlt, habe sich auf den Diwan gelegt, einmal noch geatmet und – sei gestorben. Alle diese Mitteilungen machte mir Kißlorodoff mit einer gewissen schneidigen Gefühlslosigkeit, als hätte er mir damit eine Ehre angetan und als hielte er mich für ein ebenso höheres, alles verneinendes Geschöpf, wie er es selbst zu sein glaubte, und den zu sterben selbstverständlich nichts kostete. Ich hatte also jetzt wirklich die Gewißheit: noch einen Monat und nicht länger zu leben! Daß er sich nicht geirrt hat, davon bin ich fest überzeugt.

Sehr erstaunt war ich darüber, daß der Fürst vorhin bemerkte, daß mich ‚schlechte Träume‘ quälen; er sagte buchstäblich, in Pawlowsk würden ‚meine Erregung und meine Träume‘ nachlassen. Wie kommt er darauf? Ist er Mediziner oder hat er wirklich einen außergewöhnlichen Verstand und kann vieles erraten? (Daß er am Ende doch ein ‚Idiot‘ ist, darüber besteht kein Zweifel.) Gerade vor seinem Erscheinen hatte ich einen jener reizenden Träume, wie sie mich, übrigens, jetzt zu Tausenden heimsuchen. Ich schlief ein – ich denke, eine Stunde vor seiner Ankunft, und befand mich in einem Zimmer, das größer und höher war, als das meinige, besser möbliert und auch heller. In ihm stand ein Schrank, eine Kommode, ein Diwan und mein Bett, nur größer und breiter und bedeckt mit einer grünseidenen Steppdecke. Doch bemerkte ich in diesem Zimmer ein schreckliches Tier, eine Art Skorpion und doch kein Skorpion, sondern viel widerwärtiger und schrecklicher, unheimlicher. Es war, glaube ich, um so ekelhafter, weil es solche Tiere in der Natur nicht gibt und weil es *gerade* zu *mir* gekommen war, mit einer geheimnisvollen Absicht, als enthielte es selbst ein furchtbares Geheimnis. Ich habe es sehr genau betrachtet: es war ein braunes, kriechendes, amphibienartiges Krustentier, etwa vier Zoll lang, am Kopfe vielleicht zwei Finger breit, zum Schwanze hin verdünnte es sich immer mehr, so daß die äußerste Spitze desselben nicht dicker als ein Zehntel Zoll war. Einen Zoll tiefer unter dem Kopf, traten in einem Winkel von etwa fünfundvierzig Grad zwei Pfoten aus dem Rumpfe hervor, jede ungefähr zwei Zoll lang, so daß das Tier von oben gesehen die Form eines Dreizackes hatte. Den Kopf konnte ich nicht sehen, doch sah ich zwei Fühler, nicht sehr lang, wie zwei große Nadeln, von rotbrauner Farbe. Solche zwei Fühler hatte es auch am Ende des Schwanzes und am Ende jeder Pfote, im ganzen also acht Fühler. Das Tier lief wahnsinnig schnell über das ganze Zimmer und stützte sich dabei auf Pfoten und Schwanz, und wenn es lief, so dehnte sich der ganze Körper und der Schwanz in ringelnden Bewegungen, wie bei einer Schlange, ungeachtet seiner Kruste, was ein widerwärtiger Anblick war. Ich hatte furchtbare Angst, daß es mich stechen würde, man hatte mir gesagt, es wäre giftig, doch quälte ich mich am meisten darüber, was man mir damit antun wolle, warum man es mir ins Zimmer gesetzt und worin sein Geheimnis bestand? Es kroch unter die Kommode, unter den Schrank, in alle Ecken. Ich saß auf dem Stuhl und hatte die Füße hochgezogen. Es lief schnell über das ganze Zimmer und verschwand plötzlich unter meinem Stuhl. Angstvoll suchte ich es mit meinen Augen, die Füße hatte ich, wie gesagt, hochgezogen und ich hoffte im stillen, daß es nicht an dem Stuhl hinaufklettern würde. Plötzlich hörte ich hinter mir fast an meinem Kopfe ein knisterndes Geräusch: ich blicke mich um und sehe, daß das Reptil an der Wand emporkriecht in gleicher Höhe mit meinem Kopfe. Mit seinem Schwanze, den es mit großer Schnelligkeit wand und drehte, berührte es schon mein Haar. Ich sprang vom Stuhl und – auch das Tier verschwand. Ich fürchtete mich, mich aufs Bett zu legen, da es vielleicht unter das Kissen gekrochen. Ins Zimmer traten meine Mutter und irgendein Bekannter von ihr. Sie versuchten, das Scheusal zu fangen, waren viel ruhiger als ich, und fürchteten sich nicht einmal. Doch verstanden sie nichts davon. Plötzlich kroch das Tier wieder hervor, diesmal sehr langsam, als hätte es eine besondere Absicht, sich langsam über das Zimmer zur Tür hin dehnend, was noch widerwärtiger war. Da öffnete meine Mutter die Tür und rief Norma, unseren Hund, einen großen, schwarzen, zottigen Neufundländer – er starb vor fünf Jahren. Norma stürzte ins Zimmer und blieb wie angewurzelt vor dem Reptil stehen, das gleichfalls im Laufe einhielt, doch sich weiter wand und mit Schwanz und Pfoten auf den Boden schlug. Tiere empfinden keinen mystischen Schrecken, wenn ich mich nicht irre; in dieser Minute jedoch schien es mir, daß auch Norma diesen außergewöhnlichen, diesen fast mystischen Schrecken empfand, ganz als ob er, wie ich, geahnt hätte, daß in diesem Tier etwas Verhängnisvolles, etwas Geheimnisvolles enthalten war. Norma zog sich langsam vor dem Reptil zurück, das nun seinerseits vorsichtig auf ihn loskam. Plötzlich wollte das Reptil sich auf ihn werfen und ihn beißen. Trotz seiner Angst und trotzdem er an allen Gliedern zitterte, wich der Hund nicht zurück: er fletschte seine großen weißen Zähne, öffnete seinen großen roten Rachen, legte sich sprungbereit und entschloß sich dann mit einem Mal, das Reptil mit seinen Zähnen zu packen. Das Reptil wand sich und zappelte so heftig, daß es loskam, und Norma mußte es noch einmal im Falle packen. Zweimal nacheinander tat er es und schnappte nach ihm. Die Kruste knackte unter seinen Zähnen, Schwanz und Pfoten des Reptils zappelten mit wahnsinniger Schnelligkeit. Plötzlich heulte Norma kläglich auf. Das Scheusal hatte ihn doch in die Zunge gestochen. Der Hund winselte und schrie vor Schmerz und ich sah, wie das zerbissene Reptil ihm quer im Rachen lag und wie eine große Menge weißen Saftes, ähnlich dem Safte einer zertretenen, großen Schabe, aus dem zerquetschten Leib sich auf die Zunge des Hundes ergoß ... Da erwachte ich und erblickte den Fürsten, der soeben eingetreten war."

„Meine Herren," unterbrach sich Hippolyt, als schäme er sich, „ich habe das Geschriebene nicht durchgelesen, es ist da viel Unnützes ... Dieser Traum ..."

„Stimmt," beeilte sich Ganjä zu bemerken.

„Ich gebe es zu, es ist zu viel Persönliches ..."

Als Hippolyt das sagte, hatte er ein müdes, erschöpftes Aussehen. Er wischte sich mit dem Taschentuch den Schweiß von der Stirn.

„Tja, Sie interessieren sich schon zu sehr für sich," lispelte Lebedeff.

„Ich, meine Herren, zwinge niemanden, zuzuhören, wer da will, kann sich entfernen."

„Er jagt uns fort ... aus einem fremden Hause," brummte, kaum hörbar, Rogoshin.

„Wie? Sollen wir denn alle plötzlich aufstehen? und uns entfernen?" bemerkte ganz unerwartet Ferdyschtschenko, der bis jetzt nicht laut zu sprechen gewagt hatte.

Hippolyt senkte die Augen und griff nach seinem Schriftstück, doch in demselben Augenblick erhob er wieder seinen Kopf und sagte mit blitzenden Augen und roten Flecken auf beiden Wangen, Ferdyschtschenko scharf ansehend:

„Sie lieben mich wohl gar nicht!"

Lachen erscholl. Übrigens – die Mehrzahl lachte nicht. Hippolyt errötete über und über.

„Hippolyt," sagte der Fürst, „legen Sie die Blätter zusammen und geben Sie sie mir. Sie selbst legen sich bitte schlafen, hier in meinem Zimmer. Wir können ja noch morgen miteinander davon reden, doch unter der Bedingung, daß wir diese Blätter da nicht mehr anrühren. Wollen Sie?"

„Wie ist denn das möglich?" fragte ihn Hippolyt mit strenger Verwunderung. „Meine Herren," rief er aus, sich wieder fieberhaft belebend, „das war nichts als eine dumme Episode, mit der ich nicht recht fertigzuwerden gewußt habe. Jetzt aber werde ich mich im Lesen nicht mehr unterbrechen. Wer hören will, der höre ..."

Er trank noch schnell einen Schluck Wasser, stützte sich auf den Tisch, wie um sich vor den Blicken der Anwesenden zu verbergen und setzte sein Lesen hartnäckig fort. Seine Verlegenheit verlor sich übrigens bald ...

Er las weiter: „Die Idee, daß es sich gar nicht lohnte, noch einige Wochen zu leben, überkam mich ungefähr vor einem Monat, damals, als man mir gesagt hatte, daß ich jetzt nur noch vier Wochen leben könne. Doch beherrschte sie mich erst vollständig, als ich vor drei Tagen, an jenem Abend, aus Pawlowsk zurückkehrte. Zum absoluten Bewußtsein dieses Gedankens kam ich hier auf der Terrasse des Fürsten, in demselben Augenblick, als ich die letzte Probe aufs Leben machte, als ich Menschen und Bäume sehen wollte. Ich regte mich furchtbar auf, stand für das Recht Burdowskijs, ‚meines Nächsten‘, ein und träumte davon, wie alle mir plötzlich die Hände reichen, mich umarmen und mich wegen irgend etwas um Verzeihung bitten würden, und wie – wir es gegenseitig tun würden; mit einem Wort, ich dachte und träumte recht wie ein Narr. In diesen Stunden kam ich dann zu dieser ‚letzten Überzeugung‘. Jetzt wundere ich mich, wie ich die letzten sechs Monate ohne diese ‚Überzeugung‘ überhaupt habe leben können! Ich wußte doch zu genau, daß ich die Schwindsucht hatte und unheilbar war; ich belog mich nicht und hatte die Tatsache durchaus begriffen. Je mehr ich sie jedoch begriff, desto krampfhafter wollte ich leben. Ich klammerte mich an das Leben und wollte leben, was es auch koste! Ich hatte alle Ursache, an meinem schrecklichen, grauenvollen Schicksal zu verzweifeln, das mich wie eine Fliege zerdrücken wollte, ohne daß ich wußte, warum? Doch warum verzweifelte ich nicht? Warum wollte ich erst anfangen, zu leben, als ich wußte, daß ich nicht mehr anfangen konnte? Warum versuchte ich es, als nichts mehr zu versuchen war? Ich konnte keine Bücher mehr lesen, ich hörte auf zu lesen: wozu noch was wissen, erfahren, auf sechs Monate? Dieser Gedanke zwang mich jedesmal, die Bücher wieder fortzuwerfen.

Ja, diese Meyersche Backsteinwand könnte viel erzählen! Viel habe ich ihr anvertraut. Es gibt keinen Flecken an dieser schmutzigen Wand, den ich nicht kenne. Diese verfluchte Wand! Und doch ist sie mir teurer als alle Bäume von Pawlowsk, das heißt, sie müßte mir teurer sein, wenn mir jetzt nicht alles ganz gleichgültig wäre!

Ich erinnere mich jetzt, mit welch gierigem Interesse ich anfing, *ihr* Leben zu verfolgen: niemals hatte ich vordem ein solches Interesse empfunden. Mit Ungeduld und mit Geschimpfe auf Koljä erwartete ich ihn, als ich so erkrankte, daß ich mein Zimmer nicht mehr verlassen konnte. Ich drang bis in alle Kleinigkeiten, interessierte mich für alle Gerüchte, bis ich selbst, glaube ich, zu einer Klatschbase wurde.

Ich verstand zum Beispiel nicht, wie diese Menschen, die noch so großen
Vorrat Leben vor sich hatten, es nicht verstanden, Millionäre zu werden
(übrigens begreife ich das auch jetzt nicht). Ich hörte von einem Armen,
der Hungers gestorben sei, und ich erinnere mich noch, daß ich ganz außer
mir war: wenn dieser Arme wieder lebendig geworden wäre, ich glaube,
ich hätte ihn hinrichten lassen. Mir ging es dann wieder tagelang besser
und ich konnte auf die Straße gehen. Doch das Treiben auf der Straße
erbitterte mich dermaßen, daß ich mich wieder tagelang auf mein Zimmer
zurückzog, obgleich ich wie die anderen hätte ausgehen können. Ich
konnte diese hastenden, ewig bekümmerten, finsteren, aufgeregten
Menschen nicht ertragen, die neben mir auf dem Trottoir herumliefen.
Woher ihre ewige Unruhe, ihre ewige Sorge, ihr unaufhörlicher Ärger!
Weil sie böse, böse, böse sind. Wer ist schuld daran, daß sie unglücklich
sind und nicht zu leben verstehen, obgleich sie noch sechzig Jahre vor
sich haben? Warum hat Sarnizyn es dazu kommen lassen, daß er vor
Hunger sterben mußte, während er noch sechzig Jahre hätte leben
können? Und jeder zeigt auf seine Lumpen, auf seine abgearbeiteten
Hände, ärgert sich und schreit: ‚Wir arbeiten wie Ochsen und mühen uns
und sind doch arm und hungrig wie die Wölfe! Andere arbeiten nicht und
mühen sich nicht und sind reich!‘ Das alte Klagelied! Iwan Fomitsch
Ssurikoff, der in unserem Hause über uns lebte und ewig mit
durchlöcherten Ellenbogen und abgerissenen Knöpfen umherläuft, der
immer für andere Leute unterwegs und beständig auf den Beinen ist, Tag
und Nacht: Fragen Sie ihn doch, was er damit erreicht? Er ist arm und
krank, seine Frau starb, weil er ihr keine Medizin kaufen konnte, im
Winter erfror ihm ein Kind ... die älteste Tochter muß mitverdienen ...
ewig jammert er und weint er! Niemals, oh, niemals habe ich Mitleid mit
diesem Mann empfunden, nicht jetzt und nicht früher – mit Stolz sage ich
das! Warum ist er kein Rothschild geworden? Wer ist denn schuld daran,
daß er nicht Millionen besitzt wie Rothschild, daß er nicht Berge von
Imperialen und Napoleondors aufhäufen kann, solche Berge, wie man sie
bei uns in der Butterwoche[] auf dem Kirmeß aufbaut. Er lebt und kann
leben, folglich ist alles in seiner Macht! Wer ist schuld daran, daß er dies
nicht begreift?

Oh, jetzt ist mit das alles ganz gleichgültig, jetzt habe ich keinen
Grund, mich zu ärgern; aber damals, damals, ich wiederhole es, habe ich
buchstäblich in mein Kissen gebissen und vor Wahnsinn meine Decke
zerrissen. Oh, wie sehnte ich mich danach, wie wünschte ich, daß man
mich Achtzehnjährigen, kaum angezogen, plötzlich auf die Straße jagte
und mich allein ließe, ohne Wohnung, ohne Arbeit, ohne ein Stück Brot,
ohne Eltern, allein in dieser Riesenstadt, ohne einen bekannten Menschen,

hungrig, zerlumpt, zerschlagen (um so besser!), doch gesund, gesund ...
dann würde ich zeigen."

„Was zeigen?"

„O glauben Sie wirklich, daß ich es nicht weiß, wie ich mich schon
sowieso mit meiner Erklärung erniedrige! Wer wird mich nicht für einen
dummen Jungen halten, der mit seinen achtzehn Jahren das Leben noch
nicht kennt. Doch er vergißt, daß so leben, wie ich diese sechs Monate
gelebt habe, gleichbedeutend ist mit leben – bis zum Greisenalter! Möge
man doch lachen, möge man sagen, daß es Märchen sind, denn es ist wahr,
ich habe mir selbst Märchen vorerzählt, ganze Tage und Nächte lang, und
ich erinnere mich jetzt ihrer aller.

Soll ich sie mir denn jetzt wieder erzählen, jetzt, wo es Zeit ist, auch
die Märchen zu lassen? Und wozu noch? Ich vertrieb mir die Zeit mit
ihnen, damals, als ich einsah, daß es mir sogar versagt war, die
griechische Grammatik zu lernen, da ich, wie ich mir sagen mußte, ‚kaum
bis zur Syntax kommen würde, bevor ich stürbe'. Ich warf das Buch unter
den Tisch – dort liegt es jetzt noch. Matrjona wollte es aufheben, ich habe
es ihr verboten.

Möge der, dem meine Erklärung in die Hände fällt, und der die Geduld
hat, sie durchzulesen, möge er mich für einen Wahnsinnigen oder, noch
schlimmer, für einen Gymnasiasten halten – oder richtiger: für einen zum
Tode Verurteilten, dem es nur zu natürlich schien, daß alle Menschen, nur
er selbst ausgenommen, das Leben nicht zu schätzen wissen, es
leichtsinnig verschwenden, faul und gewissenlos sich seiner bedienen,
und daß alle, bis auf den letzten, es nicht verdienen! Doch ich erkläre, daß
der Leser sich irrt, wenn er glaubt, diese meine Überzeugung sei abhängig
von meinem Todesurteil. Fragen Sie, fragen Sie sie doch nur, vom ersten
bis zum letzten, worin ihrer Meinung nach das Glück besteht? Oh, seien
Sie überzeugt, daß Kolumbus nicht damals glücklich war, als er Amerika
entdeckt hatte, sondern als er es entdecken wollte; seien Sie überzeugt,
daß der Augenblick seines höchsten Glückes vielleicht damals war, als
drei Tage vor der Entdeckung der Neuen Welt seine Mannschaft meuterte
und in der Verzweiflung schon nach Europa zurückkehren wollte! Nicht
auf die Neue Welt kommt es hierbei an – hol sie der Henker! Und
Kolumbus starb ja auch, fast ohne sie zu sehen, ja im Grunde genommen,
ohne zu wissen, was er entdeckt hatte. Sondern auf das Leben kommt es
an, einzig auf das Leben – auf das Entdecken des Lebens, das
ununterbrochene und ewige Entdecken, und durchaus nicht auf das
Entdeckte selbst! Doch was rede ich! Ich fürchte, daß alles, was ich
soeben gesagt habe, allgemein bekannten Phrasen ähnlich ist, daß man
mich für einen Schüler der unteren Klassen halten wird, der seinen

Aufsatz über den ‚Sonnenaufgang‘ schreibt. Oder man wird sagen, daß ich etwas habe sagen wollen, doch bei aller Anstrengung mich nicht habe ... ‚auszudrücken‘ verstanden. Ich möchte indessen bemerken, daß von jeder neuen und genialen menschlichen Idee, oder sogar von jedem ernsten Gedanken, der in einem Menschenhirn entsteht, immer noch irgend so etwas nachbleibt, was sich auf keine Weise andern Menschen mitteilen läßt, selbst wenn man ganze Bände darüber schriebe und den Gedanken fünfunddreißig Jahre lang auslegte. Dieses eine Unbestimmbare wird um keinen Preis aus Ihrem Schädel hinausgehen wollen und wird ewig in Ihnen verbleiben. Und damit sterben Sie zu guter Letzt und nehmen so vielleicht gerade das Wichtigste von Ihrer ganzen Idee mit ins Grab. Und wenn auch ich jetzt nicht alles das wiederzugeben verstanden habe, was mich in diesen sechs Monaten gequält hat, so wird man jetzt doch wenigstens einsehen, daß ich, indem ich diese meine ‚letzte Überzeugung‘ erwarb, sie vielleicht zu teuer habe bezahlen müssen. Sehen Sie, das ist es, was ich – aus gewissen, nur mir bekannten Gründen – in meiner ‚Erklärung‘ sichtbar zu machen für notwendig hielt.

Ich fahre also fort.“


## VI.

Ich will nicht lügen: In diesen sechs Monaten hat die Wirklichkeit auch mich geködert und manches Mal dermaßen gepackt, daß ich mein Todesurteil vollständig vergaß, oder besser gesagt, nicht daran denken wollte und sogar eine Tat ausführte.

Als ich vor acht Monaten sehr schwer erkrankte, gab ich alle meine Beziehungen zu meinen früheren Kameraden auf. Da ich ein verschlossener Mensch bin, so vergaßen meine Kameraden mich bald: freilich hätten sie mich auch sowieso vergessen. Mein Leben im Hause, das heißt ‚in der Familie‘, war ein vollständig einsames. Vor fünf Monaten schloß ich mich ganz in mein Zimmer ein, niemand durfte hereinkommen, außer wenn das Zimmer aufgeräumt wurde, oder wenn man mir das Essen brachte. Meine Mutter zitterte vor mir und wagte nicht einmal zu weinen oder zu klagen, wenn ich sie zu mir hereinließ. Die kleinen Geschwister wurden von ihr geprügelt, wenn sie lärmten und mich störten, denn ich beklagte mich oft über sie; ich kann mir denken, wie sehr sie mich dafür lieben! Den ‚treuen Koljä‘, wie ich ihn nannte, habe ich wohl auch sehr gequält. In der letzten Zeit freilich hat aber auch er mich recht gepeinigt: das ist ja ganz natürlich, die Menschen sind ja auch nur dazu geschaffen, um sich gegenseitig zu quälen. Doch ich wußte, daß er meine Reizbarkeit ertrug, wie ein Mensch, der sich das

Versprechen gegeben hat, einen Kranken zu schonen. Natürlich reizte mich das um so mehr: er schien dem Fürsten ‚in christlicher Demut‘ nachzueifern, was auf mich jedoch nur lächerlich wirkte. Dieser junge und feurige Knabe wird natürlich alles nachahmen; doch scheint es mir manchmal, daß es für ihn allmählich Zeit wäre, nach seinem eigenen Verstande zu leben. Ich liebe ihn sehr. Ich habe auch Ssurikoff gequält, der über uns wohnte und im Auftrage anderer Leute Tag und Nacht herumlief; ich bewies ihm jedesmal, daß er ganz allein an seinem Elend schuld sei, so daß er zuletzt seine Besuche bei mir einstellte. Er ist ein sehr demütiger Mensch, der Demütigste aller Demütigen. (NB. Man sagt, daß Demut eine furchtbare Kraft sei: man muß den Fürsten darüber befragen, denn das ist ein Ausspruch von ihm.) Doch als ich im März zu ihm hinauf ging, um nach seinem, wie Sie sagten, ‚erfrorenem‘ Kinde zu sehen und über der Leiche des Kindes zufällig zu lachen begann, während ich dem Ssurikoff wiederum bewies, daß er selbst daran ‚schuld‘ sei, da sah ich die Lippen des armen Wichtes plötzlich erzittern. Er erhob sich, faßte mich mit der einen Hand an der Schulter, mit der anderen wies er mir die Tür und leise, fast flüsternd sagte er zu mir: ‚Gehen Sie!‘ Ich ging hinaus und die Szene gefiel mir furchtbar, auch in dem Moment, als er mich hinauswarf. Aber in der Erinnerung machten seine Worte einen schweren Eindruck auf mich; ich empfand für ihn ein sonderbares, mit Verachtung gemischtes Mitleid, das ich dabei durchaus nicht empfinden wollte. Selbst in dem Augenblick einer solchen Beleidigung – ich fühlte es ja, daß ich ihn beleidigt hatte, obgleich es durchaus nicht meine Absicht gewesen war – selbst in jenem Augenblick konnte er nicht zornig werden. Seine Lippen zitterten durchaus nicht aus Zorn, ich kann es schwören: er faßte mich am Arm und sprach sein wunderbares ‚Gehen Sie‘, ohne irgendwie erzürnt zu sein. Es lag viel Würde darin, die ihm aber leider durchaus nicht stand, so daß eigentlich viel Komik dabei war. Vielleicht verachtete er mich auch nur ganz plötzlich. Seit der Zeit zog er, wenn er mir mal auf der Treppe begegnete, den Hut vor mir, was er sonst nie getan hatte, blieb aber nicht stehen wie früher, sondern lief ganz konfus an mir vorüber. Wenn er mich auch verachtete, so tat er es doch auf seine Art: er verachtete mich sozusagen ‚demütig‘. Vielleicht zog er auch seinen Hut bloß aus Furcht vor mir, weil ich der Sohn seiner Gläubigerin war, denn er schuldete meiner Mutter beständig und war niemals imstande, aus seinen Schulden herauszukommen. Und das ist sogar viel wahrscheinlicher. Ich wollte mich mit ihm aussprechen und wußte, daß er mich wohl schon nach zehn Minuten um Entschuldigung bitten würde; doch entschloß ich mich zuletzt, mich nicht weiter mit ihm abzugeben und ihn zu lassen, wie er war.

Um dieselbe Zeit, das heißt um die Zeit, in der Ssurikoff sein Kind verlor, ungefähr Mitte März, fühlte ich mich plötzlich sehr wohl und das dauerte ungefähr zwei Wochen lang. Ich ging öfters aus, besonders in der Dämmerstunde. Ich liebe diese Dämmerstunden im März, wenn die Sonne untergeht, es wieder zu frieren anfängt, und man das Gas auf den Straßen anzündet; ich ging oft sehr weit. Eines Tages hätte mich auf der Schestilawotschnaja in der Dunkelheit fast ein Herr überrannt. Ich betrachtete ihn mir genauer und bemerkte, daß er einen kurzen Sommerpaletot trug, der viel zu dünn für die Jahreszeit war. Unter dem Arm hielt er ein in Papier eingewickeltes Paket. Als er an der nächsten Straßenlaterne, ungefähr zehn Schritte vor mir, vorüberging, bemerkte ich, daß ihm etwas aus der Tasche fiel.

Ich beeilte mich, es aufzuheben und – es war die höchste Zeit, denn außer mir stürzte sich noch ein Mensch im langen Kaftan auf das Beutestück, und nur der Umstand, daß ich es schon in den Händen hielt, ließ ihn auf den Fund verzichten: nach einem flüchtigen Blick auf den Gegenstand schlüpfte er an mir vorüber. Der Gegenstand selbst war eine große saffianlederne Brieftasche, die ganz mit Papieren angefüllt war; auf den ersten Blick erkannte ich sonderbarerweise sofort, daß in ihr alles, nur kein Geld enthalten war. Der Herr hatte sich währenddessen schon auf vierzig Schritt von mir entfernt, und entschwand in der Menge alsbald meinen Blicken. Ich lief ihm nach und fing an, ihn zu rufen, doch da ich nichts anderes als ‚Hallo!‘ schreien konnte, so wandte er sich auch nicht um. Plötzlich bog er nach links ab, in das Hoftor eines Hauses. Als ich ihm aber in das Tor folgte, wo es sehr dunkel war, konnte ich nichts mehr von ihm entdecken. Das Haus gehörte zu diesen riesigen Mietskasernen, wie sie von unternehmenden Geschäftsleuten für kleine Mieter gebaut werden. In einem solchen Hause befinden sich manchmal hundert Wohnungen. Als ich gerade in den Torweg trat, schien es mir, daß in der rechten, hinteren Ecke des großen Hofes ein Mensch ging, obgleich ich ihn in der Dunkelheit nicht sehen konnte. Ich lief zur Ecke und fand einen Treppeneingang; die Treppe selbst war schmal, schmutzig und fast gar nicht erleuchtet, doch hörte ich, wie ein Mensch oben auf der Treppe ging. Ich stürzte die Treppe hinauf, ihm nach – glaubte ihn schon zu erreichen, bevor man ihm die Tür öffnete.

Die Treppe war steil, die Stiegen waren schmal; als ich auf dem dritten Treppenabsatz ankam, war ich außer Atem. Im fünften Stock wurde eine Tür geöffnet und wieder geschlossen. Bis ich das Stockwerk erreicht und bis ich die Klingel gefunden hatte, vergingen einige Minuten. Mir öffnete endlich ein altes Mütterchen, das in der winzig kleinen Küche den Ssamowar anmachte; sie hörte schweigend meine Frage an, die sie natürlich überhaupt nicht begriff, schweigend öffnete sie mir die Tür ins nächste Zimmer, einem ebenso kleinen und engen, schlecht möblierten Raum, in dem sich auf einem großen, breiten Bett mit Vorhängen ein scheinbar Betrunkener, den die Alte mit Terentjitsch anredete, ausgestreckt hatte. Auf dem Tisch brannte in einem eisernen Leuchter ein Lichtstumpf. Daneben stand eine fast geleerte Halbliterflasche Branntwein. Terentjitsch brummte mir etwas zu und wies ohne sich aufzurichten auf die nächste Tür.

Die Alte war fortgegangen, so daß mir nichts anderes übrigblieb, als diese Tür zu öffnen. Das tat ich denn auch und trat ins nächste Zimmer.

Dieses Zimmer war noch kleiner und enger, so daß ich nicht wußte, wohin ich treten sollte; das schmale, einschläfrige Bett in der Ecke nahm fast den ganzen Raum ein, die übrige Einrichtung bestand aus drei einfachen Stühlen, die mit allerlei Lumpen bepackt waren, und einem ganz einfachen Küchentisch, der vor einem kleinen alten, wachstuchbezogenen Divan stand. Zwischen Bett und Tisch gab es keinen Raum mehr zum Durchgehen. Auf dem Tisch stand gleichfalls wie im anderen Zimmer ein eiserner Leuchter, in dem ein Talglicht brannte. Im Bette schrie ein kleiner Säugling, vielleicht drei Wochen alt, nach seinem Schreien zu urteilen. Eine bleiche, kranke junge Frau, in tiefem Negligé, die wohl erst vor kurzem das Wochenbett verlassen hatte, wechselte dem Kleinen die Windeln. Das Kind schrie ohne aufzuhören nach der Mutterbrust. Auf dem Divan schlief ein dreijähriges kleines Mädchen, das mit einem Rock zugedeckt war. Am Tisch stand der Herr, in einem sehr abgetragenen Anzug, den Paletot hatte er bereits abgelegt und aufs Bett geworfen – er war eben im Begriff, ein Stück Brot und zwei kleine Würstchen aus einem blauen Papier zu wickeln. Auf dem Tisch stand ferner eine Teekanne mit Tee und außerdem lagen Schwarzbrotstückchen auf ihm herum. Unter dem Bett sah ich einen offenen Reisekoffer und zwei Bündel mit allerlei Kleidungsstücken und Lumpen. Mit einem Wort, es war eine schreckliche Unordnung in dem kleinen Raum. Ich erkannte sofort, daß sie beide, der Herr und die Frau, anständige Leute waren, die die Armut in diesen erniedrigenden Zustand versetzt hatte, der jeden Versuch eines Widerstandes aufhebt und die Leute dazu bringt, daß sie in der Unordnung ein gewisses, bitteres Gefühl der Genugtuung empfinden.

Als ich eintrat, war der Herr beim Auspacken seiner Einkäufe in einem lebhaften Gespräch mit seiner Frau begriffen; diese, noch mit dem Wickeln beschäftigt, brach in Schluchzen aus; die Nachrichten, die er ihr brachte, mußten schlecht gewesen sein. Das Gesicht ihres Mannes, das mager und gebrannt war – er trug einen schwarzen Backenbart mit glattrasiertem Kinn –, schien mir sehr sympathisch; es war ernst, die

Augen blickten düster, mit einem gewissen krankhaften Ausdruck von Stolz. Er mochte achtundzwanzig Jahre zählen. Als ich eintrat, spielte sich eine eigentümliche Szene ab.

Es gibt Leute, denen es ein Genuß ist, sich ihrer reizbaren Empfindlichkeit ganz hinzugeben, besonders wenn sie, was sehr leicht geschieht, außer sich geraten können – in einem solchen Augenblick ist es ihnen sogar angenehm, beleidigt zu werden. Diese Reizbaren bereuen ihre Heftigkeit nachher sehr, wenn sie klug sind, versteht sich, und imstande, sich einzugestehen, daß der Grund zu ihrer Heftigkeit ein viel zu geringer war. Der Herr sah mich zuerst ganz erstaunt an und die Frau starrte mich geradezu wie ein Gespenst an, denn – wie konnte jemand zu ihnen kommen? Plötzlich stürzte er mir wie ein Wahnsinniger entgegen; ich konnte kaum ein paar Worte stammeln. Offenbar fühlte er sich gekränkt, als er sah, daß ich anständig angezogen war und daß ich es wagte, so ohne weiteres bei ihm einzutreten, und daß ich nun die Unordnung erblickte, deren er sich selbst so sehr schämte. Andererseits freute es ihn, einen Anlaß gefunden zu haben, an mir die ganze Wut über sein Mißgeschick auszulassen. Einen Augenblick dachte ich, daß er sich wirklich auf mich stürzen würde: er erbleichte wie in einem hysterischen Anfall und erschreckte seine Frau aufs äußerste.

‚Wie wagen Sie es, so einzutreten? Hinaus!‘ schrie er, zitternd vor Wut und kaum fähig, die Worte auszusprechen. Doch plötzlich bemerkte er seine Brieftasche in meinen Händen.

‚Ich glaube, Sie haben sie verloren,‘ sagte ich so ruhig und trocken wie möglich.

Er stand wie vor Schreck gelähmt da, als könne er nichts begreifen; darauf griff er nach seiner Seitentasche, riß den Mund weit auf und schlug sich vor die Stirn.

‚Mein Gott! Wo haben Sie sie gefunden? Auf welche Weise?‘

Ich erzählte ihm alles mit ein paar kurzen Worten und nach Möglichkeit sachlich und ruhig erklärend, wie ich das Ding aufgehoben, wie ich ihm nachgelaufen und ihn angerufen ...

‚Oh, mein Gott!‘ rief er aus und wandte sich an seine Frau, ‚das sind alle unsere Dokumente, auch meine letzten Instrumente sind dabei ... oh, geehrter Herr, wissen Sie auch, was Sie für mich getan haben? Ich wäre sonst verloren! ...‘

Ich griff nach der Türklinke, um mich zu entfernen; doch war ich selbst außer Atem und es überfiel mich ein so starker Husten, daß ich mich kaum auf den Füßen halten konnte. Ich sah, wie der Herr für mich nach einem

Stuhl suchte, wie er die Lappen, die auf dem Stuhl lagen, auf den Fußboden warf, sich beeilte, ihn mir zu reichen und mich vorsichtig auf den Stuhl zog. Doch mein Husten wollte nicht aufhören. Als ich endlich zu mir kam, saß er auf einem anderen Stuhl vor mir und betrachtete mich aufmerksam.

,Sie sind leidend ... wie es scheint?‘ sagte er in dem Tone eines Arztes zu einem Kranken. ,Ich bin selbst ... Mediziner‘ – er sagte nicht Doktor – und er wies mit der Hand auf das Zimmer, als protestiere er gegen seine jetzige Lage. ,Ich sehe, daß Sie ...‘

,Schwindsüchtig sind,‘ sagte ich so trocken wie möglich und stand auf.

Auch er sprang auf.

,Sie übertreiben vielleicht ... und wenn Mittel dagegen ...‘

Er konnte immer noch nicht ganz zu sich kommen; seine Brieftasche hielt er in der linken Hand.

,Oh, beunruhigen Sie sich nicht,‘ unterbrach ich ihn wieder und griff nach der Türklinke, ,mich hat in der vergangenen Woche B–n untersucht, mein Schicksal ist entschieden. Entschuldigen Sie ... die Störung ...‘

Ich wollte die Tür wieder öffnen und meinen verwirrten, dankbaren und beschämten Doktor verlassen, doch packte mich der verfluchte Husten von neuem. Der Doktor bestand darauf, daß ich mich nochmals hinsetzte und ausruhte. Er wandte sich zu seiner Frau, und diese sagte mir, von ihrem Platze aus, ein paar dankbare und freundliche Worte. Sie wurde dadurch selbst sehr verwirrt und auf ihre bleichen, eingefallenen Wangen trat eine helle Röte. Ich blieb, doch verhielt ich mich so, daß ich jeden Augenblick bereit war zu gehen, weil ich sie nicht stören wollte. Die Reue quälte den Doktor jetzt aufs höchste, wie ich bemerkte.

,Wenn ich ...‘ begann er verwirrt in abgerissenen Sätzen. ,Ich bin Ihnen so dankbar und so schuldig vor Ihnen ... ich ... Sie sehen ...‘ Er wies wieder auf das Zimmer, ,augenblicklich befinde ich mich in einer Lage ...‘

,Oh,‘ sagte ich, ,das ist keine Seltenheit! Sie haben wahrscheinlich Ihre Stellung verloren und sind hierher gekommen, um den Sachverhalt hier auseinanderzusetzen und eine neue zu erhalten?‘

,Woher ... wissen Sie denn das?‘ fragte er mich mit Verwunderung.

,Das sieht man doch auf den ersten Blick,‘ antwortete ich, unwillkürlich etwas spöttisch. ,Es kommt so mancher aus der Provinz mit großen Hoffnungen hierher, müht sich hier ab und lebt so wie Sie.‘

Da fing er plötzlich zu reden an; leidenschaftlich, mit zitternden Lippen erzählte er alles: wie es ihm ergangen war, und ich muß gestehen – es interessierte mich sehr. Ich blieb daher fast eine Stunde lang bei ihm. Seine Geschichte war übrigens eine ganz gewöhnliche: er war Arzt in der Provinz gewesen, hatte eine staatliche Anstellung gehabt. Man intrigierte aber gegen ihn und sogar gegen seine Frau. Er war stolz, hitzköpfig. Ein neuer Vorgesetzter kam ins Gouvernement und handelte zugunsten seiner Feinde, die sich über ihn beklagt hatten. Er verlor die Stellung und reiste mit seinen letzten Mitteln nach Petersburg, um sich hier vor den Behörden zu rechtfertigen. In Petersburg, wie das ja bekannt ist, wollte man ihn jedoch zuerst gar nicht hören, dann wies man seinen Antrag ab, dann wurde er durch Versprechungen hingehalten, darauf antwortete man ihm mit einem Verweis, darauf befahl man ihm, eine Verteidigungsschrift einzureichen, darauf eine Bittschrift – mit einem Wort, er bemühte sich schon den fünften Monat vergebens, hatte alles verbraucht, die letzten Sachen seiner Frau versetzt; schließlich wurde auch noch das Kindchen geboren und ... und heute hatte er den endgültigen abschlägigen Bescheid auf seine eingereichte Bittschrift erhalten, und besaß nun kein Brot mehr, kein Geld, nichts mehr. Die Frau in den Wochen er ... er ...

Er sprang vom Stuhl auf und wandte sich ab. In der Ecke weinte seine Frau, das Kind fing an zu schreien. Ich zog mein Notizbuch heraus und notierte mir etwas. Als ich damit fertig war und aufstand, stand er vor mir und sah mich mit neugierigen, ängstlichen Blicken an.

‚Ich habe mir Ihren Namen aufgeschrieben,‘ sagte ich zu ihm, ‚und alles übrige: den Ort Ihrer Anstellung, den Namen des Gouverneurs, das Datum. Ich habe einen Schulkameraden, Bachmutoff, der hat einen Onkel Pjotr Matwejewitsch Bachmutoff, wirklicher Staatsrat und Direktor ...‘

‚Pjotr Matwejewitsch Bachmutoff!‘ rief mein Arzt fast zitternd aus. ‚Von ihm hängt ja fast alles ab!‘

Und in der Tat, die Geschichte meines Mediziners, in die ich so unfreiwillig eingreifen sollte, wickelte sich von nun an günstig ab, ganz als ob alles in ihr, wie in Romanen, im voraus darauf vorbereitet gewesen wäre. Fürs erste jedoch sagte ich diesen armen Leuten, daß sie auf mich keine Hoffnungen setzen möchten, daß ich selbst ein armer Gymnasiast sei (ich übertrieb absichtlich, ich hatte schon längst das Gymnasium beendet) und daß sie meinen Namen nicht zu wissen brauchten, daß ich jedoch sofort zu meinem Kameraden Bachmutoff gehen wollte, dessen Onkel wirklicher Staatsrat, Junggeselle und kinderlos sei und der seinen Neffen daher leidenschaftlich lieb habe und in ihm den letzten Sproß seiner Familie sähe. Vielleicht würde mein Kamerad etwas für sie tun und für sie beim Onkel ...

,Wenn ich doch nur eine Audienz bei Seiner Exzellenz erhalten könnte! Wenn man mir doch die Ehre verschaffen würde, mein Gesuch mündlich aussprechen zu dürfen!' Er zitterte wie im Fieber und seine Augen glänzten.

Ich wiederholte noch einmal, daß ich der Sache durchaus nicht sicher sei und fügte noch hinzu, daß, wenn ich morgen früh nicht zu ihnen käme, die Sache gescheitert wäre und sie nichts mehr zu erwarten hätten. Sie begleiteten mich unter Danksagungen zur Tür hinaus. Sie waren einfach außer sich; nie werde ich den Ausdruck dieser Gesichter vergessen. Ich nahm eine Droschke und fuhr sofort nach dem Wassiljewskij Ostroff□ zu Bachmutoff.

Mit diesem Bachmutoff stand ich mich im Gymnasium während mehrerer Jahre auf feindlichem Fuße. Bei uns wurde er als Aristokrat angesehen, wenigstens habe ich ihn so genannt: er kleidete sich ausgezeichnet, hatte seine eigenen Pferde, tat aber niemals wichtig, war ein vorzüglicher Kamerad, immer außerordentlich lustig, zuweilen sogar witzig, obgleich sein Verstand nicht von weitem her war, wenn er auch in der Klasse als einer der Ersten galt, während ich niemals und in keinem Fache Erster war. Alle Kameraden liebten ihn, ich war der einzige, der ihn nicht liebte. Er kam mir des öfteren in diesen Jahren entgegen, doch wandte ich mich jedesmal finster und gereizt von ihm ab. Jetzt hatte ich ihn schon seit einem Jahr nicht mehr gesehen: er besuchte die Universität. Als ich nun um neun Uhr abends zu ihm kam, feierlich und umständlich angemeldet wurde, empfing er mich zuerst mit Verwunderung und nicht gerade sehr entgegenkommend, doch alsbald wurde er heiter und plötzlich lachte er laut auf.

,Wie ist das möglich, daß Sie mich aufgesucht haben, Terentjeff?' rief er mit seiner liebenswürdigen Ungezwungenheit aus, die nie beleidigte und um derentwillen ich ihn so haßte. ,Aber was ist denn mit Ihnen,' rief er plötzlich erschrocken, ,sind Sie krank!'

Der Husten quälte mich wieder, ich fiel auf einen Stuhl und konnte kaum atmen.

,Beunruhigen Sie sich nicht, ich habe nur die Schwindsucht,' sagte ich, ,ich bin mit einer Bitte zu Ihnen gekommen.'

Er setzte sich vor Verwunderung, und ich erzählte ihm sofort die ganze Geschichte und bat ihn, da er doch einen so großen Einfluß auf seinen Onkel hätte, vielleicht etwas für die Leute zu tun.

,Das werde ich, das werde ich unbedingt, ich werde morgen sofort zu meinem Onkel gehen; ich bin sogar sehr froh, Ihnen gefällig sein zu können, Sie haben so hübsch erzählt ... Doch wie sind Sie, Terentjeff, darauf verfallen, sich gerade an mich zu wenden?'

‚Von Ihrem Onkel hängt hier alles ab, und wir waren außerdem immer Feinde. Da Sie, Bachmutoff, ein Gentleman sind, so dachte ich, daß Sie einem Feinde niemals etwas abschlagen würden,' fügte ich etwas ironisch hinzu.

‚Ganz wie Napoleon sich an England wandte!' rief er laut lachend. ‚Ich werde es tun, ich werde es tun! Ich gehe sofort, wenn es noch möglich ist!' fügte er eifrig hinzu, als er sah, daß ich mit ernster Miene mich vom Stuhl erhob.

Und wirklich nahm die Angelegenheit ganz unerwarteterweise einen sehr günstigen Verlauf. Nach anderthalb Monaten erhielt unser Doktor wieder eine Stelle in einem anderen Gouvernement, erhielt obendrein das Reisegeld und eine Unterstützung. Ich vermute, daß Bachmutoff sie besucht hat, während ich es unterließ, hinzugehn und den Doktor sehr trocken bei mir empfing – auch vermute ich, daß Bachmutoff dem Doktor Geld vorgeschossen hat. Mit Bachmutoff traf ich im Laufe dieser sechs Wochen zweimal zusammen, das drittemal sahen wir uns, als wir den Abschied des Doktors feierten. Die Abschiedsfeier veranstaltete Bachmutoff in seinem Hause, ein Diner mit Champagner, an dem auch die Frau des Doktors teilnahm. Es war zu Anfang Mai, der Abend war hell, die Sonne sank groß und rot ins Meer. Bachmutoff begleitete mich nach Haus. Wir gingen über die Nikolaibrücke – beide hatten wir etwas getrunken. Bachmutoff sprach seine Freude darüber aus, daß diese Sache ein so gutes Ende genommen hatte, dankte mir dafür, sagte mir, wie gut er sich nach dieser Tat fühle, versicherte mir, daß nur mir alles Verdienst an ihr zukomme, und meinte: ‚Es ist doch ganz unsinnig, was jetzt einige Menschen bei uns predigen, daß eine einzelne gute Tat nichts zu bedeuten habe!' Auch ich befand mich in einer redseligen Stimmung.

‚Wer die persönliche ‚gute Tat' anzugreifen wagt, der greift die Natur des Menschen an und verachtet den Wert der Persönlichkeit. Doch die Frage der persönlichen Freiheit und die Frage der ‚organisierten Unterstützung' sind zwei ganz verschiedene Fragen, wenn sie sich gegenseitig auch nicht auszuschließen brauchen. Die einzelne gute Tat wird immer bestehen bleiben, denn sie ist ein Bedürfnis der Persönlichkeit, das lebendige Bedürfnis des unmittelbaren Einflusses des einen Menschen auf den andern. In Moskau lebte früher ein alter General, das heißt, er war ein wirklicher Staatsrat, mit deutschem Namen. Er ging sein ganzes Leben lang in den Gefängnissen und unter den Verbrechern umher. Jeder Verbrechertrupp, der nach Sibirien abging, wußte schon im voraus, daß auf den ‚Sperlingsbergen'[] ‚der alte General' sie besuchen werde. Er erfüllte seine Pflicht mit Ernst und Andacht; er erschien, ging die Reihen der Verschickten ab, blieb bei jedem von ihnen stehen, fragte jeden nach seinen Bedürfnissen, machte niemandem einen Vorwurf und redete sie alle mit ‚Täubchen' an. Er gab jedem von ihnen Geld, schickte ihnen die notwendigsten Dinge, Tücher, Fußlappen usw., brachte zuweilen Andachtsbücher mit und gab sie denjenigen, die da lesen konnten, und war fest davon überzeugt, daß sie dieselben unterwegs auch wirklich lesen und den Kameraden, die nicht zu lesen verstanden, vorlesen würden. Nach der Art des Verbrechens fragte er nie, er hörte nur zu, wenn der Verbrecher selbst davon zu sprechen anfing. Alle Verbrecher standen bei ihm auf der gleichen Stufe, einen Unterschied gab es für ihn nicht. Er sprach mit ihnen wie mit seinen Brüdern, und sie betrachteten ihn zuletzt als ihren Vater. Wenn er eine Verschickte sah, die ein Kind auf den Armen trug, so ging er zu ihr, streichelte das Kind und schnippte mit den Fingern, um es lächeln zu machen. Und das tat er eine ganze Reihe von Jahren bis zu seinem Tode. Alle Verbrecher in ganz Rußland und ganz Sibirien kannten ihn. Mir erzählte selbst ein ehemaliger Verschickter aus Sibirien, daß er Zeuge gewesen, wie sich die eingefleischtesten Verbrecher des ‚alten Generals' erinnerten, obgleich der General nie mehr als zwanzig Kopeken pro Person geben konnte. Nicht, daß sie seiner mit Dank und Rührung dachten! Irgendeiner der ‚Unglücklichen', der vielleicht zwölf Seelen auf dem Gewissen und sechs Kinder nur so zu seinem Vergnügen getötet hatte – man sagt, daß es solche geben soll –, erinnerte sich seiner plötzlich, mir nichts dir nichts, und vielleicht auch nur einmal in zwanzig Jahren, seufzte und sagte: ‚Sollte der alte General am Ende noch immer leben?' Und dabei lächelte er – und das war alles. Doch, wer kann es wissen, welch ein Samenkorn der ‚alte General', den er in zwanzig Jahren nicht vergessen, ihm auf ewig in die Seele gepflanzt hat? Was wissen Sie, Bachmutoff, welch eine Bedeutung diese Aufnahme des einen Menschen in die Seele des andern im Schicksal eines Menschen haben kann? ... Da ist ein ganzes Leben mit seinen zahllosen uns verborgenen Verzweigungen. Der beste, scharfsinnigste Schachspieler kann nur einige kleine Züge voraussehen; von einem französischen Schachspieler, der zehn Schachzüge vorausberechnen konnte, berichtete man wie von einem Weltwunder. Wieviel Züge des Lebens aber sind uns bekannt? Indem Sie Ihr Samenkorn ausstreuen, Ihre ‚Tat' vollbringen, geben Sie, in welcher Form es auch sei, einen Teil Ihrer Persönlichkeit hin und nehmen den Teil der anderen Persönlichkeit in sich auf; in dieser Wechselbeziehung stehen Sie beide zueinander. Schenken Sie dieser Tatsache nur ein wenig Ihre Aufmerksamkeit und Sie werden durch die unerwartetsten Entdeckungen belohnt werden. Sie werden zuletzt auf dieses Tatsachenmaterial wie auf eine Wissenschaft sehen; sie absorbiert Ihr ganzes Leben und kann sogleich auch Ihr ganzes Leben ausfüllen. Andererseits können alle Ihre Gedanken, alle die Samenkörner, die Sie ausgestreut haben und die von Ihnen selbst vielleicht vergessen worden sind, in anderen wachsen und Früchte tragen. Und woher können Sie wissen, welch einen Anteil Sie an der zukünftigen Entscheidung der Geschicke des Menschengeschlechts haben werden? Wenn diese Erkenntnis und ein ganzes Leben solcher Arbeit Sie dazu befähigt, einen einzigen großen Gedanken der Menschheit zu hinterlassen, so haben Sie – Ihre Lebensaufgabe erfüllt ...‘ usw. ich habe damals viel gesprochen.

,Und wenn man bedenkt, daß gerade Ihnen, Ihnen das Leben versagt ist!‘ rief Bachmutoff, mit heißem Vorwurf an einen Unbekannten, plötzlich aus.

Wir standen gerade auf der Nikolaibrücke und blickten, die Arme aufgestützt, auf die Newa.

,Wissen Sie, was mir durch den Kopf geht?‘ Dabei bog ich mich weit über das Geländer.

,Doch nicht etwa, ins Wasser zu springen?‘ rief Bachmutoff fast erschrocken aus. Vielleicht hatte er diesen Gedanken in meinem Gesicht gelesen.

,Nein, vorläufig war es nur ein Gedanke. Angenommen, ich habe noch zwei bis drei, vielleicht auch noch vier Monate zu leben, und ich hätte nun den großen Wunsch, noch eine gute Tat zu vollführen, die viel Arbeit und Mühe verlangt. So müßte ich in meinem Falle auf sie verzichten. Geben Sie doch zu, daß es ein drolliger Gedanke ist!‘

Der arme Bachmutoff quälte sich meinetwegen sehr; er begleitete mich nach Haus und war so taktvoll, daß er die ganze Zeit über schwieg. Er verabschiedete sich von mir, drückte mir herzlich die Hand und bat um die Erlaubnis, mich besuchen zu dürfen. Ich antwortete ihm, daß er, wenn er etwa als ,Tröster‘ zu mir käme, mich jedesmal an den Tod erinnern würde. Er zuckte mit den Achseln und gab mir recht; wir verabschiedeten uns höflich voneinander, höflicher als ich es erwartet hatte.

An diesem Abend und in dieser Nacht wurde der erste Keim zu meiner ,letzten Überzeugung‘ gelegt. Ich klammerte mich an diese *neue* Idee, überlegte sie mir mit allen ihren Folgen – ich schlief die ganze Nacht nicht – und je mehr ich mich in sie vertiefte, desto mehr erschrak ich über sie. Zuletzt packte mich eine wahnsinnige Angst, die mich die ganzen folgenden Tage nicht mehr verließ. Und wenn mir diese Angst zum Bewußtsein kam, so erstarrte ich zu Eis; ich fühlte, daß diese ,letzte Überzeugung‘ von mir Besitz ergriffen hatte und mich nun sicher zu einem Entschluß führen würde. Doch zum Entschluß fehlte mir noch die Kraft. Nach drei Wochen war auch das überwunden, und die Kraft kam mir durch einen sehr sonderbaren Umstand.

Ich verzeichne hier in meiner Erklärung alle diese Daten. Die können mir freilich jetzt ganz gleichgültig sein, doch wünsche ich, daß diejenigen, die mein Vorhaben beurteilen werden, klar sehen, aus welcher logischen Kette von Schlüssen meine ‚letzte Überzeugung‘ entsprungen ist. Ich schrieb soeben, daß die Kraft, die mir zur Ausführung meiner ‚letzten Überzeugung‘ noch fehlte, mir durchaus nicht aus einer logischen Folgerung kam, sondern durch einen sonderbaren Stoß von außen, also von ganz äußerlichen Umständen her, die, vielleicht, mit dem Gang der Sache in keinerlei Zusammenhang standen. Vor zehn Tagen erschien bei mir Rogoshin in einer Angelegenheit, die ich hier zu erwähnen für unnütz halte. Ich hatte Rogoshin niemals früher gesehen, doch viel von ihm gehört. Ich gab ihm die verlangte Auskunft und er ging bald darauf fort, und da zwischen uns überhaupt keine Beziehungen bestanden, so war die Sache damit zu Ende. Doch fing er mich plötzlich sehr zu interessieren an und den ganzen Tag über stand ich unter dem Einfluß der sonderbarsten Ideen, so daß ich mich endlich entschloß, am nächsten Tage zu ihm hinzugehen und seinen Besuch zu erwidern. Rogoshin war augenscheinlich nicht sehr erfreut darüber und ließ sogar durchblicken, daß er nicht geneigt sei, diese Bekanntschaft mit mir fortzusetzen; doch erlebten wir – denn ich glaube auch er – eine sehr interessante Stunde zusammen. Zwischen uns bestand ein solcher Gegensatz, daß er uns beiden ganz unmöglich nicht auffallen konnte, besonders mir nicht: ich war ein Mensch, dessen Tage gezählt waren, und er – voll Leben, voll unmittelbarem Leben, ohne jede Sorge um die ‚letzten‘ Schlüsse oder Zahlen oder was es sonst wäre, wenn es sich nur nicht darum handelte, was er ... worauf er ... nun, wovon er besessen war. Möge mir Herr Rogoshin diesen Ausdruck verzeihen, wie etwa, sagen wir, einem schlechten Schriftsteller, der seine Gedanken nicht auszudrücken vermag. Ungeachtet seiner Unliebenswürdigkeit erschien er mir als ein Mensch von großem Verstande, obgleich ihn kaum etwas für ihn Nebensächliches interessierte. Ich sagte ihm nichts von meiner ‚letzten Überzeugung‘, doch schien es mir, als hätte er sie aus meinen Bemerkungen erraten. Er schwieg, er war schrecklich schweigsam. Ich sagte zu ihm, als ich fortging, daß ungeachtet aller Unterschiede zwischen uns und aller Gegensätze – *les extrêmes se touchent[]* – er von meiner letzten Überzeugung vielleicht gar nicht so weit entfernt sei, wie es scheine. Darauf antwortete er mir nur mit einer düster-bitteren Grimasse, stand auf, suchte selbst meine Mütze, tat, als ob ich die Absicht geäußert hätte, fortzugehen und führte mich einfach aus seinem dunklen, großen Hause hinaus, dem Anscheine nach, als gebe er mir aus Höflichkeit das Geleit. Sein Haus schien mir wie ein Totenhaus, doch lebte er offenbar gern in ihm, und übrigens ist das verständlich: ein so volles unmittelbares Leben, wie er es lebt, braucht keine andere Umgebung.

Dieser Besuch bei Rogoshin ermüdete mich sehr. Außerdem fühlte ich mich schon seit dem Morgen nicht gut; gegen Abend war ich so schwach, daß ich mich zu Bett legen mußte, ich hatte starkes Fieber und phantasierte dabei über alles das, wovon er gesprochen und wovon wir uns unterhalten hatten. Wenn meine Augen minutenlang zufielen, sah ich sofort Iwan Fomitsch Ssurikoff, der anscheinend Millionen erhalten hatte. Er wußte nicht, was er mit ihnen anfangen sollte, rang die Hände über seinem Haupte, zitterte vor Furcht, daß sie ihm gestohlen werden könnten und entschloß sich zuletzt, sie irgendwo zu vergraben. Ich riet ihm, aus diesem Golde einen Sarg für sein ‚erfrorenes Kind' machen zu lassen und darum das Kind so schnell wie möglich auszugraben. Diesen Spott hielt Ssurikoff unter Tränen der Dankbarkeit für Ernst und schritt sofort zur Ausführung seines Planes. Ich spuckte aus und kehrte ihm den Rücken. Koljä versicherte mir, als ich zu mir kam, daß ich durchaus nicht geschlafen, vielmehr die ganze Zeit mit ihm über Ssurikoff gesprochen hätte. Von Zeit zu Zeit überkam mich schreckliche Verzweiflung, so daß Koljä sehr beunruhigt darüber fortging. Als ich aufstand, um die Tür hinter ihm zuzuschließen, erinnerte ich mich plötzlich des Bildes, das ich bei Rogoshin in einem großen, düsteren Saal über der Tür gesehen hatte. Rogoshin selbst wies im Vorübergehen darauf hin, ich glaube, ich betrachtete es fünf Minuten lang. In ihm war nichts schön im künstlerischen Sinne, doch erfüllte es mich mit Unruhe.

Das Bild war eine Kreuzabnahme Christi. Sonst stellen die Maler gewöhnlich Christus am Kreuze oder nach der Kreuzabnahme immer noch in der außergewöhnlichen Schönheit seiner verklärten Züge dar und diese Schönheit versuchen sie ihm selbst bei den schrecklichsten Qualen beizulegen. Auf dem Bilde bei Rogoshin konnte jedoch von Schönheit nicht die Rede sein: das war der wirkliche Leichnam eines Menschen, der noch vor der Kreuzigung die endlosesten Qualen erlitten hatte. Da sah man Wunden von Geißelhieben und den Mißhandlungen durch das Volk, als Er das Kreuz tragen mußte und unter dem Kreuze zusammenbrach, und, zum Schluß noch die (nach meiner Berechnung) sechsstündigen Qualen am Kreuze. Wahrhaftig, die Züge dieses Menschen, der soeben vom Kreuze genommen worden ist, enthielten noch etwas Lebendiges, Warmes, sie waren noch nicht erstarrt, ein Hauch von Leiden, ein Empfinden des Schmerzes schien noch aus ihnen zu sprechen, und das war ganz wundervoll von dem Künstler wiedergegeben. Nichts war beschönigt in diesem Gesicht, es war die reine Natur und genau so muß der Leichnam eines Menschen aussehen, wer er auch sei, nach solchen Qualen. Ich weiß, daß die christliche Kirche in den ersten Jahrhunderten das Dogma aufgestellt hat, daß Christus nicht nur bildlich gelitten, sondern wirklich und leibhaftig gelitten habe und daß sein Leib am Kreuze vollständig den Gesetzen der Natur unterworfen gewesen sei. Auf dem Bilde nun war das Gesicht von Stöcken zerschlagen, angeschwollen, mit blauen, blutunterlaufenen Flecken, die Augen starrten aus weit geöffneten Lidern. Und sonderbar, wenn man nun auf den Leichnam dieses gequälten Menschen sah, so drängte sich einem die eigentümliche Frage auf: wenn alle die Jünger, seine zukünftigen Apostel, die Frauen, die ihm folgten und die am Kreuze standen, alle die an ihn und sein Göttliches glaubten, diesen Leichnam gesehen haben – und es muß doch ein Leichnam gewesen sein – wie konnten sie da, nachdem sie diesen Leichnam gesehen hatten, noch glauben, daß er auferstehen würde? Unwillkürlich mußte man sich sagen: wenn der Tod so schrecklich und die Gesetze der Natur so stark sind, wie kann man sie dann überwinden? Wie sie besiegen, wenn selbst *Er* sie nicht überwand, *Er*, der die Natur zu seinen Lebzeiten besiegte, und dem sie sich unterwarf, *Er*, der ausrufen konnte: ‚stehe auf‘ – und das Mädchen stand auf! – und der Lazarus dem Grabe entriß? Die Natur erschien auf diesem Bilde als großes, unüberwindbares und stummes Tier, oder, besser gesagt, obgleich es sonderbar klingt, – wie eine ungeheure Maschine neuester Konstruktion, die ganz sinnlos und gefühllos dieses große und herrliche Wesen ergriff, es stumpfsinnig zerkaute und zermalmte –, dieses Wesen, das mehr wert war, als die ganze Natur und ihre Gesetze, und zu dessen Hervorbringung die ganze Natur vielleicht überhaupt nur geschaffen worden war. Dieses Bild war gleichsam gemalt worden, nur um einem diese dunkle, gemeine und sinnlose Kraft, der alles unterlegen ist, zum Bewußtsein zu bringen. Die Menschen, die den Toten damals umgaben und die man auf dem Bilde gar nicht sieht, mußten an diesem Abend einen großen Schrecken und Kummer erlebt haben, da alle ihre Hoffnungen auf einmal vernichtet waren. Sie mußten in schrecklicher Angst auseinander gegangen sein, obgleich ein jeder von ihnen eine große Idee mit sich trug, die ihm schon nicht mehr genommen werden konnte. Und wenn der Meister selbst am Vorabend seiner Hinrichtung dieses Bild seines Leichnams hätte sehen können, wer weiß, ob er sich hätte kreuzigen lassen? Auch diese Frage beschäftigte einen unwillkürlich, wenn man auf das Bild sah.

Alles das ging mir stückweise durch den Sinn, halb in Fieberphantasien, zum Teil in Halbschlummer, ungefähr ganze anderthalb Stunden nachdem Koljä mich verlassen hatte. Ich konnte in Bildern sehen, was sonst kein Bildnis offenbart. Und mir schien von Zeit zu Zeit, daß ich diese sonderbare und unmögliche Form, diese unendliche

Kraft, dieses taube, dunkle und stumme Wesen mit meinen leiblichen Augen erblicken könnte. Ich weiß noch, es war mir, als führte mich jemand an der Hand, mit einem Licht in der andern und der zeigte mir eine riesige, widerliche Tarantel und versicherte mir, daß dieses Tier jenes dunkle taube und allmächtige Wesen sei und er lachte über meinen Unwillen.

In meinem Zimmer brennt unter dem Heiligenbild in der Nacht die kleine Lampe – ein trübes flackerndes Lichtlein –, doch kann man alles im Zimmer sehen und unter der Lampe sogar lesen. Ich glaube, es war schon ein Uhr nachts; ich schlief nicht, ich lag mit offenen Augen, als plötzlich die Türe meines Zimmers sich öffnete und Rogoshin eintrat.

Er trat ein, schloß dann die Tür, sah mich schweigend an, ging in die Ecke und setzte sich auf den Stuhl, der immer unter dem Heiligenbilde steht. Ich war sehr erstaunt und sah ihn erwartungsvoll an. Rogoshin stützte sich mit seinen beiden Ellenbogen auf den Tisch und fing auch seinerseits an, mich schweigend anzusehen. So vergingen zwei, drei Minuten und sein Schweigen beleidigte und ärgerte mich. Warum spricht er nicht? Daß er so spät zu mir gekommen war, das wunderte mich, weiß Gott, gar nicht. Sogar im Gegenteil: Ich hatte am Morgen bei ihm meinen Gedanken nicht voll ausgesprochen, doch hatte er ihn wohl verstanden; er hätte also deswegen, um sich mit mir auszusprechen, sehr gut zu mir kommen können, wenn es auch schon etwas spät war. Ich dachte denn auch sofort daran, daß er deshalb gekommen sei. Am Morgen hatten wir uns fast feindlich verabschiedet und ich hatte bemerkt, wie er mich zweimal sehr spöttisch betrachtet. Und diesen Spott sah ich jetzt wieder in seinen Augen – das war es, was mich beleidigte. Daß ich tatsächlich Rogoshin vor mir sah und nicht etwa eine Erscheinung, eine Fieberphantasie, daran zweifelte ich keinen Augenblick. Mir kam nicht einmal der Gedanke an diese Möglichkeit.

Inzwischen blieb Rogoshin ruhig sitzen und betrachtete mich spöttisch. Ich stützte mich wütend gleichfalls mit beiden Ellenbogen auf mein Kopfkissen und beschloß, wie er zu schweigen, selbst wenn wir die ganze Zeit so verbringen sollten. Ich wollte durchaus, daß er als erster zu sprechen anfinge. Ich glaube, wir schwiegen ungefähr zwanzig Minuten so. Plötzlich kam mir der Gedanke: wenn das nun aber gar nicht Rogoshin ist, sondern nur – eine Erscheinung?

Weder während meiner Krankheit, noch sonst in meinem Leben habe ich jemals eine Halluzination gehabt; doch schien es mir immer, als ich noch ein Knabe war, und auch jetzt noch, obgleich ich nicht abergläubisch bin, daß ich in einem solchen Falle sofort, auf der Stelle würde sterben müssen. Aber als mir nun der Gedanke kam, daß es gar nicht Rogoshin, sondern nur eine Halluzination sein könnte, da erschrak ich nicht im geringsten, ja ich war nicht einmal zornig darüber. Sonderbar war es auch, daß mich die Frage, ob es nun wirklich Rogoshin oder nicht Rogoshin sei, gar nicht sehr aufregte. Es war, als gehöre es sich gerade so! Ich erinnere mich, ich dachte damals in Wirklichkeit an etwas ganz anderes. Zum Beispiel interessierte mich die Frage: warum Rogoshin, der vordem in Schlafrock und Pantoffeln gewesen war, jetzt in Frack und weißer Binde dasaß? Auch tauchte in mir der Gedanke auf: wenn es eine Erscheinung ist und ich mich gar nicht vor ihr fürchte, warum sollte ich da nicht aufstehen und mich davon überzeugen? Vielleicht fürchtete ich mich doch davor? Denn als ich nur daran zu denken wagte, daß ich mich fürchten könnte, da überlief in der Tat meinen ganzen Körper ein eisiger Schauer und meine Knie fingen an zu zittern. Im selben Augenblick, als ob Rogoshin es erraten hätte, daß ich ihn fürchtete, zog er seinen Arm, auf den er sich gestützt hatte, fort und verzog, indem er mich starr ansah, langsam seinen Mund zu einem Lachen. Heller Wahnsinn überkam mich und ich wollte mich schon auf ihn stürzen, doch ich hatte mir geschworen, ihn nicht als erster anzugreifen, und so blieb ich denn auf dem Bett liegen, zumal ich mich außerdem noch gar nicht überzeugt hatte, ob er es auch wirklich selbst war oder nicht?

Ich weiß nicht mehr genau, wie lange dieser Zustand andauerte, auch weiß ich nicht, ob ich nicht von Zeit zu Zeit bewußtlos war. Zuletzt sah ich nur noch, wie Rogoshin aufstand, mich ebenso aufmerksam und starr ansah – wie vorher, als er eintrat – doch lächelte er jetzt nicht mehr, ging dann leise auf den Fußspitzen zur Tür, öffnete sie, ging hinaus und schloß sie wieder. Ich rührte mich nicht, mit offenen Augen lag ich auf meinem Bett und dachte nach. Gott weiß, worüber ich nachdachte, und ich erinnere mich nicht mehr, wann ich eingeschlafen bin. Am anderen Morgen erwachte ich, als man um zehn Uhr an meine Tür klopfte. Ich hatte ein für allemal befohlen, mir um zehn Uhr den Tee zu bringen, und so mußte Matrjona an die Tür klopfen. Als ich ihr die Tür öffnete, beschäftigte mich sofort der Gedanke: Wie konnte er ins Zimmer kommen, wenn die Tür verschlossen war? Ich überzeugte mich davon, daß der wirkliche Rogoshin gar nicht hätte hereinkommen können, da alle Türen unserer Wohnung die Nacht über verschlossen und verriegelt gewesen waren.

Dieser sonderbare Zwischenfall, den ich soeben ausführlich beschrieben habe, war der Grund zu meinem endgültigen ‚Entschluß‘. Zu diesem Entschluß brachte mich keine Logik, keine logische Überzeugung, sondern Ekel. Man kann nicht ein Leben führen, das so sonderbare Formen annimmt, Formen, die mich beleidigen.

Diese Vision erniedrigte mich! Ich bringe es nicht über mich, mich einer dunklen Gewalt zu ergeben, die die Formen einer Tarantel annimmt! Und erst dann, als ich gegen Abend den endgültigen unwiderruflichen Entschluß gefaßt hatte, wurde mir leichter. Das war nur das erste Moment; wegen des zweiten fuhr ich nach Pawlowsk; doch das ist schon zur Genüge erklärt.“

## VII.

Ich besitze eine kleine Taschenpistole; ich hatte sie mir noch als Knabe angeschafft, in dem komischen Alter, da einem plötzlich Räubergeschichten und Duelle zu gefallen anfangen und man es liebt, sich vorzustellen, wie man selbst zum Duell gefordert wird und wie man sich mutig vor die Pistole stellt. Vor einem Monat habe ich sie mir angesehen, geputzt und wieder zurecht gemacht. In dem Kasten, in dem sie lag, fand ich zwei Kugeln und Pulver für drei Schüsse. Die Pistole ist natürlich nichts wert, die reine Kinderpistole, trifft auch kaum auf fünfzehn Schritt; wenn man sie jedoch dicht an die Schläfe setzt, wird sie schon noch einen Schädel zerschmettern können.

Ich beschloß, in Pawlowsk bei Sonnenaufgang zu sterben: und zwar beschloß ich, in den Park zu gehen, damit niemand auf der Datsche gestört werde. Meine ‚Erklärung‘ wird die Polizei genügend über alles unterrichten. Liebhaber der Psychologie mögen daraus schließen was sie wollen. Ich wünsche indessen nicht, daß meine Schrift veröffentlicht wird. Ich bitte den Fürsten, das eine Exemplar an sich zu nehmen und das andere Exemplar Aglaja Iwanowna Jepantschin zu geben. Dieses ist mein Wille. Ich vermache meinen Leichnam der medizinischen Fakultät zu wissenschaftlichen Zwecken.

Ich erkenne keinen Richter über mich an und weiß, daß ich außerhalb jedes Rechtspruchs stehe. Vor kurzem belustigte mich die Vorstellung: wie, wenn ich jetzt plötzlich auf den Einfall käme, irgendeinen Menschen einfach totzuschlagen, vielleicht zehn Menschen auf einmal oder sonst irgend etwas Schreckliches zu tun, irgend etwas, was diese Welt für das schrecklichste hält – in welch einer dummen Lage würde sich dann das Gericht bei meiner zwei- bis dreiwöchentlichen Lebensfrist befinden? Ich würde vielleicht sehr komfortabel in einem Hospital, unter der Aufsicht eines guten Arztes, und vielleicht viel angenehmer, als bei mir zu Hause, sterben. Ich verstehe nicht, daß Leuten in meiner Lage niemals ein solcher Gedanke in den Kopf gekommen ist, wenn auch nur zum Spaß?! Vielleicht verfällt doch einmal jemand darauf! Es gibt doch auch bei uns in Rußland lustige Leute.

Aber – wenn ich auch keinen Richter über mich anerkenne, so weiß ich doch, daß man mich richten wird, wenn ich bereits auf ewig taub und stumm sein werde. Ich möchte jedoch nicht fortgehen, ehe ich nicht ein Wort zur Antwort hinterlassen habe – ein freies, unerzwungenes Wort. Nicht zur Verteidigung etwa – o nein! Ich habe niemanden und wegen nichts um Verzeihung zu bitten.

Da ist zunächst ein sonderbarer Gedanke: Wer wollte mir denn mein Recht auf diese Frist von zwei bis drei Wochen bestreiten? Auf Grund welchen Rechtes? Wem nützt es, daß ich als Verurteilter noch artig die Frist bis zur Urteilsvollstreckung abwarte? Wem nützt es denn? Oder soll ich's um der Sittlichkeit willen etwa? Ich verstehe noch, wenn ich bei blühender Gesundheit und großen Kräften mein Leben selbst vernichten wollte, dieses Leben, das ,meinem Nächsten noch Nutzen bringen könnte': da könnte man mir vom sittlichen Standpunkt aus und nach altem Brauch vorwerfen, daß ich ohne zu fragen über mein eigenes Leben verfüge – oder was man sich da ausdenkt. Doch jetzt, wo über mich bereits das Urteil gefällt ist? Welches Sittengesetz wird denn auch noch auf das letzte Röcheln eines Sterbenden Anspruch erheben, mit dem er sein Leben aushaucht? Was hilft mir der Trost des Fürsten, der in seiner christlichen Auslegung den glücklichen Gedanken gehabt hat, daß es im Grunde genommen für mich viel besser ist, zu sterben. (Solche Christen wie er kommen immer zu diesem Schluß: das ist ihr geliebtes Steckenpferd.) Und was wollen sie eigentlich mit ihren lächerlichen ,Pawlowsker Bäumen'? Die letzten Stunden meines Lebens versüßen? Begreifen sie denn nicht, daß ich mich, je mehr ich mich diesen letzten Illusionen von Leben und Liebe hingebe, mit denen sie mich von der Meierschen Lehmwand und allem, was ich ihr so aufrichtig bekannt habe, trennen wollen, desto unglücklicher fühlen muß? Was soll ich mit ihrer schönen Natur, mit ihrem Pawlowsker Park, mit ihrem Sonnenaufgang und -untergang, mit ihrem blauen Himmel und ihren selbstzufriedenen Gesichtern, wenn das ganze Fest, das kein Ende nimmt, für mich damit beginnt, daß es mich allein für einen überflüssigen Gast erklärt. Was soll ich mit all dieser Schönheit, wenn ich jede Minute, jede Sekunde gezwungen bin, daran zu denken, daß die kleinste Fliege, die neben mir in der Sonne summt, an diesem Fest, an diesem Chor teilnehmen kann, ihren Platz in ihm kennt, ihn liebt und glücklich ist. Nur ich allein bin ein Ausgestoßener und wollte es nur, aus kleinmütiger Feigheit vor mir selbst, bis jetzt nicht eingestehen! Oh, ich weiß, wie sehr der Fürst und all die anderen mich dazu bringen wollen, daß ich statt all der ,boshaften und verbitterten' Reden eine Hymne auf den Sieg der sittlichen Selbstüberwindung anstimmte, wie Milvoye in den berühmten und klassischen Strophen:

*‚O, puissent voir votre beauté sacrée*

*Tant d'amis, sourds à mes adieux!*

*Qu'ils meurent pleins de jours, que leur mort soit pleurée.*

*Qu'un ami leur ferme les yeux!'* []

Doch glaubt mir, glaubt mir, ihr gutmütigen Seelen, daß in dieser wohlanständigen Strophe, in diesem akademischen Segensspruch der Franzosen, so viel heimliche Galle, so viel unversöhnliche und mit Rhythmen überzuckerte Wut ist, daß der Poet vielleicht sich selbst damit belogen und seine Wut als tränenreichen Trost empfunden hat und in dem Glauben auch gestorben ist: Friede seiner Asche! Wissen Sie auch, daß es in der Erkenntnis der eigenen Schande, Richtigkeit und Schwachheit eine Grenze gibt, über die der Mensch nicht mehr hinaus kann? An dieser Stelle beginnt er dann eine große Wollust in seiner Demütigung zu empfinden ... Nun, freilich, auch die Demut ist in gewissem Sinne eine große Kraft, ich gebe es zu, wenn auch nicht in dem Sinne, wie die Religion sie auffaßt.

Die Religion! Ein ewiges Leben erkenne ich an und habe es vielleicht immer anerkannt. Mag der Wille einer höheren Gewalt das Feuer meines Bewußtseins entzündet haben, mag es sich umgesehen haben im All und sich gesagt: ‚Ich bin'! Und mag ihm eine höhere Gewalt befohlen haben, dann zu vergehen, sogar ohne Erklärung weshalb und wozu. Doch meine Demut – das ist die ewige Frage – wozu soll denn die nötig sein? Kann man mich denn nicht einfach auffressen, ohne von mir noch Lob und Preis dafür zu verlangen, daß ich aufgefressen werde? Wird sich denn wirklich dort irgend jemand beleidigt fühlen, wenn ich nicht mehr zwei Wochen darauf warten will? Das glaube ich nicht; und es ist schon viel richtiger, anzunehmen, daß mein erbärmliches Leben, das Leben eines einzelnen Atomes, zugunsten einer allgemeinen Harmonie im Weltganzen, zu irgendeinem Plus oder Minus, zu einem Kontrast usw. usw. nötig ist, genau so, wie das Leben täglich das Opfer von Millionen von Lebewesen verlangt, ohne deren Tod die übrige Welt nicht existieren könnte. (Ich bemerke hier, daß dieser Gedanke an sich durchaus nicht großmütig ist.) Doch möge es so sein! Ich gebe es zu, daß die Welt ohne diese gegenseitige Vernichtung nicht hätte aufgebaut werden können, und ich gebe sogar zu, daß ich nichts von ihrer Einrichtung begreife, doch weiß ich dafür ganz genau eines: wenn man mir auch das Bewußtsein gegeben hat, daß ‚Ich bin', so geht es mich doch noch nichts an, ob die Welt nun fehlerhaft aufgebaut und ohne Vernichtung nicht bestehen kann. Wer also, und wofür wird man mich danach verurteilen? Sagen Sie, was Sie wollen – ich finde jedenfalls, daß es unmöglich und zugleich ungerecht wäre.

Trotzdem habe ich niemals, trotz meines größten Verlangens, mir vorstellen können, daß es *kein* zukünftiges Leben und *keine* Vorsehung gebe. Es ist viel wahrscheinlicher, daß wir das zukünftige Leben und seine Gesetze nicht verstehen können. Doch wenn das so schwer und überhaupt nicht zu begreifen ist, wie soll ich dann dafür verantwortlich sein, daß ich nicht imstande bin, das Unfaßbare zu fassen? Natürlich sagen da die Leute und natürlich auch der Fürst, daß Gehorsam nötig sei, daß man gehorchen *muß*, auch ohne zu verstehen, und zwar aus moralischen, sittlichen Gründen, und daß ich in der anderen Welt dafür belohnt werde. Wir erniedrigen jedoch die Vorsehung, wenn wir ihr aus Ärger darüber, daß wir sie nicht verstehen können, unsere Begriffe unterschieben. Und wiederum, wenn man die Vorsehung nicht verstehen kann – wie kann denn der Mensch dafür verantwortlich sein, was er nicht verstehen kann? Und ebenso, wer kann mich denn verurteilen, wenn ich den Willen und die Gesetze der Vorsehung nicht verstanden habe? Nein, lassen wir die Religion lieber!

Aber damit wäre es auch genug! Wenn ich beim Vorlesen bis zu diesen Zeilen gekommen sein werde, wird die Sonne aufgehen und ‚am Himmel erklingen‘ und ihre große Feuerkraft wird die Erde überfluten. Mag ich sterben! Ich werde in diese Quelle des Lebens und der Kraft sehen, und mein Leben, das ich nicht mehr ertragen will, von mir werfen! Wenn ich die Macht gehabt hätte, nicht geboren zu werden, so hätte ich ein Leben unter so spottenden Bedingungen gewiß nicht angenommen. Aber noch habe ich die Macht, zu sterben, obgleich ich nur Tage hinwerfen kann, die schon gezählt sind. Und doch ist es eine Macht und doch ein Protest ...

Meine letzte Erklärung: Ich sterbe durchaus nicht deshalb, weil ich nicht imstande wäre, diese drei Wochen noch zu ertragen; oh, dazu hätte ich wohl noch die Kraft, und wenn ich wollte, so wäre mir allein schon die Erkenntnis der mir angetanen Schmach eine Genugtuung; doch ich bin kein französischer Dichter und brauche solch einen Trost nicht. Und dann die Versuchung: Die Natur hat meine Betätigungsmöglichkeit mit ihren drei Wochen Frist dermaßen eingeengt, daß der Selbstmord die einzige Tat ist, die ich noch vollführen kann, das heißt anfangen und beenden nach meinem eigenen Willen. Nun und vielleicht will ich eben nur die letzte Möglichkeit einer *Tat* ausnutzen? Der Protest ist manchmal keine geringe Tat ...“

Die „Erklärung“ war damit zu Ende. Hippolyt verstummte ...

Ein nervöser Mensch, der gereizt und außer sich den äußersten Grad zynischer Offenherzigkeit erreicht hat, ist gewöhnlich zu allem bereit, selbst zum größten Skandal, und ist sogar froh über ihn: er stürzt sich auf die Menschen und hat selbst dabei das unklare, aber feste Ziel, eine Minute nachher sich von einem Turm hinabzustürzen und damit alle Mißverständnisse, wenn solche vorliegen, auf einmal zu beseitigen. Die Folge eines solchen Zustandes ist meistens Erschöpfung der physischen Kräfte. Die ungewöhnliche, beinahe unnatürliche Anstrengung hatte Hippolyt bisher aufrechterhalten. An sich erschien dieser achtzehnjährige, von der Krankheit erschöpfte Jüngling so schwach, wie ein vom Baum gerissenes, zitterndes Blatt. Kaum hatte er seine Augen über die Zuhörer hingleiten lassen, zum erstenmal nach seiner Lektüre, so drückte sich auch schon in ihnen, in seinem Lächeln, Hochmut, Verachtung und Widerwillen aus. Es drängte ihn zu einer Herausforderung. Doch auch die Zuhörer waren unwillig. Alle erhoben sich lärmend und geärgert vom Tisch. Die Müdigkeit, der Wein, die Anstrengung erhöhten noch das Peinliche des Eindrucks.

Plötzlich sprang Hippolyt vom Stuhl auf, als hätte ihn jemand vom Platze gerissen.

„Die Sonne geht auf!" schrie er, als er die glänzenden Spitzen der Bäume sah und zeigte sie dem Fürsten, wie man ein Wunder zeigt. „Sie ist aufgegangen!"

„Und Sie glaubten wohl, daß sie nicht aufgehen werde, wie?" bemerkte Ferdyschtschenko.

„Das gibt wieder eine Hitze den ganzen Tag über," brummte nachlässig, ärgerlich Ganjä, drehte seinen Hut in den Händen, gähnte und reckte sich. „Den ganzen Monat schon diese Dürre! ... Gehen wir oder gehen wir nicht, Ptizyn?"

Hippolyt starrte ihn ganz verwundert bis zur Versteinerung an, erbleichte, und ein Zittern befiel seinen Körper.

„Sie zeigen Ihre Gleichgültigkeit, mit der Sie mich kränken wollen, recht ungeschickt," wandte er sich an Ganjä und sah ihm gerade ins Gesicht. „Sie sind ein Lump!"

„Das übersteigt denn doch schon alles!" brüllte Ferdyschtschenko.

„Das ist doch eine phänomenale ...!"

„Einfach ein Dummkopf," sagte Ganjä.

Hippolyt nahm sich wieder zusammen.

„Ich verstehe, meine Herren," begann er wie vorher, zitternd und jedes Wort wie abgerissen hervorstoßend, „daß ich mir vielleicht Ihren persönlichen Haß zugezogen habe, ich ... bedaure es, daß ich Sie mit diesen Phantasien gequält habe" – er wies auf seine Schrift – „oder ich bedaure vielmehr, Sie nicht ganz totgequält zu haben;" er lächelte dumm. „Ich habe Sie gelangweilt, Jewgenij Pawlowitsch?" wandte er sich plötzlich mit einer Frage an diesen. „Habe ich Sie gelangweilt oder nicht? Sagen Sie!"

„Etwas lang, doch im übrigen ..."

„Sagen Sie alles! Lügen Sie doch wenigstens einmal in Ihrem Leben nicht!" befahl ihm zitternd Hippolyt.

„Oh, mir ist das ganz gleichgültig! Lassen Sie mich bitte gefälligst in Ruh," antwortete ihm Jewgenij Pawlowitsch, sich angewidert von ihm abwendend.

„Gute Nacht, Fürst," verabschiedete sich Ptizyn vom Fürsten.

„Er wird sich sofort erschießen, was tun Sie! Sehen Sie ihn doch an!" rief Wjera, stürzte zu Hippolyt und packte ihn an beiden Händen. „Er sagte doch, daß er sich bei Sonnenaufgang erschießen würde, was machen Sie denn mit ihm!"

„Der wird sich nicht erschießen!" riefen höhnisch einige Stimmen, unter denen auch die Ganjäs war.

„Meine Herren, nehmen Sie sich in acht!" rief Koljä und packte auch Hippolyt am Arm. „Sehen Sie ihn doch nur an! Fürst! Fürst, was haben Sie denn!"

Um Hippolyt bemühten sich Wjera, Koljä, Keller und Burdowskij.

„Er hat das Recht ... das Recht ..." brummte Burdowskij, übrigens ganz gedankenverloren.

„Erlauben Sie, Fürst – welche Anordnungen ... wollen Sie jetzt tr...effen?" wandte sich Lebedeff, der halb betrunken war, an den Fürsten.

„Was für Anordnungen?"

„Nein–n; erlauben–n Sie; ich bin hier der Wirt und will in meiner Hochachtung ... N–nehmen wir an, daß Sie der Wirt sind, so will ich d–doch nicht, daß in meinem Hause ... J–a–a."

„Wird sich nicht erschießen; der Junge renommiert ja nur!" rief voll Unwillen und ganz unerwartet General Iwolgin.

„Ah, der General!" griff Ferdyschtschenko auf.

„Ich w–eiß, daß er sich nicht erschießen wird, mein General, mein sehr verehrter General ... doch immerhin ... i–ich bin der Wirt.“

„Hören Sie, Herr Terentjeff,“ sagte plötzlich Ptizyn und reichte, nachdem er sich vom Fürsten verabschiedet hatte, Hippolyt die Hand, „Sie äußerten sich, glaube ich, vorhin darüber, daß Sie Ihren Leichnam der Akademie vermachen wollten? Haben Sie da wirklich Ihren Leichnam gemeint, oder vermachen Sie ihr nur Ihre Knochen?“

„Ja, meine Knochen ...“

„So, so. Man könnte sich da leicht irren: man sagt, es sei schon einmal vorgekommen.“

„Warum reizen Sie ihn?“ schrie plötzlich der Fürst.

„Sie haben ihn schon bis zu Tränen gebracht,“ fügte Ferdyschtschenko hinzu.

Doch Hippolyt weinte durchaus nicht. Er wollte sich von der Stelle bewegen, aber alle, die um ihn herumstanden, ergriffen ihn sofort am Arm. Allgemeines Gelächter.

„So weit hat er’s gebracht, daß ihn alle jetzt festhalten werden; darum hat er also aus dem Papier da vorgelesen,“ bemerkte Rogoshin. „Lebe wohl, Fürst! Eh, mir schmerzen die Knochen vom Sitzen.“

„Wenn Sie wirklich die Absicht hatten, sich zu erschießen, Terentjeff,“ sagte lachend Jewgenij Pawlowitsch, „so würde ich jetzt an Ihrer Stelle, nach solchen Komplimenten, mich absichtlich nicht erschießen, um sie alle zu ärgern.“

„Sie möchten es wohl furchtbar gerne sehen, wie ich mich erschieße!“ stieß Hippolyt hastig hervor.

„Sie ärgern sich alle, daß sie es nicht sehen werden.“

„So denken auch Sie, Jewgenij Pawlowitsch, daß sie es nicht sehen werden?“

„Ich will Sie nicht aufhetzen; im Gegenteil, ich glaube, daß es sogar sehr möglich ist. Hauptsächlich, ärgern Sie sich nicht ...“ sagte gönnerhaft Jewgenij Pawlowitsch.

„Ich sehe jetzt, was für einen Fehler ich damit begangen habe, daß ich Ihnen dieses Schriftstück vorlas!“ wandte sich Hippolyt so vertrauensvoll an Jewgenij Pawlowitsch, als hätte er einen Freund um seinen freundschaftlichen Rat gefragt.

„Die Lage ist ziemlich lächerlich, doch ... wirklich, ich weiß nicht, was ich Ihnen raten soll," antwortete ihm lächelnd Jewgenij Pawlowitsch.

Hippolyt sah ihn starr an, ohne seinen Blick von ihm abzuwenden, und schwieg. Man hätte denken können, daß er geistesabwesend wäre.

„N–nein, erlauben Sie, das ist doch eine sonderbare Manier," mischte sich wieder Lebedeff ins Gespräch, „,werde mich erschießen, im Park, um niemanden zu beunruhigen!' Er glaubt also, damit niemanden zu beunruhigen, wenn er drei Schritt von der Treppe entfernt in den Park geht."

„Meine Herren ..." begann der Fürst.

„N–nein, erlauben Sie, sehr verehrter Fürst," griff Lebedeff wieder mit Eifer auf, „wie Sie es selbst gesehen haben, ist es kein Spaß, wenigstens ist die Hälfte Ihrer Gäste auch der Meinung und überzeugt, daß er sich jetzt, nach diesen hier ausgesprochenen Worten, und um seine Ehre zu retten, erschießen muß, und da fordere ich Sie auf, als Wirt, hier einzugreifen!"

„Was soll ich denn tun, Lebedeff? Ich bin sofort bereit, hier ..."

„Was Sie tun sollen: erstens, soll er sofort die Pistole herausgeben, die er uns ja so ausführlich beschrieben hat. Wenn er sie herausgegeben hat, so bin ich damit einverstanden, daß er diese Nacht hier im Hause schläft, in Anbetracht seines Zustandes, doch unter meiner Aufsicht. Aber morgen möge er sich fortbegeben, einerlei wohin; entschuldigen Sie, Fürst! Wenn er die Pistole nicht sofort herausgibt, so nehme ich ihn an der einen Hand, der General an der anderen, und bringe ihn dann sofort auf die Polizei. Denn es ist dann schon Sache der Polizei und nicht mehr meine Sache. Herr Ferdyschtschenko kann auch noch als guter Bekannter mitkommen."

Es erhob sich ein Lärm. Lebedeff geriet immer mehr außer sich. Ferdyschtschenko machte sich schon bereit, mit auf die Polizeiwache zu gehen. Ganjä bestand hartnäckig darauf, daß sich niemand erschießen werde. Jewgenij Pawlowitsch schwieg.

„Fürst, sind Sie schon einmal vom Turm gestürzt?" fragte ihn flüsternd plötzlich Hippolyt.

„Nein ..." antwortete naiv der Fürst.

„Glauben Sie wirklich, daß ich diesen ganzen Haß nicht vorausgesehen habe!" flüsterte wieder Hippolyt mit glänzenden Augen und sah den Fürsten an, als hätte er wirklich von ihm eine Antwort erwartet. „Gut!" wandte er sich plötzlich an alle, „ich bin schuldig ... vor allen! Lebedeff, hier ist der Schlüssel" – er zog ein Portemonnaie aus der Tasche und entnahm ihm einen Schlüsselring mit vier kleinen Schlüsseln. „Dieser vorletzte ist es ... Koljä wird Ihnen zeigen ... Koljä! Wo ist Koljä?" rief er und bemerkte Koljä nicht, obgleich er ihn starr ansah. „Da ... er wird Ihnen zeigen, er hat mit mir zusammen den Koffer gepackt. Führen Sie ihn ... Koljä ... dahin, beim Fürsten im Kabinett, unter dem Tisch ... mein Koffer ... mit diesem Schlüssel ... unten ... meine Pistole ... und das Horn mit dem Pulver. Herr Lebedeff, er wird sie Ihnen zeigen; doch unter der Bedingung, daß Sie sie mir morgen früh, wenn ich nach Petersburg fahre, zurückgeben. Hören Sie? Ich tue es nur für den Fürsten, nicht Ihretwegen."

„So ist's besser!" Lebedeff griff nach dem Schlüssel, und höhnisch lächelnd lief er ins Nebenzimmer.

Koljä zögerte, wollte etwas sagen, wurde aber von Lebedeff mitgerissen.

Hippolyt blickte auf die lachenden Gäste, der Fürst bemerkte, wie seine Zähne vor Wut klapperten.

„Was für Schufte das doch sind!" flüsterte er wieder wie in Verzweiflung dem Fürsten zu.

Wenn er mit dem Fürsten sprach, so redete er jetzt immer nur im Flüsterton.

„Lassen Sie sie doch: Sie sind sehr erschöpft ..."

„Sofort, sofort ... ich gehe sofort."

Plötzlich umarmte er den Fürsten.

„Sie glauben vielleicht, daß ich nicht mehr bei Sinnen bin?" fragte er ihn, und sah ihn sonderbar lächelnd an.

„Nein, aber Sie ..."

„Sofort, sofort, schweigen Sie; sprechen Sie nicht; stehen Sie still ... ich möchte in Ihre Augen sehen. Still ... ich möchte Sie ansehen. Ich werde mich vom ‚Menschen‘ verabschieden."

Er stand und sah den Fürsten ungefähr zehn Sekunden schweigend an; er war sehr blaß, an den Schläfen trat Schweiß hervor; er griff so sonderbar nach der Hand des Fürsten, und es schien, als fürchte er, sie loszulassen.

„Hippolyt, Hippolyt, was fehlt Ihnen?" schrie der Fürst auf.

„Sofort ... sofort ... genug, ich gehe. Ich trinke nur noch einen Schluck auf das Wohl der Sonne ... Ich will, ich will, lassen Sie!"

Er griff schnell nach dem Champagnerglas auf dem Tisch und schritt mit demselben zum Ausgang der Terrasse. Der Fürst wollte ihm nachlaufen, doch trat in diesem Augenblick gerade Jewgenij Pawlowitsch auf ihn zu, um sich von ihm zu verabschieden. Es verging eine Sekunde, und plötzlich erhob sich ein allgemeines Geschrei auf der Terrasse, dem eine allgemeine Bestürzung und Verwirrung folgte.

Es geschah folgendes:

Hippolyt ging bis zur obersten Stufe der Terrasse, mit der linken Hand hielt er das Glas, mit der rechten griff er in seine rechte Seitentasche. Keller behauptete nachher, daß Hippolyt schon vorher immer seine Hand in dieser rechten Seitentasche gehalten habe, und daß es ihm schon damals verdächtig vorgekommen sei. Wenigstens hatte ihn eine innere Unruhe getrieben, Hippolyt zu folgen. Doch wäre auch er zu spät gekommen. Er sah nur plötzlich, wie in der rechten Hand Hippolyts etwas aufblitzte und wie in demselben Augenblick der Lauf einer kleinen Pistole Hippolyts Schläfe berührte. Keller griff mit der Hand danach, doch hatte Hippolyt bereits den Hahn abgedrückt. Man hörte das kurze Knacken des Hahnes – doch kein Schuß erfolgte. Hippolyt fiel rücklings in Kellers Arme und schien wie leblos: vielleicht hielt er sich selbst für erschossen. Keller bemächtigte sich der Pistole. Hippolyt schob man einen Stuhl unter, und alles drängte sich zu ihm, alle schrien, sprachen durcheinander. Alle hatten sie das Knacken des Hahnes gehört und sahen den Menschen unverletzt und lebendig vor sich. Hippolyt schien immer noch nicht zu begreifen, was mit ihm vorgegangen war, er sah alle geistesabwesend an. In diesem Augenblicke stürzten Lebedeff und Koljä auf die Terrasse.

„Hat sie versagt?" fragten die einen.

„Vielleicht war sie gar nicht geladen?" die anderen.

„Geladen ist sie!" bemerkte Keller, der die Pistole untersuchte „Aber ..."

„Also hat sie versagt?"

„Das Zündhütchen fehlt."

Die Szene, die daraus folgte, ist schwer wiederzugeben. Der Schrecken aller verwandelte sich schnell in ein schallendes Gelächter. Einige darunter lachten aus vollem Halse voll boshafter Schadenfreude. Hippolyt überfiel ein hysterischer Weinkrampf, er rang die Hände, stürzte sich auf alle und jeden, sogar auf Ferdyschtschenko, packte ihn an beiden Schultern und schwor ihm, daß er es vergessen, rein zufällig vergessen habe, das Zündhütchen hineinzulegen, daß sie sich alle in seiner Westentasche befänden, zehn an der Zahl. Er zeigte sie allen – er habe sie nämlich nicht früher hineinlegen wollen, damit seine Pistole in der Tasche nicht von selbst losgehe: und nun habe er es ganz vergessen. Er stürzte zum Fürsten, zu Jewgenij Pawlowitsch, flehte Keller an, ihm die Pistole zurückzugeben, damit er „seine Ehre, seine Ehre, die er jetzt auf ewig verloren", wieder erhalten könne ...

Er fiel zuletzt bewußtlos hin. Man trug ihn in das Kabinett des Fürsten, und Lebedeff schickte sofort zum Arzt, während er mit seiner Tochter, dem General und Antip Burdowskij am Bett des Kranken blieb. Als man den bewußtlosen Hippolyt hinausgetragen hatte, stellte sich Keller mitten auf der Terrasse hin und verkündete allen Anwesenden mit lauter Stimme und jedes Wort betonend, wie in höherer Begeisterung:

„Meine Herren, wenn es noch jemand von Ihnen wagen sollte, laut in meiner Gegenwart zu behaupten, daß das Zündhütchen mit Absicht vergessen worden war, und daß dieser unglückliche junge Mann nur eine Komödie gespielt habe – so wird derjenige es mit mir zu tun haben."

Doch keiner antwortete ihm. Die Gäste beeilten sich, fortzukommen. Ptizyn, Ganjä und Rogoshin verließen zusammen die Datsche.

Der Fürst war sehr erstaunt, daß Jewgenij Pawlowitsch seine Absicht, sich mit ihm auszusprechen, aufgegeben hatte.

„Sie hatten mir doch noch etwas sagen wollen?" fragte er ihn.

„Allerdings," sagte Jewgenij Pawlowitsch und setzte sich auf einen Stuhl neben den Fürsten, „doch jetzt habe ich mein Vorhaben aufgeschoben. Ich gestehe, daß ich vom Geschehenen noch zu aufgeregt bin, und Sie sind es auch. Meine Gedanken sind ganz verwirrt, und da mein Vorhaben für Sie wie für mich von zu großer Bedeutung ist, so möchte ich die Aussprache noch aufschieben. Sehen Sie, Fürst, ich möchte einmal im Leben eine wirklich aufrichtige Tat vollführen, eine Tat ohne alle Hintergedanken. In diesem Augenblick, denke ich, bin ich zu dieser ehrlichen Tat nicht fähig, und Sie ... sind es vielleicht ... auch ... nicht, wir wollen nächstens davon sprechen. Die Sache wird vielleicht auch noch an Klarheit gewinnen, für Sie wie für mich, wenn wir sie auf die drei Tage aufschieben, die ich noch in Petersburg verbringen muß."

Er erhob sich vom Stuhl. Dem Fürsten schien es, daß Jewgenij Pawlowitsch sich gereizt und unzufrieden fühlte und ihn feindlich ansah: in seinem Blick lag etwas, was er zuvor nicht bemerkt hatte.

„Sie müssen übrigens jetzt zum Kranken."

„Ja ... ich fürchte."

„Fürchten Sie nichts; er wird noch sechs Wochen leben und vielleicht noch länger; hier wird es ihm sehr gefallen. Doch jagen Sie ihn besser morgen hinaus.“

„Vielleicht hat es ihn gereizt, daß ich schwieg, vielleicht dachte er, ich zweifelte an seinem Entschluß, sich zu erschießen? Was glauben Sie, Jewgenij Pawlowitsch?“

„Nein, nein. – Es ist viel zu viel Güte von Ihnen, daß Sie sich darüber Sorgen machen. Ich habe davon gehört, doch hätte ich es in Wirklichkeit nie für möglich gehalten, daß Menschen sich erschießen, damit man sie lobt, oder aus Wut, weil man sie nicht lobt. Nein, das hätte ich nie für möglich gehalten! Sie jagen ihn morgen hinaus, nicht?“

„Sie denken, er wird doch noch Selbstmord verüben?“

„Nein, das wird er nicht mehr tun. Doch hüten Sie sich vor dieser Sorte. Ich wiederhole es: Das Verbrechen ist die einzige Zuflucht der talentlosen, ungeduldigen und gierigen Unbedeutendheit. Sie werden sehen, ob dieser Mensch nicht fähig sein wird, zehn Seelen umzubringen, nur um eine ,Tat‘ zu vollbringen, wie er das doch vorhin in seiner Niederschrift bekannte. Diese Bemerkung von ihm wird mich jetzt nicht mehr schlafen lassen.“

„Sie regen sich, glaube ich, darüber unnütz und viel zu sehr auf.“

„Sie sind sonderbar, Fürst; Sie glauben also nicht, daß er jetzt fähig ist, zehn Seelen zu morden?“

„Ich kann Ihnen darauf keine Antwort geben, das ist alles so sonderbar; doch ...“

„Nun, wie Sie wollen, wie Sie wollen!“ brach Jewgenij Pawlowitsch erregt das Gespräch ab. „Außerdem sind Sie ein tapferer Mensch, geraten Sie nur selbst nicht unter die zehn Seelen.“

„Es ist viel eher anzunehmen, daß er niemanden tötet,“ sagte der Fürst und sah nachdenklich Jewgenij Pawlowitsch an.

Der lachte boshaft.

„Es ist Zeit, leben Sie wohl! Haben Sie bemerkt, daß er die Kopie seiner Beichte Aglaja Iwanowna zugedacht hat?“

„Ja, ich habe es bemerkt und ... denke soeben daran.“

„Ja, ja, die zehn Seelen,“ bemerkte Jewgenij Pawlowitsch wieder lachend und ging von dannen.

Eine Stunde nachher, ungefähr um vier Uhr morgens, ging der Fürst in den Park hinaus. Er hatte versucht zu schlafen, doch war es ihm seines starken Herzklopfens wegen nicht möglich gewesen. Im Hause hatte sich wieder alles beruhigt; der Kranke schlief, und der Arzt hatte festgestellt, daß ihm keine besondere Gefahr drohe. Lebedeff, Koljä, Burdowskij hatten sich im Zimmer des Kranken niedergelassen, um abwechselnd zu wachen. Zu befürchten war für den Augenblick nichts.

Die Unruhe des Fürsten wuchs von Minute zu Minute. Er schweifte im Park umher und blickte zerstreut um sich. Erstaunt nahm er wahr, daß er sich plötzlich beim Kurhaus befand und auf der Estrade die leeren Bänke und Notenpulte des Orchesters erblickte. Der Ort widerte ihn an; er kehrte sofort um und kam auf dem Wege, den er auch gestern abend mit Jepantschins gegangen, zur grünen Bank, die Aglaja zum Rendezvous bestimmt hatte. Er ließ sich auf ihr nieder und brach plötzlich in ein lautes Gelächter aus, gleich darauf aber wurde er von neuem düster. Wieder lastete auf ihm etwas Schweres und bedrückte ihn so, daß er am liebsten fortgelaufen wäre, ... doch wußte er nicht, wohin? Im Baume über ihm sang ein Vögelchen, seine Augen suchten es in den grünen Zweigen, und sofort fiel ihm „die Fliege" ein, von der Hippolyt gesagt hatte, daß sie ihren Platz an der Sonne kenne und an dem allgemeinen Chore teilnehme, von dem nur er, Hippolyt, allein ausgeschlossen sei. Diese Phrase hatte einen so starken Eindruck auf ihn gemacht, daß er auch jetzt wieder an sie denken mußte. Eine längst vergessene Erinnerung stieg in ihm auf.

Er sah sich in der Schweiz, in den ersten Monaten seines Aufenthalts in den Bergen. Damals war er noch vollständig Idiot, er konnte noch nicht recht sprechen und verstand nicht gut alles, was man von ihm verlangte. An einem hellen, sonnigen Tag ging er in die Berge und ging lange, gequält von einem Gedanken, über den er sich nicht Rechenschaft geben konnte. Über ihm wölbte sich ein endloser Himmel, unter ihm lag ein blauer See, rings ein leuchtender Horizont, der kein Ende kannte. Lange schaute er aus, er erhob seine Hände zu diesem flimmernden unendlichen All und hätte weinen mögen. Es quälte ihn, daß er alledem fremd gegenüberstand. Was war das für ein Fest, was für ein großer Feiertag, der ihn schon seit seiner Kindheit lockte und den er nicht erfassen konnte. Jeden Morgen ging diese glänzende Sonne auf, jeden Morgen stand über dem Wasserfall der Regenbogen, und jeden Abend brannte der schneebedeckte Berggipfel in der Ferne, am Rande des Himmels in purpurner Flammenlohe. Jede kleinste Fliege, die im heißen Sonnenstrahl ihn umsummt, nimmt teil an diesem Chor, kennt ihren Platz, liebt ihn und ist glücklich; jeder Grashalm, der da wächst, ist glücklich. Jeder hat seinen Weg, jeder kennt seinen Weg, mit einem Lied geht er, mit einem Liede kommt er; nur er allein weiß nichts, versteht nichts, nicht die

Menschen, nicht die Töne, allem ist er fremd und für alle ein Ausgestoßener. O, freilich, damals konnte er sich noch nicht in Worten ausdrücken; er quälte sich nur, war taub und stumm. Aber jetzt schien es ihm, daß er alles das damals in derselben Weise empfunden, in der Hippolyt von der „kleinen Fliege" gesprochen, ganz als hätte Hippolyt mit seinen eigenen Worten, mit seinen eigenen Tränen es gesagt. Er war fest davon überzeugt, und bei dem Gedanken schlug ihm das Herz zum Zerspringen ...

Er war auf der Bank eingeschlafen und seine ganze Erregung ging in Traum über. Kurz vorher fiel ihm noch ein, daß Hippolyt zehn Menschen umbringen wollte und er lächelte über diese Annahme. Rings um ihn herrschte lichte, wonnige Stille, die sich durch das Geflüster der Blätter noch erhöhte, noch lautloser wurde. Er sah viele wundervolle Traumbilder, und vieles erregte ihn so, daß er hin und wieder zusammenzuckte. Zuletzt kam eine Frau auf ihn zu; er erkannte sie und er hätte ihren Namen genannt, hätte sie angerufen – doch sonderbar – sie hatte nicht dasselbe Gesicht, das er sonst an ihr kannte, sondern das Gesicht einer anderen, die er nicht nennen wollte. In diesem Gesicht lag soviel Qual und Schrecken, wie auf dem Gesicht einer Verbrecherin, die soeben eine große Greueltat vollführt hat. Eine Träne zitterte auf ihrer bleichen Wange. Sie winkte mit der Hand und legte den Finger auf seine Lippen, als wollte sie ihm befehlen, ihr nur leise zu folgen. Das Herz erstarb ihm, er wollte sie doch für nichts, für nichts in der Welt, als eine Verbrecherin ansehen, und er fühlte, daß sogleich etwas Schreckliches, für sein ganzes Leben Schreckliches sich ereignen würde. Sie wollte ihm scheinbar etwas zeigen, etwas nicht weit Entferntes, hier im Park. Er erhob sich, um ihr zu folgen und plötzlich ertönte neben ihm helles, frisches Lachen. Er fühlte eine Hand in der seinigen, preßte sie fest zusammen und – erwachte. Vor ihm stand Aglaja.


## VIII.

Sie lachte, aber zugleich war sie unwillig über ihn.

„Er schläft! Sie haben geschlafen!" rief sie mit fast verächtlichem Erstaunen.

„Sie sind es!" murmelte der Fürst, noch nicht ganz zu sich gekommen, und er blickte sie verwundert an. „Ach richtig! Unsere Verabredung ..." der Fürst erhob sich schnell. „Ich habe hier geschlafen."

„Das habe ich gesehen."

„Hat mich niemand außer Ihnen geweckt? War niemand hier außer Ihnen? Ich glaubte, hier sei eine ... andere gewesen."

„Hier war eine andere ...?!"

Endlich besann sich der Fürst vollkommen.

„Das war nur ein Traum," sagte er gedankenverloren. „Seltsam, in einem solchen Augenblick solch ein Traum ... Setzen wir uns."

Er erfaßte ihre Hand und nötigte sie zum Platznehmen, worauf er sich neben sie hinsetzte. Aglaja zögerte, etwas zu sagen, und musterte zunächst nur mißtrauisch ihren Nachbar. Dieser blickte sie gleichfalls hin und wieder an, schien sie aber bisweilen überhaupt nicht wahrzunehmen. Sie errötete.

„Ach so!" fuhr plötzlich der Fürst, zusammenzuckend, aus seinen Gedanken auf. „Hippolyt hat sich erschossen!"

„Wann das? Bei Ihnen?" fragte sie, jedoch ohne besondere Verwunderung. „Gestern abend lebte er doch noch, glaube ich? Aber wie konnten Sie dann hier so schlafen, nachdem er sich das Leben genommen?!"

„Er ist ja nicht tot, die Pistole versagte."

Auf Aglajas dringenden Wunsch mußte ihr der Fürst sogleich den ganzen Vorgang erzählen, und zwar mit großer Ausführlichkeit. Sie trieb ihn immer wieder an, unterbrach ihn jedoch selbst in jedem Augenblick mit ungeduldigen Fragen, die sich zumeist auf ganz Nebensächliches bezogen. Unter anderem hörte sie mit großem Interesse zu, als der Fürst Jewgenij Pawlowitschs Aussprüche wiedergab, und auch hier unterbrach sie ihn mit näheren Fragen.

„Nun genug davon, wir haben keine Zeit zu verlieren," schloß sie plötzlich, nachdem sie alles gehört hatte. „Wir können nur eine Stunde hierbleiben, denn um acht muß ich unbedingt zu Hause sein, damit sie nicht erfahren, daß ich hier gewesen bin. Ich muß Ihnen zuvor noch vieles mitteilen. Nur haben Sie mich jetzt ganz aus dem Text gebracht. Was diesen Hippolyt betrifft, nun – ich glaube, daß das mit der Pistole gerade so hat sein müssen! Daß die Pistole versagte, als er sich erschießen wollte, das paßt vollständig zu ihm. Aber sind Sie auch wirklich überzeugt, daß er sich im Ernst erschießen wollte, daß hier kein Betrug vorliegt?"

„Nein, ein Betrug ist ausgeschlossen."

„Das scheint mir auch so. Und er hat wirklich geschrieben, daß Sie seine Beichte mir bringen sollen? Warum haben Sie sie dann nicht mitgebracht?"

„Aber er ist doch nicht gestorben. Ich werde sie mir von ihm ausbitten."

„Bringen Sie sie mir unbedingt, zu bitten ist da nichts. Es wird ihm sicherlich sehr angenehm sein, denn es ist doch möglich, daß er sich nur deshalb hat erschießen wollen, damit ich dann seine Beichte lesen solle. Ich bitte Sie, nicht über die Worte, die ich spreche, zu lachen, Lew Nikolajewitsch, es ist wirklich sehr leicht möglich, daß es so gewesen ist."

„Ich lache nicht, ich bin vielmehr selbst überzeugt, daß es sich zum Teil wirklich so verhalten haben kann."

„Überzeugt? Sind Sie wirklich derselben Meinung wie ich?" wunderte sich Aglaja.

Sie fragte schnell und sprach hastig, bisweilen jedoch verwirrte sie sich und führte dann den schon begonnenen Satz nicht zu Ende. Sie schien es sehr eilig zu haben – obschon sie sich hundertmal selbst unterbrach – und schien ungewöhnlich erregt zu sein. Wenn sie auch mutig und fast herausfordernd dreinschaute, so war ihr im Herzen doch sicherlich recht bange. Sie trug ihr alltägliches, schlichtes Kleid, das ihr sehr gut stand. Oft fuhr sie zusammen und errötete plötzlich. Auch saß sie nur auf dem äußersten Rande der Bank. Die Bestätigung des Fürsten, daß der Beweggrund Hippolyts zu diesem Selbstmordversuch teilweise tatsächlich der Wunsch gewesen sein könne, daß sie seine Beichte lesen solle, wunderte sie sehr.

„Natürlich wollte er," erklärte der Fürst, „daß außer Ihnen auch wir ihn loben sollten ..."

„Inwiefern loben?"

„Das heißt, daß ... wie soll man das sagen? Das ist sehr schwer zu erklären. Zunächst hat er sicherlich gewollt, daß alle ihn umringen und ihm sagen sollten, wie sehr sie ihn liebten und achteten. Ferner, daß ihn alle bitten sollten, sich doch nicht zu erschießen, vielmehr am Leben zu bleiben. Es ist sehr möglich, daß er dabei in erster Linie an Sie gedacht hat ... ohne es vielleicht selbst zu wissen."

„Das verstehe ich nicht: er soll gedacht und dabei nicht gewußt haben, was er gedacht hat? Doch übrigens ... ich glaube, ich verstehe es doch ... Wissen Sie, daß ich selbst wohl schon dreißigmal daran gedacht habe, mich zu vergiften – noch als dreizehnjähriges Mädchen – und in einem

Brief an meine Eltern ganz genau zu schildern, was mich in den Tod getrieben hat. Und dann stellte ich es mir immer vor, wie ich im Sarge liegen und die anderen um ihn herumstehen und weinen und sich anklagen würden, daß sie so hart und streng zu mir gewesen waren ... Weshalb lächeln Sie wieder," wandte sie sich brüsk an den Fürsten, die Brauen zusammenziehend, „ich möchte wohl wissen, was Sie sich alles gedacht haben, wenn Sie allein gewesen sind und etwas zusammenträumten! Sie sahen sich dann womöglich als großen Feldmarschall ... und vielleicht als Besieger Napoleons!"

„Nun, werden Sie es mir glauben," lachte der Fürst, „ich sehe mich, mein Ehrenwort, oft als Feldherrn! Namentlich wenn ich abends im Begriff bin, einzuschlafen. Nur besiege ich nicht Napoleon, sondern immer nur die Österreicher."

„Ich habe durchaus nicht die Absicht, mit Ihnen zu scherzen, Lew Nikolajewitsch. Mit Hippolyt werde ich persönlich reden, und ich bitte Sie, ihm das mitzuteilen. Von Ihnen aber finde ich es sehr häßlich, eine Menschenseele so zu beurteilen, so zerlegend, wie Sie soeben Hippolyt beurteilt haben. Sie haben kein Zartgefühl: was Sie sagen, das ist nichts als Wahrheit, und schon deshalb ist es ungerecht."

Der Fürst dachte nach.

„Ich glaube, *Sie* sind ungerecht gegen *mich*," sagte er. „Ich sehe doch nichts Schlechtes darin, daß er so gedacht hat, denn alle sind doch zu solchen Gedanken geneigt! Oh, und wie das! Zudem hat er es vielleicht nicht einmal gedacht, sondern nur unbewußt so gewollt ... er wollte zum letztenmal mit Menschen zusammenkommen, ihre Achtung und Liebe erwerben – das sind doch alles sehr gute Beweggründe, nur ist hier alles gewissermaßen nicht so herausgekommen, wie er es sich gedacht hat. Es ist eben die Krankheit ... und dann noch etwas. Bekanntlich kommt bei den einen immer alles gut heraus, und bei den anderen immer alles schlecht ..."

„Sie haben das wohl in bezug auf sich hinzugefügt?" fragte Aglaja.

„Ja, in bezug auf mich," antwortete der Fürst, ohne auch nur im geringsten ihren Spott aus der Frage herauszuhören.

„Nur wäre ich an Ihrer Stelle doch nicht eingeschlafen; wohin Sie nur kommen – überall schlafen Sie sogleich ein; das ist sehr wenig schön von Ihnen."

„Aber ich habe doch die ganze Nacht nicht geschlafen, und dann ging ich hier umher, ging zur Musik ..."

„Zu was für einer Musik?“

„Ich ging dorthin, wo gestern die Musik spielte, und dann kam ich hierher, setzte mich, begann nachzudenken, und dachte so lange nach, bis ich einschlief.“

„Ah, also so war es! Das ändert die Sache ein wenig zu Ihrem Vorteil ... Aber wozu gingen Sie zum Kurhaus?“

„Ich weiß es nicht, so ...“

„Gut, gut, davon später; Sie unterbrechen mich immer ... und was geht es mich an, wo Sie gewesen sind! Von welch einer anderen hat Ihnen geträumt?“

„Das ... das war ... Sie haben sie gesehen ...“

„Ich verstehe, verstehe sehr gut. Sie müssen sie sehr ... Wie erschien sie Ihnen im Traum, in welcher Gestalt? Übrigens geht mich das nichts an, ich will nichts davon wissen,“ brach sie plötzlich ärgerlich ab. „Unterbrechen Sie mich nicht ...“

Sie wartete eine Weile, wie um neuen Mut zu sammeln oder ihren Ärger zuerst zu überwinden.

„Ich will Ihnen sagen, weshalb ich Sie hierhergerufen habe: ich will Ihnen den Vorschlag machen, mein Freund zu werden. Was sehen Sie mich plötzlich so an?“ fragte sie fast zornig.

Der Fürst sah sie in diesem Augenblick allerdings sehr scharf und forschend an, und es fiel ihm auf, daß sie wieder stark zu erröten begann. In solchen Fällen, das heißt wenn sie errötete, ärgerte sie sich unsäglich über sich selbst, was ihre Augen nur zu deutlich verrieten. In der Regel begann sie aber dann schon im nächsten Augenblick ihren Zorn auf denjenigen zu übertragen, mit dem sie sich gerade unterhielt, gleichviel ob dieser nun schuldig oder unschuldig war, und brach dann gewöhnlich einen Streit vom Zaun. Deshalb ließ sie sich auch verhältnismäßig nur selten auf Gespräche ein, und war, da sie ihre scheue Schamhaftigkeit kannte, bisweilen sogar allzu schweigsam. Mußte sie jedoch in kitzlichen Fällen, wie es zum Beispiel dieser hier war, notgedrungen sprechen, so verschanzte sie sich hinter anscheinend unnahbarem Hochmut und begann das Gespräch geradezu mit alles verachtender Herausforderung. Sie fühlte es stets im voraus, wann sie erröten würde.

„Sie wollen das Anerbieten vielleicht ablehnen?“ fragte sie ihn stolz und fast von oben herab.

„O nein, gewiß nicht, nur ist das doch gar nicht nötig ... ich ... ich habe gar nicht gedacht, daß man hier noch Anerbietungen machen muß,“ sagte der Fürst verwirrt.

„So, was haben Sie dann gedacht! Wozu hätte ich Sie denn sonst herrufen sollen? Was haben Sie eigentlich im Sinn? Oder halten Sie mich auch für ein kleines Gänschen, wie es zu Hause alle tun?“

„Ich habe nicht gewußt, daß man Sie für ein Gänschen hält, ich ... ich halte Sie nicht dafür.“

„Nicht? Sehr klug von Ihnen. Und namentlich sehr klug ausgedrückt.“

„Ich finde, daß Sie manches Mal sogar sehr tief sind,“ fuhr der Fürst fort. „Sie sagten vorhin etwas, was mir sehr gefallen hat. Sie sagten: ‚das hier ist nichts als Wahrheit, schon deshalb ist es ungerecht‘. Das werde ich behalten und darüber werde ich noch nachdenken.“

Aglaja wurde plötzlich rot vor Freude. Alle diese Veränderungen gingen mit ungewöhnlicher Offenheit und Schnelligkeit vor sich. Der Fürst freute sich gleichfalls und lächelte sogar vor Freude bei ihrem Anblick.

„So hören Sie denn,“ begann sie wieder, „ich habe Sie lange erwartet, um Ihnen das alles erzählen zu können, schon seit dem Tage, als ich Ihren Brief erhielt, oder sogar noch früher ... Die Hälfte haben Sie bereits gestern von mir gehört: ich halte Sie für den ehrlichsten und wahrsten Menschen, der ehrlicher und wahrer ist als alle anderen, und wenn man von Ihnen sagt, daß Ihr Verstand ... das heißt, daß Ihr Verstand, Ihr Geist mitunter krank sei, so ist das nicht richtig; davon habe ich mich auch überzeugt, und ich habe mit ihnen allen da gestritten, und wenn Sie auch tatsächlich krank sind im ... im Geiste – Sie werden mir das natürlich nicht übelnehmen, denn ich meine doch nur im höheren Sinne – so ist Ihr Hauptverstand, das ist es, was ich sagen will, doch größer und besser als bei denen allen dort zusammengenommen – die haben sich solch einen überhaupt noch nicht träumen lassen. Denn es gibt doch in jedem Menschen zwei Arten von Verstand: einen höheren und einen niedrigeren. Nicht? Ist es nicht so?“

„Möglich, daß es so ist,“ brachte der Fürst kaum vernehmbar hervor; sein Herz bebte entsetzlich und schlug laut.

„Ich wußte ja, daß Sie es verstehen würden,“ fuhr sie wichtig fort. „Fürst Sch. und Jewgenij Pawlowitsch begreifen nichts von diesen zwei Verstandesarten, Alexandra auch nicht, aber stellen Sie sich vor: Mama begriff sofort.“

„Sie ähneln sehr Lisaweta Prokofjewna."

„Wie das? Wirklich?" wunderte sich Aglaja.

„Jawohl, Sie können es mir glauben."

„Ich danke Ihnen," sagte sie nach einer Weile nachdenklich. „Es freut mich sehr, daß ich Mama gleiche. Dann achten Sie sie wohl sehr?" fragte sie plötzlich, ohne die Naivität der Frage selbst zu gewahren.

„Sehr, sehr, und es freut mich, daß Sie das so ohne weiteres verstanden haben."

„Und mich freut es, weil ich bemerkt habe, wie man bisweilen über sie ... lacht. Doch hören Sie nun die Hauptsache: ich habe es mir lange überlegt – und ich habe dann schließlich Sie erwählt. Ich will nicht, daß man zu Hause über mich lacht; ich will nicht, daß man mich für ein dummes Gänschen hält; ich will nicht, daß man mich aufzieht. Ich habe das sogleich bemerkt und deshalb Jewgenij Pawlowitsch sofort kategorisch abgewiesen, denn ich will auch nicht, daß man mich immer nur als Heiratsobjekt betrachtet! Ich will ... ich will ... einfach – ich will entfliehen, und Sie habe ich erwählt, damit Sie mir dabei behilflich sind."

„Entfliehen!" rief der Fürst aufs höchste erschrocken aus.

„Ja, ja, ja, aus dem Hause meiner Eltern entfliehen!" wiederholte sie zornig, sich an ihrer eigenen Phantasie berauschend. „Ich will nicht, ich will nicht, daß man mich dort immer zwingt, zu erröten! Ich will vor keinem Menschen erröten, weder vor Fürst Sch., noch vor Jewgenij Pawlowitsch, noch vor sonst jemandem, und deshalb habe ich Sie erwählt. Mit Ihnen will ich über alles, alles reden, sogar über das Hauptsächlichste, sobald ich will. Das werde ich – aber auch Sie dürfen mir nichts verheimlichen. Ich will doch wenigstens mit einem Menschen über alles reden dürfen wie mit mir selbst. Die da – die begannen da plötzlich alle zu sagen, daß ich Sie erwarte und Sie liebe. Das war noch vor Ihrer Ankunft, und ich hatte ihnen Ihren Brief doch gar nicht gezeigt ... jetzt aber pfeifen es schon alle Spatzen auf dem Dach. Ich will dreist sein, dreist und mutig, und keinen Menschen fürchten. Ich will nicht mehr ihre Bälle besuchen, ich will Nutzen bringen. Ich habe schon längst entfliehen wollen. Zwanzig Jahre lang habe ich bei ihnen hinter Schloß und Riegel gelebt, und ewig wird davon geredet, daß ich heiraten soll. Schon mit vierzehn Jahren wollte ich fortlaufen, wenn ich auch sonst noch dumm war. Jetzt aber habe ich mir alles reiflich überlegt und nur auf Sie gewartet, um Sie über das Ausland auszufragen. Ich habe noch keinen einzigen gotischen Dom gesehen, ich will Rom sehen, ich will alle wissenschaftlichen Sammlungen besuchen, ich will in Paris studieren. Ich habe mich das ganze letzte Jahr schon dazu vorbereitet und gelernt, ich habe sehr viele Bücher gelesen, ich habe alle verbotenen Bücher durchgelesen. Alexandra und Adelaida dürfen alle Bücher lesen, ihnen ist es erlaubt, mir aber werden nicht alle gegeben, ich muß mir auch darin noch Vormundschaft gefallen lassen. Mit den Schwestern will ich deshalb nicht streiten, aber meiner Mutter und meinem Vater habe ich schon längst erklärt, daß ich meine soziale Stellung vollkommen verändern will. Ich habe beschlossen, mich mit Kindererziehung zu beschäftigen, und ich habe dabei auf Ihren Beistand gerechnet, denn Sie sagten doch, daß Sie Kinder lieben. Vielleicht können wir uns gemeinsam damit befassen, wenn auch nicht jetzt – aber warum schließlich nicht später einmal? Dann könnten wir beide der Welt Nutzen bringen. Ich will nicht mehr einzig und allein als Generalstochter weiterleben. Sagen Sie, sind Sie ein sehr gelehrter Mann?"

„Oh, durchaus nicht."

„Das ist schade, ich aber dachte gerade ... nein, wie bin ich nur darauf gekommen, das zu denken? Aber Sie werden mich trotzdem leiten, ich habe Sie dazu erwählt."

„Das ist doch alles ... sinnlos, Aglaja Iwanowna."

„Ich will, ich will entfliehen!" rief sie heftig, und wieder erglühten ihre Augen. „Wenn Sie nicht einwilligen, heirate ich Gawrila Ardalionytsch. Ich will nicht, daß man mich zu Haus für ein gemeines Frauenzimmer hält und mich Gott weiß wessen noch alles beschuldigt."

„Sind Sie ... sind Sie von Sinnen!" Der Fürst sprang fast auf vor Schreck. „Wessen beschuldigt man Sie, wer beschuldigt Sie?"

„Zu Hause tun's alle, Mama, Alexandra, Adelaida, Papa, Fürst Sch., sogar Ihr dummer naseweiser Bengel Koljä! Wenn sie es auch nicht direkt sagen, so denken sie es doch. Ich habe es ihnen aber allen ins Gesicht gesagt, beiden, Mama sowohl wie Papa. Mama war den ganzen Tag krank; am nächsten Tage aber sagten mir Alexandra und Papa, daß ich selbst nicht wüßte, was ich da schwatzte und welche Worte ich gebrauchte. Ich sagte ihnen aber direkt ins Gesicht, daß ich bereits alles begriffe, alle Worte, daß ich kein Baby mehr sei, daß ich schon vor zwei Jahren absichtlich zwei Romane von Paul de Kock gelesen habe, um endlich alles zu erfahren. Als Mama das hörte, fiel sie sofort in Ohnmacht."

Dem Fürsten kam plötzlich ein seltsamer Gedanke. Er blickte Aglaja prüfend an ... und lächelte.

Er konnte es kaum glauben, daß er dasselbe unnahbare Mädchen vor sich hatte, das ihm einst mit so hochmütigem Stolz Gawrila Ardalionytschs Brief zurückgegeben hatte. Es schien ihm unerklärlich, wie sich in einer so kühlen, abweisenden Schönheit ein solches Kind verbergen konnte, ein Kind, das offenbar auch *jetzt* noch nicht „alle Worte begriff".

„Haben Sie immer zu Hause gelebt, Aglaja Iwanowna?" fragte er. „Ich meine – haben Sie nie eine öffentliche Schule besucht, sind Sie nie in einem Institut gewesen?"

„Nein, niemals und nirgends; ich habe immer nur zu Haus gesessen, wie in einer Flasche verkorkt, und aus der Flasche werde ich verheiratet. Worüber lachen Sie wieder? Ich sehe, daß auch Sie, wie es scheint, sich über mich lustig machen und zu den anderen halten," sagte sie schroff mit finster gerunzelter Stirn. „Ärgern Sie mich nicht, ich weiß ohnehin nicht, was mit mir geschieht ... ich bin überzeugt, Sie sind hierhergekommen in der Meinung, daß ich in Sie verliebt sei und Sie zu einem Stelldichein gerufen habe," versetzte sie gereizt.

„Gestern habe ich das in der Tat gefürchtet," verriet der Fürst in seiner treuherzigen Offenheit – er war äußerst verwirrt –, „doch heute bin ich überzeugt, daß Sie ..."

„Was!" rief Aglaja ganz entsetzt aus, und ihre Unterlippe begann zu beben. „Sie haben gefürchtet, daß ich ... Sie haben zu denken gewagt, daß ich ... Herr des Himmels! Sie haben dann am Ende gar vermutet, daß ich Sie hergerufen habe, um Sie ins Netz zu locken und damit man uns dann hier antrifft und Sie zwingt, mich zu heiraten ..."

„Aglaja Iwanowna! Schämen Sie sich denn nicht! Wie kann ein so schmutziger Gedanke in Ihrem reinen, unschuldigen Herzen entstehen? Ich bin überzeugt, daß Sie an kein einziges Ihrer Worte glauben und ... selbst nicht wissen, was Sie sagen!"

Aglaja rührte sich nicht und blickte unverwandt zu Boden, als hätten ihre Worte sie jetzt selbst erschreckt.

„Ich schäme mich nicht ein bißchen," murmelte sie schließlich eigensinnig. „Woher wissen Sie, daß mein Herz unschuldig ist? Wie haben Sie mir damals einen Liebesbrief zu schreiben gewagt?"

„Einen Liebesbrief? Mein Brief soll ein – Liebesbrief gewesen sein! Das war der ehrerbietigste Brief, den ich je geschrieben habe; was ich Ihnen schrieb, strömte aus meinem Herzen in der schwersten Stunde meines Lebens! Ich entsann mich Ihrer, wie einer lichten Erscheinung ... ich ..."

„Nun gut, gut," unterbrach sie ihn plötzlich, doch bereits nicht mehr im alten Tone, sondern in aufrichtiger Reue und fast erschrocken, ja sie beugte sich sogar etwas näher zu ihm, jedoch immer noch bemüht, ihn nicht offen anzusehen, und sie schien ihn leise an der Schulter berühren zu wollen, um ihn noch dringender zu bitten, sich doch nicht zu ärgern. „Nun gut," sagte sie unsäglich beschämt. „Ich fühle, daß ich einen sehr dummen Ausdruck gebraucht habe. Das habe ich aber nur so ... nur, um Sie zu prüfen. Vergessen Sie es, tun Sie, als wäre es überhaupt nicht gesprochen. Und wenn ich Sie gekränkt habe, so verzeihen Sie mir. Sehen Sie mich, bitte, nicht so an, blicken Sie dorthin, wenden Sie sich von mir ab. Sie sagen, das sei ein schmutziger Gedanke: ich habe ihn aber absichtlich ausgesprochen, um Sie zu reizen. Bisweilen habe ich selber Angst vor dem, was ich sagen will, und dann plötzlich sage ich es doch. Sie sagten soeben, daß Sie diesen Brief in der schwersten Stunde Ihres Lebens geschrieben hätten ... Ich weiß, in welch einer Stunde das gewesen ist," fügte sie leise hinzu, den Blick wieder zu Boden gesenkt.

„O, wenn Sie alles wüßten!"

„Ich weiß alles!" rief sie plötzlich von neuem erregt aus. „Sie lebten damals in ein und demselben Zimmer mit jenem gemeinen Weibe, mit dem Sie entflohen waren ..."

Sie wurde nicht rot, sondern bleich, als sie das sagte, und plötzlich erhob sie sich von der Bank, wie in Gedanken verloren, doch besann sie sich sogleich wieder und setzte sich: ihre Unterlippe fuhr noch lange fort, zu zucken. Das Schweigen dauerte wohl eine ganze Minute. Der Fürst war unsäglich betroffen durch diesen plötzlichen Umschlag in ihrem Wesen und wußte nicht, welch einer Ursache er ihn zuschreiben sollte.

„Ich liebe Sie ganz und gar nicht," sagte sie plötzlich auffallend unvermittelt und barsch – wie gehackt klang der Satz.

Der Fürst entgegnete hierauf nichts. Wieder schwiegen sie.

„Ich liebe Gawrila Ardalionytsch ..." sagte sie dann hastig, jedoch kaum hörbar, und sie senkte noch mehr den Kopf.

„Das ist nicht wahr," sagte der Fürst, gleichfalls fast flüsternd.

„Sie wollen mich also Lügen strafen? Nein, es ist wahr: ich habe ihm vor drei Tagen hier auf dieser Bank mein Jawort gegeben."

Der Fürst erschrak und sann eine Weile nach.

„Nein, das ist nicht wahr," sagte er entschieden, „Sie haben sich das alles jetzt hier ausgedacht."

„Sie sind wirklich ausnehmend höflich. So hören Sie denn: er hat sich sehr gebessert und liebt mich mehr als sein Leben. Er hat vor meinen Augen seine Hand verbrannt, nur um mir zu beweisen, daß er mich mehr als sein Leben liebt.“

„Seine Hand verbrannt?“

„Ja, seine Hand. Glauben Sie’s, oder glauben Sie’s nicht, mir ist es gleich.“

Der Fürst schwieg wieder. Es war nicht der geringste Scherzton aus Aglajas Stimme herauszuhören.

„Wie, hat er denn eine Kerze mitgebracht, wenn es hier geschehen sein soll? Anders kann ich es mir gar nicht vorstellen ...“

„Ja ... eine Kerze. Was ist denn dabei so unwahrscheinlich?“

„Eine ganze Kerze oder ... eine im Leuchter?“

„Nun ja ... nein ... eine halbe Kerze, einen Lichtstumpf ... eine ganze Kerze, – gleichviel, hören Sie auf! ... Und auch eine Streichholzschachtel hat er, wenn Sie wollen, mitgebracht. Er hat hier die Kerze angezündet und eine ganze halbe Stunde lang den Finger in die Flamme gehalten. Klingt denn das so unmöglich?“

„Ich habe ihn gestern gesehen: er hat keinen verbrannten Finger.“

Aglaja platzte endlich laut heraus und lachte wie ein Kind.

„Wissen Sie, warum ich soeben gelogen habe?“ wandte sie sich ebenso plötzlich an den Fürsten – mit der kindlichsten Zutraulichkeit und einem Lachen, das schalkhaft um ihre Lippen zuckte. „Weil jedesmal, wenn man beim Lügen geschickt etwas nicht ganz Gewöhnliches hineinflicht, irgend etwas, nun wissen Sie, etwas, das ganz selten vorkommt, oder sogar überhaupt nicht, dann die Lüge sogleich viel wahrscheinlicher wird. Das habe ich oft bemerkt. Mir ist es diesmal nur leider nicht gelungen, ich verstand nicht, es richtig zu machen ...“

Plötzlich wurde sie wieder ernst und runzelte die Stirn, wie wenn sie sich besonnen hätte.

„Wenn ich Ihnen damals,“ wandte sie sich an den Fürsten, indem sie ihn ernst und beinahe traurig ansah, „wenn ich Ihnen damals auch die Ballade vom ‚armen Ritter‘ vortrug, so wollte ich Sie damit ... wenn ich Sie auch damit einesteils loben wollte – doch andernteils für Ihr Benehmen brandmarken und Ihnen zeigen, daß ich alles weiß ...“

„Sie sind sehr ungerecht zu mir ... und zu jener Unglücklichen, über die Sie sich soeben so häßlich geäußert haben, Aglaja.“

„Weil ich eben alles weiß, alles, deshalb habe ich mich auch so ausgedrückt. Ich weiß, daß Sie ihr vor einem halben Jahr in Gegenwart aller Gäste einen Heiratsantrag gemacht haben. Unterbrechen Sie mich nicht, Sie sehen, ich rede ohne Kommentar. Darauf entfloh sie mit Rogoshin; dann lebten Sie mit ihr in irgendeinem Dorf oder kleinen Städtchen, bis sie von Ihnen wieder fortging zu einem anderen.“ Aglaja errötete entsetzlich. „Dann kehrte sie wieder zu Rogoshin zurück, der sie immer noch liebte, wie ... wie ein Irrsinniger. Darauf sind nun Sie, gleichfalls ein sehr kluger Mann, hierher ihr nachgereist, sobald Sie nur erfahren hatten, daß sie in Petersburg eingetroffen ist. Gestern abend beeilten Sie sich, sie zu verteidigen, und soeben haben Sie sie hier im Traum gesehen. – Sehen Sie jetzt, daß ich alles weiß! Sie sind doch ihretwegen, einzig ihretwegen hergekommen?“

„Ja, ihretwegen,“ antwortete der Fürst leise, traurig und nachdenklich, indem er den Kopf senkte, ohne auch nur zu ahnen, mit welch glühendem Blick Aglaja an ihm hing. „Ihretwegen ... nur um zu erfahren ... Ich glaube nicht an ihr Glück mit Rogoshin, wenn auch ... mit einem Wort, ich weiß nicht, was ich hier für sie tun könnte, wie ihr helfen, aber ich bin in der Tat um ihretwillen gekommen.“

Er zuckte zusammen und blickte Aglaja an, die ihm mit Verachtung zuhörte.

„Wenn Sie gekommen sind, ohne selbst zu wissen weshalb, so müssen Sie sie ja sehr lieben,“ sagte sie schließlich.

„Nein,“ antwortete der Fürst, „nein, ich liebe sie nicht. Oh, wenn Sie wüßten, mit welch einem Entsetzen ich an jene Zeit, die ich mit ihr zusammen verbracht habe, jetzt zurückdenke!“

Ein Zittern überlief bei diesen Worten seinen Körper.

„Erzählen Sie alles,“ sagte Aglaja.

„Hier ist nichts, was ich Ihnen nicht erzählen dürfte. Weshalb ich gerade Ihnen alles erzählen will, und zwar nur Ihnen allein – das weiß ich nicht; vielleicht, weil ich Sie in der Tat sehr liebe. Diese unglückliche Frau ist unerschütterlich davon überzeugt, daß sie das in der ganzen Welt am tiefsten gefallene, lasterhafteste Wesen sei. Oh, schmähen Sie sie nicht, werfen Sie keinen Stein auf sie! Sie hat sich selbst schon gar zu sehr mit dem Bewußtsein ihrer unverdienten Schande gemartert! Und worin besteht ihre Schuld, mein Gott! Oh, sie schreit es ja täglich wie außer sich: daß sie nicht die geringste Schuld sich zuzuschreiben hat, daß sie ein

Opfer der Menschen ist, das Opfer eines Lüstlings und Buben; aber was sie Ihnen auch sagen mag, sie ist doch selbst die erste, die ihren eigenen Worten nicht glaubt, sondern mit ihrem ganzen Gewissen überzeugt ist, daß sie im Gegenteil ... selbst schuld ist. Als ich diese unseligen, düsteren Gedanken aus ihrer Seele verscheuchen wollte, da wurde ihre Qual, ihre Seelenpein so groß – ich sah doch, wie ihre Seele sich wand unter der Marter – daß ... daß mein Herz nie aufhören wird zu bluten, solange ich diese furchtbaren Stunden nicht aus meinem Gedächtnis bannen kann. Es war mir damals, als würde mein Herz für immer durchbohrt. Wissen Sie, weshalb sie von mir fortlief? – Nur um mir zu beweisen, daß sie tatsächlich ein – gefallenes Weib sei. Doch das Furchtbarste war gerade das, daß sie vielleicht selbst nicht einmal wußte, daß sie nur mir das hatte beweisen wollen, und innerlich in dem Glauben befangen war, daß sie nur deshalb geflohen sei, weil sie innerlich unbedingt das Bedürfnis nach einer neuen schamlosen Tat gehabt habe, um sich dann immerfort sagen zu können: ‚Sieh, was du jetzt getan hast, beweist doch mehr als deutlich, daß du nichts anderes als eben nur ein niedriges, verworfenes, schmutziges Geschöpf bist!‘ Oh, vielleicht werden Sie das alles gar nicht verstehen, Aglaja! Wissen Sie auch, daß in diesem immerwährenden Sich-ihrer-Schmach-bewußt-sein ein unheimlicher, unnatürlicher Genuß für sie liegen kann, wie eine gewisse Rache an irgend jemandem ... Bisweilen gelang es mir, sie so weit zu bringen, daß sie etwas Licht in der Finsternis um sich zu sehen begann; aber sogleich empörte sie sich wieder und ging dann so weit, daß sie mir, mir bitter vorwarf, ich stelle mich hoch und hochmütig über sie – während ich doch nicht einmal im Traum daran gedacht hatte – und schließlich sagte sie mir, als ich um sie anhielt, daß sie von keinem weder anmaßendes Mitleid, noch Hilfe, noch ‚Erhebung zu ihm empor‘ verlange. Sie haben sie gestern gesehen; glauben Sie denn, daß sie in dieser Gesellschaft glücklich ist, daß dieses Leben ihr zusagt? Sie wissen nicht, wie sie geistig entwickelt ist, und was sie alles begreifen kann! Sie hat mich bisweilen geradezu in Erstaunen gesetzt!“

„Haben Sie ihr dort auch solche ... Predigten gehalten?“

„O nein,“ fuhr der Fürst gedankenverloren fort, ohne daß ihm der Ton der Frage irgendwie aufgefallen wäre, „ich habe fast immer geschwiegen. Oft genug habe ich reden wollen, aber, offen gestanden, ich habe dann nie gewußt, was ich sagen sollte. Wissen Sie, in manchen Fällen ist es besser, überhaupt nicht zu sprechen. Oh, ich habe sie geliebt; oh, sehr geliebt ... dann aber ... dann ... dann erriet sie alles.“

„Was erriet sie?“

„Daß ich nur unendliches Mitleid mit ihr hatte, und daß ich sie ... bereits nicht mehr liebte."

„Woher wissen Sie, daß sie sich nicht tatsächlich in jenen ... Gutsbesitzer verliebt hatte, mit dem sie losgezogen war?"

„Nein, ich weiß ... sie hat sich über ihn nur lustig gemacht."

„Und über Sie hat sie sich niemals lustig gemacht?"

„N–ein. Sie hat vielleicht aus Bosheit über mich gelacht; oh, sie hat mir auch entsetzliche Vorwürfe gemacht, im Zorn – und litt doch selbst mehr als ich darunter! Doch ... dann ... oh, erinnern Sie mich nicht, erinnern Sie mich nicht daran!"

Er bedeckte das Gesicht mit den Händen.

„Aber wissen Sie auch, daß ich fast täglich einen Brief von ihr erhalte?"

„So ist es also wahr!" rief der Fürst erregt. „Ich habe davon gehört, aber ich konnte es nicht glauben."

„Von wem haben Sie es gehört?" fuhr Aglaja erschrocken auf.

„Rogoshin sagte es mir gestern, nur sprach er es nicht ganz deutlich aus."

„Gestern? Gestern morgen? Wann gestern? Vor dem Konzert oder nachher?"

„Nachher; spät am Abend, kurz vor zwölf."

„A–a, nun, wenn's Rogoshin ... Aber wissen Sie auch, was sie in diesen Briefen schreibt?"

„Ich würde mich über nichts wundern, sie ist ja wahnsinnig."

„Hier sind diese Briefe." Aglaja zog aus ihrer Tasche drei Briefe in drei Kuverts hervor und warf sie dem Fürsten hin. „Schon seit einer ganzen Woche fleht sie mich an, beredet, beschwört sie mich, Sie zu heiraten. Sie ist ... nun ja, sie ist klug, wenn sie auch wahnsinnig ist, und Sie haben recht, wenn Sie sagen, daß sie viel klüger sei als ich ... sie schreibt, daß sie in mich verliebt sei, daß sie jeden Tag eine Gelegenheit suche, um mich, wenn auch nur von ferne, zu sehen. Sie schreibt, daß Sie mich lieben, sie wisse es ganz genau, habe es schon längst bemerkt, und Sie hätten dort mit ihr auch über mich gesprochen. Sie will Sie glücklich sehen; sie ist überzeugt, daß nur ich Ihr Glück ausmachen könne ... Sie schreibt so sonderbar ... so ungeheuerlich ... Ich habe ihre Briefe keinem

Menschen gezeigt, ich habe Sie erwartet; wissen Sie, was das alles zu bedeuten hat? Erraten Sie nichts?"

„Das ist Wahnsinn, ein Beweis ihres Irrsinns," sagte der Fürst mit bebenden Lippen.

„Weinen Sie nicht gar?"

„Nein, Aglaja, nein, ich weine nicht." Er blickte sie an.

„Was soll ich nun hier tun? Wozu würden Sie mir raten? Ich kann doch nicht ewig diese Briefe empfangen!"

„O, lassen Sie sie, ich beschwöre Sie!" rief der Fürst. „Und was sollten Sie auch in dieser Finsternis ... ich werde alles tun, damit sie keine Briefe mehr an Sie schreibt."

„Wenn Sie das tun, dann sind Sie ein herzloser Mensch!" rief Aglaja. „Oder sehen Sie denn wirklich nicht, daß sie nicht in mich verliebt ist, sondern in Sie, daß sie nur Sie allein liebt! Sollte Ihnen wirklich gerade dieses entgangen sein, während Sie doch alles andere bemerkt haben? Wissen Sie, was diese Briefe bedeuten? – Eifersucht bedeuten sie! Es ist sogar noch mehr als Eifersucht! Sie wird ... Glauben Sie, daß sie Rogoshin wirklich heiraten wird, wie sie es hier in diesen Briefen schreibt? Töten wird sie sich am nächsten Tage nach unserer Hochzeit!"

Der Fürst fuhr zusammen. Sein Herz stand still. Doch verwundert sah er Aglaja an und plötzlich begriff er, daß dieses Kind längst Weib war.

„Aglaja, um ihr die Ruhe wiederzugeben und sie glücklich zu machen, würde ich mein Leben hingeben, aber ... jetzt kann ich sie nicht mehr lieben und das weiß sie!"

„So opfern Sie sich doch, das würde Ihnen ja so gut stehen. Sie sind ja ein so großer Wohltäter! Und, bitte, nennen Sie mich nicht ‚Aglaja' ... Sie haben dreimal einfach ‚Aglaja' gesagt ... Sie meinen, es ist Ihre Pflicht, sie wieder aufzurichten, Sie müssen wieder mit ihr reisen, um ihr Herz zu beruhigen und zu versöhnen. Sie lieben doch keine andere als gerade sie!"

„Ich habe mich nicht so opfern können, obschon ich es einmal wollte und ... vielleicht auch jetzt noch will. Ich weiß aber, ich *weiß*, daß sie mit mir unglücklich werden würde, und deshalb verlasse ich sie. Ich sollte sie heute um sieben Uhr sehen; jetzt werde ich vielleicht nicht zu ihr gehen. In ihrem Stolz wird sie mir nie meine Liebe verzeihen – und so würden wir beide zugrunde gehen. Das ist unnatürlich, aber ist hier nicht alles unnatürlich? Sie sagen, daß sie mich liebt, aber ist denn das Liebe? Kann denn hier wirklich noch von Liebe die Rede sein, nach allem, was ich erduldet habe! Nein, hier ist es etwas ganz anderes, nicht aber Liebe!"

„Wie bleich Sie sind!“ sagte Aglaja plötzlich erschrocken.

„Ich habe wenig geschlafen, es ist nichts ... ich bin abgespannt, ich ... wir haben damals in der Tat von Ihnen gesprochen, Aglaja ...“

„So ist es wahr? Sie haben wirklich *mit ihr über mich sprechen können* und ... und wie konnten Sie mich liebgewinnen, wenn Sie mich doch nur erst einmal gesehen hatten?“

„Ich weiß nicht, wie ich es konnte. In jenem Dunkel, in dem ich mich damals befand, träumte ich ... träumte ich vielleicht von einer Morgenröte. Ich weiß nicht, wie es kam, daß ich an Sie dachte, an Sie zuerst und vor allen anderen. Ich habe Ihnen damals die volle Wahrheit geschrieben, ich wußte es wirklich nicht. Alles das war nur eine Illusion ... die durch das damalige Entsetzen heraufbeschworen wurde ... Dann begann ich zu lernen; ich wäre wohl vor drei Jahren nicht wieder hergereist ...“

„Sie sind also *ihretwegen* gekommen?“

Es war ein Beben in Aglajas Stimme.

„Ja, ihretwegen.“

Zwei Minuten lang herrschte düsteres Schweigen zwischen ihnen. Dann erhob sich Aglaja von ihrem Platz.

„Wenn Sie sagen,“ begann sie mit unsicherer Stimme, „wenn Sie selbst glauben, daß dieses ... Ihr Frauenzimmer ... wahnsinnig ist, so ... habe ich mit ihren wahnsinnigen Phantasien nichts zu schaffen ... Ich bitte Sie, Lew Nikolajewitsch, diese drei Briefe an sich zu nehmen und sie ihr vor die Füße zu werfen, in meinem Namen! Und wenn sie,“ schrie plötzlich Aglaja wie rasend, „wenn sie es noch einmal wagt, mir auch nur eine Zeile zu schreiben, so – sagen Sie ihr das – werde ich mich bei meinem Vater beklagen, und dann wird man sie ins Zuchthaus werfen ...“

Der Fürst sprang auf und blickte sie verständnislos an, ganz erschrocken durch ihre plötzliche Heftigkeit. Und plötzlich fiel es auch ihm wie Schuppen von den Augen ...

„Sie können nicht so fühlen ... das ist nicht wahr,“ murmelte er.

„Doch! Es ist wahr, es ist wahr!“ schrie Aglaja wie rasend, als hätte sie jede Besinnung verloren.

„Was ist wahr? Was soll hier wahr sein?“ ertönte plötzlich eine angstvolle Stimme.

Vor ihnen stand Lisaweta Prokofjewna.

„Das ist wahr, daß ich Gawrila Ardalionytsch heiraten werde! Daß ich Gawrila Ardalionytsch liebe und morgen noch mit ihm entfliehe!" wandte sich Aglaja zornbebend an die Mutter. „Haben Sie es jetzt gehört? Ist Ihre Neugier befriedigt? Sind Sie zufrieden damit?"

Und sie wandte sich schroff um und lief davon.

„Nein, mein Bester, so gehen Sie mir nicht fort," hielt Lisaweta Prokofjewna den Fürsten auf, „haben Sie die Güte, sich zu uns zu bemühen und mir das ein wenig zu erklären ... Hat mich doch meine Ahnung die ganze Nacht gequält und nicht schlafen lassen! ..."

Der Fürst folgte ihr.

## IX.

Als sie in der Villa angelangt waren, blieb Lisaweta Prokofjewna sogleich im ersten Zimmer stehen: weiter konnte sie nicht mehr gehen und völlig erschöpft ließ sie sich auf eine kleine Chaiselongue nieder, ohne in der Zerstreutheit auch den Fürsten zum Platznehmen aufzufordern. Es war das in einem ziemlich großen Saal, mit reichen Blumenarrangements vor den Fenstern, einem schweren runden Tisch in der Mitte, einem Kamin und einer großen Glastür in der anderen Wand, durch die man in den Garten gelangte.

Kaum waren sie eingetreten, als auch Alexandra und Adelaida erschienen und in fragender Verständnislosigkeit die Mutter und den Fürsten anblickten.

Die jungen Mädchen pflegten in der Sommerfrische gewöhnlich gegen neun Uhr aufzustehen; nur Aglaja hatte sich in den letzten zwei oder drei Tagen etwas früher erhoben, um dann im Garten spazieren zu gehen, doch immerhin war das noch nicht um sieben geschehen, sondern erst so um acht, halb neun herum. Lisaweta Prokofjewna, deren unzählige Sorgen sie während der Nacht in der Tat keinen Schlaf hatten finden lassen, hatte sich schließlich kurz vor acht angekleidet, um Aglaja im Garten zu treffen, doch siehe da: ihre Jüngste war weder im Schlafzimmer noch im Garten zu finden. Von dem Stubenmädchen erfuhr sie, daß Aglaja Iwanowna bereits um sieben in den Park gegangen sei. Die Schwestern hatten über Aglajas neuen phantastischen Einfall zu lachen begonnen und gemeint, Aglaja würde sich sicherlich sehr ärgern, wenn die Mutter sie im Park aufsuchte. Sie hatten dabei geäußert, daß sie bestimmt mit einem Buch auf jener grünen Bank sitze, um derentwillen sie sich noch vor drei Tagen mit Fürst Sch. gezankt hatte, weil es diesem nicht gegeben war, in der Lage dieser Bank etwas Besonderes zu erblicken. So begab sich denn die Generalin zur grünen Bank und erschrak unsäglich über das Stelldichein, dessen Zeuge sie wurde, und über die Worte, die sie noch auffing. Als sie aber jetzt dem Fürsten gegenübersaß, wurde ihr bange bei dem Gedanken daran, was sie angestiftet hatte. „Weshalb sollte denn Aglaja nicht mit ihm zusammenkommen dürfen, selbst wenn es auch ein verabredetes Rendezvous war?"

„Glauben Sie nicht, mein Lieber," sagte sie schließlich, sich zusammennehmend, „daß ich Sie hergebeten habe, um Sie auszuforschen ... Ich hätte nach dem, mein Täubchen, was gestern geschah, vielleicht lange nicht den Wunsch gehabt, dich wiederzusehen ..."

Sie stockte ein wenig.

„Doch immerhin würden Sie gern erfahren wollen, wie es kam, daß ich heute mit Aglaja Iwanowna zusammengetroffen bin?" beendete der Fürst mit der größten Ruhe ihren Satz.

„Nun ja, gewiß wollte ich das!" sagte Lisaweta Prokofjewna sogleich ärgerlich und sie errötete plötzlich. „Ich fürchte mich nicht vor offener Aussprache, denn ich trete keinem zu nah und habe auch nicht die Absicht gehabt, jemanden zu beleidigen ..."

„Aber ich bitte Sie, da bedarf es doch gar keiner Entschuldigungen, es ist doch nur natürlich, daß Sie es wissen wollen. Sie sind – ihre Mutter. Wir trafen uns heute, Aglaja Iwanowna und ich, um sieben Uhr, bei der grünen Bank, weil sie mich dazu aufgefordert hatte. Sie teilte mir gestern abend schriftlich mit, daß sie mich in einer wichtigen Angelegenheit sprechen müsse. Wir trafen uns und sprachen eine ganze Stunde von Dingen, die eigentlich nur Aglaja Iwanowna angehen – und das war alles."

„Selbstverständlich war das alles, Väterchen, und sogar ohne jeden Zweifel alles," sagte die Generalin würdevoll.

„Vortrefflich, Fürst!" sagte Aglaja, die plötzlich in den Saal trat. „Ich danke Ihnen von ganzem Herzen, daß Sie auch mich für unfähig gehalten haben, mich zur Lüge zu erniedrigen. Genügt Ihnen diese Erklärung, Mama, oder beabsichtigen Sie, noch weiter zu fragen?"

„Du weißt, daß ich vor dir noch niemals zu erröten gebraucht habe, wenn du es vielleicht auch gern sehen würdest," antwortete Lisaweta Prokofjewna zurechtweisend. „Leben Sie wohl, Fürst, und verzeihen Sie mir, daß ich Sie beunruhigt habe. Ich hoffe, daß Sie von meiner unveränderlichen Hochachtung für Sie überzeugt bleiben werden."

Der Fürst verbeugte sich sogleich nach beiden Seiten und verließ schweigend den Saal. Alexandra und Adelaida lächelten und flüsterten ein paar Worte unter sich. Die Generalin maß sie beide mit strengem Blick.

„Wir lachen ja nur darüber, Mama," sagte Adelaida auflachend, „daß der Fürst sich so wundervoll verbeugt hat; mitunter tut er es wie ein Sack, und nun auf einmal wie ... wie Jewgenij Pawlowitsch!"

„Zartgefühl und Würde lehrt das eigene Herz und nicht der Tanzmeister," bemerkte Lisaweta Prokofjewna und sie rauschte hinaus, ohne Aglaja auch nur mit einem Blick zu streifen. Sie begab sich in ihr Zimmer, das im oberen Stockwerk lag.

Als der Fürst nach Hause kam – es war mittlerweile fast schon neun geworden -, traf er auf der Terrasse Wjera Lukjanowna und die Stubenmagd beim Aufräumen an, und das war nach der letzten Nacht auch dringend nötig.

„Gott sei Dank, wir sind gerade fertig geworden!" sagte Wjera erfreut.

„Guten Morgen! Mein Kopf geht mir ein wenig in die Runde, ich habe schlecht geschlafen und würde es jetzt gern nachholen."

„Wollen Sie nicht wieder auf der Terrasse schlafen, so wie gestern? Gut, ich werde allen sagen, daß man Sie nicht wecken soll. Papa ist irgendwohin gegangen."

Die Magd ging hinaus, Wjera wollte ihr folgen, doch plötzlich kehrte sie zurück und näherte sich mit besorgter Miene dem Fürsten.

„Fürst, haben Sie Mitleid mit diesem ... Unglücklichen, jagen Sie ihn heute nicht fort."

„Ich denke nicht daran, er soll so lange bleiben wie er will."

„Er wird jetzt nichts tun und ... seien Sie nicht streng gegen ihn."

„O nein, weshalb sollte ich?"

„Und ... lachen Sie nicht über ihn, das ist das Wichtigste."

„Oh, das fällt mir gar nicht ein!"

„Ach, ich bin dumm, daß ich das einem Menschen, wie Ihnen, auch noch sage!" sagte Wjera errötend. „Übrigens wenn Sie auch noch müde sind," lachte sie, bereits halb abgewandt, um hinauszugehen, „so haben Sie jetzt doch so prächtige Augen ... so glückliche Augen."

„Ja? In der Tat glückliche?" fragte der Fürst lebhaft und lachte gleichfalls erfreut.

Doch Wjera, die sonst wie ein Knabe harmlos und unbefangen war, geriet plötzlich aus irgendeinem Grunde in Verwirrung, errötete noch mehr und zog sich, immer noch lachend, schnell zurück.

„Was für ein ... liebes Ding ..." dachte der Fürst, vergaß sie aber schon im nächsten Augenblick. Er setzte sich auf die Chaiselongue an der Rückwand der Terrasse, bedeckte das Gesicht mit den Händen und verharrte in dieser Stellung wohl zehn Minuten; plötzlich griff er schnell und erregt in die Rocktasche und zog die drei Briefe hervor. In diesem Augenblick öffnete sich die Tür und Koljä trat ein. Der Fürst schien gleichsam erfreut darüber, daß er die Briefe in die Tasche zurückschieben mußte und so der Augenblick des Lesens ein wenig hinausgeschoben wurde.

„Nun, das war was!" sagte Koljä, ließ sich gleichfalls auf die Chaiselongue nieder und ging wie alle seinesgleichen ohne Umschweife auf die Hauptsache über. „Mit welchen Augen sehen Sie jetzt auf Hippolyt? Ohne jede Achtung?"

„Wieso, weshalb das? ... Nur ... wissen Sie, Koljä, ich bin sehr müde ... Zudem wäre es auch gar zu traurig, wieder davon anzufangen ... Übrigens, was macht er jetzt?"

„Er schläft und wird noch seine zwei Stunden schlafen. Ich begreife, Sie haben die ganze Nacht nicht geschlafen, sind im Park gewesen ... versteht sich, die Aufregung ... das fehlte noch!"

„Woher wissen Sie, daß ich im Park gewesen bin und nicht zu Hause geschlafen habe?"

„Wjera sagte es mir. Sie wollte mich bereden, Sie nicht zu stören: ich hielt's aber nicht aus – nur auf einen Augenblick. Ich habe zwei Stunden an seinem Bett gewacht. Jetzt habe ich Kostjä Lebedeff zur Ablösung hingepflanzt. Burdowskij ist abgezogen. So legen Sie sich denn hin, Fürst. Gute N–n ... nein, guten Tag! Nur, wissen Sie, ich bin baff!"

„Natürlich ... alles das ..."

„Nein, Fürst, nein; ich bin baff über die ‚Beichte'! Namentlich über die Stelle, wissen Sie, wo er von der Vorsehung und dem künftigen Leben spricht. Dort ist ein gi–gan–tischer Gedanke!"

Der Fürst blickte Koljä freundlich an, der offenbar nur deshalb gekommen war, um so bald wie möglich von dem ‚gigantischen Gedanken' reden zu können.

„Doch die Hauptsache, die Hauptsache liegt nicht in dem einen Gedanken allein, sondern in dem ganzen Aufbau der Sache! Wenn das ein Voltaire, Rousseau oder Proudhon geschrieben hätte – gut, ich würde es gelesen und mir gemerkt haben, aber ich würde doch nicht in dem Maße baff sein. Wenn jedoch ein Mensch, der genau weiß, daß ihm nur noch zehn Minuten geblieben sind, so spricht – das ist doch stolz! Das ist doch eine höhere Unabhängigkeit des Selbstbewußtseins, das bedeutet doch einfach direkte Herausforderung ... Nein, das ist eine wahrhaft gigantische Geisteskraft! Und danach behaupten, er habe absichtlich das Zündhütchen nicht hineingelegt – das ist doch einfach niedrig, einfach abscheulich! Aber wissen Sie, das war doch gar nicht wahr, das eine, was er da gestern sagte: ich hatte ihm ja gar nicht beim Einpacken geholfen, das war nur eine Finte von ihm, ich hatte seine Pistole nie gesehn; er selbst hatte alles eingepackt, so daß ich im Augenblick ganz perplex war. Wjera sagt, Sie würden ihn hierbehalten. Ich schwöre Ihnen, daß Sie nichts zu befürchten brauchen, es liegt ja gar keine Gefahr vor, um so weniger, als doch ständig jemand bei ihm ist.“

„Wer war heute nacht bei ihm?“

„Ich, Kostjä Lebedeff und Burdowskij. Keller blieb nur kurze Zeit bei ihm, dann ging er zu Lebedeff schlafen, bei uns war kein Platz. Ferdyschtschenko schlief gleichfalls bei Lebedeff, der ging um sieben. Der General schläft ja stets bei Lebedeff, jetzt ist er auch schon fortgegangen ... Lebedeff wird vielleicht bald zu Ihnen kommen, er suchte Sie, fragte zweimal nach Ihnen, – ich weiß nicht, was er vor hat. Soll man ihn hereinlassen oder nicht, wenn Sie sich jetzt hinlegen? Ich gehe gleichfalls schlafen. Ach, ja, das muß ich Ihnen doch noch sagen: der General hat mich vorhin überaus in Erstaunen gesetzt. Burdowskij weckte mich vor sieben, oder vielmehr fast schon um sechs; ich ging auf einen Augenblick aus dem Zimmer – da kommt mir der General entgegen, und zwar noch so berauscht, daß er mich kaum erkannte, und bleibt wie ein Pfosten vor mir stehen, bis er dann ganz plötzlich zu sich kam. ‚Was macht der Kranke?‘ fragte er. ‚Ich wollte nach dem Kranken sehn ...‘ Ich rapportierte, nun, soundso. ‚Das ist gut,‘ meinte er, ‚aber ich kam hauptsächlich – deshalb stand ich auch auf –, um dich zu warnen: ich habe Grund, anzunehmen, daß man in Herrn Ferdyschtschenkos Gegenwart nicht alles reden darf und ... die Taschen zuknöpfen muß.‘ Begreifen Sie, Fürst, was das bedeuten soll?“

„Ist's möglich? Übrigens ... wir haben nichts auf dem Gewissen, uns kann das gleichgültig sein.“

„Versteht sich, wir sind keine Verschwörer! Aber ich wunderte mich wirklich, daß mein General deshalb in der Nacht aufsteht und mich weckt.“

„Ferdyschtschenko ist fortgegangen, sagen Sie?“

„Ja, er ging schon um sieben, kam aber noch im Vorübergehen zu mir: ich wachte bei Hippolyt. Er sagte nur, er gehe zu Wilkin, um weiter zu schlafen, – hier gibt’s nämlich so einen gewissen Trunkenbold Wilkin. Na, jetzt gehe ich. Ah! Da ist ja auch schon Lebedeff ... Der Fürst will schlafen, Lukjan Timofeïtsch, also linksum kehrt!“

„Nur auf eine Sekunde, hochverehrter Fürst, in einer gewissen, meiner Ansicht nach, höchst bedeutsamen Angelegenheit,“ begann eintretend Lebedeff in einem gezwungenen und von Ernst durchdrungenen Tone nicht gerade laut, und verbeugte sich würdevoll.

Er war soeben erst zurückgekehrt und ohne in seine Wohnung zu gehen, beim Fürsten eingetreten, weshalb er denn auch den Hut noch in der Hand hielt. In seinem Gesicht drückte sich Besorgnis aus, sowie ein gewisser Schimmer von Selbstbewußtsein. Der Fürst bat ihn, Platz zu nehmen.

„Sie haben zweimal nach mir gefragt? Beunruhigen Sie sich wegen des gestrigen Vorfalls?“

„Wegen jenes Knaben, meinen Sie, Fürst? O nein. Gestern befanden sich meine Gedanken in nicht ganz klarem Zustande ... heute jedoch beabsichtige ich nicht, Ihnen, gleichviel worin es sei, zu konterkarieren.“

„Zu konterka... wie sagten Sie?“

„Ich sagte: zu konterkarieren; ein französisches Wort, das, wie auch unzählige andere seinesgleichen, in den Bestand der russischen Sprache aufgenommen ist; doch ist mir, genau genommen, nicht viel an ihm gelegen.“

„Was ist mit Ihnen heute, Lebedeff, Sie sind so würdevoll und gesetzt und reden ja wie ein Buch,“ fragte der Fürst, erheitert durch die Komik des würdevollen Ernstes, der zu der ganzen Erscheinung Lebedeffs so wenig paßte.

„Nikolai Ardalionytsch!“ wandte sich Lebedeff in fast beschwörendem Tone an Koljä, „da ich dem Fürsten etwas mitzuteilen habe, das eigentlich und im besonderen nur ...“

„Ich versteh’, ich versteh’ schon, geht mich nichts an! Auf Wiedersehen, Fürst!“ Und Koljä entfernte sich sogleich.

„Ich schätze das Kind wegen seines Begriffsvermögens,“ äußerte sich Lebedeff, ihm nachblickend. „Ein feiner Knabe, wenn auch mitunter etwas naseweis. Doch ein ungeheures Unglück ist mir widerfahren, hochverehrter Fürst, gestern abend oder heut bei Tagesanbruch – noch schwanke ich selbst in der definitiven Zeitangabe.“

„Was ist denn geschehen?“

„Vierhundert Rubel sind aus meiner Rocktasche verduftet, hochverehrter Fürst, da haben wir die Bescherung!“ erklärte Lebedeff mit saurem Lächeln.

„Sie haben vierhundert Rubel verloren? Das ist schade.“

„Und namentlich wenn’s noch *nota bene* einem armen, ehrlich von seiner Arbeit lebenden Familienvater passiert.“

„Gewiß, gewiß, – aber wie ist denn das zugegangen?“

„Dank dem Alkohol, der bekanntlich die Hauptsubstanz jedes Weines ist. Ich, sehen Sie, hochverehrter Fürst, ich wende mich an Sie, wie an meine leibhaftige Vorsehung. Die Summe von vierhundert Rubeln erhielt ich gestern Punkt fünf Uhr nachmittags von einem Schuldner, worauf ich mit dem nächsten Zuge hierher zurückkehrte. Die Brieftasche hatte ich in der Brusttasche. Nachdem ich dann, zu Hause angelangt, meinen Uniformrock mit einem Hausrock vertauscht hatte, steckte ich die Brieftasche mit dem Gelde in die Rocktasche meines Hausrocks, da ich die Absicht hatte, selbiges Geld noch am gleichen Abend meinem Bevollmächtigten ... zu einem gewissen Zweck einzuhändigen.“

„Ist es wahr, Lukjan Timofeïtsch, daß Sie, wie Sie in den Zeitungen bekanntgemacht haben sollen, auf Gold- und Silbersachen Geld leihen?“

„Durch einen Vermittler, jawohl. Mein eigener Name ist in der Annonce nicht genannt. Zumal ich nur geringes Kapital besitze und in Anbetracht dessen, daß meine Familie mit den Jahren heranwächst – so ist ein ehrlicher Prozentverdienst, das werden Sie doch zugeben ...“

„Nun ja, gewiß, ich fragte ja nur so ... verzeihen Sie, daß ich Sie unterbrochen habe.“

„Doch mein Vermittler erschien nicht. Da wurde der Kranke gebracht; ich befand mich bereits in einem etwas forcierten Zustande – um sechs, nach dem Mittagsmahl. Darauf kamen diese Gäste, tranken ... Tee, und ... meine Stimmung hob sich, zu meinem Pech, versteht sich. Als aber dann – das war schon ziemlich spät – dieser Keller mit der Nachricht von Ihrem Geburtstage erschien und als Champagner verlangt wurde, begab ich mich, werter, hochverehrter Fürst, da ich ein Herz habe – das werden Sie wahrscheinlich schon bemerkt haben, denn ich verdiene es – also ein Herz habe, das ... ich will nicht gerade sagen, daß es gefühlvoll sei, aber jedenfalls ist es ein dankbares Herz, wessen ich mich auch mit Stolz rühme, – also wie gesagt, da begab ich mich zur Erhöhung der Feierlichkeit des bevorstehenden Empfanges und um mich auf eine persönliche Aussprache meines Glückwunsches vorzubereiten, in mein Schlafgemach, um meinen alten Hausrock wieder mit meinem Uniformrock zu vertauschen, woran Sie offenbar nicht zweifeln werden, zumal Sie mich während der ganzen Nacht im Uniformrock zu sehen geruht haben. Bei dieser Prozedur vergaß ich jedoch die Brieftasche in der Tasche des Hausrocks ... Kurz und gut, wenn Gott der Herr zu strafen beabsichtigt, so beraubt er uns zuerst und vor allen Dingen der Vernunft. Und erst heute morgen, so um halb acht herum, sprang ich plötzlich wie ein Besessener aus dem Bett und griff nach meinem Hausrock – die Rocktasche war noch da, aber die Brieftasche war nicht mehr da! Die hatte nicht mal 'ne Spur von sich hinterlassen!"

„Ach, das ist aber unangenehm!"

„Sehr richtig, gerade ,unangenehm'. Da haben Sie mit feinem Taktgefühl sogleich den entsprechenden Ausdruck gefunden," fügte er bei allem Humor doch mit einem gewissen Ingrimm hinzu.

„Aber wie, einstweilen ..." sagte der Fürst nach kurzem Nachdenken, „das ist doch etwas sehr Ernstes."

„Sehr richtig, etwas sehr Ernstes – da haben Sie eine zweite überaus zutreffende Bezeichnung gefunden ..."

„Ach, lassen Sie doch das, Lukjan Timofeïtsch, was soll das jetzt? Hier kommt es doch nicht auf Redewendungen und Worte an ... Glauben Sie, daß Sie in betrunkenem Zustande die Brieftasche haben verlieren können?"

„Können kann man alles. Namentlich in betrunkenem Zustande, wie Sie sich mit aller Aufrichtigkeit ausgedrückt haben, hochverehrter Fürst! Doch bitte ich, eines zu bedenken: wenn die Brieftasche beim Umkleiden aus der Rocktasche gefallen wäre, so müßte sie doch auf dem Fußboden liegen. Wenn sie nun aber da nicht liegt?"

„Haben Sie sie nicht irgendwohin fortgelegt, in einen Kasten vielleicht, oder in ein Schubfach?"

„Ich habe alles durchgesucht, überall nachgewühlt, um so mehr, als ich genau wußte, daß ich keinen einzigen Kasten geöffnet und kein Schubfach auch nur angerührt habe, dessen entsinne ich mich ganz genau."

„Haben Sie auch im Schränkchen nachgesehen?"

„Versteht sich, dort ganz zuerst, und nicht nur einmal, sondern immer wieder ... Aber wie hätt' ich's denn ins Schränkchen tun können, mein aufrichtig hochverehrter Fürst?"

„Ich muß gestehen, Lebedeff, die Sache regt mich nicht wenig auf. Dann hat es vielleicht jemand auf dem Fußboden gefunden?"

„Oder in der Rocktasche entdeckt! Wir sind allerdings vor eine solche Alternative gestellt, wie Sie sehen!"

„Es regt mich tatsächlich auf, denn wer hätte es wohl sein können ... Das ist die Frage!"

„Ganz ohne allen Zweifel ist das die Frage! Sie bekunden ja heute eine wahrhaft erstaunliche Begabung im Finden treffender Worte und bezeichnender Gedanken, und ebenso in der klaren Darlegung der Sachlage, durchlauchtigster Fürst."

„Ach, Lukjan Timofeïtsch, lassen Sie doch jetzt den Spott, hier ..."

„Spott!" Lebedeff hob wie in Entrüstung abwehrend die Hände empor.

„Nun, nun, nun, schon gut, ich ärgere mich ja nicht, hier handelt es sich doch um etwas ganz anderes ... Ich fürchte nur für den Menschen, der ... Wen verdächtigen Sie denn?"

„Das ist eben die schwierige und ... nicht minder komplizierte Frage! Die Magd – kann ich nicht verdächtigen, die hat in ihrer Küche gesessen. Meine leiblichen Kinder – das geht auch nicht gut ..."

„Das fehlte noch!"

„Also folglich – jemand von den Gästen."

„Aber ... ist denn das möglich?"

„Absolut und im höchsten Grade unmöglich, nur muß es nichtsdestoweniger unbedingt der Fall sein. Indessen bin ich bereit, zuzugeben, oder ich bin vielmehr überzeugt, daß, wenn es sich um einen Diebstahl handelt, dieser dann nicht am Abend geschehen ist, als alle noch versammelt waren, sondern in der Nacht oder sogar erst gegen Morgen, und zwar von einem der Herren, die hier genächtigt haben."

„Ach, mein Gott!"

„Burdowskij und Nikolai Ardalionytsch schließe ich selbstverständlich aus; sie sind überhaupt nicht in meinem Zimmer gewesen."

„Das fehlte noch! – und selbst wenn sie in Ihrem Zimmer gewesen wären! Wer hat denn sonst noch bei Ihnen geschlafen?“

„Mit mir zusammen waren's vier – in zwei nebeneinander liegenden Zimmern: ich, der General, Keller und Herr Ferdyschtschenko. Also einer von uns vieren.“

„Das heißt einer von dreien; aber wer denn?“

„Der Ordnung und Gewissenhaftigkeit halber habe ich auch mich mitgezählt, aber Sie werden doch zugeben, Fürst, daß ich mich nicht selbst bestohlen haben werde, obschon auch solche Fälle in der Welt vorgekommen sind ...“

„Ach, Lebedeff, wie langweilig Sie sind!“ unterbrach ihn der Fürst ungeduldig. „So bleiben Sie doch bei der Sache ...“

„Also; es bleiben drei. Erstens Herr Keller – ein äußerst unbeständiger Mensch, ein Mensch, dem das Wesen nüchterner Tage schon längst in nebelhafte Ferne entrückt ist, und ein Mensch, der in gewissen Dingen höchst liberale Ansichten hat, wollte sagen in Taschendingen, im übrigen jedoch ein Mensch mit sozusagen mehr alt-ritterlichen Neigungen als mit liberalen. Zuerst schlief er im Zimmer des Kranken und krabbelte erst nachher zu uns herüber, und zwar mit der Motivierung, daß auf dem Fußboden zu schlafen nichts weniger als weich, respektive angenehm sei.“

„Und Sie haben ihn im Verdacht?“

„Gehabt. Als ich um acht erwachte und wie'n Besessener aufgesprungen war, griff ich mit der Hand an die Stirn und weckte sogleich den General, der noch den Schlaf des Gerechten schlief. Nachdem wir dann das seltsame Verschwinden Herrn Ferdyschtschenkos wohl erwogen hatten, was wiederum manchen Argwohn in uns erweckt hatte, beschlossen wir sogleich, Herrn Keller näher zu untersuchen, da dieser noch nicht verschwunden war, sondern wie ... wie festgenagelt dalag. Wir verrichteten unsere Sache mit aller Gründlichkeit: in seinen Taschen fand sich aber auch keine einzige Kopeke. Dafür entdeckten wir ein Schnupftuch, ein blaukariertes, baumwollenes, in einem Zustande, über den man besser Schweigen wahrt. Ferner beförderten wir einen Liebesbrief zutage, von einem Stubenmädchen, das Geld verlangt und mit Verschiedenem droht; und schließlich noch Fetzen des bekannten Feuilletons. Der General entschied, daß er unschuldig sei. Zur Vergewisserung der Richtigkeit des Urteiles weckten wir ihn auf, was durchaus nicht so einfach war und uns erst nach längeren Bemühungen gelang: er begriff aber kaum, um was es sich handelte, tat nur den Mund auf, stierte vor sich hin, mit einem Gesichtsausdruck: blödsinnig und unschuldig, sogar dumm, kann man sagen, – nein, der war es nicht!"

„Nun, das freut mich!" atmete der Fürst erfreut auf. „Ich fürchtete wirklich für ihn!"

„Sie fürchteten? ... Dann hatten Sie also Ursache dazu?" forschte Lebedeff blinzelnd.

„O nein, das nicht, ich meinte nur ..." Der Fürst stockte. „Ich habe mich da sehr dumm ausgedrückt und unüberlegt ... Seien Sie so gut, Lebedeff, und erzählen Sie es keinem ..."

„Fürst! Fürst! Ihre Worte ruhen in meinem Herzen ... in der tiefsten Tiefe meines Herzens! Und dort ist ein Grab! ..." beteuerte Lebedeff halb wie in Verzückung, indem er den Hut in der Herzgegend an sich drückte.

„Gut, gut ... Also dann Ferdyschtschenko? Das heißt, ich meine nur, dann verdächtigen Sie wohl Herrn Ferdyschtschenko?"

„Wen denn sonst?" fragte Lebedeff leise mit aufmerksamem Blick auf den Fürsten.

„Nun ja, versteht sich ... wen könnte man denn sonst ... das heißt, haben Sie denn Beweise?"

„Die habe ich. Erstens: sein Verschwinden um sieben Uhr oder noch früher."

„Ich weiß, Koljä erzählte mir, daß er zu ihm gekommen sei und gesagt habe, daß er lieber zu ... ich habe den Namen vergessen – zu seinem Freunde schlafen gehen wolle."

„Zu Wilkin. Dann weiß es Nikolai Ardalionytsch schon?"

„Von dem Diebstahl hat er nichts gesagt."

„Kann er auch gar nicht, denn er weiß ja doch noch nichts davon. Ich behandle die Sache vorläufig als größtes Geheimnis. Also: er geht zu Wilkin. Nun sollte man meinen, nicht wahr, daß es doch nichts auf sich haben könne, wenn ein betrunkener Mensch zu einem ebenso betrunkenen geht, selbst wenn er es ohne jeden triftigen Grund und womöglich schon bei Tagesanbruch tut? Aber sehen Sie, gerade hier beginnt die Spur deutlich zu werden: beim Fortgehen hinterläßt er noch die Adresse ... Passen Sie jetzt auf, Fürst, jetzt fragt es sich: weshalb sagte er, wohin er geht? ... Weshalb geht er absichtlich zu Nikolai Ardalionytsch, obgleich das einen Umweg bedeutet, um ihm zu sagen, daß er zu Wilkin geht? Und wen kann's denn schließlich interessieren, daß er fortgeht, selbst wenn er zu Wilkin geht? Weshalb meldet er das vorher? Nein, sehen Sie, das ist Raffiniertheit, diebische Geriebenheit! Das bedeutet soviel wie: ‚Seht, ich verheimliche meine Schritte absichtlich nicht, wie kann ich also ein Dieb sein? Würde denn ein Dieb sagen, wohin er geht?‘ Das aber ist doch nichts als ein Ausdruck des Verlangens, den Verdacht von sich abzulenken und seine Spuren sozusagen im Sande zu verwischen ... Haben Sie meinen Gedanken begriffen, hochverehrter Fürst?“

„Ja, sogar sehr gut begriffen, aber das allein ist doch zu wenig!“

„Warten Sie ’n bißchen, jetzt folgt sogleich der zweite Beweis: die Spur ist falsch und die gegebene Adresse ungenau. Nach einer Stunde, schon um acht, klopfte ich bei Wilkin – der wohnt hier nicht sehr weit, in einer der nächsten Straßen ... ich bin sogar bekannt mit ihm. Von meinem Ferdyschtschenko war jedoch dort nichts vorhanden, noch zu entdecken. Von der Dienstmagd erfuhr ich dann mit Müh und Not – es ist ein dummes Weibsbild –, daß vor etwa einer Stunde allerdings jemand Einlaß begehrt habe, und zwar ziemlich nachdrücklich, da der Betreffende den Klingelzug abgerissen habe. Doch die Dienstmagd hatte ihm die Tür nicht aufgemacht, um, wie sie vorgab, den Herrn nicht zu wecken, vielleicht aber auch, um sich selbst nicht zu wecken. So etwas pflegt mitunter vorzukommen.“

„Sind das alle Ihre Beweise? Es ist wenig.“

„Fürst, wen soll man denn sonst verdächtigen, bedenken Sie doch nur das!“ bat Lebedeff nicht ohne Galgenhumor – doch lag in seinem Augenzwinkern und Lächeln eine gewisse Listigkeit.

„Suchen Sie doch noch einmal im Zimmer und in den Schubfächern!“ rief der Fürst nachdenklich und mit besorgter Miene.

„Fürst, das habe ich schon bedeutend mehr als einmal getan,“ seufzte Lebedeff in komischer Ergebenheit.

„Hm! ... aber weshalb, wozu hatten Sie es nötig, sich umzukleiden?“ ärgerte sich der Fürst, und er schlug mit der Faust auf den Tisch – allerdings nicht allzu stark.

„Die Frage stammt aus einer alten Komödie. Aber, edelster, bester Fürst, Sie nehmen sich mein Unglück nachgerade doch gar zu sehr zu Herzen! Das bin ich ja gar nicht wert. Das heißt, ich allein bin es nicht wert, aber Sie leiden ja auch für den Verbrecher ... für den nichtsnutzigen Herrn Ferdyschtschenko!“

„Nun ja, ich bin in der Tat besorgt," sagte der Fürst zerstreut. „Aber was beabsichtigen Sie nun zu tun ... wenn Sie so überzeugt sind, daß es Ferdyschtschenko gewesen ist?"

„Fürst, hochverehrter Fürst, wer soll's denn sonst gewesen sein?" entschuldigte sich mit wachsender Rührung Lebedeff. „Ist doch schon der Mangel an einer anderen Verdachtsmöglichkeit, ich meine, der Mangel an jeder Möglichkeit, einen anderen als Ferdyschtschenko zu verdächtigen, ein neuer Beweis gegen Ferdyschtschenko, der dritte Beweis! Denn, ich frage Sie nochmals, wer hätte sie sonst nehmen können? Ich kann doch nicht Herrn Burdowskij verdächtigen, he–he–he!"

„Ach, reden Sie nicht solch einen Blödsinn!"

„Und schließlich doch auch nicht den General, he–he–he?"

„Welch ein Unsinn!" sagte der Fürst ärgerlich und bewegte sich ungeduldig auf seinem Platz.

„Selbstverständlich ist das Unsinn! He–he–he! Aber hat mich der Mensch doch erheitert heute, weiß Gott! – ich rede vom General. Wir gehen beide flugs auf frischer Spur zu Wilkin ... aber ich muß Ihnen doch noch sagen, daß der General zu Anfang fast noch mehr erschrocken war als ich! Ganz zuerst als ich ihn im ersten Schrecken sogleich aufweckte, erschrak er so, daß er sich sogar im Gesicht vollkommen veränderte: wurde bleich, wurde rot, und geriet dann plötzlich in solche Wut, war so aufrichtig entrüstet und empört, daß ich mich wirklich nur wunderte, zumal ich's von ihm gar nicht erwartet hätte. Ein edler Mensch, wie man sieht! Er lügt zwar ununterbrochen, aber er birgt die höchsten Gefühle in seiner Brust, zudem ist er nicht gerade sehr gedankenreich und flößt einem durch seine Unschuld das größte Zutrauen ein. Ich habe Ihnen bereits einmal gesagt, hochverehrter Fürst, daß ich für ihn nicht nur eine Schwäche, sondern geradezu Liebe empfinde. Plötzlich bleibt er mitten auf der Straße stehen, reißt seinen Rock auf, entblößt die Brust. ‚Durchsuche mich‘, sagt er, ‚du hast Keller durchsucht, weshalb durchsuchst du nicht auch mich? Du mußt es tun, das verlangt die Gerechtigkeit!‘ Seine Hände und Füße aber zittern nur so, er erbleicht sogar und steht fast drohend vor mir. Ich lachte. ‚Hör' mal, General,‘ sagte ich, ‚wenn jemand anderes dich dessen verdächtigen wollte, so würde ich mit meinen eignen Händen meinen Kopf abnehmen, auf eine große Schale setzen und ihn persönlich allen Zweiflern anbieten.‘ ‚Seht ihr diesen Kopf?‘ würde ich sie fragen, ‚nun dann seht: mit diesem meinen eigenen Kopf stehe ich für ihn ein, und nicht nur mit dem Kopf, sondern auch mit dem ganzen Körper, wenn's beliebt, und das nicht nur in der Luft, sondern sogar im Feuer!‘ ‚Siehst du jetzt,‘ fragte ich, ‚wie groß mein

Vertrauen in dich ist!' Da stürzte er mir in die Arme – alles mitten auf der
Straße, nicht zu vergessen – brach in Tränen aus, zitterte nur so und preßte
mich so fest an seine Brust, daß ich kaum noch atmen konnte. ‚Du bist
mein einziger Freund,' sagte er, ‚der einzige, der mir in meinem Unglück
treugeblieben ist!' Tja, ein gefühlvoller Mensch ist er, das muß man ihm
lassen! Nun und dann, versteht sich, erzählte er sogleich eine Geschichte:
wie er in seiner Jugend einmal gleichfalls eines Diebstahls verdächtigt
worden sei, und zwar hatte es sich damals um fünfhunderttausend Rubel
gehandelt. Doch am nächsten Tage hatte er sich in ein brennendes Haus
gestürzt und aus den Flammen den ihn verdächtigenden Grafen samt Nina
Alexandrowna hervorgezogen, die damals noch nicht mit ihm verheiratet
war. Der Graf hatte ihn umarmt, und das Ereignis hatte seine Verlobung
mit Nina Alexandrowna zur Folge gehabt, am nächsten Tage aber hatte
man unter den Trümmern des Hauses die Schatulle mit dem vermißten
Gelde gefunden. Sie war in England gefertigt, von ganz
besonderer Bauart aus Stahl und Eisen, mit doppeltem Verschluß und
noch etlichen Geheimschlössern, und war vorher auf irgendeine Weise
unter den Fußboden geraten, so daß niemand sie hatte finden können: nun
und durch diesen Brandschaden war sie wieder zutage befördert worden.
Kurzum – alles wüste Lüge und blühende Phantasie. Als er aber auf Nina
Alexandrowna zu sprechen kam, schluchzte er. Eine edle Dame, diese
Nina Alexandrowna, obschon sie auf mich böse ist.“

„Sie kennen sie?“

„Beinahe. Das heißt, beinahe nicht, aber ich wünschte es von Herzen,
wenn auch nur, um mich vor ihr rechtfertigen zu können. Sie behauptet
nämlich von mir, daß ich ihren Gatten hier zum Trinken verführe,
während ich doch in Wirklichkeit eher das Gegenteil tue, indem ich ihn
vor einer noch verderblicheren Gesellschaft bewahre. Zudem ist er mein
Freund, und ich garantiere Ihnen, daß ich ihn hinfort nicht mehr verlassen
werde, und das sogar so buchstäblich, daß überall, wo er ist und steht,
auch ich bin und stehe – denn ihn kann man doch wirklich nur mit Gemüt
behandeln. Jetzt hat er seine Visiten bei der Kapitanscha ganz eingestellt,
obschon es ihn innerlich noch sehr zu ihr drängt, was er mitunter durch
Seufzer verrät, was wiederum namentlich jeden Morgen geschieht, wenn
er sich erhebt und stöhnend seine Stiefel anzieht – weshalb jedoch gerade
zu dieser Zeit, vermag ich Ihnen nicht zu sagen. Geld hat er nicht, das ist
das ganze Unglück, ohne Geld aber darf er ihr nicht unter die Augen
kommen. Hat er Sie noch nicht um Geld gebeten, hochverehrter Fürst?“

„Nein, er hat mich nicht darum gebeten.“

„Schämt sich. Aber er wollte es tun, gestand mir sogar, daß er Sie zu
beunruhigen beabsichtige, doch schäme er sich, da Sie ihn ja vor kurzem

noch ausgekauft hätten, und, überdies ist er der Meinung, daß Sie ihm nichts geben würden. Er hat mir als seinem Freunde sein ganzes Herz ausgeschüttet."

„Und Sie, Sie geben ihm kein Geld?"

„Fürst! Durchlauchtigster Fürst! Diesem Menschen würde ich nicht nur Geld, sondern sozusagen sogar mein Leben ... übrigens, nein, ich will nicht übertreiben, – mein Leben nicht, aber sozusagen 'ne kleine Influenza, irgend so'n Geschwür oder selbst einen Husten – das, bei Gott, das bin ich bereit für ihn zu erdulden, wenn es nun gerade wirklich sehr nötig sein sollte ... denn ich halte ihn für einen großen, wenn auch verdorbenen Menschen! Jawohl! Sehen Sie, nicht nur Geld!"

„So geben Sie ihm also welches?"

„N–n–nein, Geld habe ich ihm noch nicht gegeben und er weiß es selbst, daß ich es ihm nicht geben werde, aber das geschieht doch nur im Hinblick auf seine Mäßigung und Besserung. Heute begab er sich mit mir nach Petersburg – ich fuhr doch sogleich hin, um Herrn Ferdyschtschenko auf frischer Spur zu verfolgen, denn ich wußte genau, daß er nach Petersburg gefahren war. Mein General kochte nur so. Mir ahnte so was, daß er in Petersburg von meiner Seite verschwinden würde, um seine Kapitanscha aufzusuchen. Ich, ich muß gestehen, ich ließ ihn beinahe mit Absicht von mir fort. Wir waren überein gekommen, uns bei der Ankunft sogleich zu trennen, da es uns auf diese Weise leichter sein würde, den Schuldigen zu ertappen. Also wir trennten uns – und jetzt will ich ihn bei der Kapitanscha aufsuchen ... wenn auch eigentlich nur deshalb, um ihn als Familienvater und als Menschen überhaupt zu beschämen."

„Nur machen Sie keinen unnützen Lärm, Lebedeff, sagen Sie um Gotteswillen keinem ein Wort davon," bat der Fürst halblaut in großer Unruhe.

„O nein, ich will ja im Grunde nur deshalb hingehen, um ihn zu beschämen, und dann auch, um zu sehen, was für eine Physiognomie er machen wird, – denn aus der Physiognomie kann man auf vieles schließen, hochverehrter Fürst, und besonders noch bei solch einem Menschen! Ach, Fürst! Wie groß aber auch mein eigenes Unglück im gegenwärtigen Augenblick ist, so kann ich doch nicht umhin, auch an die Hebung seiner Sittlichkeit zu denken. Deshalb habe ich an Sie eine große Bitte, durchlauchtigster Fürst, die genau genommen auch der Grund meines Kommens ist: Sie sind mit seiner Familie bekannt, haben sogar dort gewohnt – wenn Sie nun also, edelster Fürst, sich dazu entschließen könnten, mir ein wenig behilflich zu sein, einzig zum Glücke des Generals ..."

Lebedeff faltete die Hände in inständiger Bitte.

„Aber, wie soll ich Ihnen denn behilflich sein? Ich verstehe Sie nicht, Lebedeff."

„... Einzig in dieser meiner Überzeugung bin ich zu Ihnen gekommen! Zum Beispiel könnte man doch durch Nina Alexandrowna auf ihn einwirken, indem man sozusagen im Schoße der eigenen Familie liebevoll ein achtsames Auge auf ihn hat. Ich selbst bin zum Unglück nicht mit ihr bekannt ... ferner könnte auch Nikolai Ardalionytsch, der Ihnen doch mit allen Fasern seines jungen Herzens ergeben ist, gleichfalls behilflich sein ..."

„Nein, Nina Alexandrowna darf von dieser ganzen Sache nichts erfahren, und Koljä ebensowenig ... Ich verstehe Sie aber noch nicht ganz, Lebedeff."

„Aber hier ist doch nichts zu verstehen!" rief Lebedeff und sprang vom Stuhl auf. „Nichts, nichts als Zärtlichkeit und Gefühl sind hier nötig – das ist das einzige Mittel für unseren Kranken. Sie, Fürst, werden mir doch erlauben, ihn als Kranken zu betrachten?"

„Das zeugt nur von Ihrem Zartgefühl und Ihrer Einsicht."

„Ich will es Ihnen durch ein Beispiel erklären, das ich um der größeren Klarheit willen aus der Praxis nehme. Sehen Sie, was das für ein Mensch ist: da hat er nun diese seine Schwäche für die Kapitanscha, der er sich aber ohne Geldmittel nicht zeigen darf, und bei der ich ihn heute zu ertappen gedenke, zu seinem eigenen Glück, versteht sich. Doch gesetzt den Fall, daß er ein richtiges Verbrechen begangen, nun, ... irgendeine ehrlose Handlung – wenn er dazu auch absolut unfähig ist – so würde man doch dann, sage ich, einzig mit so einer gewissen Sensibilität alles bei ihm erreichen, denn er ist ein selten feinfühliger Mensch! Glauben Sie mir, keine fünf Tage würde er es aushalten! – Würde sich selbst verraten, in Tränen ausbrechen, alles gestehen, – und namentlich, namentlich wenn man noch geschickt vorgeht und edelmütig – und durch das Auge der liebenden Familie oder durch Ihr Auge alle seine Schritte sorgsam verfolgt ... Oh, edelster Fürst!" Lebedeff wollte fast aufspringen vor Begeisterung. „Ich behaupte ja nicht, daß er es unfehlbar sei ... Ich bin ja sozusagen sogar bereit, mein ganzes Blut für ihn sogleich hinzugeben, aber ein solches Leben, dazu die Trunkenheit und die Kapitanscha – das alles kann einen doch noch zu ganz anderen Dingen verleiten!"

„Wenn es sich so verhält, dann werde ich Ihnen gern behilflich sein," sagte der Fürst, sich gleichfalls erhebend, „nur will ich Ihnen gestehen,

Lebedeff, daß mich die Sache ernstlich beunruhigt. Sagen Sie, Sie ... Sie sagten doch selbst, daß Sie Herrn Ferdyschtschenko verdächtigten?"

„Ja, aber wen denn sonst? Ich bitte Sie, wen denn sonst, mein gütigster Fürst?" Lebedeff legte mit rührendem Lächeln wieder wie betend die Hände zusammen.

„Sehen Sie, Lukjan Timofeïtsch, hier kann es sich um ein großes Versehen handeln. Dieser Ferdyschtschenko ... ich meine nur, daß man doch schließlich nicht wissen kann, ob nicht er ... Das heißt, ich will nur sagen, daß er vielleicht tatsächlich eher dazu fähig ist, als ... als der andere ..."

Lebedeff spitzte Ohren und Augen.

„Sehen Sie," verwirrte und ärgerte sich der Fürst immer mehr, indem er auf und ab zu gehen begann und sich bemühte, Lebedeff nicht anzusehen, „man hat mir mitgeteilt ... man hat mir von diesem Herrn Ferdyschtschenko gesagt, daß er ... außerdem solch ein Mensch sei ... daß man besser tut, in seiner Gegenwart nichts ... Überflüssiges zu reden – Sie verstehen? Ich meine ja nur, daß er vielleicht wirklich eher fähig dazu wäre, als der andere ... Ich teile es Ihnen bloß mit, um einen vielleicht grausamen Irrtum zu verhüten, Sie verstehen mich doch?"

„Wer hat Ihnen das von Herrn Ferdyschtschenko mitgeteilt?" fragte Lebedeff fast zitternd vor Spannung.

„So ... man hat es mir so zu verstehen gegeben. Übrigens glaube ich selbst noch nicht daran ... es ist mir sehr unangenehm, daß ich es habe weitererzählen müssen, aber ich versichere Ihnen nochmals, daß ich selbst nicht daran glaube ... das ist bestimmt nur leeres Geschwätz ... Pfui, wie dumm ich gehandelt habe!"

„Sehen Sie, Fürst," begann Lebedeff, immer noch am ganzen Körper zitternd, „das ist sehr wichtig, was Sie da von Herrn Ferdyschtschenko sagen, und namentlich, namentlich ist's die Frage, wie Ihnen das zu Ohren gekommen ist." Und Lebedeff lief, während er sprach, in größter Aufregung hinter dem Fürsten her, von einer Ecke zur anderen und wieder zurück, bemüht, mit ihm gleichen Schritt zu halten. „Sehen Sie, Fürst, jetzt werde auch ich Ihnen etwas mitteilen: als wir vorhin beide zu Wilkin eilten, begann der General, nach der Erzählung des Brandes, und natürlich in edler Entrüstung, ähnliche Anspielungen auf Herrn Ferdyschtschenko zu machen, doch kamen sie mir so ungereimt vor, daß ich einige Fragen an ihn stellte. Auf diese Weise überzeugte ich mich vollkommen, daß diese ganze Verdächtigung Ferdyschtschenkos einzig, sagen wir, auf das Betätigungsbedürfnis der Phantasie des Generals zurückzuführen war ...

Oder eigentlich, sozusagen, auf seine Seelengröße. Denn er lügt ja doch nur deshalb, weil er seinen Überschwang nicht meistern kann. Nun beachten Sie folgendes: wenn er nun gelogen hat, wovon ich überzeugt bin, und die ganze Geschichte folglich von ihm frei erfunden ist, wie ist es dann zugegangen, daß auch Sie dasselbe haben hören können? Das ist sehr wichtig ... das ist von ungeheurer Wichtigkeit ...“

„Mir hat es vorhin Koljä mitgeteilt und dem hatte es der Vater, der General, gesagt, als er ihm um sechs oder nach sechs im Flur begegnet war.“

Und der Fürst erzählte ausführlicher, was Koljä ihm gesagt hatte.

„Das ... das ... da haben wir jetzt genau das, was man eine richtige Fährte nennt!“ lachte händereibend Lebedeff leise vor sich hin. „So dacht’ ich’s mir! Das bedeutet, daß der General absichtlich seinen unschuldigen Schlaf um sechs Uhr morgens unterbrochen hat, um sein Söhnchen zu wecken und ihm mitzuteilen, daß es gefährlich sei, Ferdyschtschenko zum Nachbar zu haben! Wie kann nun Herr Ferdyschtschenko noch gefährlich sein, ich bitte Sie! – und wie gefällt Ihnen die väterliche Besorgnis seiner Exzellenz, he–he–he! ...“

„Hören Sie, Lebedeff,“ – der Fürst war äußerst betreten – „hören Sie, daß Sie aber keinen Lärm machen! Handeln Sie im stillen! Ich bitte Sie darum, Lebedeff, ich bitte Sie inständig! ... Nur in dem Falle werde ich Ihnen behilflich sein, wenn niemand etwas davon erfährt, es darf niemand auch nur ein Wort erfahren!“

„Seien Sie versichert, bester, edelster, durchlauchtigster Fürst,“ rief Lebedeff in Ekstase, „seien Sie versichert, daß das Ganze einzig in meinem gleichfalls edelmütigen Herzen wie in einem Grabe ruhen wird! Und mit leisen Schritten gehen wir gemeinsam vor, mit leisen Schritten! Ich würde sogar mein ganzes Blut ... Durchlauchtigster Fürst, ich bin sowohl geistig wie seelisch ein niedriger Mensch, aber fragen Sie wen Sie wollen, sogar einen richtigen Schuft, nicht nur einen bloß niedrigen Menschen: mit wem er lieber zu tun hat, mit einem Schuft, wie er selbst einer ist, oder mit dem edelsten Menschen, wie Sie einer sind, hochverehrter Fürst? Sie können sicher sein, daß er die Frage zugunsten des letzteren beantworten wird und eben darin liegt der Triumph der Tugend! ... Auf Wiedersehen, hochverehrter Fürst! Also mit leisen Schritten ... Ganz sacht! ... Und vorsichtig ...“

# X.

Als der Fürst am Abend dieses Tages wieder im Park umherstrich, begriff er endlich, weshalb ihn jedesmal ein Kältegefühl durchrieselte, sobald er die drei Briefe in seiner Tasche berührte, und weshalb er das Lesen derselben bis jetzt noch immer hinausgeschoben hatte. Er hatte sich am Morgen, bevor er sich hingelegt, nicht entschließen können, auch nur einen der drei Briefe hervorzuziehen, und später hatte ihn der Schlaf übermannt – und wieder hatte er einen schweren Traum gehabt. Wieder war *sie* zu ihm gekommen, jene „Verbrecherin". Wieder hatte sie ihn angesehen mit glänzenden Tränen an den langen Wimpern. Wieder hatte sie ihn zu sich gerufen, und wieder mußte er, ganz wie am Morgen, mit Qual an ihr Gesicht denken. Er hatte sich erheben und sogleich zu ihr gehen wollen, hatte es jedoch nicht vermocht. Und dann hatte er endlich fast verzweifelt die Briefe hervorgezogen und zu lesen begonnen ...

Diese Briefe glichen gleichfalls einem Traum. Wie oft hat man nicht ganz unmögliche und widernatürliche Träume. Beim Erwachen entsinnt man sich ihrer noch genau und wundert sich über die seltsamen Tatsachen. Zuerst entsinnt man sich, daß die Vernunft einen während der ganzen Dauer des Traumes keinen Augenblick verlassen hat, man entsinnt sich sogar, daß man während der ganzen langen, langen Zeit, in der man von Räubern und Mördern umgeben war, tatsächlich sehr schlau und logisch gehandelt hat. Man entsinnt sich, wie sie mit einem scherzten und dabei doch klug ihre Absicht verbargen und sich freundschaftlich benahmen, wenn sie auch alle ihre Waffen schon in Bereitschaft hatten und nur noch auf einen Wink warteten. Man entsinnt sich, wie schlau man sie schließlich betrogen und sich vor ihnen versteckt hat, und wie man dann erraten, daß sie den ganzen Betrug schon längst durchschauten und es nur nicht merken lassen wollten, daß sie ganz genau wußten, wo man sich versteckt hielt – dann aber wurde man selbst noch schlauer und betrog sie erst recht. Wie aber geht es zu, daß die Vernunft zu derselben Zeit so augenscheinlichen Blödsinn und so auf der Hand liegende Unmöglichkeiten – aus denen der ganze Traum fast ausschließlich bestanden –, hat zulassen können? Einer der Mörder verwandelt sich zum Beispiel in eine Frau und die Frau in einen kleinen, schlauen, abscheulichen Zwerg, die Vernunft aber sträubt sich nicht im geringsten dagegen – sie akzeptiert die Metamorphose vollkommen, eben als vollendete Tatsache. Und das geschieht ohne die geringste Verwunderung, während doch die Vernunft gleichzeitig ungewöhnlich scharf arbeitet und eine geradezu seltene Schlauheit und Logik beweist. Weshalb hat man dann, wenn man aus dem Traum bereits erwacht und wieder ganz in der Wirklichkeit ist, jedesmal das Gefühl – bisweilen ist der Eindruck sogar von ungeheurer Stärke –, daß einen zusammen mit dem Traum etwas für uns ganz Unerratbares, Unwißbares verlassen habe? Man lächelt über die Absurdität des Traumes und fühlt doch gleichzeitig, daß in der Verflechtung dieser Absurditäten irgendein Sinn enthalten ist, und zwar ein wirklicher Sinn, der bereits zu unserem wirklichen Leben gehört, ein Etwas, das in unserem Herzen vorhanden und sogar immer vorhanden gewesen ist; der Traum scheint uns etwas Neues, Prophetisches, von uns Erwartetes gesagt zu haben; der Eindruck ist stark, gleichviel ob freudiger oder quälender Art, doch worin er bestanden, was er enthält, und was einem gesagt worden ist – das können wir weder begreifen, noch uns dessen entsinnen.

Fast dasselbe empfand der Fürst auch nach dem Lesen dieser Briefe. Doch noch bevor er den ersten dem Kuvert entnommen hatte, empfand der Fürst die Tatsache der Existenz dieser Briefe, die bloße Möglichkeit, daß sie überhaupt geschrieben werden konnten, als etwas traumhaft Unmögliches, das auch jetzt in wachem Zustande wie ein Alp auf ihm lag. „Wie hat *sie* sich entschließen können, an *Aglaja* zu schreiben?" fragte er sich gequält immer wieder, als er – es war inzwischen Abend geworden – umherging, ohne selbst zu wissen, wo er sich befand. „Wie konnte sie *davon* schreiben, wie konnte nur ein so wahnsinniger Gedanke in ihrem Gehirn entstehen?" Doch der Gedanke war bereits Wirklichkeit geworden, und am meisten wunderte ihn jetzt nur noch das, daß er schon während des Lesens an die Möglichkeit dieses Gedankens zu glauben und ihn fast sogar zu rechtfertigen begonnen hatte. Natürlich war das alles nur Traum, Alpdruck und Wahnsinn, doch war hier außerdem noch irgend etwas, etwas quälend Wirkliches und märtyrerhaft Gerechtes, das alles zusammen, den Traum und den Alpdruck und den Wahnsinn rechtfertigte. Nachdem er die Briefe gelesen, befand er sich mehrere Stunden wie in einem Traumzustand, in dem einzelne Sätze und Worte phantastisch durch seine Gedanken zogen, bis ihn dann irgendein Ausdruck stutzig machte und er grübelnd über ihn nachzudenken begann. Bisweilen wollte er sich sogar sagen, daß er alles das schon vorausgeahnt habe, ja es schien ihm sogar, daß er alles das schon früher, irgend einmal vor langer, langer Zeit gelesen habe, und daß alles, was ihn seit der Zeit gequält und geängstigt hatte – daß alles das in diesen schon vor langer Zeit von ihm gelesenen Briefen enthalten war.

„Wenn Sie diesen Brief entfaltet haben," begann das erste Schreiben, „so blicken Sie zuerst nach der Unterschrift. Die Unterschrift wird Ihnen alles sagen und alles erklären, so daß ich mich weiter nicht zu rechtfertigen und Ihnen auch nichts mehr zu erklären brauche. Wenn ich auch nur einigermaßen als Ihnen gleichstehend gelten könnte, würde diese Dreistigkeit meinerseits Sie vielleicht beleidigen, aber wer bin ich und wer sind Sie? Wir sind zwei solche Gegensätze und ich stehe so außerhalb Ihres Lebenskreises, daß ich Sie überhaupt nicht beleidigen könnte, selbst wenn ich es wollte."

An einer anderen Stelle schrieb sie weiter:

„Halten Sie meine Worte nicht für krankhafte Begeisterung eines kranken Geistes, wenn ich Ihnen sage, daß Sie in meinen Augen die – Vollkommenheit selbst sind! Ich habe Sie gesehen, ich sehe Sie jeden Tag. Ich kritisiere Sie dabei nicht, ich habe nicht etwa mit meiner Vernunft eingesehen, daß Sie vollkommen sind – es ist einfach mein Glaube und dieser Glaube macht mich selig. Aber ich muß Ihnen auch meine große Schuld gestehn: ich liebe Sie. Eine Vollkommenheit kann man aber doch nicht lieben! die kann man doch nur als Vollkommenheit betrachten, nicht wahr? Und doch bin ich verliebt in Sie. Nur beunruhigen Sie sich deshalb nicht, denn wenn auch Liebe die Menschen gleich macht, so habe ich dabei doch nicht an irgendeine Gleichheit zwischen uns gedacht, nicht einmal in meinen heimlichsten Gedanken, glauben Sie es mir. Da habe ich geschrieben: ‚beunruhigen Sie sich nicht‘, – können Sie sich denn überhaupt deshalb beunruhigen? ... Wenn es möglich wäre, würde ich die Spuren Ihrer Füße küssen. Oh, ich will mich nicht mit Ihnen gleichstellen ... Blicken Sie nach der Unterschrift, blicken Sie schnell nach der Unterschrift!"

„Ich bemerke soeben," schrieb sie im zweiten Brief, „daß ich Sie mit ihm vereinigen will, ohne überhaupt gefragt zu haben, ob auch Sie ihn lieben. Er hat Sie liebgewonnen, nachdem er Sie nur einmal gesehen hat. In seiner Erinnerung waren Sie ihm etwas ‚Lichtes‘ – das ist sein eigener Ausdruck, ich habe ihn von ihm selbst gehört. Doch ich habe auch ohne Worte begriffen, daß Sie für ihn ‚Licht‘ sind. Ich habe einen ganzen Monat neben ihm gelebt und da habe ich es gefühlt, daß auch Sie ihn lieben. Sie und er sind für mich eines."

„Gestern ging ich an Ihnen vorüber," schrieb sie weiter, „und ich glaubte zu bemerken, daß Sie erröteten. Aber das kann doch nicht sein, ich muß mich getäuscht haben. Selbst wenn man Sie in die schmutzigste Höhle führen und Ihnen das nackte Laster zeigen würde, dürften Sie nicht erröten; es ist ganz ausgeschlossen, daß eine Beleidigung Sie kränken könnte. Sie können wohl alle Gemeinen und Niedrigen hassen, aber nicht ... von sich aus, sondern für andere, für jene, die von ihnen gekränkt werden. Sie dagegen wird niemand beleidigen können. Wissen Sie, ich glaube, daß Sie mich sogar lieben müssen. Für mich sind Sie dasselbe, was Sie für ihn sind: ein lichter Geist. Ein Engel kann nicht hassen, er kann nur lieben. Kann man aber alle lieben, alle Menschen, alle seine Nächsten? (Ich habe oft diese Frage an mich gestellt.) Gewiß nicht, und das ist sogar ganz natürlich. (In der abstrakten Liebe zur Menschheit liebt man fast immer nur sich selbst.) Uns ist jene Liebe unmöglich, Sie aber sind etwas ganz anderes: wie wäre es Ihnen möglich, *nicht* jemanden zu lieben, da Sie sich doch mit keinem vergleichen können und über jeder Beleidigung stehen, sogar über jedem persönlichen Unwillen. Sie allein können ohne Egoismus lieben, Sie allein können es nicht für sich selbst, sondern für jenen tun, den Sie lieben. Oh, wie bitter wäre es für mich, zu erfahren, daß Sie bei dem Gedanken an mich Scham oder Zorn empfänden! Das wäre ja dann *Ihr Sturz*: Sie würden sofort bis zu mir herabsinken, mit mir auf einer Stufe stehen ..." „Als ich gestern nach der Begegnung mit Ihnen nach Hause kam, sah ich im Geiste ein Bild vor mir, das noch nie gemalt worden ist. Christus wird von den Malern immer nach irgendeiner Schilderung des Evangeliums dargestellt, und nie als völlig Abseitsstehender, als einsamer Mensch. Ich würde ihn gern einmal mit einem kleinen Kinde dargestellt sehen, dessen Kindererzählung er vielleicht soeben noch angehört, dessen blondes Kinderköpfchen er vielleicht soeben noch gestreichelt hat. Vielleicht ist auch seine Hand noch auf dem Kinderkopf ruhen geblieben, während er schon gedankenversunken in die Ferne blickt und in seinem Blick ein Gedanke so groß wie die Welt ruht. Dieser schweigende Mensch in der Abendstimmung, vor dem fernen Horizont – das wäre ein Bild, das ich gern einmal sehen möchte ... Sie sind unschuldig, und in Ihrer Unschuld liegt Ihre ganze Vollkommenheit. Oh, vergessen Sie das nie! Was geht Sie meine Leidenschaft für Sie an? Jetzt sind Sie bereits mein, und ich werde mein ganzes Leben lang bei Ihnen sein ... Ich werde bald sterben."

Schließlich, im letzten Brief schrieb sie:

„Um Gottes willen, denken Sie nichts von mir. Denken Sie auch nicht, daß ich mich erniedrige, wenn ich so an Sie schreibe, oder daß ich zu jenen Geschöpfen gehöre, denen Selbsterniedrigung ein Genuß ist, und wenn sie es auch nur aus Stolz tun. Nein, ich habe meinen besonderen Trost, doch fiele es mir schwer, Ihnen das zu erklären. Es würde mir sogar schwer fallen, mir selbst das klar zu machen, wenn ich mich auch selbst gerade damit quäle. Doch ich weiß, daß ich mich auch nicht einmal in einem Anfall von Stolz erniedrigen könnte. Und zu einer Selbsterniedrigung aus Herzensreinheit bin ich unfähig. Folglich aber erniedrige ich mich auch jetzt nicht."

„Weshalb ich Sie beide vereinigen will – um Ihretwillen oder um meinetwillen? Selbstverständlich um meinetwillen, die ganze Willenshandlung geht hier von mir aus; ich habe gehört, daß Ihre Schwester Adelaida beim Betrachten meines Bildes gesagt haben soll, mit einer solchen Schönheit könne man die ganze Welt umdrehen. Ich habe aber auf die Welt verzichtet. Es wird Ihnen vielleicht lächerlich erscheinen, gerade von mir das zu hören, nachdem Sie mich in Spitzen und Brillanten in Gesellschaft von Lebemännern und Nichtswürdigen gesehen haben. Beachten Sie das nicht, fast leb ich ja gar nicht mehr, und das weiß ich auch; was aber statt meines Ichs in mir lebt, mag Gott allein wissen. Ich lese das Tag für Tag in zwei grauenvollen Augen, die mich ununterbrochen ansehen, selbst dann, wenn sie nicht vor mir sind. Diese Augen *schweigen* jetzt (sie schweigen immer), doch ich kenne ihr Geheimnis. Ich bin überzeugt, daß er in irgendeinem Kasten ein Rasiermesser liegen hat, dessen Gelenk ebenso mit einem Seidenfaden umwickelt ist, wie das Messer jenes Moskauer Mörders; jener lebte gleichfalls mit seiner Mutter in einem Hause und hatte auch sein Wassermesser bereit, um eine Kehle zu durchschneiden. Die ganze Zeit, während der ich in seinem Hause war, schien es mir immer, daß dort irgendwo eine Leiche versteckt sein müsse; vielleicht noch von seinem Vater her, und ebenso mit einem Wachstuch bedeckt, wie jene Moskauer Leiche, und umstellt von kleinen Gläsern mit irgendeiner scharfen Flüssigkeit. Ich könnte Ihnen sogar den Winkel zeigen, wo sie liegen muß. Er schweigt ununterbrochen; aber ich weiß ja doch, daß er mich viel zu sehr liebt, um mich nicht zu hassen – er kann ja gar nicht anders, als mich hassen! Sobald Ihre Hochzeit ist, wird auch meine Hochzeit sein, an ein und demselben Tage: so haben er und ich es beschlossen. Ich habe kein Geheimnis vor ihm. Ich würde ihn töten vor Angst ... Doch er wird mich früher töten ... Er lacht soeben und sagt, ich deliriere. Er weiß, was ich an Sie schreibe."

Und noch vieles andere von der Art schrieb sie in diesen Briefen. Der zweite Brief war der längste: zwei Briefbogen großen Formats eng beschrieben ...

Endlich verließ der Fürst den dunkleren Teil des Parks, wo er lange ziellos umhergeschweift war. Die helle, klare Sommernacht erschien ihm heller als sonst. „Sollte es noch so früh sein?" fragte er sich verwundert. Seine Taschenuhr hatte er nicht bei sich. Aus der Ferne glaubte er einmal Musik zu vernehmen, „die spielt wohl vor dem Kurhaus," dachte er bei sich. „Natürlich werden sie heute nicht hingegangen sein." Und als er das dachte, bemerkte er plötzlich, daß er dicht vor ihrer Villa stand. Es war ihm, als hätte er es geahnt, daß er zu guter Letzt unfehlbar hier anlangen würde. Mit klopfendem Herzen trat er auf die Veranda. Es war niemand dort. Er wartete eine Weile und öffnete dann die Glastür zum Saal. „Diese Tür wird bei ihnen nie zugeschlossen," dachte er bei sich. Doch auch im Saal war kein Mensch. Es war ganz dunkel um ihn. Verwundert blieb er stehen. Da öffnete sich plötzlich eine Tür und Alexandra Iwanowna trat mit einer Kerze in der Hand ein. Als sie den Fürsten erblickte, erschrak sie und blieb wie fragend vor ihm stehen. Offenbar hatte sie nur hindurchgehen wollen, von einer Tür zur anderen.

„Wie sind Sie hierher gekommen?" fragte sie schließlich.

„Ich ... ich bin gekommen ..."

„Mama ist nicht ganz gesund und auch Aglaja fühlt sich nicht wohl. Adelaida ist soeben schlafen gegangen und ich wollte jetzt auch gehen. Wir sind heute den ganzen Abend allein gewesen ... Papa und der Fürst sind in Petersburg."

„Ich kam ... ich kam zu Ihnen ... jetzt ..."

„Wissen Sie auch, wieviel die Uhr ist?"

„N–nein ..."

„Halb eins. Wir gehen gewöhnlich um eins schlafen."

„Ach, und ich dachte, es wäre erst ... halb zehn."

„Na, tut nichts," lachte Alexandra. „Aber warum sind Sie heute abend nicht zu uns gekommen? Vielleicht wurden Sie erwartet."

„Ich ... dachte ..." murmelte der Fürst, im Begriff fortzugehen.

„Auf Wiedersehen!" lachte Alexandra. „Morgen will ich aber auch die anderen zum Lachen bringen mit der Erzählung unserer nächtlichen Begegnung."

Er kehrte auf dem Fahrwege, der sich durch den Park schlängelte, zu seiner Villa zurück. Sein Herz klopfte laut, seine Gedanken waren verwirrt und alles um ihn her war im Helldunkel der Sommernacht wie ein Traum. Und plötzlich, ganz wie an diesem Tage schon zweimal im Traume, sah er wieder jene Erscheinung vor sich. Dieselbe Frauengestalt trat plötzlich aus dem Park, als hätte sie hier auf ihn gewartet, und blieb vor ihm stehen. Er zuckte zusammen; sie ergriff seine Hand und umklammerte sie krampfhaft. „Nein, das ist kein Traumbild!"

Da stand sie ihm nun endlich zum erstenmal nach ihrer Trennung – von Angesicht zu Angesicht gegenüber. Sie sprach auch irgendetwas zu ihm, doch er starrte sie nur wortlos an: sein Herz war zum Zerspringen voll und zitterte vor Schmerz. Oh, so oft er an diese Begegnung später noch zurückdachte, jedesmal empfand er denselben unerträglichen Schmerz. Sie sank vor ihm auf die Knie nieder, mitten auf dem Fahrweg, wie eine Wahnsinnige. Erschrocken trat er einen Schritt zurück, doch sie ergriff seine Hände, um sie mit Küssen zu bedecken, und ganz wie er es im Traum gesehen, glänzten Tränen an ihren langen Wimpern.

„Steh auf, steh auf!“ flüsterte er erschrocken, indem er sie mit Gewalt zu erheben suchte. „Steh schnell auf!“

„Bist du glücklich? Glücklich?“ fragte sie. „Sag mir nur ein Wort, sag mir nur, ob du jetzt glücklich bist? Heute, jetzt? Du warst bei ihr? Was hat sie gesagt?“

Sie erhob sich nicht, sie achtete nicht auf sein Flehen; sie fragte so schnell, als würde sie gehetzt, als wären Verfolger hinter ihr her.

„Ich reise morgen ab, wie du befohlen hast. Ich werde nicht ... Zum letztenmal sehe ich dich jetzt, zum letztenmal! Jetzt ist es endgültig das letztemal!“

„Beruhige dich, steh auf!“ bat er verzweifelt.

Gierig hing sie mit ihren Blicken an seinem Antlitz, und krampfhaft hielt sie seine Hände umklammert.

„Leb wohl!“ sagte sie dann endlich, erhob sich schnell und verließ ihn eilig – fast lief sie von ihm fort. Der Fürst sah nur noch, wie plötzlich Rogoshin neben ihr auftauchte, sie mit einem Griff unter den Arm faßte und schnell fortführte.

„Wart, Fürst,“ rief ihm Rogoshin über die Schulter zu, „nach fünf Minuten kehr ich zu dir zurück!“

Und so war es auch: nach fünf Minuten kam er – der Fürst hatte ihn erwartet und sich noch nicht von der Stelle gerührt.

„Hab sie in den Wagen gebracht,“ sagte Rogoshin kurz. „Dort hinter der Wegbiegung hat er seit zehn Uhr abends gewartet. Sie wußte es, daß du den ganzen Abend bei den anderen verbringen würdest. Was du an mich geschrieben hast, habe ich genau so wiedergegeben. Sie wird jetzt nicht mehr an jene schreiben, und von hier wird sie auf deinen Wunsch morgen noch fortreisen. Sie wollte dich nur noch zum letztenmal sehen, wenn du es ihr auch verboten hattest. Dort haben wir dich erwartet, um dich auf dem Heimwege abzufangen, dort auf jener Bank haben wir gesessen.“

„Sie hat dich freiwillig mitgenommen?“

„Warum nicht?“ meinte Rogoshin mit einem Lächeln, das seine Zähne zeigte. „Hab gesehen, was ich schon längst wußte. Die Briefe hast du wohl schon gelesen?“

„Hat sie dieselben wirklich auch dir zu lesen gegeben?“ fragte der Fürst, der nicht wußte, was er davon denken sollte.

„Natürlich doch! Jeden Brief hat sie mir gezeigt. Hast du vergessen, was sie da vom Rasiermesser schreibt, he–he!“

„Sie ist ja doch wahnsinnig!“ rief der Fürst fassungslos in seiner Verzweiflung.

„Wer kann das wissen, vielleicht ist sie’s auch nicht,“ sprach Rogoshin vor sich hin – gewissermaßen wie zu sich selbst.

Der Fürst entgegnete nichts.

„Nun, leb wohl,“ sagte plötzlich Rogoshin, „auch ich reise ja doch morgen ab. Gedenke meiner nicht im schlechten. Aber was, Bruder,“ fragte er, sich plötzlich nach ihm umblickend, „weshalb hast du ihr denn auf ihre Frage nichts geantwortet? Bist du nun glücklich oder nicht?“

„Nein, nein, nein!“ rief der Fürst in grenzenloser Verzweiflung.

„Das hätte auch noch gefehlt, daß du ‚ja‘ gesagt hättest!“ meinte Rogoshin mit boshaftem Auflachen und entfernte sich schnell, ohne sich nach dem Fürsten auch nur einmal umzublicken.

# Vierter Teil

## I.

Es gibt Menschen, von denen sich nur schwer etwas sagen läßt, was sie einem in ihrer typischen, charakteristischsten Art sogleich handgreiflich-deutlich vor Augen führte. Es sind das jene Leute, die man gewöhnlich „Dutzendmenschen“ oder kurzweg „die Mehrzahl“ nennt, und die auch in Wirklichkeit die ungeheure Mehrzahl in einer jeden Gesellschaft ausmachen. In der Regel schildern die Schriftsteller in ihren Romanen und Novellen nur solche Typen der Gesellschaft, die es in Wirklichkeit nur äußerst selten in so vollkommenen Exemplaren gibt, wie die Künstler sie darstellen, die aber als Typen nichtsdestoweniger fast noch wirklicher als die Wirklichkeit selbst sind. Podkoljossin[] ist in seiner typischen Gestalt vielleicht ein wenig übertrieben, doch deshalb nichts weniger als frei erdichtet und erfunden. Finden nicht alle Menschenkenner, die Gogols Lustspiel sehen oder lesen, daß eine Menge ihrer alten Freunde und Bekannten zu dieser Figur Modell gestanden haben könnten? Sie haben wohl auch schon früher gewußt, daß dieser oder jener Bekannte wie Podkoljossin war, bloß war ihnen der Name für diesen Typ noch nicht gegeben worden. In Wirklichkeit springen zwar nur sehr wenige kurz vor der Trauung aus dem Fenster, denn eine solche Handlungsweise ist schließlich doch, ganz abgesehen von allem übrigen, ziemlich unbequem; aber wieviel Heiratskandidaten sind nicht kurz vor der Trauung bereit gewesen, sich trotz ihrer mitunter wirklich vorhandenen Würde und Klugheit im tiefsten Inneren dennoch für Seitenstücke Podkoljossins zu halten! Auch nicht alle Männer werden auf Schritt und Tritt sagen: *„Tu l'as voulu, George Dandin!“*[] Aber, o Gott, wieviel millionen- und billionenmal ist dieser Herzensschrei von den Männern der ganzen Welt nach Ablauf ihres Honigmonds oder – wer kann es wissen? – vielleicht schon am Tage nach der Hochzeit ausgestoßen worden!

Indes wollen wir hier nur sagen, ohne uns auf weitere ernste Erklärungen einzulassen, daß in der Wirklichkeit die Typik der einzelnen Personen gewissermaßen wie mit Wasser verdünnt ist, und wenn es George Dandins und Podkoljossins auch in Wirklichkeit gibt und sie einem sogar täglich in den Weg laufen, so sind sie doch gleichsam noch in verdünntem Zustande. Zum Schluß sei nur noch bemerkt, daß man nichtsdestoweniger auch einen George Dandin, wie ihn Molière geschaffen hat, unter lebenden Menschen antreffen kann, allerdings nicht auf Schritt und Tritt, und damit wollen wir unsere Betrachtung schließen, die sonst gar zu lebhaft an ein Feuilleton erinnern könnte. Doch wie dem auch sei, jedenfalls bleibt eine recht schwierige Frage bestehen, und die ist: was soll ein Romanschriftsteller mit den Durchschnittserscheinungen, mit den absolut „gewöhnlichen Menschen" beginnen, wie soll er sie darstellen, um sie seinem Leser wenigstens einigermaßen interessant erscheinen zu lassen? Ganz übergehen kann man sie in keinem Roman, denn gerade die gewöhnlichen Menschen sind die unentbehrlichen Bindeglieder in der Kette der Ereignisse des großen Lebens; wollte man sie dennoch umgehen, so würde man nicht wirklichkeitsgetreu schreiben. Ein Roman, der nur „Typen" enthält, nur Sonderlinge und Ausnahmemenschen, würde nicht Wiedergabe der Wirklichkeit und vielleicht sogar nicht einmal interessant sein. Meiner Meinung nach muß der Schriftsteller sich bemühen, selbst in den gewöhnlichen Menschen interessante Züge zu entdecken und lehrreich hervorzuheben. Wenn z. B. das Wesen gewisser „Dutzendmenschen" gerade in ihrer unveränderlichen „Gewöhnlichkeit" liegt, oder wenn diese Leute ungeachtet all ihrer Anstrengungen, um jeden Preis aus dem Geleise der Gewöhnlichkeit und Gewohnheit herauszukommen, dennoch unveränderlich bei der Gewöhnlichkeit bleiben, so werden auch sie zu einem gewissen Typ – in ihrer Art, versteht sich – zum Typ der Gewöhnlichkeit eben, die um keinen Preis das bleiben will, was sie ist, sondern um jeden Preis originell und selbständig erscheinen möchte, ohne auch nur im geringsten die nötigen Gaben zur Selbständigkeit zu besitzen.

In diese Kategorie gewöhnlicher Menschen gehören auch einzelne Personen dieser Erzählung, und zwar: Warwara Ardalionowna Ptizyn, deren Gatte Iwan Petrowitsch und dessen Schwager Gawrila Ardalionytsch Iwolgin.

In der Tat, es gibt nichts Ärgerlicheres, als z. B. reich, aus anständiger Familie, von gutem Äußeren, nicht ungebildet, nicht dumm, sogar ein sogenannter guter Mensch zu sein und dabei gleichzeitig doch kein einziges Talent zu besitzen, keine einzige besondere Eigenschaft, nicht einmal besondere Schrullen und auch keine einzige eigene Idee zu haben, kurzum – „genau so wie alle" zu sein. Man besitzt ein gewisses Kapital, jedoch kein Rothschildsches; die Familie ist durchaus ehrenwert, hat sich aber niemals auch nur im geringsten ausgezeichnet; das Äußere ist anständig, drückt aber sehr wenig aus; die Bildung ist nicht gering, doch was man mit ihr beginnen soll, weiß man nicht; Verstand ist gleichfalls vorhanden, nur leider ohne daß die geringsten eigenen Ideen mit ihm verbunden wären; sogar Herz ist da, nur fehlt ihm wiederum Großmut, und so ist es auch in jeder anderen Beziehung. Solcher Leute gibt es in der Welt eine ungeheure Menge, sogar viel mehr als es den Anschein hat. Unter ihnen kann man zwei Arten unterscheiden: die einen sind ausgesprochen beschränkt, die anderen „viel gescheiter". Die ersteren sind natürlich die glücklicheren. Einem beschränkten „gewöhnlichen" Menschen fällt z. B. nichts leichter, als sich für einen ungewöhnlichen, originellen Menschen zu halten und sich durch diesen Glauben das Leben ruhigen Gewissens zu versüßen. Genügte es doch gar mancher Dame, sich das Haar abzuschneiden, eine blaue Brille auf die Nase zu setzen und sich „Nihilistin" zu nennen, um sogleich davon überzeugt sein zu können, daß sie nun auch eigene „Überzeugungen" habe. Es braucht so manch einer nur ein etwas menschenfreundlicheres Gefühl in seinem Herzen zu hegen, und er wäre ohne weiteres überzeugt, daß er der fortgeschrittenste und feinfühligste Mensch sei. Und wie vielen genügte es, in irgendeiner Broschüre einen beliebigen Abschnitt mitten heraus zu lesen, um sich einzubilden, die gelesenen Gedanken seien im eigenen Gehirn entstanden. Die Frechheit der Naivität, wenn man sich so ausdrücken kann, ist in solchen Fällen oft geradezu wunderbar, und sollte sie auch noch so unwahrscheinlich sein, sie ist und bleibt Tatsache. Diese bodenlose Unverschämtheit der Naivität, diese sozusagen unerschütterliche Überzeugung eines dummdreisten Menschen, daß er ein großes Talent sei, ist von Gogol meisterhaft in dem Typ der Leutnants Pirogoff[] dargestellt. Pirogoff zweifelt keinen Augenblick daran, daß er ein Genie sei oder sogar noch mehr als das. Ja, er ist sogar so überzeugt davon, daß er einen Zweifel daran überhaupt nicht für möglich halten würde. Gogol war sogar gezwungen, ihn zur Beruhigung des verletzten Sittlichkeitsgefühls seines Lesers durchprügeln zu lassen, doch als er dann sah, daß der große Mann sich nach der Strafe nur einmal wie ein Pudel nach dem Bade schüttelte, und zur Stärkung eine Pastete verzehrte, blieb ihm schließlich nichts anderes übrig, als mit der Achsel zu zucken und den Leser vor dem Berge sitzen zu lassen. Es hat mir nur von jeher sehr leid getan, daß Gogol diesem großen Pirogoff einen so geringen Titel beigelegt hat. Ist er doch von sich selbst so eingenommen, daß ihm nichts leichter fallen würde, als sich proportional mit seiner Rangerhöhung für einen immer größeren Feldherrn zu halten, oder nicht einmal bloß zu halten, sondern einfach *überzeugt* zu sein, daß er der größte Feldherr sei. Und wie viele von solchen machen dann auf dem Schlachtfelde in so erbärmlicher Weise Fiasko! Und wie viele Pirogoffs hat es doch unter unseren Literaten, Gelehrten und Propagandisten gegeben! Ich sage „hat gegeben", aber selbstverständlich kann man auch „gibt" sagen ...

Von den Personen unseres Romans gehörte Gawrila Ardalionowitsch Iwolgin zur zweiten Kategorie der „gewöhnlichen Menschen", zu den „bedeutend gescheiteren", und war demgemäß vom Kopf bis zu den Füßen nur von dem einen Wunsch nach Originalität erfüllt. Leider sind die Menschen dieser Kategorie sehr viel schlimmer daran als die der ersten. Das ist es ja, daß der „gescheite" gewöhnliche Mensch, selbst wenn er sich vorübergehend – oder meinetwegen auch sein ganzes Leben lang – für den genialsten und originellsten Menschen hält, nichtsdestoweniger in seinem Herzen einen Wurm des Zweifels sitzen hat, der ihn mitunter zur größten Verzweiflung bringt. Doch übrigens haben wir hier ein wenig übertrieben, denn gewöhnlich sind diese „gescheiteren" Leute längst nicht so tragisch zu nehmen, sie werden zum Schluß höchstens leberleidend – mehr oder weniger, je nachdem – und das ist alles. Doch immerhin sind sie von einer ungeheuren Zähigkeit im Festhalten an ihren Illusionen: oft beginnen sie damit schon in der grünsten Jugend und lassen selbst im höchsten Alter nicht um Haaresbreite von ihren Illusionen ab, so stark ist ihr Verlangen, originell zu sein. Ja, es gibt sogar recht eigentümliche Fälle: manch ein grundehrlicher Mensch ist aus Originalitätssucht sogar zu einer gemeinen Handlungsweise bereit, und wie oft kommt es vor, daß manch einer dieser Unglücklichen, der nicht nur ehrlich, sondern auch herzensgut und die Vorsehung seiner Familie ist, einer, der nicht nur die Seinigen, sondern auch noch Fremde ernährt und ... ja, und der doch sein ganzes Leben lang nicht zu einer wirklichen Ruhe mit sich und über sich selbst kommen kann! Der Gedanke, daß er so gut seine Pflichten erfüllt, tröstet ihn nicht im geringsten, im Gegenteil, er regt ihn nur auf und ärgert ihn: „Da seht ihr, wofür ich mein Leben hingeben muß, was mich an Händen und Füßen fesselt, was mich gehindert hat, das Pulver zu erfinden! Wäre das nicht gewesen, so hätte ich unbedingt etwas Ungeheures entdeckt, ob gerade das Pulver oder ob Amerika, das weiß ich selbst noch nicht genau, nur wäre es unbedingt etwas Großes gewesen!" Das Charakteristischste dieser Menschen ist das, daß sie tatsächlich bis zum Grabe nicht wissen, was sie nun eigentlich entdeckt hätten, „wenn" – oder was zu entdecken sie ihr Leben lang bereit waren. Doch ihre Seelenqualen und ihre Sehnsucht nach dem zu Entdeckenden reichten selbst für einen Kolumbus oder Galilei aus.

Gawrila Ardalionytsch begann gerade in dieser Art, nur war er, wie gesagt, noch ein Anfänger. Das immerwährende Sich-seiner-Talentlosigkeit-bewußt-sein und gleichzeitig das unbezwingbare Verlangen, sich überzeugungsvoll einzureden, daß er der selbständigste Mensch sei, hatten sein Herz tief verwundet, und zwar schon im frühesten Jünglingsalter. Er war ein Mensch mit neidischen und heftigen Wünschen, und seine Reizbarkeit schien ihm bereits angeboren zu sein. Die Heftigkeit seiner Wünsche hielt er für Willenskraft. Bei seinem leidenschaftlichen Wunsch, sich auszuzeichnen, war er bisweilen sogar zu einem sehr unüberlegten Sprung bereit, nur führte er ihn im letzten Augenblick nicht aus, da er sich dann als doch zu vernünftig dazu erwies – und gerade dies marterte ihn. Vielleicht hätte er sich gegebenenfalls sogar zu einer äußerst niedrigen Tat entschlossen, nur um endlich das Erwünschte zu erlangen, aber sobald es dann zur Ausführung kam, war er doch wieder zu anständig dazu. Übrigens: zu kleinen Gemeinheiten hätte man ihn immer bereit gefunden. Mit Haß und Ekel dachte er an die Armut und die „Heruntergekommenheit" seiner Familie. Selbst seine Mutter behandelte er nichtachtend, obschon er selbst sehr wohl begriff, daß gerade der Ruf und Charakter seiner Mutter bisher der wichtigste Stützpunkt seiner Karriere gewesen waren. Als er die Stellung bei Jepantschin angenommen, hatte er sich gesagt: „Hat man sich einmal erniedrigt, dann bleibt man auch bis zum Schluß konsequent bei den Gemeinheiten, wenn man nur das Gewünschte auf diese Weise erreicht," und dabei hatte er doch noch keine einzige Gemeinheit wirklich begangen! Wie er überhaupt nur darauf gekommen war, daß Gemeinheiten notwendig wären? Aglaja hatte ihm damals allerdings einen Schrecken eingejagt, doch hatte er sie deshalb noch nicht aufgegeben, wenn er auch genau genommen niemals glauben konnte, daß eine Aglaja zu ihm herabsteigen würde. Als er dann Nastassja Filippowna heiraten sollte, hatte er sich eingeredet, daß die Quintessenz alles Erstrebenswerten Geld und nichts als Geld sei. „Wenn schon, denn schon," hatte er sich täglich mit großer Selbstzufriedenheit, jedoch auch nicht ohne eine gewisse Angst, gesagt, „wenn ich mich einmal auf Schändlichkeiten verlege, dann aber auch ohne Wenn und Aber, dann soll es kein Zurück mehr geben!" Doch nachdem er dann auch noch Nastassja Filippowna verloren hatte, war ihm aller Mut abhanden gekommen, und er hatte die hunderttausend Rubel tatsächlich dem Fürsten eingehändigt, was er später wohl tausendmal bereute, obschon er unermüdlich vor sich selbst damit prahlte. Allerdings hatte er ganze drei Tage, so lange der Fürst noch in Petersburg war, geweint, doch gleichzeitig hatte er den Fürsten auch zu hassen begonnen, weil dieser ihn gar zu mitleidig betrachtet hatte, während „sich doch nicht ein jeder zu einer solchen Tat entschließen könnte!" Am meisten aber quälte ihn ein Eingeständnis, das er sich selbst wohl oder übel machen mußte: daß sein ganzer Kummer nichts anderes als ewig unbefriedigter Ehrgeiz war. (Erst lange nachher sah er ein, welch eine ernste Wendung seine Beziehungen zu Aglaja hätten nehmen können, und dann ergriff ihn quälende Reue.) Er gab sogar seine Stellung auf und versenkte sich ganz und gar in trübe Betrachtungen. Wie bereits erwähnt, lebte er mit seiner Mutter und seinem Vater bei Ptizyn, den er ohne Heuchelei verachtete, wenn er auch seine Ratschläge befolgte und vernünftig genug war, ihn um seinen Rat zu bitten. Unter anderem ärgerte er sich auch deshalb über Ptizyn, weil dieser nicht den Ehrgeiz hatte, ein zweiter Rothschild werden zu wollen. „Wenn du ein Wucherer bist, so sei es doch ganz, presse den Leuten den letzten Saft aus, präge Geld aus ihrem Schweiß, sei doch ein großes Geldgenie, werde ‚König der Juden'!" Ptizyn war aber ein bescheidener, stiller Mensch, der auf solche Ausfälle gewöhnlich mit nichts als einem

Lächeln antwortete. Nur ein einziges Mal fand er es nötig, sich über diesen Punkt auszusprechen, was er dann sehr ernst und sogar mit einer gewissen Würde tat. Vor allem suchte er Ganjä zu beweisen, daß er nichts Unredliches tue, und Ganjä ihn mit Unrecht einen „Manichäer" nenne; wenn flüssiges Geld mit jedem Tag im Preise steige, so sei das nicht seine Schuld; er handle durchaus offen und ehrlich und sei schließlich nur ein Agent in „diesen" Geschäften, und dank seiner Akkuratesse sei er eben in gewissen Kreisen von einer sehr guten Seite bekannt geworden, weshalb sich denn auch sein „Bekanntenkreis" stetig vergrößere und desgleichen seine Einnahmen. „Ein Rothschild werde ich nie werden, und ich will es auch gar nicht," sagte er lachend, „aber ein Haus an der Liteinaja werde ich zu guter Letzt unfehlbar besitzen, vielleicht sogar zwei Häuser, und das genügt für mich." Bei sich dachte er zwar noch: „Vielleicht werde ich auch drei Häuser besitzen," sprach aber diesen Gedanken nicht laut aus. Die Natur liebt solche Menschen und das Schicksal erfüllt ihre Wünsche: sie gibt solchen Ptizyns nicht nur drei, sondern vier Häuser, und zwar einzig deshalb, weil sie schon von Kindheit an wissen, daß sie nie so reich wie Rothschild werden würden. Doch über vier Häuser geht das Schicksal dann nie hinaus, weiter bringen es die Ptizyns unter keinen Umständen.

Ein ganz anderer Mensch war Warwara Ardalionowna, Gawrilas Schwester, trotz aller Charakterähnlichkeit mit ihrem Bruder. Ihre Wünsche zeichneten sich nicht durch Heftigkeit, sondern durch Beständigkeit und Hartnäckigkeit aus. Wenn man vom Bruder sagen konnte, daß er im letzten Augenblick, d. h. wenn die Sache zur Entscheidung kam, regelmäßig zur Einsicht gelangte, so konnte man von Warjä sagen, daß Einsicht bei ihr stets vorhanden war und sich nicht nur im letzten Augenblick einstellte. Freilich gehörte auch sie zu den Dutzendmenschen, die originell sein möchten, nur begriff und gestand sie sich sehr bald – letzteres will viel besagen –, daß sie keine Spur von Originalität besaß, und da war sie klug genug, sich nicht darob zu grämen – vielleicht unterließ sie es auch aus einem gewissen Stolz. Ihren ersten praktischen Schritt im Leben tat sie mit bewundernswerter Entschlossenheit, indem sie Ptizyn heiratete. Nur sagte sie sich bei dieser Gelegenheit durchaus nicht, „wenn schon, denn schon" wie ihr Bruder – der ihr seine Meinung auch fast mit denselben Worten zu verstehen gab, als sie ihn um sein Gutachten in betreff ihres Entschlusses bat. Im Gegenteil: Warwara Ardalionowna heiratete erst, nachdem sie sich gründlich überzeugt hatte, daß ihr zukünftiger Gatte ein bescheidener, sympathischer, nicht ungebildeter Mann war und eine große Gemeinheit nie begehen würde. Um kleine Gemeinheiten kümmerte sie sich nicht, und wo waren die schließlich nicht zu finden? Man kann doch nicht auf ein Ideal warten! Zudem wußte sie, daß sie durch diese Heirat ihren Eltern und Geschwistern ein Unterkommen gab, und da sie den Bruder im Unglück sah, wollte sie ihm helfen; ihre früheren Streitigkeiten mit ihm vergaß sie völlig. In der Folge versuchte Ptizyn in Ganjä Interesse für eine neue Arbeit zu erwecken, was er natürlich immer nur ganz freundschaftlich tat: „Da verachtest du nun Generäle und die Generalswürde," meinte er scherzend, „aber sieh sie dir doch nur einmal an, diese junge Generation: wie sehr sie sie jetzt auch verachten, nach einer kleinen Weile sind sie selbst Generäle und haben das Verachten vergessen. Und du wirst ebenso sein." „Wie kommt er nur darauf, daß ich Generäle und die Generalswürde verachten soll?" dachte Ganjä sich etwas sarkastisch, ließ ihn jedoch in dem Glauben. Desgleichen erweiterte Warwara Ardalionowna nur um des Bruders willen ihren Bekanntenkreis: es gelang ihr, sich bei Jepantschins auf Grund ihres früheren Verkehrs einzudrängen: sie und Ganjä hatten als Kinder mit den drei kleinen Jepantschins gespielt. Hätte Warwara Ardalionowna mit diesen Besuchen bei Jepantschins irgendein großes Ziel verfolgt, so wäre sie vielleicht mit einem Schlage über das Niveau der gewöhnlichen Menschen hinausgewachsen, doch von einem großen Ziel oder einer besonderen Idee konnte hier überhaupt nicht die Rede sein: sie verfolgte eine ganz kleinliche Berechnung, auf Grund ihrer genauen Kenntnis aller Charaktere der Familie Jepantschin – namentlich hatte sie Aglajas Charakter trefflich beobachtet. Vorläufig aber wollte sie nichts weiter, als Aglaja mit ihrem Bruder wieder aussöhnen und die beiden gegenseitig näherbringen. Vielleicht hatte sie auch schon einiges erreicht, vielleicht hatte sie auch Fehler begangen, indem sie vom Bruder mehr Beistand erwartet hatte, als er fähig war zu leisten. Jedenfalls aber wußte sie sich bei Jepantschins sehr geschickt zu benehmen: erwähnte oft wochenlang mit keinem Wort ihres Bruders, zeigte sich stets sehr aufrichtig und wahrheitsliebend und gab sich schlicht, doch ohne sich dabei etwas in ihrer Würde zu vergeben. Was ihr Gewissen betrifft, so scheute sie sich nicht, auch in die letzte Kammer desselben hineinzublicken: sie hatte sich keine Vorwürfe zu machen, und gerade das verlieh ihr Kraft. Nur eines bemerkte sie bisweilen an sich: daß auch sie sich ärgerte, daß auch sie Eigenliebe besaß und fast bis zur Reizbarkeit ehrgeizig war – was ihr in der Regel übrigens gerade dann auffiel, wenn sie von Jepantschins kam.

Es war nach jener Zusammenkunft des Fürsten mit Aglaja im Park ungefähr eine Woche vergangen, als Warwara Ardalionowna eines schönen Morgens gegen halb elf recht nachdenklich und niedergeschlagen von einem Besuch bei Jepantschins nach Hause zurückkehrte. Nur lag in dieser Niedergeschlagenheit doch etwas bitter Spöttisches. Ptizyn bewohnte in Pawlowsk ein von außen nicht sehr schönes, wenn nicht gar unansehnliches hölzernes Haus, das aber dafür sehr geräumig war. Es lag an einer staubigen Straße, und da es bald ganz in Ptizyns Besitz übergehen sollte, so sah er sich bereits nach einem Käufer um. Als Warjä sich der Haustür näherte, hörte sie, daß im oberen Stock des Hauses geschrien und gelärmt wurde, und sie unterschied sogar die Stimmen ihres Bruders und ihres Vaters. Als sie nach einer Weile ins Zimmer trat, raste Ganjä daselbst bleich vor Wut auf und ab und raufte sich fast das Haar aus. Sie runzelte die Stirn und ließ sich müde auf das Sofa nieder, ohne den Hut abzunehmen. Da sie sehr wohl begriff, daß der Bruder sich unfehlbar ärgern würde, wenn sie sich nicht nach der Ursache seiner rasenden Wut erkundigte, beeilte sie sich zu fragen:

„Immer dasselbe?“

„Was heißt hier dasselbe!“ schrie Ganjä. „Dasselbe! Nein, hier geht weiß der Teufel was vor sich, aber nicht dasselbe! Der Alte ist total verrückt geworden, Mama weint. Bei Gott, Warjä, tu’ was du willst, aber ich werfe ihn hinaus oder ... oder geh’ selbst von euch fort,“ fügte er wütend hinzu, da es ihm offenbar noch rechtzeitig in den Sinn gekommen sein mochte, daß er doch nicht aus fremden Häusern Menschen hinausjagen konnte.

„Man muß nachsichtig sein,“ brummte Warjä.

„Wozu nachsichtig? Gegen wen? Gegen was?“ fuhr Ganjä zornig auf. „Nachsichtig gegen seine Gemeinheiten? Nein, sag’, was du willst, aber das geht nicht so weiter! Das geht nicht, geht nicht, geht nicht! Und was soll das heißen: er selbst ist der Schuldige, und je mehr er’s ist, um so mehr nimmt er das Maul voll ... Was sitzt du so? Was machst du für ein Gesicht?“

„Ach, laß das doch,“ versetzte Warjä übellaunig.

Ganjä blickte sie aufmerksamer an.

„Warst du dort?“ fragte er plötzlich.

„Ja.“

„Da, dieses Geschrei! Das ist doch wirklich ... und noch dazu zu einer solchen Zeit!“

„Was ist denn jetzt für eine so besondere Zeit?“

Ganjä betrachtete die Schwester aufmerksamer.

„Hast du etwas erfahren?“ fragte er.

„Nichts Unerwartetes. Ich habe erfahren, daß alles seine Richtigkeit hat. Mein Mann hatte recht: so wie er es von Anfang an voraussagte, so ist es nun auch gekommen. Wo ist er?"

„Nicht zu Hause. Aber was ist denn jetzt auch so gekommen?"

„Der Fürst ist erklärter Bräutigam, die Sache ist entschieden. Die älteren Schwestern sagten's mir: Aglaja hat eingewilligt, und es wird auch gar nicht mehr verheimlicht. Bis jetzt war es ja dort eine Geheimnistuerei, daß Gott erbarm'! Adelaidas Hochzeit wird wieder aufgeschoben, denn die Trauungen sollen an ein und demselben Tage stattfinden – irgendein poetischer Einfall ... Du aber tätest jetzt wirklich besser, ein Hochzeitsgedicht zu verfassen, als hier auf und ab zu rennen! Heute abend wird die Bjelokonskaja bei ihnen sein; die ist sehr zur rechten Zeit angekommen. Außerdem sind auch noch andere Gäste eingeladen. Wie es scheint, soll er der Bjelokonskaja vorgestellt werden, wenn er auch mit ihr schon bekannt ist; ich glaube, sie wollen ihn heute als ‚offiziellen Bräutigam' präsentieren. Nur fürchten sie, er könne irgend etwas umstoßen, zerschlagen, wenn er ins Zimmer tritt, oder gar selbst hinfallen – all dessen muß man ja bei ihm gewärtig sein."

Ganjä hörte seiner Schwester sehr aufmerksam zu, doch machten diese Nachrichten zu Warjäs nicht geringer Verwunderung durchaus keinen so erschütternden Eindruck auf ihn, wie sie eigentlich erwartet hatte.

„Das war ja schließlich vorauszusehen," meinte er nach einer Weile ziemlich ruhig. „Also aus!" fügte er dann noch mit einem eigentümlichen Lächeln hinzu, und listig blickte er seiner Schwester in die Augen; worauf er seinen Spaziergang durchs Zimmer fortsetzte, wenn auch bereits viel ruhiger.

„Gut wenigstens, daß du die Sache als Philosoph aufnimmst. Das hatte ich kaum erwartet," sagte Warjä.

„Ach was, jetzt ist man die Geschichte los, du wenigstens."

„Ich glaube, dir aufrichtig gedient zu haben, unablässig und ohne meinen eigenen Vorteil zu verfolgen. Ich habe dich nicht gefragt, welches Glück du bei Aglaja suchtest."

„Ja, habe ich denn ... Glück bei ihr gesucht?"

„Ach, bitte, laß jetzt das Philosophieren! Selbstverständlich hast du's gesucht. Jetzt können wir mit einer langen Nase abziehen und damit ist es aus. Wenn ich offen sein soll, so kann ich dir nur sagen, daß ich nie ernstlich an einen Erfolg gedacht habe. Ich nahm es nur auf alle Fälle in die Hand, indem ich auf ihren lächerlichen Charakter rechnete, doch in erster Linie wollte ich eigentlich nur dich etwas zerstreuen. Natürlich hatten wir mindestens neunzig Chancen von hundert, daß die Sache ins Wasser fällt. Ich begreife bis jetzt noch nicht, was du eigentlich sonst erreichen wolltest."

„Jetzt werdet ihr mich beide wieder bereden, eine Stelle anzunehmen, mir wieder Lektionen über Ausdauer und Willenskraft halten, und den weisen Rat erteilen, daß man auch Weniges nicht mißachten soll, und so weiter, und so weiter, ich kann's ja schon auswendig," sagte Ganjä lachend.

„Er muß etwas Neues im Sinn haben," dachte Warjä bei sich.

„Nun und – wie ist man dort? Freuen sie sich?" fragte plötzlich Ganjä.

„N–ein, nicht besonders, wie es scheint. Kannst es dir ja selbst denken. Der General ist zufrieden, die Mutter fürchtet sich. Sie hat ihn ja auch früher nur mit Widerwillen als Freier betrachtet, das weiß man doch schon."

„Ich rede nicht davon. Als Freier ist er ja ganz unmöglich, einfach undenkbar, das ist doch klar. Ich frage nur, wie es jetzt dort ist? Hat sie ihm offiziell ihr Jawort gegeben?"

„Sie hat bis jetzt nicht ‚nein' gesagt und das ist alles, aber mehr ist ja von ihr auch nicht zu erwarten. Du weißt doch, bis zu welch einer Blödsinnigkeit sie früher schüchtern und verschämt war: Kroch sie doch als kleines Mädchen, wenn Besuch bei ihnen war, immer in irgendeinen Schrank und saß dort stundenlang, nur um nicht zu den Gästen gehen und einen Knix machen zu müssen, und ebenso albern ist sie auch heute noch. Weißt du, ich glaube eigentlich, daß es jetzt wirklich ernst ist, sogar ihrerseits. Über den Fürsten, sagten die Schwestern, mache sie sich den ganzen Tag lustig, vom Morgen bis zum Abend, damit man nur ja nicht glauben solle, daß sie ihn liebe; nur wird sie es schon so einzurichten wissen, daß sie ihm täglich unter vier Augen etwas sagen kann, denn er scheint ja förmlich in den Himmel entrückt zu sein, strahlt einfach ... Soll dabei entsetzlich komisch sein. Das sagten sie selbst. Auch schien es mir, daß sie sich über mich ein wenig lustig machten, wenigstens lachten sie mir ins Gesicht, die beiden älteren."

Ganjä wurde schließlich doch ärgerlich und runzelte die Stirn. Warjä hatte vielleicht nicht unbeabsichtigt die letzte Bemerkung gemacht. Sie wollte seine geheimen Gedanken ausforschen.

Da begann plötzlich der Lärm und das Geschrei im oberen Stockwerk von neuem.

„Nein! Ich jage ihn hinaus!" schrie Ganjä wütend, doch gleichsam erfreut darüber, daß er seinem Ärger freien Lauf lassen konnte und ein anderes Objekt gefunden hatte.

„Damit wäre nichts gewonnen, im Gegenteil, er würde dann noch zu Gott weiß wem gehen, um über uns zu klatschen, wie er es gestern schon getan hat."

„Wie – was gestern? Was heißt das, was hat er gestern getan? Ist er etwa ..." fragte Ganjä plötzlich sehr erschrocken.

„Ach, mein Gott, weißt du es denn noch nicht?" unterbrach ihn Warjä.

„Wie ... was ... ist es denn wirklich möglich, daß er dort war?" rief Ganjä außer sich vor Scham und Unwillen. „Gott, du kommst ja von dort her! Was hast du denn erfahren? Ist der Alte dort gewesen? War er? oder war er nicht?"

Ganjä stürzte zur Tür. Warjä lief ihm nach und packte ihn am Arm.

„Was tust du? Wohin gehst du? Wenn du ihn jetzt hinauswerfen willst, um so schlimmer, er wird überall herumgehen, allen wird es bekannt werden! ..."

„Was hat er dort angerichtet? Was hat er gesprochen?"

„Ja, das wußten sie selbst nicht zu sagen, haben ihn offenbar gar nicht verstanden; er hat sie nur alle erschreckt. Gekommen war er zu Iwan Fedorowitsch, – traf ihn nicht zu Hause; verlangte nach Lisaweta Prokofjewna. Bat sie zuerst um Protektion: er suche einen Dienst, sagte er, sie möge ihm eine Stelle verschaffen; darauf hat er sich über uns beklagt, über mich, über meinen Mann, besonders aber über dich ... Wer weiß, worüber er noch alles gesprochen hat."

„Und das konntest du nicht mehr erfahren?" schrie Ganjä hysterisch, fast kreischend auf.

„Wie sollt' ich denn! Er wird wohl selbst kaum gewußt haben, wovon er sprach – oder vielleicht hat man mir nicht alles wiedererzählt."

Ganjä faßte mit beiden Händen nach seinem Kopf und lief ans Fenster. Warjä saß am anderen Fenster.

„Diese sonderbare Aglaja," bemerkte sie plötzlich, „als ich fortging, hielt sie mich noch zurück und sagte mir: ,Drücken Sie Ihren Eltern meine persönliche Hochachtung für sie aus, ich hoffe bestimmt, in diesen Tagen Ihren Vater wiederzusehen.' Und das sagte sie so ernst. Wirklich sonderbar ..."

„Machte sie sich nicht etwa lustig?“

„Nein, das ist ja das Sonderbare.“

„Weiß sie das vom Alten, oder weiß sie es nicht, was glaubst du?“

„Daß man im Hause nichts weiß, davon bin ich fest überzeugt; doch du hast mich auf einen Gedanken gebracht. Aglaja wird es vielleicht wissen. Ja: Sie allein weiß es, denn auch die Schwestern waren sehr erstaunt, als sie mir so ernst einen Gruß an Papa auftrug. Und warum gerade an ihn? Wenn sie es aber weiß, so hat der Fürst es ihr gesagt!“

„Interessant zu wissen, wer ihr das gesagt haben mag? Das fehlte noch! Ein Dieb in unserer Familie, ‚das Haupt der Familie‘!“

„Ach, Unsinn,“ rief Warjä ärgerlich aus. „Eine Sache, in der Trunkenheit geschehen, hat doch nichts zu sagen. Und wer hat sie sich ausgedacht? Lebedeff, der Fürst ... das sind die Rechten. Ich mache mir nicht soviel draus!“

„Der Alte ist ein Dieb,“ fuhr Ganjä bitter fort, „ich bin ein Bettler, der Mann meiner Schwester ein Wucherer – recht verlockend für Aglaja! Da ist nichts zu sagen, das ist wirklich schön!“

„Dieser Mann deiner Schwester, der Wucherer ist ...“

„Ernährt mich, nicht wahr? bitte, mache keine Umstände, und sag es nur gerade heraus.“

„Warum ärgerst du dich denn?“ fragte Warjä. „Von alledem verstehst du nichts, bist wie ein Schuljunge. Du glaubst, das könnte dir in den Augen Aglajas schaden? Du kennst ihren Charakter nicht. Sie würde sich vom besten Bewerber abwenden und zu irgendeinem Studenten gehen, um mit ihm unter dem Dach zu wohnen und vielleicht Hungers zu sterben. So denkt sie. Du hast es immer noch nicht begriffen, wie interessant du in ihren Augen sein würdest, wenn du unsere Verhältnisse mit Festigkeit und Stolz ertrügest. Der Fürst hat sie nur damit gefangen, daß er sich gar nicht um sie kümmerte, und zweitens, daß er in den Augen aller als Idiot gilt. Schon allein, daß sie seinetwegen die ganze Familie aufregt – das ist es, was sie will. Ach, ihr Männer versteht auch gar nichts davon.“

„Nun, wir werden noch sehen, ob wir etwas davon verstehen oder ob wir nichts davon verstehen,“ äußerte sich Ganjä rätselhaft, „doch trotzdem möchte ich nicht haben, daß sie das vom Alten erfährt. Ich hoffe, der Fürst wird darüber schweigen. Er hat auch Lebedeff zum Schweigen verpflichtet; auch hat er mir gegenüber geschwiegen, als ich ihn versuchsweise ausfragte ...“

„Du mußt aber doch einsehen, daß es trotzdem allen bekannt werden wird. Ja, und was erhoffst du denn jetzt noch? Wenn dir eine einzige Hoffnung geblieben, so wäre es die, in ihren Augen als Märtyrer zu erscheinen.“

„Ungeachtet aller Romantik würde sie sich doch vor dem Skandal fürchten. Alles nur bis zu einer gewissen Grenze, so seid ihr Weibsmenschen nun mal.“

„Aglaja sich vor dem Skandal fürchten?“ fuhr Warjä heftig auf und sah den Bruder verächtlich an. „Hast doch eine niedrige Seele! Ihr seid alle nicht viel wert. Wenn sie auch wunderlich und lächerlich erscheinen mag, so ist sie doch tausendmal anständiger als wir alle.“

„Nun, sei nur nicht so böse,“ brummte Ganjä einlenkend.

„Mir tut nur die Mutter leid,“ fuhr Warjä fort, „wenn nur diese Geschichte mit Papa nicht zu ihren Ohren kommt, ach, das fürchte ich!“

„Sicher hat sie es schon erfahren,“ bemerkte Ganjä.

Warjä hatte sich erhoben, um zu Nina Alexandrowna hinaufzugehen, sie blieb jetzt stehen und sah den Bruder aufmerksam an.

„Wer hätte es ihr denn sagen können?“

„Hippolyt sicherlich. Er wird es für seine erste Pflicht gehalten haben, bei seiner Einquartierung bei uns, es der Mutter zu hinterbringen.“

„So, woher soll er es denn erfahren haben, sag’ mir es doch, bitte? Der Fürst und Lebedeff werden darüber schweigen, Koljä weiß auch nichts davon.“

„Hippolyt? Hat es vielleicht irgendwie – erraten. Du kannst es dir nicht vorstellen, was das für eine schlaue Pflanze ist. Eine Klatschbase und eine Spürnase, die alles Schlechte, jeden Skandal wittert. Glaub’ es oder glaub’ es nicht, ich bin überzeugt, daß er auf Aglaja einen großen Einfluß gewinnen wird. Wenn noch nicht jetzt, so doch später! Mit Rogoshin hat er sich schon angefreundet. Daß der Fürst das nicht bemerkt hat? Jetzt möchte er mich unterkriegen! Mich hält er für seinen persönlichen Feind, doch wozu das alles? Bald wird er sterben – ich kann es nicht begreifen. Doch werde ich ihn ... Du wirst sehen, *ich* werde *ihn* unterkriegen!!“

„Warum bemühst du dich um ihn, wenn du ihn nicht magst? Und ist er es denn überhaupt wert, daß er untergekriegt werden muß?“

„Du hast mir doch geraten, ihn zu uns einzuladen.“

„Ich dachte, daß er uns von Nutzen sein könnte. Weißt du, daß er selbst in Aglaja verliebt ist und ihr geschrieben hat? Man hat mich über ihn ausgefragt ... er soll sogar Lisaweta Prokofjewna einen Brief geschrieben haben ...“

„In der Hinsicht – ist er ungefährlich!“ bemerkte Ganjä boshaft lächelnd. „Daß er verliebt ist, das kann ja möglich sein, denn er ist doch ein Jüngling! Er wird aber hoffentlich der Alten keinen anonymen Brief schicken? Er ist ja eine so boshafte, selbstzufriedene Mittelmäßigkeit, der Mensch! ... Ich bin überzeugt, ich weiß es genau: er hat mich ihr gegenüber als einen Intriganten hingestellt. Damit hat es bei ihm angefangen. Ich gebe es zu, daß ich mich ihm anfangs recht wie ein Dummkopf anvertraut habe; ich dachte, daß er nur aus Rache gegen den Fürsten auf meine Interessen eingehen würde. Oh, so ein hinterlistiges Geschöpf! Aber dafür habe ich ihn jetzt vollständig erkannt. Vom Diebstahl hat er sicher durch seine Mutter erfahren. Der Alte hat den Diebstahl doch nur der Kapitanscha, seiner Mutter, wegen verbrochen! Neulich teilte er mir wie zufällig mit, daß der ‚General‘ seiner Mutter dreihundert Rubel versprochen habe, und das einfach – nun, eben so, ohne alle Umstände. Ich begriff sofort. Dabei sah er mir mit sichtlichem Vergnügen in die Augen; auch Mama wird er es erzählt haben, nur, um ihr das Herz schwer zu machen. Und warum stirbt er nicht endlich, sage mir das doch, bitte? Er verpflichtete sich, in drei Wochen zu sterben, und jetzt hat er sich hier wieder erholt, hat zugenommen, hustet weniger. Gestern abend sagte er, daß er schon den zweiten Tag kein Blut mehr speit.“

„Wirf ihn doch hinaus.“

„Ich kann ihn nicht leiden, ich verachte ihn. Ja, ja, ich verachte ihn!“ schrie Ganjä außer sich vor Wut. „Und das werde ich ihm ins Gesicht sagen, und wenn er auch im gleichen Augenblick in seinen Kissen sterben sollte! Wenn du nur seine Beichte gelesen hättest ... Gott, welch eine Naivität der Gemeinheit! Oh, mit was für einem Vergnügen hätte ich ihn damals durchgeprügelt, nur, um ihn gründlich in Erstaunen zu setzen. Jetzt möchte er sich an allen rächen, dafür, daß es ihm nicht gelingen konnte, uns ... Doch, was ist das für ein Lärm! Was soll das bedeuten? Ich werde es nicht mehr dulden ... Ptizyn!“ rief er dem ins Zimmer tretenden Ptizyn entgegen. „Was ist denn das? Soweit ist es also bei uns schon gekommen? Das ist ... das ist ...“

Der Lärm kam näher und näher, die Tür öffnete sich plötzlich und – der alte Iwolgin stürzte sich wütend, gereizt, außer sich auf Ptizyn. Dem General folgten Nina Alexandrowna, Koljä und ganz zuletzt Hippolyt.

## II

Hippolyt wohnte bereits seit fünf Tagen im Hause Ptizyns. Das hatte sich so ganz von selbst gemacht, ohne besondere Erklärungen zwischen Hippolyt und dem Fürsten. Beide schieden als Freunde voneinander. Gawrila Ardalionytsch, der sich an dem Abend so feindselig gegen Hippolyt verhalten hatte, kam schon am dritten Tage zu Hippolyt, um ihn zu Ptizyns überzuführen, wahrscheinlich mit einer besonderen Absicht. Auch Rogoshin besuchte den Kranken. Dem Fürsten schien es, daß es für den „armen Knaben" am besten wäre, dieses Haus zu verlassen. Hippolyt teilte ihm mit, daß er zu Ptizyns wolle, da Ptizyn so gut sei und ihm einen Winkel gebe, doch vermied er zu sagen, daß er zu Ganjä ginge, denn Ganjä war es eigentlich gewesen, der darauf bestanden hatte, daß man ihn ins Haus nahm. Ganjä hatte das wohl bemerkt und fühlte sich darob sehr gekränkt.

Er hatte recht, als er zu seiner Schwester die Bemerkung machte, der Kranke habe sich erholt. In der Tat, Hippolyt sah besser aus, was man auf den ersten Blick bemerkte. Er folgte den anderen, ohne sich zu beeilen, ins Zimmer, auf seinen Lippen lag ein spöttisches, böses Lächeln. Nina Alexandrowna schien ganz erschrocken zu sein. Sie hatte sich in diesem halben Jahr sehr verändert. Seit sie ihre Tochter verheiratet hatte und bei ihr lebte, mischte sie sich überhaupt nicht mehr in die Angelegenheiten ihrer Kinder. Koljä war besorgt und offenbar sehr unwillig über irgend etwas, doch schien er „die Grillen des Generals", wie er sich ausdrückte, nicht zu begreifen, denn er wußte ja nicht den Hauptgrund der Unruhe im Hause ... Es war ihm klar, daß der Vater sich in jeder Hinsicht so verändert hatte, als wäre er nicht mehr derselbe Mensch. Es beunruhigte ihn geradezu, daß der Alte bereits seit drei Tagen nichts mehr getrunken. Er wußte, daß der Vater sich sogar mit Lebedeff und dem Fürsten überworfen hatte. Koljä selbst war soeben mit einem Liter Schnaps zurückgekehrt, den er für sein eigenes Taschengeld gekauft.

„Lassen Sie ihn trinken, Mama," hatte er schon oben seiner Mutter zugeredet, „wirklich, lassen Sie ihn lieber trinken. Seit drei Tagen schon hat er nichts getrunken. Er muß einen Kummer haben. Darum wäre es besser, er trinkt etwas; ich habe ihm auch dorthin ..."

Der General stieß die Tür weit auf und stand auf der Schwelle, zitternd vor Erregung und Unwillen.

„Mein werter Herr!" donnerte er Ptizyn entgegen. „Wenn Sie wirklich beschlossen haben, diesem Milchbart und Atheisten einen ehrwürdigen Greis, Ihren Vater, oder wenigstens den Vater Ihrer Frau, und einen Mann, der seinem Herrscher treu gedient hat, zu opfern, so wird mein Fuß dieses Haus nicht mehr betreten. Wählen Sie, mein Herr, wählen Sie sofort, ihn oder mich ... diesen dort, diesen Bohrer! Ja, Bohrer! Ich habe es nur so ausgesprochen, doch es stimmt, diesen – Bohrer! Denn er bohrt in meiner Seele, und ohne jede Achtung ... wie mit einer Schraube!"

„Warum nicht wie mit einem Korkzieher?" fragte ihn spöttisch Hippolyt.

„Nein, nicht Korkzieher, denn ich bin ein General und keine Flasche. Ich besitze Auszeichnungen, Orden ... was besitzt denn du? Er oder ich. Entscheiden Sie sich, mein Herr, aber sofort, sofort!" schrie er wieder Ptizyn an.

Koljä reichte ihm einen Stuhl, auf dem er sich ganz erschöpft niederließ.

„Wirklich, es wäre besser, Sie legten sich ein wenig hin," murmelte Ptizyn ganz betreten.

„Er droht uns sogar!" bemerkte Ganjä halblaut zur Schwester.

„Mich hinlegen!" schrie der General. „Ich bin nicht betrunken, mein werter Herr, Sie beleidigen mich. Ich sehe," und er erhob sich wieder vom Stuhl, „daß hier alle gegen mich sind, alle und alles. Genug! Ich gehe ... Doch wissen Sie, werter Herr, wissen Sie ..."

Man ließ ihn nicht weiter reden, man setzte ihn hin, man versuchte ihn zu beruhigen. Ganjä ging wutschnaubend in die äußerste Ecke des Zimmers. Nina Alexandrowna zitterte und weinte.

„Was habe ich ihm getan? Worüber beklagt er sich eigentlich!" rief Hippolyt wieder spöttisch zu der Gruppe hinüber.

„Wie, Sie hätten ihm nichts getan?" erwiderte ihm plötzlich Nina Alexandrowna. „Sie sollten sich schämen, einen alten Mann so unmenschlich zu quälen ... und dazu noch an Ihrer Stelle."

„Was heißt das, an Ihrer Stelle, gnädige Frau! Ich achte Sie sehr, gerade Sie persönlich, doch ..."

„Das ist ein Bohrer!" schrie wieder der General. „Er bohrt mir die Seele, das Herz durch! Er will mich zum Atheismus bekehren! Weißt du auch, du Milchbart, als du noch nicht geboren warst, da hatte man mich schon mit Ehren überhäuft; du aber bist nur ein neidischer Wurm, der in zwei Hälften gebrochen wird, vom Husten ... und der vor Bosheit und Unglauben stirbt ... Warum hat Gawrila dich hierher gebracht? Alle sind sie gegen mich, alle, und selbst der eigene Sohn!"

„Genug, spielen Sie hier keine Tragödie vor!" rief Ganjä. „Es wäre besser, wenn Sie uns nicht vor der ganzen Stadt Schande bereiten wollten!"

„Was, ich mache dir Schande, du Gelbschnabel! Ich – dir? Ich kann dir nur Ehre machen, doch nicht Schande."

Er war schon völlig außer sich und konnte sich nicht mehr beherrschen, doch auch Gawrila Ardalionytsch schien die Geduld zu reißen.

„Was reden Sie von Ehre!" rief er boshaft.

„Was hast du gesagt?" donnerte der General erbleichend und einen Schritt auf ihn zugehend.

„Ich brauchte nur den Mund zu öffnen, um ..." brüllte Ganjä, doch brach er plötzlich ab.

Beide standen sich in höchster Erregung gegenüber.

„Ganjä, was tust du!" rief Nina Alexandrowna und warf sich ihrem Sohn entgegen.

„Was für Torheiten!" unterbrach sie Warjä unwillig. „Lassen Sie ihn doch, Mama!"

„Nur der Mutter wegen schon ich dich," rief Ganjä pathetisch aus.

„Sprich!" brüllte der General in maßloser Wut, „sprich, oder fürchte meinen väterlichen Fluch! Sprich!"

„Als ob ich Ihren Fluch fürchtete, haha! Wer ist denn daran schuld, daß Sie seit acht Tagen ganz wie wahnsinnig sind? Den achten Tag, Sie sehen, ich weiß sogar das Datum ... Sehen Sie zu, daß Sie mich nicht zum Äußersten bringen, sonst sage ich alles ... Warum sind Sie gestern zu Jepantschin gegangen? Das nennt sich ein ehrenwerter Greis mit weißen Haaren, Familienvater! Wundervoll!"

„Schweige, Ganjka!" schrie Koljä, „schweige, Dummkopf!"

„Und ich, und ich, womit habe ich ihn denn beleidigt?" mischte sich Hippolyt wieder in spöttischem Tone ein. „Warum nennt er mich einen Bohrer, fragen Sie ihn doch? Er hat sich mir selbst aufgedrängt, kam und erzählte mir von einem Kapitän Jeropjegoff. Ich habe, wie Sie wissen, immer Ihre Gesellschaft gemieden, General, das sollten Sie wenigstens wissen. Was geht mich der Kapitän Jeropjegoff an? Sagen Sie sich das doch selbst. Ich bin doch nicht dieses Kapitäns wegen hierher gekommen? Ich habe ihm nur meine Meinung gesagt, daß dieser Kapitän

Jeropjegoff vielleicht überhaupt nicht existiert hat. Er erhob natürlich sofort ein großes Geschrei."

„Selbstverständlich hat er nicht existiert," schnitt ihm Ganjä das Wort ab.

Der General stand wie vom Schlage gerührt da und blickte sinnlos im Kreise herum. Die Worte des Sohnes hatten ihn durch ihre kaltblütige Offenheit vollständig niedergeschmettert. Im ersten Augenblick konnte er keine Worte finden. Nur zuletzt, als Hippolyt lachend auf die Antwort Ganjäs ausrief: „Nun haben Sie's gehört, Ihr eigener Sohn hat es doch gesagt, daß es einen Kapitän Jeropjegoff gar nicht gegeben hat!" – da murmelte er schließlich ganz leise vor sich hin:

„Kapiton Jeropjegoff, nicht Kapitän, Kapiton[] ... Oberst a. D. Jeropjegoff ... Kapiton ...."

„Auch einen Kapiton hat es nicht gegeben!" rief Ganjä ärgerlich.

„Warum ... hat es keinen gegeben?" murmelte der General und eine Röte stieg ihm ins Gesicht.

„Lassen Sie doch!" lenkten Ptizyn und Warjä ein.

„Schweig, Ganjka!" rief wieder Koljä dazwischen.

Der General jedoch schien es nicht begreifen zu wollen.

„Wie, gab es denn keinen? Warum hat es denn keinen gegeben?" schrie er drohend Ganjä an.

„Weil es eben keinen gegeben hat. Und damit basta. Er kann überhaupt nicht existiert haben! Verstehen Sie jetzt? Bitte, lassen Sie mich nun in Ruh, sage ich Ihnen."

„Und das soll mein Sohn sein ... mein leiblicher Sohn, den ich ... o, mein Gott! Jeropjegoff, Jeroschka Jeropjegoff soll nicht existiert haben!"

„Da, sehen Sie mal, einmal heißt er Jeroschka, das andere Mal Kapitoschka!" bemerkte Hippolyt.

„Kapitoschka, mein Herr, Kapitoschka und nicht Jeroschka! Kapiton, Kapiton Alexejewitsch, so ist's, Kapiton ... Oberstleutnant ... außer Diensten ... verheiratet mit Marja ... mit Marja ... Petrowna ... Ssu... Ssu... mein Freund und Kriegskamerad ... Ssutugowa, seit meiner Fähnrichszeit her. Ich habe für ihn vergossen ... ich habe ihn ... ich bin vernichtet! Einen Kapitoschka Jeropjegoff soll es nicht gegeben haben! Nicht gegeben!"

Der General rief Hölle und Himmel an, doch hätte man denken können, daß sein Geschrei ganz anderen Dingen galt. Zu anderer Zeit freilich hätte ihn eine viel beleidigendere Vermutung, als es die der absoluten Nichtexistenz Kapiton Jeropjegoffs war, überhaupt nicht weiter aufgeregt. Vielleicht hätte er auch geschrien, eine lange Geschichte erfunden, wäre vielleicht sogar außer sich geraten, zu guter Letzt aber würde er ruhig nach oben in sein Zimmer schlafen gegangen sein. Dieses Mal jedoch, infolge der bekannten Unberechenbarkeit des menschlichen Herzens, geschah es, daß dieser Zweifel an der Existenz Jeropjegoffs den Krug zum Überlaufen brachte. Der General, totenblaß, wie er war, schlug seine Hände über dem Kopf zusammen und schrie:

„Genug, mein Fluch komme über dieses Haus! Nikolai, hole meinen Reisesack, ich gehe ... fort, hinaus!"

Er stürzte hinaus, Nina Alexandrowna, Koljä, Ptizyn bemühten sich, ihn zurückzuhalten.

„Was hast du jetzt angerichtet!" wandte sich Warjä an den Bruder. „Er wird sich womöglich wieder dahin schleppen. Diese Schande! Diese Schande!"

„Dann soll er nicht stehlen!" schrie Ganjä immer noch wutschnaubend. Plötzlich begegneten seine Augen denen Hippolyts. Ganjä zuckte zusammen. „Und Sie, mein werter Herr," schrie er ihn an, „Sie sollten nicht vergessen, daß Sie in einem fremden Hause ... Gastfreundschaft genießen. Sie hätten den Alten, der offenbar von Sinnen ist, nicht reizen sollen ..."

Hippolyt fuhr gleichfalls zusammen, doch faßte er sich sofort wieder.

„Ich bin nicht Ihrer Meinung, daß Ihr Vater von Sinnen ist," antwortete er ihm ruhig. „Mir scheint im Gegenteil, daß sein Verstand sich in letzter Zeit verschärft hat, bei Gott: Sie glauben es nicht? So vorsichtig und mißtrauisch ist er geworden, jedes Wort wägt er ordentlich ... Nicht ohne Absicht hat er mir von diesem Kapitoschka erzählt; stellen Sie sich doch nur vor, er wollte mir einreden ..."

„Zum Teufel, was geht es mich an, was er Ihnen einreden wollte! Ich bitte Sie, mich nicht zu reizen und hier nicht zu intrigieren, mein Herr! Wenn Sie den wahren Grund wissen, warum der Alte in einer solchen Stimmung ist – Sie haben ja hier bei uns fünf Tage lang herumspioniert, so daß Sie ihn wohl wissen – so hätten Sie ihn nicht reizen sollen ... diesen Unglücklichen – und meine Mutter mit diesen Dingen nicht quälen sollen, da es sich ja doch nur um einen dummen Streich handelt, um einen Streich in der Betrunkenheit. Und er ist nicht einmal erwiesen ... es lohnt sich nicht einmal, davon zu sprechen ... Aber Sie, Sie natürlich müssen überall spionieren und herumschnüffeln, denn Sie sind ja ..."

„Ein Bohrer." Hippolyt lächelte hämisch.

„Weil Sie ein Nichtsnutz sind! Eine halbe Stunde lang quälen Sie Menschen und glauben sie zu erschrecken – mit Ihrer ungeladenen Pistole, und dem verfehlten Selbstmord. Ich habe Ihnen meine Gastfreundschaft angeboten, Sie sind hier dick geworden, haben aufgehört zu husten und Sie bezahlen mir das ..."

„Erlauben Sie, nur ein Wort; ich bin bei Warwara Ardalionowna und nicht bei Ihnen; Sie haben mir überhaupt keine Gastfreundschaft anzubieten, ich glaube, Sie genießen selbst Gastfreundschaft bei Herrn Ptizyn. Vor vier Tagen habe ich meine Mutter gebeten, mir hier in Pawlowsk eine Wohnung zu mieten, und sie ferner gebeten, selbst auch hierher zu ziehen, denn ich fühle mich tatsächlich hier besser, wenn ich auch durchaus nicht zugenommen habe, noch aufgehört habe, zu husten. Gestern abend teilte mir meine Mutter mit, daß die Wohnung fertig sei, und ich beeile mich meinerseits, Ihnen mitzuteilen, daß ich mich bei Ihrer Frau Mutter und Ihrer Frau Schwester für die mir erwiesene Gastfreundschaft bedanken werde, und heute abend ihr Haus verlasse. Entschuldigen Sie, ich hatte Sie unterbrochen; es schien mir, daß Sie noch etwas sagen wollten."

„Oh, wenn das so ist ..."

„Ja, wenn das so ist, so erlauben Sie, bitte, daß ich mich setze," fügte Hippolyt hinzu und setzte sich ruhig auf den Stuhl, auf dem der General gesessen hatte, „ich bin immerhin krank; doch bin ich jetzt bereit, Sie anzuhören, um so mehr, da es unser letztes Gespräch, ja, unsere letzte Begegnung sein dürfte."

Ganjä empfand plötzlich Gewissensbisse. „Glauben Sie denn, daß ich mich dazu hergeben werde, mit Ihnen abzurechnen, und wenn Sie ..."

„Sie tun vergeblich so von oben herab," unterbrach ihn Hippolyt. „Schon am ersten Tage meines Aufenthaltes hier, gab ich mir das Wort, Ihnen bei meinem Abschied aufrichtig die Wahrheit zu sagen. Ich habe die Absicht, es jetzt zu tun – nachdem Sie sich ausgesprochen haben, versteht sich."

„Und ich bitte Sie, dieses Zimmer zu verlassen."

„Sprechen Sie sich lieber aus, sonst werden Sie bedauern, es nicht getan zu haben."

„Hören Sie auf, Hippolyt, das ist alles so unwürdig ... Tun Sie mir den Gefallen und hören Sie auf!" sagte Warjä.

„Soll ich es der Dame wegen tun?" Hippolyt erhob sich lächelnd vom Stuhl. „Erlauben Sie, Warwara Ardalionowna, für Sie bin ich bereit, das Gespräch sofort abzukürzen, doch nur abzukürzen, denn einige Auseinandersetzungen mit Ihrem Bruder und mir sind unerläßlich, und ich kann mich nicht entschließen, fortzugehen, ohne das Mißverständnis beseitigt zu haben."

„Weil Sie einfach ein Klatschmaul sind," schrie Ganjä, „ohne Klatsch können Sie sich nicht entschließen, fortzugehen!"

„Sehen Sie," bemerkte kaltblütig Hippolyt, „da können Sie sich wieder nicht beherrschen. Wirklich, Sie werden es bedauern, nicht alles gesagt zu haben. Ich gebe Ihnen noch einmal das Wort. Ich werde warten."

Gawrila Ardalionytsch schwieg und betrachtete ihn verächtlich.

„Sie wollen nicht. Sie haben also die Absicht, Charakter zu zeigen – Ihr Wille geschehe. Was mich betrifft, so werde ich es nach Möglichkeit kurz machen. Zwei- oder dreimal hörte ich von Ihnen den Vorwurf, ich hätte Ihre Gastfreundschaft mißbraucht; das ist ungerecht. Sie wollten mich mit Ihrer Aufforderung in ein Netz fangen, Sie rechneten darauf, daß ich mich am Fürsten rächen wollte. Außerdem hörten Sie, daß Aglaja Iwanowna für mich Teilnahme bekundete und meine Beichte gelesen hatte. Sie rechneten aus irgendeinem Grunde darauf, daß ich Ihren Interessen ergeben sein würde, und hofften, in mir einen Helfer zu finden. Ich werde mich darüber nicht ausführlicher erklären! Ich verlange auch Ihrerseits durchaus kein Bekenntnis oder eine Bejahung. Es genügt, daß wir uns jetzt gegenseitig vollständig verstehen."

„Sie machen ja aus der allergewöhnlichsten Sache Gott weiß was!" rief Warjä ärgerlich aus.

„Ich habe es dir gesagt: ein Klatschmaul und Gelbschnabel ist er," murmelte Ganjä.

„Erlauben Sie, Warwara Ardalionowna, daß ich fortfahre. Den Fürsten kann ich freilich weder lieben, noch achten; doch ist er ein wirklich guter Mensch, wenn auch ein wenig ... lächerlich. Aber warum ich ihn hassen sollte, das sehe ich wirklich nicht ein? Ihr Bruder, der mit einem solchen Haß meinerseits rechnete, hat sich mir vollständig anvertraut. Wenn ich jetzt bereit bin, ihn zu schonen, so tue ich es nur Ihretwegen, Warwara Ardalionowna. Ich wollte Ihnen damit sagen, daß man mich nicht allzu leicht fangen kann. Ihren Herrn Bruder aber, den wollte ich vor sich selbst als Dummkopf hinstellen. Und das habe ich allerdings aus Haß getan, ich gestehe es offen ein. Auf meinem Sterbebett – ich werde ja doch bald sterben, obgleich Sie behaupten, daß ich dicker geworden sei – fühlte ich, daß ich unvergleichlich ruhiger in das Paradies eingehen würde, wenn es mir vorher noch gelänge, einem Vertreter dieser zahllosen Sorte von Menschen einen Streich zu spielen, die mich in meinem ganzen Leben so geärgert haben und die ich mein ganzes Leben hindurch gehaßt habe, und deren vollendetster Typ und Vertreter Ihr Herr Bruder ist. Ich hasse Sie, Gawrila Ardalionytsch, einzig und allein darum – das mag Ihnen sehr sonderbar vorkommen –, weil Sie der Typ und die Verkörperung dieser gemeinen, selbstzufriedenen Gewöhnlichkeit sind. Dieser Gewöhnlichkeit, die an nichts mehr zweifelt, die von olympischer Ruhe und Vollendung ist. In Ihrem Verstande, in Ihrem Herzen haben Sie noch nie auch nur die allerkleinste Idee geboren. Und neidisch sind Sie, grenzenlos neidisch; Sie sind fest davon überzeugt, daß Sie das größte Genie seien, nur hin und wieder in schwachen Stunden steigt ein Zweifel in Ihnen auf, und dann werden Sie böse und neidisch, unendlich neidisch! Oh, einige schwarze Wölkchen haben Sie noch an Ihrem Horizonte, doch auch die werden verschwinden, wenn Sie schließlich ganz verdummt sein werden, was nicht mehr lange dauern kann. Immerhin steht Ihnen ein langer und abwechslungsvoller Weg bevor – kein froher Weg, und das freut mich. Doch eines sage ich Ihnen: Eine gewisse Person werden Sie doch nicht bekommen ...“

„Das ist ja unerträglich!“ schrie Warjä. „Hören Sie doch endlich auf, Sie giftige Kröte.“

Ganjä war erbleicht, zitterte und schwieg. Hippolyt verstummte und betrachtete ihn mit ersichtlicher Schadenfreude, darauf sah er Warjä an, lächelte, verbeugte sich vor ihr und ging hinaus, ohne auch nur ein Wort hinzuzufügen.

Gawrila Ardalionytsch konnte sich wirklich über sein Schicksal und seine Mißerfolge beklagen. Warjä schwieg eine Zeitlang und wagte ihn weder anzusehen noch anzusprechen, während er mit großen Schritten vor ihr auf und ab ging. Zuletzt ging er ans Fenster und kehrte ihr den Rücken zu. Warjä dachte an das russische Sprichwort: „Jedes Unangenehme hat auch sein Gutes.“ Im oberen Stock hörte man wieder lärmen.

„Du gehst?“ wandte sich Ganjä plötzlich an seine Schwester, als er hörte, daß sie aufstand. „Warte ein wenig: Du kannst das lesen.“

Er reichte ihr ein kleines zusammengefaltetes Zettelchen hin.

„Mein Gott!“ rief Warjä und schlug die Hände zusammen.

Das Zettelchen enthielt sieben Zeilen.

„Gawrila Ardalionytsch! Da ich mich davon überzeugt habe, daß Sie mir wohlwollen, so habe ich mich entschlossen, Sie in einer für mich sehr ernsten Angelegenheit um Rat zu bitten. Ich möchte Sie morgen früh um sieben Uhr auf der grünen Bank treffen, die nicht weit entfernt von unserer Datsche steht. Warwara Ardalionowna, die Sie unbedingt begleiten muß, kennt diesen Platz sehr gut. A. J.“

„Da soll man nach alledem noch aus ihr klug werden!“ sagte Warwara Ardalionowna, die Hände ringend.

Wie gerne Ganjä in dieser Minute auch triumphiert hätte, so mußte er sich doch wegen des Vorhergegangenen zusammennehmen. Immerhin glänzte ein selbstzufriedenes Lächeln auf seinem Gesicht und Warjä selbst war freudig erregt.

„Und das am selben Tage, an dem sie ihre Verlobung feiern soll! Da soll noch einer aus ihr klug werden!“

„Was glaubst du, was wird sie mir morgen zu sagen haben?“ fragte Ganjä.

„Das ist doch gleichgültig, die Hauptsache ist doch, daß sie dich nach sechs Monaten zum erstenmal wieder sprechen will. Höre mich an, Ganjä: was es auch sei, vergiß nicht, daß diese Zusammenkunft von großer Wichtigkeit ist! Prahle nicht wieder, mache keine Dummheiten, aber sei auch kein Feigling, sieh zu! Sie muß doch wissen, warum ich mich ein halbes Jahr lang täglich zu ihnen schleppte? Und denke dir nur: nicht ein Wort hat sie mir heute davon gesagt, nicht eine Silbe! Ich habe es heute doch wieder riskiert, hinzugehen – die Alte wußte nicht, daß ich da war, sonst hätte sie mich vielleicht hinausgeworfen. Nur deinetwegen habe ich es getan, um zu erfahren ...“

Im oberen Stock wurde der Lärm noch lauter; Schritte kamen die Treppe herunter.

„Um alles in der Welt darf jetzt nichts geschehen!“ rief Warjä erschrocken. „Damit kein Schatten eines Skandals ... Geh’, bitt’ ihn um Verzeihung!“

Der Vater der Familie befand sich schon auf der Straße. Koljä trug ihm den Reisesack nach. Nina Alexandrowna stand auf der Treppe und weinte; sie wollte ihm nachlaufen, doch Ptizyn hielt sie zurück.

„Sie werden ihn damit nur noch mehr aufregen,“ sagte er zu ihr. „Wohin soll er denn gehen, in einer halben Stunde kommt er wieder; ich habe schon mit Koljä gesprochen; lassen Sie ihn sich austoben.“

„Was tun Sie denn da, wohin gehen Sie denn!" rief ihm Ganjä aus dem Fenster nach.

„Kommen Sie zurück, Papa. Die Nachbarn werden es erfahren."

Der General blieb stehen, erhob seine Hand und rief:

„Verflucht sei mein ganzes Haus!"

„Immer wieder theatralisch!" murmelte Ganjä und schlug das Fenster zu.

Die „Nachbarn" hatten die Szene natürlich beobachtet. Warjä lief aus dem Zimmer.

Als Ganjä allein war, nahm er das Zettelchen vom Tisch und küßte es. Dann schnalzte er mit der Zunge und machte ein paar Tanzschritte.

### III.

Die Empörung des Generals wäre zu jeder anderen Zeit ohne Folgen geblieben. Es waren auch schon früher Fälle solcher plötzlichen Anwandlungen vorgekommen, wenn auch sehr selten, denn der General war im Grunde genommen ein friedlicher und gütiger Mensch. Er hatte in den letzten Jahren vielleicht schon hundertmal gegen die ihn beherrschende Unordnung anzukämpfen versucht. Er erinnerte sich dann plötzlich, daß er Vater einer Familie war, versöhnte sich mit seiner Frau und weinte aufrichtige Tränen der Reue. Er verehrte Nina Alexandrowna bis zur Vergötterung, weil sie ihm schweigend alles verzieh und ihn selbst jetzt in seiner lächerlichen und erniedrigten Gestalt liebte. Doch dieser heldenmütige Kampf gegen sein unordentliches, lasterhaftes Leben dauerte gewöhnlich nicht lange an. Der General war zu gleicher Zeit ein sehr heftiger Mensch, freilich ein in seiner Art heftiger Mensch: Er konnte dieses gefesselte und tatenlose Leben in seiner Familie nicht ertragen und empörte sich immer wieder gegen dasselbe; er wurde wieder abenteuerlich, unstet, und wenn er sich auch selbst deshalb Vorwürfe machte, so konnte er sich doch nicht beherrschen; er stritt mit allen, redete schön und pathetisch, verlangte grenzenlose und unmögliche Hochachtung seiner Person gegenüber – verschwand dann wieder aus dem Hause, oft sogar auf lange Zeit. Die letzten zwei Jahre kümmerte er sich um die Familienangelegenheiten überhaupt nicht mehr oder wußte nur etwas vom Hörensagen von ihnen: auf sie näher einzugehen, dazu fehlte ihm jegliche Neigung.

Diesmal jedoch lag der Empörung des Generals etwas ganz besonderes zugrunde; alle schienen irgend etwas zu wissen und alle fürchteten sich, irgend etwas zu sagen. Der General war „formell" in der Familie oder bei Nina Alexandrowna vor etwa drei Tagen erschienen, doch nicht etwa reuig und friedlich, wie es sonst der Fall gewesen, sondern im Gegenteil, sehr gereizt. Auch war er gesprächig und unruhig, stürzte sich mit Feuer in jede Unterhaltung, sprach von verschiedenen und ganz unerwarteten Dingen, so daß niemand eigentlich verstehen konnte, weswegen er sich im Grunde genommen beunruhigte. Er war bald heiter, bald nachdenklich, bald gesprächig, er erzählte von Jepantschins, vom Fürsten, von Lebedeff, plötzlich brach er ab und hörte ganz auf zu sprechen, auf alle weiteren Fragen antwortete er nur mit einem blöden Lächeln, ja, er bemerkte nicht einmal, ob man ihn fragte, sondern lächelte nur. Die letzte Nacht verbrachte er stöhnend und seufzend, störte Nina Alexandrowna, die ihm die ganze Nacht über kalte Kompressen machte: gegen Morgen schlief er ein, schlief ungefähr vier Stunden und erwachte in sehr schlechter, hypochondrischer Stimmung, weshalb es denn auch zu dem Streit mit Hippolyt und zur Verfluchung „seines ganzen Hauses" kam. Man hatte auch bemerkt, daß in diesen drei Tagen ein ganz ungewöhnliches Ehrgefühl und infolgedessen eine ungewöhnliche Empfindlichkeit sich bei ihm gezeigt hatte. Koljä bestand darauf und versicherte der Mutter, daß der Kummer des Alten eine Folge der Nüchternheit sei oder der Sehnsucht nach Lebedeff, mit dem sich der General in der letzten Zeit so angefreundet hatte. Doch vor drei Tagen hatte er sich plötzlich auch mit Lebedeff verzankt und beide waren in großer Wut und Feindschaft auseinandergegangen – auch mit dem Fürsten hatte er eine Auseinandersetzung gehabt! Koljä hatte den Fürsten um eine Erklärung über das, was sich zwischen ihnen zugetragen, gebeten und dabei bemerkt, daß der Fürst ihm etwas verheimlichte. Falls nun wirklich eine Aussprache zwischen Hippolyt und Nina Alexandrowna stattgefunden haben sollte, wie Ganjä mit solcher Bestimmtheit annahm, so war es doch sonderbar, daß dieser bösartige und klatschhafte Junge, wie Ganjä Hippolyt benannte, durchaus kein Vergnügen darin fand, auch Koljä über die Sache aufzuklären. Also wäre es doch möglich, daß dieser „boshafte" Junge von einer anderen Art Bosheit war, und es ist auch nicht anzunehmen, daß er Nina Alexandrowna seine Beobachtungen mitgeteilt hatte, nur, um „ihr Herz zu zerreißen". Vergessen wir nicht, daß die Gründe aller menschlichen Handlungen gewöhnlich zahllos, sehr verwickelt und so verschiedenartig sind, daß der Autor viel besser tut, wenn er sich nur mit der einfachen Wiedergabe der Tatsachen begnügt. So werden wir wenigstens bei der weiteren Entwicklung der Katastrophe mit dem General verfahren, denn wir müssen den Personen zweiten Ranges in unserer Erzählung hier ohnehin schon mehr Aufmerksamkeit und Platz schenken, als wir es bis jetzt vorgesehen hatten.

Diese Ereignisse folgten, eines dem anderen, in folgender Ordnung:

Als Lebedeff mit dem General von seinen Nachforschungen nach Ferdyschtschenko am selben Tage aus Petersburg zurückgekehrt war, hatte er dem Fürsten von dem Ergebnis nichts mitgeteilt. Wenn der Fürst zu dieser Zeit nicht gerade mit ganz anderen Dingen und für ihn viel wichtigeren Eindrücken beschäftigt gewesen wäre, so hätte er es wohl bemerken müssen, wie Lebedeff in diesen zwei Tagen geradezu eine Begegnung mit ihm zu vermeiden schien, geschweige denn ihm eine Erklärung darüber abzugeben wünschte. Als dies dem Fürsten endlich auffiel, so wunderte es ihn, daß er bei jeder zufälligen Begegnung mit Lebedeff diesen in der allerbesten und heitersten Laune und fast immer mit dem General zusammen getroffen hatte. Die beiden Freunde schienen einfach unzertrennlich zu sein. Oft hörte der Fürst über sich im zweiten Stock ihre lauten und lebhaften Gespräche, ihre fröhlichen Lachsalven. Einmal, am späten Abend, vernahm er aus Lebedeffs Zimmer Töne eines bacchantischen Kriegsliedes und erkannte sofort den heiseren Baß des Generals. Doch brach das Lied plötzlich ab. Darauf hörte er noch eine Stunde lang ein begeistertes Gespräch, das offenbar im Rausch geführt wurde. Die beiden Freunde schienen sich zu küssen und zu umarmen und einen von ihnen hörte man plötzlich weinen. Darauf folgte ein heftiger Streit, der wieder abbrach. Koljä war die ganze Zeit in sorgenvoller, gespannter Stimmung. Den Fürsten traf er meistens nicht zu Hause an, denn dieser kehrte abends immer sehr spät heim, doch hatte man ihm jedesmal gemeldet, daß Koljä ihn gesucht und nach ihm gefragt hätte. Als Koljä ihn dann einmal antraf, wußte er ihm jedoch nichts besonderes zu sagen, außer daß er sehr „unzufrieden“ mit dem General und seiner jetzigen Aufführung sei. „Er treibt sich hier mit Lebedeff in der Trinkstube herum, sie umarmen sich und schimpfen sich auf der Straße und können nicht voneinander lassen.“ Als der Fürst daraufhin bemerkte, daß es früher ebenso gewesen wäre, wußte Koljä wirklich nicht, was er darauf antworten und wie er erklären sollte, worin seine jetzige Unruhe bestand.

Als der Fürst am nächsten Morgen nach dem bacchantischen Liede und dem darauffolgenden Streit aus dem Hause gehen wollte, erschien vor ihm plötzlich, außerordentlich aufgeregt und fast erschüttert, der General.

„Ich habe schon lange die Ehre und die Gelegenheit gesucht, Ihnen zu begegnen, hochverehrter Lew Nikolajewitsch, schon lange, lange,“ sagte er, und drückte heftig, bis zur Schmerzhaftigkeit, die Hand des Fürsten. „Schon sehr, sehr lange.“

Der Fürst forderte ihn auf, sich zu setzen.

„Nein, ich nehme nicht Platz, zudem würde ich Sie aufhalten, ich – werde ein anderes Mal kommen. Ich glaube, ich kann Ihnen gratulieren ... zur Erfüllung Ihres Herzenswunsches ...“

„Welch eines Herzenswunsches?“ Der Fürst stutzte und eine gewisse Verwirrung kam über ihn. Er hatte, wie viele andere in seiner Lage, gedacht, daß niemand etwas bemerkt, erraten oder verstanden habe ...

„Seien Sie unbesorgt, seien Sie unbesorgt! Ich werde Ihre zarten Gefühle nicht verletzen. Ich habe es selbst empfunden, und ich weiß, wie es ist, wenn ein Fremder ... sozusagen, seine Nase ... wie nach dem Sprichwort ... in Dinge steckt ... wo er nichts zu suchen hat. Ich habe das jetzt selbst jeden Morgen zu empfinden gehabt. Doch, ich komme in einer anderen Angelegenheit, in einer wichtigen ... einer sehr wichtigen Angelegenheit, Fürst.“

Der Fürst bat ihn noch einmal, sich zu setzen und nahm selbst Platz.

„Doch nur auf eine Sekunde ... ich kam, um Sie um einen Rat zu bitten ... ich habe freilich bis jetzt ohne praktische Ziele gelebt, doch ich achte jede ... Tätigkeit, die gerade der russische Mensch so oft versäumt ... nun aber ... ich möchte mir, meiner Frau und meinen Kindern eine Stellung schaffen ... mit einem Wort, Fürst, ich suche einen Rat.“

Der Fürst lobte mit Eifer seine Absicht.

„Doch alles das würde nichts bedeuten,“ unterbrach ihn schnell der General, „die Hauptsache ist nicht dies, sondern etwas anderes, viel Wichtigeres. Ich habe mich entschlossen, mich Ihnen zu erklären, als einem Menschen, dessen Aufrichtigkeit und Ehrenhaftigkeit ich kenne, und an die ich glaube bis ... bis ... Sie wundern sich doch nicht über meine Worte, Fürst?“

Der Fürst hörte seinem Gast, wenn auch nicht besonders erstaunt, so doch mit großer Aufrichtigkeit und Neugier zu. Der General war bleich, seine Lippen zitterten leicht und seine Hände schienen keinen ruhigen Platz finden zu können. Er saß kaum einen Augenblick und schon erhob er sich wieder, um sich dann abermals hinzusetzen. Augenscheinlich schenkte er seiner Haltung überhaupt keine Beachtung. Auf dem Tisch lagen Bücher: er nahm ein Buch, schlug es auf, schlug es wieder zu, legte es auf den Tisch zurück und griff nach einem andern Buch, das er nicht aufschlug, aber in die rechte Hand nahm und damit in der Luft herumfuchtelte.

„Genug!“ rief er plötzlich. „Ich sehe, daß ich Sie nur belästige.“

„Aber durchaus nicht, ich bitte Sie, ich höre Ihnen im Gegenteil gerne zu und bemühe mich zu erraten ...“

„Fürst! ich wünsche geachtet zu werden ... vor mir selbst und meinen ... Rechten Achtung zu haben.“

„Ein Mensch, der solche Wünsche hat, ist schon der Achtung wert.“

Der Fürst sagte diese Worte, überzeugt, daß sie eine gute Wirkung ausüben würden. Er hatte instinktiv erraten, daß eine vielleicht leere, doch angenehme Phrase, zur rechten Zeit gesagt, die Seele eines solchen Menschen, eines Menschen in der Lage des Generals, beruhigen und erleichtern müsse. Vor allen Dingen sah er ein, daß er diesem Gast das Herz erleichtern müsse. Das war die Aufgabe.

Die Phrase schmeichelte, rührte und gefiel denn auch sehr: der General veränderte sofort seinen Ton, wurde überschwenglich und verfiel in feierlich lange Erläuterungen. Doch wie der Fürst sich auch anstrengen mochte, wie aufmerksam er ihm auch zuhörte, er konnte buchstäblich nicht verstehen, um was es sich handelte. Der General sprach zehn Minuten lang begeistert, schnell, kaum daß er die auf ihn einstürmende Menge der Gedanken aussprechen konnte – in seinen Augen glänzten sogar Tränen – und doch waren es nur Phrasen ohne Anfang und Ende, ganz unerwartete Worte, überraschende Gedanken, alles mögliche durcheinander und übereinander geworfen.

„Genug! Sie haben mich verstanden, und ich bin beruhigt,“ schloß er plötzlich, sich von neuem erhebend. „Ein Herz wie das Ihre kann nicht umhin, einen Leidenden zu verstehen. Fürst, Sie sind so edel wie ein Ideal! Was sind die anderen im Vergleich zu Ihnen? Doch Sie sind noch jung, und deshalb segne ich Sie. Aber der Endzweck meines Kommens war, – Sie zu bitten, mir Tag, Ort und Stunde anzugeben, wann und wo ich mit Ihnen eine wichtige Angelegenheit besprechen könnte. Ich suche nichts als Freundschaft und Herz, Fürst.“

„Aber weshalb nicht jetzt gleich? Ich bin gern bereit ...“

„Nein, Fürst, nein!“ unterbrach ihn der General lebhaft. „Nicht jetzt! Das ist gar zu wichtig, das ist von gar zu großer Wichtigkeit! Diese eine Stunde unserer Unterhaltung wird für mich von schicksalsschwerer Bedeutung sein. Das soll *meine* Stunde sein, und ich würde nicht wünschen, daß man uns in so heiligen Minuten stört, was schließlich jeder erste beste tun kann, jeder Unverschämte, der plötzlich eintritt, und vielleicht sogar,“ fuhr er in fast ängstlichem Flüsterton fort, sich näher zum Fürsten beugend, „ein ... ein Frechling, der nicht einmal Ihren Stiefelabsatz wert ist ... nicht einmal den Absatz Ihres Stiefels, vielgeliebter Fürst! oh, ich sage nicht: meines Stiefels! Vergessen Sie nicht, daß ich nicht meines Stiefels gesagt habe! Ich achte mich viel zu sehr, um Ausflüchte zu machen ... nur Sie allein sind fähig, zu begreifen, daß ich, indem ich in diesem Falle meinen Absatz sozusagen zurücksetze – daß ich hierbei einen ungeheuren Stolz im Bewußtsein meiner Würde beweise. Außer Ihnen wird mich niemand begreifen, *er* aber ist an der Spitze der anderen! Er begreift überhaupt nichts, Fürst, er ist vollkommen, vollkommen unfähig zu begreifen! Um begreifen zu können, muß man Herz haben!"

Schließlich durchfuhr den Fürsten denn doch ein gelinder Schreck, und er sagte dem General nach diesen krausen Reden bereitwillig, daß er ihn am nächsten Tage um dieselbe Zeit erwarten würde, worauf ihn dieser denn getröstet und beruhigt und fast sogar ermuntert verließ. Am Abend, gegen sieben Uhr, ließ der Fürst Lebedeff auf einen Augenblick zu sich bitten.

Lebedeff erschien unverzüglich, „es sich zur Ehre anrechnend", wie er schon in der Tür zu versichern begann. Nichts, aber auch nichts verriet, daß er drei Tage lang sich gleichsam vor dem Fürsten versteckt oder doch wenigstens ein Zusammentreffen mit ihm vermieden hatte. Er setzte sich auf den Rand des Stuhles, auf den der Fürst gewiesen hatte, lächelte und blinzelte und schnitt unbewußt Grimassen, während seine lachenden Augen flink beobachteten, und er sich händereibend in der naivsten Weise irgend etwas zu vernehmen vorbereitete, eine gewisse kapitale Nachricht, deren Sinn wohl schon längst von allen erraten war. Der Fürst stutzte wieder: er begriff plötzlich, daß alle jetzt etwas von ihm erwarteten; sahen ihn doch seit einiger Zeit alle so seltsam lächelnd an, und schienen doch alle das offenkundige Verlangen zu haben, ihn zu beglückwünschen, was sie ihm in Andeutungen auch genug zu verstehen gaben. Keller war bereits dreimal „nur auf einen Moment" erschienen, mit dem sichtlichen Wunsch, zu gratulieren: er hatte jedesmal begeistert, doch nichtsdestoweniger unverständlich zu sprechen begonnen, jedoch keinen Satz beendet, sondern sich festgerannt – und dann war er wieder schleunigst verduftet. In den letzten Tagen schwelgte er tüchtig in Alkohol und lärmte in irgendeiner Billardstube. Selbst Koljä hatte trotz seiner Niedergeschlagenheit zweimal ziemlich unklar zu reden angefangen.

Der Fürst wurde etwas nervös und fragte Lebedeff gereizt nach seiner Meinung über den gegenwärtigen Zustand des Generals: ob er den Grund wisse, weshalb jener so unruhig sei? Und er erzählte ihm zum Schluß in kurzen Worten das letzte Gespräch, das er mit dem General gehabt hatte.

„Heutzutage hat jedermann seine Unruhe, Fürst, und ... das ist nun mal so in unserem unruhigen Jahrhundert. Tja!" antwortete Lebedeff auffallend trocken und verstummte gekränkt, mit der Miene eines Menschen, der in seinen Erwartungen grausam enttäuscht worden ist.

„Sie sind ja Philosoph!" meinte der Fürst mit einem Lächeln.

„Ohne das geht's nicht. Philosophie tut heutzutage allerorten not – ich rede vornehmlich von der praktisch angewandten –, nur wird sie nicht genügend beachtet; das ist's. Was jedoch mich betrifft, hochgeehrter Fürst, so haben Sie mich zwar in einem Ihnen wohlbekannten Punkte durch Ihr Vertrauen auszuzeichnen geruht, jedoch nur bis zu einer gewissen Grenze, und darüber hinaus keinen Schritt weiter, also wie gesagt, nur insofern, als es sich auf diesen einen Punkt bezog ... Das begreife und fühle ich, doch will ich deshalb nicht klagen."

„Kommen Sie nur mit der Wahrheit heraus, Lebedeff, Sie scheinen sich über irgend etwas zu ärgern?"

„Keineswegs, mitnichten, hochverehrter, durchlauchtigster Fürst, nicht im allermindesten!" versicherte Lebedeff, im Augenblick belebt, und preßte die Hand wieder ans Herz. „Ich habe vielmehr sogleich begriffen, daß ich weder durch meine gesellschaftliche Stellung, noch durch meine Herzens- und Geistesentwicklung, noch durch Erwerb von Reichtümern, noch durch meine frühere Aufführung, zumal auch meine Kenntnisse an die Ihrigen nicht hinanreichen –, daß ich dieserhalb durch nichts Ihr ehrendes, hoch erhaben über all meinen Hoffnungen stehendes Vertrauen verdient habe, und ich, falls Sie sich meiner zu bedienen belieben, Ihnen nur als Sklave und Mietling zu dienen vermag, nicht anders ... ich ärgere mich also nicht, wohl aber bin ich tief betrübt."

„Lukjan Timofejewitsch, Gott, was reden Sie da!"

„Jawohl: nicht anders! Und so ist es auch jetzt im vorliegenden Fall! Indem ich Ihnen mit meinem Herzen und meinen Gedanken überallhin folgte, sprach ich also zu mir selbst: freundschaftlichen Verhaltens seinerseits bin ich zwar nicht wert, doch in meiner Eigenschaft als Besitzer des Hauses, in dem er wohnt, könnte ich vielleicht zur rechten Zeit sozusagen Verhaltungsvorschriften für die zu ergreifenden Maßregeln empfangen, im Hinblick auf etwaige bevorstehende oder zu erwartende Veränderungen ... wie gesagt ..."

Lebedeffs listige Äuglein blickten unverwandt den Fürsten an, der ihn verständnislos und vom Kopf bis zu den Füßen betrachtete. Offenbar wollte Lebedeff die Hoffnung, daß seine Neugier endlich befriedigt werden würde, nicht so leichten Kaufes aufgeben.

„Ich verstehe kein Wort," sagte schließlich der Fürst ungehalten. „Sie ... Sie sind ein grauenvoller Intrigant!" schloß er plötzlich herzlich auflachend.

Im Augenblick begann auch Lebedeff zu lachen, während sein aufleuchtender Blick sofort verriet, daß seine Hoffnung sich verdoppelt hatte.

„Wissen Sie, was ich Ihnen sagen werde, Lukjan Timofejewitsch? Seien Sie mir nur nicht böse ... Ich kann mich wirklich bloß wundern über Ihre Naivität, und nicht nur über die Ihre allein! Sie erwarten mit einer so erstaunlichen Naivität etwas von mir – gerade jetzt, gerade in diesem Augenblick –, daß ich mich vor Ihnen geradezu schäme und mich fast sogar irgendwie schuldig fühle, weil ich nichts habe, womit ich Sie befriedigen könnte, wirklich, ich schwöre es Ihnen," beteuerte der Fürst lachend.

Lebedeff setzte eine wichtige Miene auf. Bisweilen konnte er allerdings etwas gar zu naiv und zudringlich werden mit seiner Neugier, doch war er sonst ein selten schlauer Kopf und verstand es vorzüglich, sich glatt wie ein Aal jeder Hand, die nach ihm griff, zu entwinden, wenn er sich nicht selbst greifen lassen wollte; in gewissen Fällen aber war er, der sonst viel zu viel redete, geradezu hinterlistig schweigsam, wenn ihm Schweigen ratsamer schien als Reden. Ohne zu wollen, machte der Fürst ihn fast zu seinem Feinde, indem er ihn mit seiner Neugier immer wieder zurückwies; nur tat er es nicht etwa deshalb, weil er ihn verachtete, sondern weil der Gegenstand seiner Neugier für den Fürsten ein gar zu peinliches Thema war. Betrachtete der Fürst doch noch vor ein paar Tagen gewisse „Traumgedanken", in denen er sich mitunter unbewußt verlor, direkt als Verbrechen. Lebedeff jedoch faßte diese Abweisungen des Fürsten als Ausdruck persönlicher Antipathie und großen Mißtrauens auf und war in diesem Punkte nicht nur auf Koljä und Keller, sondern auch auf seine leibliche Tochter Wjera Lukjanowna eifersüchtig. In diesem Augenblick zum Beispiel hätte er dem Fürsten etwas mitteilen können, das diesen sehr interessiert haben würde, doch er verstummte gekränkt und teilte nichts mit, obwohl er es selbst ganz gern getan hätte.

„Womit also kann ich Ihnen denn jetzt dienen, hochverehrter Fürst, da Sie mich doch immerhin ... herbestellt haben?" fragte er schließlich nach längerem Schweigen.

„Ja, ich wollte mich eigentlich nur nach dem General erkundigen," sagte der Fürst, aus seiner Gedankenversunkenheit auffahrend, „und ...

wie steht es nun mit diesem Diebstahl, von dem Sie mir Mitteilung machten ..."

„Von dem ich – was?"

„Ach, als ob Sie mich nicht verstehen! Weiß Gott, Lukjan Timofejewitsch, Sie müssen sich aber auch ewig verstellen! Das Geld, das Geld, die vierhundert Rubel, die Sie damals verloren haben, mit der ganzen Brieftasche, Sie wissen doch, und von denen Sie mir dann hier erzählten, am Morgen, bevor Sie nach Petersburg fuhren – haben Sie endlich begriffen?"

„Ach so, Sie reden von jenen Vierhundert!" sagte Lebedeff enttäuscht und als entsänne er sich jetzt erst. „Ich danke Ihnen, Fürst, für Ihre aufrichtige Teilnahme, ich fühle mich sehr geehrt durch sie, nur ... ich habe sie bereits gefunden, und zwar schon vor langer Zeit."

„Gefunden? Ach, Gott sei Dank!"

„Dieser Ausruf bekundet Ihre edle Denkweise, Fürst, denn vierhundert Rubel zu verlieren – das ist kein Kinderspiel für einen armen Familienvater, der seine verwaisten Kinder durch schwere Arbeit ernähren muß ..."

„Nein, so war es eigentlich nicht gemeint, ich meinte nicht das ... Natürlich freut es mich, daß Sie sie gefunden haben," verbesserte sich der Fürst, „aber ... wie haben Sie sie denn gefunden?"

„Äußerst einfach: unter dem Stuhl, über dessen Lehne ich meinen Hausrock geworfen hatte, so daß die Brieftasche offenbar aus der Rocktasche herausgefallen sein muß."

„Wie – unter dem Stuhl? Das ist doch nicht möglich ... Sie sagten mir doch selbst, daß Sie überall gesucht hätten – wie konnten Sie dann die wichtigste Stelle übersehen?"

„Das ist es ja eben, daß ich überall gesucht habe! Das weiß ich selbst nur zu gut, nur zu gut! Ich bin auf den Knien im Zimmer umhergekrochen, habe jedes Brett des Fußbodens mit der Hand befühlt, da ich meinen eigenen Augen nicht genügend traute. Und obschon ich sah, daß da nichts war, fuhr ich doch fort, mit der Hand alles zu befühlen. Dieser Kleinmut ist jedem Menschen eigen, wenn es sich ums Suchen verlorener Gegenstände handelt ... oder um ähnliches Verschwinden seines Eigentums. So etwas ist sehr betrübend: er sieht doch, daß dort nichts ist, und dennoch wird er mindestens fünfzehnmal nach jeder leeren Stelle hinblicken: ich sehe doch mit meinen eigenen Augen, daß dort nichts auf dem Fußboden liegt, die Stelle ist glatt wie hier meine Handfläche, und dennoch fahre ich fort, sie zu betasten."

„Nun ja ... aber wie ist denn das? ... Ich verstehe Sie noch immer nicht," sagte der Fürst, dessen Gedanken im Augenblick halb betäubt waren. „Sie sagten doch früher, daß Sie trotz allen Suchens nichts gefunden hätten, und nun plötzlich ..."

„Und nun plötzlich habe ich gefunden."

Der Fürst blickte Lebedeff eigentümlich an.

„Und der General?" fragte er nach einer Weile.

„Der General? Was ist mit dem?" begriff Lebedeff wieder nicht.

„Ach, Gott! Ich frage, was der General dazu sagte, als Sie die Brieftasche unter dem Stuhl fanden? Sie haben doch mit ihm zusammen gesucht."

„Anfangs allerdings mit ihm zusammen. Doch ich zog es vor, ihm bisher nichts davon zu sagen, daß ich die Brieftasche selbst und allein gefunden hatte."

„Aber ... weshalb das? Das Geld ist doch vollzählig?"

„Ich öffnete die Brieftasche, sah nach: alles bis auf den letzten Rubel, nichts hat er angerührt."

„Hätten Sie mir das doch gleich gesagt!" sagte der Fürst mit leisem Vorwurf und versank in Gedanken.

„Ich fürchtete, Sie zu beunruhigen, Fürst, bei Ihren persönlich in dieser Zeit empfangenen tiefgehenden Eindrücken. Und außerdem gab ich mir auch selbst den Anschein, als hätte ich nichts gefunden. Die Brieftasche öffnete ich, sah hinein, zählte nach, schloß sie wieder und legte sie zurück auf dieselbe Stelle unter dem Stuhl."

„Aber weshalb denn das?"

„S—so—o, aus Neugier; um zu sehen, was weiter geschehen würde. Hehe," meinte Lebedeff, mit seligem Lächeln sich die Hände reibend.

„Und so liegt sie auch jetzt noch dort, seit drei Tagen?"

„Oh, nein; bloß vierundzwanzig Stunden lag sie so dort. Ich, sehen Sie mal, ich wollte zum Teil, daß der General sie selbst fände. Denn wenn ich sie gefunden habe, weshalb soll dann schließlich nicht auch der General sie finden können, da sie doch dort, auf dem Boden liegend, einem jeden sozusagen in die Augen springt – denn der Stuhl verdeckt sie doch nicht!

Und ich habe noch mehrmals diesen Stuhl umgestellt, so, wissen Sie, ganz harmlos im Vorübergehen, so daß die Brieftasche wie auf dem Präsentierteller lag, doch der General bemerkte sie kein einziges Mal! Und das dauerte so ganze zwölf Stunden. Er muß doch, wie man sieht, recht zerstreut sein, man kann gar nicht mehr aus ihm klug werden. Er spricht, spricht, erzählt, lacht – und plötzlich ärgert er sich über mich ohne jede Veranlassung, ich begreif' ihn wahrhaftig nicht! Schließlich verließen wir das Zimmer, ich aber ließ die Tür absichtlich offen stehen; er – ich sah es wohl – er zögerte ein wenig und wollte schon etwas sagen, fürchtete wahrscheinlich für die Brieftasche, die mit so viel Geld dort liegen blieb, doch plötzlich ärgerte er sich entsetzlich und sagte nichts; keine zwei Schritt gingen wir auf der Straße zusammen, da verließ er mich, ohne ein Wort zu sagen, und ging in der entgegengesetzten Richtung davon. Erst am Abend trafen wir uns wieder im Restaurant."

„Aber schließlich haben Sie die Brieftasche doch aufgehoben?"

„N–nein, in derselben Nacht verschwand sie von dort."

„Aber, wo ist sie denn jetzt?"

„Hi–ier," sagte plötzlich Lebedeff lachend, erhob sich halbwegs vom Stuhl, tippte auf den vorderen Zipfel seines linken Rockschoßes und blickte den Fürsten mit unschuldig gutmütigen Augen an. „Plötzlich befand sie sich hier in meinem eigenen Rockschoß. Hier, bitte, sich zu überzeugen, fühlen Sie mal."

In der Tat bildete sich vorn in der Rockschoßecke, gerade auf der sichtbarsten Stelle eine kleine Erhöhung, die, wie man auf den ersten Blick erkannte, von einem viereckigen, zwischen dem Oberzeug und dem Rockfutter befindlichen Gegenstande, einem größeren Portemonnaie oder einer Brieftasche, herrühren konnte.

„Ich nahm sie heraus, sah nach: nichts fehlte, alles da. Dann steckte ich sie wieder hinein, und jetzt spaziere ich so schon seit gestern morgen mit ihr herum und lasse sie hier ruhig baumeln."

„Und tun, als bemerkten Sie nichts?"

„Und tue, als bemerkte ich nichts, hehehe! Aber stellen Sie sich doch bloß mal vor, hochverehrter Fürst – wenn auch der Gegenstand an sich keiner so besonderen Beachtung Ihrerseits wert ist –, noch nie hat eine meiner Rocktaschen ein Loch gehabt, und nun plötzlich ist in einer einzigen Nacht ein so riesengroßes entstanden! Das bewog mich denn auch, etwas schärfer hinzusehen, und da schien es mir, als habe jemand mit einem stumpfen Federmesserchen das Taschenfutter aufgeschnitten – fast nicht zu glauben, nicht wahr?"

„Und ... der General?“

„Ärgert sich, sowohl gestern wie heute, und ist äußerst unzufrieden mit sich und der ganzen Welt, wie’s scheint: bald ist er freudig erregt bis zu bacchantischer Ausgelassenheit, bald wiederum ist er zu Tränen gerührt, um dann wiederum ganz plötzlich in wahre Berserkerwut zu geraten, so daß, bei Gott, selbst ich Angst bekam. Ich bin doch immerhin kein Soldat, wie er! Gestern saßen wir beide im Restaurant, mein Rockschoßzipfel steht aber zufällig wie ein Berg: er guckt, guckt, sagt aber kein Wort, ärgert sich bloß. Offen mir in die Augen zu sehen, wagt er längst nicht mehr, höchstens wenn er schon ganz beseelt ist oder ganz gerührt. Aber gestern sah er mich zweimal so an, daß es mir einfach kalt über den Rücken lief. Übrigens beabsichtige ich, die Brieftasche morgen zu finden, den Abend aber will ich heute noch mal gemeinsam mit ihm verbringen.“

„Weshalb quälen Sie ihn so?!“ rief der Fürst vorwurfsvoll.

„Ich quäl’ ihn nicht, Fürst, ich quäl’ ihn nicht im geringsten, bewahre!“ versetzte Lebedeff mit Eifer. „Ich liebe ihn aufrichtig und ... achte ihn sogar; aber jetzt – glauben Sie es mir oder glauben Sie es mir nicht – jetzt ist er mir noch teurer geworden, jetzt schätze ich ihn noch viel mehr!“

Lebedeff sagte das alles so ernst und aufrichtig, daß es den Fürsten einfach empörte.

„Wenn Sie ihn lieben, wie können Sie ihn dann so quälen! Ich bitte Sie, er hat doch allein schon damit, daß er das Vermißte so offen hingelegt, zuerst unter den Stuhl und dann in den Rock, allein schon damit hat er Ihnen bewiesen, daß er sich nicht vor Ihnen versteckt, daß er keine Kniffe anwenden will, daß er Sie ehrlich um Verzeihung bittet! Hören Sie: um Verzeihung bittet! Er vertraut auf ihr Zartgefühl, er glaubt an Ihre Freundschaft! Und diesen ... diesen ehrlichsten Menschen können Sie so weit erniedrigen!“

„Stimmt! – er ist der ehrlichste Mensch, Fürst, der ehrlichste von allen!“ griff Lebedeff sogleich lebhaft auf. „Nur Sie allein, edelster Fürst, sind fähig, eine so richtige und gerechte Bemerkung zu machen! Dafür aber bin ich Ihnen bis zur Vergötterung zugetan, wenn ich auch selbst verkommen und verdorben bin in all meinen Lastern! Also abgemacht! Ich finde die Brieftasche hier sogleich, soeben, und nicht erst morgen. Hier, ich nehme sie hier vor Ihren Augen heraus, hier ... hier ist sie, und hier ... ist das Geld bis auf den letzten Rubel. Hier – nehmen Sie es, Fürst, verwahren Sie es bis morgen. Morgen oder übermorgen werde ich Sie darum bitten. Aber wissen Sie, Fürst, jetzt ist’s doch klar, daß sie in der ersten Nacht irgendwo in meinem Garten unter einem Stein gelegen hat, oder nicht? – was meinen Sie?“

„Hören Sie, sagen Sie ihm das nur nicht so offen ins Gesicht, daß Sie die Brieftasche gefunden haben. Mag er einfach sehen, daß sie nicht mehr im Rockschoß ist, dann wird er schon begreifen.“

„Ja–a? Wäre es nicht doch besser, zu sagen, daß ich sie gefunden habe und sich dabei so zu stellen, als hätte ich nichts erraten?“

„N–nein,“ sagte der Fürst nachdenklich, „n–nein, jetzt ist es schon zu spät dazu, es wäre zu gefährlich. Nein, wirklich, sagen Sie lieber nichts. Seien Sie nur freundlich zu ihm, doch ... lassen Sie ihn nichts merken, und ... und ... wissen Sie ...“

„Ich weiß, Fürst, ich weiß! – das heißt, ich weiß, daß ich es wahrscheinlich nicht erfüllen werde, denn dazu müßte man ein Herz haben, wie nur Sie allein eines besitzen. Zudem bin auch ich ein reizbarer Mensch. – Er hat mich bisweilen doch gar zu sehr von oben herab behandelt, namentlich in der letzten Zeit: bald weint er und umarmt mich, bald wiederum behandelt er mich mit ausgesprochener Verachtung – nein, das konnte ich ihm nicht schenken, da stellte ich den Rockschoßzipfel so, daß die dicke Stelle einem jeden auffallen mußte! hehehe! Auf Wiedersehen, Fürst, denn ich störe wohl, wie ich sehe, und hindere Sie, sich ganz in die interessantesten Gefühle zu vertiefen ...“

„Lassen Sie nur um Gottes willen kein Wort verlauten, hüten Sie das Geheimnis, hören Sie!“

„Jawohl, gewiß, gewiß, gehe mit sachten Schritten und als wäre nichts geschehen!“

Der Fürst blieb, obschon die Sache so gut wie abgetan war, doch in Sorgen um den General zurück, ja fast hatten sich diese Sorgen jetzt noch vergrößert. Unruhig sah er der bevorstehenden Unterredung mit dem General entgegen.


## IV.

Der General erschien, wie verabredet, Punkt zwölf, so daß der Fürst, der ein wenig später nach Hause zurückkehrte, ihn bereits wartend bei sich antraf. Es fiel ihm sogleich auf, daß der General ungehalten zu sein schien, und zwar offenbar deshalb, weil er hatte warten müssen. Der Fürst machte seine Entschuldigung, und beeilte sich, ihm gegenüber Platz zu nehmen, tat es jedoch eigentümlich ängstlich, als wäre sein Gast eine zarte Porzellanfigur, die er durch eine unvorsichtige Bewegung zu zerschlagen fürchtete. Diese Furcht war um so seltsamer, als er bisher noch nie etwas Ähnliches im Verkehr gerade mit dem General empfunden hatte. Bald jedoch gewahrte der Fürst, daß sein Gast heute ein ganz anderer Mensch war, als tags zuvor: Die frühere Verwirrung und Zerstreutheit war gänzlich verschwunden, und statt ihrer bemerkte man nur eine ungewöhnliche Zurückhaltung, aus der man nur folgern konnte, daß dieser Mensch sich zu etwas Großem entschlossen hatte. Die Ruhe war übrigens eine mehr äußerliche; jedenfalls schien der Gast bei aller zurückhaltenden Würde immer noch recht aufgeräumt zu sein! ja zu Anfang sprach er sogar mit einer gewissen Herablassung zum Fürsten – gerade so, wie mitunter stolze Leute, die mit Unrecht verletzt oder zurückgesetzt worden sind, leutselig, herablassend und dementsprechend liebenswürdig zu sein pflegen. Der General sprach freundlich, wenn auch im Ton seiner Stimme eine gewisse Betrübnis durchklang.

„Hier ist Ihr Buch, das Sie mir vor ein paar Tagen gegeben haben," machte er den Fürsten mit einer hinweisenden Kopfbewegung auf das Buch aufmerksam, das er auf den Tisch gelegt hatte. „Besten Dank."

„Ach ja! Sie haben den Artikel gelesen? Wie hat er Ihnen gefallen? Doch sehr interessant?" fragte der Fürst, erfreut über die Möglichkeit, ein nebensächliches Gespräch anfangen zu können.

„In–ter–essant? – ja, das allerdings, aber alles in allem doch recht unbehauen und natürlich auch albern. Vielleicht ist überhaupt kein wahres Wort daran."

Der General sprach mit erstaunlicher Sicherheit – dem Fürsten wenigstens war dieser Ton an ihm ganz neu – und zog dabei mit einer gewissen überlegenen Nachlässigkeit die Worte in die Länge.

„Ach, aber das ist doch eine so harmlose Erzählung, eine so echte Schilderung eines alten Soldaten, der selbst Augenzeuge der Plünderung Moskaus gewesen ist. Einzelne Stellen sind, finde ich, einfach wundervoll. Zudem sind doch alle Aufzeichnungen von Augenzeugen schon als solche ungeheuer wertvoll, gleichviel wer der Augenzeuge ist, nicht wahr?"

„Ich hätte an Stelle des Autors diese Aufzeichnungen nicht gedruckt, und was solche Aufzeichnungen von Augenzeugen im allgemeinen anlangt, so–o ... kann man sagen, daß die Menschen eher einem groben Lügner glauben, als einem alten, ehrwürdigen und verdienstvollen Manne. Ich kenne Aufzeichnungen aus dem Jahre achtzehnhundertzwölf, die ... Ich habe mich entschlossen, Fürst, dieses Haus hier zu verlassen – das Haus Herrn Lebedeffs."

Der General blickte den Fürsten bedeutsam an.

„Sie haben ja wohl auch Ihre eigene Wohnung in Pawlowsk, bei ... bei Ihrer Frau Tochter ..." sagte der Fürst, nur um etwas zu sagen.

Er erinnerte sich, daß der General ja doch gekommen war, um zu einer „schicksalsschweren Entscheidung" seinen Rat einzuholen.

„Bei meiner Frau," korrigierte der General, „mit anderen Worten, bei mir, und im Hause meiner Tochter."

„Verzeihen Sie, ich ..."

„Ich verlasse das Haus Herrn Lebedeffs deshalb, lieber Fürst, weil ich mit diesem Manne gebrochen habe; ich habe es gestern abend getan, bedauernd, daß es von mir aus nicht schon früher geschehen ist. Ich fordere Achtung für meine Person von jedermann, Fürst, selbst von jenen Leuten, denen ich, wie man sagt, mein Herz schenke. Fürst, ich verschenke oft mein Herz und werde fast immer betrogen. Dieser Mensch hat sich als meines Geschenkes unwürdig erwiesen."

„Es ist viel Unordnung in ihm," bemerkte der Fürst zurückhaltend, „und gewisse Züge ... aber er hat trotzdem Herz und einen schlauen Kopf, der bisweilen sogar recht spaßige Gedanken hervorbringt."

Die psychologische Richtigkeit des Urteils und der ernste Ton des Fürsten schmeichelten augenscheinlich dem General, obschon er sein Gegenüber ab und zu doch noch mit einem mißtrauischen Blick von der Seite ansah. Der Ton des Fürsten war aber so natürlich und arglos aufrichtig, daß sein Mißtrauen von selbst schwand.

„Daß er auch gute Eigenschaften hat," fiel der General ein, „das dürfte ich wohl als erster bemerkt haben – da ich doch diesem Individuum fast meine Freundschaft geschenkt habe. Er soll nur nicht glauben, daß ich seiner Gastfreundschaft bedarf – ich habe mein eigenes Heim. Ich will meine Fehler nicht beschönigen. Ich verstehe eben nicht, mich zu mäßigen. Ich habe mit ihm zusammen gekneipt, was ich jetzt lebhaft bereue. Aber ich habe doch nicht nur um des Kneipens willen – verzeihen Sie, Fürst, einem gereizten Manne das rohe offene Wort –, doch nicht nur um des Kneipens willen habe ich mich mit ihm abgegeben! Gerade seine Eigenschaften, wie Sie sagen, haben mich zu ihm hingezogen. Freilich, alles nur bis zu einer gewissen Grenze! Und was sind selbst seine Eigenschaften! Wenn er plötzlich die Frechheit hat, mich überzeugen zu wollen, daß er im Jahre achtzehnhundertundzwölf, also noch als Kind, sein linkes Bein verloren und auf dem Waganjkoffskischen Friedhof in Moskau begraben habe, so übersteigt das doch alle Grenzen, und ist eben eine ... eine Mißachtung meiner Person, eben eine ... eine Frechheit sondergleichen! ..."

„Vielleicht war es nur ein Scherz, zur Erheiterung ...“

„Ich verstehe. Eine unschuldige Lüge, die nur Gelächter hervorrufen soll, wird, selbst wenn sie roh ist, kein Menschenherz beleidigen. Lügt doch so manch einer, wenn Sie wollen, nur aus Freundschaft, um seinem Gesellschafter ein Vergnügen zu bereiten. Sobald aber Mißachtung der Person des anderen durchblickt, oder wenn man zum Beispiel durch solche Mißachtung dem anderen zu verstehen geben will, daß seine Bekanntschaft einem lästig ist, so bleibt einem Ehrenmann nichts anderes übrig, als sich abzuwenden, für weitere freundschaftliche Beziehungen zu danken, und damit den Beleidiger auf den ihm zukommenden Platz zu verweisen.“

Der General wurde rot vor Empörung.

„Aber Lebedeff hätte ja überhaupt nicht achtzehnhundertundzwölf in Moskau sein können! Natürlich ist das nur ein Scherz. Er ist doch viel zu jung dazu.“

„Erstens das; doch nehmen wir an, er wäre damals schon geboren gewesen. Aber wie kann er mir ins Gesicht behaupten, daß ein französischer Chasseur eine Kanone auf ihn gerichtet und ihm das linke Bein einzig zum Zeitvertreib abgeschossen habe; daß er dann selbst dieses sein abgeschossenes Bein aufgehoben und nach Hause gebracht und später auf dem Friedhof begraben habe, und ferner, daß er über dem Grabe des Beines ein Denkmal errichtet, das auf der einen Seite die Inschrift trage: ‚Hier ruht in Frieden das Bein des Kollegien-Sekretärs Lebedeff‘, und auf der anderen: ‚Ruhe sanft, geliebter Staub, bis zum fröhlichen Wiedersehen‘, und schließlich, daß er alljährlich für dieses Bein eine Seelenmesse lesen lasse – was doch einfach Blasphemie wäre – und daß er zu dem Zweck in jedem Jahr nach Moskau reise. Zur Bekräftigung fordert er mich noch auf, mit ihm nach Moskau zu fahren, um mir von ihm das Grab seines Beines zeigen zu lassen und im Kreml sogar jene französische Kanone, die mit anderen zusammen erbeutet worden und nun dort aufgestellt sei – die elfte vom Tore soll es sein –, ein Falkonettgeschütz alter französischer Bauart.“

„Und dabei sind doch seine beiden Beine vollkommen ganz und gesund, wenigstens soviel man sehen kann!“ meinte der Fürst lachend. „Ich versichere Sie, es ist nur ein unschuldiger Scherz von ihm gewesen, seien Sie ihm deshalb nicht böse.“

„Erlauben Sie, daß auch ich meine Meinung äußere. Was die Beine und das Bemerken anlangt, so wäre das schließlich noch nicht so unwahrscheinlich, denn wie er behauptet, habe er ein Tschernosswitoffsches falsches Bein ...“

„Ach ja, mit einem solchen Bein soll man ja sogar tanzen können, sagt
man.“

„Das weiß ich; Tschernosswitoff kam, als er sein Bein erfunden hatte,
ganz zuerst zu mir geeilt, um es mir zu zeigen. Aber er hat seine Erfindung
viel später gemacht ... Und überdies behauptet er, daß selbst seine
verstorbene Frau während der ganzen Zeit ihrer Ehe nicht gewußt habe,
daß er, ihr Mann, ein Holzbein hatte. ‚Wenn du,‘ sagte er zu mir, als ich
ihn auf diese Unmöglichkeiten aufmerksam machte, ‚wenn du
achtzehnhundertundzwölf Napoleons Leibpage gewesen bist, dann
gestatte auch mir, eines meiner Beine auf dem Waganjkoffskischen
Friedhof begraben zu haben‘.“

„Ja, aber sind Sie denn ...“ begann der Fürst, brach jedoch verwirrt ab.

Der General schien gleichfalls etwas verlegen zu werden, doch schon
nach einem Augenblick sah er den Fürsten von oben herab an, und um
seine Lippen spielte ein spöttisches Lächeln.

„Sprechen Sie es nur aus, Fürst,“ sagte er mit geradezu erhabener
Ruhe, „sprechen Sie es nur aus. Ich bin nachsichtig, sagen Sie ruhig alles,
was Sie denken: gestehen Sie nur, daß Ihnen der Gedanke kaum glaublich
erscheint, der Gedanke, einen Menschen vor sich zu sehen, der jetzt
erniedrigt und ... überflüssig ist, und gleichzeitig vernehmen zu müssen,
daß dieser Mensch ein Augenzeuge ... großer Ereignisse gewesen ist.
Hat *er* Ihnen noch nicht ... vorgeschwatzt?“

„Nein, Lebedeff hat mir nichts davon gesagt – wenn Sie Lebedeff
meinen ...“

„Hm! ... und ich dachte im Gegenteil ... Das war eigentlich unser
ganzes Gespräch gestern abend ... wir kamen zufällig auf diese ... seltsame
Geschichtsperiode zu sprechen. Ich bemerkte sogleich die Ungereimtheit,
und da ich selbst Zeuge war ... Sie lächeln, Fürst, Sie blicken mich fragend
an?“

„N–ein, ich ...“

„Ich sehe allerdings jünger aus, als ich bin,“ fuhr der General langsam
fort, „doch bin ich eben älter als man allgemein glaubt. Im Jahre
achtzehnhundertzwölf war ich ungefähr zehn oder elf Jahre alt – genau
entsinne ich mich dessen nicht mehr. In meinen Papieren ist natürlich
mein Geburtsjahr genau angegeben, doch im Leben, wie gesagt, hatte ich
die Schwäche, mich stets für jünger auszugeben als ich war.“

„Ich versichere Sie, General, ich halte es durchaus nicht für unmöglich,
daß Sie damals in Moskau gewesen sind, und ... selbstverständlich können

Sie jetzt auch manches mitteilen ... wie alle, die es miterlebt haben. Beginnt doch einer unserer Schriftsteller seine Autobiographie damit, wie ihn Anno achtzehnhundertundzwölf, als er noch ein Säugling war, französische Soldaten in Moskau mit Brot gepäppelt hätten."

„Nun sehen Sie," begutachtete der General herablassend diesen Fall. „Mein Fall geht noch ein wenig mehr über die Grenzen des Gewöhnlichen hinaus, doch liegt in ihm schließlich nichts Unmögliches. Die Wahrheit erscheint uns oft unmöglicher als irgendeine Lüge. Leibpage! Es muß demjenigen seltsam genug klingen, der es zum ersten Male hört. Doch dieses Erlebnis eines zehnjährigen Kindes läßt sich gerade durch sein Alter erklären. Einem Fünfzehnjährigen wäre das nicht mehr passiert, denn als Fünfzehnjähriger wäre ich nicht so leichtsinnig aus unserem Hause an der Staraja Basmannaja am Tage des Einzugs Napoleons in Moskau auf die Straße gelaufen. Meine Mutter hatte es in ihrer Angst immer noch aufgeschoben, die Stadt zu verlassen, bis – bis es eben zu spät war. Mit fünfzehn Jahren hätte ich es nicht so ohne weiteres gewagt, aber so als Zehnjähriger fürchtete ich mich vor nichts und drängte mich unbekümmert durch die Menge bis dicht an den Eingang des Palais, als Napoleon gerade vom Pferde stieg ...“

„Das haben Sie sehr richtig bemerkt, daß Sie nur als zehnjähriges Kind so furchtlos sein konnten ...“ versetzte der Fürst, gepeinigt von dem Gedanken, daß er sogleich erröten würde.

„Nicht wahr? – und alles geschah so einfach und natürlich, wie es eben nur in der Wirklichkeit geschehen kann – wollte ein Schriftsteller so etwas schildern, so würde er nur ungereimtes, unmögliches Zeug zusammenschreiben.“

„Ganz recht!“ rief der Fürst. „Diesen Gedanken habe auch ich gehabt, noch vor kurzem. Ich hörte von einem Mord wegen einer Taschenuhr – jetzt ist die Geschichte schon in allen Zeitungen. Hätte das ein Dichter geschrieben: die sogenannten Kenner des russischen Volkes und die Literaturkritiker würden doch sogleich geschrien haben, daß es unwahrscheinlich, unmöglich sei; liest man es aber in der Zeitung als Tatsache, so fühlt man doch unwillkürlich, daß man gerade aus solchen Tatsachen die russische Wirklichkeit kennen lernt. Das haben Sie ganz vorzüglich bemerkt, General,“ schloß der Fürst, froh darüber, daß er dem Erröten hatte entgehen können.

„Nicht wahr? Nicht wahr?“ rief der General ungeheuer geschmeichelt, und seine Augen blitzten vor Vergnügen. „Ein Knabe, ein Kind, das die Gefahr überhaupt nicht ahnt, drängt sich durch die Menge, um den Pomp, die glänzenden Uniformen, die ganze Suite zu sehen, und schließlich doch auch den großen Kaiser, von dem man ihm schon so unendlich viel erzählt hat. In der ganzen Welt hatte seit Jahren nur dieser eine Name: Napoleon gehallt, und ich hatte ihn, wie man zu sagen pflegt, schon mit der Muttermilch eingesogen. Als Napoleon so dicht an mir vorüberging, fiel ihm plötzlich mein Blick auf – ich war außerdem vornehm gekleidet, meine Mutter gab stets sehr viel darauf. Und ich allein so gekleidet in dieser Volksmenge, nicht wahr ...“

„Zweifellos mußte ihm das auffallen, denn das bewies doch, daß nicht alle Edelleute oder vornehmeren Familien die Stadt verlassen hatten.“

„Eben, eben! Er wollte ja gerade den Adel für sich gewinnen! Als sein Adlerblick mich nun streifte, mußten wohl meine Augen aufgeleuchtet haben. ‚*Voilà un garçon bien éveillé!*‘ bemerkte er plötzlich zu seiner Suite. ‚*Qui est ton père?*‘ [] Ich antwortete ihm sofort, allerdings fast atemlos vor Aufregung: ‚Ein General, der auf dem Schlachtfelde fürs Vaterland gefallen ist.‘ – ‚*Ah,*‘ sagte er, ‚*le fils d’un boyard et d’un brave par-dessus le marché! J’aime les boyards. M’aimes-tu, petit?*‘ [] Auf diese schnelle Frage antwortete ich ebenso schnell: ‚Das Herz eines Russen ist fähig, selbst im Feinde seines Vaterlandes den großen Mann anzuerkennen!‘ Das heißt, ich weiß eigentlich nicht mehr genau, ob ich mich auch buchstäblich so ausdrückte ... ich war noch ein Kind aber der Sinn war jedenfalls derselbe. Napoleon war zuerst ganz überrascht, sann einen Augenblick nach und wandte sich dann zu seiner Suite. ‚Mir gefällt der Stolz dieses Kindes!‘ sagte er, ‚doch wenn alle Russen so denken wie dieser Knabe, dann ...‘ Er sprach den Satz nicht zu Ende und trat ins Palais. Ich mischte mich sogleich unter seine Suite und folgte ihm ins Palais. Man machte mir überall Platz und betrachtete mich bereits als Favorit. Aber das war ja alles nur Nebensache, ich bemerkte es kaum ... Ich entsinne mich nur noch, wie der Kaiser, gerade als ich in den ersten Saal eintrat, plötzlich vor dem Bildnis Katharinas der Zweiten stehenblieb, es nachdenklich lange betrachtete und schließlich sagte: ‚Das war eine große Frau!‘ und dann weiterging. Nach zwei Tagen kannte mich ein jeder im Palais und im ganzen Kreml, und man nannte mich nur noch ‚*le petit boyard*‘. [] Zu Hause, wo alles auf dem Kopf stand, fand ich mich erst abends ein, um frühmorgens wieder aufzubrechen und in den Kreml zurückzukehren. Da starb ganz unverhofft, am zweiten Tage nach dem Einzug in Moskau der Leibpage Napoleons, Baron de Bazancourt, der die Strapazen des Feldzuges nicht ausgehalten hatte. Napoleon erinnerte sich meiner: man suchte mich, brachte mich ins Palais, ohne mir ein Wort zu sagen, zog mir die Kleider des Verstorbenen an, eines Knaben von etwa zwölf Jahren, und erst als ich in der Leibpagenuniform dem Kaiser vorgestellt worden war und er mit dem Kopf genickt hatte, erklärte man mir den Sachverhalt und wozu man mich ausersehen hatte. Ich freute mich, denn ich empfand, und zwar schon seit langer Zeit, eine glühende Sympathie für ihn ... nun, und außerdem die glänzende Uniform, das bedeutet doch sehr viel für ein Kind, nicht wahr ... Ich trug einen dunkelgrünen Frack mit langen, schmalen Schößen, goldenen Knöpfen, roten, goldgestickten Ärmelaufschlägen, einem hohen, offenstehenden Kragen, gleichfalls mit Goldstickerei auf rot, und auf den Frackschößen ebenfalls Goldstickerei; dazu trug ich weiße sämischlederne Beinkleider, eine weißseidene Weste, seidene Strümpfe und Schnallenschuhe ... wenn aber der Kaiser ausritt und ich ihn mit der Suite begleitete, trug ich hohe Kanonenstiefel. War auch die Situation keine glänzende, und sah man auch noch viel größeres Unglück kommen, so wurde doch die Etikette nach Möglichkeit eingehalten, und zwar um so peinlicher, je mehr man das Unglück vorausfühlte."

„Ja, natürlich ..." murmelte der Fürst geradezu hilflos, „Ihre Memoiren würden sehr ... interessant sein."

Der General, der natürlich ganz dasselbe wiedergab, was er am Abend vorher Lebedeff erzählt hatte, erzählte fließend. Doch diese Bemerkung des Fürsten erweckte wieder sein Mißtrauen und – prüfend sah er ihn an.

„Meine Memoiren," sagte er mit Stolz, „Sie meinen, ich soll meine Memoiren schreiben? Nein, das verlockt mich nicht, Fürst! Wenn Sie wollen ... so sind meine Memoiren bereits niedergeschrieben, nur ... sie liegen in meinem Pult. Mögen sie dann, wenn man mich begraben hat, erscheinen. Sie werden zweifellos in alle Sprachen übersetzt werden, nicht wegen ihrer literarischen Form, sondern wegen der Bedeutung dieser allerkolossalsten Tatsachen, die ich als Augenzeuge erlebt habe, wenn ich auch noch ein Kind war. Doch das ist schließlich noch ein Vorzug: als Kind bin ich, wie man sagt, in die intimste Kammer des großen Mannes eingedrungen, und das nicht etwa nur bildlich: ich habe in den Nächten das Gestöhn dieses vom Unglück erfaßten Riesen gehört! Vor mir, dem Kinde, tat er sich keinen Zwang an, obschon ich sehr wohl begriff, daß die Ursache seines Leidens – das Schweigen Kaiser Alexanders war."

„Ja, richtig, er hat ja doch an Alexander Briefe geschrieben ... mit Friedensvorschlägen ..." bemerkte der Fürst schüchtern.

„Genau wissen wir es nicht, welche Vorschläge er ihm gemacht hat, nur hat er tatsächlich an ihn täglich, fast stündlich einen Brief geschrieben, einen Brief nach dem anderen ... Er regte sich dabei natürlich über alle Maßen auf. Einmal in der Nacht – wir waren beide ganz allein – stürzte ich weinend zu ihm – oh, ich liebte ihn! – und ich flehte ihn an: ‚Bitten Sie, bitten Sie den Kaiser Alexander um Verzeihung!' Das heißt, ich hätte sagen sollen: ‚Schließen Sie mit ihm Frieden‘, doch als kleines Kind drückte ich meine Gedanken eben ganz naiv aus. Er nahm es mir aber nicht übel. ‚Mein Kind!‘ sagte er – er promenierte auf und ab im Zimmer –, ‚oh, mein Kind!‘ – er schien es damals gar nicht zu bemerken, daß ich erst zehn Jahre alt war, und er liebte es sogar, sich mit mir zu unterhalten. ‚Oh, mein Kind,‘ sagte er, ‚ich bin bereit, Kaiser Alexander die Füße zu küssen, doch dem König von Preußen und dem Kaiser von Österreich, oh, denen schwöre ich ewigen Haß und ... schließlich ... was verstehst du von Politik!‘ Es war, als hätte er plötzlich bemerkt, mit wem er sprach, und er verstummte, doch seine Augen sprühten noch Funken. Wollte ich nun all diese Tatsachen niederschreiben – und ich war Zeuge von noch weit wichtigeren Ereignissen –, wollte ich jetzt meine Memoiren herausgeben, so müßte ich all diese Kritiken über mich ergehen lassen, diese Reden des literarischen Ehrgeizes, diesen ganzen Neid und Parteigeist und ... nein, ich danke dafür!“

„Was Sie da vom Parteigeist sagen, ist sehr richtig,“ sagte der Fürst nach kurzem Schweigen. „Da habe ich vor nicht langer Zeit ein Buch von Charras, ‚*Campagne de* ‘,*[]* gelesen. Es ist augenscheinlich ein ernstes Buch, und, wie Fachmänner sich äußern, mit ungeheurer Kenntnis der Sache geschrieben. Nur spricht, finde ich, aus jeder Seite des Buches eine so große Freude über die Besiegung und Erniedrigung Napoleons, daß Charras sicherlich sehr froh sein würde, wenn man Napoleon auch auf Grund der anderen Kriege jedes Talent absprechen könnte. Das ist natürlich nicht gut in einem sonst so ernsten Buch, denn es ist doch nichts als, nun, eben Parteigeist. Waren Sie sehr in Anspruch genommen durch Ihren Dienst beim ... Kaiser?“

Der General war begeistert. Die ernste, treuherzige Frage des Fürsten zerstreute sein letztes Mißtrauen.

„Charras! Oh, auch ich war darüber entrüstet! Ich schrieb auch sogleich an ihn, nur ... ich entsinne mich im Augenblick nicht ganz ... Sie fragen, ob ich sehr in Anspruch genommen war? Oh, nein! Man nannte mich zwar Leibpage, aber ich faßte es ja doch selbst damals nicht als Ernst auf. Hinzukam, daß Napoleon bald jede Hoffnung verlor, den Russen näherzutreten, und so hätte er wohl auch mich vergessen, nachdem er mich aus Politik herangezogen, wenn ... wenn er mich nicht persönlich liebgewonnen hätte, was ich jetzt ruhigen Gewissens behaupten kann. Mich aber zog mein Herz zu ihm. Ein besonderer Dienst wurde von mir durchaus nicht verlangt: ich mußte ab und zu im Palais erscheinen und ... den Kaiser auf seinen Spazierritten zu Pferde begleiten, und das war alles. Ich ritt damals schon ganz gut. Er ritt gewöhnlich vor dem Diner aus, und seine Suite bestand dann meist aus Davoust, mir, dem Mameluken Rustan ...“

„Constant,“ entfuhr es plötzlich fast unbewußt dem Fürsten.

„N–ein, Constant war damals nicht in Moskau, er war unterwegs mit einem Schreiben an ... die Kaiserin Josephine; doch statt seiner waren gewöhnlich noch zwei Ordonnanzen da, einige polnische Ulanen ... nun, und das war seine ganze Suite, außer den Generalen, versteht sich, und Marschällen, von denen Napoleon sich stets begleiten ließ, um sich mit ihnen beraten zu können, das Terrain zu studieren, die Positionen der einzelnen Truppenteile, und so weiter ... Am häufigsten war Davoust bei ihm. Ich sehe ihn noch wie leibhaftig vor mir, diesen großen, stark gebauten, kaltblütigen Mann mit dem seltsamen Blick hinter den Brillengläsern. Mit ihm beriet sich der Kaiser am häufigsten. Er schätzte seine Meinung sehr hoch. Ich weiß noch genau: einmal hatten sie sich schon mehrere Tage lang beraten. Davoust war morgens und abends gekommen, sie hatten oft gestritten, endlich schien Napoleon nachzugeben. Sie befanden sich beide im Kabinett, er, Davoust und, fast unbemerkt von ihnen, ich als Dritter. Da fiel plötzlich ganz zufällig Napoleons Blick auf mich, und ein seltsamer Gedanke blitzte in seinen Augen auf. ‚Kind!‘ wandte er sich an mich, ‚was meinst du: wenn ich zur rechtgläubigen Kirche übertreten sollte und eure Leibeigenen befreite, würden mir die Russen dann folgen?‘ – ‚Niemals!‘ rief ich mit Unwillen. Napoleon war ganz betroffen. ‚In den Augen dieses Kindes, aus denen der Patriotismus glüht,‘ sagte er, ‚habe ich die Gesinnung des ganzen russischen Volkes gelesen. Genug, Davoust! Das war nur ein phantastischer Einfall. Legen Sie Ihr zweites Projekt vor.‘“

„Ja, aber auch dieses Projekt war ... ein großer Gedanke,“ sagte der Fürst, sichtlich interessiert. „Und Sie schreiben es Davoust zu?“

„Wenigstens beriet sich Napoleon mit ihm. Der Gedanke selbst stammte natürlich von Napoleon, dieser Adlergedanke, aber auch das andere Projekt war ... Das war jener *conseil du lion*‘,[] wie Napoleon selbst diesen ihm von Davoust erteilten Rat nannte. Dieser Rat bestand darin, sich mit dem ganzen Heer im Kreml zu verschanzen, Baracken zu bauen, Befestigungen zu errichten, die Kanonen aufzustellen, möglichst viel Pferde zu schlachten und einzusalzen, möglichst viel Getreide aufzutreiben und so zu überwintern, um dann im Frühling sich durch die Russen durchzuschlagen. Dieses Projekt gefiel Napoleon sehr. Wir ritten hierauf täglich um die Kremlmauern, er ordnete selbst alles an, zeigte, wo Schanzen, wo Verhaue, wo Blockhäuser, Schutzwälle errichtet werden sollten – ein Blick, ein Wort und – die Sache war gemacht. Schließlich war man so weit, daß Davoust zur letzten, endgültigen Entscheidung drängte. Wieder waren sie beide ganz allein im Kabinett, nur ich war als Dritter zugegen. Wieder ging Napoleon mit verschränkten Armen auf und ab. Ich ließ ihn nicht aus den Augen, mein Herz klopfte stark. ‚Ich gehe‘, sagte Davoust. ‚Wohin?‘ fragte Napoleon. ‚Pferde einsalzen zu lassen‘, sagte Davoust. Napoleon zuckte zusammen, jetzt kam der Augenblick der Entscheidung. ‚Kind,‘ wandte er sich plötzlich an mich, ‚was meinst du zu unserem Vorhaben?‘ Natürlich fragte er mich nur, wie bisweilen der klügste Mensch in einer wichtigen Frage lieber das Los entscheiden läßt, als daß er’s selbst tut ... wie man eine Münze hinwirft und Adler oder Schrift entscheiden läßt. Doch statt an ihn wandte ich mich an Davoust und sagte, fast auf höhere Eingebung: ‚Sehen Sie lieber zu, General, daß Sie noch mit heiler Haut davonkommen!‘ Damit war das Projekt verworfen. Davoust zuckte nur mit der Achsel und brummte beim Hinausgehen: *Bah! Il devient superstitieux!*‘[] Am nächsten Tage wurde der Befehl zum Rückzug gegeben.“

„Das ist natürlich alles sehr interessant,“ murmelte der Fürst kaum hörbar, „wenn es nur auch wirklich so ... das heißt, ich will nur sagen ...“ beeilte er sich, sich zu verbessern.

„Oh, Fürst!“ rief der General, der selbst von seiner Erzählung so begeistert war, daß er sich nicht einmal mehr vor der größten Unvorsichtigkeit zurückzuhalten vermocht hätte. „Sie sagen: ‚wenn es nur auch wirklich so war!‘ Aber es war ja noch viel mehr, ich versichere Sie, es war ja noch viel mehr als das! Das waren ja nur erst kleine Nebensachen, politische Dinge. Aber ich versichere Sie, ich bin sogar Zeuge seiner nächtlichen Tränen gewesen, ich habe das Stöhnen dieses großen Mannes gehört, dessen aber kann sich außer mir keiner rühmen! Zum Schluß allerdings, da weinte er nicht mehr, er stöhnte nur noch, und sein Gesicht wurde immer finsterer. Es war, als hätte die Ewigkeit ihn bereits mit ihren dunklen Fittichen beschattet. In manch einer Nacht verbrachten wir beide ganze Stunden allein, schweigend – der Mameluk Rustan schnarchte im Nebenzimmer. Einen entsetzlich festen Schlaf hatte dieser Mensch. ‚Dafür ist er mir und meiner Dynastie treu ergeben‘, sagte Napoleon von ihm. Einmal tat er mir unsäglich leid, und plötzlich bemerkte er eine Träne in meinem Auge: gerührt blickte er mich an. ‚Du bemitleidest mich!‘ rief er aus, ‚nur du, Kind, tust es, und vielleicht wird es noch ein anderes Kind tun, mein Sohn, *le roi de Rome!*[] Die anderen alle hassen mich nur, und meine Brüder werden die ersten sein, die mich im Unglück verlassen!‘ Ich schluchzte laut auf und eilte zu ihm – da hielt auch er es nicht mehr aus, und Tränen stürzten ihm aus den Augen. ‚Oh, schreiben Sie, schreiben Sie an die Kaiserin Josephine!‘ bat ich ihn schluchzend. Napoleon zuckte zusammen, dachte nach und sagte dann zu mir: ‚Du hast mich an ein drittes Herz erinnert, das mich liebt. Ich danke dir, Freund!' Und er setzte sich sogleich an den Schreibtisch und schrieb an Josephine jenen Brief, mit dem dann am nächsten Tage Constant nach Paris geschickt wurde."

„Das war sehr gut von Ihnen," sagte der Fürst, „mitten in seinen düsteren Gedanken riefen Sie ein lichtes Gefühl in ihm hervor."

„Eben, Fürst, und wie gut Sie das zu erklären verstehen, das entspricht auch Ihrem eigenen Herzen!" stimmte der General begeistert bei, und seltsam: Tränen, wirkliche Tränen glänzten in seinen Augen. „Ja, Fürst, ja, das war ein großer Anblick! Und wissen Sie, fast wäre ich mit ihm nach Paris gefahren, und dann hätte ich ihn, versteht sich, auch nach St. Helena begleitet, doch leider trennte uns das Schicksal! Er kam auf jene wüste Insel, wo er vielleicht in einer trüben Stunde an die Tränen jenes armen Knaben, der ihn einst umarmt und geküßt, gedacht hat. Ich aber – kam damals in die Kadettenschule, wo ich nichts als Strenge fand und die Roheit der Mitschüler und ... Und dann war alles aus! ‚Ich will dich deiner Mutter nicht entreißen, deshalb nehme ich dich nicht mit,' sagte er zu mir an dem Tage, als er Moskau verließ, ‚ich würde aber gern etwas für dich tun.' Er war schon im Begriff, in den Sattel zu steigen. ‚Schreiben Sie mir zum Andenken etwas ins Album meiner Schwester,' bat ich schüchtern, denn er war sehr zerstreut und düster. Er wandte sich wirklich zurück, verlangte eine Feder, nahm das Album. ‚Wie alt ist deine Schwester?' fragte er, die Feder bereits in der Hand. ‚Drei Jahre‘, antwortete ich. ‚*Petite fille alors.*‘ *[]* Und er schrieb ins Album:

‚*Ne mentez jamais.*‘
‚*Napoléon, votre ami sincère.*‘ *[]*

Ein solcher Rat in einem solchen Augenblick, Sie werden doch zugeben, Fürst, was!"

„Ja, das ist sehr bezeichnend."

„Dieses Albumblatt hing unter Glas in einem goldenen Rahmen bis zum Tode meiner Schwester in ihrem Empfangszimmer, auf der sichtbarsten Stelle der Wand – sie starb im Wochenbett –, wo es jetzt ist, weiß ich nicht ... aber ... ach, mein Gott! Schon zwei Uhr! Wie ich Sie aufgehalten habe, Fürst! Das ist ja unverzeihlich!"

Der General erhob sich.

„Oh, im Gegenteil!" murmelte der Fürst. „Sie haben mich so gut unterhalten und ... schließlich ... es war so interessant, ich bin Ihnen sehr dankbar dafür!"

„Fürst!" sagte der General, indem er ihn mit blitzenden Augen unverwandt ansah und seine Hand fast schmerzhaft in der seinen drückte – er schien plötzlich wieder zur Besinnung gekommen und jetzt von irgendeinem klaren Gedanken ganz betroffen zu sein, doch das dauerte nur einen Augenblick. „Fürst!" rief er aus, „Sie sind dermaßen gut und dermaßen harmlos, daß Sie mir bisweilen leid tun und ich Sie nur mit Rührung betrachten kann. Oh, möge Gott der Herr Sie segnen! Möge Ihr Leben jetzt gut beginnen und erblühen ... in der Liebe! Meines ist zu Ende! Oh, verzeihen Sie mir, verzeihen Sie!"

Er bedeckte sein Gesicht mit den Händen und verließ schnell das Zimmer. Wenigstens an der Echtheit seiner Aufregung konnte der Fürst nicht zweifeln, wenn er auch begriff, daß der Alte ihn nur vor Freude über seinen Erfolg ganz begeistert verlassen hatte. Er fühlte es, daß dieser Mensch zu jener Kategorie von Lügnern gehörte, die, wenn sie auch bis zur Leidenschaft, bis zur völligen Selbstvergessenheit lügen, selbst im Augenblick ihrer höchsten Ekstase im Herzen doch argwöhnen, daß man ihnen nicht glaube, und ja auch gar nicht glauben könne. In seiner gegenwärtigen Verfassung konnte der General, wenn er zur Besinnung gekommen war, sich unerträglich schämen, den Fürsten verdächtigen, daß er ihm nur aus übergroßem Mitleid zugehört habe, und sich dann selbst tief gekränkt fühlen.

„Wäre es nicht besser gewesen, ich hätte ihn nicht bis zu dieser Begeisterung gebracht?" fragte sich der Fürst beunruhigt, doch plötzlich mußte er lachen. Zwar wollte er sich auch schon sogleich wieder Vorwürfe wegen dieses Lachens machen, sagte sich aber, daß er sich gar nichts vorzuwerfen habe, da der General ihm doch unendlich leid tat.

Seine Ahnung betrog ihn nicht: noch am Abend desselben Tages erhielt er einen sehr seltsamen, kurzen, aber entschlossenen Brief, in dem der General ihm mitteilte, daß er von ihm auf ewig Abschied nehme, daß er ihn zwar achte und ihm dankbar sei: doch werde er „jeden Ausdruck des Mitleids, der die Würde eines ohnehin schon erniedrigten Menschen noch mehr erniedrige, stets zurückweisen". Dieser Brief beunruhigte den Fürsten nicht wenig, als er dann aber hörte, daß der Alte sich bei Nina Alexandrowna eingeschlossen hatte, sorgte er sich nicht weiter. Wie wir bereits erzählt haben, war der General inzwischen zu Jepantschins gegangen und hatte – um die Unterredung kurz wiederzugeben – Lisaweta Prokofjewna durch bittere Bemerkungen über seinen Sohn Ganjä empört, worauf er in beschämender Weise „verabschiedet" worden war. Deshalb hatte er denn auch eine so schlechte Nacht verbracht und am Morgen die Szenen im Hause seines Schwiegersohnes aufgeführt, um dann, als er schließlich ganz den Kopf verloren, halb irrsinnig auf die Straße hinauszulaufen.

Koljä, der den Sachverhalt immer noch nicht ganz begriff, glaubte zuerst, ihn mit Strenge am ehesten zur Vernunft bringen zu können.

„Na, wohin soll's denn jetzt gehen, General, was meinen Sie?" fragte er. „Zum Fürsten wollen Sie nicht, mit Lebedeff haben Sie sich verzankt, Geld haben Sie nicht, und ich pflege niemals welches zu haben: da sitzen wir jetzt auf der Straße!"

„Mein Sohn, sitzen ist immer noch besser als stehen," antwortete der General belehrend. „Mit diesem ... Witz habe ich ... homerisches Gelächter hervorgerufen im ... Offizierskreise ... Das war im Jahre vierundvierzig ... Tausend ... achthundert und vierundvierzig, ja! Ich entsinne mich ... Oh, erinnere mich nicht, erinnere mich nicht daran. ‚Wo ist meine Jugend, wo blieb mein Lenz!' wie ... wie ... wer ... welcher Poet hat das doch ausgerufen, Koljä?"

„Gogol, Papa, in seinen ‚Toten Seelen'", sagte Koljä mit einem etwas ängstlichen Seitenblick auf den Vater.

„‚Die toten Seelen'! Oh, ja die Toten! Wenn du mich beerdigt hast, dann schreibe auf mein Grab: ‚Hier ruht eine tote Seele!'

‚Schmach und Schande verfolgen mich!' Wer hat das gesagt, Koljä?"

„Ich weiß nicht, Papa."

„Nicht Jeropjegoff? ... Jeroschka Jeropjegoff!" schrie er plötzlich laut wie außer sich und blieb auf der Straße stehen. „Und das soll mein Sohn, mein leiblicher Sohn sein! Jeropjegoff ist elf Monate lang wie ein Bruder zu mir gewesen, für ihn habe ich ein Duell ... Fürst Wygorezkij, unser Hauptmann, fragte ihn bei einer Flasche Wein: ‚Du, Grischa, wo hast du denn eigentlich deinen Annenorden verdient, wenn du mir das sagen könntest!' – ‚Auf den Schlachtfeldern meines Vaterlandes, wenn du's wissen sollst!' – Ich schreie: ‚Bravo, Grischa!' Nun und da kam's denn zum Duell, später aber heiratete er ... Marja Petrowna Ssu... Ssutugowa und ward erschossen in der Schlacht bei ... Die Kugel sprang von meinem Orden ab und traf gerade seine Stirn. ‚Ich werde dich nie vergessen!' rief er und fiel tot hin. Ich ... ich habe ehrlich dem Vaterlande gedient, Koljä, ich bin immer anständig gewesen, aber ... ‚Schmach und Schande verfolgen mich!' Du und Nina, nur ihr zwei werdet mein Grab besuchen ... ‚Arme Nina!' so pflegte ich sie früher stets zu nennen, Koljä, in der ersten Zeit ... das ist jetzt schon lange her ... sie hatte das so gern ... Nina, Nina! Was habe ich mit deinem Leben gemacht! Wofür kannst du mich lieben, du geduldige Seele! Deine Mutter ist ein Engel, Koljä, hörst du, ein Engel!"

„Ich weiß es, Papa. Papa, Täubchen, gehen wir zurück nach Haus zu Mama! Sie lief uns doch nach! Nun, was stehen Sie? Begreifen Sie denn nicht ... Nun, weshalb weinen Sie denn jetzt?"

Koljä weinte dabei selbst und küßte dem Vater die Hand.

„Du küßt mir die Hand, mir!"

„Ja, ja doch, Ihnen, Ihnen! Was ist denn dabei Wunderliches? Aber was weinen Sie denn hier mitten auf der Straße, und das noch dazu als General, als alter Soldat! Nun, gehen wir!"

„Gott segne dich dafür, mein kleiner Junge, daß du zu mir Schmählichem so ehrerbietig bist ... Ja, zum schmachbedeckten, elenden Greise, deinem Vater ... Mögest auch du einst einen solchen Sohn haben ... *le roi de Rome* ... Oh, ‚Fluch, Fluch diesem Hause‘!"

„Aber, was hat denn das zu bedeuten!" rief plötzlich Koljä in seiner Angst aus. „Was ist denn geschehen? Weshalb wollen Sie jetzt nicht nach Hause kommen? Sind Sie denn ganz von Sinnen?"

„Ich werde dir erklären, alles erklären ... ich sage dir alles ... schrei nur nicht, man könnte es sonst hören ... *le roi de Rome* ... Oh, mir ist übel, mir ist traurig zumut!

‚Amme, sag', wo ist dein Grab!‘

Wer hat das gesagt, Koljä?"

„Ich weiß nicht, ich weiß nicht, wer es gesagt hat! Gehen wir jetzt nach Haus, aber ohne Umwege, sofort! Ich werde schon den Ganjä durchhauen, wenn's nötig ist ... aber wohin wollen Sie denn jetzt wieder?"

Der General zog ihn zur Treppe eines Hauses, von dem sie nicht weit entfernt waren.

„Wohin wollen Sie? Das ist doch ein fremdes Haus!"

Doch der General ließ sich nicht aufhalten, setzte sich auf eine Stufe der Treppe und zog Koljä immer noch näher zu sich heran.

„Beug' dich zu mir!" murmelte er. „Ich werde dir alles sagen ... die Schmach ... beug' dich ... dein Ohr ... ich will dir ins Ohr sagen ..."

„Aber was denn!" rief Koljä unsäglich erschrocken, hielt aber doch sein Ohr hin.

*„Le roi de Rome ...“* flüsterte der General, der am ganzen Körper zu zittern schien.

„Was? ... Was wollen Sie mit dem *roi de Rome* ... Was?“

„Ich ... ich ...“ flüsterte wieder der General, immer schwerer sich auf die Schulter seines lieben Knaben stützend, „ich ... will ... ich werde dir ... alles, Marja, Marja ... Petrowna Ssu-ssu-ssu ...“

Koljä fuhr zurück, ergriff den Vater an den Schultern und starrte ihm bleich vor Schreck ins Gesicht, das plötzlich purpurrot wurde, während die Lippen sich blau färbten. Ein krampfhaftes, zitterndes Zucken lief über seine Züge. Plötzlich senkte sich der Oberkörper und sank immer schwerer auf Koljäs stützende Arme.

„Schlag!“ schrie plötzlich Koljä laut über die ganze Straße, nachdem er endlich erraten, was geschehen war.

**V.**

Warwara Ardalionowna hatte im Gespräch mit ihrem Bruder alles, was sie bei Jepantschins über die „Verlobung“ des Fürsten mit Aglaja in Erfahrung gebracht, genau genommen, ziemlich übertrieben. Allerdings war es möglich, daß sie mit dem Instinkt der echten Frau aus den erhaltenen Mitteilungen das Bevorstehende um so sicherer erraten hatte. Vielleicht aber hatte sie sich nach der eigenen Enttäuschung bloß die Genugtuung nicht versagen können, auch dem Bruder, den sie sonst aufrichtig liebte, eine ebenso große, wenn nicht noch viel größere Enttäuschung zu bereiten. Jedenfalls ist es nicht anzunehmen, daß ihre Freundinnen sie so genau unterrichtet hatten: es werden wohl nur Andeutungen oder mit Schweigen übergangene Fragen gewesen sein, aus denen dann Warjä selbst das Weitere gefolgert hatte. Vielleicht hatten auch Aglajas Schwestern mit Absicht manches verlauten lassen, um auf diese Weise selbst von Warjä etwas zu erfahren. Endlich aber konnte es sich noch so verhalten, daß auch sie ihre ehemalige Gespielin ein wenig ärgern wollten, denn daß sie in dieser langen Zeit überhaupt nichts von Warjäs Plänen erraten haben sollten, ist wohl nicht anzunehmen.

Andererseits kann man auch vom Fürsten sagen, daß er sich in einem kleinen Irrtum befand, als er Lebedeff versicherte, daß er ihm nichts besonderes mitzuteilen habe, da mit ihm nichts besonderes geschehen sei. Das war gerade das Eigentümliche an der Sache: es war allerdings nichts geschehen, dabei war aber doch sehr viel geschehen, und gerade das hatte Warwara Ardalionowna mit ihrem sicheren weiblichen Instinkt sogleich erraten.

Wie es nun eigentlich gekommen war, daß bei Jepantschins plötzlich alle in dem Gedanken, Aglaja stehe vor einem entscheidenden Schritt und es sei etwas Besonderes mit ihr vorgefallen, übereinstimmten, dürfte nicht leicht zu erklären sein. Doch kaum war dieser Gedanke aufgetaucht – seltsamerweise kam er allen fast zu gleicher Zeit –, als auch alle sogleich überzeugt waren, daß sie es „schon längst" bemerkt und „klar vorausgesehen" hätten, und zwar habe es bereits mit dem „Armen Ritter" begonnen, oder noch früher, nur habe man an etwas so Widersinniges anfangs überhaupt nicht glauben wollen. So wenigstens behaupteten die Schwestern. Natürlich hatte Lisaweta Prokofjewna alles noch viel früher „vorausgesehen", und „lange schon" hatte ihr das Herz „deshalb weh getan"; doch ob nun lange oder nicht lange, jedenfalls war ihr der Gedanke an den Fürsten quälend, und das hauptsächlich deshalb, weil sie so gar nicht wußte, was sie nun eigentlich denken sollte. Vorläufig war ihr nur eines klar: daß es sich hier um eine Frage handelte, über die sie unverzüglich mit sich selbst ins reine kommen mußte; nur konnte sich die arme Lisaweta Prokofjewna nicht einmal die Frage, d. h. worin diese Frage nun eigentlich bestand, klar und deutlich vorlegen, von einem „Ins-Reine-Kommen" ganz zu schweigen. Die Sache war in der Tat nicht einfach: War nun der Fürst überhaupt annehmbar? oder war er es nicht? War das alles gut? oder war es nicht gut? Wenn es nicht gut war – und das war es zweifellos – worin bestand dann das Schlechte? Wenn es aber vielleicht gut war – das war ja schließlich auch nicht so ganz unmöglich – worin bestand dann wiederum das Gute? Das Familienoberhaupt, der General Iwan Fedorowitsch, war ganz zuerst nur einfach erstaunt und völlig baff, dann aber vernahm seine Gattin wirklich das Geständnis von ihm, daß doch, „bei Gott, auch ihm die ganze Zeit so etwas Ähnliches geschienen habe, zwar nicht ohne weiteres und nicht immer, aber mitunter doch so wie in etwa …" Er verstummte aber schnell unter dem Blick seiner Gemahlin. Das war am Morgen – am Abend jedoch, als er mit ihr allein war und sich wiederum zu einer Meinungsäußerung gezwungen sah, sprach er ebenso plötzlich, doch auffallend gut gelaunt ein paar äußerst unerwartete Gedanken aus: „Aber schließlich – was ist denn dabei so schlimm? …" meinte er. Die Antwort der Generalin war Schweigen. „Natürlich ist das alles immerhin sehr seltsam, vorausgesetzt, daß überhaupt etwas daran ist, doch im übrigen …" Schweigen. „Andererseits aber, wenn man die Dinge positiv betrachtet, das heißt, so wie sie sind, so ist doch der Fürst, bei Gott, ein prächtiger Junge und … und … nun und schließlich ist doch auch der Name etwas wert, der Name eines alten Geschlechts, und so etwas nimmt sich doch gar nicht übel aus, ist sozusagen eine Aufrechterhaltung des alten Stammes, und somit in den Augen der Gesellschaft … das heißt, ich meine nur … Gesellschaft bleibt Gesellschaft … Und dann: der Fürst ist ja auch gerade kein Armer, wenn er auch gerade kein Millionär ist, und ... und ... hm! ..." Das Schweigen dauerte an, und Iwan Fedorowitsch verstummte endgültig.

Als Lisaweta Prokofjewna ihren Mann angehört hatte, war sie über alle Maßen empört.

Ihrer Meinung nach war alles nur ein „unverzeihlicher und sogar im höchsten Grade unschicklicher Unsinn, irgendein dummer phantastischer Einfall und weiter nichts!" Und zwar allein schon deshalb, weil „dieser elende Fürst ein kranker Idiot, erstens, und zweitens ein Dummkopf ist, der weder die Welt kennt noch eine Stellung in der Welt einnimmt. Wem zeigst du ihn, wo kannst du ihn unterbringen? Ein Mensch mit ganz unmöglichen demokratischen Ideen, und nicht einmal im Staatsdienst steht er, und ... und was wird die Bjelokonskaja sagen? Haben wir denn einen solchen, einen solchen Mann für Aglaja erwartet?" Das letzte Argument war selbstverständlich das wichtigste. Ihr Mutterherz erzitterte bei diesem Gedanken und „weinte blutige Tränen", wenn sich auch gleichzeitig in diesem Herzen etwas regte, das ihr plötzlich ganz gegen ihren Willen die Frage aufzwang: „Aber weshalb ist denn der Fürst nicht der Richtige für Aglaja?" Diese Widerlegungen des eigenen Herzens waren es gerade, die der armen Lisaweta Prokofjewna am meisten zu schaffen machten.

Aglajas Schwestern jedoch erschien der Gedanke, den Fürsten zum Schwager zu bekommen, durchaus nicht so unmöglich und sogar nicht einmal sonderbar; im Gegenteil, sie waren sogar sehr für ihn, nur schienen sie beide stillschweigend beschlossen zu haben, vorläufig noch zu schweigen. Sie wußten aus alter Erfahrung, daß die Mutter, wenn sie sich am hartnäckigsten einer Sache widersetzte, sich dann im Herzen bereits halbwegs mit ihr ausgesöhnt hatte. Übrigens konnte Alexandra Iwanowna doch nicht lange bei ihrem Schweigen bleiben: da es der Mutter nun einmal zur Angewohnheit geworden war, ihre Älteste in allen schwierigen Dingen um Rat zu fragen, so rief sie sie auch jetzt fast stündlich zu sich, um ihre Meinung zu hören oder – und das vor allen Dingen – um sie immer wieder zu fragen, wie das nur alles gekommen wäre, warum es niemand früher bemerkt, weshalb man nicht früher davon gesprochen habe? Und was hatte dieser verwünschte „Arme Ritter" zu bedeuten gehabt? Warum war sie, Lisaweta Prokofjewna, allein dazu verurteilt, sich um alle zu sorgen, alles zu bemerken und zu erraten, während die anderen einfach schliefen? Alexandra Iwanowna war anfangs etwas vorsichtig und bemerkte nur, daß ihr die Auffassung des Vaters, die Gesellschaft würde die Verbindung einer Jepantschin mit dem Fürsten Myschkin nur gutheißen, sehr richtig erschiene. Doch allmählich geriet sie in Eifer und erklärte unumwunden, daß der Fürst durchaus kein

„Dummkopf“ sei, und was seine Bedeutung in der Gesellschaft anlange, so könne man doch gar nicht wissen, wonach in ein paar Jahren das Ansehen eines Menschen in Rußland beurteilt werden würde: ob immer noch nach dem alten Maßstabe, den pflichtschuldigen Erfolgen im Staatsdienst, oder nach etwas ganz anderem. Auf alle diese Äußerungen hatte die Generalin nur die eine Antwort, daß Alexandra eine Freidenkerin und daß alle ihre Ansichten auf „diese unselige Frauenfrage“ zurückzuführen seien. Eine halbe Stunde später fuhr Lisaweta Prokofjewna nach Petersburg, wo sie sich nach dem Kamennyj Ostrow[] begab, um die alte Fürstin Bjelokonskaja, die nur auf kurze Zeit nach Petersburg gekommen war, zu besuchen. Die Fürstin war Aglajas Taufmutter.

Die alte Bjelokonskaja vernahm alle fieberhaften und verzweifelten Geständnisse Lisaweta Prokofjewnas mit ungewöhnlicher Ruhe und ließ sich auch von ihren Tränen nicht rühren, ja fast blickte sie spöttisch auf sie herab. Sie war eine große Despotin, die auch jetzt noch, nach fünfunddreißigjähriger Freundschaft, ihre Lisaweta Prokofjewna gewissermaßen als ihren Schützling betrachtete. Deshalb war ihr jede Selbständigkeit an der Generalin zum mindesten nicht nach Wunsch. In ihrer Antwort bemerkte sie unter anderem, daß „man bei euch, meine Liebe, nach alter Gewohnheit wieder aus einer Mücke einen Elefanten gemacht hat. Oder wäre es nicht besser, man wartete noch ein wenig ab!?“ Übrigens halte sie den Fürsten für einen sehr anständigen jungen Mann, allerdings sei er krank, ein Sonderling und von etwas gar zu geringer Bedeutung. Das Schlimmste sei jedoch, daß er ganz offiziell eine Geliebte unterhalte. Lisaweta Prokofjewna begriff natürlich, daß die Bjelokonskaja sich noch immer ein wenig über den Mißerfolg Jewgenij Pawlowitschs ärgerte, da sie ihn ganz besonders empfohlen hatte. Im übrigen kehrte sie noch gereizter nach Pawlowsk zurück, als sie fortgefahren war. Zu Hause angelangt, erhielten alle Familienmitglieder sogleich einen Verweis, hauptsächlich deshalb, weil sie „sämtlich verrückt geworden“ seien und es entschieden in keinem anderen Hause so zugehe wie bei ihnen. „Was ist denn eigentlich geschehen? Weshalb dieses Geschrei? Ich wenigstens vermag nichts zu entdecken, nichts, das von so außerordentlicher Wichtigkeit wäre! Wartet doch, bis erst etwas geschieht! Vieles, was Iwan Fedorowitsch ‚so vorkommt‘ – was ist’s in Wirklichkeit? Man kann doch nicht immer aus einer Mücke einen Elefanten machen!“ usw. usw.

Somit ergab sich also, daß man sich beruhigen, kaltblütiger werden und warten mußte. Aber ach, das war leichter gesagt als getan: die Ruhe dauerte keine zehn Minuten. Den ersten erschütternden Stoß erhielt Lisaweta Prokofjewnas „Kaltblütigkeit“ durch die Mitteilung dessen, was sich während ihrer Abwesenheit zugetragen hatte. (Es war das am Tage nach jenem nächtlichen Besuch des Fürsten, als er, im Glauben, es sei erst zehn Uhr, um ein Uhr nachts bei ihnen erschienen war.) Die Schwestern erzählten auf die immer ungeduldiger werdenden Fragen der Generalin, daß eigentlich „so gut wie nichts" in ihrer Abwesenheit geschehen sei, der Fürst sei nur gekommen, Aglaja habe sich jedoch lange nicht gezeigt, erst nach etwa einer halben Stunde wäre sie dann erschienen und habe dem Fürsten sogleich den Vorschlag gemacht, eine Partie Schach zu spielen. Da nun der Fürst ein sehr schlechter Schachspieler sei, habe ihn Aglaja mit Leichtigkeit geschlagen, sich sehr darüber gefreut, ihn wegen seines Nichtkönnens gehörig aufgezogen und so über ihn gelacht, daß der Fürst ihnen geradezu leid getan habe. Darauf habe sie ihm eine Partie „Duraki"[] vorgeschlagen, doch hier sei es umgekehrt gekommen: der Fürst habe sich als ein vorzüglicher Durakispieler erwiesen, er habe „wirklich meisterhaft gespielt, wie ... wie ein Professor". Aglaja habe zwar auf alle Arten zu gewinnen versucht, habe betrogen, die Karten falsch ausgegeben und vor seinen Augen seine Stiche gestohlen, doch trotzdem habe der Fürst sie jedesmal zum „Durak" gemacht, von fünf Partien habe sie keine einzige gewonnen. Das habe Aglaja über alle Maßen geärgert, sogar so sehr, daß sie sich völlig vergessen und dem Fürsten solche Anzüglichkeiten und Ungezogenheiten ins Gesicht gesagt habe, daß der Fürst nicht nur zu lachen aufgehört habe, sondern sogar ganz bleich geworden sei, bis sie schließlich ausgerufen, daß sie dieses Zimmer nicht mehr betreten werde, solange er hier säße, und daß es von ihm geradezu gewissenlos sei, sie weiterhin zu besuchen, und noch dazu um ein Uhr nachts ins Haus zukommen –: *„nach allem, was geschehen sei!"* Und damit sei sie hinausgegangen und habe zornig die Tür hinter sich zugeschlagen. Der Fürst sei hierauf aufgestanden und ungeachtet all ihrer Beruhigungen und Trostversuche so traurig wie von einer Beerdigung heimgegangen.

Doch siehe da, kaum eine Viertelstunde nach dem Fortgehen des Fürsten sei Aglaja ganz plötzlich aus ihrem Zimmer, das im oberen Stock lag, die Treppe heruntergerast und auf die Terrasse gelaufen – alles das in einer solchen Eile, daß sie ihre verweinten Augen nicht einmal zu verbergen gesucht habe, und zwar deshalb, weil – Koljä mit einem Igel erschienen war. Alle hatten sich alsbald um den Igel versammelt und ihn interessiert betrachtet. Auf ihre Fragen habe Koljä erklärt, daß der Igel nicht ihm gehöre; er, Koljä, sei mit seinem Freunde, dem Gymnasiasten Kostjä Lebedeff, der unten auf der Straße auf ihn warte (dieser hatte sich geniert, einzutreten, da er ein Beil trug), sei also mit diesem Kostjä Lebedeff gegangen, und unterwegs hätten sie von einem Bauern, der ihnen begegnet, den Igel für fünfzig Kopeken gekauft, und dann hätten sie ihn noch beredet, ihnen auch das Beil zu verkaufen, denn es wäre doch eine gute Gelegenheit und ein sehr gutes Beil gewesen. Da habe Aglaja plötzlich den Koljä flehentlich zu bitten begonnen, ihr den Igel zu verkaufen, ja, sie habe sogar „lieber, lieber Koljä" zu ihm gesagt, doch Koljä habe lange nicht eingewilligt, endlich aber habe er sich erweichen lassen und Kostjä Lebedeff gerufen, der dann auch mit seinem Beil erschienen und sehr verlegen gewesen sei. Da aber hatte es sich dann plötzlich herausgestellt, daß der Igel gar nicht ihnen, sondern einem dritten Jungen gehörte, einem gewissen Petroff, der ihnen Geld gegeben hatte, damit sie ihm Schlossers „Weltgeschichte" von irgendeinem vierten Jungen, der das Werk infolge Geldmangels billig abgab, kaufen sollten; sie aber hatten nun, statt Schlossers „Weltgeschichte", unterwegs diesen Igel gekauft, da sie beide der Versuchung nicht hatten widerstehen können: folglich aber gehörten der Igel und das Beil jenem dritten Jungen, dem sie sie nun an Stelle der Weltgeschichte zu überbringen im Begriff gewesen waren! Doch Aglaja habe nicht nachgelassen und immer dringender gebeten, bis die Jungen sich zum Verkauf des Igels entschlossen hätten. Hierauf habe Aglaja den Igel sogleich mit Koljäs Hilfe in ein Körbchen eingepackt und mit einer Serviette hübsch zugedeckt. Und dann habe sie Koljä gebeten, „sogleich, unverzüglich, ohne sich irgendwo aufzuhalten", dieses Körbchen dem Fürsten zu bringen, mit der Bitte, es in ihrem Namen als „Beweis ihrer größten Hochachtung empfangen zu wollen". Koljä habe mit Freuden eingewilligt, habe aber sogleich, naseweis wie er war, zu fragen begonnen, was denn dieser Igel und ein solches Geschenk überhaupt für eine Bedeutung habe. Aglajas Antwort sei gewesen, daß das nicht seine Sache sei und ihn somit nichts angehe. Hierauf habe Koljä geäußert, daß seiner Überzeugung nach der Igel unbedingt ein Symbol sein müsse. Darüber habe sich Aglaja geärgert und ihm gesagt, er sei ein „dummer Bengel und weiter nichts". Doch Koljä, der auch nicht auf den Mund gefallen sei, habe sofort entgegnet, daß er, wenn er in ihr nicht das Weib und überdies seine Überzeugungen achtete, ihr unverzüglich beweisen würde, daß er auf eine solche Beleidigung zu entgegnen wisse. Geendet habe der Streit aber doch damit, daß Koljä strahlend mit dem Igel abgezogen sei, gefolgt von dem gleichfalls strahlenden Kostjä Lebedeff. Als jedoch Aglaja, die ihnen nachgeschaut, bemerkt hatte, daß Koljä den Korb schaukelte, habe sie ihm von der Terrasse fast ängstlich nachgerufen: „Koljä, Täubchen, bitte, werfen Sie den Igel nicht heraus!" ganz als hätte sie sich durchaus nicht soeben noch mit ihm gezankt. Und da sei denn Koljä stehengeblieben und habe ebenso freundlich, d. h. gleichfalls so, als wäre nichts Böses vorgefallen, und mit der größten Bereitwilligkeit, zurückgerufen: „Nein, ich werde ihn nicht herauswerfen, Aglaja Iwanowna. Sie können ganz ruhig sein!" worauf er seinen Weg eilig und freudig fortgesetzt hatte. Aglaja aber habe entsetzlich zu lachen begonnen und sei äußerst zufrieden in ihr Zimmer zurückgekehrt und überhaupt den ganzen Tag überaus lustig gewesen.

Lisaweta Prokofjewna war wie betäubt. Doch im Grunde genommen: was war denn schließlich so Ungeheuerliches geschehen? Nichtsdestoweniger erreichte ihre Unruhe die äußerste Grenze. Die Hauptsache war – der Igel! Was bedeutet ein Igel? Was sollte dieses Geschenk? Was sollte das, was hieß das, was war darunter zu verstehen?! Zum Unglück mußte Iwan Fedorowitsch, der gerade zugegen war, durch seine Antwort die Sache noch beängstigend verschlimmern. Seiner Meinung nach war hier „gar nichts darunter zu verstehen, ein Igel ist ein Igel und weiter nichts – höchstens, daß er noch Freundschaft bedeutet, vergessene Kränkung, Versöhnung und so weiter, kurz und gut, das Ganze ist doch nur ein Scherz, jedenfalls aber ein unschuldiger und verzeihlicher."

Nebenbei bemerkt – er hatte alles vollkommen richtig erraten. Der Fürst war, nachdem er von Aglaja verspottet und beschimpft und fast hinausgeworfen worden, nach Hause zurückgekehrt, und hatte wohl über eine halbe Stunde in einer düsteren, fast verzweifelten Stimmung verbracht – als plötzlich Koljä mit dem Igel im Körbchen erschien. Da klärte sich der Himmel im Augenblick auf: der Fürst schien förmlich von den Toten aufzuerstehen, überschüttete Koljä mit Fragen, hing an seinen Lippen, fragte wieder und nochmals, so daß Koljä dem Inhalte nach wohl zehnmal ein und dasselbe erzählte. Der Fürst war selig wie ein Kind und blickte mit sonnigen Augen die Knaben an, die auch ihn mit lachenden Blicken betrachteten und die seinen Händedruck – er dankte unzählige Male – ebenso froh und von Herzen erwiderten. Aglaja hatte ihm also verziehen! und nun konnte er wieder zu ihr gehen! konnte noch an diesem Abend hingehen! das aber war doch die Hauptsache – mehr verlangte er ja gar nicht!

„Was für Kinder wir doch noch sind, Koljä! und ... und ... wie gut das doch ist, daß wir solche Kinder sind!" rief er zu guter Letzt ganz begeistert aus.

„Ach, ganz einfach, sie ist in Sie verliebt, Fürst, und das ist alles!" versetzte Koljä überzeugt.

Der Fürst wurde feuerrot, sagte aber diesmal kein Wort, während Koljä schallend auflachte und vor Freude in die Hände klatschte. Nach einer Weile lachte auch der Fürst, dann aber blickte er alle fünf Minuten nach der Uhr, um zu sehen, ob noch viel Zeit bis zum Abend sei und ob er nicht schon hingehen könne.

Bei Jepantschins aber war es zu Ende mit der Kaltblütigkeit: Lisaweta Prokofjewna war mehr als nervös, war geradezu hysterisch erregt und ließ, ungeachtet der Einwendungen ihres Gatten und der beiden älteren Schwestern, Aglaja sogleich zu sich rufen, um von ihr eine „endgültige, klare Antwort zu erhalten, damit das endlich einmal aufhört und man die Geschichte ein für allemal vom Halse hat, denn sonst – bin ich noch vor dem Abend tot, einfach tot!"

Wie groß aber war ihre Verwunderung, von Aglaja nichts anderes zu hören, als – nach scheinbarem Erstaunen – Ausdrücke des Unwillens, sowie spöttische Bemerkungen und Gelächter über den Fürsten und über „dieses ganze Verhör". Lisaweta Prokofjewna legte sich halb krank zu Bett und stand erst zum Tee wieder auf, da sie den Fürsten erwartete. Als dieser dann auch endlich erschien, konnte sie sich kaum noch beherrschen vor innerer Unruhe.

Schüchtern, fast ganz verzagt, trat der Fürst ein, mit einem seltsamen Lächeln im Gesicht und einem noch seltsameren Blick, mit dem er jedem in die Augen sah, und der fragen zu wollen schien, weshalb denn – Aglaja nicht im Zimmer war. Das hatte ihn sogleich erschreckt. Es war an diesem Abend niemand außer der Familie anwesend. Fürst Sch. weilte in Petersburg, da ihm und Jewgenij Pawlowitsch der Skandal, den der Tod von dessen Onkel hervorgerufen, immer noch viel zu schaffen machte. „Wenn doch Fürst Sch. jetzt hier wäre, der könnte wenigstens ein Gespräch anknüpfen!" dachte Lisaweta Prokofjewna ganz verzweifelt. Iwan Fedorowitsch saß mit einer äußerst besorgten Miene da und wußte offenbar nichts zu reden; zum Unglück schwiegen auch die Schwestern und machten ernste Gesichter. „Mein Gott, wovon soll man sprechen!" dachte Lisaweta Prokofjewna, ohne einen rettenden Gedanken zu finden. Schließlich nahm sie sich energisch zusammen, erzählte kurz, daß sie in Petersburg gewesen sei, und sprach dann sehr abfällig über die Eisenbahn, worauf sie mit entschiedener Herausforderung den Fürsten anblickte.

Doch wehe, Aglaja kam noch immer nicht, und der Fürst verlor seinen letzten Mut. Kaum verständlich, fast stotternd äußerte er „auch seine Meinung", daß eine Verbesserung der Bahn sicherlich sehr nützlich wäre, doch plötzlich hielt es Adelaida nicht aus und lachte hell auf. Da war der Fürst wieder wie vernichtet. In diesem Augenblick erschien Aglaja. Ruhig und vornehm und etwas zeremoniell erwiderte sie den Gruß des Fürsten, nahm feierlich den sichtbarsten Platz am runden Tisch ein und blickte fragend den Fürsten an. Alle begriffen, daß jetzt der Augenblick der Entscheidung gekommen war.

„Haben Sie meinen Igel erhalten?" fragte sie mit fester Stimme, fast böse.

„Ja, ich habe ihn erhalten," antwortete der Fürst, indem er errötete und kaum zu atmen wagte.

„Haben Sie dann die Güte, mir sofort zu erklären, was Sie darüber denken. Das ist zur Beruhigung meiner Mutter und der ganzen Familie unbedingt erforderlich."

„Hör' mal, Aglaja ..." stotterte der General beunruhigt.

„Das, das geht ja über alle Grenzen!" rief Lisaweta Prokofjewna erschrocken.

„Hier handelt es sich nicht um Grenzen, Mama," versetzte das Töchterchen sogleich in strengem Tone. „Ich habe – und das ist alles – heute dem Fürsten einen Igel gesandt und will nun die Ansicht des Fürsten hören. Also bitte, Fürst, reden Sie jetzt."

„Das heißt, was für eine Ansicht, Aglaja Iwanowna?"

„Über den Igel."

„Das heißt, ich denke, Aglaja Iwanowna, Sie wollen erfahren wie ich ... den Igel empfangen ... oder ... ich wollte sagen, wie ich diese Zusendung ... des Igels ... aufgefaßt habe ... In dem Fall muß ich gestehen, daß ich ... mit einem Wort, daß ich ..."

Er verwirrte sich rettungslos und verstummte.

„Nun, viel haben Sie nicht gesagt," meinte Aglaja, nachdem sie noch eine Weile gewartet hatte. „Aber gut, ich gebe mich damit zufrieden, lassen wir den Igel. Es freut mich sehr, daß ich endlich Gelegenheit habe, alle diese Mißverständnisse, die sich hier aufgehäuft haben, beseitigen zu können. Gestatten Sie also, endlich von Ihnen persönlich zu erfahren: bewerben Sie sich um meine Hand oder nicht?"

„Großer Gott!" entfuhr es der Generalin.

Der Fürst zuckte zurück, wie von einem Schlage getroffen; Iwan Fedorowitsch erstarrte; die Schwestern zogen mißbilligend die Brauen zusammen.

„Lügen Sie nicht, Fürst, sagen Sie die volle Wahrheit. Ich muß mir Ihretwegen die seltsamsten Verhöre gefallen lassen. Haben diese Verhöre nun irgendeine Berechtigung: das ist es, was ich wissen will. Nun!"

„Ich habe nicht um Ihre Hand geworben, Aglaja Iwanowna," sagte der Fürst, plötzlich wieder zu sich kommend. „Aber ... Sie wissen, wie ich Sie liebe und an Sie glaube ... sogar jetzt ..."

„Ich frage Sie: werben Sie um mich oder nicht?"

„Ich ... werbe um Sie,“ sagte der Fürst leise.

Es folgte eine allgemeine Bewegung.

„Aber, mein Freund, das geht doch nicht so!“ stammelte Iwan Fedorowitsch, nicht wenig erregt. „Das ... das ist fast unmöglich, wenn es so ist, Aglaja ... Verzeihen Sie, Fürst, verzeihen Sie, mein Lieber! ... Lisaweta Prokofjewna!“ wandte er sich hilfesuchend an seine Gattin, „hier müßte man doch vor allen Dingen versuchen, dachte ich, den Sachverhalt zu ... begreifen ...“

„Ich weigere, ich weigere mich, zu begreifen!“ rief Lisaweta Prokofjewna, mit beiden Händen abwehrend.

„Erlauben Sie, *maman*, daß auch ich zu Wort komme. Habe ich doch in dieser Angelegenheit wohl auch etwas zu bedeuten! Der entscheidende Augenblick meines Schicksals naht heran“ (Aglaja drückte sich buchstäblich so aus) „und daher will ich alles vorher genau feststellen. Es freut mich, daß es in Gegenwart aller geschieht ... Gestatten Sie also, Fürst, die Frage: wenn Sie solche Absichten hegen, womit gedenken Sie dann mein Glück zu begründen?“

„Ich weiß nicht, wirklich ... ich weiß nicht, Aglaja Iwanowna, was ich Ihnen sagen soll; hier ... hier ... Was soll man denn darauf antworten? Ja und ... ist es denn überhaupt nötig?“

„Sie scheinen verwirrt, befangen, außer Atem zu sein, erholen Sie sich ein wenig, und sammeln Sie Ihre Kräfte; trinken Sie ein Glas Wasser; übrigens wird man Ihnen sogleich Tee reichen.“

„Ich liebe Sie, Aglaja Iwanowna, ich liebe Sie sehr, ich liebe nur Sie allein und ... scherzen Sie, bitte, nicht, ich habe Sie sehr, sehr lieb.“

„Aber, einstweilen, – es ist das doch eine wichtige Sache, wir sind keine Kinder, und man muß ernstlich ... nun, ich meine: einstweilen haben Sie die Güte, sich jetzt die Mühe zu nehmen, mir Ihre Vermögensverhältnisse zu erklären.“

„Aber ... aber, Aglaja! Was fällt dir ein! Das geht doch nicht so, das geht doch nicht ...“ stotterte Iwan Fedorowitsch geradezu angstvoll.

„Diese Schmach!“ stieß Lisaweta Prokofjewna hervor.

„Sie ist verrückt!“ sagte Alexandra Iwanowna laut.

„Vermögen ... das heißt Geld, wieviel Geld ich besitze?“ fragte der Fürst verwundert.

„Genau das.“

„Ich ... ich habe ... ich besitze noch hundertfünfunddreißigtausend Rubel," sagte der Fürst leise, indem er errötete.

„Nu–ur?" wunderte sich Aglaja ganz offen, ohne ihrerseits auch nur im geringsten zu erröten. „Übrigens, tut nichts; wenn man ökonomisch lebt ... Beabsichtigen Sie, in den Staatsdienst zu treten?"

„Ich hatte die Absicht, ein Examen als Lehrer abzulegen ..."

„Sehr vernünftig; das würde unsere Mittel natürlich um ein Bedeutendes vermehren. Sie beabsichtigen also nicht, Kammerjunker zu werden?"

„Kammerjunker? Das habe ich mir noch nie vorgestellt, aber ... aber ...“

Doch hier konnten sich die Schwestern nicht mehr bezwingen und brachen in schallendes Gelächter aus. Adelaida hatte am Zucken der Mundwinkel Aglajas erraten, daß sie selbst kaum noch ernst zu bleiben vermochte.

Aglaja blickte die Lachenden im ersten Augenblick drohend an, doch schon nach einer Sekunde brach sie selbst in das unbändigste, in ein krankhaft unbezwingbares Lachen aus, sprang dann plötzlich auf und lief aus dem Zimmer.

„Ich wußte ja, daß es von ihr nichts als Scherz war!" rief Adelaida immer noch lachend, „schon vom Igel an!"

„Nein, das ist aber doch empörend, nein, das dulde ich nicht, das dulde ich auf keinen Fall!" fuhr Lisaweta Prokofjewna zornig auf und ging eilig ihrer Tochter nach.

Ihr folgten sogleich auch die Schwestern. Im Zimmer blieben nur der Fürst und Iwan Fedorowitsch zurück.

„Das, das ... hättest du dir so etwas denken können, Lew Nikolajewitsch?" rief der General, offenbar ohne selbst zu wissen, was er sagen wollte. „Nein, im Ernst, sag’ vollkommen im Ernst?"

„Ich sehe, daß Aglaja Iwanowna sich über mich lustig gemacht hat," sagte der Fürst tief niedergeschlagen.

„Wart, mein Freund, ich werde sogleich hingehen, du aber, bleib hier ... denn ... – So erklär’ doch du mir wenigstens, Lew Nikolajewitsch: wie ist denn das alles gekommen und was hat das alles zu bedeuten? Du siehst doch ein, mein Bester, ich bin doch – der Vater. Und als Vater muß ich doch auch etwas wissen, daher erkläre du mir doch wenigstens – denn, nicht wahr, das geht doch nicht so!"

„Ich liebe Aglaja Iwanowna. Ich weiß es und ... ich glaube, sie weiß es schon lange."

Der General zog die Schultern in die Höhe.

„Sonderbar, höchst sonderbar! ... Und du liebst sie sehr?"

„Ich liebe sie ... sehr."

„Hm, sonderbar ... tja, aber was ist da zu machen? Ich gestehe, das ist mir eine solche Überraschung, solch ein Schlag geradezu, daß ... Sieh mal, mein Lieber, ich rede nicht vom Vermögen, – obschon ich, wenn ich ehrlich sein soll, gedacht hätte, daß dir mehr übriggeblieben sei – aber ... es handelt sich für mich hier nur um das Glück meiner Tochter ... und deshalb ... bist du nun auch fähig, sozusagen, dieses Glück ... zu begründen – das möcht' ich nur wissen? Und ... und ... was ist das schließlich: Scherz oder Ernst? Das heißt, nicht deinerseits, sondern, versteht sich, nur ihrerseits?"

Aus dem Nebenzimmer ertönte Alexandras Stimme: sie rief den Papa.

„Wart', mein Freund, wart'! Bleib hier und überleg' dir die Sache, ich werde im Augenblick ..." sagte er in aller Eile, indem er fast erschrocken dem Ruf Alexandras folgte.

Doch was er im Nebenzimmer vorfand, hatte er eigentlich nicht erwartet: seine Frau und seine Tochter Aglaja saßen eng umschlungen und vergossen beide Tränen. Es waren Tränen der Freude, der Rührung und der Versöhnung. Aglaja küßte der Mutter die Hände, die Wangen, die Lippen, und beide preßten sie sich eng, eng aneinander.

„Nun sieh, da hast du sie, Iwan Fedorowitsch, so ist sie jetzt!" sagte Lisaweta Prokofjewna.

Aglaja wandte ihr glückliches, ganz verweintes Gesichtchen, das sie an der Brust der Mutter verborgen hatte, dem Papa zu, schaute ihn an und lachte laut auf. Im nächsten Augenblick war sie schon aufgesprungen, lag an seiner Brust, umarmte ihn krampfhaft und küßte ihn mehrmals. Und im allernächsten Augenblick saß sie wieder auf dem Schoß der Mutter, und verbarg an deren Brust ihr Gesicht, damit niemand sie sähe, und wieder weinte sie herzbrechend. Lisaweta Prokofjewna streichelte sie zärtlich und bedeckte sie mit dem einen Ende ihres Schals.

„Nun, was, was tust du jetzt mit uns, du grausames Mädchen, das du nach alldem bist, pfui!" sagte sie mit mütterlichem Vorwurf, doch klang es bereits wie aus innerer Freude gesprochen, als sei ihr eine wahre Last vom Herzen gefallen und als könne sie leichter atmen.

„Grausam! Ja! Grausam!" griff plötzlich Aglaja heftig das Wort auf. „Einfach ein Scheusal! Verzogen! Eigensinnig! Sagen Sie das Papa. Ach, er ist ja hier. Papa, sind Sie noch hier? Hören Sie?" lachte sie wieder unter Tränen.

„Mein kleiner Liebling, mein Herzenskind!" Der General strahlte vor Glück und küßte ihre Hand, die Aglaja, nebenbei bemerkt, nicht fortzog. „Dann liebst du also diesen jungen Mann? ..."

„O pfui, gar nicht! Ich kann ihn nicht ausstehen ... euren jungen Mann, ich hasse ihn einfach!" brauste Aglaja plötzlich wild auf, und sie erhob wieder den Kopf. „Und wenn Sie, Papa, noch einmal wagen ... Ich sage es im Ernst, hören Sie: im Ernst!"

Und sie sprach es auch wirklich vollkommen im Ernst: sie wurde ganz rot dabei, und ihre Augen blitzten auf. Der Papa schwieg erschrocken, doch Lisaweta Prokofjewna gab ihm über Aglajas Köpfchen hinweg einen Wink, den er als „Nicht ausfragen!" ganz richtig verstand.

„Wenn es so ist, mein Engel, dann natürlich – wie du willst ... das hängt nur von dir ab. Aber er wartet jetzt dort allein – sollte man ihm nicht andeutungsweise zu verstehen geben, daß er sich verabschieden könnte?"

Der General gab nun wiederum seinerseits Lisaweta Prokofjewna einen Wink.

„Nein, nein, das ist gar nicht nötig, und erst recht nicht so ... andeutungsweise. Geht nur zu ihm hinein, alle, alle, ich komme dann nach, gleich nach euch. Ich will diesen ... jungen Mann um Verzeihung bitten, ich habe ihn gekränkt."

„Und unverzeihlich gekränkt!" bekräftigte Iwan Fedorowitsch sehr ernst.

„Nun dann ... bleibt lieber alle hier, und ich werde zuerst allein zu ihm gehen, ihr aber müßt dann sogleich nachkommen, in derselben Sekunde noch, so wird es besser sein."

Sie ging zur Tür, hatte den Griff bereits in der Hand, doch plötzlich wandte sie sich wie hilflos wieder zurück.

„Ich werde lachen! Ich werde sterben vor Lachen!" klagte sie traurig.

Doch im selben Augenblick klinkte sie auch schon plötzlich die Tür auf und lief hinein – zum Fürsten.

„Nun, was hat das zu bedeuten? Was meinst du?" flüsterte Iwan Fedorowitsch hastig seiner Gattin zu.

„Ich fürchte, es auch nur auszusprechen," antwortete Lisaweta Prokofjewna ebenso, „aber meiner Ansicht nach ist es doch klar ..."

„Auch meiner Ansicht nach ist es klar. Klar wie der Tag. Sie liebt."

„Sie liebt nicht nur, sie ist sogar verliebt!" äußerte sich Alexandra Iwanowna. „Nur in wen, fragt es sich?"

„Gott segne sie, wenn das ihr Schicksal sein sollte!" sagte Lisaweta Prokofjewna und bekreuzte sich andächtig.

„Dann ist nichts mehr zu wollen," meinte der General, „seinem Schicksal entgeht keiner."

Und alle begaben sich ins Empfangszimmer, um den Fürsten und Aglaja nicht allein zu lassen. Doch siehe, dort harrte ihrer eine neue Überraschung.

Aglaja hatte nicht etwa zu lachen begonnen, als sie sich dem Fürsten genähert, sondern hatte ihm fast schüchtern die Hand gereicht und gesagt:

„Verzeihen Sie dem dummen, schlechten, verzogenen Mädchen, und seien Sie überzeugt, daß wir Sie alle unendlich achten. Und wenn ich gewagt habe, Ihre prächtige ... gute Treuherzigkeit zu verspotten, so verzeihen Sie es mir, wie man einem Kinde eine Unart verzeiht. Verzeihen Sie, daß ich auf einer Unmöglichkeit bestand, die natürlich nicht die geringsten Folgen haben kann ..."

Die letzten Worte sprach Aglaja dabei mit besonderem Nachdruck.

Der Vater, die Mutter und die Schwestern waren noch rechtzeitig eingetreten, um diese letzten Worte zu hören, und sowohl deren Bedeutung wie die ernste Miene Aglajas kamen ihnen so unerwartet, daß sie sich erstaunt und fragend ansahen. Nur der Fürst schien den Sinn der Worte nicht begriffen zu haben.

„Weshalb reden Sie so," stammelte er überglücklich, „weshalb ... bitten Sie um Verzeihung ..."

Er wollte noch sagen, daß er gar nicht wert sei, um Verzeihung gebeten zu werden. Doch – wer kann es wissen – vielleicht hatte er den Sinn der letzten Worte sehr wohl begriffen, als sonderbarer Mensch aber sich vielleicht sogar auch über diesen Sinn gefreut? Zweifellos war es für ihn schon der Gipfel der Glückseligkeit, daß er jetzt unbehindert Aglaja würde besuchen können, daß man ihm erlauben würde, mit ihr zu reden, bei ihr zu sitzen, mit ihr spazieren zu gehen, und vielleicht hätte ihm das auch sein Leben lang genügt! (Diese Genügsamkeit war es aber gerade, die Lisaweta Prokofjewna im stillen fürchtete: sie war die einzige, die ihn erkannte. Oh, vieles fürchtete sie im geheimen, was sie vielleicht selbst kaum auszusprechen verstanden hätte!)

Es ist schwer, sich vorzustellen, in welch einem Maße sich der Fürst an diesem Abend belebte. Er sprühte förmlich und war von einem Feuer erfüllt, daß man, ob man wollte oder nicht, sich gleichfalls begeistert fühlte – wie später Aglajas Schwestern erzählten. Er kam zum erstenmal nach jenem Vormittag, den er vor sechs Monaten bei Jepantschins verbracht hatte, wieder ins Reden, denn seit seiner Rückkehr nach Petersburg war er ersichtlich schweigsam und zurückhaltend gewesen. Zu Fürst Sch. hatte er einst gesagt – es war an jenem Abend, an dem sie nachher zum Konzert gegangen waren –, daß er sich bezwingen und schweigen müsse, weil er nicht das Recht habe, seine Gedanken zu erniedrigen, indem er dieselben ungeschickt ausspräche. Heute aber war er es allein, der den ganzen Abend über sprach; er erzählte viel, und wenn hin und wieder Fragen an ihn gestellt wurden, dann antwortete er klar und ausführlich und mit sichtlicher Freude. Doch von Liebe war mit keinem Wort mehr die Rede, wie auch sonst nichts an ihm Verliebtheit verriet. Es waren alles so ernste Dinge, von denen er sprach, mitunter äußerte er sogar so tiefe Gedanken, und legte einige seiner Anschauungen, seiner eigenen geheimen Beobachtungen dar, daß das Ganze vielleicht lächerlich gewirkt hätte, wenn es von ihm aus nicht so „vorzüglich klar gemacht" worden wäre, wie sich später seine Zuhörer äußerten. Der General hatte zwar sonst ernste Unterhaltungen sehr gern, doch diesmal fand im geheimsten Innern auch er, ganz wie die Generalin, daß es denn doch etwas „zu viel des Ernstes und der Philosophie" war, so daß sie zum Schluß beide ganz traurig und nachdenklich wurden. Übrigens war der Fürst zu guter Letzt so animiert, daß er noch ein paar köstliche Anekdoten zum besten gab, über die er selbst so ausgelassen lachen konnte, daß die anderen schon bei seinem Anblick mitlachen mußten. Aglaja dagegen sprach fast den ganzen Abend über kein Wort, dafür aber hing sie förmlich an den Lippen des Fürsten, keine Silbe entging ihr, die er sprach, und keinen Blick wandte sie von ihm ab.

„Und wie sie ihn ansah! Sie verschlang ihn ja förmlich mit den Augen, als ob ihr kein Buchstabe entgehen dürfte," sagte Lisaweta Prokofjewna später zu ihrem Gatten. „Sagst du ihr aber, daß sie liebt, dann trage nur schnell alle Heiligen hinaus!"

„Tja, da läßt sich nichts ändern – Schicksal!" meinte der General achselzuckend. Und das war nicht das letztemal, daß er dieses Wort gebrauchte. Es muß hier bemerkt werden, daß ihm als General und Geschäftsmann sehr vieles an dem vorläufigen Stand der Dinge mißfiel, so vor allem die Unklarheit. Doch beschloß er trotzdem, „bis dahin" noch zu schweigen und ... lieber seiner Lisaweta Prokofjewna in die Augen zu schauen.

Leider hielt die frohe Stimmung der Familie nicht lange an. Schon am nächsten Tage verfeindete sich Aglaja mit dem Fürsten, versöhnte sich dann zwar wieder mit ihm, doch – auf wie lange? Am anderen Tage begann sie von neuem zu streiten. Oft machte sie sich stundenlang über ihn lustig und stellte ihn fast als Narren hin, oft aber saßen sie wiederum stundenlang in der Laube des Blumengartens ihrer Villa, doch konnten die anderen dann immer nur sehen, daß der Fürst ihr fast die ganze Zeit aus irgendeinem Buch oder einer Zeitung vorlas.

„Wissen Sie," unterbrach ihn Aglaja einmal beim Zeitunglesen, „es ist mir aufgefallen, daß Sie entsetzlich ungebildet sind: nichts wissen Sie genau, wenn man Sie etwas fragt, weder wer es gerade war, noch genau in welchem Jahre, noch nach welchem Vertrag oder Friedensschluß. Sie sind ein sehr kläglicher Mensch."

„Ich habe Ihnen gesagt, daß ich nicht gelehrt bin," antwortete der Fürst einfach.

„Was ist denn eigentlich an Ihnen? Wie kann ich Sie dann noch achten? Lesen Sie weiter. Doch nein, nicht nötig, hören Sie auf!"

Am Abend dieses Tages geschah ihrerseits wiederum etwas sehr Sonderbares, daß allen ein Rätsel aufgab. Fürst Sch. war aus Petersburg gekommen und Aglaja war sehr freundlich zu ihm, sie fragte ihn sogar nach Jewgenij Pawlowitsch. (Fürst Lew Nikolajewitsch war noch nicht erschienen.) Da machte Fürst Sch. ganz harmlos die Bemerkung, daß „im Hinblick auf das Bevorstehende" Adelaidas Hochzeit wohl wieder hinausgeschoben werden müsse, damit beide Trauungen an einem Tage stattfänden. Kaum aber hatte er es ausgesprochen, als plötzlich Aglaja purpurrot wurde und sich heftig „alle diese dummen Vermutungen" verbat, sie habe durchaus nicht die Absicht, irgendwelche Mätressen durch ihre Person zu ersetzen.

Diese Bemerkung stieß natürlich alle Anwesenden furchtbar vor den Kopf. Lisaweta Prokofjewna war zuerst sprachlos, bestand aber dann später, als sie sich mit ihrem Mann unter vier Augen befand, bedingungslos auf einer ernsten Aussprache mit dem Fürsten betreffs Nastassja Filippowna, was Iwan Fedorowitsch als Vater einfach für seine Pflicht ansehen müsse.

Iwan Fedorowitsch schwor bei allem, was ihm heilig war, daß es wohl nur ein „unbegründeter Ausfall Aglajas gewesen und einzig auf ihre Verlegenheit zurückzuführen" sei; daß sie, wenn Fürst Sch. nicht diese

Anspielung gemacht hätte, nie und nimmer so etwas gesagt haben würde, denn sie wisse es selbst nur zu gut, daß dieses ganze Gerücht nichts als eine Verleumdung von seiten ihnen übelwollender Leute sei und daß Nastassja Filippowna Rogoshin heiraten werde; daß der Fürst in der Beziehung nichts mit ihr zu schaffen habe – derlei könne man ihm weder jetzt nachsagen, noch habe man es früher jemals sagen können: „von diesen Dingen liegt nichts, aber auch nichts zwischen ihnen vor, wenn du nun schon einmal die ganze Wahrheit wissen willst."

Fürst Lew Nikolajewitsch selbst ließ sich durch nichts verwirren und fuhr fort, ungetrübt selig zu sein. Oh, auch er bemerkte mitunter etwas gleichsam Düsteres und Ungeduldiges in Aglajas Augen, doch nachdem er einmal an sie zu glauben begonnen, konnte diesen Glauben nichts mehr erschüttern. Vielleicht aber war er dennoch etwas gar zu ruhig; wenigstens äußerte sich auch Hippolyt in dem Sinne, als er ihm einmal zufällig im Park begegnete.

„Na, hab' ich damals nicht recht gehabt, als ich Ihnen sagte, daß Sie verliebt seien?" begann er ohne weiteres, indem er auf den Fürsten zutrat und ihn aufhielt.

Der Fürst reichte ihm die Hand und gratulierte zum „guten Aussehen". Hippolyt sah in der Tat viel wohler aus, was ja bei Schwindsüchtigen bekanntlich oft vorkommt.

Er war eigentlich nur in der Absicht an den Fürsten herangetreten, um ihm wegen seiner glücklichen Stimmung etwas Gehässiges zu sagen, doch wie gewöhnlich begann er schon nach den ersten Worten, von sich selbst zu sprechen. Er hatte über vieles zu klagen, was er denn auch ziemlich lange und ziemlich unzusammenhängend tat.

„Sie glauben nicht," fuhr er fort, „bis zu welch einem Grade sie dort alle reizbar, kleinlich, egoistisch, ehrgeizig und ordinär sind! Werden Sie es zum Beispiel für möglich halten, daß sie mich nur unter der Voraussetzung genommen haben, daß ich bald sterbe? Und da sind sie jetzt alle wütend darüber, daß ich noch immer nicht sterbe und mich im Gegenteil besser fühle. Die reine Komödie! Ich könnte wetten, daß Sie mir das nicht glauben!"

Der Fürst wollte nicht widersprechen.

„Übrigens denke ich mitunter daran, wieder zu Ihnen zurückzukehren," fügte Hippolyt nachlässig hinzu. „So halten Sie sie also nicht für fähig dazu, einen Menschen unter der Bedingung aufzunehmen, daß er möglichst bald stirbt?"

„Ich dachte, daß sie Sie aus gewissen anderen Gründen zu sich aufgefordert hätten.“

„He–e! Sie scheinen ja durchaus nicht so einfach zu sein, wie man von Ihnen annimmt! Es ist jetzt nicht die Zeit dazu, sonst könnte ich Ihnen etwas Interessantes über Ganetschka und seine Hoffnungen mitteilen. Man will nämlich Ihr Glück untergraben, Fürst, erbarmungslos untergraben, und ... da tun Sie einem fast leid, weil Sie so ruhig sind. Doch – Sie können ja gar nicht anders!“

„Um was Sie sich Sorgen machen!“ lachte der Fürst. „Wie, wäre ich denn Ihrer Meinung nach glücklicher, wenn ich unruhiger wäre?“

„Lieber unglücklich sein und wissen, als glücklich sein und ... betrogen werden. Sie scheinen es ja überhaupt nicht für möglich zu halten, daß mit Ihnen rivalisiert wird und ... noch dazu von der Seite?“

„Ihre Worte sind ein wenig zynisch, Hippolyt; es tut mir leid, daß ich nicht das Recht habe, Ihnen hierauf zu antworten. Was jedoch Gawrila Ardalionytsch betrifft, so werden Sie wohl selbst zugeben, daß es etwas viel verlangt wäre, wollte man von ihm nach allem, was er verloren hat, noch völlige Ruhe fordern. Ich nehme an, daß Sie wenigstens zum Teil darüber unterrichtet sind, was er durchgemacht hat? Jedenfalls scheint es mir besser, das Verhältnis von diesem Standpunkte aus zu betrachten. Er wird sich noch ändern, ihm steht noch ein langes Leben bevor, und das Leben ist reich ... doch übrigens ... übrigens ... was das Untergraben betrifft ... ich verstehe nicht einmal, wovon Sie reden ... Brechen wir lieber dieses Gespräch ab, Hippolyt.“

„Schön, vorläufig. Zudem können Sie es auch nicht gut mit Ihrem Edelmut vereinigen. Sie, Fürst, Sie müssen alles immer selbst mit den Fingern befühlt haben, bevor Sie etwas glauben, ha–ha! Verachten Sie mich jetzt sehr?“

„Weshalb das? Weil Sie mehr als wir gelitten haben und leiden?“

„Nein, deshalb, weil ich dieses Leidens unwürdig bin.“

„Wer mehr gelitten hat, der ist es auch würdig gewesen, mehr zu leiden. Als Aglaja Iwanowna Ihre Beichte gelesen hatte, wollte sie Sie sehen, aber ...“

„Sie schob es auf ... sie darf nicht, ich verstehe, verstehe ...“ unterbrach ihn Hippolyt, als wolle er schnell von diesem Thema ablenken. „Ach, apropos, man sagt, Sie hätten ihr diese ganze Litanei vorgelesen ... Ach was, das Ganze ist doch nur im Fieber geschrieben und ... ausgedacht. Ich begreife wirklich nicht, bis zu welch einem Grade man – ich will nicht sagen grausam (das wäre erniedrigend für mich), wohl aber kindisch eitel und rachsüchtig sein muß, um mir diese Beichte gewissermaßen zum Vorwurf machen zu können und sie gegen mich, den Verfasser, als Waffe zu benutzen! Beunruhigen Sie sich nicht, das war nicht auf Sie gemünzt ...“

„Es tut mir leid, daß Sie sich von dieser Beichte lossagen, Hippolyt, sie ist aufrichtig geschrieben, und wissen Sie, selbst die lächerlichsten Stellen – und deren gibt es viele –“ (Hippolyt runzelte wütend die Stirn) „sind mit Schmerzen bezahlt ... denn dieses Gestehen ist auch schmerzhaft gewesen und ... vielleicht hat dazu eine große Mannhaftigkeit gehört. Der Gedanke, der Sie dazu bewogen hat, hat zweifellos einen edlen Ursprung gehabt, gleichviel was andere da sagen. Je weiter alles zurücktritt, um so deutlicher sehe ich es jetzt, glauben Sie mir. Ich will Sie nicht richten, ich sage es nur, um mich auszusprechen, und weil ich es bedauere, daß ich damals schwieg ...“

Hippolyt wurde rot. Im Augenblick kam ihm zwar der Gedanke, daß der Fürst sich vielleicht verstelle, um ihn zu fangen, doch ein Blick auf ihn genügte, um jeden Zweifel an seiner Aufrichtigkeit zu verscheuchen. Da erhellte sich Hippolyts Gesicht.

„Was hilft das alles, sterben muß ich jetzt doch!“ sagte er, und fast hätte er noch hinzugefügt: „solch ein Mensch wie ich!“ – „Können Sie sich vorstellen, was Ganetschka mir jetzt zumutet: er hat sich gewissermaßen als Entgegnung ausgedacht, daß von jenen, die damals meine ‚Beichte‘ hörten, drei oder vier wohl noch früher sterben würden als ich! Wie finden Sie das! Und er glaubt wirklich, daß das ein Trost sei, ha–ha! Erstens sind diese Leute bis jetzt noch nicht gestorben, und zweitens, selbst wenn sie’s wären, was hätte ich denn davon? Er urteilt natürlich nach sich selbst. Übrigens geht er jetzt noch weiter, er schimpft einfach und sagt, daß ein anständiger Mensch in einem solchen Falle schweigend sterben würde, und daß das alles von mir nichts als Egoismus gewesen sei! Wie finden Sie das! Oder nein, wie finden Sie hier den Egoismus seinerseits! Wie finden Sie die Raffiniertheit, oder noch besser, die viehische Roheit der Selbstliebe dieser Leute, die sie natürlich niemals an sich selbst bemerken! ... Haben Sie gelesen, Fürst, vom Tode Stepan Gleboffs im achtzehnten Jahrhundert? Ich las zufällig gestern ...“

„Von was für einem Stepan Gleboff?“

„Der unter Peter an den Pfahl gebunden wurde!“

„Ach, mein Gott, gewiß! Er stand fünfzehn Stunden am Pfahl in der großen Kälte und starb heldenhaft; gewiß habe ich es gelesen – nun und?“

„Gibt doch Gott bisweilen solch einen Tod den Menschen – weshalb aber nicht auch mir? Sie glauben vielleicht, daß ich nicht fähig wäre, so zu sterben wie Gleboff?“

„Oh, durchaus nicht,“ sagte der Fürst verwirrt, „oder vielmehr, ich wollte nur sagen, daß Sie ... das heißt, nicht, daß Sie dem Gleboff unähnlich wären, sondern ... daß Sie ... daß Sie dann eher ...“

„Ich errate: daß ich dann eher Ostermann gewesen wäre? und nicht Gleboff – wollen Sie das damit sagen?“

„Was für ein Ostermann?“ wunderte sich der Fürst.

„Na, Ostermann, der große Diplomat Ostermann, Peters Ostermann,“ murmelte Hippolyt, plötzlich etwas verwirrt.

Es folgte eine kleine Pause, in der beide das Mißverständnis fühlten.

„Oh, n–n–nein! Ich wollte nicht das sagen,“ fuhr der Fürst langsam fort. „Sie würden, glaube ich ... niemals ein Ostermann gewesen sein.“

Hippolyt ärgerte sich und runzelte wieder die Stirn.

„Übrigens, ich sage das ja doch nur deshalb,“ verbesserte sich der Fürst schnell, „nur deshalb, weil die Menschen von damals – wirklich, es hat mich immer frappiert – sozusagen gar nicht dieselben Menschen waren, die jetzt leben. Es ist, als wären wir damals ein ganz anderes Volk gewesen, nein, wirklich, als handelte es sich um zwei ganz verschiedene Rassen ... Damals waren die Menschen gewissermaßen Menschen mit nur einer Idee, jetzt aber sind sie viel problematischer, komplizierter, sensitiver, sind Menschen mit zwei, drei Ideen zu gleicher Zeit ... Der jetzige Mensch ist ... geistig breiter – und ich schwöre Ihnen, gerade das hindert ihn, ein so einheitlicher Mensch zu sein, wie es die Menschen in jenen Jahrhunderten waren ... Ich ... ich habe das nur in dem Sinne gesagt, nicht daß ich ...“

„Ich verstehe schon. Weil Sie so naiv offen nicht mit mir einverstanden waren, wollen Sie mich jetzt trösten, ha–ha! Sie sind ein vollkommenes Kind, Fürst. Indes ... ich bemerke, daß Sie mich alle wie ... wie eine Porzellantasse behandeln. Tut nichts, tut nichts, ich ärgere mich nicht. Jedenfalls haben wir ein sehr lächerliches Gespräch geführt. Sie sind mitunter wirklich ein ganzes Kind. Wissen Sie, daß ich vielleicht auch etwas besseres sein wollte, als ein Ostermann ... für einen Ostermann lohnt es sich nicht, von den Toten aufzuerstehen. Ich sehe, daß ich möglichst bald sterben muß, denn sonst würde ich selbst ... Lassen Sie mich! Auf Wiedersehen! Doch gut, sagen Sie mir selbst, welches wäre

für mich die beste Art, zu sterben, was meinen Sie? ... Damit es möglichst
... nun, sagen wir – heldenhaft geschähe? Nun, was meinen Sie!"

„Gehen Sie an uns vorüber und verzeihen Sie uns unser Glück!" sagte
der Fürst leise.

„Ha–ha–ha! Das dachte ich mir! Gerade etwas von der Art erwartete
ich! Einstweilen, Sie ... Sie ... Nun ja! Weiß Gott! Schöne Phrasen! Auf
Wiedersehen, auf Wiedersehen!"

## VI.

Warwara Ardalionownas Mitteilung, daß man in der Villa Jepantschin
zum Abend Gäste erwartete, entsprach zwar an sich vollkommen der
Wahrheit, nur hatte sie sich wieder so ausgedrückt, daß Ganjä dieser
Abendgesellschaft unwillkürlich eine weit größere Bedeutung
zuschreiben mußte, als ihr von Rechts wegen zukam. Gewiß sah die
Familie Jepantschin mit ganz unnötiger Erregung diesem Abend
entgegen, nur geschah das vornehmlich deshalb, weil in dieser Familie
nun einmal „alles anders als bei anderen Leuten" geschah. Die vielleicht
etwas unverständliche Hast, mit der man die Angelegenheit betrieb, fand
jedoch ihre Erklärung in der Stimmung Lisaweta Prokofjewnas, die die
Ungewißheit nicht länger ertragen wollte. Ihr Mutterherz zitterte für das
Glück ihres Lieblings und auch der General war sehr besorgt. Hinzu kam,
daß die Bjelokonskaja Petersburg bald wieder verlassen sollte, und da ihre
Protektion, die sie voraussichtlich auch dem Fürsten Lew Nikolajewitsch
gnädig gewähren würde, in der „hohen" Gesellschaft viel zu bedeuten
hatte, so würde, meinten die Eltern, diese Gesellschaft den etwas
seltsamen Bräutigam Aglajas, falls er auch ihr seltsam erscheinen sollte,
weit liebenswürdiger und nachsichtiger aufnehmen, wenn er unter dem
Schutze der allmächtigen alten Fürstin stand, als wenn er diese unter
seinen Gegnern hatte. Insofern war die Berechnung der Eltern sehr
richtig, um so mehr, als sie selbst auf keine Weise zu entscheiden
vermochten, ob nun an dieser Verlobung etwas Sonderbares war oder
nicht. Daher war ihnen in diesen Tagen, in denen sich infolge von Aglajas
Verhalten noch immer nichts entschieden hatte, die Meinungsäußerung
maßgebender Persönlichkeiten sehr erwünscht. Und schließlich mußte
der Fürst doch einmal in diese Gesellschaft, von der er sich bis jetzt
überhaupt noch keinen Begriff machte, eingeführt werden. Kurzum, man
hatte beschlossen, ihn vorläufig zu „zeigen", und zu dem Zweck lud man
denn zum Abend einige „Freunde des Hauses" ein. Außer der
Bjelokonskaja und einigen alten oder älteren Herren erwartete man an
Damen nur noch die Gattin eines höchst einflußreichen Würdenträgers,

und von jungen Leuten außer dem Fürsten – Jewgenij Pawlowitsch, den die alte Bjelokonskaja voraussichtlich mitbringen würde.

Von dem bevorstehenden Besuch der Bjelokonskaja hatte der Fürst schon drei Tage vorher gehört; daß man jedoch eine ganze Gesellschaft geben wolle, erfuhr er erst am Abend vor dem festgesetzten Tage. Natürlich war es ihm nicht entgangen, daß die Familienmitglieder ein wenig besorgt dreinschauten und daß hin und wieder kritisierende Blicke auf ihm ruhten, aus denen er sofort erriet, daß man für den Eindruck fürchtete, den er auf die Gesellschaft machen würde. Seltsamerweise war man aber bei Jepantschins ohne weiteres überzeugt, daß er in seiner Einfalt nie und nimmer erraten würde, was man für ihn fürchtete, und deshalb dachte auch niemand weder daran, diese Empfindung zu verbergen, noch ward sich jemand dessen bewußt, daß diese Empfindung überhaupt irgendwie zutage trat. Übrigens schrieb er selbst dem bevorstehenden Ereignis kaum eine Bedeutung zu; er war zu sehr mit anderem beschäftigt: Aglaja wurde von Stunde zu Stunde launischer und düstrer – das bedrückte ihn. Als er erfuhr, daß auch Jewgenij Pawlowitsch kommen würde, freute er sich sehr darüber und sagte, daß er ihn schon längst habe wiedersehen wollen. Diese Bemerkung mißfiel aus irgendeinem Grunde allen Anwesenden. Aglaja verließ sogar sichtlich geärgert das Zimmer, und erst spät am Abend, als er gegen zwölf aufbrach, wußte sie es so einzurichten, daß sie ihn ein paar Schritte begleitete und ihm bei der Gelegenheit einige Worte unter vier Augen sagen konnte.

„Ich würde wünschen, daß Sie morgen den ganzen Tag nicht zu uns kämen; erst am Abend, wenn diese – Gäste ... erscheinen, dann können Sie kommen. Sie wissen doch, daß Gäste kommen werden?“

Sie sprach sehr nervös und mit übertriebener Strenge; zum erstenmal hatte sie den Abend erwähnt. Der Gedanke daran war für sie unerträglich. Alle hatten es bemerkt. Sie hätte sich gern mit ihren Eltern darüber ausgesprochen, ihn zu verhindern gesucht, doch Stolz und Scham ließen es nicht zu. Der Fürst begriff sofort, daß sie für ihn fürchtete und selbst nicht zugeben wollte, daß sie sich fürchtete – und er erschrak sehr darüber.

„Ja, ich bin auch eingeladen,“ bemerkte er.

„Kann man denn mit Ihnen überhaupt über irgend etwas ernsthaft sprechen? Auch nur einmal im Leben?“ fuhr sie plötzlich gereizt auf, ohne zu wissen, warum, und nicht mehr fähig, länger an sich zu halten.

„Gewiß kann man das, und ich bin gern bereit, Sie anzuhören; es freut mich sehr ...“ Der Fürst verstummte.

Aglaja schwieg wieder eine Weile und begann dann mit ersichtlichem Widerwillen:

„Ich will mich mit Ihnen da nicht herumstreiten, es gibt Fälle, in denen Sie keine Vernunft annehmen. Widerwärtig sind mir die Regeln, die Mama beobachtet. Von Papa lohnt es sich überhaupt nicht zu reden, ihn fragt man gar nicht danach. Mama ist natürlich eine ehrenwerte Frau, doch vor diesem ... ‚Nichts‘ beugt sie sich! Ich spreche nicht von der Bjelokonskaja: sie ist eine alte Frau mit schlechtem Charakter, doch klug – sie versteht es vorzüglich, alle Menschen zu lenken, wie sie will, nun, und das ist wenigstens etwas. Oh, welche Niedrigkeit! Und wie lächerlich: wir sind immer Leute mittleren Standes gewesen, des allermittelmäßigsten, den es nur gibt; wozu kriechen wir da in diese ‚höheren Sphären‘? Die Schwestern gleichfalls. Fürst Sch. hat ihnen den Kopf verdreht. Warum sind Sie übrigens froh, daß Jewgenij Pawlowitsch auch da sein wird?“

„Hören Sie mich an, Aglaja,“ sagte der Fürst, „ich glaube, Sie fürchten sehr, daß ich mich morgen blamieren werde ... in dieser Gesellschaft?“

„Ich mich fürchten? Um Ihretwillen?“ fuhr Aglaja auf. „Warum soll ich mich wohl Ihretwegen fürchten, mögen Sie doch ... mögen Sie sich doch blamieren! Was geht das mich an? Wie können Sie solche Worte überhaupt gebrauchen? Was heißt das: ‚blamieren‘? Das ist ein gemeines Wort.“

„Das ist ein ... Ausdruck von der Schule her.“

„Einerlei, ein Schulausdruck! Ein gemeines Wort ist es! Sie haben wohl die Absicht, morgen nur solche Worte zu gebrauchen? Suchen Sie doch zu Hause in Ihrem Lexikon nach, ob Sie noch solche Worte finden: das wird sicher Effekt machen. Schade, daß Sie verstehen, gut einzutreten. Wo haben Sie das eigentlich gelernt? Ich glaube, Sie verstehen sogar, anständig eine Tasse Tee zu trinken, selbst dann, wenn alle Sie absichtlich beobachten?“

„Ich denke, daß ich es verstehe.“

„Das ist schade: sonst könnte ich Sie sicher auslachen. Zerschlagen Sie doch wenigstens die große chinesische Vase im Salon! Sie kostet sehr viel: bitte, zerschlagen Sie sie doch! Die ist Mama geschenkt worden, und Mama wird den Verstand darüber verlieren und wird vor allen zu weinen anfangen – so wertvoll ist sie für sie. Machen Sie irgendeine große Geste, so, wie Sie sie immer machen, und zerschlagen Sie sie. Setzen Sie sich doch, bitte, absichtlich neben sie!“

„Im Gegenteil, ich werde mich bemühen, mich so weit wie möglich von ihr hinzusetzen: ich danke Ihnen, daß Sie hier vorgebeugt haben."

„Es scheint also doch, daß Sie sich schon im voraus fürchten, große Gesten zu machen. Ich möchte wetten, daß Sie wieder über ein ‚Thema' sprechen werden, über ein ernstes, erhabenes, großes Thema? Was meinen Sie ... würde das angehen?"

„Ich glaube, daß es dumm wäre, wenn es nicht angebracht erschiene ..."

„Hören Sie ein für allemal," fuhr Aglaja schließlich ungeduldig heraus. „Wenn Sie morgen von der Todesstrafe, oder von dem ökonomischen Zustande Rußlands, oder von ‚der Erlösung der Welt durch die Schönheit' zu reden anfangen, so werde ich mich natürlich sehr darüber freuen und über Sie lachen, doch ... das sage ich Ihnen im voraus: treten Sie mir dann nicht mehr vor die Augen! Hören Sie: ich sage es Ihnen im Ernst! Dieses Mal verstehe ich keinen Spaß!"

Sie sprach wirklich im Ernst ihre Drohung aus, etwas Sonderbares klang aus ihren Worten und in ihren Augen blitzte etwas auf, das der Fürst früher nie an ihr bemerkt hatte.

„Nun, jetzt haben Sie es so weit gebracht, daß ich sicher davon ‚reden' ... und sicher ... auch die Vase zerschlagen werde. Ich habe mich vor nichts gefürchtet, jetzt fange auch ich an, mich zu fürchten. Jetzt werde ich mich sicher blamieren."

„So schweigen Sie. Sitzen Sie und schweigen Sie."

„Das wird mir unmöglich sein. Ich werde vor Angst sprechen und auch vor Angst die Vase zerschlagen. Vielleicht werde ich auf dem Parkett ausgleiten oder es geschieht sonst etwas ... von der Art, wie es mir schon einmal passiert ist; mir wird die ganze Nacht davon träumen; warum haben Sie es gesagt!"

Aglaja sah ihn finster an.

„Wissen Sie: ich werde morgen überhaupt nicht erscheinen, ich werde mich krank melden, und somit wäre die Geschichte abgemacht!" entschloß er sich zu guter Letzt.

Aglaja stampfte mit dem Fuße auf und erbleichte vor Ärger.

„Mein Gott! Hat man einen solchen Menschen schon erlebt! Er will nicht kommen, während man gerade für ihn den Abend ... Mein Gott! Das ist ein Vergnügen, mit einem solchen Menschen etwas zu tun zu haben ... mit einem so einfältigen Menschen, wie Sie es sind!"

„Nun, ich komme schon, ich komme!" unterbrach sie so schnell wie möglich der Fürst. „Und ich gebe Ihnen mein Ehrenwort, daß ich den ganzen Abend still dasitzen werde, ohne ein Wort zu sprechen. Ich werde es schon so einrichten."

„Nun, Sie werden sehr gut daran tun. Sie sagten soeben: Sie werden sich ,krank melden'. Wieder gebrauchen Sie eine sonderbare Form. Macht Ihnen das Vergnügen, sich mir gegenüber so auszudrücken? Wollen Sie sich über mich lustig machen, wie?"

„Entschuldigen Sie; das war wieder ein Schulausdruck; ich werde es nicht mehr tun. Ich verstehe sehr wohl, daß Sie ... für mich fürchten ... (so ärgern Sie sich doch wenigstens nicht!) und ich freue mich darüber. Sie glauben mir nicht, wie sehr ich mich jetzt fürchte und – wie ich mich über Ihre Worte freue. Doch diese ganze Angst, ich schwöre es Ihnen, ist mir etwas Kleinliches und Nebensächliches. Aber die Freude, die bleibt, Aglaja! Ich habe es so gern, daß Sie noch ein solches Kind sind, so ein gutes, liebes Kind! Ach, wie können Sie reizend sein, Aglaja!"

Auch darüber wollte sich Aglaja schon ärgern, doch überkam ihre Seele im selben Augenblick ein so sonderbares Gefühl.

„Sie werden mir also meine schlechten, rohen Worte nicht nachtragen ... irgendeinmal ... nachher?" fragte sie ihn plötzlich.

„Was sagen Sie, was sagen Sie! Und was haben Sie? Warum sehen Sie so düster drein! Sie sehen jetzt manchmal so düster aus, Aglaja, wie das früher nie der Fall war. Ich weiß, warum Sie ..."

„Schweigen Sie, schweigen Sie!"

„Nein, es ist besser, ich sage es Ihnen. Ich wollte es Ihnen schon lange sagen, doch ... Sie hätten es mir vielleicht nicht geglaubt. Zwischen uns steht noch ein Wesen ..."

„Schweigen Sie, schweigen Sie, schweigen Sie!" unterbrach ihn Aglaja und preßte ihm schmerzhaft die Hand, ihn mit Entsetzen anstarrend.

In diesem Augenblick rief man sie – augenscheinlich erfreut darüber, lief sie davon.

Der Fürst lag die ganze Nacht hindurch im Fieber. Sonderbarerweise befand er sich schon seit mehreren Nächten in diesem Zustande. Plötzlich kam ihm im Halbschlummer der Gedanke: wie, wenn er morgen in Gegenwart aller einen Anfall bekäme? Er erstarrte bei diesem Gedanken. Die ganze Nacht über befand er sich in einer der wunderbarsten Umgebungen, in Gesellschaft sonderbarer, eigenartiger Menschen. Das für ihn Verhängnisvolle war, daß er „redete" und doch wußte er, daß er nicht reden sollte. Doch er sprach die ganze Zeit und versuchte die Zuhörer von irgend etwas zu überzeugen. Jewgenij Pawlowitsch und Hippolyt waren auch in der Zahl der Gäste und schienen sehr befreundet miteinander.

Er erwachte um neun Uhr morgens mit Kopfschmerzen, wirren Gedanken und sonderbaren Empfindungen. Er hätte gar zu gern Rogoshin gesehen und gesprochen – warum eigentlich und worüber er mit ihm sprechen wollte, das wußte er selbst nicht. Darauf entschloß er sich, zu Hippolyt zu gehen. Etwas Schweres lag ihm auf dem Herzen und bedrückte ihn so sehr, daß alle darauffolgenden Ereignisse des Tages wenn auch einen großen, so doch unklaren, verschwommenen Eindruck auf ihn machten. Eines dieser Ereignisse war der Besuch Lebedeffs.

Lebedeff erschien schon am Morgen früh, gleich nach neun Uhr, und zwar angetrunken. Obwohl der Fürst in letzter Zeit seiner Umgebung gar keine Aufmerksamkeit schenkte, so fiel es ihm jetzt doch auf, daß bei Lebedeff eine Veränderung zum Schlechten vor sich gegangen war, besonders, seit der General nicht mehr wiederkam. Er war schmutzig und unordentlich angezogen, sein Schlips war schlecht gebunden, der Kragen saß schief, der Rockkragen war nicht gebürstet. Bei sich zu Hause schrie und lärmte er, daß man es bis über den Hof hören konnte; Wjera lief mit verweinten Augen umher. Als er jetzt beim Fürsten erschien, sprach er allerhand sonderbares Zeug, schlug sich vor die Brust, sagte, daß er schuldig sei ...

„Habe ... erhalten habe erhalten die Belohnung für meinen Verrat, für meine Niedertracht ... Habe eine Ohrfeige erhalten!" schloß er plötzlich in tragischem Ton.

„Eine Ohrfeige! Von wem? ... Und so früh am Tage?"

„So früh am Tage?" Lebedeff lächelte sarkastisch. „Die Zeit hat da nichts zu bedeuten ... selbst für eine physische Ohrfeige hat sie nichts zu bedeuten ... ich aber habe eine moralische ... eine moralische Ohrfeige erhalten, und nicht eine physische!"

Er setzte sich plötzlich, ohne Umstände zu machen, und begann zu erzählen. Seine Erzählung war ganz zusammenhanglos; der Fürst runzelte die Stirn und gab es schon auf, ihm zuzuhören, als ihn plötzlich einige Worte aus dem Gespräch stutzig machten. Er erstarrte vor Verwunderung ... Sonderbare Sachen erzählte Herr Lebedeff.

Aller Wahrscheinlichkeit nach war zuerst die Rede von einem Briefe, den Aglaja geschrieben haben sollte. Plötzlich beschuldigte Lebedeff voll

Bitterkeit den Fürsten: der Fürst hätte ihn, Lebedeff, zuerst seines Vertrauens für würdig gehalten in Sachen einer gewissen „Person" (Nastassja Filippowna); darauf hätte er alle Beziehungen zu ihm (Lebedeff) abgebrochen, ihn mit Schimpf und Schande davongejagt – und noch dazu in einer so beleidigenden Art und Weise! Mit Tränen in den Augen fuhr Lebedeff fort und klagte, daß er es nicht mehr habe ertragen können, um so weniger, als er alles wüßte und sehr vieles erfahren habe ... Durch Rogoshin, durch Nastassja Filippowna, und durch die Freundin Nastassja Filippownas. Er wußte alles von Warwara Ardalionowna ... von ihr ... und von ... Aglaja Iwanowna durch Wjera, durch seine geliebte Tochter Wjera, sein eingeborenes Kind ... ja–a–a, oder nicht eigentlich sein eingeborenes, denn er habe ja deren vier. Und er habe durch Briefe Lisaweta Prokofjewna von allen Geheimnissen unterrichtet, he, he! Wer habe sie in alle Beziehungen eingeweiht und ... ihr über Nastassja Filippowna he, he, he! alles mitgeteilt – wer sei dieser Anonyme, wenn der Fürst ihm zu fragen gestattete?

„Etwa Sie?" rief der Fürst erstaunt aus.

„Wer denn sonst," antwortete ihm Lebedeff voll Würde, „und heute noch, um halb neun Uhr, im ganzen vor einer halben Stunde ... nein, vor einer dreiviertel Stunde, habe ich die ehrenwerteste Mutter benachrichtigt, daß ich ihr etwas mitzuteilen habe ... etwas sehr Wichtiges. Durch einen Brief teilte ich es ihr mit, schickte das Mädchen durch die Hintertreppe zu ihr hinauf ... und sie nahm ihn an, empfing mich ..."

„Sie haben soeben Lisaweta Prokofjewna gesehen?" fragte der Fürst und schien kaum seinen Ohren zu trauen.

„Habe sie soeben gesehen und eine Ohrfeige von ihr bekommen ... eine moralische. Sie warf mir den Brief uneröffnet ins Gesicht ... und jagte mich hinaus ... übrigens, auch hier nur moralisch, wie gesagt, nicht physisch ... das heißt, fast auch physisch, es fehlte nicht viel!"

„Was für einen Brief warf sie Ihnen uneröffnet ins Gesicht?"

„Wie ... he, he, he! Habe ich es Ihnen denn noch nicht gesagt! Und ich dachte, ich hätte es Ihnen schon gesagt ... Ich habe so ein Briefchen bekommen, zur Übergabe ..."

„An wen? Von wem?"

Die Erklärungen Lebedeffs, die jetzt folgten, waren überhaupt nicht zu verstehen. Der Fürst konnte nur so viel daraus entnehmen, daß der Brief früh am Morgen durch eine Magd Wjera Lebedeff eingehändigt worden war, an eine bestimmte Adresse ... „wie auch schon früher ... ganz wie früher", an eine bekannte „Person" und von einer „Dame" ... (denn die eine von ihnen nenne er „Dame", die andere nur „Person", zur Unterscheidung der Rangstufen, weil nämlich ein großer Unterschied zwischen einer unschuldigen, wohlgeborenen Generalstochter und ... einer Kameliendame bestehe) ... „Und so war denn der Brief von der ‚Dame', deren Name mit dem Buchstaben A beginnt ..."

„Wie ist das möglich? An Nastassja Filippowna? Unsinn!" rief der Fürst aus.

„Na, wenn nicht an sie, so an Rogoshin, das ist ganz gleich. An Rogoshin, auch an Herrn Terentjeff hat es Briefe zur Übergabe gegeben, auch von der Dame mit dem Buchstaben A," blinzelte und lächelte Lebedeff.

Da er oft von einer Sache auf die andere übersprang und dabei vergaß, wovon er eigentlich zu sprechen angefangen hatte, so schwieg der Fürst, um ihn nicht noch mehr zu verwirren: unklar war vor allem, ob die Briefe ihm oder Wjera anvertraut wurden? Es war wohl eher anzunehmen, daß Wjera sie beförderte, und daß Lebedeff ihr diesen entwendet hatte! So mochte er auch diesen Brief von ihr heimlich gestohlen haben, um ihn der Generalin mit einer besonderen Absicht zu überreichen. In dieser Weise dachte es sich der Fürst.

„Sie haben den Verstand verloren, Lebedeff!" rief er in außerordentlicher Erregung.

„Jedoch nicht ganz, Euer Hochwohlgeboren," antwortete ihm Lebedeff nicht ohne Bosheit. „Zuerst wollte ich das Briefchen in Ihre eigenen Hände legen, um Ihnen zu dienen ... doch entschloß ich mich lieber, dort einen Dienst zu leisten, und vor allem, der Hochwohlgeborenen Frau Mutter ... Denn auch früher schon einmal hatte ich sie durch einen geheimen Brief benachrichtigt; und als ich sie jetzt in einem Briefchen um acht Uhr zwanzig Minuten um eine Unterredung bat, da unterschrieb ich mich: ‚Ihr geheimer Korrespondent'. Man empfing mich sofort, sogar in großer Eile, über die Hintertreppe ... bei der gnädigen Frau."

„Nun, und? ..."

„Und dort kam ich, wie gesagt, sehr schlecht an, beinah wurde ich verprügelt, es fehlte nicht viel ... jawohl, verprügelt ... Den Brief warf sie mir ins Gesicht ... Sie hätte ihn gerne behalten, ich bemerkte es wohl, doch bezwang sie sich und warf ihn mir ins Gesicht: ‚wenn man ihn dir anvertraut hat, ihn zu übergeben, so tue es auch ...' Sie war außer sich. Wenn sie sich doch schon vor mir nicht beherrschen konnte ... Oh, ein heftiger Charakter!"

„Wo ist denn der Brief jetzt?“

„Ich habe ihn doch: hier ist er.“

Und er reichte dem Fürsten das Briefchen Aglajas an Gawrila Ardalionytsch, dasselbe, das dieser an demselben Morgen, zwei Stunden nachher, triumphierend seiner Schwester zeigte.

„Dieser Brief kann nicht bei Ihnen bleiben.“

„Ich gebe den Brief Ihnen, Ihnen! Ihnen bringe ich ihn,“ betonte Lebedeff eifrig und voll Feuer. „Ich bin jetzt wieder ganz der Ihre, der Ihre, vom Kopf bis zum Herzen, Ihr treuer Diener – nach diesem einmaligen und letzten, übrigens nur minutenlangen Verrat! Richten Sie über mein Herz, aber schonen Sie mir meinen Bart, wie jener Thomas Morus ... in England und in Großbritannien sagte. *Mea culpa, mea culpa*, wie die römische Päpstin sagte ... das heißt der römische Papst, ich aber nenne ihn: ‚römische Päpstin‘.“

„Dieser Brief muß sofort überbracht werden!“ sagte der Fürst in bestimmtem Tone. „Ich werde es tun.“

„Würde es nicht besser sein, besser sein, wohlerzogenster Fürst, besser sein, wenn ...“

Lebedeff schnitt eine sonderbare, sauersüße Grimasse; er sprang hin und her, als hätte man ihn mit einer Nadel gestochen, zwinkerte mit den Augen, zappelte mit den Händen.

„Was soll das bedeuten?“ fragte ihn mit strenger Miene der Fürst.

„Man könnte ihn vorsichtig öffnen!“ flüsterte der andere ihm in vertraulichem Tone zu.

Der Fürst sprang so wütend auf, daß Lebedeff schnell zur Tür lief; dort blieb er stehen, um das Weitere abzuwarten.

„Ach, Lebedeff! Wie kann man nur so tief sinken?“ rief der Fürst bitter aus.

Das Gesicht Lebedeffs erhellte sich.

„Jawohl, ich bin gemein, gemein!“ er näherte sich sogleich wieder dem Fürsten und schlug sich, mit Tränen in den Augen, vor die Brust.

„Das ist doch mehr als eine Gemeinheit!“

„Mehr als eine Gemeinheit. Das ist es!“

„Und was treibt Sie denn, so zu handeln? Sie sind ja doch einfach ... ein Spion! Warum haben Sie denn diese anonymen Briefe geschrieben und diese gute und edle Frau beunruhigt? Warum sollte Aglaja Iwanowna nicht das Recht haben, jedem zu schreiben, wie es ihr gefällt? Wie kamen Sie denn darauf, das ihrer Mutter zu hinterbringen? Sie wollten sich wohl über sie beklagen? Und was hofften Sie damit zu erreichen? Was hat Sie denn dazu getrieben?"

„Nur aus einem gewissen Interesse und ... um der ehrenwerten Mutter gefällig zu sein, ja–a –! Doch jetzt bin ich wieder ganz der Ihre, wenn Sie wollen, hängen Sie mich auf!"

„Und in solchem Zustande erschienen Sie vor Lisaweta Prokofjewna?" fragte der Fürst voll Widerwillen und zugleich Neugier.

„Nein–n ... frischer und sogar anständiger; erst nach der erlittenen Niederlage ... mache ich so einen Eindruck."

„Nun wohl, verlassen Sie mich jetzt."

Diese Bitte mußte der Fürst übrigens einigemal an seinen Gast richten, ehe der sich entschließen konnte, wirklich fortzugehen. Als er schon hinter der Tür verschwunden war, kehrte er nochmals zurück, kam auf den Fußspitzen wieder herangeschlichen, bis in die Mitte des Zimmers, und machte mit den Händen von neuem seine Zeichen, den Brief doch zu öffnen. Seinen Rat in Worten auszudrücken, durfte er nicht mehr wagen. Darauf ging er dann hinaus, mit süßem Lächeln auf den Lippen.

Es war dem Fürsten nicht leicht gefallen, diese Mitteilungen Lebedeffs anzuhören. Aus ihnen konnte er zunächst nur die eine Tatsache entnehmen, daß Aglaja sich in großer Unruhe und Unentschlossenheit befand und sich sehr quälen mußte (vielleicht aus „Eifersucht", dachte der Fürst bei sich). Ferner schien es ihm, daß böse Menschen sie beeinflußten, und sonderbar war es, daß sie ihnen zu glauben schien. In diesem eigenwilligen, heißen, doch stolzen Köpfchen schienen Pläne zu reifen, die sie vielleicht ins Verderben stürzen konnten – ganz unmögliche Pläne! Der Fürst war sehr beunruhigt und wußte nicht, wozu er sich entschließen sollte. Hier mußte irgendwie vorgebeugt werden, das fühlte er. Er blickte noch einmal nach der Adresse des Briefes; was ihn beunruhigte, war, daß er wohl Aglaja, nicht aber Gawrila Ardalionytsch vertrauen konnte! Und doch befand er sich schon auf dem Wege, um ihm persönlich den Brief zu übergeben. Fast am Hause Ptizyns angelangt, traf er jedoch zufällig Koljä. Er übergab den Brief also diesem mit dem Auftrage, ihn so zu übergeben, als ob er ihn von Aglaja selbst erhalten hätte. Koljä tat es auch, ohne weiter den Fürsten auszuforschen; infolgedessen hatte Ganjä dann keine Ahnung davon, durch wessen Hände der Brief gegangen war. Als der Fürst zu Hause ankam, rief er Wjera Lukjanowna zu sich und erzählte ihr alles und beruhigte sie, denn sie hatte die ganze Zeit über geweint und den Brief gesucht. Sie erschrak furchtbar, als sie erfuhr, daß der Vater den Brief Lisaweta Prokofjewna hinterbracht hatte. (Später erfuhr der Fürst noch von ihr, daß sie niemals eine geheime Korrespondenz zwischen Rogoshin und Aglaja vermittelt hatte; auch wäre es ihr nie eingefallen, daß sie damit zum Schaden des Fürsten gehandelt hätte.)

Als zwei Stunden nachher der Fürst von der plötzlichen Erkrankung des Generals Iwolgin benachrichtigt wurde, war er so zerstreut, daß er anfangs diese Nachricht gar nicht verstand. Doch ließ ihn das Ereignis, als er es endlich begriffen hatte, wieder zu sich kommen. Er ging sogleich zu Nina Alexandrowna, zu der man den Kranken natürlich sofort gebracht hatte, und blieb bis zum Abend bei ihr. Er konnte ihr freilich von keinem Nutzen sein, aber es gibt Menschen, die man gern in einer schweren Minute bei sich sieht. Koljä weinte, ganz aufgelöst vor Schmerz, dabei lief er die ganze Zeit umher, war bei drei Doktoren, in der Apotheke usw. Man brachte den General wieder zu sich, doch kam er nicht mehr zu vollem Bewußtsein. Die Ärzte meinten, daß „der Patient in Lebensgefahr schwebe". Warjä und Nina Alexandrowna verließen den Kranken nicht; Ganjä war erschüttert und betroffen, doch fürchtete er sich, den Kranken zu sehen, er kam nicht nach oben und rang nur in stummer Verzweiflung seine Hände. Von seinen zusammenhangslosen Klagen behielt der Fürst nur die Worte: „Welch ein Unglück, und das gerade in diesem Augenblick!" Der Fürst glaubte ihn zu verstehen und wußte, von welchem Augenblick die Rede war. Hippolyt traf der Fürst schon nicht mehr im Hause Ptizyns an. Gegen Abend kam Lebedeff angelaufen. Er hatte seit seiner „morgendlichen Erklärung" geschlafen. Jetzt war er nüchtern und weinte am Bette des Kranken heiße Tränen, als ob er sein leiblicher Bruder gewesen wäre. Ohne nähere Erklärungen zu geben, schrieb er sich die Schuld am Unglück zu und wich nicht von Nina Alexandrowna, ihr immer und immer wieder versichernd, daß er, er allein der Grund zu allem gewesen sei, nur er allein und seine Neugier ... und daß der „Selige" (er nannte den General so, obgleich dieser noch lebte) ein genialer Mensch gewesen sei! Er bestand besonders auf dessen Genialität, als ob das in diesem Augenblick von großem Nutzen hätte sein können. Als Nina Alexandrowna sein aufrichtiges Leid bemerkte, machte sie ihm keinen einzigen Vorwurf und versuchte sogar, ihn zu trösten: „Nun, weinen Sie doch nicht, Gott wird Ihnen verzeihen!" Lebedeff war durch diese Worte und vor allem durch den Ton dieser Worte so gerührt, daß er sich den ganzen Abend nicht mehr von Nina Alexandrowna trennte und während der ganzen drei Tage bis zum Tode des Generals Tag und Nacht im Hause verblieb. Im Laufe des Tages kam von Lisaweta Prokofjewna ein Bote zu Nina Alexandrowna, um sich nach dem Zustande des Kranken zu erkundigen. Als der Fürst am Abend um neun Uhr im Salon bei

Jepantschins erschien, der schon ganz mit Gästen angefüllt war, erkundigte sich Lisaweta Prokofjewna sofort bei ihm teilnehmend und ausführlich nach dem Kranken, und beantwortete die Fragen der Bjelokonskaja, „wer der Kranke und wer Nina Alexandrowna sei", mit großer Teilnahme und Achtung für die Familie Iwolgin. Dem Fürsten gefiel das sehr. Er selbst führte sich im Gespräch mit Lisaweta Prokofjewna „vorzüglich" auf, wie sich später die Schwestern Aglajas äußerten; „bescheiden, einfach, ohne Gesten, würdevoll; trat gut auf, war vorzüglich angezogen" und „glitt durchaus nicht auf dem Parkett aus", sondern machte auf alle Anwesenden einen sehr angenehmen Eindruck.

Der Fürst bemerkte seinerseits, als er Platz genommen hatte, daß die Gesellschaft durchaus nicht den Gespenstern glich, mit denen Aglaja ihn geschreckt, noch den Alpdrücken, die er in der Nacht ihretwegen gehabt hatte. Zum erstenmal im Leben sah er etwas davon, was man unter dem schrecklichen Namen „die große Welt" versteht. Schon lange hatte er den geheimen, auf bestimmten Absichten beruhenden Wunsch gehabt, in diesen Zauberkreis von Menschen einzudringen, und war daher sehr gespannt auf den ersten Eindruck, den er von ihr empfangen würde. Dieser erste Eindruck nun entzückte ihn über alle Maßen. Es schien ihm sofort, daß alle diese Menschen geboren waren, um zusammen zu sein, daß hier bei Jepantschins durchaus keine „Abendgesellschaft" stattfand und die Menschen keine „geladenen Gäste" waren, sondern alles „Hausgenossen", daß er selbst ein ihnen ergebener Freund und Gesinnungsgenosse, und daß er nach langer Trennung jetzt wieder zu ihnen zurückgekehrt sei. Die eleganten Manieren, das ungezwungene, fast herzliche Benehmen wirkten einfach bezaubernd auf ihn. Ihm kam auch nicht im entferntesten der Gedanke, daß diese Offenherzigkeit und Vornehmheit, dieser Scharfsinn und das hohe Selbstbewußtsein eine angenommene und völlig künstliche Form waren. Die Mehrzahl der Gäste waren ungeachtet ihres einnehmenden Äußeren leere Menschen und hohle Köpfe, die in ihrer Selbstgefälligkeit nicht einmal wußten, daß ihre ganze Vortrefflichkeit ein Kunstprodukt war, zu dem sie selbst nichts beigetragen hatten, sondern das ihnen als Erbschaft unbewußt zugefallen war. Daran wollte der Fürst bei dem ersten glänzenden Eindruck, unter dem er stand, überhaupt nicht denken. Er sah nur, wie zum Beispiel dieser Greis, dieser vornehme Würdenträger, der den Jahren nach sein Großvater hätte sein können, sein Gespräch mit dem Nachbar unterbrach, um ihm zuzuhören, ihm, einem so jungen und unerfahrenen Menschen; und nicht nur, daß er ihm zuhörte, sondern daß er auch seine Meinung zu schätzen schien, und sich zu ihm so aufrichtig und offenherzig verhielt, als wären sie einander gar nicht fremd. Auf die Empfänglichkeit des Fürsten wirkte wohl am meisten gerade die Feinheit dieser Höflichkeit. Außerdem war er vielleicht selbst in besonders glücklicher Stimmung und geneigt, alles im besten Lichte zu sehen.

Diese Menschen waren indessen, wenn auch „Freunde des Hauses" und untereinander bekannt, doch durchaus nicht so befreundet, wie es dem Fürsten zuerst erschien. Dort gab es Leute, die es niemals zugelassen hätten, Jepantschins zu ihresgleichen zu zählen. Dort gab es Leute, die sich gegenseitig nicht ertragen konnten. Die alte Bjelokonskaja „verachtete" ihr ganzes Leben lang die Frau des „alten Würdenträgers" und diese liebte wiederum Lisaweta Prokofjewna durchaus nicht. Ihr Mann, „der Würdenträger" selbst, der aus irgendeinem Grunde von jeher als Protektor der Jepantschins galt, war wiederum in den Augen Iwan Fedorowitschs ein so erhabenes Wesen, daß dieser aus Ehrfurcht und Angst in seiner Gegenwart nichts zu äußern wagte und sich selbst aufrichtig verachtet hätte, wenn es ihm eingefallen wäre, sich mit diesem Olympischen Zeus gleichzustellen. Auch gab es dort Leute, die sich seit einigen Jahren nicht mehr gesehen hatten und füreinander nichts empfanden als Gleichgültigkeit, wenn nicht Widerwillen, und die sich doch jetzt so freundschaftlich begrüßten, als wären sie noch gestern in angenehmster Gesellschaft zusammen gewesen. – Im übrigen war die „Gesellschaft" gar nicht so zahlreich vertreten. Außer der Bjelokonskaja und dem „alten Würdenträger" nebst Gemahlin gab es nur noch eine wichtige Persönlichkeit: einen sehr soliden aktiven General, Baron oder Graf, mit deutschem Namen. Es war das ein außergewöhnlich schweigsamer Mensch mit dem Ruf außerordentlicher Gelehrsamkeit, und ein bewundernswerter Kenner seines Ressorts – einer dieser Halbgötter von Administratoren, die alles kennen „außer Rußland selbst", einer dieser hochgestellten Beamten, die gewöhnlich nach langem Dienst (bis zur Verwunderung lang) im höchsten Rang und mit großem Vermögen sterben, ohne irgendeinen Fortschritt herbeigeführt zu haben, ja, die sogar jedem Fortschritt im Prinzip feindlich gegenüber gestanden haben. Dieser General war der unmittelbare Vorgesetzte Iwan Fedorowitschs, der ihn gleichfalls aus Dankbarkeit seines Herzens für seinen Wohltäter hielt, während dieser seinerseits sich durchaus nicht für einen Wohltäter Iwan Fedorowitschs hielt, sich vielmehr ruhig und kaltblütig zu ihm stellte. Obgleich er die verschiedenen Gefälligkeitsdienste Iwan Fedorowitschs gerne entgegennahm, hätte er doch an dessen Stelle sofort einen anderen Beamten eingesetzt, wenn es irgendwelche höhere Vorteile verlangten. Auch befand sich dort ein vornehmer Kavalier, ein älterer Lebemann, der für einen Verwandten von Lisaweta Prokofjewna angesehen wurde, was er aber durchaus nicht war. Ein Mann von hohem Rang, ein reicher Aristokrat, von erprobter Gesundheit, ein großer Schwätzer, der im Rufe eines unbefriedigten

Menschen stand (unbefriedigt natürlich im höheren und erlaubten Sinne des Wortes). Ein Durchgänger (was an ihm sogar noch das Sympathischste war), der die Gewohnheiten eines englischen Aristokraten hatte, englischen Appetit und Geschmack (besonders was die blutigen Roastbeefs anbelangte), sowie englische Pferde, Lakaien usw. hielt. Er war ein großer Freund des „Würdenträgers", zerstreute und beschäftigte denselben und – außerdem auch Lisaweta Prokofjewna, die den sonderbaren Gedanken gefaßt hatte, daß dieser schon etwas ältliche Lebemann, außerdem ein leichtsinniger Mensch und Liebhaber des weiblichen Geschlechts, ihre Alexandra mit einem Antrag beehren würde. Dieser höheren und solideren Schicht der Gesellschaft folgte eine Schicht jüngerer Leute: auch sie durchaus glänzend mit eleganten, blendenden Eigenschaften. Außer dem Fürsten Sch. und Jewgenij Pawlowitsch gehörte zu ihr der bekannte und bezaubernde Fürst N., ein Besieger aller Frauenherzen in ganz Europa, ein Mann von jetzt schon fünfundvierzig Jahren, doch immer noch eine bestechende Erscheinung mit glänzender Rednergabe, ein Mann von Vermögen, wenn auch etwas zerrütteten Geldverhältnissen, der meist im Auslande lebte. Es gab aber dort schließlich auch noch Leute, die schon eine dritte Schicht bildeten, die genau genommen nicht zu diesem „höheren Kreise" gehörten, doch die man, ganz wie Jepantschins selbst, in diesem „höheren Kreise" antreffen konnte. Aus einem gewissen Taktgefühl hatten Jepantschins es sich ein für allemal zur Regel gemacht, in den seltenen Fällen, in denen bei ihnen großer Besuch stattfand, in ihre höhere Gesellschaft auch Leute mittleren Standes einzuladen. Man lobte Jepantschins sehr, daß sie es verstanden, ihren Platz einzunehmen, und so viel Takt bewiesen, worauf Jepantschins ihrerseits wiederum sehr stolz waren. Einer dieser Vertreter mittleren Standes war ein Techniker, ein guter Freund des Fürsten Sch., der von ihm bei Jepantschins eingeführt worden war. Er war in Gesellschaft ungewöhnlich schweigsam und trug am Zeigefinger der rechten Hand einen großen Siegelring, der ihm wohl höheren Ortes verliehen worden war. Es war außerdem ein Literat erschienen, von deutscher Herkunft, doch dichtete er russisch: eine durchaus anständige Erscheinung, die man ohne Gefahr in die Gesellschaft einführen konnte. Er hatte ein gefälliges Äußere, stand in den Dreißigern, war tadellos gekleidet und gehörte einer deutschen Familie an, die im höchsten Grade bürgerlich, doch auch im höchsten Grade anständig und von gutem Rufe war; auch verstand er es, jede günstige Gelegenheit auszunutzen und die Protektion einflußreicher Leute zu erwerben. Er hatte eine berühmte deutsche Dichtung in Versen ins Russische übersetzt und sie einer hochgestellten Persönlichkeit gewidmet; er konnte sich der Freundschaft eines großen verstorbenen russischen Dichters rühmen (es gibt eine ganze Schicht Schriftsteller, die vom Ruhm der Freundschaft eines großen, doch verstorbenen Dichters leben) und war unlängst durch die Frau des „Würdenträgers" bei Jepantschins eingeführt worden. Diese Frau war als Gönnerin von Schriftstellern und Gelehrten bekannt, und sie hatte auch wirklich durch höhere Protektion, die sie genoß, zwei Schriftstellern eine Pension verschaffen können. Eine Bedeutung geistiger Art besaß sie dabei durchaus nicht. Sie war eine Dame von fünfundvierzig Jahren (also eine junge Frau im Vergleich zu ihrem Gemahl), eine gewesene Schönheit, die sich auch jetzt noch, wie es mancher Dame in diesem Alter eigen ist, sehr auffallend zu kleiden liebte. Ihr Verstand war nicht sehr umfassend und ihre literarischen Kenntnisse waren es nicht minder. Man widmete ihr Aufsätze und Übersetzungen: zwei oder drei Schriftsteller hatten mit ihrer Erlaubnis einen Briefwechsel über sehr wichtige Dinge, den sie mit ihr gehabt, veröffentlicht ...

Diese ganze Gesellschaft nun nahm der Fürst für bare Münze, für reines, unlegiertes Gold. Im übrigen schienen die Leute an diesem Abend in besonders guter Stimmung und sehr mit sich selbst zufrieden zu sein. Alle wußten sie, bis auf den letzten, daß sie Jepantschins mit ihrem Erscheinen eine große Ehre erwiesen. Doch – o weh! Der Fürst ahnte nichts von den Feinheiten, die es da gab. Er ahnte zum Beispiel nichts davon, daß Jepantschins bei einem so wichtigen Schritt, wie die Entscheidung des Schicksals ihrer Tochter, es gar nicht gewagt hätten, ihn, den Fürsten Lew Nikolajewitsch, dem „Würdenträger" und Beschützer ihrer Familie *nicht* vorzustellen. Der Würdenträger, der seinerseits ruhig die Nachricht von einem großen Unglück, das Jepantschins betroffen, hingenommen hätte, wäre tief beleidigt gewesen, wenn Jepantschins ihre Tochter ohne seinen Rat, das heißt, ohne seine Erlaubnis, verlobt hätten. Der Fürst N. wiederum, dieser liebenswürdige und fraglos geistreiche, großzügige Mensch, war fest davon überzeugt, daß er wie eine Art Sonne den Salon der Jepantschins erhellte. Er betrachtete die letzteren als tief unter sich stehend, und dieser treuherzige und edle Gedanke erzeugte in ihm dann seine Leutseligkeit und Zuvorkommenheit Jepantschins gegenüber. Er wußte sehr gut, daß er noch an diesem Abend eine Probe seines Erzählertalents geben würde, um die Gesellschaft zu entzücken, und bereitete sich fast mit Begeisterung auf den großen Augenblick vor. Als Fürst Lew Nikolajewitsch die Erzählung gehört hatte, glaubte er, noch niemals einen so glänzenden Humor und eine so wunderbare Naivität erlebt zu haben, die einen fast rühren mußte von den Lippen eines solchen Don Juans, wie Fürst N. einer war. Wenn er dabei bloß geahnt hätte, wie alt und abgetragen diese Erzählung war, wie auswendig gelernt und wie bekannt in allen Salons! Nur bei den unschuldigen Jepantschins tauchte sie wieder als Neuheit auf, als improvisierte, echte und glänzende Gabe eines Gastes, dargebracht von einem so eleganten und schönen Menschen! Sogar der deutsche Dichterling, der sich bescheiden und außerordentlich liebenswürdig zeigte, glaubte mit seinem Besuch diesem Hause eine Ehre anzutun. Doch der Fürst sah von alledem nichts. Selbst Aglaja hatte das nicht vorausgesehen. Sie war wunderschön an diesem Abend. Alle drei Schwestern waren, wenn auch nicht auffallend, so doch sehr geschmackvoll gekleidet; dazu trugen sie eine Haartracht, die ganz besonders war. Aglaja saß neben Jewgenij Pawlowitsch und unterhielt sich sehr freundschaftlich mit ihm, scherzte und lachte. Jewgenij Pawlowitsch benahm sich etwas gemessener, als er es sonst getan hatte, wohl aus Hochachtung vor den Würdenträgern. Ihn kannte man übrigens schon lange in dieser Welt, zu der er so recht gehörte. Jetzt trug er einen Trauerflor am Arm, und die Bjelokonskaja hatte ihn deswegen bereits sehr gelobt. Auch Lisaweta Prokofjewna war damit zufrieden, doch schien sie an diesem Abend recht zerstreut und zerfahren. Der Fürst bemerkte es, wie Aglaja ihn zweimal aufmerksam ansah, und es schien ihm, daß sie mit ihm zufrieden war. Seine Stimmung wurde immer gehobener und glücklicher. Alle seine früheren „phantastischen" Gedanken und Befürchtungen erschienen ihm jetzt plötzlich, bei näherer Betrachtung, als ein wesenloses, und lächerliches Hirngespinst! (Und sein erster, wenn auch unbewußter Wunsch war schon den ganzen Tag über, alles zu tun, um nicht mehr an diesen Traum zu denken!) Er sprach wenig und beantwortete nur die Fragen, die man an ihn richtete, und verstummte zuletzt ganz, doch hörte und sah er alles wie in großer Verzückung. Und langsam bereitete sich in seinem Innern eine mächtige Begeisterung vor, die bereit war, sich Luft zu machen ... Und ganz zufällig begann er denn auch, zu sprechen, ... zufällig, als er wieder eine Frage beantwortete ... von ungefähr, ohne jede Absicht, es zu tun ...

## VII.

Während der Fürst keinen Blick von Aglaja abwendete, die sich mit Fürst N. und Jewgenij Pawlowitsch unterhielt, nannte plötzlich der ältliche Anglomane, der nicht weit vom Fürsten dem „Würdenträger" irgend etwas offenbar recht Interessantes erzählte, den Namen Nikolai Andrejewitsch Pawlischtscheff. Der Fürst zuckte zusammen und wandte sich rasch nach den beiden um.

Es war die Rede von irgendwelchen Zuständen auf irgendwelchen Gütern im –schen Gouvernement. Die Erzählung des Anglomanen schien nicht ohne Witz zu sein, denn der alte Würdenträger begann stillvergnügt zu lächeln und schließlich zu lachen, während der andere gleichmäßig fließend weitererzählte – er sprach geradezu geckenhaft langsam und formte fast zärtlich jeden Vokal –, erzählte, wie er einzig dank der bestehenden Gesetze gezwungen gewesen wäre, sein schönstes Gut im – schen Gouvernement für den halben Preis zu verkaufen, ohne eigentlich in Geldverlegenheit zu sein, und gleichzeitig ein verschuldetes Gut, um das er noch einen Prozeß führen mußte und das ihm nichts einbrachte, ja für das er sogar noch zuzuzahlen hatte, zu behalten.

„... Und um dann nicht noch wegen der Hinterlassenschaft Pawlischtscheffs Prozesse zu führen, machte ich mich einfach auf und lief ihnen davon. Ich bitte Sie, noch einige solcher Erbschaften und ich bin bankerott! Übrigens waren mir da dreitausend Deßjätinen⎕ vorzügliches Land zugefallen.“

„Weißt du nicht ... Iwan Petrowitsch ist doch ein Verwandter des verstorbenen Nikolai Andrejewitsch Pawlischtscheff ... Du hast doch, glaube ich, nach seinen Verwandten geforscht,“ sagte halblaut General Jepantschin, der die außergewöhnliche Aufmerksamkeit des Fürsten bemerkt hatte.

Der General hatte sich bis dahin mit seinem Vorgesetzten unterhalten, doch plötzlich war ihm die Einsamkeit des Fürsten beunruhigend aufgefallen, worauf er sich diesem sogleich genähert hatte. Nun machte er den Versuch, ihn in das allgemeine Gespräch hineinzuziehen.

„Lew Nikolajewitsch ist ja doch ein Pflegesohn Nikolai Andrejewitschs,“ bemerkte er erklärend, als er sah, daß Iwan Petrowitschs Blick fragend auf ihm ruhte.

„Se–ehr angenehm,“ sagte dieser, „ich erinnere mich Ihrer sogar noch ganz deutlich. Vorhin, als Iwan Fedorowitsch uns bekannt machte, erkannte ich Sie sogleich, allein schon am Gesicht. Sie haben sich wirklich im Aussehen se–ehr wenig verändert, finde ich, obschon ich Sie nur als Kind gesehen habe, als zehn- oder elfjährigen Knaben. Es ist so ein gewisses Etwas in den Zügen, ich weiß selbst nicht ...“

„Sie haben mich als Kind gesehen?“ fragte der Fürst nicht wenig erregt.

„Oh, es ist jetzt nur schon se–ehr lange her,“ fuhr Iwan Petrowitsch ruhig fort. „Es war in Slatowerchowo, wo Sie damals bei meinen Cousinen untergebracht waren. Ich kam früher ziemlich oft nach Slatowerchowo – Sie entsinnen sich meiner nicht mehr? Das ist se–ehr möglich ... Sie waren damals ... Sie hatten irgendeine Krankheit, glaube ich, so daß ich mich einmal sogar se–ehr über Sie wunderte ...“

„Nein, ich weiß nichts mehr aus dieser Zeit!“ sagte der Fürst eifrig.

Es folgten einige Erklärungen, die von seiten des Anglomanen Iwan Petrowitsch unendlich ruhig, von seiten des Fürsten in ungewöhnlicher Erregung gegeben wurden. Es erwies sich, daß die beiden alten Fräulein, die die Erziehung des kleinen Fürsten übernommen und damals, als Verwandte Pawlischtscheffs, auf dessen Gut Slatowerchowo gelebt hatten, die leiblichen Cousinen des Anglomanen waren. Doch leider vermochte auch Iwan Petrowitsch keine Auskunft darüber zu geben, weshalb Pawlischtscheff den kleinen Fürsten so liebgewonnen hatte. „Ja und ich vergaß es auch, offen gestanden, mich dafür zu interessieren." Doch abgesehen davon hatte er ein gutes Gedächtnis: so entsann er sich noch genau, wie streng seine ältere Cousine, Marfa Nikititschna, ihren kleinen Zögling behandelt hatte, „so daß ich damals noch mit ihr wegen ihrer Erziehungsmethode in Streit geriet, denn ewig Ruten und Ruten für ein krankes Kind – das ist doch ... nicht wahr, das geht doch nicht ..." und er fügte hinzu, wie zärtlich dagegen seine jüngere Cousine, Natalja Nikititschna, zum Knaben gewesen sei. „Beide leben jetzt im –schen Gouvernement," berichtete er weiter, „– nur weiß ich im Augenblick nicht, ob sie überhaupt noch leben – sie haben dort ein äußerst, äußerst annehmbares Gut von Pawlischtscheff geerbt. Marfa Nikititschna wollte, glaube ich, in ein Kloster gehen; übrigens, ich will es nicht positiv behaupten – vielleicht war es auch eine andere, von der ich es hörte ... ganz recht, das erzählte man mir vor nicht langer Zeit von unserer Frau Doktor ..."

Der Fürst vernahm alle diese Mitteilungen mit glänzenden Augen, aus denen deutlich seine Freude und Rührung sprach. Mit überschwenglichem Gefühl erklärte er seinerseits, daß er es sich niemals werde verzeihen können, während dieser ganzen sechs Monate, die er nun schon in Rußland war, seine ehemaligen Erzieherinnen nicht aufgesucht zu haben. Täglich habe er sich vorgenommen, sobald wie möglich hinzureisen, doch sei immer wieder etwas dazwischen gekommen, das ihn verhindert habe, die Reise anzutreten ... jetzt aber gebe er sich das Wort ... unbedingt ... und wenn auch bis ins –sche Gouvernement ... „So kennen Sie also Natalja Nikititschna? Was für eine prächtige, reizende, gütige Seele sie war! Aber auch Marfa Nikititschna ... verzeihen Sie, aber es will mir scheinen, daß Sie sie etwas ungerecht beurteilen. Allerdings war sie sehr streng, aber ... wer würde denn nicht die Geduld verlieren ... mit solch einem Idioten, wie ich damals einer war ... Ich war doch damals ein vollständiger Idiot, Sie glauben es nicht ... Übrigens ... Sie haben mich damals gesehen und ... Aber wie sonderbar, sagen Sie doch, bitte, daß ich mich Ihrer gar nicht mehr entsinne? So sind Sie ... ach, mein Gott, so sind Sie also wirklich ein Verwandter von Andrei Petrowitsch?"

„Wie ge–sagt!“ antwortete Iwan Petrowitsch und er lächelte, indem er den Fürsten betrachtete.

„Oh, so war es nicht gemeint, ich fragte nicht, weil ich etwa gezweifelt hätte ... und ... kann man denn überhaupt daran zweifeln ... auch nur einen Augenblick? ... Nein, wirklich, auch nur einen Augenblick? ... Ich ... dachte nur gerade daran, daß der verstorbene Nikolai Andrejewitsch Pawlischtscheff ein so prächtiger Mensch war, der hochherzigste Mensch, wirklich, ich versichere Sie!“

Der Fürst „ertrank förmlich in der Freude seines guten Herzens“, wie sich Adelaida am nächsten Tage im Gespräch mit ihrem Bräutigam, dem Fürsten Sch., ausdrückte.

„*Mais, mon Dieu!*“ lachte Iwan Petrowitsch, „weshalb sollte ich denn nicht auch mit einem hoch–her–zigen Menschen verwandt sein können?“

„Ach, mein Gott!“ rief der Fürst ganz verwirrt und seine Erregung wuchs mit jedem Wort. „Ich ... da habe ich wieder eine Dummheit gesagt, aber ... so mußte es ja auch unfehlbar kommen, denn ich ... ich ... ich, übrigens, das gehört wieder nicht zur Sache! Und was ist jetzt eigentlich mit mir, sagen Sie doch, bitte, bei so interessanten ... so ungeheuer interessanten Mitteilungen! Und im Vergleich mit einem so hochherzigen Menschen! – Denn er war doch, bei Gott, der hochherzigste Mensch, den es je gegeben hat, nicht? Nicht wahr?“

Der Fürst bebte geradezu am ganzen Körper. Weshalb er sich aber plötzlich so aufregte, so ohne alle Veranlassung, ist schwer zu sagen. Es war nun einmal seine Stimmung, wie es schien, und fast empfand er in diesem Augenblick für irgend etwas und irgendwen die glühendste Dankbarkeit – vielleicht galt diese Dankbarkeit sogar Iwan Petrowitsch oder gar allen Anwesenden zusammen! Er war aber doch etwas gar zu „glückselig“. Iwan Petrowitsch begann ihn schließlich aufmerksamer zu betrachten und dasselbe tat auch der „Würdenträger“. Die Bjelokonskaja sah ihn unverwandt mit zornigem Blick an und preßte die Lippen zusammen. Fürst N., Jewgenij Pawlowitsch, Fürst Sch. und die jungen Mädchen unterbrachen ihr Gespräch und hörten zu. Aglaja schien nur erschrocken zu sein, Lisaweta Prokofjewna aber wurde einfach bange. Es waren doch seltsame Menschen, diese Mutter und diese Töchter: sie hatten selbst gewünscht, daß der Fürst den ganzen Abend schweigend verbringen sollte, als sie ihn dann aber nach Wunsch schweigend, doch mit seinem Los vollkommen zufrieden, einsam etwas abseits sitzen sahen, da war es ihnen auch nicht recht gewesen. Alexandra hatte bereits den Entschluß gefaßt, zu ihm zu gehen und ihn zur Gruppe des Fürsten N. zu führen, damit er sich an der Unterhaltung beteiligen könne. Und nun – kaum hatte er zu sprechen begonnen, da erschraken sie plötzlich alle und sahen dem Kommenden angstvoll entgegen.

„Daß er ein vortrefflicher Mensch war, darin haben Sie vollkommen recht," sagte Iwan Petrowitsch, doch lächelte er diesmal nicht mehr, „ja, ja ... das war ein vortrefflicher Mensch! Vortrefflich und ehrenwert," fügte er langsam nach einer kurzen Pause hinzu. „Ehrenwert und man kann sogar sagen aller Achtung wert," fuhr er nach einer dritten Pause fort, „und ... es ist se–ehr angenehm zu sehen, daß Sie Ihrerseits ...“

„War es nicht derselbe Pawlischtscheff," unterbrach ihn der „Würdenträger", „von dem man sich einmal etwas ... Seltsames erzählte, irgendeine Geschichte mit einem Abbé ... Abbé ... der Name fällt mir im Augenblick nicht ein, nur war einmal von ihm die Rede, von ihm und einem Abbé ...“ Der „Würdenträger" runzelte nachdenkend die Stirn.

„Abbé Gourot, den Jesuiten meinen Sie?" half ihm Iwan Petrowitsch, und fuhr dann langsam fort:

„Tja! Das ist nun die Kehrseite unserer ehren- und aller Achtung werten Landsleute! Denn Pawlischtscheff war doch immerhin ein geborener A–ris–tokrat, wohlhabend, Kammerherr, und wenn er ... im Dienst geblieben wäre ... Aber da muß er plötzlich austreten und alles an den Nagel hängen, um zum Katholizismus überzutreten und Jesuit zu werden, und das noch so gut wie offiziell! In einem Anfall von Begeisterung, wie's scheint. Nein, er starb doch sehr zur rechten Zeit ... ja, damals, da wurde viel davon gesprochen ...“

Fürst Myschkin war außer sich.

„Pawlischtscheff ... Pawlischtscheff soll zum Katholizismus übergetreten sein! Das ist nicht möglich!" rief er geradezu entsetzt.

„‚Nicht mö–glich‘?" fragte Iwan Petrowitsch gedehnt. „Das ist zum mindesten etwas viel gesagt, mein lieber Fürst, das werden Sie wohl selbst einsehen ... Freilich, Sie schätzen den Verstorbenen so hoch ... Er war allerdings ein selten guter Mensch, doch gerade diesem Umstande schreibe ich hauptsächlich den Erfolg dieses geriebenen Jesuiten zu. Aber fragen Sie erst mich, mich, wieviel Scherereien ich später wegen dieser Geschichte gehabt habe, wieviel Unannehmlichkeiten ... und gerade mit diesem Gourot! Können Sie sich denken," wandte er sich plötzlich an den „Würdenträger", „sie erhoben sogar Ansprüche auf seine Hinterlassenschaft, behaupteten, ein Testament von ihm zu besitzen, und so weiter, so daß ich gezwungen war, di–ie ... energischsten Maßregeln

zu ergreifen ... denn sie sind ja Meister, wahre Meister darin! Un–
übertrefflich! Doch Gott sei Dank, es geschah in Moskau, ich begab mich
sogleich zum Grafen und wir ... brachten sie wieder zur Vernunft ...“

„Sie glauben nicht, wie sehr Sie mich durch diese Mitteilung
erschüttert haben!“ rief der Fürst.

„Tut mir leid. Doch im Grunde war das doch alles nicht ernst zu
nehmen. Die Sache wäre wohl, wie gewöhnlich in solchen Fällen, im
Sande verlaufen, davon bin ich überzeugt. Im vorigen Sommer,“ wandte
er sich wieder an den „Würdenträger“, „soll ja auch die Gräfin K., wie
man hört, in ein katholisches Kloster eingetreten sein, irgendwo dort im
Auslande. Wie man sieht, haben wir Russen keine
Widerstandskraft, wenn wir diesen ... Intriganten in die Finger geraten ...
namentlich im Auslande.“

„Das kommt alles, denke ich, von unserer Müdigkeit,“ meinte der
„Würdenträger“ in überlegenem Tone, wenn er auch die Worte nach
Greisenart mehr kaute, als sprach. „Nun und dann haben sie auch eine
besondere Art zu predigen ... elegant, geschult ... und verstehen es
vorzüglich, einem Angst zu machen. Auch mich versuchten sie im Jahre
zweiunddreißig, machten mir schon die Hölle heiß – in Wien war’s, ich
versichere Sie! Nur ergab ich mich nicht, sondern lief ihnen einfach
davon, ha–ha! Ich lief ihnen in der Tat davon!“

„Na, ich habe gehört, daß du damals nicht dem Jesuitenpater
davongelaufen, sondern mit der schönen Gräfin Lewitzkij von Wien nach
Paris durchgegangen bist. Es war also wohl nicht die geheizte Hölle, die
dich zur Reise veranlaßte,“ bemerkte plötzlich die Bjelokonskaja.

„Nun, gleichviel, es kommt aber doch auf eins heraus!“ griff der Alte
sofort auf, lächelnd bei der angenehmen Erinnerung. „Sie scheinen ja sehr
religiös zu sein,“ wandte er sich freundlich an den Fürsten Lew
Nikolajewitsch, der ihn mit halb offenem Munde anstarrte. Der Alte
wollte ihn offenbar etwas näher kennen lernen, denn aus gewissen
Gründen begann er sich sehr für ihn zu interessieren.

„Pawlischtscheff war ein klarer Kopf und ein bewußter Christ, ein
wirklicher Christ,“ sagte plötzlich der Fürst, „wie konnte er dann einen ...
unchristlichen Glauben annehmen? Der Katholizismus – ist
ebensogut wie ein unchristlicher Glaube!“ fügte er mit plötzlich
aufblitzenden Augen hinzu und sein Blick heftete sich, nachdem er
flüchtig über alle Anwesenden geschweift war, geradeaus auf etwas
Unsichtbares.

„Nun, das ist denn doch etwas stark," brummte der Alte und sah verwundert den Hausherrn an.

„Wie das? Inwiefern ist der Katholizismus kein christlicher Glaube?" fragte Iwan Petrowitsch, indem er sich in seinem Sessel interessiert dem Fürsten zuwandte. „Was wäre er denn sonst, Ihrer Meinung nach?"

„Vor allen Dingen kein christlicher Glaube!" versetzte der Fürst sehr erregt und übermäßig schroff. „Das erstens, und zweitens ist der römische Katholizismus sogar schlimmer als der Atheismus, das ist meine Überzeugung! Ja, davon bin ich überzeugt! Der Atheismus ist gleich Null, der Katholizismus geht aber noch viel weiter: er predigt die entstellte Lehre eines Christus, den Rom belogen und beschimpft hat! Er verkündet den Antichrist, glauben Sie mir, ich schwöre es Ihnen! Es ist das meine ganz persönliche Meinung, die mich selbst schon lange gequält hat ... Der römische Katholizismus glaubt, daß die Kirche ohne staatliche Weltmacht auf Erden nicht bestehen könne. Meiner Ansicht nach ist der römische Katholizismus nicht einmal ein religiöser Glaube, sondern nur die Fortsetzung des weströmischen Reichsgedankens, dem alles im Katholizismus untergeordnet ist, angefangen vom Glauben. Der Papst eroberte das Land und den irdischen Thron und nahm das Schwert der Cäsaren, und so geht es jetzt weiter, nur daß sie mit der Zeit zum Schwerte noch die Lüge hinzugefügt haben, und zur Lüge Betrug, Fanatismus, Aberglauben und Freveltaten, und daß sie mit den heiligsten, aufrichtigsten, glühendsten Gefühlen des Volkes gespielt und alles, alles gegen Geld eingetauscht haben, gegen niedrige, irdische Macht! Und das sollte nicht die Lehre des Antichrist sein?! Und wie sollte daraus nicht der Atheismus entstehen? Der Atheismus ist aus nichts anderem als dem römischen Katholizismus hervorgegangen. Die römischen Kirchenväter sind die ersten Atheisten gewesen: konnten sie denn an sich selbst glauben? Und den Boden für ein weiteres Wachstum fand der Atheismus in der Abneigung des Volkes zu ihnen: er ist eine Folge ihrer Lüge und ihrer geistigen Kraftlosigkeit! Atheismus! Bei uns glauben nur gewisse Stände nicht: diejenigen, die, wie sich Jewgenij Pawlowitsch einmal vorzüglich ausgedrückt hat, ‚nicht mehr im Boden wurzeln‘. Dort aber, in Europa sind es schon die Volksmassen, die zu glauben aufhören – zu Anfang taten sie es noch infolge der Finsternis, in der sie befangen waren, und der Lüge, jetzt aber tun sie es schon aus Fanatismus und aus Haß gegen die Kirche und das Christentum."

Der Fürst hielt inne, um Atem zu schöpfen. Er hatte sehr schnell gesprochen und war bleich und atemlos. Die Gäste tauschten untereinander Blicke aus und der Alte begann schließlich ganz unverhohlen zu lachen. Fürst N. zog eine Lorgnette hervor, um den

Fürsten unverwandt zu betrachten. Und der deutsche Dichter verließ seinen Winkel und näherte sich dem Tisch, mit einem beißend ironischen Lächeln.

„Sie über–trei–ben die Sache se–ehr," bemerkte Iwan Petrowitsch langsam mit einer gewissermaßen gelangweilten Miene, und es war, als hätte er dabei ein peinliches Gefühl. „Die römisch-katholische Kirche hat auch Repräsentanten aufzuweisen, die durchaus Achtung verdienen und sogar sehr tugendhaft sind ..."

„Ich habe durchaus nicht von einzelnen Repräsentanten der Kirche gesprochen. Ich habe nur vom Wesen, vom Geist des römischen Katholizismus gesprochen. Ich rede von Rom. Wird denn die Kirche überhaupt jemals ganz verschwinden? Nein, das habe ich nie gesagt!"

„Einverstanden, aber alles das ist doch schon bekannt und sogar – übermäßig breitgetreten und ... gehört der Theologie an."

„O nein, o, das gehört durchaus nicht nur der Theologie an, ich versichere Sie! Das geht uns alle weit mehr an, als Sie glauben! Darin besteht eben unser ganzer Fehler, daß wir nicht zu erkennen vermögen, daß es sich hier durchaus nicht nur um eine Frage der Theologie handelt. Ist doch auch der Sozialismus nichts anderes, als eine Ausgeburt des Katholizismus und der katholischen Wirklichkeit! Auch er ist, ganz wie sein Bruder, der Atheismus, aus der Verzweiflung hervorgegangen, als Gegensatz zum Katholizismus im sittlichen Sinne, um durch sich die verlorene seelische Macht der Religion zu ersetzen und somit den geistigen Durst der lechzenden Menschheit zu stillen und sie zu retten, jedoch nicht mit dem Worte Christi, sondern gleichfalls mit geistiger Vergewaltigung, ganz wie der Katholizismus es wollte! Das wäre nur eine Freiheit durch Gewalt, und eine Vereinigung durch das Schwert! ‚Du sollst nicht glauben an Gott, du sollst kein Eigentum besitzen, du sollst keine Individualität sein – *fraternité ou la mort!*[] – koste es auch zwei Millionen Köpfe!' An ihren Taten, an ihren Früchten sollt ihr sie erkennen, so steht es geschrieben. Und glauben Sie nur nicht, daß das alles so unwichtig und gefahrlos für uns sei! Oh, wir brauchen eine Gegenwehr, und so schnell wie möglich! Und diese Gegenwehr des Ostens gegen den Westen soll unser Christus sein, den wir in seiner wahren Gestalt in uns bewahrt und den sie dort überhaupt nicht gekannt haben! Nicht indem wir uns sklavisch von den Jesuiten fangen lassen, sondern indem wir ihnen unsere russische Auffassung entgegensetzen, müssen wir jetzt vor sie hintreten, und deshalb sollte man bei uns lieber nicht sagen, daß ihre Predigt ‚elegant' sei, wie es hier soeben jemand getan hat ..."

„Aber erlau–ben Sie, erlau–ben Sie," unterbrach ihn höchst beunruhigt
Iwan Petrowitsch und blickte sich fast ängstlich im Kreise um, „Ihre
Gedanken sind ja alle se–ehr lobenswert und patriotisch, aber im ganzen
großen ist es doch recht übertrieben und ... es wäre wirklich besser, wir
ließen dieses Thema fallen ..."

„Nein, es ist nicht übertrieben, eher ist es noch verkleinert, – ja –,
gerade verkleinert ... ich bin unfähig, mich auszudrücken, doch ..."

„Er–lauben Sie!"

Der Fürst schwieg. Er saß in aufrechter Haltung im Sessel und sah
unbeweglich mit flammendem Blick Iwan Petrowitsch an.

„Es will mir scheinen, daß Ihnen die Mitteilung über Ihren Wohltäter
gar zu nahe gegangen ist," meinte freundlich und ohne sich aus seiner
Ruhe bringen zu lassen, der alte „Würdenträger". „Sie sind ... vielleicht
durch Ihre Einsamkeit etwas zu idealistisch geworden. Wenn Sie mehr
unter Menschen gelebt hätten, in der Gesellschaft, die Sie, wie ich hoffe,
als bemerkenswerten jungen Mann mit Vergnügen aufnehmen wird, so
werden Sie ganz von selbst Ihren Feuereifer dämpfen lernen, denn Sie
werden einsehen, daß alles das viel einfacher ist ... und zudem kommen
solche Ausnahmefälle, wie dieser, meiner Ansicht nach zum Teil von
unserer Übersättigung und zum Teil von unserer ... Langeweile ..."

„Seht richtig, gerade daher!" rief der Fürst. „Das haben Sie vorzüglich
ausgedrückt! Gerade von der Langeweile, von unserer Langeweile, nicht
von der Übersättigung, sondern im Gegenteil, vom lechzenden Durst ...
oh, nein, nicht von der Übersättigung, darin haben Sie sich getäuscht! Und
nicht nur dürstende Begierde ist es, sondern geradezu fieberhaftes,
glühendes Verlangen! Und ... glauben Sie nicht, daß es in einem so
geringen Maße der Fall sei, daß man darüber nur lachen könnte!
Verzeihen Sie, aber man muß vorauszufühlen verstehen! Sobald wir
Russen ans Ufer gelangt sind und auch wirklich den Glauben gewonnen
haben, daß es das Ufer ist, dann freuen wir uns so darüber, daß wir
sogleich bis zur letzten Grenze gehen. Woher kommt das? Da wundern
Sie sich nun über Pawlischtscheff und schreiben seine Handlungsweise
seinem Wahnsinn oder seiner Herzensgüte zu, das ist aber falsch! Nicht
nur wir allein – ganz Europa wundert sich in solchen Fällen über unseren
plötzlich so leidenschaftlichen Eifer: wenn von uns jemand zum
Katholizismus übertritt, so wird er doch gleich nichts weniger als Jesuit,
und noch dazu der allerschwärzeste von allen; wird er Atheist, so wird er
sogleich verlangen, daß der Glaube an Gott, falls nötig, mit Gewalt
ausgerottet werden solle! wie kommt das, woher dieser jähe Fanatismus?
Wissen Sie es wirklich nicht? Das kommt daher, weil er dann ein

Vaterland gefunden, das er hier in seiner Blindheit nicht zu erblicken vermocht hat, deshalb freut er sich so: er hat ein Ufer, er hat Land gefunden – und da wirft er sich denn hin und küßt es in Ekstase. Es ist doch nicht nur Ehrgeiz, nicht nur schlechtes Gefühl, das die russischen Atheisten und russischen Jesuiten hervorbringt, sondern es ist ihre Seelenpein, ist die Sehnsucht ihres Geistes, ihre Sehnsucht nach einer höheren Betätigung, nach einem festen Ufer, kurz, nach einer Heimat. An ihre eigene Heimat glauben sie nicht mehr, denn sie haben sie nie recht gekannt. Atheist zu werden, ist für einen Russen so leicht, leichter, als für jeden anderen in der ganzen Welt! Und die Russen werden auch nicht gewöhnliche Atheisten, nein, der Atheismus wird für sie einfach zu einem neuen Glauben, sie *glauben* an ihn, ohne dabei auch nur zu bemerken, daß sie an eine Null glauben. So groß ist unser Bedürfnis nach einem Glauben! ‚Wer keinen Erdboden unter sich hat, der hat auch keinen Gott.‘ Dieser Ausspruch stammt nicht von mir, sondern von einem Kaufmann, einem Altgläubigen, den ich auf der Reise kennen lernte – wir saßen in einem Coupé. Er drückte sich nicht buchstäblich so aus, er sagte: ‚Wer sich von seinem Heimatland lossagt, der sagt sich auch von seinem Gott los.‘ Bedenken Sie doch nur, daß bei uns gebildete Leute zur Sekte der Geißler[] übergetreten sind ... Doch übrigens – ist denn das Geißlertum in dem Fall schlechter, als der Nihilismus, Jesuitismus, Atheismus? Vielleicht ist es sogar tiefer! Aber Sie sehen, wie groß die Sehnsucht gewesen sein muß, wenn sie zu so etwas führen konnte! ... zeigen Sie der sehnsüchtigen Schiffsmannschaft des Kolumbus das Land der ‚Neuen Welt‘, zeigen Sie dem Russen die russische ‚Welt‘, lassen Sie ihn dieses Gold finden, diesen Schatz, der vor ihm noch verborgen liegt in der Erde! Zeigen Sie ihm in der Zukunft die Erneuerung und Auferstehung der ganzen Menschheit vielleicht einzig durch den russischen Gedanken, den russischen Gott und Christus, und Sie werden sehen, welch ein mächtiger und treuer, weiser und frommer Riese vor der verwunderten Welt emporwachsen wird, vor den verwunderten und erschrockenen Völkern Europas, denn was sie von uns erwarten, ist doch nur das Schwert und die Gewalt, weil sie sich uns, da sie uns nach sich selbst beurteilen, gar nicht ohne Barbarei vorstellen können. Und das tun sie bis jetzt noch, und je länger, desto mehr! Und ...“

Doch hier geschah plötzlich etwas, das den Fürsten in der unerwartetsten Weise unterbrach.

Diese ganze wilde Rede, dieser ganze Schwall seltsamer, unruhiger Worte und wirrer, begeisterter Gedanken, die wie in ziellosem Durcheinander aus ihm hervordrängten, der eine den anderen gleichsam überspringend – alles das deutete auf etwas Gefährliches, auf einen besonderen Vorgang in dem anscheinend so tief und so plötzlich sich erregenden jungen Mann. Von den Anwesenden, die den Fürsten kannten, waren die meisten sehr beängstigt – einzelne aber auch beschämt – durch diesen seltsamen Ausbruch, der so wenig mit der sonst fast sogar schüchternen Zurückhaltung des Fürsten übereinstimmte, mit seinem erlesenen Taktgefühl in manchen Fällen, und einem feinen Instinkt für alles, was sich schickt. Man stand förmlich vor einem Rätsel. Die Mitteilung über Pawlischtscheff konnte das doch nicht verursacht haben? Die Damen betrachteten ihn fast als Wahnsinnigen und die Bjelokonskaja gestand später: „Noch eine Minute und ich hätte daran gedacht, mich in Sicherheit zu bringen" Die alten Herren verloren in der ersten Verwunderung gleichfalls den Kopf. Der alte General schaute sehr unzufrieden und streng drein. Fürst N. saß vollkommen bewegungslos da. Der deutsche Dichter war sogar erbleicht, lächelte aber immer noch sein falsches Lächeln, während er dabei die anderen anblickte, um zu erraten, wie sie sich darüber äußern würden. Konnte doch der ganze „Skandal" schon im nächsten Augenblick die einfachste Lösung finden. Iwan Fedorowitsch, dessen Versuche, den Fürsten zu unterbrechen, erfolglos geblieben waren, hatte bei sich schon beschlossen, energisch einzugreifen, nur war er sich über die Mittel noch nicht ganz klar. Vielleicht hätte er sich sogar dafür entschieden, den Fürsten unter dem Vorwande seiner unberechenbaren Krankheit freundschaftlich hinauszuführen, welches Verfahren Iwan Fedorowitsch im geheimen für sehr vernünftig hielt. Doch es sollte anders kommen.

Als der Fürst eingetreten war, hatte er sich absichtlich möglichst weit von der chinesischen Vase hingesetzt, da Aglaja ihm wirklich Angst eingeflößt hatte. Wie seltsam es auch klingen mag – es war Tatsache, daß Aglajas kurze Bemerkung eine unausrottbare Überzeugung in ihm hervorgerufen hatte, die ganz unmögliche Vorahnung, daß er an diesem Abend unfehlbar diese Vase zerschlagen würde, wie weit entfernt er sich auch von ihr aufhalten und wie vorsätzlich er auch ihr und dem Unglück aus dem Wege gehen wollte. Das war nun einmal so! Im Laufe des Abends kamen aber neue mächtige Eindrücke, die ihn ganz erfüllten, und da vergaß er seine Vorahnung. Als er dann den Namen Pawlischtscheff vernommen und der Hausherr ihn mit ein paar erklärenden Worten zu Iwan Petrowitsch geführt, hatte er sich, ohne sich etwas dabei zu denken, näher an den Tisch gesetzt – gerade in jenen Sessel, neben dem auf einem Postament die wundervolle Vase stand.

Bei den letzten Worten war er plötzlich aufgesprungen, hatte eine energische Handbewegung gemacht, und – ein allgemeiner Schrei ertönte! Die Vase geriet ins Schwanken, zunächst gewissermaßen selbst unentschlossen, auf welche Seite sie fallen sollte –: dem alten Würdenträger auf den Kopf, oder auf die Seite des deutschen

Dichterlings, der entsetzt zurücksprang –, um dann, noch eh' man sich's gedacht, zu Boden zu schlagen. Das Geklirr, der Schrei, der sich allen entrang, die kostbaren Scherben, die über den Teppich flogen, der Schreck, die Verwunderung – was mit dem Fürsten geschah, ist schwer, sich vorzustellen. Doch dürfen wir hier nicht verschweigen, daß nicht der Schreck, die Peinlichkeit der Situation, der laute gemeinsame Aufschrei den größten Eindruck auf ihn machten, sondern die in Erfüllung gegangene Vorahnung. Was es gerade war, das ihn bei diesem Gedanken so erschütterte, vermochte er sich selbst nicht zu erklären. Er fühlte nur, daß es ihn gleichsam ins Herz getroffen hatte – und er stand regungslos in einem fast mystischen Schreck da. Einen Augenblick war es ihm, als öffne sich alles vor ihm, an Stelle des Entsetzens trat Licht, Freude, Begeisterung, und dann war es ihm, als griffe eine Hand nach seiner Kehle, um sie langsam zusammenzudrücken und ... doch der Augenblick ging vorüber. Gott sei Dank, es war nicht das! Er atmete auf und blickte sich im Kreise um.

Es dauerte eine geraume Weile, bis er begriff, was geschehen war und was um ihn vorging, d. h. er sah und begriff alles ganz genau, er stand aber wie ein besonderes Wesen unter den anderen, wie der unsichtbare Hausgeist in unseren Märchen, der sich ins Zimmer geschlichen und nie gesehene fremde Menschen, die sein Interesse erwecken, beobachtet. Er sah, wie die Scherben fortgeschafft wurden, hörte das lebhafte Durcheinandersprechen, sah Aglaja, die bleich dasaß und ihn seltsam anblickte – sehr, sehr seltsam: in ihren Augen lag keine Spur von Haß oder Zorn, sie sah ihn nur tief erschrocken, doch dafür so sympathisch an, während sie die anderen mit herausfordernden, blitzenden Blicken maß ... Da begann sein Herz leise zu klopfen und ein süßes Gefühl überkam ihn. Endlich gewahrte er auch mit eigentümlicher Verwunderung, daß alle wieder saßen und sogar lachten, als wäre nichts Unangenehmes geschehen! Da begann man noch mehr zu lachen: man lachte über ihn, über seinen starren Schreck, lachte aber freundschaftlich, heiter; einige sprachen sogar zu ihm, sprachen sehr freundlich, namentlich Lisaweta Prokofjewna: sie beruhigte ihn lachend und sagte etwas sehr, sehr Herzliches. Plötzlich fühlte er, daß ihm jemand kameradschaftlich auf die Schulter klopfte: es war der Hausherr. Der Anglomane Iwan Petrowitsch lachte gleichfalls. Doch am liebenswürdigsten war der Alte: er erfaßte die Hand des Fürsten, drückte sie leicht in der seinen, klopfte beruhigend mit der Rechten auf die Handfläche, beredete ihn, doch wieder zu sich zu kommen – ganz, als hätte er einen kleinen erschrockenen Knaben vor sich gehabt, was dem Fürsten ungemein gefiel –, und schließlich zog er ihn auf den Platz neben sich zum Sitzen nieder. Der Fürst blickte ihm ganz entzückt ins Gesicht, immer noch unfähig, zu sprechen, die Kehle war ihm wie zugeschnürt. Das Gesicht des Alten gefiel ihm unsäglich.

„Wie?" murmelte er schließlich, „Sie verzeihen mir in der Tat? Und ... auch Sie, Lisaweta Prokofjewna?"

Da wurde die Heiterkeit noch größer. Dem Fürsten traten Tränen in die Augen vor Glück: er traute seinen Sinnen nicht und war wie entrückt.

„Allerdings: die Vase war wundervoll. Ich entsinne mich, sie schon jahrelang bei Ihnen gesehen zu haben; es werden wohl schon so an fünfzehn Jahre her sein, ja ... fünfzehn ..." bemerkte Iwan Petrowitsch.

„Nun, kein großes Malheur! Auch der Mensch muß einmal sterben, und hier ist nur eine Vase zerschlagen!" sagte Lisaweta Prokofjewna laut.

„Hat es dich wirklich so erschreckt, Lew Nikolajewitsch?" fragte sie ihn besorgt. „Laß gut sein, Täubchen, das hat doch nichts auf sich; wirklich, du ängstigst mich mit deinem Schreck."

„Und Sie verzeihen mir *alles*? Alles, nicht nur die Vase?" fragte der Fürst, sich plötzlich wieder erhebend, doch der Alte zog ihn sogleich wieder zurück.

Er wollte seine Hand nicht loslassen.

*„C'est très curieux et c'est très sérieux!"* [] raunte er über den Tisch Iwan Petrowitsch zu – ziemlich laut übrigens.

„So habe ich keinen von Ihnen verletzt? Sie glauben nicht, wie glücklich mich dieser Gedanke macht! Aber wie könnte es auch anders sein? Wie hätte ich hier jemanden kränken können? Es ist geradezu eine Kränkung, wenn ich das nur voraussetze."

„Beruhigen Sie sich, mein Freund, Sie übertreiben die Sache. Und es liegt gar kein Grund vor, so zu danken; das ist ja an sich ein sehr lobenswertes Gefühl, aber es ist doch übertrieben."

„Ich danke ja gar nicht, ich ... freue mich nur über Sie, ich bin glücklich, indem ich Sie ansehe. Ich spreche vielleicht sehr dumm, aber ich muß – sprechen, ich muß erklären ... und wenn auch nur aus Achtung vor mir selbst."

Alles das brachte er wirr, unverständlich und fast fieberhaft hervor; möglich, daß die Worte, die er aussprach, gar nicht diejenigen waren, die er sprechen wollte. Und sein Blick, mit dem er alle ansah, schien zu fragen: darf ich sprechen? Die alte Bjelokonskaja betrachtete ihn – und da trafen sich ihre Blicke.

„Nur zu, Väterchen, fahr ruhig fort, erzähl', soviel du willst, sieh nur zu, daß dir der Atem nicht ausgeht," sagte sie. „Du kamst schon vorhin mit der Luft zu kurz, aber zu sprechen fürcht' dich nicht: wir haben noch ganz andere Sonderlinge gesehen, du wirst uns nicht in Erstaunen setzen, bist nicht weiß Gott wie klug, nur die Vase, die hast du richtig zerschlagen und uns alle erschreckt."

Der Fürst hörte ihr lächelnd zu.

„Sie sind es doch," wandte er sich plötzlich an den Alten, „der vor drei Monaten den Studenten Podkusnoff und den Beamten Schwabrin vor der Verbannung bewahrt hat?"

Der Alte errötete ein wenig und brummte nur, daß er sich beruhigen müsse.

„Und das ist doch wahr, was ich von Ihnen gehört habe, Iwan Petrowitsch," wandte er sich an den Anglomanen, „daß Sie Ihren abgebrannten Bauern, die jedoch nicht mehr zu Ihrem Gut im –schen Gouvernement gehörten und Ihnen sogar Unannehmlichkeiten bereitet hatten, Wald zum Abholzen für die Neubauten geschenkt haben?"

„Nun, das ist wiederum über–trie–ben," antwortete Iwan Petrowitsch, nichtsdestoweniger angenehm berührt. Unwillkürlich nahm er eine würdevollere Haltung an.

Diesmal hatte er vollkommen recht, wenn er von einer „Übertreibung" sprach: es handelte sich um ein falsches Gerücht, das dem Fürsten zu Ohren gekommen war.

„Und Sie, Fürstin," wandte sich Fürst Lew Nikolajewitsch mit einem Lächeln an die Bjelokonskaja, „haben Sie mich nicht vor einem halben Jahre in Moskau wie Ihren eigenen Sohn bei sich aufgenommen, nur auf den Brief Lisaweta Prokofjewnas hin, und haben Sie mir nicht wie Ihrem Sohne einen Rat gegeben, den ich nie vergessen werde? Erinnern Sie sich noch?"

„Wozu kriechst du wieder auf die Wände?" sagte die Bjelokonskaja ärgerlich. „Ein guter Mensch bist du, das weiß ich, machst dich aber immer lächerlich: schenkt man dir drei Kopeken, so dankst du schon, als hätte man dir das Leben gerettet. Du glaubst, daß das löblich ist? Ich finde es einfach widerlich."

Sie war bereits im Begriff, ernstlich böse zu werden, doch plötzlich begann sie zu lachen, und zwar ganz gutmütig. Lisaweta Prokofjewna atmete innerlich wie erlöst auf und aus ihrem wie ihres Gatten Gesicht verschwand die Besorgnis.

„Ich habe ja immer gesagt, daß Lew Nikolajewitsch ein Mensch ist, der ... der ... mit einem Wort, wenn er nur nicht mit dem Atem zu kurz käme, wie die Fürstin sehr richtig bemerkt hat," sagte der General erfreut.

Nur Aglaja schien traurig zu sein; ihr Gesicht glühte immer noch – vielleicht vor Unwillen.

„Er ist wirklich ein netter Mensch," brummte der Alte, halb zu Iwan Petrowitsch gewandt.

„Als ich hier eintrat, war mir das Herz schwer," fuhr plötzlich der Fürst in wachsender Verwirrung fort, und seine Rede wurde mit jedem Wort seltsamer und begeisterter. „Ich fürchtete Sie und ich fürchtete mich vor mir selbst. Am meisten vor mir selbst. Als ich nach Petersburg zurückkehrte, gab ich mir das Wort, unsere Besten, unseren eingesessenen Adel kennen zu lernen, da auch ich zu ihm gehöre und mein Name einer der ersten unter ihnen ist. Und jetzt sitze ich hier unter ebensolchen Fürsten, wie ich einer bin, nicht wahr? Ich wollte Sie kennen lernen, das tat not. Oh, erst jetzt kann ich es ganz ermessen, wie notwendig, wie notwendig das war! ... Ich habe immer so viel Schlechtes von Ihnen gehört, gar zu viel Schlechtes, viel mehr als Gutes, von Ihrer Kleinlichkeit, vom Egoismus Ihrer Interessen, und wie weit Sie zurückgeblieben sein sollen, und ich hörte von Ihrer geringen Bildung und von lächerlichen Angewohnheiten – oh, es wird doch so viel über Sie geschrieben und gesprochen! Neugierig kam ich heute her, neugierig und verwirrt: ich mußte doch einmal selbst sehen, mich selbst überzeugen, ob denn wirklich die ganze obere Schicht des russischen Volkes zu nichts mehr taugt, ob sie wirklich ihre Zeit schon überlebt hat, ob ihr Lebensquell versiegt und sie nur noch zu sterben fähig ist, dabei immer noch in kleinlichem, neidischem Kampf begriffen mit den ... zukünftigen Menschen, denen unsere Oberen den Weg versperren, ohne zu wissen, daß sie selbst schon sterben? Ich habe an die Richtigkeit dieser Auffassung auch früher nicht ganz geglaubt, denn genau genommen hat es bei uns doch nie eine höhere Klasse gegeben, abgesehen vielleicht von den Höflingen, die es durch den Beamtenrock oder ... den Zufall geworden waren, jetzt aber schon ganz verschwunden sind – ist es nicht so?"

„Nun, nein, durchaus nicht so," sagte Iwan Petrowitsch verletzt und er lachte verächtlich.

„Daß er doch wieder reden muß!" ärgerte sich die Bjelokonskaja.

„*Laissez le dire,[]* er zittert ja am ganzen Körper," riet der Alte halblaut.

Der Fürst hatte entschieden seine Selbstbeherrschung verloren.

„Und was sehe ich nun? Ich sehe vornehme, gute, verständige Menschen; ich sehe einen Greis, der einen Knaben, wie mich, liebevoll anhört und von unendlicher Güte zu mir ist. Ich sehe Menschen, die fähig sind, zu verstehen und zu verzeihen, russische, gute Menschen, die fast ebenso gut und herzlich sind, wie die russischen Bauern, die ich auf dem Lande kennen gelernt habe, nein, wirklich, fast sind Sie ebenso gut, wie jene. Urteilen Sie jetzt selbst, wie freudig ich überrascht sein mußte! Oh, erlauben Sie, daß ich mich ausspreche! Ich habe oft gehört und auch selbst geglaubt, daß in der Gesellschaft alles nur anerzogenes Benehmen und hinfällige Form, der lebendige Lebensquell aber versiegt sei. Aber jetzt sehe ich doch selbst, daß es nicht der Fall, daß bei uns so etwas ganz ausgeschlossen ist. Das kann vielleicht anderswo so sein, aber nicht bei uns. Sollten Sie denn jetzt alle wirklich Jesuiten und Betrüger sein? Ich hörte, wie vorhin Fürst N. erzählte: war das nicht echter, köstlicher Humor, sprach nicht aus der ganzen Erzählung unschuldige Gutmütigkeit? Wie könnte wohl ein innerlich Toter, dessen Herz und Geistesgaben vertrocknet sind, solche Worte hervorbringen? Könnten denn Tote so lieb zu mir sein, wie Sie es gewesen sind? Ist das nicht ein Menschenmaterial, das zu den schönsten Hoffnungen für die Zukunft berechtigt? Können denn solche Menschen etwas nicht begreifen und in ihren Anschauungen zurückbleiben?“

„Ich bitte Sie nochmals, mein Lieber, beruhigen Sie sich, wir können ein anderes Mal davon reden und ich werde Ihnen mit Vergnügen zuhören ...“ sagte der Alte mit beruhigendem Lächeln.

Iwan Petrowitsch, der Anglomane, räusperte sich und setzte sich in seinem Sessel bequemer zurecht. Iwan Fedorowitsch stand da, während sein hoher Vorgesetzter sich an die Gattin des „Würdenträgers“ wandte und mit ihr zu plaudern begann, ohne den Fürsten weiter zu beachten. Doch hörte ihm die Dame nur mit halbem Ohr zu, da sie der Fürst mehr interessierte.

„Nein, wissen Sie, es ist besser, ich rede jetzt!“ fuhr der Fürst wie im Fieber fort, indem er sich seltsam zutraulich wieder an den Alten wandte. „Aglaja Iwanowna hat mir gestern verboten, hier zu reden und sie hat sogar die Themata angegeben, über die ich nicht reden darf: sie weiß, daß ich mich dann lächerlich mache. Ich bin siebenundzwanzig Jahre alt, aber ich weiß ja doch selbst, daß ich noch wie ein Kind bin. Ich habe nicht das Recht, meine Gedanken auszudrücken, das habe ich immer gesagt. Nur mit Rogoshin habe ich in Moskau offen gesprochen ... Wir lasen Puschkin zusammen, lasen alle seine Werke. Er kannte noch nichts von ihm, nicht einmal seinen Namen ... Ich fürchte immer, durch meine Lächerlichkeit meine große Idee herabzuziehen. Ich verstehe mich nicht zu bewegen. Meine Gesten entsprechen nie meinen Worten, und so rufen sie nur Gelächter hervor und erniedrigen die Idee. Auch verstehe ich nie, Maß zu halten, das aber ist sehr wichtig, ist das Wichtigste ... Ich weiß, daß ich besser tue, wenn ich stillsitze und schweige. Wenn ich mich verschließe und verstumme, so sehe ich sogar sehr vernünftig aus, und überdies kann ich dann ungestört nachdenken. Jetzt aber ist es besser, ich rede. Ich habe nur deshalb wieder angefangen, weil Sie mich so freundlich ansehen; Sie haben ein wundervolles Gesicht! Ich habe Aglaja Iwanowna gestern mein Wort gegeben, daß ich heute den ganzen Abend schweigen würde."

„*Vraiment?*"[] fragte der Alte lächelnd.

„Ich denke jedoch bisweilen, daß es falsch von mir ist, so zu denken: die Hauptsache ist doch nicht die Geste, sondern die Aufrichtigkeit, nicht? ... Nicht?"

„Hm! Mitunter."

„Ich will jetzt alles erklären, alles, alles, alles! Sie glauben, ich sei ein Utopist? Ein Schwärmer? O, nein, ich habe, bei Gott, nur ganz einfache Gedanken ... Sie glauben mir nicht? Sie lächeln? Wissen Sie, ich bin bisweilen ein recht niedriger Mensch – ich verliere den Glauben. Als ich vorhin herkam, dacht' ich: ‚Wie soll ich denn mit ihnen reden? Mit welch einem Wort soll ich beginnen, damit sie mich nur ein wenig begreifen?' Und wie ich mich fürchtete – doch für Sie fürchtete ich am meisten, oh, ganz entsetzlich, entsetzlich! Und doch – wie durfte ich das, war es nicht eine Sünde? Was liegt daran, daß auf *einen* Aufgeklärten, *einen* Pionier eine solche Unmenge von den übrigen kommt? Das ist ja doch meine Freude, daß ich jetzt davon überzeugt bin, daß es durchaus nicht eine solche Unmenge Überflüssiger, sondern daß es ein großes lebendiges Material gibt! Und weshalb sollten wir uns durch unsere Lächerlichkeit verwirren lassen, nicht wahr? Das ist doch nun mal tatsächlich so, wir sind lächerlich, leichtsinnig, haben schlechte Angewohnheiten, wir langweilen uns, verstehen nicht zu schauen, verstehen nicht zu begreifen, und so sind wir doch alle, alle, Sie und ich und alle übrigen! Sie fühlen sich doch deshalb nicht gekränkt, weil ich es Ihnen ganz offen sage, daß Sie lächerlich sind? Wenn es aber so ist, wie sollten Sie dann kein gutes Material sein? Wissen Sie, es will mir scheinen, daß es mitunter sogar gut ist, lächerlich zu sein, es ist wirklich besser: man kann sich gegenseitig schneller verzeihen, sich schneller aussöhnen. Man kann doch nicht sofort alles begreifen, man kann doch nicht so ohne weiteres mit der Vollkommenheit beginnen! Um die Vollkommenheit zu erreichen, muß man zuerst vieles nicht verstehen! Begreifen wir aber gar zu schnell, so begreifen wir es gewöhnlich nicht so gut. Ich sage das Ihnen, Ihnen, die

Sie schon so vieles zu begreifen verstanden haben und – nicht nur zu begreifen. Jetzt fürchte ich nicht mehr für Sie ... Sie ärgern sich doch nicht darüber, daß ein solcher Knabe wie ich so zu Ihnen spricht? Natürlich nicht! Oh, Sie werden es verstehen, werden denen verzeihen, die Sie gekränkt haben, und auch denen, die Sie nicht gekränkt haben – das ist ja doch noch viel schwerer, gerade weil sie Sie nicht gekränkt haben und Ihr Gefühl folglich unbegründet ist. Das ist es, was ich Ihnen allen sagen wollte, als ich herkam, nur wußte ich nicht, wie ich mich ausdrücken sollte ... Sie lachen, Iwan Petrowitsch? Sie denken vielleicht, ich sei ein Demokrat, der allgemeine Gleichheit predigt?" fragte er selbst auflachend. „Nein, ich fürchte für Sie, für Sie alle, und für alle zusammen. Bin ich doch selbst ein uralter autochthoner Fürst und sitze hier unter Fürsten. Ich rede ja nur, um Sie alle zu retten, damit unser Stand nicht umsonst in unterschiedloser Dunkelheit verkommt und verschwindet und alles verspielt, ohne auch nur das Geringste zu schaffen! Weshalb sollen wir verschwinden und anderen den Platz abtreten, wenn wir die Ersten und Ältesten bleiben können? Lassen Sie uns die Ersten sein, dann werden wir auch die Väter des Volkes sein. Lassen Sie uns die Diener des Volkes werden, um seine Väter zu sein!"

Er hatte mehrmals versucht, sich von seinem Platz zu erheben, doch der Alte, der ihn mit wachsender Unruhe beobachtete, hatte ihn immer wieder zurückgezogen.

„Hören Sie! Ich weiß, daß es nicht gut ist, zu reden: besser ist einfach ein Beispiel, einfach mit der Tat zu beginnen ... ich habe schon begonnen ... und – und wie kann man überhaupt unglücklich sein? Oh, was ist mein kleines Leid, wenn ich doch fähig bin, glücklich zu sein? Wissen Sie, ich begreife nicht, wie man an einem Baum vorübergehen kann, ohne glücklich zu sein darüber, daß man ihn liebt! Oh, ich verstehe es nur nicht auszudrücken ... aber wie viele wundervolle Dinge gibt es, auf jedem Schritt und Tritt, Dinge, die selbst der verworfenste Mensch als wundervoll empfindet? Betrachten Sie ein Kind, sehen Sie die Morgenröte, sehen Sie das Gras, oder schauen Sie in die Augen, die Sie ansehen und – Sie lieben ..."

Jäh hatte er sich bei den letzten Worten von dem Alten losgerissen und sprach nun aufrechtstehend. Lisaweta Prokofjewna war die erste, die erriet, was vor sich ging: „Ach, mein Gott!" stieß sie erschrocken hervor. Da stand aber schon Aglaja neben dem Wankenden, um ihn mit ihren Armen zu stützen, zu halten, und mit entsetztem, schmerzverzerrtem Gesicht vernahm sie den wilden, grauenvollen Schrei des „würgenden Dämons", der plötzlich aus der Brust des Unglücklichen drang. Der Kranke lag auf dem Teppich. Irgend jemand schob ihm ein Kissen unter den Kopf.

Diese Wendung hatte niemand erwartet. Nach einer Viertelstunde gaben sich Fürst N., Jewgenij Pawlowitsch und der Alte die größte Mühe, den Abend von neuem zu beleben, doch leider vergeblich: schon nach einer halben Stunde brachen alle auf. Es wurden noch viele mitfühlende und nachempfindende Worte gesprochen, man vernahm auch noch ein paar allgemeine Betrachtungen und sogar einige ernsthafte Meinungen. Iwan Petrowitsch äußerte sich unter anderem dahin, daß der „junge Mann allem Anscheine nach ein se–ehr eifriger Sla–wo–phile sein müsse, oder etwas Ähnliches, nur sei das weiter nicht gefährlich." Der Alte sagte nichts.

Am nächsten und übernächsten Tage ärgerten sich freilich alle ein wenig. Iwan Petrowitsch fühlte sich als Anglomane sogar gekränkt, jedoch nicht allzusehr. Der hohe Vorgesetzte war eine Zeitlang etwas kühl gegen Iwan Fedorowitsch, dem auch der alte „Protektor" der Familie irgend etwas Lehrreiches sagte, wobei er dann noch schmeichelhaft hinzufügte, daß er sich für Aglajas Zukunft überaus interessiere. Er war in der Tat ein ziemlich guter Mensch, doch interessierte er sich für den Fürsten vornehmlich wegen seiner „Geschichte" mit Nastassja Filippowna, von der er so manches gehört hatte, und er hätte sogar Iwan Fedorowitsch gern noch ein wenig ausgeforscht, um Näheres zu erfahren.

Die Bjelokonskaja hatte noch am Abend beim Abschied Lisaweta Prokofjewna gesagt, wie sie den Fall beurteilte:

„Nun was – ja und nein. Aber wenn du meine ganze Meinung wissen willst, dann doch eher nein. Du siehst doch selbst, was für einer er ist: ein kranker Mensch!"

Lisaweta Prokofjewna entschied hierauf bei sich endgültig, daß er als Bräutigam „undenkbar" sei, und schwor sich im Laufe der Nacht hoch und heilig, daß der Fürst, solange sie lebe, ihre Aglaja nicht bekommen werde. Und mit diesem Entschluß wachte sie auch am nächsten Morgen auf – doch siehe da, als sie um ein Uhr beim Frühstück saß, geriet sie plötzlich in seltsamen Widerspruch mit sich selbst.

Auf eine vorsichtige Frage der Schwestern antwortete Aglaja plötzlich kalt und hochmütig:

„Ich habe ihm meines Wissens noch nie ein Versprechen gegeben und ihn auch nie als meinen Bräutigam betrachtet. Er ist mir ebenso fremd und gleichgültig wie jeder andere."

Da wurde die Generalin plötzlich rot.

„Das hätte ich nicht von dir erwartet," sagte sie verletzt, „als Freier ist er unmöglich, das weiß ich, und ich danke Gott, daß alles so gekommen ist; aber dir hätte ich doch nie solche Worte zugetraut. Ich glaubte, daß von dir etwas ganz anderes zu erwarten sei. Ich hätte alle jene anderen fortgejagt und nur ihn allein zurückbehalten, sieh, solch ein Mensch ist er! ..."

Sie verstummte plötzlich, erschrocken über ihre eigenen Worte.

Wenn sie gewußt hätte, wie sehr sie ihrer Tochter in diesem Augenblick unrecht tat!

Aglaja hatte ihren Entschluß bereits gefaßt und wartete nur noch ihre Stunde ab, die alles entscheiden mußte. Jede Anspielung aber, jede Berührung der tiefen Wunde zerrissen ihr das Herz.

## VIII.

Auch der Fürst verbrachte diesen Morgen in düsterer Stimmung: schwere Vorahnungen lasteten auf ihm. Am meisten quälte ihn, daß seine Trauer – er wußte eigentlich selbst nicht, wie er diese Empfindung nennen sollte – in ihrer Art so unbestimmt war. Vor ihm standen die Tatsachen grell, schwer und unverrückbar, doch seine Trauer ging über alles hinaus, was er dachte oder sich vorstellte, und er fühlte, daß er sich allein nicht würde beruhigen können. Da erhob sich in ihm allmählich eine Erwartung, die immer größer und schließlich zu der Überzeugung wurde, daß heute noch etwas Besonderes und Entscheidendes mit ihm geschehen würde. Der Anfall, den er am Abend vorher gehabt hatte, war ein leichter gewesen: abgesehen von der traurigen, müden Stimmung, einer gewissen Schwere im Kopf und in den Gliedern, fühlte er sich weiter nicht krank. Seine Gedanken waren verhältnismäßig klar und bewußt. Als er am Morgen aufgewacht, war es schon ziemlich spät gewesen, und er hatte sich sogleich des Abends bei Jepantschins erinnert. Der Einzelheiten freilich entsann er sich nicht so genau, aber er wußte doch, daß er etwa eine halbe Stunde nach seinem Anfall nach Hause geschafft worden war. Er erfuhr alsbald, daß Jepantschins sich schon am Morgen nach seinem Befinden hatten erkundigen lassen, und um halb zwölf erschien der Diener zum zweitenmal. Diese Teilnahme erweckte in ihm ein angenehmes Gefühl. Wjera Lebedewa war der erste Mensch, den er an diesem Morgen zu Gesicht bekam. Als sie eintrat und ihn erblickte, brach sie plötzlich in Tränen aus, doch als der Fürst sie dann beruhigte, lachte sie bald wieder. Das große Mitleid dieses jungen Mädchens machte einen fast erschütternden Eindruck auf ihn, und plötzlich ergriff er ihre Hand und küßte sie. Wjera erschrak und wurde rot.

„Ach, nicht doch, was tun Sie!" rief sie schnell und verlegen und zog rasch die Hand fort.

Sie verließ ihn in seltsamer Verwirrung.

Um zwölf Uhr erschien Lebedeff, der sich bereits in aller Frühe eilig zum „Seligen" – so nannte er den General, obgleich dieser immer noch lebte – begeben hatte, um zu erfahren, ob er nicht seinen Geist schon im Laufe der Nacht aufgegeben, was jedoch noch nicht geschehen war. Beim Fürsten trat er „nur auf einen Moment" ein, „einzig um sich nach seiner werten Gesundheit zu erkundigen" usw., und begab sich dann wieder in sein Schlafgemach, um nochmals sein „Schränkchen" zu inspizieren – nur zu diesem Zweck war er nach Hause gekommen. Beim Fürsten hatte er bloß Ach und Weh gejammert und ein paar Versuche gemacht, Näheres über den Abend bei Jepantschins und den „Anfall" zu erfahren, obschon er, wie der Fürst sogleich erriet, von allem bereits ganz genau unterrichtet war. Kaum war Lebedeff gegangen, da erschien Koljä, gleichfalls „nur auf einen Augenblick": dieser aber hatte es in der Tat sehr eilig und war äußerst aufgeregt. Er begann sogleich damit, daß er den Fürsten inständig bat, ihm doch alles zu sagen, was man vor ihm verheimlichte, das meiste habe er ja doch schon erraten. Der Fürst erzählte ihm denn auch möglichst schonend, wie Lebedeff sein Geld plötzlich vermißt und dann wieder gefunden hatte, doch der arme Knabe war trotzdem tief erschüttert. Er vermochte kein Wort hervorzubringen und plötzlich rannen ihm helle Tränen über die Wangen. Der Fürst fühlte, daß diese Mitteilung für den Knaben einer jener Eindrücke war, die ewig unvergeßlich bleiben und im Leben des Jünglings einen Bruch bedeuten, von dem ab er mit anderen Augen in die Welt zu schauen beginnt. Daher beeilte sich der Fürst, ihm seine persönliche Auffassung der Angelegenheit zu erklären, und er fügte noch hinzu, daß der Schlaganfall des alten Mannes seiner Meinung nach nur eine Folge des eigenen Entsetzens über diesen Fehltritt sei, der wohl nicht einem jeden so nahe gegangen wäre. Koljäs Augen blitzten auf, als der Fürst zu Ende gesprochen hatte.

„Dieser Schuft Ganjka, und Warjä und Ptizyn gleichfalls! Ich will mich mit ihnen nicht weiter herumstreiten, aber von Stund an sind unsere Wege getrennt! Ach, Fürst, wenn Sie wüßten, wieviel Neues ich seit gestern empfunden habe! Das war meine Lehre! Ich muß jetzt für meine Mutter sorgen. Sie ist ja wohl bei Warjä gut aufgehoben, aber das ist doch nicht das ..."

Plötzlich fiel es ihm ein, daß man ihn zu Hause erwarte, und eilig sprang er auf, erkundigte sich nur noch schnell nach dem Befinden des Fürsten, und als dieser geantwortet, fragte er plötzlich:

„Und sonst gibt's nichts? ... Ich hörte gestern ... übrigens habe ich nicht danach zu fragen ... aber wenn Sie einmal eines treuen Dieners bedürfen, so vergessen Sie nicht, daß ... er jetzt vor Ihnen steht. Ich glaube, wir sind beide nicht glücklich, nicht? Doch ... ich will Sie nicht ausforschen, schon gut, schon gut ...“

Er ging, und der Fürst blieb noch nachdenklicher zurück: alle sprachen von Unglück, alle sahen sie ihn an, als wüßten sie etwas, was er noch nicht wußte. Lebedeff wollte ihn ausforschen, Koljä machte Anspielungen und Wjera weinte – was hatte das alles zu bedeuten? „Ach, das ist doch nur mein verwünschter krankhafter Argwohn!“ dachte er schließlich halb ärgerlich. Wie erhellte sich aber sein Gesicht, als nach zwei Uhr plötzlich Jepantschins bei ihm erschienen. Die waren jedoch wirklich „nur auf einen Augenblick“ gekommen. Lisaweta Prokofjewna hatte, nachdem sie von der Frühstückstafel aufgestanden, erklärt, daß sie sogleich alle spazieren gehen würden. Diese Benachrichtigung war von ihr sehr kurz, trocken und in durchaus befehlender Form geschehen. Und so gingen sie alle, d. h. die Mama und die Töchter und Fürst Sch. Doch als sie in den Park hinaustraten, schlug die Generalin nicht den Weg ein, auf dem sie täglich spazieren gingen, sondern begab sich in die entgegengesetzte Richtung. Da wußten alle, wohin es ging, doch schwiegen sie, um die Mutter nicht zu reizen, denn diese ging bereits, gleichsam um sich vorwurfsvollen Blicken oder Einwendungen zu entziehen, allen voraus und sah sich auch kein einziges Mal nach ihnen um. Endlich bemerkte Adelaida, daß man auf einem Spaziergang doch nicht so schnell zu gehen brauche, man könne ja der Mama kaum folgen.

„Hört jetzt,“ wandte sich da plötzlich Lisaweta Prokofjewna zurück, „wir sind sogleich bei seiner Villa angelangt. Gleichviel wie Aglaja über ihn denkt oder was da sonst geschehen ist, jedenfalls ist er für uns kein Fremder und außerdem jetzt noch krank und unglücklich. Ich wenigstens werde bei ihm eintreten: wer mir folgen will, mag kommen, wer nicht, der gehe weiter; der Weg ist nicht gesperrt.“

Natürlich folgten ihr alle.

Der Fürst beeilte sich, wie es sich gehörte, nochmals seine Entschuldigung zu machen, wegen der Vase und des ... „Skandals“.

„Nun, das hat nichts auf sich,“ antwortete die Generalin. „Nicht die Vase tut mir leid, sondern du tust mir leid. So siehst du jetzt selbst ein, daß du einen Skandal verursacht hast – am Morgen ist man gewöhnlich klüger. Aber was soll man da ... jetzt hat doch ein jeder gesehen, daß mit dir nichts zu wollen ist ... Nun, auf Wiedersehen, wir wollen dich nicht aufhalten. Wenn du kannst, so mach' jetzt einen Spaziergang und dann leg' dich wieder hin – das wäre mein Rat. Und wenn du Lust hast, komm wieder zu uns, nach alter Art. Jedenfalls sei ein für allemal überzeugt, daß du, was auch geschehen sein mag oder was auch noch geschehen sollte, der Freund unseres Hauses bleibst. Wenigstens mein Freund. Für mich selbst kann ich einstehen, dessen sei du versichert."

Auf diese Herausforderung beeilten sich natürlich alle, den Fürsten derselben Gefühle für ihn zu versichern. Darauf verabschiedeten sie sich. Aber in dieser Eile, ihm etwas Freundliches und Ermunterndes zu sagen, lag doch eine große Grausamkeit, was Lisaweta Prokofjewna wohl ganz entgangen war. Aus der Aufforderung, sie „nach alter Art" zu besuchen und der Bemerkung „wenigstens mein Freund", glaubte der Fürst manches erraten zu können. Als er wieder allein war, suchte er sich Aglajas Gesicht während dieses Besuches zu vergegenwärtigen: sie hatte ihn mit ganz eigentümlichem Lächeln beim Kommen wie beim Gehen angesehen, doch hatte sie kein Wort gesprochen, selbst dann nicht, als die anderen ihn ihrer Freundschaft versichert hatten, obschon ihr Blick zweimal durchdringend auf ihm geruht hatte. Ihr Gesicht war bleicher gewesen als sonst, als hätte sie in der Nacht schlecht geschlafen. Da beschloß denn der Fürst, am Abend „nach alter Art" zu ihnen zu gehen, und immer wieder sah er in fieberhafter Ungeduld nach der Uhr.

Plötzlich erschien Wjera bei ihm. Es war noch nicht lange nachdem Jepantschins fortgegangen waren.

„Lew Nikolajewitsch," sagte sie, „mir hat Aglaja Iwanowna soeben eine Botschaft an Sie aufgetragen."

Der Fürst zuckte zusammen und stand fast zitternd vor ihr.

„Einen Brief?"

„Nein, mündlich, und auch das so schnell, daß ich sie kaum verstehen konnte. Sie läßt Sie bitten, heute den ganzen Tag zu Hause zu bleiben bis sieben oder bis neun Uhr abends, genau hörte ich es nicht."

„Ja ... aber weshalb denn das? Was hat das zu bedeuten?"

„Das weiß ich nicht, nur sollte ich es Ihnen unbedingt sagen."

„Hat sie das selbst so gesagt, ‚unbedingt'?"

„Nein, das gerade nicht: sie hatte kaum Zeit, wandte sich sofort wieder ab. Aber ihrem Gesicht sah man an, daß es ‚unbedingt' war. Das Herz stand mir fast still vor Schreck, so sah sie mich an ..."

Der Fürst stellte noch einige Fragen, doch konnte er nichts Näheres erfahren, und das regte ihn noch mehr auf. Als Wjera hinausgegangen war, legte er sich auf den Diwan und begann nachzudenken. „Vielleicht wird dort wieder jemand bei ihnen sein, bis neun Uhr abends, und da fürchtet sie, ich könnte wieder etwas Ungeheuerliches verüben," meinte er schließlich und wieder blickte er ungeduldig nach der Uhr und sehnte den Abend herbei. Doch das Rätsel fand seine Lösung viel früher als er gedacht, eine Lösung, die wieder ein neues, quälendes Rätsel war: etwa eine halbe Stunde nach dem Besuch der Jepantschins kam Hippolyt zu ihm. Er war so erschöpft, daß er, als er schwankend eintrat, nicht einmal grüßte und fast besinnungslos auf einen Sessel niederfiel. Er bekam einen entsetzlichen Hustenanfall und spie Blut. Seine Augen glänzten fieberhaft und auf seinen Wangen erschienen rote Flecke. Der Fürst sagte etwas zu ihm, bot ihm Wasser an, doch Hippolyt antwortete nicht und winkte nur mit der Hand ab, man solle ihn vorläufig in Ruhe lassen. Endlich legte sich der Husten und er kam wieder zu sich.

„Ich gehe!" sagte er schließlich mühsam mit heiserer Stimme.

„Wollen Sie, ich werde Sie begleiten?" fragte der Fürst, sich vom Diwan erhebend; doch plötzlich fiel ihm Aglajas Verbot ein und er zögerte unschlüssig.

Hippolyt lachte auf.

„Nicht von Ihnen gehe ich fort," sagte er, heiser hüstelnd und röchelnd und nach jedem längeren Satz rang er nach Atem. „Im Gegenteil, ich habe es für nötig befunden, zu Ihnen zu kommen, und zwar wegen einer wichtigen Angelegenheit ... sonst würde ich Sie nicht beunruhigen. Ich gehe ins – Jenseits, und diesmal, scheint es, wird es Ernst. Aus! Ich ... rede nicht, um Ihr Mitleid zu erwecken, wahrhaftig nicht ... Ich hatte mich heut' schon hingelegt, um ganz im Bett zu bleiben, bis ... na ja. Aber dann überlegte ich mir die Sache noch mal und stand doch wieder auf, um zu Ihnen zu kommen ... folglich muß es doch notwendig gewesen sein."

„Es tut weh, Sie so zu sehen. Hätten Sie mich doch rufen lassen, anstatt sich selbst herzubemühen."

„Na genug, besten Dank. Sie haben mich bedauert und nun basta, der gesellschaftlichen Höflichkeit ist Genüge getan ... Ach, ganz vergessen: wie steht es denn mit Ihrer Gesundheit?"

„Ich bin gesund. Gestern war ich ... nicht ganz ..."

„Hab' gehört, hab' gehört. Die chinesische Vase hat daran glauben müssen; schade, daß ich nicht zugegen war! Doch zur Sache. Erstens habe ich heut' das Vergnügen gehabt, Gawrila Ardalionytsch und Aglaja Iwanowna bei einem Rendezvous an der grünen Bank zu sehen. Ich habe mich nur gewundert, bis zu welch einem Grade ein Mensch dumm aussehen kann. Das sagte ich auch zu Aglaja Iwanowna, als Gawrila Ardalionytsch fortgegangen war ... Sie, scheint es, pflegen sich über nichts mehr zu wundern, Fürst?" unterbrach er sich, mißtrauisch das ruhige Gesicht des Fürsten betrachtend. „Sich über nichts wundern soll ein Beweis großer Klugheit sein, sagt man; mir jedoch will es scheinen, als könnte es auch ebenso große Dummheit beweisen ... Das war übrigens nicht auf Sie gemünzt, verzeihen Sie ... Ich bin heut' sehr ungeschickt in meinen Ausdrücken."

„Ich wußte es schon gestern, daß Gawrila Ardalionytsch ..." Sichtlich verwirrt brach der Fürst ab, obschon sich Hippolyt über ihn ärgerte, weil er kein eigentliches Erstaunen an ihm zu bemerken vermocht hatte.

„Sie wußten! Das ist mal nett! Das wußte ich nicht! Doch übrigens – meinetwegen brauchen Sie's auch nicht zu erzählen. Aber Zeuge des Stelldicheins sind Sie nicht gewesen?"

„Sie haben doch gesehen, daß ich nicht Zeuge gewesen bin ... wenn Sie selbst dort waren."

„Na, man kann ja nicht wissen, vielleicht haben Sie irgendwo hinter einem Baum gesessen. Übrigens freut mich das, für Sie, versteht sich, denn ich dachte wirklich schon, daß Gawrila Ardalionytsch – bevorzugt und tatsächlich gekapert werde."

„Ich bitte Sie, über diese Angelegenheit nicht mit mir zu sprechen, Hippolyt, und nicht solche Ausdrücke zu gebrauchen."

„Um so mehr, als Sie bereits alles wissen."

„Sie irren sich. Ich weiß so gut wie nichts, und das weiß Aglaja Iwanowna. Und selbst von diesem Stelldichein habe ich so gut wie nichts gewußt ... Sie sagen, sie hätten sich getroffen? Nun gut, dann haben sie sich getroffen, doch reden wir nicht davon ..."

„Ja, aber wie ist denn das: bald haben Sie gewußt, bald haben Sie nicht gewußt? Sie sagen: nun gut und Schwamm drüber, und ... Nein, wissen Sie, seien Sie lieber nicht so vertrauensvoll! Besonders nicht, wenn Sie nichts wissen. Doch Sie vertrauen ja auch nur deshalb, weil Sie nichts wissen. Aber wissen Sie denn nicht, was für Berechnungen diese beiden haben, das Brüderlein und 's Schwesterlein? Mutmaßen Sie gar nichts? ... Gut, gut, ich rede nicht mehr davon ..." unterbrach er sich, als er die ungeduldige Bewegung des Fürsten sah. „Doch ich bin ja in meiner eigenen Angelegenheit gekommen und will das nun ... erklären. Hol's der Teufel, daß man doch auf keine Weise ohne Erklärungen sterben kann! Grauenvoll, wieviel ich ewig erkläre. Wollen Sie mich anhören?"

„Reden Sie, ich höre."

„In ... indes, ... ich werde doch lieber meine Absicht ändern und dennoch mit Ganetschka beginnen. Stellen Sie sich vor, auch ich war heute zu einem Rendezvous bestellt, und zwar gleichfalls zur grünen Bank. Übrigens, ich will nicht lügen: ich hatte selbst auf dem Rendezvous bestanden, mich fast aufgedrängt, ein Geheimnis mitzuteilen versprochen. Ich weiß nicht, war ich nun zu früh gekommen – ich glaube, ich kam tatsächlich zu früh – jedenfalls hatte ich mich kaum neben Aglaja Iwanowna auf die Bank gesetzt, da – plötzlich – was sehe ich! – erscheinen Arm in Arm Gawrila Ardalionytsch und Warwara Ardalionowna, als gingen sie ganz harmlos ... bloß so ... spazieren! Sie schienen ganz perplex zu sein, als sie mich dort antrafen – das hatten sie sicherlich beide nicht erwartet, wurden ordentlich verlegen. Aglaja Iwanowna wurde rot und, glauben Sie es oder glauben Sie es nicht, verlor sogar ein wenig den Kopf; ob nun deshalb, weil ich zugegen war, oder einfach beim Anblick Gawrila Ardalionytschs, das laß ich ungesagt. Er ist doch ein gar zu schöner Mann! Jedenfalls wurde sie rot, sammelte sich aber sehr schnell und erledigte die Geschichte im Augenblick, entsetzlich komisch, natürlich: sie erhob sich von der Bank, erwiderte den Gruß Gawrila Ardalionytschs – Warwara Ardalionowna hatte zuckersüß gelächelt – und plötzlich sagte sie wie aus der Pistole: ,Ich wollte Ihnen nur persönlich meinen Dank aussprechen für Ihre aufrichtigen und freundschaftlichen Gefühle, und wenn ich jemals Ihrer bedürfen sollte, so seien Sie versichert ...' Hier machte sie eine Verbeugung und die beiden zogen ab – ob mit einer langen oder einer erhobenen Nase, lasse ich gleichfalls ungesagt. Ganjä jedenfalls mit einer langen, denke ich. Er schien aber nichts kapiert zu haben und wurde nur rot wie ein Krebs – wirklich frappant, was für einen Ausdruck sein Gesicht mitunter haben kann! – Die Warjä aber hatte wenigstens soviel begriffen, daß ein schleuniger Abschied geboten war und sie von Aglaja Iwanowna nichts mehr erwarten durften, und da zog sie den Bruder denn mit sich fort. Sie ist klüger als er und wird jetzt natürlich triumphieren ... Ich aber war gekommen, um mit Aglaja Iwanowna über ihre Zusammenkunft mit Nastassja Filippowna zu sprechen."

„Mit Nastassja Filippowna!" rief der Fürst entsetzt.

„Aha! Sie, scheint es, beginnen jetzt doch, Ihre Kaltblütigkeit zu verlieren und sich zu wundern? Freut mich, daß auch Sie in etwas an einen Menschen erinnern wollen. Dafür werde ich Ihnen auch was Nettes erzählen. Ja, sehen Sie, es ist nicht so ohne, ,hochherzigen' jungen Mädchen Dienste zu erweisen: ich habe heut' eine Ohrfeige von ihr erhalten!"

„Eine ... mo–moralische?" fragte der Fürst unwillkürlich.

„Ja, keine physische. Ich glaube, es würde sich keine Hand mehr erheben, um einen solchen, wie ich bin, zu schlagen; nicht einmal eine Frau würde es fertig kriegen; nicht einmal Ganetschka! ... Obschon ich einen Augenblick wirklich dachte, er würde sich auf mich stürzen ... Ich könnte wetten, daß ich weiß, was Sie soeben denken! Sie denken: ‚Nun ja, zu schlagen braucht man ihn nicht, dafür aber kann man ihn mit einem Kissen ersticken oder mit einem nassen Lappen im Schlaf – das müßte man sogar ...' Es steht auf Ihrem Gesicht geschrieben, daß Sie das denken, gerade in diesem Augenblick."

„Niemals habe ich das gedacht!" sagte der Fürst angewidert.

„Ich weiß nicht, heut' nacht träumte mir, daß mich ... nun, jemand mit einem nassen Lappen ersticken wollte ... ein Mensch ... na, ich werde Ihnen sagen, wer: stellen Sie sich vor – Rogoshin! Was meinen Sie, kann man einen Menschen mit einem nassen Lappen ersticken?"

„Ich weiß es nicht."

„Ich habe gehört, daß man's kann. Gut, lassen wir das. Nun, aber inwiefern bin ich denn eine Klatschbase? Weshalb hat sie mich heute eine Klatschbase genannt? Und wohlgemerkt: nachdem sie schon alles, auch das Letzte, angehört und mich obendrein noch ausgeforscht und sich einiges sogar zweimal hatte erzählen lassen ... Aber so sind ja die Weiber! Um ihr einen Dienst zu erweisen, hab' ich mich mit Rogoshin in Verbindung gesetzt, mit diesem interessanten Mann; in ihrem Interesse habe ich die Zusammenkunft mit Nastassja Filippowna arrangiert ... Oder war's, weil ich ihre Eitelkeit verletzt hatte mit der Bemerkung, daß sie die ‚Nachbleibsel', das heißt, Nastassja Filippownas Speisereste mit Freuden nehme? Aber ich habe ihr das doch nur in ihrem Interesse die ganze Zeit zu erklären versucht, ich gestehe sogar, daß ich zwei Briefe in diesem Sinne an sie geschrieben habe, und dort auf der Bank sagte ich es ihr dann noch zum drittenmal mündlich ... Ich begann sogleich damit, daß ich ihr auseinandersetzte, wie erniedrigend das für sie wäre ... Überdies stammt das Wort ‚Nachbleibsel' gar nicht von mir: bei Ptizyns gebrauchen es alle, Ganetschka an der Spitze, und sie selbst hat's ja noch bestätigt! Weshalb also nennt sie mich dann eine Klatschbase? Ich sehe, Sie finden mich furchtbar lächerlich ... ich könnte wetten, daß Sie soeben bei meinem Anblick an jenes dumme Gedicht gedacht haben –

‚Vielleicht wird einst noch meinen Lebensabend

Die Lieb' mit einem Sonnenblick erhellen

Und lächelnd einen Abschiedsgruß gewähren.'

Hahaha!" brach er in hysterisches Lachen aus, das in einem Hustenanfall endete. „Und das Beste ..." wollte er heiser fortfahren, doch wieder unterbrach ihn der Husten, „das Beste: Ganetschka spricht von ‚Nachbleibsel‘, was aber ist es denn, was er jetzt selbst ausnutzen will!"

Der Fürst schwieg lange Zeit; er war entsetzt, tief im Innersten aufgewühlt.

„Sie sprachen von einer Zusammenkunft mit Nastassja Filippowna?" fragte er schließlich unsicher.

„Eh, wissen Sie denn tatsächlich nicht, daß Aglaja Iwanowna und Nastassja Filippowna heute zusammenkommen werden? – daß Nastassja Filippowna einzig zu dem Zweck aus Petersburg herkommen wird, wozu sie von Aglaja Iwanowna durch meine und Rogoshins Vermittlung aufgefordert ist? Aber sie und Rogoshin befinden sich ja doch schon hier – gar nicht so weit von Ihnen – in demselben Hause, wo sie früher lebte, bei derselben Dame, bei Darja Alexejewna ... einer sehr zweideutigen Person – sie ist ja wohl ihre Freundin – nun, und dorthin in dieses zweideutige Haus wird sich heute Aglaja Iwanowna begeben, um sich freundschaftlich mit Nastassja Filippowna zu unterhalten und nebenbei noch einige Aufgaben zu lösen. Sie wollen sich, scheint's, beide mit Arithmetik beschäftigen. Und das haben Sie nicht gewußt? Ihr Ehrenwort?"

„Das ist nicht möglich!"

„Nun gut, dann nicht; woher sollten Sie's auch wissen? Obschon hier nur eine Fliege vorüberzufliegen braucht und ganz Pawlowsk weiß es – kolossal akustischer Ort, fürwahr! So, jetzt habe ich Sie vorbereitet und Sie können mir dankbar sein. Nun, auf Wiedersehen – in jener Welt voraussichtlich. Nur noch eines: ich habe zwar nicht immer ganz offen und ehrlich an Ihnen gehandelt, denn ... doch wozu sollte ich schließlich meinen Vorteil aus dem Auge lassen, wenn Sie mir das gefälligst erst erklären wollten? Etwa um Ihren Vorteil zu wahren? Ich habe doch meine ‚Beichte‘ ihr gewidmet – wußten Sie das nicht? Und wie sie das hinnahm! He–he! Aber ihr gegenüber habe ich mich nur anständig benommen, sie aber hat mich eine Klatschbase genannt und überführt ... Doch übrigens, auch vor Ihnen habe ich nichts ... na, auf dem Gewissen, wenn Sie wollen, denn wenn ich auch was von ‚Nachbleibsel‘ gesprochen habe, und alles das in besagtem Sinne – dafür habe ich Ihnen jetzt den Tag, die Stunde und den Ort der Zusammenkunft mitgeteilt ... aus Ärger, versteht sich, nicht aus Großmut. Nun, leben Sie wohl, ich bin schwatzhaft, wie eben ein Schwindsüchtiger. Im übrigen treffen Sie Ihre Vorkehrungen, und zwar so bald als möglich, wenn Sie überhaupt des Menschennamens wert sein sollen. Die Zusammenkunft findet heut' abend statt."

Hippolyt begab sich zur Tür.

„Dann wird also Ihrer Meinung nach Aglaja Iwanowna heute selbst zu Nastassja Filippowna gehen?" fragte plötzlich der Fürst. Auf seinen Wangen und seiner Stirn traten rote Flecke hervor.

Hippolyt blieb stehen.

„Genau weiß ich es nicht, aber wahrscheinlich doch," meinte er halb zurückgewandt. „Ja, anders ist es auch gar nicht möglich. Nastassja Filippowna kann doch nicht zu ihr gehen? Und doch nicht etwa bei Ganetschka – dort ist eine halbe Leiche im Hause. Sie wissen doch, wie's mit dem General steht? ..."

„Schon allein deshalb ist es nicht möglich!" fiel ihm der Fürst erregt ins Wort, „wie sollte sie denn hingehn, selbst wenn sie es wollte? Sie kennen die ... Bräuche in diesem Hause nicht: sie kann nicht allein zu Nastassja Filippowna gehen, das ist ganz ausgeschlossen!"

„Sehen Sie, Fürst: im gewöhnlichen Leben pflegt man nicht aus dem Fenster zu springen, steht aber das Haus in Flammen, so wird selbst der größte Gentleman und die größte Grande-dame nicht Bedenken tragen, durch das Fenster zu flüchten. Wenn es nicht anders geht, dann ist nichts zu machen: dann wird sich auch Fräulein Jepantschin zu Nastassja Filippowna begeben. Dürfen sie denn nie allein ausgehen, die drei?"

„Nein, ich meinte nicht das ...."

„Na, wenn nicht das, dann braucht sie nur die paar Stufen in den Park hinabzusteigen, um geradeaus zu gehen, und später, wenn sie will, überhaupt nicht mehr zurückzukehren. Es gibt Fälle, in denen man sogar Schiffe hinter sich verbrennen und nicht nur nicht nach Hause zurückkehren kann. Das Leben besteht auch nicht nur aus Dejeuners, Diners und Fürsten Sch. ... Ich glaube, Sie halten Aglaja Iwanowna immer noch für ein Pensionsdämlein. Das habe ich ihr heut' auch auf der Bank gesagt, und sie schien mir recht zu geben. Aber warten Sie: um sieben oder so um acht herum ... Ich würde an Ihrer Stelle einen Spion dorthin schicken, um genau zu erfahren, wann sie die Villa verläßt. Na, schicken Sie meinetwegen den Koljä; der wird sogar mit Vergnügen spionieren, für Sie, das heißt ... denn alles das ist doch nur relativ ... Ha–ha!"

Hippolyt verließ das Zimmer. Der Fürst hatte es nicht nötig, jemanden zum Spionieren hinzuschicken, ganz abgesehen davon, daß er dazu überhaupt nicht fähig gewesen wäre. Er wußte jetzt, was Aglajas „Befehl" zu bedeuten hatte: sie wollte zu ihm kommen, um dann mit ihm zusammen zu jener zu gehen. Freilich ... es ließ sich auch eine andere Erklärung finden: vielleicht wollte sie, daß er zu Hause bliebe, um ihm nicht auf ihrem Wege dorthin zu begegnen oder ihn gar dort anzutreffen. Dem Fürsten schwindelte bei diesem Gedanken. Das ganze Zimmer schien sich im Kreise zu drehen. Er legte sich auf den Diwan und schloß erschöpft die Augen, dachte jedoch weiter nach.

Wie es sich nun auch verhalten mochte, über eines war er sich vollkommen klar: daß eine Entscheidung bevorstand. Nein, er hielt Aglaja nicht für ein Pensionsdämlein; er fühlte jetzt, daß er schon lange etwas von ihr gefürchtet hatte, und zwar gerade etwas Ähnliches. „Aber wozu will sie sie denn sehen, was will sie mit ihr reden?" sagte er sich, und ein Frostschauer lief ihm über den ganzen Körper. Er fieberte.

Nein, er hielt sie gewiß nicht für ein Kind! In der letzten Zeit hatten ihn einzelne ihrer Blicke und Worte oft geradezu entsetzt. Bisweilen hatte es ihm geschienen, als bezwinge sie sich aus aller Kraft, vielleicht sogar über ihre Kraft, und gerade das war es – dessen entsann er sich genau –, was ihn am meisten entsetzt hatte. In all diesen Tagen hatte er sich bemüht, nicht daran zu denken und die schweren Gedanken zu verscheuchen, doch quälte ihn trotzdem unausgesetzt die Frage, was in dieser Mädchenseele vorging, obschon er unerschütterlich an den Sieg des Guten in ihr glaubte. Und nun sollten alle diese Probleme noch vor dem Abend ihre Lösung finden!! Der Gedanke war nicht zu ertragen! Und dann wieder – „jene andere"! Weshalb hatte es ihm immer geschienen, daß diese „andere" gerade im letzten Augenblick kommen und sein ganzes Leben wie einen feingesponnenen Faden zerreißen würde? – Daß es ihm aber „immer schon so geschienen", darauf hätte er jetzt jeden Schwur geleistet, ungeachtet dessen, daß er sich seines halb unzurechnungsfähigen Zustandes bewußt war. Wenn er sich in der letzten Zeit bemüht hatte, sie zu vergessen, so hatte er es doch nur getan, weil er sie fürchtete. Er fragte sich jetzt nicht mehr wie früher, ob er sie liebte oder haßte, denn er wußte jetzt, wen er liebte ... Doch nicht die Zusammenkunft dieser beiden Frauen, nicht die Beweggründe dieser Zusammenkunft, nicht die bevorstehende Entscheidung flößten ihm diese unerklärliche Furcht ein, nein, sondern – Nastassja Filippowna. Er entsann sich später, nach einigen Tagen, daß er in diesen Fieberstunden fast die ganze Zeit ihre Augen vor sich gesehen, und ihren Blick, daß er ihre Stimme gehört und Worte vernommen, von denen er sich jedoch keines einzigen mehr zu entsinnen vermochte. Kaum war ihm erinnerlich, wie Wjera ihm um sechs das Essen gebracht und wie er gegessen, und ebensowenig wußte er, ob er nachher geschlafen oder nicht geschlafen hatte. Er wußte nur, daß er erst von dem Augenblick an wieder klar und bewußt zu sehen und zu denken begonnen, als plötzlich Aglaja auf der Terrasse erschienen, und er vom Diwan aufgesprungen und ihr bis zur Mitte des Raumes entgegengetreten war. Die Uhr hatte kurz vorher sieben geschlagen. Aglaja war ganz allein gekommen. Sie trug ein schlichtes Kleid und hatte sich, wohl in der Eile, um schnell und unauffällig aus dem Hause zu kommen, nur einen leichten Umwurf über die Schultern geworfen. Ihr Gesicht war ebenso bleich wie am Vormittag, doch ihre Augen hatten einen seltsam hellen, trockenen Glanz, den er noch nie an ihnen gesehen hatte. Sie musterte ihn aufmerksam vom Kopf bis zu den Füßen.

„Sie sind zum Ausgehen bereit," bemerkte sie leise und scheinbar ganz ruhig, „und haben sogar schon den Hut in der Hand; man hat Sie also vorbereitet und ich weiß, wer es getan hat: Hippolyt."

„Ja, er hat mir gesagt ..." stammelte der Fürst, fast halb tot vor Aufregung.

„Dann lassen Sie uns gehen. Sie wissen, daß Sie mich auf jeden Fall begleiten müssen. Sie sind doch soweit bei Kräften, denke ich, daß Sie gehen können?"

„Ich bin bei Kräften, aber ... ist es denn möglich!?"

Er verstummte plötzlich und sagte dann nichts mehr. Und das war sein einziger Versuch, sie von diesem wahnsinnigen Schritt abzuhalten. Darauf folgte er ihr, unfrei, wie ein Gefangener. Er wußte, daß sie auch ohne ihn dorthin gehen würde, und daß er folglich gezwungen war, ihr zu folgen. Und er erriet, wie fest ihr Entschluß war – er aber war nicht der Mann, der diesen wilden Ausbruch hätte aufhalten können. Schweigend setzten sie ihren Weg fort, fast kein Wort wurde während der ganzen Zeit gewechselt. Dem Fürsten fiel es auf, daß sie den Weg ganz genau zu kennen schien. Als er ihr den Vorschlag machte, einen etwas längeren, doch dafür stilleren Seitenweg zu wählen, zog sie die Brauen zusammen und schien ihn mit angestrengter Aufmerksamkeit anzuhören, sagte jedoch schroff:

„Gleichviel!" und ging unbekümmert weiter.

Als sie sich dem Hause Darja Alexejewnas näherten – es war ein altes, großes, hölzernes Gebäude –, traten aus der Tür eine ältere Dame und ein junges Mädchen, beide auffallend elegant gekleidet, und nahmen in Nastassja Filippownas prächtigem Gefährt, das vor der Treppe hielt, lachend und laut plaudernd Platz. Aglaja und den Fürsten hatten sie mit keinem Blick gestreift, als hätten sie sie überhaupt nicht bemerkt. Kaum waren sie davongefahren, als sich die Tür wieder öffnete und Rogoshin

Aglaja und den Fürsten eintreten ließ, worauf er die Tür hinter ihnen verriegelte.

„Im ganzen Hause ist jetzt niemand außer uns vieren," sagte er und blickte den Fürsten eigentümlich an.

Gleich im ersten Zimmer wartete Nastassja Filippowna, die gleichfalls sehr schlicht, ganz in Schwarz, gekleidet war. Sie erhob sich, als die anderen eintraten, lächelte jedoch nicht und reichte auch dem Fürsten nicht die Hand.

Ihr forschender, beunruhigter Blick heftete sich in ungeduldiger Frage auf Aglaja. Sie setzten sich ziemlich weit voneinander hin – Aglaja auf das Sofa in der einen Ecke des Zimmers, Nastassja Filippowna ans Fenster. Der Fürst und Rogoshin setzten sich nicht, sie wurden übrigens dazu auch nicht aufgefordert. Nur einmal blickte der Fürst verständnislos und gleichsam schmerzvoll Rogoshin an, doch dieser lächelte nur sein altes Lächeln. Das Schweigen dauerte eine Weile an.

Da ging plötzlich in Nastassja Filippownas Gesicht eine Veränderung vor sich: es war, als breite sich der Schatten eines kommenden Unheils über ihre Züge: ihr Blick wurde starr, hart und fast haßerfüllt und wandte sich auf keinen Augenblick von ihrem Gast ab. Aglaja war sichtlich verwirrt, doch ließ sie ihren Mut nicht sinken. Als sie eingetreten war, hatte sie ihre Feindin einmal angesehen, doch nun saß sie die ganze Zeit, ohne den Blick vom Boden zu erheben, als dächte sie nach. Nur ein- oder zweimal überflog sie, gewissermaßen wie aus Versehen, mit gedankenlosem Blick die Einrichtung des Zimmers, und auf ihrem Gesicht drückte sich Ekel aus, als hätte sie gefürchtet, sich hier zu beschmutzen. Ganz mechanisch ordnete sie ihr Kleid und unruhig wechselte sie einmal sogar den Platz, indem sie mehr in die eine Ecke des Sofas rückte. Es ist kaum anzunehmen, daß sie sich all dieser Bewegungen bewußt war, doch gerade die Unbewußtheit verstärkte noch das Beleidigende derselben. Endlich erhob sie den Blick und sah fest und offen Nastassja Filippowna in die Augen: und da las sie denn deutlich alles, was in dem haßerfüllten Blick ihrer Feindin glühte. Das Weib hatte das Weib verstanden. Aglaja zuckte zusammen.

„Sie ... wissen natürlich, weshalb ich Sie ... aufgefordert habe ..." brachte sie schließlich hervor, jedoch sehr leise, und sie stockte dabei zweimal.

„Nein, ich weiß nichts," sagte Nastassja Filippowna kurz und trocken.

Aglaja errötete. Vielleicht kam es ihr plötzlich sehr seltsam und unglaublich vor, daß sie mit „dieser Person" unter einem Dach saß und noch dazu ihrer Antwort bedurfte. Beim ersten Ton dieser Stimme war es wie ein Beben durch ihren Körper gegangen. Und alles das bemerkte natürlich sehr wohl „diese Person".

„Sie wissen es sehr gut ... Sie tun aber absichtlich, als begriffen Sie nichts," sprach Aglaja kaum hörbar vor sich hin, während ihr Blick finster am Boden haftete.

„Weshalb sollte ich das?" fragte Nastassja Filippowna, kaum, kaum lächelnd.

„Sie wollen meine Lage ... daß ich hier in Ihrem Hause bin ... ausnutzen ..." fuhr Aglaja ungeschickt und lächerlich fort.

„An dieser Lage sind Sie schuld, nicht ich!" sagte Nastassja Filippowna, der plötzlich das Blut ins Gesicht stieg. „Nicht ich habe Sie dazu aufgefordert, sondern Sie mich, und ich weiß bis jetzt noch nicht, weshalb."

Aglaja erhob hochmütig den Kopf.

„Nehmen Sie sich mit Ihrer Zunge in acht! Ich bin nicht gekommen, um mit dieser Ihrer Waffe zu kämpfen ..."

„Ah! Dann sind Sie also doch gekommen, um zu ‚kämpfen‘? Denken Sie nur, ich dachte, Sie wären ... scharfsinniger ..."

Beide sahen sich an, ohne ihren Haß zu verbergen. Die eine von ihnen hatte noch vor kurzem glühende Briefe an die andere geschrieben: doch nun hatte es nur der ersten Begegnung, der ersten Worte bedurft, um alles Geschriebene vergessen zu lassen ... Und seltsam: in diesem Augenblick wunderte das keinen einzigen der vier Anwesenden. Der Fürst, der noch gestern etwas Ähnliches nicht einmal im Traume für möglich gehalten hätte, stand jetzt, sah und hörte, als hätte er das alles schon lange, lange so kommen gefühlt, und er fand es ganz natürlich, daß dieses phantastische Hirngespinst plötzlich grelle, scharf umrissene Wirklichkeit war. Die eine von diesen Frauen verachtete die andere so tief und hatte ein so leidenschaftliches Verlangen, dieser anderen ihre ganze Verachtung auch rückhaltlos zu zeigen (vielleicht war sie sogar nur deshalb gekommen, wie sich am nächsten Tage Rogoshin ausdrückte), daß kein einziger vorgefaßter Entschluß jener anderen – wie fanatisch sie auch in ihren phantastischen Ideen schon allein infolge ihrer kranken Seele und ihres vor Schmerz überspannten Geistes sein mochte – dieser gleichsam vergifteten, rein weiblichen Verachtung ihrer Gegnerin hätte widerstehen können, wie man meinen sollte. Der Fürst war überzeugt, daß Nastassja Filippowna nicht selbst von den Briefen zu sprechen beginnen würde; er hätte aber sein halbes Leben hingegeben, damit auch Aglaja es nicht täte.

Doch plötzlich nahm sich Aglaja zusammen und im Augenblick hatte sie sich wieder in der Gewalt.

„Sie haben mich mißverstanden," sagte sie, „ich bin nicht gekommen, um mit Ihnen ... zu streiten, obwohl ich Sie nicht liebe. Ich ... ich bin gekommen, um menschlich mit Ihnen zu reden. Als ich Sie aufforderte, hatte ich bereits bei mir beschlossen, was ich Sie fragen würde, und meinen Entschluß gebe ich nicht auf, wenn Sie mich auch überhaupt nicht verstehen sollten. Das würde nur Ihnen, nicht mir schaden. Ich wollte Ihnen meine Antwort geben – auf Ihre Briefe, und zwar mündlich, weil mir das leichter erschien. So hören Sie denn: Fürst Lew Nikolajewitsch tat mir unsäglich leid schon an jenem Tage, an dem ich ihn zum erstenmal sah und kennen lernte, und noch mehr, als ich dann später alles erfuhr, was sich an jenem Abend bei Ihnen zugetragen hatte. Er tat mir deshalb leid, weil er ein so treuherziger Mensch ist und in seiner Treuherzigkeit glaubte, er könne glücklich werden mit ... einer Frau ... von Ihrem Charakter. Was ich für ihn fürchtete, geschah: Sie – Sie konnten ihn nicht wirklich lieben ... Sie haben ihn nur gequält und dann verlassen. Und lieben konnten Sie ihn deshalb nicht, weil Sie dazu zu stolz sind ... nein, nicht zu stolz, ich habe mich da falsch ausgedrückt –, sondern weil Sie zu ehrgeizig sind ... oder nein, auch nicht einmal das: Sie sind einfach selbstsüchtig bis ... bis zum Wahnsinn, was Ihre Briefe an mich deutlich beweisen. Sie konnten ihn, diesen offenherzigen Menschen, überhaupt nicht liebgewinnen, und vielleicht haben Sie ihn im geheimen sogar verachtet und sich über ihn lustig gemacht, denn Sie haben nur eines liebgewinnen können, und das ist Ihre Schande und der immerwährende Gedanke daran, daß Sie beschimpft sind und daß man Sie beleidigt hat. Wäre Ihre Schande geringer oder wäre sie überhaupt nicht vorhanden, so würden Sie sich unglücklicher fühlen ..." Aglaja sprach mit unendlicher Genugtuung diese längst zurechtgedachten, ja fast kann man sagen – berechneten Worte aus, die sie sich vielleicht schon ausgedacht hatte, als ihr noch nicht einmal die Möglichkeit einer solchen Aussprache zwischen ihr und der anderen in den Sinn gekommen war; und mit gehässigem Blick verfolgte sie die Wirkung ihrer Worte auf dem schmerzverzerrten Gesicht Nastassja Filippownas. „Sie wissen," fuhr sie fort, „daß er vor drei Monaten einen Brief an mich geschrieben hat. Er sagte, daß Sie von diesem Brief wissen und ihn sogar gelesen haben. Aus diesem Brief glaubte ich alles zu erraten, und daß ich mich nicht täuschte, hat er mir später selbst bestätigt, indem er mir fast Wort für Wort alles das sagte, was ich Ihnen soeben gesagt habe. Nach dem Empfang dieses Briefes begann ich zu warten. Ich erriet, daß Sie unfehlbar hierher kommen würden, denn Sie können doch nicht ohne Petersburg auskommen: Sie sind noch viel zu jung und zu schön für die Provinz ... Übrigens sind das nicht meine Worte," fügte sie plötzlich errötend hinzu und von dem Augenblick an verließ die Röte nicht mehr ihr Gesicht. „Als ich dann den Fürsten wiedersah, tat mir die ihm widerfahrene Kränkung weh, und ich fühlte mich für ihn beleidigt. Lachen Sie nicht. Wenn Sie lachen, sind Sie nicht wert, das zu verstehen ..."

„Sie sehen, daß ich nicht lache," sagte Nastassja Filippowna traurig und mit ernstem Gesicht.

„Übrigens, wie Sie wollen, mir ist es gleichgültig. Als ich ihn dann selbst fragte, erzählte er mir, daß er Sie bereits längst nicht mehr liebe, daß sogar die Erinnerung an Sie ihm nichts als eine Qual sei, doch täten Sie ihm leid, und wenn er an Sie denke, dann sei es ihm, als wäre sein Herz auf ewig durchbohrt. Ich muß Ihnen noch sagen, daß ich in meinem Leben keinen Menschen angetroffen habe, der ihm an Edelmut, Treuherzigkeit und Vertrauen zu anderen Menschen gleichkäme. Ich begriff nach seinen Worten, daß ein jeder, der es nur will, ihn betrügen kann, er aber einem jeden, der ihn betrügt, gleichviel wer er sei, alles verzeihen wird, und gerade deshalb gewann ich ihn lieb ..."

Aglaja stockte einen Augenblick, gleichsam erschrocken und verwundert über sich selbst, daß sie ein solches Wort hatte aussprechen können. Doch schon nach einer Sekunde erglühte ihr Blick ganz plötzlich in grenzenlosem Stolz. Es schien, daß ihr jetzt alles gleichgültig wäre, selbst wenn „diese Person" über das ihr entschlüpfte Geständnis gelacht hätte.

„Ich habe Ihnen alles gesagt. Jetzt werden Sie natürlich begriffen haben, was ich von Ihnen will."

„Vielleicht habe ich es begriffen, aber – sprechen Sie es selbst aus," sagte Nastassja Filippowna leise.

Zorn flammte in Aglajas Gesicht auf.

„Ich wollte von Ihnen erfahren," sagte sie mit fester Stimme, langsam und deutlich, „mit welchem Recht Sie sich in seine Gefühle, die er für mich empfindet, eingemischt haben? Mit welchem Recht Sie gewagt haben, Briefe an mich zu schreiben? Mit welch einem Recht erklären Sie allaugenblicklich ihm und mir, daß Sie ihn lieben, nachdem Sie selbst ihn verlassen haben, so beleidigend und ... beschämend von ihm fortgelaufen sind?"

„Ich habe weder ihm noch Ihnen gesagt, daß ich ihn liebe,“ brachte Nastassja Filippowna mühsam hervor, „doch ... darin haben Sie recht – ich bin ihm fortgelaufen ...“ fügte sie kaum hörbar hinzu.

„Was, Sie hätten es ‚weder ihm noch mir‘ gesagt?“ rief Aglaja. „Aber Ihre Briefe? Wer hat Sie gebeten, uns zu verkuppeln, mich zu bereden, ihn doch anzunehmen? Ist denn das kein Geständnis Ihrerseits? Weshalb drängen Sie sich uns denn auf? Zuerst dachte ich, Sie wollten, im Gegenteil, Abneigung für ihn in mir hervorrufen, indem Sie sich zwischen uns drängten, damit ich mich von ihm abwendete. Später erst erriet ich, um was es sich handelte: Sie glaubten einfach, eine große Heldentat zu vollführen mit all diesen Verstellungen ... Wie, wie hätten Sie ihn denn lieben können, wenn Sie doch nur Ihren Hochmut lieben? Warum fuhren Sie nicht einfach von hier fort, anstatt mir diese lächerlichen Briefe zu schreiben? Warum heiraten Sie jetzt nicht diesen anständigen Menschen, der Sie so maßlos liebt und Ihnen die Ehre erweisen will, Sie zu heiraten? Das ist ja jetzt nur zu klar, warum Sie ihn nicht heiraten wollen: wenn Sie Rogoshin heiraten, wo bliebe dann Ihre Entehrung? Es wäre sogar viel zu viel Ehre für Sie! Jewgenij Pawlowitsch sagt von Ihnen, Sie hätten zu viel Romane gelesen und seien ‚viel zu gebildet für Ihre ... Stellung‘; Sie seien ein Büchermensch und eine Nichtstuerin; fügen Sie jetzt noch Ihren Hochmut hinzu, dann haben Sie alle Ihre Gründe ...“

„Und Sie sind keine Nichtstuerin?“

Allzu schnell, allzu offen war es zu dieser unerwarteten Wendung gekommen – unerwartet, denn Nastassja Filippowna hatte, als sie sich diesmal nach Pawlowsk begeben, noch von anderem geträumt, obschon sie selbstverständlich eher Schlechtes als Gutes geahnt. Aglaja aber hatte sich entschieden in einem einzigen Augenblick hinreißen lassen, und dann – dann war es für sie zu spät, ihrem entsetzlichen Rachebedürfnis zu widerstehen. Nastassja Filippowna kam es sogar ganz seltsam vor, Aglaja so zu sehen: sie sah sie an, als traue sie ihren Augen nicht, und im ersten Augenblick konnte sie sich gar nicht zurechtfinden, sie wußte nicht, was sie denken sollte. War sie nun eine Frau, die zu viel Romane gelesen hatte, wie Jewgenij Pawlowitsch von ihr annahm, oder war sie nur einfach wahnsinnig, wie es der Fürst glaubte – jedenfalls war dieses selbe Weib, das sich mitunter so zynisch und frech geben konnte, in Wirklichkeit doch viel schamhafter, zärtlicher und vertrauensvoller, als man es von ihr glauben mochte. Freilich hatte sie viel gelesen, es war viel Verträumtes, Sinnendes, in sich selbst Zurückgezogenes und Phantastisches in ihr, doch dafür war es stark und tief ... Das aber begriff der Fürst und sein Gesicht verriet seine Qual. Als Aglaja ihn ansah, las sie deutlich diese seine Empfindung und sie erzitterte vor Haß.

„Wie wagen Sie es, so zu mir zu sprechen?“ sagte sie mit unbeschreiblichem Hochmut als Antwort auf Nastassja Filippownas Frage.

„Sie haben sich wohl verhört,“ meinte Nastassja Filippowna verwundert. „Wie habe ich denn zu Ihnen gesprochen?“

„Wenn Sie nicht – *so eine* sein wollten, weshalb verließen Sie dann nicht einfach Ihren Verführer Tozkij ... ohne Theatervorstellungen?“ fragte plötzlich Aglaja ganz unvermittelt.

„Was wissen Sie von mir, daß Sie mich zu richten wagen?“ fragte Nastassja Filippowna zusammenzuckend und totenbleich.

„Ich weiß nur, daß Sie nicht hingegangen sind, um zu arbeiten, sondern es vorgezogen haben, mit dem Millionär Rogoshin fortzufahren und einen gefallenen Engel vorzustellen. Es wundert mich nicht, daß Tozkij sich fast hat erschießen wollen, um sich von diesem gefallenen Engel zu befreien!“

„Hören Sie auf!“ sagte Nastassja Filippowna angeekelt, und es war, als kämpfe sie einen Schmerz nieder: „Sie haben mich ebenso verstanden, wie ... Darja Alexejewnas Kammerzofe, die ihren Bräutigam in diesen Tagen beim Friedensrichter verklagt hat. Und auch die würde mich besser verstanden haben, als Sie ...“

„Wahrscheinlich ist sie ein ehrbares Mädchen, das von seiner Hände Arbeit lebt. Weshalb verhalten Sie sich denn mit solcher Verachtung zur Arbeit?“

„Nicht zur Arbeit verhalte ich mich mit Verachtung, sondern zu Ihnen, wenn Sie von Arbeit reden.“

„Wenn Sie ehrbar sein wollten, warum wurden Sie dann nicht Wäscherin?“

Beide erhoben sich, Aglaja hochrot, die andere totenbleich, und sahen sich gegenseitig unverwandt an.

„Aglaja, besinnen Sie sich! Das ist doch so ungerecht!“ rief der Fürst wie betäubt.

Rogoshin hatte aufgehört zu lächeln; er stand mit über der Brust verschränkten Armen und zusammengepreßten Lippen und hörte nur zu.

„Da, sehen Sie sie,“ begann Nastassja Filippowna plötzlich, zitternd vor Empörung, „sehen Sie dieses kleine Fräulein! Ich habe sie für einen Engel gehalten! Sie sind ohne Gouvernante zu mir gekommen, Aglaja Iwanowna? ... Aber wollen Sie ... wollen Sie, ich werde Ihnen sogleich ganz offen, ohne Beschönigungen sagen, warum Sie zu mir gekommen sind? Weil Sie Angst bekommen haben, deshalb sind Sie gekommen."

„Angst? Vor Ihnen?" rief Aglaja außer sich vor naiver, empörter Verwunderung darüber, daß jene so zu ihr zu sprechen wagte.

„Natürlich vor mir! Gefürchtet haben Sie mich, wenn Sie sich entschließen konnten, zu mir zu kommen. Wen man aber fürchtet, den verachtet man nicht. Wenn ich denke, daß ich Sie geachtet habe, sogar bis zu diesem Augenblick! Aber wissen Sie auch, weshalb Sie mich fürchten und was für Sie der Hauptzweck Ihres Besuches war? Sie wollten sich persönlich überzeugen, ob er mich mehr als Sie liebe, oder nicht, denn Sie sind entsetzlich eifersüchtig ..."

„Er hat mir schon gesagt; daß er Sie haßt ..." brachte Aglaja kaum hörbar hervor.

„Das kann gewiß so sein; es ist möglich, daß ich seiner nicht wert bin, nur ... nur haben Sie gelogen, denke ich! Er kann mich nicht hassen, und er kann das nicht so gesagt haben! Doch ich bin bereit, Ihnen zu verzeihen ... im Hinblick auf Ihre Lage ... nur habe ich doch höher von Ihnen gedacht; ich hielt Sie auch für klüger und sogar für edler, bei Gott! ... Nun, so nehmen Sie denn Ihren Schatz ... da ist er, sehen Sie doch, wie er Sie ansieht, er kann ja kaum zur Besinnung kommen! So nehmen Sie ihn denn für sich, aber unter der einen Bedingung: gehen Sie unverzüglich hinaus! Im Augenblick! ..."

Sie fiel in ihren Sessel zurück und brach in Tränen aus. Doch plötzlich blitzte etwas Neues in ihren Augen auf: unverwandt und aufmerksam sah sie Aglaja an und erhob sich wieder von ihrem Platz.

„Oder willst du, ich werde ihm sofort ... be–feh–len, hörst du? ihm nur be–feh–len, und er wird dich sofort verlassen und bei mir bleiben, ewig, und mich heiraten, du aber wirst allein nach Hause laufen? Willst du, willst du?" schrie sie plötzlich laut wie eine Wahnsinnige, vielleicht ohne es selbst zu glauben, daß sie solche Worte hatte aussprechen können.

Aglaja war im ersten Schreck zur Tür gestürzt, doch plötzlich blieb sie wie gebannt stehen und hörte weiter zu:

„Willst du, ich jage Rogoshin davon? Du dachtest wohl, ich hätte mich mit Rogoshin nur zu deinem Vergnügen trauen lassen? Sieh, ich werde ihm sofort in deiner Gegenwart befehlen: ‚Geh' fort, Rogoshin!' und dem Fürsten sage ich: ‚Weißt du noch, was du mir versprochen hast?' Gott! Wozu habe ich mich so vor ihnen erniedrigt? Warst du es nicht, Fürst, der mir beteuerte, daß du mir überall hin folgen würdest, was auch mit mir geschehen sollte, und daß du mich niemals verlassen würdest; daß du mich liebst und du mir alles verzeihst und mich acht... acht... Ja, auch das hast du gesagt! Und da bin ich, nur um dich zu befreien, von dir weggelaufen, jetzt aber will ich nicht! Weshalb hat sie mich wie eine Dirne behandelt? Frag' Rogoshin, ob ich eine Dirne bin, er wird es dir sagen! Jetzt, nachdem sie mich beschimpft hat, und das noch dazu in deiner Gegenwart, wirst auch du dich von mir abwenden und ihr den Arm reichen, um sie von hier fortzuführen? So sei denn verflucht dafür, daß ich an dich allein geglaubt habe. Geh' fort, Rogoshin, ich brauche dich nicht!" schrie sie fast besinnungslos mit entstelltem Gesicht und trockenen Lippen, während sie jedes Wort nur mit Mühe aus der keuchenden Brust hervorstieß, offenbar, ohne selbst auch nur einen Augenblick an ihre Worte zu glauben, doch gleichzeitig von dem verzehrenden Verlangen beseelt, den Augenblick, wenn auch nur noch um eine Sekunde, zu verlängern und sich selbst zu betrügen. Dieser Ausbruch ihrer Leidenschaft war so stark, daß der Fürst bereits fürchtete, sie könnte auf der Stelle sterben. „Da ist er, sieh!" schrie sie endlich Aglaja zu, mit der Hand auf den Fürsten weisend. „Wenn er jetzt nicht sofort zu mir kommt, nicht mich nimmt und dich verläßt, dann nimm ihn nur, ich trete ihn dir ab, ich brauch' ihn nicht ..."

Sowohl sie wie Aglaja standen regungslos in starrer Erwartung und sahen beide wie Irrsinnige den Fürsten an. Er aber begriff vielleicht gar nicht die ganze Tragweite der Worte Nastassja Filippownas, begriff sie sogar bestimmt nicht. Er sah nur dieses verzweifelte, wahnsinnige Gesicht vor sich, das, wie er einmal zu Aglaja gesagt, sein Herz ‚auf ewig durchbohrt' hatte. Er konnte den Schmerz nicht mehr aushalten und wandte sich beschwörend und vorwurfsvoll an Aglaja, auf Nastassja Filippowna weisend:

„Ist denn das möglich! Sie ist doch ... so maßlos unglücklich!"

Doch kaum hatte er das ausgesprochen, da verstummte er vor Aglajas entsetzlichem Blick. Aus diesem Blick sprach ein solcher Schmerz und gleichzeitig so unendlicher Haß, daß er mit einem Schrei die Hände erhob und zu ihr stürzte, doch schon war es zu spät. Sie hatte sein Schwanken nicht einen Augenblick ertragen, hatte nur „O, mein Gott!" hervorgestoßen, mit den Händen das Gesicht bedeckt und war aus dem Zimmer gestürzt. Rogoshin war ihr sogleich gefolgt und hatte den Riegel der Eingangstür zurückgezogen.

Auch der Fürst eilte ihr nach, doch auf der Schwelle umklammerten ihn plötzlich zwei Arme. Das entstellte, rasende Gesicht Nastassja Filippownas sah ihn starr an und ihre bläulichen Lippen fragten, kaum sich bewegend:

„Ihr nach? Ihr nach? ...“

Ohnmächtig fiel sie zu Boden. Er hob sie auf und trug sie zurück zu ihrem Sessel und blieb in stumpfer Erwartung vor ihr stehen. Auf einem kleinen Tisch stand ein Glas mit Wasser; Rogoshin, der aus dem Vorzimmer zurückkam, ergriff es schnell und besprengte ihr Gesicht. Sie schlug die Augen auf, doch schien ihr Blick noch nichts zu sehen; plötzlich bewegte sich der Blick, sie sah sich um, zuckte zusammen und aufspringend stürzte sie mit einem Schrei zum Fürsten.

„Mein! Mein!“ rief sie. „Ist sie fort, das stolze Fräulein? Ha–ha–ha!“ lachte sie hysterisch auf. „Ha–ha–ha! Und ich trat ihn diesem Fräuleinchen ab! Aber weshalb? Wozu? Ich Wahnsinnige! Ich Wahnsinnige! ... Geh fort, Rogoshin, hahaha!“

Rogoshin blickte sie beide eine Weile unverwandt an, sagte kein Wort, nahm seinen Hut und ging. Eine Viertelstunde später saß der Fürst neben Nastassja Filippowna, wandte keinen Blick von ihrem Gesicht und streichelte, wie man ein kleines Kind streichelt, mit beiden Händen ihre Wangen und ihr weiches Haar. Er lachte, wenn sie lachte, und war bereit, zu weinen, wenn sie weinte. Er sprach nichts – er lauschte nur aufmerksam auf ihr wirres, begeistertes Stammeln, von dem er wohl kaum etwas begriff, und sobald es ihm nur schien, daß sie sich wieder zu quälen beginne, sich Vorwürfe machen oder weinen wollte, dann beeilte er sich sogleich wieder, zärtlich mit seinen Händen ihren Kopf und ihre Wangen zu streicheln, tröstend und beruhigend, ganz wie man ein kleines Kind beruhigt.


## IX.

Es vergingen zwei Wochen nach dem im vorhergehenden Kapitel erzählten Ereignis, und in dieser Zeit hatte sich im Leben der Personen unserer Erzählung so vieles verändert, daß wir nicht ohne vorhergehende Erklärungen in der Wiedergabe der folgenden Ereignisse fortfahren können. Leider müssen sich diese Erklärungen nur auf diese Tatsachen beschränken, und das aus einem sehr einfachen Grunde: weil wir in vielen Fällen das Geschehene selbst kaum zu erklären verstünden. Das ist nun zwar ein sehr sonderbares Geständnis, doch hoffen wir, daß der Leser aus dem Folgenden selbst erraten wird, was es ist, das zu erklären wir nicht auf uns zu nehmen vermögen.

Im Laufe dieser zwei Wochen war der Liebesroman unseres Helden und namentlich seine letzte Wendung, von der man zuerst nur bei Lebedeffs, Ptizyns, Darja Alexejewna und Jepantschins erfahren hatte, allmählich in ganz Pawlowsk und sogar darüber hinaus bekannt geworden. Alle Welt erzählte sich ein und dieselbe Geschichte, natürlich in tausend Variationen, erzählte sich, daß ein gewisser Fürst, der in einem bekannten, angesehenen Hause einen Skandal hervorgerufen und sich bei der Gelegenheit mit einer der Töchter des Hauses, als deren Bräutigam er bereits der Gesellschaft vorgestellt worden war, entlobt habe, um sich darauf von einer bekannten Demimondaine so weit bestricken zu lassen, daß er alle seine früheren Beziehungen abgebrochen und nun trotz aller Drohungen und des allgemeinen Unwillens sich hier in Pawlowsk öffentlich am „hellichten Tage", erhobenen Hauptes und allen offen in die Augen blickend, mit besagter Demimondaine wolle trauen lassen. Da nun ein jeder der Erzähler das Gerücht noch nach Kräften ausschmückte und ihm die phantastischsten und rätselhaftesten Farben verlieh, viele sogar bekannte, hochangesehene Personen mit dem Vorfall in Verbindung brachten, und andererseits unantastbare Tatsachen das Wesentliche vollkommen bestätigten, war schließlich die allgemeine Neugier sehr erklärlich und wohl auch verzeihlich. Die raffinierteste und gleichzeitig glaubwürdigste Wiedergabe und Auslegung des Tatbestandes erfuhr diese interessante „Affäre" von einzelnen jener „ernsten" Klatschbasen männlichen Geschlechts, die man in jeder Gesellschaft antreffen kann und die sich stets beeilen, ihren Mitmenschen das neueste Ereignis verständlich zu machen – eine Beschäftigung, die sie geradezu als ihre Lebensaufgabe betrachten, die sie nach bestem Können erfüllen und die ihnen gewöhnlich zu einer Art Trost im eigenen Unglück wird. Nach ihrer Wiedergabe war der betreffende junge Mann ein Fürst alter Abstammung, ziemlich reich, ziemlich dumm, doch dafür ein Demokrat, dem der zeitgenössische Nihilismus zu Kopf gestiegen war und der sich, obgleich er kaum Russisch zu sprechen verstand, im Hause des Generals Jepantschin einzuführen gewußt und mit einer Tochter desselben verlobt hätte. Ferner hieß es, daß der Fall des Fürsten ganz ähnlich dem eines französischen Seminaristen sei, von dem in jüngster Zeit viel geredet und geschrieben worden war – der Betreffende hatte sich absichtlich zum Priester salben lassen, hatte bei der Gelegenheit alle Vorschriften der Zeremonie genau befolgt, den Schwur geleistet usw., um dann am nächsten Tage seinem Bischof in einem offenen Schreiben mitzuteilen, daß er, da er an Gott nicht glaube, nicht gegen sein Gewissen handeln und das Volk betrügen wolle, um sich dafür von ihm ernähren zu lassen, und deshalb seine tags zuvor empfangene Würde niederlege. Ähnlich diesem Atheisten, wie gesagt, solle auch der Fürst gehandelt haben. Er habe nämlich, meinte man, nur auf die feierliche Soiree bei den Eltern seiner Braut gewartet, um dann, nachdem er mehreren hochangesehenen Würdenträgern vorgestellt worden war, sich plötzlich zu erheben, seine demokratisch-nihilistischen Anschauungen auseinanderzusetzen, hierauf die ehrwürdigen Gäste zu beschimpfen und sich öffentlich in höchst beleidigender Weise von seiner Braut loszusagen. Zu guter Letzt, als man ihn von den Dienstboten hatte hinausbefördern lassen, sei er noch tätlich geworden und habe beim Sichwidersetzen und im Handgemenge eine kostbare chinesische Vase zerschlagen. Hinzugefügt wurde außerdem noch, gewissermaßen als charakteristischer Ausdruck des Zeitgeistes, daß der junge Mann seine Braut, die Tochter des Generals, wirklich geliebt und sich einzig aus nihilistischer Überzeugung und um des Skandals willen von ihr losgesagt habe, damit er sich dann vor der ganzen Welt das Vergnügen leisten könne, statt ihrer ein gefallenes Frauenzimmer zu heiraten und damit zu beweisen, daß es für ihn weder lasterhafte noch tugendsame Frauen gebe, sondern einzig das Ideal einer freien Frau – ja, in der Beziehung stehe eine gefallene Frau seiner Ansicht nach sogar höher als eine nicht gefallene usw. usw.

Diese Erklärungen erschienen vielen sehr glaubwürdig, so namentlich den in Pawlowsk wohnenden Villenbesitzern, da sie sie fast täglich durch neue Tatsachen bestätigt fanden. Freilich blieben trotzdem noch sehr viele Einzelheiten unaufgeklärt: so wußte man zum Beispiel zu erzählen, daß das arme junge Mädchen ihren Bräutigam – einige sagten „Verführer" – so leidenschaftlich geliebt habe, daß sie am nächsten Tage, nachdem er sie verlassen, zu ihm gelaufen sei, und daß sie dann seine Geliebte bei ihm angetroffen habe; andere wiederum beteuerten, er selbst habe sie zu seiner Geliebten gelockt, und zwar „einzig aus Nihilismus" – um sie zu beleidigen. Doch wie dem auch sein mochte, jedenfalls wuchs das Interesse der Sommerfrischler mit jedem Tage, um so mehr, als es bald nicht dem geringsten Zweifel mehr unterlag, daß die skandalöse Hochzeit wirklich zustande kommen würde.

Wenn man nun aber eine Erklärung verlangen wollte – nicht was die nihilistischen Nuancen des Ereignisses betrifft, o nein! – sondern einfach nur über diesen einen bedeutsamen und mehr persönlichen Punkt: inwieweit denn die bevorstehende Hochzeit den wirklichen Wünschen des Fürsten entsprach oder wie nun eigentlich die Stimmung unseres Helden in dieser Zeit zu bezeichnen wäre, und vielleicht auch noch über manches andere Wissenswerte der Art, dann würden wir kaum in der Lage sein, etwas Bestimmtes zu antworten. Wir könnten nur bestätigen, daß die Hochzeit auf den Anfang des Monats Juli festgesetzt war, und daß der Fürst seinen Hauswirt Lebedeff, den ehemaligen Leutnant Keller und einen Bekannten Lebedeffs, den ihm dieser als Autorität in solchen Dingen vorgestellt, mit den Vorbereitungen zur Hochzeit betraut hatte – mit der Bemerkung, daß sie auf die Kosten nicht zu achten brauchten. Keller wurde auf seine eigene glühende Bitte hin zum Hochzeitsmarschall ernannt, desgleichen Burdowskij, den diese Ehre in helle Begeisterung versetzte. Doch ganz abgesehen von diesen Tatsachen, will es uns scheinen, daß der Fürst, nachdem er Lebedeff und die anderen mit den Vorbereitungen betraut hatte, selbst schon nach ein paar Stunden wieder vergaß, daß es so etwas wie Hochzeiten, Marschälle usw. überhaupt in der Welt gab, und daß er, wenn er diese Anordnungen so schnell getroffen und die unumgänglichen Scherereien auf andere abgewälzt hatte, dieses wohl nur deshalb getan, um selbst nicht mehr daran denken zu müssen, vielleicht sogar, um „das alles" so schnell als möglich und „ganz und gar" vergessen zu können. Aber an was dachte er denn sonst, an was *wollte* er denken ... Andererseits steht es vollkommen fest, daß er zu dieser Heirat durchaus nicht gezwungen worden war – etwa von Nastassja Filippowna –, daß zwar Nastassja Filippowna als erste von der Heirat zu sprechen begonnen und die Hochzeit bald zu feiern gewünscht hatte, und nicht etwa der Fürst: daß aber der Fürst freiwillig eingewilligt, ja es sogar gewissermaßen zerstreut getan hatte, fast als hätte man ihn um eine ziemlich gewöhnliche Sache gebeten. Und solcher Merkwürdigkeiten, die die Sache anstatt zu erklären, nur noch rätselhafter erscheinen ließen, gab es sogar eine ganze Menge. Führen wir nur ein Beispiel an.

Im Laufe dieser zwei Wochen verbrachte der Fürst ganze Tage bis in die Nacht hinein bei Nastassja Filippowna: er ging mit ihr spazieren, besuchte mit ihr die Konzerte, fuhr fast täglich mit ihr aus, und hatte er sie nur eine Stunde lang nicht gesehen, so begann er schon, sich um sie zu beunruhigen – folglich mußte er sie doch wohl aufrichtig lieben! Wenn sie sprach – gleichviel was es war –, hörte er ihr mit einem stillen, freundlichen Lächeln zu, oft sogar stundenlang, ohne dabei selbst auch nur ein Wort zu sprechen. Andererseits aber wissen wir ganz genau, daß er sich in diesen Tagen mehrmals ganz plötzlich zu Jepantschins begab, was er vor Nastassja Filippowna auch durchaus nicht verheimlichte und worüber sie jedesmal in Verzweiflung geriet. Bei Jepantschins jedoch wurde er, solange sie noch in Pawlowsk blieben, nicht empfangen, desgleichen verweigerte man ihm hartnäckig die Erfüllung seines Wunsches, mit Aglaja Iwanowna sprechen zu dürfen. Er entfernte sich dann jedesmal ohne ein Wort zu sagen, doch am folgenden Tage erschien er wieder, als hätte er ganz vergessen, daß man ihn schon abgewiesen hatte, und wurde natürlich wieder nicht empfangen. Wir wissen ferner, daß etwa eine Stunde nachdem Aglaja Iwanowna von Nastassja Filippowna fortgelaufen, vielleicht aber auch noch früher, der Fürst plötzlich bei Jepantschins erschienen war, in der festen Überzeugung, daß er Aglaja dort vorfinden würde. Doch hatte sein Erscheinen bei allen Anwesenden nur Bestürzung und Angst hervorgerufen, denn erst von ihm erfuhr man, daß Aglaja das Haus verlassen und mit ihm zu Nastassja Filippowna gegangen war. Wie man heute hört, sollen Lisaweta

Prokofjewna, die Schwestern und Fürst Sch. über den Fürsten Lew Nikolajewitsch ganz empört gewesen, ihre Gefühle keineswegs verschwiegen und ihm die Freundschaft und Bekanntschaft ein für allemal gekündigt haben. Da war aber plötzlich Warwara Ardalionowna erschienen, mit der Nachricht, daß Aglaja Iwanowna bereits seit einer Stunde in ihrem Hause sei, sich in einem beängstigenden Zustande befinde und nach Hause offenbar nicht zurückkehren wolle. Diese letzte Mitteilung erschütterte Lisaweta Prokofjewna am meisten, und sie entsprach auch vollkommen der Wahrheit: als Aglaja aus dem Hause Darja Alexejewnas hinausgelaufen war, hätte sie eher sterben mögen, als sich den Ihrigen zeigen, und da war sie denn zu Nina Alexandrowna geeilt. Warwara Ardalionowna aber hatte es sogleich für nötig befunden, Jepantschins davon zu benachrichtigen. Die Mutter und die Schwestern brachen unverzüglich auf, um sich eilig zu Ptizyns zu begeben, desgleichen der General, der gerade nach Hause gekommen war. Doch da war das Unglaubliche geschehen: Fürst Lew Nikolajewitsch war ihnen gefolgt und hatte sich gleichfalls zu Ptizyns begeben, trotz der harten Worte, die er vorher zu hören bekommen hatte, und des schroff ausgedrückten Verzichtes auf seine weitere Bekanntschaft. Nur hatte Warwara Ardalionowna sogleich ihre Vorkehrungen getroffen und so war er auch in ihrem Hause nicht bis zu Aglaja Iwanowna gelangt. Als Aglaja die Mutter und die Schwestern in Tränen aufgelöst erblickt hatte, ohne dabei auch nur den geringsten Vorwurf zu vernehmen, war sie ihnen sogleich an den Hals geflogen und widerspruchslos nach Hause zurückgekehrt. Übrigens hatte sich während Warwara Ardalionownas Abwesenheit noch ein kleiner Zwischenfall zugetragen, der für Gawrila Ardalionytsch neues Pech bedeutete: in dem Glauben, daß dieser Augenblick seines Alleinseins mit Aglaja eine günstige Gelegenheit sei, hatte er plötzlich von seiner Liebe zu ihr zu reden begonnen, und da hatte Aglaja ungeachtet ihrer Verzweiflung und Tränen mit einem Mal zu lachen angefangen und ohne ein Wort der Erklärung die seltsame Frage an ihn gestellt, ob er zum Beweise seiner Liebe bereit wäre, hier sogleich seinen Finger an einer Kerze zu verbrennen. Gawrila Ardalionytsch, hieß es, sei von dieser Frage wie betäubt gewesen und habe ein so unendlich verwundertes Gesicht gemacht, daß Aglaja in hysterisches Gelächter über ihn ausgebrochen und die Treppe hinauf zu Nina Alexandrowna gelaufen sei, wo die Eltern sie dann auch angetroffen hatten.

Von diesem Zwischenfall hatte der Fürst am nächsten Tage durch Hippolyt erfahren, nur zu diesem Zweck hatte ihn der Kranke, der das Bett nicht mehr verließ, zu sich rufen lassen. Wie oder durch wen er aber Hippolyt bekannt geworden war, das wissen wir nicht. Doch erzählte man sich, daß der Fürst, als Hippolyt von dem Licht und dem Finger erzählt hatte, plötzlich in schallendes Gelächter ausgebrochen sei, so daß Hippolyt ihn ganz sprachlos angesehen habe; und dann habe der Fürst plötzlich heftig zu zittern angefangen und sei in Tränen ausgebrochen ... Überhaupt befand sich der Fürst seit jenem Abend in einer unbestimmten, doch um so quälenderen Unruhe, und den meisten fiel es auf, daß er seltsam verwirrt war. Hippolyt behauptete sogar, daß er ihn einfach für irrsinnig halte, doch war das natürlich übertrieben.

Indem wir nun alle diese Tatsachen anführen, eine Erklärung derselben jedoch verweigern, wollen wir unseren Helden nicht etwa zu rechtfertigen versuchen – oh, durchaus nicht! Im Gegenteil, wir sind sogar bereit, den Unwillen zu teilen, den er selbst bei seinen Freunden hervorgerufen hatte. Sogar Wjera Lebedewa war eine Zeitlang ungehalten über ihn, sogar Koljä und Keller waren es – dieser allerdings nur bis zu seiner Ernennung zum Hochzeitsmarschall –, von Lebedeff schon ganz zu schweigen: der begann einfach gegen den Fürsten zu intrigieren, denn sein Unwille war wirklich aufrichtig und im Herzen empfunden. Doch darauf werden wir noch später zurückkommen. Jedenfalls müssen wir aber einigen in ihrer Psychologie sogar sehr tiefen Worten Jewgenij Pawlowitschs beipflichten, die dieser am sechsten oder siebenten Tage nach dem Geschehnis in freundschaftlichem Gespräch ganz offen und ohne alle Zeremonien dem Fürsten selbst sagte. Es sei hier noch bemerkt, daß nicht nur die Familie Jepantschin, sondern auch alle, die mehr oder weniger zu ihr in Beziehung standen, es für nötig hielten, den Fürsten hinfort nicht mehr zu kennen. Fürst Sch. zum Beispiel wandte sich bei einer Begegnung im Park von ihm ab und ließ seinen Gruß unerwidert. Nur Jewgenij Pawlowitsch Radomskij fürchtete sich nicht, sich durch einen Besuch beim Fürsten zu kompromittieren, ungeachtet dessen, daß er Jepantschins wieder täglich besuchte und daselbst mit sichtlich zunehmender Freundlichkeit empfangen wurde. Er kam am Tage nach der Abreise Jepantschins aus Pawlowsk zum Fürsten und war natürlich schon gut unterrichtet über alles, was man sich in Pawlowsk erzählte – vielleicht hatte er sogar selbst manches verlauten lassen. Der Fürst freute sich unbeschreiblich über seinen Besuch und begann sogleich von Jepantschins zu sprechen. Diese Treuherzigkeit und offene Sprache ermöglichte es auch Jewgenij Pawlowitsch, ohne Umschweife und rückhaltlos mit der Hauptsache zu beginnen.

Der Fürst wußte es noch nicht, daß Jepantschins Pawlowsk verlassen hatten; als er es erfuhr, war er so bestürzt, daß er erbleichte. Doch schon nach einer kleinen Weile schüttelte er den Kopf wie in wirrem Nachdenken und gestand, daß es „so hätte kommen müssen“. Dann erkundigte er sich hastig, wohin sie denn gefahren seien?

Jewgenij Pawlowitsch beobachtete ihn inzwischen aufmerksam: diese schnellen Fragen und ihre kindliche Geradheit, sowie die Verwirrung und gleichzeitig Offenherzigkeit, die Unruhe und das angespannte, grübelnde Denken des Fürsten – alles das wunderte ihn nicht wenig. Seine Fragen beantwortete er liebenswürdig und ausführlich und der Fürst hörte ihm begierig zu, denn Jewgenij Pawlowitsch war der erste, der ihm von Jepantschins berichten konnte. So erfuhr er denn, daß Aglaja Iwanowna in der Tat krank gewesen war, ganze drei Nächte nicht geschlafen und heftig gefiebert hatte. Zwar gehe es ihr jetzt besser, erzählte Jewgenij Pawlowitsch, doch befinde sie sich immer noch in einem sehr nervösen, hysterischen Zustande ... „Zum Glück herrscht im ganzen Hause vollkommener Friede! Von dem Vorgefallenen sprechen sie nicht einmal unter sich, geschweige denn in Aglajas Gegenwart. Die Eltern haben sich besprochen und die Reise ins Ausland ist auf den Herbst festgesetzt, sogleich nach Adelaidas Hochzeit. Aglaja hat schweigend die ersten Gespräche darüber angehört." Er, Jewgenij Pawlowitsch, werde vielleicht gleichfalls ins Ausland reisen. Auch Fürst Sch. wolle, falls es ihm seine Zeit erlaube, auf etwa zwei Monate die anderen mit Adelaida begleiten. Der General würde natürlich in Petersburg bleiben. Augenblicklich befänden sie sich auf ihrem Gut Kolmino, das etwa zwanzig Werst von Petersburg gelegen war und ein geräumiges Herrenhaus hatte. Die Fürstin Bjelokonskaja sei noch nicht nach Moskau zurückgekehrt; wie es scheine, bliebe sie absichtlich, um zu sehen, wie „das Ganze" ablaufen würde. Lisaweta Prokofjewna war die erste gewesen, die auf der Übersiedelung nach Kolmino bestanden hatte; ein weiterer Aufenthalt in Pawlowsk wäre nach dem Vorgefallenen unmöglich gewesen; auch ihre Datsche auf der Jelagin-Insel sei nicht einsam genug gelegen.

„Nun, und Sie müssen doch selbst zugeben," meinte Jewgenij Pawlowitsch, „war es für sie denn noch möglich, zu bleiben? ... besonders da man genau wußte, was hier bei Ihnen in Ihrem Hause geschah? ... und nachdem Sie täglich ungeachtet aller Absagen hinkamen? ..."

„Ja, Sie haben recht ... ich wollte nur Aglaja Iwanowna sehen," sagte der Fürst, wieder mit dem Kopf nickend.

„Ach, lieber Fürst," rief Jewgenij Pawlowitsch vorwurfsvoll und aufrichtig betrübt, „wie konnten Sie damals nur zulassen ... daß es geschah? Gewiß, ich weiß ja, es kam für Sie so unerwartet ... Ich verstehe, daß Sie sich ganz verlieren mußten und ... Sie konnten dieses sinnlose Mädchen natürlich nicht aufhalten, das wäre von Ihnen zu viel verlangt gewesen. Aber Sie hätten doch wenigstens begreifen müssen, wie ernst und stark dieses Mädchen – Sie ... sich zu Ihnen verhielt: sie wollte sich nicht mit einer anderen in Ihre Liebe teilen und Sie ... Sie konnten einen

so kostbaren Schatz verlassen, konnten es zulassen, daß er in Trümmer
ging!“

„Ja, ja, Sie haben recht! Ja, es war meine Schuld,“ sagte der Fürst
niedergedrückt, „doch wissen Sie: nur sie allein, nur Aglaja sah mit
solchen Augen auf Nastassja Filippowna ... Außer ihr sah niemand so auf
sie.“

„Das ist aber doch gerade das Empörende an all dem, daß hier wirklich
nichts Ernstes vorlag!“ rief Jewgenij Pawlowitsch, der sich von seinem
Unwillen entschieden hinreißen ließ. „Verzeihen Sie, Fürst, aber ... ich ...
habe darüber nachgedacht, Fürst, und lange nachgedacht. Ich weiß alles,
was damals vor einem halben Jahre gewesen ist, alles, alles, und – alles
das war nichts Ernstes! Es war nichts als eine gedankliche Ekstase, ein
Bild, eine Phantasie, war Rausch, wenn Sie wollen, und nur die
erschrockene, angstvolle Eifersucht eines vollkommen unerfahrenen
Mädchens konnte es für etwas Ernsthaftes halten!“

Jewgenij Pawlowitsch tat seinem Unwillen keinen Zwang mehr an und
drückte seine Gedanken offen und mit ganzer Schonungslosigkeit aus.
Verständig und klar und sogar mit auffallendem psychologischem
Scharfblick erklärte er dem Fürsten dessen Beziehungen zu Nastassja
Filippowna, so wie er sie auffaßte. Jewgenij Pawlowitsch hatte sich von
jeher der Gabe des Wortes erfreut, und wenn er Reden hielt, konnte er
mitunter sogar überzeugend reden.

„Es begann bei Ihnen mit einer Lüge, und was mit einer Lüge beginnt,
das muß auch mit einer Lüge enden: das ist ein Naturgesetz. Wenn man
Sie – verzeihen Sie, Fürst – einen Idioten nennt, so kann ich diesen ...
Leuten – gleichviel wer es tut – nicht beistimmen ... ich ärgere mich
vielmehr aufrichtig darüber. Sie sind viel zu klug für diese Bezeichnung;
aber Sie sind doch so weit ... sagen wir, absonderlich, daß Sie von den
anderen Menschen abstechen – das werden Sie mir doch selbst zugeben?
Ich finde, daß gewissermaßen das Fundament zu all diesen weiteren
Erlebnissen sich aus folgendem zusammengesetzt hat: erstens aus Ihrer
angeborenen Unerfahrenheit – merken Sie sich das Wort ‚angeboren‘,
Fürst –, zweitens aus Ihrer ungewöhnlichen Güte, ferner aus dem
phänomenalen Mangel an Maßgefühl, was Sie ja auch selbst einmal von
sich gesagt haben, und schließlich aus der unendlichen Menge
theoretischer Überzeugungen, die Sie in Ihrer ganzen unglaublichen
Ehrlichkeit immer noch für wahre, natürliche und unmittelbare
Überzeugungen halten. Sie müssen doch zugeben, Fürst, daß in Ihre
Beziehungen zu Nastassja Filippowna von Anfang an etwas, sagen wir
der Kürze halber – *bedingt Demokratisches* sich hineingemischt hat, oder
sagen wir, es war der Zauber der ‚Frauenfrage‘, um es noch kürzer

auszudrücken. Ich bin über jene Skandalszene, die sich bei Nastassja Filippowna damals, vor einem halben Jahre, zugetragen hat, als Rogoshin ihr das Geld brachte, gut unterrichtet. Wenn Sie wollen, werde ich Ihnen Ihre Stimmung und Ihr Verhalten an jenem Abend ganz genau erklären. Sie waren als Jüngling in die Schweiz gekommen – Sie sind ja auch jetzt noch ein Jüngling – und da begannen Sie sich nach der Heimat zurückzusehnen, nach dem Ihnen fast unbekannten, doch um so schwärmerischer von Ihnen geliebten Vaterlande. Sie lasen dort viele Bücher über Rußland, Bücher, die sonst ganz vorzüglich sein mögen, für Sie aber sicherlich schädlich waren. Und so kamen Sie denn in die Heimat im ersten Rausch des Betätigungsdranges, Sie lechzten förmlich nach Betätigung! Und da – an demselben Tage, an dem Sie hier eintrafen, erzählte man Ihnen die traurige, empörende Lebensgeschichte eines beleidigten Weibes – Ihnen, dem Ritter, dem jungfräulichen Ritter – eines Weibes! Und noch am Abend dieses ersten Tages sahen Sie dieses Weib: Sie waren bezaubert von ihrer Erscheinung, ihrer phantastischen, dämonischen Schönheit – ich gebe es ja zu, daß sie eine Schönheit ist. Nehmen Sie jetzt noch dazu Ihre Krankheit, Ihre Nerven, unser Petersburger, auf die Nerven wirkendes Tauwetter; denken Sie an diesen ganzen ersten Tag in der Ihnen unbekannten, fast phantastischen Stadt, den Tag der neuen Bekanntschaften, der unerwarteten Szenen und der unerwarteten Wirklichkeit, den Tag, an dem Sie Jepantschins, deren drei schöne Töchter, und darunter eine Aglaja, kennen lernten; fügen Sie jetzt noch Ihre Müdigkeit, Ihr Kopfweh nach der Eisenbahnfahrt hinzu, dann Nastassja Filippownas Salon und den Ton in diesem Salon ... was konnten Sie nach alledem noch von sich erwarten, was meinen Sie?"

„Ja, ja; ja, ja," der Fürst nickte wieder mit dem Kopf, und er begann zu erröten, „fast war es ja auch so; und wissen Sie, ich hatte die Nacht vorher im Waggon wirklich nicht geschlafen, und ich war sehr abgespannt ..."

„Aber das ist es ja, worauf ich meine Behauptung aufgebaut habe!" fuhr Jewgenij Pawlowitsch eifrig fort. „Es liegt doch auf der Hand, daß Sie im Rausch der Begeisterung die erste Gelegenheit ergriffen, mit Begeisterung ergriffen, um öffentlich Ihre großmütige Auffassung zu bezeugen, daß Sie, ein Fürst aus altem Geschlecht und ein reiner Mensch, dieses Weib, das nicht durch eigene Schuld gefallen, sondern das ein widerlicher Roué geschändet hatte, nicht für ehrlos hielten. O Gott, aber das ist doch so verständlich! Doch nicht darum handelt es sich jetzt, lieber Fürst, sondern es handelt sich um eine ganz andere Frage, und die ist: lag Ihrem Gefühl Wahrheit zugrunde, war es Natur, oder war es nichts als gedankliche Begeisterung, Berauschung? Im Tempel ward einst jenem Weibe verziehen, aber ihr Tun ward doch nicht gutgeheißen, es ward ihr doch nicht gesagt, daß sie aller Ehren und Achtung wert sei, was meinen

Sie? Hat Ihnen denn nicht Ihr eigener gesunder Verstand nach drei Monaten gesagt, um was es sich hier handelte? Mag sie jetzt auch unschuldig sein – ich will da weiter nicht richten –, aber können denn alle ihre Abenteuer einen so unerträglichen, teuflischen Stolz, einen so unverhohlenen, gierigen Egoismus rechtfertigen? Verzeihen Sie, Fürst, ich lasse mich hinreißen, aber ...“

„Ja, das kann ja alles so sein, vielleicht haben Sie auch recht ...“ murmelte der Fürst. „Sie ist wirklich sehr nervös und reizbar und Sie haben recht, natürlich, aber ...“

„Aber sie hat Mitleid verdient? Ist es nicht das, was Sie sagen wollen? Doch wie durften Sie dann um dieses Mitleids willen, was Sie mit *dieser* empfanden, einem anderen, reinen, hochstehenden Mädchen diese Schmach antun, und das noch vor den Augen der ihr so Verhaßten – jener Hochmütigen? Auch das Mitleid muß doch eine Grenze haben! Das ist doch eine unglaubliche Übertreibung! Und wie ist es denn möglich, daß man ein Mädchen, welches man liebt, vor ihrer Rivalin so erniedrigen kann, daß man sie um der anderen willen verläßt, und das noch vor den Augen dieser anderen, nachdem man sie in Ehren um ihre Hand gebeten hat ... Und Sie haben doch in Gegenwart ihrer Eltern und Schwestern um sie angehalten! Sind Sie nun Ihrer Meinung nach noch ein Ehrenmann, Fürst, erlauben Sie, daß ich Sie danach frage? Und ... und haben Sie dann dieses herrliche Mädchen nicht betrogen, indem Sie es Ihrer Liebe versicherten?“

„Ja, ja, Sie haben recht, ach, ich fühle es, daß ich an allem schuld bin!“ sagte der Fürst in unsäglichem Schmerz.

„Aber was hilft das jetzt!“ rief Jewgenij Pawlowitsch unwillig. „Genügt denn das, nur auszurufen: ‚Ach, ich bin an allem schuld!‘? Sie *sind* es, und dennoch bleiben Sie dabei! Und wo war denn damals Ihr Herz, Ihr ‚christliches‘ Herz? Sie sahen doch ihr Gesicht in dem Augenblick: wie, litt sie etwa weniger als *jene*, jene andere? Wie konnten Sie es denn sehen und doch zulassen? Wie?“

„Ja, aber ... ich ließ es ja auch gar nicht zu,“ murmelte der Fürst.

„Wie das, wieso ließen Sie es nicht zu?“

„Ich, bei Gott, ich habe nichts zugelassen. Ich begreife bis jetzt noch nicht, wie das alles gekommen ist ... ich ... ich eilte damals Aglaja Iwanowna nach, aber da fiel Nastassja Filippowna in Ohnmacht. Und dann hat man mich bis jetzt noch nicht zu Aglaja Iwanowna gelassen.“

„Gleichviel! Sie hätten Aglaja nacheilen sollen, und wenn die andere auch hundertmal in Ohnmacht fiel!“

„Ja ... ja, ich hätte ... aber sie wäre dann doch gestorben! Sie hätte sich umgebracht, Sie kennen sie nicht, und ... ich hätte ja doch später Aglaja Iwanowna sowieso alles erklärt und ... sehen Sie, Jewgenij Pawlowitsch, ich sehe, daß Sie, wie es scheint, doch nicht alles wissen. Sagen Sie, weshalb läßt man mich nicht zu Aglaja Iwanowna? Ich würde ihr alles erklären. Sehen Sie: beide sprachen sie damals von etwas anderem, nicht davon, sondern von etwas ganz anderem, ganz anderem. Deshalb kam es auch dazu ... Ich kann Ihnen das wirklich nicht erklären ... aber ich, vielleicht könnte ich es ihr erklären, Aglaja ... O, mein Gott, mein Gott! Sie sprechen von ihrem Gesicht in jenem Augenblick als sie hinauslief ... o, mein Gott, ich entsinne mich noch so genau! ... Gehen wir, gehen wir!" rief er plötzlich, Jewgenij Pawlowitsch am Ärmel ziehend, nachdem er aufgesprungen war.

„Wohin?"

„Gehen wir zu Aglaja Iwanowna, sofort, kommen Sie doch! ..."

„Aber sie ist ja gar nicht mehr in Pawlowsk, das habe ich Ihnen doch schon gesagt. Und was wollen Sie dort?"

„Sie wird es verstehen, sie wird es verstehen!" beteuerte der Fürst flehend, und wie beschwörend faltete er die Hände. „Sie wird es verstehen, daß alles das nicht *das* ist, sondern etwas ganz, ganz anderes!"

„Inwiefern etwas ganz anderes? Sie werden doch heiraten? Folglich bleiben Sie dabei. Werden Sie heiraten oder werden Sie nicht heiraten?"

„Nun, ja ... ich werde; ja ich werde heiraten!"

„Also wie soll es dann nicht *das* sein?"

„O, nein, es ist nicht das, es ist nicht das! Das, das ist ganz gleichgültig, daß ich heirate, das hat doch nichts zu sagen!"

„Wie das: nichts zu sagen? Es ist doch kein Kinderspiel! Sie heiraten das geliebte Weib, um es glücklich zu machen, und Aglaja Iwanowna sieht das und weiß das – wie können Sie also sagen, daß es nichts zu sagen habe?"

„Glücklich zu machen? O nein! Ich heirate sie einfach; sie will es; und was ist denn dabei, daß ich heirate? Ich ... Nun, ja ... das ist doch ganz gleichgültig! Nur wäre sie bestimmt gestorben. Ich sehe jetzt ein, daß ihre Heirat mit Rogoshin einfach Wahnsinn gewesen wäre! Ich habe jetzt alles begriffen, was ich früher nicht zu begreifen vermochte, und sehen Sie: als sie sich damals beide gegenüberstanden, da konnte ich Nastassja Filippownas Gesicht nicht ertragen ... Sie erklärten vorhin ganz richtig jenen Abend vor einem halben Jahr bei Nastassja Filippowna; nur war da noch etwas, das Sie ausgelassen haben, weil Sie es nicht wissen: ich sah in *ihr Gesicht*! Schon am Morgen, bei Jepantschins, konnte ich es nicht ertragen. Die Wjera ... Wjera Lebedewa, die hat ganz andere Augen ... Ich ... ich fürchte ihr Gesicht!" fügte er mit unheimlichem Grauen hinzu.

„Sie fürchten? ..."

„Ja; sie ist wahnsinnig!" flüsterte der Fürst erbleichend.

„Wissen Sie das genau?" fragte Jewgenij Pawlowitsch mit ungeheurem Interesse.

„Ja, ganz genau, jetzt weiß ich es, gerade jetzt, in diesen Tagen habe ich es mit völliger Sicherheit feststellen können!"

„Was wollen Sie dann mit sich beginnen?" rief Jewgenij Pawlowitsch erschrocken. „Dann heiraten Sie sie also nur aus Angst? Da werde einer daraus klug! ... Vielleicht sogar, ohne sie zu lieben?"

„O nein, ich liebe sie mit ganzer Seele! Sie ist doch ... ein Kind! Jetzt ist sie ja ein vollständiges Kind! Oh, Sie wissen ja noch nichts!"

„Und zu gleicher Zeit haben Sie Aglaja Iwanowna Ihrer Liebe versichert?"

„O ja, ja!"

„Aber hören Sie, Fürst, um Gotteswillen, was reden Sie, besinnen Sie sich!"

„Ich kann ohne Aglaja ... ich muß sie unbedingt sehen, ich muß sie sprechen! Ich ... ich werde bald sterben ... im Schlaf, ich glaubte schon, daß ich in dieser Nacht im Schlaf sterben würde. Oh, wenn Aglaja wüßte, wenn sie alles wüßte ... aber unbedingt alles! Denn hier muß man unbedingt alles wissen, das ist die erste Bedingung! Weshalb können wir nie *alles* vom anderen erfahren, wenn es doch so nötig ist – und wenn noch der andere schuld ist! Ich ... übrigens weiß ich selbst nicht, was ich rede, ich bin ganz wirr ... Sie haben mich so erschüttert ... Sollte sie jetzt wirklich noch solch ein Gesicht haben, wie damals, als sie hinauslief? O ja, ich bin schuld! Am wahrscheinlichsten ist, daß ich allein an allem schuld bin. Ich weiß zwar noch nicht genau, worin meine Schuld besteht ... Hier ist etwas, das ich Ihnen nicht erklären kann, Jewgenij Pawlowitsch, ich habe keine Worte und verstehe nicht zu sprechen, aber ... Aglaja Iwanowna wird alles verstehen! Oh, ich habe immer daran geglaubt, daß sie alles verstehen wird!"

„Nein, Fürst, sie wird Sie nicht verstehen. Aglaja Iwanowna liebte Sie, wie ein Weib, wie ein Mensch liebt, und nicht wie ein ... abstrakter Geist.

Wissen Sie was, mein armer Fürst: am wahrscheinlichsten ist, daß Sie weder die eine noch die andere jemals geliebt haben."

„Ich weiß nicht ... vielleicht ... vielleicht haben Sie in vielem recht, Jewgenij Pawlowitsch. Sie sind ein sehr kluger Mensch, Jewgenij Pawlowitsch. Oh, mein Kopf fängt wieder an zu schmerzen! Gehen wir zu ihr! Um Gotteswillen, um Gotteswillen!"

„Aber ich habe Ihnen doch gesagt, daß sie nicht in Pawlowsk ist, sie ist in Kolmino!"

„Fahren wir dann nach Kolmino, fahren wir sofort!"

„Das ist un–möglich!" sagte Jewgenij Pawlowitsch langsam, und er erhob sich von seinem Platz.

„Hören Sie, ich werde ihr einen Brief schreiben, bringen Sie ihn hin!"

„Nein, Fürst, nein! Verschonen Sie mich mit solchen Aufträgen, ich kann nicht!"

Sie schieden: Jewgenij Pawlowitsch verließ ihn mit einer festen Überzeugung: seiner Ansicht nach war der Fürst nicht bei vollem Verstande.

„Und was hat dieses *Gesicht* zu bedeuten, das er so fürchtet und gleichzeitig so liebt?" fragte er sich verwundert. „Und dabei wird er vielleicht doch noch sterben ohne Aglaja, so daß sie vielleicht nie erfahren wird, wie sehr er sie liebt! Haha! Und wie kann er nur zwei auf einmal lieben? Mit irgendwelchen zwei verschiedenen Arten von Liebe etwa? Das ist interessant ... Armer Idiot! Was aus ihm jetzt wohl noch werden wird?"


**X.**

Indessen starb der Fürst weder im Traum noch in der Wirklichkeit. Es ist möglich, daß er in dieser Zeit schlecht schlief und schlechte Träume hatte. Doch am Tage und unter Menschen war er immer freundlich und schien sogar zufrieden zu sein. Nur bisweilen war er ganz in Gedanken versunken, doch geschah das gewöhnlich nur dann, wenn er allein in seinem Zimmer saß. Die Vorbereitungen zur Hochzeit, die etwa eine Woche nach dem Besuch Jewgenij Pawlowitschs stattfinden sollte, wurden eifrig und eilig betrieben. Angesichts dieser Eile aber mußten wohl selbst die besten Freunde des Fürsten, falls es solche überhaupt noch gab, ihre Bemühungen, den unglücklichen Sonderling zu „retten", aufgeben. Es ging das Gerücht, daß Jewgenij Pawlowitsch zum Teil auch vom General Iwan Fedorowitsch und dessen Gattin Lisaweta Prokofjewna zu diesem Besuch beim Fürsten veranlaßt worden war. Aber selbst wenn diese beiden in ihrer großen Herzensgüte den „armen Jungen" von jenem Abgrunde hätten zurückhalten wollen, in den er sich hinabzustürzen im Begriff war, so mußten sie sich doch mit diesem einen schwachen Versuch begnügen: die Rücksicht auf ihre Stellung würde ihnen schwerlich ernstliche Bemühungen erlaubt haben, auch wenn ihr verwundetes Elternherz die Kränkung ganz hätte vergessen können, was wohl ausgeschlossen war. Wie bereits erwähnt, hatte sich sogar Wjera Lebedewa von dem Fürsten abgewandt, wenn auch nicht so sehr aus Ärger, als aus Kummer über ihn, was sich freilich nur darin ausdrückte, daß sie, wenn sie allein war, still über ihn weinte und seltener in seiner Wohnung erschien. Koljä verlor in dieser Zeit seinen Vater: der alte General starb an einem zweiten Schlaganfall, acht Tage nach dem ersten. Der Fürst nahm großen Anteil an dem Leide, das Nina Alexandrowna betroffen hatte. In den ersten Tagen verbrachte er mehrere Stunden bei ihr und wohnte sowohl dem Begräbnis wie der Totenmesse bei. Es fiel allgemein auf, daß das Publikum in der Kirche beim Eintritt des Fürsten unwillig flüsterte, und ebenso, als er die Kirche verließ. Dasselbe geschah jetzt auch auf der Straße, im Park, und wo er sich nur zeigte: wenn er vorüberging oder -fuhr, steckte man sofort die Köpfe zusammen, um zu tuscheln und mit dem Finger nach ihm zu weisen. Man nannte dann seinen Namen, sowie den Nastassja Filippownas. In der Kirche suchte man sie übrigens in seiner Nähe, doch war sie nicht erschienen. Desgleichen schaute man vergeblich nach der Kapitanscha aus, der Freundin des Verstorbenen, doch Lebedeff hatte sie noch rechtzeitig zurückdrängen und ihr einen „anderen Standpunkt" klarmachen können. Die Totenmesse machte auf den Fürsten einen ergreifenden, aber krankhaften Eindruck. Auf Lebedeffs leise geflüsterte Frage antwortete er ebenso leise, daß er zum erstenmal einer russischen Totenmesse beiwohne; in der Kindheit sei er wohl einmal bei der Feier zugegen gewesen, und zwar in einer Dorfkirche, doch entsinne er sich ihrer kaum noch.

„Ja, das ist schon so ... und wenn man bedenkt, daß das da im Sarge derselbe Mensch ist, den wir noch vor kurzem unter uns gehabt haben – wissen Sie noch, damals an Ihrem Geburtstage?" flüsterte Lebedeff dem Fürsten weiter zu. „Doch – wen suchen Sie?"

„N–ein, nichts, es schien mir nur so ..."

„Rogoshin vielleicht?"

„Ist er hier?"

„Jawohl, in der Kirche."

„Deshalb ... es war mir, als hätte ich seine Augen gesehen,“ murmelte der Fürst verwirrt. „Aber wie ... wie kommt er hierher? Hat man ihn eingeladen?“

„Nicht gedacht daran! Er ist doch kein Bekannter der Familie. Hier sind aber alle möglichen Leute, eben Publikum. Weshalb wundert Sie das? Ich begegne ihm jetzt sehr oft: in der letzten Woche habe ich ihn etwa viermal hier in Pawlowsk gesehen.“

„Ich habe ihn noch kein einziges Mal gesehen ... seit jenem Tage,“ murmelte der Fürst.

Auch Nastassja Filippowna hatte ihm noch kein einziges Mal gesagt, daß sie Rogoshin nach „jenem Tage“ gesehen hätte. Der Fürst schloß daraus, daß Rogoshin sich ihnen absichtlich nicht zeigen wollte. Von dem Tag und Augenblick an, da er Rogoshin gesehen, war der Fürst in Gedanken versunken. Nastassja Filippowna war dagegen von diesem Tage und Abend an ausnehmend lustig. –

Koljä, der sich mit dem Fürsten schon vor dem Tode seines Vaters wieder ausgesöhnt hatte, war es gewesen, der diesem – zumal die Sache so eilig war – Keller und Burdowskij als Trauzeugen vorgeschlagen hatte. Er bürgte für Keller, daß dieser sich „anständig aufführen“ würde: eventuell „käme er sogar zustatten“. Burdowskij aber sei ein stiller, bescheidener Mensch, der seine Aufgabe auch gut erledigen würde. Nina Alexandrowna und Lebedeff machten zwar den Fürsten darauf aufmerksam – da nun die Hochzeit einmal beschlossen und auch der Tag bereits festgesetzt war –, daß es schließlich nicht notwendig sei, sich gerade in Pawlowsk und noch mitten im Sommer und so öffentlich trauen zu lassen. Und sie warfen die Frage auf, ob da nicht Petersburg vorzuziehen sei – und vielleicht sogar eine Trauung im Hause? Der Fürst erriet natürlich ihre Befürchtungen, antwortete jedoch nur kurz und einfach, daß es der ausdrückliche Wunsch Nastassja Filippownas sei, in Pawlowsk und öffentlich getraut zu werden.

Am Tage darauf erschien Keller beim Fürsten. Er war bereits davon benachrichtigt, daß der Fürst ihn zum Trauzeugen gewählt hatte. Bevor er jedoch eintrat, blieb er stramm auf der Türschwelle stehen. Als er dann den Fürsten erblickte, erhob er die rechte Hand, drei Finger aufrecht, wie zum Schwur, und sagte, als leiste er einen Eid:

„Keinen Tropfen!“

Darauf trat er militärisch auf den Fürsten zu, drückte und schüttelte ihm kraftvoll beide Hände und erklärte, daß er zuerst, als er von dieser Heirat erfahren, ihr natürlich feindlich gegenübergestanden, was er auch beim Billardspiel offen erklärt habe, beides aber aus keinem anderen Grund als dem einen, daß er als aufrichtiger Freund den Fürsten täglich mit keiner anderen verlobt zu sehen gewünscht habe, als mit einer Prinzessin; jetzt aber sehe er ein, daß der Fürst zum allermindesten zwölfmal edler denke, als er und die übrigen „allesamt"! Denn er, der Fürst, bedürfe nicht des Glanzes und Reichtums und nicht einmal der Ehren, sondern einzig – der Wahrheit! Die Gründe der Sympathien Hochgestellter seien nur zu bekannt, der Fürst aber stehe allein schon infolge seiner Bildung höher als alle Hochgestellten, im allgemeinen gesprochen. „Doch der Pöbel urteilt anders!" fuhr er fort. In ganz Pawlowsk sei von nichts anderem die Rede, als von dieser bevorstehenden Hochzeit. Ja, man wolle sogar in der ersten Nacht eine Katzenmusik unter seinen Fenstern machen usw. usw. Und wenn der Fürst der Pistole eines Verteidigers bedürfe, so sei er, Keller, sofort bereit, ein halbes Dutzend Kugeln in die Menge zu feuern, oder ebenso vielen seine Brust zu bieten. Ferner habe er Lebedeff den Rat erteilt, auf dem Hofe seiner Datsche eine Feuerspritze in Bereitschaft zu halten, um bei der Rückkehr aus der Kirche die Volksmenge in Respekt zu halten, doch Lebedeff habe sich dem widersetzt. „Gott soll mich davor bewahren," habe er gesagt, „dann bliebe von meinem ganzen Hause kein Splitter mehr übrig."

„Aber dieser Lebedeff intrigiert gegen Sie, bei Gott, Fürst!" beteuerte Keller. „Er will Sie unter Vormundschaft stellen – können Sie sich das vorstellen? – und nicht nur Sie allein, sondern auch Ihren freien Willen und Ihr Geld – also Sie mitsamt den zwei wichtigsten Dingen, die einen jeden von uns von den Vierfüßlern unterscheiden! Ich weiß es ganz genau! Wahrhaftig! Es ist so!"

Der Fürst entsann sich, auch selbst schon etwas Ähnliches gehört zu haben, doch hatte er es natürlich nicht weiter beachtet. Auch über Kellers Mitteilung lachte er nur und vergaß sie sogleich wieder. Lebedeff hatte sich eine Zeitlang tatsächlich mit diesem Gedanken getragen. Die Pläne dieses Menschen entstanden immer irgendwie auf höhere Eingebung – „aus reinster Begeisterung", wie er selbst behauptete –, doch sein Übereifer verkomplizierte sie sogleich, worauf sie sich dann immer mehr verzweigten und von dem Ausgangspunkt in alle nur möglichen Richtungen sich entfernten. Deshalb gelang ihm auch selten etwas Größeres im Leben. Als er dann später, am Tage vor der Hochzeit, zum Fürsten kam – er hatte die Angewohnheit, stets zu denjenigen gleichsam zur Beichte zu gehen, gegen die er intrigiert hatte, namentlich wenn ihm die Intrige mißlungen war –, erklärte er ihm, daß er zweifellos zu einem Talleyrand geboren sei, selbst sich aber nicht zu erklären vermöge, warum er bloß ein Lebedeff geblieben sei. Darauf deckte er ihm seine ganze

Intrige auf, die den Fürsten natürlich sehr interessierte. Nach seinen Worten hatte er damit begonnen, daß er sich die Protektion hochgestellter Personen zu sichern gesucht, auf die er sich im Notfall hätte stützen können. So war er zuerst zum General Jepantschin gegangen. Dieser sei sehr verwundert gewesen, habe dem „jungen Manne" alles Gute gewünscht, jedoch kategorisch erklärt, daß er, „so sehr er ihn auch zu retten wünschte", sich ein Einmischen in die Angelegenheiten des Fürsten „aus wohl recht begreiflichen Gründen" nicht erlauben könne. Lisaweta Prokofjewna aber habe ihn weder anhören noch sehen wollen, und Jewgenij Pawlowitsch wie auch Fürst Sch. hätten nur mit den Händen abgewinkt. Dessenungeachtet habe er, Lebedeff, den Mut jedoch nicht sinken lassen und sich zu einem Juristen *comme il faut* und ehrenwerten Greise – seinem großen Freunde und fast sogar Wohltäter – begeben, um sich mit diesem zu beraten. Dieser habe die Sache „für durchaus durchführbar" erklärt, wofern er kompetente Zeugen für die geistige Unzurechnungsfähigkeit des Fürsten oder dessen Wahnsinn aufstellen könne – doch die Hauptsache bliebe nichtsdestoweniger die höhere Protektion. Lebedeff hatte hierauf einen Arzt – einen bejahrten Herrn mit dem Annenorden auf der Brust, der gleichfalls in Pawlowsk seine Datsche besaß – „einzig zu dem Zweck, um vorläufig, ganz harmlos und freundschaftlich, einmal zu sondieren", zum Fürsten gebracht, mit der Bitte, ihm nachher unter vier Augen sein ärztliches Urteil zu sagen. Der Fürst entsann sich noch sehr gut dieses Besuchs: Lebedeff hatte ihm am Abend vorher hoch und heilig versichert, daß er krank sei und eine Arznei einnehmen müsse, doch der Fürst war dazu nicht zu bewegen gewesen. Da war Lebedeff am nächsten Morgen mit besagtem Arzt beim Fürsten erschienen, unter dem Vorwande, daß der Herr Doktor, mit dem er soeben bei Hippolyt Terentjeff gewesen, dem Fürsten über den Zustand des Kranken einiges mitteilen wolle. Der Fürst hatte Lebedeff seinen Dank ausgesprochen und den Arzt sehr freundlich empfangen. Der Arzt hatte ihn gebeten, ihm jenen Selbstmordversuch Hippolyts ausführlicher zu schildern, und der Fürst hatte ihn durch seine Wiedergabe ungemein zu interessieren gewußt. Darauf war das Gespräch auf das Petersburger Klima übergegangen, dann hatten sie von der Krankheit des Fürsten gesprochen, über die Schweiz und den Professor Schneider. Der Fürst hatte ihm Schneiders Heilmethode erklärt und das Interesse des Arztes in solchem Maße gefesselt, daß dieser ganze zwei Stunden bei ihm geblieben war. Bei der Gelegenheit hatte er die wundervollen Zigarren geraucht, die ihm der Fürst angeboten, und den vorzüglichen Likör getrunken, den Wjera Lebedewa gebracht hatte, wofür er ihr, obgleich er ein älterer verheirateter Mann und Familienvater war, ganz besondere Komplimente gesagt, so daß Wjera tief empört hinausgegangen war. Vom Fürsten hatte er sich in der freundschaftlichsten Weise verabschiedet, um darauf Lebedeff unter vier Augen zu fragen, wen man denn zu Vormündern wählen sollte, wenn man solche Leute, wie den Fürsten, unter Vormundschaft stellen wollte. Auf Lebedeffs geradezu tragische Darstellung des Bevorstehenden, hatte der Arzt nur lächelnd gemeint, daß noch ganz andere Damen geheiratet würden, daß Nastassja Filippowna, wenigstens soviel er gehört habe, eine berückende Schönheit sei, was allein schon als Erklärung genügen würde: außerdem besitze sie aber auch noch Geld von Tozkij und Rogoshin, besitze Perlen und Brillanten, kostbare Möbel und Teppiche und Kunstwerke ... deshalb beweise diese Wahl des Fürsten nicht etwa Dummheit oder Wahnsinn, sondern sogar einen sehr praktischen Sinn und offenen Kopf, weshalb er, der Arzt, das gewünschte Attest nicht ausstellen könne ... Und damit war er weggegangen. Lebedeff aber war ganz verdutzt zurückgeblieben, bis er sich dann gesammelt und mit dem Finger vor die Stirn getippt hatte – „denn das war ein Gedanke," erzählte er dem Fürsten, „jetzt aber," fuhr er fort, „jetzt aber werden Sie außer innigster Ergebenheit und aufrichtigster Bereitwilligkeit zu jedem Opfer nichts anderes von mir erfahren, dessen versichere ich Sie – sintemal es der Zweck meines Besuchs war, Sie dessen zu versichern."

Auch Hippolyt hatte den Fürsten in diesen letzten Tagen durch seine häufigen Aufforderungen, ihn zu besuchen, vom einsamen Grübeln abgelenkt. Die Kapitanscha hatte mit ihren übrigen drei Kindern gleichfalls Petersburg verlassen und in Pawlowsk ein kleines Häuschen gemietet, wo sie nun wieder alle zusammen lebten. Hippolyts kleine Geschwister flüchteten vor dem tyrannischen Bruder in den Garten, und so konnte er ihnen nichts anhaben; dafür aber war die arme Kapitanscha ihm vollkommen preisgegeben und wurde natürlich sehr durch seine Launen gequält. Der Fürst mußte ewig den Friedensrichter spielen, wofür ihn Hippolyt seine „Kinderfrau" nannte, was ein Ausdruck seiner dankbaren Anerkennung sein sollte; doch gleichzeitig schien er es vor sich selbst nicht zu wagen, ihn wegen dieser Rolle des Friedensstifters – nun, sagen wir, nicht zu verachten. Über Koljä war er einfach empört, weil dieser sich fast gar nicht bei ihm zeigte. Auf die Einwendungen des Fürsten, daß es doch nur natürlich sei, wenn er bei seinem sterbenden Vater, und nach dessen Tode bei seiner verwitweten Mutter bliebe, entgegnete Hippolyt nichts, doch sah man es ihm an, daß er diese Erklärungen nicht gelten lassen wollte. Endlich wählte der Kranke zur Zielscheibe seines Spottes die bevorstehende Hochzeit des Fürsten und verletzte und beleidigte ihn so lange, bis dieser schließlich seine Geduld verlor und bei sich beschloß, ihn nicht mehr zu besuchen. Doch schon am zweiten Tage erschien die Kapitanscha in Tränen aufgelöst beim Fürsten und bat ihn flehentlich, doch wieder hinzukommen, da ihr Sohn sie sonst noch umbringen würde. Sie fügte hinzu, daß er ihm ein großes Geheimnis mitzuteilen habe. Der Fürst ging. Hippolyt wünschte, sich mit ihm zu versöhnen und vergoß Tränen, nach den Tränen aber ärgerte er sich sogleich wieder über den Fürsten, nur wagte er diesmal nicht, seinen Ärger offen zu zeigen. Sein Zustand war sehr schlecht: alle Symptome deuteten darauf hin, daß er jetzt bald sterben würde. Ein „großes Geheimnis" hatte er nicht mitzuteilen: alles, was er zu sagen hatte, waren vor Aufregung – einer vielleicht künstlich vorgetäuschten Aufregung – geradezu atemlose, stürmische, drängende Bitten, sich „vor Rogoshin in acht zu nehmen".

„Dieser Mensch ist nicht so einer, der sich das Seinige nehmen läßt! Der ist nicht von unserer Sorte, Fürst! Wenn der etwas will, dann wird er vor nichts mehr zurückschrecken!" usw. usw.

Der Fürst bat ihn um nähere Erklärungen, bat um Beweise, Anhaltspunkte, doch Hippolyt konnte ihm hierauf nichts anderes sagen, als daß es seine persönlichen Empfindungen und Eindrücke wären. Zu seiner großen Genugtuung gelang es ihm zum Schluß, den Fürsten unsäglich zu erschrecken. Zuerst hatte der Fürst auf einzelne seiner Fragen nicht antworten wollen und über den Rat, so schnell wie möglich ins Ausland zu fliehen und sich dort irgendwo von einem russischen Geistlichen trauen zu lassen, nur gelächelt. Darüber hatte sich Hippolyt dann geärgert.

„Ich fürchte ja doch nur für Aglaja Iwanowna!" hatte er gesagt. „Rogoshin weiß ganz genau, wie sehr Sie sie lieben. Also Liebe gegen Liebe: Sie haben ihm Nastassja Filippowna genommen – dafür wird er Aglaja Iwanowna ermorden, denn wenn sie jetzt auch nicht Ihnen gehört, so wäre es für Sie doch ein schwerer Schlag, nicht wahr?"

Und damit hatte er endlich sein Ziel erreicht: der Fürst war wie halb wahnsinnig von ihm fortgegangen.

Das war am Abend vor der Hochzeit gewesen. Der Fürst begab sich zu Nastassja Filippowna, doch auch sie war nicht imstande, ihn zu beruhigen – im Gegenteil: in der letzten Zeit hatte sie seine innere Unruhe nur vergrößert. Früher, d. h. zu Anfang ihrer Brautschaft und noch vor ein paar Tagen, hatte sie, wenn er bei ihr war, sich geradezu krampfhaft angestrengt, ihn mit allem möglichen zu erheitern, da die Traurigkeit in seinen Augen sie entsetzlich quälte. Sie hatte sogar versucht, ihm Lieder vorzusingen, um ihn zu zerstreuen – doch am häufigsten erzählte sie ihm heitere Geschichten und alles, was ihr nur Spaßiges einfiel. Der Fürst tat dann immer, als lache er aufrichtig, bisweilen aber mußte er auch wirklich lachen über ihre amüsante Art zu erzählen, wenn sie sich hinreißen ließ –

und sie ließ sich oft hinreißen. – Dann freute er sich über ihre Beobachtungsgabe und ihren guten und geistreichen Humor. Wenn sie ihn dann lachen sah und merkte, daß ihre Erzählung ihm gefallen hatte, war sie immer ganz begeistert und ganz stolz. Doch je näher dann der Hochzeitstag heranrückte, um so nachdenklicher und düsterer wurde ihr Gesicht, das dem Fürsten fast mit jeder Stunde trauriger erschien. Wenn er nicht seine bestimmte Meinung über sie gehabt hätte, wäre ihm jetzt wohl alles an ihr rätselhaft und unheimlich erschienen, doch so glaubte er unerschütterlich daran, daß sie noch „auferstehen" könne. Er hatte Jewgenij Pawlowitsch die Wahrheit gesagt: daß er sie aufrichtig liebe. Doch seine Liebe zu ihr war wie die Liebe zu einem armen kranken Kinde, das man unmöglich ganz verlassen kann. Er erklärte niemandem die Gefühle, die er für sie empfand, auch ihr nicht. Überhaupt sprachen sie beide nie von „Gefühlen", ganz als hätten sie sich gegenseitig geschworen, über diesen Punkt zu schweigen. An ihrer gewöhnlichen Unterhaltung, die heiter und lebhaft war, konnte ein jeder teilnehmen. Wie Darja Alexejewna später erzählte, hatte sie ihre wahre Freude an ihnen gehabt und sich nicht sattsehen können an ihnen.

Die Auffassung, die der Fürst von Nastassja Filippownas seelischem und geistigem Zustande hatte, bewahrte ihn zum Teil auch vor vielen sonst sehr leicht möglichen Mißverständnissen. Er sah jetzt ein ganz anderes Weib vor sich, als jenes, das er vor drei Monaten gekannt hatte. Deshalb dachte er jetzt auch nicht mehr darüber nach, weshalb sie damals kurz vor der Trauung mit ihm, nach Tränen, Verwünschungen und Vorwürfen, davongelaufen war. „Also fürchtet sie jetzt nicht mehr, daß ich durch diese Heirat unglücklich werden könnte," dachte der Fürst. Ein so plötzlicher Glaube an sich konnte aber seiner Meinung nach nicht natürlich bei ihr sein. Und einzig auf ihren Haß gegen Aglaja konnte er diesen Glauben doch auch nicht zurückführen: Nastassja Filippownas Gefühle waren tiefer, das wußte er. Und auch nicht auf die Angst vor Rogoshin? Nein! Unmöglich! Alle diese Gründe konnten möglicherweise einiges dazu beitragen, doch war es ihm vollkommen klar, daß hier gerade das vor sich ging, was er schon lange geahnt und was ihre arme kranke Seele nicht ertragen hatte. Diese Erkenntnis aber konnte ihm, wenn sie ihn auch vor Mißverständnissen bewahrte, keine Ruhe gewähren ... nicht einmal aufatmen konnte er. Oft schien er sich zu bemühen, an nichts zu denken. Die Ehe betrachtete er offenbar nur als irgendeine unwichtige Formalität; sein eigenes Schicksal aber schätzte er gar zu gering, um darüber nachzudenken. Was jedoch seine Antworten auf direkte Fragen, zum Beispiel sein Gespräch mit Jewgenij Pawlowitsch betraf, so fühlte er sich in diesen Fragen vollkommen unkompetent, und deshalb vermied er auch alle ähnlichen Gespräche.

Er hatte übrigens bemerkt, daß Nastassja Filippowna sehr gut begriff, was Aglaja für ihn war. Sie sprach nur nicht davon, aber er erriet es aus ihrem Blick, wenn sie sah, daß er aufbrach, um wieder zu Jepantschins zu gehen. Als diese dann Pawlowsk verließen, atmete sie geradezu wie erlöst auf. Wie harmlos der Fürst aber auch sonst sein mochte, in diesem Fall hatte ihn doch der Gedanke beunruhigt, Nastassja Filippowna könnte sich zu irgendeinem Skandal entschließen, um Aglaja einen weiteren Aufenthalt in Pawlowsk unmöglich zu machen. Wurde doch das Gerede über die bevorstehende Hochzeit zum Teil von Nastassja Filippowna mit Absicht geschürt, um ihre Rivalin zu reizen und zu kränken. Da nun Jepantschins nach dem Ereignis weder im Park noch sonstwo anzutreffen waren, hatte Nastassja Filippowna beschlossen, einmal, wenn sie mit dem Fürsten spazierenfuhr, an der Villa Jepantschin vorüberzufahren. Der Fürst bemerkte es, wie gewöhnlich, erst dann, als es nicht mehr zu ändern war und der Wagen die Villa bereits erreicht hatte. Er erschrak und erbleichte: er sagte kein Wort, war aber dann zwei Tage krank. Seitdem wiederholte Nastassja Filippowna so etwas nicht mehr. In den letzten Tagen vor der Hochzeit fiel es ihm auf, daß sie oft wie in Gedanken versunken dasaß, wenn sie sich auch immer wieder zusammennahm, die Trübsal verscheuchte und wieder heiter wurde; aber diese Heiterkeit war dann doch stiller, gedämpfter, sie war nicht so glückselig heiter, wie früher – vor noch so kurzer Zeit. Da verdoppelte der Fürst seine Aufmerksamkeit. Es wunderte ihn, daß sie niemals von Rogoshin sprach. Nur ein einziges Mal, etwa fünf Tage vor der Hochzeit, war plötzlich von Darja Alexejewna ein Bote bei ihm erschienen, mit der Bitte, sogleich hinzukommen, da es mit Nastassja Filippowna sehr schlecht stünde. Der Fürst fand sie auch wirklich in einem so beängstigenden Zustande vor, daß er schon glaubte, sie sei jetzt wirklich und vollkommen wahnsinnig geworden: sie schrie, zitterte und beteuerte, Rogoshin sei im Garten oder habe sich im Hause versteckt – und er werde sie in der Nacht umbringen ... ermorden! Den ganzen Tag konnte sie sich nicht beruhigen. Doch zum Glück erfuhr der Fürst am Abend, als er auf einen Augenblick bei Hippolyt versprach, von der Kapitanscha, die gerade aus Petersburg zurückgekommen war, daß Rogoshin bei ihr in ihrer Stadtwohnung gewesen sei und sich nach den Ereignissen in Pawlowsk erkundigt habe. Auf die Frage des Fürsten, wann sie mit ihm gesprochen, nannte die Kapitanscha fast dieselbe Stunde, in der Nastassja Filippowna ihn im Garten zu sehen gemeint hatte. Es war also nur eine Halluzination gewesen. Nastassja Filippowna ging sogleich, nachdem sie das erfahren hatte, selbst zur Kapitanscha, um sich von ihr noch alles Nähere mitteilen zu lassen, und war dann ganz beruhigt.

Am Abend vor der Hochzeit verließ der Fürst sie in bester Stimmung: aus Petersburg waren von der Modistin die Toiletten angelangt, das Brautkleid, der Kopfschmuck usw. usw. Der Fürst hatte es eigentlich nicht erwartet, daß die Toiletten sie in einem solchen Maße interessieren würden. Er selbst lobte alles, was sie ihm zeigte, und sein Lob machte sie noch glücklicher. Da verriet sie ihm plötzlich, daß sie über die Empörung der Pawlowsker vollkommen unterrichtet war, ja sie wußte sogar – sagte sie – daß einzelne Galgenstricke eine Katzenmusik, Spottlieder und was nicht noch alles vorbereiteten und die übrige Gesellschaft es fast guthieß. Nun, und da wollte sie denn jetzt den Kopf noch höher erheben, wollte sie alle blenden durch die Schönheit ihres Gewandes, ihren Geschmack und ihr Auftreten – „mögen sie dann doch schreien und pfeifen, wenn sie es noch wagen!“ Und ihre Augen blitzten bei diesen Worten. Im geheimen dachte sie aber noch an etwas anderes: sie dachte, Aglaja würde vielleicht irgend jemand hinschicken, um, ungesehen von ihr, sie beobachten zu lassen, und Nastassja Filippowna bereitete sich für den Fall vor. Noch ganz mit diesen Gedanken beschäftigt, trennte sie sich gegen elf Uhr vom Fürsten, den sie am nächsten Tage nach altem russischen Brauch nicht früher als in der Kirche wiedersehen sollte. Doch noch hatte es nicht Mitternacht geschlagen, als wieder jemand von Darja Alexejewna zu ihm gelaufen kam: er solle schnell hinkommen, es stehe sehr schlecht. Er fand seine Braut im Schlafzimmer, in Tränen aufgelöst, verzweifelt, rasend. Es verging eine ganze Weile, bis sie überhaupt vernahm, was man hinter der verschlossenen Tür zu ihr sprach; doch dann kam sie zur Tür, ließ nur den Fürsten zu sich ins Zimmer, verschloß sogleich wieder die Tür und warf sich ihm zu Füßen. Wenigstens erzählte so Darja Alexejewna, die einiges gesehen und gehört hatte.

„Was tue ich! Was tue ich! Was bin ich im Begriff, mit dir zu tun!“ stieß sie verzweifelt hervor, indem sie krampfhaft seine Füße umklammerte.

Der Fürst verbrachte eine ganze Stunde bei ihr; was sie sprachen, wissen wir nicht. Darja Alexejewna wußte nur zu sagen, daß sie sich nach einer Stunde versöhnt und glücklich getrennt hatten. Der Fürst schickte in dieser Nacht noch einmal zu Darja Alexejewna, um sich nach Nastassja Filippownas Befinden zu erkundigen, und erhielt die Nachricht, daß sie beruhigt eingeschlafen sei. Am Morgen, noch bevor sie aufgewacht war, erschienen wieder zwei Abgesandte vom Fürsten, doch erst der dritte konnte ihm mitteilen, daß sie von einem ganzen Schwarm Menschen umgeben sei: da seien Schneiderinnen, Zofen und Friseure, von der gestrigen Stimmung aber wäre keine Spur mehr vorhanden, die Toilette nehme sie ganz in Anspruch, wie es bei einer solchen Schönheit anders ja auch gar nicht möglich und zu erwarten sei, und augenblicklich fände gerade eine große Beratung statt wegen des Schmucks, welche Brillanten oder Perlen sie wählen sollte. Da war der Fürst denn vollkommen beruhigt.

Die Trauung sollte um acht Uhr abends stattfinden. Nastassja Filippowna war bereits um sieben mit ihrer Brauttoilette fertig. Schon um sechs Uhr begannen sich allmählich Neugierige vor der Villa Lebedeffs und vor dem Hause Darja Alexejewnas anzusammeln und nach sieben begann sich auch die Kirche zu füllen. Wjera Lebedewa und Koljä war um den Fürsten entsetzlich bange, sie hatten aber wenig Zeit, daran zu denken, denn es gab für sie im Hause viel zu tun: in der Villa des Fürsten sollte nämlich nach der Trauung das Diner eingenommen werden. Teilnehmer sollten daran außer den Trauzeugen nur noch Ptizyns, Ganjä, der Arzt mit dem Annenorden und Darja Alexejewna sein. Als der Fürst Lebedeff verwundert fragte, weshalb er denn den Arzt eingeladen hatte, antwortete dieser selbstzufrieden:

„'n Orden! 'n ehrenwerter alter Mann! So 'was macht einen guten Eindruck!" Da mußte der Fürst lächeln.

Keller und Burdowskij sahen in Frack und weißen Handschuhen sehr anständig aus. Nur flößte Keller dem Fürsten wie den anderen doch einige Besorgnis ein durch seine offenkundige Neigung zum Faustkampf, denn die Blicke, die er auf diese „elenden Maulaffen" warf, verrieten nichts weniger als friedliche Gesinnung. Um halb acht begab sich der Fürst in einer geschlossenen Equipage zur Kirche. Es sei hier erwähnt, daß es sein ausdrücklicher Wunsch gewesen war, daß alle üblichen Formalitäten genau beobachtet werden sollten: alles sollte öffentlich, nach altem Brauch „wie es sich gehört", geschehen. In der Kirche empfing ihn die Menge mit lebhaftem Geflüster und Gemurmel, das sich wie ein Lauffeuer von Mund zu Mund fortsetzte. Unter Kellers Führung, der nach links und rechts wieder drohende Blicke warf und ihm am Portal nur mit Mühe einen Weg hatte bahnen können, begab sich der Fürst zum Altarraum, der ihn den Blicken der Neugierigen entzog. Keller fuhr hierauf zu Darja Alexejewna, um die Braut abzuholen. Dort fand er vor dem Hause eine noch weit lebhaftere Menge. Als er die Treppe emporstieg, vernahm er solche Ausrufe und Bemerkungen, daß er sich bereits zornig ans Publikum wandte, um eine entsprechende Rede zu halten, doch zum Glück gelang es noch Burdowskij und Darja Alexejewna, ihn ins Haus hineinzuziehen. Keller war maßlos gereizt und drängte zur Eile. Nastassja Filippowna erhob sich, warf noch einen Blick in den Spiegel, bemerkte mit „verzogenem" Lächeln, wie Keller sich später ausdrückte, daß sie „bleich wie eine Leiche" sei, verbeugte sich dann ehrfurchtsvoll vor dem Heiligenbilde und trat hinaus.

Lautes Stimmengewirr begrüßte ihr Erscheinen auf der Treppe. Im ersten Augenblick hörte man Gelächter. Einer klatschte in die Hände. Es wurde sogar gezischt und gepfiffen. Doch dann erschollen auch schon andere Stimmen:

„Satan, ist sie schön!" rief jemand in der Menge.

„Schön wohl, aber ..."

„Der Brautkranz deckt alles zu, Esel!"

„Da such' mir einer noch eine zweite solche! Teufel noch eins! Hurra!"

„Göttin! für eine solche Fürstin würd' ich meine Seele auch verkaufen!" schrie ein begeisterter Kanzlist. ‚„Preis meines Lebens – die Liebe dein!' ..."

Nastassja Filippowna trat allerdings bleich wie eine Leiche auf die Treppe; doch in ihren großen schwarzen Augen glühte ein unheimliches Feuer, und diesem Blick hielt die Menge nicht stand: in einer Sekunde schlug der Hohn in Begeisterung um. Keller riß den Wagenschlag auf und wandte sich bereits zu ihr, um ihr die Hand zu reichen und beim Einsteigen behilflich zu sein, doch da – schrie sie plötzlich auf und stürzte sich hinein in die gaffende Volksmenge. Keller erstarrte vor Schreck, das Volk wich fast entsetzt zurück vor ihr ... plötzlich, keine sechs Schritt von der Treppe, stand Rogoshin. Nastassja Filippowna hatte seinen Blick gefühlt und gefunden und wie eine Wahnsinnige war sie auf ihn zugestürzt und hatte seine Hände umklammert.

„Rette mich! Bring' mich fort! Wohin du willst, nur schnell!"

Rogoshin griff sie auf, fast trug er sie, und ehe man sich's versah, hatte er sie in die Equipage gehoben. Und schon im nächsten Augenblick hielt er dem Kutscher eine Hundertrubelnote hin.

„Zum Bahnhof, erreichst du den nächsten Zug nach Petersburg, dann noch hundert!"

Und schon saß er in der Equipage und zog den Wagenschlag zu. Der Kutscher zögerte keinen Augenblick: er hieb einmal mit der Peitsche und die Pferde bäumten sich und rasten davon. Keller schob später alle Schuld auf die „Plötzlichkeit", die „vollkommene Überraschung": „Noch eine Sekunde – und ich hätte mich besonnen, hätte es nicht zugelassen!" versicherte er jedesmal, wenn er das Ereignis schilderte. Er und Burdowskij sprangen zwar sogleich in die nächste Equipage, die vor dem Hause hielt, und jagten ihnen nach, doch noch unterwegs bedachte sich Keller eines anderen und meinte: „Wir kommen trotzdem zu spät! Und mit Gewalt können wir sie doch nicht zurückbringen!"

„Und der Fürst wird es auch nicht wollen!" hatte der ganz erschütterte Burdowskij dazu gemeint.

Rogoshin und Nastassja Filippowna waren in der Tat rechtzeitig auf dem Bahnhof angelangt. Hier hatte Rogoshin beim Verlassen der Equipage gerade noch Zeit gehabt, ein vorübergehendes Mädchen in einem alten dunklen Mantel und einem Seidentüchelchen um den Kopf aufzuhalten.

„Da! fünfzig Rubel für Ihren Mantel!" und damit hatte er ihr das Geld gereicht.

Bevor das Mädchen noch recht begriff, hatte ihr Rogoshin die Fünfzigrubelnote schon in die Hand gedrückt, den Mantel und das Tuch abgenommen und Nastassja Filippowna um die Schultern und über den Kopf geworfen. Ihre kostbare Brauttoilette hätte sonst allgemeines Aufsehen erregt. Das Mädchen aber sollte erst viel später begreifen, weshalb man den wertlosen alten Mantel von ihm gekauft und so viel für ihn bezahlt hatte.

Die Kunde von dem Geschehenen hatte mit unglaublicher Schnelligkeit die Kirche erreicht. Als Keller sich zum Fürsten in den Altarraum begab, wurde er von vielen ihm ganz Unbekannten aufgehalten und mit Fragen bestürmt. Man sprach laut durcheinander, schüttelte die Köpfe, ja man lachte sogar. Niemand wollte aber die Kirche verlassen, bevor man gesehen hatte, wie der Bräutigam die Nachricht aufnahm. Der Fürst erbleichte nur, als er sie vernahm, und sagte leise: „Ich fürchtete ... aber ich hätte doch nicht gedacht, daß es so kommen würde ..." um dann nach kurzem Schweigen hinzuzufügen: „Übrigens ... in ihrem Zustande ... war es ja gar nicht anders zu erwarten." Ein solches Verhalten setzte Keller aufrichtig in Erstaunen; er nannte es: „beispiellos philosophisch!" Der Fürst verließ die Kirche anscheinend ganz ruhig und gefaßt. Wenigstens wurde es von vielen Augenzeugen später so erzählt. Er schien nur so schnell wie möglich nach Hause kommen und allein bleiben zu wollen, doch ward ihm das nicht so bald vergönnt. Ptizyn, Gawrila Ardalionytsch und der Arzt blieben bei ihm. Außerdem war die Villa buchstäblich belagert von einem Heer müßiger Menschen. Aus dem Zimmer vernahm der Fürst, daß Lebedeff und Keller mit einigen völlig unbekannten Leuten – dem Aussehen nach waren es Subalternbeamte, die um jeden Preis auf die Terrasse kommen wollten – in heftigen Streit geraten waren. Da begab sich der Fürst zu ihnen, erkundigte sich nach der Ursache des Streites, schob Lebedeff und Keller, die den Eingang versperrten, mit einer Entschuldigung zur Seite und trat selbst hinaus, um einen bereits bejahrten, grauhaarigen, untersetzten Herrn, der auf den Stufen an der Spitze der anderen stand, höflich zum Nähertreten aufzufordern. Der Herr wurde sehr verlegen, schien fast mehr Lust zum Rückzuge zu haben, doch dann besann er sich eines anderen und trat ein. Ihm folgte ein zweiter, ein dritter – alles in allem sieben oder acht Mann, die sich sehr bemühten, möglichst sicher aufzutreten. Weitere Gäste fanden sich nicht ein, und auch diese acht wurden von der Menge alsbald und sogar ziemlich streng getadelt. Die Eingetretenen wurden vom Fürsten aufgefordert, Platz zu nehmen, man knüpfte ein Gespräch an, reichte ihnen Tee – und alles das zu ihrer nicht geringen Verwunderung mit ausgesuchter Höflichkeit und Freundlichkeit. Es wurden von den Gästen allerdings ein paar Versuche gemacht, dem Gespräch eine amüsantere Wendung zu geben, es wurden einige vorwitzige Fragen gestellt und einige zweideutige Bemerkungen gemacht. Doch der Fürst antwortete allen so einfach und freundlich, ohne sich dabei auch nur das geringste zu vergeben, gab sich vielmehr mit so natürlicher Würde und zeigte gleichzeitig ein solches Vertrauen auf die Anständigkeit seiner Gäste, daß die unbescheidenen Fragen ganz von selbst aufhörten. Allmählich kam es sogar zu einer ernsten Unterhaltung über ein nationalökonomisches Thema, und einer der Herren schwor in höchstem Unwillen, daß er nie im Leben sein Gut verkaufen würde, daß er, im Gegenteil, zu warten und auszuhalten gedenke: „Unternehmungen sind besser als Geld – sehen Sie, das ist meine Überzeugung!“ – schloß er mit aufrichtigem Stolz und nicht geringem Temperament. Da er sich mit seiner Erklärung an den Fürsten gewandt hatte, hieß dieser seine Ansichten sehr vernünftig, obgleich Lebedeff ihm kurz vorher zugeflüstert hatte, daß dieser Herr weder einen Hof noch einen Halm besaß, geschweige denn ein Gut. So verging eine Stunde, der Tee war getrunken und den Gästen schlug nach dem Tee doch ein wenig das Gewissen. Der Arzt und der untersetzte Graukopf erhoben sich und verabschiedeten sich in der herzlichsten Weise vom Fürsten, und ihrem Beispiel folgten auch die anderen, die ihm alle kräftig die Hand schüttelten. Bei der Gelegenheit wurden dann noch gewisse Wünsche ausgesprochen, Ratschläge erteilt wie etwa: sich über geschehene Dinge nicht zu grämen, man könne nie wissen, wozu ein Unglück gut sei, vielleicht wäre es so noch viel besser, usw. usw. Als alle gegangen waren, beugte sich Keller zu Lebedeff und sagte halblaut:

„Sieh, wir beide hätten geschimpft, gerauft, die Polizei uns auf den Hals gezogen; er aber, sieh, hat sich nur neue Freunde gemacht, und noch dazu was für welche! Ich kenne sie!“

Hierauf antwortete Lebedeff, der schon wieder ziemlich „fertig“ war, mit einem frommen Seufzer:

„Ich habe es ja von jeher gesagt: ‚Den Weisen hat es der Herr verborgen, um es den Kindlein zu offenbaren.‘ Das habe ich schon früher von ihm gesagt, jetzt aber füge ich noch hinzu, daß Gott der Herr auch das Kindlein selbst bewahrt und vom Rande des Abgrundes zurückgezogen hat ... Gott der Herr selber und alle seine Heiligen – jawohl ja! ...“

Endlich, gegen halb elf, ließ man den Fürsten allein. Sein Kopf tat ihm weh. Als letzter verließ ihn Koljä, der ihm noch behilflich war, die Kleider zu wechseln. Sie nahmen herzlich Abschied voneinander – Koljä war geradezu rührend. Über das Geschehene hatte er kein Wort gesprochen, und beim Abschied nur gesagt, daß er am nächsten Morgen in aller Früh’ wiederkommen würde. Wie er später aussagte, hatte ihm der Fürst an diesem Abend nichts über seine weiteren Absichten mitgeteilt. Bald war auf der Datsche alles still: Burdowskij war zu Hippolyt gegangen, Lebedeff und Keller hatten sich gleichfalls irgendwohin fortbegeben. Nur Wjera Lebedewa blieb noch in den Zimmern des Fürsten, um einiges flüchtig in Ordnung zu bringen und ihnen wieder ihr gewöhnliches Aussehen zu verleihen. Bevor sie fortging, warf sie noch einen Blick in das Zimmer, in dem sich der Fürst befand. Er saß am Tisch, hatte die Ellenbogen aufgestützt und den Kopf in die Hände vergraben. Da trat Wjera an ihn heran und berührte ihn an der Schulter: der Fürst blickte auf und sah sie eine Weile ganz verständnislos an; doch als er dann endlich alles begriff und erriet, erfaßte ihn plötzlich eine große Unruhe. Es endete übrigens damit, daß er Wjera dringend bat, ihn am nächsten Morgen zeitig zu wecken, damit er noch den ersten Zug nach Petersburg erreiche. Wjera versprach es. Da bat der Fürst sie inständig, keinem Menschen etwas davon zu sagen, was ihm Wjera gleichfalls versprach. Als sie dann fortgehen wollte und bereits die Tür öffnete, hielt er sie noch einmal auf, ergriff ihre Hände, küßte sie beide, küßte sie dann auch auf die Stirn und sagte mit einem „an ihm ganz ungewohnten“ Gesichtsausdruck: „Auf morgen!“ So wenigstens erzählte später Wjera. Sie verließ das Zimmer in großer Angst um ihn. Am Morgen jedoch beruhigte sie sich etwas, als der Fürst ihr, nachdem sie ihn um acht Uhr durch Klopfen an seine Tür geweckt hatte, wie es ihr schien, ganz munter und sogar lächelnd entgegentrat. Er hatte sich in der Nacht kaum entkleidet, doch hatte er trotzdem geschlafen. Auf ihre Frage, wie lange er fortbleiben würde, meinte er, daß er vielleicht noch an demselben Tage zurückkommen werde. So hatte er denn nur ihr allein gesagt, daß er sich in die Stadt begab.

**XI.**

Eine Stunde später war der Fürst bereits in Petersburg, und um zehn Uhr läutete er bei Rogoshin. Er war von der Straße durch den Haupteingang des Hauses eingetreten und die breite Treppe hinaufgestiegen – doch in der Wohnung Rogoshins blieb alles still. Endlich öffnete sich die gegenüberliegende Tür, die zur Wohnung der Mutter Rogoshins führte, und eine alte peinlich saubere Dienerin blickte in den Treppenflur.

„Parfen Ssemjonytsch ist nicht zu Hause," meldete sie. „Wen wünschen Sie zu sprechen?"

„Parfen Ssemjonytsch."

„Der ist nicht zu Hause."

Die Dienerin betrachtete den Fürsten neugierig und mit prüfendem Mißtrauen.

„Sagen Sie mir dann wenigstens, ob er hier übernachtet hat? Und ... kam er gestern allein nach Hause?"

Die Dienerin fuhr fort, ihn zu betrachten, und antwortete nichts.

„War nicht gestern ... gestern abend ... Nastassja Filippowna mit ihm hier?"

„Erlauben Sie, zu fragen, wer geruhen Sie denn selbst zu sein?"

„Fürst Lew Nikolajewitsch Myschkin, wir sind gut bekannt miteinander."

„Er ist nicht zu Hause."

Die Dienerin senkte den Blick.

„Aber Nastassja Filippowna?"

„Ich weiß nichts von ihr."

„Warten Sie, warten Sie doch! Wann wird er denn zurückkommen?"

„Auch das weiß ich nicht."

Und damit schloß sich die Tür.

Der Fürst nahm sich vor, nach einer Stunde wiederzukommen. Auf der Straße erblickte er im Vorübergehen am Hoftor den Hausknecht.

„Ist Parfen Ssemjonytsch zu Hause?" fragte er ihn.

„Jawohl, Euer Gnaden."

„Wie hat man mir denn soeben sagen können, daß er nicht zu Hause sei?“

„Hat man das bei ihm oben gesagt?“

„Nein, die Dienerin seiner Mutter sagte es. Aber ich habe bei Parfen Ssemjonytsch vergeblich geläutet, es hat mir niemand aufgemacht.“

„Kann auch sein, daß er ausgegangen ist,“ meinte der Hausknecht nach kurzem Nachdenken, „man kann ja nie wissen, er sagt nicht immer, wann er kommt und geht. Manchmal nimmt er auch den Schlüssel mit und drei Tage lang steht seine Wohnung verschlossen.“

„Weißt du genau, daß er gestern zu Hause war?“

„Gestern war er. Aber manchmal kommt er durch die Paradetür herein, da sieht man ihn dann nicht.“

„Aber weißt du nicht, ob Nastassja Filippowna gestern bei ihm war?“

„Das weiß ich nicht. Die geruht nicht oft zu kommen. Ich denke aber, wenn sie gekommen wäre, hätt’ ich’s wohl gesehen.“

Der Fürst trat aus dem Hoftor wieder auf die Straße und ging eine Weile in Gedanken versunken auf dem Trottoir. Die Fenster waren alle geschlossen, während die Fenster der Wohnung seiner Mutter fast alle weit offen standen. Es war ein heller, heißer Tag. Der Fürst ging über die Straße auf das andere Trottoir und blieb dort gegenüber dem Hause stehen, um noch einmal zu Rogoshins Fenstern hinaufzuschauen: sie waren nicht nur alle geschlossen, auch die weißen Stores waren überall heruntergelassen.

Der Fürst stand eine Weile unbeweglich und sah hinauf, und – seltsam! plötzlich schien es ihm, daß ein Vorhang ein wenig zur Seite geschoben wurde und Rogoshins Gesicht durch den schmalen Spalt auf die Straße sah ... doch im selben Augenblick auch schon wieder verschwand. Er wartete noch ein wenig und beschloß bereits, noch einmal hinzugehen und zu läuten, besann sich dann aber eines anderen und schob es auf: nach einer Stunde wollte er wiederkommen. „Und wer weiß,“ dachte er, „vielleicht hat es mir auch nur so geschienen“ ...

Seine erste Sorge war jetzt, schnell nach dem Ismailowskij Polk zu gelangen, in den Stadtteil, wo Nastassja Filippowna zuletzt gewohnt hatte. Er wußte, daß sie, als sie vor etwa drei Wochen auf seinen Wunsch oder seine Bitte hin Pawlowsk verlassen und nach Petersburg zurückgekehrt war, im Ismailowskij Polk bei ihrer ehemaligen guten Bekannten, einer Lehrerswitwe – es war das eine anständige Dame mit zahlreicher Familie, die fast nur vom Zimmervermieten lebte – gewohnt hatte. Er nahm an, daß Nastassja Filippowna nach ihrer Rückkehr nach Pawlowsk die gemieteten Zimmer nicht aufgegeben, und deshalb schien es ihm sehr möglich, daß Rogoshin sie gestern abend dorthin gebracht und daß sie daselbst übernachtet hatte. Um schneller hinzugelangen, nahm er eine Droschke. Unterwegs kam ihm der Gedanke, daß er ganz zuerst dorthin hätte gehen sollen, denn es war doch ganz ausgeschlossen, daß sie in der Nacht sofort zu Rogoshin gegangen wäre. Zugleich fielen ihm auch die Worte des Hausknechts ein, daß Nastassja Filippowna nicht oft hinzukommen „geruht" habe – weshalb sollte sie dann gerade jetzt bei Rogoshin abgestiegen sein?

Zu seiner größten Bestürzung hatte man aber bei der Lehrerswitwe seit zwei Tagen nichts von Nastassja Filippowna gehört. Er selbst wurde wie ein Wunder angestaunt. Die ganze zahlreiche Familie der Lehrerswitwe – lauter Mädchen, alle Jahrgänge, von fünfzehn bis auf sieben – versammelte sich um die Mutter und starrte ihn mit offenen Mündern an. Ihnen folgte noch eine hagere Tante mit einem gelben Gesicht, die ein schwarzes Tuch um den Kopf gebunden hatte, und nach dieser erschien auch noch die Großmutter der Familie, eine kleine Greisin mit einer riesigen Brille. Die Lehrerswitwe bat den Fürsten untertänig, doch näherzutreten und Platz zu nehmen, was der Fürst denn auch tat. Er erriet, daß sie bereits wußten, wer er war, und sich nicht wenig darüber wunderten, von ihm nach derjenigen gefragt zu werden, die doch seit gestern seine Frau sein mußte. Freilich wagten sie nicht, mit einer direkten Frage herauszurücken. Er erzählte in kurzen Worten, daß die Trauung nicht zustande gekommen war. Da ward dann die Verwunderung noch größer, und der Fürst sah sich genötigt, noch einige Erklärungen hinzuzufügen. Und dann kamen die Ratschläge der aufgeregten Damen: zunächst sollte er unbedingt Rogoshin aufsuchen – falls er zu Hause war, so lange schellen und klopfen, bis er die Tür aufmachte – und von ihm sich alles ganz genau erzählen lassen. War er jedoch nicht zu Hause – was zunächst mit Sicherheit festgestellt werden mußte –, oder falls er nichts mitteilen wollte: so sollte der Fürst sich nach dem Stadtteil Ssemjonowskij Polk zu einer deutschen Dame begeben, einer Bekannten Nastassja Filippownas, die bei ihrer Mutter lebte: vielleicht hatte sich Nastassja Filippowna in ihrer Aufregung, und um nicht sogleich vom Fürsten gefunden zu werden, zu dieser begeben und dort die Nacht verbracht. Der Fürst erhob sich fast ohnmächtig; wie die Familie später erzählte, sei er „entsetzlich bleich" gewesen. Und in der Tat – die Füße trugen ihn kaum noch, das Stimmengewirr erschien ihm noch einmal so laut, als es war, er verstand fast kein Wort. Endlich begriff er, daß man ihm behilflich sein wollte und ihn fragte, wo er denn in der Stadt abgestiegen sei, damit sie ihm, falls sie etwas erfahren sollten, Nachricht zukommen lassen konnten. Er wußte ihnen aber keine Adresse anzugeben. Da rieten sie ihm, ein Hotel zu bestimmen. Der Fürst dachte nach und gab dann die Adresse jenes Gasthofes an, wo er vor etwa fünf Wochen abgestiegen war und wo er den schweren Anfall gehabt hatte. Darauf begab er sich wieder zu Rogoshin. Diesmal wurde ihm nicht nur bei Rogoshin nicht aufgemacht, auch in der Wohnung der Mutter blieb alles still. Da ging der Fürst zum Hausknecht, den er erst nach langem Suchen auf dem Hof fand. Dieser war mit irgend etwas beschäftigt und antwortete kaum auf die Fragen, ja, er sah den Fürsten nicht einmal an, erklärte aber doch in bestimmtem Tone, daß Parfen Ssemjonytsch früh am Morgen ausgegangen und nach Pawlowsk gefahren sei und heute nicht mehr nach Hause zurückkehren werde.

„Ich werde warten," sagte der Fürst. „Vielleicht kommt er doch noch am Abend zurück?"

„Kann sein, daß er auch 'ne ganze Woche nicht kommt, wer kann's wissen."

„Dann ist er aber doch in dieser Nacht zu Hause gewesen?"

„Gewesen ... was kann er nicht alles gewesen sein ..."

Diese Antwort und das ganze Gebaren des Hausknechts erschienen dem Fürsten sehr verdächtig: der Mann schien in der Zwischenzeit besondere Instruktionen erhalten zu haben: am Morgen war er harmlos-mitteilsam gewesen und jetzt plötzlich wollte er ihn kaum anhören. Doch der Fürst beschloß, nach etwa zwei Stunden wiederzukommen und dann, wenn es nötig sein sollte, vor dem Hause zu warten. Jetzt aber blieb ihm noch die eine Hoffnung, Nastassja Filippowna bei der deutschen Dame anzutreffen, und so fuhr er nach dem Ssemjonowskij Polk.

Doch bei der Deutschen begriff man überhaupt nicht, wie er dazu kam, sich bei ihnen nach Nastassja Filippowna zu erkundigen. Die schöne junge Dame hatte sich, wie aus einzelnen Bemerkungen hervorging, bereits vor zwei Wochen mit ihr vollkommen entzweit und besaß nicht das geringste Interesse mehr für sie – „und wenn sie auch alle Fürsten der Welt heiraten sollte!" Der Fürst beeilte sich, aus dem Hause fortzukommen. Unter anderem kam ihm auch der Gedanke, daß sie vielleicht wie damals nach Moskau gefahren war und Rogoshin natürlich ihr nach, oder sogar zusammen mit ihr. „Wenn man doch nur auf ihre Spur kommen könnte!" dachte er gequält. Da entsann er sich der Verabredung mit der Lehrerswitwe, die ihm in den Gasthof an der Liteinaja Nachricht hatte senden wollen, und er beeilte sich sogleich, hinzugehen, um dort ein Zimmer zu belegen. Der Kellner fragte ihn, ob er auch zu frühstücken wünsche, und in der Zerstreutheit bejahte der Fürst die Frage. Doch kaum hatte sich der Kellner entfernt, da kam er plötzlich zur Besinnung und ärgerte sich unsäglich über sich selbst, weil ihn das Frühstück wenigstens eine halbe Stunde aufhalten würde, und erst nach einer Weile verfiel er darauf, daß ihn ja doch niemand festhielt und er das bestellte Frühstück ja gar nicht zu essen brauchte, wenn er nicht wollte. Ein seltsames Gefühl überkam ihn in diesem dunklen, dumpfen Korridor, ein Gefühl, das quälend danach strebte, sich in irgend einen festen Gedanken zu verwirklichen, aber er konnte nicht erraten, worin nun dieser neue, sich aufdrängende Gedanke bestand. Da verließ er endlich den Gasthof und trat hinaus auf die Straße. Ihn schwindelte ... wohin sollte er fahren? Er fuhr also wieder zu Rogoshin.

Rogoshin war noch immer nicht zurückgekehrt; er läutete, doch es wurde ihm nicht aufgemacht. Da läutete er auch an der anderen Tür; die alte Dienerin erschien wieder und sagte, daß Parfen Ssemjonytsch nicht zu Hause sei und vielleicht nicht vor drei Tagen kommen werde. Es wunderte den Fürsten nur, daß sie ihn wieder mit so unverhohlener Neugier betrachtete. Den Hausknecht fand er diesmal überhaupt nicht. Da ging er, wie am Morgen, auf das gegenüberliegende Trottoir, blickte zu den Fenstern hinauf und ging wohl eine halbe Stunde in der quälenden Sonnenglut auf und ab, vielleicht auch noch länger, doch diesmal rührte sich nichts, die Fenster blieben geschlossen, und die Stores waren unbeweglich. Da setzte sich in ihm die Überzeugung fest, daß es ihm auch am Morgen nur so geschienen habe, denn auch die Fensterscheiben waren trübe und wohl seit langem nicht geputzt, so daß die kaum merkliche Bewegung des Vorhanges nur ein Flimmern des trüben Glases im Sonnenschein gewesen sein konnte. Erfreut über diese Erklärung fuhr er wieder zur Lehrerswitwe.

Dort hatte man ihn erwartet. Die Lehrerswitwe hatte sich inzwischen an drei oder vier Stellen erkundigt, ja, sie war sogar bei Rogoshin gewesen, doch hatte sie nichts erfahren können. Der Fürst hörte ihren Bericht schweigend an, trat dann ins Zimmer, setzte sich auf das Sofa und begann sie alle anzusehen – ganz als verstände er kein Wort von dem, was man zu ihm sprach. Und seltsam: bald bemerkte er alles, bald aber war er so zerstreut, daß er nichts sah noch hörte. Die ganze Familie erklärte später, daß er ein „erstaunlich wunderlicher“ Mensch gewesen sei an jenem Tage, so daß vielleicht damals schon „alles begonnen habe“. Endlich erhob er sich und bat, man möge ihm die von Nastassja Filippowna bewohnten Zimmer zeigen. Es waren das zwei große, hohe, helle Räume, sehr anständig eingerichtet und offenbar nicht billig. Die ganze Familie erzählte später, der Fürst habe jeden Gegenstand im Zimmer betrachtet. Auf einem kleinen Tisch habe er ein aufgeschlagenes Buch erblickt – es war ein französischer Roman, „Madame Bovary“ –, habe eine Ecke der aufgeschlagenen Seite eingebogen und um die Erlaubnis gebeten, das Buch mitnehmen zu dürfen, worauf er es, ohne auf die Einwendung, daß es ein Buch aus der Leihbibliothek sei, zu achten, in die Tasche gesteckt habe. Dann sei er ans offene Fenster getreten, habe sich dort hingesetzt, und da sei ihm ein mit Kreide beschriebener Spieltisch aufgefallen, und er habe gefragt, wer an ihm gespielt hätte. Hierauf hatten sie ihm erzählt, daß Nastassja Filippowna jeden Abend mit Rogoshin Karten gespielt habe, Duraki, Preference, Whist, Sechsundsechzig – kurzum, alle Spiele, die sie nur kannten, und zwar Abend für Abend, damals, als sie vor drei Wochen aus Pawlowsk nach Petersburg zurückgekehrt war und sich bei ihnen eingemietet hatte. Zuerst habe sich Nastassja Filippowna beklagt, daß es langweilig sei, denn Rogoshin habe ganze Abende gesessen und geschwiegen und kein Wort gesagt, und eines Abends sei sie in Tränen ausgebrochen. Da habe Rogoshin am nächsten Abend plötzlich ein Spiel Karten aus der Tasche hervorgezogen: Nastassja Filippowna hätte zu lachen begonnen, und dann sei an jedem Abend gespielt worden. Hierauf habe der Fürst gefragt, wo die Karten wären, mit denen sie gespielt hatten. Die Karten waren aber von Rogoshin jedesmal mitgebracht worden, an jedem Abend ein neues Spiel, und er hatte sie dann immer wieder mitgenommen.

Die Lehrerswitwe, deren Schwester und Mutter rieten ihm, noch einmal zu Rogoshin zu fahren, jedoch nicht sogleich, sondern erst gegen Abend, und dann möglichst stark die Klingel zu ziehen und an die Tür zu pochen, vielleicht würde er sich dann doch noch zeigen. Und die Lehrerswitwe erbot sich, inzwischen nach Pawlowsk zu Darja Alexejewna zu fahren, vielleicht wußte diese etwas näheres. Der Fürst aber sollte auf jeden Fall am Abend gegen zehn Uhr wiederkommen, damit sie sich für den nächsten Tag verabreden könnten. Der Fürst verließ sie ungeachtet aller Beruhigungen und Hoffnungsäußerungen innerlich ganz verzweifelt. Von unerklärlicher Sehnsucht gemartert, begab er sich nach seinem Gasthof. Der staubige, drückende Sommernachmittag Petersburgs umfing ihn herzbeklemmend, er fühlte sich förmlich wie in einen Schraubstock eingeklammert; müde drängte er sich durch das rohe, betrunkene Volksgetümmel auf den Straßen, blickte unbewußt in fremde Gesichter und machte vielleicht einen großen Umweg. Es war fast schon Abend, als er in sein Zimmer trat. Er wollte sich ein wenig erholen und dann wieder zu Rogoshin gehen, wie man ihm geraten hatte, und so setzte er sich denn aufs Sofa, stützte die Ellenbogen auf den Tisch und versank in Gedanken.

Gott weiß, wie lange, und nur Gott mag wissen, an was er dachte. Vieles fürchtete er, und er fühlte, fühlte unter Schmerz und Qual, daß seine Angst ihm selbst unheimlich wurde. Da dachte er plötzlich an Wjera

Lebedewa, und es kam ihm in den Sinn, daß Lebedeff vielleicht etwas wissen konnte, vielleicht sogar von Rogoshin unterrichtet war, oder wenn nicht, dann doch leichter und schneller von ihm etwas erfahren könnte, als er, der Fürst, es vermochte. Plötzlich dachte er an Hippolyt und auch daran, daß Rogoshin zu Hippolyt gefahren war. Und plötzlich fiel ihm Rogoshin ein: Rogoshin in der Kirche bei der Totenmesse, dann Rogoshin im Park, und dann – plötzlich hier in der Treppennische, als er sich damals in der Dunkelheit verborgen und mit dem Messer auf ihn gewartet hatte. Er zuckte zusammen: der sich ihm aufdrängende Gedanke, den er vorhin nicht hatte fassen können, stand plötzlich vor ihm.

Dieser Gedanke bestand zum Teil darin, daß Rogoshin, wenn er sich in Petersburg befand und sich womöglich zeitweilig verbarg, schließlich doch unbedingt zu ihm, dem Fürsten, kommen würde, gleichviel ob in einer guten oder schlechten Absicht, und wär's auch in derselben wie damals. Und wenn Rogoshin aus irgendeinem Grunde zu ihm kommen mußte, wohin sollte er dann gehen – da er doch keine Adresse wußte –, wenn nicht wieder in diesen selben Gasthof, wieder in diesen selben Treppenflur? Er konnte ja gar nichts anderes annehmen, als daß der Fürst in diesem Gasthof abgestiegen war. Wenigstens würde er hier nach ihm fragen ... wenn er seiner wirklich bedurfte. Und man konnte es ja nicht wissen, vielleicht bedurfte er seiner wirklich?

So dachte der Fürst und dieser Gedanke erschien ihm aus irgendeinem Grunde sehr möglich. Doch um keinen Preis würde er sich Rechenschaft darüber gegeben haben, wenn er sich in seinen Gedanken vertieft hätte: weshalb zum Beispiel Rogoshin seiner plötzlich so bedürfen könnte, und weshalb es ganz „ausgeschlossen" war, daß sie sich zu guter Letzt nicht doch noch „treffen" würden? Doch dieser Gedanke war nicht leicht. „Wenn er glücklich ist, dann wird er nicht kommen," fuhr der Fürst fort, zu denken, „er wird kommen, wenn er nicht glücklich ist – und er ist doch bestimmt nicht glücklich ..."

Wenn er aber davon überzeugt war, so hätte er Rogoshin im Gasthof, in seinem Zimmer, erwarten müssen. Doch es war, als könne er seinen neuen Gedanken nicht ertragen: plötzlich sprang er auf, ergriff seinen Hut und eilte hinaus. Im Korridor war es fast schon ganz dunkel. – „Wie, wenn er jetzt wieder aus jener Nische hervortritt und mich auf der Treppe anfällt?" durchzuckte es ihn blitzartig, als er sich jener Stelle näherte. Doch es trat niemand hervor. Er stieg hinunter, trat hinaus aufs Trottoir, wunderte sich über die dichte Menschenmenge, die sich auf der Straße durcheinanderschob – wie in Petersburg gewöhnlich an den Hundstagen, sobald die Sonne sinkt –, und schlug unwillkürlich wieder die Richtung zur Gorochowaja, zum Hause Rogoshins ein. Etwa fünfzig Schritte vom

Gasthof, in dem Gedränge an der dritten Straßenkreuzung, berührte ihn plötzlich jemand am Ellenbogen und sagte halblaut dicht an seinem Ohr:

„Lew Nikolajewitsch, komm mir nach, es ist nötig, Bruder.“

Es war Rogoshin.

Seltsam: der Fürst begann plötzlich, vor lauter Freude fast stotternd, fast nach Worten ringend, ihm zu erzählen, wie er ihn soeben im Gasthof, in seinem Zimmer und im Korridor erwartet hatte.

„Ich war dort,“ sagte Rogoshin ruhig, „gehen wir.“

Der Fürst wunderte sich über seine Antwort, wunderte sich aber erst nach etwa zwei Minuten, als er sie begriffen hatte. Als er aber dann über sie nachdachte, erschrak er und sah Rogoshin an. Dieser ging neben ihm fast einen halben Schritt voraus, sah starr vor sich hin, sah in keines der ihm begegnenden Gesichter und wich mit mechanischer Vorsicht allen aus.

„Weshalb hast du nicht nach mir gefragt ... wenn du im Gasthof warst?“ fragte plötzlich der Fürst.

Rogoshin blieb stehen, sah ihn an, dachte nach und sagte, als hätte er die Frage gar nicht verstanden:

„Höre, Lew Nikolajewitsch, du geh jetzt hier geradeaus, bis zum Hause, du weißt? Ich aber werde dort auf jener Seite gehen. Nur sieh zu, daß wir nicht auseinander kommen ...“

Nachdem er das gesagt, ging er über die Straße, trat auf das gegenüberliegende Trottoir, blickte sich um, ob auch der Fürst ging, und als er sah, daß dieser stand und ihm mit weit offenen Augen unbeweglich nachschaute, winkte er ihm mit der Hand nach der Gorochowaja und ging selbst weiter, während er sich immer wieder umblickte, um nach dem Fürsten zu sehen und ihn zum Weitergehen aufzufordern. Er war sichtlich ermuntert, als er dann sah, daß der Fürst ihn begriffen hatte und ihm auf seinem Trottoir zur Gorochowaja folgte. Der Fürst dachte, daß Rogoshin irgend jemanden unterwegs suchen wollte und deshalb aufs andere Trottoir gegangen war, damit die Entgegenkommenden zwischen ihnen beiden durchgehen sollten und der Betreffende dann leichter zu finden sei. „Nur – warum hat er mir dann nicht gesagt, wer es ist, den er sucht?“ So gingen sie an fünfhundert Schritt, und plötzlich begann der Fürst aus irgendeinem Grunde zu zittern; Rogoshin fuhr immer noch fort, wenn auch seltener, sich nach ihm umzublicken. Doch der Fürst hielt es nicht mehr aus und winkte ihn mit der Hand zu sich herüber. Ohne zu zögern, kam Rogoshin sofort über die Straße zu ihm.

„Ist Nastassja Filippowna bei dir?"

„Bei mir."

„Warst du es, der vorhin hinter dem Vorhang nach mir sah?"

„Ja, ich ..."

„Aber weshalb hast du denn ..."

Der Fürst wußte nicht, was er sagen, wie er die Frage beenden sollte – zudem pochte sein Herz so stark, daß ihm das Sprechen schwer wurde. Rogoshin schwieg gleichfalls und sah ihn an wie vorhin, wie in Gedanken versunken.

„Nun, ich gehe," sagte er plötzlich, und er schickte sich an, wieder über die Straße zurückzugehen, „du aber geh hier weiter. Laß uns auf der Straße getrennt gehen ... so ist's besser ... auf verschiedenen Seiten ... wirst sehen."

Als sie endlich auf verschiedenen Trottoiren in die Gorochowaja einbogen und sich dem Hause Rogoshins näherten, wurden die Beine des Fürsten wieder so schwach, daß sie ihm fast den Dienst versagten und es ihm schon schwer wurde, zu gehen. Es war gegen zehn Uhr abends. Die Fenster auf der Hälfte, wo die alte Mutter wohnte, standen immer noch weit offen, die Fenster der Wohnung Rogoshins dagegen waren geschlossen, und in dem dämmrigen Abendlicht war's, als würden die herabgelassenen weißen Vorhänge noch bemerkbarer. Der Fürst näherte sich dem Hause auf dem entgegengesetzten Trottoir, Rogoshin auf der Seite des Hauses, und als er bei der Tür anlangte, winkte er mit der Hand. Der Fürst ging über die Straße zu ihm. Sie traten auf die Treppe.

„Auch der Hausknecht weiß jetzt nicht, daß ich zurückkomme. Ich sagte vorhin, daß ich nach Pawlowsk fahre, auch bei der Mutter sagte ich es," flüsterte er mit einem listigen und fast zufriedenen Lächeln. „Wir gehen jetzt so leise hinein, daß uns niemand hört."

Den Schlüssel hatte er bereits in der Hand. Als sie die massive Steintreppe hinaufstiegen, wandte er sich zum Fürsten zurück und erhob den Finger, zum Zeichen, daß der Fürst nur ja leise gehen solle. Leise schloß er die Tür zu seiner Wohnung auf, ließ den Fürsten eintreten, folgte ihm leise, schloß die Tür leise wieder hinter sich zu und steckte den Schlüssel in die Tasche.

„Gehen wir," sagte er flüsternd.

Schon auf der Straße, auf der Liteinaja, hatte er begonnen, leise zu sprechen. Trotz seiner äußeren Ruhe befand sich sein Inneres in einer seltsamen tiefen Aufregung. Als sie in den Saal vor dem Arbeitskabinett traten, ging er leise an eines der Fenster und winkte geheimnisvoll den Fürsten zu sich heran.

„Als du vorhin dort bei mir läutetest, erriet ich hier sogleich, daß du es warst. Ich schlich mich zur Tür und da hörte ich, wie du mit der Pafnutjewna sprachst; ich aber hatte ihr schon in aller Frühe gesagt und anbefohlen, daß sie dann, wenn du oder von dir jemand oder gleichviel wer kommt und an meiner Tür zu klopfen anfängt – daß sie dann nichts sagen solle, unter keiner Bedingung, und besonders nicht, wenn du selbst kämest und nach mir fragen würdest. Ich nannte ihr deinen Namen. Dann aber, als du fortgingst, dachte ich: wenn er jetzt unten steht und nach oben sieht, oder auf der Straße wartet und aufpaßt? Da trat ich an dieses selbe Fenster, schob die Gardine etwas weg, sieh, da standest du und sahst gerade auf mich ... So war es."

„Wo ist denn ... Nastassja Filippowna?" fragte der Fürst stockend.

„Sie ... ist hier," antwortete Rogoshin langsam, als hätte er einen Augenblick mit der Antwort gezögert.

„Wo denn?"

Rogoshin erhob seinen Blick zum Fürsten und blickte ihn unverwandt an.

„Gehen wir ..."

Er sprach immer noch flüsternd und ohne sich zu beeilen, sprach langsam, und schon die ganze Zeit über eigentümlich nachdenklich.

Sie traten in das hohe Zimmer, das dem Vater als Arbeitszimmer gedient hatte. In diesem hatte sich, seit der Fürst es gesehen, einiges verändert: durch das ganze Zimmer zog sich ein Vorhang aus grünem Seidendamast, der zu beiden Seiten geteilt war, so daß man hindurchgehen konnte. Der Raum hinter dem Vorhang diente Rogoshin als Schlafzimmer, dort stand sein Bett. Der schwere Vorhang war heruntergelassen und die Eingänge waren zugezogen. Im Zimmer war es ziemlich dunkel; die „hellen" Petersburger Nächte hatten nach der Sonnenwende schon ein wenig von ihrer Helligkeit eingebüßt, und wenn es nicht Vollmond gewesen wäre, hätte man in den dunklen Zimmern Rogoshins, deren Fenster noch dazu weiß verhängt waren, kaum etwas unterscheiden können. So aber konnte man wenigstens die Gesichtszüge erkennen. Das Gesicht Rogoshins war bleich, wie gewöhnlich; der Blick seiner Augen, die einen starken Glanz hatten, lag seltsam unbeweglich auf dem Fürsten.

„Wirst du nicht eine Kerze anzünden?“ fragte der Fürst.

„Nein, nicht nötig,“ sagte Rogoshin, und den Fürsten bei der Hand fassend, nötigte er ihn, auf einem Stuhl Platz zu nehmen; er selbst setzte sich ihm gegenüber und zog seinen Stuhl so dicht heran, daß ihre Knie sich fast berührten. Zwischen ihnen, etwas seitwärts, stand ein kleiner, runder Tisch. „Setz’ dich, sitzen wir ein wenig!“ sagte Rogoshin, als wolle er ihn zum Sitzen bereden. Eine Weile schwieg er. „Ich wußte, daß du in diesem Gasthause absteigen würdest,“ begann er dann wieder zu sprechen, wie man es zuweilen tut, wenn man nicht sogleich von der Hauptsache reden will und zuerst mit nebensächlichen Einzelheiten beginnt, die kaum eine unmittelbare Beziehung zur Sache haben. „Als ich in den Korridor trat, dachte ich bei mir: wer weiß, vielleicht sitzt er dort und erwartet mich jetzt ebenso wie ich ihn erwarte? Warst du bei der Lehrerin?“

„Ja,“ brachte der Fürst vor Herzklopfen kaum hervor.

„Auch daran dachte ich. Wird noch ein Gerede entstehen, dachte ich ... und dann dachte ich: ihn aber bringe ich zur Nacht her, damit wir diese Nacht noch zusammen sind ...“

„Rogoshin! Wo ist Nastassja Filippowna?“ flüsterte plötzlich der Fürst, und er erhob sich, an allen Gliedern zitternd.

Da erhob sich auch Rogoshin.

„Dort,“ sagte er leise, mit dem Kopf nach dem Vorhang weisend.

„Schläft sie?“ flüsterte der Fürst.

Wieder sah ihn Rogoshin unbeweglich an.

„Nun denn, meinetwegen! ... Nur, wirst du auch ... nun, gehen wir!“

Er trat zum Vorhang, schob ihn zur Seite, blieb stehen und wandte sich zum Fürsten zurück.

„Komm!“ sagte er und forderte ihn mit einer Kopfbewegung auf, einzutreten, während er den Vorhang zur Seite hielt.

Der Fürst trat in den Schlafraum.

„Hier ist es dunkel,“ sagte er.

„Man kann sehen!“ murmelte Rogoshin.

„Ich sehe kaum ... ein Bett.“

„Geh doch näher,“ forderte Rogoshin leise auf.

Der Fürst trat einen Schritt näher, dann noch einen Schritt, und blieb
stehen. Er stand und schaute unbeweglich eine lange Zeit. Beide sprachen
sie die lange Zeit über, die sie am Bett standen, kein Wort. Das Herz des
Fürsten schlug so laut, daß es, wie es schien, im Zimmer zu hören war,
bei dem toten Schweigen, das hier herrschte. Doch sein Auge gewöhnte
sich langsam an das Licht, so daß er bereits das ganze Bett deutlich
unterscheiden konnte; es schlief jemand auf dem Bett, in vollkommen
reglosem Schlaf; nicht das geringste Geräusch, nicht das geringste Atmen
war zu hören. Der Schlafende war vom Kopf bis zu den Füßen mit einem
weißen Laken bedeckt, doch die Glieder zeichneten sich seltsam
undeutlich ab, man sah nur an den Umrissen und den Erhöhungen, daß es
ein Mensch war, der auf dem Rücken ausgestreckt lag. Ringsum, auf dem
Bett, auf dem Sessel am Fußende des Bettes, sogar auf dem Fußboden
neben dem Sessel lagen weiße Kleidungsstücke unordentlich
hingeworfen, ein weißes kostbares Seidenkleid, Blumen, Bänder. Auf
dem kleinen Tisch am oberen Ende des Bettes lag verstreut blitzendes
Geschmeide. Am unteren Ende des Bettes waren irgendwelche Spitzen
zusammengeschoben, und von dem weißen Gekräusel hob sich, unter
dem Laken hervorschimmernd die Spitze eines nackten Fußes ab: sie war
wie aus Marmor gemeißelt und erschien unheimlich regungslos. Der Fürst
sah und fühlte – je länger er sah, um so toter und lautloser wurde es im
Zimmer. Plötzlich begann eine erwachte Fliege zu summen, flog über das
Bett und verstummte am oberen Ende. Der Fürst fuhr zusammen.

„Gehen wir," sagte Rogoshin, indem er ihn leise am Arm berührte.

Sie traten hinaus aus dem Schlafraum, setzten sich auf dieselben Stühle
und saßen schweigend wieder einander gegenüber. Der Fürst zitterte,
immer heftiger wurde sein Zittern. Er wandte seinen fragenden Blick
nicht einmal auf eine Sekunde von Rogoshins Antlitz ab.

„Du, ich sehe, du zitterst, Lew Nikolajewitsch," sagte endlich
Rogoshin, „fast ganz so, wie wenn du ... deinen Anfall bekommst, weißt
du noch, in Moskau einmal? Oder wie es vor dem Anfall war. Ich kann
mir gar nicht denken, was ich mit dir jetzt anfangen soll ..."

Der Fürst hörte mit krampfhafter Anspannung, was Rogoshin zu ihm
sprach, um den Sinn der Worte zu erfassen, und immer noch fragte sein
Blick.

„Das hast du ...?" brachte er schließlich flüsternd hervor, mit dem Kopf
nach dem Vorhang weisend.

„Das ... hab' ich ..." sagte Rogoshin ebenso leise und senkte den Blick
zu Boden.

Sie schwiegen lange.

„Denn wenn du jetzt krank wirst,“ fuhr plötzlich Rogoshin fort, als wäre er gar nicht unterbrochen worden, „den Anfall bekommst, und dann der Schrei kommt, so kann man es auf der Straße oder auch auf dem Hof hören und erraten, daß hier in der Wohnung Menschen sind, nun, und dann werden sie kommen und klopfen und herein wollen ... denn die glauben doch alle, daß ich nicht zu Hause bin. Ich habe auch kein Licht gemacht – damit man von der Straße oder vom Hof nichts sieht. Denn wenn ich fortgehe, nehme ich die Schlüssel mit, und dann kommt oft drei, vier Tage kein Mensch hier herein und die Wohnung bleibt so wie sie ist, unaufgeräumt. So habe ich es eingeführt. Damit man also nicht erfährt, daß wir hier sind ...“

„Wart’,“ unterbrach ihn der Fürst, „ich habe aber doch vorhin die Alte und auch den Hausknecht gefragt, ob Nastassja Filippowna nicht hier gewesen ist. Die wissen es dann doch schon.“

„Ich weiß, daß du gefragt hast. Ich habe aber der Pafnutjewna gesagt, daß Nastassja Filippowna gestern hier gewesen und gestern auch nach Pawlowsk wieder zurückgekehrt, hier bei mir aber nur fünf Minuten gewesen sei. Sie wissen nicht, daß sie zur Nacht hier blieb – niemand weiß es. Gestern, als wir kamen, gingen wir die Treppe ebenso leise hinauf, wie ich heute mit dir. Ich dachte noch unterwegs, sie würde nicht so heimlich eintreten wollen – aber nein! Flüsterte nur, auf den Zehen schlich sie, das Kleid raffte sie zusammen, damit es nicht rauschte, trug die Schleppe, drohte mir beim Hinaufsteigen noch mit dem Finger, damit ich leiser ginge – alles nur aus Furcht vor dir. Im Coupé war sie zuerst ganz wie eine Wahnsinnige, alles vor Angst, und sie selbst wünschte, hierher zu mir zu kommen, um hier zu übernachten. Ich dachte zuerst, sie zur Lehrerin, zu jener Witwe, zu bringen, aber sie selbst wollte nicht. ‚Nein, nein,‘ sagte sie, ‚dort wird er mich sogleich aufsuchen, du aber versteck’ mich bei dir, und morgen, ganz früh, fahren wir nach Moskau‘, und von dort wollte sie nach Orel oder irgendwo dahin. Auch als sie sich hinlegte, sprach sie immer noch, daß wir nach Orel fahren würden ...“

„Wart’ ... aber was willst du tun, Parfen, was willst du jetzt tun?“

„Ja, sieh, ich habe nur Bedenken, weil du immer noch zitterst. Die Nacht verbringen wir hier beide zusammen. Ein Bett, außer jenem, gibt es hier nicht, aber ich habe mir gedacht, daß man von diesem Diwan und von jenem dort die Kissen nimmt und dann hier, hier gleich beim Vorhang, ein Lager macht, für dich und für mich, nebeneinander, so daß wir zusammen sind. Denn wenn man dann kommt, und zu fragen anfängt oder zu suchen, dann wird man sie sogleich finden und hinaustragen.

Mich aber wird man fragen, und ich werde sagen, daß ich es gewesen bin, und man wird mich fortführen. So laß sie denn jetzt noch hier liegen, neben uns, neben mir und dir ..."

„Ja, ja!" stimmte der Fürst eifrig bei.

„Also jetzt noch nicht gestehen und nicht forttragen lassen."

„Nei–nein, auf keinen Fall!" entschied der Fürst. „Nicht – nicht!"

„So hatte auch ich beschlossen ... auf keinen Fall. Die Nacht verbringen wir ganz still. Ich war heute nur auf eine Stunde ausgegangen, am Morgen, sonst war ich die ganze Zeit bei ihr. Und dann gegen Abend, als ich dich suchen ging. Nur fürchte ich, daß es hier zu drückend ist und der Leichengeruch sich bald bemerkbar machen wird. Riechst du schon etwas oder noch nicht?"

„Vielleicht rieche ich etwas, ich weiß es nicht. Am Morgen wird man es bestimmt riechen ..."

„Ich habe sie mit Wachstuch zugedeckt, mit gutem, amerikanischem, und über dem Wachstuch dann noch mit dem Laken, und vier Fläschchen mit desinfizierender Flüssigkeit habe ich aufgestellt, sie stehen auch jetzt dort offen."

„So wie dort ... in Moskau?"

„Denn sonst, Bruder, riecht es. Sie aber liegt doch so ... Am Morgen, wenn es hell wird, sieh sie dir an. Was ist dir, kannst du nicht aufstehen?" fragte er, mit ängstlicher Verwunderung, als er sah, daß der Fürst so zitterte, daß er sich nicht vom Stuhle zu erheben vermochte.

„Die Füße versagen ..." murmelte der Fürst. „Das ist nur von der Angst, ich kenne das ... Wenn die Angst vergangen ist, werde ich auch aufstehen können ..."

„Dann bleib nur sitzen, ich werde inzwischen das Lager zurecht machen, dann kannst du dich gleich hinlegen ... und ich neben dir ... und dann können wir sehen ... Denn ich, Bruder, ich weiß noch nicht ... ich ... sieh, Bruder, ich weiß jetzt noch nicht alles, und so sage ich es auch dir im voraus, damit du das alles beizeiten erfährst ..."

Undeutlich diese rätselhaften Worte murmelnd, machte sich Rogoshin daran, das Lager herzurichten. Offenbar hatte er schon früher, vielleicht schon am Morgen, darüber nachgedacht, wie er das machen würde. Der Diwan war für zwei Personen zu schmal, er aber wollte nun einmal unbedingt Seite an Seite mit dem Fürsten liegen, und da schleppte er denn mit großer Mühe die schweren Polsterkissen durch das ganze Zimmer, dicht an den Eingang zum Schlafzimmer, schleppte noch andere Kissen herbei, Kissen von verschiedener Größe. Als das Lager fertig war, trat er an den Fürsten heran, faßte ihn mit rührender Zartheit unter den Arm und führte ihn stolz und froh zu seinem Lager. Übrigens konnte der Fürst schon allein gehen. „Die Angst war also vergangen." Doch fuhr er fort, zu zittern.

„Denn sieh, Bruder," begann plötzlich wieder Rogoshin, nachdem er den Fürsten zur Linken auf die besseren Kissen gebettet und sich selbst zur Rechten hingestreckt hatte, indem er beide Hände unter den Kopf schob, „bei der Hitze, weißt du, geht das schneller ... Die Fenster aufzumachen, fürchte ich mich. Aber, weißt du, bei meiner Mutter sind viele Blumen, sie blühen jetzt gerade und haben solch einen wundervollen Duft, ich dachte schon daran, sie herzubringen, aber die Pafnutjewna hätte Verdacht geschöpft, sie ist sehr neugierig."

„Ja, sie ist sehr neugierig," wiederholte der Fürst.

„Oder soll ich viele, viele Buketts kaufen, und sie ganz mit Blumen umstellen? Ich denke aber, es wird traurig sein, so in Blumen!"

„Hör' ..." begann der Fürst, als suche er nach einem Gedanken, als wisse er nicht, was er eigentlich fragen wollte, oder als vergesse er immer wieder, was es war. „Hör' ... ja sag' mir: womit hast du sie denn ...? Mit einem Messer? Mit demselben?"

„Mit demselben ..."

„Wart'! Ich will dich noch fragen, Parfen ... ich werde dich noch vieles fragen, ich will alles wissen ... aber du sag' mir zuerst, ganz zuerst, damit ich es weiß: wolltest du sie vor meiner Hochzeit, vor der Trauung, in der Kirche ermorden, mit dem Messer erstechen? Wolltest du es, oder wolltest du es nicht?"

„Ich weiß nicht, ob ich es wollte ..." antwortete Rogoshin trocken, als hätte er sich über die Frage ein wenig gewundert und sie nicht ganz begriffen.

„Hast du das Messer niemals nach Pawlowsk mitgenommen?"

„Nein, niemals. Von diesem Messer kann ich dir nur das sagen, Lew Nikolajewitsch," fuhr er nach kurzem Schweigen fort: „Ich habe es aus einem verschlossenen Schubfach heute morgen herausgenommen, denn das Ganze geschah am Morgen zwischen drei und vier. Es lag bei mir in dem Buch ... Und ... und ... und sieh, was mich wundert: das Messer ging auf anderthalb ... oder sogar auf zwei Zoll hinein ... gerade unter der linken Brust ... Blut aber floß im ganzen nur so ein halber Eßlöffel aufs Hemd, nicht mehr."

„Das, das, das," begann plötzlich der Fürst, indem er sich in furchtbarer Erregung aufzurichten begann, „das, das, ich weiß, das, ich habe davon gelesen ... innere Verblutung wird das genannt ... Es kommt sogar vor, daß kein einziger Tropfen Blut herausfließt. Das ist dann, wenn der Stoß gerade ins Herz geht ..."

„Scht! – Hörst du?" unterbrach ihn Rogoshin hastig, indem et sich erschrocken aufrichtete. „Hörst du?"

„Nein!" sagte ebenso schnell und erschrocken der Fürst und sah Rogoshin an.

„Jemand geht! Hörst du? Im Saal ..."

Beide begannen zu lauschen.

„Ich höre," flüsterte der Fürst überzeugt.

„Man geht?"

„Ja, man geht!"

„Soll ich die Tür verschließen?"

„Ja, verschließ' ..."

Rogoshin verschloß die Tür und wieder legten sie sich beide hin. Lange Zeit schwiegen sie.

„Ach, ja!" begann der Fürst, sich plötzlich aufrichtend, in demselben aufgeregten, schnellen Geflüster, als habe er endlich einen Gedanken erfaßt und fürchte nun, ihn wieder zu vergessen. „Ja ... ich wollte doch ... diese Karten! die Karten ... Du sollst doch mit ihr Karten gespielt haben?"

„Ja," sagte Rogoshin nach einigem Schweigen.

„Wo sind denn ... die Karten?"

„Hier ..." sagte Rogoshin nach noch längerem Schweigen, zog aus der Tasche ein gebrauchtes, in Papier gewickeltes Spiel Karten hervor und reichte es dem Fürsten. „Da ..."

Der Fürst nahm es zögernd, als begriffe er nicht, weshalb man es ihm reichte. Ein neues, trauriges, trostloses Gefühl schnürte ihm das Herz zusammen; doch plötzlich begriff er, daß er schon lange gar nicht davon sprach, wovon er sprechen wollte, und immer nicht das tat, was er tun müßte, und daß diese Karten, die er jetzt in der Hand hielt, und über die er sich so gefreut hatte, jetzt nichts, nichts mehr ändern konnten. Er stand auf und rang die Hände. Rogoshin blieb unbeweglich liegen und schien den Fürsten weder zu sehen noch zu hören; seine Augen aber glänzten hell im Dunkel und waren ganz offen und unbeweglich. Der Fürst setzte sich auf einen Stuhl und sah ihn angstvoll an. Wohl eine halbe Stunde verging so. Plötzlich lachte Rogoshin laut auf, es war ein fast schreiendes, abgerissenes Lachen – als hätte er ganz vergessen, daß er nur flüsternd sprechen durfte:

„Den Offizier, den Offizier ... weißt du noch, wie sie den Offizier mit der Peitsche schlug, beim Konzert, weißt du noch, ha ha ha! Und der Kadett ... Kadett ... Kadett sprang noch hinzu."

Der Fürst schnellte erschrocken vom Stuhle empor. Als Rogoshin verstummt war – ebenso plötzlich, wie er aufgelacht hatte –, beugte sich der Fürst leise über ihn, setzte sich neben ihm nieder und begann mit stark klopfendem Herzen, schwer atmend, sein Gesicht zu betrachten. Rogoshin wandte den Kopf nicht zu ihm und schien ihn sogar völlig vergessen zu haben. Der Fürst sah ihn an und wartete. Die Zeit verging. Die Nacht wurde heller. Rogoshin begann von Zeit zu Zeit irgendwelche Worte zu murmeln, leise, laut, schroff hervorstoßend, zusammenhanglos, begann schließlich laut aufzuschreien und zu lachen. Dann streckte der Fürst jedesmal seine zitternde Hand aus und berührte leise seinen Kopf, seine Haare, streichelte sie und streichelte seine Wangen ... das war alles, was er tun konnte! Er selbst begann wieder zu zittern und plötzlich empfand er auch wieder das Schwächegefühl in den Beinen. Irgendein ganz neues Gefühl quälte sein Herz mit unendlicher Sehnsucht. Der Morgen brach an; da beugte er sich endlich in völliger Erschöpfung und Verzweiflung auf das Kissen nieder und schmiegte sich mit seinem Gesicht an das bleiche, unbewegliche Antlitz Rogoshins. Tränen flossen aus seinen Augen auf Rogoshins Wangen – doch wird er wohl kaum seine Tränen gefühlt haben und vielleicht wußte er von nichts mehr ...

Wenigstens fand man, als nach mehreren Stunden die Tür gewaltsam geöffnet wurde und Leute eindrangen, den Mörder bewußtlos und im Fieber. Der Fürst aber saß unbeweglich neben ihm. Und jedesmal, wenn der Kranke einen Schrei ausstieß oder zu phantasieren begann, beeilte er sich, wieder mit zitternder Hand sein Haar und seine Wangen zu streicheln, wie um ihn zu beruhigen und zu liebkosen. Doch er begriff nichts mehr, begriff nicht, was man ihn fragte, und von den Eingetretenen, die ihn umgaben, erkannte er keinen einzigen. Wenn Professor Schneider jetzt selbst aus der Schweiz gekommen wäre, um seinen einstigen Schüler und Patienten zu sehen, so würde er, der ihn einmal vor der Heilung in den Stunden nach einem Anfall gesehen hatte, wieder nur mit der Achsel gezuckt und wie damals gesagt haben: „Ein Idiot!"

# XII.

*Schluß.*

Die Lehrerswitwe war, der Verabredung gemäß, nach Pawlowsk gefahren und hatte sogleich Darja Alexejewna, die sich von der Aufregung noch ganz krank fühlte, in ihrem Hause aufgesucht und durch die Mitteilung alles dessen, was sie wußte, in große Angst versetzt. Beide Damen hatten sich dann nach kurzer Beratung zu Lebedeff begeben, der sich als ergebener Freund und Hauswirt des Fürsten gleichfalls beunruhigt fühlte. Nachdem dann noch Wjera alles erzählt hatte, was sie über die Abfahrt des Fürsten erzählen konnte, waren die beiden Damen und Lebedeff nach Petersburg gefahren, auf Lebedeffs Rat, um „eventuell noch zu verhüten, was sehr leicht geschehen könnte". So kam es, daß am nächsten Morgen schon um elf Uhr die Tür zur Wohnung Rogoshins auf Veranlassung der Polizei in Anwesenheit Lebedeffs, der beiden Damen und des älteren Bruders von Rogoshin, Ssemjon Ssemjonytsch Rogoshin, der den Seitenflügel des Hauses bewohnte, aufgebrochen wurde. Das polizeiliche Vorgehen wurde wesentlich beschleunigt durch die Aussage des Hausknechts, der am Abend vorher gesehen hatte, wie Parfen Ssemjonytsch mit einem Gast ins Haus eingetreten, und ganz leise die Treppe hinaufgegangen war. Nach dieser Aussage hatte man nicht länger gezögert die Tür mit Gewalt aufzubrechen.

Rogoshin lag zwei Monate an einer Gehirnentzündung danieder. Als er gesund geworden war, kam sein Prozeß zur Verhandlung. Seine Aussagen waren klar, genau, unzweideutig und genügten vollkommen, so daß der Fürst auf Grund derselben ohne weiteres von der Untersuchung ausgeschlossen wurde. Bei der Gerichtsverhandlung war Rogoshin im übrigen schweigsam. Er widersprach zwar nicht seinem Verteidiger, der geschickt, klar, logisch und beredt zu beweisen suchte, daß der Mord von ihm in bereits unzurechnungsfähigem Krankheitszustande verübt worden sei und daß man ihn eigentlich nur als Folge der Gehirnentzündung, die bereits früher begonnen habe, betrachten müsse; doch fügte Rogoshin von sich aus nichts hinzu, was die Richtigkeit dieser Annahme bestätigen konnte, und auf die an ihn gestellten Fragen antwortete er wieder klar, bestimmt, und durchaus bemüht, sich aller Einzelheiten des Geschehenen zu entsinnen. Er wurde unter Annahme mildernder Umstände zu fünfzehn Jahren Zwangsarbeit nach Sibirien verbannt. Wortlos, mit fast strenger Miene, vernahm er sein Urteil, „wie in Gedanken versunken", erzählte man. Sein ganzes, großes Vermögen, von dem er, im Verhältnis gesprochen, nur einen kleinen Teil verschwendet hatte, ging auf seinen Bruder Ssemjon Ssemjonytsch über, zur nicht geringen Zufriedenheit dieses letzteren. Die Mutter Rogoshins lebte nach wie vor in ihrer stillen Wohnung, und mitunter scheint es, als gedenke sie ihres geliebten Sohnes

Parfen, doch sind ihre Gedanken wohl nur unklar: Gott hat ihren Geist und ihr Herz davor bewahrt, das Entsetzen, das ihr trauervolles Haus heimgesucht, in seiner ganzen Größe zu erfassen.

Lebedeff, Keller, Ganjä und Ptizyn und noch viele andere Personen, die wir kennen gelernt haben, leben gleichfalls in alter Weise weiter, haben sich wenig verändert – daher läßt sich auch nichts Besonderes über sie berichten. Hippolyt starb etwas früher, als er erwartet hatte, etwa zwei Wochen nach dem Tode Nastassja Filippownas. Er soll vorher entsetzlich aufgeregt gewesen sein. Koljä war durch die Ereignisse tief erschüttert. In der Folge traten er und seine Mutter sich bedeutend näher, ja er schloß sich sogar ganz an sie an. Nina Alexandrowna ist recht besorgt um ihn: sie findet ihn zu nachdenklich für seine Jahre. Vielleicht aber wird aus ihm doch noch einmal ein tätiger und tüchtiger Mensch. Zum Teil ist es auch auf seine Bemühungen zurückzuführen, daß für das weitere Schicksal des Fürsten gesorgt wurde. Unter all seinen neuen Bekannten hatte ihm am meisten Jewgenij Pawlowitsch Radomskij gefallen; zu diesem hatte er sich denn auch sogleich aufgemacht und ihm das Ereignis mitgeteilt, sowie alles Nähere, was er selbst über den Zustand des Fürsten wußte. Seine Erwartung täuschte ihn nicht: Jewgenij Pawlowitsch nahm den lebhaftesten Anteil am traurigen Schicksal des armen „Idioten", und dank seiner Bemühungen kam der Fürst wieder in die Schweiz zu Professor Schneider, der ihn von neuem in seine Heilanstalt aufnahm. Jewgenij Pawlowitsch begab sich ins Ausland. Er hatte sogar die Absicht, recht lange in „Europa" zu bleiben, da er sich selbst ganz offen einen „in Rußland vollkommen überflüssigen Menschen" nannte. Seinen kranken Freund besucht er ziemlich oft, wenigstens ein paarmal im Jahre. Professor Schneider macht aber, wenn er nach der Genesungsmöglichkeit seines Patienten gefragt wird, eine immer bedenklichere Miene, schüttelt den Kopf und deutet an, daß es diesmal wohl eine vollständige Zerrüttung der Verstandeskräfte sei; zwar redet er nicht von Unheilbarkeit, äußert aber doch die traurigsten Mutmaßungen. Jewgenij Pawlowitsch nimmt sich das sehr zu Herzen – und *er hat* ein Herz, was allein schon durch den einen Umstand bewiesen wird, daß er von Koljä Briefe erhält, und diese Briefe hin und wieder sogar beantwortet. Außerdem aber haben wir noch etwas sehr Seltsames über ihn erfahren, und da dieses Seltsame ein guter Charakterzug ist, so sei es hier mitgeteilt: Jewgenij Pawlowitsch schreibt nämlich nach seinen Besuchen in der Heilanstalt des Professor Schneider außer an Koljä regelmäßig noch einen Brief nach Petersburg, der den ausführlichsten Bericht über den Zustand des Fürsten enthält. Doch außer diesen Berichten und der höflichsten Versicherung seiner Hochachtung, finden sich in diesen Briefen mitunter – und zwar immer häufiger – auch einige Darlegungen seiner Anschauungen, Begriffe, Gefühle, und diese werden mit jedem Brief sogar immer länger. Mit einem Wort, es beginnt in ihnen etwas durchzublicken, das an freundschaftliche oder noch innigere Gefühle gemahnt. Die Person aber, an die Jewgenij Pawlowitsch diese Briefe schreibt – natürlich tut er es immerhin noch ziemlich selten – und die seine Aufmerksamkeit und Achtung in so hohem Maße gefesselt und erworben hat, ist Wjera Lebedewa. Leider ist es uns nicht möglich gewesen, Näheres darüber zu erfahren, wie sich diese Beziehungen haben anknüpfen können, doch nehmen wir an, daß es wohl infolge des Unglücks gewesen sein wird, das den Fürsten betroffen hatte. Wjera war durch das Geschehnis zunächst so erschüttert, daß auch sie erkrankte. Doch wie gesagt – bei welcher Gelegenheit sie sich näher getreten sind, wissen wir nicht. Im übrigen haben wir dieser Briefe auch deshalb Erwähnung getan, weil einzelne von ihnen Mitteilungen über Jepantschins und namentlich über Aglaja Iwanowna enthalten. In einem ziemlich krausen Brief aus Paris teilte er mit, daß diese zu einem polnischen Grafen und Emigranten eine große Neigung gefaßt und ihn bald darauf geheiratet habe, sehr gegen den Wunsch ihrer Eltern, die, wenn sie auch schließlich ihre Einwilligung gegeben, es nur deshalb getan hätten, weil es sonst zu einem vielleicht aufsehenerregenden Skandal gekommen wäre. Im nächsten Brief, den Wjera nach etwa einem halben Jahre erhielt, schrieb Jewgenij Pawlowitsch – es war wieder ein langer, ausführlicher Brief – daß er während seines letzten Aufenthaltes in der Schweiz bei Professor Schneider mit Jepantschins und dem Fürsten Sch. zusammengetroffen sei. Das Wiedersehen mußte, so wie er es schilderte, ein sehr seltsames gewesen sein: alle hatten ihn fast begeistert empfangen, Alexandra und Adelaida hatten sich ihm sogar zu heißem Dank verpflichtet gefühlt für alles Gute, das er dem Fürsten erwies, und für seine „rührende Sorge um ihn". Lisaweta Prokofjewna hatte beim Anblick des armen Fürsten in seinem kranken, erniedrigenden Zustande bitterlich zu weinen begonnen. Offenbar hatte sie ihm längst alles verziehen. Fürst Sch. hatte bei der Gelegenheit ein paar gute Gedanken ausgesprochen. Wie es Jewgenij Pawlowitsch geschienen, hätte sich das junge Ehepaar noch nicht so ganz harmonisch verbunden gefühlt, doch wäre es vorauszusehen, daß Adelaidas lebhaftes, mitunter recht feuriges Temperament sich mit der Zeit freiwillig und von Herzen der geistigen Überlegenheit und Erfahrenheit des Fürsten anpassen und unterordnen würde. Hinzu kam noch, daß die Lehren, die die Familie in letzter Zeit erhalten hatte, für sie unvergeßlich waren, so vor allem das letzte Erlebnis Aglajas mit dem polnischen Grafen. Alles, was man befürchtet, als man die Einwilligung zur Heirat Aglajas mit diesem Grafen verweigert hatte, war schon nach wenigen Monaten, nach kaum einem halben Jahre, in Erfüllung gegangen, und dazu noch mit solchen Überraschungen, daß man an die leidigen Tatsachen fast immer noch nicht glauben wollte. Es hatte sich nämlich herausgestellt, daß der emigrierte Graf zwar ein Emigrant, deshalb aber noch längst kein Graf war, seine Vergangenheit vielmehr etwas sehr Dunkles und Zweideutiges hatte. Aglaja hatte er durch die „seltene Vornehmheit seiner von Heimweh nach dem Vaterlande sich verzehrenden Seele" gefesselt und bezaubert, und das in solchem Maße, daß sie bereits vor der Heirat Mitglied irgendeines Emigrantenkomitees geworden war, das sich die Wiederherstellung des Königreichs Polen zum Ziel gesetzt hatte. Überdies war sie noch in den Beichtstuhl irgendeines berühmten Jesuitenpaters geraten, der ihren Geist bis zum Wahnsinn zu beeinflussen wußte. Das riesige Vermögen des Grafen, von dem er Lisaweta Prokofjewna und dem Fürsten Sch. erzählt und für das er ihnen fast unantastbare Beweise geliefert hatte, war nichts als Schwindel gewesen. Außerdem war es ihm mit Hilfe seines Freundes, des Jesuitenpaters, in dieser kurzen Zeit gelungen, Aglaja vollständig mit ihrer Familie zu entzweien, so daß die Mutter und Geschwister sie schon seit mehreren Monaten nicht gesehen hatten ... Kurzum, erzählen ließe sich noch manches, doch hatten Lisaweta Prokofjewna, ihre Töchter und Fürst Sch. schon so viel unter diesem „Schrecken" gelitten, daß sie im Gespräch mit Jewgenij Pawlowitsch fast angstvoll gewisse Dinge zu umgehen gesucht hatten, zumal sie wußten, daß er ohnehin über die letzten Verirrungen Aglaja Iwanownas gut unterrichtet war. Die arme Lisaweta Prokofjewna wäre gern sogleich nach Rußland zurückgekehrt: nach dem Bericht Jewgenij Pawlowitschs habe sie sehr parteiisch, fast sogar erbittert alles Ausländische kritisiert. „Nicht einmal Brot verstehen sie zu backen, den Winter über frieren sie wie die Mäuse im Keller!" habe sie ganz erbost gesagt. „Hier habe ich mich doch wenigstens über diesen Armen auf gut Russisch ausweinen können," habe sie hinzugefügt, erregt auf den Fürsten weisend, der keinen von ihnen erkannt hatte. „Aber jetzt hat man sich genug hinreißen lassen, es ist Zeit, endlich wieder vernünftig zu werden! Und all das hier, euer ganzes Europa, alles das ist nur Phantasie, und wir Russen, wir alle hier im Auslande, sind nichts als Phantasie ... behaltet meine Worte, ihr werdet es selbst sehen!" habe sie sich beim Abschied von Jewgenij Pawlowitsch fast zornig geäußert.